發展研究叢書

叢書主編：王振寰、湯京平

執行編輯：陳琮淵

發展的賦格
王振寰教授榮退紀念論文集

陳琮淵、許甘霖、湯京平、簡旭伸——主編

田孟凌、田畠真弓、何彩滿、何蘊詩、吳奕辰、李宗榮
李明彥、林凱源、林瑞華、林義鈞、邱炫元、張書銘、張國暉
張鈞智、許甘霖、陳良治、陳琮淵、曾雅芬、曾聖文、湯京平
黃兆年、黃書緯、黃富娟、黃儀婷、黃錦堅、楊　昊、劉曉鵬
蔡友月、蔡文軒、蔡其融、蔡青蓉、鄭力軒、盧逸君、賴俊魁
簡旭伸、魏玫娟、蘇昱璇
——著

巨流圖書公司印行

國家圖書館出版品預行編目（CIP）資料

發展的賦格：王振寰教授榮退紀念論文集 / 田孟凌, 田畠真弓, 何彩滿, 何蘊詩, 吳奕辰, 李宗榮, 李明彥, 林凱源, 林瑞華, 林義鈞, 邱炫元, 張書銘, 張國暉, 張鈞智, 許甘霖, 陳良治, 陳琮淵, 曾雅芬, 曾聖文, 湯京平, 黃兆年, 黃書緯, 黃富娟, 黃儀婷, 黃錦堅, 楊昊, 劉曉鵬, 蔡友月, 蔡文軒, 蔡其融, 蔡青蓉, 鄭力軒, 盧逸君, 賴俊魁, 簡旭伸, 魏玫娟, 蘇昱璇著. -- 初版. -- 高雄市：巨流圖書股份有限公司, 2023.10

　面；　公分

ISBN 978-957-732-701-7(平裝)

1.CST: 社會學　2.CST: 文集

540.7　　　　　　　　　　　　　　　　　　　　　　　　　　112016868

發展的賦格：王振寰教授榮退紀念論文集　　發展研究叢書　01

主　　　　編	陳琮淵、許甘霖、湯京平、簡旭伸
作　　　　者	田孟凌、田畠真弓、何彩滿、何蘊詩、吳奕辰、李宗榮、李明彥、林凱源、林瑞華、林義鈞、邱炫元、張書銘、張國暉、張鈞智、許甘霖、陳良治、陳琮淵、曾雅芬、曾聖文、湯京平、黃兆年、黃書緯、黃富娟、黃儀婷、黃錦堅、楊　　昊、劉曉鵬、蔡友月、蔡文軒、蔡其融、蔡青蓉、鄭力軒、盧逸君、賴俊魁、簡旭伸、魏玫娟、蘇昱璇
發 行 人	楊曉華
編　　　　輯	沈志翰
封 面 設 計	毛湘萍
封 面 繪 圖	魏少君

出 版 者　巨流圖書股份有限公司
　　　　　802019 高雄市苓雅區五福一路 57 號 2 樓之 2
　　　　　電話：07-2265267
　　　　　傳真：07-2233073
　　　　　購書專線：07-2265267 轉 236
　　　　　E-mail：order@liwen.com.tw
　　　　　LINE ID：@sxs1780d
　　　　　線上購書：https://www.chuliu.com.tw/
臺北分公司　100003 臺北市中正區重慶南路一段 57 號 10 樓之 12
　　　　　電話：02-29222396
　　　　　傳真：02-29220464
法 律 顧 問　林廷隆律師
　　　　　電話：02-29658212

刷　　　　次　初版一刷・2023 年 10 月
定　　　　價　980 元
Ｉ Ｓ Ｂ Ｎ　978-957-732-701-7（平裝）

感謝與致敬

　　本書的完成，獲益於多方助力與機緣。作者群無私付出、出版社積極配合，以及來源期刊的慷慨授權自不在話下，東海大學、政治大學、海洋大學、淡江大學及臺灣發展研究學會師長的行政支持，魏少君提供精美作品，讓本書更臻完善。我們要將最誠摯的感謝與敬意，獻給老師王振寰教授及師母李玉瑛教授。王老師秉承東海社會學的傳統，主張學術要有生命，學者要關懷社會。他盡其所能地訓練學生思考與寫作，以真摯的態度引導後進保持好奇心，去問根本性的大問題，不要怕失敗，不要怕被笑，教導我們探索學術的深邃意義。有幸得到王老師與師母的鼓勵與關懷；深受啟發、如沐春風，太多令人難忘的互動與感念，謹選錄如下數則，以誌師恩及學術情誼。

　　本書主編之一，是目前在台大地理系任教的簡旭伸。僅管他在 2007 年回國之後，才與王老師開始有交集。但意外的是：這些交集是知識密度極高的學術實踐，包括受邀參與王老師主持的「中國環境治理」整合型國科會計畫，共同主編《發展研究與當代臺灣社會》一書，以及一起籌辦多次臺灣發展研究年會與成立臺灣發展研究學會。他與王老師並不在同一校園也非同一學門，但王老師無私的互動與分享，提供了一個極為難得機會，來近身學習資深學者如何從事「知識探究」與「學術行政」。這讓他在高教職涯階段的過程中，可以順利找到論文發表與社群服務彼此平衡的節奏與方向，真心受益良多也向王老師誠摯致謝。

　　本書的主編許甘霖是王老師在東海社會系的早期學生之一。在那個臺灣走向民主化、社會力迸發的關鍵年代，除了跟隨仰慕的歸國學人探索學術前沿，王老師與學生之間更有著亦師亦友的情誼。甘霖大學讀心理系，因野百合學運而轉向社會學，在自學的過程中，曾讀過王老師在《臺灣社會研究》的文章，考上東海社研所後，即擔任王老師國科會計畫助理，利用計畫資源完成碩士論文《黨資本的政治經濟學：石化業個案研究》（1993），從此走上發展研究之路。1996 年在王老師鼓勵下，赴 Lancaster 社會系攻讀博士。甘霖碩論計畫書曾被王老師退回五次，當時怨念甚深，直到赴英攻讀博士，才體會到王老師的訓練，之後指導學生「比王振寰更王振寰」。從碩士、博

士、出任教職到擔任系主任，在教學、研究和行政上，王老師一直都是甘霖的榜樣和諮詢對象。

　　李宗榮大學就讀東吳社會系，在九零年代臺灣社會風起雲湧歷經大轉型的時代進入東海社會學研究所就讀，跟著王老師開始研習政治社會學與有關財團形成的研究。這個啟蒙，也打開了李宗榮對於臺灣政治經濟結構研究的知識之窗。隨後在王老師的推薦之下，負笈芝加哥大學研讀社會學，一路研究臺灣的企業與集團的組織結構與對臺灣社會的影響等議題至今。

　　鄭力軒大學時就讀臺大經濟系，在各種社會參與中感受到臺灣社會的巨大變化，因而對巨觀的政治經濟學產生濃厚的興趣。1996 年從臺大經濟系畢業有幸進入東海大學社會學研究所，在大肚山享受東海完整精實的社會學教育與悠遊的時光。在此時投入王老師門下，學習國家理論與資本主義相關理論。在王老師的啟發下，養成以體制的角度思考各種政治社會經濟現象的習慣。王老師與國際同步的教學內容，以及對臺灣政治經濟變化的深刻觀察讓他受益匪淺。在王老師打下的良好基礎下，力軒後續出國留學時無縫接軌地學習各式政治經濟理論，並進而將研究觸角伸到鄰近的日本，以日本政治經濟變遷作為博士論文主題。回臺後也延續這個體制思考的角度，繼續從事臺灣與日本的相關研究。

　　蔡友月就讀東海社會系、社會學研究所，指導教授練馬可老師，也是影響王老師最深遠的師長之一。在「東海學派」的薰陶下，建立起最初的社會學想像藍圖，至今仍深深的影響著學術與生命。近年與王振寰老師伉儷、熊瑞梅老師、老同學何彩滿等人，固定著東海支持網絡的聚會與美食，透過基督的信仰與禱告，為友月帶來最佳的心靈餵養與後盾。

　　邱炫元是在大三轉入東海社會系，親炙王老師的社會變遷與發展課程，以及在碩士班階段認識了政治社會學，而這些都在他後來進入政大服務，成為王老師的同事後，教授全球化與社會變遷，以至做印尼政治與伊斯蘭運動研究的終身養分。

　　黃書緯大學就讀於臺大政治系，因為當時風起雲湧的臺灣民主轉型研究而接觸到王振寰老師的著作，大四那年把到東海社會所讀碩士當作第一志願，研一下開始跟王老師做全球城市的研究。印象最深的是夜裡穿過相思林去圖書館時，王老師跟黃金麟老師研究室的燈時常亮著，那時想說「學者生活原來是這樣的啊？」幾年後，王老師

到政大任教，書緯也剛好從英國返臺開始撰寫博士論文，兩週一次在中國大陸研究中心的團體會議是他最期待的時候，因為王老師的熱情總是能讓人感受到在學術研究與行政服務中取得平衡的重要性。即使畢業多年，輾轉服務於不同單位，但回首過往，王老師都是他唯一會稱為「老闆」的人。

為這本論文集封面提供創作的魏少君，自 2017 年受邀在維摩舍創作了海洋系列作品——「海底的光」，正式開始剪紙創作之路。展覽期間，王振寰老師和李玉瑛師母特地到展場看展。當年王老師因為剛動完腦部手術，行動與言語表達都還非常吃力，看著他一步一步，搖搖晃晃踩著樓梯走下維摩舍地下室，少君一時心中酸楚、思緒翻湧，一方面王老師花了好幾年指導他完成碩士與博士學位，畢業後也給予許多鼓勵期許。尤其是畢業後那幾年為了應徵教職與博士後，經常麻煩王老師寫推薦信，可惜因緣不足，始終沒能取得正式教職。另一方面，當時少君剛開始自學剪紙藝術，還在慢慢培養信心，也很在意王老師的看法。沒想到王老師不僅大老遠跑來看展覽，還收藏了他的剪紙作品，如同當年的展題「海底的光」——為身處在黑暗冰冷深海的少君——送來了溫暖的光。常常有觀眾對少君說，他的剪紙創作讓人感到很溫暖療癒，少君認為，那是因為他也曾經受到王老師等師友們的諸般愛護，為此深深感恩。

在何彩滿及許多東海學生的眼中，王老師為人大方且不吝提攜後進。只要是王老師帶過的學生，都曾感受到他的開闊與大氣，不論是找工作、寫作或發表，他總是在前頭開路，其他人只需趕快跟上。王老師性格寬厚，學術要求卻從不馬虎，絕不會因為師生關係或私人交情而有所寬宥。王老師雖不是彩滿的論文指導教授，卻是她能夠完成論文的關鍵。最令她難以忘懷的是，提交最初的博士論文大綱版本後，王老師很快回覆訊息，表示無法讓此版本通過。當時震驚萬分的彩滿只得提起勇氣，隔天馬上跑到王老師的研究室了解計畫書的問題所在。只見王老師「嚴肅地說明原因，並且告訴我怎麼構思問題意識，如何做好文獻探討，資料如何結構化等等，最後叮嚀，這些論文思考的過程都是研究的紀律，要『imprint』到你的生命中。其實，聆聽當下，我一直深呼吸，眼睛眨都不敢眨，深怕眼瞼一動，覺得沒出息的淚水就奪眶而出，大受打擊的心情至今難忘（笑）。」但也正是因為王老師的嚴格要求，彩滿的論文寫作大為精進，最終順利畢業。王老師嚴謹的自我要求及深切期許，帶領我們探索無邊的知識海洋，翱翔於寬闊的學術天地。

　　與彩滿有著類似經驗的，是目前在淡江大學任教的黃富娟，她學生時期就時常拜讀王老師關於國家發展理論和發展社會學的著作，王老師是她博士論文口試委員，他的相關著作及懇切建議，令富娟所從事的臺灣與墨西哥石化產業轉型研究獲益匪淺。這正說明了王老師的學問，不只發揮在他長年專注的東亞區域及臺灣發展，更能啟發學生後進投入跨學科、跨區域的比較研究。

　　陳琮淵是王老師北上政大任教後收的第一個研究助理及博士生。琮淵主要研究馬來西亞華人歷史，與王老師的研究範疇有所差距，他十分感謝王老師的包容與鼓勵，願意指導他及多位有意研究東南亞議題的師兄弟完成博、碩論文；王老師對楊昊等年輕學人的照顧提點，也帶動了政大東南亞研究的風氣，更厚植國關中心區域研究的領域與實力。政大求學七載，琮淵也見證了王老師開拓學術領域的大格局及執行力，從臺灣企業史團隊到臺灣發展研究學會，無不是跨學科、跨領域的大工程，王老師總能帶領大家勇往直前，開創新天地。

　　在跟隨王老師執行國科會、資策會等研究計劃的過程中，琮淵不僅擴大了研究視野與人脈，應用王老師講授的社會學、企業史方法發展出生技製藥產業研究專長，更在王老師的帶領下，多次出席重要國際學術會議，在國內外頂尖期刊上聯名發表論文，從而建立起學術自信。他畢業後在兩岸幾所大學任教，更深刻體會到在嚴格自律以為榜樣的同時，又願意將學術光環與榮耀分享給學生後進是多麼的不容易。在目前高度競爭的大學評鑑體制下，王老師所樹立的學術典範尤其令人敬佩。

　　師者，不只傳道授業解惑，更是人生道路上的推手與導師。曾聖文是王老師在政大國發所第一位指導畢業的博士。從指導博士論文、田野調查到擔任證婚人，聖文許多人生重要的時刻，皆在王老師的帶領及指導下順利完成。首先，關於計畫書和論文的撰寫，王老師強調在大量閱讀文獻後，腦中要先建立起自己的公式，然後設定時間表依序去完成。這樣的訓練，對於曾聖文在大學職場中的研究論文、專題計畫或校務發展型計畫撰寫，產生鉅大的影響及助益；其次，自 2008 年至 2017 年，聖文追隨王老師在臺灣及中國大陸進行多次半導體產業、再生能源領域的田野調查工作。王老師研究考察的執著與熱情（即使開完刀後一年仍堅持親赴內蒙古田野調查），以及王老師在甘肅荒漠甘泉（月牙泉）、內蒙古大草原風機群中佇立遠望的堅毅身影，無不令研究團隊及受訪者們動容；最特別的是，在聖文的婚禮上，王老師擔任證婚人，致詞

時從西裝口袋中掏出師母李玉瑛教授傳授的錦囊箴言，如同教導論文寫作一般，溫暖且嚴謹的給予新人勉勵及祝福。在王老師明快、嚴謹又溫暖的帶領下，圓滿完成許多重要的任務，是人生最大的幸福！

　　張書銘 2007 年進入政大國發所前就已耳聞王振寰老師的大名，選課時便鎖定王老師開設課程。修過王老師課程的學生都曾受大量英文指定閱讀的荼毒，很多人直接打了退堂鼓，選課後更是時常處於熬夜苦讀的狀態。王老師的課程多涉及國家機器和權力結構的理論觀點，在王老師的啟發下，書銘特別關注「國家」的制度作用與權力運作，理論觀點深受啟發。他收錄在本書的論文，即是以「遷移體制」為分析論點，將觀察重點放在國家和區域層次的移民現象脈絡，討論國家的角色以及國家之間在建立跨境流動條件方面所起的制度作用。

　　研究生與指導教授的互動，混雜著複雜與矛盾的情感。師者真正意義上的存在，有時並不在傳道授業的課堂之上、教室之中！書銘還記得在博三那年，學位資格考試慘遭滑鐵盧，心情沮喪彷彿天要塌下來。翌日一大早便直接跑到國關中心訴苦。此前他從未因為私事貿然去找老師。王老師只是問他「怎麼了？有什麼事情嗎？」。這一問彷彿按下了某個神秘按鈕。書銘一股腦地宣洩資格考帶來的挫折，還有讀博士班期間家庭與工作的壓力也一併火山爆發，講了將近十多分鐘後抬頭，卻見王老師紅潤了雙眼……。談話結束時，王老師勉勵他再接再厲，一、兩次的失敗真的沒什麼，面對它下次考好就是了。這就是書銘何以在《越南移工：國家勞動輸出政策及其社會發展意涵》的自序中提到：「振寰老師勤勉學術的風格總讓學生兢兢業業，但其實他嚴格的外表下有著一顆溫柔的心。」博士班七年一路走來，師恩永銘。

　　師者的激勵及遠見，對後生的影響有時是不可估量的。當意植還在為博士論文選題苦惱時，王老師鼓勵她勇敢選擇韓國作為個案研究對象，儘管這意味著必須掌握韓文，才能跟上電視產業動態。也是在王老師的敦促下，意植下定決心從零開始學習韓文；為更全面地了解、比較臺韓電視產業的實際情況，她更加入公共電視團隊，隻身多次前往韓國的電視臺進行調查研究，最後取得 Korea Foundation 的田野獎助完成博士論文。這段充滿挑戰卻與眾不同的旅程，不但讓她順利畢業，也在求職路上有了更多選擇與從容。對於老師的提攜與指導，意植深深感激。

　　2008 年曾雅芬通過博班考試，以為從此搖身政大人，誰知僅是重重考驗的開始。

國發所治學嚴謹，王老師又稱「王帥」更是當中翹楚。雅芬回想起那段日子，無止境的英文指定閱讀與評析作業，上課前熬大夜趕作業成為標配，原以為修完所有學分就得解脫，卻又自投羅網，拜入王老師門下。

何苦為難自己，她捫心自問數百次。雅芬論文想寫擅長的犯罪領域，找發展領域巨擘王老師指導再合適不過，隨後更老師私下極為和善，與學術殿堂裡高大上形象深具反差。即使如此，老師在論文議題擬定及進度討論始終嚴謹。以老師高超的學術及行政能力，在忙碌之餘還要兼顧門下一群嗷嗷待畢業的雛鳥，終究身體還是無法負荷。

幸而老師有堅強的意志力，有堅強的良伴師母、朋友學生幫忙祈禱。在論文完成期間，雅芬見證了王老師從臥躺到坐起到能夠走動，口試時，委員們見到老師撐著瘦弱身軀尚能主持的狀態，無不由衷感佩其毅力與精神。當初建議老師學書法練手指復健，同時期學書法的雅芬因疫情及公忙早已停筆，老師仍持續揮毫，其恆心之堅，無怪乎成為學術巨擘。其實，巨人不一定要一直提供肩膀給後輩站，只要與我們同在，就是永恆指引方向的長明燈。師恩浩瀚，銘感五內。

不只在國發所，王老師精彩的授課也吸引了政大諸多人文社會科學、區域研究乃至於商學院的碩、博士生前來聆聽求教，一睹大師風采。出身商學院的蔡青蓉在政大讀博士時因緣際會選修王老師的課，讓大學學管理的她領會到社會學的深奧，復以王老師教學勤力，研究孜孜不倦，學生耳濡目染學習到許多。青蓉因而決定轉系，到國發所跟隨王老師投入東亞和中國產業發展研究，博士畢業後她並沒有選擇留在學術圈發展，但很高興因為老師榮退紀念的相關規劃而有幸參與本書寫作，謹以文章獻給老師並致上最高的敬意。

陳俊銘是王老師在政大與溫肇東老師聯合指導的博士，在王老師的引導下，以跨學科的視角研究臺灣資訊產業的「代工套牢」現象。雖然在田調規劃及計劃合作方面時常扮演穿針引線的角色，但他的博士及教職之路，走的也是非典型後進發展路線。然而令俊銘無比自豪的是，無論在政大或清大、在臺北或北京、在產業園或工作坊，打著王老師門生的旗號，總能讓他在社會科學的產業政策研究領域左右逢源，走路有風。

王老師的學術能量與待人處世之道，始終是學術後進學習的典範。招牌課程「東亞專題：科技創新、制度與發展」精闢又風趣的教學方式引人入勝，也開啟林瑞華對科技創新議題的興趣。作為子計畫研究助理，瑞華見證了王老師以驚人的協調力與執

行力，一步步將中國大陸研究中心中心打造成國內中國研究的重鎮，深刻感受到老師為學術奉獻的決心；也正是在這段期間，她有機會接觸到許多國際中國研究學者，加深投入中國研究的決心。畢業後瑞華赴上海任教，有幸在 2016 年與王老師一起到福建調研。一週的相處過程，親身感受老師的隨和與親切，途中老師也不斷鼓勵大夥在學術路上向前行。很慶幸求學生涯有王老師一路指引，未來的學術之路，她也會帶著老師傳遞的「正能量」，不畏艱難地向前邁進。

凱源是王老師收的第一個陸生學位生，有機會來到政大國發所投入王老師門下完成碩博士論文，至今想來仍覺得十分幸運。嚴格學術訓練一度讓他感到十分痛苦挫折，王老師身上的臺灣教授風範又讓令人如沐春風。凱源自認心有旁鶩兜兜轉轉，讀研讀的不算太專注。但是王老師如同溫暖的港灣，永遠接納並給予補給，在躊躇不前時吹響號角，偏離軌道時鳴笛示警，遇挫下沉時托住信心，無論何時何地，總能望見燈塔。當凱源決定研究中國大陸的新能源發展議題後，王老師果斷表示支持，並親自帶隊前往酒泉進行田野調查。與王老師合寫的酒泉研究論文在很久之後的今年才發表成功，時間醞釀出以下這段有感而發的心底話：「這個研究剛開始發想的時候，王老師還非常健康，一周跑三次 8,000 公尺；中間驟逢巨變，我們都深受打擊，一度以為就此結束。好在我們行過死蔭的幽谷，最終完成。我們沒有放棄它，他們也沒有放棄我。這真正是一段漫長的季節。」『漫長』當然飽含艱辛和挫折，對於學術工作者而言多少意味著怠惰和失職；但能夠在王老師的陪伴和支持下走完全程，讓他覺得這樣的『漫長』無比美好。凱源的感受，或許也是王老師所指導的多位陸生的共同體認。

Seminar on East Asian Development 課堂上，賴俊魁在王老師的指示下開始收集中國新能源資料，他也正式成為王老師的門生，展開一段充實而充滿挑戰的學術之旅。接下來的幾年，俊魁與同門師兄弟在王老師帶領下，多次前往中國大陸進行田野調查，無論是修課或田野，這些經驗厚植了王門子弟在研究路上的學術能量。正是有了明師啟發，我們才能在研究工作中精益求精，在學術領域中成長茁壯，謝謝您，王老師。

王老師的學術熱誠與活力，不僅敦促著學生大步向前，開啟自己的學術之路，也感染了國發所的同事及國外內發展研究學界同儕。劉曉鵬 2015 年進入政大工作，研究室就在王老師隔壁，就近獲得老師薰陶（壓力），學術工作得以奠基。

蘇昱璇甫加入政大國發所的夏天，王振寰老師跟師母李玉瑛便邀請她在水岸咖啡

用餐，充分展現對於新進同仁的照顧與關心。昱璇剛開始學習撰寫專題研究計畫時，王老師已經擔任政大副校長，仍撥冗給予許多指導。2015年昱璇承辦發展研究年會，會後慶功宴跟王老師與同學們一起在KTV歡唱，得以見識王老師的好歌喉以及學術巨擘的親和力。2016年剛參加完王老師的孫運璿學術獎頒獎典禮，不久驚聞王老師生病，在病榻前遞上昱璇的喜帖，當時王老師便表示一定參加，感謝上帝看顧與師母照料，讓王老師仍能健康出席昱璇婚宴，並與師母攜手至今，持續指導鼓勵國發所師生。感謝王老師一生對於臺灣學術的貢獻！

目前在臺大城鄉所任教的陳良治2007年底博士學成歸國後，有一年左右的時間，時常到政大與王老師帶領的研究團隊開會，見證了王老師如何指導不同主題的碩博士進行田野，分享研究成果彼此討論，聽取王老師的意見，到最終完成論文。會後一起打羽球運動的美好往昔還歷歷在目，一轉眼就過了十多年，陳良治現在到了與當時王老師差不多的年紀，更讓他意識到王老師教書育人成就的不易。

臺大國發所的張國暉跟王老師並無深刻情誼及學術互動，但一直以來，他都很欽佩王老師的學術成就及工作，在自己的課堂教學及論文著作中都曾引入王老師的文章，對他有不可或缺的啟蒙及智識成長。

來自日本的田畠真弓初次接觸到王振寰老師的著作，是她到臺灣大學社會學研究所留學時。後來，王老師擔任田畠博士論文口試委員，提供她在臺灣學術界成長的寶貴機會。日本的學術界大多從經濟發展理論的角度研究臺灣的經濟和產業發展，很少從經濟社會學的理論進行分析。王老師的一系列著作，對臺灣社會與經濟之間的關係，進行詳盡地分析，帶來很大的啟發——如此對資本主義發展多樣性的探索，讓田畠了解到，臺灣有自己獨特的經濟和產業發展機制。

王老師在經典著作《追趕的極限：臺灣的經濟轉型與創新》中指出，臺灣經濟的競爭力是在國家主導型的經濟發展、社會網絡和群聚等國家機器與社會韌性相融合的情況下得以增強；然而，臺灣未來將如何發展，如何提高競爭力，仍然是未知數。臺灣的發展永無止境，希望王老師繼續研究臺灣經濟發展，並成為我輩眾多學徒們學術道路上的指南。

本書所收錄的文章，皆取得作者及授權單位正式授權，全書及各章全部經雙向匿名審查通過。最後，再次深切感謝所有支持、幫助、以及一起成就這本書的各界先進。

作者簡介
（按姓名筆劃排列）

田孟凌

田孟凌，臺大地理環境資源學系學士、臺大建築與城鄉研究所碩士，曾擔任臺大HFCC計畫助理、以境研究顧問公司專案經理。其研究興趣為區域發展、後進國家追趕及會展研究等。現服務於臺灣南部某公部門，閒暇時喜歡搭著公車在權屬轄區內四處旅遊，行走於各個鄉間小鎮、山間部落與海邊聚落，在燦爛的陽光下，觀察這塊土地的種種風土民情。

田畠真弓

田畠真弓（Tabata Mayumi），現任日本專修大學商學院教授。曾任國立東華大學社會學系副教授、國立臺北大學社會學系副教授。研究領域為經濟社會學、組織社會學、東亞資本主義、全球化與發展、網路社會與產業發展等。研究主題包括：資本主義與產業發展機制的臺日比較、科技人才流失的社會學研究、網路社會在科技人才跨國流動中所扮演的角色、網路社會對於青年理財公民運動所帶來的效應等。

何彩滿

現任中原大學通識教育中心副教授。2006-2011年間於香港大學亞洲研究中心擔任博士後研究員與榮譽助理教授。研究領域包含華人家族企業、產業變遷與發展社會學等課題。在中原大學開創桃園學課群等城市探索的體驗課程，同時參與教育部大學社會責任計畫，並共同主持《團結經濟、文化夥伴－桃園大海社區文化創生計畫》，此外教授全球化大議題、生活社會學與人生哲學等課程。

何蘊詩

淡江大學東南亞史研究室研究助理。華僑大學國際關係學院 / 華僑華人研究院國際事務與國際關係專業學士，曾為華僑大學國際移民與僑鄉女性研究中心研究助理，關心時事，尤其是政治、性別議題。

吳奕辰

臺大氣候變遷與永續發展國際學程博士，就讀學位期間以國際發展合作為研究主軸，探究臺灣從「外交導向」到「發展與安全導向」的援外思維轉型。目前任職於國科會推動成立的「臺灣永續棧」，協助連結知識、政策與治理行動，促進臺灣永續議題的跨領域研究，共同摸索本土的永續轉型路徑。

李宗榮

芝加哥大學社會學博士，中研院社會所副研究員，政治大學國發所合聘副教授。專長為經濟社會學，組織理論，社會網絡分析。

李明彥

雙連梨社會企業創辦人，目前任職於中原大學，擔任企業管理學系副教授兼永續治理辦公室主任。主要研究議題包含組織行為、人力資源管理、企業倫理、社會企業發展等。目前主持包含教育部、桃園市文化局青年局等，多項與大學社會責任實踐相關之計畫。

林凱源

現為德國杜賓根大學博士後訪問學人，研究方向為低碳轉型、地方治理和產業政策。碩、博士皆在政大國家發展研究所拜入王振寰老師門下，期間在王老師帶領下前往甘肅、內蒙古和福建等地進行田野調查。與王老師合著的研究論文 The Green Energy Transition and Peripheral City Development in China: Towards a Local Eco-developmental State 發表在 *Development and Change*。

林瑞華

林瑞華，金門大學國際暨大陸事務學系助理教授，政治大學東亞研究所博士。研究領域為中國大陸政治經濟、中國大陸科技監管與科技創新、臺商研究、兩岸研究，有多篇文章刊登在 *China Journal*、*China Review*、*China perspectives* 等國際期刊。

林義鈞

林義鈞，羅格斯全球事務研究所博士，現為政治大學國家發展研究所教授。研究專長：全球治理、環境治理、糧食安全、區域主義。

邱炫元

邱炫元為政大社會系副教授，開授宗教社會學、文化研究、印尼社會與文化、伊斯蘭與現代世界，以及全球化與社會變遷等課程。已經出版多篇印尼華人穆斯林和印尼伊斯蘭研究的論文，目前在進行臺灣印尼穆斯林社群的研究，同時也關注印尼華人的傳統民間宗教和印尼的政教關係議題。

張書銘

張書銘，國立政治大學國家發展研究所博士，現為國立中央大學客家語文暨社會科學學系博士後研究員。曾榮獲臺灣社會學會碩士論文獎（2002-2003）、中央研究院人文社會科學研究中心亞太區域研究專題中心博士候選人獎助（2012-2013）、臺灣東南亞學會博士論文獎（2015）、教育部人文及社會科學博士論文改寫專書暨編纂主題論文集計畫獎助（2017）。研究專長領域主要為：移民研究、越南研究、發展研究、華人與客家研究等；著有專書《越南移工：國家勞動輸出政策及其社會發展意涵》（臺北：五南出版社，2018）。

張國暉

美國 Virginia Tech 科技研究學博士，現任臺大國發所副教授，並兼風險社會與政策中心研究員。研究領域有科技的政治社會及經濟學、國家創新及轉型治理、工程與社會。曾在《科技、醫療與社會》、《公共行政學報》、*Engineering Studies*、*Korean*

Journal for History of Science 等期刊發表論文，參與過《科技／社會／人》、《普通高中選修歷史 II》、《日常生活的能源革命》等書。

張鈞智

國立政治大學東亞研究所博士，現任廈門大學政治系副教授，曾擔任天主教輔仁大學兼任助理教授、國立政治大學選舉研究中心和中央研究院政治學研究所博士後研究員。他的研究領域包括中國大陸政治、立法研究、政治社會學、網路政治、政治態度與政治行為，主編 *Evolutionary Governance in China: State-Society Relations under Authoritarianism*（Cambridge and London: Harvard University Asia Center, 2021） 一書，著作文章曾刊載於 *Journal of Contemporary China*、*Social Science & Medicine*、*Democratization*、*Issues and Studies*、政治學報、中國大陸研究等期刊。

許甘霖

許甘霖目前為東海大學社會學系副教授兼系主任。任職東海社會系前，取得中原大學心理學系學士、東海大學社會學系碩士、英國 Lancaster 大學社會學系博士。曾任教於國立成功大學公共衛生學研究所和老年學研究所。曾經著力過的研究領域包括經濟社會學、醫療社會學、政治社會學，目前的學術研究和社會實踐方向為社會團結經濟。

陳良治

陳良治為臺灣大學建築與城鄉研究所教授，於美國加州大學柏克萊分校取得都市及區域規劃博士學位，研究專長領域為區域經濟發展、經濟地理、鄉村研究等。

陳琮淵

陳琮淵現為淡江大學歷史學系助理教授兼東南亞史研究室主持人，曾任華僑大學國際關係學院／華僑華人研究院副教授，兼華僑大學印尼研究中心主任、《華僑華人文獻學刊》副主編及《華僑華人藍皮書》編輯部副主任。目前擔任洪葉文化「亞太與國際研究叢書」主編，*Translocal Chinese: East Asian Perspectives*（《海外華人研究》）

之執行編輯，《淡江史學》、《臺灣東南亞學刊》、中國《華僑華人文獻學刊》以及馬來西亞《伊大中文與教育學刊》編輯委員。同時也是臺灣東南亞學會秘書長，政治大學東南亞研究中心國際研究員，並任臺灣發展研究學會常務理事，中華民國海外華人研究學會理事、中山人文社會科學研究會理事、研究興趣是東（南）亞史、近現代史（中外關係）及研究方法，聚焦在亞洲歷史脈絡下不同華人社群的生存景況，透過比較觀點及跨學科途徑來解析海外華人的歷史演繹，歷年共發表文章數十篇、編著譯書十部。

曾雅芬

曾雅芬，國立政治大學國家發展研究所博士，現為內政部警政署專員、臺灣警察專科學校兼任助理教授。曾榮獲財團法人新臺灣和平基金會 2017 年臺灣研究最佳學位論文獎（博士論文法政類第 1 名）、法務部司法官學院第四屆傑出犯罪防治研究論文獎優選。研究領域主要為：跨境犯罪、犯罪網絡、發展研究、犯罪變化與犯罪預防、警察勤務理論與實務等。

曾聖文

曾聖文現任國立臺灣海洋大學共同教育中心博雅教育組副教授，研究專長為工業社會學、發展研究、發展經濟學與產業經濟學，現階段研究領域為可再生能源、環境治理、區域治理、永續發展與文化產業。

湯京平

1998 年於美國南加州大學公共行政學院取得博士學位，現任國立政治大學政治學系教授，兼國合長與社會實踐辦公室執行長。曾任臺灣政治學刊的總編輯。在學術上其長期致力於擴展政治學的視野與應用範圍，領域包括環境治理、科技政策、災難管理，原住民政策、社區發展，以及社會治理創新等。近年則投入「行動學術」，發展「知行合一」的社會科學知識論，並以國合長的身份，希望藉由推廣臺灣的社會治理經驗來提升國內學校在國際高教的競爭力。

黃兆年

黃兆年現為國立政治大學國家發展研究所副教授。臺灣花蓮人,臺大政治系、政研所畢業,加州大學河濱分校政治學博士,哈佛大學費正清中國研究中心博士後研究員。主要研究領域為政治經濟、媒體政治、中國效應。著有 *The Political Economy of Press Freedom: The Paradox of Taiwan versus China*,合著《吊燈裡的巨蟒:中國因素作用力與反作用力》、*China's Influence and the Centre-periphery Tug of War in Hong Kong, Taiwan and Indo-Pacific* 等書。

黃書緯

黃書緯,東海大學社會學博士,目前任教於國立臺灣大學創新設計學院,在創新領域學士學位學程擔任專案計畫助理教授。研究興趣包括:都市社會學、政治生態學、社會設計。

黃富娟

政治大學社會學博士。現職是淡江大學全球政經系拉丁美洲碩士班副教授。研究領域主要是國家發展、政治經濟學、發展社會學,以及經濟社會學,並以拉丁美洲為首要區域研究對象。

黃儀婷

目前為國立臺北科技大學互動設計系專任副教授並兼任教務處出版組組長,2013-2021 年任教於中原大學商業設計學系。研究領域聚焦網路廣告,使用者經驗設計,遊戲化設計與社群媒體使用行為。2018 年起迄今連續執行過兩件中原大學及一件臺北科大之大學社會責任(USR)實踐計畫。

黃錦堅

廈門大學公共事務學院公共管理系碩士。主要研究興趣為中國大陸政治、公共政策。

楊昊

楊昊現為國立政治大學東亞所教授暨國際關係研究中心研究員，同時也擔任華語文中心主任與東南亞研究中心執行長、亦是財團法人臺灣亞洲交流基金會（TAEF）執行長。楊昊的研究興趣包含亞太區域研究，國際關係理論的應用與實踐、東南亞邊境政治、抵抗政治、環境政治與防災韌性、比較區域主義、智庫與外交政策研究等。楊昊在王老師擔任政大副校長期間，協助推動國關中心頂大計畫聯絡辦公室，完成政大東南亞研究中心的籌辦工作。楊昊也長期投入臺灣在亞太區域的第二軌外交參與及推動工作，包含亞太安全合作理事會（CSCAP）的各種活動與研究小組、臺灣與東協之間外交論壇與智庫合作，以及新南向政策的推動等。他著有超過一百篇中、英、日、義文學術期刊論文，近年來更積極籌組國內外研究團隊深耕印太政治經濟學相關議題並由國際出版社出版多本學術專書，如 *When East Asia Meets Southeast Asia: Presence and Connectedness in Transformation Revisited*（2022, co-edited with Prof. Yumi Kitamura and Dr. JulanThung） 以 及 *Navigating Political Economy of Southeast Asia: Perspectives from Japan, Taiwan and the region*（2023, co-edited with Prof. Masahiro Matsumura）等。

劉曉鵬

芝加哥大學歷史博士，國立政治大學國家發展研究所教授兼所長，研究專長為：發展援助、全球扶貧、族群研究與政治發展。

蔡友月

蔡友月是臺灣中央研究院社會學研究所的副研究員，現為哈佛燕京訪問學者（2022-2023）。學術專長為醫學社會學、科學、技術和社會（science, technology and society, STS）以及原住民研究，特別關注與臺灣原住民基因、受苦與認同政治有關的問題。她曾獲傅爾布萊特獎助，並擔任 Taiwan STS Association 理事與監事。著有《達悟族的精神失序：現代性、變遷與受苦的社會根源》（臺北：聯經 2009），與學界友人共同主編《不正常的人？臺灣精神醫學與現代性的治理》（臺北：聯經 2018）、《臺灣的後基因體時代：新科技的典範轉移與挑戰》（新竹：交通大學 2019）。曾導演

了《85033 病房》，這是臺灣第一部醫療糾紛的紀錄片，並獲得了多個獎項。

蔡文軒

蔡文軒，現為中央研究院政治所研究員。他在 2010 年 6 月，畢業於政治大學東亞研究所，在 2010 年 7 月至 2012 年 8 月期間，在政治大學政治系擔任博士後研究員。蔡博士的研究興趣，包括中共政治改革、中共政治制度、比較政治。他已經發表多篇中英文的期刊文章，並在 2011 年出版專書：《中共政治改革的邏輯：四川、廣東、江蘇的個案比較》，以及 2012 年出版專書：《瞄準十八大：中共第五代領導菁英》（與寇健文教授合著）等。

蔡其融

蔡其融，美國德州大學奧斯丁分校社會學博士班學生。

蔡青蓉

國立政治大學國家發展研究所博士。

鄭力軒

鄭力軒　1974 年生，臺大經濟學系畢，1996 年進入東海大學社會學研究所，在王振寰教授指導下完成以臺灣電信自由化為主題的碩士論文。2008 年於美國 Duke University 取得社會學博士學位。曾任國立中山大學助理教授、副教授，現任國立政治大學副教授。著有專書《不待黃昏的貓頭鷹——陳紹馨的學術生命與臺灣研究》以及十數篇論文。

盧逸君

盧逸君博士現任東吳大學企業管理學系助理教授。研究興趣為家族企業的組織與策略，家族企業公司治理、傳承及女性在家族企業中的角色。在相關領域發表中英文期刊論文多篇，亦參與歐洲工商管理學院（InstitutEuropéend'Administration des Affaires; INSEAD）有關臺灣家族企業教學個案的研究出版。

賴俊魁

賴俊魁現階段為科技民主與社會研究中心研究員，國立政治大學亞太研究英語博士學位學程博士，研究專長為工業社會學、發展研究、國際發展研究與產業分析，現階段研究領域為可再生能源、國家發展、社會變遷、環境治理與國際比較研究。

簡旭伸

倫敦政治經濟學院地理與環境學系博士，現任臺大地理環境資源學系與氣候變遷與永續發展國際學程教授。簡博士研究包含全球南方與國際合作與發展、地方與區域發展之政治經濟學、生態與智慧城市批判研究、政治地理學與量體研究、人類世下與氣候變遷等面向。過去五年文章已發表在 *Political Geography, International Journal of Urban and Regional Research, Environment and Planning E: Nature and Space, Geoforum, Development Policy Review, Geography Compass, Transactions in Planning and Urban Research, Annals of American Association of Geographers*，《地理學報》,《臺灣人類學刊》與《中國文學學報》等人文地理學、人與環境關係研究、都市與區域研究領域期刊。

魏玫娟

魏玫娟於英國倫敦政治經濟學院政府系取得博士學位，現為國立政治大學國家發展研究所副教授。研究興趣為公共文化與政治發展、民主與民主化、社會發展、性別與發展；目前研究以東亞與南亞為主要區域，以社會創新與發展、民主與發展、性別與發展／政治為主要議題。

蘇昱璇

蘇昱璇目前為政治大學國家發展研究所助理教授，加入政大前，蘇昱璇取得臺灣大學經濟學士、耶魯大學國際與發展經濟學碩士、西雅圖華盛頓大學經濟學博士，曾任華盛頓大學兼任講師，以及世界銀行短期顧問。主要研究領域為發展經濟學、人口經濟學，以及使用應用個體經濟學的實證方法進行成效評估，致力於國際發展議題的跨領域合作。

序 言

轉型、創新與永續發展
王振寰老師的學思歷程與啟發

陳琮淵、許甘霖

　　這本學術論文集獻給我們敬愛的老師王振寰教授，紀念他從國立政治大學國家發展研究所榮退。王老師的教學研究生涯從東海大學社會學系出發，這是臺灣社會學「東海學派」的門牆重地，更是王老師學術養成之所，奠定他在政治社會學、產業社會學的權威地位，吸引菁英學子慕名求教，二十載綠苑春濃，桃李成蔭。王老師傑出的研究成果及豐富的行政歷練，一直是各大學極力挖角的目標，國立政治大學以講座教授敦聘王老師北矣其道，論學指南，帶領企業史、發展研究、中國研究等跨領域人文社會科學團隊屢創新猶，再攀高峰。

　　為了表達對王老師的崇高敬意，本書並不是單一研討會的論文輯編，而是累積了王老師退休前後幾屆臺灣發展研究年會專場，以及多次線上工作坊的成果。其間見證了疫情陰霾與滯延，又經過期刊刊登、各章與全書匿名外審的洗禮，這本《發展的賦格：王振寰教授榮退紀念論文集》方得以面世。從結構及論文內容來看，本書主要包括三個彼此獨立又相互關連的部分，這同時也是方便讀者聚焦的論文分類：一、國際發展與跨域治理（1-8章）；二、東亞區域發展與轉型（9-17章）；三、經濟創新與跨國發展（18-25章）。本書各章的研究地域主要集中在臺灣（1、2、5、7、8、10、17-25章）、中國大陸（9-15章）、東亞（6、9-17、22章）、東南亞（16-17、23-25章）及其他地區（3-5章）；有鑑於各章從不同學科、視角及方法來探討不同國家及區域的發展議題，同時考慮紀念論文集的特殊性，本書並未設定單一的理論模型或論述框架，也不特別撰寫導論專章，僅以序言作必要介紹與說明，就是想呈現發展研究多學科、跨領域、全球在地化（glocalization）的特色。書中除了集結王老師在東海、

政大指導學生、同事後進的近期研究成果，也收錄了國內外學界同仁及私淑弟子的論文。數十位碩博士教授傾心撰作，合計 25 章 60 萬字的篇幅，雖未能盡攬所有門生友達，卻已充分說明王老師的學術貢獻及教書育人的斐然成就。毫不誇張地說，這本書的作者，無不是在王老師的教導、啟發及影響下，不斷精進學問，開創一片屬於自己又彼此呼應的學術園地。本書的書名發想及編輯理念，呈現了求學問道的路途上，各有平坦崎曲、順流逆流，但我們有幸在王老師的引領下，有所追求、有所企盼，譜寫出激昂華麗、和諧動人的學術樂章。

以音樂形式賦格（fugue）來比擬學術發展或學者生涯，乃取其主題一貫、境界轉化的疊加類同譬喻。賦格或賦格曲，一般由呈示部、中間部和再現部所組成，各個聲部在呈現部中用主調和屬調將主題一一呈現一遍，然後各自展開成為不同的插部，最後在再現部裡回到原來的主題上。王老師以其深厚的社會學造詣，從年輕時投入政治社會轉型的探索，壯年步入跨學科的產業創新與區域研究，近期又鑽研環境永續議題，可謂一生專注於深刻影響人類社會的「發展研究」主題，在轉型、創新與發展的轉進與歸復之間，有其一以貫之、奮鬥不懈的心念，譜成一曲感人至深的美妙旋律。王老師的學術熱情不斷號召他在東海、政大的學生及學界友人後進，同時也彰顯了遁逸與羈束間的張力，這是賦格鮮為人知的另外一層意涵，更是王老師學術領導風格之寫照，即研究嚴謹、待人寬厚、處事開明的獨特魅力。

本文以王老師不同時期的學術脈絡及影響群體為經緯，介紹王振寰教授的學術生涯，穿插受其影響的三個主要群體／世代為本書所提供的研究論文，印證王老師的學術貢獻與影響力。

一鳴驚人的呈示：臺灣社會的轉型

王老師東海大學社會學系畢業後，適逢現任逢甲大學董事長，同樣出身東海社會系畢業於美國名校的高承恕教授，在練馬可博士（Mark C. Thelin）的殷殷期盼下回母系任教，將西方社會哲學理論的訓練帶給包括王老師在內的年輕學子。接下來的故事，就是臺灣社會學「南高北葉」兩大宗師之一的「南高」如何為臺灣培育出一代又

一代的社會學人材，一起讀韋伯，一起關切臺灣社會經濟的脈動，而這正是王老師所承繼的學術譜系。日文裡用「一生懸命」來表述職人一生只做一件事，專注地把這件事做到極致，那麼對將一生奉獻給臺灣社會、奉獻給東海社會系的練馬可老師而言，其念茲在茲的大作便是如何成就自己的學生。2005 年，王老師轉赴國立政治大學任教，深感公私立大學資源的落差，遂於 2010 年發起成立「練馬可教授發展基金」，接受系友和各界的捐款，以行動實踐和延續練老師關懷學生、關懷社會的志趣。兩位老師的身教和言教，對王振寰老師的學術研究和教育理念產生深遠影響，讓他了解了行為科學的有限性，認識到學術研究與人道關懷的並行不悖。青年時期的王振寰熱愛思考、以讀書為樂，態度認真且做事極有條理，總是能很好的在設定期限前完成目標，天資聰穎又肯下苦工，深受師長們的賞識。日後他在學術界發光發熱、屢有創舉，實在離不開上述人格特質及行事風格。

服完兵役後赴美國加州大學洛杉磯分校攻讀博士期間，王老師受到發展社會學、政治社會學，以及馬克思主義理論所吸引。在那個社會運動風起雲湧的年代，在美國接觸的這些理論和想法，正好回答了他過去在臺灣迫切想知道，卻又得不到合理解惑的問題。用王老師的話來說，發展社會學的知識解答了第三世界發展／低度發展的問題，以及說明了臺灣甚至是中國長久以來面對的威脅來源的問題；政治社會學解答了戰後臺灣威權體制形成與存續，以及民主政治如何可能的問題；而馬克思主義則在理論和實踐上，提供了對既有社會的批判，和改變社會的出路。

王老師選擇返回母校東海大學任教，並將研究的重點，放在資本與勞工、社會運動、威權主義轉型等左派議題，其實早有跡可尋。若將 1993 年出版的《資本，勞工，與國家機器》一書，視為學術新秀嶄露頭角的論文集編，真正讓王老師一鳴驚人乃是更具野心也更系統性的《誰統治臺灣：轉型中的國家機器與權力結構》，書中犀利的提問角度、紮實的理論基礎及田野調查，讓此書甫出版就獲得廣泛的關注與引用，至今仍是詢問度極高的政治社會學經典。眼見當時臺灣正處於政治經濟鉅變的關鍵時刻，王老師敏銳地覺察到威權政治在臺灣已是明日黃花；產業升級壓力與資本外流現象，亦將取代如何提升所得、爭取外匯，成為臺灣經濟發展無法迴避的議題。換言之，國家機器如何面對利益政治、如何面對新的政商關係，以及兼顧資本國際化且維持發展等，不僅具有現實意義，更有待社會科學理論的分析。對此，王老師除了在國

科會的支持下全力投入研究，更是圍繞著《誰統治臺灣》一書中的問題意識，指導多位研究生完成傑出的學位論文，他們當中不乏繼續深造往學術界發展，猶如賦格曲各聲部的呈現和再現般，既發揮所受的學思訓練，又有各自特色而能彼此應和（如李宗榮、許甘霖、鄭力軒、黃書緯等）。

〈臺灣大型企業的薪資差距〉一文由李宗榮及其團隊完成，為本書的第 21 章。李宗榮的碩士論文《國家與金融資本：威權侍從主義下國民黨政權銀行政策的形成與轉型》（1993）由王老師指導，此後他也續持進行相關研究，並透過量化研究的方法，將研究領域擴到家臺灣家族企業及大型企業的研究。李宗榮等人整合勞保勞退資料的薪資資訊與上市櫃公司的數據，以貫時性的統計模型來檢視影響臺灣大型企業內高低階層員工間薪資差距的影響因素。主要發現包括：一、公司內員工的人力資本平均水準越高，則公司內薪資分佈差距越小；二、較大型的企業，外資持股比例較高的企業以及屬於企業集團的分子公司其薪資差距較高；三、企業獲利只對高階主管的薪資有助益，對一般員工則無，也造成公司內薪資差距的擴大；四、工會組織率雖然對一般員工薪資的水準產生保護，卻沒有對高階經理人薪資產生抑制，也沒有對降低薪資差距產生影響。由此可見，鑲嵌在全球化與大型化趨勢中的臺灣企業，其內部員工的薪資分配深受市場力量左右。

許甘霖在第 18 章〈社會團結經濟組織的鑲嵌性營運模式：博蘭尼取徑的嘗試〉中，將「經濟是嵌置過程」重新概念化為「經濟鑲嵌性矩陣」，再結合策略管理領域的「營運模式圖」，進一步操作化為「鑲嵌性營運模式」，並以之分析社會與團結經濟營運模式。「鑲嵌性營運模式」內的要素都涉及不同的動機、整合方式和制度模式，並與貫穿經濟領域內外的社會要素交織或互嵌，形成特定社會團結經濟形式的運作機制，並伴隨著特定的經濟與社會效應。這篇文章以七喜廚房為例，闡明惜食餐廳之鑲嵌性營運模式的樣態，檢視這種鑲嵌性營運模式分析的理論與實務意涵。此一近期研究與他的碩士論文《黨資本的政治經濟學——石化業個案研究》（1993）已有明顯差異，但其核心關懷乃至於分析架構，仍可見到王老師的影響。

鄭力軒的碩士論文《鈴聲響起——臺灣電信市場化的社會學分析》（1999），同樣在王老師的指導下完成。他在本書的第 6 章中以日本公司治理（corporate governance）改革為例，探討新自由主義中不同成分間的緊張關係。表面上來看，日

本比較接近「務實的新自由主義」，以局部且漸進的方式推動市場化改革。然而細究之下，仍可發現理念的影響及其與經濟組織實務需求間的複雜關係。1990 年代自由化改革與企業鬆綁的需求高度一致，形成了產官學聯手促成制度鬆綁的局面。但 2000 年以來的公司治理改革則與經濟組織實務需求相悖，凸顯出協調型經濟中自由化與市場化的矛盾。鄭力軒指出，日本的新自由主義兩大動力，第一是政治轉型過程中改革作為政治正當性的基礎，並延伸出相關理念的重大影響。第二則是日本經濟結構所面臨的內部挑戰下企業調整的需求。

第 8 章〈水利邊界：金門供水網絡的形成、困境與邊界實踐〉由邊界治理的角度理解邊界島嶼水資源治理困境的重要性。黃書緯將金門的供水網絡分成「水庫建設」（1950-1990）與「水管政治」（2000 年以來）兩個時期，前者是國家為了邊界治理主導了水利設施的興建過程，後者則是水資源治理鬆動國家在邊界治理中的主導權。後期由金門縣政府開始推動的越域引水工程雖是為了因應緣政治變化，但邊界並沒有消失。相反的，邊界在水資源治理日常實踐中其實無所不在。真實的邊界實踐並不是國家協議下的行政邊界，而是由數字、檢查站、蓄水池等微小的物理設施所構成的異質網絡，而其所造成的政治效應，並不亞於水壩、運河等大型水利設施。本章的研究主題，延續黃書緯在博士論文中有關「領域化」（territorilization）的討論，以及他在博士後研究時期參與王振寰老師中國水資源環境治理研究計畫的經驗。

1990 年代是臺灣最富民主活力的年代。也是在此社會轉型的關鍵階段，王老師接連出版兩本極具影響力的專書，不僅在學界聲名鵲起，也積極履行知識分子的社會責任，同時陸續出任校內外重要的學術行政工作，說他是當時臺灣社會學界最有實力的後起之秀並不為過。然而，王老師不願過度捲入國族議題爭議的泥沼，轉而將心力傾注到後進發展的政治經濟學，特別是國家在經濟追趕過程中的角色和相關議題，透過政治、經濟、社會轉型的結構性探索，奠定出臺灣發展研究的基調。直到離開東海社會系之前，除了論文指導，王老師也透過開課、演講、口試等因緣，影響或幫助了邱炫元、何彩滿、蔡友月等新一代學者，其學術身份及研究主題看似並未王老師直接相關，卻是隱隱契合的泛音，共同成就這部美妙的賦格。

邱炫元在東海大學社會系和研究所的學習階段深受王振寰老師的影響，他後續的研究方向則進一步轉向印尼，特別是宗教、華人與政治議題的研究。在第 16 章〈印

尼伊斯蘭民粹主義的興衰及其對民主的挑戰？〉一文中，邱炫元觀察到，印尼的民主化大致上在東南亞國家中的表現算是優等生，國家的政治體制並未走向政教合一的方向。然而民主化卻同時給予強硬保守的穆斯林團體發展的空間，讓他們運用訴求宗教自由的權力，以及穆斯林的道德恐慌（moral panic），對於性道德、宗教褻瀆等議題進行強烈的政治訴求，甚至採取暴力手段來抗爭。他檢視近幾年這些保守強硬的穆斯林組織如「捍衛伊斯蘭陣線」（Front Pembela Islam）跟「解放黨」（Hizbut Tahir）對特種行業店家的破壞、主張反色情法、對伊斯蘭新興宗教的迫害、反對印尼華裔基督教前雅達特區首長鍾萬學的諸事件，以及 2019 年的印尼總統大選右翼穆斯林的暴力等事件，並從全球伊斯蘭民粹主義（Islamic populism）興起的潮流，來探討印尼伊斯蘭民粹主義崛起的歷史脈絡以及對印尼伊斯蘭政治未來發展的影響。

第 19 章〈窮困 - 發達與共弔詭：一個社區品牌故事的啟發〉由何彩滿、李明彥、黃儀婷協力完成，主要作者何彩滿在求學的各個階段，受到王振寰老師的長期薰陶。幾位作者認為，因為體制或地方特色各具優劣勢，成功的案例其模式或許無法直接套用，不易建立一套可依循的學習機制。然而無論成敗，實務上都必須面對如使命偏離（mission drift）的難題或是如何避免公地悲劇（the tragedy of the commons）的困境等共同議題。透過雙連梨的個案研究，檢視日本與臺灣關於地方創生政策的推動概況，並藉著親身參與的案例，敘述了大學團隊與社區的互動過程，透過社區品牌行銷在地農產品，挽救小學免於廢校的經驗。大學團隊介入了社區既有的社會連帶與經濟關係網絡，凝聚社區共識的過程，經歷了共患難卻難享福的危機。大學團隊將危機轉化為可能的機會，與社區磨合出一種新的社區培力機制──社會企業，來因應團結經濟帶來的機會與挑戰。

蔡友月在東海社會系完成大學、碩士訓練，學術思路及對臺灣議題的關懷深受王老師影響。她與張國暉合著本書第 7 章〈驅不走達悟惡靈的民主治理夢魘：蘭嶼核廢遷場僵局的政策史分析〉所討論的主題，很能體現這種學術影響，同時映襯出王老師看似不斷擴張的學思版圖，實則長期專注於發展議題的本心。

張國暉與蔡友月以科技民主治理的觀點，分析蘭嶼低階核廢遷不走的困境、遷場政策背後的政治脈絡，以及經歷三次政黨輪替的政策史變化。對照國際趨勢，臺灣近三十年的「低階核廢處置政策」大致符合從專業壟斷、政治介入、民主參與，再到龐

大利誘等原則的趨勢，只是政府的專業壟斷企圖直到近年才實質減低，讓政治介入及民主參與獲得較為實質的抗衡空間。他們分析指出，臺灣核廢處置政策從威權時代的管制科學治理型態，由政府上對下單向決定，政策制定過程排除達悟族人參與，到民主化後國家為回應達悟族人訴求，2006 年立法院通過《選址條例》，以法制化作為解決策略，卻因為核廢政策無法有效處理不同利害關係者之間認識論的衝突，沒有強化科技溝通與信任的社會基礎，反而陷入條文無法實踐的治理僵局。他們認為後常態科學下的科技民主治理是一個不斷溝通、協商與審議的過程，必須將民意與專家的政策協調過程視為民主審議的過程，深化在地永續價值及實踐方法，才能有效回應後常態科學下的挑戰。

中間的轉折與創造：區域發展與產業創新

千禧年前後，臺灣族群動員和仇恨政治隨著各級選舉不斷升級，政治對學術的干預雖不再由上而下，以肉眼可見的暴力為之，惟統獨藍綠對抗及族群身份認同的標籤化想定卻日益極端，一旦非關學術的口誅筆伐成為家常便飯，追求客觀中立的進行分析便再無可能。對此，王老師毅然跳脫政治社會學、威權轉型等已卓然有成的研究領域，轉而投入稍為遠離現實政治的社會經濟議題，探究臺灣的經濟發展、創新和轉型。雖非刻意為之，但與研究主題轉向同步發生的，乃是研究陣地的轉移，王老師從此踏上前後為期約莫等同於東海歲月的教研生涯。

2005 年，國立政治大學以講座教授的榮銜，敦聘王老師到國家發展研究所任教，並陸續委以研發長、中國大陸研究中心主任、國關中心第四研究所所長、學術副校長等學術行政重任，甚至一度成為校長選舉的熱門人選之一。對於王老師的學術生涯而言，北上政大任教既可說是進入一個新的階段，其實也是先前研究積累的發揮與再創造。王老師的社會學造詣，除了體現在個人著作，更獻身於公共推廣普及方面。他與瞿海源教授號召不同世代的相關領域學者，共同編寫出臺灣第一本本土化社會學教科書《社會學與臺灣社會》，非但社會學界及應考相關公職的學子耳熟能詳，其他學科的學者，也十分肯定王老師在社會轉型、產業升級與區域發展等領域的貢獻。可說在

政大期間，王老師從社會學及臺灣社會研究出發，研究範疇不斷外溢到企業史、國關與兩岸、產業創新、永續發展等跨領域議題；中國研究、臺商研究自不在話下，王老師更以其廣寬的胸襟及前瞻視野，支持東南亞研究中心及社會創新實踐基地，使之成為政大最具特色的人文社科研究方向之一。

王老師主要從事東亞研究、中國研究，但非常支持陳琮淵、楊昊、張書銘等人在政大發展東南亞研究。在提攜後進之餘，也打開了學科融合擴展的可能性。

楊昊是臺灣推動新南向政策的過程中，最受矚目也最重要的中生代東南亞研究學者。出身政治學訓練他的研究領域橫跨臺灣、東南亞與中國，在國關中心成立東南亞研究中心，便是得到王老師很大的支持及鼓勵。楊昊在本書第 24 章〈新南向政策與僑務工作的推動：從 P-P-P-P 協力模式到四個強化的全面開展〉一文中指出，新南向政策受到各方重視，主要原因有二，其一，它回應了東協與區域共同體的發展理念（以人為中心），致力於長期經營的願景與多元夥伴關係。其二，以多元多利害關係人參與的協力增效為成敗關鍵。作為臺灣的國家生存戰略，新南向政策結合公、私部門與民間能量的協力夥伴關係，主要運作模式為四個 P：Publicsector（公部門）、Private sector（私部門）、People（人民或公民社會團體）、partnership（夥伴關係）。當前僑務工作的推進，同樣反映出 P-P-P-P 的實踐與社會網絡的推進。本文將針對僑務協力夥伴關係如何實踐進行分析。文章分為五個部分，除前言外；第二部分為 P-P-P-P 協力架構的呈現，第三部分公部門的推進努力與成果，即政府新南向政策五大旗艦計畫的成效以及鑲嵌在其中的僑務工作與成果；第四部份為私部門與民間部門新南向成果，包含臺灣亞洲交流基金會在越南、印尼、泰國與新加坡進行的臺灣與臺商形象調查計畫成果為經驗研究的佐證；第五部分為結論，即綜合分析與政策建議，主要著眼於呈現新南向政策與僑務工作的再連結與彼此強化，同時也將從四個強化的角度展望疫後新南向政策與僑務工作切合推進的新路向與藍圖。

跟隨王老師做學問是陳琮淵在政大期間最大的收獲。無論是執行研究計劃、出國田野調查或專書論文的編著，王老師總是全力支持與信任，讓他在兼顧生計與畢業要求的同時，還能繼續深化自己心儀的研究。

隨著性別平權意識的全球普及，女性地位提升，權益獲得更多保障。東南亞女性參與社會事務的諸多限制雖逐漸削弱，卻依然存在。作為少數族裔成長於多元文化社

會的馬來西亞華人女性，一方面受現代教育薰陶，卻也承繼了賢妻良母的期許。家庭負擔及社會壓力，似乎壓縮了華人女性在公共領域一展長才的空間，在馬來西亞，華人女性的社會參與及對國家發展的可觀貢獻，亦未引起太多關注。有鑑於華人女性社會參與的研究並不多見，缺乏較為深入的個案分析。陳琮淵與學生何蘊詩在本書第23章〈馬來西亞民主轉型中華人女性知識份子的社會參與：兩位留臺人的個案研究〉一文結合訪談及文獻資料，以楊潔及傅向紅兩位留臺人為研究對象，分析成長背景及跨國移動經驗，如何使她們在馬來西亞民主轉型的過程中成為進步價值的媒介，積極參與社會變革的行動？從而探討當代馬來西亞華人女性社會參與的特色及影響因素。在王老師指導下，琮淵先是執行教育部計劃研究新馬的華資銀行、赴當地收集檔案文獻，後在國科會的資助下出國參加亞洲研究學會、國際亞洲研究學者大會發表論文，奠定博士論文的研究基礎；隨後又獲得中央研究院亞太區域研究專題中心的博士生培育獎助，順利完成論文。也是在王老師的鼓勵下，琮淵得以長期投入東南亞華人研究，並將王老師的教學課綱設計及論文指導模式，運用在兩岸各大學取得良好成效。

　　與琮淵等人的背景相似，張書銘到政大後在王老師的指導下，不僅順利完成博士學位，畢業更得到教育部的獎助，將論文改寫出版成書，持續進行臺越跨國移民的探索。第25章〈北移工、南新娘：越南移民遷臺的制度脈絡分析〉，張書銘提出「北移工、南新娘」的遷移特徵，乃是因為遷移體制與資本主義接合方式的差異：前者是透過確立勞動輸出活動中私有和外國資本的所有權以及契約精神融入國際勞動市場，後者則是因為外資帶來的社會網絡所形成的跨國婚姻市場。1986年底，越南決議採行革新政策，國家從社會主義體制轉向資本主義市場化過渡，國有和集體的所有權與生產模式股份化，自此結合私有與國外資本的多種資本組合形式成為經濟發展的主要動力。在勞動輸出政策上，國家透過《越南契約勞動者出國工作法》確立勞動輸出企業私有和外國資本的財產權，以及勞動輸出的契約形式，這也是資本主義市場經濟運作的重要精神，越南以此融入全球資本主義和國際勞動市場。也因為河內自1955年起即為政治中心，多數國營企業均將總部設於此地，加上革新後成立的勞動出口公司幾乎均有國家或集體企業股權，遂形成「北移工」的制度脈絡。另一方面，1980年代臺灣因為投資環境不利勞力密集產業發展，適逢越南革新提出優惠政策吸引外資，許多臺商紛紛前往越南進行考察。加上1994年臺灣南向政策促使臺灣跨國資本大量進入

越南南部胡志明市及其周邊省分，因此「南新娘」的遷移特徵則與臺商介入跨國婚姻仲介網絡有關。

　　同樣畢業自政大國發所，雅芬雖然沒有直接處理東南亞議題，但她論文結合犯罪學及個人實務經驗，所涉及的空間領域確實與東南亞研究、社會學高度相關。特別是近年「柬埔寨園區」議題引發熱議，她的研究勢必再度引發關注。

　　資訊時代下全球化造成了流動空間及網絡社會的崛起，其影響含括政治、社會、經濟層面，更形成了全球犯罪經濟的現象。臺灣境內詐欺犯罪從過去當面直接接觸，轉為透過電信或網路間接接觸的詐騙形式；在政府全面查緝及兩岸共同打擊犯罪之下，近年來電信詐欺集團呈現向外擴散、跨越國境乃至全球的趨勢，直至 2020 年 COVID-19 爆發，才衍生集團返臺的洄游現象。跨境詐欺集團利用最新科技手法及法律制度障礙，使空間限制消失無蹤，更使刑事司法機關疲於奔命，儼然另類「無盡的追趕」。本書第 5 章〈全球移動：臺灣跨境電信詐欺犯罪網絡發展分析〉，聚焦在跨境電信詐欺犯罪網絡的全球移動與空間分工，並探討其隱含的政策意涵。雅芬經由文獻探討法、現有資料統計分析法及深度訪談法進行三角檢定，發現空間節點的移動與分工，加上「第三地機制」切割了犯罪地理連結，形成當代近乎無懈可擊的全球犯罪網絡，而其背後的形成脈絡與國際局勢及兩岸關係有著密不可分之關聯。

　　黃富娟主要的研究田野是比東南亞還要遙遠、臺灣人也更陌生的拉丁美洲。她也是在政大讀博期間受到王老師的啟發，透過閱讀老師的著作及請老師擔任口試委員，她將臺灣石化產業後進發展經驗與理論，對照於墨西哥的案例進行比較研究。取得博士學位後，她持續研究拉美發展的政治經濟學，同時也將觸角延伸到發展領域的其他議題。本書第 4 章〈委內瑞拉糧食生產體系與短缺之研究（2001 ～ 2014）：過程與機制〉便是一例。她從制度論出發，探究委內瑞拉查維茲總統執政期間，以國家力量打造的國有糧食生產體系與相關制度，為何以及如何導致委內瑞拉走向更仰賴糧食進口，並於國際石油價格崩跌之後陷入嚴重的物資「短缺」。研究發現，查維茲一系列政策，重組了土地產權、糧食生產體系、市場制度和分配機制，雖形成「混合市場經濟」，但由國家主導並掌控價格制定和供應分銷體制，具「官僚價格協調經濟」特徵。私有食品加工部門因為被「徵收」或進料限制，造成生產下降；反之，國有糧食生產體系之主體「社會經濟部門」，卻因政府的「最高售價限制」與「市場價格」之間持

續擴大的差距，強化了「投機／套利」誘因，而導致「短缺」和黑市交易。國家又變相地擴大「徵收」，以及價格控制的範疇與數量。最終，政策制度抑制了私部門的生產，又變相地鼓勵國有生產體系去投機，導致國內生產下滑，更仰賴進口。

　　王老師身為一位傑出多產的社會學家，不僅待人接物沒有架子，更從來不以社會學本位主義行事，不會去排斥其他學科，或貶低相近領域學人，這正是令許多政大同仁後進感佩且願意親近他、跟隨他的原因所在。國立政治大學國家發展研究所的前身是三民主義研究所、中山人文社會科學研究所，隨著時空環境的轉變，三民所、中山所逐漸面臨缺乏明確定位及學術認同的困境，對於調整變革也躊躇不前。在「國發所」更名轉型的過程中，王老師的角色甚為關鍵，他提出以「發展研究」為學術發展核心，甚至直接以之為所名的倡議，卻也願意接納其他不同的意見，足見其前瞻性與包容度。另一方面，他在政大推動的多項學術工作及國際合作，不能說沒有阻力，初期甚至還有很多「山頭」必須去折衝協調，但王老師一秉至公卻願意溝通了解實際情況，積極為同儕同事找方法、找出路、找臺階，復以其優秀的學術表現及行政規劃能力，以資深及背景雄厚自恃的傳統勢力亦未敢輕纓其鋒，終而帶領大家打下一片新天地。

　　推動中國研究的跨院校、跨學科、國際化發展，是王老師在政大推動的一個令人印象深刻的學術工程。王老師主編的《中國大陸暨兩岸關係研究》、《兩岸社會發展的挑戰與轉型》，以及本書所收錄的多篇中國研究論文，便可視為過去十多年來政大中國大陸研究中心一系列學術活動的成果產出及外溢效應。

　　湯京平與魏玫娟是王老師在政大的同事，在王老師的組織與帶領下，多次到中國大陸進行田野調查。他們在第 14 章，〈文化資產治理與公民參與：大陸培田古民居的案例分析〉中指出，在某種程度上，文化資產具有共享資源的特性，在政治上則面臨「利益分散於多數、成本集中於少數」的結構，需要擴大公民參與才能確保成功治理。因此發展社會組織、整合在地社會網絡，透過賦權以提升在地自主管理的能力便十分重要。本章以中國培田村古村落的保護與發展為個案，透過文獻研究與田野調查，檢視培田保存物質遺產與復振非物質文化的過程中所面臨的主要挑戰，展示培田在其他類似的治理案例中所展現的創新與限制。本研究也發現，在諸如中國人民大學鄉村建設中心等機構的支持與培育之下，吸引許多年輕人投入基層培力的工作，創造合產的機制，也提供更多公道的發展（just development）機會。

黃兆年是王老師在政大國發所的年輕同事，雖未直接參與王老師所領導的中國研究團隊，但在老師的鼓勵下，在中國研究方面取得亮眼的成績。他收錄在此書的論文也與王老師早年的政商關係研究、臺商研究形成很好的呼應。

黃兆年在第 10 章〈威權的跨境流動與消長：中國因素、雙重政商關係與臺灣媒體自我審查〉中提出雙重政商關係的理論架構以探討中國因素對臺灣媒體自我審查的影響力消長。他主張：臺灣媒體實施外導型自我審查的程度，取決於其跨海峽政商關係與在地政商關係的相對強度。針對旺中集團與三立集團的比較個案研究發現：當某臺灣媒體的跨海峽政商關係比在地政商關係更加強化時，該媒體便會採取或增加外導型自我審查；而當其在地政商關係比跨海峽政商關係更加強化時，則會減少或取消外導型自我審查。本研究結果有助於了解中國因素影響力消長的條件、補充現有研究對於媒體自我審查增減的解釋，亦有助於思考對中國因素影響的因應政策。

蔡文軒、林瑞華曾親身參與中國大陸研究中心團隊的子計劃，雖非指導學生，但同樣受到王老師的高度關照與影響。他們在第 12 章〈科技創新與央地關係：習近平時代的政策汲取、擴散與調適〉中，從政治社會學「學習型威權主義」概念，來討論中國政府的政策學習過程，當中包括三個主要環節：政策汲取、擴散與調適。政策汲取是指中共向外國借鑒適合的經驗或制度。一旦中央決定學習某項政策，再透過國家力量來進行政策擴散。最後，是政策調適，也就是各地方因地制宜的進行政策內容的局部調整，強化政策執行的彈性，並將相關經驗反饋到中央，協助其進一步修補相關的法規。他們以習近平「新時代」的雙創政策為案例，進行討論與分析，並以福建與廣東的案例，討論地方的政策調整與對中央的反饋。以期建立更全面性的架構，深入分析中國的科創政治與政策學習、調適過程。在習近平時期，中共特別強調所謂的頂層設計、系統觀念與新型舉國體制。本文指出在這套「學習型威權主義」的運作過程中，中央強化了對整體過程的調控力度，而地方政府可能只獲得有限的創新自主權。

與蔡文軒等人一樣，張鈞智同樣在政大東亞所取得博士學位，並一度想找王老師擔任指導教授。王老師對他的影響，更多是在課堂、工作坊及研討會上的點撥，他也因此獲得更多與國際中國研究學界接軌的機會。在第 9 章〈建構合意空間：當代中國大陸學術知識分子與國家的互動策略〉，張鈞智與黃錦堅提出「合意空間」的概念，探討當代中國大陸學術知識分子和國家之間的話語互動。他們以 2007 ～ 2019 年國家

社科基金的文本資料為例，使用文字探勘和詞彙匹配技術，將知識分子和國家共享的話語空間劃分為三種型態：合意空間、不合意空間和侍從空間，進而提出學者迴避國家指示和建構合意空間的三種策略。本章提供了一個觀察國家與知識分子之間話語互動的新概念架構，強調即使鑲嵌在國家的限制當中，知識分子與國家的互動角色也不能簡單化約為服從，同時也扮演了自主的角色。知識分子與國家之間的互賴和協調，可能促進威權體制的調適性治理。

前述已及，王老師的研究興趣，自東海後期轉向經濟社會學領域，並在政大時期開啟環境永續議題的探索。這樣的轉向，也反映在學生畢業論文的指導方面。每逢寒暑假期間，王老師總是帶領學生赴中國大陸進行學術交流及田野調查，既要觀察中國產業創新及政策制訂情況，同時也在著手建構臺灣視角的社會學分析。蔡青蓉為本書所提供的論文，並不以最新的技術與產品為研究對象，而是回顧中國手機產業發展的歷史篇章，她的文章與接下來其他幾篇關於中國能源產業的研究，也從側面記錄了王老師學術焦點的轉向。

第 13 章〈中國 3G 通訊標準 TD-SCDMA 的崛起與殞落：政治化的民族手機工業發展與自主創新〉。蔡青蓉從政治經濟學「國家和企業」的視角，研究中國大陸試圖推動自有 3G 通訊標準，並聚焦在分析「國家」角色對產業發展之作用，包含國家和企業行動者之間的角力、運用的政策手段與成果。研究發現：⑴國家層次──為了達成國家「進口取代」戰略，中國政府透過多次政治操作，強制第一大電信商中國移動成為產業發展的領頭羊，並搭配保護與補貼工具，扭轉了過去跨國企業主導中國大陸市場的劣勢。⑵企業層次──本土廠商是否完全邁向「自主創新」是有待商榷的。中國封閉的 3G 標準雖發展不成熟，沒促成本土一條龍產業鏈，但大陸政府認為擁有中國自主的 3G 標準，至少可成為和外資談判權利金的籌碼，達到提升中國的「國際話語權」，打破過去任由外資宰割的劣勢局面，這是挑戰歐美科技霸權領導的第一步。此外，因大陸市場龐大，華為與中興在國內達成「進口取代」，也奠定了他們之後在全球電訊製造市場的逐漸崛起。

曾聖文、賴俊魁關注中國如何透過再生能源發展以達成節能減碳與能源轉型目標。他們在第 11 章〈失速的風機──中國能源轉型中的治理機制與地方套路〉中指出，雖然中國成功發展了一個規模巨大的風電產業，但嚴重的棄（風）電問題卻引起地方分

權和中央集權間的矛盾。更引人注目的是：在中國的威權政體下，為什麼中國政府的風電治理機制導致棄（風）電問題呈現週期性消長？為什麼治理機制呈現地方分權與中央集權交替擺盪的不穩定現象？他們分析 2014 年 7 月到 2022 年 6 月間針對中國七個省（市／自治區）田野調查的訪談資料後，提出分析架構，探討地方政府回應策略背後的「地方套路」行動模式。研究發現中國的風電治理機制在面對棄（風）電問題時，中央政府即使提出政策指標和文件，但地方政府各項「地方套路」的最終目的是在追求自身利益最大化，而不是有效解決問題。在中央與地方政府持續相互出招的情境下，使得棄（風）電問題長期呈現上下巨幅波動的特徵，反而衝擊節能減碳的成效。

同樣聚焦中國能源轉型議題，同樣直接受益於王老師的田野及寫作指導。第 15 章〈綠色能源轉型和邊陲城市發展：邁向地方生態發展型國家〉，林凱源闡述了中國如何透過綠能轉型重塑經濟格局並為邊緣城市的發展創造條件，當中地方政府的角色特別值得關注。地廣人稀的西北戈壁沙漠地區擁有豐富的風能和太陽能資源，中國政府將這些資源商業化並建立了新的控制系統。透過過測量和分區劃定開發場址的優劣並控制投資者進入的機會，地方政府能夠將自己的利益與其他利益相關者結合，從而建立地方產業能力並實現發展目標。地方政府還能夠藉助棄風、棄光來促進基礎設施投資、推動技術進步和推廣平價上網項目。因此，綠色能源轉型能夠實現產業升級、減輕地方貧困、縮小區域發展差距，並且為全國生態環境改善做出貢獻。本研究揭示了地方生態發展型國家如何配置新能源空間和重組地方治理，以及地方政府在推動綠色產業政策方面的積極作用。

再現與歸復的探問：邁向永續發展

學生及著作是學者的一生心血寄託。但不可諱言的，在現今臺灣的高教體制下，學者除了承受龐大的期刊論文發表、通過專題計畫壓力，更必須耗費大量時間和精力從事學術行政與社會服務。曾幾何時，利用教研空檔振筆疾書竟成為學術界有心人「痛並快樂著」的共同經驗。另一方面，學術需要對話與合作來擴大視野、整合資源。到政大服務後，王老師所承擔的行政責任愈發沉重，研究和寫作的時間受到嚴重壓

縮，但他始終未忘情學術，堅持研究與寫作，甚至不惜犧牲睡眠時間，在每日忙碌的行程開始之前，堅持早起閱讀寫作。榮獲第一屆「孫運璿學術獎」肯定的《追趕的極限：臺灣的經濟轉型與創新》的完成就是一例。

作為臺灣企業史叢書之一，《追趕的極限》整合大量田野及訪談資料，並透過產業個案及比較研究探索臺灣的經濟轉型。王老師在書中指出，臺灣產業過去的成功之道：「快速跟隨式創新」模式發展方式已走到極限，產官學界必須以新的思維及整體配套措施以突破瓶頸。本書回顧了戰後至今臺灣的產業經濟轉型，從技術追趕到邁向創新的過程，主張隨著企業規模及國際化程度不斷提升，政府產業政策將逐漸失去主導力，應轉換角色，建立各種合作平臺協助產業發展。此書出版後，獲得廣泛的回響，不只臺灣，中國大陸、南韓、日本及歐美學界都有學者熱烈討論書中的個案及論點，多年後出版的《未竟的奇蹟：轉型中的臺灣經濟與社會》一書中的多個篇章，亦可見到王老師學術觀點的影響。從王老師的學術生涯來看，《追趕的極限》關注臺灣社會，並從另一個角度探討國家角色及相關理論，與《資本，勞工，與國家機器》、《誰統治臺灣？》共同構成彼此呼應的「轉型三部曲」，也是王老師核心學術關懷的呈示與歸復。

《追趕的極限》的成就與迴響，也說明了王老師以更具野心及系統性的方式，繼續並發揚高承恕老師在東海開創的臺灣產業與經濟社會學傳統。事實上，王老師到政大之後不久，便受邀參與資策會大型研究計畫，與同樣關注產業升級的商學院學者、政府研究人員及業界人士攜手分析相關議題、提供政策建議。此後他更是整合政大文學院、商學院、社科院的科研力量，成立「臺灣企業史」研究團隊，推動相關資料庫及課程建置，受託執行臺灣產業、企業史及家族企業研究計劃、出版一系列中英文書籍如《百年企業‧產業百年：臺灣企業發展史》、《家族企業還重要嗎？》、*Broder Crossing in Greater China: Production, Community and Identity*、*Rethinking Social Capital and Entrepreneurship in Greater China: Dose Guanxi matter?*。

另一方面，王老師將學術關懷與社會實踐結合的努力，除了積極發揮知識分子的言責，更透過擲地有聲的《社會學與臺灣社會》，面向大眾的《凝聚臺灣生命力》等書，將全球視野、在地關懷的社會學理念傳遞給一代又一代的青年學子。近年來，出於對國際發展及環境永續議題的關注，並有鑑於臺灣長期缺乏跨學科、跨領域發展

研究的討論平臺,王振寰教授開風氣之先,在政大主辦「臺灣發展研究年會」、組織「臺灣發展研究學會」。王老師出任臺灣發展研究學會的創會理事長,主編《發展研究與當代臺灣社會》,帶領相關領域的學者,共同將臺灣的發展研究從邊緣推向前沿。王老師的號召得到學界同仁的支持與廣泛迴響,發展年會至今已舉辦十五屆,規模不斷擴大、參與日漸多元,並透過論文獎鼓勵新一代學者投入發展研究領域。以下幾章論文的作者自來王老師政大國發所同事及發展學會同仁,說明了學術領域的擴大,不能僅靠一個人的天生神力,更需要眾志成城。往後學者回顧臺灣發展研究之發展時,絕對無法忽略王老師的魄力與貢獻。

二十一世紀以來的國際發展援助議程益加強調援助有效性。在本書的第 1 章,〈發展研究與反事實分析:以臺灣政府開發援助為例〉,蘇昱璇回顧了援助有效性的背景,介紹反事實分析的邏輯、方法,並透過訪談與文獻分析,檢視臺灣目前政府開發援助中,已獲學術期刊審查刊登的反事實分析案例,包括國際合作發展基金會在南太平洋島國吉里巴斯與馬紹爾群島的園藝計畫以及海地之糧食安全計畫。她發現上述案例突破過去臺灣援外工作純質化敘述、可能流於主觀的評估方式,除具體呈現援助成效並予以量化。為了有助於國內外了解臺灣的發展援助工作,打破金援外交等負面刻板印象。蘇昱璇建議將事後評核思維完整納入計畫初期準備與評估階段,收集基線資料,擴大樣本數,更積極與相關發展議題的文獻對話,並與其他國際發展組織交流,以期進行更完善嚴謹之成效評估。

臺灣是事實上的(de facto)獨立國家,然而其法理上的(de jure)獨立地位在中國打壓之下並不被國際廣泛承認。長久以來,臺灣藉由援助邦交國來換取外交承認,形成「建交導向」的援外政策;然而過去十多年來,在論述上、制度上和實踐上出現一系列改革,呼應美歐澳日等理念相近國家的價值,也就是經濟合作發展組織(Organisation for Economic Co-operation and Development)的國際援助典則。簡旭伸與吳奕辰在第 2 章〈2000 年代末以來臺灣援外轉型:從「建交」導向延伸「發展」導向〉主張這是從「建交導向」延伸到「發展導向」,主要透過與理念相近國家共同推動三邊與多邊合作,使臺灣參與更多國際事務。另外,在延伸「發展導向」的過程,出現兩種安全概念。其一,是本就預期透過各類援助,協助區域繁榮與安全穩定;其二,則是在過程建立互信,在特定國際局勢下讓理念相近國家也願意以行動來支持臺灣安全。

政大國發所林義鈞關注全球南方（Global South）發展議題，第三波區域主義的內容更是全球南方發展的重中之重。第三波區域主義認為，近期的新興區域貿易自由化工程主要分布在亞太地區，而 2002 年以來的東協自由貿易區、東協加一、區域全面經濟夥伴協定等案例就是最典型的區域主義成果。在區域主義的發展下，全球南方的亞太地區必須開放昔日國家保護下的國內農業市場，使得亞太地區的農糧體系（food regime）逐漸具有財團農糧體系（corporate food regime）的雛型。然而，由於亞太地區的農糧財團普遍是國有企業或是國家控股企業，迥異於財團農糧體系在全球北方的主要行為者為私有企業，因此本文發問：第三波區域主義如何重塑亞太地區南方國家的財團農糧體系？本書第 3 章〈全球南方發展：第三波區域主義、農糧體系與糧食主權運動〉認為：第三波區域主義如同前兩波區域主義，使得亞太地區的農業貿易邁向公司化與自由化；然而，由於國家仍會透過國有企業或國家控股企業介入農業市場，因此形成區域性的國家指導式財團農糧體系（state-guided corporate food regime），糧食主權運動內容也發展出強調民族主義、生態農業、永續發展等內涵，成為區域性糧食主權運動的發展特色。本章的討論也與黃富娟在第 4 章的分析形成很好的理論框架－經驗個案研究互補。

國際關係研究中的小國生存與發展策略，同樣受到發展研究學者的關注，新加坡的故事，更受臺灣政策制訂及研究者所青睞。主流國際關係學者認為，美國在冷戰時期尊重英國在新加坡的殖民地位，故不干涉英國內政，也不介入獨立前新加坡的政治。此外，由於李光耀的反共形象，學者亦少質疑他與美國的友誼；而族群與意識形態接近的臺灣，也常被認為與李光耀交好。

劉曉鵬同樣是王老師在政大國發所的同事。第 17 章，〈機會主義者：英國、美國、臺灣與李光耀的總理路（1955-1959）〉一文中以檔案與國際關係文獻為核心，回顧 1950 年代李光耀與英國、美國及臺灣之間的關係，尋找李光耀不同的面貌。他發現李光耀因其行為親北京，使英國與美國產生很大的爭辯，導致美國介入新加坡政治，迥異於主流學者的認知。身為殖民主的英國熟悉新加坡的華人認同政治，認為李光耀是機會主義者、政治變色龍，故可與他合作對抗共產黨。然而美國認為李光耀是地下共產黨，不可合作，更不允其領導新加坡，故支持反共的林有福。臺灣的蔣氏父子基於反共而與美國分進合擊，於 1959 年新加坡大選以鉅資支持林有福，阻擋李光

耀當選第一任總理。

劉曉鵬的研究解釋李光耀在 1959 年擔任總理之後和美、臺關係仍然不佳，也進一步發現美國事實上在 1959 年大選干涉失敗後，才尊重英國對新加坡的政治安排。李光耀直到 1965 年與馬來西亞分離後，才開始與美、臺建立友誼且意識形態明顯疏遠北京。而臺灣對李光耀的戒心，因此在 1960 年代末期開始調整，到 1970 年代由於雙方合作才逐漸消融。

任教於臺灣大學城鄉研究所的陳良治，回國任教之初曾參與王老師的研究團隊，目前也是臺灣發展研究學會的重要幹部之一。令他印象深刻的是王老師的學生無論碩博士還是博士後，都能獨當一面進行田野調查，將研究心得帶回政大在每週的例會上分享討論、腦力激盪。

意識到近來愈加頻繁的全球金融危機及經濟大蕭條，區域發展領域的學者開始關注這些事件對地方及區域經濟長期發展的影響。特別是一些發展已趨成熟的傳統產業區域，由於更容易受到全球化發展的負面影響，如何讓這些區域有能力因應突發之重大衝擊，便成了區域發展研究及政策的重要議題。在此情形下，近來關於區域經濟發展及演化的文獻，也從原先多著重在區域成長機制，擴展至區域回復力面向的探討。

陳良治與他的學生田孟凌在第 20 章〈外部衝擊、區域經濟回復力之構成及作用機制〉中，以臺灣工具機產業群聚為案例，先指認這個臺灣著名之產業長期發展過程中所面臨的重大衝擊，並藉由區域經濟回復力分析架構，分別探討區域經濟體經歷不同性質之衝擊時，如何發揮其回復力，以及影響這個過程的重要因素。他們發現，根據外部衝擊性質不同，區域經濟體會經由不同能動者的介入進行回應。以臺灣工具機產業群聚為例，遭逢屬於主要市場受挫型的衝擊，其是在企業家的主導下，動員公司內及群聚內的資源，使能有效採行開拓或分散市場的策略；面對國際金融危機型衝擊時，則是透過學習與跨廠商聯盟，進行產業的再結構，提升整體產業競爭力；而碰到大型天災，則受益於群聚內部之網絡式協力生產組織，使得廠商受損的生產能力能快速恢復。其中企業家精神、產業結構、公部門協助與社會資本，分別按不同類型的外部衝擊進行互動產生區域經濟回復力。

隨著東亞資本主義的發展，全球化的趨勢對於東亞經濟社會帶來相當大的影響。來自日本的田畠真弓與王老師一樣關注東亞資本主義及科技創新議題。她在第 22 章

〈勞動市場媒介（LMI）在東亞人才跨國流動所扮演的角色：以臺日科技人才為例〉以高技術勞工在東亞科技產業界所流動的現象為例，探討日本與臺灣的高技術勞工透過「人事顧問公司（staffing agency）」遷移到國外的過程，深入地分析人事顧問公司的運作對於臺灣、中國以及日本等東亞科技產業供應鏈的知識流通與學習、勞動市場以及培養人才機制帶來的各種影響。基於經濟地理學的「勞動市場媒介（labour market intermediaries, LMI）」的視角，田畠真弓發現，東亞資本主義的發展機制從生產技術導向的「生產驅動商品鏈」轉移到注重消費市場需求導向的「消費驅動商品鏈」之過程中，科技企業透過人事顧問業者快速地找到資深的專業人才以趕上消費潮流的轉變，提供高成本效益的商品。在此狀況之下，技術與人才的培養已經不是推動資本主義發展的核心機制，「挖角」則成為東亞資本主義發展的重要推手。

2021 年 7 月 31 日，王老師正式從政大國發所專任教職退休，轉任榮譽教授，雖然身體仍在復健，但他的研究日程及影響力卻不曾停歇。心心念念的是影響人類生存發展至關重要的環境永續議題，這是他在退休前投注最多心力的議題。他曾多次向筆者提到，環境的變遷將影響人類的命運，如果不積極思索探討、找出可行之道來確保永續發展，再好的研究、再多的發表都將失去意義。可喜的是，王老師在政大開設的社會發展、永續議題相關課程後繼有人、漸成氣候。在聯合國「2030 永續發展目標」（Sustainable Development Goals, SDGs）逐漸融入大學教育乃至於日常生活實踐的今天，王老師的前瞻視野與長期關懷更令人佩敬。王老師的影響，遠不只是在課堂及著作中的教導，他堅毅的學術精神，不僅一再帶領學生後進登上學術高峰，更有效對抗病魔、走出死蔭的幽谷，激勵著我們追求某種工作／生活、身體／心靈的平衡。另一方面，在功利化的大學體制裡，教員及學生無不汲汲於快速發表、經常移動，時常放下了讀書作筆記等學術基本功。王老師退休後將研究用書傳承給學生典藏，翻看王老師的藏書，由泛黃書頁的批劃標註也可以知道，為學之路並無捷徑與倖進，即使聰明如王老師，也是一本書、一本書大量閱讀作筆記，建立檔案，從而得以在經典的基礎上結合個人研究興趣而有所發揮。

無論何種體制及權力結構，制度總是面臨隨波逐流或被權勢者騎劫的危機。大學學術訓練逐漸走向賞識教育、去師徒制的結果，無論課堂教學或論文指導，大學教授多不願「得罪」學生，往往以鼓勵代替說教，避免給出自己的見解論斷；在指導過程

中從善如流，將吃多了無用而有害的安慰劑當成心靈雞湯猛灌，製造出大量「普信學生」，不消說學術論文，連電郵等應用文都寫不好，既不具備獨立研究的能力，也不懂為人處世與應對進退，淺薄從眾，自以為是。

王老師最令人敬佩的風格是直率明確，從不拐彎抹角，面對強權亦是如此。這跟他本身的優秀正直有關，卻也是逐漸失傳的教學與研究風格。作為經師與人師，王老師的影響是直說也是默化的，令後輩不自覺模仿。他自己曾在一次演講中提到：學術旅程中的幸運一定程度上來自你的老師是否能夠言傳身教、感召啟發，並願意花大量時間精力去要求及指導學生。王老師將學術作為畢生志業，秉持學術報國的理念，從小處著手問人類社會的大問題，不斷努力自我精進。由此學術追求與自我生命、國家社會發展才能無間契合，體現出獨特的價值與意義。

就字面意義而言，發展的賦格可以解讀為對發展進行定位，或為之賦予格調。王老師是經師也是人師，身體力行帶領我們投入社會實踐，影響不斷擴及各個領域及不同世代的學人。發展年會由政大發起，各大學輪辦現已進入十五屆，臺灣發展研究學會創會理事長王振寰是社會學家，第三任理事長湯京平是政治學家，第四、五任理事長簡旭伸則是地理學家；加之本書的主編分別任職於歷史、社會、政治、地理學系，充分體現了發展研究的跨學科特質及開放性。

經過上述扼要的回顧，本文其實已經提供了閱讀這本厚實書籍的三種方式。首先是從王老師的學思歷程出發，了解發展研究領域在臺灣社會科學界不同時期的變化及焦點。其次是從本書所設定的三大部分：國際發展與跨域治理、東亞區域發展與轉型、經濟創新與跨國發展，來掌握關鍵的理論議題及經驗研究，第三則是以特定區域國別為標準，挑選臺灣、中國大陸、東南亞等任何您感興趣的章節來閱讀。

當然，作為一本學術論文集，讀者自可根據興趣及實際需求決定閱讀的章節與順序，希望大家都能從王老師的非凡的學思歷程及本書各章的精彩研究中得到啟發，我們也想再次強調，《發展的賦格》是王振寰教授學術追求與社會關懷交織且迴響而成的旋律所引發的眾聲共鳴，又如學術與生命前前後後的層層堆疊，將發展研究譜寫成一闋令人印象深刻的美妙輪旋。

目錄

第一部分　國際發展與跨域治理

第一部分

國際發展與跨域治理

第 1 章

發展研究與反事實分析
以臺灣政府開發援助為例

蘇昱璇

壹、前言

　　近年來，力求建立因果推論的反事實分析在發展研究中日益重要，其脈絡與政府開發援助的歷史緊密相關。二次世界大戰之後，許多國家面對戰後重建的挑戰。接受1947 年美國馬歇爾計畫之後的歐洲，相對順利地走上復甦道路，當該計畫於 1951 年終止時，大多數西歐參與國家的經濟已經恢復戰前的水準，開啟後來的數十年，西歐經歷前所未有的高速發展時期。早在 1944 年即成立的世界銀行（World Bank），鑒於歐洲已經獲得相當的資金，便將工作範圍聚焦於歐洲以外的國家，但成效並未如西歐一般理想，許多國家持續停留在低所得之困境中。

　　於此同時，許多探討經濟發展的理論應運而生，早期的線性發展模型相信只要投資就能推進發展，若國內儲蓄不足以投資，便由外人投資取代，馬歇爾計畫在西歐的成功似乎印證了這單純的「投資—發展」邏輯，然而之後歐洲以外國家的不成功經驗，使學者反思：馬歇爾計畫的投資僅是發展之必要條件、而非充分條件，故有結構調整模型論者主張，資本累積之外尚須許多社經條件才能促成經濟發展，而歐洲原有的人民素質、官僚制度與市場經濟等便符合這些條件（Todaro and Smith 2015）。不論究竟是馬歇爾計畫直接導致歐洲重建，或者是歐洲本身條件使然，馬歇爾計畫式的

本文為再版文章，原文刊登於：蘇昱璇，2022，〈發展研究與反事實分析：以臺灣政府開發援助為例〉，《問題與研究》，第 61 卷第 4 期，頁 131-164。本文經授權單位《問題與研究》編輯部同意授權重刊。

國際發展援助工作都逐漸在世界各地推展開來。臺灣在 1950 至 1960 年代也受惠於美國及世界銀行的援助，其他援助方包括日本、沙烏地阿拉伯、世界衛生組織（World Health Organization，以下簡稱：WHO）與亞洲開發銀行（Asian Development Bank，以下簡稱：ADB）。

　　而面對接受了世界銀行援助、卻成效不彰的發展中國家，1970 年代的國際依賴理論指出，發展的瓶頸並非儲蓄或投資等內在限制，而是受全球「中心—邊陲」等權力不對等的外在結構限制所宰制。國際依賴理論中提到窮國少數菁英階層與國際利益團體的勾結，也體現在為人所詬病的貪腐上：許多人質疑世界銀行的援助款項並未確實用在規畫的目的，而是遭到官員中飽私囊，援助款項變相鞏固了惡質獨裁政府，使得改善人民福祉的目標更難達成（Bueno de Mesquita et al. 2003; Bueno de Mesquita and Smith 2011; Deaton 2013）。貪腐問題喚起世界銀行對於受援國在治理（governance）上的要求，並促使世界銀行本身重視監管（monitoring）的改革，現在世界銀行每項計畫都有詳實的會計帳，詳細記錄每次撥款的人、時、地、事、物（金額），並且針對受援者的情況進行追蹤記錄，例如在農業計畫中記錄參與計畫的農戶收成的結果。這樣的追蹤記錄已經優於單純的會計帳，以及年報中常見的參與人次、受訓次數、活動場次等計數資訊，但仍無法有效排除許多不可觀測的因素，而導致無法正確估計援助之成效。以文字敘述援助之成效更常流於主觀評價之政策宣導，如劉曉鵬（2012）從大量外交部週報與參與者回憶錄，看到許多對於臺灣 1960 年代援助非洲的描述，在今日看來不脫歌功頌德，或本身基於歧視黑人出發的觀察。

　　在世界銀行及各國持續向發展中國家提供援助之際，聯合國於 2000 年頒布《千禧年發展目標》，宣示消除極端貧窮，以及改善教育、健康、性別平等、環境永續等發展目標，2016 年則進一步擴展為《永續發展目標》（Sustainable Development Goals，以下簡稱：SDGs），以 2030 年為期限。延續上述反省援助為何失敗的脈絡，援助國與國際組織在二十一世紀初，陸續產生對於援助效能及援助品質的討論與宣示。經濟合作暨發展組織（Organization for Economic Cooperation and Development，以下簡稱：OECD）自 2001 年發展援助委員會（Development Assistance Committee，以下簡稱：DAC）高階會議以來，便建議各國朝援助鬆綁（untied aid）的方向努力，尤其針對給予最低度發展國家的援助，應該容許使用援助金額採購任何國家（而不

限於援助國）的商品或服務。[1] 2002 年首屆援助有效性高階論壇（High Level Forum on Aid Effectiveness）於羅馬舉行，首次將援助有效性寫入正式宣言；2005 年第二屆論壇於巴黎召開，宣言中奠定改善援助品質的行動地圖；2008 年第三屆迦納阿克拉論壇產生的行動議程，強調國家主導權（country ownership）[2] 與公民社會在發展議題的角色；2011 年第四屆南韓釜山論壇，建立發展合作原則與全球有效發展合作夥伴（Global Partnership for Effective Development Cooperation，以下簡稱：GPEDC）。[3] GPEDC 於 2014 年於墨西哥召開第一次會議，將有效的發展合作導入 SDGs；2016 年肯亞奈洛比第二次 GPEDC 會議，引導所有發展參與者理解彼此在達成 SDGs 的互補貢獻；2019 年紐約聯合國總部的第一次高階會議，重新確認援助有效性對於達成 2030 年議程的關鍵角色。[4] 此外，DAC 同儕審查則要求 DAC 成員國，每五至六年需接受兩組同儕審查，以提升 DAC 成員發展合作政策、方案和系統的品質與有效性，強化 DAC 成員對 2030 年議程的貢獻。[5] 上述宣言與原則，均共同指向重視評估援助有效性（aid effectiveness）、提升援助品質的趨勢與框架。

對於這些大張旗鼓要消除貧窮的宣示，2006 年美國紐約上城與下城的兩位經濟學家分別著書，掀起發展經濟學世紀論戰：哥倫比亞大學 Jeffrey Sachs 出版《終結貧窮：如何在我們有生之年做到？》（*The End of Poverty: How We Can Make It Happen in Our Lifetime*）對千禧年發展目標抱持樂觀，相信通過精心規畫的發展援助，可以在全球消除極端貧窮（Sachs 2006）；紐約大學 William Easterly 則引用英國詩人吉卜林的詩作，寫下同名論述《白人的負擔：為什麼西方的援助收效甚微》（*The White Man's*

1　參 https://www.oecd.org/dac/financing-sustainable-development/development-finance-stan- dards/untied-aid.htm。擷取於 2022 年 6 月 7 日。

2　過去常見的發展政策，如要求發展中國家立刻讓國營企業私有化，可能因忽略當地條件而導致失敗收場。受援國的國家主導權，即強調援助應該配合受援國本身所規畫的發展策略。

3　參 https://www.oecd.org/dac/effectiveness/thehighlevelforaonaideffectivenessahistory.htm。擷取於 2022 年 6 月 7 日。

4　參 https://www.effectivecooperation.org/system/files/2021-01/English%20-infographic.pdf。擷取於 2022 年 6 月 7 日。

5　參 https://www.oecd.org/dac/peer-reviews/about-peer-reviews.htm。取於 2022 年 6 月 7 日。

Burden: Why the West's Efforts to Aid the Rest Have Done So Much Ill and So Little Good），
指出二十世紀西方對發展中國家的援助並未助其脫離貧窮陷阱，多數援助成效僅曇花
一現，應推動自由市場運作，而非讓窮國繼續依賴援助（Easterly 2006）。

麻省理工學院的兩位教授 Abhijit V. Banerjee 與 Esther Duflo 則暫時擱置世紀論
戰的二選一巨大選擇題，主張將問題個體化，一次解決一個小問題，探討究竟哪一項
援助方案有效、以及如何奏效，釐清投入與產出之間的因果關係，最終得以推廣有效
的方案、停止繼續進行無效的方案。兩位經濟學家將自己以及其他學者的相關研究集
結於《窮人的經濟學：如何終結貧窮？》（Poor Economics: A Radical Rethinking of the
Way to Fight Global Poverty）（Duflo and Banerjee 2011），並與哈佛大學教授 Michael
Kremer 共同獲得 2019 年諾貝爾經濟學獎，得獎的原因是他們以實驗途徑減緩全球貧
窮（for their experimental approach to alleviating global poverty），而實驗途徑即是反
事實分析的主要方法之一。諾貝爾獎的肯定某種程度回應了薩克斯與伊斯特利的世紀
論戰：援助可能有效，但不一定，重點在於如何選取適當作法、透過適當的設計，盡
力確保援助有效。

許多跨國分析顯示發展援助與發展成果的關聯薄弱，但不代表所有的援助皆無
效，而是有待釐清援助這個黑盒子的三個環節：「援助國至政策制定者」、「政策制定
者至政策」、「政策至結果」（Bourguignon and Sundberg 2007），本文探討的反事實分
析即著重於第三個環節。[6] 例如許多研究探討治理與發展的結果，但並不清楚實際的政
策是否有效，反事實分析正是針對這個環節進行檢視，雖然反事實分析未必能解決所
有關於援助的問題，但透過持續的評估與學習、結合經濟學方法，因果連結的知識積
累將有助於援助政策的改善。

若將援助的焦點重新放在臺灣，可以看到臺灣在 1950 年代收到大量援助後，自
1959 年派遣第一組農業援助團至越南，1960 年以「先鋒案」（Operation Vanguard）
援助非洲多國，六十多年來持續參與國際發展工作。聯合國長期建議已開發國家將

6　目前臺灣以正式出版關於政府開發援助的研究文獻中，大約是「援助國至政策制定者」為
　　多數（如 Chan 1997; Chien and Wu 2021; Chien, Yang, and Wu 2010; Lin and Lin 2017; Wu and
　　Chien 2022），「政策制定者至政策」為少數（如劉曉鵬（2009）），「政策至結果」則幾乎沒
　　有，以本文研究的三篇文獻為代表。

0.7% 之國民所得（Gross National Income，以下簡稱：GNI）貢獻於政府開發援助（Official Development Assistance，以下簡稱：ODA），根據 OECD 資料，臺灣的 ODA 比重自 2012 年迄今均在 0.05% 左右，[7] 顯示臺灣若自期成為國際社會夥伴，在 ODA 的貢獻上仍有可以提升的空間。而儘管臺灣的政府開發援助可能延續與中國對抗的冷戰思維，臺灣的援助經驗仍值得更多的記錄與研究（Chien, Yang, and Wu 2010），現有文獻多著眼於援助者的策略在外交政策上的意涵，所包含的數據也為受援國數量、援助者投入的金額、計畫數量等（如 Guilloux 2009; Wang and Lu 2008），以及與臺灣建交或斷交對該國經濟成長的影響（Chen and Chen 2022; Su 2022），進行成效評估便可能是記錄臺灣的援助經驗、並進一步與國際經驗對話的極佳途徑。

本文嘗試結合全球國際發展援助的脈絡，以及臺灣政府開發援助的現況。本文架構如下：第貳節介紹近年發展研究常見的量化研究及反事實分析的邏輯，並說明反事實分析的具體方法；第參節簡述臺灣以反事實分析方法研究政府開發援助的背景，以及已獲學術期刊出版的三項案例，並對照鄰國日本在相近議題上的研究；第肆節討論三項案例對臺灣參與國際發展及進行成效評估的意涵，第伍節為結論。本文的研究方法除了針對政府開發援助的文獻評述外，亦包含 2012 年到 2022 年期間，分別在臺灣與美國進行田野訪談與文獻蒐集的成果。

貳、反事實分析的邏輯與方法

一、反事實分析的邏輯

2019 年諾貝爾經濟學獎得主強調個體資料（micro-level data）的途徑，有異於傳統經濟發展學者著眼於總體數據如國內生產毛額（Gross Domestic Product，簡稱 GDP）、經濟成長率，而與 2015 年諾貝爾經濟學獎得主 Angus Deaton 使用個體資料研究消費與貧窮相通，並呼應了以個體資料爬梳政策因果關係而獲得 2021 年諾貝爾

7　參 https://data.oecd.org/oda/net-oda.htm，擷取於 2022 年 9 月 9 日。

經濟學獎的 David Card、Joshua Angrist、Guido Imbens。2019 年與 2021 年得主的研究方法均屬於反事實分析（counterfactual）邏輯之應用：比較「政策或方案介入下的實際發生情形」與「若無政策或方案介入應該發生的情形」，兩者的差異即為方案的成效。兩年諾貝爾獎的差異在於：2021 年得主運用政策變化之自然實驗（natural experiment）以及計量方法確立因果關係，但自然實驗較為可遇不可求，例如 Card 著名的勞動經濟學研究運用的自然實驗情境，是 1992 年紐澤西州提高最低工資，鄰近的賓州則未調整（Card and Krueger 1994），然而在大部分的現實情況下，是否直接受到政策或方案的影響繫於選擇偏誤；2019 年得主的現場實驗（field experiment）途徑，則突破過去學者對於社會科學不能進行實驗、要實驗也只能在實驗室中進行的想像，在現實情境中進行隨機分組後，施予不同變因，比較實驗組與控制組（或稱對照組）的後續差異。

現場實驗的作法引起許多對於研究倫理的疑慮或批評（Ravallion 2012; 朱敬一 2020, 110-119），常見的批評包括三種：第一，對人進行隨機實驗不符合倫理；第二，進行現場實驗需要龐大經費與特權；第三，進行現場實驗的研究者似乎是為了「研究」貧窮而「研究」，並非真正解決貧窮。針對第一種批評，支持現場實驗的研究者認為，發展援助方案如同疫苗，一般疫苗必然經過一系列嚴謹的隨機控制試驗（Randomized Controlled Trial，以下簡稱：RCT）測試才能大規模施打；多數發展援助方案若僅基於援助者的善意與未經驗證的理論，便施加於發展中國家人民，其實也有違倫理。如能透過嚴謹的研究，評估具體成效，探究有效或無效的運作機制（mechanism），在小規模實驗中確認有效後再擴大實施，可能才是負責任地進行發展援助的方式。

對於第二種批評，可以從資料的產生來思考。沒有個體資料是真正免費的，相對於現場實驗，實證研究可能仰賴行政資料或大型調查資料，然而除了少數國家如北歐國家有較完善的行政資料釋出制度，全世界大部分國家的行政資料取得都有繁複程序，研究資歷深厚、或跟政府關係密切的研究者通常也較可能取得；而執行大型問卷調查也需要龐大經費與特權，最後能夠公開給一般人「免費」使用的資料，往往也仰賴政府補助才得以公開。而現場實驗在研究者費力收集、產生研究結果出版後，其原始資料通常也公開在期刊的網站供人下載檢驗或用以研究其他題目，若將進行現場實

驗視為一種資料的產生者，在發展中國家疏通政府或說服民間組織，每年花數週至數月在生活條件較匱乏的貧窮地區實地監督實驗，招募並訓練徒子徒孫投入發展中國家研究等　其困難度應該不亞於其他類型資料的產生過程，無怪乎 Duflo（2017）會說，過去經濟學家可能被視為政策設計的工程師，但她指出經濟學家更應該像水管工一樣，觀察實際執行時的細節以及遇到的困難，使用最新的方法修理、調整，以求政策執行不失初衷。事實上 2019 年得主們在進行各種現場實驗之前，已經透過分析傳統的資料建立其學術地位，[8] 其新闢的研究途徑大可接受公評，但現場實驗對於發展研究的貢獻仍應獲正面看待。

　　第三種批評如果成立，所有社會問題的研究者可能都難逃這樣的評論，例如犯罪學者、環境學者的研究，不應因為犯罪問題或環境問題的仍然存在而被否定。社會科學研究者能夠研究社會現象，並提供證據供政策參考，便不算失職。2019 年得主們透過個體資料與現場實驗的研究，以經濟學的視角，使更多人了解「發展中國家未達發展期待」當中的個體思維，破除「貧窮的個人只是因為不理性或不努力」的錯誤認知，這種貧窮除魅化的研究即使沒有立刻解決貧窮問題，也有其本質上的貢獻。

　　從隨機實驗獲得較完善的證據，證明「這帖發展藥方有效」後，便可以擴大實施，著名案例之一是 Michael Kremer 與他當年指導的博士生、現任加州大學柏克萊分校教授 Edward Miguel 所主持的除蟲（deworming）實驗：過去對於除蟲的印象多侷限在醫學與公共衛生，但 Kremer 與 Miguel 在肯亞的研究發現，除蟲帶來的健康改善也使得學生更穩定就學，乃至於提升教育水準，甚至在 1999 年除蟲實驗後二十年，仍然看見接受除蟲的學生獲得更高的時薪、享受較高的消費水準。上述研究也發現，以學校為單位進行除蟲方案具有極大的正面外部性，一個學生接受除蟲的好處不只自己享受，也使身旁的同學處在更健康的環境（Baird et al. 2016; Hamory et al. 2021; Miguel and Kremer 2004）。經過嚴謹的研究設計驗證後，確認結合多項發展目標又符合成本效益的除蟲方案，便漸漸在衣索比亞、印度、肯亞、奈及利亞、越南等地擴大

8　Banerjee 與 Kremer 分別於 1996 年、1999 年開始擔任麻省理工學院、哈佛大學正教授，三人中最年輕的 Duflo 則是 2004 年升為麻省理工學院正教授，大部分的隨機實驗都是在此之後才陸續開始進行。

實施推廣。[9]

　　相較於上一節所提到世界銀行較早的反省作法「監管」，相當於僅記錄實驗組的表現，控制組的設置則幫助捕捉不可觀測的大環境因素，製造一個反事實情境，意即比較「方案介入下的實際發生情形」與「若無方案介入應該發生的情形」，兩者的差異即為方案的成效。反事實分析除了透過 RCT 進行，也可透過其他方法增加研究軸向或降低樣本差異，追求估計之結果更加接近反事實分析情境。目前國際援助三大趨勢——以證據為基礎之政策制定（evidence- based policy making）、以結果為基礎之管理（result-based management）、強調援助有效性，均共同指向進行嚴謹成效評估（impact evaluation）的重要性。

二、反事實分析的估計方法

　　經濟學家力求找出現象背後的因果關係，經常運用反事實分析邏輯，以下介紹幾種較為淺顯且常用於發展研究的反事實分析方法。

（一）隨機控制實驗（Randomized Controlled Trial，以下簡稱RCT）

　　RCT 始於醫學臨床試驗，試圖透過研究設計，如科學實驗一般，一次只改變一個變因，以達到準確的歸因。RCT 在醫學及基礎科學研究之外的應用，經過 1970 年代至 1990 年代的辯論，逐漸成為美國政策評估所接受的工具，在 1990 年代中期之後在發展研究中快速成長（Duflo 2016），其操作的方式是在方案介入之前，即以隨機方式分組，決定方案之接受者（實驗組）和控制組，確保兩組在方案介入之前沒有顯著的差異後，即可將方案介入視同唯一變因，其成效估計之概念可以式 (1) 表示：

$$y = \alpha + \beta \, \text{Treat} + u \qquad (1)$$

9　參 https://www.povertyactionlab.org/case-study/deworming-increase-school-attendance。 擷 取 於 2022 年 4 月 7 日。

y 為方案關注的結果，Treat 為是否屬於實驗組的虛擬變數，屬實驗組之樣本 Treat = 1，屬控制組之樣本 Treat = 0，α 為常數項。當 Treat = 1，$\alpha + \beta$ 即為實驗組的平均結果；當 Treat = 0，α 即為控制組的平均結果，兩組平均結果之差異：($\alpha + \beta$) − α = β 即為方案之成效。u 為誤差項，當解釋變數與不可觀測的誤差項之間存在關聯（Cov(Treat, u) ≠ 0），即產生經濟學最強調處理的內生性問題（endogeneity），現實中計畫參與經常面臨自我選擇（self-selection）問題，例如計畫參與者可能是執行單位選擇有政治目的或最好配合的對象，就算是自行報名，可能也反映計畫者特別積極或者特別閒置而有空參加方案，均可能高估或低估方案真實的平均效果，使得估計結果無法對於其他時空提供合理的參考。然而 RCT 直接隨機決定了 Treat，便避免了內生性問題。

RCT 的優點是容易理解、計算與詮釋，但是現場實驗以及收集資料的過程往往需要大量人力與經費投入，因現場實驗細節繁瑣，也容易產生人為疏失。

（二）差異中之差異法（Difference-in-Differences，以下簡稱DID）

DID 是一種準實驗設計（Quasi-Experimental Design），常見於勞動經濟學，其最早的概念可追溯至流行病學之父 John Snow（1813-1858）對霍亂的研究。使用 DID 估計成效的概念可以式 (2) 表示：

$$y = \alpha + \beta_1 Treat + \beta_2 After + \beta_3 Treat \times After + u \qquad (2)$$

DID 與 RCT 同樣對實驗組與控制組進行比較，但相較於 RCT，DID 又增加了時間的面向，以 After 標示方案或政策的先後，方案實施前的樣本 After = 0，方案實施後的樣本 After = 1。其餘與 RCT 之估計式一樣，y 為方案關注的結果，Treat 為是否屬於實驗組的虛擬變數，屬實驗組之樣本 Treat = 1，屬控制組之樣本 Treat = 0，α 為常數項。Treat×After 之係數 β_3 反映實驗組及控制組在方案前與後的差異之變化，可以式 (3) 表示：

$\beta_3 =$（方案後實驗組－方案後控制組）－（方案前實驗組－方案前控制組）(3)

此乃由於方案後實驗組的結果，相當於 $\alpha + \beta_1 \times 1 + \beta_2 \times 1 + \beta_3 \times 1 \times 1 = \alpha + \beta_1 + \beta_2 + \beta_3$，方案後控制組相當於 $\alpha + \beta_1 \times 0 + \beta_2 \times 1 + \beta_3 \times 0 \times 1 = \alpha + \beta_2$，因此方案後兩組的差異為 $\beta_1 + \beta_3$；同理，方案前實驗組為 $\alpha + \beta_1 \times 1 + \beta_2 \times 0 + \beta_3 \times 1 \times 0 = \alpha + \beta 1$，方案前控制組為 $\alpha + \beta_1 \times 0 + \beta_2 \times 0 + \beta_3 \times 0 \times 0 = \alpha$，相減之下，方案前兩組的差異為 β_1；最後以方案後的兩組差異減去方案前的兩組差異，即得到 $(\beta_1 + \beta_3) - \beta_1 = \beta_3$，故 β_3 可反映考慮兩組差異之後的方案成效。

DID 的重要假設為平行趨勢（parallel trend assumption），也就是必須確保在方案介入之前的任何時間點，實驗組與對照組的差距必須相同，意即實驗組與控制組之間不存在系統性差異，在此假設下，DID 克服了樣本無法隨機分組的問題。經濟學使用 DID 的經典範例如 Card and Krueger（1994）對於最低工資如何影響就業的研究，其他關於 DID 方法上的侷限可以參閱 Bertrand, Duflo, and Mullainathan（2004）與 Meyer（1995）等。

（三）傾向分數配對法（Propensity Score Matching，簡稱PSM）

傾向分數配對法由 Rosenbaum and Rubin（1983）所提出，延續上述實驗組與控制組的反事實分析框架，在組別並非隨機決定的情況下，以傾向分數配對法來控制會影響估計因果關係的其他因素，即共變項（confounding covariates）。PSM 的操作步驟如下：首先，根據共變項對個體接受方案與否（分配到實驗組）進行迴歸（通常是 logit 或 probit 迴歸），取得預測每一個體接受方案與否（分配到實驗組）的機率 P(Z)，此機率即為傾向分數（Propensity Score），概念在於平衡樣本分配到實驗組的機率。接著選擇配對方法，常見的方法包括最近相鄰配對法（Nearest neighbor matching）將傾向分數最相近的控制組樣本做配對；Kernel 配對法（Kernel Matching）將樣本經過加權平均之後，再進行配對；半徑配對法（Radius Matching）對傾向分數能配對的上下界做限制，對符合特定帶寬（Bandwidth）的控制組樣本進

行配對。每一種配對的運算方式所估算出來的實驗處理效果會略有不同，但大致上對於結果的有效性沒有實質上的差異（關秉寅、李敦義 2010；Ting, Ao, and Lin 2014）。最後根據傾向分數來進行配對，可計算出實驗組的平均介入效果（Average Treatment Effects on the Treated, ATT）、控制組的平均介入效果（Average Treatment Effects on the Untreated, ATU），後可估計出母體的平均介入處理效果（Average Treatment Effects, ATE），即爲母體中接受方案與未接受方案的兩組在接受與未接受實驗後的平均差異，有效解決實驗組及控制組於接受實驗處理前的差異及可能潛在偏誤。

　　以上三種方法皆爲建立控制組與實驗組進行比較之概念，多需收集初級資料，問卷調查執行過程需要不小的經費與人力投入；尤其控制組未參與方案，在抽樣與回答意願上都較爲困難。當預算不足時，次好的選擇是向方案參與者收集資料，與該地區之普查資料進行比較；或者針對方案參與者收集更多背景特徵資料，雖無法呈現出因果關係，至少可以觀察方案施於不同背景特徵者是否出現不同改變（鑑於因果關係未明，避免稱之爲「效果」）。

參、運用反事實分析之臺灣ODA研究

一、臺灣ODA反事實分析研究之背景

　　國際合作發展基金會（以下簡稱：國合會）爲臺灣專責提供對外援助[10]之法人機構，其歷史可追溯至中華民國外交部於 1959 年首次派遣駐外農技團至越南，後來先後改組爲「先鋒案執行小組」、「中非技術合作委員會」、「海外技術合作委員會（以下簡稱：海外會）」，1989 年經濟部成立「海外經濟合作發展基金管理委員會（以下簡稱：海合會）」；1996 年今日的「國際合作發展基金會」成立，承接海合會及海外會業

10　國合會雖爲臺灣專責提供對外援助的機構，ODA 多數經費爲外交部運用，國合會所執行之 ODA 金額僅約佔臺灣 ODA 總額之 12% 至 18%，遠低於美、日、韓等國之機構佔 ODA 比例。

務，兩會則分別裁撤。[11]國合會成立時，外交部延攬曾於世界銀行服務三十餘年的羅平章先生返國出任首任秘書長，引進「計畫循環」方法為國合會計畫執行原則，「評核」即為循環中七個步驟之一，早年國合會主要係由稽核室負責的業務成果管理與追蹤，透過質化方式確認計畫成果與達成情形，[12]較接近過去國際組織多以實地田野研究為主，透過人類學者參與，側重深度訪談法（In-depth Interview）及參與觀察法（Participant Observation）。但近年來隨著科技的進展，包括由統計科學中發展出來的實驗法，透過對比實驗組與控制組的差異，以及觀察性研究（Observational Study）中採取嚴格的研究設定，以事後觀察資料發展的統計技術，成為計畫效果評核的主流研究方法（財團法人國際合作發展基金會 2019, 71）。

因此，國合會透過編製計畫評核手冊，考量評核工作本身的經費、人力與成本效益，每年擇定主題，例如 2017 至 2019 年分別為園藝、糧食安全與農企業，選取計畫規模較大的一至兩項計畫，並與中央研究院社會學研究所楊文山研究員合作，展開使用反事實分析法的事後評核，藉此驗證計畫成效。此外，國合會於 2012 年起推動技術合作變革，將計畫管理制度化，使個別計畫變成有起訖點，也使執行事後評核的時間點更為明確。透過專訪國合會負責計畫評核之部門主管，研究發展考核處處長曾筠清女士表示：「國合會近年來體認評核的意義不在於評論成敗，而是從計畫經驗中找到成功關鍵因素，另外國合會不同於 ADB 或部分國家，並非推動大規模基礎建設的外援模式，國合會的計畫通常直接接觸當地人民，藉由能力建構或機構功能提升帶動行為改變。」[13]透過專訪近年參與國合會計畫評核之外部學者，楊文山表示，國合會近

---

11 國合會沿革參 https://www.icdf.org.tw/wSite/ct?xItem=64&ctNode=31100&mp=1。擷取於 2022 年 4 月 7 日。

12 由現在臺大公共衛生學系蔡坤憲教授代表的中華民國駐聖多美普林西比瘧疾防治顧問團為一例外，Chen et al.（2019）記錄了病媒防治措施介入後的效果：三波室內殘效噴灑（indoor residual spraying）之後，全國瘧疾發生率自 2004 年的 37% 大幅降至 2007 年的 2.1%。該團隊並在瘧疾防治的背景下，從該國孕婦血清樣本，證明了登革熱病毒的傳播（Yen et al. 2016），並檢驗出可引起人類恙蟲病的細菌（Yen et al. 2019），以及可導致人類跳蚤傳播斑疹熱的立克次氏體細菌（Tsai et al. 2020）。但上述研究均為觀察敘述性研究，未能確立措施與瘧疾發生率之因果關係。

13 2022 年 3 月 7 日與 6 月 6 日於臺北與國合會工作人員的訪談發現，與 2021 年 12 月 13 日國

年來進行的研究，並非爲了反事實分析而做反事實分析，而是基於成效評估的初衷，參考世界銀行、美國國際開發署（USAID）、ADB 使用的方法，開始從實驗設計的概念進行評核工作，使得評核不只是做調查，而是藉由實驗設計估計介入效果，可視爲一種調查研究的創新，並使國合會的研究方法符合國際趨勢，且讓計畫效益評估與國際同步。國合會目前已經發表的個案，主要基於農業爲國合會長期援助的方向，當地的農技團提供進行調查的網絡支持，且優先考慮民眾直接參與的計畫，較適合使用反事實分析方法進行評核。楊文山根據參與國合會評核的經驗指出，國合會研究小組從設定研究問題、決定研究步驟與方法，均進行詳盡的討論，曾經面對的主要困難是遠距進行海外調查，需要透過嚴謹的問卷設計，以及一對一訪員訓練，盡可能詳盡說明，以降低遠距執行的困難；[14] 也從陸續執行評核的過程中，由紙本問卷調整爲使用問卷軟體收案。

近年來，國合會對於方案成效評估日益重視，也積極以學術語言發表評核研究結果，參與國內外學術研討會，除了提高臺灣 ODA 的能見度，也讓臺灣經驗與國際經驗對話。本文簡介並討論三篇由國合會主筆、已獲刊於國內外學術期刊的文章。就數量而言，根據目前國合會網站的計畫查詢功能，可以看到有 20 個計畫與這三篇文章中檢視的計畫同樣始於 2011 年、完成於 2013 或 2014 年，[15] 針對這段期間的計畫，已公開發表的評核結果除了上述三篇文章，還包括三篇尚未正式出版的研討會論文（Cheng and Tseng 2020; 曾晴婉、鄭晏宗 2020；曾晴婉 2021），即 20 個計畫中產出六篇評核結果，相當於三成；若考慮少數計畫未被納入該查詢系統，導致實際已完成之計畫數量超過 20 個，仍可保守估計該時期計畫已有兩成以上進行相對嚴謹、調查對象包含參與者及非參與者的評核。[16]

合會於政治大學的講座內容。

14 2022 年 8 月 25 日於臺北與楊文山的訪談發現。

15 參 https://www.icdf.org.tw/wSite/lp?ctNode=31133&CtUnit=136&BaseDSD=100&mp=1，擷取於 2022 年 9 月 7 日。但此查詢系統不包含部分近年斷交國家之單一國家計畫，例如未能找到駐吉里巴斯技術團園藝計畫，若搜尋吉里巴斯，僅能找到包含其他國家的計畫，如友好國家醫事人員訓練計畫、行動醫療團計畫等。

16 另根據國合會 2021 年 12 月 13 日於政治大學的講座內容，自 2011 年以來，國合會已完成

二、三篇臺灣ODA反事實分析研究

三篇文章的主要資訊整理於表 1-1。三篇文章均與農業援助有關，可說是看到臺灣對外援助由早期的農耕隊演變到二十一世紀的樣貌。第一篇吉里巴斯文章（鄭晏宗、曾筠清、楊文山 2019）與第二篇馬紹爾群島文章（Cheng et al. 2021）來自相似的計畫背景，兩者皆為國合會在 2017 年首度進行系統性評核的產物。吉里巴斯與馬紹爾群島均為太平洋島國，屬於小島嶼開發中國家（Small Island Developing States，以下簡稱：SIDS），兩國同樣面臨近年來非傳染性疾病問題嚴重，且受文化及飲食習慣所影響，人民肥胖比例較高，兩篇文章的調查對象之平均身體質量指數（Body Mass Index，以下簡稱：BMI）也確實高達 30，遠高於 WHO 建議的正常範圍上限 24.9，對該國人民健康帶來負面影響。基於兩國人民蔬果攝取量低，而新鮮蔬果之攝取有助於降低非傳染性疾病相關之風險，國合會遂於 2011 至 2014 年在兩國推動園藝計畫，旨在藉由建立兩國蔬菜產銷體系，進而改善兩國人民飲食習慣，提高蔬果攝取。第三篇海地文章（曾晴婉、鄭晏宗、曾筠清 2021）則基於海地面對美國稻米傾銷，國內生產力不足的背景，國合會因應海地政府需求，嘗試透過水稻產業發展計畫，提供從栽種生產到收穫後處理各階段的技術、貸款等支援，以期最終提高海地人民糧食安全。

在研究方法上，三篇文章均使用準實驗設計，於計畫結束三到五年後進行一次橫斷式問卷，以 t 檢定比較計畫參與者（即實驗組）及非參與者（即控制組）之差異，使用迴歸分析進一步控制相關變數，並以 PSM 處理部分內生性問題。三篇文章的問卷樣本分別為 171 個家戶、96 個家戶、127 人。

研究發現的部分，吉里巴斯的結果最為明確：參與計畫的家戶每日蔬果攝取量比未參與計畫之家戶高出 0.89 份，且達到統計上顯著，不同的迴歸模型以及 PSM 調整

的事後評核包含位於 17 個國家的 19 個計畫，其中包括 2017 年以來使用反事實分析的六篇研究，2017 年以前較傳統的評核方式則不在本文討論範圍。另外說明由於國合會的規範是對已完成三至五年的計畫進行評核，這裡的 19 個計畫亦包括早於 2011 年以前完成的計畫，與計畫查詢功能中顯示的 20 個計畫有重疊但不完全一樣。作者感謝匿名審查人的寶貴意見。

表 1-1　國合會近期三篇評核研究主要資訊

	(1)	(2)	(3)
篇名	臺灣園藝類型援外計畫對民眾蔬果攝食量之影響——以吉里巴斯爲例	Sustainable food security in Small Island Developing States (SIDS): A case of Horticulture project in Marshall Islands	臺灣援外計畫影響之實證評估：以海地糧食安全計畫（2011-2013）爲例
出版情形	2019年刊登於《臺灣公共衛生雜誌》（TSSCI）	2021年刊登於Marine Policy（SSCI）	2021年刊登於《問題與研究》（TSSCI）
計畫背景	太平洋島國非傳染性疾病問題嚴重，低蔬果攝取爲關鍵之一	太平洋島國非傳染性疾病問題嚴重，低蔬果攝取爲關鍵之一	海地長期面臨糧食安全挑戰
計畫名稱	駐吉里巴斯技術團園藝計畫	馬紹爾群島園藝計畫	駐海地技術團阿迪波尼水稻產業發展計畫
計畫時間	2011至2014年	2011至2014年	2011至2013年
計畫內涵	建立該國蔬菜產銷體系，並辦理蔬果烹飪班	資源提供、能力建構、蔬果推廣	生產面提供技術指導、種子、肥料貸款、農機代耕，收穫後處理方面協助安置與修建相關設備
計畫目標	改善人民飲食習慣、攝取更多蔬果	改善人民飲食習慣、攝取更多蔬果	改善稻農生計與糧食安全
研究方法	2017年橫斷式問卷迴歸分析，PSM	2017年橫斷式問卷迴歸分析	2018年橫斷式問卷迴歸分析，PSM
研究樣本	171家戶：63爲實驗組、108爲控制組	96家戶：36爲實驗組，60爲控制組	127人：50爲實驗組，77爲控制組
研究發現	計畫參與者之蔬果量比非計畫參與者高出0.89份，且達到統計上顯著。	蔬果量提高，所得提高。	業者之灌溉條件強烈影響稻作單位面積產量，家戶收入爲影響家戶糧食安全的主要因素。

資料來源：作者整理。

後的結果也大致相符：數值都落在 0.81 與 0.93 之間，且達統計上顯著，相較於平均值——每戶每日攝取蔬果 2.42 份——能達成這樣的改變是很不容易的。然而根據文內說明，「一份」蔬果的定義是一碟蔬菜生食一碟、半碟蔬菜熟食或一個拳頭大小的水果，換算下來，全戶每天增加將近一份蔬果，而家戶平均人數 5.7 人，分食之後每個人可能只有多吃到一口，這樣的增幅雖在統計意義上達到顯著，仍須思考此成效之實質意義。衡量實質意義的方法之一是與文獻對話，比較過去用以提高蔬果攝取的措施帶來多大改變，然而吉里巴斯一文投稿公共衛生期刊的重點雖應是記錄該計畫對於公共衛生（飲食改善）的貢獻，文獻探討卻相對缺乏過去如何改善飲食習慣的研究。即使引述了一篇 Appetite 期刊的文章，卻僅用以說明「相關研究指出，太平洋島國人民已逐漸瞭解蔬果對於健康飲食的重要」，至為可惜。

　　同樣的，海地一文的計畫目標為改善稻農生計與糧食安全，文獻卻多著墨國際關係理論，雖然可能是為了符合《問題與研究》期刊性質或審查人的要求，卻也使得該文不易以其在成效評估上的貢獻，與其他改善稻農生計與糧食安全的國際援助工作進行對話。而兩篇中文文章均以大量篇幅介紹國合會，並解釋其工作的合理性，一方面反映國合會對於自身工作透明化的努力，另一方面也反映基於臺灣特殊的國際身分，國內學界與大眾均較少接觸國際援助的理念及實務作法，以至於現階段國合會成效評估的研究產出，仍負有對外介紹國合會之重大使命，而尚未能更多聚焦於援助計畫所欲解決之問題在學術上的知識基礎與挑戰。期許在國合會與發展研究學者共同努力闡述了「為什麼要去幫助其他國家？」以後，下一步能更聚焦於「怎麼做」，融入國際發展社群的討論。

　　相較於吉里巴斯頗為一致的分析結果，馬紹爾群島的研究結果則較為模糊：馬紹爾群島的計畫參與家戶每日蔬果攝取量為 6.37 份、非參與家戶為 4.41，如此計算差距為 1.96 份，統計上顯著程度僅達 10%，意即在真實母體的效果有 10% 的可能性是不顯著的，而非較常使用的 5% 標準，數值與顯著性均不高。然而在迴歸模型中，計畫參與者與非參與者的差距拉大到 5.18，且統計誤差機率低於 1%，數值與顯著性均比 t 檢定結果高很多。從數值來看，馬紹爾群島的計畫成效約是吉里巴斯的二倍至六倍，然而文中僅能看出參與者及非參與者在蔬果知識與蔬果態度幾無差異，那麼便是兩類家戶在其他控制變數（性別、年齡、教育年數、家戶所得、取得蔬果距離）存在

極大差異，才可能使迴歸的結果與 t 檢定有此巨大差異，可惜該文僅簡單推論「參與計畫顯然是蔬果攝取的影響因子」，若能就上述問題進行釐清，將有機會進一步探討異質效果的來源，使得估計結果的詮釋更加完整，並提供未來的援助計畫更多寶貴的參考。

海地的研究結果亦有待進一步討論：海地一文的 t 檢定與迴歸分析均顯示計畫參與者的稻作單位面積產量低於非參與者，即便使用不同的迴歸模型設定、將樣本限縮為僅選取灌溉條件差的業者、亦使用了 PSM，均得到十分一致的結果：計畫參與者產量較低。但作者始終未能提出有說服力的證據解釋之，僅強調水文灌溉條件方為影響海地稻農稻作單位面積產量之關鍵因素，即使分析結果已經呈現「在同樣的灌溉條件下，參與計畫者產量比未參與計畫者產量差；灌溉條件差者參與計畫的負效果大於灌溉條件佳者參與計畫的正效果；限定於灌溉條件差者，參與計畫者的產量還是比未參與計畫者產量差」。該文目前呈現的迴歸分析結果實際上顯示的是：「灌溉條件確實嚴重影響稻作生產量，但排除灌溉條件的影響後，仍存在其他不可觀測的因素，導致計畫參與者的產量較低。」目前文中其他資訊並不足以看出參與計畫者有何其他先天劣勢，導致其產量低於未參與計畫者。事實上援助計畫未如預期奏效並非罕見，如能深入探究其背後原因，可能為評核以及未來的實務操作帶來更大貢獻，但作者至終未能合理闡釋「為何參與計畫對於整體以及灌溉條件差者均帶來負面影響」，其實十分可惜。

除了上述討論的量化研究內容，國合會目前的評核方式其實更接近混合方法研究（mixed method studies），因為目前的研究除了結構式問卷以外，通常亦輔以計畫利害關係人訪談，這部分屬於質化研究，宜更詳細說明其研究方法，例如利害關係人的數量及其可揭露之職稱或身分、說明何謂「利害關係」等，以強化文中來自訪談發展出的論述。

根據表 1-1 亦可看到，三篇文章均於計畫結束三到五年後進行一次橫斷式問卷，此作法應是根據國合會內部的分工，由技術合作處負責從前期規畫、執行計畫到計畫結案，三到五年後再由研究發展考核處進行評核，執行這一次性的橫斷式問卷。然而這樣的作法，或許嘗試捕捉計畫的長期效果，實際上卻難以排除從計畫結束後，到問卷進行之間三至五年的干擾因素，不僅非常可能降低研究的準確性，也不利於成效的呈現。如能參考其他國際援助機構，例如世界銀行選擇進行評核的方案，會由同一

單位進行計畫開始前的基線調查與計畫結束後不久的結案調查，[17] 如此至少兩波的資料，較可能進行前後比較；假使實驗組與控制組尚可相比，才可能進一步進行前述的 DID 分析。如能進行不只兩波的調查，例如在計畫期間亦進行追蹤調查，亦有助於實務上即時反饋、進行滾動式調整，並於研究上建立多個時點，以了解短、中、長期效果。如果國合會更期許在援助的實務作法上有所貢獻——致力於了解哪些援助方式可產生顯著成效，並將其成效與其他作法予以量化比較，那麼更接近國際理想標準的作法，是能在計畫開始前即以隨機決定實驗組與控制組，並設計更符合計畫目標的衡量項目，例如吉里巴斯和馬紹爾的文章最終希望減少慢性病，蔬果攝取僅為手段，終極關懷應是健康狀態，便可進一步檢視計畫是否有助於改善 BMI，甚至調查受訪者就醫情形、或增加血糖與血壓等基本檢測。這部分勢必增加調查的成本，或者需要連結援助國的不同部門（例如園藝計畫最終連結到醫療或國民健康主管機關），但或許是長期而言可供參考的方向。

除此以外，表 1-1 未能涵蓋比較三項計畫之經費與人力規模，係因三篇文章中，僅有海地一文說明「此項目 2011 年至 2013 年投入總計 175,791 美元，包含人事費 59,556 美元與業務費 116,235 美元」，其餘兩篇及其他計畫從文章、國合會網站、國合會年報等公開資料，皆未能取得計畫經費與人力之細節。國合會目前未公開各方案的詳細金額，部分原因可能是避免友邦以此互相比較、進一步索求更高援助金額，甚至以轉與中國建交作為要脅，惟公布方案金額為世界銀行及 OECD 之慣例，長期而言，國合會需基於臺灣特殊外交處境，予以審慎考慮。

三、與國外類似研究之比較

上述國合會研究中與援助成效評估文獻對話之不足，以及水稻計畫成效評估的困境等，或許可以參考日本國際協力機構（Japan International Cooperation Agency，以下簡稱為：JICA）公開發表的研究成果。JICA 為日本 ODA 的執行單位，JICA 的

---

17 這部分涉及較大的組織調整，但以國合會目前會內處室之間緊密合作的關係、人員跨處室流動並非罕見的現況，應有可嘗試的空間。

前身自 1954 年起開始技術合作之國際援助，1974 年 JICA 正式成立，迄今已援助 190 多國，並且積極進行成效評估。雖然其歷史與規模均與國合會有所差異，基於同爲東亞援助國，所提供的技術合作類型時有相通，仍有相當的參考價值。舉例而言，JICA 在非洲多國推展水稻種植並以反事實分析框架檢視成效，近年發表於 World Development 期刊至少三篇文章，分別探討在烏干達（Kijima, Ito, and Otsuka 2012）、坦尚尼亞（Nakano et al. 2018）與象牙海岸（Takahashi, Mano, and Otsuka 2019）的經驗。

三篇文章的背景，都是撒哈拉沙漠以南的非洲國家面臨農業生產力長期停滯，JICA 協助提供水稻種植技術的訓練，較早期的烏干達研究與國合會現有的研究類似，同樣是執行單次橫斷面問卷調查，以 177 個田地樣本進行 PSM；坦尚尼亞與象牙海岸研究則分別有 202 及 328 個樣本，並於三個年度進行問卷調查，故可以建立三年期及五年期[18]追蹤資料，進行 DID 分析，再搭配其他如固定效果（fixed effects）、空間計量模型等統計方法增進嚴謹度。另一篇研究在 JICA 的坦尚尼亞水稻計畫之後，進一步與知名孟加拉微型貸款機構 BRAC（Bangladesh Rural Advancement Committee）合作，探討微型貸款對於農民使用化學肥料的影響，其研究結果發現，微型貸款並不會增加農民對於化學肥料的使用，也無助於增加產量、利潤與家戶所得，雖然這樣的結果不算是正面，但該文透過更深入探討後，發現貸款對於灌溉條件較佳者沒有影響，因爲他們原本就會使用足夠的肥料，但對於灌溉條件較差且原本使用很少肥料的農夫，貸款則會增加他們的肥料使用（Nakano and Magezi 2020），這便是一個雖然計畫結果跟預期不同、但仍得到寶貴發現的評估案例。

根據前述這幾篇文章的作者群，也可以看到 JICA 積極讓學者（尤其是發展經濟學家）參與評估 JICA 計畫的成效，這部分對於現有編制內人力有限的國合會，應是值得持續並且積極爭取合作的作法。針對前述援助有效性的國際框架，JICA 指出，作爲國際發展機構，必須持續關注全球發展議題趨勢，強化在國際論壇中執行最新發展議程的能力。故 JICA 透過積極參加聯合國、國際貨幣基金、世界銀行、ADB、美

---

18 坦尚尼亞研究於 2010、2011、2012 年進行調查，2010 年亦以回溯性問題蒐集 2008 與 2009 的資訊，故其部分資訊爲五年追蹤資料。

洲開發銀行（Inter-American Development Bank，以下簡稱：IDB）、非洲開發銀行與歐洲復興開發銀行（European Bank for Reconstruction and Development，以下簡稱：EBRD）的會議，並經常互訪（JICA 2012），包括派員至上述組織中實證研究能量最充足的世界銀行交流、進修，來推動實證研究。[19]

四、小結

　　近年來國合會導入反事實分析進行事後評核工作，本身已是積極關注全球發展議題趨勢並付諸行動的結果。[20] 而根據上述討論，仍可以歸納出臺灣政府開發援助現階段可以參考改進之處。第一，調整調查時間。先以建立基線值為目標，以改善目前已經發表的研究均僅有計畫結束後三到五年的事後資料，缺乏事前基線資料，對照反事實分析框架，明顯缺乏方案前的資訊作為參照，難以正確估計方案前後的變化。一次性橫斷式問卷有可能透過回溯性問題，建立基線值，進行前後比較，但若仰賴受訪者回溯方案前的情況，其誤差亦難以估計。第二，擴大樣本數。目前已經發表的研究，其樣本數最高僅 171 人，相較於世界銀行資料庫所公布針對成效評估收集的 34 個資料庫[21]，其樣本數的中位數為 3,473，且僅有三個資料庫之樣本數未超過 500，臺灣發展援助評估的規模仍相差甚遠，也可能導致在統計方法上需要大樣本的估計困難。樣本數當然仍與受援國本身的人口數有關，目前的小樣本數多少受限於小國人口少，例如吉里巴斯人口 11.7 萬，馬紹爾群島人口僅 5.8 萬，幾乎都比上述世界銀行資料庫涵蓋的國家人口少，且 SIDS 現有文獻原本就相對有限，國合會的研究充實了 SIDS 研究，已經是非常有意義的貢獻，如能再略為增加樣本數，將有助於進行更精準的估計。第三，更完整呈現與詮釋研究結果，更積極與文獻中的現有作法進行比較與對話，這裡所指的文獻，包括發展援助框架下類似的介入方式（如種水稻）及其所關注

19　2012 年 7 月 9 日於美國華盛頓世界銀行總部的訪談發現。

20　2022 年 3 月 7 日與 6 月 6 日與國合會工作人員的線上訪談發現。

21　見 https://microdata.worldbank.org/index.php/catalog 中 Development Impact Evaluation（DIME）之子分類，數據由作者整理。擷取於 2022 年 4 月 7 日。

的效果（如糧食安全），以及在非發展援助框架，例如農業、營養等相關科學性研究結果，均有助於使發展成效評估的成果及其意涵更加完整。第四，維持並增加與國際組織的互動，包括一般性的廣泛交流，以及針對評核方法的觀摩學習。雖然臺灣現階段較難與聯合國、國際貨幣基金、世界銀行進行官方正式聯繫，臺灣官方仍持續與 ADB、IDB、EBRD、中美洲銀行（Central American Bank for Economic Integration，以下簡稱：CABEI）維持往來，甚至派員交流觀摩，[22] 除了學習上述組織的經驗，臺灣目前已有的反事實分析經驗，甚至可能有助於規模相對較小的組織如 CABEI，成為另一種 "Taiwan Can Help" 的內容。

肆、進一步延伸：初探反事實分析推廣到臺灣民間國際發展組織進行反事實之可能性

根據 OECD 國家經驗，當組織達到一定規模，反事實分析即成為評估成效的重要途徑，例如國際知名公司 TOMS 鞋，本身為營利性質公司，但打出 "One for One" 口號，承諾每售出一雙即捐贈一雙免費、全新的鞋子給世界各地需要鞋穿的弱勢兒童，其看似公益的訴求面對不少輿論挑戰，TOMS 便勇於與外部學者合作，以嚴謹的反事實分析框架檢視其作法，並平衡地呈現 TOMS 公司贈鞋行動對受贈兒童與當地產業帶來的正負面影響（Wydick et al. 2018; Wydick, Katz, and Janet 2014）。

儘管上述三篇國合會文章存在以上可供討論的細節，國合會以目前進行評核的人力配置有此產出，其經驗對於臺灣作為國際發展的參與者，仍有許多值得討論與借鏡之處。同樣是進行類似性質的國內外助人工作，在國內也難見到其他公益團體或非營利組織，以相應的積極性嘗試應用反事實分析評估自身成效。作者目前搜尋到最符合反事實分析的臺灣民間對外援助案例，是實務實習成果報告形式的一篇臺大公共衛生碩士論文，楊怡庭與愛女孩國際關懷協會合作，探討青少女衛生教育介入方案對生理

---

22 參 https://www.mof.gov.tw/multiplehtml/d73d961b36484ed9a3f57372067defe5 財政部國際財政司發布之說明。擷取於 2022 年 6 月 6 日。

期健康行為的影響。作者將三所學校分為有健康教育計劃介入的實驗組與無介入的控制組，研究對象為 66 名 13 至 17 歲烏干達偏鄉漁村的女孩。研究結果顯示，經過五週衛生教育的女孩們更勇於向父親和同儕訴說與月經相關的擔憂，對於月經的羞愧感亦大幅下降（楊怡庭 2020）。其餘目前從事國際發展的臺灣民間組織，不論從臺灣海外援助發展聯盟（Taiwan Alliance in International Development，簡稱 Taiwan AID）的網站，或慈濟、家扶與世界展望會——受金管會指定需要簽報海外洗錢防制的三大臺灣民間國際發展組織——之海外成果報告，都未能找到任何以反事實分析進行援助有效性評估的公開內容。[23]

　　若探究目前國內從事國際發展服務的民間組織，為何未見到公開的反事實分析的評估內容，本研究對國內一知名民間組織工作人員進行訪談後得知，大型民間組織可能曾透過內部培力工作坊、或國際組織計畫徵求（Call for Proposals）的要求，略知反事實分析的研究方法，工作過程中也參考受援國既有的統計結果。但由於該組織的國際工作目前聚焦在服務對象上，仍處於釐清計畫目標以建立衡量指標的階段，尚未有餘力拓展至控制組；此外，基於該組織海外派駐專員之學科背景，大多對於量化評估的興趣與掌握程度較低，原有與學界合作預計進行反事實分析的收案規畫，亦因 CDVID-19 疫情而延宕，致使目前尚未有反事實分析的評估內容。[24] 目前臺灣國際發展的相關組織中，外交體系與民間國際發展組織工作者以人文社會背景佔較多數，基於臺灣教育系統文理科分流較早，上述學科背景中許多人可能高中畢業後就少有機會接觸數學；自然科學背景者可能更熟悉反事實分析的邏輯與相關訓練，但過去可能傾向僅出現在計畫執行部分（例如提供農業技術援助的專家），公共衛生一方面屬於臺

---

23 搜尋範圍包括 Taiwan AID 網站，以及三大臺灣民間國際發展組織 2018 年以來之年報或年度報告書，多為援助的「記錄」，即組織個數、計畫個數、人次、場次、金額等，其中最接近受援者成果的為世界展望會年度報告中，提到「印尼計畫區 家中取得乾 淨用水的比例從 11% 提升至 79%；蒙古計畫區 兒童與家庭擁有乾淨水比率從 18% 變成 73%」等文字，但未能從公開說明文件找到上述數字之計算方式以及研究方法。家扶國際室及 Taiwan Aid 會員組織臺灣遠山呼喚國際貧童教育協會嘗試透過個體資料進行分析，目前僅處於研討會論文階段（Su 2020; Su and Lin 2019）。作者感謝匿名審查人的寶貴意見。

24 2022 年 5 月 30 日與國內一知名民間國際發展援助組織之工作人員的線上訪談發現。

灣國際發展工作的優勢領域（如國合會五大領域中的公衛醫療），公衛的知識背景與訓練，也較有機會產生反事實分析的產出，如同本文提及之現有反事實分析成果（中華民國駐聖多美普林西比瘧疾防治顧問團、國合會近期三篇期刊文章、楊怡庭碩士論文），均包含受過公衛訓練的研究者。

　　楊文山則表示，由於一般民眾普遍缺乏「介入效果」的概念，從機構的角度，計畫評估的結果有可能對自身機構不利，基於擔憂傷害機構本身，國內的機構（包括政府部門、非營利組織）往往缺乏誘因進行評估，使得國內許多公部門政策及非營利部分的方案沒有評估的預算，也沒有政策執行者主動發起的評估，政策效果僅能仰賴零星學者自發性的研究。美國的作法則是從制度面著手，對於各種公共政策，首先由美國國會預算局（Congressional Budget Office）編列預算，由美國國家科學院（National Academy of Sciences）組成工作小組（Task group），在計畫開始前先撰寫計畫準則陳述問題，並擬定後續評估方式，明訂經費中的 1 至 5% 做效益評估機制，以利持續進行政策評估，不論是楊文山參與過的美國疾病管制局愛滋病防治計畫、或其他政府部門包括 USAID 皆然。楊文山強調，政府應該增加公共政策效益評估之預算，當評估的概念普及化，才能減低評估工作對官僚體系的威脅，也使官僚體系有更寬闊的心胸檢視政策。國合會配合全球的計畫評估趨勢，持續精進評核方式，並公開發表其評核方法與結果，將有助於國內大眾更加了解評估介入效果的意義，未來得以改善國際發展工作以及其他公共政策品質。[25]

　　長期而言，如欲增加臺灣國際發展工作的反事實分析能量，可能的做法有三：第一，透過內部培訓、在職訓練，增加外交體系與民間援外組織工作者的相關知能，但若與原先熟悉的知識背景與工作內容相差較遠，可能事倍功半；第二，招募已具有量化研究能力的員工，但現階段對國際發展工作有興趣者，未必已具備相關能力；第三，與學界合作，讓具有量化研究能量的師生赴駐地參與資料收集與分析，同時讓更多元的科系接觸到國際發展工作的不同面向。若非組織本身發展出龐大的研究部門，例如世界銀行的發展經濟學部門目前有超過 60 位經濟學博士，[26] 其下的成效評估團隊，另

25　2022 年 8 月 25 日與 2022 年 9 月 19 日於臺北與楊文山的訪談發現。

26　參 https://www.worldbank.org/en/research/brief/researchers。擷取於 2022 年 6 月 7 日。

有約 20 人具有碩博士水準的量化研究能力，[27] 其中碩士學歷者多曾於美國頂尖國際關係碩士學程修習計量經濟學等量化課程，[28] 與學界合作應是臺灣目前阻力與成本都較小的做法。

伍、結論

　　本文回顧二次世界大戰以降關於經濟發展的主要思潮，包括目前最受重視、且獲諾貝爾獎肯定的反事實分析研究方法，並檢視臺灣執行 ODA 的主要機構——國合會——近年來使用反事實分析方法進行事後評核之研究產出。國合會遵循《國際合作發展法》進行評核工作已逾十年，2017 年以來積極嘗試以反事實分析框架進行事後評核，本文無意也無法以上述三篇發表於期刊的研究成果概括評論國合會所有成效，但這三篇反事實分析研究及其背後龐雜的評核工作，格外凸顯臺灣在援外事務上，積極使自己成為國際發展社群實質（de facto）夥伴的努力與誠意。本文認為國合會在目前的人員編制下有此能量進行研究實屬不易，除具體呈現援助成效並予以量化，亦藉著國際期刊及援助相關國際會議等場合，與援助學者及實務工作者進行交流，有助於國內外學界與民眾了解臺灣發展援助工作，打破金援外交等負面刻板印象。未來建議將評核思維完整納入計畫初期準備與評估階段，收集基線資料，擴大樣本數，更積極與文獻中的援助作法進行比較與對話，並持續或增加與其他國際發展組織交流，期能進行更完善嚴謹之成效評估。

　　儘管三篇文章存在前述可供討論的細節，國合會目前執行評核的經驗對於臺灣作為國際發展的參與者，仍有許多值得借鏡之處。基於目前國內從事國際援助服務的民間組織，鮮少有公開的反事實分析評估結果，未來研究可以進一步探究：反事實分析在組織內的推動過程，執行過程遇到的困難與解決方案，計畫規模（經費與人力）在評核過程中的意義，以及反事實分析對組織內外產生的影響。本文一方面鼓勵組織與

27　參 https://www.worldbank.org/en/research/dime/experts。擷取於 2022 年 6 月 7 日。

28　2012 年 7 月 9 日於美國華盛頓世界銀行總部的訪談發現。

學界合作，或爭取量化研究能力的人才，投入國際發展工作，強化執行與評估的能量；另一方面，本文認爲量化研究能力並非每個國際發展工作者所必備，但期待透過本文的寫作，能使對於國際發展工作成效評估有興趣者，對反事實分析建立初步的認識，取得更多與國際發展社群交流的共通語言。

此外，雖然有效性是發展援助政策績效重要的衡量方法，許多發展援助最主要的動機與績效，可能是鞏固現有政權與邦交，或者甚至只是爲了援助國的投資收益或地緣政治優勢（如一帶一路），或是企圖做到威權推廣，而非推動發展與民主，[29] 這些動機對於受援國帶來的總體效果，則不在本文的討論範圍中，有待未來研究進一步探討。

---

29 作者感謝匿名審查人的寶貴意見。

參考文獻

朱敬一，2020，《牧羊人讀書筆記》，新北市：印刻文學。Chu, C. Y. Cyrus. 2020. Muyangren dushu biji [The Reading Notes]. New Taipei: INK Literary Monthly Publishing Co., Ltd.

財團法人國際合作發展基金會，2019，《財團法人國際合作發展基金會 2018 年年報》。TaiwanICDF. 2019. Caituanfaren guoji hezuo fazhan jijinhui 2018 nian nianbao [2018 Annual Report].

曾晴婉，2021，〈一鄉一特產支援外類型計畫對當地發展之影響：以印尼蘆筍一鄉一特產計畫為例（2011-2014）〉，2021 年發展研究年會，臺北。

曾晴婉、鄭晏宗，2020，〈貿易援助對農村發展之影響：以我國於瓜地馬拉推動之木瓜銷美計畫（2011-2014）為例〉，2020 年發展研究年會，臺北。

曾晴婉、鄭晏宗、曾筠清，2021，〈臺灣援外計畫影響之實證評估：以海地糧食安全計畫（2011-2013）為例〉，《問題與研究》，60（3）：59- 115。

楊怡庭，2020，〈烏干達偏鄉青少女衛生教育介入方案對生理期健康行為的影響〉，國立臺灣大學公共衛生學院公共衛生碩士學位學程碩士論文—實務實習成果報告。

劉曉鵬，2009，〈非洲發展援助中的臺灣經驗：馬拉威的故事〉，《問題與研究》，48（4）：51-127。

劉曉鵬，2012，〈農技援助之外：小中國對非洲的大想像〉，《臺灣史研究》，19（1）：71-141。

鄭晏宗、曾筠清、楊文山，2019，〈臺灣園藝類型援外計畫對民眾蔬果攝食量之影響——以吉里巴斯為例〉，《臺灣公共衛生雜誌》，38（3）：265-279。

關秉寅、李敦義，2010，〈國中生數學補得愈久，數學成就愈好嗎？傾向分數配對法的分析〉，《教育研究集刊》，56（2）：105-140。

Baird, Sarah J., Joan Hamory Hicks, Michael Kremer, and Edward Miguel. 2016. "Worms at Work: Long-Run Impacts of Child Health Gains." *Quarterly Journal of Economics*. 1637-1680.

Bertrand, Marianne, Esther Duflo, and Sendhil Mullainathan. 2004. "How Much Should We Trust Differences-in-Differences Estimates?" *Quarterly Journal of Economics*, 119 (1): 249-275.

Bourguignon, François, and Mark Sundberg. 2007. "Aid Effectiveness–Opening the Black Box." *American Economic Review*, 97 (2): 316-321.

Bueno de Mesquita, Bruce, and Alastair Smith. 2011. *The Dictator's Handbook: Why Bad Behavior Is Almost Always Good Politics*. New York: PublicAffairs.

Bueno de Mesquita, Bruce, Alastair Smith, Randolph M. Siverson, and James D. Morrow. 2003. *The Logic of Political Survival*. The MIT Press.

Card, David, and Alan B. Krueger. 1994. "Minimum Wages and Employment: A Case Study of the Fast-Food Industry in New Jersey and Pennsylvania." *American Economic Review*, 84 (4): 772-793.

Chan, Gerald. 1997. "Taiwan as an Emerging Foreign Aid Donor: Developments, Problems, and Prospects." *Pacific Affairs*, 70 (1): 37-56.

Chen, Jinji, and Ling-Yu Chen. 2022. "The Economic Impact of Diplomatic Switches between Taiwan and China: A Difference-in-Difference Analysis." *Conference Paper at the 4th World Congress of Taiwan Studies*.

Chen, Ying-An et al. 2019. "Effects of Indoor Residual Spraying and Outdoor Larval Control on Anopheles Coluzzii from São Tomé and Príncipe, Two Islands with Pre-Eliminated Malaria." *Malaria Journal*, 18 (405).

Cheng, Yan-Tzong and Yun-Ching Tseng. 2020. "Impacts of a rice production project's intervention in Nicaragua: an ex-post evaluation of the effectiveness of the Taiwan ICDF Rice Production Project." *Conference Paper at 2020 Annual Australasian AID Conference*.

Cheng, Yan-Tzong, Yun-Ching Tseng, Yoko Iwaki, and Michael C. Huang. 2021. "Sustainable Food Security in Small Island Developing States (SIDS): A Case of Horticulture Project in Marshall Island." *Marine Policy*, 128 (June): 104378.

Chien, Shiuh-shen, Tzu-Po Yang, and Yi-Chen Wu. 2010. "Taiwan's Foreign Aid and Technical Assistance in the Marshall Islands." *Asian Survey*, 50 (6): 1184- 1204.

Chien, Shiuh-Shen, and Yi-Chen Wu. 2021. "Trilateral Humanitarian Aid: Continuities and Changes in Taiwan's Aid Policy before and during the First Administration of Tsai Ing-Wen." *In Taiwan During the First Administration of Tsai Ing-Wen*, Routledge, pp. 347-372.

Deaton, Angus S. 2013. *The Great Escape: Health, Wealth, and the Origins of Inequality*. Princeton: Princeton University Press.

Duflo, Esther. 2016. "Randomized controlled trials, development economics and policy making in developing countries." *World Bank Conference: The State of Economics, The State of the World*, Washington DC.

Duflo, Esther. 2017. "The Economist as Plumber." *American Economic Review*: Papers &

Proceedings, 107 (5): 1-26.

Duflo, Esther, and Abhijit Banerjee. 2011. Poor Economics. PublicAffairs.

Easterly, William. 2006. *The White Man's Burden: Why the West's Efforts to Aid the Rest Have Done So Much Ill and So Little Good*. Penguin.

Guilloux, Alain. 2009. *Taiwan, Humanitarianism and Global Governance*. Routledge.

Hamory, Joan et al. 2021. "Twenty-Year Economic Impacts of Deworming." *Proceedings of the National Academy of Sciences of the United States of America*, 118 (14).

JICA. 2012."Enhancing Development Partnerships."In *JICA Annual Report 2012*, 140-141.

Kijima, Yoko, Yukinori Ito, and Keijiro Otsuka. 2012. "Assessing the Impact of Training on Lowland Rice Productivity in an African Setting: Evidence from Uganda." *World Development*, 40 (8): 1610-1618.

Lin, Teh-Chang, and Jean Yen-Chun Lin. 2017. "Taiwan's Foreign Aid in Transition: From ODA to Civil Society Approaches." *Japanese Journal of Political Science*, 18 (4): 469-490.

Meyer, Bruce D. 1995. "Natural and Quasi-Experiments in Economics." *Journal of Business and Economic Statistics*, 13 (2): 151-161.

Miguel, Edward, and Michael Kremer. 2004. "Worms: Identifying Impacts on Education and Health in the Presence of Treatment Externalities." *Econometrica*, 72 (1): 159-217.

Nakano, Yuko, and Eustadius F. Magezi. 2020. "The Impact of Microcredit on Agricultural Technology Adoption and Productivity: Evidence from Randomized Control Trial in Tanzania." *World Development*, 133: 104997.

Nakano, Yuko, Takuji W. Tsusaka, Takeshi Aida, and Valerien O. Pede. 2018. "Is Farmer-to-Farmer Extension Effective? The Impact of Training on Technology Adoption and Rice Farming Productivity in Tanzania." *World Development* 105: 336–51.

Ravallion, Martin. 2012. "Fighting Poverty One Experiment at a Time: A Review of Abhijit Banerjee and Esther Duflo's Poor Economics: A Radical Rethinking of the Way to Fight Global Poverty." *Journal of Economic Literature*, 50 (1): 103- 114.

Rosenbaum, Paul R., and Donald B. Rubin. 1983. "The Central Role of the Propensity Score in Observational Studies for Causal Effects." *Biometrika1*, 70 (1): 41-55.

Sachs, Jeffrey D. 2006. *The End of Poverty*. Penguin.

Su, Yen-Pin. 2022. "The Impact of Diplomatic Ties on Economic Development: Taiwan and China in Latin America and the Caribbean." *Conference Paper at the 4th World Congress of Taiwan Studies*.

Su, Yu-hsuan. 2020. "Impact of International Child Sponsorship from Taiwan: Evidence from Nepal." *Working Paper*.

Su, Yu-hsuan, and Ping-Hsien Lin. 2019. "Impact of International Child Sponsorship from Taiwan: Evidence from Mongolia and Kyrgyzstan." *Working Paper*.

Takahashi, Kazushi, Yukichi Mano, and Keijiro Otsuka. 2019. "Learning from Experts and Peer Farmers about Rice Production: Experimental Evidence from Cote d'Ivoire." *World Development*, 122: 157-169.

Ting, Hsin-Lan, Ao, Chon-Kit, and Lin, Ming-Jen. 2014. "Television on women's empowerment in India." *The Journal of Development Studies*, 50 (11): 1523- 1537.

Todaro, Michael P., and Stephen C. Smith. 2015. *Economic Development*. 12th Edition. Pearson.

Tsai, Kun-Hsien et al. 2020. "Investigation of Ctenocephalides Felis on Domestic Dogs and Rickettsia Felis Infection in the Democratic Republic of Sao Tome and Principe." *Zoonoses and Public Health*, 67 (8): 884-894.

Wang, Hongying, and Yeh-Chung Lu. 2008. "The Conception of Soft Power and Its Policy Implications: A Comparative Study of China and Taiwan." *Journal of Contemporary China*, 17 (56): 425-447.

Wu, Yi-Chen, and Shiuh-Shen Chien. 2022. "Northernization for Breaking-through International Isolation: Taiwan's Trilateral Aid Cooperation in the Middle East Refugee Crisis and beyond." *Development Policy Review*, 40 (2): 1-26.

Wydick, Bruce et al. 2018. "Shoeing the Children: The Impact of the TOMS Shoe Donation Program in Rural El Salvador." *World Bank Economic Review*, 32 (3): 727-751.

Wydick, Bruce, Elizabeth Katz, and Brendan Janet. 2014. "Do In-Kind Transfers Damage Local Markets? The Case of TOMS Shoe Donations in El Salvador." *Journal of Development Effectiveness* (March 2015): 1-19.

Yen, Tsai-Ying et al. 2016. "Seroprevalence of Antibodies against Dengue Virus among Pregnant Women in the Democratic Republic of Sao Tome and Principe." *Acta Tropica*, 155: 58-62.

——. 2019. "Serologic Evidence for Orientia Exposure in the Democratic Republic of Sao Tome and Principe." *Vector-Borne and Zoonotic Diseases*, 19 (11): 821-827.

第 **2** 章

2000年代末以來臺灣援外轉型
從「建交」導向延伸「發展」導向

吳奕辰、簡旭伸

壹、緒論：與理念相近國家一起推動國際發展

　　2020 年 4 月，為應對全球 COVID-19 疫情，中華民國（以下簡稱臺灣）捐贈上千萬片口罩及各項醫療設備支援數十個疫情嚴重的國家。這波後來被稱為「口罩外交」的援外計畫，至少在四個面向挑戰長久以來各界對臺灣援外的刻板印象。首先，口罩外交受援國僅少數是邦交，多數是無邦交的美國、歐盟國家和新南向國家。其次，口罩外交的本質是人道援助，而非過往較為人知的農業或科技等合作。第三，口罩外交透過雙邊模式贈送，也透過多邊的平臺分配，例如歐盟緊急應變協調中心。最後，捐出的口罩包含民眾預購後自主釋出的配額，認捐活動推出短短半個月就有超過 50 萬人響應超過 400 萬片，顯示民眾對此高度參與和支持（陳韻聿 2020）。

　　從邦交到非邦交，從技術合作到人道援助，從雙邊到多邊，從官方獨辦到民間參與，顯示臺灣援外不同於以往印象的四項特徵（簡旭伸、吳奕辰 2020a；Chien and

本文為再版文章，原文刊登於：吳奕辰、簡旭伸，2022，〈2000 年代末以來臺灣援外轉型：從「建交」導向延伸「發展」導向〉，《問題與研究》，第 61 卷第 3 期，頁 51-93。本文經授權單位《問題與研究》編輯部同意授權重刊。

致謝：本研究受科技部專題研究計畫「國際發展三角合作再理論化：臺灣援助在約旦之個案（108-2410-H-002-171-MY2）」之支持。作者們感謝兩位匿名審查委員提供詳盡且具有啟發性的意見，使本文能更加完善。然若文中有任何謬誤，則由作者們自負。

Wu 2021）。本文主張這是政府援外思維長期轉型的結果：從爭取建交的「建交導向」思維[1]，逐漸延伸到與「理念相近國家」一起從事人道與發展的「發展導向」思維，讓全球有需要幫助的人民，可以過得更好、更有尊嚴與價值。

這個從外交延伸到國際發展的思維變遷長達十多年，亦即是從馬英九政府延伸到蔡英文政府的持續成果（簡旭伸、吳奕辰 2020b）。臺灣於 2010 年立法通過國際合作發展法，明定每年外交部需公布《國際合作發展事務年度報告》（以下簡稱援外年報），正好成為描繪援外轉型新圖像的重要資料來源。比對 2011 到 2020 年援外年報，臺灣在 2010 到 2019 年總共援助 104 國，超過全球 194 國的一半，執行 1400 餘項計畫。[2] 其中包含 23 個邦交，分布在中南美洲、大洋洲和非洲，外加南歐的教廷，總共執行 800 餘項計畫。另外有 81 個非邦交，分別在亞太、亞非以及東歐和中南美分別有 20 多國，在西歐北美也有 7 國，總共執行 500 餘項計畫。上述 1400 餘項計畫，有超過 100 項更是由臺灣提供資金或技術，與「理念相近國家」三邊或多邊合作（詳如第 3-1 與 3-2 節）。

援外思維變遷也帶動民意支持。2017 年有民調詢問，「您比較認同，將資源與經費投入『參與國際社會』還是『維繫邦交國』？」，將近七成選擇前者，僅一成選擇後者，而選擇「兩者都可以」或「兩者都不可以」的則都不到 4%（臺灣智庫 2017）

從 2016 年蔡英文政府開始，「理念相近國家」這個詞彙逐漸被外交部被廣泛使用。不論是鞏固邦交、強化無邦交實質關係、參與國際組織、或是公眾外交與國際宣傳等各類施政方向中，都看到「理念相近國家」的角色。外交部並沒有明確定義「理念相近國家」，但是從新聞稿、聲明或新聞說明會紀要中，可推斷其指涉的

1　所謂建交導向，指涉在冷戰期間，臺灣與東西德、南北韓類似有「建交導向」的援外競爭（Newnham 2000），或類似古巴以特定技術換取外交空間突破孤立的典型南南合作模式（Huish 2014；Kruijt 2020）。臺灣的建交導向模式大體上有四個特點，關注特定政經高層的關係，進而孳生貪汙腐敗；甚少多邊援助，偏好雙邊形式，以利鞏固邦交關係；甚少與民間合作，偏好由政府全權主導；援助不附帶改革條件（Chien & Wu2022）。

2　本文定義的 194 國，包含聯合國 193 個會員國加上教廷。臺灣實際上有援助一些不受聯合國承認的國家、或是聯合國會員國的屬地。其中科索沃計入塞爾維亞、索馬利蘭計入索馬利亞、西撒哈拉計入摩洛哥。另外臺灣亦有糧食援助加勒比海的聖馬丁，在表 1 中分別計入其母國法國與荷蘭。

約略是美國、加拿大、日本、韓國、澳洲、紐西蘭和歐盟國家等[3]。上述國家正好就是經濟合作發展組織（Organization for Economic Cooperation and Development，以下簡稱 OECD）發展援助委員會（Development Assistance Committee，以下簡稱 DAC）的會員國。他們與臺灣都沒有邦交，但在全球範圍內共享普世價值，尤其是自由、民主和人權等，並強調透明（transparency）、善治（good governance）、責信（accountability）等「發展導向」的國際援助典則。

　　然而既有臺灣援外文獻多集中在討論「建交導向」。例如，1980 到 1990 年代的文獻探討「建交導向」的援外是否有效拓展與鞏固邦交，以及有何重大缺失（例如王文隆 2004；劉曉鵬 2005；Chan 1997；Henckaerts 1996；Hsieh 1985；Lin 1996；Tubilewicz & Guilloux 2011；C. Wang 1993；Y. S. Wang 1990；L. Wu 1995；）。2000 到 2010 年代的文獻進一步隨著善治議程及中國崛起，探究兩岸援外競爭如何影響受援國的內政，甚至被 OECD 國家（例如美國與澳洲等）視為破壞善治的源頭之一（例如林沁雄 2008；Atkinson 2007 2009；Chien Yang & Wu 2010；Dobell 2007；Erickson & Chen 2007；Stringer 2006；Taylor 2002；Tubilewicz 2007）。這些文獻都無法回答：為何臺灣正在逐漸淡化（儘管仍是主軸之一）「建交導向」的思維，並加強「發展導向」的思維，亦即與無邦交但理念相近的 OECD 同儕一起援助其他非邦交國。

　　為彌補此缺口，本文引用國際典則（international regime）概念，梳理臺灣援助與 OECD 國家的合作。國際典則是全球共同議題治理的重要方法之一（Benedict 2001）。全球治理（global governance），是各國之間透過制度、規範、協議或非正式的合作機制或協商進程，產生特定秩序或共同利益，並促進各國為此共同行動（Rosenau, Czempiel, & Smith 1992）。在各種全球治理方法中，最紮實的是國家政府簽署和批准條約，並將之國內法化，例如國際人權公約（Slaughter 1997）[4]。然而並非所有全球議題都能達成普遍共識，遑論形成能國內法化的條約。這時國際典則

3　除此之外，近期與臺灣互設代表處的索馬利蘭也在新聞稿中被稱為理念相近國家。

4　國際人權公約，就是由聯合國 1945 年通過《世界人權宣言》之後，復於 1966 年通過《公民與政治權利國際公約》及《經濟社會文化權利國際公約》，並尋求各國簽署和批准上述兩公約，進而國內法化之後，使得各國司法體系能夠引進他國判例來落實對人權的保障。

（international regime）就是遂行全球治理的另一方法。

國際典則是多個行為者在共同期盼下形成一套明示或暗示的原則、規範、規則和決策程序（Krasner 1983）。典則的效力取決於這個有需要被合作處理的特定議題，是否出現能夠主導運作該議題的制度、組織、或國際實體，訂定相關原則、規則和規範後，透過正式或非正式網絡來實踐與檢核。這些原則、規則和規範可能來自特定一群國家代表之間的協議而成，並沒有形成條約體系，也沒有批准後國內法化的程序。但因為這些國家有共同利益或期望的秩序，且他們國家已足以在這特定議題佔有主導地位，因此儘管並非全球都參與其中，但憑著這幾個關鍵國家的協定與同儕壓力，就形成具有權威性的國際典則。

在國際援助領域，儘管十九與廿世紀歐洲各列強已對其殖民地展開類似今日國際援助的行動，但並未出現普遍的典則，而是殖民帝國各行其是。[5] 二戰結束後，馬歇爾計畫帶來大規模援助浪潮，聯合國、國際貨幣基金組織和世界銀行等多邊組織陸續成立，在分配資金、確定受助資格、評估援助影響等，逐漸形塑成文規則，其中最主要的推手就是富國成立的 OECD。

從 1961 年建立以來，OECD 持續制定並維護政府開發援助（official development assistance，以下簡稱 ODA）的規範和標準，包含受援國清單、經濟發展與福祉的定義、捐贈的性質與比例要求等。OECD 另進行多項議程影響會員國，包含提倡多邊機制以增加會員國的多邊援助比例、提倡增加 ODA 支出到至少占援助國的國民總收入的 0.7%（1970 年代起六個歐洲國家陸續達標）、提倡鬆綁援助（untied aid）以避免援助被用來向母國廠商採購（OECD 2006）。此外，為確保落實 ODA 的規範和標準及上述議程，OECD 持續以定期同儕審查檢視會員國的政策和計畫，並從廿一世紀初以來舉辦多次高階論壇，邀請非會員國及民間代表共同設立多項關於援助與發展效能的原則（相關原則詳如下一節所述）。

5　不過當時在國際緊急人道援助領域，已出現以國際紅十字會創始人亨利杜南（Jean Henri Dunant）制定的原則（人道、公正、中立、獨立、志願服務、統一和普遍）為核心，形成針對災民的需要，無論其國籍、種族、性別、宗教、黨派等的杜南原則（Dunantist principles）(Barnett & Weiss, 2008)。其在 1864 年進一步成為《日內瓦公約（Geneva Conventions）》，由國際紅十字會推動並執行關於戰爭受難者、戰俘和戰時平民的待遇等人道援助。

　　本文主要發問為：臺灣既非聯合國會員，亦非 OECD 成員，臺灣援助模式為何／如何與 OECD 援助典則接軌，並產生哪些預期與非預期的後果？本研究彙整 2010 到 2019 年臺灣援外年報（其論述與編纂格式即相當程度採用 OECD 典則），輔以 2018 與 2019 年各去一趟約旦的田野實察，與寫作期間在臺灣與援外人士訪談等，發現：臺灣援外轉型呼應 OECD 援助典則，從而建構臺灣與理念相近國家相互信任的基礎，並使臺灣成為理念相近同儕網絡的一員，最終獲得更多國際參與空間。

　　接下來本文分成四部分。第二節回顧 OECD 典則的建立並擴張到「非 OECD」（包含臺灣）的過程。第三節探索臺灣與 OECD 國家的三種夥伴關係：(1) 在臺灣邦交國的三邊合作；(2) 在非邦交國的三邊合作；(3) 臺灣援助 OECD 會員國。第四節探索臺灣 OECD 化的「發展導向」援外，如何使臺灣成為與理念相近國家推動區域繁榮與穩定的同儕，甚至獲得其協助臺灣安全。最後第五節是結論，提出臺灣如何提供 OECD 援助典則擴張、民主國家援助轉型以及東亞民主援助模式等理論與政策方面的啟示。

貳、國際援助典則的建立與擴散

一、OECD主導的國際援助：典則建立與會員擴張

　　當代的國際援助體系建立於二戰尾聲。為重建戰後的歐洲和亞洲，以美國為首的同盟國在 1943 年成立聯合國善後救濟總署（United Nations Relief and Rehabilitation Administration）[6]，作為協調、管理或安排措施的平臺，提供食物、燃料、衣服、住所等基本物資及醫療和其他基本服務。在美國為主要資金來源的支持下，聯合國 1946 年成立國際難民組織（International Refugee Organization）協助二戰造成的難民。兩機構分別在 1947 年和 1952 年停止運作，其業務轉移到世界衛生組織（World Health Organization） 和 聯 合 國 難 民 署（United Nations High Commissioner for Refugees）。同盟國還創建國際復興開發銀行（International Bank for Reconstruction

---

6　此處的聯合國並非今日的聯合國，而是同盟國的合作平臺。

and Development），是後來的世界銀行集團的五個成員之一，總部在美國華盛頓特區，資助戰後重建並促進私人資本流向發展中國家。

可見，戰後的國際援助浪潮是在盟軍主導戰後秩序的大背景下，其中又以美國最為關鍵。當時的援助預期在短時間內功成身退，關注短期的戰後安置與重建。然而蘇聯領導的共產勢力增強，不僅將中歐和東歐納入影響範圍，也在西歐、南歐和亞太獲得民選席次甚或掀起革命。美國因而發動為期四年並耗資 130 億美元的馬歇爾計畫，使戰後援助浪潮從短期重建轉向具有政治目標的大國競爭。1950 年代，隨著英法復甦，以及他們在亞非的殖民地陸續獨立，國際援助也成為前殖民帝國維繫影響力及對抗共產主義擴張的工具。換言之，國際援助從美國重建戰後西歐盟國，演變成西歐鞏固對前殖民地的影響力，以及美國西歐等富國援助全球的持續行動（Lancaster 2008）。

隨著援助金流擴大及影響遽增，美國和西歐在 1961 年組成發展協助集團（Development Assistance Group），訂定《共同援助努力》（Common Aid Effort），作為動員經濟、金融、技術等工具協助窮國發展的方針，並由歐洲經濟合作組織（Organisation for European Economic Co-operation）出版史上第一份國際援助流量統計（OECD 2011b）。歐洲經濟合作組織隨後改組為 OECD，而發展協助集團則在 OECD 內組成現在的 DAC，作為富國針對國際援助的原則、規則與規範交換意見和協調行動的平臺（Hynes & Scott 2013）。

儘管國際援助除了雙邊（國家對國家），也包含多邊（聯合國、世銀、國際貨幣基金等全球組織，或其他區域金融機構），但多邊的資金來源也是 DAC 會員國捐助，而 DAC 會員國平均投入多邊的比例僅約 25-30%（Atkinson 2017）。因此全球大部分的援助首要是透過 DAC 會員國雙邊渠道，每年約 900-1,000 億美金；其次多邊金融機構，每年約 300-400 億美金；而其他援助國的數額更少，直到 2010 年代才從不到 100 億美金上升到 200 多億美金（Davies 2016）。換言之，OECD 俱樂部囊括北美西歐為主的富國，儘管國家數僅占全球少數，但他們一方面從二戰結束時就主導戰後秩序與資源分配，另一方面也實質佔據國際援助絕大份額，因此 OECD 俱樂部內的同儕討論，基本上就掌握國際援助標準的話語權，甚至聯合國和世界銀行等多邊機構也採用 OECD 的定義（Glennie & Hurley 2014；Tsikata 1998；UNG 1970；World Bank 2021）。

OECD 為了推廣援助典則，也要求新進會員國進行援外政策的改革。[7] 這些新會員原多是受援國，在經濟發展與政治轉型後受邀加入 OECD。其中東歐會員也陸續加入 DAC 會員主導，甚至本身就有 DAC 會員身份的歐盟成員。在 OECD 和歐盟的雙重制度壓力下，東歐會員而提升援助金額，落實透明與責信，並配合推動伊拉克和阿富汗等國的民主化（Opršal, Harmá ek, Vítová, Syrovátka, & Jarecka-Stpie 2021）。除了來自 OECD 與歐盟的上層壓力，也有來自民間的壓力。東歐會員經歷貪腐的共黨瓦解與威權轉型，使其政黨及其選民強烈堅持援助附帶改革條件，認同 OECD 的善治議程。因此當受援國出現重大貪腐時，東歐政府也會受到國會、媒體及社運團體的壓力而制裁受援國（Bodenstein & Faust 2017）。

南韓也是從戰後的受援國，在 1996 年加入 OECD，2010 年加入 DAC。加入 DAC 以及潘基文成為聯合國秘書長這兩件大事，提升韓國民族自信，使其企圖扮演大國角色。公民社會掀起援外辯論，並在舉辦釜山論壇的前後，帶動援助效能相關的倡議與研究，形塑一系列援外改革（Kim & Lee 2013；Patterson & Choi 2019）。類似東歐，韓國援外改革有國際壓力（加入 DAC 並接受審查、擔任聯合國秘書長、舉辦 OECD 釜山論壇等），也有國內官僚體系和公民社會的推波助瀾。

二、OECD援助典則面對新興南方援助國挑戰：論壇共識與三邊合作

二十一世紀初，多個南方國家崛起，他們持續經濟成長，塑造新的發展典範、增加全球市場份額及擴大全球影響力，成為重要的援助國（Broadman 2006；Kaplinsky 2013；Nye 2011；World Bank 2011）。這些「非 OECD」援助國本身充滿異質性，除前段所說的東歐前共產主義國、東亞發展型國家外，還有阿拉伯產油國與各區域強權（例如中國、印度、巴西、南非）。他們快速增加的援助額，以及另立於 OECD 的南南合作定義、框架與執行方法（UNDP 2013），挑戰 OECD 援助典則（Dole, Lewis-Workman, Trinidad & Yao 2021）。

7　波蘭、捷克、匈牙利、斯洛伐克、愛沙尼亞、拉多維亞、立陶宛、南韓、墨西哥、智利、以色列等）。

OECD 採取兩種回應。首先是廣泛邀請他們參與 OECD 主辦的援助效能高階論壇，協商訂定相關原則與標準，希望他們能遵守。2003 年羅馬宣言（Rome Declaration）提出根據受援國政策提供援助，確認在地自主（ownership）的概念（OECD 2003）。2005 年巴黎援助效能宣言（Paris Declaration on Aid Effectiveness）進一步提出五項原則，除了在地自主，還包含援助與受援的目標一致（alignment）、援助協調（harmonization）、成果（results）導向的監測、及援助與受援的相互責信（mutual accountability），期望使援助帶來善治，確保長期發展（OECD 2005）；2008 年阿卡拉行動議程（Accra Agenda for Action）新增廣納夥伴關係（inclusive partnerships），強調「非 OECD」和公民社會組織參與援助的重要性，並呼籲這些新援助者也遵守巴黎宣言以降的典則（OECD 2011a）。

2011 年釜山發展效能合作夥伴關係（Busan Partnership for Effective Development Cooperation）決議 OECD 與聯合國開發總署共同設立全球發展效能合作夥伴關係（Global Partnership for Effective Development Cooperation，以下簡稱 GPEDC），賦予「非 OECD」共同主席身分推動未來的援助效能高階論壇（OECD 2011a），使南方援助國正式進入 OECD 議程中（Eyben& Savage 2013；Gore 2013；Kim & Lee 2013）。2014 年墨西哥宣言（Mexico High Level Meeting Communiqué）和 2016 年奈洛比成果文件（Nairobi Outcome Document）都強調「非 OECD」主導的南南合作、OECD 主導的北南合作、以及融合雙方的三邊合作等三種合作關係，在落實永續發展目標上同等重要（Global Partnership for Effective Development Co-operation2014；2016）。GPEDC 還設立全球監測報告，2018 年時已有 86 個受援國和 100 多個援助國或援助機構加入，形成相互監督促進發展效能的機制（OECD 2019）。

其次，OECD 也化整為零，與個別的「非 OECD」援助國，透過現場實作輸入 OECD 典則到其行為模式中。這是奠基於認知學習理論的做法：在學習過程中，參與的各方創造新知識、重新定義利益、進而影響合作議程（Haas 1980；Haggard & Simmons 1987；Hasenclever, Mayer, & Rittberger 1997；Krasner 1983；Tarzi 2003）。三邊合作就是一種學習過程（Zhang 2017）。三邊合作是在雙邊合作的「援助─受援」架構中，新增中介角色，形成「OECD 援助國─非 OECD 中介國─受援國」的架構。其中援助國提供資金或研發技術；中介國以具有南方脈絡的知識和技術執行計畫；兩

者合作幫助受援國（Ashoff 2010；Global Partnership Initiative 2019；Kumar 2009；Schulz 2010）。

根據 OECD 一項包含 26 個 OECD 援助國、16 個國際組織、31 個發展中國家（包含巴西、智利、泰國等新興南方國家）的調查，顯示三邊合作的參與者中，有85% 認為三邊合作的動機是促進共同學習和分享經驗，66% 認為是建立發展中國家參與和管理國際合作的能力，超過一半認為是促進 OECD 與非 OECD 國家更好的關係（OECD 2013a, 29）。另一項針對 2009 到 2012 年 OECD 三邊合作的研究、報告和會議摘要的報告指出，OECD 期待透過三邊合作促進會員國與各中介國相互學習因應日益複雜的國際發展局勢，並加強中介國援助能力，形成平等共學關係（OECD 2013b）。

在三邊合作中，中介國有 OECD 欠缺的南方經驗，例如中國的亞洲農作（Zhang 2017）；巴西的熱帶農業和社福體系（John de Sousa 2010）；南非的後衝突重建和解與促進和平（Masters 2014）。對 OECD 來說，三邊合作一方面可以獲得中介國的技術與經驗，另一方面透過財務與管理經驗的優勢，引導中介國在實踐過程中學習 OECD 的援助工具及其背後的典則。

日本和巴西在莫三比克有個三邊合作的經典之一。1975 年起日本就有三邊培訓，並在 2003 年《政府開發援助大綱》納入三邊合作，將雙邊的受援國打造為對第三國的培訓基地，形成坐落於南方並持續累積技術與能力的「卓越中心」（Centers of Excellence）。卓越中心分享雙邊合作所累積的經驗、制度、機構以及協調系統等，形成對援助第三國時的參考框架。相較於傳統援助將受援國視為技術落後的窪地，需要援助國轉讓「先進」技術來填補缺口，卓越中心強調內生性和自主性，也就是雙邊援助國（日本）僅作為催化的角色，其團隊在雙邊受援國（巴西）與當地人相互學習，一起找尋適切的解方，進而創造出可應用到第三國的新技術與新系統（Hosono & Hongo 2012）。

日本在巴西的卓越中心建置於 Cerrado 大草原開發計畫。這個熱帶草原種植的是大豆和玉米等溫帶日本沒有的作物。但從 1977 年以來，日本提供土壤分析技術，而巴西農業研究公司（EmpresaBrasileira de PesquisaAgropecuária，以下簡稱 EMBRAPA）及其附屬的 Cerrado 農業研究中心（Centro de PesquisaAgropecuária dos

Cerrados）則廣招農民試用新技術，並與日本合資成立農企 Campo，在地方社群傳播技術。EMBRAPA 有超過 1600 名博士級研發人員，持續提供在地研發及技術調整，使 Cerrado 成為產量比美國還大的大豆產區，甚至被諾曼布勞格（Norman Borlaug，綠色革命之父，1970 諾貝爾和平獎得主）稱為「廿世紀農業科學偉大成就之一」（Hosono 2012）。此成就不僅來自卓越中心培養在地技術，日本與巴西的研發機構也達成目標一致、成果導向的監測及相互責信等巴黎宣言以來的 OECD 援助典則。

在 Cerrado 基礎上，日本和巴西在莫三比克開啟 ProSAVANA 計畫，將 Cerrado 卓越中心累積的經驗推廣到莫三比克。巴西與莫三比克都使用葡萄牙語，都是前葡萄牙殖民地，更重要的是巴西的 Cerrado 與莫三比克的 Lichinga 高原是相同緯度的草原氣候帶。在巴西卓越中心的技術協助及日本的基礎建設之下，日巴的雙邊合作延伸為日巴莫的三邊合作，巴西從受援國變成中介國，一方面學習援助他國，另一方面也習得 OECD 援助典則。

三、OECD 援助典則的臺灣實踐：透過三邊合作突破孤立

從東歐與南韓，再到中國與巴西，他們面對 OECD 典則的方式不盡相同，前兩者加入 OECD，甚至還分別加入歐盟和 DAC；後兩者透過會議論壇參與 OECD 援助典則對話，或是與 OECD 國家形成三邊合作。臺灣無法加入 OECD，甚至無法廣泛參與 OECD 主導之國際會議。「建交導向」的援外政策一方面與 OECD 典則衝突，另一方面也被民間質疑耗費巨資追求陌生而威權的小國承認，且資金經常流向貪腐政客（Hu 2015；Taylor 2002）。然而在民主化過程中，政府問責的呼聲高漲，人民逐漸無法接受花錢獲得短命邦交（例如馬其頓）或甚至完全未成邦交（例如巴紐），形成政府推動援外透明化與法制化等改革的壓力。民主化也使公民社會有發展空間，NGO 投入援外行動成為政府的同儕。民主化更建構臺灣主體認同意識，強烈渴望與世界接軌。這些內部民主化力量，加上前述美澳等國對「建交導向」的援助破壞善治的批評，共同推進援外政策延伸「發展導向」的轉型。

首先，2008 年馬政府與北京達成九二共識，彼此（至少在表面上）停止互挖邦交，形成「外交休兵」。2009 年起外交部施政目標的第一目標「鞏固與拓展邦交關

係」的「拓展」兩字被拿掉，並在第五目標「加強國際合作」逐步增加 OECD 關注的議程，例如反恐（2009）、國安對話（2009）、國際人道救援（2011）、軟實力（2012）等。第四目標也從扁政府時代較為消極的「輔導」非政府組織（non-governmental organization，以下簡稱 NGO）參與國際，轉為藉由 NGO「擴大國際人道援助」，以及「增進我 NGO 對國際社會之貢獻」。外交施政目標的轉變，標示臺灣援外雖仍扮演鞏固邦交的功用，但遠不僅於此，而是推動臺灣包含官方與民間都能成為全球治理的同儕，特別是 OECD 關注的議題，從而在實質上突破孤立。

「休兵」也創造改革空間，開啟臺灣援外的 OECD 化。首先是論述，馬政府在援外白皮書中提出「目的正當、過程合法、執行有效」的三原則，宣示參酌聯合國千禧年發展目標來建立援外架構，並依循「巴黎宣言」調整援助模式，建立專業化及成果導向之發展合作模式，以成為「國際社會負責任之利害關係人（responsible stakeholder）」（外交部 2009）。其次是制度，訂定《國際合作發展法》，並依法參酌 OECD 典則來分類與管理計畫（儘管目前資料仍以外交部和國合會為主，其他部會資料較為零散）。最後是透明化，定期出版援外年報，統整各部會援外支出、流向及實施計畫，一方面報請行政院轉送立法院備查並上網公開，建立正當性；另一方面也提交 OECD，展現臺灣願意跟隨 OECD 典則的決心。[8]

2016 年蔡英文當選總統後，中國結束休兵，在四年內迫使七個邦交轉向。然而馬政府 OECD 化的進程，包含 (1) 政策上刪除拓展邦交與增加全球治理，(2) 白皮書的論述及國合法的制度，與 (3) 相應的援助效能改革與透明化等都被承襲。儘管馬蔡在兩岸政策有極大差異，尤其馬所屬的國民黨以及蔡所屬的民進黨，在統獨立場完全對立，然而其面對的國內民意及國際壓力是相似的，就是必須找尋與更多國家交往的實質且正當的途徑，藉以擺脫孤立（Tubilewicz 2012）。而遵守 OECD 典則就是為了換取合作機會以進入同儕網絡中。

此外，中美關係從合作轉為對抗，也使臺灣呼應 OECD 典則的背後有國安動機

8　然而援外年報揭露的細節仍相當有限，仍無法得知臺灣特定年分在特定國家的援外決算分配。甚至，年報所彙整的各部會訊息仍多所闕漏，呈現出相關資訊時有時無的狀況。這反映的是政府援外不論是對國際同儕的取信、對國內公民的問責、或是政府對自身角色變化的意識，都仍有很大的進步空間。

（具體實踐詳見第四節後半部）。2011 年 11 月美國國務卿撰文呼籲增加對亞太的外交、經濟、戰略和其他方面的投資，開啟美國的戰略重心轉向亞洲（Pivot to Asia）（Clinton 2011）。同月亞太經濟合作會議峰會中，美國總統宣布和其他八國成立泛太平洋夥伴關係協定（Trans-Pacific Partnership，TPP）。2015 年美國與臺灣成立全球合作暨訓練架構（Global Cooperation and Training Framework，以下簡稱 GCTF），成為雙方與其他亞太國家在公衛、婦女、數位經濟等領域三邊或多邊合作的平臺（詳如第三節第二部分）。2016 年起在川普主政下，美國形塑自由與開放的印太戰略（A Free and Open Indo-Pacific），而早前臺灣推出的新南向政策正好與其相呼應（DOS (the US) 2019,8）。這一連串國際局勢變化，使臺灣有更多動機遵守 OECD 典則，從而建立與美日澳等地緣與臺灣相近的 OECD 援助國間的共享價值與同儕認同感。因此，臺灣呼應 OECD 典則也意味臺灣企圖扮演契合 OECD 援助國（尤其美國）理念與價值的夥伴。尤其是蔡政府進一步建構「理念相近」概念，聚焦臺灣從民主化以來與 OECD 相通的自由、民主、人權等價值，擺脫被 OECD 援助國視為為了與中國競爭邦交而破壞善治的汙名（例如 Atkinson 2007 & 2009）。

參、臺灣與理念相近國家三邊與雙邊之發展導向計畫

由於臺灣政府並未針對三邊合作製作統計，援外年報也多僅公開受援國的訊息，不一定揭露援助同儕，因此很難有精確數字。然而，監察院專案調查研究報告《政府推動「人道外交」之成效與檢討》揭露外交部在 2006 到 2017 年執行的三邊人道計畫（監察院 2017）。國合會網站則詳列與國際同儕的三邊與多邊合作。[9] 另外作者在約旦也蒐集到針對中東難民人道援助的三邊合作訊息。這三份資料完整涵蓋甚至超越援外年報透露的三邊計畫，加上其他政府文件和媒體報導，我們列出邏輯上臺灣與 OECD 會員國的三種援外關係及計畫數量（如表 2-1）。首先是「OECD ─臺灣─受援

---

9 詳細清單可參閱國合會網站 https://www.icdf.org.tw/lp.asp?ctNode=29799&CtUnit=154&BaseDSD=104&mp=1

者」的三邊合作，由於臺灣扮演中介者，勢必會有常駐當地且與受援國密切合作的機構（通常就是國合會技術團），因此受援國都是邦交，總共 7 項計畫。其次是「臺灣 — OECD —受援國者」的三邊合作，有 28 個計畫是在邦交，高達 91 個計畫是在非邦交（其中 11 個計畫是在 OECD 會員國）。最後是「臺灣— OECD」的雙邊合作，由臺灣直接協助 OECD 會員國本身的社會發展或人道援助，有超過 200 餘項計畫。本節首先分析在邦交的三邊合作，其次是在非邦交的三邊合作，最後則是雙邊合作。

表 2-1　臺灣與OECD的夥伴關係（2006~2020）

	出資者	中介者	受援者	計畫數	本文
三邊合作	OECD會員國或多邊組織	臺灣政府	邦交國	7	3-1
	臺灣政府	OECD會員國或多邊組織	邦交國	28	
			非邦交國	80+11*	3-2
雙邊合作	臺灣政府	無	OECD會員國	200餘	3-3
			邦交國	800餘	不適用，但於3-1略作討論
			其他	300餘	不適用，但於4-1針對新南向略作討論

*包含11個計畫的受援國亦為OECD會員國
資料來源：2011~2020年的援外年報、監察院《政府推動「人道外交」之成效與檢討》專案
　　　　　調查研究報告、國際合作發展基金會《國際組織／非政府組織等合作計畫》網
　　　　　頁、作者田野調查

一、臺灣與OECD在邦交的三邊合作

　　早在 1960 年代臺灣增加對非洲援助時，就有與美國三邊合作，由美國提供三分之二資金，支持臺灣農耕隊到非洲拓展與鞏固邦交（王文隆 2004）。然而美援結束

後，臺灣援外就以雙邊為主，美國不再介入。2000 年代末以來，「OECD ─臺灣─受援」的三邊模式再現，並且第三國也都是邦交。

在印太，臺灣駐帛琉技術團與日本笹川和平基金會（Sasakawa Peace Foundation）合作，打造技術團的示範農場為生態旅遊景點，支持觀光業。臺灣外交部與臺安醫院也與澳洲合作醫療後送，協助安置在諾魯的難民。在中美洲與加勒比海，國合會技術團與美國 NGO 糧食濟貧組織（Food for the Poor）合作酪梨栽培、水產養殖、園藝作物、數位落差、食米援助等計畫。2019 年國合會進一步和美國「海外私人投資公司（Overseas Private Investment Corporation）」簽約，在巴拉圭推動中小企業及婦女融資。

臺灣也與理念相近的國際組織在邦交合作，尤其國合會與美洲區域金融機構（尤其是中美洲經濟整合銀行）的援助計畫，這些計畫也與國合會既有計畫相關，包含農業、社區發展、醫療、企業發展等。這種透過多邊融資來加強援助邦交的作法也出現在其他地區，例如與國際稻米研究所（International Rice Research Institute）在海地的計畫，以及史瓦帝尼的烏蘇杜河下游小農灌溉計畫，涉及非洲、歐洲、阿拉伯等的六個國際金融機構。在這些計畫中，臺灣的農業、環境、醫療等技術不僅幫助受援國，也讓 OECD 同儕認識臺灣的專業，並提升官方互動。相較於 OECD 援助國試圖藉由三邊合作來潛移默化改變「非 OECD」援助國的行為，臺灣則是試圖藉由三邊合作來改變 OECD 援助國對臺灣的印象，並藉此突破孤立。甚至到 2021 年夏季，史瓦帝尼爆發大規模抗爭要求推翻王室時，臺灣並未選擇如過往「建交導向」而迴護王室，而是與歐美援助國聯合呼籲王室尊重自由、民主和法治，然史瓦帝尼也並未因此斷交。此案例一定程度說明，臺灣延伸到「發展導向」的國際援助轉型過程，並無犧牲鞏固邦交作為。

需注意的是，臺灣在邦交的計畫仍以雙邊為主（如表一的 800 餘案例）。這些雙邊計畫在與中國在相同地區（尤其非洲）的競爭下，呈現出效能不足的窘境，例如農業援助的受益者寡、開發面積小、且在當地創造的利潤有限，使其無法吸引更多投資以帶動持續發展等（劉曉鵬 2016）。然而，儘管這些雙邊計畫並沒有 OECD 會員國或國際組織的參與，但仍出現一些靠攏 OECD 典則的案例。例如 2010 年起，國合會技術團引進計畫循環概念，將執行多年的「團長制」改為「計畫經理制」。在過往建交

導向下，駐團經常為求延續邦交而不斷延長計畫期程，造成無法檢視其成效或習得經驗。而「計畫經理制」遵循在地自主與目標一致的 OECD 典則，由邦交政府共同參與並擔負主要任務，而臺灣扮演技術及顧問角色（陶文隆 2014）。在新制下，國合會大規模檢視與盤點既有計畫，結束成效不良的計畫（過去為維繫邦交而多半不結束），並依循邦交的法規來控管計畫進度與品質（國合會 2013, 9）。[10]

二、臺灣與OECD在非邦交的三邊合作

如第二節所述，臺灣已在超過 80 個非邦交執行超過 500 項援助計畫，包含三邊與雙邊合作。在三邊部分，臺灣捐贈物資與資金給 OECD 同儕，從而進入重大人道危機中，包含敘利亞難民（與美國國務院、美國國防部、美國美慈組織、法國對抗飢餓組織、教廷、歐銀等）、西非伊波拉（與美國疾病管制與預防中心、教廷等）以及東非旱災與海盜（與歐盟、美國美慈、教廷等）等。在三邊合作中，臺灣進入國際人道機制中，成為專業同儕一份子，是臺灣 OECD 化最重的類型。

自從 1971 年失去聯合國席次後，臺灣在法理上就被排除出國際援助體系外。然而近年的國際人道機制逐漸成為臺灣實質參與多邊行動的平臺。人道援助在理論上被視為非政治。既有文獻關注各援助國遵守典則背後的利他主義，亦即非政治動機有多高，抑或是將其作為擴大政治影響力的工具。然而多數文獻關注 OECD 援助國而較忽視「非 OECD」。少數討論到臺灣人道援助的文獻也沒有細究人道援助如何異於技術合作等傳統領域的差異（Chan 1997；Guilloux 2009；Lee 1994）。

本文指出人道援助有助於臺灣爭取外交突破。人道援助本質上就是隨著各地的災

---

10 然而由團長制轉型到計畫經理制的過程，也出現大量駐外人力必須返國待命數年，以及計畫經費必須匯撥受援國政府帳戶統籌分配再撥出而有所拖延（李柏淳，2021：61-62），以及諸多計畫結束或移轉給當地國經營後，經常面臨計畫成果難以維持，在專家撤離之後，核心技術隨之流失（湯立成，2020）。2018 年起，國合會再由計畫經理制轉為駐團制 2.0 版，由團長主責駐地整體各項計畫的成敗，計畫經理負責單項計畫評估與管理等計畫循環之內容，技術人員則負責特定技術工作。上述國合會與外交部不斷調整其作法與演變的過程，顯示臺灣在邦交國實施 OECD 發展導向的典則的過程中，仍有諸多困難與挑戰。

難而興起，因而援助對象通常無邦交，合作同儕也無邦交。但因有各式同儕在同一事件中，創造臺灣參與多邊的機會，例如聯合國全球防災協調窗口「國際減災策略組織（United Nations International Strategy for Disaster Reduction，UNISDR）」[11]，以及聯合國人道事務協調辦公室（Office for the Coordination of Humanitarian Affairs，以下簡稱 OCHA）。OCHA 是世界各地爆發人道危機時，整合各方資源的主要平臺，以集群途徑（Cluster Approach）分成 11 個集群，各集群各有對應的聯合國組織以及多半是 OECD 援助國的 NGO 擔任的協調窗口。

臺灣雖無聯合國會員身分，但藉由遵守準則及實質貢獻，臺灣官方（主要是國合會）參與的紀錄能出現在聯合國官方文件中，例如 2004 年南亞海嘯、2010 年海地地震、2013 年海燕颱風、2015 年尼泊爾地震等。而 OCHA 也曾在 1999 年 921 大地震以及 2009 年莫拉克風災等派員協助臺灣（張水庸 2015,3-4）。

此外，透過贊助 OECD 援助國的 NGO，臺灣獲得在多邊行動中展示國旗或出席峰會的機會。例如在敘利亞難民危機，臺灣國旗不僅隨著臺灣捐贈的組合屋散布在中東各地，還因與美國美慈（Mercy Corps）[12] 在 OCHA 主管的兩座難民營合作，使臺灣國旗出現在難民營分區出入口，與美國、英國、聯合國等旗幟並列（Y.-C. Wu & Chien 2022, 3；Chien & Wu 2022, 359）（圖 2-1）。2014 年 10 月起臺灣也成為美國召集的全球反制伊斯蘭國聯盟（D-ISIS Coalition）的 83 名成員之一，臺灣駐美大使受邀參加部長級會議，是少數直接與美國國務卿同臺的場合（TECRO in the US 2019）。類似的突破也出現在其他援助場域。例如 2019 年初，臺灣加入美國主導的委內瑞拉

11　包含仙台全球減災會議的公共論壇及多方利害關係團體的主題討論，以及協同 UNISDR 在中研院設置「國際災害風險整合研究中心（IRDR-ICoE）」（目前設置在永續科學中心之下）、接待學者專家訪臺、臺灣專家學者參與 UNISDR 轄下之科技顧問團（Science and Technical Advisory Group）等（張水庸，2015: 5-6）。

12　美慈超過一半年收入來自美國政府，除了接受國際發展署委辦計畫，也提計畫向美國政府或國際組織申請經費。美慈是臺灣接觸美國及其他同儕的重要節點。國合會和美慈的合作可追溯到 2003 年伊拉克戰爭，並在 2006 年成立緊急援助相對基金，以三年為一期，每期雙方各出 50 萬美元 (ICDF, 2007)。這樣的設計使人道危機爆發時，雙方可降低行政流程限制，快速反應並形成三邊合作計畫。美慈在全球駐點的 40 國有 36 國與臺灣無邦交，因此其國際與在地網絡能協助臺灣拓展國際空間。

圖 2-1　約旦扎塔裏（Zaatari）難民營中，臺灣國旗與其他援助國及聯合國的旗幟並列。
資料來源：國合會《104年度北約旦水井修復計畫監督任務返國報告》第20頁。

人道危機全球會議（Global Conference on the Humanitarian Crisis in Venezuela），臺灣駐美大使高碩泰是唯一上臺發言的亞洲代表，並在會議中承諾捐贈 50 萬美金與參加 25 個理念相近國家的人道援助（CNA 2019）。

　　不可忽視的是，這些突破除了來自人道援助的非政治本質，也是臺灣 OECD 化的成果，包含專業知識累積、理念價值對接、以及互信建立。國合會在三邊合作中安排多次考察，並派遣專業人員或志工駐紮 NGO 駐地辦公室參與執行計畫。國合會也派員到亞銀、歐銀及中美洲經濟整合銀行等，參與這些機構的臨時外調（secondment）計畫，累積這些組織的關鍵技術（know-how）」，接軌國際同儕（陶文隆 2013）。這些交流一方面使國合會學習 OECD 營運與管理援助的方式，另一方面也使 OECD 同儕認識並認可臺灣在透明與問責等 OECD 典則上的趨近，進而接納臺灣進入同儕網絡。例如儘管國際孤立使臺灣不需遵守援外透明化等規範，但在中東難民危機中，臺灣政府向聯盟報告所有計畫的名稱、合作夥伴、內容簡介、援助對象和支出等，使聯盟成

員掌握臺灣的議程和具體計畫。遵守 OECD 典則也使臺灣獲得更多合作對象，例如法國 NGO「對抗飢餓組織（Action Against Hunger ACF）」的主管就透露臺灣是他們第一個非 OECD 的合作對象，因為他們認可臺灣在中東人道援助的透明化符合他們的組織章程的要求。

臺灣與理念相近國家的合作在 2015 年常態化為前述的 GCTF，從人道援助延伸各類發展合作，呼應 OECD 關注的民主、人權、自由等價值。其正式合作夥伴從初始的美國，陸續有日本和澳洲加入，至今已有瑞典、瓜地馬拉、荷蘭、英國、加拿大、斯洛伐克、帛琉、捷克分別具名合辦 GCTF 個別活動，或做為單次主辦國。隨著 2016 年臺灣發起新南向政策以及美國發起印太戰略，兩者理念與戰略對接下，GCTF 成為臺灣與理念相近國家在援外領域從事跨國交流培訓的重要節點（Chen 2019, 21-22）。

然而也需要說明，臺灣與 OECD 援助國的合作，仍有合作同儕政治考量下的打壓，以及其他政黨的挑戰。例如臺灣國旗早在 2013 年就出現在難民營，但直到聯合國難民署於 2015 年准許臺灣媒體採訪後才公布。此前不僅民選政治人物，甚至部分高階外交官也未知有此突破（Y.-C. Wu &Chien 2022, 17）。其他在中東的諸多三邊合作也是首先由 OECD 國家公布後，臺灣才跟進公布（Y.-C. Wu &Chien 2022, 18）。甚至，根據美國智庫的一份內部訪談也指出，儘管美國支持臺灣在中美洲和加勒比地區的援助計畫，因其有利於美國減輕邊境壓力，但也期望臺灣應對此保持「安靜而不要公開（quietly rather than publicly）」（Harold, Morris, & Ma 2019, 5）。又如 2017 年與美國合作的掃雷與行動醫院預算被揭露，在野黨質疑可能會導致即將舉辦的臺北世大運遭受恐怖攻擊報復。但外交部仍堅持公開並執行，展現遵守典則的決心，甚至進一步在國際關懷與救助預算中常態編列「參與全球反恐人道援助」的科目，確保能持續參與三邊合作（Y.-C. Wu &Chien 2022, 18-19）。

三、臺灣援助OECD會員國的雙邊合作

根據援外年報，2010 到 2019 年，臺灣在歐洲、北美及其他地區的 OECD 會員國執行超過 200 個人道援助或社區發展的雙邊計畫。在西歐、北美和日本，臺灣多次捐

款天災應急，例如日本（2011、2016）和義大利（2016）的地震、加拿大（2016）的森林火災、葡萄牙（2010）的水災、美國的龍捲風（2011、2013）與颶風（2012）等。這些是以金錢或物資捐贈為主，沒有實際派遣團隊參與復原與重建，但也已大幅提升臺灣的能見度與形象。在東歐和中南美洲的非邦交國，臺灣投入小型社會建設，涵蓋醫療、教育、社福、文化、環保等。臺灣代表處資助社福機構、學校、社區中心、教堂、當地 NGO 等，整修建築、採購設備、協助舉辦活動、或推動學術研究等。

　　從臺灣對 OECD 國家雙邊援助中可以看到，臺灣外交雖然受打壓，無法參與聯合國、世銀、OECD 等形塑國際援助議程的主要機構，但透過實際的人道援助，臺灣一方面獲得更大能見度，另一方面也獲得公民社會的支持和參與，甚至在臺灣陷入危難時，受到關鍵支持，最具體的就是 2020 年的口罩外交。口罩外交以 OECD 會員國為主要對象，而 2021 年日本、美國、立陶宛、捷克等國則對臺灣捐贈疫苗，一來一往形成同儕互助，象徵臺灣能扮演促進全球共榮的角色，不僅面向貧國，更面向全球。

肆、臺灣國際援助「發展導向」背後的安全政治

一、臺灣在印太之國際援助：區域繁榮與安全

　　臺灣不只是在與 OECD 相關計畫實踐 OECD 典則，在無涉 OECD 的援助場域亦然，尤其是在亞太地區，包括從馬政府時期就有進行的各項援助，到蔡政府的新南向政策，擴及東南亞、南亞以及澳洲、紐西蘭等印太地區與臺灣沒有邦交關係的國家。新南向政策特別強調非政治、以人為本，促進投資貿易，以及深化文化、教育、科技、勞工、旅遊等連結。該政策除了推動臺灣進入新南向地區，也試圖強化新南向國家來臺灣投資、旅遊與文化交流等，創造政府與長期在本區耕耘的臺灣 NGO 的合作空間。於是援外年報有許多非外交部會和 NGO 的身影，形成非官方外交、二軌外交和公民外交（Yang 2017），明顯不是「建交導向」，而是「發展導向」。

　　在 2010 到 2019 年援外年報顯示，臺灣援助東南亞與南亞共 14 國 132 個計畫。這些計畫依照 OECD 標準分類，包含社會、經濟、生產、環境、援糧、人道等。其

中社會和生產部門的計畫特別多，因此再加上次分類，社會部門分為教育、醫衛、治理、人權、文教與社福等，生產部門則分為農林漁牧及工商與其他（詳如表 2-2）。這些計畫超過一半由非外交的部會自辦、委辦外國機構、或委辦臺灣 NGO。這些部會包含衛福部、經濟部、勞動部、科技部、氣象局、農委會等。例如，科技部與氣象局在政府治理效能和人道援助的角色。由於氣象數據資料的收集能力及共享制度，是氣象預報能精準運算的前提，因此臺灣援助鄰國政府的氣象科技能力，也是協助臺灣本身天氣預報與災害整備能力（Chou et al. 2011；簡旭伸、吳奕辰 2017）。2015 年以來，臺灣氣象局在菲律賓和越南舉辦氣象雷達訓練及研討會，並協助菲律賓提升劇烈降水天氣系統觀測與預報能力。這些合作不僅增強公部門治理，也促進減災與防災（周仲島 2016）。

又如農委會農糧署從 2010 年以來藉外交部及 NGO 網絡捐贈公糧到亞太、非州和中南美洲等 29 國。在亞太深耕的臺灣 NGO 扮演輸送與分配糧食的中介者，例如慈濟在菲律賓和印尼、羅慧夫顧顏基金會在巴基斯坦和柬埔寨等。再者，勞動部發展署中彰投分署從 2003 年起辦理產業技術種子師資培訓，分享臺灣經驗給至少 25 國 364 名技術種子師資，內容包含能源等經濟部門以及電機和機械等工業生產部門。受訓者主要來自新南向國家，以及中南美邦交和東歐、約旦、南非等友好國家。

表 2-2　2010~2019 年臺灣援助東南亞與南亞國家之部門與行動者

	外交部自辦或委辦外國機構	其他部會自辦或委辦外國機構	外交部委辦臺灣NGO	其他部會委辦臺灣NGO	總計
社會：教育	2	$1_{教育部}+1_{經濟部}$	2		6
社會：醫衛	4	$7_{退輔會（蔡總）}$	9	$7_{衛福部}$	28
社會：治理	5	$4_{科技部}+氣象局$			9
社會：人權			4		4
社會：文化與社服	2		7		9
經濟	1	$7_{勞動部}+5_{經濟部}$			13
生產：農林漁牧	7	$10_{農委會}$	1		18
生產：工商與其他		$9_{勞動部}+1_{經濟部}$			10
環境		$8_{農委會}$	1		9
援糧					6

	外交部自辦或委辦外國機構	其他部會自辦或委辦外國機構	外交部委辦臺灣NGO	其他部會委辦臺灣NGO	總計
人道	11	3_{科技部}＋1_{氣象局}＋1_{農委會}	4		20
總計	32	58	28	14	132

資料來源：作者依照2011~2020年的援外年報資訊彙整而成

　　除了非外交部會，臺灣NGO更是新南向的重要夥伴。尤其醫療領域。馬政府時期補助羅慧夫顱顏基金會、奧比斯基金會、陽光基金會等NGO進行手術或復健。蔡政府推動醫療新南向，例如彰化基督教醫院、高雄與臺中榮民總醫院、國泰醫院等，在東南亞（越南、柬埔寨、緬甸等）、南亞（尼泊爾）等接受政府委辦短期義診／行動醫療團或長期的交流合作。此外，衛福部推動一國一中心七家醫院，由一家醫院統籌一個新南向國家的合作，包含人才培訓、產業鏈結、當地國人健康諮詢服務、法規及市場調查等。研究調查也指出，COVID-19疫情期間，臺灣至少23個NGO和7個一國一中心的醫院團隊提供超過1.5億新臺幣惠及新南向國家800多萬人（楊昊2021）。疫情導致邊境管制、交通停擺、學校關閉和官僚作業混亂，阻礙NGO籌款並增加組織運作成本，但臺灣NGO仍設法在其服務的社區提供替代服務，如現金救濟、民生與防疫物資、健康與衛生教育、衛生設施和系統建立、心靈支持、創收、線上教學、以及分享臺灣防疫經驗等。醫院團隊還將各式服務上線，包含遠距會診、線上醫療培訓、線上研討會等。

　　文教和社福也是官民合作的主要部門，包含勵馨基金會的婦女保護與權利倡議、至善基金會的兒童教育、伊甸基金會的反地雷倡議等，從馬政府就有合作紀錄，而這些NGO也成為政府進入非邦交的橋樑。新南向地區完全沒接受臺灣援助的只有小型富裕經濟體（新加坡）和地緣較偏遠的小國（不丹、馬爾地夫、東帝汶），顯示結合各部會與民間網絡的成效。此外，臺灣NGO也是政府與OECD援助國接觸的媒介，來自瑞士、法國、英國等的NGO，都各自與臺灣NGO在臺灣政府的支持下展開計畫。

需特別強調，外交部將許多資源援助新南向國家及支持以人為本的方針等，並不是從新南向政策才開始；相反的，本文主張新南向政策是過去歷屆政府「發展導向」轉型的總成與擴大。早在新南向前，上述 132 項計畫總共將近七成是在馬政府就有。而輔導並贊助國內 NGO 參與國際援助的政策，更是從扁政府的全民外交（民主、民間、民意）就開始。例如醫療領域的援助，從新南向之前，外交部就資助羅慧夫顧顏基金會、彰化基督教醫院等在東南亞國家的服務；而在新南向政策下，衛福部也從單點式的補助 NGO，延伸為試圖建立人才網絡、供應鏈、區域市場、區域防疫合作等動員醫療院所及醫藥產業的布局。

為因應發展導向的援外，外交部體制亦有變化，2018 年起在外交特考中增加越南語和印尼語，以招募適當的人才執行東南亞業務。同年也捐款設立臺灣亞洲交流基金會（臺亞基金會）作為促進智庫合作和公民社會夥伴關係的平臺，並協助研究政策藍圖。臺亞基金會主辦的玉山論壇也開啟臺灣與來自新南向和其他理念相近之國家領導人、思想家、創新人才和青年領袖等之間的區域對話。臺亞基金會執行長楊昊主張，這種包含外交部本身以及非外交部會和民間的援外變化，是認識論社群以及跨國行為者的雙向社會化相互學習所達成的結果（Yang2018）。這呼應 OECD 國家當初採用認知學習理論來應用三邊合作以擴散 OECD 典則的思維，關注於如何透過實踐，水到渠成地改變認知，進而締結實質的同儕網絡。

所以，儘管表面上新南向政策並沒有 OECD 援助國的直接參與；但實際上透過建構與 OECD 會員國綿密的同儕網絡，臺灣在共享價值和區域戰略上與理念相近國家對接。正如新南向主要論述推手蕭新煌所示，新南向的邏輯是雙重的，結合區域穩定（stability）與區域繁榮（prosperity）（Hsiao 2019），而印太的穩定與繁榮正是美日澳歐等理念相近國家關切的。而臺灣不以追求建交為目標，而是以推動發展為目標的援外，更獲得理念相近國家的認同。

二、發展導向援助對於臺灣安全的助益

臺灣發展導向援助背後的安全概念其實有兩種，前段所說的是區域層級的繁榮與安全穩定，本段進一步說明這些援助對臺灣本身安全的助益。正如蔡英文總統在 2018

年和 2020 年玉山論壇開幕致辭所說，新南向的精神是「臺灣可以幫助亞洲，亞洲可以幫助臺灣（Taiwan can help Asia, and Asia can help Taiwan）」，OECD 化的臺灣援外創造與理念相近同儕更多互動及共享價值，使 OECD 援助國有更多提供臺灣安全保障的可能性。具體而言，三邊合作及新南向使臺灣與在印太有利害關係的援助同儕在價值和戰略上對接，透過認知改變及合作實踐，使臺灣在投入全球共同議題過程中，順勢將自身的國家安全，鑲嵌為印太安全與繁榮的一部分。

在此脈絡下，臺灣援助邦交，過去被 OECD（尤其美澳）視為破壞善治的源頭之一（例如 Atkinson 2007；2009），現轉而被視為促進區域安全的夥伴，是一股「向善的力量（a force for good）」（Pompeo 2019）。此「向善的力量」說，來自 2019 年 2 月，時任美國國務卿龐佩歐（Mike Pompeo）出席「密克羅尼西亞總統高峰會（Micronesia Presidents Summit）」開幕發言，其指出臺灣是可靠的夥伴，確保密克羅尼西亞地區各國（包含帛琉、馬紹爾、諾魯等臺灣邦交）的主權、安全、經濟發展和繁榮等。同年 3 月，時任總統蔡英文出訪前夕，美國駐巴紐大使館官方臉書公布白宮國安會資深主任博明（Matt Pottinger）與臺灣外交部次長徐斯儉「同框」現身臺灣邦交索羅門群島，並註明是白宮官員與「與友邦及夥伴商討推促自由及開放之印太地區」，被解讀是美國刻意公開畫面，並以「友邦及夥伴」相稱，是美國針對中國在太平洋地區的滲透並表達嚴重關切（蘇永耀 2019）。

一些特定領域的援外合作也有促進安全合作的作用。2021 年 3 月，臺美簽署諒解備忘錄，成立海巡工作小組，共同保護海洋資源、打擊 IUU（非法、未報告、不受規範的）捕撈、聯合海上搜救等與安保和安全相關的問題（Christensen 2021）。同月，臺美日共同發起為期半年的「防災救援倡議活動：宣導教育——建立韌性——採取行動」以擴大三國在國際人道行動的合作，提高對臺灣人道救援的能量，並結合 GCTF 邀請英國和其他夥伴分享人道援助的經驗和專業知識（J. J. Wu & Christensen 2021）。不論是海巡合作或是國際人道合作，都是在以援助發展促進區域穩定的名義下，間接提升臺灣安全（Guilloux 2019）。海巡合作牽涉海上安全及在東海和南海維持以規則為基礎的海上秩序；人道援助則牽涉軍事後勤資源協調及關鍵訊息共享平臺建立，意味理念相近國家已將臺灣的安全放入維持印太地區穩定的一環。

因此臺灣援外帶來的同儕認同是雙向的，不僅臺灣認同 OECD 會員國所框構的

典則，OECD 會員國也認同臺灣的援外實踐，視為重要合作對象。甚至在相互認同下，在必要時可能願意提供保護。最具體的案例就是前述 2021 年的疫苗外交。2021 年 5 月中旬臺灣爆發 COVID-19 本土疫情，當時臺灣的國產疫苗都尚未獲得緊急使用授權，向外國訂購的疫苗也不斷延遲交付而不敷使用。5 月底開始，多個 OECD 會員國陸續贈送數百萬劑疫苗，直到 8 月底前都還超越臺灣自行購得的數量。其中日本前首相安倍晉三將贈送疫苗之舉視為兩國間的友誼，回報 2011 年臺灣針對日本 311 事件的各類援助以及 2020 年的臺灣口罩外交，雙方是真正的朋友（Strong 2021）。美國在臺協會的新聞稿也提及捐贈疫苗是對臺灣口罩外交的感謝，稱美國沒有忘記臺灣挽救美國人的生命（AIT2021）。立陶宛也將捐贈疫苗視為感謝臺灣在疫情初期捐贈口罩（Everington 2021）。

理念相近國家捐贈疫苗使臺灣度過 2021 年本土疫情，並非是臺灣 2020 年口罩外交的政策目標，更不是十多年來援外改革趨近 OECD 典則的預期成果。不論是 2020 年口罩外交，或是 2000 年代末以降的援外改革的初衷，都是突破國際孤立的渴望，並在邦交越來越少的現實下的選擇。然而臺灣援外 OECD 化確實建構與理念相近國家的信任，形成援外場域中的團體認同，以及區域戰略中的共同利益。在臺灣邦交，理念相近國家協助臺灣鞏固邦交以對抗中國，因而成為臺灣多邊援外的重要夥伴。在重大人道危機中，理念相近國家支持臺灣突破中國封鎖以參與國際人道體系，例如臺灣在倡議加入世界衛生大會、國際民航組織、國際刑警組織、聯合國氣候變遷綱要公約等國際組織時，除邦交之外，有更多非邦交發言支持臺灣。在中國戰狼外交恐嚇下，理念相近國家從行政部門到議會、智庫、NGO 等，仍增加與臺灣多層次的合作夥伴關係。

總而言之，儘管過去十年多以來臺灣邦交越來越少，但 OECD 化產生的「發展導向」援外，拓展與鞏固臺灣和「理念相近國家」的合作。而當臺灣將他們所揭櫫的 OECD 典則持續作為援外轉型方向，逐漸走向透明化、專業化、並隨同理念相近國家廣泛參與全球共同治理議題的同時，臺灣獲得理念相近國家提供的安全保障，一方面在普世價值下與臺灣共同對抗中國的威權價值輸出，另一方面在區域安全上與臺灣共同對抗中國的影響力擴張。這些安全保障，遠不是「建交導向」的援外政策所能達到。

伍、結論

本文旨在討論馬與蔡政府從「建交導向」延伸「發展導向」的轉型過程。本文分析理念相近國家建立 OECD 援外典則的擴張歷程，並指出三邊國際援助合作是嫁接 OECD 與非 OECD 援助國合作的重要途徑。在回顧臺灣在馬蔡政府時期的援外論述與制度轉型，包括臺灣與 OECD 的雙邊與三邊援外，對接理念相近國家在印太地區的戰略後，我們發現，臺灣藉此在沒有 OECD 會員身分之下，主動趨近 OECD 典則並與 OECD 會員國緊密合作，從而獲得接近等同 OECD 會員的同儕網絡以及信任關係，甚至在預期外獲得理念相近國家對臺灣安全的關注。

臺灣民主化力量，包括公民社會崛起、要求透明責信、渴望國際參與等，無疑是推動臺灣 OECD 化的重要推手。臺灣的民主化與援外轉型研究，呼應 OECD 諸多新成員（如東歐、以色列和智利）的經驗。儘管他們與臺灣的國際處境大相徑庭，但民主化及公民社會都在不斷變化的援外政策背後發揮作用。此外，臺灣作為國際孤立但又渴望國際承認的新興民主國家，從建交導向的爭取法理（de jure）承認，延伸發展導向的爭取事實（de facto）同儕關係，從而提升國際地位的經驗，理當可讓同為掙扎於法理與事實獨立間的科索沃和索馬里蘭進一步借鏡。

為了追求外交突破，臺灣援外的 OECD 化，除了來自上述的國內公民社會因素，也有來自 OECD 援助國的因素。尤其美國扮演最關鍵的角色，其重返亞太以及印太戰略提升了與臺灣國際合作的政策動機，另外也在中東及世界各地的人道危機中邀請臺灣參與多邊行動，甚至將與臺灣的援助發展合作視為安全合作的一環。這些都撐起了臺灣能夠參與 OECD 援助國相關活動的空間，同時也在合作的過程中，創造了臺灣進一步學習 OECD 援助工作方法的場域，使政策到實務都靠向 OECD 的典則。

本文最後就 OECD 典則及三邊合作之理論和政策提出啟示。就學理方面，首先，臺日韓都是從受援轉型援助的東亞國家，構成東亞援助模型中關於靠攏 OECD 典則的比較個案。日韓在 OECD 典則化的過程中都遇到許多困難，包括民間社會並不一定支持多邊主義、政府援外商業化、以及語言文化溝通障礙（Kawai & Takagi 2004；Söderberg 2010；Shimomura & Ping 2013）。這些困難如何在臺灣的 OECD 化過程中出現與要怎樣化解，值得進一步探討。另外，臺灣與 OECD 援助國的三邊合作挑戰

「OECD 作為援助國，非 OECD 作為中介國」傳統框架，出現「OECD 作為中介國」的另類模型，值得未來拓新的三邊與多邊援外分析框架。

就政策上來說有三點建議。首先，在中東難民危機中，部分執行於約旦的三邊合作是由幾萬里外的駐華府或駐日內瓦代表處所促成或居中協調，說明臺灣需要發展駐同儕援助國代表處與駐受援國大使館間的橫向聯繫。這對於現況是較偏重於經營雙邊關係的駐地外交人員是一項挑戰，其需要有對於三邊合作的原理、操作方法與效用等相關知識的內化、以及相應的制度和大量的協調來經營。

其次，是關於從雙邊延伸三邊帶來的責信（accountability）議題。三邊計畫多是由臺灣外交部直接撥款給 OECD 會員國的同儕們執行，其中一些執行所在地甚至沒有臺灣代表處，因此臺灣政府如何從制度上避免道德風險，從而落實責信，值得後續研究。這邊進一步會延伸出來的是與 OECD 援助國靠得太近而可能喪失的政策空間。最明顯的案例是 2022 年 2 月俄羅斯入侵烏克蘭之後受到多個國家制裁，俄國則將這些國家列入「不友善國家清單（Unfriendly Countries List）」。清單的 48 國之中，DAC 會員國（包含有會員身份的歐盟的會員國）全數在列，剩餘的除了 8 個歐盟鄰國（包含烏克蘭）之外，就剩臺灣、新加坡和密克羅尼西亞。這兩份高度相似的清單，進一步顯示了臺灣緊密追隨 OECD 的不僅是援助典則，還包含更大的地緣戰略和普世價值的呼應。臺灣為此在短期之內付出一定的代價（例如對俄貿易的中斷），長期而言也可能因為與「北方俱樂部」關係緊密，從而進一步壓縮臺灣與一些南方國家交往的政策迴旋空間（例如巴勒斯坦、伊朗或古巴等）。

最後，儘管臺灣缺乏國際地位，但 OECD 化的援助轉型經驗應可以思索如何對接 OECD 其他領域國際典則。例如 2020 年 4 月和 2021 年 5 月，OECD 分別迎接哥倫比亞和哥斯大黎加成為第 37 和第 38 個會員，申請入會過程長達六到九年，包含一系列針對國內關於勞工、司法、國營企業治理、反貪腐、貿易、工業廢棄物、教育、公衛系統等的立法、政策與實踐的同儕審查。建議臺灣比照開啟 OECD 會員申請，在審查過程中，臺灣可更了解自身發展狀態及其他國際典則實踐成效，另一方面也讓臺灣與理念相近國家的專家與高階官員能更真實認識臺灣處境，進而影響理念相近國家的對臺政策，甚至有機會水到渠成正式成為 OECD 會員身份。

參考文獻

王文隆，2004，《當外交下鄉，農業出洋：中華民國農技援助非洲的實施和影響 (1960-1974)》，臺北：國立政治大學歷史學系。

臺灣智庫，2017，〈臺灣智庫 2017 年 6 月民調記者會會後新聞稿〉，https://www.taiwanthinktank.org/single-post/2017/10/26/ 臺灣智庫 2017 年 6 月民調記者會會後新聞稿，查閱時間：2021/9/1。

外交部，2009，《援外政策白皮書》，臺北：外交部。

李栢淳，2021，《在世界看見臺灣的力量：超越三十載國際援助路──李栢淳親證回憶錄》。臺北：時報出版。

周仲島，2016，〈臺菲氣象科技合作近況報導〉，《自然科學簡訊》，28（3）：101-105。

林沁雄，2008，〈對邦交國的最適援助──兼論歐盟國家在援外之經驗與借鏡〉，《臺灣國際研究季刊》，4（1）：1-23。

國合會，2013，《財團法人國際合作發展基金會 2012 年年報》。臺北：財團法人國際合作發展基金會。

張水庸，2015，《國際人道援助機制──作為臺灣人道外交之參考》。臺北：外交部。網址：https://report.nat.gov.tw/ReportFront/PageSystem/reportFileDownload/C10403470/001。

陳韻聿，2020，〈口罩援贈國際第三波 707 萬片民眾捐 393 萬片另計〉，https://www.cna.com.tw/news/firstnews/202005050102.aspx，查閱時間：2021/9/1。

陶文隆，2013，〈落實，讓邁向願景的腳步更穩健〉。臺北：財團法人國際合作發展基金會。網址：https://www.icdf.org.tw/ct.asp?xItem=12747&ctNode=30150&mp=1。

陶文隆，2014，〈持續前進的力量，讓收穫大於付出〉。臺北：財團法人國際合作發展基金會。網址：https://www.icdf.org.tw/ct.asp?xItem=21018&ctNode=30150&mp=1。

湯立成，2020，〈以能力發展角度探討臺灣技術團駐宏都拉斯養豬計畫〉（碩士論文），國立臺灣大學，臺北。

楊昊，2021，〈從臺灣到亞洲：臺灣 NGO 在疫情中的援助行動〉。臺北：臺灣亞洲交流基金會。網址：：https://drive.google.com/file/d/1slaT-ELoRKOejCF9z9I-84tRhw4VcRKx/view。

監察院，2017，《政府推動「人道外交」之成效與檢討》，臺北：監察院。

劉曉鵬，2005，〈回顧 1960 年代中華民國農技外交〉。《問題與研究》，44（2），131-145。

劉曉鵬，2016，〈一個刻板印象，兩種不同政策：比較兩岸在非洲的「神農」們〉。《中國大

陸研究》，59（2），1-35。

簡旭伸、吳奕辰，2017，〈新地球系統政治與環境科學國際合作——以臺灣執行西太平洋颱風監測為例〉，第九屆發展研究年會暨未來前瞻國際學術研討會：亞洲 2050，臺北：淡江大學。

簡旭伸、吳奕辰，2020a，〈臺索關係升溫背後的戰略意義：將外交延伸到國際發展〉。《上報》。網址：https://www.upmedia.mg/news_info.php?Type=2&SerialNo=90745。

簡旭伸、吳奕辰，2020b，〈臺灣應籌組「國際發展國家隊」 大幅增加援外預算〉。上報。網址：https://www.upmedia.mg/news_info.php?Type=2&SerialNo=94122。

蘇永耀，2019，〈美主動公布　臺美高官同框我南太友邦〉。《自由時報》。網址：https://news.ltn.com.tw/amp/news/politics/paper/1275413。

AIT. (2021). U.S. Government Vaccine Donation Arrives in Taiwan [Press release]. Retrieved from https://www.ait.org.tw/us-vaccine-donation-arrives-in-tw/

Ashoff, G. 2010. Triangular Cooperation: Opportunities, risks, and conditions for effectiveness. *Development Outreach, 12*(2), 22-24.

Atkinson, J. 2007. Vanuatu in Australia–China–Taiwan relations. *Australian journal of international affairs, 61*(3), 351-366.

Atkinson, J. 2009. Big trouble in little Chinatown: Australia, Taiwan and the April 2006 post-election riot in the Solomon Islands. *Pacific Affairs, 82*(1), 47-65.

Atkinson, J. 2017. Comparing Taiwan's foreign aid to Japan, South Korea, and DAC. *Journal of the Asia Pacific Economy, 22*(2), 253-272.

Benedict, K. 2001. Global Governance. In N. J. Smelser & P. B. Baltes (Eds.), *International Encyclopedia of the Social & Behavioral Sciences* (pp. 6232-6237). Oxford: Pergamon.

Bodenstein, T., & Faust, J. 2017. Who cares? European public opinion on foreign aid and political conditionality. *Journal of Common Market Studies, 55*(5), 955-973.

Broadman, H. G. 2006. *Africa's silk road: China and India's new economic frontier*. Washington, D.C.: World Bank.

Chan, G. 1997. Taiwan as an emerging foreign aid donor: developments, problems, and prospects. *Pacific Affairs*, 37-56.

Chen, P.-K. 2019. Taiwan's 'people-centered' New Southbound Policy and its impact on US–Taiwan relations. *The Pacific Review*, 1-29.

Chien, S.-S., & Wu, Y.-C. 2022. Trilateral Humanitarian Aid: Continuities and Changes of Taiwan's ODA Policy before and during the First Administration of Tsai Ing-wen. In G. Schubert (Ed.), *Navigating in Stormy Waters: Taiwan during the First Administration of Tsai Ing-wen*. London: Routledge.

Chien, S.-S., Yang, T.-P., & Wu, Y.-C. 2010. Taiwan's foreign aid and technical assistance in the Marshall Islands. *Asian Survey, 50*(6), 1184-1204.

Chou, K.-H., Wu, C.-C., Lin, P.-H., Aberson, S. D., Weissmann, M., Harnisch, F., & Nakazawa, T. 2011. The impact of dropwindsonde observations on typhoon track forecasts in DOTSTAR and T-PARC. *Monthly Weather Review, 139*(6), 1728-1743.

Christensen, B. 2021. *Remarks by AIT Director W. Brent Christensen at Coast Guard MOU Launch Ceremony*. Taipei: American Institute in Taiwan Retrieved from https://www.ait.org.tw/remarks-by-ait-director-christensen-coast-guard-mou-launch-ceremony

Clinton, H. (2011). America's Pacific Century. *Foreign policy*. Retrieved from https://foreignpolicy.com/2011/10/11/americas-pacific-century/

CNA. (2019). 25 Countries pledge to donate 100 million to aid Venezuela. Retrieved from https://www.cna.com.tw/news/aopl/2019021501 20.aspx

Davies, R. 2016. Aid's new contours: who gave and who got in 2014. Retrieved from https://devpolicy.org/aids-new-contours-gave-got-2014-20150401/

DOS (the US). 2019. *A Free and Open Indo-Pacific: Advancing a Shared Vision*. Washington, D.C.: Department of State (the United States) Retrieved from https://www.state.gov/a-free-and-open-indo-pacific-advancing-a-shared-vision/

Dobell, G. 2007. *China and Taiwan in the South Pacific: Diplomatic chess versus Pacific political rugby*. Retrieved from Lowy Institute for International Policy: https://www.lowyinstitute.org/sites/default/files/pubfiles/Dobell%2C_China_and_Taiwan_in_the_SP_1.pdf

Dole, D., Lewis-Workman, S., Trinidad, D. D., & Yao, X. 2021. The Rise of Asian Aid Donors: Recipient-to-Donor Transition and Implications for International Aid Regime. *Global Journal of Emerging Market Economies, 13*(1), 58-80.

Erickson, D. P., & Chen, J. 2007. China, Taiwan, and the battle for Latin America. *The Fletcher Forum of World Affairs, 31*(2), 69-89.

Everington, K. (2021). Lithuania to donate 20,000 COVID vaccine doses to Taiwan. *Taiwan News*.

Retrieved from https://www.taiwannews.com.tw/en/news/4229598

Eyben, R., & Savage, L. 2013. Emerging and submerging powers: Imagined geographies in the new development partnership at the Busan fourth high level forum. *The Journal of Development Studies, 49*(4), 457-469.

Glennie, J., & Hurley, G. 2014. *Where next for aid? The post-2015 opportunity*. New York: United Nations Development Programme Retrieved from https://www1.undp.org/content/dam/undp/library/Poverty%20Reduction/Development%20Cooperation%20and%20Finance/UNDP-ODI--Where-Next-for-Aid-the-Post-2015-Opportunity-FINAL.pdf

Global Partnership for Effective Development Co-operation. 2014. *Mexico High Level Meeting Communiqué* New York: United Nations Development Programme Retrieved from https://www.effectivecooperation.org/content/mexico-high-level-meeting-communique

Global Partnership for Effective Development Co-operation. 2016. *Nairobi Outcome Document.* New York: United Nations Development Programme Retrieved from https://www.effectivecooperation.org/content/nairobi-outcome-document

Global Partnership Initiative. 2019. *Triangular Co-operation in the Era of the 2030 Agenda - Sharing Evidence and Stories from the Field*. Paris: Global Partnership Initiative (GPI) on Effective Triangular Co-operation Retrieved from https://triangular-cooperation.org/wp-content/uploads/2020/12/Final-GPI-report-BAPA40.pdf

Gore, C. 2013. The new development cooperation landscape: actors, approaches, architecture. *Journal of International Development, 25*(6), 769-786.

Guilloux, A. 2009. *Taiwan, humanitarianism and global governance*. London: Routledge.

Guilloux, A. 2019. Taiwan's Evolving Humanitarian Space. *Orbis, 63*(2), 209-224.

Haas, E. B. 1980. Why collaborate?: Issue-linkage and international regimes. *World Politics: A Quarterly Journal of International Relations*, 357-405.

Haggard, S., & Simmons, B. A. 1987. Theories of international regimes. *International Organization*, 491-517.

Harold, S. W., Morris, L. J., & Ma, L. (2019). *Countering China's Efforts to Isolate Taiwan Diplomatically in Latin America and the Caribbean: the Role of Development Assistance and Disaster Relief*. Retrieved from Santa Monica, CA: RAND. https://www.rand.org/pubs/research_reports/RR2885.html

Hasenclever, A., Mayer, P., & Rittberger, V. 1997. *Theories of international regimes*: Cambridge university press.

Henckaerts, J.-M. 1996. *The international status of Taiwan in the new world order: legal and political considerations*. Leiden: Martinus Nijhoff Publishers.

Hosono, A. 2012. South-South/triangular cooperation and capacity development. In H. Kato (Ed.), *Scaling Up South-South and Triangular Cooperation* (pp. 43-64). Tokyo: JICA Research Institute.

Hosono, A., & Hongo, Y. 2012. *Cerrado: Brazil's Agricultural Revolution as a Model of Sustainable and Inclusive Development*. Tokyo: JICA Research Institute

Hsiao, H.-H. M. 2019. *Indo-Pacific development and stability as context for Taiwan's New Southbound Policy*. Retrieved from East-West Center: https://www.eastwestcenter.org/publications/indo-pacific-development-and-stability-context-taiwan%E2%80%99s-new-southbound-policy

Hsieh, C. C. 1985. *Strategy for survival: The foreign policy and external relations of the Republic of China on Taiwan, 1949-79*. Nottingham: Sherwood Press.

Hu, S. 2015. Small state foreign policy: The diplomatic recognition of Taiwan. *China: An International Journal, 13*(2), 1-23.

Huish, R. 2014. Why does Cuba 'care' so much? Understanding the epistemology of solidarity in global health outreach. *Public Health Ethics, 7*(3), 261-276.

Hynes, W., & Scott, S. 2013. *The Evolution of Official Development Assistance: Achievements, Criticisms and a Way Forward*. Paris: Organisation for Economic Co-operation and Development Retrieved from https://www.oecd.org/dac/financing-sustainable-development/development-finance-standards/Evolution%20of%20ODA.pdf

John de Sousa, S. 2010. *Brazil as an emerging actor in international development cooperation: a good partner for European donors?* Retrieved from Deutsches Institut für Entwicklungspolitik: https://www.econstor.eu/bitstream/10419/199651/1/die-bp-2010-05.pdf

Kaplinsky, R. 2013. *Globalization, Poverty and Inequality: Between a Rock and a Hard Place*. Hoboken, New Jersey: John Wiley & Sons.

Kawai, M., & Takagi, S. 2004. Japan's official development assistance: recent issues and future directions. *Journal of International Development: The Journal of the Development Studies*

Association, 16(2), 255-280.

Kim, E. M., & Lee, J. E. 2013. Busan and beyond: South Korea and the transition from aid effectiveness to development effectiveness. *Journal of International Development, 25*(6), 787-801.

Krasner, S. D. 1983. *International regimes*. Ithaca, New York: Cornell University Press.

Kruijt, D. 2020. Cuba's Defence Diplomacy. In I. Liebenberg, D. Kruijt, & S. Paranjpe (Eds.), *Defence Diplomacy and National Security Strategy: Views from the Global South* (pp. 67-85). Stellenbosch: African Sun Media.

Kumar, N. 2009. *South-South and Triangular Cooperation in Asia-Pacific: Towards a new paradigm in development cooperation*. New York: United Nations Economic and Social Commission for Asia and the Pacific (ESCAP) Retrieved from https://www.un.org/ecosoc/sites/www.un.org. ecosoc/files/publications/background_study_final.pdf

Lancaster, C. 2008. *Foreign aid: diplomacy, development, domestic politics*. Chicago: University of Chicago Press.

Lee, W.-c. 1994. ROC's foreign aid policy. In J. C. Hu (Ed.), *Quiet Revolutions on Taiwan, Republic of China* (pp. 331-360). Taipei: Kwang Hwa Publishing Company.

Lin, T.-C. 1996. Taiwan's foreign aid: an instrument of foreign policy. *New Zealand Journal of East Asian Studies, 4*, 58-80.

Masters, L. 2014. Building bridges? South African foreign policy and trilateral development cooperation. *South African Journal of International Affairs, 21*(2), 177-191.

Newnham, R. E. 2000. Embassies for sale: the purchase of diplomatic recognition by West Germany, Taiwan, and South Korea. *International Politics, 37*(3), 259-283.

Nye, J. S. 2011. *The Future of Power*. New York: Public Affairs.

Opršal, Z., Harmáček, J., Vítová, P., Syrovátka, M., & Jarecka-Stępień, K. 2021. Polish and Czech foreign aid: A 'mélange'of geopolitical and developmental objectives. *Journal of International Relations and Development, 24*, 279–305.

OECD. 2003. *Rome Declaration on Harmonisation*. Paris: Organisation for Economic Co-operation and Development Retrieved from https://www.oecd.org/dac/effectiveness/31451637.pdf

OECD. 2005. *The Paris Declaration on Aid Effectiveness*. Paris: Organisation for Economic Co-operation and Development Retrieved from https://www.oecd-ilibrary.

org/development/paris-declaration-on-aid-effectiveness_9789264098084-en?_ga=2.90749651.813824307.1627014950-749629157.1619024290

OECD. 2006. *DAC in Dates: the History of OECD's Development Assistance Committee*. Paris: Organization for Economic Cooperation and Development Retrieved from https://www.oecd.org/dac/1896808.pdf

OECD. 2011a. *Busan Partnership for Effective Development Co-operation*. Paris: Organisation for Economic Co-operation and Development Retrieved from https://www.oecd.org/dac/effectiveness/45827311.pdf

OECD. 2011b. *Measuring Aid: 50 Years of DAC Statistics, 1961-2011*. Paris: Organisation for Economic Co-operation and Development Retrieved from https://www.oecd.org/dac/financing-sustainable-development/development-finance-standards/MeasuringAid50yearsDACStats.pdf

OECD. (2013a). *Triangular Co-operation: What can we learn from a survey of actors involved?* Paris: Organization for Economic Cooperation and Development Retrieved from https://www.oecd.org/dac/dac-global-relations/OECD%20Triangluar%20Co-operation%20Survey%20Report%20-%20June%202013.pdf

OECD. (2013b). *Triangular Co-operation: What's the Literature Telling Us?* Paris: Organization for Economic Cooperation and Development Retrieved from https://www.oecd.org/dac/dac-global-relations/OECD%20Triangluar%20Co-operation%20Literature%20Review%20June%202013.pdf

OECD. 2019. *Making Development Co-operation More Effective - 2019 Progress Report*. Paris: Organisation for Economic Co-operation and Development Retrieved from https://www.oecd.org/dac/making-development-co-operation-more-effective-26f2638f-en.htm

Patterson, D., & Choi, J. 2019. Policy and practice in ODA disbursements: an analysis of changes in South Korea's official development assistance. *Journal of East Asian Studies, 19*(2), 239-264.

Pompeo, M. (2019). Statement from Secretary Pompeo to the Micronesia Presidents' Summit [Press release]. Retrieved from https://fj.usembassy.gov/statement-from-secretary-pompeo-to-the-micronesia-presidents-summit/

Rosenau, J. N., Czempiel, E.-O., & Smith, S. 1992. *Governance without government: order and change in world politics*. Cambridge: Cambridge University Press.

Söderberg, M. 2010. Challenges or Complements for the West: Is There an 'Asian' Model of Aid

Emerging? In J. S. Sörensen (Ed.), *Challenging the aid paradigm: Western Currents and Asian Alternatives* (pp. 107-137). Heidelberg: Springer.

Schulz, N.-S. 2010. *South-South cooperation in the context of aid effectiveness: Telling the story of partners in 110 cases of South-South and triangular cooperation.* Paris: Organisation for Economic Co-operation and Development Retrieved from https://www.oecd.org/dac/effectiveness/46080462.pdf

Shimomura, Y., & Ping, W. 2013. The evolution of 'aid, investment, trade synthesis' in China and Japan. In Y. Shimomura & J. Sato (Eds.), *The Rise of Asian Donors: Japan's impact on the evolution of emerging donors* (pp. 114-132). London: Routledge.

Slaughter, A.-M. 1997. The real new world order. *Foreign Affairs, 76*(5), 183-197.

Stringer, K. D. 2006. Pacific Island microstates: Pawns or players in Pacific Rim diplomacy? *Diplomacy and Statecraft, 17*(3), 547-577.

Strong, M. (2021). Former Japanese PM praises vaccine donation to Taiwan. *Taiwan News.* Retrieved from https://www.taiwannews.com.tw/en/news/4225457

Tarzi, S. M. 2003. International regimes and international relations theory: Search for synthesis. *International studies, 40*(1), 23-39.

Taylor, I. 2002. Taiwan's Foreign Policy and Africa: the limitations of dollar diplomacy. *Journal of Contemporary China, 11*(30), 125-140.

TECRO in the US. (2019). Taiwan's Representative to the United States Attends Ministerial Meeting of the Global Coalition to Defeat ISIS, and Announces Donation towards Humanitarian Assistance [Press release]. Retrieved from https://www.taiwanembassy.org/us_en/post/7342.html

Tsikata, T. M. 1998. *Aid Effectiveness: A Survey of the Recent Empirical Literature.* Washington, D.C.: International Monetary Fund Retrieved from https://www.imf.org/external/pubs/ft/ppaa/ppaa9801.pdf

Tubilewicz, C. 2007. *Taiwan and post-communist Europe: Shopping for allies.* London: Routledge.

Tubilewicz, C. 2012. The politics of compassion: examining a divided China's humanitarian assistance to Haiti. *International Relations of the Asia-Pacific, 12*(3), 449-481.

Tubilewicz, C., & Guilloux, A. 2011. Does size matter? Foreign aid in Taiwan's diplomatic strategy, 2000–8. *Australian journal of international affairs, 65*(3), 322-339.

UNDP. 2013. *Human Development Report: The Rise of the South – Human Progress in a Diverse World*. New York: United Nations Development Programme Retrieved from http://hdr.undp.org/sites/default/files/reports/14/hdr2013_en_complete.pdf

UNGA. 1970. A/RES/2626(XXV). *International Development Strategy for the Second United Nations Development Decade*. New York: United Nations General Assembly Retrieved from https://undocs.org/en/A/RES/2626(XXV)

Wang, C.1993. *The Republic of China's foreign policy, 1949-1988: Factors affecting change in foreign policy behavior*. (Ph.D.), University of North Texas, Denton, Texas.

Wang, Y. S. 1990. *Foreign Policy of the Republic of China on Taiwan: an unorthodox approach*. Santa Barbara, California: Greenwood Publishing Group.

World Bank. 2011. *Global Development Horizons 2011. Multipolarity: The New Global Economy*. Washington, D.C.: World Bank Retrieved from https://documents.worldbank.org/en/publication/documents-reports/documentdetail/597691468150580088/global-development-horizons-2011-multipolarity-the-new-global-economy

World Bank. 2021. Net official development assistance and official aid received (current US$). Retrieved from https://data.worldbank.org/indicator/DT.ODA.ALLD.CD

Wu, J. J., & Christensen, B. 2021. *Joint Statement on Partners in HADR: Awareness – Resilience – Action*. Taipei: American Institute in Taiwan Retrieved from https://www.ait.org.tw/joint-statement-partners-in-hadr/

Wu, L. 1995. Does Money Talk? The ROC's Economic Diplomacy. *Issues & Studies, 31*(12), 22-35.

Wu, Y.-C., & Chien, S.-S. 2022. Northernization for Breaking-through International Isolation: Taiwan's Trilateral Aid Cooperation in the Middle East Refugee Crisis and beyond. *Development Policy Review, 40*(2).

Yang, A. H. 2017. Strategic appraisal of Taiwan's New People-Centered Southbound Policy: The 4Rs approach. *Prospect Journal, 18*, 1-34.

Yang, A. H. 2018. Unpacking Taiwan's Presence in Southeast Asia: The International Socialization of the New Southbound Policy. *Issues & Studies, 54*(1), 1840003.

Zhang, D. 2017. Why cooperate with others? Demystifying China's trilateral aid cooperation. *The Pacific Review, 30*(5), 750-768.

第 3 章

全球南方發展
第三波區域主義、農糧體系與糧食主權運動

林義鈞

壹、前言：區域主義發展

當代區域主義（regionalism）浪潮源自於全球北方（Global North）地區，尤其是歐洲大陸與北美大陸地區。Bhagwati（1992）認為二次世界大戰結束到 20 世紀末葉，全世界共經歷了兩波區域貿易自由化浪潮，區域主義一詞因此被他建構出來描述區域貿易自由化工程，用以區別關稅暨貿易總協定（General Agreement on Tariffs and Trade, GATT，1995 年改組更新為世界貿易組織 World Trade Organization, WTO）架構下的多邊主義（multilateralism）。Bhagwati（1992, p. 535）強調區域主義包含了關稅同盟（customs unions）與自由貿易協定（free trade agreements, FTAs）等兩種形式，這兩者都是在 GATT Article XXIV 之下所保障的區域貿易自由化架構[1]。

1957 年歐洲經濟共同體（European Economic Community, EEC）的成立被視為是第一波區域主義（First Regionalism）的開始點（Bhagwati, 1992, p. 539），EEC 包含了比利時、法國、義大利、盧森堡、荷蘭、西德等六個初創國（或稱核心六國，Inner Six），它是透過關稅同盟機制因此形成的區域貿易自由化工程。不久之後，EEC 的競爭者——歐洲自由貿易協會（European Free Trade Association, EFTA）——也在1960 年成立，EFTA 的成員為奧地利、丹麥、挪威、葡萄牙、瑞典、瑞士、英國等七

1　區域主義的政治經濟整合程度之討論，可詳見：Vicard（2009）。

國（或稱外圍七國，Outer Seven），EFTA 則是透過 FTAs 的機制，因此而形成的區域貿易自由化工程（Craig and Búrca 2015, pp. 5-6）。歐洲大陸的兩組區域貿易自由化工程的競爭過程，迅速地在 1960 年代感染其它地區，相繼仿效地提出 North Atlantic Free Trade Area、Pacific Free Trade Area、Latin American Free Trade Area 等自由貿易區或關稅同盟草案，但是由於美國的冷漠（Cooper and Massell, 1965a），以及全球南方（Global South）國家對 FTAs 的誤解（Cooper and Massell, 1965b; Johnson, 1967），因此歐洲以外的區域貿易自由化工程都競相失敗，第一波區域主義的熱潮在 1960 年代末期逐漸消散，最後僅只剩下 EEC 與 EFTA 的成功運作。

　　第二波的區域主義則從 1985 年再次興起，美國在該年與以色列簽訂美國立國以來的首件 FTA 之後，正式轉向擁抱 GATT Article XXIV 之下的區域貿易自由化架構，美國對 FTA 轉向熱情的立場也因此點燃了以北美與歐陸等北方國家陣營為主體的第二波區域主義熱潮（Second Regionalism, Bhagwati, 1992, p. 540）。首先，在北美大陸中，美國在美以 FTA 之後，繼續與加拿大於 1988 年簽訂 FTA，美加 FTA 架構更在多次複邊談判之後，於 1993 年納入墨西哥，成為北美自由貿易區（North American Free Trade Agreement, NAFTA）；此外，美國更在 21 世紀初期，擴大為與南美洲的智利（2004 年）、哥倫比亞（2006 年）、祕魯（2007 年）等國簽訂 FTA，並且也與亞太地區的新加坡（2003 年）、澳洲（2005 年）、南韓（2007 年）等國簽訂 FTA。其次，在歐洲大陸中，前述的 EEC 是少數碩果僅存的第一波區域主義產物，它在 1970 年代與 1980 年代繼續擴張其在歐陸的加盟國，在 1989 年柏林圍牆倒掉之前，EEC 已經成為結合西歐十六國的共同市場（common market），而 1992 年的《馬斯垂克條約（Maastricht Treaty）》更讓歐陸的區域主義達到巔峰，它不僅讓歐洲大陸變成一個單一貨幣的共同市場，而且伴隨著歐洲執委會與議會的建制過程，使得歐陸區域主義的目標從原本的歐陸經濟整合，擴張為歐洲政治暨經濟整合的建構工程，最終使得歐陸不再只是一個經濟貿易自由化的共同體，而且是一個擁有共同貨幣、外交、國防安全的共同體，EEC 因此在 1992 年更名為歐洲共同體（European Community, EC），更在 1993 年升格為歐洲聯盟（European Union, EU）。

　　除了全球北方國家之外，全球南方陣營也逐漸在第二波區域主義浪潮中發出聲音，例如 1981 年由波斯灣地區的六個國家所成立的波斯灣合作會議（Gulf

Cooperation Council, GCC）；1989 年由北方陣營的澳洲與美國邀請亞太地區的南方陣營國家所共同成立的亞太經濟合作會議（Asia-Pacific Economic Cooperation, APEC）；1991 年由非洲國家所成立的非洲經濟共同體（African Economic Community, AEC）；1991 年南美洲的巴西、阿根廷、烏拉圭、巴拉圭等四個國家所成立南方共同市場（MERCOSUR）；1992 年東南亞國家協會（Association of Southeast Asian Nations, ASEAN）計畫成立東協自由貿易區（ASEAN Free Trade Area, AFTA）等案例都是第二波區域主義的全球南方產物，但是 20 世紀末葉相繼發生的拉丁美洲金融危機與東亞金融危機使得全球南方的區域主義浪潮在 1990 年代末葉嘎然而止，第二波區域主義的熱潮也因此進入尾聲，僅剩下北方陣營的 EU 與 NAFTA 繼續成功運作與擴張功能（Mansfield and Milner, 1999）。

　　東亞金融危機雖然讓 AFTA 的談判遇到了阻礙，但是 AFTA 在 2002 年的正式運作則帶起了第三波區域主義（Third Regionalism）的浪潮，形成以 ASEAN 為核心的第三波區域主義發展趨勢（Chang and Hsieh, 2020, p. 2；Hsieh, 2017, p. 327）。它強調透過國際貿易帶動區域發展（trade for regional development）等方式也形成為本波區域主義發展的重要特色，並且有效地再次鼓舞起全球南方的區域主義熱潮，而亞太地區的全球南方陣營則是第三波區域主義的發展重點。首先，AFTA 在 2002 年成立之後，ASEAN 開始展開 ASEAN+1 的 FTAs 戰略，先後與中國、南韓、日本、印度、澳洲、紐西蘭等六國在 21 世紀前十年完成區域性 FTAs 的簽訂（ASEAN, 2011）。其次，從 2011 年開始的 21 世紀第二個十年則再次見到 ASEAN 十個國家與上述中、韓、日、印、澳、紐等六個國家，共計十六個國家展開長達九年的更大型區域貿易自由化談判，區域全面經濟夥伴協定（Regional Comprehensive Economic Partnership, RCEP）因此在 2019 年完成最終談判（Hsieh and Mercurio, 2019），縱然印度中途退出，但是其餘的 RCEP 十五國已經在印度缺席的情況下，於 2020 年 11 月正式簽署 RCEP 協議，形成全球最大市場的自由貿易區。第三，APEC 也從 2010 年開始討論亞太地區貿易自由化的方案之一——跨太平洋夥伴關係協定（The Trans-Pacific Partnership, TPP）[2]（APEC,

---

2　2010 年的 APEC（2010）高峰會同意，APEC 將持續推動 Free Trade Area of the Asia-Pacific (FTAAP)，而 TPP 與 ASEAN+3、ASEAN+6 等討論，都是 APEC 要達成 FTAAP 等方案。

2010），規劃形成以美國為主的全球北方陣營與以 ASEAN 為主的全球南方陣營共同組成的亞太地區區域主義建制，然而美國在 2017 年退出談判之後，TPP 也改組成跨太平洋夥伴全面進步協定（Comprehensive and Progressive Agreement for Trans-Pacific Partnership, CPTPP），並且在 2018 年正式簽署生效，改組後的 CPTPP 雖然經貿規模相對較小，但仍可見到南方國家積極參與區域主義的色彩。

此外，其它全球南方的國家也在第三波區域主義浪潮中完成區域貿易自由化的簽署與推展，例如 2003 年 GCC 完成共同市場（common market）的簽署，並且順利在 2015 年完全啟動 GCC 共同市場的規範。2002 年非洲聯盟（African Union）成立，促成非洲國家從 2015 年開始談判 African Continental Free Trade Agreement（AfCFTA），並且在 2018 年底完成四十四個非洲國家的簽署儀式。MERCOSUR 則在 21 世紀初期繼續擴大其在中南美洲區域貿易自由化參與國，並且於 2019 年與北方陣營的 EU 簽訂 FTA 協定。

Pant and Paul（2018）也因此深度研究上述南方陣營所參與的區域貿易自由化進展，大膽推論全球南方國家已經確認在第三波區域主義中成為主導者。他們將 WTO 中的區域貿易協定（regional trade agreements）分成北方與北方（North-North）、北方與南方（North-South）、南方與南方（South-South）等三種類別，因此發現截至 2018 年 7 月為止，南方與南方累計所簽署的區域貿易協定已經佔有全體總數的一半左右，大幅主導第三波區域主義的發展趨勢（Pant and Paul, 2018, p. 539）。尤有甚者，部分學者甚至發現（Baldwin and Kawai, 2013, p. 9; Charnovitz, 2008, pp. 917-918），南方國家除了在簽署 FTAs 的「數量」上有明顯增加之外，它們所履行開放市場的「質量」也不惶多讓；換句話說，南方國家不僅願意透過與北方國家簽署 FTAs 以達到開放市場，帶動經濟成長等目的之外，同時南方國家更願意透過與其經濟發展程度相仿的其它南方國家簽署 FTAs，開放彼此市場，透過自由貿易機制達到產業鏈的整合，形成南南合作（South-South Cooperation），共同提升彼此的經濟成長（Hsieh, 2022）。

換句話說，第三波區域主義已經在全球南方興起，新興的區域貿易自由化工程主要起源於全球南方的亞太地區，之後擴展到其它地區。由於區域主義使得全球南方的亞太地區逐漸開放國內農業市場（相關討論請參見：FAO, 2022; Grant and Lambert, 2005），因此造成昔日國家政策保護下的國家農業市場與糧食安全治理逐漸公司化與

自由化，使得亞太地區的農糧體系（food regime）逐漸具有財團農糧體系（corporate food regime）的雛型。但是，第三波區域主義造成亞太地區全球南方國家內的農糧財團普遍是國有企業（state-owned enterprises, SOEs）或是國家控股企業（state-holding enterprises, SHEs），迥異於傳統財團農糧體系在全球北方的主要行為者為私有企業，因此形成本文的問題意識：第三波區域主義如何重塑亞太地區全球南方內的財團農糧體系？本文認為：第三波區域主義如同前兩波由全球北方所主導的區域主義，它同樣使得亞太地區的農業市場開放，農業貿易邁向自由化；然而，由於亞太地區的國家機器仍會透過整併後的國有企業或國家控股企業介入農業市場，穩定糧食安全治理，因此形成國家指導式財團農糧體系（state-guided corporate food regime）的區域性發展特色，亞太地區的糧食主權（food sovereignty）運動內容也因此不再強調抗議北方私有農糧財團的社會運動，而是發展出強調民族主義、環境保護、生態農業、永續發展等內涵，成為區域性糧食主權運動的發展特色。本文的結構安排為：第二節將說明全球農糧體系在農業貿易自由化下的演變；第三節將描繪第三波區域主義影響農糧體系的建構內容；第四節將解釋國家指導式財團農糧體系的發展特色；第五節將結論出本文的發現與未來研究建議。本文章的研究方法除了針對區域主義與農糧體系理論的文獻回顧外，還包含了 2017 年到 2021 年期間，分別在臺灣、中國大陸、日本、東南亞等地區進行田野訪談與文獻蒐集的成果。

貳、農糧體系的演進

Friedmann（1987）是最早提出「國際農糧體系（international food regime）」一詞的學者，此詞彙主要強調農業在國際政治經濟體系中的重要性，因此構成之後「農糧體系理論（food regime theory）」的論述基礎。Friedmann 主要從國際政治經濟學中的馬克思主義（Marxism）分析途徑說明資本主義（capitalism）已經進入全球北方農村社會中，因此資本化（capitalization）北方農村的農糧生產要素，使得全球北方先進資本主義國家的農民變成農商、農作物變成農業商品，北方農村社會因此產生很多商業性家族農場（commercial family farms）。對於全球北方國家內部與農村社會而言，由於家族農場的農民兼具農商的身分，農作物兼具商品的色彩，因此馬

克思主義理論難以解釋這些家族農場的真實社會階級。然而，對於全球南方國家而言，由於北方農村資本主義化的過程造成只是種植單一農業商品的西歐與美國商業性家族農場變成大型農糧跨國企業，主宰全球的農業生產發展與農糧貿易規範，因此傳統自給自足、多元種植的全球南方小農社會（agrarian societies）走向依賴北方財團貿易與依賴北方農產品進口，最終形成全球南方依賴全球北方的農糧國際政治經濟學（international political economy of food）內容，以及國際農糧體系中的依賴結構（dependency structures）（Friedmann, 1987, p. 250）。此種南北依賴結構的農糧體系解釋觀點，也在此之後衍伸出農糧體系理論的雛形，希望因此強化說明農業在資本主義擴張過程中所扮演的角色，農糧生產關係因此再次被帶入當代國際政治經濟學的討論脈絡（Friedmann and McMichael, 1989）。

其實，傳統國際政治經濟學的討論脈絡主要在工業，以及工業化所造成的現代國家體系與全球工業產業鏈依賴結構。此種以工業為主要觀點的國際政治經濟學論述經常會忽略農業的角色，導致主流國際政治經濟學的討論或者忽略、或者不重視農業在全球產業鏈中的依賴結構，因此，農糧體系理論的提出建設性地幫助國際政治經濟學「再建構農業影響國家體系的前沿歷史觀點，此觀點可以提供給民族主義者批判內容以及它們所注重的發展與依賴等議題的文獻基礎（Friedmann and McMichael, 1989, pp. 93-94）。」換句話說，農糧體系主要是指涉以全球尺度（global scale）為範圍的糧食生產與糧食消費之間的關係，在此互動中，全球性的政治經濟結構與規範儼然而生，影響國際政治、國家體系、社會文化等運作內容（Friedmann, 1995, p. 512）。而農糧體系理論就是將農業議題提升到全球尺度的討論，使得糧食不僅只是生產與消費間的關係，而且是一種權力展現、國家發展、社會建構、文化生產、價值重組等內容（Friedmann, 2005, p. 234）。近期，農糧體系分析途徑也被帶入區域尺度（regional scale）中，藉以解釋東亞地區、拉丁美洲、中東地區的農糧體系獨特發展之處（McMichael, 2013a, pp. 84-96）。

縱然區域性農糧體系有少數的獨特發展特色，但是上述農糧體系理論的歷史分析方法已經產生了初步的共識（McMichael, 2013a, pp. 5-6），認為近代全球政治經濟秩序共經歷了兩個不同全球尺度的農糧體系轉變，包括：第一、1870-1914 年的「英國農糧體系（the British regime）」；以及第二、1945-1973 年的「美國農糧體系（the

United States regime）」。前者特徵的主要內容「圍繞在歐洲從被殖民國家進口小麥與麵粉，而被殖民國家則順勢而為的進口歐洲所製造的產品、勞動力、資本等，尤其用以興建鐵路 [運輸農產品用]（Friedmann and McMichael, 1989, p. 96）。」後者的特徵則是全球南方的「新興獨立國家由於自身利益、自我因素以及國際機構的鼓勵等原因，因此通常採用低價的糧食政策藉以提供工業化的成長基礎，而美國廉價麵粉就成為備受歡迎的援助品。即便是有些新興獨立國家無法直接取得美國援助品，但是當時美國透過援外機制而低價傾銷世界的麵粉也會造成國際農產品價格低於國內農產品價格，新興獨立國家也可因此受惠，從國際市場取得廉價糧食（p. 104）。」縱然兩段農糧體系塑造出今日的現代民族國家基礎，但兩段不同農糧體系卻享有共同特徵——資本的積累（accumulation of capital），這使得農糧資本擁有者逐漸凌駕於國家機器與國內經濟，最終造成「越來越強大的農糧資本商一而再、再而三地重組農業，並且挑戰與弱化國家機器所執行的糧食安全政策、關鍵性農業發展計畫、保護農村農民社群等眾多農業內政政策（p. 94），」農糧跨國企業因此因應而起，Friedmann（2005）隨後描述今日的農糧體系可能已經進入第三階段的 corporate-environmental food regime，雖然 Friedmann 的論述語帶疑問，但是她發現第三階段的農糧體系不僅有農糧財團的崛起，同時也有相應而生的消費者環境運動，消費者追求的目標是公平貿易（fair trade）、食品安全、健康有機、動物福祉與權利（animal welfare and rights）、保護生物多樣性、保護農地、永續發展等。這些環境運動在近期也逐漸跟糧食主權內容結合，形成糧食主權運動的反對財團聲浪（Friedmann, 2011）。換句話說，新一階段的農糧體系內容可用財團農糧體系與糧食主權運動進行說明。

不同於 Friedmann 對於第三波農糧體系內容保持開放，並且無定論的觀點，McMichael（2005）則是斬釘截鐵的強調國際農糧體系已經從 1980 年晚期，進入當代第三階段的「財團農糧體系」。McMichael（2009a; 2009b; 2012）在後續的一系列文章中說明，前兩階段的農糧體系都是由北方的單一國家所主宰的國際政治經濟秩序，形成南北依賴的格局。其中，第一階段的英國農糧體系是透過英國本土都會區進口英屬南方殖民地農產品，因此建構出農業自由貿易（free trade in agriculture），形成以英國都會區為進口中心的農業自由貿易帝國（free trade imperialism in agriculture）與自由貿易發展模式（free trade development），南方陣營因此依賴北方英國的市場。第

二階段的美國農糧體系則是透過美國援外輸出給全球南方新興國家廉價農產品，形成以美國為出口中心的援外基礎農糧體系（aid-based food order）與援外基礎發展模式（aid-based development），南方新興國家因此依賴北方美國的廉價農產品。但是，第三階段的農糧體系卻是由北方大型且私有的農糧跨國企業所主宰的國際農糧體系，因此傳統的北方國家機器難以再藉由國家政策進行農糧貿易干預，繼續主導全球政治經濟秩序與南北依賴格局。

此外，農糧生產要素的資本化（capitalization）一直被農糧體系理論視為是國際農糧體系形成的主要動力，資本的自由流動與商業的投資行為因此塑造出第一階段的英國農糧體系。然而二戰之後的南方新興國家獨立浪潮卻使得資本化進程多數停留在國家疆界範圍內，跨國界與跨地區的農糧資本投資在第二階段的美國農糧體系中較為少見。而美國農糧體系的建立其實是仰賴美國政府與銀行團對美國農場的低利貸款與政策協助，形成廉價的美國農產品援外南方國家、傾銷南方市場的過程，這過程並非逐利的商業行為（Friedmann and McMichael, 1989, p. 104）。因此，當 1970 年代的南方國家陣營開始倡議「新國際經濟秩序（New International Economic Order, NIEO）」，並且開始學會使用銀行金融工具，低利貸款與期貨投資給該國農民與農企時，全球南方依賴北方美國廉價農產品等體系互動結構，也開始失去了支撐基礎，美國農糧體系因此在 1970 年代初期逐漸瓦解。然而，第一階段的英國農糧體系與第二階段的美國農糧體系卻已經奠定農糧生產要素資本化的基礎，相關的基礎建設與法律規範也因此催生出 1980 年代晚期的新自由主義（neoliberalism）浪潮（Friedmann, 2005; McMichael, 2009a）。

同時，Bernstein（2016）也認為農糧財團的崛起其實是源自於 1980 年代以來全球北方的區域主義建制（可對應為第二波區域主義），尤其是歐洲大陸與北美大陸的農糧資本化與貿易自由化之結果；然而，它並不是一個嶄新的現象，這些財團的崛起過程可以追溯至 19 世紀時期的歐洲對南方發展中國家的農業殖民過程。雖然二次大戰之後的非洲國家獨立運動、拉美國家的土地改革運動等政治因素，使得農業貿易的國家疆界再現，但是二戰之前已呈現的北方殖民母國與南方殖民地進行農業貿易自由化的全球化雛形，已經使得北方的大型農糧財團轉型成為與南方原殖民地的地方政府或農業組織簽訂長時期的農業經濟合作條約，加深農業生產鏈的自由貿易

工程。McMichael（2009a, p. 153）進一步強調，1980 年代晚期所興起的新自由主義以及 WTO 的成立，使得農業自由貿易規範興起，國家變成全球農糧市場資本化下的屈從者（subservient player），北方農糧財團則變成全球農糧市場資本化下的主宰者（dominant player），因此形成新自由主義政策下的財團農糧體系。相關的新自由主義機制不僅助長北方少數私有農糧財團的興起，並且使得財團所擁有的生物科技技術與基因改造作物（genetically modified crops）等 WTO 所保障的貿易相關智慧財產權（Trade Related Intellectual Property Rights, TRIPs），結構性地改變全球南方的農村地貌與農民權益（Pechlaner and Otero, 2008; 2010; Otero, 2012）。Cotula 的研究調查也發現（2012, pp. 208-209），20 世紀末葉所興起的雙邊投資條約（bilateral investment treaties, BITs）提供了農業貿易自由化的國際法基礎，使得北方投資國（investor countries）取得穩定且有利的南方投資環境，幫助北方的農糧財團得以受到法律保障，放心到簽訂 BIT 的南方農糧市場投資，部分 BIT 的內容甚至包括了投資免稅、低利貸款、海關優惠、高規格對外援助、國家戰略性協助等，因此得以助長北方農糧財團的跨國性投資與經濟規模成長。

表 3-1 的內容再次說明財團農糧體系內容，以及農糧體系的歷史演進。然而，McMichael（2009b; 2013b）卻補充說明了 2007-2008 的全球糧食安全危機使得全球農業貿易自由化的進展卻步，貿易的國家疆界再現與農業的保護主義再起等過程，雖然一時限制了北方農糧財團的市場規模，但是北方財團深固已久的投資過程早已經形成了全球南方小農依賴全球北方財團的農糧體系結構，全球南方陣營突然興起的保護主義不僅加速惡化了全球糧食安全問題，並且使得全球南方小農更加呼應糧食主權運動。

表 3-1　農糧體系理論與財團農糧體系

農糧體系理論內容	第一階段英國農糧體系	第二階段美國農糧體系	第三階段財團農糧體系
時間	1870-1914年	1945-1973年	1980年晚期-今
行動者	英國、英國殖民地	美國、接受美援國家	大型農糧財團、WB、WTO

發展動力	英國本土與英國殖民地相互之間的農業自由貿易	美國援外輸出廉價的農產品	新自由主義強調市場的資本化過程與企業的逐利力量
發展特色	以英國為中心的農糧自由貿易帝國	以美國為中心的援外基礎農糧體系	以財團為中心的農糧政治經濟秩序
發展模式	自由貿易發展模式	援外基礎發展模式	資本化農糧生產要素

資料來源：改編自Lin (2023)。

　　糧食主權運動根源於 1980 年代初期，當時由於中南美洲地區的全球南方陣營反對美國農產品長期低價傾銷，因此形成一系列的農民運動；換句話說，糧食主權運動其實是中南美洲地區的南方國家對於第二階段美國農糧體系與第三階段財團農糧體系所發起的反省聲浪。(

　　「糧食主權」一詞最早出現在墨西哥政府於 1983 年時所提出的「國家糧食計畫（National Food Program）」內文中，墨西哥政府希望此計畫可以達成糧食主權獨立的目標（Edelman, 2014）。縱然「國家糧食計畫」內容與墨西哥政府並沒有再詳細說明國家主權與糧食主權的內容差異[3]，但是「糧食主權」一詞卻從 1980 年代中葉開始，廣泛地被其它中美洲地區的政府部門與農民團體所倡議使用著，他們一方面希望此概念可以結合農民運動，拒絕美國農產品大量進口的要求；另一方面則希望獲得國內與論的認同，重啟中美洲的南方國家保護國內農糧市場的農業政策，最終也使得中美洲政府得以透過經濟民族主義與農業保護政策取得國內農民團體的支持，民粹主義也因此在農村擴張（Edelman, 1999）。然而，當時對於糧食主權的認知只是停留在維持糧食自給自足的國家糧食安全政策，國家也因此被鼓勵使用民族主義手段，拒絕美國農產品低價傾銷進口，藉此保障本土農民種植糧食的權利。此後，1980 年代中葉的新自由主義風起雲湧浪潮塑造第三階段財團農糧體系的形成，並且使得糧食主權運動的聲浪從中美洲走向南美洲，再走向其它南方世界，其中，創立於 1993 年的農民倡議

3　有關於 13 世紀義大利城邦的互動催生出主權概念、16-17 世紀歐陸國家領土體制催生出威斯特伐利亞主權（Westphalia sovereignty）、21 世紀的全球化浪潮催生出糧食主權等演進，可參見 Conversi（2016）。

網絡——La Via Campesina——則是推動糧食主權運動的主要社會團體（McMichael, 2014）。

La Via Campesina 成立初期僅只是一個團結南方小農、為小農權益發聲的地區型倡議網絡，但是從 1996 年起，La Via Campesina 則開始採用糧食主權的概念參與國際活動（La Via Campesina, 1996a）。尤其在 1996 年世界糧食高峰會（The 1996 World Food Summit）中，La Via Campesina（1996b）首次提出了一份文件 Food Sovereignty: A Future without Hunger，將糧食主權與國家糧食自給自足政策劃上等號，希望因此對抗 WTO 與 World Bank（WB）所推動的透過自由貿易與基改作物等資本化途徑提升糧食生產量，並且對抗奉行新自由主義路徑而持續壯大的全球北方大型農糧財團。縱然糧食主權的概念在 1996 年的世界糧食高峰會中不受重視，但是 La Via Campesina 與它所更新的糧食主權概念卻席捲了六年後的 2002 年世界糧食高峰會（The 2002 World Food Summit），該年度的糧食主權概念新加入了社會公平與環境友善的內容，使得糧食主權成為團結小農團體的共同語言，La Via Campesina 更成為團結全球南方小農團體，對抗北方大型農糧企業的平台（La Via Campesina, 2002）。

到了 2007 年，La Via Campesina 更因此號召中南美洲、非洲、亞洲等南方陣營 500 多個小農團體聚集在非洲馬利共和國的 Nyéléni 村莊，發表 Nyéléni 宣言，重新定義糧食主權的內容包含以下六大支柱：1. 糧食是為人民所生產，而非為農糧財團所生產；2. 糧食利益是屬於農民的，而非屬於農糧貿易商；3. 地方化農糧生產鏈，而非全球化生產鏈；4. 地方化農糧銷售鏈，而非全球化貿易鏈；5. 重視在地農民知識與技術，而非強調全球農糧貿易規範與機制；6. 重視自然生態生產，而非生物科技生產（Nyéléni, 2007）。這六大支柱因此更加明確地強化 La Via Campesina 的糧食主權運動領導權，以及 La Via Campesina 推廣糧食主權運動的行動目標。2007-2008 年的全球糧食危機使得聯合國糧農組織（The Food and Agriculture Organization of the United Nations, FAO）再次舉辦 2009 年的世界糧食高峰會，該會議不僅大幅改組 FAO 內部的諮詢體系與決策機制，並且因為 La Via Campesina 已經成為全球糧食主權運動的主要推動者，因此 FAO 的最高層決策單位——High-Level Panel on Experts——首次認可農民團體的參與權與決策權，將 La Via Campesina 列為主要諮詢對象與政策制定者，並且使得上述糧食主權的六大指標進入 FAO 的糧食安全治理議程中。La Via

Campesina 進入 FAO 的諮詢與決策過程更讓糧食主權的討論範圍擴大到氣候變遷（climate change）與生物多樣性（biodiversity），使得糧食主權運動團體與環境保護運動團體取得對話與合作的共同話語。

表 3-2 統整了上述糧食主權運動的討論。

表 3-2：財團農糧體系與糧食主權運動

	財團農糧體系	糧食主權運動
理論基礎	資本主義、新自由主義	馬克思主義、環境保護主義
造成糧食不安全的主要成因	糧食短缺與貧窮	大型農糧財團
解決糧食不安全的方法	新自由主義的方案，諸如資本化、成長、貿易、科技、全球化	人權為基礎的方案，諸如社會化、救助、管制、本地知識/技術、本地化
優先考量的糧食安全要素	糧食充足性（Food availability）	糧食可取得性與可用性/安全性（Food accessibility and food utilization / safety）
全球主要倡議者/行為者	WB、WTO、大型農糧財團	La Via Campesina、農民團體組織、FAO
全球南方的主要倡議者	政府與其金融機構	La Via Campesina直屬成員、糧食主權運動認同成員、食品安全團體、環境保護團體
全球南方的主要行為者	農糧SOEs與SHEs	農村小農團體與城市消費者團體
在全球南方的型態	國家指導式財團農糧體系	透過社會論壇形成跨國倡議網絡結構
在全球南方的活動	南方農糧SOEs與SHEs對其它南方陣營的跨國農業投資行為	強調糧食生產鏈在地化的生態農業、推廣消費者食品安全的社會運動

	財團農糧體系	糧食主權運動
在全球南方的網絡	強化南南合作的投資網絡，形成以南方糧食安全為主的農糧供應鏈網絡	以反新自由主義為共同語言，形成由農村到城市的糧食主權網絡

資料來源：改編自Lin (2017d, p. 690)。

參、第三波區域主義對於農糧體系的影響

　　1960 年代與 1990 年代的前兩波區域主義逐漸建構出新自由主義盛行全球的基礎，在新自由主義浪潮中，農糧資本市場建制起「一系列的規範用以合理化財團在世界農糧系統中的權力（McMichael, 2009a, p. 153）；」同時，「當 WTO 做為主要的建制機構之時，其它相關的貿易協定，例如北美自由貿易協定等，卻複製出如同眾多 WTO 議定書所呈現出的 [南北] 不對等權力分布，它保障了北方農產品出口補貼，卻利用經濟自由化的名義要求南方開放農業市場（McMichael, 2009a, p. 153）。」此外，由於這兩波區域主義最主要是分布在歐洲大陸、北美大陸等全球北方陣營，因此使得北方私有農糧財團得益於全球貿易自由化工程而崛起，形成當代的財團農糧體系。Pechlaner and Otero（2008; 2010）與 Otero（2012）甚至因此認為此種農糧體系內容其實就是「新自由主義農糧體系（neoliberal food regime）」，Bernstein（2016）進一步解釋在這樣的新自由主義農糧體系中，區域貿易自由化是最主要的新自由主義工程，私有農糧財團則是最主要的行動者；同時，由於前兩波的區域貿易自由化浪潮主要是發生在全球北方，因此使得私有農糧財團都是源自於全球北方陣營，這些北方私有財團會持續地透過新自由主義建制剝削南方小農，而南方小農則透過糧食主權運動等論述，對抗北方私有財團等農糧體系運作內容。

　　然而，21 世紀所興起的第三波區域主義與相關的貿易自由化工程卻是在亞太地區盛行，此波區域主義使得原本擔負農糧生產與糧食安全治理職責的政府部門走向公司化（corporatization），尤其是農化技術與農機具的提供、種子的選擇與供給、糧倉的維護、農地的開墾與取得、農業金融的服務等政府職責，都競相走向資本化與

公司化，農業因此得以跨出國境，邁向區域貿易自由化（Gijsbers, 2009; Anseeuw et al., 2017; Sharma and Daugbjerg, 2020; Zhang and Donaldson, 2008）；但是，這些亞太地區農業部門公司化的結果卻不是私有企業，而是整併既有農糧 SOEs 與 SHEs 的業務，或是成立新的農糧相關 SOEs 與 SHEs（Jakobsen and Hansen, 2020; Lin, 2017a; Hughes, 2020），第三波區域主義也因此展現出它的區域特色，它包含了兩項：第一，亞太地區的南方國家正在主導區域性 FTAs 的自由化架構與農糧貿易內容；第二，第三波區域主義並沒有特別管制 SOEs 與 SHEs [4]。由於這兩項特別的區域特色與前兩波區域主義截然不同，因此使得亞太地區的農糧 SOEs 或 SHEs 得以大幅擴張商業版圖，走向亞太區域市場，部份財團甚至成為世界級農糧跨國企業，逐漸改變財團農糧體系的面貌，以下將針對上述兩點進行說明。

首先，在第三波區域主義與農糧貿易自由化方面，當第三波區域主義逐漸在亞太地區盛行時，WTO 的多邊貿易談判機制也開始進行杜哈回合談判（Doha Development Round），從 2001 年到 2008 年杜哈回合談判中，農業問題一直是全球南北之間最大的歧見，北方陣營希望全球南方開放農業市場，全球南方則希望北方陣營取消農產品出口補貼，雖然最終南北之間的杜哈回合談判破局了，但是全球南方的成員國卻透過此次談判，逐漸取得全球南方彼此之間對農業問題的共識，尤其是農產品出口補貼的議題不再是南方國家彼此之間簽訂 FTAs 的爭議點（Raffer, 2019）。Kong（2012）就從 ASEAN-China FTA（ACFTA）中發現，ASEAN 與中國大陸在簽定 FTA 之時，並不會以取消農產品出口補助做為簽訂 FTA 的前提；他進一步發現，驅使 ASEAN 與中國簽訂 FTA、創造雙邊自由貿易市場的主要動力在於雙邊都需要大量且便宜的原物料，尤其是農產品的原料，藉以補足雙邊境內部分農產品生產力不足的缺憾，因此，雙邊也達成共識要透過 ACFTA 增加雙邊跨境農業投資，藉以增加總體農產品生產量，並且減少該地區對全球北方的農業依賴。

亞太地區的跨境農地投資就是受惠於第三波區域主義浪潮的典型案例，Lin（2017b, pp. 494-495）發現亞洲國家簽訂 FTAs 時，農業問題並不是國家彼此之間簽署 FTAs 的爭議點，反而因為亞洲國家具有濃厚的發展型國家（Developmental State）

---

4 2019 年 7 月 8 日於日本京都與京都大學學者的訪談發現。

背景[5]，因此它們會充分運用 BITs 的機制，鼓勵本國的農糧 SOEs 投資境外農地與農業資源，同時也會運用 FTAs 的簽訂，保障它們所投資的境外農產品可以安全、廉價的運回母國，形成亞太地區國家利用區域主義投資境外農地，維持境內糧食安全的發展特色。在區域主義浪潮中，東亞國家傾向於投資東南亞的農地，波斯灣國家則偏向於投資非洲的農地，南亞國家則傾向於投資非洲與拉美地區的農地，因此說明了地緣政治（geopolitics）深刻影響區域主義機制中的投資國與被投資國之間的關係，投資國希望尋找周邊國家與關係友好地區進行投資，以方便糧食作物穩定且安全的運回母國；被投資國則歡迎飲食文化背景雷同的投資方，以種植相近的糧食作物，共享農業投資成果。最終，此種亞太地區的跨境農地投資模式也因此在實務上挑戰著二戰之後西方所主導的全球糧食市場結構（Lin, 2017b, p. 510）。Hofman and Ho（2012）的研究更發現中國從 21 世紀開始就利用 ACFTA 的架構鼓勵中國的農糧公司走出去，因此大量的中央級與地方級的農糧 SOEs 到東南亞的湄公河流域進行農地投資。Thomas（2013）甚至從中國在印尼與菲律賓等兩國的農業投資案例中發現，ACFTA 幫助與鼓勵中國省級 SOEs 到東南亞進行農業投資，並且中國所投資的東南亞海外農地所生產的農作物也可因此免關稅方式運銷回中國，使得中國的糧食安全逐漸依賴東南亞的農地。Woertz（2011; 2013）的研究也發現，波斯灣國家會透過區域主義的 BITs 簽訂過程，合作成立農業開發基金，投資非洲的海外農地，以方便母國直接掌握境外農業資源，並透過關稅減免過程運回農作物，餵飽境內的本國人民，使得波斯灣國家的糧食安全逐漸依賴非洲的農地。Lin（2015）的研究甚至發現，由於中國已經跟紐西蘭與澳洲相繼簽訂 FTAs 與 BITs，因此它的境外農地投資版圖甚至已經擴及到全球北方的澳洲與紐西蘭農地，中國保障境外農業資源運回母國的 BITs 內容甚至包括：允許中國 SOEs 投資紐澳的農地，以及中國國家主權基金（sovereign wealth funds）入股紐澳的農業企業等。

5　縱然有些學者在 1997 年東亞金融風暴之後，對於部分東南亞國家是否可歸類為發展型國家存著質疑態度（Johnson, 1998; Weiss, 1998），但隨著 21 世紀以來，東南亞、東北亞、太平洋東岸等亞太地區的經濟持續發展以及第三波區域主義的擴張，發展型國家的定義、型態、內容等討論也隨之延伸與調適，參見 Wade (2018); Hsieh (2022); Kasahara (2013); Hayashi (2010); Doner, Ritchie, and Slater (2005); Stubbs (2009)。

其次，在第三波區域主義與 SOEs 和 SHEs 方面，當南方國家在與北方國家簽訂 FTAs 時，SOEs 的定位一直是簽署的爭議點，尤其是全球北方的兩大經濟體——美國與歐盟——在與南方國家簽定 FTAs 時，市場經濟地位（Market Economy Status, MES）的認定與否以及 SOEs 的定位等議題一直是談判的爭議點（Cai and Kim, 2016; Hernande, 2018），使得南北 FTAs 的簽署進程在第三波區域主義浪潮中相對較為緩慢。相反而言，當南方國家與南方國家彼此簽訂 FTAs 時，SOEs 卻不是爭議點。尤其在亞太地區，由於 ASEAN 並非 WTO 所認可的經濟體，而且部分 ASEAN 國家並非 WTO 成員國，因此 ASEAN+1 的 FTAs 戰略從未以 WTO 所承認的 MES 作為簽定 FTAs 的前提，使得亞太地區南方國家的主要市場行動者——SOEs 與 SHEs——成為重要的第三波區域主義行動者（Wu, 2009）。此外，縱然中國在簽定 FTAs 時都以承認中國市場為 MES 為前提，但是因為全球南方國家對於承認中國為 MES 的爭議不大等背景下，所以中國得以順利地與其它南方國家簽訂 FTAs。最終，亞太地區南方陣營的 ASEAN+1 FTAs，以及全球最大的南方國家——中國——和其它南方國家的 FTAs 談判過程都相對順利，連帶使得 SOEs 與 SHEs 在全球南方的 FTAs 架構中被默許是合法且合理的市場行動者。隨著南方陣營之間的 FTAs 在第三波區域主義成為主流之時，南方的 SOEs 與 SHEs 也因此伴隨著崛起，逐漸與北方私有農糧財團並駕齊驅。

舉例而言，馬來西亞是 ASEAN 成員國之一，同時也是 RCEP 的簽署國之一，馬國政府透過區域主義的機制，不僅強化自己的棕櫚油產業鏈優勢，同時也擴張了馬國 SOEs 的力量。21 世紀初期，北方大型財團 Cargill 大舉進入東南亞的棕櫚油生產鏈，另一間北方財團 ADM 則聯合亞洲地區型農糧公司形成 ADM-Kuok-Wilmar 市場聯盟，馬國政府為了因應北方財團的挑戰，因此在 2007 年合併三間馬來西亞的棕櫚油 SOEs，形成一個新的馬來西亞棕櫚油 SOEs——Sime Darby Plantation（SDP），SDP 不僅佔有馬來西亞境內最多的棕櫚樹田地，並且透過 AFTA 的機制，大舉投資印尼與巴布亞紐新幾內亞的棕櫚樹田地，因此得以繼續主宰棕櫚油的生產鏈。Varkkey (2013) 則更進一步發現馬來西亞的其它大型棕櫚油製造商，包括 Tabung Haji Plantations、Kuala Lumpur Kepong、Genting Plantations、IOI Corporation 等，都在馬國政府的政策支持與官股投資下，大量取得印尼的棕櫚樹田地，最終使得馬國的 SOEs 與 SHEs 持續寡占全球的棕櫚油生產鏈。2017-2018 年期間，SDP 甚至在 ACFTA 的架構上，

跨出國境與中國最大的農糧 SOE——中國糧油食品進出口集團（中糧集團）——合作，建立棕櫚油產銷合作聯盟，使得兩國最大的兩間 SOEs 首次聯盟，主導全球棕櫚油的永續發展產銷規格與食品安全規範[6]。

換句話說，中國的農糧 SOEs 也是透過區域主義機制，不僅得以投資境外農地，並且可以併購海外大型農糧企業，而上述的中糧集團就是最典型的案例。中糧集團是中國的中央級 SOE，ACFTA 的架構使得它可以在 2014 年收購新加坡商 Nobel 等世界級農業企業 51% 的股權；同時，它也透過中國 - 紐西蘭 FTA、中國 - 澳洲 FTA 的機制，使得該農糧財團得以 SOE 的身分投資紐澳的牧場、農地、糖廠等重要農糧生產要素（Lin, 2015）。這些區域主義的機制不僅幫助中糧集團取得 Nobel 當初在拉丁美洲所投資的大豆農田、在東南亞所投資的棕櫚樹農田，並且使得紐澳地區的酪農業、葡萄酒產業、糖產業等成為中糧集團的重要投資標的與中國消費者的境外農場，最終使得中糧集團在 2015 年成為全球前五大糧食貿易公司，並駕齊驅於全球的 ABCD 四大農糧財團：Archer Daniels Midland (ADM)、Bunge、Cargill、Louis Dreyfus 等。其次，同樣也是中央級 SOE 的中國化工集團（中國化工）則是透過中國 - 瑞士的 BIT 協定，因此得以在 2016 年以 SOE 的身分，購併了全球第三大農業化學公司先正達（Syngenta），不僅讓先正達的種子專利權與農業種植技術成為中國化工的資產，並且使得中國化工躍昇成為全球重要農業化學與種子財團之一，並駕齊驅於 Dow-Dupont、BASF、Bayer-Monsanto 等重要農化巨擘（Clapp, 2018）。

此外，Zeng（2010）也從 ACFTA 中發現，東協國家與中國都會將特定農產品視為高進口敏感度商品（highly sensitive products），國家會因此介入，進行關稅保護與配額限制，由於這樣的關稅機制會將農產品進口配額交給少數農糧 SOEs 進行執行，使得農糧 SOEs 在 ACFTA 中崛起。左正東（Tso, 2019）進一步在中國與越南的稻米貿易中發現，中國的農糧 SOEs 與越南的農糧 SOEs 正受惠於 ACFTA 的架構，享有農產品進口配額的獨佔優勢而崛起，尤其是越南的 Vinafood 1 與 Vinafood 2 在此架構中不僅獨佔越南的稻米市場，同時也跨出國境到中國，成為區域型的農糧財團。而 Wang（2018; 2021）與 Lin（2022a）也在東亞的蔬果市場與米糧市場等研究中發現，

6　2017 年 8 月 17 日於北京與中糧集團內部研究員的訪談發現。

臺灣的農糧 SOEs 與 SHEs 在亞太區域主義的自由化建制中，受惠於國家的政策支持與金融資助，不僅協助臺灣穩定境內糧食安全，同時促使這些農糧 SOEs 與 SHEs 透過貿易自由化建制，外銷毛豆、蔬菜、水果等經濟作物，這些國家性的協助包含有：農委會下屬農業改良場的農業技術指導，以及它們所提供的種子、農藥、肥料、貿易、農業合作社等的額外幫助。韓國的農糧 SOEs 與 SHEs 也是透過國家機器支持與區域貿易自由化協定，因此得以投資境外農地與併購外國農企，並且在亞太地區建立起以韓國內需市場為導向的境外農糧生產鏈，使得韓國政府與消費者重度依賴韓國農糧 SOEs 與 SHEs，以維護韓國境內的糧食安全（Lee and Müller, 2012）。Jakobsen and Hansen（2020）更從亞太地區的肉品上、中、下游等市場中發現，區域整合與國際貿易使得東南亞的肉類產銷大幅成長，促成泰國、印尼、越南、菲律賓等國內的農糧 SOEs 與 SHEs 崛起，成為該國與該地區農糧體系的核心行動者。這些透過亞太區域主義而崛起的農糧 SOEs 與 SHEs 包括了：韓國的 LG Chem、Daewoo Logistics[7]；臺灣的台肥、台糖；新加坡的 Olam；馬來西亞的 SDP；泰國的 Charoen Pokphand；越南的 Vinafood 1 與 Vinafood 2；印尼的 Japfa Comfeed；中國的新希望、北大荒等，因此說明了亞太地區的南方農糧 SOEs 與 SHEs 正在區域主義的協助下，從全球農糧產業鏈中的快速壯大，成為區域型，甚至全球型的農糧跨國企業[8]。

肆、國家指導式財團農糧體系與糧食主權運動在全球南方

然而，Lin（2017b; 2017c; 2017e）與 Zhang（2019）卻發現亞太地區的南方農糧 SOEs 與 SHEs 跨出國界，擴展農糧生產鏈的目的是為了維護區域內的糧食安

7　Daewoo Logistics 從 21 世紀初期開始，大力投資農糧貿易、糧食生產、農化肥料、遠洋漁業等農糧生產鏈，並曾於 2009 年與馬達加斯加政府達成租賃 130 萬公頃農地，租期 99 年，種植玉米與棕櫚油等農業投資協議。雖然此投資案最終作廢，但是 Daewoo Logistics 卻於 2011 年開始，轉為利用 ASEAN+1 的 FTAs 架構，投資印尼等東南亞國家的棕櫚油與玉米等農糧生產鏈，大幅擴張它在亞太地區農糧產業鏈的版圖。

8　2018 年 6 月 21 日於新加坡與南洋理工大學研究員、新加坡管理大學學者的訪談發現。

全，而不是剝削境外農民，因此較少形成類似傳統北方農糧財團所造成的新殖民主義（neocolonialism）論述[9]。Bräutigam and Zhang（2013）也從非洲調查中證實，中國農糧財團在非洲的經營模式並不同於北方陣營的私人農糧財團，這些中國農糧財團並不是以獲利為最高目標；相反而言，這些中國財團的最終目標是在全球南方的非洲大陸推廣稻米的種植與食用，一旦稻米在非洲被推廣成功了，不僅非洲國家可以擺脫飢餓，同時也可以藉此回銷中國，間接解決中國的糧食安全問題，因此相對於非洲糧食主權運動團體對全球北方農糧財團的抗議頻繁，非洲地區很少見到它們對中國農糧財團的抗議活動，新殖民主義的標籤也因此並不適用在中國農糧財團上。此外，McMichael（2020）、Lin（2017a; 2021; 2022b）、Zhang（2019）的近期發現也認為，2007-2008 年的全球糧食危機提高了亞太地區南方國家的糧食安全意識，使得區域性農糧體系也正在往以國家為中心（state-centered）的發展趨勢，迥異於先前的以市場為中心（market-centered）與以北方私有財團為主的財團農糧體系發展趨勢，因此亞太地區內的農糧 SOEs 與 SHEs 在 2007-2008 年之後獲得國家特許保護與國有銀行資助，控制稻米、小麥、大豆等主糧的貿易產銷體系，並且干預相關配套的肥料與農藥等農糧生產資源的進出口貿易。McMichael（2013a; 2013b）進一步從亞洲地區新興的農糧 SOEs 案例中發現，農糧體系理論所描述的當代財團農糧體系到了亞太地區的全球南方已經變異形成為「農業國家安全重商主義（agro-security mercantilism）」，亞太地區的南方農糧財團在往國際市場擴張過程中，往往可以大量取得母國的國有銀行金融資助，以及國家外交政策與安全機構的正式保障，因此亞太地區的農糧財團大多是 SOEs 或 SHEs，最終造成國有農糧財團與國有銀行是亞洲地區南方國家安全與經濟民族主義綜合在糧食安全治理機制的展現。雖然財團農糧體系仍然是目前全球農糧體系的主軸，但是第三波區域主義下的亞太地區農糧體系卻加入更多的國家色彩與糧食安全考量；因此，縱然傳統的北方私有財團仍可行動於亞太地區，但是它們卻面臨崛起的農糧 SOEs 與 SHEs 之挑戰，並且這些農糧 SOEs 與 SHEs 甚至透過區域主義協

9　但是，部分大型南方國家（例如中國大陸與巴西）的近期對外農業投資行為，逐漸使得南方被投資國轉為依賴新興南方投資國，引發南南之間的「新依賴觀點（neo-dependency perspective）」等討論，相關研究發現可參見：Giraudo (2020); Wise (2016); To and Acuña (2019); and Amanor and Chichava (2016)。

定，取得市場正當性地位，最終形成亞太地區財團農糧體系的發展特色——國家指導式財團農糧體系。在此其中，第三波區域主義正在自由化南方國家彼此之間的農業貿易與跨國農地投資，同時也正在合法化全球南方陣營內部的農糧 SOEs 與 SHEs 的市場身分，使得國家指導式財團農糧體系僅只與全球南方的第三波區域主義結合，卻少見於全球北方的區域主義建制中。

此外，透過回顧國家機器、財團角色、農村市民社會的歷史，McMichael（2014）也發現糧食主權運動成員為了因應農糧 SOEs 與當代財團農糧體系的結合，已經轉型成跟環境保護團體、食品安全教育相互合作，進一步推升糧食主權運動的全球性擴張與在地化適應。他依照推動者的轉變，整理了糧食主權的演進：首先是 1980 年代由政府部門推動糧食主權概念，由於糧食主權概念的最早提出者是中美洲的政府部門，這些政府為了取得農民的支持，並且減少該國對美國便宜農產品的依賴，因此率先建構出糧食主權的概念，形成民粹主義擴張與小農零星抗爭。其次是 1990 年代至 2010 年代由 La Via Campesina 所主導，串聯全球農民團體所推動的糧食主權運動，由於新自由主義的高漲，以及大型農糧財團的擴張促成財團農糧體系逐漸成形，因此造成 La Via Campesina 透過跨國農民團體的串聯，推動全球性的糧食主權運動。此階段的糧食主權內容不再只是小農民粹主義，而是推廣另類（alternative）餵飽在地居民的方法，這些另類方法必須是兼具社會與生態意義的短距離、在地化方法，希望取代新自由主義與財團農糧體系所助長的長距離、全球化農糧生產鏈等模式，La Via Campesina 也因此大量結合全球農民團體，快速地在全球串聯與推廣糧食主權運動。同時，2007-2008 年糧食危機使得新自由主義與財團農糧體系備受質疑，導致 La Via Campesina 與糧食主權運動更加蓬勃發展，而且與反對北方農糧財團掠奪南方農地的農民團體相結合，深化糧食主權運動的內容為：反對國家機器幫助北方農糧財團合法化本土農地買賣，最終使得全球性的糧食主權運動因此更加在地化。第三是 2010 年代迄今，La Via Campesina 不再只是串聯全球農民團體，而是擴大結合城市市民團體所持續推動的糧食主權運動，由於南方農糧 SOEs 與 SHEs 已經成為今日財團農糧體系的一部分，並且成為跨國農地投資的主要發動者，因此 La Via Campesina 在承認此前提下，認為糧食主權運動主軸不可能只是反對北方私有農糧財團，而是強調在地糧食主權社群需要「發展出具有在地適應性的策略，糧食主權的內容也需要跟著演變、

發展，因此無論此運動被稱為糧食主權與否，它都已經與全球糧食主權運動的努力息息相關（McMichael, 2014, p. 952）。」這也使得目前的在地糧食主權運動更為強調監督所有的南方與北方農糧財團，不僅督促這些財團要更重視農村生態環境與消費者食品安全，並且 La Via Campesina 更結合了環境保護團體、食品安全團體、反對新自由主義、支持永續發展等城市市民團體，推廣在地的糧食主權運動。部分亞太地區的城市市民團體在推廣糧食主權運動的過程中，甚至因此跟這些財團以及政府合作，強化在地的環境生態知識鏈與食物教育，形成糧食主權運動的亞太地區在地特色。

亞太地區南方國家的糧食主權運動發展也呼應上述的描述，尤其是受到 La Via Campesina 啟發的中國大陸人民食物主權（Yan and Chen, 2015; Lin, 2017d）、韓國的 Korean Peasants League 與 Korea Women Peasant Association（Yoon, Song, and Lee, 2013）、臺灣的捍衛農鄉聯盟與臺灣農村陣線（Lin, 2022a）、印尼的 Indonesian Peasant Union（Lassa, 2021）、越南的 Vietnam National Farmers Union（Presilla, 2018），以及東南亞地區性的 Asia-Pacific Network on Food Sovereignty（Schreer and Padmanabhan, 2020）等農民組織與市民團體，其糧食主權運動呈現出地區性特色，採取與政府更為合作的立場，推廣農村環境保護與城市有機食物教育。換句話說，由於農糧 SOEs 與 SHEs 代表該國政府的政策立場，而其它外來投資的南方農糧 SOEs 與 SHEs 也代表國家的外交政策，因此亞太地區南方國家內的糧食主權運動活動較不會採取對抗農糧 SOEs 的運動路線；相反而言，該地區內的糧食主權運動內容已經轉型成協助政府完成糧食安全治理的任務，尤其是教育農民生態農業的耕種方式與教育城市消費者食品安全的內容規範等永續發展實務，迥異於傳統糧食主權運動和拉美地區 La Via Campesina 的激進社會抗議行為 [10]。

表 3-3 再次說明了第三波區域主義下的財團農糧體系與糧食主權運動等內容。

---

10 2021 年 9 月 11 日於臺北與臺灣農村陣線成員，以及 La Via Campesina 成員的訪談發現。

表3-3：區域主義下的財團農糧體系、糧食主權運動

區域主義理論	第一波區域主義	第二波區域主義	第三波區域主義
時間	1950年代末期-1960年代末期	1980年代中期-1990年代末期	21世紀初期迄今
區域主義發展動力	西歐所發起的歐洲大陸區域貿易自由化工程，形成以EEC為主的區域主義	美國所發起的北美大陸區域貿易自由化工程，形成以NAFTA為首的區域主義	ASEAN+1所發起的全球南方區域貿易自由化工程，帶動全球南方的區域主義
農糧體系理論界定階段	美國農糧體系	財團農糧體系	國家指導式財團農糧體系
主農糧體系要行動者	美國、接受美國糧食援助的國家	全球北方的私有農糧財團	全球南方的農糧SOEs與SHEs
糧食安全治理內容	透過廉價的美國農產品，援外或低價傾銷給南方國家，形成南方國家糧食供應來源	透過資本化農糧生產要素，擴大農糧財團的市場與利潤，藉以增加全球糧食產量	透過全球南方之間的FTAs，允許南方農糧SOEs在南方陣營中跨國農業投資，藉以增加其它南方國家糧食產量
糧食主權運動發展特色	此時期尚無糧食主權概念	1980年代是由政府部門率先建構糧食主權的概念，1990年代之後則由La Via Campesina主導與串聯全球糧食主權運動，形成南方小農團體抗議北方私有農糧財團剝削南方農業、汙染南方農村	因為農糧財團不再只有北方私企，而是包含有南方陣營的跨國農糧SOEs與SHEs，因此La Via Campesina也開始調整糧食主權運動的運動內容，並且結合城市市民團體，形成倡導農村生態農業與教育城市消費者食品安全意識的永續發展內容

區域主義理論	第一波區域主義	第二波區域主義	第三波區域主義
區域主義文獻對農糧體系理論的預期貢獻	美國農糧體系並非依靠區域主義或商業行為而興起的體系，而是依靠美國政府農產品出口補貼、銀行金融工具操作農產品價格而成的體系	第二波區域主義可充分解釋NAFTA與EU等北方區域主義幫助北方陣營的ABCD等四大私有農糧財團的崛起	第三波區域主義可說明：南方區域主義的興盛正在幫助全球南方的農糧SOEs與SHEs成為跨國企業，並且晉身為財團農糧體系的重要行動者，而糧食主權運動也更為強調永續發展的落實

資料來源：作者自行整理。

伍、結論

本文的問題意識緣起於：第三波區域主義如何重塑出亞太地區全球南方內的財團農糧體系？因此說明前兩波區域主義分別對應出美國農糧體系與財團農糧體系，而當代的第三波區域主義則公司化、自由化全球南方陣營的農業投資與貿易，並且合法化全球南方陣營農糧 SOEs 與 SHEs 的市場身分，使得亞太地區南方陣營的國家機器可以透過 SOEs 與 SHEs 介入農業市場，穩定糧食安全治理，因此形成全球南方陣營特有的國家指導式財團農糧體系。縱然 McMichael（2020）與 Belesky and Lawrence（2019）並不認為這是一個嶄新的全球性農糧體系，但是它展現出來的延續與變異卻值得關注。同時，亞太地區南方陣營的糧食主權運動在面對國家機器以及農糧 SOEs 與 SHEs 之時，改為朝向支持政府的農業政策；在面對外來的南方農糧 SOEs 與 SHEs，也改為接受南方外來投資，希望共同倡議在地化的生態農業與食物教育。這些糧食主權運動團體揚棄抗議北方私有農糧財團的運動內容，逐漸發展出強調民族主義、生態農業、永續發展的內涵，成為糧食主權運動的區域特色。

然而，隨著 COVID-19 疫情的發展，以及俄羅斯－烏克蘭戰爭的延續，糧食不安全的隱憂又重返國家安全的考量，糧食保護主義（Food Protectionism）也逐漸興

起，影響區域主義的運作（Aday and Aday, 2020; Kerr, 2020; Wei, 2022）。儘管歐盟（Espitia, Rocha, and Ruta, 2020）與北美大陸（Villegas, 2020）等前兩波區域型貿易建制競相呼籲糧食貿易與糧食流通透明化，建立「開放和可預知」的農業貿易，以遏制保護主義的興起，但是第三波區域主義所形成的亞太地區貿易建制卻少見類似的倡議，使得 ASEAN 部分成員國已經有糧食保護主義的行為，這將會影響外來南方農糧 SOEs 與 SHEs 的經濟利益，也會影響南方農業投資國的國家利益，同時也將會影響國家指導式財團農糧體系的運作，值得農糧體系理論學者的繼續關注。

參考文獻

林義鈞，2017，〈聯合國糧食議題安全化內容與中國糧食安全治理機制〉，《問題與研究》，56（3）：1-27。

張愷致、謝笠天，2020，〈新區域主義下的東南亞國協經貿整合：以服務貿易自由化為核心〉，《問題與研究》，59（2）：1-41。

Aday, Serpil, and Mehmet Seckin Aday, 2020, "Impact of COVID-19 on the Food Supply Chain," *Food Quality and Safety*, Vol. 4, No. 4, pp. 167-180.

Amanor, Kojo S., and Sérgio Chichava, 2016 "South-South Cooperation, Agribusiness, and African Agricultural Development: Brazil and China in Ghana and Mozambique," *World Development,* Vol. 81, pp. 13-23.

Anseeuw, Ward, Jean-Marc Roda, Antoine Ducastel, Norfaryanti Kamaruddin, 2017, "Global Strategies of Firms and the Financialization of Agriculture," in Estelle Biénabe, Alain Rival, Denis Loeillet, eds., *Sustainable Development and Tropical Agri-chains* (Dordrecht, Netherlands: Springer), pp. 321-337.

APEC, 2010, "The 18th APEC Economic Leaders' Meeting." *APEC Declarations and Statements* (November 14). Available from: https://www.apec.org/Meeting-Papers/Leaders-Declarations/2010/2010_aelm (accessed: June 8, 2021).

ASEAN, 2011, *ASEAN Economic Community Factbook* (Jakarta, Indonesia: ASEAN Secretariat). https://www.asean.org/wp-content/uploads/images/2012/publications/ASEAN%20 Economic%20Community%20Factbook.pdf (accessed: July 2, 2021).

Baldwin, Richard, and Masahiro Kawai, 2013, "Multilateralizing Asian Regionalism," *ADBI Working Paper*, No. 431 (August). https://www.adb.org/sites/default/files/publication/156286/adbi-wp431.pdf (accessed: May 10, 2021).

Belesky, Paul, and Geoffrey Lawrence, 2019, "Chinese State Capitalism and Neomercantilism in the Contemporary Food Regime: Contradictions, Continuity and Change," *The Journal of Peasant Studies*, Vol. 41, No. 6 (December), pp. 1119-1141.

Bernstein, Henry, 2016, "Agrarian Political Economy and Modern World Capitalism: The Contributions of Food Regime Analysis," *The Journal of Peasant Studies*, Vol. 43, No. 3 (May), pp. 611-647.

Bhagwati, Jagdish, 1992, "Regionalism versus Multilateralism," *World Economy*, Vol. 15, No. 5 (September), pp. 535-555.

Bräutigam, Deborah, and Haisen Zhang, 2013, "Green Dreams: Myth and Reality in China's Agricultural Investment in Africa," *Third World Quarterly*, Vol. 34, No. 9 (November), pp. 1676-1696.

Cai, Yan, and Eun-Mi Kim, 2016, "Analyzing China's Non-Market Economy Status: A Focus on Anti-Dumping Measures," *Journal of International Trade & Commerce*, Vol. 12, No. 4 (August), pp. 131-150.

Charnovitz, Steve, 2008, "Mapping the Law of WTO Accession," in Merit E. Janow, Victoria Donaldson, and Alan Yanovich, eds., *The WTO: Governance, Dispute Settlement & Developing Countries* (Huntington, NY: Juris Publishing), pp. 855-920.

Clapp, Jennifer, 2018, "Mega-Mergers on the Menu: Corporate Concentration and the Politics of Sustainability in the Global Food System," *Global Environmental Politics*, Vol. 18, No. 2 (May), pp. 12-33.

Conversi, Daniele, 2016, "Sovereignty in a Changing World: From Westphalia to Food Sovereignty," *Globalizations*, Vol. 13, No. 4, pp. 484-498.

Cooper, C. A., and Benton F. Massell, 1965a, "A New Look at Customs Union Theory," *The Economic Journal*, Vol. 75, No. 300 (December), pp. 742-747.

Cooper, C. A., and Benton F. Massell, 1965b, "Toward a General Theory of Customs Unions for Developing Countries," *Journal of Political Economy*, Vol. 73, No. 5 (October), pp. 461-476.

Cotula, Lorenzo, 2012, "Land Grabbing' in the Shadow of the Law: Legal Frameworks Regulating the Global Land Rush," in Rosemary Rayfuse and Nicole Weisfelt, eds., *The Challenge of Food Security: International Policy and Regulatory Frameworks* (Northampton, MA: Edward Elgar), pp. 206-230.

Craig, Paul, and Gráinne de Búrca, 2015, *EU Law: Text, Cases and Materials* (Oxford, United Kingdom: Oxford University Press).

Doner, Richard F., Bryan K. Ritchie, and Dan Slater, 2005, "Systemic Vulnerability and the Origins of Developmental States: Northeast and Southeast Asia in Comparative Perspective," *International Organization*, Vol. 59, No. 2, pp. 327-361.

Edelman, Marc, 1999, *Peasants against Globalization: Rural Social Movements in Costa Rica* (Stanford, CA: Stanford University Press).

Edelman, Marc, 2014, "Food Sovereignty: Forgotten Genealogies and Future Regulatory Challenges," *The Journal of Peasant Studies*, Vol. 41, No. 6 (December), pp. 959-978.

Espitia, Alvaro, Nadia Rocha, and Michele Ruta, 2020, "COVID-19 and Food Protectionism: The Impact of the Pandemic and Export Restrictions on World Food Markets," *World Bank Policy Research Working Paper*, No. 9253. https://openknowledge.worldbank.org/handle/10986/33800 (accessed: July 3, 2021).

FAO, 2022, "From Globalization to Regionalization?" https://www.fao.org/3/cc0471en/online/state-of-agricultural-commodity-markets/2022/globalization-regionalization-trade.html (accessed: May 10, 2023).

Friedmann, Harriet, 1987, "International Regimes of Food and Agriculture Since 1870," in Teodor Shanin, ed., *Peasants and Peasant Societies* (New York, NY: Basil Blackwell), pp. 247-258.

Friedmann, Harriet, 1995, "The Political Economy of Food: A Global Crisis," *International Journal of Health Services*, Vol. 25, No. 3 (July), pp. 511-538.

Friedmann, Harriet, 2005, "From Colonialism to Green Capitalism: Social Movements and Emergence of Food Regimes," in Frederick H. Buttel and Philip McMichael, eds., *New Directions in the Sociology of Global Development* (Bingley, United Kingdom: Emerald Publishing), pp. 227-264.

Friedmann, Harriet, 2011, "Food Sovereignty in the Golden Horseshoe Region of Ontario," in Annette Aurélie Desmarais, Nettie Wiebe, and Hannah Wittman, eds., *Food Sovereignty in Canada: Creating Just and Sustainable Food Systems* (Halifax, NS, Canada: Fernwood), pp.

169-189.

Friedmann, Harriet, and Philip McMichael, 1989, "Agriculture and the State System: The Rise and Decline of National Agricultures, 1870 to the Present," *Sociologia Ruralis*, Vol. 29, No. 2 (August), pp. 93-114.

Gijsbers, Gerrit Willem, 2009, *Agricultural Innovation in Asia: Drivers, Paradigms and Performance*, ERIM Ph.D. Series Research in Management (No. EPS-2009-157-ORG), Erasmus Research Institute of Management. http://hdl.handle.net/1765/14524 (accessed: June 13, 2022).

Giraudo, Maria Eugenia, 2020, "Dependent Development in South America: China and the Soybean Nexus," *Journal of Agrarian Change*, Vol. 20, No. 1, pp. 60-78.

Grant, Jason H., and Dayton M. Lambert, 2005, "Regionalism in World Agricultural Trade: Lessons from Gravity Model Estimation," Economic Research Service of United States Department of Agriculture, https://ageconsearch.umn.edu/record/19269 (accessed: May 10, 2023).

Hayashi, Shigeko, 2010, "The Developmental State in the Era of Globalization: Beyond the Northeast Asian Model of Political Economy," *The Pacific Review*, Vol. 23, No. 1, pp. 45-69.

Hernande, Fernando M. Schmidt, 2018, "Breaking the South-South FTA Mould: Why China 'Went OECD' with New Zealand?" *China Report*, Vol. 54, No. 4 (September), pp. 421-441.

Hofman, Irna, and Peter Ho, 2012, "China's 'Developmental Outsourcing:' A Critical Examination of Chinese Global 'Land Grabs' Discourse," *The Journal of Peasant Studies*, Vol. 39, No. 1, pp. 1-48.

Hsieh, Pasha L., 2017, "Reassessing the Trade – Development Nexus in International Economic Law: The Paradigm Shift in Asia-Pacific Regionalism," *Northwestern Journal of International Law & Business*, Vol. 37, No. 3 (September), pp. 321-370.

Hsieh, Pasha L., 2022, *New Asian Regionalism in International Economic Law* (New York, NY: Cambridge University Press).

Hsieh, Pasha L., and Bryan Mercurio, 2019, "ASEAN Law in the New Regional Economic Order: An Introductory Roadmap to the ASEAN Economic Community," in Pasha L. Hsieh and Bryan Mercurio, eds., *ASEAN Law in the New Regional Economic Order: Global Trends and Shifting Paradigms* (New York, NY: Cambridge University Press) pp. 3-21.

Hughes, Caroline, 2020, "Transitions from State 'Socialism' in Southeast Asia," in Toby Carroll, Shahar Hameiri, and Lee Jones, eds., *The Political Economy of Southeast Asia: Politics and*

Uneven Development under Hyperglobalisation (Cham, Switzerland: Palgrave Macmillan) pp. 111-132.

Jakobsen, Jostein, and Arve Hansen, 2020, "Geographies of Meatification: An Emerging Asian Meat Complex," *Globalizations*, Vol. 17, No. 1, pp. 93-109.

Johnson, Chalmers, 1998, "Economic Crisis in East Asia: The Clash of Capitalisms," *Cambridge Journal of Economics*, Vol. 22, No. 6, pp. 653-661.

Johnson, Harry G., 1967, *Economic Policies Toward Less Developed Countries* (Washington: Brookings Institution).

Kasahara, Shigehisa, 2013, *The Asian Developmental State and the Flying Geese Paradigm* (United Nations: UNCTAD Discussion Paper No. 213), http://hdl.handle.net/1765/51336 (accessed: July 12, 2022).

Kerr, William A., 2020, "The COVID-19 pandemic and Agriculture: Short- and Long-run Implications for International Trade Relations," *Canadian Journal of Agricultural Economics/ Revue canadienne d'agroeconomie*, Vol. 68, No. 2, pp. 225-229.

Kong, Qingjiang, 2012, "China's Uncharted FTA Strategy," *Journal of World Trade*, Vol. 46, No. 5, pp. 1191-1206.

La Via Campesina, 1996a, "International Conference of the Via Campesina Tlaxcala, Mexico, April 18–21," (September 20). https://viacampesina.org/en/index.php/our-conferences-mainmenu-28/2-tlaxcala-1996-mainmenu-48/425-ii-international-conference-of-the-via-campesina-tlaxcala-mexico-april-18-21 (accessed: May 8, 2021).

La Via Campesina, 1996b, "Food Sovereignty: A Future without Hunger," (November 11–17). http://www.acordinternational.org/silo/files/decfoodsov1996.pdf (accessed: May 8, 2021).

La Via Campesina, 2002, "Declaration NGO Forum FAO Summit Rome+5 (June 13, 2002)," https://viacampesina.org/en/index.php/main-issues-mainmenu-27/food-sovereignty-and-trade-mainmenu-38/398-declaration-ngo-forum-fao-summit-rome5 (accessed: May 8, 2021).

Lassa, Jonatan A., 2021, "The Rise of Food Sovereignty in Southeast Asia," in Alistair D. B. Cook and Tamara Nair, eds., *Non-Traditional Security in the Asia-Pacific* (Singapore: World Scientific), pp. 95-98.

Lee, Su-Kyeung, and Anders Riel Müller, 2012, "South Korean External Strategy Qualms:Analysis of Korean Overseas AgriculturalInvestment within the Global Food System," Paper presented at

International Academic Conference on Global Land Grabbing II, Ithaca, United States. http://www.cornell-landproject.org/download/landgrab2012papers/lee.pdf (accessed: June 12, 2022).

Lin, Scott Y., 2015, "From Self-Sufficiency to Self-Supporting: China's Food Security under Overseas Farmland Investment and International Norms," *Issues and Studies*, Vol. 51, No. 3, pp. 89-129.

Lin, Scott Y., 2017a, "State Capitalism and Chinese Food Security Governance," *Japanese Journal of Political Science*, Vol. 18, No. 1 (January), pp. 106-138.

Lin, Scott Y., 2017b, "An Asian Way to Safeguard Food Security—Transnational Farmland Investment," *Asian Perspective*, Vol. 41, No. 3 (September), pp. 481-518.

Lin, Scott Y., 2017c, "Transnational Farmland Acquisition in the International Political Economy: Towards a Better Understanding of Theory, Approach, and Governance," *Global Change, Peace & Security*, Vol. 29, No. 3 (October), pp. 273-292.

Lin, Scott Y., 2017d, "The Evolution of Food Security Governance and Food Sovereignty Movement in China: An Analysis from the World Society Theory," *Journal of Agricultural and Environmental Ethics*, Vol. 30, No. 5 (October), pp. 667-695.

Lin, Scott Y., 2021, "Bringing Resource Management back into the Environmental Governance Agenda: Eco-State Restructuring in China," *Environment, Development and Sustainability*, Vol. 23, No. 8 (August), pp. 12272-12301.

Lin, Scott Y., 2022a, "Localization of the Corporate Food Regime and the Food Sovereignty Movement: Taiwan's Food Sovereignty Movement under 'Third Regionalism'," *Food, Culture & Society*, advance on-line publication: https://doi.org/10.1080/15528014.2022.2030889.

Lin, Scott Y., 2022b, "China's Food Security Governance from a Hydraulic Society to a Corporate Food Regime and COVID-19," *Issues and Studies*, advance on-line publication: https://doi.org/10.1142/S1013251122500047.

Lin, Scott Y., 2023, "Restoring the State back to Food Regime Theory: China's Agribusiness and the Global Soybean Commodity Chain," *Journal of Contemporary Asia*, Vol. 53, No. 2, pp. 288-310.

Linda, Weiss, 1998, *The Myth of the Powerless State: Governing the Economy in a Global Era* (Cambridge, UK: Polity Press).

Mansfield, Edward D., and Helen V. Milner, 1999, "The New Wave of Regionalism," *International Organization*, Vol. 53, No. 3 (Summer), pp. 589-627.

McMichael, Philip, 2005, "Global Development and the Corporate Food Regime," in Frederick H. Buttel and Philip McMichael, eds., *New Directions in the Sociology of Global Development* (Bingley, United Kingdom: Emerald Publishing), pp. 265-299.

McMichael, Philip, 2009a, "A Food Regime Genealogy," *The Journal of Peasant Studies*, Vol. 36, No. 1 (January), pp. 139-169.

McMichael, Philip, 2009b, "A Food Regime Analysis of the 'World Food Crisis'," *Agriculture and Human Values*, Vol. 26 (December), pp. 281-295.

McMichael, Philip, 2012, "The Land Grab and Corporate Food Regime Restructuring," *The Journal of Peasant Studies*, Vol. 39, No. 3-4 (July-October), pp. 681-701.

McMichael, Philip, 2013a, *Food Regimes and Agrarian Questions* (Halifax, NS, Canada: Fernwood).

McMichael, Philip, 2013b, "Land Grabbing as Security Mercantilism in International Relations," *Globalization*, Vol. 10, No. 1 (February), pp. 47-64.

McMichael, Philip, 2014 "Historicizing Food Sovereignty," *The Journal of Peasant Studies*, Vol. 41, No. 6 (December), pp. 933-957.

McMichael, Philip, 2020, "Does China's 'Going Out' Strategy Prefigure a New Food Regime?" *The Journal of Peasant Studies*, Vol. 47, No. 1, pp. 116-154.

Nyéléni, 2007, "Synthesis Report," https://nyeleni.org/IMG/pdf/31Mar2007NyeleniSynthesisReport-en.pdf (accessed: May 8, 2021).

Otero, Gerardo, 2012, "The Neoliberal Food Regime in Latin America: State, Agribusiness, Transnational Corporations and Biotechnology," *Canadian Journal of Development Studies*, Vol. 33, No. 3 (September), pp. 282-294.

Pant, Manoj, and Anusree Paul, 2018, "The Role of Regional Trade Agreements: in the Case of India," *Journal of Economic Integration*, Vol. 33, No. 3 (September), pp. 538-571.

Pechlaner, Gabriela, and Gerardo Otero, 2008, "The Third Food Regime: Neoliberal Globalism and Agricultural Biotechnology in North America," *Sociologia Ruralis*, Vol. 48, No. 4 (October), pp. 351-371.

Pechlaner, Gabriela, and Gerardo Otero, 2010, "The Neoliberal Food Regime: Neoregulation and the New Division of Labor in North America," *Rural Sociology*, Vol. 75, No. 2 (June), pp. 179-208.

Presilla, Mayasuri, 2018, "The Development of Organic Farming in Vietnam," *Jurnal Kajian*

Wilayah, Vol. 9, No. 1, pp. 20-32.

Raffer, Kunibert, 2019, "Developing Economies and Newly Globalized Trade: New Rules to Fleece the South," in Nezameddin Faghih, edt., *Globalization and Development* (Cham, Switzerland: Springer), pp. 75-91.

Schreer, Viola, and Martina Padmanabhan, 2020, "The Many Meanings of Organic Farming: Framing Food Security and Food Sovereignty in Indonesia," *Organic Agriculture*, No. 10, pp. 327-338.

Sharma, Puspa, and Carsten Daugbjerg, 2020, "The Troubled Path to Food Sovereignty in Nepal: Ambiguities in Agricultural Policy Reform," *Agriculture and Human Values*, Vo. 37, No. 2, pp. 311-323.

Stubbs, Richard, 2009, "What Ever Happened to the East Asian Developmental State? The Unfolding Debate," *The Pacific Review*, Vol. 22, No. 1, pp. 1-22.

Thomas, Nicholas, 2013, "Going Out: China's Food Security from Southeast Asia," *The Pacific Review*, Vol. 26, No. 5, pp. 531-562.

To, Emma Miriam Yin-Hang, and Rodrigo Acuña, 2019 "China and Venezuela: South-South Cooperation or Rearticulated Dependency?" *Latin American Perspectives*, Vol. 46, No. 2, pp. 126-140.

Tso, Chen-Dong, 2019, "Business Groups, Institutions, and the China-Vietnam Rice Trade," *Asian Survey*, Vol. 59, No. 2 (March/April), pp. 360-381.

Varkkey, Helena, 2013, "Malaysian Investors in the Indonesian Oil Palm Plantation Sector: Home State Facilitation and Transboundary Haze," *Asia Pacific Business Review*, Vol. 19, No. 3, pp. 381-401.

Vicard, Vincent, 2009, "On Trade Creation and Regional Trade Agreements: Does Depth Matter?" *Review of World Economics*, Vol. 145, No. 2, pp. 167-187.

Villegas, Leigh, 2020, "Mexican Trade Official: Food Security, Trade Certainty Aided by USMCA," *Global Atlanta* (July 29). https://www.globalatlanta.com/mexican-trade-official-food-security-trade-certainty-aided-by-usmca/ (accessed: July 3, 2021).

Wade, Robert H., 2018, "The Developmental State: Dead or Alive?" *Development and Change*, Vol. 49, No. 2, pp. 518-546.

Wang, Kuan-Chi, 2018, "East Asian Food Regimes: Agrarian Warriors, Edamame Beans, and

Spatial Topologies of Food Regimes in East Asia," *The Journal of Peasant Studies*, Vol. 45, No. 4, pp. 739-756.

Wang, Kuan-Chi, 2021, "Measuring the Reach of Asian Regional Food Regimes in the WTO Era," *Geographical Review*, Vol. 111, No. 3, pp. 327-351.

Wei, Low De, 2022, "Rising Global Food Protectionism Risks Worsening Inflation," Bloomberg (May 24). https://www.bloomberg.com/news/articles/2022-05-24/rising-global-food-protectionism-risks-worsening-inflation-woes (accessed: June 20, 2022).

Wise, Carol, 2016, "China and Latin America's Emerging Economies: New Realities amid Old Challenges," *Latin American Policy*, Vol. 7, No. 1, pp. 26-51.

Woertz, Eckart, 2011, "Arab Food, Water and the Big Gulf Landgrab that Wasn't," *Brown Journal of World Affairs*, Vol. 18, No. 1, pp. 119-132;

Woertz, Eckart, 2013, "The Governance of Gulf Agro-Investments," *Globalizations*, Vol. 10, No. 1, pp. 87-104.

Wu, Chien-Huei, 2009, "The ASEAN Economic Community Under the ASEAN Charter; Its External Economic Relations and Dispute Settlement Mechanisms," in Christoph Herrmann and Jörg Philipp Terhechte, eds., *European Yearbook of International Economic Law 2010* (Berlin, Germany: Springer), pp. 331-357.

Yan, Hairong, and Yiyuan Chen, 2015, "Agrarian capitalization without capitalism? Capitalist dynamics from above and below in China," *Journal of Agrarian Change*, Vol. 15, No. 3, pp. 314-337.

Yoon, Byeong-Seon, Won-Kyu Song, and Hae-jin Lee, 2013, "The Struggle for Food Sovereignty in South Korea," *Monthly Review: An Independent Socialist Magazine*, Vol. 65, No. 1, pp. 56-62.

Zeng, Ka, 2010, "Multilateral versus Bilateral and Regional Trade Liberalization: Explaining China's Pursuit of Free Trade Agreements (FTAs)," *Journal of Contemporary China*, Vol. 19, No. 66, pp. 635-652.

Zhang, Hongzhou, 2019, *Securing the 'Rice Bowl': China and Global Food Security* (Singapore: Palgrave Macmillan).

Zhang, Qian Forrest, and John A. Donaldson, 2008, "The Rise of Agrarian Capitalism with Chinese Characteristics: Agricultural Modernization, Agribusiness and Collective Land Rights," *The China Journal*, Vol. 60, pp. 25-47.

第 4 章

委內瑞拉糧食生產體系與短缺之研究（2001～2014）
過程與機制

黃富娟

壹、前言

　　自 2014 年委內瑞拉爆發糧食與物資嚴重「短缺」（shortage）的危機，顯而易見原因是獨尊石油經濟的委內瑞拉，受到 2014 年開始國際石油價格重挫的影響[1]，衝擊高度依賴糧食進口的委內瑞拉。[2] 然而，更確切問題是，為何委內瑞拉需要進口糧食？

　　事實上，委內瑞拉擁有濱加勒比海的肥沃平原，卻無法自給自足糧食，並非近期發生的事。從學理角度來思考當前委內瑞拉仰賴糧食進口／國內短缺的歷史成因，可對應到兩種理論觀點：第一，獨尊石油經濟的「食利資本主義」（Rentier Capitalism）下衍生的「荷蘭病」（Dutch Disease）[3] 隱憂，造成進口激增；第二，社會主義國家採

---

* 　本文為再版文章，原文刊登於：黃富娟，2020，〈委內瑞拉糧食生產體系與短缺之研究（2001 ～ 2014）：過程與機制〉，《問題與研究》，第 59 卷第 4 期，頁 95-142。本文經授權單位《問題與研究》編輯部同意授權重刊。

1 　根據 OPEC 公佈年均國際石油價格，1999 年每桶 17.44 美元、2003 年達 28.10 美元並開始走升。2005 年超過每桶 50 美元。2011 年突破每桶 100 美元。但自 2014 年開始下跌，2015 年已跌至每桶 49.49 美元。參閱 OPEC oil price 1960~2018 Statistics, "Average annual OPEC crude oil price from 1960~2019."

2 　委內瑞拉在 1998 年有 64% 糧食仰賴進口（Gott 2011,164）；2005 年升高為 75%（Wilpert 2006, 262）；2012 年達到 90%（Howard-Hassmann 2015, 1035）。

3 　這是指資源大國獨尊原物料出口的經濟結構，易形成週期性的經濟起伏，導致經濟不穩定性大增。在原物料國際市場價格走高時，因大量出口創匯能力，促成本幣升值而不利出口；同

取「計畫經濟」（Planned Economy）造成的「短缺」。

第一個解釋途徑，委內瑞拉作為全球石油蘊藏量最高國家，同時是「石油輸出國組織」（Organization of the Petroleum Exporting Countries, OPEC）創始成員，獨尊石油經濟帶來的出口創匯，帶動了本幣升值，雖不利出口、卻有利進口。且在本幣升值之下，人民購買力增加，在糧食進口便宜之下大量進口糧食。這種「荷蘭病」的結構性弊病，衝擊地方農業生產，並讓農業與農村迅速走向沒落。過度仰賴石油出口創匯的經濟模式[4]，在 2014 年國際石油價格暴跌之下，長期仰賴糧食進口的結構性弊病浮現，並引發「短缺」危機。

本文主張，此一觀點或許提供了部分解釋，卻不夠充分。即使委內瑞拉深受「荷蘭病」的結構性驅力所苦，且最終在 2014 年石油價格崩跌之後成為壓垮委國糧食供應的最後一根稻草。但此一漫長過程中，農業衰退導致的「慢性短缺」（chronic shortage）現象（更仰賴進口）是持續存在，關鍵反而是為何（why）與如何（how）走向「極度短缺」？誠如委內瑞拉學者暨前經濟部長 Luis Salas Rodríguez（2016）主張，1999~2014 年查維茲（Hugo Chávez）總統執政期間，國際石油價格呈現走升趨勢，但石油價格超過百元卻是執政後期才發生的事情。實際上，1999~2010 年區間石油平均價格不及每桶 50 美元，直到 2011 年始超過每桶 100 美元，並於 2014 年開始崩跌，2015 年已不及每桶 50 美元（參註腳 1）。因此，單看石油價格的起落，並無法解釋 2011 年以前與 2014 年以後兩個時期在石油價格差距不大之下，為何會走向「極度短缺」。這勢必伴隨國內農業的「生產遞減」與「進口升高」兩個現象同時成立，才可能發生。

此外，2003~2013 年間查維茲總統曾為抗衡「荷蘭病」導致的農業衰退問題，在「糧食主權」（Food Sovereignty）[5] 框架下啟動一系列土地改革與農業相關政策。這些政

時也因本幣升值，導致大量進口。因此，在原物料價格走高時，存在「去工業化」隱憂；價格下跌時，就出現收支失衡（Frankel 2011, 38-39; Corden 1984）。

4　2011 年石油出口佔委內瑞拉出口創匯高達 95%，佔政府稅收的 50%（Lavelle 2016, 39）。

5　查維茲將「糧食主權」定義是：「**人民定義其農業和糧食政策的權利**」（UhartePozas 2009, 346）。對應政策上，通常強調地方生產、小農生產與公平價格。

策曾一度刺激地方農業生產的恢復。[6]但以結果來看，政府干預卻沒有效果？為何如此？

第二個解釋途徑在於，這可能與社會主義經濟模式有關。查維茲總統曾在 2005 年主張《玻利瓦革命》（The Bolivarian Revolution）最終目的在於建構一個「二十一世紀社會主義」（Socialismo del Siglo XXI），並於 2007 年啟動激進的社會主義國家轉型與國有化政策。誠如 Kornai（2000）主張，社會主義採取的「計畫經濟」經常造成一種「短缺經濟」（shortage economy）。計畫經濟主張以「官僚協調」（bureaucratic coordination）取代「市場協調」（market coordination），亦即是以中央指令式經濟來取代「自律市場」交易，由官僚統籌規劃國家經濟的生產、分配與消費。但計畫經濟的隱憂在於，在資訊不對稱之下官僚需透過不斷地「人為」調整，來彌補「市場機制」的不足。此外，「計畫經濟」壓抑生產消費財，造成民生物資出現短缺現象。這種短缺現象是持續且普遍存在於各個經濟領域（Kornai 2000, 29-30；張曉光譯 1986）。

然而，查維茲政府的經濟政策，並非走向二十世紀中、俄等共產主義國家採行的「計畫經濟」。查維茲的社會主義經濟目標不是去取消「市場」，而是讓「市場」成為次要機制（Jiménez and Sequín 2007, 12）。況且自 2007 年啟動大規模「徵收」（expropriation）以前，委國仍舊是一個高度資本主義發達的國家。當時即便總體經濟上存在自 2003 年 2 月對基本物資實施的「價格控制」（price control），但控制項目有限[7]，且不存在對於生產的數量與消費的指令式經濟。況且在查維茲「徵收」私有產權以後，許多變更為社會、集體或混合產權，形成特殊的「混合市場經濟」（Mixed Market Economy, MMEs）。那麼，又該如何理解委內瑞拉社會主義經濟體制的特殊性，以及其對糧食生產體系的影響？

基於委內瑞拉國內糧食「短缺」並非近期發生，但「極度短缺」卻是近期現象。

---

6 2008 年查維茲宣稱玉米與稻米已達到自給自足。兩者在 1998~2008 年間分別成長 132% 與 71%。同期豬肉供應成長 77%、牛肉 70%、雞肉 85%、雞蛋 80%（SchiavoniandCamacaro 2009, 135）。

7 2003 年提出價格控制政策之初僅控制 45 項產品與 7 項服務，同年擴大到 87 項（Abadi and García Soto 2018）。

這種「短缺」甚至擴及到原先自給自足的牛肉、玉米與稻米（Gutiérrez 2016）。由於「短缺」現象是一個持續且漫長的過程，有其複雜的歷史成因，不僅受到土地產權和農業生產結構所限制，更受到國家經濟政策影響，尤其是查維茲總統在 2003~2013 年間曾在「糧食主權」架構下，啟動一系列土地改革與農業相關政策，試圖重組土地產權與糧食生產體系。學者 Felicien, Schiavoni and Romero（2018, 9）主張，「短缺」是石油價格暴跌和一系列錯誤政策互動下促成的結果，應回到糧食生產體系中來理解；Curio（2017, 85-86）主張，委國的糧食「短缺」現象，是「分配機制改變」導致的結果。究竟，該如何釐清這錯綜複雜的因果關係？

　　本文目的在探究查維茲於 2001~2013 年間在「糧食主權」與「二十一世紀社會主義國家轉型」框架下啟動的一系列糧食和食品相關政策，分析這些政策如何重組糧食生產體系、市場制度與分配機制，最終導致國內農業生產下降、糧食進口增加，並走向極度短缺。

貳、文獻回顧

　　影響一國「糧食短缺」以及「依賴糧食進口」的因素繁多。在比較政治經濟學文獻中，本文歸納出三類文獻：第一類文獻，主要探討低度開發國家，例如非洲，在土地使用、農業技術、政府治理與慢性短缺之間的關係。由於這與本文關聯性較低，省略帶過；第二類，探討一國為何會高度仰賴糧食進口？Gaviria（2011, 123-140）研究哥倫比亞在 1990 年代轉向市場經濟以後，廢除農業補貼與保護政策，導致糧食市場結構的重組，並轉為更依賴進口。這實際上是一組因素互動的結果，包括：農業政策長期偏向大地主階級的利益，但他們傾向經營特定幾項出口導向經濟作物，以及推動生質能源政策。上述兩個因素都排擠了土地的農業使用。此外，在經濟全球化與市場開放之下，國內糧食生產受到跨國大型農企業和其農耕技術的衝擊，在進口價格相較便宜之下，轉為進口糧食來銷售（Nussio and Pernet 2013, 654）。此一現象亦普遍出現在拉美糧食進口國。

　　第三類文獻，針對後社會主義國家轉型、糧食短缺與價格補貼的探討：Du and

Cheng（2018）探討中國自 1979~2008 年間轉向市場經濟過程中遭遇之糧食短缺的研究指出，中國採取「人為」價格信號引導農民生產，由國家統一收購糧食並壟斷銷售，再以低於市場價格「補貼」城市消費者。中國政策奏效主因是政府嚴格制定預算，在補貼與財政能力之間取得平衡，因此未衍生出財政危機；此外，Pérez-López（1997, 19-20）探討古巴在 1990 年代「特殊時期」（Periodo Especial）[8]因應糧食短缺的研究指出，當時古巴政府引進「城市農耕政策」（La Política de Agricultura Urbana）來回歸社區為基礎的傳統農作，並在 1993~1994 年間推動「農業市場政策」，由國家收購農民合作社的糧食並進行補貼，同時允許合作社在特定糧食產區，將「部分剩餘」依據「市場價格」來私下銷售，形成「農民自由市場」（Mercado Libre de Campesinos, MLC）。該政策促成糧食生產數量與多樣性快速回升，舒緩了短缺（Pérez-López 1997, 24）。可見，古巴的價格雙軌制，結合了政府強制收購與補貼價格，以及市場機制，以在補貼消費者之際，同時兼顧生產者誘因，因此政策奏效。

上述文獻指出，影響一國糧食短缺的因素繁多，實需從檢視個別國家的脈絡來理解。在拉美脈絡下，國內農業生產不足的問題，可追溯至土地產權結構與使用模式，並在 1990 年代轉向市場經濟之後更形惡化。此外，後社會主義國家轉型經驗亦指出，「糧食補貼」與「價格控制」是常用政策。中國政策奏效主因是國家在補貼與財政之間取得平衡，這與國家能力高度相關，因此中國政府干預市場成功被解讀是「協助之手」（Helping hand）；反之，古巴政策奏效主因是導入「市場機制」，以提高農民合作社的生產誘因，同時避免拖垮財政。這顯示補貼政策需與其它政策配合使用，例如：有效掌握市場資訊以補強「人為定價」的不足、財政政策上善用市場機制與國家補貼之間的組合配置，來彌補補貼造成的缺口。

回到委內瑞拉脈絡，影響委國農業生產不振的因素眾多，最根本問題是土地產權的不確定性。事實上，委國土地產權集中問題，可追溯自殖民時期引進「監護制」（Encomienda）形成的大地主產權結構（Felicien, et. al. 2018）。歷史特定過程形構的土地產權結構一直延續下來，造成可耕地集中在少數人手中，多數農民是無地可耕。

8　是指蘇聯解體之後，廢除了補貼古巴汽柴油的政策，造成古巴農作機械在缺乏能源之下閒置，並引發國內糧食危機。

特別是奧里諾科河（Orinoco River）流域沖積之肥沃平原，土地產權是由少數家族壟斷，並以畜牧業為主。只要大地主產權結構與畜牧型態不改變，欲提高農業生產就存在較大困難（Crist 1942, 150-153）。官方統計指出，1997 年委國 5% 人口擁有 75% 土地，但底層 75% 只擁有 6% 土地（Wilpert 2006, 252）。顯然，歷史上土地產權過度集中現象未曾改變，且農地用於糧食生產比例僅占可耕地一成、畜牧業是五成[9]，這亦凸顯閒置土地的問題。

委內瑞拉糧食生產的問題，除土地產權結構因素之外，還存在結構性驅力，亦即石油經濟造成的「荷蘭病」隱憂。這始於 1920 年代在馬拉開波湖（Lake Maracaíbo）發現石油，促成委國經濟重心自農業轉向石油經濟（Mielnik 2008, 593）。石油帶來的創匯，帶動了本幣升值，進口糧食變得便宜，不僅衝擊了地方農業生產，更促使委國自糧食出口國轉變成進口國[10]（Felicien et al. 2018）。結果是，委國土地閒置比例偏高，擁有肥沃土地卻須進口玉米、豆類、糖與雞肉等基本糧食，且數百萬農民更是無地可耕（Márquez 2005, 3）。

1989 年貝雷斯（Carlos Andrés Pérez）總統啟動新自由主義政策與結構調整，廢除了農業生產補貼和糧食進口優惠，導致國內糧食產量下滑（Uharte Pozas 2009, 312-314）。在市場經濟之下，逐漸形成大型食品集團壟斷的市場結構。單是曼多薩家族（Familia Mendoza）持有的土地與「波拉食品公司」（Empresa Polar）[11] 就壟斷主食玉米餅（AREPA）製作所需的玉米粉 50~60% 市占率與多項產品的國內銷售市場。且在進口較便宜之下，大型食品公司轉為從事進口生產，形成大型企業集團壟斷的糧食貿易結構（Cursio 2017, 87-93）。根據 Gott（2011, 164），委內瑞拉在 1998 年已有 64% 糧食仰賴進口。

1998 年查維茲打著《玻利瓦革命》旗幟當選總統。次年，他頒布《玻利瓦共和

9　1997 年可耕地面積約 3,007 萬公頃，農業種植佔 300 萬公頃（10%）、牧場 1,713 萬公頃（56%）（焦震衡 2015, 187）。

10　1921 年委內瑞拉出口組成中，咖啡與可可就佔總出口的 63.4%。但發現石油之後，1940 年出口組成中，石油就佔了 94%（Lavelle 2016, 31）。

11　委國最大食品加工與飲料商。1941 年成立，擁有 40 個垂直整合關係企業、高知名度食品品牌 Harina Pan，亦是 CADA 連鎖超市股東（Business Monitor International 2010b, 53）。

國憲法》（The Constitution of the Bolivarian Republic of Venezuela）。憲法第 305 條款確立「糧食主權」與「糧食權力」（Right to Food）原則。政策目的在振興地方農業、倡導小農生產與公平價格，確保公民享有充裕廉價糧食，同時終結大型食品集團壟斷的糧食貿易體系（Gutiérrez 2013b, 16）。2001 年查維茲在《授權法》（Ley de Habilidades）框架下提出《土地與農業發展法》（Ley de la Tierra y Desarrollo Agrario）。2003 年更啟動一系列農業與糧食相關計畫，包括：促進農地再分配的《薩摩拉任務》[12]（Misión Zamora）（Mielnik 2008, 593-594），推動糧食補貼的《糧食市場任務》（Misión de Mercados de Alimentos, MERCAL），以及 2007 年在「二十一世紀社會主義」國家轉型框架下啟動的食品加工和零售業國有化政策。最終，查維茲企圖打破土地產權集中與進口糧食結構，以振興地方農業、解決無地農民問題，並尋求抑制「荷蘭病」造成的糧食進口激增問題。

　　簡言之，查維茲試圖以國家新制度主義去形構市場制度。這一系列政策確實重組了土地產權、糧食生產與供應體系，但今日看來卻是失敗告終。為何如此？究竟，長達十餘年的政策，對於委內瑞拉糧食體系的影響何在？又是如何導致生產下降、進口增加，並走向「極度短缺」。其過程與機制為何？

參、理論與研究方法

　　新制度主義論者主張，一國的經濟表現，無法完全使用生產要素的投入來解釋，還受到與生產相關的制度環境所影響（劉雅靈 2011, 64; North 1990）。North（1990）主張，制度是決定長期經濟成就的根本因素。「制度」與「經濟成就」之間的關係，取決於「制度組合」（劉瑞華 1994, xi）。

　　強調制度的比較政治經濟學文獻中，HallandSoskice（2001, 6-36）的「資本主義多樣性」（Variety of Capitalism，以下簡稱 VoC）整合了宏觀政經制度與微觀企業的策略互動分析，來解釋一國的經濟表現。他們提出「比較制度優勢」（Comparative

---

12　計畫取名自委內瑞拉 19 世紀農民運動英雄 Ezequiel Zamora（Wilpert 2005）。

Institutional Advantage）概念，並主張「比較制度優勢」是由幾個關鍵的「制度互補」（institutional complementarity）[13] 形成，強調制度的互補效應與次系統之間的「協調」，會在某種程度上降低市場的不確定性、強化經濟行動者進入協作的「可信承諾」（credible committment），而影響一國經濟表現。

Hall and Soskice（2001, 17）在 Aoki（1994）基礎上，重申「制度互補」定義是：「一個制度的呈現／效率（presence/efficiency），會增加另一個制度的遞迴／效率（return/efficiency）。」Amble（2000; 2016, 82）則主張，最廣為接受的定義是：「一個制度的功能性表現，受到另一制度的呈現或運作所影響」。後續 Amble, Ekkehard andStefano 等人（2005, 312-313）在上述基礎上，補強了「制度互補」的「動態穩定」定義：「兩個制度稱之『互補』，是指一個制度的呈現，會去強化另一個制度的存在、運作或效率。……制度互補的『綜效』是指一個制度的存在，會影響另一個領域的制度表現，亦會誘發個人或集體行動，而衝擊另一領域的一群人，即『外溢效果』」（spillover effects）。由此可知，制度互補強調制度協力的綜效，將引導經濟行為並影響經濟表現。

然而，部分學者批評 VoC 過於強調經濟制度的穩定、協調與靜態平衡，忽略促成改變的動態要素。且過於強調企業中心的觀點，未正視國家角色的重要性（Schmidt 2003, 527）。為了修正前者，Hancké, Rhodes andThatcher（2009）提出「超越資本主義多樣性」（Beyond Variety of Capitalism）的觀點。[14] 他們主張，經濟治理反映的是政治建構的制度幾何（Hancké et al.2009, 284-285）。此外，多數國家的經濟制度，實際上都是一種「混合市場經濟」（以下簡稱 MMEs），並凸顯國家在其中的角色。他們主張帶入國家角色，以及經濟行為者之間衝突與結盟的分析，來補強「制度互補」的基礎和「制度改變」的機制（Hancké et al. 2009, 278-282）。

由此可知，「制度」與「經濟表現」之間的關係，仰賴「制度組合」創造的「互

---

13 勞動關係－公司治理、勞動關係－國家培訓體系、公司治理－企業間關係，這些面向會決定一個政治經濟體是否具有協調與互補。

14 提出四個面向來修正 VOC 理論：衝突與結盟、互補與制度改變、混合市場經濟、國家角色（Hancké, Rhodes and Thatcher 2009, 278-279）。

補效應」。因此，實需提高「制度品質」（Institutional quality），釐清何種「制度組合」有助於提振或阻礙經濟表現。這又凸顯出「國家」作為制度建構者的角色，以及國家與經濟行為者之間的衝突與結盟對於制度穩定與改變的作用。

Fligstein 的市場制度論，為市場運作所需的制度以及市場制度中的權力分析提供了框架。他主張「國家」可經由政策介入來建構市場制度、穩定市場運作。這仰賴「財產權」、「統理結構」[15]、「交易規則」[16] 與「控制思維」[17] 等四種制度。其中，「財產權」決定了資本與盈餘分配，並界定出市場的支配關係；「統理結構」規範了市場的競爭與合作關係。他亦指出國家結盟的對象，將引導市場制度的形成與走向（鄭力軒 2007, 37-40, 59）。事實上，對於產權和市場交易之微觀過程的文獻中，Williamson（1981）的交易成本論早已指出經濟制度對於降低企業在市場的交易成本、提高效率與市場誘因的貢獻。他主張「私有產權」作為資本主義市場經濟的基礎，界定了企業交易的內外部邊界，並影響「交易成本」、「激勵結構」（incentive structure）以及結盟之間的「可信承諾」[18]。然而，在一個 MMEs 中，不同產權類型的組織，受到國家政策與市場制度引導的效果存在差異，須回到產權結構與市場制度面來釐清。

此外，對於這些微觀經濟行為如何放大到解釋宏觀經濟發展時，Nee and Ingram（1998）則以「社會組織」此一中層概念，銜接起宏觀制度表現與微觀個人互動之間的落差，以將微觀個人轉為組織層次來營造起集體行動的邏輯，並對上層制度進行集體行動的輸入。

最後，既有文獻在探究為何國家干預市場會失敗時，存在兩個競爭性論點：大政府（Leviathan State）因過度干預經濟而阻礙私部門發展，或是弱政府（Weak State）因無法提供有效的政策與制度支援而干預失敗（Brown, Earle and Gehlbach 2009, 264）。顯然，「國家」對於市場干預之成敗，不僅涉及到「制度」的組合與品質，又與「政府品質」（Quality of Government）有關。在國家與市場關係的文獻中，Walder

---

15　控制市場競爭與合作的規則，區分為法律制度與非正式制度。後者是鑲嵌在社會組織的慣習。

16　「交易規則」是「統理結構」的延續，落實在規劃更細緻的交易條件。

17　反映一組控制意識的權力關係，或集體思維的文化建構，通常符合特定團體利益的文化模組。

18　使用可信承諾來支持結盟、互惠交換。例如：相互抵押來維繫承諾（段毅才 2002, 232-234）。

（1995）主張中國推動產業發展時，政府雖凌駕法律之上，卻積極協助企業推動產業發展。此一過程雖涉及貪污，但貪污存在組織性與限制，因此干預成功，而被定義是「協助之手」；相較於俄羅斯與東歐政府凌駕法規制度，且在缺乏組織性貪污之下官僚個人主義高漲，並使用政府權力去擷取「租金」（Rent），因此干預失敗，淪為「掠奪之手」（Grabbing hand）（Frye and Shleifer1997, 354-355）。上述文獻指出後社會主義國家轉型過程中，市場運作好壞不只受到國家打造的市場制度所引導，亦與國家統理與監管市場秩序的行為有關。

　　在上述理論基礎上，本文採用制度論，以「制度互補」作為分析架構，同時帶入國家角色與國家結盟概念，來補強制度互補的基礎與改變機制（參閱表 4-1 與圖4-1）。本文聚焦在分析委內瑞拉糧食市場轉型過程中，國家打造的三條制度變遷軸線，亦即：土地改革與再分配（土地產權結構社會化）、食品加工與零售業國有化（糧食生產體系國有化）、價格與匯率控制政策，並探究這些政策如何重組市場結構、制度與統理機制，並形構制度之間的「互補效應」來引導微觀與集體行為，最終導致國內糧食生產下降、進口糧食攀升。

　　在「制度互補」的運用上，本文將「價格控制－土地產權結構（社會化）」、「價格控制－糧食生產體系（國有化）」視為是「制度互補」。前一項制度「價格控制」誘發生產者進行投機，並導致短缺，而擴大了後兩項制度「土地產權結構」與「糧食生產體系」的運作，形成前一個制度的存在、運作與效益，會去影響後兩個制度領域的遞迴與表現。此一「制度互補」的效應，主要源自制度之間形成的「激勵結構」會去引導個人與集體行動。此外，本文也帶入國家與經濟行為者的衝突與結盟概念，來補強「制度」的互補與改變機制。在委內瑞拉案例中，查維茲推動社會主義國家轉型的過程中，選擇與農民與勞工結盟。他們又被稱作是廣義的「查維茲黨」（Chavistas）[19]。

19「查維茲黨」不是一個政黨。此概念泛指那些支持並追隨查維茲理念與政策的群眾。Sesto（2006, 21-22, 39）在《為何我是查維茲黨？》（¿Por qué soy Chavista?）書中指出，自我標示為「查維茲黨」者，是指那些追隨查維茲的人民。他們來自廣大社會中被剝削人民（desposeídos），並相信查維茲規劃的革命進程與國家願景，將為他們創造一個更公平正義與有尊嚴的生活。本研究受訪者 VG-2 亦指出查維茲黨是指：「將查維茲視為偶像崇拜的人」；VG-3 表示：「是指相信查維茲的政治意識形態，要追隨他的人」。由此可知，「查維茲黨」是

表 4-1　研究架構與操作變項說明

政策	制度	政策	操作意義說明
上層政策：國家轉型的政策框架	二十一世紀社會主義國家轉型。	二十一世紀社會主義與糧食主權的框架下啟動國有化政策與經濟結構的轉型，以逐步縮小市場經濟、擴大國有企業與社會經濟部門。	資本主義市場經濟轉向混合市場經濟的過程。
中層政策：制度互補	土地產權結構（社會化）	2003年：啟動土地改革與再分配，將閒置土地轉換為生產性單位，並協助成立農業合作社。	制度互補創造的效應與激勵結構。
	糧食生產體系（國有化）	2004年：成立國有糧食銷售網絡MERCAL。2007年：啟動食品加工與零售業國有化。	
	價格與匯率控制	2003年：對基本糧食實施「最高價格限制」，同時採取「匯率控制」。	
下層：集體微觀行為	社會生產組織	農民合作社、社會生產企業與社會主義企業等社會經濟部門	上述制度之間形成的互補效應，如何引導生產與銷售行為

資料來源：作者自行整理。

此一結盟，是立基於打壓私人資本的前提之上，重新分配產權、市場的獲利給他們。一方面，推動有利於結盟對象的制度；另一方面，組織起「社會經濟部門」（sector de

指跟隨查維茲理念與政策的人民。從「查維茲黨」對應的社會群體來看，Lupu（2010, 25-27）主張，支持查維茲的人並非都源自社會底層，還包括不成比例的中產階級和其他階級，因此「查維茲黨」是一個多社會階級組成的概念；Ellner（2013, 65）認為此概念主要由組織性勞工階級、中產階級與傳統非組織性部門三個社會群體組成。在本文脈絡下，則是指與查維茲形成聯盟的社會團體，包括：國有糧食與社會經濟部門的成員。受訪者VU-2亦指出，「查維茲黨」逐漸變成負面稱謂，主因是大家認為他們只想圖利自己。

圖 4-1　委內瑞拉糧食體系的制度互補

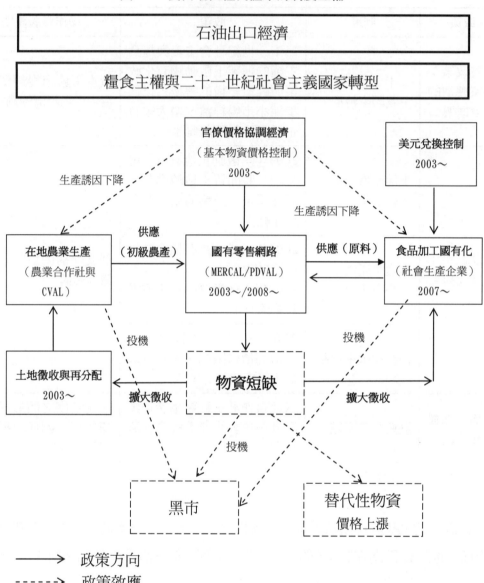

資料來源：本研究繪製。

la economía social）來打造國家糧食體系，並成就「糧食主權」。本文則以「社會經濟部門」作為中層組織，銜接起宏觀制度和微觀行為之間的互動。

最終，本文目的在探究國家打造的市場制度與統理結構的樣貌，釐清市場運作邏輯與控制機制，以及制度之間形成的「互補效應」創造的「激勵結構」，如何衝擊資本家的生產、引導「社會經濟部門」的生產與銷售行為，並讓原先國家與「社會經濟部門」之間結盟的「激勵結構」與「可信承諾」走向失效，以論證為何長達十餘年的政策，最終會導致國內糧食生產下降、糧食進口走升，並於國際油價崩跌時陷入極度短缺。

在時間架構上，本文將 2001～2013 年視為分析的時間架構，主因是 2001 年查維茲走向反新自由主義政策，並於 2003 年啟動土地改革與再分配，同時落實基本糧食的「價格控制」；2007 年啟動社會主義國家轉型之下，推動食品加工與零售業國有化，形成國有糧食體系。長達十餘年的「徵收」過程，委國糧食體系從 2007 年以前高度發達的資本主義市場經濟，逐漸縮小市場規模，擴大國有與社會經濟部門比例，最終形成一個「混合市場經濟」。

在研究方法上，本文採取質性研究，以次級資料分析為主，深度訪談為輔。本研究資料取得的限制在於，委內瑞拉中央銀行（Banco Central de Venezuela，以下簡稱：BCV）自 2008 年就停止公佈農業相關市場價格數據，導致長期數據取得困難（Gutiérrez2013b, 22）。此外，BCV 數據與學者數據亦存在落差，引發可信度的疑慮，且國際糧農組織（The Food and Agriculture Organization, FAO）數據又來自委國官方提供。另一個限制在於，委國自 2007 年開始不核發簽證給本國人。在無法進入委內瑞拉之下，本研究轉赴秘魯利馬（Lima）訪問委國移民或難民。誠然，自 2008 年查維茲啟動大規模「徵收」開始，就陸續有資本家與專業技職人士遷移到周邊國家。加上 2014 年爆發嚴重物資短缺，誘發大規模難民潮往周邊國家擴散。秘魯前總統庫琴斯基（Pedro Pablo Kuczynski）因對難民提供較低簽證費，促成秘魯成為 2018 年以後接收難民數量成長最快速的國家。

受訪者取樣上，以滾雪球方式累積受訪者，主要採取半結構式訪談。在受訪者選擇標準上，考量查維茲的社會主義國家轉型和「糧食主權」政策的影響範圍屬於全國性政策，且國有化政策又廣泛衝擊私部門。加上無法進入委國的諸多限制之下，選

取標準主要以曾參與過政府計畫或受衝擊的利害關係人，以及私部門等幾個較寬鬆原則。本研究受訪者年紀介於 25~45 歲的青壯年人口，多數居留秘魯時間為半年～三年之間。由於查維茲大量投資教育，委國青壯年多具備大學文憑。受訪者多服務於利馬服務業，亦有執業律師和 NGO 團體。訪談時間始自 2018 年 7 月 1 日~15 日，同年 10 月補充一個訪問，2019 年 3 月再補充 1 次網路訪談，共計 12 人、13 次訪談。請參閱附錄 1 受訪者編碼。

肆、糧食主權、農業政策與市場制度重組

2001~2013 年間查維茲在「糧食主權」與「二十一世紀社會主義」國家轉型框架下，推動了土地改革與再分配、國有糧食銷售網絡，以及糧食生產體系國有化等一系列政策。長達十餘年的過程，重組了糧食生產體系與市場制度，形成了國有糧食體系，並對後續國內糧食的生產與供應，產生巨大影響。以下說明：

一、糧食主權、土地再分配與農民合作社（2001~2005）

土地產權的不確定性，是抑制農業生產的主因之一。2001 年查維茲提出「糧食主權」與一系列反新自由主義的《授權法》（Ley de Habilidades）。其中，與「糧食主權」密切相關的是《土地與農業發展法》（以下簡稱：《土地法》）。其立法精神可追溯至《玻利瓦共和國憲法》第 307 條款：「大莊園產權制（El Latifundio）與社會整體利益背道而馳，應禁止大莊園，允許變更閒置土地產權，並轉讓給國家或可使恢復生產的實體（Quintero, García y Rosales 2013, 17）。」該條款更賦予國家有權去推動有利於農業生產與永續發展的秩序，例如：社會與集體產權（Mielnik 2008, 594）。

事實上，查維茲的「糧食主權」內含「土地正義」與「糧食安全」兩個概念。他欲藉由《土地法》改變土地產權集中弊病，並提振地方農業生產。那麼，再分配土地從何而來？

2001 年查維茲重新定義了所有權與土地持有規模的合法性。取法巴西經驗，查維茲主張，土地使用應符合「社會功能」原則（The Social Function Doctrine）。此一原則源自於基督教義對於私有產權不構成絕對產權的「王權產權」（Regalia title）定義，並主張所有土地都緣自於國家，使用上必須滿足社群需求（community need）為前提（Mielnik 2008, 599）。基於此，《土地法》規範合法持有土地面積應介於 100 到 5,000 公頃之間，並由「國家土地研究所」（Instituto Nacional de las Tierras, INTI）[20] 依據農地「生產力」（productivity）來評估。同時，授予政府權力去「徵收」私人產權，並改用閒置或低品質土地補償（Howard-Hassmann 2015, 1034）。當時，土地再分配是從公有閒置土地著手，之後擴大徵收私人土地。最終，國家在訴諸「糧食主權」和「社會公益」優先之下，力促土地重分配，這也為後續打造國有糧食生產體系奠定基礎。

在土地再分配的執行上，2001 與 2003 年查維茲先後啟動《返回農村任務》（Misión Vuelta al Campo）與《薩摩拉任務》，目的在推動「耕者有其田」（A quién la quiera trabajar），並落實土地再分配，同時抗衡「荷蘭病」造成的農業生產不振與進口緩增的隱憂（Mielnik 2008, 594）。當時，《薩摩拉任務》主要以公有土地再分配為主，鼓勵失業者返回農村，形成「再農民化」（repeasantization）（Purell 2014, 208-209）。根據 Wilpert（2005），2003 年度就向 13 萬個家庭發放約 150 萬公頃土地，每戶平均分得 11.5 公頃。[21]

2005 年土地徵收對象轉向私人閒置土地，特別是持有超過 5,000 公頃土地者（DeLong 2005）。查維茲藉由挑起大地主產權合法性爭議，要求地主交付自 1848 年以後完整的「產權證明移轉鏈」（chain of title）[22]，以確認土地合法性，同時操作「閒置土地」違憲性（Mielnik 2008, 597）。然而，重分配的土地並不是以個人或集體資產授予農民，而是在《農業憲章》（Agrarian Charter）下以「社會財產」（social property）賦予合作社耕作的權力和義務（Márquez 2006, 2）。

---

20 負責規劃持有土地之規模與相關標準認定，並從事土地契約監管、負責補償地主。

21 當時多數被分配土地已存在佔領或定居事實，只是未獲法律承認（Mielnik 2008, 594-595）。

22 1848 年首次落實土地產權契約的重整，並開始有較明確的登錄紀錄（Márquez 2005, 2）。

根據土地與農業群眾權力部（Ministerio del Poder Popular para la Agricultura y Tierra，以下簡稱：MPPAT）統計，截至 2006 年共計成立 13 萬餘個合作社（Lavelle 2016, 61）。它們後續成為政府推動《糧食市場網絡》（以下簡稱 MERCAL）的供應商，並於 2007 年籌組國有糧食體系時被整合成「委內瑞拉食品公司」（CorporaciónVenezolana de Alimentos, CVAL），並以大批發方式將產地糧食直送國有銷售據點（Lavelle 2016, 71）。

MPPAT（2010）統計指出，2003~2007 年間查維茲政府共計徵收 536 萬 3,788 公頃土地，其中 287 萬公頃來自大地主制下的畜牧業。2008~2013 年間又徵收 98 萬 3,590 公頃土地（Lavelle 2016, 81-82）。此外，INTI 統計顯示，截至 2008 年共計重分配了約 438 萬公頃土地給 10 萬 1,594 個農業合作社（Purcell 2014, 209）。本文將上述徵收數據加總，換算之後約佔全國可耕地面積達 21%。

二、建立國有糧食銷售與補貼網絡（2003~）

2003 年 4 月查維茲提出《糧食市場網絡》（以下簡稱：MERCAL）。MERCAL 取法自古巴經驗，目的在設置一個食品銷售實體，以提供低收入戶廉價且充裕的基本糧食（Lavelle 2016, 71）。MERCAL 的糧食供應來自在地生產，特別是農民合作社為主。

2004 年查維茲設置「糧食群眾權力部」（Ministerio de Poder Popular para la Alimentación，以下簡稱：MINPPAL）作為推動「糧食主權」的機構。在運作上，MINPPAL 在全國低所得區設立 MERCAL。2009 年 MINPPAL 統計指出，全國共成立 16,456 個 MERCAL，佔當時零售市場覆蓋率 40%（Business Monitor International2010b, 44-46）。MERCAL 設置初期，主要針對 69 種基本糧食提供 35% 折扣，之後逐漸擴大項目。[23] 儘管 MERCAL 設置目的在提供低所得者補貼，卻不排斥任何階級購買（SchiavoniandCamacaro2009, 137）。

2007~2008 年爆發全球糧食危機（food crisis），委國更因修憲案引發企業囤積

---

23 不同產品存在 27~39% 不等折扣。根據 2006 年統計，稻米折扣是 45%、義大利麵是 38%、玉米 22%。在低所得區有時折扣可達 50%。參閱 Business Monitor International (2010b, 57)。

與「短缺」。[24]為了對抗「短缺」，2008 年查維茲頒布《糧食主權和糧食安全法》（Ley Orgánica de Seguridad y SoberaníaAgroalimentaria），對基本糧食實施出口限制[25]，並監管供應、價格與庫存；同年，更在都會區設置以中產階級為銷售對象的「委內瑞拉糧食生產與分銷體系」（Productora y DistribuidoraVenezolana de Alimentos，以下簡稱：PDVAL）（SchiavoniandCamacaro2009, 137-140）。不同於 MERCAL，PDVAL 的糧食供應來自委內瑞拉石油公司（Petróleos de Venezuela, S. A.，以下簡稱 PDVSA）以石油美元購買的進口糧食。在定價策略上是介於市場與控制價格之間，強調與私人量販業者競爭，以迫使後者調降價格（Lavelle 2016, 71）。2009 年啟動「徵收」食品零售業，更將 228 家超市整合進 PDVAL（Business Monitor International 2010a, 44, 57）。

根據 2009 年 MINPPAL 第二季統計，當時已有高達 51% 委國人民在 MERCAL 消費、40% 在 PDVAL 消費（Business Monitor International 2010a, 45）。這顯示出，糧食補貼的普遍性原則與高覆蓋率。

三、食品加工與零售業的國有化政策（2007~2013）

2007 年查維茲邁入第三任期，他在就職典禮中宣告將帶領國家邁向「二十一世紀社會主義」。同年，更頒布《第一個社會主義計畫》（El Primer Plan Socialista，以下簡稱：PPS），並啟動「國有化」政策，目的在強化生產鏈的垂直整合，帶動「內生發展模式」（Desarrollo endógeno）。特別是在邁向社會主義國家轉型過程，須先推動經濟結構的根本改變，以取得國有部門、私部門與社會經濟部門三方平衡為目標（Mateo y Sánchez 2013, 35）。

同年，查維茲提出《2007 憲法改革法案》（Proyecto de ReformaConstitucional de 2007），企圖修改 1999 年憲法中的 69 個條款，以符合社會主義精神。憲法修正案

---

24 這次短缺的成因複雜。內部原因來自於價格與匯率控制造成的投機行為，更是對查維茲修憲恐威脅私人產權的反撲（Ellner 2013, 67-68; Ellner 2010）；外部因素，則來自於全球糧食危機，推高國際糧食售價，又回過頭去惡化了投機和短缺。

25 包括：食用油、稻米、雞蛋、糖、穀物、咖啡、鹽、鮪魚和沙丁魚罐頭、玉米粉、小麥粉、馬鈴薯、牛奶、義大利麵、番茄、玉米（Lavelle 2016, 116）。

第 112 條，試圖將原先保障私人產權條例，變更為多元產權；第 115 條更賦予國家使用「徵收」手段，這些都嚴重威脅了私有產權與市場經濟[26]（Ellner 2013, 68）。只是，2007 年 10 月修憲案以 1%~2% 之差未過（López Maya andPanzarelli 2013, 263-264）。直到 2008 年 12 月二次提案並於次年通過（Ordaz 2009）[27]，這衝擊了土地產權與企業管理結構，並對糧食體系產生深遠影響。

誠然，2007~2008 年查維茲啟動「國有化」目的，不只是為了推動經濟結構轉型、建立垂直整合的國有糧食生產體系，同時更是回應「短缺」的策略。自此，委內瑞拉開啟了長達十餘年的「國有化」過程。2007 年第一波「國有化」對象以「資源部門」為主，但國家已開始介入食品加工業；2008~2009 年第二波國有化衝擊了「食品加工部門」，包括：稻米加工、冷凍倉儲、冷藏肉類、乳製品與咖啡等無一倖免（Ellner 2013, 66-69）。許多知名食品企業難逃「徵收」，2010 年外資企業[28]亦相繼淪陷（Mateo y Sánchez 2013, 34）。其中，壟斷國內七成肥料供應的西班牙企業 Agroisleña 被徵收後，與 2009 年政府成立的「社會主義農業商社」（AgroTienda Socialista）整合為壟斷上游的國有原料供應商，並以低於市場價格 40~60% 販售種子、化肥與機械；此外，國有化亦延燒到「食品零售業」。2010 年查維茲相繼「徵收」量販龍頭 Éxito 的 6 間超市、法資 CADA[29] 的 35 間與荷資 Makro 的量販超市。在「徵收」一系列零售業者之後，建立了超大型國有超市「兩百周年供應網絡」（La Red de Abastos Bicentenario）（Felicien etal. 2018, 4; Gutierrez 2013c, 29）。

簡言之，查維茲徵收了農地、食品加工與零售通路，以及種子與化肥供應商，形成一個自糧食生產、食品加工、分配到銷售之垂直整合的國有供應體系，以取代原由私人企業集團壟斷的糧食貿易體系（參閱表 4-2）。

---

26 第 112 條「促進私有產權發展」條款修正為「促進一種結合社區、國家和私部門的混合經濟。」；第 115 條款「允許國家基於社會利益或公共使用採取徵收手段」（Ellner 2013, 68）。

27 2009 年 2 月 15 日憲法修正案公投，以 54.4% 支持修憲、45.6% 否決修憲通過。

28 包括：美國食品公司 Owens-Illinois 與 Cargill 的子公司、墨西哥食品公司 Monaca 與 Gruma，以及義大利 Parmalat 公司等（Business Monitor International 2010a, 37-52）。

29 法資成立的量販連鎖。在委國 22 個城市共計擁有 35 個量販超市。參閱 Felicien et al. (2018, 4)。

表 4-2　委內瑞拉糧食生產體系與市場結構

	上游原料 （種子/肥料/機械）	中游生產與加工		下游 （零售通路）
		初級糧食	食品加工	
	國有企業	社會經濟部門		國有企業
國有體系 （80%）	Agroileña* AgroTiendaSocialista** AgroPatria**	農民合作社	聯合管理企業 社會生產企業	MERCAL** PDVAL** ABASTO CENTENARIO*
私人體系（20%）：主要以波拉食品公司為主				

說明：*被徵收的企業。**政府創立國有企業。MERCAL網絡亦整合部分微型私營攤販。
資料來源：本研究繪製。

在當時，此一「徵收」過程是鑲嵌在「糧食主權」與社會主義國家轉型的上層政策下開展，同時亦是回應「短缺」而來的策略。然而，查維茲雖「徵收」上百間倒閉或外逃的企業／工廠，但並非都轉型為國有企業[30]，有些轉由合作社或「社會生產企

30　2007 年 4 月開始推動國有企業轉型為社會主義企業（empresasocialista）（Azzellini 2009）。

業」（Empresa de producción social，以下簡稱：EPS）經營。後者由勞工和國家共有與共管（Purcell 2014, 210），有時亦與「聯合管理企業」（Empresa de Cogestión）名稱相互挪用（Mateo y Sánchez 2013, 32）。不論何者，都屬於「社會經濟部門」。它們角色是去滿足社會需求，強調「使用價值」而非獲利極大化，以修正獨尊資本積累與股東價值的市場邏輯。「社會經濟部門」被要求以合理利潤的「公道價格」（precio justo）供應國有體系（Purcell 2014, 210）。

這亦證實了「二十一世紀社會主義」體制特殊性，它本質上強調的是國家對於經濟的干預，實際上在保有石油經濟結構下，走向介於社會主義與市場經濟之間的MMEs，並凸顯出多元產權的特殊性。這些新形式的社會生產組織，肩負起國有糧食體系的生產與加工，並在「最高售價限制」下供應國有糧食體系，形成政府嘉惠消費者的廣泛補貼。

由此可知，2007 年以前查維茲在「糧食主權」框架下啟動土地再分配與國有糧食市場銷售計畫。當時，國家的結盟對象是無地農民，國家不僅移轉土地產權給農民、協助成立合作社，同時壟斷收購它們生產的初級糧食，並將農民納入國有供應體系；2007 年開始啟動社會主義國家轉型，國家結盟對象擴及組織性勞工。生產組織形式亦從合作社擴大到 EPS、聯合管理企業等多元產權與組織形式。它們都被賦予所有權與管理權，並成為國有產銷體系的一環。

此一階段，國家重組了市場產權結構、打造了糧食市場制度與新的「激勵結構」。當時，國家選擇與農民和勞工結盟，授予土地產權與企業管理權，同時保障收購產品，並提供銷售市場等多重「保證」，形成協作契約。這形同是一種交易市場內部化，並將這些社會經濟部門納入國有糧食體系。此一結盟的「可信承諾」是立基於國家與農民和勞工之間的「互惠」，並賦予物質保障與經濟參與的權力，以創造社會經濟部門在生產上的「激勵結構」；反之，由社會經濟部門提供國家所需的政治支持，並進入與政府協作，同時接受在「最高售價限制」之下將部分經濟剩餘移轉給消費者，來成就查維茲的「糧食主權」。

伍、市場統理結構與制度互補效應

2008 年查維茲啟動食品加工與零售業的「徵收／國有化」，逐步建構一個由國家主導，自生產、分配到銷售的國有糧食體系。此一漫長過程，國家是如何重組糧食生產體系與市場制度，引導生產者走向，並導致委內瑞拉的農業生產下降、糧食進口提高？其中「過程」與「機制」為何？

一、市場統理結構：市場運作邏輯與分配機制

2007~2008 年查維茲啟動資源部門的「國有化」，其中與農漁業相關的食品加工與零售業無一倖免。長達十年的國有化過程，不僅建構了國家主導的食品供應體系，也造成企業倒閉與資本家外逃。最終，玻利瓦政府壟斷了國內近八成的糧食與食品生產體系，只剩下一家私人「波拉食品公司」（Mateo y Sánchez 2013, 35）。本文受訪者對於當時「徵收」的「過程」與「機制」描述如下：

> 「『徵收』過程爭議很多。查維茲經常『指控企業』是資本主義並剝削員工。舉例來說，一家工廠被指控是『資本主義』，因為老闆付員工 100 元薪水，但查維茲說這是『剝削』，應該要給 500 元。然後就開了一張很貴的『罰單』，造成企業倒閉。這是一種是用稅制（sistematributaria）來壓迫資本家，給你開一張很貴罰單讓你直接倒閉。」（附錄 2, VB-4）

> 「查維茲『徵收』企業方式是給你選擇：是要被『徵收』、還是被關進監獄？這個『徵收』過程自 2007 年開始，持續有十年之久，是一個漫長且廣泛過程。所有的農業、生產、銀行、不動產、醫院與媒體全都被徵收。……自 2007 年開始很多生產性企業陸續關閉。……『徵收』過程就像是一場反資本主義的運動。」（附錄 2, VC-1）

> 「曾發生一件事情，有位委內瑞拉人去賣咖啡，辛苦打拼終於創業成功，一路爬上來變成企業家。結果，查維茲就指控他是資本家，把他的公司收掉。這讓個人想努力的誘因都沒了。……現在委內瑞拉有八成公司都停擺。」（附錄 2, VG-1）

　　誠然，查維茲在「糧食主權」與社會主義國家轉型的框架下，啟動「徵收」。本研究發現，當時「徵收」邏輯是鑲嵌在「資本 - 勞工」對抗的論述下開展。國有化的目的，不僅在恢復糧食生產，更在壓制資本家的前提上，逐步擴大國有部門與社會經濟部門、縮小私人部門，以推動經濟結構的轉型，並建立起可替代大型糧食貿易集團的國有供應體系。

　　以「徵收」的工具 - 手段來看，查維茲慣常「指控」資本家對勞工「剝削」或「囤積／圖利」，並訴諸「罰款」導致企業倒閉，或以威脅「入獄」方式迫其就範。這顯示出查維茲是在操縱「資本 - 勞工」對立之下，輔以國家強制力進行「徵收」。這亦呼應既有文獻主張，國家在指控企業從事「投機、走私或未供應國內市場」之下強制「徵收」（Ellner 2013, 69; Romero 2007）。舉例來說，2009 年 Agroisleña 公司被政府指控用較高利率貸款給小農，並用央行給予較佳匯率進口原料並高價販售圖利，因而被「徵收」（Lavelle 2016, 78）。

　　問題是，當時薪資是否過低以致於構成「剝削」，或是售價過高而形成「圖利」，事實上是依據勞工舉證或「查維茲黨」的主觀判斷。且在轉向社會主義國家的過程中，資方相對於勞方的弱勢，更形成不對等的權力關係。然而，生產者之所以會「囤積／投機」卻與「利潤」空間較為相關，這是理性抉擇下的經濟行為，又與制度的「激勵」息息相關。

表 4-3　委內瑞拉工業生產指數（Industrial Production Index, IPI）

	2006	2007	2008	2009	2010	2011	2012	2013	2014
實質GDP成長率（%）	10.3	8.4	3.2	-1.8	-2.0	1.9	2.3	2.6	3.0
人均GDP（美元）	6,773	8,219	10,606	13,402	11,865	8,541	7,105	6,374	5,946
工業生產指數（%）	10.1	6.9	4.8	1.0	1.3	2.3	3.2	3.3	3.1

資料來源：Business Monitor International(2010b, 19).

　　誠然，自 2007 年查維茲啟動「徵收」開始，就導致企業外逃與倒閉。表 3 委國工業生產指數（Industrial Production Index，以下簡稱 IPI）指出，IPI 自 2006 年 10.1% 下降為 2007 年的 6.9%，2009~2010 年間「徵收」高峰期更跌至 1.0~1.3%。國有化政策之後形成的國有體系雖讓 IPI 回升，但回不到 2007 年以前市場經濟的水準。

　　然而，在「徵收」之後，委國卻逐漸出現企業關廠或產能過剩等現象，並導致國內生產下降（Corrales 2011, 125）。為何如此？主因是糧食場域的運作邏輯與分配機制已經改變。本研究受訪者指出：

「以糧食體系來看，查維茲黨『徵收』農莊與糖種植園之後，就分給農民。……每徵收一個企業或工廠之後，就成立一個對應的『玻利瓦工會』（sindicatos bolivarianos），讓員工自己來當老闆。然後又設置了一個相對應的《任務》（Misión）。……但很多時候，員工也不懂經營，過一陣子企業就倒閉了。……」（附錄 2, VB-4）

「原先的糧食生產企業因為被『徵收』，企業／工廠就倒閉，後來國家內部便成立 MERCALs，壟斷很多原料物資的生產與銷售。……但是，查維茲黨都是差別待遇的。他們先是賣原料賣得很貴給其他資本家，但是給查維茲黨就比較便宜。然後慢慢其他資本家就倒了，但很多國內生產又不夠。於是，查維茲黨就改成進口很多糧食。」（附錄 2, VC-1）

「糧食生產的問題是，許多『原料』的供應都依賴進口，進口就需要『美元』。但政府控制了美元，私部門只好到黑市換美元，然後再進口。去黑市買美元每個環節都要多付一點。例如：換一百美元，可能要付雙倍價格才能換到。……因此，私人企業只能維持少量生產，私人超市也只賣少樣的東西，目的只是為了讓企業存活、不要倒閉。……政府壟斷的體系則是因為固定價格（preciofijo）無法調整，但通膨是每日都在漲。……最後，很多國有供應體系因為不合成本失去生產誘因，所以政府門市常沒東西可買。」（附錄 2,VB-5）

「委內瑞拉雖然徵收很多企業、土地，但還是有些私人企業。但政府對經濟的控制很

全面，所以還是很難擺脫政府干預。有些企業撐下來，有很多是逃離國家，特別是糧食部門。……合作社糧食生產部分，原本那些農民，有些後來因為價格控制開始不合成本，就休耕了。」（附錄 2, VD-1）

從糧食市場轉型機制與統理結構來看，受訪者指出，查維茲在「徵收」一塊土地／企業／工廠，經常同時成立一個對應的「合作社／工會」，並將原本私人產權變更為社會／集體／混合產權的合作社、EPS 或聯管企業。同時，政府更配合設置一個對應的《任務》，以將前者納入《玻利瓦革命》與社會主義國家轉型框架下。**本文稱之是一種「徵收（所有權移轉）－工會（企業組織形式走向社會控制）－任務（鑲嵌回上位社會主義國家轉型）」三位一體的制度化結構轉型。**[31]

那麼，為何生產性組織會陸續出現生產下降、產能過剩或倒閉？由於個別企業在規模／營運模式／組織形式都存在差異，無法等同視之。在現象本身多元且複雜之下，本文僅就研究發現，歸納出兩個運作機制：

第一，場域運作機制－供應鏈的「政治」：查維茲黨在「徵收」過程中，逐步壟斷全國八成原物料的「供應／分銷」，並形成公、私雙軌體系的混合市場，由國家主導並對私企業進行不公平競爭。本研究受訪者指出，查維茲黨在控有供應鏈的「分銷」過程中，經常訴諸「親查維茲黨－非查維茲黨」之兩元分化的政治邏輯，作為經濟領域上是否供應原料（數量與價格）的判準。這種政治控制思維滲透到經濟領域之後，造成供應上的厚此薄彼，嚴重扭曲了公平競爭的市場機制與價格信號。許多企業不是進料成本提高、就是生產原料短缺，導致產量下降，造成無法在市場競爭或存活而倒閉。

最終，在多數食品供應鏈逐步被國家控制與壟斷之下，形成國家主導的由上而下分銷體系。由查維茲黨控制經濟供應的「制高點」（Commanding Heights），並決定「誰」可以取得供應、以及供應的原料價格，同時對基本糧食進行「價格控制」。這凸顯出經濟場域的控制思維，是政治上兩元分化的敵我意識。

---

31 本研究受訪者 VB-5 指出，儘管法律規定糧食相關基礎建設應屬於社會產權，但許多時候查維茲黨在「徵收」企業之後，卻將產權置於個人名義，而非直接或間接社會產權。

　　然而，在國內的「原料供應」受限之下，企業若欲尋求直接進口原料，還受到 BCV 對於「美元兌換」的限制。加上政府行政效率不彰，等待兌換美元經常是曠日廢時。Cursio（2017, 29）研究指出，生活必需品中的食品、藥品與家用產品短缺尤其嚴重，並擴及到包括農業在內之本地生產所需的原物料與加工設備。最終，企業在缺乏「及時」供應，且無法「隨意」進口短缺原料之下，生產逐漸下滑。據此，Orlando Araujo（2013, 101-102）將委內瑞拉企業定義是「無法自然再生產」（burguesía estéril）的資本階級。這呼應了 Howard-Hassmann（2016, 105）主張，委內瑞拉的「短缺」恐不是生產的下降，而是食品加工與零售下滑所致。

　　第二，企業組織形式的社會控制與投機：查維茲的「二十一世紀社會主義」在推動「經濟民主」（Democracia económica）理念下，將企業變更為多元產權形式，以賦予勞方所有權與管理權，同時要求這些「社會經濟部門」必須以滿足「社會需求」為優先。理論上，這必然與資本主義市場經濟下，私企業強調股東權益極大化與資本積累的營運邏輯，存在某種程度的落差，並在轉為多元產權與社會目標之下，衝擊私企業強調的效率與利潤動機。弔詭的是，Lavelle（2016, 59-60）指出，許多「社會經濟部門」的勞工，卻不具有平等、協作與連帶（solidarity）的精神，亦不存在協作與集體決策的意識，形成「沒有合作社主義精神的合作社」（cooperativas sin cooperativismo）的諷刺。舉例來說，農民對於合作社的態度曖昧，許多中高齡農民傾向擁有自己農地與私人獲利，但又巧妙地善用合作社身份，來取得政府資源（Lavelle 2016）。Azzellini（2013）研究亦指出，它們多數仍是依循資本邏輯，在尋求利潤的極大化。

　　顯然，在查維茲試圖打造一個社會主義國家體制時，社會主義意識卻未真正紮根於社會。這可從「價格控制」之下合作社與 EPS 在追逐獲利而來的「投機」行為中嶄露無遺。最終，查維茲在冀望打造一個更公平正義的「社會經濟部門」下，它們卻荒謬地成為投機與貢獻「短缺」的成因之一。

　　由此可知，長達十餘年的「國有化」過程，凸顯出不同機制在特定階段對於生產衝擊的關鍵性。首先，在「國有化」的前期到中期，導致全國糧食生產下降的主因是國家對私部門的「徵收」與差別性供料原則，造成倒閉或供應短缺引發的歇業與生產下降；在中期到後期，在私部門逐漸萎縮、社會經濟部門逐漸壯大之後，轉為凸顯出

社會經濟部門因為「投機」導致的「短缺」，這又與「價格控制」與「匯率控制」互動之下形成的「激勵結構」高度相關。實際上，兩個機制的作用是同時存在，只是在不同階段呈現主要與次要的問題。

二、制度互補：價格控制、物資短缺與擴大徵收的惡性循環

為何在建立國家主導的供應體系以後，國內生產與供應卻愈加「短缺」，並更依賴進口？促成此一結果的因素，除市場制度與分配機制改變之外，另一個關鍵制度是「價格控制」。

「價格控制」始自 2002 年石油大罷工（paro-sabotaje empresarial）引起的「短缺」。次年玻利瓦政府啟動對基本物資的「價格控制」作為回應，並主張對一籃子基本糧食進行價格控制，以避免投機與炒作（Molina 2013, 14）。同時，更採取「匯率控制」[32]，將玻利瓦幣（Bolívar）兌美元維持在一個強勁貨幣，以讓人民有足夠購買力。此一暫時性措施卻延續下來，並擴大規模。

2003 年 2 月政府頒布第 37626 號政府公報，將 45 項產品與 7 項服務列入「基本需求」（primera necesidad）[33]，並對這些產品實施「最高售價限制」（precio máximo）。當時，價格管制原則是以低於「市場價格」的 30% 來補貼消費者，又稱「公道價格」（precio justo）。同年，受到價格管制的產品更逐步增加到 87 項（Abadi andGarcía Soto 2018）。但長期下來亦逐步拉開「控制價格」與「市場價格」之間差距。2015 年糧食危機當下，兩個價格之間落差更證實了定價原則的失效。[34]

---

32 2003 年實施匯率控制，允許進口糧食與藥品可使用央行賦予的優惠匯率 1 美元兌 2.147 玻利瓦幣；2010 年 1 月匯率調整為 1:2.582；2011 年調整為 1:4.289；2013 年是 1:6.048；2016 年 1:9.257。參閱 CEIC（2006-2016）。

33 包括：玉米粉、稻米、牛肉、雞肉、豬肉、雞蛋、鮪魚、沙丁魚、咖啡粉、奶粉、麵包，義大利麵、植物油、人造奶油、白乳酪、糖和多種豆類等（Gutiérrez 2013b, 23）。

34 例如：2015 年 1 公斤玉米的控制價格是 19Bs，但市場價格是 120Bs；牛肉 1 公斤控制價格是 63Bs、但市場價格卻高達 2,020Bs；植物油的控制價格是 255Bs、市場價格是 600Bs（Contreras 2016）。

　　事實上，在基本物資的「價格」淪為官僚定價之下，委內瑞拉形成一個由中央主導的「價格協調經濟」。但政府在控制國有銷售體系的「最高售價」下，在全國市場上也同時打開了「雙元價格體系」，讓大家有機可圖（Mateo y Sánchez 2013, 22）。企業家可到 MERCAL 購買廉價食品再高價轉售；MERCAL 管理者亦可私下轉售來圖利。特別是在「短缺」發生時，轉售經常獲利更豐，結果是「價格控制」變相鼓勵了「投機」並促成黑市猖獗（Ellner 2013, 68）。

　　2007 年作為關鍵轉折點，主因是查維茲啟動社會主義國家轉型，並推動爭議性的修憲案。[35] 與此同時，國內物資，特別是牛肉、糖、玉米油、牛奶、雞肉、雞蛋、沙丁魚、黑豆等再次出現嚴重「短缺」[36]（Howard-Hassmann 2015, 1028）。為了對抗「短缺」並推動經濟結構轉型，查維茲啟動食品加工部門「國有化」，來強化對於糧食體系的控制。

　　問題是，「最高售價限制」造成國有糧食體系的售價，長期無法反映市場真實價格。加上「匯率控制」與累積性通膨，更加深了價格反映上的延滯。表 4-4 的 BCV 統計指出，通膨自 2007 年以後維持在年平均 20~30% 之間波動，但長期下來還存在累積性通膨。這意味著國有糧食體系的售價，不僅受到「價格控制」的影響，還受到不斷攀升的通膨所苦，導致供應商的「利潤」持續被侵蝕，而降低生產意願或強化「投機」動機。最終，導致國有供應體系出現「短缺」。

　　2011 年「短缺」再次惡化，7 月查維茲以擴大「價格控制」之範圍來因應。當時，政府頒布了《公道價格與成本法》（Ley de Costos y Precios Justos），同時設置「價格與成本國家監管局」（La Superintendencia Nacional de Costos y Precios，以下簡稱：SUNDECOP）作為審查與管控生產成本的機構，並要求生產者將合理利潤訂在低於 30%。此時，受到「控制價格」食品更從 2003 年最初的 45 項，擴大到 2011 年的數百項[37]，形成更廣泛的價格控制。

35　詳見註腳 26 與 27 的說明。

36　詳見註腳 24。

37　2003 年價格控制項目最初是 45 項產品與 7 項服務，同年擴大到 87 項。2007 年追加到 91 項，同年擴大至 100 項（Business Monitor International 2010a, 37; Abadi y García Soto, 2018）。2011

伴隨查維茲政府回應「短缺（2002）- 價格控制（2003）- 擴大短缺（2007）- 擴大徵收與價格控制（2008）- 擴大短缺（2011）- 擴大徵收與價格控制」的邏輯，逐步擴張國有生產體系、限縮私人部門。但「最高售價限制」卻變相地鼓勵了「投機」，特別是在「市場價格」與「控制價格」逐漸拉大時，「投機」誘因更強（Ellner 2013, 67-68）。結果是「價格控制」鼓勵了社會經濟部門的「投機」，讓國有供應體系的物資更為「短缺」。政府又反過來擴大「徵收」（土地與食品加工廠房）與「價格控制」作為因應，並導致更多「短缺」與更大黑市，而陷入惡性循環。

基本物資在「價格控制」之下，售價明顯低於市場價格。因此，只要合作社或EPS認為不合成本或不符合對於「利潤」的期待，就會停止生產或轉向黑市交易。最終，「價格控制」扭曲了市場機制下的價格信號與「看不見的手」的配置。這顯示出政府推動「價格控制」失敗主因是「官僚定價」無法反映訊息萬變的市場資訊；另一原因是「價格控制」僅侷限在國有體系，但在MMEs之下還存在另一軌私部門，因此開啟了「雙元價格體系」，形成鼓勵「投機」的強激勵結構。但政府在回應「短缺」上只是一昧擴大「徵收」，最終形成惡性循環。

此外，受價格管制食品的「短缺」也會促成替代性食品之市場價格的攀升。BCV統計指出，非價格管制的食品在2003~2011年間因食品之間存在的替代性效應與通貨膨脹，而讓售價提高了22%（WeisbrotandJohnton 2012）。這種外溢效果，逐步擴及到許多替代性物資上，造成非價格控制物資的市場價格跟著攀升，形成萬物皆漲。結果是在價格調整緩慢與滯後之下，基本物資逐漸從市場消失。

BCV統計（參閱表5）顯示，在2003年實施「價格管制」以前，糧食年平均短缺率低於5%。2007年攀升至18.05%、2011年微幅下滑至15.25%，到2013年平均短缺率已達20.35%。且至2013年底更達到22.2%（Business Monitor International 2010a, 37）。但學者Gutiérrez（2013a, 47-48）卻認為2007年均短缺率高達60%，明顯與官方數字存在巨大落差。他亦指出2013年特定項目已出現高度短缺，例如：植物油67%、麵粉77%、玉米粉43%。且短缺更擴及原自給自足的牛肉、玉米和稻米（Gutiérrez 2013a, 24）。

年更擴及數百項（Howard-Hassmann 2015, 1029）。原文引自 Devereux（2012）。

　　由於「控制價格」與「市場價格」之間的落差逐漸拉大，這種市場面的壓力，亦迫使 2011 年政府走向價格修正。但 SUNDECOP 的監管與反應總是相對落後，且只允許每年至多調整一次價格。其中，玉米粉、稻米、牛肉、牛奶、糖與雞肉等糧食更受到較強的控制（Gutiérrez 2013b, 24-25）。

　　以 AREPA 所需的「玉米」[38] 為例，自 2003 年啟動土地再分配，並將閒置土地轉種玉米之後，玉米種植面積自 1998 年的 35.4 萬公頃增加到 2011 年的 63 萬公頃，擴大約 56%（Molina 2013, 9-10）。這一度讓玉米產量自 2005 年 160 萬攀升為 2007 年的 200 萬公噸。但 2008 年以後產量下滑至 180 萬公噸，2010 年跌至 137 萬公噸（Business Monitor International 2010a, 37-38）。事實上，玉米的「最高售價限制」曾在 2008 年 4 月上修 30%、2009 年 7 月再調高 24%、2010 年 9 月調升 28%。但合作社仍抱怨不合生產成本（Business Monitor International 2010a, 37）。[39] 合作社認為政府的售價限制，假設了業者的成本結構有高估疑慮，並在嘉惠消費者的前提之下，持續對售價進行控制（Molina 2013, 14）。

　　當持續性通膨與「最高售價限制」造成價格落差持續拉大時，這種價格反應滯後就重擊了在地生產。這亦凸顯出官僚定價趕不上快速變化的市場。結果是，在獲利空間被壓縮之下，生產單位不是放棄生產、就是走向黑市交易。這顯示，社會經濟部門與國家的協作，隨著萎縮的「獲利」，讓原先的「激勵結構」失效，而連帶衝擊到他們與國家持續交易的「可信承諾」。

　　此外，自 2008 年以後，委國玉米生產量持續下降，但消費量反而是相對走升[40]，這造成「短缺」逐漸惡化。生產與消費的差額，在日常飲食常用的玉米、牛肉、雞肉和奶粉等項目都呈現擴大趨勢。其中，玉米的短缺額更高達百萬公噸以上。[41] 結果是

38　委國三大穀物之一（含稻米與高粱）。耕地面積佔農地使用的 33%，產量是全國之冠。

39　2012 年 3 月委國農業生產者公會（Confederación de Asociaciones de Productores Agropecuarios de Venezuela, FEDEAGRO）向 SUNDECOP 提交新成本結構。4 月通過價格調整，但白玉米調整 46.6% 後仍有 9.8% 獲利、黃玉米調整 42.85% 後虧損 5.2%，造成休耕與倒閉潮（Contreras 2012）。

40　自 2005 年 175 萬公噸、2007 年升為 240 萬公噸、2008 年 270 萬公噸、2010 年 309 萬公噸。

41　以玉米的生產與消費之差額形成的短缺來看，2005 年短缺 10 萬公噸，2007 年 23 萬公噸、

委國更仰賴糧食進口。所幸，國際石油價格自 2011 年突破每桶百元，促成進口糧食能力的大增。[42]

　　誠如前述，委內瑞拉糧食進口率自 1998 年的 64%、升高為 2005 年的 75%、2012 年更突破 90%。這不僅是國內生產下降、消費走升導致的缺口擴大，更伴隨著 2011 年開始國際石油價格走升，促成進口糧食能力大增的綜合性結果。

表 4-5　委內瑞拉的糧食短缺率、糧食進口率與進口總金額（2001~2013）

年度	BCV短缺率（%）	MINPPAL進口率（%）	糧食進口總額（億美元）
2001			17.41
2002			19.32
2003	<5%	-	15.50
2004	-	-	14.69
2005	7.95%	54%	21.62
2006	10.55%	48%	30.05
2007	18.05%	73%	47.64
2008	15.60%	71%	94.36
2009	13.03%	-	75.38
2010	12.54%	78%	-
2011	15.20%	-	56.34

2008 年 110 萬公噸、2014 年更達 240 萬公噸（Business Monitor International 2010a, 2015-2019)。

42 短缺率是以 2003 年 5 月為基期計算而來的年平均值。

年度	BCV短缺率（%）	MINPPAL進口率（%）	糧食進口總額（億美元）
2012	14.19%	-	81.22
2013	20.35%		-

資料來源：本研究彙整。2008~2010年短缺率[43]參閱BCV（2010,6）；2005~2007與2013年短缺率參閱Lavelle（2016, 70），原文引自BCV（2015）；2003年短缺率參閱Business Monitor International（2010a, 37）；MINPPAL進口率參閱Lavelle（2016, 84），原文引自Centro de Investigación Agroalimentaria（2011）；糧食進口額參閱Gutierrez（2013a, 46），原始資料取自國家統計局（Instituto Nacional de Estadística de Venezuela, INE）進出口資料進行計算。

　　歸納表4-5的幾組數字，BCV數據指出，2003~2013年間短缺率成長四倍；此外，MINPPAL的糧食進口率則在2005~2010年間上升24%[44]。此外，從糧食進口額來看，亦自1998年14.67億攀升為2012年的81.22億美元，成長超過5.7倍（Gutierrez2013b, 46）。此一成長幅度相近於Curcio（2017, 38）指出2003~2013[45]年間食品進口增加571%，且短缺指數和食品進口數值之間關係是直接且正向的。儘管上述各機構之間的數據存在落差，但都指向一個共同趨勢：短缺率上升、糧食進口率上升的雙重趨勢。顯然，國內糧食生產下降，以及糧食進口攀升，兩個現象是同時存在。

　　在國內糧食生產、進口需求走強之下，查維茲轉為要求PDVSA肩負起出口石油、進口糧食的責任。誠然，自查維茲執政開始，石油收益就有部分用於購買進口糧食、醫療與社會救助等社會支出。2002年此一比例佔PDVSA石油收益的10%、2012

43　短缺率是以2003年5月為基期計算而來的年平均值。

44　2005年MINPPAL購買糧食中，有46%為國內生產、54%來自進口；2010年國內生產下降為22%、進口比例卻升高至78%（Lavelle 2016, 84）。

45　2003~2013年間兩個數據之間皮爾森係數（Pearson's r）是0.624。亦即：當食品進口增加62.4%、短缺率增加62.4%。因此，兩個數值之間關係是直接且正向的。參閱Curcio（2017, 34-38）註腳14與18。原始數據取自BCV與國家統計局（INE）出版的 "Índice Nacional de Precios al Consumidor 2013" 報告並進行推算。

年升高為 25%（Howard-Hassmann 2015, 1038）。但查維茲黨卻利用優惠匯率進行「套利」。當時，官方對於進口糧食給予優惠匯兌[46]，以讓 PDVSA 在進口糧食上更有購買力。然而，「匯率控制」在 2011 年前仍是長期相對穩定，但通膨卻是持續攀升，導致差額繼續擴大。此舉，對 PDVSA 形成更強「套利」誘因。本文受訪者指出：

「查維茲黨最擅長的就是『雙倍貪污』（doble corrupto）。例如，石油假如一桶國際市場價格是 145，國內生產又是另一個價格，另外還有政府給的優惠匯率，中間產生的差距，一桶最高時可到 120 美元。這就是查維茲黨的獲利來源。不停在利用『套利』，來中飽私囊。……」（附錄 2,VU-1）

「馬杜洛時期是由軍人控制國家，由他們決定發美元給誰、然後由軍人去購買進口糧食，用 CLAP 分給大家。……現在問題可能已經不是『雙倍貪污』，而是『三倍貪污』（triple corrupto），因為很多軍人家屬會跑去英國或其他國家設立公司，然後賣很貴回來給這些軍人，再分銷到全國。」（附錄 2,VD-1）

當國內糧食生產下降之後，政府就必須增加進口，以彌補短缺需求。然而，查維茲黨卻利用進口糧食作為斂財管道。2012 年糧食進口比例已高達 90%，直到 2014 年石油價格崩跌，重創高度依賴石油創匯來進口糧食的委內瑞拉，並引發嚴重的通膨與物資短缺。且長期的匯率與幣值扭曲，更導致國際儲備逐步縮水，而減損國家回應能力。但 2016 年馬杜洛總統（Nicolás Maduro）反在關閉國有糧食銷售據點之後，成立另一個由軍方壟斷糧食進口與分銷的體系，又稱「在地供應和生產委員會」[47]（Los Comités Locales de Abastecimiento y Producción, CLAP）。後者，負責每月提供每戶一個 CLAP 糧食包。這導致嚴重的物資短缺，並誘發大規模難民潮向周邊國家擴散。

---

46 2003 年央行給予優惠匯率是 1 美元兌 2.147 玻利瓦幣；2010 年 1 月匯率調整為 1:2.582；2011 年是 1:4.289；2013 年為 1:6.048；2016 年 1:9.257 玻利瓦幣。參閱本文註腳 32。

47 每月每戶一個糧食包，內含 4 袋預煮玉米粉、3 斤稻米、3 斤義大利麵、1 個鮪魚罐頭、1 罐植物油和 1 斤糖。參閱 APORREA(2018).

陸、結論

　　本文探究了 2001~2013 年查維茲在「糧食主權」與「二十一世紀社會主義」國家轉型框架下引進的土地改革與再分配、糧食體系國有化、價格與匯率控制政策，並分析一系列政策如何重組糧食生產體系、市場制度與統理機制，並形成制度之間的「互補效應」與「激勵結構」來引導生產與銷售行為，最終卻導致國內農業生產下降、糧食進口攀升，並於石油價格崩跌後陷入「極度短缺」。

　　從糧食體系與統理結構來看，長達十年的國有化，是一個逐漸縮小市場經濟、擴大國有與社會經濟部門的過程，最終形成「混合市場經濟」，由國家壟斷八成糧食供應體系，形成一個國家主導的糧食產銷體系。同時，國家在與社會經濟部門結盟之下，配合基本糧食的「價格控制」來補貼消費者，形成國家控制經濟「制高點」的「官僚價格協調經濟」。此時，市場上的原料供應邏輯，也從市場機制轉向關係取向的政治控制，凸顯出分配機制上的微政治，亦即，在抑制資本家前提之上，私部門較難取得充足原料、或供料價格較高導致生產下降。加上國家對於美元匯兌的管制，私部門在無法取得「充裕」與「及時」原物之下，不是倒閉就是產能下降，造成食品加工業的生產下降。

　　在私部門逐漸萎縮之下，社會經濟部門逐漸壯大。早期，國家與社會經濟部門進入協作，是奠基於「互惠」而來的「可信承諾」。由國家移轉土地與企業的產權和管理權給社會經濟部門，同時保障收購糧食、提供銷售管道；社會經濟部門則在接受國家的壟斷收購與「最高售價限制」之下，將部分剩餘移轉給消費者，以成就查維茲的「糧食主權」。然而，長達十餘年的「價格控制」與「匯率控制」政策，加上累積性通膨，但價格調整卻是緩不濟急，這造成「控制價格」與「市場價格」持續拉大之下壓縮到「利潤」空間，從而強化了社會經濟部門的「投機」動機，最終導致國有供應體系的「短缺」；反之，政府回應「短缺」，卻選擇持續擴大土地徵收與再分配，以及糧食體系國有化作為回應，並陷入惡性循環。這顯示前項制度的存在、運作與效應，強化了後兩項制度的運作和表現，形成「負面的」制度互補效應，並為生產者創造了「投機」的「『強』激勵結構」。

　　誠然，查維茲與社會經濟部門的結盟與協作，是在掠奪私部門前提上，提供社

會經濟部門產權與管理權的保障，同時在壓低獲利之上，重分配農業剩餘給農民、勞工，並將部分價值移轉給消費者。這在結盟初期，因為無地農民與勞工剛取得產權與管理權，並進入生產體系的協作，而獲得充分的滿足。當時在「價格控制」之下依舊有利可圖，形成較強的「激勵」，亦保障了與國家協作的「可信承諾」；但長期下來，由於人為價格調整無法反映市場價格，加上「匯率控制」加速價格反映上的扭曲，最終持續被壓縮的獲利空間讓原先制度賦予的「激勵」遞減；反之，市場面的「激勵」（投機誘因）持續走強。這顯示社會經濟部門依舊保有理性且自利經濟人的特質，也凸顯出上層社會主義政策與下層經濟人之間的矛盾。這亦證實了即使是強調「社會需求」優先與非私人產權的社會經濟部門，市場獲利作為「激勵」對他們依舊奏效。最終，委內瑞拉國內糧食生產下降，轉為更依賴糧食進口。但在匯率與匯兌控制之下，亦開啟 PDVSA 內部的「套利」空間，並在操作「生產－匯兌－市場」三重價差之下形成多重「套利」可能性。這在國內生產下降、石油價格走升之際，更同步強化了進口能力與圖利誘因。

簡言之，查維茲以國家之力打造國有糧食生產體系，企圖強化國內農業生產、抑制「荷蘭病」帶來的進口激增，同時改革無地農民問題。但卻因政策錯誤與制度形成的負面互補效應，導致干預失敗。最終，市場制度變相地抑制了國內生產誘因、鼓勵了「投機」，導致國內生產下降、更仰賴糧食進口，並於石油價格崩跌之後陷入嚴重物資短缺。

此外，在回應價格雙軌制上，查維茲的「價格控制」政策，存在兩個錯誤：首先，適用範圍僅限於國有體系、且不排除任何階層購買。這造成在雙元價格體系之下開啟轉售與「投機」的空間；其次，定價策略上，「官僚定價」無法回應快速變遷的市場資訊。誠如古巴在「特殊時期」採取的價格雙軌制經驗指出，給予農民生產者一部分市場誘因，可避免拖垮財政，同時保障生產誘因、降低投機。此外，東亞干預市場的成功經驗亦指出，補貼的定價策略雖採取「價格錯誤」（getting the price wrong）原則，但實際參考基準依舊是「市場價格」。這必然在不嚴重扭曲價格或接近市場價格前提之下始可成立。這對於委內瑞拉這種容易陷入週期性經濟波動而導致國際收支失衡的國家，尤其重要。

據此，查維茲干預糧食市場的行為，不僅沒有效果，反而惡化「短缺」。咎其因，

國家創造的負面制度互補效應，顯示政府在「政策品質」與「制度組合」上的能力不足。且國家對於市場的監管行為，亦讓人為干預凌駕法治，並促成貪污大行其道。最終，查維茲推動的「糧食主權」在大政府的過度干預，以及弱政府的制度品質和市場監管不當之下，從「協助之手」淪為「掠奪之手」。

附錄 4-1　委內瑞拉受訪者編碼

	編碼	在委內瑞拉職業（在秘魯職業）	居留秘魯年限	受訪日期	次數
1	VB-1	心理諮詢師，父母查維茲黨（現餐廳服務生）	約半年	2018/7/8	1
2	VG-1	公社成員，父母查維茲黨（現餐廳服務生）	兩年	2018/7/9	1
3	VB-2	私部門員工（現打零工維生）	半年	2018/7/9	1
4	VB-3	設計業者（現咖啡廳服務生）	兩年	2018/7/9	1
5	VB-4	委國律師（現秘魯律師）	2008年至今	2018/7/10	1
6	VC-1	政治社會運動工作者（現秘魯委國社會組織代表）	-	2018/7/10	1
7	VU-1	委內瑞拉大學老師（現社會組織工作者）	-	2018/7/10	1
8	VB-5	私部門員工（現餐廳服務生）	一年半	2018/7/12	2
9	VG-2	經濟暨金融部（MEF）官員（現餐廳服務生）	一年	2018/7/13	1
10	VU-2	大學畢業生（參與MERCAL）（現洗衣店店員）	抵達三個月	2018/7/13	1
11	VG-3	委內瑞拉選舉委員會（CNE）（現飯店接待）	抵達五個月	2018/7/13	1
12	VD-1	前反對黨國會議員、現私部門員工	現居委內瑞拉	2018/10/2	1

說明1：第一碼是國別；第二碼是職業碼，B是私部門、G是廣義政府部門、C是公民社會、U是教育部門、D是國會。

參考文獻

段毅才譯，OliverWilliamson 著，2002，《資本主義經濟制度》。北京：商務。

張曉光譯，János Kornai 著，1986，《短缺經濟學》。北京：經濟科學出版社。

焦震衡，2015，〈第四章：經濟〉，《委內瑞拉》。北京：社會科學文獻出版社。

劉雅靈，2011，〈經濟轉型中的應對策略與制度分歧：溫州與無錫〉，《臺灣社會學》，22:59-110。

劉瑞華譯，DouglasNorth 著，1994，《制度、制度變遷與經濟成就》。臺北：時報。

鄭力軒譯，Neil Fligstein 著，2007，《市場的構造：21 世紀資本主義社會的經濟社會學》。臺北：群學。

Amable, Bruno. 2000. "Institutional Complementarity and Diversity of Social Systems of Innovation and Production." *Review of International Political Economy*, 7(4):645-687.

Amable, Bruno. 2016. "Institutional Complemntarities in the dynamic Comparative Analysis of Capitalism." *Journal of Institutional Economics*,12(1):79-103.

Amble, Bruno, Ernst Ekkehard, Palombarini Stefano. 2005. "How Do Financial Markets Affect Industrial Relations: An Institutional Complementary Approach." *Socio-Economic Review*, (3):311-330.

Aoki, Masahiko. 1994. "The Japanese Firm as a System of Attributes: A Survey and Research Agenda." In Masahito Aoki and Ronald Dore, eds., *The Japanese Firm: Sources of Competitive Strength*, pp. 11-40. Oxford, UK: Clarendon Press.

Assefa, Thomas, Girum Abebe, IndraLamoot and BartMinten. 2016. "Urban Food Retailing and Food Prices in Africa: The Case of Addis Ababa, Ethiopia."*Journal of Agribusiness in Developing and Emerging Economies*, 6(2):90-109.

Azzellini, Dario. 2009. "Venezuela's Solidarity Economy: Collective Ownership, Expropriation, and Workers Self-Management." *Armonk*,12(2):171-191.

Azzellini, Dario. 2010. "Constituent Power in Motion: Ten Years of Transformation in Venezuela." *Socialism and Democracy*, 24(2): 8-31.

Azzellini, Dario. 2013. "The Communal State: Communal Council, Communes, and Workplace Democracy."https://nacla.org/article/communal-state-communal-councils-communes-and-workplace-democracy (March 15, 2019).

Brown, J. David, John S. Earle and Scott Gehlbach. 2009. "Helping Hand or Grabbing Hand? State Bureaucracy and Privatization Effectiveness." *The American Political Science Review*, 103(2):264-283.

Business Monitor International (BMI). 2010a. *Venezuela Agribusiness Report Q4 2010: Includes 5 Year Forecasts to 2014*. London, UK:Business Monitor International Ltd.

Business Monitor International (BMI). 2010b. *Venezuela Food & Drink Report Q1 2011*. London, UK:Business Monitor International Ltd.

Business Monitor International (BMI). 2015-2019. *Venezuela Agribusiness Report Q 4 2015-2019*." London, UK:Business Monitor International Ltd.

Canache, Damarys. 2012. "The Meanings of Democracy in Venezuela: Citizen Perceptions and Structural Change." *Latin American Politics and Society*,54(3):95-122.

CEIC.2006-2016."Global Economic Data-Venezuela."https://www.ceicdata.com/en/venezuela/exchange-rates-and-real-effective-exchange-rates/ve-official-exchange-rate-average-per-usd (March 15, 2019).

CIA World Factbook. 1999-2013."Venezuela."https://www.cia.gov/library/publications/the-world-factbook/geos/ve.html (February 14, 2020).

Corden, W. M. 1984. "Booming Sector and Dutch Disease Economics: Survey and Consolidation." *Oxford Economic Papers*,36(3): 359-380.

Corrales, Javier. 2011. "Latin America: A Setback for Chávez." *Journal of Democracy*,22(1): 122-136.

Crist, Raymond E. 1942. "Land Tenure Problems in Venezuela." *American Journal of Economics and Sociology*, 1(2):143-154.

Cursio, PasqualinaCursio. 2017. *The Visible Hand of the Market: Economic Warfare in Venezuela*. Caracas, Venezuela: EdicionesMinCI.

DeLong, Seth. 2005. "Venezuela's Agrarian Land Reform: More like Lincoln than Lenin." https://venezuelanalysis.com/analysis/963 (January 12, 2019).

Devereux, Charlie. 2012. "Venezuelan Inflation Slows Further as Chavez Eyes Votes." *Bloomberg News* (September 4).

Du, Jane, and King Cheng. 2018. "Unravelling China's Food Security Puzzle, 1979-2008." *The China Quarterly*,235:804-827.

Ellner, Steve. 2010. "Hugo Chávez's First Decade in Office: Breakthroughs and Shortcomings." *Latin American Perspectives*,37(1):77-96.

Ellner, Steve. 2013. "Social and Political Diversity and the Democratic Road to Change in Venezuela." *Latin American Perspectives*,40(3):63-82.

Felicien, Ana, Christina M. Schiavoni, and Liccia Romero. 2018. "The Politics of Food in Venezuela." *Monthly Review*, (June):1-19.

Frankel, Jeffery. 2011. "The National Resource Curse: A Survey." In Shaffer, Brenda andTalehZiyadov, eds., *Beyond the Resource Curse*, pp.17-57. US: University of Pennsylvanian Press.

Frye, Timothy, and Andrei Shleifer. 1997. "The Invisible Hand and the Grabbing Hand." *The American Economic Review*, 87(2):354-358.

Gaviria, Carlos. 2011. "The Post-War International Food Order: The Case of Agriculture in Colombia."*Lecturas de Economía*,74:119-150.

Gott, Richard. 2011.*Hugo Chávez and the Bolivarian Revolution*. New York, NY: Verso Publisher.

Hall, Peter, and David Soskice. 2001. "Introduction to Varieties of Capitalism." In Peter Hall and David Soskice, eds., *Varieties of Capitalism: The Institutional Foundation of comparative Advantage*, pp. 1-70.New York, NY: Oxford University Press.

Hancké, Bob, Martin Rhodes and Mark Thatcher. 2009. "Beyond Varieties of Capitalism." In Bob Hancké,ed., *Debating Varieties of Capitalism: A Reader*, pp. 273-300. New Yokr, NY: Oxford University Press.

Howard-Hassmann, Rhoda E. 2015. "The Right to Food under Hugo Chávez." *Human Right Quarterly*, 37:1024-1035.

Howard-Hassmann, Rhoda E. 2016. *State Food Crimes*. Cambridge, UK:Cambridge University Press.

Irogbe, Kema. 2013. "The Persistence of Famine in Su b-Saharan Africa." *The Journal of Social, Political and Economic Studies*, 38(4):441-461.

Kornai, János. 2000. "What the Change of System from Socialism to Capitalism Does and Does Not Mean?" *The Journal of Economic Perspective*,14(1):27-42.

Lavelle, Daniel Brian. 2016. *Petro-Socialism and Agrarianism: Agrarian Reform, Food and Oil in Chavista Venezuela*. Ph. D.Dissertation. Graduate Division of the University of California.

López Maya, Margarita and Alexandra Panzarelli. 2013. "Populism, Rentierism, and Socialism in the Twenty-First Century: The Case of Venezuela." In Carlos de la Torre and Cynthia J. Arnson, eds., *Latin American Populism in the Twenty-First Century*, pp. 239-268. Washington, D.C.:Woodrow Wilson Center Press.

Lupu, Noam, 2010. "Who Votes for Chavismo? Class Voting in Hugo Chávez's Venezuela."*Latin American Research Review,* 45(1):7-32.

Márquez, Humberto. 2005. "Venezuela: Chavez Land Reform Targets Large Ranches." *Global Information Network* (March 2005).

Márquez, Humberto. 2006. "Venezuela: Land Reform Tripped Up by Red Tape, Lack of Planning." *Global Information Network* (March 2006).

Mielnik, Andy. 2008. "Hugo Chgavez: Venezuela's New Bandito or Zorro." *Law and Business Review of the Americas*,(14):591-619.

Nee, Victor, and Paul Ingram. 1998. "Embeddedness and Beyond: Institutions Exchange and Social Structure." In Mary C. Brinton and Victor Nee, eds., *The New Institutionalism in Sociology*, pp. 19-45. New York,NY: Russell Sage Foundation.

North, Douglas. 1990. *Institutions, Institutional Change & Economic Performance.*Cambridge, UK: *Cambridge University Press*.

Nussio, Enzo, and Corinne A. Pernet. 2013. "The Securitization of Food Security in Colombia, 1970-2010." Cambridge University Press,(45):641-668.

Statistics.2019."Average Annual OPEC Crude Oil Price from 1960 to 2019." https://www.statista. com/statistics/262858/change-in-opec-crude-oil-prices-since-1960/ (March 10, 2019).

Pérez-López, Jorge, F. 1997. "Cuban Economy in the Age of Hemispheric Integration." *Journal of Interamerican Studies and World Affairs*,39(3):3-47.

Purcell, Thomas. 2014. "The Political Economy of Social Production Companies in Venezuela." In Steve Ellner ed., *Latin America's Radical Left: Challenges and Complexities of Political Power*, pp. 203-226. UK: Rowman & Little Field.

Romero, Simon. 2007. "Chavez Threatens to Jail Price Control Violators." https://www.nytimes. com/2007/02/17/world/americas/17venezuela.html (July11, 2019).

Schiavoni, Christina, and William Camacaro. 2009. "The Venezuelan Effort to Build a New Food and Agriculture System." *Monthly Review*, 61(3):129-141.

Schmidt, Vivien. 2003. "French Capitalism Transformed, Yet Still a Third Variety of Capitalism." *Economy and Society*,32(4):526-554.

Shaw, D. John. 2007. *World Food Security: A History Since 1945*. London, UK: Palgrave Macmillan.

Walder, Andrew. 1995. "China's Transnaitonal Economy: Interpreting Its Significance." *The China Quarterly*,144:963-979.

Weisbrot, Mark, and Jake Johnton. 2012. "Venezuela's Economic Recovery: Is It Sustainable?" https://venezuelanalysis.com/analysis/7313 (February 15, 2020).

Williamson, Oliver. 1981."The Economics of Organization: The Transaction Cost

Approach." *American Journal of Sociology*, 87: 548-577.

Wilpert, Gregory. 2005. "Land for People not for Profit in Venezuela," https://venezuelanalysis.com/analysis/1310 (January 12, 2019).

Wilpert, Gregory. 2006. "Land for People not for Profit in Venezuela." In Peter Roset, Raj Patel and Michael Courville, eds.,*Promised Land: Competing Visions of Agrarian Reform*, pp. 249-264. California, USA: Insitute for Food and Development Policy.

西文文獻

Abadi, Anabella M. y Carlos García Soto. 2018. "15 años del actual control de preciosen Venezuela: un balance" [15 Years of the Current Price Control in Venezuela: A Balance Sheet].https://prodavinci.com/15-anos-del-actual-control-de-precios-en-venezuela-un-balance/ (January 12, 2019).

Aporrea. 2018. "Listado de precioen medio de la espiralinflacionaria" [Price List in the Middle of the Inflationary Spiral]. https://www.aporrea.org/economia/n322795.html(March 4, 2019).

Araujo, Orlando. 2013. "Situación de la Burguesía"[Situation of the Bourgeoisie] https://es.slideshare.net/rafael311048/venezuela-violenta-orlando-araujo (March 23, 2019).

Banco Central de Venezuela (BCV).2010."El índice nacional de precios al consumidor de Venezuela."[The National Consumer Price Index of Venezuela]. http://bcv.org.ve/#(February 12, 2020).

Banco Central de Venezuela (BCV). 2015. "Información estadística" [Statistical Information].http://

www.bcv.org.ve/c2/indicadores.asp(February 15, 2020).

Contreras, Angie. 2011. "Gobierno paga más por café extranjero que por nacional" [Government Pays More for Foreign Coffee than for National Coffee]. https://www.reportero24.com/2011/04/04/gobierno-paga-mas-por-cafe-extranjero-que-por-el-nacional/ (March 10, 2019).

Contreras, Angie. 2012. "Alza de preciosdetendrácaídaproductivaencereales"[Price Hike Will Stop Productive Fall in Cereals].http://www.eluniversal.com/economia/120412/alza-de-precios-detendracaida-productiva-en-cereales (Febriaru 17, 2019).

Contreras, Angie. 2016. "La Inflación en Venezuela se aceleró 4.804% tras 13 años de control"[Inflation in Venezuela Accelerated 4,804% after 13 Years of Control].https://www.diariolasamericas.com/la-inflacion-venezuela-se-acelero-4804-13-anos-controles-n3641515 (March 15, 2019).

Gutiérrez S., Alejandro. 2013a. "Venezuela:una sistema alimentario en el contexto del capitalismo rentístico"[Venezuela: A Food System in the Context of RentCapitalism].In A. Gutiérrez S., ed., *El Sistema Alimentario Venezolano a comienzos del siglo XXI. Evolución, balance y desafíos[The Venezuelan Food System at the Beginning of the 21st Century. Evolution, Balance and Challenges]*, pp. 1-59. Mérida,Venezuela: Facultad de Ciencias Económicas y Sociales-Consejo de Publicacioneso, Universidad de los Andes.

Gutiérrez S., Alejandro. 2013b. "El Sistema Alimentario Venezolano (SAV) a comienzos del siglo XXI" [The Venezuelan Food System (SAV) at the Beginning of the 21st Century]. In A. Gutiérrez S., ed., *El Sistema Alimentario Venezolano a comienzos del siglo XXI. Evolución, balance y desafíos[The Venezuelan Food System at the Beginning of the 21st Century. Evolution, Balance and Challenges]*, pp. 1-71. Mérida,Venezuela: Facultad de Ciencias Económicas y Sociales-Consejo de Publicaciones, Universidad de los Andes.

Gutiérrez S., Alejandro. 2016. "Venezuela y su crisis agroalimentaria: ¿estamos en emergencia?"[Venezuela and Its Agri-food Crisis: Are We in Emergency].http://historico.prodavinci.com/2016/01/11/actualidad/venezuela-y-su-crisis-agroalimentaria-estamos-en-una-emergencia-alimentaria-por-alejandro-gutierrez-s/ (February 4, 2019).

Jiménez, Rafael Muñoz y Luis Zambreano Sequín. 2007. *Evolución Político-Institucional y la Política Anti-Inflacionaria en Venezuela:1999-2007 [Political-Institutional Evolution and Anti-Inflationary Policy in Venezuela:1999-2007]*.Venezucla: Andrés Bello Catholic University.

López, Leopordo. 2919. "97% de la carne se vende en MERCAL y PDVAL es importada" [97% of the meat is sold in MERCAL and PDVAL is imported] https://www.leopoldolopez.com/97-de-la-carne-que-venden-en-mercal-y-pdval-es-importada/ (March 5, 2019).

Mateo Tomé, Juan Pablo y Eduardo Sánchez Iglesias. 2013. "Economía política de Venezuela: entre la reforma y el socialismo del siglo XXI" [Political Economy of Venezuela: Between Reform and Socialism of the 21st Century]. In Luis Buendía García et al., eds., *Alternativas al Neoliberalismo en América Latina: Las políticas económicas en Venezuela, Brasil, Uruguay, Bolivia y Ecuador [Alternatives to Neoliberalism in Latin America: Economic policies in Venezuela, Brazil, Uruguay, Bolivia and Ecuador]*, pp. 21-70.Ciudad de México: Fondo de Cultura Económica.

Molina R., and Luisa Elena. 2013. "Reflexiones sobre la evolución reciente del componente primario del Sistema Alimentario Venezolano (SAV) (1998-2011)" [Reflections on the Recent Evolution of the Primary Component of the Venezuelan Food System (SAV)]. In A. Gutiérrez S., ed.,*El Sistema Alimentario Venezolano a comienzos del Siglo XXI: Evolución, balance y desafíos [The Venezuelan Food System at the Beginning of the 21st Century: Evolution, Balance and Challenges]*,pp. 417-476. Mérida,Venezuela: Facultad de Ciencias Económicas y Sociales-Consejo de Publicaciones, Universidad de los Andes.

Ordaz, Pablo. 2009. "Chávez consigue vía libre a la reelección"[Chavez Gets Free Path to Reelection].https://elpais.com/internacional/2009/02/16/actualidad/1234738801_850215.html (August 29, 2018).

Quintero, María Liliana, Ligia Nathalie García Lobo y Maritza Rosales. 2013. "Los principales cambios institucionales en el SistemaAlimentario Venezolano (1999-2012)"[The Main Institutional Changes in the Venezuelan Food System (1999-2012)]. In A. Gutiérrez S., ed,*El Sistema Alimentario Venezolano a comienzosdel siglo XXI. Evolución, balance y desafíos [The Venezuelan Food System at the Beginning of the 21st Century. Evolution, Balance and Challenges]*,pp. 275-319. Mérida, Venezuela: Facultad de Ciencias Económicasy Sociales-Consejo de Publicaciones, Universidad de los Andes.

Salas Rodríguez, Luis. 2016. "El Mito de Chávez y el Petróleo a 100"[The Myth of Chavez and Oil at 100]. http://questiondigital.com/el-mito-de-chavez-y-el-petroleo-a-100/ (February 14, 2019).

Sesto, Farrico. 2006. *¿Por qué soy Chavista? Razones de una revolución[Why am I Chavista?*

Reasons for a Revolution]. Bogotá: Ocean Press y Ocean Sur.

Uharte Pozas, Luis Miguel. 2009. "Política social en Venezuela. un nueva paradigma?"[Social Policy in Venezuela. A New Paradigm?]https://eprints.ucm.es/8234/1/T30386.pdf (July 11, 2019).

第 5 章

臺灣跨境電信詐欺犯罪網絡發展分析（2000～2020）

曾雅芬

壹、前言

　　20 世紀末新出現的一個現象，那就是犯罪的全球化（Shelley 2006）。[1]

　　資訊時代下全球化造成了流動空間的出現，亦促進了網絡社會的崛起；其影響不僅擴及政治、社會、經濟層面，更形成了全球犯罪經濟的現象（Castells 1997）。1990年代，臺灣境內詐欺犯罪從過去當面直接接觸，轉為透過電信或網路間接接觸的詐騙形式；2000 年代，在政府全面查緝及兩岸共同打擊犯罪之下，電信詐欺集團呈現逐年向外擴散、跨越國境乃至全球的趨勢。惟至 2020 年受新冠肺炎（COVID-19）疫情影響，才衍生集團返台的洄游現象

　　根據刑事警察局 2022 年「中華民國刑案統計」，2021 年詐欺犯罪在各類刑案發生百分比占 8.22%，居犯罪類型比重第 4 名。[2]內政部警政署 2022 年「警政統計重要參考指標」顯示，國內詐欺案件發生數在 2001 年後大幅上升，到 2004 年突破 4 萬件

1　At the end of the 20th century, a new phenomenon appeared—the simultaneous globalization of crime, terror, and corruption, an "unholy trinity" that manifests itself all over the world(Shelley 2006). http://iipdigital.usembassy.gov/st/english/publication/2008/06/20080608103639xjyrrep4.218692e-02.html#axzz2Sp0xKaM8.

2　中華民國刑案統計，內政部警政署刑事警察局 111 年 8 月出版。2021 年犯罪類型比重分別為公共危險罪（20.60%）、毒品罪（16.95%）、一般竊盜罪（15.91%）、詐欺罪（8.22%）。

以上，2005 年高達 43023 件（電信詐欺案件 16693 件，占 38.8%），詐騙金額在 2006 年達到最高峰超過 185 億元（電信詐欺案件超過 34 億元，占 18.4%），2009 年兩岸簽署司法互助協議加強跨境合作打擊犯罪後，才呈現下降趨勢，至 2010 年詐欺案件財產損失金額已降至 62 億元以下（如圖 5-1、5-2）。2020 年受到 COVID-19 疫情影響，境內詐欺件數又呈現上升趨勢。在所有詐欺案類中，以電信詐欺為最大宗，因此本研究探討內容主要限縮於跨境電信詐欺犯罪類型。

圖 5-1　臺灣詐欺案件發生趨勢

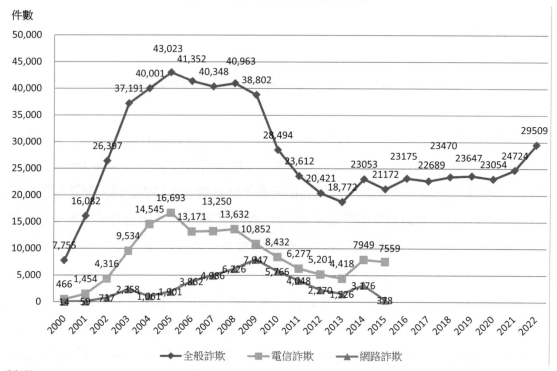

說明：

1. 全般詐欺案件以電信詐欺類別為最大宗。

2. 詐欺案件**自2001年遽升，2004年後每年均達4萬件以上**，造成治安重大威脅。

3. 自**2009年下半年起**，兩岸加強跨境合作打擊犯罪後，首次呈現下降。**2020年COVID-19疫情影響**，境內詐欺件數再起。

4. 2016年起公開資訊不再提供電信、網路詐欺分類數據。

資料來源：內政部警政署及刑事警察局

圖 5-2　臺灣詐欺案件財損金額趨勢

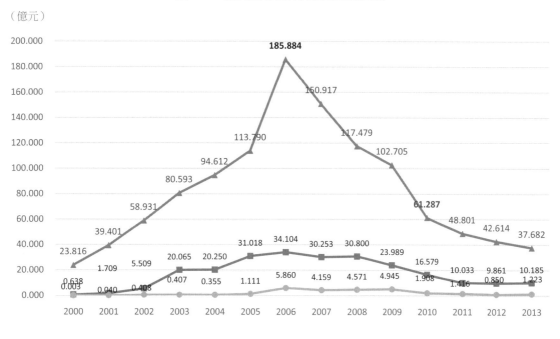

（億元）

說明：

1. 詐欺案件財損金額從2001年逐年升高，**2006年高達新台幣185億元**。

2. 其間臺灣推動跨部會整合，加強防制作為，**2007年開始逐年下降**。

3. 兩岸警方合作共同打擊跨境詐欺犯罪成效顯著，**2010年已降至62億元以下**。

4. 2014年起公開資訊不再提供財損數據。

資料來源：刑事警察局

　　臺灣跨境電信詐欺集團在海外犯罪情形日益嚴重，更是屢屢見諸國內外新聞媒體。根據媒體報導，2007 年韓國警方多次破獲詐欺集團，逮捕台籍嫌犯多達百餘人。[3] 日本則是電話詐騙集團橫行，被害金額節節升高，從 2008 年受理詐騙案件 20481 件，

3　蘋果日報新聞網，2007，〈台詐騙集團 攻陷韓國〉，10 月 24 日，http://www.appledaily.com.tw/appledaily/article/headline/20071024/3927256/，查閱時間：2014/11/6。

受害金額 276 億日圓（新臺幣 92 億元），逐年上升 [4&5] 至 2013 年受害金額高達 490 億日圓（約新臺幣 140 億元），日本警方更懷疑詐騙伎倆獨步全球的臺灣集團涉入，與大陸人聯手在大陸設機房誆騙日本人。[6] 另外，臺泰警方於 2009 年起針對流竄泰國各地的兩岸詐騙集團，發動連續掃蕩專案，至 2010 年底共逮捕約 303 名兩岸詐騙集團成員，包含在泰國提款的車手。2011 年初「菲律賓 14 名台籍嫌犯遣陸事件」發生，經兩岸警界高層互訪協調，建立帶回各自人民進行判決處分之共識，自此展開一連串兩岸於第三地共同打擊跨境詐欺的大型專案行動（何招凡 2013）。卻未能遏止詐欺集團犯罪活動的漫延，根據大陸公安部數據顯示，2011 年至 2014 年中國大陸電信詐騙案發生數為 10 萬至 40 多萬件，年均增長 70% 以上；2010 至 2014 年，詐騙金額平均都在百億人民幣以上，平均單筆金額超過 5 萬元；2015 年暴增至 222 億（約新台幣 1100 億元）。光是 2015 年上半年，從境外打入大陸的改號詐騙電話就有 47 億通。[7] 另外，2016 年 4 月「肯亞遣送臺灣人事件」發生，大陸因過去臺灣對於專案查獲嫌犯判刑過輕，轉而態度強硬、堅持不再將台籍嫌犯遣返臺灣。[8]

4　商業週刊，2013，〈日本防電話詐騙新技術準確率高達90%〉，1 月 8 日，http://www.businessweekly.com.tw/KBlogArticle.aspx?id=2751，查閱時間：2014/11/6。

5　The News Lans 關鍵評論，2013，〈日本民眾一年遭詐騙 133 億破紀錄〉，11 月 20 日，http://www.thenewslens.com/post/14104/，查閱時間：2014/11/6。日本以「綁架電話」或是以「孩子需要用錢」為由的詐騙電話最為常見，許多銀髮族接到「媽，快救我！」或「是我是我！」為開頭的電話，便受騙且輕易地匯出畢生積蓄。除一般的詐騙電話外，詐騙集團也會精心製作創投公司的假手冊，以少額投資新公司名義，吸引銀髮族投入退休金；甚至虛設當紅偶像會員網站藉以收取大筆入會費；更聘學生打電話或是開設人頭帳戶，以高額現金利誘青少年犯罪的現象已成為日本非常嚴重的社會問題。

6　時報周刊（1899 期），2014，〈台詐騙集團前進日本　桃太郎 1 年被拐 140 億元〉，7 月 16 日，http://www.chinatimes.com/newspapers/20140716002180-260603，查閱時間：2014/11/6。

7　中國青年報，2015，〈數據：去年中國電信詐騙導致群眾損失 107 億元〉，7 月 9 日。中國時報，2016，〈《肯亞電信詐騙案陸方搶人》電信詐騙一年拐走大陸人 1100 億台幣〉，4 月 13 日，http://www.chinatimes.com/newspapers/20160413000374-260102 查閱時間：2016/5/20。

8　自由時報，2016，〈肯亞事件中國：希望臺灣多從受害人角度想想〉4 月 13 日，http://news.ltn.com.tw/news/world/breakingnews/1662977，查閱時間：2016/5/20。

　　由上述各種跡象證明，2009 年後國內詐欺案件及財損金額逐漸下降，卻明顯產生犯罪轉移，轉而影響大陸地區詐騙案件發生數；跨境詐欺犯罪除了持續嚴重影響國內民眾日常生活外，對於亞太地區的社會治安環境更是造成嚴重衝擊。

　　跨境電信詐欺符合跨境犯罪二項特性，包括跨越國境及雙重犯罪（畢武卿 1996），屬跨國犯罪類型一種；因結合新型資通科技及跨越國境，因此具有「二低二高（風險低、量刑低、獲利高及隱匿性高）」的犯罪特性（蔡田木、陳永鎮 2006；曾雅芬 2016）。跨境電信詐欺犯罪網絡如何在全球擴散遷移？其關鍵因素即是本研究亟欲檢視之處。

　　地理學上的空間分工（Spatial Division of Labor）概念，主要指空間差異性會影響不同地方的經濟、勞動、階級結構的形成，並在不同空間尺度形成分工任務與意義賦予（Massey 1984）。地域的社會與空間結構影響投資及空間分工，並導致不同的政治、社會、經濟效果；與其它地域間的分工關係，則將形成不同的分工型態（夏鑄九、徐進鈺 1997; Massey 1984）。跨國犯罪網絡的空間分工則有不同的視角，Williams（2001）透過社會網及企業網絡概念來重新檢視組織犯罪的特殊網絡，並以網絡角度來研究跨國組織犯罪；Castells（1998）認為分布於不同地區的犯罪集團，利用經濟全球化、新通訊及運輸技術，進行跨國犯罪活動，透過與其他地區的犯罪集團合作，組成網絡，進而形成全球犯罪經濟體系（Global Criminal Economy），此種全球犯罪經濟即屬於異常連結的網絡。因此，「犯罪網絡」即是犯罪組織與其他組織間平行流動的網絡結構關係。

　　電信詐欺犯罪的模式，主要為假借各項虛構之身分及名義，利用資訊、通訊及大眾傳播媒介等管道，傳遞不正訊息給社會大眾，再進一步操弄、掌握及誘騙，並透過金融服務管道，將被害者的金錢迅速移轉至另一人頭帳戶，甚至直接以假冒的身分，親自向被害者索取款項（孟維德 2010）。本文所檢視之電信詐欺犯罪因涉及兩岸及全球，故以跨境稱之，較跨國犯罪定義廣泛。「跨境電信詐欺」係指，跨越一個以上之國境、邊境或地區，利用資訊、通訊或大眾傳播媒介等管道從事違反刑罰規定之詐欺犯罪行為。

　　臺灣跨境詐欺集團跨越國界、成員分散各地，形成特殊的全球網絡系統。全球流動的跨境電信詐欺犯罪究竟如何形成？造成詐欺集團全球空間分工的關鍵又是什

麼?均亟需深入探討。本文章節安排如下:第一,前言簡介研究背景、緣起、現況及問題意識。第二,透過文獻回顧與研究方法分析,本研究將整合地理區位及全球分工概念,期能完整瞭解詐欺犯罪網絡空間分工的發展。第三,從歷史脈絡解析跨境電信詐欺犯罪的全球流動現象。第四,從地理脈絡完整探討詐欺集團空間分工的概況。最後,在全文結論處探討其隱含的政策意涵與應對建議。

貳、理論文獻與研究方法

由於兩岸跨境詐欺集團利用全球化及社會變遷等各項犯罪機會,肆無忌憚地在世界各地進行分工合作,影響多國治安,臺灣儼然成為此類犯罪網絡擴散的領航者;然而國外相關文獻極少探討此類犯罪,國內研究又大多著重於犯罪類型、國際司法合作及偵查作為,犯罪網絡範疇則較少著墨。本文分別針對現況、國內外相關文獻進行回顧分析,並以文獻探討法、現有資料統計分析法及深度訪談法進行資料蒐集及探究。

一、理論文獻

國內相關研究指出,詐欺集團首腦與各作業組經常藏匿於不同國境、各有分工,隨著更新犯罪手法及說詞,產生不同類型的演變,不變的是假藉各項虛構身分及名義、利用資通訊及大眾傳播媒介,誘騙被害者透過金融管道將金錢移轉至另一人頭帳戶,甚至直接以假冒身分親自向被害者索款。詐欺集團結構可分為:集團首腦、車手組、收購人頭帳戶與電話組、非法電信平臺、訓練組、實施詐欺組(李宏倫 2008; 孟維德 2012)。表 5-1 及圖 5-3 中,前述研究詐欺對象聚焦於詐騙國人範疇,不適用於詐騙大陸或他國民眾;隨著通訊及金融科技進步,非法電信平臺及車手組已不再侷限於國內之地理區位,有再修正之必要。此外,國內相關跨境詐欺研究大多探討犯罪手法及其組織分工、架構,極少著墨於全球空間分工的探討。

表5-1　跨境電信詐欺犯罪集團之分工與運作

組織架構	活動地點	活動內容
集團首腦	國內或境外	統籌指揮旗下各組織
車手組	國內	提領贓款，並將贓款透過地下匯兌交付集團首腦。
收購人頭帳戶與電話組	國內	收購人頭帳戶和人頭電話，提供詐欺集團與被害者連繫及實施詐欺之用，人頭電話亦提供組織成員規避警方查緝之用。
非法電信平臺	國內	透過網路或通訊的轉換傳輸，增加隱密性，節省成本，擴大傳輸量。降低犯罪風險，增加犯罪機會。
訓練組	境外	招攬新進人員、安排新進人員之訓練並編輯詐欺指導手冊。
實施詐欺組	境外	撥打電話進行詐騙

資料來源：孟維德，2012，〈跨國犯罪〉，臺北：五南。

　　地理學上的「空間分工」概念，認為既存的社會結構與分工關係，對新進產業與投資造成影響、甚至可決定新的分工、產業地理型態（Massey 1984）。不同地域對於不同產業的引進與發展，將導致不同的政治、社會、經濟效果，尤其與其它地域間的分工關係（包括國際或區域分工），將形成不同的分工型態（夏鑄九、徐進鈺 1997）。犯罪學在地理與空間區位概念的研究，大多限縮於犯罪地點及地區之探討，極少擴大至全球層面。跨境電信詐欺犯罪活動主要在全球各地移動及擴散，因此可分成地理區位、全球分工兩部分來進行討論。

　　地理區位部分，犯罪學相關研究中曾提及「場域」的概念較侷限於犯罪地點（Felson2002），「犯罪型態理論」則著重於地區（Brantingham & Brantingham 1984; 1993），跨境電信詐欺集團較類似外國罪犯的流動（Daele el al. 2012），不同於國內地理犯罪的流動模式，無法適用於單一犯罪地點的場域概念或單一地區的路徑時空移動概念；惟電信詐欺機房據點應適用於錨點概念，由於此類犯罪運用工具多為電信或網路，因而不受犯罪路線距離及犯罪日常活動模式的影響，跳脫了行動路線、邊緣、距離、方向的概念範疇。因此，電信詐欺集團跨越國境的現象，應加入全球化及全球

圖 5-3 跨國電信詐欺犯罪集團之組織架構

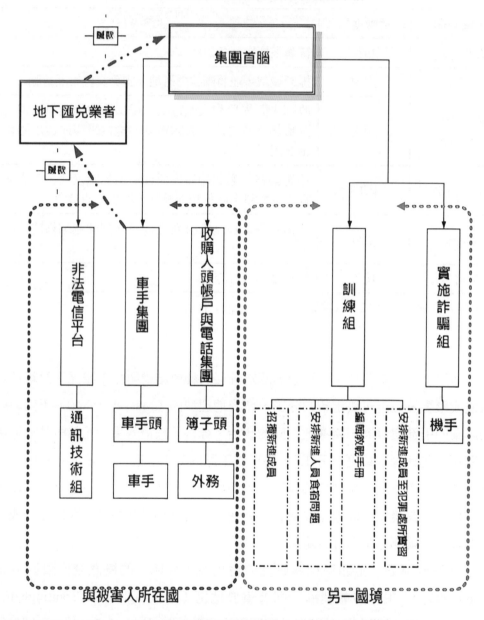

資料來源：李宏倫，2009，〈跨國電信詐欺發展趨勢〉，《刑事雙月刊》，32：21。

地理遷移概念（Aas 2008; Hall 2012; Karstedt 2002; Nelken 2011）以作整體解釋。全球化雖使犯罪主體更易於跨越國境，大型城市更是有助於罪犯的藏匿（Sassen 1994; 1996），但險惡落後環境及政治敵對狀態卻也形成了地理制約（Hastings 2010），促使犯罪者在地點的選擇有所顧忌。查緝跨境電信詐欺犯罪促使犯罪轉移，加強預防策略有助於利益擴散，但應慎防效應減退現象（許春金 2010; Clarke 1997; Reppetto 1976）。另外，電信詐欺集團與幫派國際移動的成因相似，移動主因並非因為全球化，而是來自於躲避司法查緝或幫派內鬥（Varese 2011）。

全球分工部分，全球犯罪經濟體系及非法交易網絡中，販毒及非法交易網絡均是大量利用全球化之便，形成了全球性的整合與連結，成為名符其實的國際分工產業（Castells 1998; Naím 2005）。跨境電信詐欺集團雖非因全球化而進行跨境移動，卻也日漸朝向國際分工的網絡邁進。Castells（1998）所提透過轉包及企業合作策略聯盟所形成的販毒產業國際分工轉化，具有三項特點－地利之便、策略聯盟、新通訊技術的使用，均可解釋跨境電信詐欺集團被迫離開兩岸後，尋找地理節點及空間分工的情形，亦可解釋詐欺集團循著台商腳步尋找網路架設及日常消費低成本之國家前進的現象。然而，與 Castells 的販毒網絡及 Naím 的非法交易網絡不同的是，大多數犯罪網絡著重在毒品、武器、人口等販賣與走私的非法交易，跨境電信詐欺犯罪卻無交易商品及生產網絡效應，不過詐騙金額後續現金流在地下匯兌業者間流竄的情形，則與多數金融科技及網際網路犯罪網絡（Naím 2005）類似，亦即，洗錢系統的確是跨國犯罪集團最不可或缺的一環（Castells 1998; Naím 2005）。

相較於 Castells 對於全球犯罪經濟體系空間分工現象的概要描述，Naím 進一步提出了節點與網絡的概念，包括人、組織及地理的意涵在內，跨境電信詐騙機房、被害國家、洗錢機構節點分散，其空間分工較屬於該研究中輪輻狀擴展的網絡型態，網絡高度分散、鏈結方式跨越國境既長且複雜、互動關係可能短暫也可能長期；網絡的分散性主要來自於科技的進步，且可降低非法犯罪運作成本及被發現的風險，對於跨境詐欺集團而言極其重要。Castells 與 Naím 之論述觀點類似，主要透過次級資料描述整體大範圍的現象，缺乏實證研究佐證，針對犯罪集團在全球各地空間分工細節較少著墨，國內相關研究亦是如此（李宏倫 2008; 孟維德 2012; 邱佩俞 2012; Castells 1998; Naím 2005），故有必要進行整合討論。

二、研究方法

本研究採用文獻探討法及深度訪談法等質性研究方法，與現有資料統計分析法的量化研究方式進行資料蒐集。研究工具包括研究者、訪談同意書、訪談大綱及其他訪談工具；資料來源主要為現有官方統計資料及質性訪談資料；資料分析部分，量化資料採描述性統計，質性資料則採現象學內容分析進行文本資料分析；信效度檢驗部分，統計資料採邏輯推理及複證，質性研究透過確實性、可轉換性、可靠性及可確認性控制（潘淑滿 2003; Lincoln & Guba 1985）；可信度檢測方面，則採三角檢定法（triangulation）來進行檢證（Creswell 1997; Denzin 1970; Tashakkori & Teddlie 1998）；訪談過程均徵得受訪者同意進行錄音，隨後打成逐字稿進行編碼和分析，並以匿名和保密來確保研究倫理。

質性訪談對象採立意抽樣並採取半結構式深度訪談，包括 2015 年訪談 18 名受訪者（附錄 1、2，受刑人 11 名、偵查人員 4 名、駐外聯絡官 3 名）、2020 年訪談 7 名受訪者（附錄 3，5 名刑事警察局及 2 名縣市警察局刑警大隊偵查人員），合計 25 名。訪談對象以實際參與跨境電信詐欺集團之犯罪者或查緝行動之偵查人員為主，皆為其中深具代表性之人物。其中 2015 年 18 名受訪者及 2020 年 I2-1 ～ I2-4 係透過立意抽樣，I2-5 ～ I2-7 則採滾雪球抽樣。2015 年 11 名集團成員因跨境詐欺證據難取得故多為短期刑期，僅能選取刑期較長者進行訪談，故受訪者分屬於不同集團及案件；縣市警察局因專案勤務較多、不易接觸國外情資、且無跨單位偵辦案件資源，故僅以 4 名為代表，其中 I2-3 為查緝跨境詐欺案件係於刑事局國際組服務期間，I2-5 係與刑事局共同合作查緝跨境詐欺案件，可知縣市警察局並無獨立查緝跨境犯罪案件之能力。透過 2015 年與 2020 年訪談資料進行檢定比對，不同年代及對象的訪談內容有助於相同議題進行複證。

參、跨境詐欺犯罪網絡的全球移動

菲律賓⋯⋯長灘嘛，印尼⋯⋯就在巴里島玩嘛；柬埔寨吳哥窟、越南下龍灣，馬來西

亞雲頂，新加坡，東南亞……，日本九州、北海道……，沖繩 ……東京晴空塔。……
斐濟、埃及、日本、杜拜……希臘，……加拿大，多倫多跟溫哥華……美國的鳳凰城，
亞利桑納州。……關在一間房子，從頭到尾沒有給他出去過。走的時候，只走一遍那
個路，你會記得嗎。……還有人跑去墨西哥、南美，還有巴西的，我有很多朋友，全
球都有人在做。幾乎都是臺灣人（作者訪談，C6，○○監獄，2015 年 6 月 2 日）。

　　資訊、通訊及運輸科技發達，造成全球流動快速，更使得跨境犯罪活動更加迅
速便利；本研究將跨境電信詐欺犯罪網絡區分為歷史脈絡沿革與地理區位演變分述如
下。

一、歷史脈絡沿革

　　1990 年代國內金融體制陸續開放，金融機構民營化、ATM（自動提款機）普遍
設立，加上 1996 年 1 月 16 日電信法修正案通過，行動電話門號及金融帳戶存摺取
得容易，促使詐欺犯罪更加興盛蔓延。國內多數研究（丁水復 2005; 李華欣 2011; 許
芳雄 2010）認為，1996 年是國內詐欺犯罪型態的一個重要分水嶺，在此之前，詐欺
犯罪者多為小型聚合或獨立運作，必須與受害者當面直接接觸，犯案內容大多以金光
黨「扮豬吃老虎」、「招會詐財」、「巫術騙財 」、「不實廣告詐財 」、「虛設商標 等為
主，歹徒人力有限，受害人數較少。自 1997 年起，因為經濟型態改變，電子通訊及
網際網路漸趨普遍，衍生出如刮刮樂、信用貸款、購物、手機簡訊、網路寶物、求職
等型態之「新興詐欺犯罪」問題，其共通特性即是大量運用各種偽造證件、人頭帳戶
及人頭電話等犯罪工具，以各種名目誘使被害人將款項匯入詐欺集團所指定的人頭帳
戶中，以間接接觸方式欺騙不知情民眾的錢財謀取暴利，嚴重侵害人民財產法益，並
引起全國民眾及政府相關單位之重視（邵明仁 2011）。2004 年行政院成立「反詐騙跨
部會協調會議」，進行政策協調全面進行反詐騙，促使詐騙集團轉向對岸發展；隨著
兩岸經貿交流日漸開放，兩岸跨境詐欺犯罪亦日趨頻繁。

　　2006 年初跨境電信詐欺集團考量到低成本、隱密性及大量性，從過去利用電信溢
波或漫遊，到近期結合網路與通訊的轉換傳輸，技術提升至私設「非法電信平台（機

房）」（李宏倫 2009）；透過網路平台轉接電信業者撥打電話進行詐騙，此類電信發話機房通常利用美國或香港境內電信業者提供之軟交換機[9]話務平台竄改門號並傳送話務，再與其他境外業者轉接兩岸或其他國家電信業者，末端進行詐騙，透過電信平台層轉躲避查緝，增加司法單位偵查困難（林德華 2011）。從有線通訊、無線通訊到近年的網路電話（Voice over Internet Protocol, VoIP），[10]詐騙機房現今已可直接使用具備網路電話功能的手機來做為詐欺工具（吳秉勳 2014）。**跨境電信詐欺透過網際網路全球化的特性，詐騙亦到達了無遠弗屆的地步**（如圖 5-4）。

　　2009 年 4 月 26 日海峽兩岸第三次江陳會談於大陸南京正式簽署「海峽兩岸共同打擊犯罪及司法互助協議」，並於同年 6 月 25 日正式生效。在兩岸共同合力追查之下，詐騙集團已由兩岸流竄至鄰近東南亞國家，近年更蔓延至亞、非、中東、中南美洲等國家，自第三地[11]詐騙兩岸人民甚至當地居民。[12]2011 年春節前發生「菲律賓將

9　軟交換概念的提出最初來自於對處於 PSTN/ISDN 和 IP 網絡邊界的 IP 電話網關的分解。為了便於實現大容量 IP 電話網關，一個 IP 電話網關被分解為由一個媒體網關控制器（MGC）和若干個媒體網關（MG）組成的分布式系統。這裡的軟交換通常就是媒體網關控制器。進一步的，隨著分組承載技術被引入到 PSTN/ISDN 內部，PSTN/ISDN 交換機本身也可以被分解成為相對獨立的兩個部分：呼叫控制部分和承載控制部分。這裡的軟交換通常是指呼叫控制部分。引自維基百科 https://zh.wikipedia.org/wiki/%E8%BD%AF%E4%BA%A4%E6%8D%A2，查閱時間：2016/5/20。

10　網路電話（Voice over Internet Protocol, VoIP）是一種將語音、傳真等資訊，透過網路通訊協定（Internet Protocol, IP）資料型態傳遞的交換技術。一般傳統電話語音係藉由公眾電話交換網 PSTN（Public Switched Telephone Networks）傳遞，而 VoIP 則是將語音經過壓縮程序，利用網路電話閘道器（Internet Telephone Gateway 或 VoIP Gateway）轉換為 IP 數位封包（Packet）的格式，在 IP 網路上傳送。VoIP 現階段主要有三種營運模式，第一種為電腦對電腦（PC-to-PC），一般為 VoIP 軟體業者藉由 VoIP 軟體提供電腦對電腦間的語音服務，如 Skype；第二種則為電腦對電話（PC-to-Phone），是由 VoIP 軟體業者與電信廠商合作，提供由電腦撥打至一般電話或手機的服務，如 Skype（Skype Out）及 Net2Phone 等；第三種則是電話對電話（Phone-to-Phone），亦即 VoIP Phone，用戶可利用既有的電話機撥打電話，經由 VoIP adapter 及寬頻數據機進行 VoIP 的壓縮及封包傳送交換，而非以傳統的電路交換方式，主要的服務廠商包括 Time Warner、Vonage 及 Yahoo! BB（譚志忠，2004）。

11　除兩岸以外的第三地國家，由於兩岸關係問題，避免國家稱謂，因此不稱第三國而稱第三地。

12　自由時報，臺灣集團詐騙全世界近年從海外帶回 6000 嫌，2016 年 4 月 13 日，http://news.ltn.

圖5-4　詐騙話務匯流示意圖

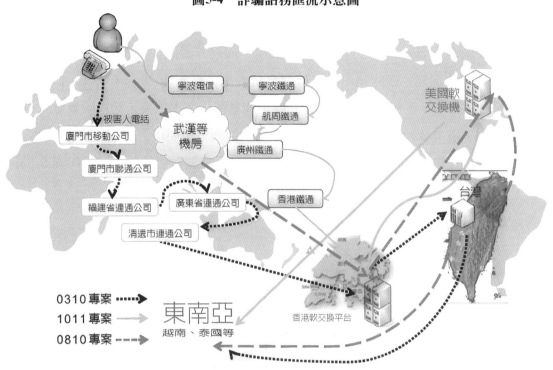

資料來源：刑事雙月刊 45 期，2011 年 12 月

14 名台籍嫌犯遣送大陸事件」，引起社會各界爭議及臺菲關係緊張，讓兩岸合作打擊犯罪關係面臨考驗，後經兩岸警界高層互訪協調，遣返台籍嫌犯接受國內判決，也開啟了日後兩岸第三地一連串打擊跨境詐欺專案行動的契機。兩岸跨境詐欺犯罪從以往的「對岸犯罪，臺灣受害」轉變為「臺灣犯罪，對岸受害」，再演變為「第三地犯罪，兩岸受害」等趨勢，更甚者，臺灣詐欺集團複製經驗，擴大招兵買馬，從受害地區引進能說當地語言的人士，組成跨境發話部隊，同類案件因而在大陸、日本、韓國、東南亞各國頻傳，其後更擴散至歐、亞、美、非、大洋洲各大洲，幾近「全球公敵」之勢。

　　兩岸人民合組的跨境電信詐欺集團在全球各地流竄，兩岸警察機關基於共打協議

---

com.tw/news/society/breakingnews/1662542（2016.05.22 檢視）。

互助合作、不斷在其後不斷追趕，此種情形至 2016 年民進黨政府執政後急速冷凍，
「兩岸共同打擊犯罪及司法互助協議」亦形同具文[13]，其後詐欺集團的臺灣犯嫌則分別
被肯亞、柬埔寨、亞美尼亞、馬來西亞、越南、印尼等國送往大陸受審。[14] 自此針對
跨境詐欺集團的追捕，僅能兩岸各自努力自行查緝。直至 2020 年 COVID-19 疫情爆
發，人員無法外出、也無法出入銀行，詐欺集團為減少成本損失，紛紛回臺避風頭。[15]
詐欺集團除了搭上資通運輸科技帶來的**全球化快速列車**之便以外，**政府政策轉變、兩
岸關係及兩岸合作模式**亦明顯影響電信詐欺集團在全球擴散遷移的軌跡（如圖 5-5）。

二、地理區位演變

　　跨境電信詐欺集團自臺灣轉戰大陸再分散各國，詐欺集團的遷移軌跡及犯罪
型態演變歷程有其脈絡可循。本研究彙整相關文獻、官方資料、新聞報導（曾雅芬
2016），加上質性訪談資料，有助於深入了解跨境詐欺犯罪地點及歷程的演變。

> 其實發明者是在桃園。⋯⋯台中是大本營是因為桃園後來把這一套技術傳到台中去，
> 然後台中又發明更好的科技，⋯⋯桃園是真的功夫，是真的話術（作者訪談，C6，
> ○○監獄，2015 年 6 月 2 日）。

　　臺灣跨境詐欺犯罪集團足跡遍布全球，其犯罪地點（包括機房據點及被害地點）
的演變歷程可分為以下六個時期（表 5-2）。

13　自由時報，不找臺灣幫忙？中國警方對台商發布通緝國台辦回應了，2020 年 12 月 16 日，
　　https://news.ltn.com.tw/news/politics/breakingnews/3383221（2021.8.31 檢視）。

14　葉毓蘭（2017），詐騙犯為何又回來了，國家政策研究基金會國政評論，2017 年 11 月 8 日，
　　https://www.npf.org.tw/1/17654（2021.8.31 檢視）。

15　蘋果日報，疫情肆虐詐騙集團騙不到錢　6 成境外成員悄悄返台避疫，2020 年 5 月 22 日，
　　https://tw.appledaily.com/local/20200522/ZIU4VUO62GWHPNWHEIW2HILJQM/（2020.11.1 檢
　　視）。

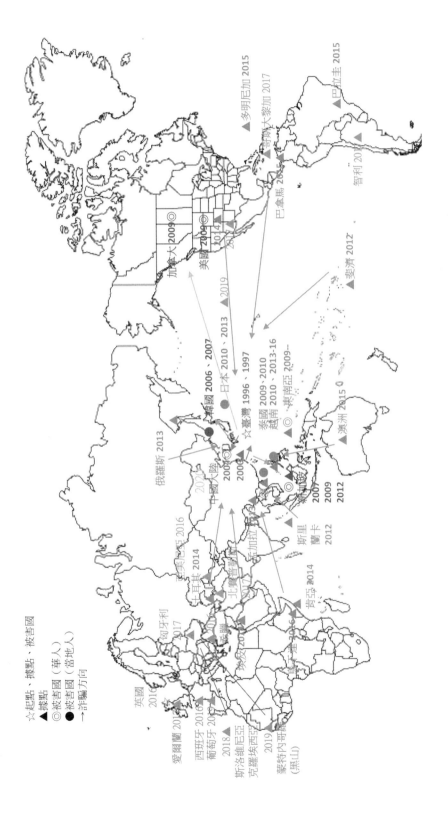

圖 5-5 臺灣跨境電信詐欺犯罪全球擴散圖

資料來源：本研究整理

1. 台對台人民境內詐欺時期（1945～1999）：

1945 ～ 1970 年為傳統面對面詐欺模式，1971 ～ 1996 年因臺灣經濟起飛，主要為商業詐欺模式，隨著 1990、1992 年民營銀行開放、1996 年電信法修正，1997 年通訊及網路普及，詐欺對象及可及性均大增，因而促使新興詐欺模式（電信及網路詐欺）於 1997 ～ 1999 年產生。

2. 兩岸對台人民跨境詐欺時期（2000－）：

由於新興詐欺氾濫，加上兩岸交流頻繁，2000 年詐欺集團為躲避查緝，開始將電話機房設置在大陸沿海各省，為跨境詐欺之起源；此時已有黑道幕後操控之情形（2004 年天道盟、四海幫），而大陸因無被害者較不願主動查緝。2001 年手機推出簡訊功能，開始出現簡訊詐騙。此時期詐騙案件及金額逐年急速攀升，致使行政院於 2004 年成立「反詐騙跨部會協調會議」，刑事局也成立 165 反詐騙專線；另外自 2005 年實施金融卡非約定帳戶轉帳單日限額調降為新台幣三萬元，雖暫時遏止詐騙猖獗，卻也促使假冒檢察官三線詐騙模式的出現。

3. 兩岸對兩岸人民跨境詐欺時期（2005－）：

由於前述政策及措施，致使 2005 年首件詐欺集團轉騙大陸人民案件出現，2006 年國內首件詐欺集團電信系統商成員被捕，2007 年破獲首件假冒檢察官現場取款模式詐騙集團。

4. 兩岸對他國人民跨境詐欺時期（2006－）：

大陸被害民眾出現後，迫使大陸公安轉為積極與我方合作，使得兩岸人民組成的詐欺集團轉而詐騙其他國家。2006 年底破獲臺、陸、泰、韓跨國電信詐欺集團，2006 ～ 2007 年間出現詐騙韓國民眾的案件，韓國警方來台取經並陸續逮捕多位台籍車手，其中均可見兩岸黑道涉案蹤跡（2007 年竹聯幫、香港新義安派）。2007 ～ 2009 年陸續查獲兩岸詐欺集團詐騙新加坡、泰國、亞洲多國、美國、加拿大華人社區的案件，主要使用華語詐騙華人，機房據點主要分部於兩岸。詐騙外國人部分自韓國之後，則陸續於 2010 年出現詐騙泰國、日本民眾，2013 年詐騙越南民眾的案件，除

以兩岸為據點外，亦有以當地為據點詐騙當地民眾之情形發生。

5. 東南亞對兩岸人民跨境詐欺時期（2009－）：

由於大陸詐騙案件日增，2008 年起大陸中央指示全力進行掃蕩，加上 2009 年兩岸簽署「海峽兩岸共同打擊犯罪及司法互助協議」、開始共同追查詐欺集團，迫使兩岸詐欺集團陸續尋找第三地國家為據點持續經營詐欺活動。2009 年首先由集團主嫌前進東南亞（菲、印尼）遙控臺中詐欺集團詐騙大陸人，並陸續發現詐欺集團已出現分工模式；臺泰警方更於泰國破獲東南亞第一件海外臺灣詐騙集團，為臺中集團轉移，其後更破獲多件專騙大陸民眾的大型集團。2010 年兩岸警方首度同案在第三地越南合作及進行境外調查取證。惟 2010 年底發生菲律賓 14 名臺嫌遣陸事件，引發爭議，迫使我方至對岸協商，以展開多件大型專案為前提，帶回臺嫌；並達成日後以犯罪當地國同意為前提，查獲兩岸嫌犯各自帶回的共識。自此展開多件兩岸第三地合作之專案查緝行動，破獲東南亞多國電信機房據點，多次專案中並發現有少數外籍人士參與的行蹤，除東南亞國家當地人民外，尚有韓、緬、紐等其他國籍人士參與。

6. 他國對兩岸人民跨境詐欺時期（2012－）：

兩岸共同展開專案查緝後，跨境詐欺集團據點出現逐漸遠離亞洲地區之趨勢，如 2012 年南亞斯里蘭卡、大洋洲斐濟，2013 年南亞孟加拉、北亞俄羅斯，2014 年西亞土耳其、非洲埃及、肯亞、美洲美國，2015 年中南美洲巴拉圭、多明尼加、巴拿馬、大洋洲澳洲，2016 年非洲烏干達等。其中 2015 年亦發現竹聯幫在拉美地區建立越洋詐騙機房的足跡。

由表 5-2 相關資料可看出跨境詐欺集團在各時期的變化，分別自在台對台、兩岸對台、兩岸對陸的單線時期，再到兩岸對他國、東南亞對兩岸及他國對兩岸的多線發展時期；近期（2020）因 COVID-19 疫情影響形成詐欺集團鯊魚洄游返國現象，屬短期現象，且仍有半數人員仍持續在國外據點活動，未來視疫情變化仍將持續流竄。由上述情形可知，即使地點不斷變化，犯罪者對於詐騙產業仍舊熱衷，投機份子投入詐欺行列仍是前仆後繼。

近幾年因為大陸積極查緝境外機房，導致鯊魚回潮，不少國人返台在從事詐欺（犯罪），再來因為疫情關係，出國限制，境外機房慢慢減少成員，但國內機房反而增加（作者訪談，I2-6，服務單位，2020 年 9 月 22 日）。

表5-2　臺灣跨境電信詐欺集團全球詐騙史（截至2016.04）

時間	機房據點	詐騙對象	資料來源
1945	臺灣	臺灣	周文科，2004。
1990	臺灣	臺灣	許振明、唐正儀，2002。訪談紀錄，I2。
1996 1997	臺灣	臺灣	資策會，1997。新新聞周刊，2003.10.16。
2000	大陸	臺灣	訪談紀錄，I2。
2001	兩岸	臺灣	訪談紀錄，I2。
2004	**大陸**	臺灣	蘋果日報，2004.04.26。
2004	兩岸	臺灣	葉毓蘭，2004。
2005	兩岸	臺灣	金融監督管理委員會，2005。訪談紀錄，I2。
2004 2005	臺灣	**大陸**	IB Times中文網，2014.03.12。訪談紀錄，I2。TVBS新聞，2005.09.10。
2006 2007	兩岸	兩岸	訪談紀錄，I2。
2006 2007	兩岸（車手至韓國取款）	**韓國**	何招凡，2013。訪談紀錄，I2。中國時報，2007.07.13。蘋果日報，2007.10.24。
2007	大陸（在台提款）	**新加坡**	自由時報，2008.11.20。
2008	大陸	兩岸	聯合晚報，2008.07.28。
2009	不明	美、加華人區	駐新加坡臺北代表處官網，2009.07.23。世界新聞網，2011.06.12。

時間	機房據點	詐騙對象	資料來源
2009	臺灣（主嫌在東南亞）	大陸	訪談紀錄，I2。
2009	兩岸	兩岸	訪談紀錄，I2。
2009	兩岸	兩岸	何招凡，2013。邵明仁，2011。訪談紀錄，I2。
2009	臺灣	大陸	訪談紀錄，I2。
2009	不明	**泰、新**台商	駐新加坡臺北代表處官網，2009.07.23。
2009	**泰國**	大陸	訪談紀錄，L2、L3。何招凡，2013。自由時報，2009.08.11。
2010 2011	大陸（在台取款）	**泰國**	何招凡，2013。165反詐騙官網，2010.11.15蘋果即時新聞，2011.10.03。
2010	**大陸**	**馬來西亞華人**	何招凡，2013。訪談紀錄，I2。
2010	**越南**	兩岸	何招凡，2013。訪談紀錄，L3。
2010 2013	**日本**、大陸	**日本**	時報周刊，2014.07.16。
2010	東南亞（菲印泰越柬IP位址）	臺灣	何招凡，2013。
2010	**菲律賓**	大陸	大紀元，2011.02.02。中央社、聯合晚報，2011.07.06。何招凡，2013。訪談紀錄，I2。
2011	**印尼、柬埔寨**、馬來西亞、泰國、越南、兩岸	兩岸	內政部重大政策，2014.08.13。何招凡，2013。
2011	印尼、柬、馬、泰、越、**寮國**、菲、兩岸	兩岸	內政部重大政策，2014.08.13。何招凡，2013。
2012	菲律賓、臺灣	兩岸	內政部警政署刑事警察局新聞稿，2012.06.08。

時間	機房據點	詐騙對象	資料來源
2012	柬、泰、菲、馬、**斯里蘭卡、斐濟、**兩岸	兩岸	內政部重大政策，2014.08.13。何招凡，2013。
2012	菲律賓 兩岸	兩岸	內政部重大政策，2014.08.13。何招凡，2013。
2012	越南、印尼、兩岸	兩岸	內政部重大政策，2014.08.13。
2012	印尼、馬、泰、柬、越、菲、**新加坡、斯里蘭卡、**兩岸	大陸	刑事警察局官網，2013年9月9日。中央社新聞，2014.01.27。
2013	**孟加拉**	兩岸	中央社新聞，2014年1月27日。今日新聞網，2014.01.28。訪談紀錄，L3。
2013	**俄羅斯**	大陸	新華網，2014.04.10
2013 2014	**越、臺**	**越南**	大紀元、中時新聞網，2013.11.15。時報周刊，2014.05.06。自由時報，2014.04.22。
2014	印尼、**土耳其**	大陸	自立晚報，2014.09.18。
2014	**非洲埃及**	大陸	蘋果日報，2014.09.20。
2014	**非洲肯亞**	大陸	中央通訊社，2014.12.04。新華網，2016.04.13。
2014	**美國**	大陸	自由時報，2016.02.06。
2015	**中南美洲、巴拉圭、多明尼加、巴拿馬**	兩岸（不明）	風傳媒，2015.10.18。
2015	**澳洲**	大陸	東森新聞雲，2016.04.19。聯合報，2016.04.20。
2016	越南	越南	聯合報，2016.04.20。
2016	**英國**	**英國**	大紀元，2016.01.06；Metropolitan Police，2016.06.07。

時間	機房據點	詐騙對象	資料來源
2016	**非洲肯亞**	大陸	經濟日報， 2016.04.13。中國時報，2016.04.13。
2016	馬來西亞	大陸	BBC中文網，2016.04.15。三立新聞網，2016.05.01。
2016	**非洲烏干達**	大陸	蘋果日報，2016.04.24。中央社，2016.04.24。

資料來源：行騙天下：臺灣跨境電信詐欺犯罪網絡之分析（曾雅芬2016）。

肆、跨境詐欺犯罪網絡的空間分工

　　電信詐欺集團從早期在境內犯罪，逐步轉向跨越全球各地的跨境犯罪現象背後，應有其空間分工的特殊機制存在，本研究針對電信詐欺集團跨境移動與分工、地理節點及詐騙國家進行綜合分析，並整合為概況及成因兩部分進行討論。

一、概況分析

　　本研究整理官方資料、新聞報導及訪談紀錄後發現，詐欺集團初始從臺灣臺中發源，再移至大陸廈門沿海一帶發展，整體過程主要從臺灣、大陸、東北亞（日韓）、東南亞到他國，詐欺集團在東南亞被查獲之前即已發展許久，主要由黑道先行打通當地，因此久未曝光，集團移動方法除了透過黑道或首腦本身熟悉當地外，亦透過不斷到各地闖關進行風險測試；因發展多年，大陸、泰國、菲律賓、越南、印尼等地亦成為詐欺集團另類的培訓中心。表 5-3 中可看出，自 2000 年兩岸跨境詐欺集團首案出現至今，跨境詐欺電信機房及系統機臺已遍布全球各大洲，詐騙對象更由早期的華語地區（台 2000 年、陸 2005 年、新 2007 年、泰 2009 年、馬 2010 年、美、加 2009 年），擴大至外語地區，包括韓國（2006 年）、日本（2010 年）、泰國（2010 年）、越南（2014 年）、美國（未破獲）等國家，形成全球遷移（Aas 2008; Hall 2012;

Karstedt 2002;Nelken 2011）與犯罪轉移（許春金 2010; Clarke 1997; Reppetto 1976; Varese 2011）的現象。早期詐騙對象主要集中於臺灣各縣市及大陸主要一二線城市，後期多將重心置於大陸地區，惟一線城市詐騙案件陸續遭報導致使民眾防詐意識漸高，三線城市雖較落後好騙卻也較貧窮，因而大多選擇二線城市進行詐騙。詐騙外語國家部分則多以落後國家為主，先進國家較少新聞報導；詐騙集團技術輸出並非全盤移植外籍團體，為求有利可圖，詐騙集團主要透過尋找外籍人士的跨國合作方式，來將技術保留在台籍成員手中。然而，未來外籍人士極可能如同陸籍成員紛紛自立門戶，取代台籍成員行騙天下，成為真正的技術移植與輸出。自電信機房及詐騙國家轉移到非華語區之後，未來各類據點分布將更加全球化，詐欺集團利用全球化漏洞，將隱匿無蹤且更加難以查緝。

　　詐欺集團各類據點的空間分工呈現全球化分布，主要包括網際網路、各國人別及各種組別的跨境串聯與合作。網際網路串聯主要利用系統機臺在全球各地形成網路跳板，網路搜尋及通訊軟體更應用來尋找陸籍成員；各國人別的全球移動使得後期在非洲肯亞查獲的集團，內部成員除了兩岸人員，另已包含了緬籍廚師、泰籍司機、非洲籍系統商及翻譯，泰國據點的兩岸詐欺集團更與德國駭客集團合作製造偽卡；詐欺集團的各類組別利用網路無國界的便利，形成了犯罪全球化的現象（Harvey 1989; Williams & Baudin-O'Hayon 2002）。由表 5-4 即可看出電信詐欺集團分工概況與據點類型所呈現的全球化狀態，與全球犯罪經濟體系（Castells 1997;1998）及非法交易網絡（Naím 2005）有異曲同工之妙。早期網際網路及金融科技尚未發達以前，囿於網路聯結及現金轉帳提款的限制，系統機房多在兩岸，招募組、車手集團及洗錢機房（轉帳中心）多在被害國，首腦、電話機房則在被害國以外國家；後期網路及金融科技進步，網路銀行及提款卡功能國際化，促使各類組別均得以在被害國以外的全球各地進行活動，招募組則仍需在集團成員國家。

　　據點及租屋類型的選擇，主要為老闆或核心人物的工作。據點部分，首腦及核心人物會定期定點於自購豪宅、咖啡館分贓現金，或聚集於兩岸聲色場所交流訊息（臺灣主要於臺中、大陸主要於廈門、上海）；招募組則透過朋友聯絡並利用聲色場所或聊天軟體等各種管道找人；特定的地點或管道形成犯罪者特殊的聚合場域（convergence settings），可幫助潛在犯罪者在日常生活中發現彼此（Felson 2003; Levi

表5-3　跨境電信詐欺集團各類地理節點一覽表

區域	已被查獲機房據點	未被查獲機房據點	系統跳板機臺	被害國（華人）	被害國（當地人）
兩岸	兩岸（2000）		大陸東北、香港、澳門	台（2000）陸（2005）	
東北亞		日本九州、北海道，觀光景點（沖繩、東京晴空塔）			韓國（2006）日本（2010）
東南亞	泰國、越南、菲律賓、印尼、柬埔寨、馬來西亞、寮國、新加坡（2009）	緬甸，觀光景點（越南下龍灣、柬埔寨吳哥窟、印尼峇里島、菲律賓長灘、馬來西亞雲頂）	馬來西亞	新加坡（2007）泰國（2009）馬來西亞（2010）	泰國（2010）越南（2014）
南亞	斯里蘭卡（2012）孟加拉（2013）	印度			
大洋洲	斐濟（2012）、澳洲布里斯本（2015）	帛琉、澳洲墨爾本	澳洲		
北亞	俄羅斯（2013）		俄羅斯		
西亞	土耳其（2014）				
中東		杜拜			
非洲	埃及（2014）、肯亞（2014）、烏干達（2016）	南非、坦尚尼亞、馬達加斯加			

區域	已被查獲機房據點	未被查獲機房據點	系統跳板機臺	被害國（華人）	被害國（當地人）
歐洲		希臘、英國倫敦	德國		
北美洲	美國加州洛杉磯（2014）	美國亞利桑那州鳳凰城、加拿大溫哥華、多倫多	美國	美國、加拿大（2009）	美國（未被查獲）
中美洲	多明尼加、巴拿馬（2015）	墨西哥			
南美洲	巴拉圭（2015）	巴西	巴拉圭、巴西		

資料來源：本研究整理官方資料、新聞報導（表2）及訪談紀錄，發生時間為新聞媒體首次報導時間。

2008）。電話機房早期設點於兩岸（臺灣以臺中、桃園、新北為主，大陸以廈門、珠海為主），後期則擴展至全球各國可拉網路線的地方，包括都會區與偏遠地區，以大都市、華人區、觀光地區為主，後期逐漸轉往郊區，大型城市與全球都市形成藏匿犯罪的最佳場所（Sassen 1994; 1996）；車手集團遇大額現金主要由大陸（或其他被害國）車手負責轉帳，臺灣車手提領（車手居住地以外縣市郊區便利商店），目前銀聯卡已可在世界各地提領；洗錢機房早期與車手集團在同一國家，後期透過網路轉帳可在全球各國活動，礙於使用 3G 網路僅能設點於都市附近；系統機臺則毫無限制分布在全球各地。租屋類型部分，主要視人數多寡決定租屋大小，首重隱密性、隔音效果及網路穩定性。系統機臺只需設點放置一台機器，所需空間最小，通常租用便宜民宅；洗錢機房人數 2～3 人，大多租用大都市郊區一般社區或飯店房間；電話機房人數最多，早期大陸及東南亞興盛時期，大多租賃整層辦公大樓或整層飯店、旅館，因過於醒目，後期遂化整為零，轉為租用別墅、豪宅或社區民宅，臺灣部分則多租用大廈、樓中樓、豪宅或大房子。

　　此外，詐欺集團在海外的據點並非固定不變，仍有變換據點的情形產生；據點變換的模式主要有四種，包括同國拓點、同國換點、跨國間接換點及跨國直接換點，大

表5-4　電信詐欺集團分工概況與據點類型

組別	國家	據點	租屋
首腦	全球流竄	臺灣：臺中豪宅、咖啡館、茶藝館、金錢豹、大地球、KTV 大陸：廈門酒店、上海新天地	不需租屋
招募組	集團成員國家	不定（利用各種管道找人，酒店、KTV、台中茶藝館、聊天軟體）	不需租屋
電話機房	兩岸	臺灣各地（早期臺中、桃園、新北為主） 大陸沿海（早期廈門、珠海為主）	台：大廈、樓中樓、豪宅、大房子 陸：辦公大樓、商行、社區民宅
電話機房	東南亞、全球	各國可拉網路線的地方，大都市、華人區、觀光景點、郊區、偏遠地區	透天別墅、Villa別墅區、飯店、旅館、豪宅、民宅、大房子
車手集團	臺灣各縣市	車手居住地以外縣市、偏僻鄉鎮或工業區的便利商店	不需租屋
車手集團	東南亞、全球	世界各地取款，在菲律賓提領披索、泰國提領泰銖	不需租屋
洗錢機房	兩岸、東南亞、全球	早期：與車手集團在同一國家 後期：各國都市附近（3G網路較穩）	一般社區、飯店
系統機臺	全球	大陸東北、香港、澳門、德國、俄羅斯、巴拉圭、巴西、馬來西亞、美國、澳洲等	民宅

資料來源：本研究整理

多以同一國內拓展他點或租用備用據點以躲避查緝較為常見，遇大型查緝掃蕩才會轉換國家，且多數採先回國或至他國轉機的間接方式，整團移動或分批前往的直接方式則屬少數。據點停留期間亦各有不同，通常為隨機應變，只要有風吹草動則立即換點。換點時間大多設定為 1 或 2 個月，有些配合旅遊簽證效期設定為 3 個月，另外並設定詐騙金額達到目標值（例如 200 萬元等大筆金額）即馬上換點，深具危機意識。

停留期間隨偵查單位查緝頻率而不同，臺灣因查緝頻繁而經常換點，大陸約幾個月換點，東南亞則不一定，幾月、半年、甚至不用換點，主要基於成本考量或有無買通公關；即使在國外被查獲也因屬輕罪可易科罰金，而續留該國。其他組別方面，洗錢機房因使用 3G 網卡較難查緝而無需換點；國內提款車手在戶籍地領錢較易被查緝，因而多在外縣市偏僻鄉區提款；系統機房成員則視 IP 追蹤清查時間設定 2 個月換點。

透過本章對於跨境電信詐欺集團地理節點及擴散概況的討論（圖 5-5、表 5-3）可知，電信機房據點主要以兩岸為中心向外成同心圓擴散移動，由亞洲、大洋洲、非洲、美洲乃至全球，與犯罪型態理論中的中心點（nodes）、路徑（paths）及邊緣（edgtes）概念（Brantingham & Brantingham 1984;1993）類似，但該理論強調社區日常通勤活動的時空移動，跨境詐欺犯罪活動範圍則應擴大至全球層面來觀察，其移動距離及活動時間也較長，與該理論略為不同；與 Naím（2005）的非法交易網絡航空路線圖的輪輻狀網絡較為相似，形成高度分散、鏈結跨越國境既長且複雜的地理網絡。而在國外據點的活動情形，則與 Daele、Beken 與 Bruinsma（2012）對於外國罪犯地理流動的研究結果相同，較無固定錨點、距離和方向，並不適用國內地理犯罪的流動模式。

二、成因分析

成因分析包括詐欺集團跨境移動、據點選擇及據點變換的被動形成因素，與集團跨境移動、據點選擇及詐騙國家選擇的主觀綜合考量因素。

（一）被動形成因素（跨境移動、據點選擇及據點變換）

表 5-5 綜合詐欺集團跨境移動、據點選擇及據點變換的形成原因，可發現安全性（躲避查緝）是詐欺集團產生跨境遷移、選擇海外國家、甚至不斷變換據點的最大主因，亦即跨境詐欺犯罪的起源，主要來自於逃避司法查緝及國內的全面預防政策，從而形成了犯罪轉移現象（許春金 2010; Clarke 1997; Reppetto 1976; Varese 2011）。以下則分別討論三類概況成因。

1. 跨境移動部分：除了躲避查緝外，集團成因尚包含風險測試、金融管制（移出臺灣另因 2005 年金融管制限縮、日韓亦因管制嚴格而難以打入）、網路不穩（東南亞偏僻地區因民生設施簡陋、網路不穩而無法設點）及培訓成員（發展較久的國家成為培訓中心）等因素，個人成因則另外包括探路人員、學習技術、不習慣當地生活、人員飽和等因素。網路問題、當地生活環境及人員飽和等因素則與跨國環境的地理制約（Hastings 2010）有極大關聯。

其實有很多地方，只是新聞沒有報，因為當地就處理掉啦。……重點是不會被抓而已啦，去哪一個國家都一樣啦（作者訪談，C4，○○監獄，2015 年 5 月 26 日）。

2. 據點選擇部分：成本較低的詐欺集團大多選擇亞洲地區，主因測試安全、具安全性（落後國家較難查緝）、有人脈關係（可買通公關、行賄疏通或了解搜索機制）、觀光地區人雜、成本開銷低、地大人多膚色相近、與大陸外交關係不佳（日本）、免簽國家（方便進入）；成本較高的詐欺集團大多選擇較遠地區，主因安全性（距離較遠難以查緝）、較少出事（部分買通關係而無新聞報導）、有人脈關係（牽線設點）、觀光地區人雜、免簽或兩岸有共同簽證、與大陸外交關係不佳（美國）。二者共同因素最主要為安全性及人脈關係，觀光地區則是次要因素。

一般都是要到大城市。因為小城市因為太遠，他們的交通會不方便，像回來啊，坐飛機會不方便，全部都是挑在大城市交通方便的地方。像東南亞國家，大家都跑去越偏僻的地方越好，……我之前在雅加達泗水有做過。那是因為剛開始，印尼是最新的。那後來有人還跑到印尼的那個什麼三寶瓏啦，……那坐車坐十幾個小時才會到的那一種。我之前在越南也是在中越做啊，……從胡志明市坐車坐十二個小時到中越去，……因為他們想說在鄉下做不會被抓到，其實都一樣，我們下越南的時候，其實他們已經跟我們一個多月了，從下飛機就開始跟（作者訪談，C6，○○監獄，2015 年 6 月 2 日）。

3. 據點變換部分：電信機房主因躲避查緝（財力雄厚無須換點、因查獲而被迫換

國、詐得大筆金額）、簽證 3 月到期加簽、空間太小換大等；個人則因不習慣當地生活、到期回國或轉點；洗錢機房使用 3G 網卡較難查緝無需換點，國內提款車手必須在戶籍地以外縣市郊區提款以躲避查緝，系統機房視 IP 追蹤時間約 2 個月換點。

> 中國大陸進來抓的時候，他們整個沒有後台的、沒有繳保護費的全部抓走，有後台的都不會被抓（作者訪談，C6，○○監獄，2015 年 6 月 2 日）。

（二）主觀考量因素（跨境移動、據點選擇及詐騙國家）

集團跨境移動、據點選擇及詐騙國家選擇的主觀考量因素，主要與集團首腦及成員的理性選擇（Cornish & Clarke 1987; 2009）有關。跨境移動及據點選擇的最大考量因素仍為安全性（躲避查緝），詐騙國家的選擇則以語言及背景為首要考量要點，安全性（風險效益評估）為次要條件。

1. 跨境移動的考量要素：分別為查緝風險（測試風險、躲避查緝、分散風險）、跨境犯罪漏洞（司法漏洞、金融科技、詐欺證據、偵辦難度、各國司法不同、不受歡迎人物、國籍原則、國際司法管轄漏洞）及刑期長短（大陸刑期重、臺灣刑期輕、國外刑期不定）；其中，跨境犯罪漏洞形成了電信詐欺集團特有的空間分工模式，亦即**切割犯罪地點模式**：A 國犯罪者在 C 國詐騙 B 國被害者，C 國無該類罪刑；其主要透過全球系統機臺網路跳板的設定形成分工，拖延查緝時間，並增加查緝難度。而前述三大要素背後最大影響因子即為證據聯結之有無，近幾年兩岸共同合作查獲的跨境詐欺嫌犯大多因無證據聯結而被輕判或無罪釋放，顯示證據聯結之重要性；此三大要素，不僅是詐欺集團跨境移動的考量因素，同時也是偵查機關查緝案件的阻礙因素。

> 他要騙大陸人或臺灣人，所以他就要去招募語言相同的，……騙大陸人我就要招募大陸的車手，所以他就要到被害人的所在地的國家去招募，所以車手組就會在那裡。電話組就是一個機房，只要不要被抓到就好，……臺灣機房被警察抓就挪到大陸、挪到東南亞去啊。……但是錢不能都直接換到臺灣的帳戶來，我要把它洗乾淨啊，我用的錢才不會被警察注意到啊（作者訪談，I3，服務單位，2015 年 8 月 21 日）。

當地抓到也沒有關係，列為不受歡迎人士，三年五年又可以回去了，……他們沒有受害者，我們對於你們沒有造成任何的損害啊。……為什麼要花好幾十萬的機票錢，就是為了躲避這個法律漏洞（作者訪談，C2，○○監獄，2015 年 5 月 19 日）。

刑責刑期的輕重差很多，最倒楣的就在國外直接死刑，有些人回來就直接交保（作者訪談，I1，服務單位，2013 年 4 月 11 日）。

2. 據點選擇的考量因素：包含查緝機率、網路設備、人脈關係、買通公關、國際關係（兩岸關係及國際關係）、國情局勢（當地國情及政治局勢）、經濟因素（成本開銷、金融管制、及經濟影響）；而詐欺集團得以遷移至國外據點的主要關鍵點，則來自於人脈關係及買通公關。

聽說印度還不錯，可是印度華人去太明顯了。除了顏色不一樣，我們人又多。只要去到亞熱帶國家，臺灣人很明顯就一個人字拖，滿嘴檳榔，刁個菸這樣，滿身刺青，不是手就是腳，這是正統臺灣人。很容易引人注目。尤其是那種 shopping mall 的地方，大賣場。……美國也很多刺青啊！你看打棒球的選手，游泳選手還不是刺的滿身都是，只是他們不是刺龍鳳而已啊！他們是刺一些圖騰（作者訪談，C9，○○監獄，2015 年 6 月 5 日）。

暴利之所在，犯罪之所在。哪裡成本最低、安全度最高（作者訪談，L1，服務單位外咖啡館，2014 年 11 月 14 日）。

3. 詐騙國家的考量因素：包括語言及背景（語言、中介者、語言人士、知識水準）及風險效益評估（國情習性、兩岸關係、國際關係、地點分散、金融管制、司法制度、成本效益）。詐欺集團能成功詐騙外語國家，絕大因素在於找到熟悉當地語言及知識背景相當的人士來撥打詐騙電話；詐欺集團話術更是配合各國國情習性、社會常規而改變。大陸、東南亞國家及其他落後國家，在政治上多屬威權統治的集權體制，或因經濟落後貪腐情形嚴重，沒有公正透明的司法制度，人民對公檢法機關大多

畏懼，加上金融管制不嚴謹、司法制度輕重不同，各種漏洞形成了詐欺集團運用話術進行詐騙的有利途徑。在成本效益的衡量之下，詐欺集團即會選擇該國進行高利潤低風險的跨境詐欺活動。

> 領錢方式的程序也不是各國都一樣。你要去了解各國提領之類的、轉帳的限額。……如果金額太少，……跟它如果不合成本可不可以做。……因為日本也很少這種案件，歐美也很少這種案件，所以一般那邊的警察比較不會去盯這個，這就是一個漏洞（作者訪談，C11，○○監獄，2015 年 11 月 5 日）。

> 在國外被抓之後，也沒有涉及到當地的法律啊，我們會騙第三個國家，可以騙美國澳洲哪個國家隨便你騙，只要你懂他們的語言（作者訪談，C2，○○監獄，2015 年 5 月 19 日）。

上述成因及考量要素均顯示了國家管制（Beck 1999; Minc 1993; Naím 2005; Williams & Baudin-O'Hayon 2002）、網路管制（Held & Mcgrew 2002）、金融管制（Kurtzman1993; Kinsell 2000）等國家層面監控的缺乏，加上資通訊科技的發展，產生全球性整合與連結（Harvey 1989; Williams & Baudin-O'Hayon 2002），促使電信詐欺犯罪形成了類似全球犯罪經濟體系（Castells 1997;1998）及非法交易網絡（Naím 2005）的全球空間分工與**切割犯罪地點**模式，其特殊型態即犯罪據點設在犯罪者與被害者國家以外的第三地國家，以切割犯罪證據連結的第三地機制。而詐欺集團跨境移動的關鍵點－人脈關係及買通公關，結合民族親友關係網絡及政治經濟社會團體網絡，則屬於團體外部的社會網絡。此外，透過觀察兩岸成員所組成的詐騙集團電信機房據點分布，亞洲、非洲、大洋洲的電信詐騙機房據點大多選擇兩岸共同免簽國家，歐洲及美洲由於共同免簽國家較少，則大多以臺灣免簽證國家為據點（曾雅芬 2016）；由此亦可推估詐欺集團在全球各國移動的選擇軌跡。

表5-5 電信詐欺集團跨境移動與據點選擇成因

項目	形成原因（被動因素）	主觀考量（主動因素）
跨境移動	**集團**：躲避查緝、風險測試、金融管制、網路不穩、培訓成員 **個人**：躲避刑責、探路人員、學習技術、不習慣當地生活、人員飽和	1. **查緝風險**：躲避查緝、分散風險、測試風險 2. **跨境犯罪漏洞**：國際司法漏洞、金融科技、詐欺證據、偵辦難度、各國司法不同、不受歡迎人物、國籍原則、第三國不管 3. **刑期長短**：大陸刑期重、臺灣刑期輕、國外刑期不定
據點選擇	**亞洲（集團成本低）**：測試安全、具安全性（落後國家較難查緝）、有人脈關係（可買通公關、行賄疏通或了解搜索機制）、觀光地區人雜、成本開銷低、地大人多膚色相近、與大陸外交關係不佳（日本）、免簽國家（方便進入） **較遠地區（集團成本高）**：安全性（距離較遠難以查緝）、較少出事（部分買通關係而無新聞報導）、有人脈關係（牽線設點）、觀光地區人雜、免簽或兩岸有共同簽證、與大陸外交關係不佳（美國）。	1. 查緝機率 2. 網路設備 3. 人脈關係 4. 買通公關 5. 國際關係（兩岸關係及國際關係） 6. 國情局勢（當地國情及政治局勢） 7. 經濟因素（成本開銷、金融管制、及經濟影響） 途徑：人脈關係、買通公關
據點變換	**電信機房因素**：躲避查緝安全考量，財力雄厚無須換點，在國外被查獲被迫換國，詐得大筆金額害怕隔天被查，旅遊簽證3個月到期加簽，空間太小換大。 **個人因素**：成員不習慣當地生活、到期回國或轉點。 **其他組別因素**：洗錢機房因使用3G網卡較難查緝而無需換點，國內提款車手在戶籍地領錢較易被查緝，必須在戶籍地以外之縣市偏僻鄉區提款，系統機房視IP追蹤時間約2個月換點。	

項目	形成原因（被動因素）	主觀考量（主動因素）
詐騙國家		1. **語言及背景**：語言、中介者、語言人士、知識水準 2. **風險效益評估**：國情習性、兩岸關係、國際關係、地點分散、金融管制、司法制度、成本效益

資料來源：本研究整理。

伍、結論

　　近幾年兩岸雖與各國合作破獲多個跨境詐欺集團，卻仍有更多龐大集團逍遙法外、持續運作；跨境詐欺網絡顯然是一種腳本流程所形成的犯罪場域及運作結構（Tremblay1993; Felson 2003），與傳統倚靠暴力、恐嚇機制的組織犯罪（Lupsha 1987; Mueller2001）截然不同。2020 年 COVID-19 爆發至今，即使詐欺集團紛紛返回最初起點繼續詐騙活動，仍舊維持相同的詐欺網絡及空間分工模式；刑事司法機關礙於兩岸政治局勢，雙方合作模式亦產生了變化，截至今日，刑事偵查機關追隨著犯罪集團的腳步前進世界各地，這場「無盡的追趕」仍將持續，其背後亦可見出其隱含的政策意涵。

一、研究結論

　　各類地理節點的移動、分散與第三方機制不僅形成了跨境電信詐欺犯罪的空間分工，更形成了切割犯罪地理連結的斷點（圖 5-6），足以驗證本研究針對地理節點分散形成空間分工的假設。首先，在犯罪據點的移動方面，電信機房據點主要以兩岸為中心向外成同心圓擴散移動，從亞洲、大洋洲、非洲、歐美洲乃至全球，與犯罪型態理論的中心點、路徑及邊緣概念（Brantingham & Brantingham 1984; 1993）類似，但移

圖5-6　跨境電信詐欺集團全球空間分工模式

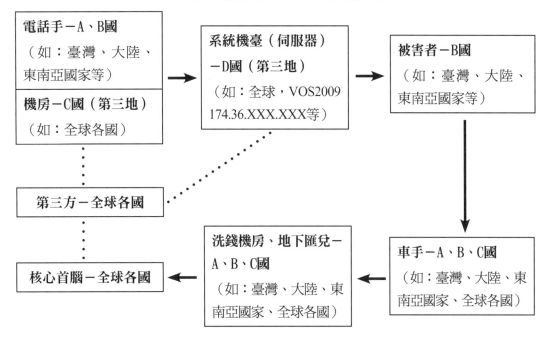

說明：箭頭實線（→）為詐騙流程，虛線（…）為第三方串聯結構洞的連帶關係。
資料來源：本研究整理。

動距離及活動時間較長、範圍也較大（全球層面），其地理網絡較相似於 Naím（2005）
的非法交易網絡輪輻狀網絡；而國外據點的活動無固定錨點、距離和方向則和 Daele、
Beken 與 Bruinsma（2012）對於外國罪犯地理流動的研究結果相同，惟該研究犯罪者
與被害者身處同國，跨境詐欺犯罪網絡則否，詐騙對象由早期的華語地區擴大至外語
地區，形成全球遷移（Aas 2008; Hall 2012; Karstedt 2002; Nelken 2011）與犯罪轉移
（許春金 2010; Clarke 1997; Reppetto 1976; Varese 2011）的現象。

其次，節點的分散方面，各類組據點的空間分工呈現全球化分布，包括網際網
路、各國人別及各種組別的跨境串聯與合作。跨境電信詐欺犯罪網絡節點的分散類似
全球犯罪網絡或非法交易網絡（Castells1998; Naím 2005），結合網際網路、交通運
輸、金融科技形成犯罪空間網絡的重組及擴充，各類組與被害者分散在不同國家更是
增加查緝難度。首腦主要在全球各地流竄，核心組則定期於自購豪宅、咖啡館分贓現

金或於兩岸聲色場所交流訊息，招募組透過朋友聯絡或利用聲色場所、聊天軟體找人，特定聚合場域（convergence settings）有助於犯罪者的聚合（Felson 2003; Levi 2008）；電話機房早期興盛時期多在兩岸或東南亞的別墅、豪宅、大房子以容納大量成員，後期化整為零、分散小團，擴展至全球可拉網路線的地方，包括都會區、偏遠地區，並轉往郊區，以大都市、華人區、觀光區為主；車手早期多在兩岸（被害國家），臺灣車手需在居住地以外縣市超商取款，後期金融科技發達（網銀轉帳與銀聯卡），在世界各國均可取款；洗錢機房礙於使用 3G 網路僅能設點於都市附近，系統機臺（伺服器）則毫無限制。海外電信機房據點變換模式包括同國拓點、同國換點、跨國間接換點及跨國直接換點，以同一國內拓展他點或租用備用據點躲避查緝較為常見，遇專案掃蕩才會轉換國家；換點時間大多 1 至 3 個月（配合旅遊簽證效期），並設定詐騙金額達目標值（或大筆金額）即馬上換點，系統機房則視 IP 追蹤清查時間設定 2 個月換點。

第三，節點的選擇與變換方面，詐欺集團陸續跨境移動及變換據點，促使詐欺犯罪全球化發展，主因國內全面預防及司法查緝政策的執行，從而被動地形成了犯罪轉移現象（許春金 2010; Clarke 1997; Reppetto 1976; Varese 2011）。據點選擇與變換的主觀因素則與集團首腦及成員的理性選擇（Cornish & Clarke 1987; 2009）有關，其主要考量因素首重安全性（躲避查緝），包括查緝風險（測試風險、躲避查緝、分散風險）、跨境犯罪漏洞（國際司法漏洞、金融科技、詐欺證據、偵辦難度、各國司法不同、不受歡迎人物、國籍原則、第三國不管）及刑期長短（大陸刑期重、臺灣刑期輕、國外刑期不定）；其他考量因素為網路設備、人脈關係、買通公關、國際關係（兩岸關係及國際關係）、國情局勢（當地國情及政治局勢）、經濟因素（成本開銷、金融管制、及經濟影響），其中人脈關係及買通公關為遷移海外的關鍵途徑。至於詐騙國家的選擇，則以語言及背景為首要條件，安全性（風險效益評估）為次要條件；並以落後國家為主，先進國家因較少新聞報導而次之。

第四，空間分工的關鍵機制方面，電信詐欺集團利用跨境犯罪漏洞形成特殊的空間分工模式，即犯罪據點設在遠離犯罪者與被害者國家的第三地國家，以切割犯罪證據的連結，形成切割犯罪地點的**第三地機制：A 國犯罪者在 C 國詐騙 B 國被害者，C 國無該類罪刑**；其主要透過全球系統機臺網路跳板（D 國）的設定形成分工，拖延查

緝時間，並增加查緝難度。而第三地的尋找，則有賴**第三方機制**中**找地中介者**（圖 5-6 的第三方）的人脈關係，才得以串聯整個全球空間分工的詐欺網絡。

本研究跨境電信詐欺的空間分工，應可歸因於全球化中犯罪經濟、通訊、資訊的連結造成去國界化的現象，促使地理節點的分散及犯罪空間網絡的重組及擴充（Castells 1998; Naím 2005）。跨境電信詐欺集團雖非因全球化而進行跨境移動活動，卻也利用全球化之便，日漸朝向國際分工的犯罪網絡邁進；在全球化網絡運作中，此種空間分工模式並無地理上的網絡中心，為了趨吉避凶反而呈現出高度分散的網絡型態，形成各自獨立的犯罪斷點模式。

二、政策意涵

正因前述切割犯罪地點的第三地機制模式，使得查緝跨境詐欺集團難度極高；加上國際政治及兩岸關係因素，我國在參與國際執法合作組織的正當性及方便性均受影響，駐外聯絡官機制反而成為我國推動國際執法合作的重要管道（孟維德，2017）。此外，兩岸共同打擊犯罪合作機制雖因政治因素暫停執行，惟在 2011 年兩岸偵查機關共同至全球各地查緝詐欺集團專案期間，建立雙方警方良好友善溝通管道，司法警察已發展一套「P-P」警務合作的模式，並複製此作法到東南亞、其他國際跨境合作的地區或議題（林德華 2011）。國家的金融管制與刑事查緝政策的推行，是詐欺集團境移動的主因，卻同時可作為政策制定之借鏡，以下建議第一項為短期治標政策建議，其餘均為長期治本作法。

（一）追查兩岸免簽證或共同簽證國家：

兩岸組成的詐欺集團多以免簽證或共同簽證國家為據點，若無則優先選擇臺灣免簽國家，可推估詐欺集團據點移動軌跡；後期因畏懼大陸查緝而選擇與大陸外交不睦國家，均可列入追蹤觀察。印證環境險惡或政治敵對的國家，可對身分特殊的跨國犯罪者產生地理及政治性制約（Hastings 2010）。

（二）拓展國際警務合作以彌補全球化漏洞：

跨境犯罪活動因涉及各國司法制度，在偵查、蒐證、起訴上均遇阻力（孟維德2012），全球治理、國際執法與國際警務合作因而日趨重要。此類合作包括增加駐外聯絡官、與他國簽訂司法合作協議等。

（三）強化境外取證合作以聯結證據：

查緝難度、跨境犯罪漏洞及刑期長短的最大影響因素即為證據聯結之有無，故應強化境外取證。

（四）加強證據認定：

兩岸刑期長短不同主因刑事訴訟證據認定不同，臺灣採行「無罪推定原則」（刑訴法第 154 條）及「證據排除法則」（刑訴法第 155 條），大陸刑事訴訟法第 12 條雖明訂無罪推定原則，惟屬寬鬆認定；民主國家因證據認定嚴格而使犯罪者逍遙法外，集權國家卻因民眾畏懼公權力不敢查證而受騙。兩岸應推動互相承認對方證據，惟應注意陸方證據毒樹果實（違法取證）效應。

（五）司法互助協議增加「刑事訴訟移轉管轄」規定（罪犯留在該國審判）：

有鑒於第三地國家及大陸不願配合提供查扣證據，我國偵查人員僅憑現場照片及被告自白筆錄進行移送，導致證據不足無法起訴或判刑。當被請求方拒絕遣返人犯時，請求方可移轉刑事訴訟管轄權，並交付相關證據資料等，讓被請求方進行刑事訴追，避免罪犯逍遙法外（許福生 2014; 楊雲驊 2012），惟應注意犯罪集團買通當地公關的問題。此外，當地刑罰低於國內時，應於當地刑期結束後，直接解送回台審判並執行不足之刑期，以發揮嚇阻作用。

（六）針對各斷點加強查緝及司法追訴機制：

各斷點間連結證據難以取得，惟可針對各點加快查緝速度，以追溯連結之金流及資訊流，並強化資通訊科技設備以追趕犯罪集團日益更新之技術；另外強化司法追訴之效能及刑期，亦能有效嚇阻犯罪。

附錄 5-1　2015 年訪談對象一覽表（集團成員）

案件	編號／性別	出生年	教育	職位
臺菲案2010.12 0310專案2011.06	C9／男	1979	高中肄業	探路人員 電話組 會計
0310專案2011.04-06	C1／男	1983	高中肄業	電話組
同上	C8／男	1987	國中畢業	探路人員 電話組
0928專案2011.09	C2／男	1975	高中	詐騙師 組頭
同上	C6／男	1981	科大電機	詐騙師 組頭 老闆
1129專案2012.04-05	C4／男	1982	高中肄業	組頭 老闆
同上	C5／男	1989	高中肄業	轉帳平台 洗錢機房組頭
同上	C7／男	1988	高中畢業	車手 轉帳平台 電話組
0823專案2012.08.23	C10／男	1977	高中肄業	老闆
1203專案2012.11.29	C3／男	1989	高中肄業	老闆司機 組頭
未查獲2011-2012	C11／男	1987	四技	老闆 金主

說明：編號順序按照訪談時間排列；Criminal代號C。

刑度／移監出監	加入期間／去過國家	訪談日期 訪談地點
6年4月（菲印合併刑）	2009-2011年（1-2年）／越菲臺印尼（2011紐澳闖關失敗）	104.06.05 北部監獄辦公室
3年2月／2015.05移監	2008年（3、4年）／陸越柬臺	2015.05.14 北部監獄辦公室、常年教育室
2年5月／2015.11移監	2010、2011年（半年）／柬；訪視泰、柬、越、印尼、孟、非、韓	104.06.05 北部監獄辦公室
2年2月	2001年（C6推估1999年，約16年）／臺中、陸越臺	104.05.19 北部監獄常年教育室
2年／2015.06假釋	2002-2011（桶子9年）、2012-2014（匯水3年）／多國（陸、印尼、菲、越、帛琉、柬、馬、新、韓、斐濟、埃、日、杜拜、臺中）	104.06.02 北部監獄辦公室、常年教育室
2年10月／2015.09假釋	2006年（6年）／陸越柬菲泰	104.05.26 北部監獄常年教育室
2年6月	2009年（5年）／柬泰臺	104.05.26 北部監獄常年教育室、辦公室
2年6月／2015.09假釋	2007年（6年）／印尼泰臺	104.06.02 北部監獄辦公室
17年（毒品合併）	2006年（韓）、2008年（陸）／陸	104.11.05北部監獄技訓工場
2年2月	2010年（4、5年）／菲越印尼柬寮	104.05.19北部監獄常年教育室
12年（毒品）	2011-2012年（2年）／臺	104.11.05北部監獄技訓工場

附錄 5-2 2015 年研究對象一覽表（偵查人員及駐外聯絡官）

編號	性別	出生年	教育	職業類別	偵辦案件	訪談日期地點
I1	男	1972（61年次）	大學	中央單位刑事外勤隊組長	東南亞跨境詐欺首件兩岸合作大型專案、其他專案	2013.04.11服務單位
I2	男	1970（59年次）	大學	中央單位刑事外勤隊組長	自2000年跨境詐欺模式源頭刮刮樂詐欺（兩岸跨境）開始偵辦至今；2011年共同偵辦東南亞跨境詐欺火鍋集團	2015.06.11服務單位
I3	男	1969（58年次）	博士肄業	縣市單位刑事外勤隊隊長、鑑識人員；中央單位內勤人員	2010年「0810」專案越南胡志明市查獲兩岸車手集團；2011年東南亞跨境詐欺火鍋集團（由第一案延伸查獲首腦集團）	2015.08.21服務單位
I4	男	1979（68年次）	大學	縣市單位派出所主管、偵查隊長；中央單位內勤人員	查獲多件兩岸車手集團	2015.08.28、2016.07.11服務單位
L1	男	1973（62年次）	碩士	駐外聯絡官	2009年協助泰國合作查獲東南亞第一起海外臺灣詐騙集團；偵辦20餘件跨境詐欺案件（泰國、印尼）	2014.11.14咖啡館2015.7.15壽司店

編號	性別	出生年	教育	職業類別	偵辦案件	訪談日期地點
L2	男	1967（56年次）	博士班	駐外聯絡官；中央單位內勤人員	2014年協助非洲陸續查獲跨境詐欺案件	2015.05.29服務單位
L3	男	1970（59年次）	博士	駐外聯絡官；中央單位外勤偵查隊長、中央單位教職人員	2010年開啟兩岸警方首度同案在第三地合作及境外調查取證之源頭，偵辦越南15件跨境詐欺案件，2011年偵辦多起東南亞跨境詐欺專案	2015.06.12服務單位

說明：

1. 編號順序按照訪談時間排列；Investigator代號I、Liaison Officer代號L。

2. 訪談地點為免洩漏受訪者服務機關，僅以「服務單位」顯示。

3. 「火鍋」集團為國內首件大型跨境詐欺集團完整破獲核心成員之案件，起出最多贓款現金1億2134萬元。

4. 研究對象多為大學畢業即從事公職，服務年資與年齡成正比。

附錄 5-3　2020年訪談對象一覽表（偵查人員）

編號	性別	年齡	教育程度	服務單位	偵辦案件	訪談日期地點
I2-1	男	1983（72年次）	大學	刑事局外勤大隊	多件跨境詐騙集團案、泰國詐騙機房案；車手獵人 222人栽他手裡（自由時報20190708）	2020.9.8服務單位
I2-2	男	1979（68年次）	碩士	刑事局外勤大隊	多件兩岸詐騙集團案、西班牙詐騙機房、台人詐騙陸、韓、新等地華人案	2020.9.16服務單位
I2-3	男	1986（75年次）	大學	縣市警局刑事警察大隊；曾任刑事局國際組	東南亞（馬、越、泰、菲、印、柬）、多明尼加詐騙機房案、在台越人詐騙越籍人士案	2020.9.16服務單位
I2-4	男	1984（73年次）	大學	刑事局外勤大隊	多件東南亞詐騙集團案、馬來西亞詐騙機房案	2020.9.16服務單位
I2-5	男	1990（79年次）	專科	縣市警局刑事警察大隊	巴爾幹半島跨境電信詐欺案	2020.9.17服務單位
I2-6	男	1989（78年次）	大學	刑事局外勤大隊	廈門電信話務詐欺機房暨在台車手案	2020.9.22服務單位
I2-7	男	1976（65年次）	大學	刑事局外勤大隊	龍潭機房跨境電信詐欺案	2020.9.25服務單位

說明：編號順序按照訪談時間排列，Investigator 代號 I；研究對象多為大學畢業即從事公職，服務年資與年齡成正比。

參考文獻

丁水復，2005，〈新興詐欺犯罪問題防治法制之研究〉，高雄：國立中山大學大陸研究所碩士論文。

內政部警政署，2015，《103 年警政工作年報》，臺北：內政部警政署。

何招凡，2013，《全球執法合作機制與實踐》，臺北：元照。

李宏倫，2008，〈臺灣與國際合作打擊跨國電信詐欺犯罪之研究〉，桃園：中央警察大學外事警察研究所碩士論文。

李宏倫，2009，〈跨國電信詐欺發展趨勢〉，《刑事雙月刊》，32：21。

李華欣，2011，〈兩岸共同打擊犯罪之研究──以偵辦新興詐欺犯罪為例〉，金門：國立金門大學中國大陸研究所碩士論文。

孟維德，2010，《國際警察合作與跨國犯罪防制》，桃園：中央警察大學。

孟維德，2012，《跨國犯罪》，臺北：五南。

孟維德，2017，〈駐外國及國際組織執法聯絡官之分析與比較〉，《刑事政策與犯罪防治研究專刊》，14：35-51。

林德華，2011，〈兩岸跨境合作共同打擊犯罪的挑戰與策略〉，《刑事雙月刊》，2011 年 12 月，45: 4-27。

邱佩俞，2012，〈電信詐欺犯罪運作歷程及其查緝因應策略之研究〉，桃園：中央警察大學犯罪防治研究所博士論文。

邵明仁，2011，〈從個案研究論兩岸合作共同打擊經濟犯罪〉，高雄：國立中山大學中國與亞太區域研究所碩士論文。

夏鑄九、徐進鈺，1997，〈臺灣的石化工業與地域性比較研究〉，《臺灣社會研究》，26：129-166。

畢武卿，1996，〈國際刑事司法協助的理論與實務〉，《司法協助研究》，北京：司法部司法協助局。

許芳雄，2010，〈兩岸跨境犯罪之研究──以新興詐欺集團為例〉，新竹：玄奘大學大學公共事務管理學系碩士在職專班碩士論文。

許春金，2010，《犯罪學》，臺北：三民書局。

許福生，2014，〈論兩岸共同打擊跨境洗錢犯罪與司法互助協議問題〉，《海峽法學》，第 16 卷第 3 期，福建江夏學院法學院，2014 年 9 月。

曾雅芬，2016，〈行騙天下：臺灣跨境電信詐欺犯罪網絡之分析〉，臺北：政治大學國家發展研究所博士論文。

楊雲驊，2012，〈兩岸刑事訴訟管轄權移轉之探討——以歐洲刑事訴訟移轉管轄公約為中心〉，《刑事政策與犯罪研究論文集》，法務部司法官學院，2013 年 12 月，16：27-42。

潘淑滿，2003，《質性研究：理論與應用》，新北：心理。

蔡田木、陳永鎮，2006，〈新興詐欺犯罪趨勢與防治對策之探討〉，《中央警察大學犯罪防治學報》，7：309-331。

Beck, Ulrich 著、孫治本譯，1999，《全球化危機（Was ist globalisierung ？）》，新北：臺灣商務印書館。

Aas, Katja Franko. 2008. *Globalization and Crime.* SAGE Publications Ltd.

Brantingham, P. J., & Brantingham, P. L. 1984. *Patterns in crime.* New York: Macmillan.

Brantingham, Patricia L. & Paul J. Brantingham. 1993. Environment, Routine, and Situation: Toward a Pattern Theory of Crime. In *Advances in Criminological Theory*, 5: 259-294, Ronald V. Clarke and Marcus Felson, eds.

Castells, Manuel. 1997, second edition, 2004. *The Power of Identity, The Information Age: Economy, Society and Culture Vol. II*. Cambridge, MA; Oxford, UK: Blackwell.

Castells, Manuel. 1998, second edition, 2000. *End of Millennium, The Information Age: Economy, Society and Culture Vol. III*. Cambridge, MA; Oxford, UK: Blackwell.

Clarke, Ronald ed. 1997. *Situational Crime Prevention: Successful Case Studies*. New York: Harrow and Heston.

Cornish, Derek B. & Ronald V. Clarke. 1987. Understanding Crime Displacement: An Application of Rational Choice Theory. *Criminology*. 25(4): 933-948.

Cornish, Derek B. & Ronald V. Clarke. 2009. Rational Choice. In Stephen G. Tibbetts & Craig T. Hemmens (Eds.), *Criminological Theory: A Text/Reader* (pp. 89-108). SAGE Publications, Inc.

Creswell, J. W. 1997. *Qualitative Inquiry and Research Design*. Thousand Oaks, CA: Sage.

Daele, Stijn Van., Tom Vander Beken, & Gerben J.N. Bruinsma. 2012. Does the mobility of foreign offenders fit the general pattern of mobility? *European Journal of Criminology*. May 2012 vol. 9no. 3 290-308.

Denzin, N. K. ed. 1970. *Sociological Methods: A Sourcebook*. Chicago: Aldine Publishing Company.

Felson, M. 2002. *Crime and everyday life*. 3rd ed.. Thousand Crime Mapping Research Lab in the School of Criminal Justice, Oaks, CA: Pine Forge Press.

Felson, Marcus 2003. The Process of Co-offending. In Martha Smith and Derek Cornish (eds), *Theory for Practice in Situational Crime Prevention, Crime Prevention Studies*, vol. 16, pp. 149– 67. Mounsey, NJ: Criminal Justice Press.

Hall, Tim. 2012. Geographies of the illicit: Globalization and organized crime. *Prog Hum Geogr.* October 18, 2012 .

Harvey, David. 1989. *The Condition of Postmodernity*. Blackwell.

Hastings, Justin V. 2010. *No Man's Land: Globalization, Territory, and Clandestine Groups in Southeast Asia*. Cornell University Press.

Held, David & Anthony Mcgrew. 2002. *Governing Globalization: Power, Authority and Global Governance*. John Wiley & Sons.

Karstedt, Susanne. 2002. Durkheim, Tarde and beyond: The global travel of crime policie. *Criminology and Criminal Justice*. May 2002 vol. 2 no. 2111-123.

Kinsell, Jeremy. 2000. The conductivity of transnational crime. *Cross Border Control*. 16, p.38.

Kurtzman, Joel. 1993. *The Death of Money*. New York: Simon and Schuster.

Levi, Michael. 2008. Organized fraud and organizing frauds: Unpacking research on networks and organization. *Criminology and Criminal Justice*. November 2008, vol. 8, no. 4, 389-419.

Lincoln, Y. S. & E. G. Guba. 1985. *Naturalistic Inquiry*. Beverly Hills, CA: Sage.

Lupsha, P. A. 1987. *A Macro Perspective on Organized Crime: Rational Choice Not Ethnic Behavior*. Paper Presented to ASC Annual Meeting, Montreal Canada.

Massey, Doreen B. 1984. *Spatial divisions of labour: Social structures and the geography of production*. New York: Methuen.

Minc, Alain. 1993. *Le Nouveau Moyen Age*. Paris: Gallimard.

Mueller, G. O. 2001. "Transnational crime: Definitions and concepts," pp.13-21 in P. Williams & D. Vlassis (Eds.), *Combating transnational crime: Concepts, activities and responses*. London, UK: Frank Cass.

Naím, Moisés. 2005. *ILLICIT: How Smugglers, Traffickers, and Copycats Are Hijacking the Global Economy*. Public Affairs.

Nelken, David. 2011. *Comparative Criminal Justice and Globalization*. Farnham, UK: Ashgate.

Reppetto, T. A. 1976. Crime Prevention and the Displacement Phenomenon. *Crime and Delinquency*, 22:166-177.

Sassen, Saskia. 1994. *Cities in a World Economy*. Thousand Oaks: Pine Forge press.

Sassen, Saskia. 1996. *Losing Control*. New York: Columbia University Press.

Shelley, L. 2006. The Globalization of Crime and Terrorism. *Journal USA: The Challenges of Globalization*, 4245. Washington：U.S. Department of State.

Tashakkori, A. & C. Teddlie. 1998. *Mixed Methodology*. Thousand Oak: Sage.

Tremblay, Pierre. 1993. Searching for Suitable co-offenders. In Ron Clarke and Marcus Elson (eds), *Routine Activity and Rational Choice*. Edison, NJ: Transaction.

Varese, Federico. 2011. *Mafias on the Move: How Organized Crime Conquers New Territories*. NJ: Princeton University Press.

Williams, Phil. 2001. "Organizing transnational crime: Networks, markets and hierarchies," pp. 57-87 in P. Williams & D. Vlassis (Eds.), *Combating transnational crime: Concepts, activities and responses*. London, UK: Frank Cass.

Williams, Phil. & Gregory Baudin-O' Hayon. 2002. "Global Governance, Transnational Organized Crime and Money Laundering." in *Governing Globalization: Power, Authority and Global Governance*, edited by Held, David & Anthony Mcgrew. John Wiley & Sons.

第 **6** 章

兩種新自由主義的競合
以日本公司治理改革為例

鄭力軒

壹、研究問題

　　從 1980 年代以來，將市場機制視為治理主要手段的新自由主義逐漸在各國盛行。包括公營事業私有化、社會福利的削減、去管制化、政府減少對市場的介入等政策在各國出現。因此新自由主義的產生、擴散、各國不同的實踐以及限制。在這篇論文中我將自由化定義為政府解除管制的行動，而將市場化定義為促進競爭，讓市場機制成為各個層級經濟治理的主導機制的行動（Centeno and Cohen 2012）。儘管多數國家制度都往新自由主義的方向前進，採取新自由主義的動力、範圍和程度有很大的差異。也因此，比較新自由主義在各國的實踐成為比較政治經濟與經濟社會學中的重要課題。

　　在本文中筆者特別留意 Foucade-Gourinchas & Babb(2002)（以下簡稱 F&B）對「意識形態的新自由主義」（ideological neo liberalism）與「務實的新自由主義」（pragmatic neoliberalism）兩種類型的區分。F&B 指出以英國與智利為首的「意識形態的新自由主義」指的是立基於對自由市場的信仰，基進而廣泛地實施在各領域之中。以法國與墨西哥為首的「務實的新自由主義」則是在特定政策領域的需求下，漸進地選擇性的在特定政策領域實施。這兩個模式蘊含了兩個不同的走向新自由主義的進路；在前者統整性、具內在一致性的理念扮演非常關鍵的角色。Blyth（2005）在美國與瑞典的比較研究以及 Babb（2001）對墨西哥的研究都凸顯出這個層面。後者則往往來自資本的利益與權力，而直接聯繫到特定措施在市場實踐中的角色。

　　前述的討論儘管區分出不同類型的新自由主義實踐，大抵上仍將新自由主義視為一個具內在高度一致性的政治計畫。在這篇論文中筆者企圖挑戰這個觀點，指出被歸納為新自由主義的趨勢，包括自由化、市場化以及私有化間在不同的政治脈絡中並不必然是一致的趨勢，甚至有可能互相衝突。在不同的政治經濟脈絡下，這兩個不同的機制既有可能相輔相成促進了市場化的政策，也有可能因為互相衝突而產生非預期的後果。如同 Prasad(2006) 指出，在新自由主義起源地的英、美這些措施間之所以有高度一致性，主因在於來自於英美經濟體系是由自由市場所主導，而國家主要的角色在管制以及重分配。因此自由化、市場化以及私有化彼此是相互一致的趨勢，同樣強化了私部門廠商的利益。然而另一方面，如果一個國家的經濟體制是 Hall & Soskice（2001）所指稱以歐陸與日本為代表的「協調型市場經濟」，也就是廠商的行動奠基在相互的整合與協調、而非價格競爭上，那麼自由化與市場化就意味著截然不同的趨勢。自由化意味著解除政府管制，也就意味著解除壓制廠商間協調機制的規範。相對的，促進競爭的市場化措施，反而有可能衝擊協調型市場體制中廠商所形成的實務秩序，進而遭到抵制。

　　在這篇文章中筆者以日本公司治理 (corporate governance) 改革為例，探討新自由主義中不同成分間的緊張關係。表面上來看，日本的新自由主義實踐很明顯地比較接近「務實的新自由主義」，以局部且漸進的方式推動市場化改革（Vogel 2006; Tiberghien 2007）。然而本文試圖指出，一但我們細究日本自由化的過程，可以看到透過理念的重要影響以及與經濟組織的實務需求間的複雜關係。在 1990 年代自由化改革與企業鬆綁的需求高度一致，形成了產官學聯手促成制度鬆綁的局面。但 2000 年之後的公司治理改革則遭遇到理念與經濟組織實務的緊張關係，而凸顯出協調型經濟中自由化與市場化的矛盾。整體而言，日本的新自由主義有兩個動力，第一是政治轉型過程中改革作為政治正當性的基礎，並延伸出相關理念的重大影響。第二則是日本經濟結構所面臨的內部挑戰下企業調整的需求。在 1990 年代兩者具有一致的關係，而到了 2000 年之後兩者間則出現了緊張關係。

貳、政治改革與自由化理念的擴散 1994～2001

　　日本自由化改革的出現的重要動力是政治結構的轉變。傳統上日本政治是由俗稱鐵三角的政（政治人物）、官（官僚）以及財（財）界上而下的秩序所主導。然而從 1990 年代開始，日本選民對於陳腐的政治結構感到不滿，在歷經幾波政權波動後改革的訴求成為政治正當性的來源，而鬆綁政府管制的自由化措施成為重要的政策方針。從 1980 年代後半開始日本國民對於 1955 年開始長期執政的自民黨累積了越來越多的不滿，在 1993 年形成第一次政黨輪替，由細川護熙所領導的八黨聯合內閣取代自民黨執政。儘管自民黨 1994 年就透過與社會黨組聯合內閣重新進入政府，同時在 1996 年由橋本龍太郎重新執政回復自民黨的長期執政，但政權的波動凸顯出日本國民對既有的政治經濟秩序的深刻不滿（Pempel 1998），也因此從 1993 年開始日本利召開一系列訴求改革的會議，其中焦點之一就是鬆綁政府管制。

　　必須留意的是長期批判日本由國家主導經濟發展模式的自由派經濟學者在這過程中意外取得影響力。傳統上日本官僚的政策擬定鮮少關注學界的意見，而是仰賴官僚內部的「官廳經濟學家」。1990 年代政治上的改革浪潮提供了以往在學院外鼓吹自由市場的經濟學者特殊的機會。1993 年細川護熙於 9 月召開了首相諮詢機構經濟改革研究會，任命包含六名官僚、兩名經濟學家—一橋大學經濟學教授中谷巖與大阪大學兼任教授大田弘子—數名隸屬於官僚機構的「官廳經濟學家」以及以平岩外四為首的企業界人士商討經濟改革，並於 11 月發布通稱為平岩報告（平岩レポート）的最後報告，結論主張日本面臨結構性的問題，唯有透過以規制緩和制為核心的構造改革才能拯救日本經濟。平岩研究會更進一步主張管制應當以解除為原則，有特殊需要才需維持。

　　細川護熙所領導的八黨內閣維繫時間很短。於 1994 年 1994 年 11 月，自民黨隨即透過與長期宿敵社會黨組聯合內閣的方式重新上台，然而卻持續了改革的呼聲而設立行政改革會議（中野晃一 2002），其中最重要推動制度鬆綁的規制緩和小委員會 1995 年成立，1996 年由自由化重要鼓吹者、歐力士集團社長宮內義彥接任。委員會成員包括東大教授伊藤元重、堀內昭義、三輪芳朗，大阪大學教授本間正明、大田弘子，慶應大學商學部教授中条潮，以及學習院大學教授岩田規久男等主張自由化的學者。官民活動分担小委員則任命了石任東大教授奧野正寬、金木良嗣、慶應大學教授

池尾和人。這兩個委員會，特別是規制緩和小委員會，可說是日本戰後受新古典經濟學訓練、對市場機制具信心的經濟學者第一次大規模地參與政策過程。這個委員會所形成的「規制緩和推進計劃」也充分反應出當代經濟學的主流信念，明白指出以「民間活動優先」、「信賴市場機能」作為主導原則詳細地審查日本各省廳繁雜的管制項目（読売新聞 1996/12/06），更系統性地反應了經濟學者的政策主張。在這個會議之後從 1997 年開始總務廳每年定期發布《規制緩和白書》，公佈每年規制緩和的成果。1997 年第一本規制緩和白書即厚達 530 頁，詳細地鉅細靡遺地羅列出各省廳已經解除的管制。從這角度而言，經濟學者透過規制緩和小委員的確產生了一定的政策影響力。

　　行政改革會議延續到 1997 年年底，橫跨了村山富市、橋本龍太郎兩位首相。橋本首相任內延續了行政改革的訴求而將行政改革視為主要推動的政綱。1998 年自民黨參議院選舉大敗，首相橋本龍太郎辭職由小淵惠三接任。面臨景氣急遽惡化的小淵惠三於就任時的施政分針演說承諾設立仿照美國總統經濟諮問會議的機構，設立由民間人士所組成的經濟戰略會議（読売新聞　1998/07/26）。1998 年 8 月由擔任經濟企劃廳長官的堺屋太一領導，除了官僚代表的委員外，邀集財界六人學界四人組成委員，同時將經濟戰略會議定位為設置在內閣府內具擁有獨立事務局的機關。朝日啤酒會長桶口廣太郎擔任議長，四位學界委員則延續之前的委員會，聘任了包括曾任經濟改革會議委員的中谷巖，行政改革會議規制緩和小委員會委員的伊藤元重，慶義大學教授竹中平藏以及東大助理教授竹內佐和子。由於小淵惠三並沒有擔任過財經相關部會的大臣，因此缺乏財經官僚的人脈做為幕僚，採取傳統派閥協商的途徑，並沒有前幾任旗幟鮮明對抗官僚的主張（Tierghein 2007）。然而經濟戰略會議所任命經濟學者確實具有幫小淵改革形象加分的效果；除了竹內佐和子外，中谷巖、竹中平藏以及伊藤元重三名學者在當時均是相當活躍的意見領袖；不僅在日本面臨經濟危機的 90 年代中期出版了大量推廣自由市場理念的通俗書籍，也是各媒體在重要財經議題上諮詢的主要對象。

　　另一方面，令很多人驚訝的是經濟官僚也成為自由化改革的旗手。儘管通產省傳統上傾向實質介入市場而非單純建立市場規則（Johnson 1982; Gao 1997），這個傳統在 90 年代開始轉移。三個原因使得年輕一代經濟官僚更接受美式的制度，也更接受市場競爭的邏輯。第一，從 1970s 年代開始日本的經濟學典範經歷了重大轉移；傳統

的馬克思主義經濟學以及國民經濟學等逐漸為主流新古典經濟學取代（近代経済学）。野口旭（1999）即指出，當西方學者開始注意到日本發展主義背後的經濟理論時，這個理論已然在日本官僚以及經濟學者間式微了。第二，從 1970 年代開始日本各省廳即不斷送年輕官僚出國進修，特別是美國。到了 1990 年代通產省年輕一輩官僚相當高比例已有留美經驗（八木幾一郎 1999）。這批官僚在美國接觸了美國式金融理論以及市場競爭的想法，而和上一代官僚產生了完全不同的想法。

必須注意的是這些因素並不意味著這批年輕官僚毫無反思地接受並推廣美國的經濟學思想與體制。然而當日本陷入經濟危機之際，這些訓練提供了他們理解危機的原因並迅速提供解決之道的認知框架，使得他們可以很迅速地加入改革的風潮，提供改革所需的幕僚作業。另一方面，行政改革的運動也大大削弱日本經濟官僚影響經濟活動的非正式制度。在這背景下，自由化 (規制緩和) 浮現成為檯面上主流的政策方向，而在這過程中，產業政策局逐漸轉變成為日本政府內法規鬆綁的主要推動者。Namura（1997）指出 1990 年代通產省的組織變革；傳統縱向的，也就是以產業別為單位的組織大幅縮減，橫向的，也就是以政策類別為單位的組織大幅擴張。產業政策局是這個變革中的大贏家，在其他局處紛紛縮編的同時卻被擴編。透過擔任行政改革會議，特別是其中規制緩和小委員會的幕僚的機會，產業政策局官員開始推動鬆綁法規上對企業的管制作為政策目標。

參、日本型經濟體制及其危機

另一方面，在 1990 年代日本企業在長期高度成長出現疲態後，也產生了透過制度鬆綁而重整的需求。1970 年代隨著日本經濟的崛起，日本型經營或是日本型經濟體系逐漸受到學界廣泛的注目。所謂日本式經營包含以下特徵。第一，在僱用體系上日本大企業間並不具英美式自由流動的勞動力市場，而是採取長期雇用的制度。員工（通常限定在男性）在學校畢業後就進入企業，到 55 歲前享受安定雇用的保障。在這中間幾乎不存在流動的空間（小池和男 1999）。第二，在企業治理（corporate governance）上，日本股東幾乎不具影響力，企業主要由經理人以及銀行所控制。在

日本大企業中董事會（取締役会）幾乎成為經理人升遷的一部份，而非股東利益的代表。第三，日本企業間普遍具有穩定的網絡連帶。日本企業透過交叉持股以及穩定的交易關係形成穩定的企業集團或系列企業網絡。換言之，關係企業也是日本企業治理中的重要行動者。同時，日本的銀行體系也和企業間發展出穩定的網絡關係。日本大企業及其集團通常具有固定往來的主力銀行（メンバンク）已取得資金。與美國相較，日本企業既為仰賴銀行而非股市取得外部資金。第四，日本國家不僅僅扮演管制者的角色，也透過各種正式與非正式機制主導經濟發展（Zysman 1983；Johnson 1983; Okimoto 1989；Gerlach 1992；Calder 1993；Dore 2000；Anchordoguy 2005；奧村宏 1976；伊丹敬之 1987；岩井克人 2003）。

　　日本經濟體系的發展在 1980 年代達到高峰，然而再 1980 年代末期所發生大規模的泡沫經濟帶來重大危機。1980 年代日本開始推動金融自由化，在 1984 年解除外匯管制，並根據 1985 年的廣場協定讓日幣升值一倍，導致外資大量流入日本。在寬鬆的金融環境下，日本大型製造業大量投入資金在所謂「財務科技」（財テク）上，藉大量發行股票以及和銀行借款從事金融及土地炒作。泡沫經濟在 1989 年達到最高峰。同時金融體系的資金大量流向土地炒作。從 1980 年到 1989 年 9 年之間，日本銀行對不動產的融資膨脹了九倍，同時日本股市也在 1990 年達到四萬點。泡沫經濟在 1990年崩潰，東京股市一年之內從 4 萬點下落到 1 萬點。1991 年開始日本經濟開始陷入停滯，在 80 年代末期過度擴張及負債的日本經濟體系也陷入空前的危機（池尾和人 1994）。

　　1990 年代在泡沫經濟破裂之後日本企業既有制度的問題逐漸浮現；特別在高速成長結束之後日本企業面臨調整的需求，僵硬的體制成為嚴重的阻礙。特別是由於企業背負過多債務，無法在新的領域和技術投資，日本企業在幾個領域的優勢逐漸喪失，日本式經濟體系的弱點逐漸浮現。不僅僅在原先就較為脆弱的內需部門，即使是 80年代看似銳不可擋的汽車、消費電子以及半導體，在 90 年代也紛紛陷入了危機。日本金融體系整體深陷壞帳之中，所有問題一再拖延的結果導致信用創造功能盡失。儘管在 1990 年代初期日本企業、政府及金融體系大體上維持既有運作模式，但到 1990年代中期開始面臨變革壓力。日本經濟體系的改革在這背景下浮出檯面成為重要的議題（橘川武郎 2005）。

　　毫無疑問地，日本經濟改革主要聚焦在問題的根源─金融體系（Amyx 2005），並環繞在大藏省的監理角色（真淵勝 2002）。另一方面，一般企業內部的相關制度雖然沒有面臨如同金融體制般迫切的危機，特別是內部經理人控制的公司治理模式牢不可破。然而隨著 1990 年代日本企業發展逐漸呈現疲態，既有公司治理模式也開始被檢討。日本的經濟官僚與政治領袖更積極地參與重塑日本公司治理的過程，而自由化成為主導改革方向。產業整併在日本經濟史上並不新鮮，然而傳統上是由官僚所主導。Johnson（1982）在對通產省的經典研究中指出，通產省一直有所謂「產業構造合理化」的政策，透過整併使該產業達到理想家數，而能適度競爭但避免不必要的削價競爭（過当競争）而能保持一定利潤，以維繫產業秩序、穩定雇用並促進產業升級。1970 年代以後隨著日本經濟高度成長，日本經濟官僚以行政手段主導產業整併的能力逐漸式微（Callon 1998; Gao 2001）。也因此，當 1990 年代面臨新一波的整併需求時，制度鬆綁成為企業重整的主要路徑。這個需求結合了前一節所述自由化理念，解除制度上對企業的管制成為這個時期主要的改革方向。

　　這段期間，日本經濟政策上最主要的政策焦點，是獨佔禁止法與會社法的修正；這兩部法律的主管機構分別是公正取引委員會以及法務省，思想日益走向自由化的通產省並不具修正這兩個法案的提案權。然而與企業聯盟的通產省是以迂迴的方式取得修正這兩部法律的主導權。首先，通產省產業政策局從 1990 年代開始不斷以「企業法制研究會」的模式爭奪這兩個法案的決策權，由產業政策局長招集學者討論公司法以及獨占禁止法的議題，結束後出版報告書提出產業政策局的政策主張影響輿論。其次，在政策提出後通產省利用它與政治人物以及企業間的關係，打破既有省廳間的藩籬推動立法。特別在橋本龍太郎時期，通產省官員成為首相政策的重要幕僚，透過首相的支持克服其他省廳的反對。1997 年控股公司解禁的過程充分展現這個運作模式。

　　控股公司的禁令來自於戰後美國主導時期所訂定的獨佔禁止法第九條的規定，原始目的為破除財閥的壟斷。由於日本憲法中第九條為非戰條款，因此常被戲稱為「另一個九條」。在日本企業集團陷入重整壓力後，改變獨佔禁止法中對控股公司的禁令成為日本企業界重要的目標，而通產省也在這個過程中扮演推波助瀾的角色。1994 年通產省產業政策局長召開企業法制研究會研議控股公司解禁，並在 1995 年出版報告書鼓吹控股公司解禁，呼應了企業的需求並挑戰了公正取引委員會的主導權。通產省

的報告書中提出三大理由主張控股公司解禁。首先，通產省主張控股公司可以促進企業集團重組以及投入新產業。以往的限制使得企業集團無法產生核心的司令塔主導整體集團的營運，嚴重妨礙了企業的重組。第二，由於國外（主要是美國）允許控股公司的設立，因此日本的限制將會妨礙日本企業在海外的競爭力。第三，控股公司將可以避免企業整併過程中的摩擦。在禁止控股公司的前提下，企業間的整合只能透過合併的方式，勢必為不同的組織的人員帶來磨合的衝擊。解禁控股公司可以提供企業集團更圓滑的整合方式，透過設立共通的控股公司完成企業整併（通產省 1995）。

通產省的訴求隨即受到公取委的強力反對。首先，公取委認為，儘管日本的經濟環境與制定獨占禁止法時已有很大不同，仍有必要透過禁止控股公司來防止日本經濟力量過度集中在少數集團手裡。尤其是日本盛行的企業集團以及系列之所以無法如戰前財閥般壟斷經濟，主要的功臣是獨占禁止法。通產省所主張的控股公司的功能，都可以透過既有會社法的企業合併完成。最後，在與「國際接軌」方面，公取委認為外國（特別是美國）向來對日本系列以及企業集團壟斷日本市場有所疑慮，解禁控股公司會帶來更多日本與外國的貿易摩擦（日經新聞 1995/03/24）。

另一方面，經濟團體聯合會（經團連）則與通產省聯手反對公取委的主張。首先，經團連認為，公取委所憂心的壟斷問題在當時日本已經不復存在。其次，經團連主張其直接與美國司法部門聯繫的結果，美方表示對日本解禁控股公司沒有特別意見，只要求確保市場開放。在經團連的動員下，公取委的論點並沒有得到內閣的支持。在通產大臣橋本龍太郎的大力支持之下，內閣將控股公司解禁列入所通過的「規制緩和三年計畫」，法案在 1997 年通過，正式開放控股公司（日經新聞 1995/04/02）。

通產省也採用類似模式聯合企業團體挑戰了法務省對公司法（会社法）的主導權。傳統上公司法的修正是由法務省官員及法律學者所組成的法制審議會所主導。在 1990 年泡沫經濟破裂之後，許多公司在股價暴跌之下即欲實施庫藏股以避免遭到敵意併購，向自民黨提出庫藏股解禁的請求。1993 年產業政策局邀請企業界人士以及專攻英美公司法的法學者成立「企業法制研究會」，並於年底提出報告書主張解禁庫藏股（通商產業省 1993）。由於法務省在此時仍然主導公司法立法，並沒有接納企業法制研究會的建議而僅通過最低限度的鬆綁，然而企業法制研究會標示了法務省對公

司法立法獨占的結束。通產省透過類似手法在 1996 年由內閣通過的規制緩和小委員會報告書中明確地將鬆綁股票選擇權（オプション）以及庫藏股列入政策目標。1997年在通產省及首相的支持下，兩位自民黨議員史無前例地跳過法務省直接草擬公司法修正案，打破了法制審議會不成文的慣例。在 1997 年之後，通產省透過與修正獨占禁止法類似的模式，在首相小淵惠三以及經團連的支持下，推動了一連通過開放包括股份交換（株式交換）、股份分割（株式分割）、三角合併等的修正案。整體而言，在政治領袖、經濟官僚以及大企業的政治聯盟下，日本再 90 年代末期展開了第一波的企業治理改革。這波改革的特色在於提供企業更多選項，但不強制要求任何改變（Tiberghien 2007）。

　　整體而言，1990 年代在企業治理的領域中，上而下透過理念產生的自由化改革浪潮與企業在高速成長期結束、泡沫經濟破裂後重整的實務需求產生一致的目標，從而促成了 1990 年代以鬆綁為核心的公司治理改革。

肆、2001～2006企業治理改革與的緊張關係

　　相較於 1990 年代理念與大型經濟組織需求高度一致得的改革方向，從 2001 年開始新一波的改革則出現明顯緊張關係。如前所述，2001 年後在中央省廳再編後日本政治出現新的局面。在政治上 2001 年小泉純一郎當選首相，一方面充分利用新的制度，將政策決定權集中到內閣府手中，另一方面也善用日本民眾在常年不景氣與政治僵局下渴望變革的心理，以「沒有改革就沒有成長」、「毀壞自民黨」作為訴求，以民粹主義手段跳過派閥與官僚直接像民眾訴求構造改革，在成功的民粹主義動員下，小泉取得日本戰後政治史上罕見的高支持度，甚至在 2005 年的眾議員選舉中取得三分之二以上絕大多數的席次，使小泉得以推行全面性的新自由主義的措施，包括整頓金融體系，大幅度解除管制，並將公營事業民營化。小泉政府也試圖改變日本傳統企業治理，解除勞動力市場及企業金融的管制（Vogel 2006; 三浦まり 2003; ノーブル 2003; 2005a; 2005b; 樋渡展洋 2006；竹中治堅 2006；內山融 2007）。在這背景下，可以說 F&S 所指陳的「意識形態新自由主義」在小泉任內獲得前所未有的動力。

在公司治理的領域，2000 年行政改革後合併通商產業省與經濟企劃廳的經濟產業省扮演重要角色。相對於其前身通產省在 1990 年代必須不斷透過企業法制研究會從外部影響相關立法，行政改革中試圖打破省廳間壁壘的「人事交流」制度提供了經濟官僚進駐傳統上敵視併購市場的法務省、直接從源頭控制公司法立法的機會。另一方面經產省本身在 2003 年也成立了「企業價值研究會」，針對併購市場與公司治理的規則提出建言（經濟產業調查會 2005）。其次是內閣府的角色。內閣府內提供首相諮詢的經濟社會研究所於 2003 年設置 M&A 研究會推動併購市場的發展（若山敬明 2006）。這些機構所出版的報告書都挑戰了既有敵視外資與併購的態，度認為建立健全的併購市場將有助於日本經濟復甦，而外資併購日本企業將可以為日本帶來新的觀念與技術。如在這個論述中，日本由內部經理人控制的企業治理體制是妨礙日本經濟成長的重要因素。在這樣的認識下，如何打破日本大企業內部經理人控制的模式成為小泉時期併購市場政策的重要目標。

在經產省派出的官員的主導下，法務省在 2000 年 7 月提出「公司法現代化」計畫徹底翻修公司法（日經新聞 2000 年 07 月 11 日）。這個計畫提出四個目標：(1) 強化企業治理，(2) 強化企業競爭力，(3) 提高效率，(4) 提供企業彈性的企業金融架構。日本許多重要公司法學者都認為這個改革方案是日本公司法在戰後最大的修正，具有典範轉移的意義（神田秀樹 2005）。在新的政策典範主導下，2000 年之後的公司法修正一方面仍然延續法規鬆綁的方向，在企業金融方面，包括庫藏股、股票選擇權等在舊法務省官僚主導下遭遇很大阻力的措施，都在新的架構下徹底鬆綁。以庫藏股為例，舊典範視之為經濟秩序潛在破壞者，新典範卻將之視為可以提高股東利益的正面措施。在 2003 年，庫藏股原則禁止的條文被取消，而正式被承認為正當的企業策略。另一方面，引爆 97 年議員立法的選擇權，也在新一波的立法中正式被承認為公司的合法資產。更大的變化是在企業組織上；2005 年所通過的修正案中揭櫫了「定款自治」的原則；賦予股東具有更大設計公司組織的權力。新公司法對於公司併購、分割等規定被大幅放寬，最低資本額的限制也被徹底取消。可以說延續了 1990 年代

這個時期另一個重要方向是打破日本企業的封閉性，讓金融市場更進一步影響日本企業。對年輕的經濟官員而言，日本企業封閉的體系是造成日本經濟停滯的部分原因之一。因此，如何打破這種封閉性成為首要的政策議題。這個企圖反應在三個議題

上：獨立董事（社外取締役）、內控機制（內部統制）以及跨國三角併購。這三個議題都遭遇到程度不等的抗拒，而產生了迥然不同的結果。儘管健全併購市場是小泉政府重要目標之一，小泉時期又比以往更具有推動政策的權力，然而在 2001 年到 2006 年日本企業治理改革卻仍然相當緩慢。小泉政府企業治理改革最大的挫敗無疑是獨立董事立法的失敗。日本的董事會採雙軌制，即董事會及監事會分立，制度上由董事會負責決策，監事會負責監督執行部門。如前所述，日本董事會基本上成為升遷的一環，主要由經理人組成、缺少外部監督稽查的系統。為了打破這個內部人系統，在經產省派駐法務省的官員主導下，2002 年新提出取消傳統的董監事，分立的制度，改採美國式單一董事會但強制聘任獨立董事的草案，意圖打破既有的治理體系。參與公司法立法的經產省官員認為 [1]，強制設立獨立董事以打破傳統董事會的封閉遠比傳統的內部分權更能制衡公司的立法。在 2002 年法務省所提出的草案中規定廢除監事會，監察功能改由董事會中的監察委員會擔任。董事會必須聘任三分之一獨立董事，希望透過獨立董事能讓企業資訊更充分地在外部流通，並引進外部監督力量。

然而與 1990 年代制度鬆綁過程中經濟官僚與財界水乳交融大異其趣的是，這個政策遭到以經團連為首的經濟團體激烈的反對。在當時擔任經團連會長以及經濟財政諮問會議的豐田汽車社長奧田碩公開反對之下，這個議案最後採取折衷的版本，允許企業選擇傳統董監事雙軌制以及聘任獨立董事的單軌董事會。2002 年法案通過後，到 2005 年間日本 3800 間上市公司間只有 70 家採取新的單軌制（神田秀樹 2006）。可以說經濟官僚希望打破日本企業內部經理人控制系統的企圖徹底失敗。

奧田碩的反對顯示出企業團體與經濟官僚在併購市場這個議題上的歧見，也顯示出小泉政府在推動併購市場制度上的極限。與 1990 年代最大差異在於這一波市場化行動挑戰了日本式經濟體制中的核心機制。在企業治理中獨立董事的規範衝擊了日本企業中仍盛行的內部經理人控制的治理模式。而奧田碩的反對有幾個重要性。首先，豐田汽車並不是仰賴政府保護的國內產業，而是具國際競爭力的明星企業。因此，奧田碩的反對很難被打為反改革。其次，小泉的經濟政策相當仰賴內閣府所設置的經濟財政諮問會議，特別是透過其中民間議員形成「骨太方針」以跨越官僚制定政策。奧

1　訪問中原俊彥 2006/06/18。

田碩是經濟財政諮問會議中核心的民間委員。如果小泉要強硬推動獨立董事制,勢必要和奧田碩發生直接衝突,進而傷害到小泉其他施政。因此在此之後小泉政府並沒有再提出任何擴大獨立董事的方案。在 2002 年獨立董事的挫敗後,經產省官員的焦點轉向美國安隆案爆發後所重視的內控系統(internal control)。內控系統指的是在企業內部執行部門所設置確保金融報告正確,確保組織遵守法律,確保組織資訊正確的內部稽查系統。內控系統必須定期向外界公佈報告。對保持雙軌制的企業而言,內控系統的功能明顯和監事會重疊,換言之,內控系統可以視為是溫和地取代傳統雙軌制的行動。由於內控系統對日本企業而言沒有獨立董事般的衝擊,在經產省推動下,2005年上市企業強制建立內部統制(ダイヤモンド 2007)。

為什麼日本大企業反對聘任獨立董事?除了確保內部經理人的利益之外也反應企業實際運作。佳能的總裁御手洗富士夫(2006)為日本內部人治理系統提出公開的辯護。他認為與美國董事會扮演監督值型決策部門迥然不同的是,日本的董事會由於都由經理人組成,演變成為決策機構。換言之,董事會的成員在日本的體制下必須非常熟悉企業內部各部門的營運等等。一但聘任大量獨立董事,原先董事會決策的功能勢必淡化,但新的決策機制很難快速建立,很容易造成決策的真空。事實上採取委員會新制 SONY 在實行新制 3 年後馬上發現類似問題,一手推動 SONY 董事改革的出井伸之被迫黯然下臺(日経ビジネス 2005/2008)。

2005 年公司治理法規改革的焦點則是跨國三角併購的解禁。外資併購日本企業向來是日本政治經濟上的禁忌;然而在新的政策典範下,放寬外國企業併購日本企業被視為改善日本公司治理的重要手段。一反過去半世紀對外資的敵視態度,經產省官員希望透過引進外資能為日本引入新的管理及營運方式,同時給予日本經理人更大的壓力。三角併購指的是併購公司透過設立子公司與被併購公司換股的方式完成併購。國內三角併購的鬆綁在 1998 年伴隨控股公司的解禁通過。在 2004 年出爐的公司法草案中,外國公司容許以自己母國股票作價在日本成立子公司,以併購日本公司(藤田友敬 2007)。這個草案嚴重衝擊了日本企業;由於日本企業的董事會普遍是由持股不高的經理人所控制,因此極容易遭到敵意併購。傳統上日本企業的經理人集團透過複雜的交叉持股來確保經營權,但在 1990 年泡沫經濟破滅以及 1997 年亞洲金融風暴之後,日本企業普遍股價低迷,一方面交叉持股被迫瓦解,另一方面企業市值也相當

低落，很難抵擋國外企業的敵意併購。雖然對三角併購的規範中要求併購方必須取得被併購方董事會的同意，然而日本企業仍然對跨國三角併購的解禁相當憂心。弔詭的是，日本企業對三角併購的焦慮意外地由單純國內行動者的富士電視台事件所引發。從 1997 年會社法的修正開始，日本出現一批積極利用新的法律空間透過併購獲利的投資基金與 IT 企業。2005 年 IT 企業家掘江貴文嘗試對日本最大民間電視台富士電視台發動敵意併購。這個企圖雖然最後失敗，但卻引發日本大企業對於遭遇敵意併購的集體恐慌，要求跨國三角併購能延後解禁，讓日本企業能有更長的時間發展防衛策，以對抗可能的併購。在企業界的強大壓力下，法務省作出部分讓步，將三角併購解禁的實施日期延後一年到 2007 年 5 月，以讓企業有充分時間發展防禦敵意併購的策略（日經新聞 2005/08/23）。在這一年的緩衝期之下，超過七成的上市公司發展出敵意併購防衛策，大體上消除了敵意併購發生的機率。簡而言之，在觸及日本企業非正式制度的情況下，小泉時期的併購市場相關制度的改革並沒有取得太多進展。

伍、結論

　　在 2006 年公司法修正遭到阻力之後，日本政府透過制度改革改變企業治理的企圖大致上也告終。隨著小泉純一郎 2007 年退任，後繼者陷入了每年更換的亂局，體制改革更不可能。另一方面，2008 年金融海嘯爆發後，日本各界對美式金融與企業治理出現更大的疑問，1990 年代自由化的旗手之一的中谷巖甚至出書表達對推動自由化的「懺悔」（中谷巖 2011）。另一方面，小泉改革中特別是勞動力市場的彈性化一定程度削弱了日本以往以企業終身雇用為支柱的社會安全網，而不平等（格差）迅速取代了制度改革成為日本政治以及經濟的核心課題。日本出現大量的非典型雇用（非正社員），導致青年陷入了更嚴重的困境。加上三一一大地震後複雜的復興課題，以及長年少子化後人口減少所帶來的衝擊，1990 年代到 2000 年初熱烈的市場化改革風潮成為歷史。

　　另一方面，隨著日本經濟長期停滯不前，為什麼日本企業始終停留自保、而非開創的格局，即使國內市場面臨萎縮而國際市場又面臨國外對手的強力競爭，也成為一個重要的課題。筆者主張，這個看似矛盾的現象可以回溯到過去 20 年間的改革歷程。

自由化，也就是解除管制取得相當大的進展，然而進一步將公司治理連結到市場、打破既有封閉結構的政策企圖卻失敗。筆者無意將日本所有問題歸諸於既有治理模式，所要強調的是自由化與市場化這兩個被廣泛視為新自由主義關鍵成分的政策在日本經濟體系裡微妙的矛盾。自由化意味著解除政府管制，也因此同時賦予了控制日本企業的經理人們更大的權力。然而另一方面，這個更大的權力究竟是使用來促進市場化，還是抵禦市場化的發展，會隨制度脈絡有很大的差異。在英美脈絡中自由化與市場化高度一致，在日本這類「協調型資本主義」國家則具有明顯緊張關係，抗拒更進一步市場化的需求。而在很多前共黨國家自由化甚至意味著掌控企業的前國家官僚獲得更不受拘束的政治權力。

這個矛盾有兩個意涵。首先，呼應了「資本主義多樣性」（Variety of Capitalism）所指出各國所形成不同的制度互補，仍然在全球性的新自由主義風潮中扮演一定角色，限制、型塑了新自由主義的實踐方式。同樣的新自由主義措施，在不同國家很可能有完全不同的制度脈絡；甚至看似相似的措施，在同一個國家可能也有很不一樣的脈絡。在這個案例中，同樣屬於建立併購市場的行動，90 年代的股份交換等措施跟 2000 年以後的強制獨立董事與既有非正式至度有迥然不同的關係。1990 年代的制度改革解決了控制日本企業的經理人們企業重整的燃眉之急，甚至擴張了經理人的權力，但 2000 年進一步市場化的措施卻挑戰了根深蒂固的內部經理人支配的結構。如同 Campbell 與 Pedersen(2001) 所提醒，新自由主義並不是一致的整體，而是行動者在不同政治、經濟、社會、歷史、制度條件下所選擇的制度、理念與政策的集合。

其次，回到本文一開始所討論由官僚、學者理念所驅動的「意識形態新自由主義」與經濟組織實際需求所驅動的「務實新自由主義」間的複雜關係。這個案例中，日本企業界透過制度鬆綁以組織重整的需求以及對更進一步市場化的抗拒，凸顯出包含在新自由主義這個標籤下複雜的政治經濟實踐。另一方面，在改革的正當性之下，長年被政治過程所排除的自由化理念也進入政府體制中而成為整體性的方針。Tiberghien（2007）對法國與日本面對全球化的差異有一個相當精彩的註腳：日本是在論述的層次上擁抱全球化，在實踐上卻是高度抗拒。相對的法國則是在論述層次上抗拒全球化，但在實踐上卻是高度擁抱，本文的案例也提供一個明證。對於兩種新自由主義的複雜互動以及深遠影響，還有待後續更完整的研究。

參考文獻

飯尾潤，2007，《日本の統治構造 ─ 官僚内閣制から議院内閣制》。東京：中公新書。

── 2008，《政局から政策へ ─ 日本政治の成熟と転換》。東京：NTT 出版。

池尾愛子，1999，〈経済学者と経済政策〉。收錄於池尾愛子編，《日本の経済学者と経済学》，頁 184-225。東京：日本経済評論社。

── 2001，〈経済学者が前面に立つ時代 ─ 国際環境変化と政策決定〉。《論座》51 期頁 50-59。

──2006，《日本の経済学：20 世紀における国際化の歴史》。名古屋：名古屋大学出版会。

池尾和人，2006，《開発主義の暴走と保身金融システムと平成経済》。東京：ＮＴＴ出版。

大嶽秀夫，2006，《小泉純一郎ポピュリズムの研究：その戦略と手法》。東京：東洋経済新報社。

加藤寛＆竹中平蔵，2008，《改革の哲学と戦略》。東京：日本経済新聞社。

竹中治堅，2007，《首相支配 ─ 日本政治の変貌》。東京：中公新書。

竹中平蔵，1999，《経世済民 ─「経済戦略会議」の一八〇日》。東京：ダイヤモンド社。

──2006，《構造改革の真実 ─ 竹中平蔵大臣日誌》。東京：東洋経済新報社。

中谷巖，2011，《資本主義なぜ自壊したのか》。東京：集英社。

中谷巖＆大田弘子，1994，《経済改革のビジョン ─ 平岩レポートを超えて》。東京：東洋経済新報社。

中野晃一，2002，〈行政改革〉。樋渡展洋、三浦まり編，《流動期の日本政治》。東京：東京大学出版会。

野口旭，1999，〈対外自由化と「産業構造政策」〉。池尾愛子編，《日本の経済学者と経済学》。頁 306-333。

伊丹敬之，2000，《日本型コーポレート　ガバナンス：従業員主権企業の論理と改革》。東京：日本経済新聞社。

岩井克人，2003，《会社はこれからどうなるのか》。東京：平凡社。

内山融，2007，《小泉政権：「パトスの首相」は何を変えたのか》。東京：中公新書。

梅本建紀，2006，〈わが国企業のＭ＆Ａ活動の動向と展望〉。收錄於落合誠一編，《わが国Ｍ＆Ａの課題と展望》。頁 25-64。東京：商事法務。

奥村宏，1976，《法人資本主義の構造》。岩波書店。

神田秀樹，2006，《会社法入門》。東京：岩波書店。

橘川武郎，2005，〈企業の社会的役割とその限界〉，收錄於東京大学社会科学研究所編，《失われた十年を超えて【I】：経済危機の教訓》。頁 241-256。東京：東京大学出版会。

経済産業調査会，2006，《敵対的買収防衛策》。東京：経済産業調査会。

経済産業省，2002，《競争力強化のための六つの戦略》。東京：経済産業調査会。

小池和男，1999，《仕事の経済学》。東京：東洋経済新報社。

下谷政弘，1996，《持株会社解禁》。東京：中公新書。

週刊ダイヤモンド，2007・03・31，"買収ファンドの正体"，182-190。

ドーア、ロナルド（Ronald Dore），2006，《誰のための会社にするか》。東京：岩波新書。

通産省産業政策局，1991，《米欧とここが違い：日本の M&A 制度面からの考査》。東京：ダイヤモンド社。

日経ビジネス，2007/02/12，三角合併、経団連を走らす，95-100。

—— "2007/05/07 買収無残" 25-44。

ノーブル、グレゴリー（Gregory Noble），2003，〈産業規制 — 喪失の十年か、漸進の十年か〉，收錄於樋渡展洋．三浦まり編，《流動期の日本政治：「失われた十年」の政治学的検証》。頁 241-258。東京： 東京大学出版会。

——2005，〈政治的リーダシップと構造改革。 東京大学社会科学研究所編，《失われた十年を超えて【II】：小泉改革への時代》。頁 73-106，東京：東京大学出版会。

樋渡展洋、三浦まり，2002，〈流動期の政治変容。樋渡展洋、三浦まり編，《流動期の日本政治：「失われた十年」の政治学的検証》。頁 1-31。東京：東京大学出版会。

藤岡文七、栗田昌之，2006，"Ｍ＆Ａ取引と制度"，落合誠一編，わが国Ｍ＆Ａの課題と展望，131-168。商事法務。

若杉敬明，2006，〈コーポレート　ガバナンス，Ｍ＆Ａおよび新会社法〉。落合誠一編，《わが国Ｍ＆Ａの課題と展望》。頁 107-130。東京：商事法務。

Ahmadjian, C. and P. Robinson. (2001). "Safety in Number: Downsizing and the Deinstitutionalization of Permanent Employment in Japan." *Administrative Science Quarterly* 46: 622-54.

. (2005). "A Clash of Capitalisms: Foreign Shareholders and Corporate Restructuring in 1990s Japan." *American Sociological Review* 70: 451-71.

Blyth, Mark. 2002. *Great Transformations: Economic Ideas and Institutional Change in the*

Twentieth Century. New York: Cambridge University Press.

Calder, K. E. (1993). *Strategic c Capitalism: Private Business and Public Purpose in Japanese industrial Finance*. Princeton, N.J., Princeton University Press.

Carlile, L. E. and M. C. Tilton (1998) "Regulatory Reform and the Developmental State". *Is Japan Really Chaning Its Ways? Regulatory Reform and the Japanese Economy*.L. E. Carlile and M. C. Tilton.Washington D.C., Brookings Institution Press.

Curtis, G. (2002). "Politicians and Bureaucrats: What's Wrong and What's to Be Done." *Policymaking in Japan*. G. Curtis. New York, Japan Center for International Exchange: 1-18.

Dore, R. P. (2000). *Stock MarketCapitalism :Welfare Capitalism : Japan and Germany versus the Anglo-Saxons*. Oxford New York, Oxford University Press.

Fligstein, N. (1990). *The Transformation of Corporate Control*. Cambridge, Mass., Harvard University Press.

Foucade-Gourinchas, Marion & Sarah Babb 2002 "The Rebirth of the Liberal Creed: Paths to Neoliberalism in Four Countries." *American Journal of Sociology* 107(9): 533-579

Gao, B. (1997). *Economic Ideology and Japanese Industrial Policy :Developmentalism from 1931 to 1965*. Cambridge ;New York, CambridgeUniversity Press.

—(2001).*Japan's Economic Dilemma : the Institutional Origins of Prosperity and Stagnation*. Cambridge ;New York, CambridgeUniversity Press.

Gerlach, M. L. (1992). *Alliance Capitalism : the Social Organization of Japanese Business*. Berkeley, University of California Press.

Holmstrom B and S. N. Kaplan 2001 "Corporate Governance and Merger Activities in the United States: Making Sense of the 1980s and 1990s" *Journal of Economic Perspective*, Vol.15, p121-144

Hoshi, T. (2001).*Corporate Financing and Governance in Japan : the Road to the Future*. Cambridge, Mass., MIT Press.

Inagami, T. and D. H. Whittaker (2005). The *New CommunityFirm :Employment, Governance and Management Reform in Japan*. Cambridge, UK ;New York, CambridgeUniversity Press.

Jackson, G. (2003). "Corporate Governance in German and Japan: Liberalization Pressures and Responses during the 1990s" *The End of Diversity? Prospects for German and Japanese Capitalism*. K. Yamamura and W. Strreck. Ithaca, CornellUniversity: 261-305.

Lincoln, J. R. and M. L. Gerlach (2004). *Japan's network economy : structure, persistence, and change*. Cambridge, UK ;New York, CambridgeUniversity Press.

Milhaupt, C.J. 2001 "Creative Norm Destruction: The Evolution of Nonlegal Rules in Japanese Corporate Governance' *University of Pennsylvania Law Review* Vol.149, No.6, pp.2083-2129

Milhaupt, C. J. and M. D. West (2003). "Institutional Change and M&A in Japan: Diversity Through Deals." *Global Markets, Domestic Institutions: Corporate Law and Governance in a New Era of Cross-Border Deals*. C. J. Milhaupt. New York, ColumbiaUniversity: 295-338.

Miyajima, H.1985 "Postwar Reform in Enterprise Management" in Steven Tollidayeds, *The Economic Development of Modern Japan, 1945-1995* Northsamption, MA: Elgar

(1998). "The Impact of Deregulation on Corporate Governance and Finance." *Is Japan Really Chaning Its Ways? Regulatory Reform and the Japanese Economy*. L. E. Carlile and M. C. Tilton.Washington D.C., Brookings Institution.

Okimoto, D.I. (1989). *Between MITI and the Market : Japanese Industrial Policy for High Technology*. Stanford, Calif., Stanford University Press.

Prasad, Monica 2005 "Why Is France So French? Culture, Institutions, and Neoliberalism, 1974-1981," *American Journal of Sociology*, Vol.111 357-401

Tiberghien, Y. (2007). *Entrepreneurial States :Reforming Corporate Governance in France, Japan, and Korea*. Ithaca, NY, Cornell University Press.

Vogel, S. K. (2006). *Japan Remodeled: How Government and Industry AreRreforming Japanese Capitalism*. Ithaca, CornellUniversity Press.

第 **7** 章

驅不走達悟惡靈的民主治理夢魘
蘭嶼核廢遷場僵局的政策史分析

張國暉、蔡友月

壹、前言

　　1975 年，也就是 1978 年核一廠開始商轉前三年，蘭嶼達悟族人在不知情的情況下，被行政院以隱匿方式指定設置低階核廢貯存場。[1] 1982 年在蘭嶼興建完成第一期工程共 23 座壕溝設施後，蘭嶼貯存場開始接收核廢。[2] 由於達悟（Tao）母語沒有核

---

* 　本文為再版文章，原文刊登於：張國暉、蔡友月，2020，〈驅不走達悟惡靈的民主治理夢魘：蘭嶼核廢遷場僵局的政策史分析〉，《臺灣社會研究季刊》，第 115 期，頁 77-149。本文經授權單位《臺灣社會研究季刊》編輯部同意授權重刊。

1 　有關「廢料」及「廢棄物」的用語，因 2001 年《廢棄物清理法》修正時新增了「游離輻射之放射性廢棄物」類別，在 2002 年《放射性物料管制法》制定後，主管核能的政府機關包括經濟部、原能會或台電多已將「核廢」意指為前述法定用語，簡稱「放射性廢棄物」。在這兩法案修正或制定前，這些政府機關常混用「核廢棄物」及「核廢料」兩詞。為符合目前法規用語，政府機關的計畫或公文書多採用「放射性廢棄物」一詞，但為順應社會需求有時仍用「核廢料」，例如 2013 年行政院成立的「民間與官方核廢料處置協商平台」。至於兩者的定義，原能會表示相同，請參考該會網址（https://www.aec.gov.tw/）的便民專區／原子能知識／認識核廢料／核廢料的放射性。

2 　據翁寶山（2006：57-59）所述：「臺電於民國 60 年（1971 年）初即開始調查規劃固體廢棄物各種處置方式的可行性。當時原能會核能研究所亦注意及此，常相研商。民國 61 年 11 月 20 日原能會邀約臺電及核能研究所等單位專家共同研討放射性廢棄物處置問題……民國 64 年 9 月 17 日原子能委員會函請臺灣省政府同意使用蘭嶼島龍門地區，作為『國家放射性固體廢棄物貯存場』。同年 11 月 29 日臺灣省政府表示同意無償使用。原能會另於同年 12 月 6 日

廢這個高科技的詞彙，許多族人以「惡靈」（Anito）來形容被國家放置在島上，不時威脅著他們生命與健康的「核廢料貯存場」（蔡友月 2009，Fan 2006）。[3] 1980 年代末至今，達悟族人發起多次大型的「驅除蘭嶼惡靈」運動，1996 年達悟族人占領島上港口，迫使臺灣電力公司（台電）的核廢運輸船隻無法靠岸卸貨，導致台電主管的蘭嶼貯存場從此不再增加核廢。[4] 然而，解嚴後政府雖然信誓旦旦要搬移存放在蘭嶼的十萬桶核廢，至今卻仍一桶未遷出。

1988 年政府提出最終處置的口號，1991 年著手進行搬遷蘭嶼核廢方案，2006 年通過《低放射性廢棄物最終處置設施場址選定條例》」（以下簡稱《選址條例》），至今連替代場址都沒擇定，歷經三十年政策更迭，一直無法依照協議遷出暫存蘭嶼的核廢料，惡靈驅不走的治理僵局為何難以突破？本文帶入：（一）核能性與民主治理；（二）國際核廢處置政策的觀點，把臺灣個案放入國際低階核廢政策發展來參照，分析導致核廢存放蘭嶼的歷史脈絡與背後所反映民主治理的問題。這些問題包括：在臺灣從威權邁入民主化的過程中，低階核廢多以轉嫁、間接或切割方式發包給不同政府部門處理，國家如何透過跨部門彼此角力及策略運用處理遷場的僵局？2000 年之後，經歷三次政黨輪替，這些不同理念的執政黨，又使用哪些策略來回應達悟族人不滿的壓力？臺灣政府的治理策略為何僅能在短期奏效，最終「低階核廢處置政策」還是陷入無法落實解決方案的僵局？透過政策史的分析，又能為驅不走的達悟惡靈提供什麼

陳報行政院，請准進行蘭嶼各項工程……民國 67 年 9 月 30 日開工興建專用碼頭由退輔會榮工處承建。臺電亦成立蘭嶼施工所負責監督各項工程。民國 69 年 2 月蘭嶼貯存場第一期工程開始興建。民國 70 年 10 月 20 日竣工，同年 12 月底貯存場的房舍也告竣。接收低放射性廢棄物專用碼頭於民國 71 年 4 月 22 日正式啟用。」

3 臺灣在 1987 年 7 月 15 日解除戒嚴令，雖然許多文獻指出同年 12 月蘭嶼島上由達悟青年郭建平所主導的機場抗議事件為達悟族抗議核廢的開端，但在此之前已有自省及不平的相關社會運動者發聲，如玉山神學院學生王榮基（關曉榮 2007：99-100）。

4 1982 年，核廢料放置蘭嶼，政府以「蘭嶼貯存場」為名。2018 年 3 月 27 日蘭嶼鄉長明確表示請台電更換蘭嶼貯存場名稱，若不更換，將以轉型正義之名發動民眾抗爭。台電因此於 2018 年 6 月 19 日電企字第 1078059623 號函將「蘭嶼貯存場」場銜名稱改為「低放貯存場」。本文為尊重原意，將 2018 年以前的文書檔案以「蘭嶼貯存場」為名，2018 年之後則以「低放貯存場」表示 (臺灣電力公司 2018:55)。

科技民主治理的建議？

　　為檢視國家政策處理核廢的歷史沿革，筆者回顧 1970 年代迄今行政院、行政院原子能委員會（以下簡稱原能會）、經濟部及台電對於低階核廢貯存的各項治理政策，指出我國核廢處置政策歷經專業壟斷、政治介入、民主參與等階段，政府的政治承諾層級逐步墊高，由原能會、經濟部、行政院甚至升高至總統府。隨著臺灣從戒嚴到民主化，國家一方面透過發放核廢補償金等，企圖利誘並安撫達悟族人，另一方面，2006 年立法院通過《選址條例》，將核廢的存放法制化企圖回應達悟族人的訴求，短期內雖然緩解了核廢遷不走的危機，卻使達悟族人念茲在茲的核廢遷場，陷入找不到替代場址而難以解套的僵局，成為不同政黨執政者都必須面對的科技民主治理夢魘。本文分析指出臺灣核廢處置政策，從威權時代的管制科學治理型態，由政府上對下單向決定，政策制定排除達悟族人參與其中，民主化後國家為回應達悟族人訴求，以法制化作為解決策略，卻因為核廢政策無法有效處理不同利害關係者之間認識論的衝突，沒有強化科技溝通與信任的社會基礎，反而陷入條文無法實踐的治理僵局。

貳、文獻討論：核能性、科技民主治理與國際核廢處置政策

　　本文從核能性與科技民主治理的觀點，以及回顧國際低階核廢處置政策的趨勢，分兩方面進行文獻討論，試圖對蘭嶼核廢搬遷的治理僵局提出一個結構性的解釋方向。

一、核能性與科技民主治理

　　二戰後，全球核電技術開始大幅發展，核電廠數目也快速增長，各國除了極力嘗試自主發展核能技術外，也費心找尋獨立的核原料。Gabrielle Hecht 提出核能性（nuclearity）的概念（Hecht 2011, 2012, 2006），在當時的脈絡下，僅僅包含核技術與核原料，並不包含後端的核廢料，最初開發核能的若干歐美國家，以及後來引進核能性的亞洲國家（如南韓及印尼等），大多希望藉由核能性來提升國際政治及經濟競爭

力（ibid.,Jasanoff& Kim 2009, Amir 2014）。[5]

2011 年日本福島核災發生後，傳統「核能性」的範疇受到挑戰，因為這個概念過去並不含核廢處理。福島核災是一個包含地震及海嘯的複合性災難，核災本身即屬於爐心熔毀、氫氣爆炸、放射性物質外洩等多重事故，原被視為後端的核廢，本身也是核災的一部分。福島核災後，核廢處理變成各國政府發展核能、核電規劃不可忽視的一部分。核能性的概念因此擴展到核廢的評估，例如：核廢料能否安全地貯存、保全及永續管理等，強調必須以整體思維觀照核電從前端核原料、核技術到後端核廢料的處理（Macfarlane 2011, 31-35）。

晚近先進國家在處理核能、核廢議題時，必須面對一連串衍生風險及相應科技民主治理的問題。社會學家 Ulrich Beck（2000）指出，風險是依靠對未來的想像與評估，決定當今的行動策略。人們對風險的感知是一種處在「不再相信安全」，但是「尚未發生破壞／災難」的特別狀態。當代的風險概念涵蓋了「操縱的不確定」（意味著新興的科技知識變成新風險的來源）與「沒有能力知道」（代表民眾不再信賴專家的風險判準），因此風險促使個人自行決定什麼是可以或不可以忍受的。此外，現代科技系統之間的複雜性日益提高，但科技系統彼此之間卻並非協調一致，因此風險絕非特定專家所能單方面臆測（Perrow1999, 62-100）。陳穎峰（2018）指出核能災害

5　核能性一詞是跟隨著 Hecht（2006）更早之前所提出的「科技政治」（technopolitics）概念而來，意指利用科技的設計或使用，進而建構、執行及具體化某些政治目的的策略性操作。例如：Hecht 在 1998 年的成名作《法蘭西之光：二戰後的核能與國家認同》（The Radiance of France: Nuclear Power and National Identity after World War II）一書，提出法國之所以積極發展核電，是因為核電能同時帶來軍事及經濟的全球競爭力，亦即主導政治判斷的不一定是傳統政治人物，科技專家有時扮演更重要的角色。當時法國推動天然鈾原料的冷卻反應爐，主要是由專業工程師向政治高層推銷，他們認為這種反應爐不僅能發電，還能萃取原子彈原料（因為利用天然鈾反應後可取得品質足量的原子彈原料鈽），且天然鈾來源可不受美國干涉（Hecht 2006，張國暉 2013）。因此，核能性講求有關核能的定義、原料、技術、設備及知識等都會因不同的政治利益考量，而有不同的建構，常見到不同國家打造或運用核能時所觀照的政治效應優先於科技功能。例如，擁有鈾原料來源的某國（在 Hecht 的非洲案例中，通常是獨裁者）可將之當作一般商品原料，認為可藉市場機制謀求最大經濟利益，但也有他國認為鈾土其實帶給法國不同的政治意義，因此將之視為特殊原料而索求更高價格或作為政治上的交換籌碼（Hecht 2012）。

是經驗上相當少見的危機情境，因此決策官僚所謂的「理性專業」可能受到決策者信仰、感情觀點與意識型態的影響而有侷限。簡言之，核能性、核廢風險的爭議不僅是科學本身，還涉及一系列關於公共權威、文化定義、國會、民主、政治與專家決策的問題。面對核廢風險所帶來的科學不確定，促使我們必須思考下一步治理的問題。

有關科技民主治理的文獻討論，大致分為兩個面向：（一）相較於專家由上而下知識的治理型態，強調常民的知識與經驗在科技決策與制度參與的重要性。這些反省強調若缺乏公民與利害關係者進入決策，就難以化解民眾的不信任，因此強調科技治理絕非特定專家單方面主導，納入公民參與尋求協商共識，才是建構科技民主治理的重要條件。目前臺灣蘭嶼核廢的相關研究（范玫芳 2017，杜文苓 2019，黃之棟 2014，邱崇原、湯京平 2014，陳穎峰 2018）大多集中在建立公民參與、協商與公民審議民主制度這一部分。亦即，體制之外下對上的公民參與是重要的治理策略之一。（二）現代科技系統之間具有相當的複雜性，科技民主治理必須有效回應官僚體制彼此價值衝突、制度協調與課責的問題，強調官僚制度內部改革的設計。例如：改善科技決策的資訊不透明、不對等，官僚內部不同價值的衝突與協調對建立科技民主治理的重要性。政治學家 Jon Pierre 與 B. Guy Peters 在 Governance, Politics and the State（2000）一書主張，以國家為中心的治理想像（the state-centric imagine of government）仍是重要的，因為政府喪失控制通常被過分誇大，公共部門對於形塑社會和經濟生活仍然具有實質的力量。此外，當代國家、政策與策略變遷顯示，我們必須意識到國家力量的轉變，國家力量已經變成某種脈絡化和企業化的事物，而不是先前那種來自憲法與法律效力的國家制度。因此，國家治理模式無法繼續採取強制的政策，而是環繞在加諸於社會一連串細緻的技巧。

關於第二部分國家與官僚之間治理的討論，是臺灣目前探討蘭嶼核廢遷不走的困境，較少觸及的視角。公行學者陳敦源（2012）認為臺灣科技民主治理機制建構的重點，應該回應 Kenneth J. Meier 與 Laurence J. O'Toole（2006,14-15）提出的「治理取向」（governance approach）：「試圖在多元的層次整合政治與官僚力量，並且清楚指出在效能與民主的原則下，政策方案是如何設計、合法化、執行與評估……這個取向在二十一世紀的治理環境之上，建構當代關於官僚與民主的論戰。」陳敦源進一步指出科技民主治理往往必須在基進民主（radical democracy）的民主價值，以及在官僚

科學管理（scientific management）的責任價值兩股拉力之間進行競爭抉擇，如何協調衝突的力量，來自於設計不斷創新的課責制度。也就是說，科技民主治理的成功，需要同時落實「專業責任」（professional responsibility）與「民主回應」（democratic responsiveness）兩種價值，若是這兩種價值彼此衝突，會讓民主政治與官僚體制之間，產生出「麻煩的共生關係」（EtzioniHalevy 1985, 2，陳敦源 2012,54）。因此，政策制度上如何整合民意與專家意見，成為臺灣科技民主治理的關鍵。政治學者 Mark Bevir 也強調「除非政策能夠以一個更包容的方式被準備、執行和制定，不然它們不再有效率」，他以「系統治理」一詞，認為官方主導以及管制的參與程序中，改進既有體制運作的效能，是回應科技民主治理的有效方式，包括：增加體制內多元參與管道，強調政治制度的效能必須依賴在決策過程中不同利害關係者的參與，才能確保社會共識（Bevir 2006, 427-428）。

　　科技與社會研究（Science, Technology and Society Studies, STS）學者 Silvio O. Funtowicz 與 Jerome R. Ravetz（1992,264-265）針對當代科技爭議的複雜性，透過 X 軸「系統不確定性」與 Y 軸「決策利害程度」兩個面向，提出三種不同層次的解決策略。（一）「應用科學」又稱為「共識的科學」，在「常態」（normal）的政策環境，專家大多處理利害程度較小，不確定性較低，技術性較低，爭議不大的問題，可為決策提供知識基礎。（二）當科技爭議的程度變得複雜，不確定性增高，利害關係者越趨多元，從應用科學到後常態科學的中間是「專家諮詢」，主要是讓對議題有不同意見的人加入，不同背景的專家彼此對科學爭議溝通與諮商，可以減少可能的風險。（三）「後常態科學」（Post-Normal Science），發生在有認識論或倫理上的不確定性，或是當決策是反映出利害關係者彼此之間的目的衝突時，此時系統的不確定性、風險都很高而社會沒共識，「應用科學」及「專業諮詢」已然無法解決問題，需要「後常態科學」的治理想像（見圖 7-1）（Funtowicz&Ravetz 1992）。

　　Funtowicz 與 Ravetz（1992：265-266）強調在科技爭議衝突性高，以及回應系統不確定性增大的「後常態科學」情境下，現有主流科學知識的各種決策對於處理當代科技的爭議已有所不足，像是晚近核能、核廢安全的爭議。後常態科學的解決策略，強調納入「延伸同儕社群」（extended peer community）的重要性，包括加入有意願參與解決議題者，尋求更多其他類型的知識，在政策的規劃中除了倚賴科學事實，也

圖7-1 三種解決問題的策略

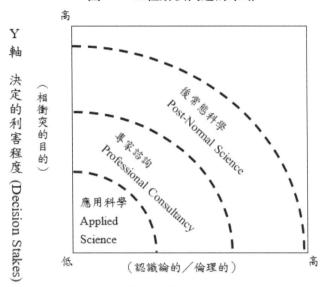

X 軸　系統不確定性（Systems Uncertainty）

資料來源：筆者們重繪自Funtowicz&Ravetz（1993, 750）。

可以引入社區居民的軼事證據（anecdotal evidence）或社區統計資料，作為政策的一部分。例如，1995 年美國環境保護局（U.S EPA）執行的一項累積性暴露計畫，採用社群參與研究機制（community-based participatory research），透過收集釣魚維生民眾的意見，得知社區民眾會因食用河裡的魚而暴露在有毒物質的風險中，使專家得以在科學的健康風險報告中，納入居民的在地知識與經驗，促使政策的規劃得以發揮成效（Corburn 2002）。

　　換言之，國家官僚治理具有合法性統治的基礎，面對晚近科技爭議性高，系統回應不確定性增大的「後常態科學」治理型態，國家該如何納入民意、建立公共課責機制，維繫不同部門的行政體系與跨部門的網絡環境，形塑不同行動者衝突性價值的協調制度，「延伸同儕社群」的機制，並在政策規劃過程中引入更多其他類型的知識等，都挑戰著國家與官僚之間新的治理想像。

二、國際核廢處置政策趨勢

接下來，從國際核廢處置政策的趨勢分析中，可發現從早期專業壟斷，接著政治介入，再到民主參與，近年則加入龐大補助金的利誘原則。這股國際核廢處置趨勢並非線性的直線發展，時間軸的排列也無法窮盡所有各國政策，但是有助於我們將臺灣歷來核廢政策方案放入國際潮流的參照架構來分析。

（一）1970年代政府的專業壟斷

大約自 1970 年代起，如何處理核廢漸成為國際核能政策的一環。在此之前，美國未將核廢處理視為重要問題，並預期短期內應會發展出更妥適的處理方法，早期多將核廢在其使用處當場掩埋、倒入河流、排入空中或丟置在海底（Walker &Wellock 2010, Walker 2009）。美國低階核廢海拋數量雖然遠低於英國，但從 1946 至 1976 年持續地棄置大西洋或太平洋（Sjöblom&Linsley 1994, 14），多數低階核廢仍以陸地淺層掩埋方式處理（Werner 2009）。1970 年代後期，在發現輻射會因大雨後的「浴缸效應」而外洩到環境中，即關閉了部分場址，其他則有因違反核廢管理程序或核廢儲存量滿載而關閉。[6] 1980 年美國國會通過《低放射性廢棄物政策法》（Low-Level Radioactive Waste Policy Act），將商業所生低階核廢處置責任，由聯邦政府轉移至州政府，但新場址的開發往往因鄰避（NIMBY, not in my back yard）因素而困難重重（Werner 2009）。[7]

---

6 目前美國能源部管理下有六座現場轉貯的低階核廢貯存場，其中兩座可接收外場低階核廢，此外另有四座商業性低階核廢場（https://www.ncbi.nlm.nih.gov/books/NBK441732/）。

7 在高階核廢方面，美國在 1987 年時，經國會指定規劃內華達州的猶加山（Yucca Mountain）為永久性貯存場（Macfarlane 2011），但規劃案卻一延再延。依 2008 年美國能源部的規劃，當時仍待歐巴馬政府核定，並預定最快在 2017 年能開放貯存。然而美國能源部已在 2010 年指出這個規劃案不可行，主因是缺乏足夠政治支持及公眾共識（Macfarlane 2011: 33）。2016年新上任的川普政府一直想繼續猶加山計畫，雖在 2018 年時再遭國會封殺，仍於 2019 年編列預算，不過仍待國會核准（World Nuclear News 2018）。目前美國核電廠所產生的高階核廢，約有 78% 在廠中的冷卻池（NRC 2018），22% 在廠中或特定暫存場的乾式容器當中

其他主要國家方面，英國在 1983 年志願遵行「倫敦海拋公約」（London Dumping Convention, LDC）前，即已長期將低階核廢倒入大西洋底，且數量居世界之冠（Sjöblom&Linsley 1994, 14）。當時日本除交給法國協助再處理高階核廢外，也積極嘗試將低階核廢倒入南太平洋底，或在南太平洋島嶼設置核廢貯存場（Branch 1984），或少量的海拋太平洋（Sjöblom&Linsley 1994, 14）。法國雖然在 1960 年初即意識到核廢問題的嚴重性，但早期除將少量的低階核廢海拋大西洋外（ibid.），也曾有將核廢倒入地中海的構想，迄今經過數十年仍未對高階核廢發展出實際解決方案（Barthe 2011, 63, Strandberg &Andrén 2011, 10）。

基本上，若從 1954 年俄國第一座核電廠運轉開始迄今約六十年算起，目前全世界仍無一座高階核廢永久貯存場開始運作（Macfarlane 2011,31）。[8] 多數國家仍將大部分的使用過核燃料或高階核廢貯存在核電廠內，如美國、日本、南韓及臺灣等（ibid.，經濟部 2013），至於低階核廢方面在 1993 年俄國海拋日本海後，已被 LDC 修改為強制禁止海拋項目（Sjöblom&Linsley 1994）。[9] 因此，從前述各國經驗觀察，1970 年代時，甚至直到 1980 年代，低階核廢處理皆受政府專業壟斷，意指行政機關除兼具專業及管制功能外，沒有其他團體或機構擁有獨立抗衡的專業角色，所謂核能專家只能被放置在政府內部，並由他們訂定及執行管制政策。

（二）1990年代多元參與的政治力量進入

1990 年代國際核廢處置政策出現新趨勢，除專業技術考量外，「政治」也成為核廢處理的重要因素。基本上，許多國家在 1983 年志願遵行 LDC 後，必須認真面對如何將核廢料貯存在各自領土。美國在 1960 年代初開始思考如何處理及貯存核廢的政

（NRC 2018）。

8　瑞典、芬蘭及法國已開始興建，其中芬蘭及瑞典應是進展最快者，但要開始使用仍分別得等到約 2023 及 2025 年（Macfarlane 2011: 35, WNA 2018）。

9　值得一提的是最新加入核電國陣容的阿拉伯聯合大公國（UAE）在 2011 年借助南韓興建四座反應爐的核電廠，仍依 1970 年代以來的傳統，不但沒有永久貯存場的規劃，也未將核廢貯存視為應優先解決的問題（Macfarlane 2011: 30-31）。

策問題（Walker 2009, 1），但遲至 1982 年才有《核廢政策法》（Nuclear Waste Policy Act），制度化地建立核廢管理及管制機制（Solomon 2009）。加拿大在 1960 年代開始著手核廢管理，主要採閉門管制的方式進行，獨由政府主導核廢處理。加拿大自然資源部在 1977 年提出的報告中，主要有兩項建議：第一，必須著手找尋高階核廢的長久處理方式，如拋到外太空、埋在冰盾下或其他地方等；第二，處理核廢的政策必須採用民主程序。然而，第二項建議卻遭停頓，遲至 1989 年才開始（Johnson 2007）。目前加拿大低階核廢貯存與高階核廢貯存綁在一起，一方面要求深埋，另一方面則將地點選擇在核電廠附近（National Academies of Sciences, Engineering, and Medicine, 2017）。

　　在歐陸方面，Yannick Barthe（2011）指出 1960 年代的法國，如同英、美等國，曾企圖將低階核廢倒入海中（地中海），但引起了科西嘉島（Corsica）及蔚藍海岸（Cote d'Azur）居民的抗議，後來告終。隨著反核運動持續不斷，法國核能管理機關在 1979 年成立了一個核廢研究機構，嘗試以科學知識為基礎，為核廢找尋一個最終處置方式。一方面，核廢問題在 1990 年代以前被核能科技專家主導為科學專業知識內部的問題，另一方面反核團體對「以科學知識為優先」的解決方法始終不滿。如同其他歐美國家的作法，法國原能會專家的科學建議也是將核廢深埋至地底，遭受反核團體強烈質疑。在 1990 年代初期，法國政府肯認到單以科技框架處理核廢無法成為可行政策。此外，1976 年瑞典通過核規範法（Nuclear Stipulation Act），確立了核燃料安全優先於核燃料供應，即對核能工業同時賦予政治和技術的規範要求，核電公司必須就核能發電所產生之核廢料處理、貯存與最終處置，執行絕對安全的方案。不過，瑞典至 1991 年才引進環境影響評估諮詢程序，要求核電開發者必須進行環境影響評估，使得環評程序與核廢貯存場址調查緊密連結。在這樣的連結下，在地知識才被納入考量（Elam & Sundqvist 2009）。

（三）2000年後民主參與及專業技術同等重要

　　約在 2000 年後，許多國家核廢處置政策的民主參與不僅是政策考量的一環，更與技術同值。例如，1999 年德國新政府成立核廢貯存場選址程序委員會，改變原有的

傳統技術官僚策略，亦即放棄「決定－宣布－辯護」（decide-announce-defend，常簡稱為 DAD）的架構。新政府透過同時尊重技術、安全及公共接受三大原則，重新選擇各階核廢貯存場址（Baltes&Brewitz 2001）。在瑞典及英國的案例中也可發現，為執行各階核廢貯存政策，技術與非技術層面都必須進入選址程序的考量當中，主張所謂將「地質學與社會合起來考量」（bringing geology and society together）（Lidskog& Sundqvist 2004: 263）。

此外，透過對瑞士低階核廢貯存處理的案例研究，Krütli et al.（2010, 241-242）認為「技術」與「參與」兩種截然不同的途徑應相互搭配，從而滿足安全與民主需求。2011 年福島核災後，各國對核能性政策的規劃開始同時納入核廢的評估規劃，「安全第一」的立場，不僅是技術社群的前提，也是社會的前提。技術風險評估向來被認為是專家導向的事務，但如能透過公眾參與的積極形式，從不同角度詢問關鍵問題來挑戰技術專家，可刺激技術社群找到更佳解決方案。然而，這並不意味著專家可以被取代，只是公眾參與應被視為導致更強健的技術解決方案的互補元素（Flüeler 2006）。舉例來說，英國、比利時、瑞典與斯洛維尼亞在放射性廢棄物長遠管理的政策發展，都曾遭受地方反對，但是建立利害關係者（包括環保團體）可接受的溝通與協調程序，能夠加強決策過程的公眾信任。因此，將廣泛的利害關係者納入決策過程途徑，牽涉到一個民主政體解決爭端的制度承載能力（邱崇原、湯京平 2014,12）。

（四）2005年後龐大利益由下而上的分配與討論

雖然民主參與及專業技術對安全維護及風險控制同等重要，不過透過南韓的千年古都慶州成功選址的經驗顯示，[10] 利用龐大的核廢補助金帶動地方發展，能夠有突破性發展（慶州公投贊成率達 89.5%，其他三個城市群山、盈德、浦項分別是 84.4%、79.3% 及 67.5%），以及經濟訴求參與之重要性。亦即，地方行動者是否可從同意低階及中階核廢貯存場決策中「得利」（慶州約獲中央三千億韓圜及其他資源），更是關鍵

---

10 韓國從 1968 年開始核廢的選址作業，歷經九次計畫失敗後，2005 年公投加入選址程序，之後出現四個自願場址，最後由贊成率最高的慶州出線。

因素（湯京平、蔡瑄庭、范玫芳等 2009，Huh 2013）。此外，所謂「得利」的內涵必須由在地居民討論，也就是不能只是用單一大筆經費由上而下的利誘，也不能由中央及地方政府意圖性引導，而要實質地經在地居民長期及民主地想像、討論、分配與運作等。南韓案例雖然成功，但也非十全十美，其中政府介入運作的斧鑿甚深，除引起假民主的質疑，更隱藏未來因民主參與不夠厚實而導致反悔的可能性。然而，除了核廢安全及風險外，如能搭配政府的積極作為，並營造長期民主的運作機制來討論未來「得利」，或許是核廢選址成功的第一步（Huh 2013）。

　　透過上述文獻討論，我們強調國際發展趨勢必須鑲嵌在臺灣在地的歷史、政治與社會文化脈絡。以下先以臺灣迄今的「低階核廢處置政策」為範圍，分析我國政策如何受國際趨勢影響並發展出哪些應對的策略，接著分析臺灣「低階核廢處置政策」除了「多元政治」已介入核廢處置政策的專業討論，「民主參與」及「（龐大）利益分配」也逐漸被認為必須納入考量。我們也發現，即便在「專業技術」後再加入「多元政治」、「民主參與」及「利益分配」的政策原則，臺灣面對當代科技複雜的挑戰，在2006 年《選址條例》法制化後，迄今仍無法像南韓般突破核廢場址選擇僵局。過去關於蘭嶼核廢研究，較少從國家官僚專業應如何回應在科技爭議衝突性高、系統不確定的「後常態科學」治理角度，來思考核廢存放爭議所形塑一連串政府的政策與處置方案。我們將帶入這樣的視角，從政策史演進來檢視缺乏納入有效協調民意及科技官僚的國家制度，並解析蘭嶼核廢遷不走的結構困境。

參、研究範圍、資料及方法

　　本文鎖定 1970 年代開始構築臺灣核能科技政策的關鍵角色，包括：原能會、台電、經濟部、行政院等四個組織，以及 1980 年代末達悟族人、立法委員、環境團體、監察院、地方政府及議會等相關利害關係者與團體，我們以論述分析的方法納入這些機構與行動者的相關資料。本文資料包括以下四大類，透過爬梳及交叉檢證這些資料，運用系統化的操作程序將資料編碼（coding），並將資料轉化與歸納後，藉此深入掌握經驗現象。

　　（一）行政機關（主要有行政院、經濟部、原能會及台電等）歷年報告及相關文

件。原能會的官方報告資料，如《行政院原子能委員會年報》、施政成果書面報告、文宣品，以及放射性物料管理局的定期檢查報告、物料管制會議、運轉年報、營運月報、環境監測季報等。台電部分針對「蘭嶼貯存場遷場規劃報告」、「核能發電廠及蘭嶼貯存場附近海域之生態調查報告」、「核能發電後端營運基金會管理會」、對外宣導、臺灣電力發展史等文獻進行搜尋。經濟部為文宣資料，以及蘭嶼貯存場遷場推動委員會的綜合文件、會議資料等。

　　本文並收錄行政院於 2018 年出版的《核廢料蘭嶼貯存場設置真相調查報告書》，該報告書由 2016 年成立的「行政院蘭嶼核廢料貯存場設置真相調查小組」撰寫，收集了原能會、台大、原能會核能　究所、中山科學　究院、退輔會及台電相關的重要歷史檔案，同時收入 2016 至 2017 年間於蘭嶼六個部落舉辦的座談會紀錄，以及多名參與貯存場興建工程的蘭嶼人田野訪談資料，此報告被視為政府在面對原住民轉型正義的重要官方文件。

　　（二）立法院公報、監察院各種會議紀錄及報告。立法院公報方面，我們以「核廢料」、「蘭嶼」、「低放射性廢棄物最終處置設施場址設置條例」、「蘭嶼貯存場遷場推動委員會」等關鍵字搜尋。監察院部分則包含蘭嶼核廢相關調查報告、糾正報告、彈劾案文及監察院公報。

　　（三）有關核廢的新聞報導，以《聯合報》、《中國時報》、《自由時報》、《中央社》等電子資料庫搜尋系統（範圍限於 1970 年到 2019 年），以「蘭嶼」和「核廢料」為交集關鍵字進行搜尋。

　　（四）蘭嶼在地與反核運動文獻等，如《蘭嶼雙週刊》。該週刊為蘭嶼人表達心聲、分享資訊、發揚達悟意識的在地媒體。1985 年創刊，出刊至 2015 年 3 月的報導，可在網站：http://lanyu.nctu.edu.tw/database/?do=bw（蘭嶼媒體與文化數位典藏之蘭嶼雙週刊）取得資料。2015 年 3 月後休刊，2016 年 11 月復刊，出刊至 2018 年 2 月第 550 期後，轉為《蘭嶼雙月刊》出版，我們以「蘭嶼遷場委員會」、「核廢料」等關鍵字，搜尋該刊相關資料。

肆、驅不走的惡靈：蘭嶼核廢貯存政策史與科技民主治理僵局

本文以七個階段分析臺灣核廢處置政策的歷史沿革與演進：（一）冷戰期間，臺灣為了軍事與能源目的引進核能，但核能生產的放射性廢料並未納入嚴謹的評估與規劃。（二）1972-1988 年原能會強調海拋的專業決策，不但未同步進行海拋的演練，也違背了當時國際倫敦海拋公約。（三）1988-1996 年反核開啟政治機會，但核廢輸出境外、島內存放與最終處置等計畫都面臨困境。（四）1996-2000 年遷場政策轉向以國內為主，並在政府仍企圖維繫專業壟斷及多方政治介入之間角力。（五）2000 年後以非核家園為理念的民進黨執政，在 2002 年成立遷場委員會因應政府遷場失信的承諾，並走向《選址條例》法制化。（六）2008 年國民黨重新執政，由於兩次選址失敗，嘗試將遷場與選址政策脫勾以安撫達悟族人。（七）2016 年第三次政黨輪替後，遷場與選址都未有實質進展，成立行政院蘭嶼核廢料貯存場設置真相調查小組後，再提出發放 25.5 億元補償金等，試圖繼續安撫達悟族人。我們透過以下分析指出臺灣表面上追隨國際發展趨勢，實質作為卻背道而馳，以及蘭嶼核廢貯存政策治理僵局的結構困境。

一、戰後冷戰期間：引進核能

二次世界大戰期間，美國於 1945 年在日本廣島、長崎投下原子彈，核武強大的威力震驚世界；1949 年蘇聯核子試爆成功後，以美蘇對立為線，進入冷戰時代，促使世界各國希望透過發展核武展示國力，美國也體認到無法單靠一國之力阻止各國核武發展，必須建立國際聯合的體制防止核武擴散（黃德源 2002,36）。

韓戰爆發後，臺灣作為美國亞太戰略的權力佈署，「圍堵」共產政權的擴散，產生發展核武的意願。1955 年後國民黨配合美國的原子能和平用途的提議，成立原能會，積極設立相關機構並培訓相關人才，投入核能科技的發展（黃德源 2002,45-57）。1964 年中國核彈試爆成功，蔣介石為求兩岸武力平衡決定積極研發核武，並尋求德國及加拿大等國協助興建，製造原子彈原料的核反應爐及相關原料（Albright & Gay 1998，吳大猷 1988）。國際核電廠的市場雖充滿商機，不過包括最早發展核能的美國在內，沒有一個國家能夠主導核電廠市場，除經濟因素外，國際地緣政治原因也牽動

市場的走向。例如，美國在競爭歐洲核電市場上不甚如意，[11] 卻在 1970 及 1980 年代接連獲得日本、南韓及臺灣等興建反應爐訂單，主要是基於冷戰及地緣政治因素，使美國逐漸掌控東亞核能市場（IAEA 2004, WNA 2014）。1971 年，臺灣退出聯合國，美國恢復和中共的外交關係，國際外交的挫敗加上能源危機爆發，對國民黨政權產生正當性危機。這些政治危機迫使臺灣政府加以回應，希望以經濟代替政治維持國際關係，一方面引進核能發電，另一方面仍嘗試發展核武，[12] 在美國進出口銀行、核電公司和國民黨政府支持下，台電公司陸續引進核電廠（黃德源 2002,69-108）。

臺灣從 1970 年代即開始移植美國核電廠技術及原料，在戒嚴時期政治獨裁、壟斷的氛圍下，於 1971 年在今新北市石門區興建第一核電廠，1974 年在金山興建第二核能發電廠，1978 年在馬鞍山興建第三核能發電廠，亦即 1970 至 1980 年代共完成三座核電廠，每座各有兩部核反應爐（經濟部 2013）。此外，從 1980 年 5 月開始在今新北市貢寮區規劃並興建第四座核電廠，但是在貢寮居民長期抗爭下，迄今尚未商轉。[13] 這四座核電廠雖然有美國以外的國家參與工程，基本上仍由美國主導及轉包。2014 年臺灣及美國再次共同簽訂核能合作協定，內容與四十年前所簽訂的沒有顯著差異（原能會 2014）。[14]

基本上，當時臺灣核能性的範疇（技術及原料）主要根於冷戰政治脈絡，威權政府在發展核能的考量下引進核能科技，核廢被視為枝微末節的問題，輕忽三座核電廠運轉之後所帶來的核廢存放與安全問題，以致於至今仍是臺灣難解的治理問題。

二、1972-1988年原能會的海拋專業決策

原能會從 1972 年開始邀約相關機關的專家共同討論低階放射性廢料處置問題，

---

11 美國在國際核電產業市場上受到加拿大、法國、德國競爭，且因這些國家的統包策略較受歡迎，而使美國更受威脅（IAEA 2004）。

12 1970 年代的危機造成臺灣核武發展更盛，但由於美國反對，核武計畫只能暗地進行，最後仍在美國的干預下中斷核武發展（黃德源 2002：102-107，Albright & Gay 1998）。

13 2014 年行政院宣布封存核四。2018 年以核養綠公投案曾試圖解套，之後也討論是否重啟，但現仍封存中。

14 仍由美國提供核電技術及原料。新協定與舊協定的不同，僅是刪除「有效期限 42 年」的文字。

1973 年決定海拋處置，1974 年元月原能會赴蘭嶼龍門地區對離島進行調查，六天後便決定蘭嶼龍門地區為適當的離島貯存場所，之後進入正式的工程勘查。1975 年原能會發函請臺灣省政府同意用地無償使用，原能會才將相關資料轉交台電公司，並委請台電公司進行工程設計及施工，貯存場工程規劃六期，先只進行一期工程（臺灣電力公司 1989）。之後歷經企劃、測量、工程規劃等過程，至 1980 年在蘭嶼龍門地區興建第一期工程，1981 年在原能會下成立放射性物料管理處並派員進駐蘭嶼貯存場，1982 年開始接收核一廠約一萬桶低階核廢（臺灣電力公司 1989，參 -217-219）。

在前述當時國際核廢處置的脈絡，各國的核能政策過程大多屬於政府內部專業壟斷，蘭嶼貯存場決策及執行過程也是如此。我國低階核廢如其他擁核國家般，被認為屬核能政策的枝微末節而未受到重視。當時臺灣的核能專家主要來自當今的清大核子工程與科學所，擔任政府不同部門的核能決策官僚，例如：原能會的技術官僚與台電的專業人員，往往是師出同門。處理核能的行政機關與專家合而為一，呈現「管制科學」的特徵，即科學或科技知識的目標是服務政府的管制決策，而不是科學本身，因此這種知識出自特別的目標，而生產出來的脈絡除了有科學建制（如科學家、實驗室及其他相關研究設施和制度）外，更有社會建構脈絡，像是要去因應特定的政策目標（Jasanoff 1995, Macfarlane 2003）。

細觀臺灣核廢貯存政策，即呈現許多以政策目標為依歸的管制科學特質，而將行政便利性優先於科學考量。例如，臺灣對低階核廢的最終處置方案，即企圖暫存蘭嶼後就近海拋太平洋海溝（臺灣電力公司 1989, 參 -218）。原能會原在 1974 年明確列出洋洋灑灑五項理由支持貯存場設在蘭嶼，包括：（一）場地面積足夠容納核一、二、三廠，甚至未來的核四廠，總共八座機組所產生的低階核廢，（二）貯存區五公里內無居民，（三）具天然屏障，污染人類生活環境可能性低，（四）核廢海上運輸安全可靠，（五）便於將核廢海拋鄰近太平洋海溝（臺灣電力公司 1989, 參 -218）；但原能會高層官員在 1980 年代公開坦承最後一項才是主要理由（聯合報 1988b）。[15]

再者，當初蘭嶼核廢的選址決策過程，即由戒嚴時期政府強勢威權主導，在勘查

---

15 參閱李若松（1988）有關原能會主委閻振興訪談實錄，以及蔡昭明（1988）有關原能會放射性物料管理處長訪談實錄。

和徵收土地的過程中，一開始以各種名義詭騙當地居民，假借興建「鮪魚罐頭工廠」來遮掩要蓋核廢「貯存場」，讓龍門港從「海軍祕密軍事基地」變成「核廢料運輸港」。例如：在 1995 年 6 月立法院公聽會上，原能會放射性待處理物科管理處科長李境和指出，對蘭嶼貯存場從未有欺騙的行為，當初在蓋的時候都有很清楚的公告，原能會所蓋的是蘭嶼國家放射性待處理物料貯存場，絕對不是「罐頭工廠」，他並出示照片為證。李科長說完，立即遭「紙彈」攻擊與達悟族人反駁，蘭嶼鄉長廖班佳說：「如果沒有欺騙，請問你如何取得這塊土地？老百姓知道嗎？哪有溝通？簡直一派胡言！」（蘭嶼雙週刊 1995,1）政府採取專制未與達悟族人溝通的手段，達悟族人則憚於國民黨及軍警組織報復，而未敢抗爭（行政院蘭嶼核廢料貯存場設置真相調查小組 2018,53-54），使得蘭嶼核廢的決策從啟動時就是威權統治的治理型態。

（一）國際間的低階核廢海拋變化

1980 年代初期已有若干 LDC 締約國對海拋低階核廢表達關切，並在 1983 年的 LDC 諮詢會議當中倡議禁止，但後來經締約國投票決定，由各國採志願方式決定是否繼續海拋。該會議專家小組雖然在 1985 年指出，並無科學證據支持海拋低階核廢與其他處置方式會有明顯差異，也不見得對海洋環境構成顯著危害，不過並沒有具體指出海拋對環境全然無害。除了環境影響的科學研究外，多數締約國也強調應同時觀照海拋低階核廢時的政治、法治、社會及經濟議題，不能單純從技術層面考量海拋的適當性（Sjöblom&Linsley 1994）。之後，1993 年 10 月俄國再次在日本海海拋核廢，引起國際軒然大波，促使一個月後 LDC 諮詢會議經投票多數通過禁止任何種類的核廢海拋，並在 1994 年 2 月 20 日生效（*ibid.*）。實際上，1983 年前所有海拋至太平洋的放射性廢料占不到全球所生產的 1%，顯見海拋並非國際主要處理方式（Sjöblom&Linsley，1994）。

（二）原能會的海拋治理問題

首先，1980 年代原能會公開宣稱海拋，並未同步進行海拋的演練，而 1980 年代

以來 LDC 相關的國際發展與討論，也並未對臺灣原先規劃的海拋太平洋之最終處置方案產生實質影響。蘭嶼貯存場原先規劃六期工程（臺灣電力公司 1989, 參 -218）預計可容納三十萬桶。[16] 原能會在 1986 年曾表示：「由於（海拋）對環境可能有影響，已被國際公約暫停進行，因此，陸埋成為主要的考慮方式。」然而，自 1982 年興建完成蘭嶼貯存場第一期工程開始接收低階核廢後，1987 年再編列預算規劃興建第二期工程時，[17] 為防第一期工程容量到 1993 年後無法容納，[18] 時任原能會主委閻振興於 1988 年接受立法院預算審查時，仍明確表示海拋是最終處置選項之一，[19] 而有前後矛盾的立場。再者，1987 年解嚴後數個月內接連面臨達悟族人抗議及立法委員質詢壓力後，原能會仍對外表示要對海拋進行研究，甚且指出「原能會的構想，是先放（蘭嶼）一段時間，再沉入海溝的污泥中，而國際間現在也採污泥掩埋法」（聯合報 1988b）。基本上，當時原能會的認知顯然與國際趨勢有巨大差異，但仍不斷公開發表以「海拋」作為解決的手段。

原能會顯然未認真面對國際規範停止海拋趨勢，也未積極規劃陸埋事宜，僅是表面宣稱將有所改變。換句話說，原能會自 1974 年提出最終處置的海拋構想，直到 1980 年代近十年時間，始終沒有實現時間表及預先規劃，更未曾像法國一樣認真從事實質研究規劃及實作演練。「海拋」僅是國家官僚機構政策的包裝口號，沒有任何實際的核廢處置策略。

其次，原能會海拋與陸埋並行的政策方案也有矛盾，1988 年的時任主委仍主張海拋是選項之一，但在這數個月前，放射性物料管理處處長蔡昭明即表示海拋不可行（蔡昭明 1988）。蔡處長早在 1986 年即主張不排除將蘭嶼貯存場改為陸埋場，也

---

16 立法院公報處（1998）77 卷 33 期 2144 號：138-139。有關閻振興訪談實錄內則指出五期工程，並可容納五十萬桶低階核廢（李若松，1988）。據關曉榮（2007：96）的研究，蘭嶼貯存場第一期擬分六期完成，可貯存 338,040 桶核廢，後因該工程遭「破壞當地自然景觀」批評，加上變更設計以便增加核廢料儲存量的壓力，遂委託美國 Parsons 工程顧問公司重新規劃為五期，採地下倉儲，容量增為 55 萬桶。

17 立法院公報處（1988）77 卷 78 期 2189 號：41-53。

18 立法院公報處（1989）78 卷 49 期 2265 號：67-69。

19 亦請參考李若松（1988）有關閻振興訪談實錄。

公開表示此為原能會的計畫，並已成立了陸埋研究小組，且限縮地點在東部離島，更
提出時間表：「1980 年將完成陸埋場的試驗工作（在蘭嶼貯存場），1991 年選定陸埋
場址……1994 年則開始進行陸埋作業」（聯合報 1988b）。然而，看似有時間表且設
有專案小組而顯得較為具體的陸埋規劃，卻從未向國會進一步說明，至 1988 年仍將
此方案視為選項之一，實際上並無具體的政策規劃，反而繼續主推蘭嶼貯存場第二期
計畫，呈現政府單方面主導的權威特徵。當時達悟族人不斷發起的抗議運動獲得媒體
輿論與立委的重視（詳如後述），原能會一再被國會逼問蘭嶼核廢料後續的處理方向，
因而短時間內提出海拋、陸埋及第二期計畫等，三者的解決方案各自獨立、彼此矛盾
又難以落實。原能會主委仍抓住（或拾回）海拋作為選項之一，有可能是政治權宜之
計，創造模糊的政治語言，避免承諾以製造陸埋（包括埋在蘭嶼）與海拋兩者同時存
在，作為行動的雙保險論述。[20]

　　總之，原能會 1982 年啟用蘭嶼貯存場後，不僅刻意忽略國際上停止海拋的趨勢，
也未像美國一樣展開相關法制工作，更未籌劃落實海拋相關工作與研究陸埋。簡要來
說，若與國際趨勢相比，當時臺灣的低階核廢處置政策流於政府單方面官僚獨斷、不
透明、上對下的科技治理特徵，也並未以公開、透明的方式納入達悟族人對核廢處置
的看法，面對達悟族人多次的抗爭，政府從未以由上而下地具體課責所屬機關（如原
能會、經濟部、台電、軍方等）的方式，積極回應達悟族人的訴求。

三、1988-1996年反核開啟政治機會：境外與島內存放vs.最終處置計畫的困境

　　1986 年車諾比核災發生後，引起臺灣環境運動者與蘭嶼達悟族人的關注，對於
1970 年代國家發展下所強調便宜、有效率、穩定的核電，開始提出質疑。1987 年解

20　關於原能會主委創造模糊的政治語言，筆者研判是「如果海拋選項也是選項之一」，以當時立
　　法院及媒體生態，立委、媒體都會不斷追問原能會是否有海拋研究及準備工作為何。從 1982
　　年蘭嶼接收第一桶核廢以來，原能會沒有落實執行任何的相關準備工作，若是對外公開說海拋
　　是選項之一，顯然會引來更多質疑。總結來說，這也顯示原能會內部彼此的矛盾，處長講出陸
　　埋試驗及時間表等細節，但主委講海拋時卻無相應措施。關於這一點，謝謝審查人的建議。

嚴後，臺灣各種新政治參與空間開放，達悟族人面對當初欠缺知情同意的蘭嶼貯存場計畫，開始迅速發聲。蘭嶼反核廢因達悟族人及本島環保人士發起抗議，更因核電長期鑲嵌在對抗國民黨威權政治的脈絡中，得到社會重視及支援。當時著名的反核人士林俊義，提出「反核是為了反獨裁」的口號，批判臺灣核能發展的不透明與威權現象（林俊義 1989,2）。他指出臺灣核能發展之所以容易受到美國權力佈署及國家利益所控制，箇中原因就在於缺乏民主與公開的政治體制，國家內部有嚴重矛盾衝突，「台電文化」呈現科技官僚的特色，決策過程充滿威權色彩，大多是不透明的黑箱作業（林俊義 1989,237-238）。

從 1980 年代起，反核一直是反對運動有效的政治動員（Ho 2014, 何明修 2006）。政治反對運動與反核運動兩者的親近性，主要有兩方面，首先，核能議題提供了黨外擴張社會支持的機會。其次，黨外菁英與反核學者有相當的人脈關係，能夠溝通反核的理念。核能議題自黨外時期就受到高度重視，在 1981-1986 年間的十種主要黨外雜誌之中，共出現了 72 篇反核文章，數量高過所有其他的環境議題文章（何明修 2000：262），在 1986 年民進黨的黨綱中，更明白宣示反對興建新的核電廠，並且要對既有核電廠實施更嚴格的管制。同時，在反對黨的介入下，反核議題很快地被吸納成　反對運動與威權體制抗爭的政治分歧之中，形成了民進黨反核、國民黨擁核的對抗格局（何明修 2003）。運動者開始將威權主義視為核能決策的始作俑者，認為只要打倒國民黨的一黨專政，核能風險就能避免。不過早期的反核運動社群主要是以「非核」為理念，並未就核廢處置政策有更多的討論與共識（謝蓓宜 2016,8）。

1987 年 12 月原能會招待蘭嶼鄉官員及達悟代表參訪日本核廢貯存設施，達悟青年郭建平在蘭嶼機場發動抗議，雖然參與者只有六人（關曉榮 2007,286-287），但 1988 年 2 月 20 日蘭嶼即有第一次驅逐惡靈的抗議活動，人數約兩百人（關曉榮 2000，聯合報 1988c，張景明 1988）。同年，立法院審查蘭嶼貯存場第二期工程預算案，若干增額立委質詢原能會主委閻振興蘭嶼貯存場設置的正當性並要求遷移。[21] 當時立委的質詢也要求原能會不能球員兼裁判，亦即不能讓原能會監督自己貯存的核

21　立法院公報處（1988）77 卷 33 期 2144 號：138-139；聯合報（1988a）。

廢，並要求核廢生產者的台電自行負責貯存事宜。[22] 原能會經此立法院審查預算案，向國會承諾將進行兩個政策變更。第一，原能會首次具體提出蘭嶼貯存場遷場的可能性，並表達正進行研究工作。[23] 第二，原能會接受改由台電接收蘭嶼貯存場的要求。[24] 對原能會來說，前者是高難度的政策，後者將貯存業務改交台電辦理只留監督工作，是行政上可行且有利的政策變更。

　　1996 年 7 月原能會物管局計畫籌組「蘭嶼貯存場監督委員會」，先於蘭嶼鄉公所舉辦座談會，研討內容針對蘭嶼貯存場之安全營運、加強管制與監督等，與蘭嶼地方代表人士及鄉民進行座談會。達悟族人郭建平表示：「台電曾經承諾 2002 年蘭嶼核能廢料場會遷移一事，至今卻未找到最終處置場，行政院原子能委員會又為何成立監督委員會來做督導的工作，站在督導單位的你（指邱局長）立場是否非常之矛盾呢？」東清部落村長張海嶼也激動地表示：「你們（指原子能委員會）根本就是在玩弄我們蘭嶼人，你們這種不負責任、自欺欺人的態度，如何再叫我們相信你們？」基本上，在場的蘭嶼鄉民都一致反對蘭嶼貯存場監督委員會之成立（蘭嶼雙週刊 1996, 4）。

（一）蘭嶼貯存場遷場與1996年最終處理的承諾

　　1988 年在立委質詢下，原能會首次承諾蘭嶼貯存場遷場的可能性。時任原能會主任祕書劉光霽表示：「即使不遷，1996 年以前會做最終處理。至於放在何地，我們仍在研究。」[25] 但並未訂出具體遷移時間表。[26] 同時，何謂「最終處理」的內涵也不明確。當時原能會主委閻振興曾應增額立委吳淑珍的質詢，指出「低放射性廢料運往蘭嶼貯存場貯存，尚待進行投海或陸埋之『最終處置』」，[27] 後來在立法院又表示「核電廠

22　立法院公報處（1988）77 卷 78 期 2189 號：41-53。

23　如前述，原能會 1986 年曾透露遷場可能性，但未具體承諾也向國會承諾（聯合報 1986）。

24　立法院公報處（1988）77 卷 78 期 2189 號：41-53。一洗

25　立法院公報處（1988）77 卷 78 期 2189 號：41-53。

26　立法院公報處（1988）77 卷 78 期 2189 號：41-53，77 卷 33 期 2144 號：138-139。

27　立法院公報處（1988）77 卷 33 期 2144 號：138-139。

只要增加機組，並造貯存槽即可，原能會以後不會代管，由核電廠自行解決即可」。[28] 之後卻又向媒體表示「至於今後存放核廢料於無人島，是可以考慮如此做」（聯合報 1988b）。從 1988 年開始，對於原能會將於 1996 年前對低階核廢做最終處理，國會共識下有五種處理方案，包括：現地（蘭嶼）陸埋、另地陸埋、海拋、存於核電廠內、存放無人島。簡言之，原能會 1988 年應立法院質詢而將「遷移蘭嶼貯存場」及「確定最終處置」兩議題合一，即低階核廢將在 1996 年前最終處理，蘭嶼將不再貯存核廢，以此緩解政治壓力。

　　不過，對於何謂「最終處置」的定義卻在 1991 年受到挑戰，原能會在立法院受質詢時表示：「已要求台電 1996 年**開始**低強度放射性廢料**最終處置計畫**，但並不是 1996 年遷場。」[29] 此外，原能會內部也在同年步調一致地公開表示海拋不可能。[30]「遷移蘭嶼貯存場」及「確定最終處置」兩議題在 1991 年遭延遲，不但「最終處理」變成「開始最終處置計畫」，評估最樂觀情形下在 1996 年選定場址，並於 2000 年運轉，蘭嶼貯存場也確定不會在 1996 年前遷場（羅幸惠 1991），且在原能會決策過程中達悟族人皆無法參與。

（二）原能會將低階核廢管理移交台電

　　在戒嚴時期，原能會下管轄的核能研究所長期受國防部中山科學研究院的掌控，1988 年 4 月，原能會所提之預算案，87% 開銷屬於核能研究所，但原能會既不具人事任命權，預算也皆以機密為由不做說明，立法委員康寧祥、張俊雄、朱高正陸續抨擊未經立法程序的核能研究所是黑機關，尤其在蘭嶼貯存場二期工程預算案上，原能

28　立法院公報處（1988）77 卷 78 期 2189 號：41-53。

29　立法院公報處（1991）80 卷 37 期 2461 號：102-103。原能會於 1991 年完成「我國未來推動低放射性廢料最終處置之策略流程與規畫建議方案」（湯京平等，2009）。

30　原能會（1988）「放射性廢料管理方針」第五點尊重相關國際公約，但未明確說明海洋棄置為不可行方案。然而，蔡昭明（1988）在原能會放射性物料管理處長訪談實錄中，卻明白表示海拋不可行。

會既要管理台電核廢料，又要監督核廢料安全，行政體系權責不分。[31] 相對於低階核廢最終處置及蘭嶼貯存場遷場政策，為應立法院要求原能會不應球員兼裁判，原能會很快地報請行政院同意並依照 1988 年 9 月 16 日頒布「放射性廢料管理方針」的行政命令，預計將低階核廢貯存業務轉交生產者台電負責（李若松 1988）。經過約兩年業務移交籌備，行政院於 1990 年 7 月核准將蘭嶼貯存場自「原能會」改由不情願接收的台電負責營運，原能會專責管制業務（陳承中 1990，李順德 1990）。儘管如此，原能會並未善盡監督之責，仍舊與台電維持一定程度的合作與共謀關係。

原能會在 1988 至 1990 年將蘭嶼貯存場交付台電營運過程中，雖然彼此出現摩擦（李文雁 1990），但原能會、台電在目標上提倡使用核能，多在發展核電議題相互支持與合作。[32] 1991 年台電如願得到經濟部同意審查核四計畫，而經濟部則新增環評報告核轉原能會審查。原能會歷經約一年時間審查，對台電提出 41 個改善事項，其中之一即是「核能電廠所產生低放射性廢料之處置，台電公司應積極規劃明確方案，如期於 1996 年底完成最終處置場址選定，2002 年完成建造和運轉」（周晉澄、張國龍 2000）。[33] 此項與原能會 1991 年所宣示 1996 年擇定場址的目標相同，但原來預定 2000 年開始營運的時程又延後了約兩年。

（三）1990年代蘭嶼核廢送往國外與最終處置政策的失敗

在達悟族人抗議與立委關注下，從 1991 至 1996 年台電與原能會各自分工找尋

---

31 立法院公報處（1988）77 卷 78 期 2189 號：39-44；聯合報（1988b）。

32 例如，除由蘭嶼貯存場衍生出來的低階核廢最終處置議題外，原能會與台電還有另一重大政策——核四計畫，這兩個案子到 1991 年時也具體綁在一起。由於核三廠於 1985 年完工商轉後爆出建造成本約為原定預算兩倍，且有許多在地居民抗議，又立法院有 56 位立委提案暫停核四計畫，因此核四案自 1980 年代中即引起相當大的爭議（Ho 2014，鄭淑麗 1995）。原能會為協助台電解套，從 1985 年推動設置核能電廠環境評估委員會，台電並於 1989 年在原能會要求下，首度公布「核能電廠環境影響評估作業要點」辦理來回應民間、國會及上司經濟部（聯合報 1985）。

33 亦請參考李若松（1991）。

境內及境外替代場址來處理蘭嶼核廢問題。[34] 台電依據原能會所定九條場址準則，[35]從 1991 年中開始委託顧問公司找尋境內可能場址，並在 1992 年 10 月 5 日開始進行第一階段「場址／處置方式評選」工作（沈明川 1991）。然而，評選工作並不積極（見第（2）小節），在後來 1996 年另階段開始的徵選及評選也都不順利（見第（四）節），這期間台電與原能會工作反以增建和擴增蘭嶼貯存場為重（見第（3）小節），與檯面上宣示的目標彼此矛盾。

1. 國際地緣政治下蘭嶼核廢無處可去

1990 年代台電及原能會前後接觸了中國、馬紹爾、俄羅斯及北韓等國，依其專業考量地理位置及政治互惠等因素，台電及行政院一開始都比較傾向將低階核廢交予中國貯存，據聞國內核能研究單位早在 1989 年即以非官方身分赴中考察（鄭國正 1992；盧德允 1991）。1994 年行政院大陸工作策劃小組也同意台電公司，可以透過中央信託局或轉投資公司，以間接貿易方式，將核廢料運到大陸地區貯存，保持民間、間接原則，閃避兩岸關係（于趾琴 1994）。1996 年兩岸出現飛彈試射危機，當時原能會主委許翼雲在立法院指出「中國方面要求台電出面簽字，受限國統綱領而不能簽字」，[36] 使得將低階核廢送往中國處置的規劃受阻。1998 年政府重啟核廢料委由中國代為處理的討論，行政院召集各部會確認相關事宜，實質內容未來交由台電與中國進行商談，但中國要求必須在「一個中國」原則下進行（華英惠 1998），由於涉及兩岸關係的敏感政治問題，以中國作為境外處置方案再度流產。

俄羅斯洽談方面，1994 年台電向原能會提出與俄羅斯合作的可能性，預計採行民間合作模式，原能會因而向公開宣稱，正對外找尋最終處置場，俄羅斯是已談妥的方

34　立法院公報處（1996）85 卷 20 期上冊 2842 號：185-195。

35　包括場址應位於低人口密度及低開發潛力之地區，應避免位於有已知重要天然資源及相關之地區，應避免位於地表水文條件可能危及處置設施之地區，不可位於地質構造作用足以影響處置設施安全之地區，應避免位於生態保護區內，應避免位於重要天然景觀及文化資源所在地，應避免位於因地質或水文條件複雜，無法確實評估之地區等等，請參見財團法人核能資訊中心 http://www.nicenter.org.tw/。

36　立法院公報處（1996）85 卷 22 期上冊 2844 號：147-152。

案（李彥甫 1994，聯合晚報 1995）。但隨即爆發承接運送事宜的承包廠商浮報運費，立委饒穎奇被控從中對台電施壓，出現爭議。更關鍵的是，外交部此時證實俄羅斯在 1995 年底公布核廢料處理相關法令，禁止外國將核廢料送往俄羅斯（張玉文、游其昌 1996；黃信堂、白富美、章倩萍 1996）。由於俄羅斯國內法令規定不准替外國處置核廢料，自然無法給予臺灣輸入許可證（張甄薇 1997a）。

另外，馬紹爾欲設置「亞太區域性核廢料處置場」，1995 年原能會帶隊並協同台電前往考察，討論合作的可能性，但期間遭受中國施壓，原能會主委許翼雲勘查行程甚至被迫迴避（李若松 1995a；1995c；李文娟 1995）。後來雖與馬紹爾持續洽談，但當地各種核能處理設備需重頭建起，曠日廢時且所費不貲，評估之後並非理想地點（張甄薇 1997a），因此短期內也無法解決蘭嶼貯存場的問題。

1997 年在台電與前述三國合作機會日趨消失之際，北韓政府主動承攬核廢料處置，台電立即與其完成簽約，預計在兩年內運輸六萬桶核廢至北韓。北韓也派人來台，確認相關運輸計畫，評估運送的碼頭與先送何處的核廢料等。問題是台電現有專用碼頭港口水深不足，無法供北韓船隻進港裝卸，故只能利用臺灣的商業港口或選取海上接駁方式（華英惠、張甄薇 1997；李若松、張甄薇 1997；孫中英 1997；沈明川 1997）。然而，此舉引發南韓高度反彈，甚至以發動區域海上攻擊要脅，警告將擊沉核廢料運送船隻，美國基於維護台海安全考量，透過管道向外交部門施壓，台電被迫放棄北韓方案（張甄薇 1998a；丁萬鳴 2003）。[37]

2. 境外為主的遷址政策

從 1991 至 1997 年，若比較臺灣境內、國際與東亞境外機會找尋的積極程度來說，國外場址較為具體、具名，有公開及明確時間表。首先，1995 年時任原能會主委許翼雲即曾於立法院表示：「設立核廢料場必需要達到經濟規模，不可能每個國家、每個核電廠都要設立核廢料處理場，目前傾向國際合作，共同解決核廢料問題」（李若松 1995a）。其次，原能會曾於 1991 年具體研擬「海峽兩岸原子能和平應用交流

37　立法院公報處（1997）86 卷 23 期上冊 2915 號：436-438。亦請參考張玉文（1996）、華英惠（1997a，1997b）。

合作計畫」並報送行政院核定，設定了數項近程可行的原則，如推動人員互訪、建立資訊及技術交流管道，還有「研商兩岸低放射性廢料最終處置合作」等（盧德允 1991）。最後，原能會及台電均曾透露可望與俄羅斯、馬紹爾及北韓簽約及時間表（李若松 1995a；1995b），甚至已簽妥意向書、草約或合約。[38] 相當程度來說，這些規劃都比找尋國內替代場址顯得具體且有進展。原能會及台電高層均曾公開親赴國外訪問及洽談（ibid., 李若松 1995c），[39] 馬紹爾官方甚至兩度在臺北舉行會議。[40]

台電與原能會探求國外場址陸續受挫，直到 1996 年才重新強調國內外並重原則。當時國內選址工作仍流於非正式的高層政策說明，一直到離 1996 年場址擇定期限不遠的 1994 年，台電仍對國內場址方案不願鬆口（李若松 1994b），甚至招致祕密作業的指責。[41] 當時執行低放射性廢棄物最終處置替代方案研究計畫的一名學者，在 1994年受訪時表示：「臺灣仍應有應變方案，自己要有找好的場址，以防止（海外）中斷合作的風險。」這幾句話隱約可見國內場址的優先性仍次於國外機會（李若松 1994a）。台電遲至 1995 年才展開比較實質的評估作業（張玉文 1995c），與之前原能會 1994年於立法院指出：「核廢料最終貯存場址，仍由台電積極進行地質調查與規劃，預計 1995 年提出場址評選報告及環境影響評估。」[42] 明顯出現相當大的時程差異。

簡要來說，台電及原能會在 1991 至 1995 年間主要將希望寄託在國外機會，但受制國際地緣政治的牽動，境外處置方案並無法成行。國際境外遷址受阻後，台電及原能會才開始找尋臺灣境內場址，以維繫 1996 年擇定替代場址的承諾。

---

38 立法院公報處（1996）85 卷 40 期 2862 號：110-112。亦請參考張玉文（1995ab）。原能會主委許翼雲受訪時曾表示，1996 年 3 月已與馬紹爾簽訂草約，同年 6-7 月即可簽署正式協議（李若松 1996）。另據報載當時已與北韓簽訂合約。

39 許翼雲在立法院公開表示俄羅斯及馬紹爾的合作進程及相關較為具體的問題。許翼雲原計畫於 1995 年 5 月底率物管處處長及台電後端處長等相關人員赴馬紹爾，實地勘查區域合作處置核廢料場所，後來據信受中國干擾而暫緩，但台電當時已派先遣人員前往勘查。

40 許翼雲接受專訪時曾指出，馬紹爾曾邀請我國、日本及南韓在國際原子能總署開會，其官員更兩度來台與我方舉行會議（李若松 1995a, 1995b, 1995c）。

41 立法院公報處（1995）84 卷 39 期 2796 號：119-121。

42 立法院公報處（1994）84 卷 3 期上冊 2760 號：691-692。

3. 蘭嶼貯存場未遷反增建

1990 年代相較於找尋替代蘭嶼的國內場址，原能會及台電（1991 至 1996 年期間）其實更專注在蘭嶼貯存場「第二期工程」，或後來改稱的「增建工程」上。這樣「未遷反而再增建」的矛盾作法，引起更大反彈。原能會認為蘭嶼貯存場總計六期的工程早已在 1970 年代蘭嶼計畫中獲准興建，直到 1991 年仍表示不可能遷場，亦需依十餘年前原計畫進行二期工程（沈明川 1991）。當原能會仍稱二期工程是既有工程，不是擴建（周兆良 1991），接收蘭嶼貯存場約一年的台電在承受外界壓力下，幾乎同時間宣佈暫停二期工程（沈明川 1991）。蘭嶼達悟族人在 1988、1990 及 1991 年接連三次在蘭嶼、臺灣展開驅逐惡靈運動，也在 1993 年的五三〇反核遊行等表達強烈的抗議（周兆良 1991，鄭國正 1993），特別是達悟族人於 1991 年 2 月 20 日前往蘭嶼貯存場發動第三次的「驅逐惡靈」抗爭，除原先停止核廢料貯存場的二期工程訴求外，並要求台電公司立即停止運送核廢料至蘭嶼，且在六月底前完成遷場計畫，要求主動公告昭信。

面對蘭嶼人的激烈抗爭，退居幕後的原能會在 1991 年成立「低放射性廢料最終處置推動研究組」，找尋替代的放置地點，開始規劃低放射性核廢料的最終處置流程交由台電執行（羅幸惠 1991；沈明川 1991），但如前述般並不積極。1991 年 6 月台電向蘭嶼居民承諾其遷場計畫，並如前述同意停止所謂「蘭嶼貯存場二期工程」，但卻另以「原設施改善與增建工程」、「原設施增建六條壕溝」說法取代（沈明川 1991），[43]同時再度強調貯存場設施之安全性，希望減輕外界壓力，但並未成功，到 1995 年中後更試圖降低至「增建二至四條壕溝」來替代（袁世珮 1995a；張玉文 1995d）。

由於台電並未停止增建的打算，再加上鏽蝕桶的輻射外洩疑慮，1995 年 6 月 1 日蘭嶼達悟族人在基督教長老教會的主導下，前往貯存場抗爭，提出三大訴求，包含開溝檢查廢料桶鏽蝕狀況，反對增建六條新壕溝，以及限期遷離貯存場等（李若松 1995a）。經立法委員及國大代表等人協助，最後達成三項協議，包括：8 月 1 日前提

---

43 台電停止二期工程，改以原設施增建六條壕溝替代，屬小規模增建，容量由十一萬桶減少為五萬九千桶，施工範圍也在現有設施的圍牆內。事實上，這項計畫在 1991 年 6 月就已經正式行文蘭嶼鄉公所、鄉代會。除了配合至 2002 年貯存核廢料空間外，更重要的是提供未來蘭嶼貯存場執行核廢料搬遷工作的檢整空間（鄭國正 1993，李文娟 1994）。

出六條壕溝建與不建說明，期間不得有增建工程動工，以及和台電可決定貯存場何時遷出的高層人士正面溝通等（陳嘉川 1995）。

1995 年 6 月 21 日，立法院再度審查台電六條壕溝增建工程預算，蘭嶼達悟族民族議會從蘭嶼北上，19 日於臺北召開記者會，強調鏽蝕桶的威脅，無法相信台電，因此呼籲政府停止增建壕溝案（袁世珮 1995a；蘇禾禾 1995）。台電赴蘭嶼與居民溝通，回覆將原規劃六條壕溝縮減二至四條，還是堅持要建，另同意對現有核廢料桶進行檢查修整，以處理鏽蝕問題，又如果核二廠新建倉庫可獲臺北縣核發執照，就只需興建兩條壕溝（張玉文 1995b）。蘭嶼旅台同鄉會對此召開記者會，主張達悟族人對蘭嶼土地有絕對主權和優先決定權，反對台電以任何理由興建貯存廢料設施及壕溝，未達共識前不擅自動工，應先公布最終處置場址，再考慮檢整壕溝設置（袁世珮 1995b；梁嘉信 1995）。

由於台電遲未公布候選場址及進行環境影響評估，[44] 並堅持在蘭嶼增建壕溝的意圖，原能會亦被質疑未盡管制監督台電之責，且低階核廢仍持續不斷送進蘭嶼。台電後端營運處長錢北辰曾在 1994 年指出，原能會在將蘭嶼貯存場交給台電管理前，存在鏽蝕問題，[45] 媒體當時又報導該次運送恐有送進高階核廢之疑，導致蘭嶼達悟族人在 1996 年 5 月 27 日發動激烈的圍港行動，這次行動迫使台電載運 168 桶核廢料的電光一號無法入港卸載而重返核二廠，1996 年後才不再從臺灣運送核廢至蘭嶼。

4. 1996–2000年科技專業的鞏固vs.多方政治性介入：轉向國內選址政策

原能會及台電在與中國、俄羅斯、馬紹爾及北韓的合作受阻後，轉向找尋國內替代場址，由於距 1996 年擇定替代場址的承諾相當緊迫，在監察院糾正下，原能會於 1996 年 7 月要求台電盡速同時公布合格場址清單及其所研擬「低放射性核廢料最終

---

44 《環境影響評估法》於 1994 年 12 月 30 日制定公布。

45 立法院公報處（1998）85 卷 42 期二冊 2862 號：9-11。據報「出席兩岸核能交流專題演講的錢北辰透露，台電從原子能委員會接收蘭嶼貯存場時，就發現放射性廢料鐵桶有鏽蝕問題」（李若松 1994b）。

處置場址徵選作業要點」。[46] 台電先在同月下旬公布了作業要點，其中最引人注目的是獲選替代場址將可得三十億回饋金，期待吸引近期將公布的候選場址。數月後，台電在最後關頭的 1996 年底前公布了五個候選場址，包括：連江縣（馬祖）莒光鄉、花蓮縣富里鄉、屏東縣牡丹鄉、臺東縣達仁鄉及金峰鄉，先行發予五千萬同意金，但卻引發這五個鄉地方反核爭議，地方政府在反核壓力下皆不敢同意設場，陸續撤回同意書，而宣告徵選失敗。[47]

　　一方面，原能會轉而要求台電增加評選業務以求解決，亦即從原先被動接受申請的徵選，增加台電主動選取的適合地點，再由地方政府協助變更地目的方式，並且放寬最終處置場場址面積可在一平方公里以下，台電因而另外再研擬「低放射性廢料場選址評選辦法」，並且主動向軍方徵詢國軍駐地烏坵、彭佳嶼、東沙群島等地意見（張甄薇 1997b，丁萬鳴 1997）。最後台電依評選結果，向原能會提報金門縣烏坵鄉小坵嶼（烏坵）為第一優先，另提五處候補場址，包括：臺東縣達仁鄉南田村、小蘭嶼、澎湖縣東吉嶼、基隆市彭佳嶼和屏東縣牡丹鄉旭海村（張甄薇 1998b）。另一方面，原能會及台電找尋國內替代場址，激起更多政治聲音與反對力量介入。除了當時境外機會逐漸破局，還需承受從 1988 年以來數次重新定義的時間表承諾即將跳票的壓力，導致蘭嶼達悟族人不滿原能會、台電以專業包裝，始終無法有效回應核廢遷場的訴求。

　　1990 年代隨著結合反對政治的反核社會運動數量及規模日增（Ho 2014），政府體制內各機關也因核廢料處置政策出現彼此衝突。由於蘭嶼貯存場二期工程受阻，台電為了因應蘭嶼無法貯存新增的低階核廢，1991 年即在核二廠內興建完成貯存倉庫並向所在臺北縣政府申請使用執照。然而，時為民進黨執政的臺北縣政府（自 1989 至 1997 年，縣長尤清）因反核主張，以 1994 年始通過之環境影響評估法辦理為由，遲不同意發給台電使用執照，台電迫於 1994 年函請內政部營建署協商，毫無成果後再

46　立法院公報處（1998）87 卷 7 期中冊 2956 號：244-245。監察院民國 85 年 2 月 29 日台訴字第 260053 號「為台電蘭嶼核廢料貯存場輻射外洩、污染海域，威脅當地居民健康，涉有管理疏失等情乙案」。資料來源：監察院（https://www.cy.gov.tw/）。

47　立法院公報處（1998）87 卷 7 期中冊 2956 號：244-245，87 卷 22 期上冊 2971 號：244-245。

於 1995 年向臺灣省政府提出訴願，才使臺北縣政府撤銷原處分，但臺北縣政府仍未配合，最後營建署在 1996 年 5 月下令臺北縣政府核發使用執照。[48]

此外，1990 年代中期後「低階核廢料處置政策」所受到的外界政治力要求，除了來自地方（如前述臺北縣政府及五個候選場址所在鄉的縣政府）之外，更來自於國會。過去原能會透過專業及政策話語主導權，除了藉核廢業務移交台電後職司管制業務及核四案之機會擴編組織外，[49] 也不斷重新定義何謂「最終處置」，以利其支配政策方向。由於立法院不斷地質疑，使最終處置定義越趨明確而縮減閃躲空間，導致原能會及台電必須認真實現具體時間表的承諾（1996 年擇定場址，2002 年開始遷場）。此外，監察院也要求原能會及台電實現時間表承諾，以核廢料為主的調查案自 1996 年起至 2013 年共 11 件，[50] 在核四調查案中都曾就未來核廢處置問題進行要求，甚至發動糾正（如前述於 1996 年要求原能會應管制台電盡速公布候選場址）。[51]

然而，原能會及台電的關係仍與 1988 至 1996 年時期相似，雙方常互為掩護，涉及敏感的土地問題時，則出現互踢皮球的情形。例如：1988 年 9 月 25 日在立法院第三會議室召開的「蘭嶼核廢料貯存場土地問題」協調會中，前往協商的蘭嶼居民表示，台電公司、原能會、國防部等串通一氣，使得蘭嶼土地拱手讓給台電迄今繼續非法使用中，有明知故犯而串通違法之嫌。台電公司則表示，蘭嶼貯存場於 1990 年 7 月移交台電公司接管營運，土地部分由國防部出具使用權同意書供台電公司使用；機關間彼此互踢皮球，會中並無達成任何決議（蘭嶼雙週刊 1998：4）。

48　立法院公報處（1996）85 卷 40 期二冊 2862 號：110-112。前文提及蘭嶼曾在 1995 年抗爭蘭嶼二期工程，台電承諾待核二廠低階核廢倉庫使用執照核發後，新增壕溝數量將改為只需兩條。

49　原能會在 1991 年提案修改組織條例，以參照行政院所屬委員會機關為修正原則，除增設二名副主任委員、主任秘書及在各業務處增設副處長等行政職外，亦增設技術職員額，以因應所屬物料管理處改制為機關（局），以及未來核電廠完成後的新增業務等。

50　監察院自 1996 年起至 2013 年止，共調查核四案 11 件，其中 1996 至 2002 年共 6 件。資料來源：監察院（https://www.cy.gov.tw/）。

51　監察院自 1994 年起至 2013 年止，共調查核四案 17 件，其中 1996 年前 2 件，1996 至 2002 年共 7 件。資料來源：監察院（https://www.cy.gov.tw/）。

不過，原能會及台電互為掩護的情況比較普遍。原能會在 1996 年要求台電盡速公布候選場址及作業要點，背後主要是來自監察院的壓力而非本於職責主動提出，當 1997 年台電公布的五個候選場址所在地方政府都不同意時，原能會幾乎完全認同台電看法，例如宣稱：「五個鄉鎮退出之主要原因，在於地方因素及社會因素，並非台電工作人員工作不力所致。決定不予處分，以免打擊工作人員士氣，影響未來選址作業。」[52] 原能會對於台電從 1991 年開始評選候選場址，至 1997 年都無法產生任何一個境內替代場址，完全歸因於外在因素，公開替台電的報告背書，並做出不予處分的決定。

在 1996 年底所徵選五個候選鄉鎮替代場址確定於 1997 年初失敗後，台電於隔年（1998）向原能會提報烏坵為「優先調查候選場址」，並評選出「候補調查候選場址」五處。其後，經過近兩年環境與地質調查作業，主管台電的經濟部曾在立法院表示預定 2000 年提出環境影響說明書，2001 年提出可行性報告，如經行政院核定，預計可在 2012 年運轉。[53] 這個預計營運時間較之前原能會及台電曾承諾的 1994、1996、2000 及 2002 年，晚了至少十年以上。截至 2002 年遷廠承諾將至，主管當局明確表明遷場已無希望。[54]

簡言之，1996 至 2002 年間，立委、監委、地方政府與達悟族人的反核運動，以及多方的政治力介入「低階核廢貯存政策」的民主監督，對威權體制下官僚的科技治理產生結構鬆動的影響。

五、2000 年後非核家園：遷場委員會的成立、轉化與因應措施

2000 年政黨輪替後，陳水扁試圖兌現競選總統期間政見，強調原住民的新夥伴關係和非核家園，並在蘭嶼野銀教會和代表簽訂和平對等條約，支持核廢料遷場（簡余晏 1999；梁玉芳、徐國淦 2002）。民進黨在 2000 年總統選舉獲勝執政，有部分的政

52　立法院公報處（1998）87 卷 7 期中冊 2965 號：244-245。

53　立法院公報處（2000）89 卷 50 期二冊 3109 號：217-218。

54　立法院公報處（2002）91 卷 45 期三冊 3241 號：127。

治支持來自於反核運動（Ho 2014，何明修 2003 ;2006）。民進黨（2020：27）黨綱第
64 點更明列「反對新設核能發電機組，積極開發替代能源，限期關閉現有核電廠」。
然而，民進黨並非為反核而反核，也不只是為推倒威權政治而反核，而是一種為建構
臺灣人主體認同政治的反核。亦即，民進黨不只論述核電廠的啟建未經全體國民認
同，使得核電廠（做出決策的國民黨政府）與「不民主」聯繫起來，主張「反核就是
反獨裁」（林俊義 1989）。再者，民進黨主張核能有害生態環境、家園的保護，藉此
區辨核能政策與國民黨以經濟發展為重的不同，更以隱喻方式強調臺灣為「母親」或
「家園」，有別於國民黨將臺灣當作墊腳石的「復興基地」形象（行政院國家永續發
展委員會 2004）。我們可以從 2000 年後扁政府推動制定《環境基本法》、常備化「行
政院國家永續發展委員會」，以及民進黨迄今推動《非核家園推動法》草案可見一斑
（*ibid.*，張俊雄 2001）。

實際政策規劃上，新政府延續了前政府鎖定烏坵為替代場址目標的政策，強調放
射性核廢料之最終處置採境內、境外並重原則進行。除向外界重述之前與北韓、俄羅
斯及中國合作進展之外，[55] 繼續對烏坵進行評估工作，但時任行政院長張俊雄曾在立
法院具體表示：「雖然我們也積極和外國交涉，但到目前為止，沒有一個國家願意發
輸入許可讓核廢料進口，所以目前只有貯存，而沒有終極的處理方法。」形同表達了
只有境內才是可行的途徑。[56] 然而，對新政府來說，更大的挑戰不僅在於境外處置與
境內的烏坵案未有明確結果，更在「2002 年蘭嶼遷場」的承諾即將到期。

眼見 2002 年遷場無望，蘭嶼達悟族人於 2002 年 5 月 1 日在基督長老教會長老
們和五位牧師帶隊下，發動全島連續四天的反核行動，六百多名族人在核廢料貯存場
靜坐，要求陳水扁兌現新夥伴關係的競選承諾，遷走貯存場；提出蘭嶼核廢料場具體
遷場時間表；不將蘭嶼納入最終處置場地之一；並揚言若經濟部部長不親自到蘭嶼處
理，將採取更激烈的手段（陳香蘭 2002；羅紹平 2002b）。立法院中則有立委藉遷場
問題癱瘓議會進行，迫使扁政府將政策主導層級由台電、原能會及經濟部拉高至行政
院，由時任政務委員陳其南、經濟部長林義夫及原能會主委吳瑞堯等代表政府與蘭嶼

---

55 立法院公報處（2002）91 卷 45 期 3241 號：127。

56 立法院公報處（2001）90 卷 6 期 3140 號：54-56。

表7-1　1973-2002年低階核廢最終處置、遷場重要事件及政府應對措施

時間	事件	相關政策與問題
1973	原能會決定採海拋處置。	原能會並未作海拋研究及執行。
1974	原能會赴蘭嶼龍門地區調查，決定作為核廢貯存場所。	
1975	行政院指定在蘭嶼設置低階核廢貯存場。	未獲蘭嶼達悟族人知情同意。原能會並未作海拋研究及執行。
1980	台電公司在蘭嶼龍門地區興建第一期工程。	
1981	原能會成立放射性物料管理處並派員進駐蘭嶼貯存場。	
1982	蘭嶼核廢貯存場開始接收核一廠約一萬桶核廢。	原能會並未作海拋研究及執行。
1983	LDC倡議禁止海拋，由各國採志願方式決定是否繼續。	與國際趨勢不符。
1986	原能會提出低階核廢改陸埋處置規劃，地點在東部離島，但不排除蘭嶼。預計1991年選定場址，1994年開始作業。	無證據指出具體規畫或執行措施，也未向國會報告。仍推蘭嶼貯存場第二期計畫。原能會並未作海拋研究及執行。
1987	立法院要求原能會遷移蘭嶼貯存場，原能會在隔年承諾最遲1996年遷場。	
1988	蘭嶼達悟族第一次驅逐惡靈抗議。原能會提出1996年「最終處理」，但內涵並不明確。核廢處置機關改為台電，原能會轉為監督角色。	原能會對海拋與否的內部意見失調。原能會並未作海拋研究及執行，也沒有具體陸埋規劃作為。
1990	蘭嶼達悟族第二次驅逐惡靈抗議。	行政院准許蘭嶼貯存場自原能會改由台電負責營運。

時間	事件	相關政策與問題
1991	原能會1996年「最終處理」方案改定義為1996年開始最終處置計畫,但並非1996年遷場,並步調一致公開表示海拋不可能。 蘭嶼達悟族第三次驅逐惡靈抗議。	原能會研擬海峽兩岸原子能和平應用交流合作計畫。 最終處置及遷場計畫改由台電主辦,並延至2000年在核二廠內興建完成貯存倉庫。 民進黨執政的臺北縣政府反核,不核發倉庫使用執照。鬆動威權核能科技政權力量。 台電放棄蘭嶼貯存場第二期計畫。台電改以「原設施改善與增建工程」、「原設施增建六條壕溝」掩護第二期計畫。
1992	台電宣布最終計畫延至2002年完成。	僅過一年台電就將原訂完成期限的2000年延後至2002年。
1996	台電擇定最終場址的承諾到期。監察院施壓要求台電盡速公布國內候選場址。 台電公布五個國內候選場址。	蘭嶼達悟族人圍港,不讓台電運送核廢船隻進入卸貨,台電此後無法將新增核廢運進蘭嶼貯存場。台電再以「增建二至四條壕溝」掩護蘭嶼貯存場第二期計畫。 營建署下令臺北縣政府核發核二廠倉庫使用執照,施展威權力量。
1997	五個國內候選場址的地方政府礙於社會壓力,都撤回同意書。	各國境外核廢處置計畫都失敗。 原能會對台電不予處分,有失管制機關職責。
1998	台電提報烏坵為「優先調查候選場址」,另有五處候補。	台電第二次延後最終處置場的運轉啟用時程,從2002年延至2012年。
2002	蘭嶼貯存場租約到期。 烏坵案仍在審查。 民進黨政府表明蘭嶼遷場無望,與達悟族人簽署議定書並公開道歉。	成立行政院蘭嶼貯存場遷場委員會。另以制定低放條例的法制化策略因應遷場及選址議題。 遷場委員會的主要任務轉為以商討補償金為主,轉化了遷場承諾,也救援了租約到期及化解民進黨政府反核立場。由於選址優先於遷場,依當時《低放條例》草案規定,若無最終場址出現,遷場就不可能。

資料來源:筆者整理及分析。

達悟族人協調，並於 2002 年 5 月 4 日於蘭嶼貯存場內「在立法院多位委員見證下，與蘭嶼達悟同胞（蘭嶼反核自救會成員）簽署議定書」。[57] 議定書內重點包括：政府對未能完成最終處置方案，向蘭嶼達悟族及居民公開道歉；由行政院成立貯存場遷場推動委員會（蘭嶼居民至少占三分之一，簡稱「遷場委員會」）；由行政院成立蘭嶼社區總體營造委員會，處理在地自然環境維護及居民生活條件提升等事項。[58] 這份議定書，在達悟族人見證下，由林義夫與自救會總召集人江多利完成交換協定。蘭嶼自救會總發言人郭建平於會後感慨發言表示，協議並非代表反核抗爭就此結束，蘭嶼達悟族人二十年來發動過數次的反核遊行，政府相關部會均以「『打馬虎』來敷衍蘭嶼人，頭一遭看見政府高層官員來蘭嶼協商，並以『感同身受』及『道歉』來回應蘭嶼達悟族人……而蘭嶼人這二十年來的夢魘，政府豈能『感同身受？』」（蘭嶼雙週刊 2002,1）。不過，當時民進黨首度執政期間，企圖透過「遷場委員會」與《選址條例》法制化的策略，紓緩蘭嶼反核的政治壓力。

（一）「遷場委員會」的設置與政治性

民進黨執政後，時任行政院長游錫堃在立法院向蘭嶼人道歉（羅紹平 2002a），2002 正式成立「遷場委員會」，除決議分組辦事外，為求資訊透明決定設立網站，更重要的是通過「遷場委員會的體認與原則」，「我們的體認：過去以封閉的程序，在蘭嶼設置核廢料貯存場的作法，犯了嚴重的錯誤」（行政院蘭嶼核廢料貯存場遷場推動委員會 2002a）。遷場委員會召集人為政務委員葉俊榮，27 位委員中有 11 位達悟族人，委員會任務是針對蘭嶼核廢料貯存場遷場時程，遷場場址選定、放射性廢料之檢測及檢整工作推動、預算編制等事項，研擬諮詢意見以監督遷場工作推動（蘭嶼雙週刊 2003,1）。遷場委員會自 2002 年 5 月 29 日舉行第一次委員會議，至 2007 年 8 月 14 日第三屆第一次委員會議，期間共舉行七次委員會議，然而對達悟族人而言，遷場

---

57 立法院公報處（2002）91 卷 45 期 3241 號：98。

58 議定書共六條，相關內容及簽署人名單請參考＜蘭嶼貯存場遷場規劃報告審查報告＞，https://www.aec.gov.tw/webpage/control/waste/files/index_25_1-01.pdf。

委員會只是替後來的法制化背書，完全沒有改變核廢遷不走的困境。

除公開承認政策錯誤，依其所公布的政策原則，行政院的核廢處置政策似乎想追隨國際趨勢，將多元的政治參與提升至與專業技術同時納入考量的階段。然而若深入觀察，這樣的「政治性」雖提及「選址」但卻以「遷場」為核心，亦即官方還是企圖優先治標（解決當時急迫的遷場壓力），而非治本（找出永久場址），與國際趨勢以「選址」為本質的治本情形有所不同。遷場委員會第二次委員會議曾決議「除非蘭嶼居民希望被列為替代場址，否則應將其排除」，更透露了「遷場政治性」先於「專業技術選址」。

綜觀三屆遷場委員會共七次的會議（行政院蘭嶼核廢料貯存場遷場推動委員會2002b ;2003 ;2005 ;2006 ;2007），「遷場」政治性的位階最高，蘭嶼絕不能成為最終處置地點。在確立了「遷場」的至高性後，如何補償（如發給誰）及補償多少金額，反而成為遷場委員會的實質工作，因為選址事宜雖必要卻不是遷場委員會的職責，即便委員會不斷對遷場時程表提出質疑。因此，選址又回頭成為政府官僚機關所主導的政策，而補償措施在遷場政治性的指導下，迅速達成共識。除了原有每年約 200 多萬的土地租金及約 2,000 萬撥付鄉公所用於地方建設及社會福利的回饋金外，自 2000 年後更有每三年每人 6.3 萬總計約 2.2 億土地配套補償金。在這樣的框架下，也就不難理解為何原訂每季應該開一次的遷場委員會議，六年共三屆應有 24 次，[59] 但最後因沒有「參與選址」的角色，回饋金及補償金也已迅速取得共識，沒有進一步的業務，因此僅開了七次。簡言之，「遷場」政治性打了擦邊球，將蘭嶼遷場政治性納為轉型正義一環，先以補償金緩解無法遷場的危機，後將選址政治性移為另一政策議題，國家官僚並屢屢以另案來化解遷場時程表的問題。行政院以遷場委員會的設置及運作轉化國家對蘭嶼「2002 年遷場承諾」，這樣的擦邊措施雖不充分，卻能局部因應急迫的蘭嶼貯存場土地租約到期問題，並且勉強交代民進黨政府長期以來的反核立場。

2003 年元旦蘭嶼核廢料貯存場土地租約到期（至 2002 年底），政府沒有遷出核廢確定成為事實，達悟族人前往貯存場展開激烈抗爭，要求政府在十五天內回應（羅紹平 2002c；沈明川 2003）。為了解決居民的抗爭，行政院政務委員陳其南、葉俊榮，

---

59 從 2002 年 5 月起至 2008 年 5 月止。

以及經濟部政務次長陳瑞隆、台電總經理林清吉九日飛抵臺東，與蘭嶼鄉長周貴光、縣議員江多利、鄉代會副主席黃碧妹、前鄉長廖班佳、前議員郭健平及教會牧師張海嶼等十多位蘭嶼民族議會代表展開首次協商。葉俊榮強調政府已草擬出《選址條例》，希望透過法源依據圓滿解決。[60] 最後，行政院和台電強調下會期將通過《選址條例》，宣稱已將蘭嶼排除在最終場址之外，並且成功說服民族議會不對《選址條例》發動抗爭（林美玲 2002；沈明川 2003；羅紹平 2003）。

行政院將《選址條例》草案送請立法院審議，其中納入遷場委員會關於不會將蘭嶼納入最終候選場址的意見，但除此之外，草案並無其他回應遷場委員會的條文，兩者被以分開的方式處理。其中，有關遷場委員會所關注的遷場時程表議題，行政院指出：

> 該草案於規劃時本院已儘量壓縮辦理時程，未來使立法完成後約十年內，當可完成場址……開始接收核廢料……經濟部已與該會（蘭嶼民族議會）……舉行協商會議，雙方均同意協商解決蘭嶼核廢料問題，亦認同制定最終處置場選址條例有其必要性，且同意於《選址條例》完成立法後三個月內協商遷場時間表，其後再談蘭嶼貯存場土地續租問題。[61]

亦即，未來遷場時程表及土地續租問題等，有賴政府與蘭嶼民族議會協商，遷場委員會不處理選址，也不參與遷場，僅確立遷場目標至高性、補償及檢視《選址條例》立法進程。原先期待國家在民主參與的精神下，納入達悟族人參與的遷場委員

---

60 當時台電總經理林清吉說明，根據草案選址需要 63 個月，再加上最終需採「隧道處置」，施工期要五年，因此約需十年以上才能從蘭嶼遷出核廢料。達悟人郭建平則代表民族議會發言指出，達悟族人堅持不續租蘭嶼祖先留下來的土地給台電存放核廢料，也希望行政院推派人選，共同訂定遷場時程及後續補償、回饋等配套措施，並由最高法院法官公證。達悟其他代表要求政府白紙黑字寫出最終處置場排除蘭嶼，並擔心因為其他地方抗爭，拖延遷場時程。葉俊榮回應如果在選址條例中明列，其他縣市立委可能也會要求比照辦理，反而無法繼續推動遷移作業；政府選址過程會明訂時程，也會公布八、九個潛在場址名單，最後再公布三個候選場址，期間會與民眾不斷的溝通、協商，以化解阻力（蘭嶼雙週刊 2003：1）。

61 立法院公報處（2003）92 卷 11 期三冊 3282 號：614-615。

會，後來被達悟族人譏為替政府背書的橡皮圖章，只能有限度符合形式民主的治理條件，難以落實核廢遷出蘭嶼的終極目標。

（二）走向法制化解決策略：《選址條例》立法通過

對蘭嶼達悟族人「惡靈能否遷走？」在《選址條例》完成立法前，除了當時正進行的烏坵案無法進一步成為替代場址，需等待依法行政外，未來即使《選址條例》立法完成後，選址過程及時間表的設定皆無蘭嶼達悟族人參與的機會，只能靜待替代場址走向法制化解決。然而，走向法制化的解決，為新政府贏得積極處理低階核廢的政治支持，並暫時地擱置惡靈無法遷走的問題，造成法制化後達悟族人反而面臨無法動彈的真空期。達悟年輕人甚至批評「遷場委員會」功能不佳，認為：「我們根本沒本事跟政府玩，他們只不過是在拖延戰術而已」（蘭嶼雙週刊 2004,1）。

如同許多其他立法案，立法院審查《選址條例》曠日廢時，[62] 遲至 2006 年 4 月 28 日才完成立法，並於同年 5 月 24 日公布實施，必須經地方性公民投票，才可選定。不過，2006 年是《選址條例》草案修訂過程關鍵的一年，政府希望藉由選址場址的法制化，緩和對核廢遷不出蘭嶼的政治承諾壓力。行政院版本的草案第五條原規定：「主辦機關（經濟部）應……邀集相關機關及學術或研究單位推派之代表，組成處置設施場址選擇小組（以下簡稱選址小組）……選址小組中學術或研究單位推派之代表不得少於二分之一。」其中有關代表成員身分及人數規定，引起立法院的討論並加以修正，主要原因即在「學術或研究單位」的侷限性，除了人數不多外，還可能與政府機關有直接或間接關係，其中立性受質疑。再者，相關機關代表若達二分之一，則行政部門可相當程度地掌控選址小組。因此，將「學術或研究單位代表」改為「專家學者」，就可含括環境團體代表等，而專家學者人數也改為不得少於「五分之三」。[63]

62　該條例於 2003 年經第五屆立法院召開三次聯席審查會議，並經四次朝野協商，但該屆仍未完成立法。由於 2004 年逢第六屆立法委員選舉，因屆期不續審，《選址條例》草案送回行政院。行政院後於 2005 年將《選址條例》草案修正後再送請立法院審議，最後於 2006 年 4 月三讀通過。

63　立法院公報處（2006）95 卷 15 期：255-257，95 卷 6 期：419-420。

《選址條例》草案最重要的審查爭議，是有關公民投票的相關條文規定，雖然行政院在 2002 年送請第五屆立法院審議的版本列有公投相關規定，但 2005 年重送修正版本至立法院時，卻刪除相關規定，原因在於當時《公民投票法》已通過實施，行政院認為未來低階核廢候選場址如需公投，則準用該法規定即可，故予刪除。事實上，《公民投票法》門檻相當高，並且屬於規範全國性公投，與行政院原來版本以縣市為單位之公投有相當大差異。當行政院 2002 年版本送第五屆立法院審議後，該屆已有四次朝野協商，在《公民投票法》通過後所進行之協商，經審查後仍主張《選址條例》之公投規定需特別訂入，以求候選場址公投得於現實中實施。然而，行政院 2005 年重送版本卻無視第五屆立法院朝野協商結果，仍主張選址應適用門檻高的《公民投票法》，理由是較不受公投約束，有利於政府的單方規劃，而刪除《選址條例》草案中公投之相關規定。一直到第六屆立法院審查修正原行政院相關條文，才又通過將公投程序列進《選址條例》中，使得場址選擇過程比較有利於在地民眾參與。[64]

然而，後來《選址條例》完成立法並實施，仍無法解決蘭嶼核廢遷出的問題。後文將指出，就科技民主治理觀點來看，蘭嶼核廢遷場涉及更廣泛的、不同縣市的選址議題，捲入更多利害關係者與團體，需要國家不同行政單位多層次的分工配合（如地方政府）。其次，政府的「遷場委員會」雖納入達悟代表，除此之外僅有政府機關、立法院及學者專家等擔任委員（行政院蘭嶼核廢料貯存場遷場推動委員會 2002a），並沒有其他地方、環境與安全等各種多元民間團體的參與，因此難以達成有效的社會共識與溝通，限縮在《選址條例》法制化的推動，反而延續了科技官僚管制科學治理心態，陷入法制化後卻無法實踐蘭嶼核廢遷出的目標。

六、2008年國民黨重新執政：遷場與選址脫勾

（一）反核氛圍高漲，選址計畫屢屢遭挫

《選址條例》在 2006 年公布實施後，雖然經濟部、台電及原能會等相關機關之前

64　立法院公報處（2006）95 卷 15 期：255-257，95 卷 6 期：419-420。

累積的選址工作，需改依法行政，許多程序及工作必須重新進行。經濟部成為主辦機關並依《選址條例》第五條規定組成選址小組。[65] 2008 年國民黨重新執政後，選址小組於 2008 年 8 月公告三處潛在場址，包括：澎湖縣望安鄉東吉嶼（澎湖東吉）、臺東縣達仁鄉南田村（臺東達仁）及屏東縣牡丹鄉（屏東牡丹）。[66] 迄 2009 年 3 月公開建議候選場址報告，僅建議澎湖東吉及臺東達仁，捨棄了屏東牡丹，原因據報導是三處潛在場址有二處屬原住民鄉，為免外界誤認經濟部以原住民鄉為目標，因此捨棄屏東牡丹（黃淑芳、何宏儒 2009，陳威任 2009），但實際原因仍待證據釐清。然而，就在「建議候選場址」成為「候選場址」的必要條件「經當地縣（市）公民投票同意」實施前，澎湖東吉經縣政府劃為玄武岩自然保留區，不僅使澎湖吉安得依《選址條例》第四條第五項：「處置設施場址，不得位於下列地區……五、其他依法不得開發之地區」，而無法成為候選場址，更使整個選址作業停擺，因為《選址條例》第九條第一項規定：「選址小組應……建議二個以上建議候選場址。」因此，第一次選址計畫宣告失敗。經濟部於 2010 年啟動第二次選址計畫，選址小組於 2011 年 9 月選出臺東達仁及金門烏坵為潛在場址，2012 年 3 月再公告建議候選場址報告並於 7 月核定公布後，隔月函請臺東及金門縣政府辦理公投。然而，兩個縣政府皆在兩個月內回函表示難以接受委辦（經濟部 2014）。這段期間由於福島核災發生不久，且連續兩年在臺灣都引起前所未有的大規模反核遊行，社會反核氛圍的鼓勵下，難以讓地方政府同意配合辦理公投。

　　從 2006 至 2012 年兩次選址計畫的失敗，等於是無盡延長了蘭嶼對「驅走惡靈」

---

65 《選址條例》第五條：「主辦機關應自本條例施行之日起三個月內，設處置設施場址選擇小組（以下簡稱選址小組），依本條例規定執行處置設施之選址工作。前項選址小組成員人數十七人至二十一人，由相關機關代表、專家學者組成，其中專家學者人數不得少於五分之三；小組成員產生方式、任期及小組會議召開、決議方式等設置規定，由主辦機關擬訂，報請行政院核定。」

66 《選址條例》第三條：「四、潛在場址：指依選址計畫經區域篩選及場址初步調查，所選出符合第四條規定之場址。」第四條：「處置設施場址，不得位於下列地區：一、活動斷層或地質條件足以影響處置設施安全之地區。二、地球化學條件不利於有效抑制放射性核種污染擴散，並足以影響處置設施安全之地區。三、地表或地下水文條件足以影響處置設施安全之地區。四、高人口密度之地區。五、其他依法不得開發之地區。」

的失望。誠如前述，雖然行政院於 2002 年成立遷場委員會，內有三分之一成員來自蘭嶼，但實際上此後遷場與否的要件卻取決另案的替代場址選定及興建，於是 2002 年後遷場承諾跳票後，面臨動彈不得的真空期，從 2002 至 2012 年長達十年。兩次選址計畫失敗同時帶來僵局及壓力，2011 年政府考慮趁五都成立與行政院組織改造之際，一併修正該條例相關條文，讓經濟部開始籌劃《選址條例》修法，以期突破兩次失敗的制度困境。不過，2011 年發生了福島核災，對政府的修法規劃帶來變數。

2011 年日本福島核災舉世譁然，讓經歷十年低潮的反核運動掀起高潮，並獲得跨界、跨組織的聲援，反核運動與蘭嶼反核廢運動開始正式結合。2013 年 3 月 9 日臺灣史上最大的反核遊行，帶給真空期後已顯孱弱的蘭嶼振作契機，併同核一、二廠乾式貯存槽爭議而聯合北海岸反核居民等，向行政院訴求全面檢討核廢料政策。時任行政院長江宜樺於同年 4 月 3 日與抗議代表見面後，除了公開承認第二次選址計畫執行困難，要求相關部會進一步思考替代方案外，也同意建構類似過去遷場委員會的機制運作（經濟部 2014；陳韋綸 2013；黃名璽 2013）。不同於第一代反核廢的運動者以殖民主義的滅族來號召，中生代的達悟人希婻・瑪飛洑加入綠黨競選不分區立委，後來又與綠盟合作，結合反核運動的能量並展開國會遊說路線，主打議題包括輻射外洩、核廢料桶檢整作業問題等，均獲得主流媒體大幅報導，這與福島核災後的反核聲浪高漲不無關係（黃淑鈴，2015,35）。

（二）設立協商平台，遷場及選址脫勾

2013 年為了回應持續高漲的反核民意，行政院院長江宜樺主動承諾並成立「民間與官方核廢料處置協商平台」（以下簡稱「協商平台」），並於同年 7 月及 9 月召開第一、二次會議。政府意圖在制度上邀請反核團體與政府共商核廢料的處置政策，但一年後即宣告破局。綜觀這兩次會議中有關蘭嶼遷場的討論（協商平台亦討論核一、二廠核廢議題），反而將關鍵的議題帶往行政事務條文化的方向。

第一，第一次會議決議「蘭嶼貯存場遷場事宜……不排除與核廢料最終處置場選址脫勾之可能」（原能會 2013），這項決議顯然是針對行政院 2002 年設立遷場委員會所導致的遷場真空期而來，然而行政院僅表達「不排除」，而未給予脫勾的承諾，更

遑論具體評估規劃。如果真能脫勾，那麼蘭嶼核廢或許能先運回核電廠，而不必然只能轉運到未來的最終處置場址。

第二，第二次會議曾討論《選址條例》與《原住民族基本法》（簡稱《原民法》）法律適用問題。《原民法》第31條規定「政府不得違反原住民族意願，在原住民族地區內存放有害物質」，形同表示若經探詢原住民族具同意意願，則得於原住民族地區內存放核廢料，原住民族意願徵詢機制可依相關行政規則規定，透過部落會議代為做成同意與否之決定，藉此將可規避低放條例公投之相關規定，突破前兩次選址計畫中地方政府阻卻的障礙。這項討論不只在會議中，更在外界引起強烈質疑，雖然第二次會議並未決議採行，但在保有機會考量下，決定「請原民會邀請民間團體就所提意見進一步溝通討論；如有必要，可於本平台提案研商」（黃力勉2013；張存薇2013）。

2013年行政院設置「協商平台」以來，對於爭議重點如蘭嶼貯存場遷場與選址計畫脫勾，重啟遷場委員會以便讓更多蘭嶼人參與等，始終未有明確承諾，更無相關具體規劃可供討論，使得蘭嶼、北海岸（核一、二廠所在）及恆春（核三廠所在）等所謂核廢區居民團體和相關環境團體等，在2014年4月發表聯合聲名退出協商平台，民間團體認為政府沒有誠意解決核廢問題，只是以會議的形式一再拖延擺爛。[67]

不過達悟族人遷場訴求所產生的政治壓力仍然強勁，使得2008年二次政黨輪替後的國民黨政府和民進黨政府一樣，必須提升至行政院層級面對。2000年民進黨政府以法制化作為主要途徑，2008年的國民黨政府也企圖以法制修正方式，來突破兩次選址失敗的政策僵局與公民社會挑戰。例如：主管機關擬捨棄更普遍及公開支持之途，改優先援用《原民法》規定，原能會即在網站表示：「依據《選址條例》規定，（筆者註：此處漏列「建議」二字）候選場址公告經公民投票同意後，才能成為候選場址……或者採用部落會議或其他方式徵得原住民族同意。」[68]看似尊重原住民意願，可能實則將原住民意願表達限縮在模糊的部落會議或其他方式，且此限縮性的代表可被

67　參見〈退出「民間與官方核廢料處置協商平台」聲明〉，發表日期：2014年4月30日。苦勞網，檢閱日期：2017年2月8日，網址：http://www.coolloud.org.tw/node/78499。

68　參見原能會網站（問題Q3-5），http://www.aec.gov.tw/輻射安全/輻射安全FAQ/放射性物料管理/低放射性廢物棄最終處置--4_37_345_1988.html。

優先採行，以此為捷徑迴避更終極的目標。此外，原能會、經濟部及台電曾在 2011 年第二次選址計畫進行中時，共同研商後提出《選址條例》修正草案，除擬修正條文避免第一次失敗的情形之外（即將建議候選場址由原規定的二個改為一個，避免若其中之一不具資格，僅餘一個之下仍能進行公投，不至於造成計畫必須中止），更企圖修改原訂公投規則，以有利於場址決定。最值得注意的修正要點，即是擬將《選址條例》的公投程序回歸《公投法》的高門檻方式辦理，而不在《選址條例》中另訂門檻較低的特別規定（原能會 2011）。

後來到了 2015 年，在鄭麗君立委的推動下，立法院教育及文化委員會全體委員會議決議：

> 行政院原子能委員會應積極督促經濟部及臺灣電力公司辦理蘭嶼核廢場遷移工作，務必要在明年完成辦理地方公投，且臺灣電力公司須於 2016 年 8 月前宣布完成新的核廢場址，過程中均應徵詢尊重原住民意願，並依「原住民族基本法」辦理。[69]

不過這項決議依然未能促成蘭嶼核廢料的遷出，沒有實質效果，再度引起蘭嶼民眾憤怒。2016 年 11 月在達悟反核運動者的動員下，立法院多位立委連署提出《蘭嶼核廢料貯存場處理暨補償條例》草案，其中第七條明列：「行政院應於本法施行日起一年內，編列足額預算，將蘭嶼低放射性廢棄物貯存場自本法施行日起三年內開始搬遷，並於五年之內全數搬遷離開蘭嶼完畢。行政院不得以尚未選定核廢料最終貯存場址為由而延遲法定搬遷期程。」希望透過法律化以監督中央政府搬遷，不得以最終處置場址未定而延遲，不過該草案在 2020 年初新一屆立委就任後，所有程序需要重新來過，還有待觀察。[70]

總結來說，在馬政府時期，由於 2017 年修法前的《公投法》門檻極高（需有相當高比例的公民連署始得成案，成案後需過半投票率及過半同意始得成立），使得現

---

69 立法院公報處（2015）104 卷 93 期上冊 4292 號：229。

70 立法院第 9 屆第 2 會期第 10 次會議議案關係文書，取自 https://lci.ly.gov.tw/LyLCEW/agenda1/02/pdf/09/02/10/LCEWA01_090210_00022.pdf。

實上將建議候選場址經公投「不同意」成為候選場址的門檻難以跨過，即便要使「不同意」的公投連署成案都相當不容易，閃避了《選址條例》原訂公投門檻應較低而得易實現的立法意旨。再者，2011 年《選址條例》修正草案版本中有關公投部分，擬有「地方若未辦公投即視為同意」的規定（第 11 條），可說是預見第二次選址計畫時地方政府消極配合的情形。從這兩點來看，行政機關欲強行讓擬定的選址規劃輕易過關的意圖十分明顯。此外，該修正草案版本擬將部分回饋金（現行回饋金總額五十億新台幣）改為直接發給地方民眾（第 12 條），更被視為賄賂在地居民的手段。這項修正草案當時並未經行政院核定函送立法院審議，否則可預期將引起極大爭議。最後，即便由立法院發動的限期遷場決議，也沒有帶來改變。

七、2016年第三次政黨輪替後：《真相調查報告書》與龐大利益分配

2016 年民進黨再次執政，蘭嶼核廢三十年來仍未有一桶遷出，讓支持廢核的新政府再陷政策無法落實的治理僵局。蔡英文總統上台後代表政府正式向原住民族發表道歉文，表示：

> 政府在雅美族人不知情的情況下，將核廢料存置在蘭嶼。蘭嶼的族人承受核廢料的傷害。為此，我要代表政府向雅美族人道歉……我也會要求相關部門，針對核廢料儲存在蘭嶼的相關決策經過，提出真相調查報告。在核廢料尚未最終處置之前，給予雅美族人適當的補償。（總統府 2016）

之後行政院成立「蘭嶼核廢料貯存場設置真相調查小組」（以下簡稱調查小組），於 2016 年 10 月至 2017 年 10 月間共召開四次會議，結合行政官僚、原民會主任委員、學者專家與來自六個部落的蘭嶼雅美／達悟族人代表，於 2018 年 9 月完成《核廢料蘭嶼貯存場設置真相調查報告書》（以下簡稱《真相調查報告書》）（行政院蘭嶼核廢料貯存場設置真相調查小組 2018），這份報告除了官方文件之外，也嘗試採納「後常態科學」所強調納入其他知識的類型，例如田野調查的質性資料，從蘭嶼居民的角度來詮釋這些既存的文件與檔案。

《真相調查報告書》為政府透過文件解密過程，對於當初蘭嶼貯存場設置與規劃

決策過程參與的機關、人員職責的釐清，以及原民會、台電土地取得過程是否符合公平正義，提出了初步的調查結果。報告書（頁 61-63）指出：（一）蘭嶼貯存場決策過程選址及決策過程中，決策機關由原能會進行研議、行政院核定，決策人員主要為時任原能會主委錢思亮及蘭嶼計畫專案小組成員，核定過程歷經蔣經國及孫運璿兩任行政院長。（二）根據蘭嶼貯存場設置第一次土地徵用之土地使用契書所載，承用人中山科學院所登記之用途為「研究設施用地」，爾後卻作為蘭嶼貯存場放置低、中強度放射性廢料所用。核廢料貯存場顯非通常定義下之「研究設施」。此外，該土地使用契約及後來續約，對於中山科學院設置核廢料貯存場已違反原「研究設施」使用目的，卻未見臺東縣政府或蘭嶼鄉公所有異議。（三）1972 至 1978 年蘭嶼貯存場決策過程中，相關機關均以機密方式辦理本案，雅美（達悟）族人應不知情。調查書特別指明達悟族人長老教會董森永牧師提及，當時他將蘭嶼設置貯存場之資訊傳遞予族人後，記憶中包括中國國民黨、警察、調查局、警備總司令部蘭嶼指揮部、臺東縣政府等單位均對他進行調查。此種來自於國家單位之威嚇，壓制、限縮了雅美（達悟）族人取得蘭嶼設置核廢料貯存場資訊之管道，遑論進行公共討論、傳遞資訊與表示意見。（四）各部門與專家學者在「蘭嶼計畫」研商規劃與決策程序中，檢視既有公文檔案後發現，相關部會不曾徵詢雅美（達悟）族人，也無族人意見之錄。此外，當年政府相關機構許多重要公文均以密件處理，調查小組指出當時涉入的相關作業單位，仍存有許多不可見的文件，例如：原能會與相關單位組隊實地勘查，但未見討論規劃以蘭嶼作為離島貯存地點的理由；原能會與中山科學院於第 1 次徵用土地時與雅美（達悟）族人之協議紀錄留存部分，原能會等其他單位亦無相關紀錄。

《真相調查報告書》是政府企圖建立公共課責機制、民主協商的第一步，但達悟族人對政府、台電等官僚單位已毫不信任，認為這些作為跟之前的行政措施並沒有太大差異，只是形式上的重組、承諾語言轉換、糾結法制工作的條文等，最多只是提升到更高層級委員會（小組）因應，還有更（形式的）強烈要求行政機關執行及修訂相關法律等（如表 7-2 分析），實質的遷場及法制成果仍遙遙無期。例如：報告書引用兩位達悟族人的心聲：

真相調查其實根本不用調查，因為我個人認為這是蔡英文政府在撇清責任的一個動

作……你還要調查什麼？我不管你當初是怎麼拿進來你就是要想辦法運走。因為那個才是有作為的政府應該要做的事情。（2018：2-248）

我們的共同心願只有遷場，若沒有遷場，沒有遷場預算的審議，真相調查就沒有意義，不要拿轉型正義來矇騙達悟族人。（2018,4）

此外，為回應總統及行政院之前的指示，台電 2017 年時曾提出：「『回運原產地』與『送至集中式貯存設施』二規劃方案。其中回運原產地是將蘭嶼核廢料運回各自產生地（即核一、二、三廠與核研所）。送至集中式貯存設施為，選定場址並興建一集中式貯存庫，將蘭嶼核廢料運往該處貯放管理」（原能會 2017）。其中，前者必須面臨地方政府（如新北市政府）及人民是否同意的挑戰，一直難有斬獲。原能會（2017）曾自問自答指出：「原能會已多次於審查會議或溝通會議中，要求台電公司積極進行公眾及利害關係人之溝通，俾利蘭嶼核廢料遷場之順遂推動。」顯示原能會只能「要求」，而台電只能「積極溝通」，僵局繼續下去的現象難以避免。至於第二種規劃方案，至今仍無具體執行的方案。

蔡政府內部在 2018 年又再次提《選址條例》修正草案，在這一次的版本中有幾個重點。包括：（一）《選址條例》的「低」遭刪除，而將範圍包含高放射性廢料；（二）經濟部取代原能會成為主管機關；（三）候選場址必須經地方公投同意；（四）納入直轄市為貯存場址範圍；（五）最終場址的公民議決規定；（六）將最終場址回饋金由新台幣五十億元提高至一百億元；（七）新增其他不同形式的回饋金，如自願場址及候選場址獎勵金等，而不限於最終場址才可獲得等（原能會 2018）。以上這些修正規模廣泛，更引起輿論注意，導致原能會的草案在 2018 年 5 月初公告徵求意見後，不到半個月又從網站撤除（自由時報 2018）。由於該草案版本目前尚在原能會階段，仍有待偕同經濟部協商，未來仍有相當長的路。

遷場的實質措施雖然迄今還沒有啟動，也沒有向立法院提出修法草案，但補償金的因應工作卻有新進展。誠如扁政府時期新增的土地配套補償金（從 2003 年起每三年 2.2 億），在蔡政府完成真相調查報告的一年之後，經濟部於 2019 年 11 月 22 日宣布將由台電支付「回溯」補償金計 25.5 億元，亦即回溯土地徵用從 1974 年蘭嶼貯存

場啟用至 1999 年期間的回溯補償金，為一次性支付。經濟部希望協助蘭嶼成立基金會，由基金會的董事會決定補償金用途。一週後（11 月 29 日），蘭嶼部落文化基金會、達悟耆老與數個公民團體到行政院前開記者會抗議，質疑政府的 25.5 億補償金只是延續過去補償了事的作法，要求應轉作核廢遷場預算，以徹底落實原住民轉型正義。記者會後達悟代表表示：

> 目前的補償金並未真正審慎思考對於達悟族的影響與危害，在法源不清、程序不正的情況下，甚至可能造成社會崩解，陷達悟族人於不義，政府必須停下腳步接受建議……核廢遷出蘭嶼需要立法落實，以及建立國家對族的蘭嶼溝通平台，是我方認為最首要的程序與訴求，不應略過溝通程序，而直接以行政要點來處理補償的相關事宜。（蘭嶼部落文化基金會 2019）

此外，如今的發展，若參照第二節所述的國際趨勢來衡量，民主參與（公投、公民議決）及龐大得利（一百億元）實已屬必要策略，但從蘭嶼部落文化基金會的公開聲明中可見，如果沒有細部科技民主治理的協商制度，成功機率將相當有限。在民主參與方面，如何營造由下而上的公共討論及可行議決過程，需要投注足夠政策資源；在龐大得利部分，經濟資源的增加僅是必要條件之一，如何建構出得利分配的公平及長久制度，更是關鍵要務。過去許多的法制化藉口（《選址條例》的立法及修法），迴避民意（企圖改適用《原民法》、地方政府若不辦公投即視為同意設址），強渡關山（使「不同意」公投難過關）或便宜行事（直接發錢補償）等戰術，使臺灣表面上追隨國際發展趨勢，但多不符前述國際「民主參與」及「龐大得利」策略中科技民主治理的實質精神，並導致問題惡化。對達悟族人而言 25.5 億元補償金只是延續過去國家以補償金拖延核廢遷場的戰術，政府應優先處理擱置在蘭嶼的核廢料，才是積極的民主回應方式。2018 年的《真相調查報告書》是政府試圖與達悟族人溝通對話的第一步，只是對於核廢該遷往何處，仍缺乏有效協商的深度溝通，並建立具有社會共識的選址與法制基礎，使得核廢遷放置蘭嶼長達 38 年的僵局，至今仍無法突破。

表7-2 民主化後政府對蘭嶼遷場政策的重要行政及法制措施

		政黨輪替前	陳水扁政府
行政措施	特徵	部會層級	行政院層級
	重要事項	1988年原能會頒布「放射性廢料管理方針」，行政院同意 1988年原能會依立法院要求提出最終處置計畫 1989年原能會公布「核能電廠環境影響評估作業要點」 1991年原能會擬訂「海峽兩岸原子能和平應用交流合作計畫」（經行政院核定） 1996年台電擬訂「低放射性廢料最終處置場址徵選作業要點」（由經濟部核定）	2002年政府與蘭嶼達悟同胞簽署議定書 2002年成立「行政院蘭嶼貯存場遷場推動委員會」 2002年行政院公布「蘭嶼貯存場遷場委員會的體認與原則」
法制措施	特徵	無	法律化，仍由科技官僚主導但無具體遷場成果
	重要事項		2002年行政院將《選址條例》草案送請立法院審議 2005年行政院重將《選址條例》草案送請立法院審議 2005年制定《原住民族基本法》 2006年立法院審查通過《選址條例》並公布實施 2006年依《選址條例》規定成立選址小組啟動運作

資料來源

馬英九政府	蔡英文政府
行政院層級	總統府層級
2013年行政院成立「民間與官方核廢料處置協商平台」	2016年成立行政院國家永續發展委員會「非核家園推動專案小組」 2016年召開「原住民族基本法推動會」，組成「行政院蘭嶼核廢料貯存場設置真相調查小組」 2016年成立「總統府原住民族歷史正義與轉型正義委員會」 2018年出版《核廢料蘭嶼貯存場設置真相調查報告書》
法律化，仍由科技官僚主導，並將關鍵議題帶往行政事務化方向，亦無具體遷場成果	法律化，試圖納入更多意見，但仍無具體成果
2010年依《選址條例》規定成立第二次選址小組啟動運作 2011年提出《選址條例》修正草案，但未經行政院核定函送立法院審議	2016年立法委員連署提出《蘭嶼核廢料貯存場處理暨補償條例》草案，目前擱置 2018年提出《選址條例》修正草案，但尚未經行政院核定函送立法院審議

理及分析。

伍、結論

面對後常態科學情境的重大爭議，政府核廢處置政策該如何回應科技民主治理的挑戰？本文透過對照國際核廢處理政策，分析蘭嶼低階核廢遷不走的結構成因。1970年起核一廠開始興建後，官僚體系聽命於威權政府，把核廢視為技術低、爭議不大的應用科學來管制。原能會以欠缺達悟族人知情同意的行政命令，於 1982 年啟用蘭嶼貯存場。國家威權時期不正義的政策規劃，使達悟族人對官方的信任徹底崩盤，埋下日後科技民主治理困境的源頭。1988 年起原能會與台電在核廢處置政策上改屬管制關係，原能會長期以來並未善盡監督之責，外界的政治壓力並無法有效改變國家為中心的官僚治理型態，二者常互為掩護，並沒有設立納入民意與專業諮詢的機制，以化解專業不對等而產生的問題。

臺灣民主化後，由於各方政治力量介入，以及國際重大核能災害，引發社會關注，國家對蘭嶼核廢最終處置的政策與規劃，不再是過去官僚上對下的專業壟斷，政策規劃開始利用專家諮詢減低風險爭議。2000 年之後，不同理念的執政黨在政策措施上，都提高至行政院、乃至於總統府層級處理，以直接回應達悟族人遷場訴求。一方面，不同的執政黨在面對核廢所引發的高度爭議，制度設計上開始強調納入不同意見行動者的聲音，並試圖在政府組織架構下設立整合民意與官僚的機制。例如：2002 年扁政府成立「遷場委員會」、2013 年馬政府成立「協商平台」、2018 年蔡政府主導完成《真相調查報告書》，當中引入達悟部落諮詢會議的在地聲音，不過這些提供意見的達悟代表，仍被框限在國家既有官僚系統治理的架構。這顯示出民主化後臺灣的核廢處置，仍依循既有框架，政策規劃頂多如同 Funtowicz 與 Ravetz（1992）所指稱的「應用科學」進入「專家諮詢」階段，目前政府仍缺乏有效處理科技爭議衝突性高、系統不確定性增大的「後常態科學」治理想像。另一方面，政府始終未能與達悟族人建立長期深度的信任關係，諸多政策規劃顯示官僚管制科學的心態與達悟民意之間仍有無法跨越的鴻溝，造成核廢料處置政策繼續陷入無法突破的僵局。

此外，國家對於核廢遷場、選址、公投制度所涉及的利害關係者，如：達悟民眾、地方政府、地方與中央不同行政單位，彼此鑲嵌在日益複雜、環環相扣的系統中，至今無法建立社會學家 Jürgen Habermas（1984）所強調的「合理溝通情境」，亦

即透過合理的程序與民主制度的引導，讓不同行動者都能公平發聲，才能深化政策規劃的溝通。對達悟族人而言，2002 年扁政府「遷場委員會」僅是替後來的法制化背書，2013 年馬政府「協商平台」流於形式沒有作為，2018 年蔡政府《真相調查報告書》公布後，卻優先以補償金來回應達悟族人遷場的訴求，也完全沒有改變核廢遷不走的困境。臺灣近三十年來的「低階核廢處置政策」歷史沿革，從專業壟斷、政治介入、民主參與，再加入近年來龐大補助金的利誘原則，看似符合國際主流趨勢，背後卻呈現管制科學科技官僚治理的特色，以形式上的民主來掩蓋缺乏實質科技民主治理精神的缺陷。對於未來政策該如何帶入後常態科學的科技民主治理，我們提出以下建言。

首先，要突破法制化的困境，政府應先強化溝通與信任的社會基礎。2006 年《選址條例》通過後，蘭嶼遷場訴求必須仰賴台電、經濟部及原能會依法執行選址計畫後才能處理，進入法制化後依法行政卻無法落實的真空期。政府 2006 至 2012 年間兩次依法辦理選址計畫，都以失敗告終，導致蘭嶼居民在 2013 年要求遷場與選址脫勾後，至今仍難有解套。2016 年民進黨再次執政後，歷經兩年修訂《選址條例》的發展，大幅調整重要條文內容，可說是嘗試貼近「政治參與與技術專業等值」趨勢的積極回應，並試圖加入「龐大得利」吸引志願的在地行動者，但目前也僅停留在原能會層級的修正階段，且有不少條文修正方向仍頗受爭議。此外，達悟反核運動者提出《蘭嶼核廢料貯存場處理暨補償條例》草案，希望立專法來督促政府落實搬遷的行政責任，目前在立法院仍是遙遙無期的未定之天，這些都成為下一步有待解決科技民主治理的問題。

檢視臺灣核廢政策的歷史沿革，我們認為無論是已通過的《選址條例》或《蘭嶼核廢料貯存場處理暨補償條例》草案，政府在法制化過程中不應將終點設定在法律通過的階段，而是立法前就應先預備未來法律執行時的相關配套。例如：不能只訂定龐大利益數字，卻未同時規劃如何運用的機制。簡單來說，如果國家政策決策者讓民眾參與的動機，只是為了滿足法規程序的正當性要求，以短期操作的方式規劃作為即時因應的策略，而非有效地容納各方民意，調和各方衝突的價值，以形式民主來迴避實質民主的精神，治理效果必定有限。蘭嶼核廢的案例顯示，法律僅是低度需求的形式規範標準，後常態科學下的科技民主治理是一個不斷溝通、協商與審議的過程，過度倚賴法律形式的科學管制策略，往往難以形塑面對高科技爭議所需要的是更具彈性的

治理方式。我們認為未來國家政策必須在制度上有效處理不同利害關係者之間認識論的衝突，強化科技溝通與信任的社會基礎，才能化解目前的困境。

其次，回應達悟族人要求核廢遷場，希望健康安全的訴求，政府應建立民主協商與參與機制。本文針對蘭嶼核廢遷場為何（why）陷入僵局結構，進行實然面的分析，並無意圖進行應然面該如何（how）的實務規劃。政府當前蘭嶼核廢料的政策處理都面臨執行上的困境，包括：（一）遷回各核電廠儲存，涉及遷回路徑的安全評估及所在地縣市居民的接受度；（二）遷至最終處置場，目前處於《選址條例》無法落實，地方未辦公投的停滯階段；（三）遷至集中式貯存場，這屬於全新的政策選項，牽涉境內是否有符合條件的終極貯存地點。核廢搬遷涉及後常態科學下龐大且複雜的科技政治，不同的科技官僚、跨部門單位與地方政治結構往往緊密相連，彼此形成複雜的知識與技術複合體。不論哪一個選項，我們都認為政府必須長期深化在地的民主參與機制，建立整合民意與專家意見的恆常制度，才能有效形塑社會共識，不能只將討論化約到技術性風險及官僚管制科學的評估。蘭嶼核廢牽動著原漢關係、國家發展能源政策與轉型正義下原住民的土地問題等深層脈絡，這些都必須通盤考量，才能成為我國政策未來的突破點。

事實上，過去的研究已指出核廢料放置蘭嶼對達悟族人心理造成創傷與重大威脅（蔡友月 2009,272-275 ;284），2018 年《真相調查報告書》也顯示，達悟族人認為核廢的安全評估與居民醫療健康的需求，和遷場同等重要。一些解密的官方公文顯示，當初政府單位（如：原能會及台電）在缺乏嚴謹的評估下，輕易做出核廢料貯存場不致妨礙當地居民健康的論點，並無法取得達悟族人的認可。一如部落諮詢會議不斷有居民表示：「達悟族人死於癌症之病例相當的多，希望政府正視此問題，調查核廢料貯存與癌症發生是否有所關聯」（行政院蘭嶼核廢料貯存場設置真相調查小組 2018,55）；「台電未嚴謹處理核廢料，漠視蘭嶼人的健康，直到我們抗議才要處理。各部落都有族人罹患癌症，過去於檢整過程中徒手觸摸核廢料粉塵而死亡的族人，都是台電的外包廠商，台電曾經統計過人數嗎？」（蘭嶼鄉民座談會會議紀錄 2018：1）。Ravetz（1999）指出面對高度科技爭議與系統不確定增加時，後常態科學的政策規劃尤應擴展不同認識論知識。政府應長期有系統地針對核廢與達悟族人的健康關聯進行流行病學調查，部落族人的軼事證據、生命史訪談等質性資料，也都應該進入流行病

學調查與政策的規劃中。

　　最後，一如蘭嶼部落文化基金會所強調，政府在缺乏與部落協商、對話下，2019年底所提出的 25.5 億元補償金，並未真正審慎思考未來對達悟族可能的影響與危害。政府核廢處置的政策制定過程，已突顯出國家無法與在地建立長期信任關係，造成科技民主治理的困境。本文的分析呈現出中央不應只負責籌措及派發經費，成立財團法人後仍需實質及長期駐地經營；地方也不能只著重經費轉入個人帳戶或短期硬體建設等需求，補償金的規劃需要地方與中央長期且有願景地落實民主參與的精神，將民意與專家的政策協調過程視為民主審議的過程，費心找出在地永續價值及實踐方法，才能有效回應後常態科學下的科技民主治理挑戰。

參考文獻

丁萬鳴，1997。〈彭佳嶼、小蘭嶼，候選核廢場〉，《聯合報》，第 6 版，10 月 13 日。

　　──，2003，〈蘭嶼核廢處理，只有以拖待變〉，《聯合報》，第 3 版，1 月 2 日。

于趾琴，1994，〈台電核廢料有望登陸貯存〉，《經濟日報》，第 6 版，3 月 2 日。

民進黨。2020。〈黨綱〉。https://www.dpp.org.tw/upload/download/%E9%BB%A8%E7%B6%B1.pdf，查閱時間：2019/03/01。

臺灣電力公司編，1989，《臺灣電力發展史：臺灣電業百週年紀念特刊》，臺北：臺灣電力公司。

自由時報，2018，〈核廢料選址草案公告又自砍原能會挨轟：屈從政治壓力〉，5 月 8 日。http://news.ltn.com.tw/news/politics/breakingnews/2419682，查閱時間：2019/03/01。

行政院國家永續發展委員會，2004，《臺灣永續發展宣言》，臺北：行政院國家永續發展委員會。

行政院蘭嶼核廢料貯存場設置真相調查小組編，2018，《核廢料蘭嶼貯存場設置真相調查報告書》，臺北：行政院原住民族委員會。

行政院蘭嶼核廢料貯存場遷場推動委員會，2002a，〈行政院蘭嶼核廢料貯存場遷場推動委員會第一、二次會議紀錄〉。

　　──，2002b，〈行政院蘭嶼核廢料貯存場遷場推動委員會體認與原則〉。

——，2003，〈行政院蘭嶼核廢料貯存場遷場推動委員會第三次會議紀錄〉。

——，2005，〈行政院蘭嶼核廢料貯存場遷場推動委員會第 2 屆第 1、2 次會議紀錄〉。

——，2006，〈行政院蘭嶼核廢料貯存場遷場推動委員會第 2 屆第 3 次會議紀錄〉。

——，2007，〈行政院蘭嶼核廢料貯存場遷場推動委員會第 3 屆第 1 次會議紀錄〉。

何明修，2000，《民主轉型過程中的國家與民間社會：以臺灣的環境運動為例（1986-1998）》，臺灣大學社會學研究所博士論文。

——，2003，〈自主與依賴：比較反核四運動與反美濃水庫運動中的政治交換模式〉，《臺灣社會學刊》，30：1-49。

——，2006，《綠色民主：臺灣環境運動的研究》，臺北：群學。

吳大猷，1988，〈我國「核能」政策史的一個補註〉，《傳記文學》，52（5）：41-43。

李文娟，1994，〈核廢場增建〉，《聯合報》，第 6 版，6 月 11 日。

——，1995，〈核廢料運離蘭嶼民國 91 年「開始」〉，《聯合報》，第 3 版，6 月 2 日。

李文雁，1990，〈蘭嶼核廢場無人接管〉，《聯合晚報》，第 10 版，4 月 26 日。

李彥甫，1994，〈俄羅斯，臺灣核廢料的最佳去處〉，《聯合報》，第 6 版，1 月 2 日。

李若松，1988，〈原委會卅三感言〉，《聯合報》，第 11 版，6 月 1 日。

——，1991，〈台電核四環評報告令人滿意原委會今函經濟部正式同意〉。《聯合報》，第 6 版，12 月 31 日）。

——，1994a，〈兩岸核能界交流原委會披「外衣」上場〉，《聯合報》，第 6 版，9 月 6 日。

——，1994b，〈選址作業／三正選二備選：核廢場，台電暫不曝光〉，《聯合報》，第 16 版，5 月 17 日。

——1995a，〈核廢料境外處置有譜：下週與俄羅斯簽約，並積極勘查馬紹爾〉，《聯合報》，第 7 版，5 月 20 日。

——，1995b，〈原委會台電考察馬紹爾群島：台電人員希望該處能取代蘭嶼核廢料貯存場〉，《聯合報》，第 6 版，5 月 27 日。

——，1995c，〈台電公司只管營運處理核廢料擬成立「管理協會」〉，《聯合報》，第 6 版，6 月 3 日。

——，1996，〈我將與馬紹爾簽核廢料處理協議〉，《聯合報》，第 6 版，5 月 29 日。

李若松、張甄薇，1997，〈原能會：核廢料放行，最快三個月後〉，《聯合報》，第 2 版，1 月 29 日。

李順德，1990，〈原子能委員會拋出燙手山芋：蘭嶼核廢料場交台電管理〉，《經濟日報》，第

2 版，1 月 13 日。

沈明川，1991，〈核廢料暫儲存核電廠〉，《聯合晚報》，第 4 版，6 月 21 日。

——，1997，〈首批核廢 7 月前運北韓〉，《聯合晚報》，第 2 版，3 月 4 日。

——，2003，〈租約到期，蘭嶼貯核再爆抗爭〉，《聯合報》，第 1 版，1 月 2 日。

杜文苓。2019。〈核廢何從：遷不出的蘭嶼惡靈〉。《面對臺灣風險社會：分析與策略》，杜文
　　苓、徐世榮、蕭新煌編，頁 160-187。臺北：巨流。

邱崇原、湯京平，2014，〈公民投票與鄰避困境：臺灣低放射性廢棄物貯存場的選址經驗及
　　南韓之啟示〉，《臺灣民主季刊》，11（4）：1-36。

周兆良，1991，〈蘭嶼貯存場工程遭民眾阻撓〉，《經濟日報》，第 3 版，6 月 18 日。周晉澄、
　　張國龍，2000，〈核四計畫決策過程之回顧與檢討〉，《新黨反核四白皮書》。

林美玲，2002，〈蘭嶼排除核廢最終處置場〉，《聯合報》，第 6 版，12 月 24 日．

林俊義，1989，《反核是為了反獨裁》，臺北：自立晚報。

范玫芳，2017，〈誰的風險？誰的管制與檢測標準？蘭嶼核廢料爭議之研究〉，《傳播研究與
　　實踐》，7（1）：107-139。

原能會，1988，〈放射性廢料管理方針〉。http://www.rootlaw.com.tw/LawArticle.aspx?LawID
　　=A040230031001100-0860902，查閱時間：2019/03/01。

——，2011，〈低放射性廢棄物最終處置設施場址條例修正草案總說明〉。http://www.aec.
　　gov.tw/webpage/UploadFiles/headline_file/201130134856.pdf，查閱時間：2019/03/01。

——，2013，〈民間與官方核廢料處置協商平台第 1 次會議〉。

——，2014，〈台美核能和平利用合作協定〉。http://www.aec.gov.tw/newsdetail/
　　headline/3042.html，查閱時間：2019/03/01。

——，2017，〈蘭嶼貯存場遷場規劃報告常見問答〉。

——，2018，〈低放射性廢棄物最終處置設施場址條例修正草案總說明〉。https://www.
　　aec.gov.tw/webpage/UploadFiles/headline_file/2018120011348380181.pdf，查閱時間：
　　2019/03/01。

孫中英，1997，〈北韓盼與我直航，在台設處〉，《聯合報》，第 4 版，3 月 4 日。

翁寶山，2006，《臺灣放射性廢棄物史話》，臺北：行政院原子能委員會。

袁世珮，1995a，〈馬拉松義演，聲援蘭嶼反核〉，《聯合報》，第 17 版，6 月 15 日）。

——，1995b，〈核廢場擴建抗爭，將有新一波行動〉，《聯合報》，第 17 版，8 月 3 日。

張玉文，1995a，〈境外貯存場有進展，俄羅斯已簽意向書〉，《聯合報》，第 17 版，6 月 20 日。

——，1995b，〈蘭嶼核廢料壕溝要少建幾條〉，《聯合報》，第 17 版，8 月 1 日。

——，1995c，〈核廢最終處置場甄選由在地人加入決定〉，《聯合報》，第 17 版，12 月 2 日。

——，1995d，〈蘭嶼核廢料壕溝，要少建幾條〉，《聯合報》，第 19 版，8 月 3 日。

——，1996，〈俄羅斯法令擋駕：臺灣核廢料再探馬紹爾〉。《聯合報》，第 19 版，4 月 24 日。

張玉文、游其昌，1996，〈簽約前夕，核廢料輸俄「出問題」〉。《聯合報》，第 19 版，4 月 12 日。

張存薇，2013 年，部落會議決定核廢落腳？臺東議員憂〉。《自由時報》，11 月 15 日，http://news.ltn.com.tw/news/local/paper/730655，查閱時間：2019/03/01。

張俊雄，2001，《核四電廠停建報告：疼惜美麗寶島，建立非核家園》，臺北：行政院。

張國暉，2013，〈當核能系統轉變為科技政體：冷戰下的國際政治與核能發展〉。《科技、醫療與社會》，16：103-160。

張景明，1988，〈反核，不約而同〉，《聯合晚報》，第 3 版，4 月 23 日。

張甄薇，1997a，〈核廢料處置，俄羅斯極可能與我合作〉，《聯合報》，第 4 版，1 月 14 日。

——，1997b，〈設核廢處置場，轉向人口少離島〉，《聯合報》，第 6 版，6 月 7 日。

——，1998a，〈台電核廢料，俄有意接手〉，《聯合報》，第 1 版，4 月 30 日。

——，1998b，〈核廢處置場，選定小鳥坵〉，《聯合報》，第 6 版，2 月 25 日。

梁玉芳、徐國淦，2002，〈反核塗鴉，抗議政府樣板台詞〉，《聯合報》，第 9 版，12 月 23 日。

梁嘉信，1995，〈蘭嶼反核民眾決定延後圍場〉，《聯合晚報》，第 4 版，8 月 5 日。陳承中，1990，〈台電內部機密文件顯示：核電廠擴建核二可能中選〉，《聯合報》，第 4 版，6 月 12 日。

陳威任，2009，〈核廢候選場址，達仁望安中獎〉，《立報》，3 月 18 日。

陳韋綸，2013 年，〈不願與核廢為鄰，在地民眾面見江揆〉，《苦勞報導》，4 月 3 日，http://www.coolloud.org.tw/node/73553，查閱時間：2019/03/01。

陳香蘭，2002，〈蘭嶼罷工罷課，後天圍場反核〉，《聯合晚報》，第 2 版，4 月 29 日。

陳敦源，2012，《民主治理：公共行政與民主政治的制度性調和》，臺灣：五南。

陳嘉川，1995，〈蘭嶼核廢場擴建，台電八月前說明〉，《聯合報》，第 3 版，6 月 2 日。

陳穎峰，2018，〈公民參與和核安治理：核四安全監督委員會與新北市核能安全監督委員會之比較〉，《東吳政治學報》，36（1）：1-63。

華英惠，1997a，〈核廢料送北韓可能被迫中止，台電正尋覓境內處置場〉，《聯合報》，第 9

版，6 月 29 日。

———，1997b，〈我將儘速進行核廢料處置案，防止中共阻撓〉，《聯合報》，第 4 版，1 月
　　30 日。

———，1998，〈核廢料原則委由大陸處置〉，《聯合報》，第 6 版，10 月 12 日。

華英蕙、張甄薇，1997，〈台電北韓合約全速推進〉，《聯合報》，第 2 版，1 月 28 日。

黃之棟，2014，〈談「核」容易？：從烏坵選址看我國當前低放射性廢棄物最終處置問題〉，
　　《國立臺灣科技大學人文社會學報》，10（1）：45-66。

黃力勉，2013，〈核廢門檻變相降低，議員批不合理〉，《中國時報》，11 月 15 日。https://
　　www.chinatimes.com/newspapers/20131115000617-260107，查閱時間：2019/03/01。

黃名璽，2013，〈核廢料場址烏坵達仁已排除〉，《中央社》，4 月 3 日。

黃信堂、白富美、章倩萍，1996，〈台電核廢料處理工程饒穎奇撇清〉。《經濟日報》，第 3 版，
　　4 月 12 日。

黃淑芳、何宏儒，2009，〈核廢處置場址公投，經部傾向明年中舉辦〉，《中央社》，3 月 17 日。

黃淑鈴，2015，〈從族群正義到環境論述：達悟反核運動者的框架移轉〉，《思與言：人文與
　　社會科學期刊》，53（2）：7-48。

黃德源，2002，《臺灣地區核能發展之政治經濟分析（1945-2001）》，臺北：臺北大學公共行
　　政暨政策研究所碩士論文。

湯京平、蔡瑄庭、范玫芳等，2009，〈低放射性廢棄物最終處置設施候選場址地方公投之研
　　究——期末報告〉，臺北：行政院研究發展考核委員會。www.aec.gov.tw/webpage/policy/
　　plans/files/plans_04_e-97_59.pdf，查閱時間：2019/03/01。

經濟部，2013，〈核能議題問答集〉。

———，2014，〈經濟部低放射性廢棄物最終處置設施選址作業資訊〉。https://www.moea.
　　gov.tw/Mns/cnc/content/SubMenu.aspx?menu_id=12094，查閱時間：2019/03/01。簡余
　　晏，1999，〈陳水扁肖像紀念幣將發行〉，《聯合晚報》，第 2 版，9 月 10 日。

蔡友月，2009，《達悟族的精神失序：現代性、變遷與受苦的社會根源》，臺北：聯經。

蔡昭明，1988，〈核能廢料何去何從？原子能委員會：貯存場未定案〉。《聯合報》，第 9 版，
　　2 月 23 日。

鄭國正，1992，〈核廢料可望運往浙粵離島：兩岸合作處理計畫將在八十五年以前定案〉，《聯
　　合報》，第 6 版，7 月 9 日。

———，1993，〈台電回應十三訴求〉，《聯合報》，第 5 版，5 月 31 日。

鄭淑麗，1995，《社會運動與地方社區變遷：以貢寮鄉反核四為例》，臺北：臺灣大學社會學研究所碩士論文。

盧德允，1991，〈原委會原則通過兩岸三階段原子能交流計畫〉，《聯合晚報》，第 5 版，8 月 24 日。

總統府，2016，〈總統代表政府向原住民族道歉〉。https://www.president.gov.tw/NEWS/20603，查閱時間：2019/03/01。

聯合報，1985，〈核子設施需有效評估：政院擬成立委員會審議報告〉，第 3 版，5 月 8 日。

　——，1986，〈放射性待處理廢料管理將由『貯存』改為『陸埋』〉，第 2 版，8 月 23 日。

　——，1988a，〈原委會預算審查，立法院火力集中〉，第 3 版，4 月 26 日。

　——，1988b，〈核廢料棄置無人島可考慮〉，第 4 版，12 月 8 日。

　——，1988c，〈蘭嶼雅美族山胞，昨舉行反核遊行〉，第 5 版，2 月 21 日。

聯合晚報，1995，〈核廢料今夏運往俄羅斯〉，第 4 版，4 月 20 日。

謝蓓宜，2016，《多元社會脈絡下的核廢論述：民間核廢論壇個案分析》，政治大學公共行政學研究所碩士論文。

羅幸惠，1991 年，〈低放射廢料國內找貯場：原委會預計 85 年擇定場址 89 年運轉〉，《聯合晚報》，第 5 版，2 月 25 日。

羅紹平，2002a，〈游揆訪蘭嶼，再為核廢道歉〉，《聯合報》，第 6 版，5 月 24 日。

　——，2002b，〈為蘭嶼守夜 達悟人靜坐核廢場〉，《聯合晚報》，第 4 版，5 月 2 日。

　——，2002c，〈續租核廢料場，台電觸礁〉，《聯合報》，第 17 版，12 月 10 日。

　——，2003，〈政務委員陳其南等與蘭嶼人士達成共識〉，《聯合報》，第 18 版，1 月 10 日。

關曉榮，2000，〈反核行動大事紀〉，《人本教育札記》，138：68-83。

　——，2007，《蘭嶼報告 1987-2007》，臺北：人間。

蘇禾禾，1995，〈反核廢　又見雅美戰士抗議！〉，《聯合報》，第 4 版，5 月 2 日。

蘭嶼部落文化基金會，2019，〈核廢料遷出蘭嶼拒　福利殖民〉，https://www.coolloud.org.tw/node/93755，查閱時間：2019/03/01。

蘭嶼鄉民座談會會議紀錄，2018，收入《核廢料蘭嶼貯存場設置真相調查報告書》，行政院蘭嶼核廢料貯存場設置真相調查小組編，臺北：行政院原民會。

蘭嶼雙週刊，1995，〈雅美族人反核聲浪昇高誓死將核廢逐出蘭嶼島〉，第 181 期，第 1 版，8 月 6 日。

　——，1996，〈會議草率結束鄉民堅決反對成立「蘭嶼貯存場監督委員會」〉，第 205 期，

第 4 版，7 月 28 日。

——，1998，〈新官上任勤修繕第十六屆鄉代會第一次臨時會〉，第 247 期，第 4 版，9 月 27 日。

——，2002，〈台電遷場跳票，蘭嶼五一反核大遊行，結論：研擬六項議定書，成立遷場推動委員會等〉，第 303 期，第 1 版，5 月 19 日。

——，2003，〈行政院台電官員赴臺東協商談核廢蘭嶼代表堅持誓言反核廢不續租〉，第 313 期，第 1 版，1 月 26 日。

——，2004，〈蘭嶼遷場社總委員會功能不彰受爭議委員建言應提升與政府談判窗口與層級〉，第 334 期，第 1 版，11 月 14 日。

Albright, D.,& Gay, C. 1998. "Taiwan: Nuclear Nightmare Averted. *Bulletin of the Atomic Scientists*, 54(1), 54-60.

Amir, Sulfikar. 2014. "Risk State: Nuclear Politics in an Age of Ignorance."In D. Lee Kleinman and K. Moore ,eds.,*Routledge Handbook of Science, Technology, and Society*, pp. 285-298. London: Routledge.

Baltes, B.,&Brewitz, W. 2001. "Development of Site Selection Criteria for Radioactive Waste Disposal in View of Favorable Geological Settings in Germany. "*Eurosafe 2001.*

Barthe, Y. 2011. "Framing Nuclear Waste as a Political Issue in France." In Urban Strandberg and Mats Andrén,eds.,*Nuclear Waste Management in a Globalised World*, pp. 63-76. New York, NY: Routledge.

Beck, U. 2000. Risk Society Revisited: Theory, Politics and Research Programmes. In Barbara Adam, Ulrich Beck and Joost Van Loon (Eds.), *The Risk Society and Beyond: Critical Issues for Social Theory* (pp. 211-229). London: Sage.

Bevir, M. 2006. "Democratic Governance: Systems and Radical Perspectives."*Public Administration Review*, 66(3), 426-436.

Branch, J. B. 1984. "The Waste Bin: Nuclear Waste Dumping and Storage in the Pacific. "*Ambio: A Journal of the Human Environment*, 13 (5/6), 327-330.

Corburn, J. 2002. "Combining Community-based Research and Local Knowledge to Confront Asthma and Aubsistence-fishing Hazards in Greenpoint/Williamsburg, Brooklyn, New York. "*Environmental Health Perspectives*, 110, 241-248.

Elam, E.,& Sundqvist, G. 2009. "The Swedish KBS Project: A Last Word in Nuclear Fuel Safety

Prepares to Conquer the World? *"Journal of Risk Research*,12(7-8), 969-988.

Etzioni- Halevy, Eva. (Ed.). 1985. *Democracy and Bureaucracy: A Political Dilemma.* London: Routledge & Kegan Paul.

Fan, M. F. 2006. "Environmental Justice and Nuclear Waste Conflicts in Taiwan."*Environmental Politics*, 15(3), 417-434.

Flüeler, T. 2006. *Decision Making for Complex Socio-technical Systems: Robustness from Lessons Learned in Long-term Radioactive Waste Governance.* Dordrecht, NL: Springer.

Funtowicz, S. O.,&Ravetz, J. R. 1992."Three Types of Risk Assessment and the Emergence of Post-Normal Science." In Sheldon Krimsky and Dominic Golding, eds., *Social Theories of Risk*, pp. 251-273. Westport, CT: Praeger.

——. 1993."Science for the Post-Normal Age."Futures, 25(7), 739-755.

Habermas, Jürgen, 1984, *The Theory of Communicative Action* (Volume One). Boston, Massachusetts: Beacon Press.

Hecht, Gabrielle. 1998. *The Radiance of France: Nuclear Power and National Identity after World War II*. Cambridge,MA: The MIT Press.

——. 2006. "Negotiating Global Nuclearities: Apartheid, Decolonization, and the Cold War in the Making of the IAEA."*Osiris*,21,28- 48.

—— (Ed.). 2011. *Entangled Geographies: Empire and Technopolitics in the Global Cold War.* Cambridge, MA: The MIT Press.

——. 2012. *Being Nuclear: Africans and the Global Uranium Trade.* Cambridge, MA: The MIT Press.

Ho, M. S. 2014. "The Fukushima Effect: Explaining the Resurgence of the Anti-nuclear Movement in Taiwan." *Environmental Politics*, 23(6), 965-983.

Huh, Youngsoo. 2013. *Justice, Democracy and the Siting of Nuclear Waste Repositories: The Buan and Gyungju Cases of South Korea.* Doctoral dissertation, Colorado State University.

IAEA (International Atomic Energy Agency). 2004. "Nuclear Technology Review—2004."http://www.iaea.org/About/Policy/GC/GC48/Documents/gc48inf-4_new.pdf(December 30, 2018).

Jasanoff, S. 1995. *The Fifth Branch: Science Advisers as Policymakers.* Cambridge, MA: Harvard University Press.

Jasanoff, S., & Kim, S. H. 2009." Containing the Atom: Sociotechnical Imaginaries and Nuclear

Power in the United States and South Korea." *Minerva*, 47(2), 119-146.

Johnson, G. F. 2007. "The Discourse of Democracy in Canadian Nuclear Waste Management Policy." *Policy Sciences*, 40(2), 79-99.

Krütli, P., Flüeler, T., Stauffacher, M., Wiek, A., & Scholz, R. W. 2010. "Technical Safety vs. Public Involvement? A Case Study on the Unrealized Project for the Disposal of Nuclear Waste at Wellenberg (Switzerland). "*Journal of Integrative Environmental Sciences*, 7(3), 229-244.

Lidskog, R., & Sundqvist, G. 2004. "On the Right Track?: Technology, Geology and Society in Swedish Nuclear Waste Management." *Journal of Risk Research*, 7(2), 251-268.

Macfarlane, A. 2003. "Underlying Yucca Mountain: The Interplay of Geology and Policy in Nuclear Waste Disposal." *Social Studies of Science*, 33(5), 783–807.

——. 2011." It's 2050: Do You Know Where Your Nuclear Waste Is? "*Bulletin of the Atomic Scientists*, 67(4), 30-36.

Meier, K. J.,&O'Toole Jr., L. J. 2006. *Bureaucracy in a Democratic State: A Governance Perspective*. Baltimore, MD: John Hopkins University Press.

NRC (United States Nuclear Regulatory Commission). 2018. "Storage of Spent Nuclear Fuel."http:// www.nrc.gov/waste/spent-fuel-storage.html(December 30, 2018).

National Academies of Sciences, Engineering, and Medicine. 2017. Low-Level Radioactive Waste Management and Disposition: Background Information. *Low-Level Radioactive Waste Management and Disposition: Proceedings of a Workshop*. Washington, DC: National Academies Press.

Perrow, C. 1999. *Normal Accidents: Living with High Risk Technologies*. Princeton, NJ: Princeton University Press.

Pierre, J.,&Peters, B. Guy. 2000. *Governance, Politics and the State*. New York, NY: St. Martin's Press.

Ravetz, J. R. 1999."What is Post-Normal Science"*Futures*, 31(7), 647-653.

Sjöblom, K. L., &Linsley, G. 1994. "Sea Disposal of Radioactive Wastes: The London Convention 1972."*IAEA Bulletin*, 2, 12-16.

Solomon, B. D. 2009. "High-level Radioactive Waste Management in the USA."*Journal of Risk Research*,12(7-8), 1009-1024.

Strandberg, U.,&Andrén,M. (Eds.). 2011. *Nuclear Waste Management in a Globalised World*. New

York, NY: Routledge.

Walker, J. S. 2009. *The Road to Yucca Mountain: The Development of Radioactive Waste Policy in the United States*. Berkeley, CA: University of California Press.

Walker, J. S., &Wellock, T. R. 2010. "*A Short History of Nuclear Regulation, 1946-2009.* "Washington D.C.: U.S. Nuclear Regulatory Commission. http://pbadupws.nrc.gov/docs/ML1029/ML102980443.pdf(December 30, 2018).

Werner, C. 2009. "Patriotism, Profits, and Waste: The Moral Dimensions of Low-Level Radioactive Waste Disposal in Texas." In K. E. Browne and B. L. Milgrameds., *Economics and Morality: Anthropological Approaches*,pp. 143-166. New York, NY: Rowman & Littlefield.

WNA (World Nuclear Association). 2014. "Nuclear Power in Japan. Nuclear Power in South Korea. Nuclear Power in Taiwan. "http://www.worldnuclear.org/info-/Country-Profiles/(December 30, 2018).

———. 2018." Storage and Disposal of Radioactive Waste."http://www.world-nuclear.org/information-library/nuclear-fuel-cycle/nuclear-waste/storage-and-disposal-of-radioactive-waste.aspx(December 30, 2018).

World Nuclear News. 2018. "USA budgets $50 million for Yucca Mountain. " http://www.world-nuclear-news.org/Articles/USA-budgets-$50-million-for-Yucca-Mountain(December 30, 2018).

第二部分

東亞區域發展與轉型

第 **8** 章

水利邊界
金門供水網絡的形成、困境與邊界實踐

黃書緯

壹、前言

　　隨著氣候變遷引發極端降雨導致洪水及乾旱頻率增加，水資源的調適策略與資源管理越來越受到重視，但以大型水利設施的興建工程也引起諸多爭議。關於臺灣水利設施工程爭議的既有研究可分為兩類，一類是從政策民主化的角度切入，分析社會運動者（張高傑 2001；何明修 2003）及政策制定者（鍾怡婷 2003；蔡淑玲 2011）在生態保育、環境開發、在地文化、工作權利上的博奕過程如何影響開發案的決策過程。另一類則是從科學民主化的角度切入，分析水資源開發方案背後不同知識體系、專業知識、常民經驗、公民論述如何相互影響，以及社會、政治、技術物系統彼此間的鑲嵌關係（范玫芳 2012；蔡旻霈、范玫芳 2014）。這些研究指出了水資源治理是一項高度跨專業、跨區域合作的跨域治理議題，需要在公、私部門、在地社區及非營利組織之間建立策略性夥伴關係，運用「由下而上」（bottom-up）的協商方式，跨區域、跨專業、跨部門地解決水利設施開發爭議的問題。

　　不過，這些研究的分析個案都在臺灣本島，較少討論水資源困境更為嚴峻的離島地區，如金門、馬祖、澎湖等地。這些離島一方面因為面積小、逕流短、蓄水不易，在水資源調度上需要中央政府挹注資金建立水利設施以確保水質與水量穩定（毛振

泰 2020）；另一方面，這些地處國家邊界的離島地區，其水利設施的開發爭議除了牽涉到專業知識、公民論述之間的衝突外，也會與國家的邊界治理模式彼此牽動。本研究認為，若要民主化地處理邊界島嶼的水利工程爭議，除了要在政策網絡上讓在地居民、社會運動者能與政策制定者有平等的協商機制，並讓地方居民的在地知識能在水利設施中規劃過程中被納入專業者規劃之外，更需要把在地居民的邊界生活經驗納入思考，才能有效地建立一個開放且可持續的治理機制。本研究將以金門越域引水工程為例，一方面分析國家的邊界治理模式如何影響金門的水資源治理機制，從而造成金門水資源短缺的困境；另一方面，本研究也將指出邊界並非地圖上的一紙協議，而是許多物件、政策所組裝而成的實踐過程，進而分析金門縣政府在多方協商解決水資源治理困境的過程中，如何影響了國家的邊界治理。

金門一直有水資源不足的問題，加上長年受到降雨量不足、水庫優養化、海水淡化成本過高等限制，地下水超抽問題日漸嚴重，造成自然環境更大傷害，也影響其永續發展。為此，經濟部水利署在 2000 年完成「金馬地區與大陸通水之影響評估與規劃報告」，試圖探求從中國福建省越域引水解決金門水資源短缺的可能性，並在 2003 年補助金門縣政府完成先期規劃，金門縣自來水廠也從 2005 年開始逐步完成相關環境調查與工程規劃。如圖一示意圖所示，整個工程預計在福建泉州匯集西溪水源到金雞橋閘後，經晉江供水系統導入龍湖，福建供水公司將在龍湖設置抽水站，並建造約十公里長的輸水專管，送水至丙洲出海銜接十七公里長的海底管線到金門田埔，管線上岸後，會將引水導入田埔水庫西北側新建可蓄水十五萬立方公尺的受水池，再將原水輸送到淨水場處理使用。泉州陸上引水工程由中方負責，海上到金門陸上受水池，由金門設計、發包、施工及維護管理。按金門水廠與福建供水有限公司所簽訂之契約，契約期限為三十年，總經費 13.5 億元，引水工期約二年，預定每度原水水價新台幣 9.86 元。金門自來水廠向大陸購水量為前三年每日 1.5 萬噸、第四至六年每日 2 萬噸、第七至九年每日 2.5 萬噸、第十年以後每日 3.4 萬噸，預計將佔金門每日用水量的三分之一。

雖然，相較同時期的曾文水庫荖濃溪越域引水工程計畫需要貫穿玉山和阿里山山脈興建引水隧道，金門的越域引水工程在工程技術上只需要興建連結福建沿海與金門本島的海底管線，但實際上這工程直到 2014 年才由行政院核定通過提案，2015 年動

圖 8-1　金門自中國引水示意圖

資料來源：金門縣政府，2018。

工，並在 2018 年正式啟用。而從 2000 年提案到 2018 年啟用這十幾年間，金門越域引水工程也引起許多質疑。尤其是金門縣政府從 2002 年以來在觀光政策與土地開發上許多與生態治理、永續發展背道而馳的經濟發展策略，都削弱了從福建引水的正當性，更是反對者質疑引水工程是否必要的主要因素（江和 2017）。除了環境面向的質疑，金門做為戰爭前線特殊的地緣政治位置更讓這越域引水工程從一開始就面對關於國家主權治理的質疑（呂苡榕 2018；朱淑娟 2018）。

因此，本研究關心的問題是：金門供水網絡（water supply network）的轉變呈現出什麼樣的邊界島嶼特有的邊界實踐經驗？國家如何藉著水資源治理將金門從離島轉化成前線？金門縣政府又如何利用邊界經驗回應水資源短缺的治理失誤？

在接下來的章節裡，筆者首先會整理水利設施與邊界政治的相關研究，指出水利設施不只是技術網絡的建立，也是領域化的「邊界實踐」。接著，筆者會說明本論文的研究設計。然後，筆者會將金門邊界治理與水資源治理之間的相互影響分成 1950 年代

到 1990 年代的「水庫建設」時期以及 2000 年後的「水管政治」兩個時期，前者是國家為了邊界治理主導了水利設施的興建過程，後者則是水資源治理鬆動了國家在邊界治理中的主導權。最後，筆者將說明研究金門案例對於臺灣民主治理研究的重要性。

貳、水利設施的領域化與邊界實踐

　　「領域」（territory）是政治地理學重要的分析概念，研究者關心的是國家如何藉由控制土地（land）、領土（terrain）維持領域內該政權的主權統治（Elden 2010）。領域作為一種政治技術（political technology），「測量」（measurement）與「控制」（control）僅僅是為統治者創造出也藉著調查、繪製地圖、統計數字等清晰可讀（legible）的可掌控的領土（Scott 1998），但更應注意的是如何藉著人與非人在日常生活的實作裡生產領域（洪伯邑、許純鎰 2017）。

　　國家如何藉著控制境內水資源分配模式以生產統治領域就是最好的例子。從遠古以來，水的供應就一直是國家權力組成很重要的一部分。作為一種政治地轉變力量，水資源連結了農業生產過程裡的兩個極端：一邊是無法改變的自然條件（例如區域氣候狀況），另一邊是可以形塑改變的自然環境（例如土壤與植被），而國家透過對水資源的控制，一方面獲取自然資源以促進經濟發展，另一方面也得以從社會中擷取權力（Worster 1992; Reisner 1993; Wehr, 2004; Swyngedouw 2007; Wester 2008; Molle, Mollinga, and Wester 2009）。國家與其水資源控制機制之間的關係形成了 Wittfogel（1957）所謂的水利國家（hydraulic state），因為水這種體積龐大的生產要素，創造出一個需要大規模勞動力才能解決的技術任務，而這需要一個強大、垂直、集中的國家權力中心來調度資源與勞動力，因此東方專制主義（oriental despotism）強大的官僚體制就是建立在統治領域內龐大的灌溉工程上。Worster（1992）更進一步地以美國西部的近代灌溉工程發展經驗指出，農業資本家在參與美國政府所推動的西部大開發過程中得利於以科學家與工程師所組成的水利官僚，後者實現複雜的專業知識、水利工程與控制能力以控制自然的河流環境，甘心樂意地為前者服務，從而建構出一種新型態的資本主義國家生產模式。到了 1920 年代，隨著工業與都市用水需求日增，水

利建設的規模也日益龐大，水庫等基礎設施也被視為「國家現代化」的象徵，這時期的國家與資本家不但投入水務網絡工程的建設讓水務管理走向集中化（Bakker 2010），英美等西方國家更藉著對外輸出「大壩興建技術」與「建設基金」一方面鞏固地緣政治的外交關係，另一方面躲避本國境內的金融危機（Kaika 2006）。因此，這個將水資源從「供水區」透過水利基礎設施被導引到「受水區」以滿足後者經濟發展與生態環境的新陳代謝過程，既不是環境中性，也不是一個中性的社會政治過程，而是一個「社會—物理」的構造物。一方面，都市與自然透過水資源代謝—生態（metabolic-ecological）過程的結合而被組織起來，另一方面，水利國家也在水資源調度過程中生產其統治領域（Swyngedouw 2004）。

　　然而，領域的意義和實際意涵乃是取決於「邊界」（border）的意義與生產，因為沒有邊界的分隔，我們就不可能規範民族國家領土同外部世界的交流，並保護領土免於混亂和人力、物質資源的浪費（Raffestin 1992）。現代意義的邊界研究最早可追溯到十九世紀末 Friedrich Ratzel 對 Lebensraum「生存空間」的討論及 George Curzon 圍繞帝國邊疆的思考，該時期的邊界研究直接受到殖民帝國之間領域劃定的影響，認為政治的帝國邊界為應與自然的地理界線有一個明確的重合，邊界往往被視為國家之間靜態的、穩定的界線，是國家領土權力「結束」的地方（Newman 2011; Paasi 2012）。這種國家主權—領土—人口三位一體的邊界思維，即使到了第二次世界大戰後強調穩定的、向心的邊界治理，仍舊是以從地緣政治（geopolitics）的角度出發，以確認主權國家地理界線為目標。但如同領域是被社會生產的，邊界也從不是地理決定的，而是被不同的行動者在不同的制度性和偶然性的實踐中不斷地重構和解構。進一步地說，「領域」與「邊界」的生產往往是相互連動、同時發生的。以洪伯邑、許純鎰（2017）所研究的泰北邊境為例，1960 年代的山區無政府狀態使得北部山林領土不過是看得到卻控制不了的「地圖假象」（cartographic illusion），直等到臺泰農業計畫中茶產業的生產落地，才讓泰北山林真正「領域化」（territorilization）地成為受泰國政府管轄、掌控的領土，也讓泰北與周邊國家之間的邊界有實際的、固化的「領域效應」（territory effect）。而 Alvarez（2019）對美國與墨西哥邊界的研究則指出，在這長達 3,141 公里的邊界上，除了有層層疊疊的哨所、檢查站時刻查驗人群與貨品的流動，還有國際邊界和水委員會（IBWC）與水壩設施分配著科羅拉多河和

格蘭德河流域的水資源，從而灌溉兩國境內的農業生產，但氣候變遷的異常乾旱卻讓兩國之間時常因分水不均而起爭端。因此，邊界及其環境是社會與政治的「構造物」（constructions），是人為干預的產物，既是民族國家對領域的統治信念，也帶有環境工具主義的想法（Alvarez 2019）。

雖然，當代人群、貨物的高速流動已逼使地理學者重新思考過去靜態的、劃定邊界、視為理所當然的領域概念（Delaney 2005），但這並不意味著「無邊界」或「去邊界」，因為各個國家在促進貨物、人和資本的跨境流動和日益融入、依賴於全球經濟競爭的同時，仍希望保持國家安全和對國家邊界的控制，甚至藉著科技應用發展出更為複雜的、個體化的邊界控制機制，不但邊界所承載的安全功能開始廣泛地在比如機場、車站、海關、物流系統等非邊境地區展開，邊界的管控者也包括除了國家以外的貿易鏈、供應商、跨國企業與技術專業者（Amoore 2006; Chalfin 2010; Cowen 2010）。Vaughan-Williams（2012）敏銳地捕捉到這一從固定領土向人口流動的轉向，認為邊界功能不再聚焦於我者與他者的絕對區隔，而是關注潛在風險的篩選、評估和預判，他因此提出邊界研究重點應從「地緣政治」轉向「生命政治」（bio-politics）。

事實上，因著邊界的複雜性和差異性不斷增加，邊界研究的興趣已逐漸從早期對領土界線和政治體制分野的關注，轉向把邊界視為複雜的社會文化實踐，以便對邊界過程獲得了更多的理解（Vaughan-Williams 2012）。更重要的是，邊界雖然與國家相關，卻不能完全等同於「國界」（national boubdaries），否則我們就會落入 Agnew（1994）所說的「領域陷阱」（territorial trap），將「領域國家視為先存於社會，而且是社會的容器。結果，社會成為一個國族現象」，造成研究者只看到民族國家之間的衝突，卻沒有看到其他面向的動態現況。Rumford（2012）因此認為，邊界研究者應該放棄排外的民族國家框架，轉為用「邊界的視角」來理解邊界的生成過程與政治效應，將國家和邊界分開來對參與「邊界作用」的行動者和場所進行概念化。例如，Chalfin（2010）就沒有將加納邊界看作是民族國家整體性的一部分，而是看作是由「眾多特別主權」所構成的馬賽克，包括海關職能的外包、「海關產業」（custom industry）的出現、海關管理系統成為一種「國家品牌」（national branding），都使得加納海關作為邊界不再是整體的國家主權的一部分，而是在私人力量（海關產業）和國際力量（國家品牌）影響下被不同主體所分享。

回到金門，有許多關於金門的邊界研究都是對上述「邊界視角」的回應。例如，張梨慧（2008）對於金門小三通後觀光發展的研究，指出了邊界觀光雖然吸引臺灣、中國兩邊的旅客，但國家邊界基於安全控管而難以穿透的特性，卻讓實際的觀光效應與在地人所期待的觀光經濟有所落差。而游智凱（2014）則從金門高粱在旅遊消費的銷量增長中，指出生產者如何將高粱的特殊風味與金門特有邊界歷史結合起來，並且在面對臺灣與中國遊客時同時展現「冷戰時期的戰地金門」與「穿梭兩岸的臺灣金門」兩種消費意涵。最後，盧怡文（2017）對於金門貢糖的研究，則指出當金門本地生產的花生無法滿足貢糖此一旅遊伴手禮生產所需時，業者如何在國家食品安全的邊界管制與金門在地技藝的生產論述中，找到一個彈性的平衡點。這些研究翻轉了邊界與國家之間的關係，讓邊界不再是國土的終點，反而是能看穿國家統治技術的起點。更重要的是，這些研究也指出金門作為「邊界島嶼」（border island）的特殊性：雖然在歷史上因為國防安全而發展受限、在空間上存在著國家區域發展不均等、在政策上被挹注消極的殘補式資源，但正因為與主權本島保持距離，其在邊界實踐上反而顯得非常的彈性，訴諸一種相對積極的地方發展策略（張梨慧 2008；盧怡文 2017）。

基於上述的理論反省，本研究企圖將領域生產、邊界治理等政治地理學觀點帶入水資源治理研究中，以金門越域引水工程為切入點，循以下三個關鍵問題，分析金門供水網絡的形成、困境與邊界實踐。

首先，本研究將分析「水利基礎設施」（water infrastructure）在領域生產過程中的複雜性與偶然性。為了將水資源從甲地運往乙地，水庫、水管、監測站，這些基礎設施並非單純的科技產物，而是捲入了都市功能、社會交流與認同塑造的「社會技術複合體」（sociotechnical assemblage），不僅通過特定社會技術配置，供應和分配各種必需品，本身還具有象徵力量、社會選擇和美學性質可以塑造都市經驗與社會認同（Amin 2014）。從這角度來看，研究者應該更多地注意物質建設在國族建造（nation-building）中的重要性，而非僅僅關注抽象的文化共享（Usher 2018）。在金門供水網絡的變化中，我們一方面可以看到水庫建設如何有助於國家在戰後駐軍時期生產統治領域，另一方面也可以看到水資源短缺如何挑戰國家的治理權威，從而促成鬆動國家邊界治理模式的越域引水工程。

其次，本研究將採「地緣政治組裝」（geopolitical assemblages）的觀點，強調

物質性（materiality）在外交關係中的核心地位（Dittmer, 2017）。以新馬關係為例，過去以「水供條約」建立外交關係的新加坡與馬來西亞，在新加坡憑藉著海水淡化技術的進步得以供應國內所需的水資源後，便能夠擺脫馬來西亞過往以水資源要脅經濟合作的邊界政治（Usher 2018）。至於在 1960 年代之後放棄建設自身水供系統的香港，也因為轉而從廣東東江引水，改變了兩地的邊界關係，因此更加依賴中國（Lee2014）。這些例子都證明了生態流動和資源分配網絡在地緣政治組裝中的重要性，而且，比起法律協作，自然資源更能微妙地牽動國家之間的互動關係與邊界政治。本文將從在金門越域引水工程的推動過程中指出，水資源治理所牽動的邊界治理其實是一環扣一環，真實的邊界實踐並不是國家協議下的行政邊界，而是由數字、檢查站、蓄水池等微小的物理設施所構成的異質網絡，而其所造成的政治效應，並不亞於水壩、運河等大型水利設施。

　　最後，透過將「邊界島嶼」的政治特性帶入水資源治理的討論中，本研究試圖理解不同行動者在面對經濟快速擴張造成自然資源掠奪耗竭的「治理失誤」（governance failure）時，如何串連、回應與動員。例如，Perreault（2005）以 2002 年波利維亞政府計劃出售水權於跨國企業時所引發的農民抗爭為例，分析了在水治理的尺度政治（scalar politics）中，農民如何透過全國的串連（networking）來對抗國家由上到下的新自由主義政策，一方面在論述上將水資源再次定義為公共財（與國家提出的商品化論述相對），另方面也因為保全了灌溉水權而確保了各地方原有的生活方式。而 Norman 與 Bakker（2009）的文章則以美加邊境的經驗指出，雖然地方政府在水治理的角色越來越重要，但因為現實的治理行為是受到資金、人力、談判所限制的，而國家原有的制度權力在這些執行的細節中無所不在，因此地方的參與並不能被視為單純的「賦權」（empowerment）。本研究認為，金門縣政府在越域引水的工程推動過程中，其實是靈活地操作《離島建設條例》的自主權來回應各方質疑，使金門有機會因其特殊的地緣位置而成為主權實驗的隔離場域，先行實驗著與統治政府不同的政策（張梨慧，2008）。

參、研究設計

本研究資料來源分成田野訪談與文獻資料兩種。筆者首先在 2015 年越域引水工程核定動工前，整理相關新聞報導，從中理出金門當地重要行動者，並前往金門針對這些重要行動者進行訪談。這 10 位受訪者包括金門水廠廠長、金門縣政府工務局、環保局等官員以了解金門水資源開發的歷史過程與政策規劃，以及金門環保記者、NGO 與地方文史工作者以瞭解在地居民對於引水工程的看法（訪談大綱請參考附錄）。結束現地訪談後，筆者接著開始針對個案相關文獻與文件資料進行分析，這些資料包括經濟部水利署策略檢討評估、立法院公報，一方面從策略檢討評估的文字紀錄中了解工程內容的細部說明、環境影響評估，以及兩岸相關行動者的參訪與會議節錄。另一方面，筆者也從整理立法院公報中關於金門水資源議題的質詢紀錄、聽證會議中，爬梳中央政府與金門縣政府之間對水資源治理與邊界治理的立場差異。最後，2018 年工程完工後，筆者又再次前往金門，實地探勘工程現地狀況，也訪問負責工程進行的金門水廠相關人員。

在資料分析上，本研究以金門從 1950 年代軍管時期以來的供水網絡的成形、困境與轉型為主軸，將水利基礎設施視為關乎都市功能、社會交流與認同塑造的「社會技術複合體」，其是由與水資源治理相關的水利工程、水利設施，以及與邊界治理相關的領域效應、邊界實踐四個面向所組裝而成。藉著整理前述文獻資料以及訪談資料為佐證，本研究將金門的供水網絡模式分成 1950 年代到 1990 年代的「水庫建設」與 2000 年以降的「水管政治」兩個時期，並分析水資源治理與邊界治理之間如何相互影響。

不過，受限於研究經費，筆者在研究期間未訪問中國方面相關行動者（例如福建省水利投資開發集團、福建省水利廳），只能以金門當地訪談為主，輔以中方人士在相關報導上的發言紀錄。因此本研究僅能分析金門當地邊界實踐的經驗，此為本研究之限制。

肆、1950年代到1990年代的「水庫時期」：金門水利設施的領域化

金門雨季集中在五到八月，雖然傳統聚落居民是以農耕為主要的經濟活動，但其賴以維生的土壤與水源在元朝之後卻隨著林木開發貿易而逐漸流失，因此傳統金門用水的取得主要靠掘井。在沒有地下水文資訊的那個年代，聚落村民對掘井地點的選擇只能憑藉各自經驗，多半會選擇在較低窪處開掘，但仍有水質好壞與水量充足與否的差別。對聚落村民來說，日常生活是離不開水井的，不但田間的農井或聚落的水井隨處可見，水井更與聚落居民的生活息息相關（許正平、王怡超 2011）。

1949 年冬天，國民政府內戰失利，退守臺灣，十萬大軍進駐金門島打造戰地前線。為了因應戰爭的緊急狀態，金門防衛司令部裁撤自 1915 年設立的金門縣政府，改立「軍事管制區」，並將金門島區分為金東、金西、烈嶼區，以統合軍事與民政事務（陳琳 2015）。國軍為應戰地需求，積極造林、綠化金門。1952 年經濟部為輔導前線經建工作，成立金門技術小組，輔導金、馬兩地區農林、水利、漁牧、工、礦等經建開發事宜。1953 年 4 月農復會組金門、馬祖補助計畫審議小組至金門實地考察，就當前需要生產重點與配合，進行分析研究，判定廣泛而遠程性完整計畫，其中造林、水利具體原則決定：

1. 造林育苗，應為當務之急，藉能防風定沙，涵養水源，供應薪材、改良土壤，以為農業建設之始基。
2. 水利與灌溉設施為農業增產之先決條件，應舉辦氣象測候、土壤分析以及雨量、水文與地形調查，以為水源發展規劃依據。

1954 年農復會開始逐年補助金門大量開鑿淺水井。1956 年始，後來恢復的金門縣政府亦推動一村一塘工程，並在同年 5 月成立金門縣林務所。然而，1956 年六月，金門防衛司令部依據《戒嚴法》頒布〈金門、馬祖地區戰地政務實驗辦法〉，以戰地政務委員會作為戰地最高行政決策機關，統轄後來恢復的金門縣政府及縣屬各單位，開始長達四十多年的軍事統治（陳琳，2015）。在戰地政務下，軍派縣長無議會之監督，雖然縣政府是名義上地方事務管理者，但實際的執政權力卻是掌握在金門防

衛司令部司令手上，其所要管理的除了軍事外，也得顧及地方經濟的發展，因此植栽造林、復育農村、耕種高粱、保價收購、釀酒販售的經濟模式也是在這時期所建立起來的。只是，隨著駐軍人數增加、農耕面積增加，對於水資源的需求也日漸提高，因此 1961 年 10 月經濟部金門技術小組配合美援政策，研擬金門第一期四年經濟建設計畫，重點為克服天旱，以興建水利為先（鑿深井、淺井）。次年水土保持站成立，執行水土保持工作，計有平臺階段、防風林、道路邊溝、蓄水式田埂、防風草、農塘及蝕溝控制等項目。1966 年 4 月成立金門縣自來水廠，同年 9 月實施農地重劃，開發水利，鑿井、挖塘、築埤。當時，金門縣政府把普及供水列為第一要務，以自來水廠為主體，派出鑿井隊抽取地下水。

「剛開始是在民國 54 年，54 年就是我們以前都沒有自來水嘛，就蔣公來巡視金門，指示說要開鑿井來供水，剛開始從金城開始供水，就兩口深水井嘛，兩口深水井來供城區用水，也沒有多少戶。……一小撮、一個村、那個城市而已的一個地方供水，後來就慢慢慢慢一直普及普及，普及到後來才在以前都有住的那個阿兵哥，金門是開鑿水庫，就從太湖啦、水庫啦，慢慢慢慢挖開水庫，蓄水，後來才導致全面的供水這樣。」（151202W）

然而，因為金門屬花崗岩地質，因此在鑿井上遇到不少問題。而且雖然島嶼面積不大，但因為地質複雜，因此各地區打上來的水質也不穩定。

「因為我們的酒是靠這個西半島地下水，因為這個地下水他是紅土層覆蓋，他的 PH 值是比較偏酸，大概 4、5 左右，比較偏酸，他偏酸的部分但是他卻很甘甜，可以嘗到他確實是很甘甜。... 我們這次在東半島也打遍了水井，大概也沒有什麼水，也沒有，他覆蓋層也不厚，所以也沒有什麼。... 在舊機場這一帶，都是淺層水，淺層地下水，但是那邊的狀況是說鐵錳含量蠻高的，鐵離子跟錳離子含量蠻高的。所以，他的水出來以後氧化就變成了紅的黑的，二氧化錳跟三氧化二鐵，所以他經過一些處理來用。早期在山外這邊，在東半島、沙美這邊，大概的水的狀況都是這樣，他是用曝氣處理，然後去把這些水過濾以後再拿來用。」（151204P）

　　我們可以從圖二一的地下水井分佈圖看到金門地區布滿了水井，這些水井有的是水廠抽水所用，有的則是提供農業與家用，而當中也有作為工業用水的水井。不過，要以水井供應軍隊與民生用水並不容易，因此自來水廠後試圖以興建水壩蓄水。但受限於金門的地形，無法在溪流上游建設大型水庫蓄水，只能在下游臨海處建設小型水庫，卻也面臨著海水倒灌的威脅。

「我們金門的水庫有一個很大的缺點就是說所有的水庫距離，只有少數幾個譬如說瓊林水庫或者是擎天水庫距離海岸是比較遠的，其他幾乎都是在海旁邊啦，譬如說金湖水庫、金沙水庫旁邊就是海了。那金沙水庫的水位又特別，就是說他的庫堤的水平面又很低，那剛才講到的那個的問題，那整個海水就是整個這一兩年倒灌的很嚴重啊，真的這一兩年倒灌，而且我覺得這個狀況只會越來越嚴重。」（151202R）

圖 8-2　金門地區地下水井分佈圖

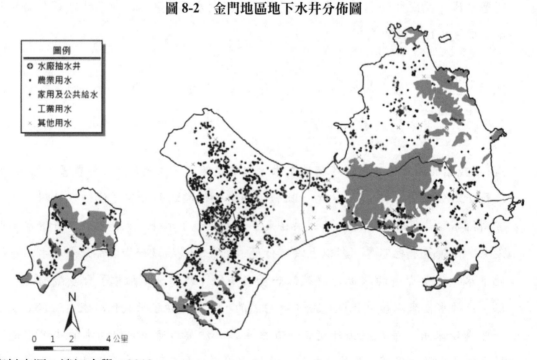

資料來源：淡江大學，2013。

從 1976 年到 1983 年，榮湖、太湖、金寧、田埔、西湖給水系陸續統完成供水，全島 155 自然村已全面普及供水，但由於金門島地形地質環境島東島西差異甚大，金門的供水系統呈現島東與島西兩種不同方式。對照圖三的地面蓄水設施位置圖，我們會發現大多數的湖庫、農塘都是位在島東，而島西則分布著非常密集的地下水井。

「所以你說太湖啦、然後榮湖啦、田埔，還有一個擎天水庫在太武山裡頭，這些部分把他蓄水，都在河川出海口，大部分這邊在下游處蓄水，蓄了這些水就變成說東半島就靠湖庫水，西半島靠地下水。」（151204P）

但是，受限於庫區位置，這些小型水庫一直面臨著水源污染的威脅。這主要是因為聚落村民在種植農作時所使用的農藥會滲入地下水層，而畜牧牛羊的糞便又會逕流入庫區上游，但是縣政府又不可能規劃水源保護區。

「因為我們不可能說你在這個湖庫上面劃水質水量保護區，那老百姓不就要跳海了嗎？他又要生存，你又要顧到人民的經濟活動跟生活，不能夠衝突，你又要能夠讓你的水資源要能夠使用。」（151204P）

因此，金門雖然在大規模駐軍下建立了現代化的自來水供水系統，但其供水環境卻面臨著環境污染的威脅。只是在軍管時期封閉的島嶼經濟結構下，地方政府無力也無心限制當地民眾的用水方式與耕作型態，而這也埋下後來水源污染的危機。

在《前線島嶼：冷戰下的金門》一書中，宋怡明（2006）將冷戰時期的金門視為一種「例外狀態」，指出戒嚴時期的戰地政務體制是國府意圖強調金門在軍事、意識形態上的邊界位置。國家藉著駐軍將金門轉化成為前線固然是其統治權力最直接的展現，但更重要的領域化過程則是在軍管時期常態化的統治模式。本研究從水資源治理的角度切入，將 1950 年代到 1990 年代這段時期稱之為「水庫建設」時期，指出中央政府與金門司令部以水庫為基礎，藉著水井、水管、淨水場等水利設施的興建，一方面建立起軍事國防所需要的自來水供水系統，另一方面也藉著鑿井小隊測量土地、造

圖8-3　金門地區地面蓄水設施位置圖

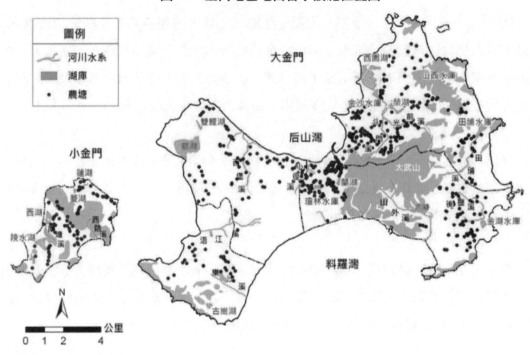

資料來源：淡江大學，2013。

林育種轉化地力、灌溉設施介入農作，一步步將統治權力滲入金門的地方社會，最後將金門從國家統治領域之外的海上離島「領域化」地成為受國家管轄、掌控的戰爭前線，也讓金門與中國之間的邊界有了實際的、固化的「領域效應」。

伍、2000年代以降的「水管時期」：越域引水工程的邊界實踐

1992 年 11 月 1 日，金門解除戰地政務，並在 1993 年與臺灣本島各縣市同日辦理第一屆縣長及縣議員選舉，重新開啟地方自治，政務管理回歸民選縣府。雖然中央政府口頭宣示要協助金門發展離島觀光的規劃，以解決金門縣民人均所得偏低，以及駐軍逐年減少後的地方經濟問題，但一直要到 2000 年《離島建設條例》通過後，中央政府對於離島在水電費用、公共教育上的補助才確定下來，對於離島的觀光發展方

式也有不同的規劃方向，而地方政府的角色也開始日趨重要（顏子傑 2011）。2000 年底，行政院根據《離島建設條例》通過《試辦金門馬祖與大陸地區通航實施辦法》，以作為小三通的管理依據。並於 2001 年 1 月 1 日開始實施，定點定時的貨客運通航。目前有「金門—廈門」、「馬祖—馬尾」、「金門—泉州」的小三通固定航班。小三通之後，金門旅遊人次逐年增加，金門縣政府也將金門定位為臺灣與中國之間來往的「門戶」（gateway），並在這樣的空間想像上規劃觀光政策與經濟政策，試圖在頻繁地人流物流中謀求新的發展方向。

一、邊界觀光牽動用水危機

當然，新的經濟規劃仍需面對金門用水不足的問題，開放小三通後的邊界觀光人潮也提高了用水需求，而金門居高不下的漏水率則讓吃緊的用水雪上加霜。在自來水廠供水來源上，地下水在金門自來水廠供水來源中的重要性從 2004 年後就逐漸超過湖庫水（參圖四三）。這主要是因為湖庫優養化後，水廠必須使用薄膜來淨化水質，卻在濾水過程中耗損更多原水。

> 「就是說親水性的有機物含量的話，大概在那七成左右，所以這東西用傳統的處理流程是式處理不了的。像我們太湖就是變成現在這樣子，當然太湖本身來講，從混凝層面到快濾，到後面的還加了慢濾，我們就加了慢濾。...除了慢濾池，到最後我們是加了所謂的薄膜處理。薄膜處理我們大概用了所謂的超膜跟奈米膜，沒有用所謂的，像榮湖淨水場的用的是逆滲透 RO，那個幾乎是純水了，但是那個耗損量也變大的，因為好比說三千噸的，你處理兩千噸出來的逆滲透水，大概你要消耗掉一千噸。大概三分之二產出，三分之一丟掉了。」（151204P）

當然，這樣的處理方式讓水廠淨水成本常年居高不下，而這虧損的部分最後則是依《離島建設條例》中的規定，由中央的水利署補助。

> 「因為我們現在是水質真的不好啦，不然我們處理成本就要加高嘛，就用那個 RO

膜去過濾，把他氨氮啊把這個把他過濾掉，做出來的水說是標準，但成本我們每度水要高達五十幾塊、五十八塊。但我們才賣十幾塊啊。（可是一度水，這樣每度都是虧本？）都虧啊，一年要虧一億兩億。（那這樣虧的部分的預算是？）有專案補助啊。像《離島建設條例》第十四條，他就說那離島用水用電的水價比照臺灣嘛。那合理的虧損就由中央主管單位編的預算補助之。所以現在合理的虧損我們就每年就找中央要啊。」（151202W）

　　雖然，金門在 1995 年設立海水淡化廠，嘗試建立多元供水模式，但因為海水淡化過程耗電量大，而金門電廠的燃煤多由臺灣運送，導致海水淡化成本過高。更重要的是，因為規劃不當，金門海水淡化廠一直面臨著水質不良的問題，產量也隨著機具老化而減少。

　　「海水淡化廠我們是有啦，但規模不大，我們太湖還有、因為我們原水濁度比較高，就是比較高……大概在料羅這邊抽，抽到太湖去處理。但是因為很容易阻塞掉，原水水質濁度很高，因為九龍江過來，他們水質就很急，因為濁度高的話我們那膜很容易阻塞嘛，那損壞的機率是蠻高的。海水淡化廠在金門是效果是不很好。」（151202W）

　　因此，地下水在金門用水結構中的角色越來越重要，到了 2012 年甚至佔到金門水廠供水來源的 57%，然而這還僅僅統計了水廠深水井的抽取數字，有更多的灌溉用水也是抽取地下水，但水廠卻難以掌握確切的數字，只能監測地下水位的下降速度。

　　「灌溉水因為湖庫池塘很小嘛，那他們需要大量用水的話，是不足的。就他們到縣政府去申請水權，我們可以開鑿深水井，他們沒有流量計，核准你開井以後，就有管制，就隨他抽多少水也沒有一個統計表，大量的話他們是二十四小時這樣抽。」（151202W）

　　不只農民灌溉農地時抽取地下水，隨著觀光發展，許多新建的觀光飯店也自鑿水

井抽取地下水，金門地下水超抽的問題就越來越嚴重，水質鹽化的問題也成為棘手難題。

　　正是在這樣的用水危機下，再加上 1995 年初金門大旱，自 1994 年 9 月至 1995 年 1 月累積降雨量僅 54.3 公釐，遠低於歷年同期平均值 251.4 公釐，該年多座湖庫幾近乾涸。雖然經濟部為疏解旱象啟動海軍艦艇載水計畫自臺灣送水支援，然而該計畫僅經單次作業即因每噸成本高達 700 餘元而停止。從中國越域引水以解金門用水危機的提議因此浮上檯面。

二、引水規劃引發邊界爭議

　　2000 年，臺灣經濟部水利署為因應小三通業務推動後之水資源需求，乃著手評估自境外引水政策，完成「金馬地區與大陸通水之影響評估與規劃報告」。2001 年 12

圖8-4　金門自來水廠水源出水量分析（單位：公噸）

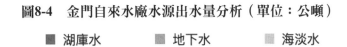

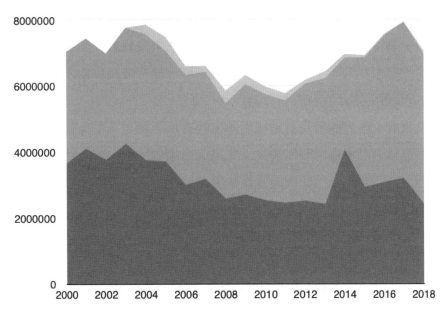

資料來源：金門縣自來水廠統計年報，2001~2019。

月第三屆民選縣長李炷烽在政見中希望中央政府能評估從福建通水計畫可行性。2002年8月，縣府籌擬金門與大陸通水先期規劃爭取經濟部補助預算，獲經濟部水資源協調會報第10次會議決議辦理，其經費由「金門地區水質源整體開發計畫」支應，委託顧問公司進行規劃。只是，依陸委會2002年7月函復金門縣政府之政策原則，這份研究是定位為學術性研究。特別是行政院游院長於2002年11月6日行政院2811次院會上聽取水利署提報「臺灣地區供水情形分析報告」時曾指示：「金、馬地區有缺水，不得再向大陸運水之情事發生，中央要設法解決」(張忠民2005)。因此，在2003年10月的答覆意見上，審查委員認為金門縣政府主張在完全由中國供水情況下，金門地區用水量將有67%由中國引水供應，似與行政院揭示之自給自足原則相違背，若基於政策考量，現階段金門縣政府辦理之「金門地區水資源整體開發計畫」其於修正計畫所刪除之相關截水系統工程及海淡廠二期工程等部分，似可納入縣府另案委辦之「金門地區水資源運用檢討第二期計畫」再作評估，以提高金門地區自有水源，算是否絕了這項提案。當然，以自有水源為主的水資源治理模式讓水廠必須使用薄膜來淨化優養化後的湖庫水，也在濾水過程中耗損更多原水，造成淨水成本常年居高不下，而這虧損的部分最後則是依《離島建設條例》中的規定，由中央的水利署補助。另一方面，面對中央反對從中國引水，金門縣政府的反制之道是透過金門縣籍的立法委員2004年在立法院以「考量臺灣省各縣市並無自設自來水事業，亦非屬縣市地方自治事項」為由，提案要求不支持從中國引水的中央政府乾脆將金門縣自來水廠併入中央的臺灣自來水公司，以方便中央一體管理，提升離島供水水質（立法院公報2004），不過這合併方案一直沒有執行過。

除了中央政府，地方團體也對越域引水工程有所質疑，一是來自國土安全，認為向中國引水將造成金門水資源受制於人；二是來自環境治理，認為比起直接以引水來解決水資源不足的問題，金門縣政府應該先妥善處理目前水資源治理的問題。當地環保記者在受訪中表示：

「我個人其實不反對買水，但是呢，我們能夠把我們自己提升跟做好的為什麼不先做？要去做後端的這個事情，最不得已的一個手段對不對，我覺得這是不妥的。你很奇怪你前面的集水政策跟所謂的儲水政策，集水跟儲水都不對，然後你後端來做

這個，會好嗎？永遠都沒辦法改善啊，水質永遠都沒辦法。因為你水會髒，為什麼？因為水流沒植被的過濾，你就直接下到湖庫嘛，對不對？都沖下去。你一定是泥沙很多嘛，然後再來是你汙水系統除的不好，你磷氮高，磷氮高的話就很容易產生優養化，優養化就會有微囊藻、就會有綠藻，這些會產生一些毒素，然後你後端再花很多錢去處理這些毒素，那不是本末倒置嗎？」（151202R）

面對地方團體的質疑，金門縣政府相關人員主要是從「工程技術」的層面來確保從福建晉江山美水庫調來的原水沒有安全問題。

「聽清楚、這道水從進來到出去是 isolate，是獨立的系統對不對？他有沒有跟我們的自來水體混合？沒有。那水公司跟環保單位在現在水的安全性在講，我們沒有接大陸水也一樣喔，我們現在就這樣做，因為《飲用水管理條例》有規定，環保單位有一個《飲用水管理條例》，他管兩個東西，一個是飲用水的水源，你要拿來做飲用水對不對？水源，有個水質。還有，你處理完以後要給老百姓的飲用水本身的水質，飲用水水源水質，一個飲用水水質。他要自主檢測，環保單位會去抽測，每個月都去抽測。想當然爾，當大陸的水接過來以後，他這條 isolate 管線我會不會這樣做？我的頻率還會增加對不對？」（151202E）

其次，他們也會從「生態環境」的角度主張從福建引水對於金門本地湖庫的保養，以及地下水層的涵養都有著極大助益。

「像你如果大陸引水，107 年要正式供水嘛？107 年我們就暫時把這個深水井先把他暫時以低量運轉，保持堪用就好。然後就把他的水，慢慢的培育起來。那湖庫咧，也就不要用了，湖庫我們就把他放乾、清淤，因為裡面有什麼汙泥啦這一類的，湖底把它加深，慢慢慢慢來復育。」（151202W）

最後，對地方官員來說，引水不但無損金門對於自主水權的控制，而且能讓金門本地的供水系統作更靈活的調配。

「我今天不是光靠你，今天哪天我們兩個翻臉了，你不給我水，我以後還怎麼活啊？我現在沒有那個水不是活得好好的嗎？對不對？我只是拿你的水當什麼你知不知道？我會倒過來這樣想，我有你這個百分之三十的水量，反正到我這邊來，我用不用我的事啦，我可以先用我的水，我把你的水當戰備用水可不可以？可以啊，這就是水的調配嘛。」（151202E）

三、引水工程的邊界實踐

2008 年，臺灣出現第二次政黨輪替，國民黨執政。2008 年 3 月，金門縣政府提出「金門地區高級淨水處理設備設置計畫」報告，經水利署評估，高級淨水處理設備單位成本近 43 元 / 噸，且產水率僅約 70%。又鑑於「通水政策客觀條件之變化」，因此於同年 5 月重提「金門辦理兩岸通水計畫」，規劃自境外引水，徹底解決金門水資源欠缺及原水水質超過法規標準問題（經濟部水利署 2008）。在這份新的規劃書中，水利署認為因福建晉江流域水量充足、水質佳，不僅可滿足金門 2021 年中成長用水需求，亦可解決湖庫水質不佳問題，更可保育地下水，同時在引水期間進行湖庫水質改善措施。

從地緣政治的角度看，是兩岸政治關係的變化導致邊界治理的開放，但越域引水工程的邊界實踐過程卻更為複雜。首先，水的流動改變了原有的海關法規。因為，水利署雖然在規劃書中認為本案在工程技術實施上無較艱鉅之難度，以佈管船置放法施作即可，卻也指出本案必須考量兩岸相關法規，特別要注意以下三點：

1. 原水不經運輸工具而以「管線直接引入」，必須配和兩案貨運直航政策，修正相關法規。
2. 中國於我國領海內安裝管線涉及中資來台，亦須配合政府開放政策或會商陸委會專案許可。
3. 進口「原水」之通關，目前無專屬列號或無需依輸入食品查驗辦法之相關規定，必須由經濟部、衛生署及財政部等再行研議修正 F01 規定說明，或另行增列專屬號列並辦理公告事宜，以利海關配合執行。

　　於是，經由水利署邀請各方權責單位協調研議，以「另訂貨品號列」及「簡化通關程序」來辦理，將其號列規列 2001.90.90.10「未經澄清或淨化處理之天然水，以管線直接輸送者」處理。待解決完相關法規疑慮後，2012 年 10 月 21 日，水利署研擬的「金門地區整體供水改善綱要計畫」中，建議優先推動大陸引水。2013 年 4 月 15 日奉行政院核定。2013 年 6 月 21 日，兩岸兩會第 9 次高層會談時，提出兩岸兩會討論簽署「海基會與海協會有關解決金門用水問題的共同意見」，雙方同意依各自程序協調主管部門積極推動，共同落實相關事宜。

　　其次，工程的推動帶著市場性與偶然性。2013 年 9 月 17 日，金門縣自來水廠再與福建省供水公司在廈門進行技術商談，雙方達成水質基準、檢驗頻率、水量計量方式、海管設計規模等相關初步共識。之後又經過一年多的場勘、協調、商談，終於在 2015 年 7 月正式簽約。唯獨「水價」卻一直無法達成共識，也延後了簽約時程。雙方在 2014 年 6 月的第五次技術商談時暫定水價為人民幣 2.75 元（按當時匯率折合為新台幣 13 元），但超過行政院核定的水價範疇，幾經協商，2015 年 5 月的第七次技術商談以一度水新台幣 9.86 元的價格達成共識（按當時匯率折合為人民幣 2 元），總算是滿足兩岸高層對水價的要求與底線，旋即在 6 月的第三次工作商談中敲定簽約細節，7 月舉行簽約儀式。負責人員回憶那幾天的匯率波動時表示：

> 「那去談這個事情，總算是在行政院核定的水價範疇內。而且他們的匯率剛好那幾天比較低嘛，所以我們去談了以後，去把他定案的嘛。那否則的話，過兩天他的匯率又上來了嘛，上來很多的成本開始增加的時候，你要想再回到行政院核定的 9.98 以下的東西，就不太可能了嘛。」（151204P）

　　最後，水質監控的需求改變邊界的運作方式。在面對外界質疑水質監控的問題時，縣府官員自己也承認，在現有的政治結構下，金門水廠只能就福建供水公司所提供的檢驗報告來判斷水質，無法建立完整的環境監測體制。

> 「我想基本上喔，兩個不同的政體喔，你要去碰這種事情不太容易啦、不太容易啦。……所以你怎麼可能去干預到他的範疇，甚至他們現在目前去跟他說，你的淨

水場啊什麼東西啊,能讓我們有一些這個你操作的數據啊、相關的東西,是不是包含你的淨水流程啊,你加了什麼狀況啊,你什麼都給我們啊,嘿嘿,要不到的。」(151204P)

因此,為了解決跨域監控的問題,金門縣政府試圖以水利設施、分點檢測、城市合作三個層次的協作來架構水質監控機制。首先,在水利設施上,金門自來水廠與福建供水公司合作,確保每一段管線都是獨立管線,並在引水工程的田浦端設置新開鑿的受水調節池,把從福建引入的原水先暫時貯蓄於此,經水質檢驗無虞,才會導入田浦水庫,並經 7.06 公里的導水管系統送至新建之洋山淨水場處理。其次,在分點檢測上,金門縣自來水廠則是以「三層把關,114 項檢測」機制來確保水質。所謂三層把關,就是在晉江引水點、金門田浦接水點及洋山淨水場三處,設置即時監測系統,隨時掌握水質資訊;而 114 項檢測,則指晉江龍湖水源除需符合臺灣「飲用水水源水質標準」內的 10 項規定外,亦應滿足大陸「地表水環境水質標準」的 114 項指標,以此從嚴規範。最後,在城市合作上,地方官員也試圖在現有兩岸合作架構下,利用《離島自治條例》所賦予金門縣政府的自主權,以城市對城市的合作方式,繞過敏感的主權問題,採「認證」的方式來建立可運作的監管機制。

「只是說現在兩邊簽約是自來水公司去那邊跟他們簽工程的約。我現在談的是,以後在行政管理的部分,兩邊的合作,我們講的協定、MOU。那我不牽扯到國家,我簽城市跟城市之間的,我簽金門縣跟廈門市不行嗎?我金門縣跟泉州市不行嗎?可以啊,我報給內政部同意就好啦。」(151202E)

從結果來看,金門越域引水工程的案例印證了邊界島嶼有機會因其特殊的地緣位置而成為主權實驗的隔離場域,先行實驗著與統治政府不同的政策(張梨慧 2008;盧怡文 2017)。本研究從開放邊界觀光後的水資危機切入,將 2000 年稱之為「水管政治」時期,認為由金門縣政府開始推動的越域引水工程雖然是因為地緣政治變化下通過的政策,但海底管線與田浦受水池的興建,卻讓金門的水資源治理模式產生不同的領域效應,讓金門由軍管時期邊界固化的領域化轉型成為與外界網絡連結的「再領域

化」（re-territorialization）。本研究更進一步指出，邊界島嶼的再領域化並不意味著邊界的消失，而是意味著邊界實踐方式的改變。從田埔水庫旁的受水調節池、水管接點的水質檢測，乃至水質檢測的數據報告，甚至城市與城市之間的合作機制，這個由數字、檢查站、蓄水池等微小的物理設施所構成的異質網絡，不但是金門縣政府為了監控水質所建構的水資源治理模式，同時也是金門縣政府為了回應越域引水工程爭議，而在離島建設條例所賦予的自主權下，與國家所共同建立起一種新的邊界治理模式。不同於水庫建設時期是以「軍事國防」作為邊界實踐的邏輯，此一時期邊界實踐的邏輯實為「安全監控」，也就是不再聚焦於我者與他者的絕對區隔，而是如 Vaughan-Williams（2012）所提醒的是在關注潛在風險的篩選、評估和預判。

陸、結論

　　水資源作為一種共享資源（common-pool resources），其特性是難以排除他人利用此資源獲益，因此不同行動者的之間能否形成永續合作的治理模式至關重要，而大型水利設施的工程爭議往往就與水資源的分配模式、開發過程息息相關。從水資源治理的相關研究來看，水資源流域範圍的跨國界與否也會影響行動者的合作模式。若水資源運作範圍沒有跨國界，相關團體異質性不高，則比較容易在使用者彼此間劃定明確界線與權利義務，形成有效合作的治理模式（湯京平、黃建勳，2006）。反過來說，若是穿越數國之河流，那麼跨國合作的水管理機制通常就容易因為各個使用者之利益相距過大且缺乏更高層之監督者，而難見成效（于蕙清 2011）。然而，由於臺灣是一座島嶼，並未與其他國家土地相接，因此我們在實務上很難遇到跨界流域的水資源治理議題，更難感受到跨界流域之重要性與議題之複雜性。造成過往關於水利設施開發爭議的研究較少深入分析金門、澎湖、馬祖等離島的水資源困境，以及邊界治理與水資源治理之間的相互影響。因此，本文所研究的金門越域引水工程爭議個案，正好可以補上現有水資源治理研究的不足之處。

　　本文認為供水網絡是由水壩、水管、監測站等水利設施所組成的「社會技術複合體」，關乎都市功能、社會交流與認同塑造，因此在理解邊界島嶼的水利設施工程爭

議時，除了政策民主化、科學民主化的分析取徑外，研究者也應該分析水利設施技術在邊界島嶼的領域效應與邊界實踐。因為，倘若我們把金門水資源治理模式的轉變僅僅視為地緣政治變化下的特殊處置時，我們將不自覺地落入 Agnew 所說的「領域陷阱」，把領域國家視為先存於地方社會，造成研究者只看到民族國家之間的衝突，卻沒有看到其他面向的實踐過程，更忽略了比起法律協作，自然資源更能微妙地牽動國家之間的互動關係與邊界治理。因此，在本研究中，筆者採取「邊界的視角」來理解邊界的生成過程與政治效應，首先指出供水網絡的建立對於金門邊界治理的重要性，接著從金門越域引水工程爭議出發，分析邊界治理與水資源治理之間的相互影響。

　　首先，本研究採取「地緣政治組裝」的觀點，強調物質性在外交關係中的核心地位，因此，邊界島嶼的水利設施不只是技術網絡的建立，也是領域化的「邊界實踐」。透過回顧金門從 1950 年代軍管時期以來的供水網絡的成形、困境與轉型，筆者將金門的供水網絡分成 1950 年代到 1990 年代的「水庫建設」與 2000 年以降的「水管政治」兩個時期，並整理如表一的分期比較表。在「水庫建設」時期，國家藉著水井、水庫、淨水場等水利設施的興建，一方面建立金門全島的供水網絡，另一方面也藉著水資源治理過程中鑿井小隊測量土地、造林育種轉化地力、灌溉設施介入農作，一步步將統治權力滲入金門的地方社會。在這過程中，金門從國家統治領域之外的海上離島「領域化」地成為受國家管轄、掌控的戰爭前線，也讓金門與中國之間的邊界有了實際的、固化的「領域效應」。然而，這樣的水資源治理模式卻因為自然環境與經濟發展的限制，在 1990 年代後面臨水資源不足的問題，而國家投入重資興建的海水淡化廠也無法補齊不足的水資源需求。因此，2000 年後的「水管政治」時期主要是以金門縣政府開始推動的越域引水工程所引發供水網絡的轉型，這工程雖然是因為地緣政治變化下通過的政策，但海底管線與田埔受水池的興建，卻讓金門的水資源由軍管時期邊界固化的領域化轉型成為與外界網絡連結的「再領域化」。不過，邊界並沒有消失，邊界在縣府為了監控水質所建構的水資源治理中仍日常運作著。但不同於水庫建設時期是以「軍事國防」作為邊界實踐的邏輯，此一時期邊界實踐的邏輯實為「安全監控」，也就是不再聚焦於我者與他者的絕對區隔，而是關注潛在風險的篩選、評估和預判。

表8-1　金門供水網絡的分期比較

	1950年代～1990年代 水庫建設	2000年以降 水管政治
水利工程	自來水系統	越域引水工程
水利設施	水井、水庫、淨水場	海底管線、受水池
領域效應	領域化	去領域化
邊界實踐	軍事國防	安全監控
關鍵行動者	中央政府、金門防衛司令部	中央政府、金門縣政府、 自來水廠、福建供水公司

資料來源：本研究

　　其次，本研究也分析不同行動者在面對經濟快速擴張造成自然資源掠奪耗竭的「治理失誤」時，如何串連、回應與動員。筆者在研究中指出，開放小三通後的邊界觀光人潮提高了金門本地的用水需求，但其供水環境卻因為自然條件限制、地方治理模式而面臨著環境污染的威脅。對此，雖然中央政府一度想以海水淡化廠的興建來解決供水不足的問題，但海水淡化過程耗電量大、成本過高、水質不良、機具老化，都讓這方案無以為繼。因此，當金門縣政府提出以海底管線越域引水的方式解決供水不足的問題時，雖然在地團體試圖從國土安全、環境治理兩個面向提出質疑，卻未能根本質疑工程技術的可行性與必要性。因此，一旦金門縣政府提出從工程設計、制度合作建立水質監控機制，並且獲得中央政府在政策上的許可後，越域引水工程反而成了環境治理的基石，地方團體也因此進退失據。

　　第三，現代生活的流動性與複雜性使得「跨域治理」（cross-regional governance）成為各級政府面對公共議題時必要的政策選擇，這種跨越土地管轄權及行政區劃的合作治理可具體歸納為跨區環境政策、跨區經濟政策及跨區社會政策等三個主要政策類型（林水波、李長晏，2005）。臺灣在 2009 年國土空間發展規劃的促成下，開始朝向五個大都會區域發展前進，地方政府之間也陸續建立非正式的合作組織以作為地方民生發展議題在意見交換、研討評估上的平台，但由於這些跨域合作多半侷限於地理上的鄰近性，因此金門、馬祖、澎湖等位處海疆邊陲的離島並不在其中（劉明德、徐玉

珍 2011；李長晏 2012）。於是，即使每一個離島都必須面臨水資源有效使用、廢棄物處理等議題，但目前卻沒有島際間的整合機制來解決這類共同性的問題，加上金門、馬祖鄰近中國的廈門、福州，更讓邊界政治議題顯得複雜。然而，在金門越域引水的政策執行過程中，只要中央政府自上而下（top-down）地給予某些政策上的鬆綁與分權，金門縣政府就能自下到上（bottom-up）地靈活利用《離島建設條例》所賦予的自主權，藉著水利設施、分點檢測、城市合作三個層次的協作來架構水質監控的跨域治理模式。本研究這一過程呼應了國內研究跨域治理模式的學者所認為的，跨域治理在推動上應先從非正式互動建立合作的社會資本，再強化跨域治理的法制基礎，接著配合中央政府管制權調適與誘因機制以促成協議，最後才是進展到設置特定功能機構（曾建元 2006；劉明德、徐玉珍 2011）。

最後，本研究認為金門越域引水個案亦為邊界島嶼所共同面對的越界捕魚、盜採砂石及海漂垃圾這類海域空間的環境治理議題，提供以邊界視角為鑑的不同思路。因為，我們固然已經注意到傳統的海洋行政管理已經無法滿足海洋資源永續發展的內在要求，需要建立一個基於生態系統（Ecosystem-Based）的跨域海洋治理模式（江念慈等 2020），但倘若政府單位對於邊界治理的思考仍舊是靜態的、僵固的、我者與他者絕對區隔的，就難以從「邊界的視角」看到邊界治理模式已經轉向關注潛在風險的篩選、評估和預判，從而在環境治理上採取更為開放的、分權的跨域治理作模式。因此，希冀本研究對於金門越域引水工程爭議的分析不只是在理論上能拓寬水資源治理的分析取徑，也能在實務上對未來環境治理模式有所助益。

附錄一：深度訪談受訪者資料

日期	地點	受訪者	代表性
2015/12/02	金門水廠	水廠官員	政策規劃、工程執行
2015/12/02	金門縣環保局	環保局官員	政策規劃、府際合作
2015/12/02	金門某民宅	記者、地方文史工作者	參與金門近年環境保護運動
2015/12/03	金門水廠	水廠官員	政策規劃、工程執行
2015/12/04	金門縣政府	工務處官員	政策規劃、工程執行
2015/12/04	金門某民宅	地方文史工作者	金門民居歷史考察
2018/11/06	金門田埔水庫	水廠官員	工程執行
2018/11/06	金門縣議員服務處	金門縣議員	政策規劃、地方治理
2018/12/08	金門酒廠	酒廠業者	政策規劃

資料來源：本研究

附錄二：訪談對象編碼說明與訪談大綱

一、金門水廠官員（151202W）

- 軍管時期前後水廠角色是否有所不同？
- 金門遇過幾次大旱，過程中如何解決？
- 水廠對於地下水、海淡廠、淨水場的治理方式？
- 水廠在越域引水規劃過程中的角色為何？地方是否有反對聲音？
- 越域引水工程的技術難度？如何建立水質監控機制？

二、金門縣環保局官員（151202E）

- 金門縣政府如何在低碳島的政策下規劃水資源治理？
- 環保局在越域引水規劃過程中的角色為何？地方是否有反對聲音？
- 越域引水工程的技術難度？如何建立水質監控機制？

三、金門縣工務處官員（151204P）

- 金門的自來水供水系統是如何在軍管時期建立起來的？
- 工務處在越域引水規劃過程中的角色為何？地方是否有反對聲音？
- 越域引水工程的技術難度？如何建立水質監控機制？

四、金門環保記者（151202R）

- 金門目前的環境保護議題與水資源治理危機為何？
- 從民間社會的角度來看，越域引水工程在技術上、監理上的可能危機是？
- 社區居民越域引水規劃過程中的角色為何？

參考文獻

于蕙清，2011，〈湄公河流域跨界水域治理之評析〉，《全球政治評論》，36：115-38。

毛振泰，2020，〈離島水資源現況與未來展望〉，《國土及公共治理季刊》，8(2): 60-75。

立法院，2004，〈立法院公報第 93 卷第 31 期委員會紀錄〉，議事暨公報管理系統。http:// lci.ly.gov.tw/LyLCEW/lcivCommQry.action#pageName_searchResult=1。查閱時間：2021/11/15。

朱淑娟，2018，〈金門不能只想靠大陸引水，要證明有自籌水源能力〉，《風傳媒》，8 月 7 日。https://www.storm.mg/article/473107。查閱時間：2019/10/30。

江和，2017，〈金門水井普查：缺水隱憂、水質劣化都是自己造成〉，報導者，3 月 30 日。https://www.twreporter.org/a/kinmen-water-resoure。查閱時間：2018/5/20。

江念慈、卓正中、高瑞新，2020，〈以海域空間規劃治理金廈海域之初探性研究〉，《航運季刊》，29(3)：1-27。

呂苡榕，2015，〈福建的水，解得了金門之渴？〉，《端傳媒》，12 月 7 日。https://theinitium.com/article/20151207-taiwan-kinmen03/。查閱時間：2015/12/10。

何明修，2003。〈自主與依賴——比較反核四運動與反美濃水庫運動中的政治交換模式〉，《臺灣社會學刊》，30：1-49。

李長晏，2012，〈從空間夥伴治理觀點探析金門縣地方區域發展的提升策略〉，《空大行政學報》，23：124-152。

林水波、李長晏，2005，《跨域治理》。台中：五南圖書出版股份有限公司。

金門縣政府，2018，《兩岸通水實錄》。金門：金門縣自來水廠。

金門縣自來水廠，2001-2019，《金門縣自來水廠統計年報》。金門：金門縣自來水廠。https://water.kinmen.gov.tw/Content_List.aspx?n=303DA74EC823B9A8。查閱時間：2020/5/25。

洪伯邑、許純鎰，2017，〈從異域到茶鄉：泰國北部山林的茶業生產與臺泰農業計畫的領域效應〉，《地理學報》，84：1-29。

范玫芳，2012，〈從環境正義觀點探討曾文水庫越域引水工程計畫〉，《臺灣政治學刊》，16(2)：117-73。

陳琳，2015，《煉金術——金門戰地襲產的觀光治理》。臺北：臺灣大學建築與城鄉研究所博士論文。

曾建元，2006，〈地方政府層級與跨域府際關係的安排〉，《中華行政學報》，3：203-216。

黃煜文、陳湘陽譯，宋怡明（Michael Szonyi）著，2016，《前線島嶼：冷戰下的金門》。臺北：臺大出版社。

淡江大學，2013，《金門自大陸引水策略檢討評估》。台中：經濟部水利署。

游智凱，2014，《從冷戰孤島到兩岸節點？金門高粱酒的跨域流動之前哨意義再生產》。臺北：臺灣大學地理環境資源學系碩士論文。

張忠民，2005，《從公共價值觀點解構金門水資源發展策略》。高雄：中山大學公共事務管理研究所在職專班碩士論文。

張高傑，2001，《美濃反水庫運動中的技術政治》。新竹：清華大學社會學研究所碩士論文。

張梨慧，2008，《金門觀光發展的越界凝視》。臺北：臺灣大學建築與城鄉研究所博士論文。

許正平、王怡超，2011，《金門聚落建築的水系統》。金門：金門縣政府文化局。

湯京平、黃建勳，2006，〈取用者自治與水資源管理：比較我國嘉南地區與美國加州雷蒙集水區之地下水治理〉，《政治學報》，40：1-39。

劉明德、徐玉珍，2011，〈地方政府跨域合作模式與案例——臺灣與德國之比較〉，《公共行政學報》，41：37-72。

蔡淑玲，2011，《政策網絡與政策規劃過程——湖山水庫興建環評個案分析》。臺南：成功大學政治經濟學研究所碩士論文。

蔡旻霈、范玫芳，2014，〈科學民主化與水資源開發爭議——高屏大湖之個案研究〉，《臺灣民主季刊》，11（1）：1-40。

鍾怡婷，2003，《美濃反水庫運動與公共政策互動之研究》。高雄：中山大學公共事務管理研究所碩士論文。

顏子傑，2011，《離島建設基金之研究》。臺北：臺灣大學政治學系碩士論文。

盧怡文，2017，《想像的「貢糖」體：金門邊界島嶼的多重想像與治理矛盾》。臺北：臺灣大學地理環境資源學系碩士論文。

Agnew, John.. 1994. "The Territorial Trap: The Geographical Assumptions of International Relations Theory." *Review of International Political Economy*,.1(1):53-80.

Alvarez, C.J. 2019.*Border Land, Border Water: A History of Construction on the Us-Mexico Divide*. Austin: University of Texas Press.

Amin, Ash. 2014. "Lively Infrastructure." *Theory, Culture, and Society*,31(7/8):137-61.

Amoore, Louise. 2006. "Biometric Borders: Governing Mobilities in the War on Terror." *Political Geography*, 25(3):336-51.

Bakker, Karen. 2010. *Privatizing Water: Governance Failure and the World's Urban Water Crisis*. Ithaca: Cornell University Press.

Chalfin, Brenda. 2010. *Neoliberal Frontiers: An Ethnography of Sovereignty in West Africa*. Chicago: University of Chicago Press.

Cowen, Deborah. 2010. "A Geography of Logistics: Market Authority and the Security of Supply Chains." *Annals of the Association of American Geographers*, 100(3):600-20.

Delaney, David. 2005. *Territory: A Short Introduction*. Oxford: Wiley-Blackwell.

Dittmer, Jason. 2017. *Diplomatic Material: Affect, Assemblage, and Foreign Policy*. Durham: Duke University Press.

Elden, Stuart. 2010. "Land, Terrain, Territory." *Progress in Human Geography*, 34(6):799-817.

Kaika, Maria. 2006. "Dams as Symbols of Modernization: The Urbanization of Nature Between Geographical Imagination and Materiality." *Annals of the Association of American Geographers*, 96(2):276-301.

Lee, Nelson. 2014. "The Changing Nature of Border, Scale and the Production of Hong Kong's Water Supply System Since 1959." *International Journal of Urban and Regional Research*,38(3):903-21.

Molle, Francois, Peter Mollinga, and PhilippusWester. 2009. "Hydraulic Bureaucracies and the Hydraulic Mission: Flows of Water, Flows of Power." *Water Alternatives*, 2(3):328-49.

Newman, David. 2011. "Contemporary Research Agendas in Border Studies: An Overview." In Doris Wastl-Walter (ed.), *The Ashgate Research Companion to Border Study* (pp.33-47). Farman, UK: Ashgate.

Norman, Emma S. and Karen Bakker. 2009. "Transgressing Scales: Transboundary Water Governance across the Canada-U.S. Border."*Annals of the Association of American Geographers*, 99(1):99-117.

Paasi,Anssi. 2012. "Border Studies Reanimated: Going beyond the Territorial/Relational Divide."*Environment and Planning A.*, 44(10):2305-9.

Perreault, Thomas. 2005. "State restructuring and the scale politics of rural water governance in Bolivia." *Environment and Planning A*, 37: 263-284.

Raffestin, Claude. 1992. "Autour de la fonctionsociale de la frontière."*Espaces et SociERLI*, No. 70-71:157-64.

Reisner, Marc. 1993. *Cadillac Desert: The American West and Its Disappearing Water*. New York: Penguin Group.

Rumford, Chris. 2012. "Towards a MultiperspectivalStudy of Borders." *Geopolitics*, 17(4):887-902.

Scott, James. 1998. *Seeing Like State: How Certain Schemes to Improve the Human Condition Have Failed*. New Haven: Yale University Press.

Swyngedouw, Eric. 2004. *Social Power and the Urbanization of Water: Flows of Power*. Oxford: Oxford University Press.

——2007. "TechnonaturalRevolutions: The Scalar Politics of Franco's Hydro-social Dream for Spain, 1939-1975." *Transactions of the Institute of British Geographers*, 32(1): 9-28.

Usher, Mark. 2018. "Desali-nation: Techno-diplomacy and Hydraulic State Restructuring through Reverse Osmosis Membranes in Singapore." *Transactions of the Institute of British Geographers*, 44(1): 110-24.

Vaughan-Williams, Nick. 2012. *Border Politics: The Limits of Sovereign Power*. Edinburgh: Edinburgh University Press.

Wehr, Kevin. 2004. *America's Fight over Water: The Environmental and Political Effects of Large-scale Water Systems*. London: Routledge.

Wester, Philippus. 2008. *Shedding the Waters: Institutional Change and Water Control in the Lerma-Chapala Basin, Mexico*. Wageningen: Wageningen University.

Wittfogel, Karl. 1957. *Oriental Despotism: A Comparative Study of Total Power*. New Haven: Yale Univ. Press.

Worster, Donald. 1992. *Rivers of Empire: Water, Aridity, and the Growth of the American West*. Oxford: Oxford University.

第 9 章

建構合意空間

當代中國大陸學術知識分子與國家的互動策略

張鈞智、黃錦堅

壹、前言

　　2019 年 3 月 19 日中共中央全面深化改革委員會第七次會議召開，會議指出高等院校和科技研究院所是國家創新的動力來源，必須給予科研機構更多的「自主權」，同時也應加強監管措施，讓這些機構「自覺服務於國家重大戰略需求」。自主和監管的兩難說明了即使是威權國家，面對知識分子仍然必須小心翼翼，知識分子的政策意見和學術成果是國家現代化的關鍵，嚴格管控知識分子可能扼殺國家發展的前途，但知識分子的批判精神也可能危及政權合法性。對於知識分子而言，「以天下興亡為己任」和「學而優則仕」的傳統價值，促使知識分子嘗試透過各種管道參與政治，達到改善政治和社會發展模式之目的，但同時擔心過於依附當政者，容易喪失學術的客觀和中立。

　　以往研究大致從三個方面描繪中國大陸國家與學術知識分子之間的關係，首先，國家設置不同規範試圖引導學者的研究生涯，Sleeboom-Faulkner（2007）以中國社科院為例，說明政府透過晉升和離退規定、薪資與獎金發放、研究項目資助等方式，讓中國社科院從教育性質的研究機構，轉型為政策諮詢的智庫，發揮向中共中央定期匯報、接受政府交辦的重大課題、提供學術界動態資訊等功能。第二，受到國家制度的制約，學者形成自我審查的意識。Greitens and Truex（2020）針對海外中國研究

本文為再版文章，原文刊登於：張鈞智、黃錦堅，2021，〈建構合意空間：當代中國大陸學術知識分子與國家的互動策略〉，《政治學報》，第 71 期，頁 33-60。本文經授權單位《政治學報》編輯部同意授權重刊。

學者們進行的問卷調查顯示，雖然將近 60% 的學者在進行研究時沒有受到實質的限制，但 67% 的學者認為自己的研究較為敏感，傾向進行研究的自我審查。第三，學者研究的目的在於協助政府施政，而非推動民主化。J.-N. Lee（2013）針對北京和上海政治學者所做的調查顯示，中國大陸學者所認知的民主制度是指共產黨領導下推進多方合作和諮詢制度，其目的在於有效解決貧困和腐敗的問題，而非推動西方認知的民主化。Noakes（2014; also see Zhang 2007）也指出中國大陸政治學者傾向採取體制內部的管道，提供政府政策建言，建立具有中國特色的話語（discourse）體系，對抗西方為中心的理論結構。Cheek, Ownby, & Fogel（2018: 110）指出相較於公共知識分子（簡稱公知，public intellectuals）面向社會倡議服務於社會概念和議題，學術公共知識分子（academic public intellectuals）更願意透過公共知識的討論，強化現存意識形態為中心的話語論述。

上述研究強調現實結構制約學術知識分子的意見輸入，卻忽視威權國家需要學術知識分子所提供的多元訊息促進體制的調適性（adaptation），以及學術知識分子基於學術專業和社會關懷所爭取的自主性。本文探討國家和學術知識分子之間的話語交流，提出的問題是，學術知識分子在接受國家的指示之後，是否完全接受國家設定的方向？國家與學術知識分子之間能否交流或協調彼此在話語上的歧異？在國家同意的範圍內，學術知識分子提供了哪些有別於國家指定的訊息？

Ogden（2004, 113）依照知識分子與國家的親疏關係，將知識分子劃分為政權喉舌的筆桿子、接受國家指定任務但可獨立判斷和思考的智庫、進行非政治學術研究的純學者、為公眾權利發聲的公共知識分子、獨立于黨國之外的異議分子等五類。Hao（2003, 68-70; Hao and Guo 2016）認為知識分子可分為維護政權的有機（organic）知識分子、不依附政權且具有專業知識者（professionals）、具有批判（critical）精神的異議人士等三種。本文主要討論的是來自於各大專院校、研究機構、智庫等機構，具有專業知識和職務的學者、專家和教師，本文將其統稱為「學術知識分子（academic intellectuals）」，有別於公共知識分子這類社會人士。[1]

1　由於「學術知識份子」一詞過長，為了行文方便，文中偶而會以「學者」一詞代替。

　　王信賢、鄧巧琳（2020）曾以「國家社會科學基金項目」為例[2]，使用田野訪談和文字探勘的研究方法，將中國大陸學術知識分子與政府之間的關係比喻為「壟斷性侍從主義」，國家社科基金項目作為一種學術資源的「權威性分配」，包括由政府上而下的強制性「籠絡」，以及知識分子自下而上的「侍從」關係。然而，本文認為除了王信賢、鄧巧琳（2020）一文所提「恩庇─侍從」關係之外，中國大陸國家與學術知識分子之間仍存在相互尊重、容忍甚至合作的關係，雖然國家試圖下達指令指導學者的研究方向，但學者基於本身的專業知識和社會關懷，仍可提出自身偏好的研究主題，且獲得國家的同意資助，本文強調國家與知識分子的雙向互動以及知識分子的主動作為。換言之，國家和學者之間不完全是壟斷侍從關係，雙方存在對話交流的空間，威權政府可能藉由與學者之間的互動，提升威權體制的「調適性治理」（Heilmann and Perry, 2011）。

　　著眼於此，本文提出「合意空間（sphere of acceptability）」做為核心概念，說明威權政府和學術知識分子透過相互試探、容忍、妥協的過程，最終達成雙方都能接受的共識，建構雙方同意的話語空間。本文以 2007 ～ 2019 年國家社科基金《年度專案課題指南（以下簡稱指南）》，和《年度專案立項名單（以下簡稱立項）》為文本資料，運用文字探勘和詞彙匹配技術劃分三種類型的話語空間，進而提出學術知識分子建構「合意空間」的三種策略。

　　本文分為七個章節：第壹節「前言」，說明本文的研究動機和研究問題；第貳節「合意空間：國家與學術知識分子的資訊交流」，說明「合意空間」的概念內涵及其背景條件；第參節「國家社科基金與合意空間研究架構的建立」，提出合意空間的研究架構，利用《指南》和《立項》的匹配分析劃分三種型態的話語空間，並說明學者迴避國家指示和建構合意空間的三種可能策略；第肆節「研究方法」，說明資料來源和研究方法；第伍節「指南和立項的詞彙匹配分析」，根據詞彙匹配表，分析話語空間的議題分布，並證明學者與國家互動的話語策略；第陸節「探索學術知識分子的影響力：以『管理』和『治理』的概念使用為例」，分析「管理」和「治理」在《指南》和《立項》的排序和出現頻率，探討學者和國家之間的話語偏好差異，同時證明學術話語對於公共政策的影響；第柒節「結論」，總結本文研究結果和意義。

2　以下「國家社會科學基金」簡稱「國家社科基金」。

貳、合意空間：國家與學術知識分子的資訊交流

　　Stern and O' Brien（2012）探討國家與社會在社會運動當中的互動過程，提出合意邊界（boundary of acceptable）一詞，說明國家和社會互動的邊界並非明確和清晰，而是模糊且經常變動，除了某些禁區之外，社會行動者可以依賴國家所釋放的多元且混雜訊息（mixed signals），不斷地試探並推擠國家可接受的邊界，以達到政策改變的目的，而國家也可透過調整邊界，減少暴力鎮壓社會抗爭的成本，避免社會衝突擴大。Steinhardt（2016）沿用此概念，探討在特定社會事件當中，知識分子和媒體引用領導人所發佈的權威文本（authoritative text）得以創造話語機會結構（discursive opportunitystructure），改變官方對於特定社會事件的態度。

　　本文提出的「合意空間」是指在制度化管道當中，經過國家指示、知識分子修正、國家同意的反覆商議過程，由多種不同議題建構的話語空間。有異於「合意邊界」強調單一社會事件當中國家與社會偶發性的邊界移動，「空間（sphere）」一詞的使用凸顯國家與知識分子之間常規性的話語交流，即使面臨國家給予的指示，知識分子仍嘗試透過話語顯示自身的影響力，國家也願意給予知識分子有限的自主權，國家和知識分子以議題領域的形式，展現話語結構的互動。許多研究曾探討以知識分子話語為主體的公共領域（public sphere），Gu and Goldman（2004，6）將知識領域（intellectual sphere）定義為知識、價值、意義或話語的象徵領域（symbolic realm），其種類包含探討知識的科技空間、產生政策建議的政策空間、維護或破壞現存政體正當性的意識形態空間，思考人類社會價值的文化空間。Cheek et al.（2018: 109-111）認為改革開放之後，指導式公共領域（directed public sphere）產生，雖然毛澤東時期強調意識形態和政治忠誠的傳統仍然存在，書籍、思考、智慧相互交流的商業市場，與西方學術界進行交流的教育體系，以及提供各種知識分子交流意見的網路平臺陸續建立，知識分子得以擁有自由發言的有限空間。

　　中國大陸學者指出，中國大陸知識分子與國家並非西方強調的二元對立關係，卻也非全然依附的關係，而是鑲嵌在現有政治結構當中發揮作用。陳晨、李福華（2016，11）提出「彈性獨立人格」一詞，說明學者無法獨立於當下的意識形態價值，卻試圖「與意識形態保持客觀距離，能秉持專業良心、社會功德審視一切」。張

可（2020，113）指出知識分子與國家的互動關係當中，除了國家由上至下的控制之外，知識分子還具有「基於對自身民族、歷史和文化的認識，所形成對國家的情感意識和文化表達」。李艷霞（2021）將當代中國政治學者所扮演的角色劃分成不同類型，包括真理探究、知識生產、價值倡導、政策建言，然而，她發現年輕學者較願意投身專業知識生產，卻不願扮演價值倡導和政策建言的角色。

本文認為國家和知識分子之間「合意空間」的存在，而不被威權體制的規則所完全限制，有賴於兩方面的考量。

一、政府汲取社會資訊的必要性

比較威權主義指出，威權國家面臨來自無權力者（the disenfranchised）的革命限制（revolution constraint），執政者必須搜集多元的社會訊息，判斷對於社會行為者應當採取懲罰或施惠的措施，才能有效降低革命的風險（Gandhi, 2008; Gandhi and Przeworski, 2007）。威權國家執政者以維繫執政合法性為目標，對於社會資訊的傳遞和散播不是採取完全封殺的策略，而是選擇性過濾和審查來自社會的訊息，僅封鎖政權有立即危害的集體行動訊息，部分來自社會的資訊有助於政治體制的調適（King et al., 2013; 2014; 2017; Roberts, 2018）。

某些研究指出威權政府願意有限度容忍批評政治的聲音，允許新聞記者揭露政府腐敗行為（Repnikova, 2018），甚至允許社會抗爭事件的存在，以糾正地方官僚的不當行為（Lorentzen, 2017）。Steinhardt（2016）也曾指出，胡錦濤時期的領導者面對社會不滿帶來的執政壓力，曾經放鬆知識分子和輿論的管制，承認社會抗爭的正當性。相較於新聞媒體和群眾抗爭事件，學術討論對於政權的威脅性較低，威權政府有可能給予學者更多的自主空間，藉以瞭解社會動態和扶持學術創新發展，延續威權體制的合法性。

二、學術知識分子的有限自主性

中國大陸知識分子雖然受到政治結構的束縛，但不意味知識分子不具備決策和行

為的自主性。Hao and Guo（2016）引用 Evasdottir（2004）的「遵從性自主」（obedient autonomy），說明學者在面對多重研究限制時，仍可透過整合或重新詮釋相關限制，爭取符合學者偏好的自主性。類似的概念也出現在王詩宗、宋程成（2013；另可見王詩宗、宋程成、許鹿，2014）針對非政府組織的研究，他們提出「依附性自主」（dependent autonomy）一詞，釐清依附性和自主性的不同內涵，即使中國大陸非政府組織在制度和資源方面必須「依附」國家資源供給才能生存，在組織目標和行為方面仍具有決策和行動的「自主性」。

中國大陸學術知識分子具有的專業知識和社會關懷，驅使他們在重重政治限制之下發揮鄧正來（2011）所說「生存性智慧」，藉由建構有影響力的話語獲得有限的自主性。Bonnin and Chevrier（1991，582）提到鄧小平時期的知識分子創造自主性的策略之一是「為社會代言（speaking in the name of society）」，只要不形成獨立的政治組織，知識分子仍可代表多元社會力量，批評政府和黨的政策，知識分子的自主性並非國家賦予，而是來自於扮演為社會發聲的角色和意義。J.-N. Lee（2013，337）的訪談資料指出，中國大陸學者認為自身的價值在於塑造社會大眾的價值觀、介紹和詮釋不同的社會思潮、發現社會問題且提出可能的解決之道、實際參與社會活動。Noakes（2014）以中國大陸的政治科學家為例，提到知識分子的兩面性，一方面是從結構功能角度出發，知識分子受到制度環境的影響，必須與政府和官僚合作，為政治權力辯護；另一方面是從道德傳統出發，知識分子的責任在於批評既有的權力運行機制，推動民主的進程。

事實上，對於一個以意識形態為中心的政治體制而言，執政者與學術知識分子之間的話語交流極其重要，某些案例指出，執政者可能借用學術思維，建構有利於執政合法性的政策話語。舉例而言，Tsai and Dean（2013）曾指出，胡錦濤時期「學習型政黨」概念的提出，源自於 Peter M. Senge 對於管理學的理論論述。Wang and Guo（2015）指出，俞可平引介「治理」和「善治」等西方學術概念，推動「治理」取代「管理」成為官方主流話語，不僅讓中國大陸政府找到有別於西方「民主」的理論體系，也推進了地方政府創新的實踐。王禮鑫（201，82）分析中共中央政治局「集體學習」的標題後指出，許多學者在「集體學習」時演講的內容與「世界」和「國際（外）」等關鍵字相關聯，說明中共領導者對於來自外國訊息和知識的渴望。

參、國家社科基金與合意空間研究架構的建立

對於中國大陸學術知識分子而言，以個人名義承接研究項目（或稱「課題」）的數量和金額多寡是單位評估個人績效的重要指標，在許多學校的職稱評定體系當中，研究項目和計畫案甚至是升等的必要條件。研究項目大致可分為縱向和橫向兩類，縱向課題是以學術研究為導向，由國家和省市政府撥款支持的研究項目，包括《國家社科基金項目》、《國家自然科學基金項目》、《教育部人文社會科學研究項目》等；橫向課題是指以政策需求為導向，受各政府部門或企業委託和資助的研究項目（高仲飛，2013）。相比之下，學術單位更重視《國家社科基金項目》這類縱向課題作為升等的必要條件，但橫向課題則否。

《國家社科基金項目》要求申請人具有等同於副教授以上職位，或者具有博士學位者，相關申請文件必須透過所在機構遞送，所在機構包括高等院校、黨校、社會科學院等科研院所、黨政機關研究部門、軍隊系統研究部門以及其他具備獨立法人資格的公益性社會科學研究機構（全國哲學社會科學工作辦公室，2013；全國哲學社會科學工作辦公室）。項目種類包括重大、重點、一般、青年、西部、後期資助、中國學術外譯、成果文庫，其中以一般項目和青年項目（35 歲以下）的數量最多，所佔比例將近 7 成（王信賢、鄧巧琳，2020，10-11）。項目的資助金額大致上是固定的，一般項目和青年項目的資助金額為 20 萬元人民幣，重點項目為 35 萬元人民幣，重大項目約為 60 至 80 萬元人民幣，一個人不能同時申請多個國家級項目（全國哲學社會科學工作辦公室，2021；全國哲學社會科學工作辦公室）。大致而言，中青年學者申請一般項目和青年項目作為晉升條件，重大或重點項目則是資深學者展示學術和政策影響力的證明。

《國家社科基金項目》的申請工作是由全國哲學社會科學工作辦公室（簡稱全國社科工作辦，前身為全國哲學社會科學規劃辦公室）負責管理，接受財政部撥款。全國社科工作辦隸屬於中共中央宣傳部，由宣傳部的「全國哲學社會科學工作領導小組」所領導，其主要職責包括落實中央哲學社會科學工作決策部署、提出工作建議、制定戰略規劃、聯繫協調研究隊伍力量、聯繫協調學術團體、組織協調智庫建設和管理國家社科基金等。在地方層級，各省市設有「省市哲學社會科學工作領導小組」和

「省市哲學社會科學工作辦公室」，各大學設有「社會科學研究處」協助教師申報項目（可參見王信賢、鄧巧琳，2020，13-14、圖 4）。全國社科工作辦設有 23 個學科評審組，學科評審組負責每年國家社科基金項目申請的評審工作，評審組成員一般有 5 年聘任期。全國社科工作辦建立了同行評議專家資料庫，專家由全國範圍內的高校、黨校、科研院所和機關部門推薦，其資格主要包括正高級專業技術職務或正廳局級及以上領導職務，並符合思想素質、學術造詣、學風作風、健康狀況等方面的要求（全國哲學社會科學工作辦公室，2013：全國哲學社會科學工作辦公室）。

　　每年 9 月全國社科工作辦開始制訂《指南》，各學科審議組根據中共中央的規劃綱要、重要會議文件、題目徵集系統資料、學科發展概況和上年度工作概況等資料，草擬目錄提交全國社科規劃領導小組進行審閱、確認和公布。每年 12 月《指南》公佈之後，全國社科工作辦會啟動申報流程，通知申請人在期限前遞交申請書，經過各學校社科處和各省市社科工作辦的初步審核，再送交全國社科工作辦進行彙整。全國社科工作辦蒐集各省市遞交的國家社科基金申請案後，會先從同行評議專家資料庫當中選擇專家進行第一輪匿名通訊評審，再由學科評審組進行第二輪會議評審，甄選名單送交全國社科規劃領導小組進行確認，之後公佈《立項》名單（全國哲學社會科學工作辦公室，2013：全國哲學社會科學工作辦公室）。

　　以往文獻將國家社科基金研究項目的申報當作國家控制知識分子的策略，政府透過《指南》傳達國家偏好的題目，學者依照《指南》選擇研究題目獲得《立項》，因此在《指南》和《立項》同時頻繁出現的詞彙，即為「壟斷侍從主義」的證明（王信賢、鄧巧琳，2020）。Sleeboom-Faulkner（2007，96）也曾引述中國社科院學者閔家胤的話指出，中國社科學者的研究方向和研究成果都必須符合《指南》的要求，僅有 5% 的研究題目是由學者自己提出。Shi and Rao（2010）批評《指南》的設置為國家需要所服務，僅諮詢與官僚交好的學者，大部分學者只能無奈接受國家的要求。

　　然而必須注意到的是，與政策需求為導向的橫向課題不同，《國家社科基金項目》未完全排除自選題目的可能性，仍保有部分學術自由發揮的空間。以 2021 年《指南》為例，其內容提到篩選議題主要「圍繞深入學習貫徹習近平新時代中國特色社會主義思想、黨的十九大和十九屆二中、三中、四中、五中全會精神」，卻也強調自主研究的必要性，「只要符合《課題指南》的指導思想和基本要求，各學科均鼓勵申請人根

據研究興趣和學術積累申報自選課題（包括重點項目）。自選課題與按《課題指南》申報的選題在評審程序、評審標準、立項指標、資助強度等方面同樣對待。」

本文認為從《指南》的研擬到《立項》的確定，不全然貫徹「壟斷性侍從主義」，也展現了國家和學者秉持不同考量尋求共識的過程，我們可先從審查過程進行分析。首先，國家設計《指南》的選題方向時，是先初步廣泛徵求學界的意見，然後由全國社科工作辦進行匯總和挑選，此時國家面對完全由意識形態主導，還是納入學界考量的抉擇。其次，全國社科工作辦公布《指南》之後，學者在選擇研究主題時，面臨要遵照《指南》方向提高命中率，抑或堅持專業自主選題的抉擇。最後，全國社科工作辦及所聘任之評議專家在評審過程當中，面臨要剔除不符合《指南》方向的研究議題，還是公平對待自主選題的抉擇。在這些抉擇當中，政府與學者由於條件和偏好的差異，無法就某些議題相互影響或形成共識，但雙方能夠容忍尊重彼此的話語體系，不同的話語體系得以持續存在，國家和社會都在尋求共識的過程當中建構所謂的「合意空間」。

本文主要的經驗證據，來自於歷年《指南》和《立項》的詞彙匹配分析，相較於王信賢、鄧巧琳（2020）的研究關注《指南》和《立項》共有的詞彙，本文則關注《指南》和《立項》當中詞彙的差異，探討哪些是《指南》當中指定，但學者不願意選擇的詞彙，又哪些詞彙並非國家指定，卻經過國家同意得以納入《立項》名單當中。圖一表示「合意空間」的概念架構，實線圓圈代表《指南》的話語空間，虛線圓圈代表《立項》的話語空間，分為三個部分說明：

一、侍從空間：面對國家下發的《指南》，多數學者會依照國家指示進行選題，以提高成為《立項》的機率。因此，同時頻繁出現在《指南》和《立項》（以下簡稱指南有立項有）的詞彙，即為國家與學者之間「壟斷—侍從」關係的證明（王信賢、鄧巧琳，2020），也就是圖一當中實線圓圈和虛線圓圈的交集，我們稱之為「侍從空間」。

二、不合意空間：面對國家下發的《指南》，學者迴避《指南》當中的某些詞彙，這些詞彙出現在《立項》的機率較小，代表國家偏好使用但學者較不願意使用的話語，我們稱之為「不合意空間」，也就是在《指南》頻繁出現但未在《立項》頻繁出現（以下簡稱指南有立項無）的話語空間，如圖中實線圓圈（除交叉部分以外）所示。

三、合意空間：「合意空間」代表國家較少提及但學者經常使用的話語，但必須注意的是，這部分話語仍被國家同意採納，並未因不符合《指南》要求而被排除在資

助名單之外，表現在《指南》未頻繁出現但在《立項》頻繁出現（以下簡稱指南無立項有）的話語，如圖中虛線圓圈（除交叉部分以外）所示。

我們認為「合意空間」的概念架構較能完整呈現「國家社科基金」當中不同類型的話語空間，《指南》固然是國家所發佈具有「壟斷」性質的文件，但學者仍擁有選擇「依附」或者「自主」的權力，而且自主性也被國家所接受。換言之，面對「壟斷」的指示，「侍從」或許是學者獲取政府資助的最佳選擇，卻也不能排除存在次佳選擇的可能性。然而，這樣的自主性不是國家主動給予，而是依賴學者有賴專業知識和智慧爭取而來，因此進一步要探討的是，學者擁有哪些建構「合意空間」的策略？

我們發現在 Hao and Guo（2016，14）的訪談中，有位學者以「公民權利」（civil rights）為例，提及在課堂上探討敏感概念的兩種策略：第一種策略是將敏感概念具體呈現在現實環境當中，例如討論農民工和城鎮化過程當中所面對的權利問題；第二，結合中共中央十八大提出的「三個平等」意識形態展開公民權利的論述。即使在政府的嚴格控制之下，仍有多種方式可以討論敏感議題。除此之外，本文提出「迴避」意識形態的策略，也就是不完全依照官方指定論述進行討論，藉此展現學者的有限自主性。

詳細而言，本文延伸前述論據，提出學者迴避國家的強制要求，建構「合意空間」的三種策略：

策略一：迴避硬核（hard-core）意識形態。學者面對《指南》當中的意識形態和政治標語不一定會照單全收，對於某些「硬核意識形態」（陳述之、江衍良，2012；Guo, 2012，23-32; Li，2013），因其內容過於複雜、無法批評，或者無法運用在學術討論當中，可能採取迴避策略避免造成研究上的困擾，也藉此展現自主意志，這種策略體現在「不合意空間（指南有立項無）」的議題選擇。

策略二：敏感概念的意識形態化。學者基於學術專業和知識分子的價值觀，想要探討公平、正義、權利等敏感概念，但受到政治環境的限制，必須引介某些「保護帶（protective belt）意識形態」（陳述之、江衍良，2012；Guo, 2012，23-32; Li，2013）作為「保護傘」，才得以開展敏感概念的討論。因此我們預期在「合意空間（指南無立項有）」當中，某些敏感概念將和官方意識形態或政治標語同時出現，我們稱之為敏感概念的「意識形態化」。

圖9-1　合意空間的概念架構

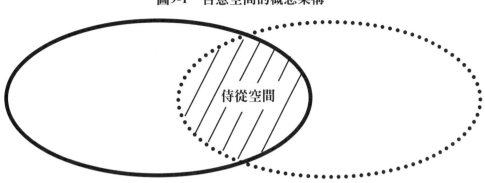

實線圓圈代表《指南》的話語空間；虛線圓圈代表《立項》的話語空間；陰影部
分代表《指南》與《立項》共同的話語空間。

資料來源：作者自製。

策略三：選擇基於社會關懷的新興議題。學者基於個人觀察和社會責任感，提出
某些當下政府未能重視的社會議題作為《立項》題目，這些概念和議題的內容，可能
不涉及政治制度改革和經濟發展，而著重新興社會議題和需要照顧的少數群體利益，
目的在於解決社會問題和維持社會穩定。對於政府而言，這些議題雖然不同於當下政
策，但也同意其研究的價值，或可作為未來公共政策的參考，這種策略體現在「合意
空間（指南無立項有）」的話語。

肆、研究方法

本文資料來源於「國家哲學社會科學工作辦公室網站」（http://www.npopss-cn.
gov.cn/），以 2007～2019 年《指南》和《立項》的標題為範圍進行關鍵詞分析，
《立項》分析範圍涵蓋一般專案、青年專案和重點專案。根據分析需求，分別導入
Rstudio 形成「歷年（2007~2019 年）指南數據庫」、「歷年（2007~2019 年）立項
數據庫」、「胡錦濤時期（2007~2011 年）指南數據庫」、「胡錦濤時期（2007~2011
年）立項數據庫」、「習近平時期（2012~2019 年）指南數據庫」和「習近平時期

（2012~2019 年）立項數據庫」共六個數據庫，再將《指南》和《立項》詞彙的排名進行匹配分析，形成歷年詞彙匹配表、胡錦濤時期詞彙匹配表、習近平時期詞彙匹配表等三個詞彙匹配表，最後針對匹配表當中的詞彙加以說明（詳見附錄）。

我們使用的文字探勘技術與王信賢、鄧巧琳（2020；另可見張士峯，2016）的研究相似，但在兩個方面的操作方式有所不同：第一，我們設定詞彙包含的字數不限定於 3 個字以上，原因是通常意識形態和政治標語都是 3 個字以上的詞，但學界強調的道德規範和社會價值大多以 2 個字的方式呈現，例如民主、權利、平等，僅探討 3 個字以上的關鍵詞可能疏忽某些有意義的關鍵詞，存在選樣偏差的問題。第二，我們分析範圍擴大到出現次數排名前 100 個詞彙，且將《指南》和《立項》詞彙的排名進行匹配分析，重點關注「合意空間（指南無立項有）」和「不合意空間（指南有立項無）」的話語結構，而非「侍從空間（指南有立項有）」的話語結構。

在歷年詞彙匹配表、胡錦濤時期詞彙匹配表、習近平時期詞彙匹配表當中，詞彙相同的比例依序為 61%、59%、63%，詞彙相異的比例依序為 39%、41%、37%。換言之，「侍從空間」約佔 60% 左右，說明政府對於學者研究具有絕對的主導性，符合「壟斷性侍從主義」的論述，「合意空間」和「不合意空間」約佔 40% 左右，證實官方與知識分子互動形成「合意空間」的存在，同時為知識分子的創新或異見留下發揮空間。值得注意的是，歷年和兩個時期的「合意空間」保持 40% 的比例，即使習近平時期對於知識分子的管控較為嚴格，「合意空間」也僅下降了 4%，說明不同時期官方管控知識分子的機制、方法、程度具有一定延續性，「合意空間」才得以呈現相對穩定的結構，有利於政府培養學術發展、探知社會動向。

伍、指南和立項的詞彙匹配分析

表 9-1、表 9-1、表 9-3 分別呈現歷年詞彙匹配表、胡錦濤時期詞彙匹配表、習近平時期詞彙匹配表，表中並未把所有詞彙全部列出[3]，而是選取有關意識形態和研究議

3　全部詞彙可參考線上補充檔案：https://osf.io/g3vry/?view_only=33bca101ec144752a314a9692c4

題的詞彙進行討論，以下分別進行分析。

表 9-1　歷年（2007-2019）詞彙匹配表

不合意空間 （指南有立項無）	1. 意識形態：中國特色社會主義、社會主義。 2. 研究議題：(1)黨。(2)法治。(3)信息、大數據。(4)經濟發展、現代化。
合意空間 （指南無立項有）	1. 意識形態：一帶一路。 2. 研究議題：(1)生態。(2)民族地區、新疆、西部。(3)農業、城鎮化。(4)社區。

資料來源：國家社科基金項目數據庫（2021：國家社科基金項目數據庫），作者自製。

　　我們首先針對表一當中的意識形態進行說明，「不合意空間（指南有立項無）」包括「中國特色社會主義」和「社會主義」兩個代表意識形態的詞彙。中國大陸作為「社會主義」國家，「中國特色社會主義」是最重要的意識形態話語體系，「中國特色社會主義」和「社會主義」這兩個詞彙在《指南》當中頻繁出現，分別占所有詞頻排名的第 39 名和第 49 名，卻在《立項》當中僅排名第 205 名和第 168 名，《立項》和《指南》的使用率有極大的落差。以 2007 年為例，《立項》當中僅有 3 個有關「中國特色社會主義」的題目，包括「中國特色社會主義社會公正問題研究」、「和諧世界與中國特色社會主義和平發展研究」、「中國特色社會主義經濟學體系」，《立項》當中的相關題目多為理論研究的探討，難以進行實證研究。[4] 由此可見，對於具有最重要意義且內容過於複雜的「硬核意識形態」，學者通常採取迴避策略（策略一）加以因應。

　　在表一當中，存在於「合意空間（指南無立項有）」的意識形態是「一帶一路」，2013 年國家主席習近平提出的「一帶一路」的文化經濟發展方略，提出中國大陸與

374d7。

4　當然我們也不能排除「中國特色社會主義」和「社會主義」等意識形態精神已經融入計畫內容，而不以關鍵詞形式表現的可能性，但尚待計畫內容的詳細檢視。

周邊國家共建「絲綢之路經濟帶」和「21 世紀海上絲綢之路」的構想。雖然 2015 年《指南》才出現唯一一個「一帶一路」的研究題目（實施「一帶一路」戰略和亞歐經濟融合問題研究），當年就有 15 個有關「一帶一路」的題目獲得《立項》資助，此後「一帶一路」成為學者們廣泛引用的熱門詞彙，其原因可能有二：「一帶一路」涉及廣泛的議題，無論是國際政治、經濟、文化、民族等不同研究領域皆可提出相應的研究議題，針對中國大陸如何擴展對於周邊國家的影響力，以及一帶一路沿線國家的國情狀況，可進行多方面的探索；其議題著重區域的合作發展，以周邊國家作為研究對象，較不涉及國內的高層政治，無需顧忌碰觸國內政治的底線。

在研究議題方面，首先看到「黨」作為政府強調的研究議題，《指南》當中設計了許多有關題目，「黨」這個字在歷年《指南》關鍵詞彙排名 54，出現次數 263 次，然而，學者較少選擇與「黨」有關的研究，「黨」在歷年《立項》的排名為 281，僅出現 135 次，國家和學者對於「黨」作為關鍵詞的偏好差異十分明顯。由此可見，「黨」作為研究議題，可以說是高度政治敏感的「地雷區」，學者在挖掘資料時，容易因為相關資料被列為「機密」無法取得，或不易掌握說明和解釋的研究尺度，因此選擇迴避策略（策略一）。然而值得注意的是，相較於胡時期「黨」出現的次數在《指南》和《立項》當中分別僅有 70 次和 35 次，習近平時期《指南》和《立項》提及「黨」的次數激增至 193 次和 100 次，這可能與習時期加強包括黨的建設、從嚴治黨等研究，學者採取迴避策略的可能性降低。[5]

其次，「不合意空間」當中還存在三個研究議題，包括法治、資訊和大數據、經濟發展和現代化，分別對應政府宣導的依法治國、資訊化、經濟現代化的目標，符合鄧小平時期以來中國大陸的國家發展目標。然而，在「合意空間」當中，學者更側重四個研究議題，包括生態、民族地區和西部和新疆、農業和城鎮化、社區，這些議題凸顯學者在政府設定的議題之外，更重視環境保護、少數族群、農村發展、社區治理等多元社會議題，符合選擇基於社會關懷的新興議題策略（策略三）。

此外，我們還發現在「不合意空間」當中的詞彙偏重於由上至下單方面的強制行

---

5 「黨」作為關鍵詞彙的出現頻率較低，還有可能與「政黨」、「黨建」、「黨組織」等相關詞彙未納入統計的原因有關。

為，包括「促進」、「加強」、「實現」等，[6] 這些詞彙都代表了國家推動某一領域發展的意願，例如「促進中小民營企業發展研究」、「促進內需和外需平衡增長研究」、「促進民營經濟發展的財稅政策研究」等。然而，「合意空間」出現「參與」、「認同」、「融合」等的詞彙，說明學者的選題偏重多元意見和國家與社會之間平等關係，舉例而言，2019 年《立項》當中涉及社會組織參與的題目就有「社會組織參與環境治理的影響因素與激勵政策研究」、「社會組織參與社會治理的模式研究」、「社會組織參與精准扶貧的協同模式與運行機制研究」、「支援型社會組織參與社區治理的路徑選擇與聯動機制研究」、「社會組織參與退役軍人事務管理研究」、「社會組織參與社會治理的模式比較與政策支援機制研究」。由此推論，學者探討的角度和方式與國家要求有所差異，學者試圖探索納入社會意見和強化社會參與的方式，而非關注如何強化政府對於社會的管控。

表 9-2 顯示胡錦濤時期（2007~2011）詞彙匹配表，在意識形態方面，「不合意空間」的「科學發展觀」未受到學者的青睞，2003 年提出的「科學發展觀」是胡時期最重要的意識形態話語，十七大將「科學發展觀」列入中共黨章，但學者不容易使用這麼宏大的意識型態體系進行學術探討，政府期望和學者偏好之間出現落差。以 2007 年為例，《指南》設置了 15 個有關「科學發展觀」的題目，但《立項》當中僅有 5 個相關題目，且多偏向理論性質的研究，包括「科學發展觀對馬克思主義中國化的推

表 9-2　胡錦濤時期（2007-2011）詞彙匹配表

不合意空間 （指南有立項無）	1. 意識形態：中國特色社會主義、科學發展觀。 2. 研究議題：(1) 黨。(2) 法治。(3) 信息。(4) 經濟發展。
合意空間 （指南無立項有）	1. 意識形態：和諧社會、馬克思。 2. 研究議題：(1) 生態。(2) 民族地區、新疆、西部。(3) 農民工、農民、新農村。

資料來源：國家社科基金項目數據庫（2021：國家社科基金項目數據庫），作者自製。

6　相關參見線上補充檔案。

進」、「科學發展觀與蘇南發展模式問題研究」、「科學發展觀的歷史地位和理論體系研究」、「科學發展觀視角下資源環境產權的效率與公平互動機制研究」、「以科學發展觀統領經濟社會發展全域研究—中國發展新模式及其戰略體系」。

然而，由「合意空間（指南無立項有）」的匹配研究可見，相較於「科學發展觀」，學者喜好使用「和諧社會」作為研究標題。2004 年 9 月 19 日，第十六屆中共中央委員會第四次全體會議提出「構建社會主義和諧社會」，2005 年 2 月胡錦濤在「省部級主要領導幹部提高構建社會主義和諧社會能力專題研討班」上的講話指出，「和諧社會」作為中國共產黨執政的目標，其主要內容是建構「民主法治、公平正義、誠信友愛、充滿活力、安定有序、人與自然和諧相處的社會」，其內容相較於「科學發展觀」更具有社會關懷和民主思考（李泉，2014a）。

著眼于此，學者以「和諧社會」作為「保護帶意識形態」，可藉此展開多種敏感概念的討論和研究，符合「敏感概念的意識形態化」策略（策略二）。舉例而言，由2007 年《立項》名單可見，學者將「和諧社會」理論與許多政治敏感的詞彙進行連結，獲得國家社科基金的支持，包括公平（構建和諧社會面臨的利益矛盾與社會公平問題研究、和諧社會教育公平實現的制度建構研究）、公民參與（和諧社會構建中的公民政治參與的風險和防範問題研究）、正義（和諧社會的正義基礎研究）、少數群體的權利（構建和諧社會視角下的失地農民權益保障研究、和諧社會視野下的弱者權利保護研究、構建和諧社會過程中的邊緣人口研究）、平等（促進兩性平等與構建和諧社會）、第三部門和非政府組織（志願組織與城市社區治理：和諧社會構建的社區之維、社會主義和諧社會建設中的政治社會團體研究、婦女非政府組織在構建社會主義和諧社會中的角色和作用研究、和諧社會與第三部門社會矛盾的應對機制）。

另外值得注意的是，「馬克思」也是胡錦濤時期「合意空間」的關鍵字，意味著《指南》雖然設置了與馬克思主義有關的部分條目，但顯然與學者對於經典理論的高度興趣有所落差。在《立項》當中，「馬克思」的相關研究題目大致分為三個方面：第一，馬克思的經典思想和理論探討，例如「馬克思晚年社會發展思想研究」，「馬克思主義社會歷史觀研究」；第二，馬克思主義中國化，例如「當代馬克思主義意識形態中國化的理論創新研究」，「馬克思主義中國化進程研究（1919~1949）」；第三，馬克思主義理論在各領域的運用，例如「馬克思恩格斯『城鄉融合』理論與當代中國城

鄉和諧發展研究」、「馬克思主義民主集中制思想與當代中國政治發展研究」。

在研究議題方面，胡時期「合意空間」出現「三農問題」的多個詞彙，包括「農民工」、「農民」、「新農村」。胡錦濤時期發佈了9次「三農問題」的一號文件，形成「社會主義新農村建設」的農村政策，推行以農業基礎建設為手段、以穩定發展為速率的農村經濟發展模式，引起學者的廣泛討論。然而，學者不僅關注「新農村」建設，更重視「農民工」和「農民」等群體的權益問題，以「農民工」為例，《立項》當中出現「進城農民工子女融入城市生活問題研究」、「農民工精神健康問題的社會學研究」、「進城農民工子女教育問題研究」、「農民工養老保險跨地區轉移接續問題研究」、「我國農民工權利法律保護研究」，這些研究都顯現學者對於邊緣群體的重視，符合基於社會關懷的議題選擇策略（策略三）。

表9-3顯示習近平時期（2012~2019）詞彙匹配表，在意識形態方面，「不合意空間」出現「習近平總書記」一詞，表示《指南》當中偏好使用「習近平總書記」一詞，但《立項》當中卻很少出現，但當我們檢查《立項》的內容後發現，這可能跟學者使用「習近平」一詞作為研究的標題時，不習慣加上總書記的頭銜有關。值得注意的是，習近平時期的「合意空間」未出現任何意識形態，說明此時期學者找不到與「硬核意識形態」區隔的官方話語，學者使用「敏感概念意識形態化」策略（策略二）創造「合意空間」的機會變小。

在研究議題部分，習時期學者的新興研究焦點為「社區」和「養老」。隨著「新農村建設」告一段落，無論農村或城市都將以「社區」為單位建立新的治理體系，學

表9-3　習近平時期（2012~2019）詞彙匹配表

不合意空間 （指南有立項無）	1. 意識形態：中國特色社會主義、社會主義、習近平總書記。 2. 研究議題：(1)黨。(2)法治。(3)信息、互聯網。(4)現代化。
合意空間 （指南無立項有）	1. 意識形態：無。 2. 研究議題：(1)生態。(2)民族地區、新疆。(3)農業。(4)社區。(5)養老。

資料來源：國家社科基金項目數據庫（2021：國家社科基金項目數據庫），作者自製。

者也將研究議題從胡時期的農村治理轉向習時期的社區治理，國務院也在 2017 年提出「中共中央國務院關於加強和完善城鄉社區治理的意見」（新華網，2017：中華人民共和國中央人民政府）。隨著老齡化社會的來臨，「養老」成為學者關注的另一個焦點，涵蓋養老服務體系建立、養老基金和養老保險、養老社區經驗等議題的探討，國務院在 2019 年底發佈《國家積極應對人口老齡化中長期規劃》，從充實養老資金、提高人力資源、健全服務供給、提供科技服務、建構良好社會氛圍等五方面提出規劃（新華網，2019：中華人民共和國中央人民政府）。由此可見，學者能夠藉由觀察社會環境變遷提出許多新議題，而政府也可能吸納這些創新研究的結果作為政策參考。

此外，針對眾多中國大陸學者投入的國際政治主題，我們特別挑選出美國、俄羅斯、日本等重要國家，以及「中美」、「中俄」、「中日」等雙邊關係的詞彙進行探討（表表）。由《立項》和《指南》的比較可見，學者相較於政府更熱衷探討其他國家情勢與雙邊關係，舉例而言，「美國」在歷年《指南》的詞彙排名為 173 位，出現次數為 101 次，但在歷年《立項》排名 114 位，出現次數為 306 次，差異十分顯著。此外值得注意的是，國際關係議題的立項研究在習近平時期大幅增加，可能與國際情勢緊張、中國大陸政府想在國際舞台上更有所作為等因素相關。

表 9-4　國際政治相關詞彙排位與次數

	2007-2019《指南》		2007-2019《立項》		2007-2011《指南》		2007-2011《立項》		2012-2019《指南》		2012-2019《立項》	
	排位	次數	排位	次數	排位	次數	排位	次數	排位	次數	排位	次數
美國	173	101	114	306	197	22	144	46	166	79	105	260
中美	656	25	356	108	722	6	377	20	688	19	350	88
俄羅斯	882	18	438	85	/	/	413	18	860	14	453	67
中俄	795	20	759	49	721	6	/	/	859	14	693	42
日本	421	41	182	199	863	5	400	19	362	36	159	180
中日	963	16	819	43	864	5	570	13	/	/	911	30

	2007-2019《指南》		2007-2019《立項》		2007-2011《指南》		2007-2011《立項》		2012-2019《指南》		2012-2019《立項》	
	排位	次數	排位	次數	排位	次數	排位	次數	排位	次數	排位	次數
英國	/	/	391	99	/	/	776	9	/	/	340	90
法國	/	/	762	47	/	/	679	10	/	/	772	37
德國	/	/	798	44	/	/	/	/	/	/	757	38
印度	/	/	976	35	/	/	/	/	/	/	913	30

陸、探索學術知識分子的影響力：以「管理」和「治理」的概念使用為例

「管理」與「治理」是學術界常用的學術概念。根據楊立華、常多粉（2019）的研究，中國大陸行政學發展大致經歷四個階段的理論典範轉移，呈現由「管理」到「治理」的話語轉換過程：1986~1992 年側重行政機構、行政職能和民族關係的「行政管理」時期；1993~1997 年側重公務員制度、地方政府等公共行政制度，以及社會服務和社會保障等社會管理措施的「公共行政」時期；1998~2007 年側重引進績效管理等的新公共管理理論，以及將非政府組織納入公共服務體系的「公共管理」時期；2008 年以來以「治理」為主要概念，側重多主體共同參與的「公共治理」時期。事實上，俞可平（2000）等學者在 1990 年代中後期引進「治理」和「善治」（good governance）的概念，尋找一套不同於西方民主的話語體系，作為中國發展道路的方向和目標，與「管理」著重行政體制的管理和運作相比，「治理」強調多元參與和國家與社會之間的互賴共生，「治理」成為學界最普遍使用的概念（Wang and Guo, 2015）。[7]

7　俞可平（2000）主編的《治理與善治》一書，讓中國大陸學界熟悉西方治理理論。關於中國

受到學界的影響，中國大陸政府的話語體系也呈現從「管理」到「治理」的移轉。1993 年中共中央十四屆三中全會提出「社會管理」的概念；2002 年中共中央十六大強調「社會管理」作為政府職能的一部份，國家透過新型態的社會管理體制能有效吸納多元意見，推動社會的整體發展；2006 年十六屆中央委員會第六次全體會議（簡稱六中全會）提出「創新社會管理體制」。2013 年中共中央十八屆三中全會發佈《中共中央關於全面深化改革若干重大問題的決定》，明確提出「國家治理現代化」作為全面深化改革的主要目標，並首次提到「社會治理」一詞，希望以健全社會治理帶動社會創新；2019 年 10 月中共十九屆四中全會發佈《中共中央關於堅持和完善中國特色社會主義制度、推進國家治理體系和治理能力現代化若干重大問題的決定》，「治理」一詞透過「國家治理體系和能力現代化」這個重要表述，在國家政策話語中獲得全面開展（楊雪冬、季智璇，2021，85-86）。

無論是學界或政界都經歷了從「治理」到「管理」的話語轉換，如楊雪冬、季智璇（2021）所言，「治理」作為當代流行的話語，其話語演變展現從日常（傳統）話語，再到外部（國際）話語和學術話語，最後移轉到政治（政府）話語體系的歷程。雖然「治理」和「管理」兩個概念的內涵已有眾多詮釋，學術界或政界對於相關概念的理解也大不相同[8]，但這兩個概念存在差異的這個事實，仍為學界和政界多數人士所認知。

我們希望藉由觀察《指南》和《立項》當中「管理」和「治理」使用頻率和排名，理解國家和學者之間對於這兩個詞彙是否仍存在使用上的差異，我們假設國家在《指南》當中偏好使用由上而下的「管理」概念，學者基於國家與社會之間平等和互賴的學術定義，偏好使用「治理」一詞，學者對於「治理」一詞的偏好逐漸改變政府

大陸學界針對「治理」和「管理」兩個概念的探討，可參考郁建興、關爽（2014）、關爽、郁建興（2016）、李泉（2014a；2014b）、楊雪冬、季智璇（2021）等文章。關於臺灣學界對於「治理」的討論，可見張鐙文等（2018）的文章。

8　舉例而言，習近平在 2014 年 3 月 5 日參加十二屆全國人大二次會議上海代表團的審議時曾提到，「治理和管理一字之差，體現的是系統治理、依法治理、源頭治理、綜合施策」（中國共產黨新聞網，2014）。由此可見，雖然政府認知道治理和管理有所差異，但政府對於治理概念的使用，仍與學界有所不同（楊雪冬、季智璇，2021：86）。

原本的話語體系，展現其所擁有話語建構的影響力。

表 9-5 顯示「管理」和「治理」兩個詞彙在《指南》和《立項》出現排名和頻率，除了「管理」在習時期《立項》當中排在 101 名，兩個詞彙出現次數大致都排名在 100 名以內，屬於本文指稱「侍從空間」的部分。然而，我們透過對比發現幾種值得注意的趨勢：

一、無論是歷年或是分時期的統計，「管理」在《指南》當中的排名和頻次都高於《立項》，但「治理」在《立項》當中的排名和頻次都明顯超越《指南》。由此可見，國家和學者的偏好有所差異，國家偏好使用由上至下管制的「管理」，學者偏好具有平等互賴內涵的「治理」。

二、「管理」和「治理」的使用趨勢大不相同，習時期政府更偏好使用「治理」一詞。與胡錦濤時期相比，習近平時期「管理」的排名大幅下跌，在《指南》當中的排名從 16 名下跌至 28 名，在《立項》當中從 37 位下跌至 101 位；「治理」的排名大幅上升，在《指南》當中的排名從 100 名上升至 45 名，在《立項》當中從 39 名上升至 14 名，取得顯著的進步。另外，「管理」一詞在習近平時期的使用頻率雖然有所增加，但在《指南》和《立項》當中的增幅分別為 76.9% 和 90.7%，明顯落後於「治理」的 469.2% 和 655.2%，證明習時期政府更偏好使用「治理」一詞。

三、細就《立項》當中對於兩個詞彙的使用方式，「管理」經常用於單一系統內部制度的管制和建構，但「治理」涵蓋的範圍更廣，經常用於探討社區、政府、公

表 9-5 「管理」和「治理」詞彙統計表

		指南			立項		
		歷年	胡時期	習時期	歷年	胡時期	習時期
管理	排名	24	16	28	76	37	101
	頻率	468	169	299	407	140	267
治理	排名	57	100	45	18	39	14
	頻率	261	39	222	1146	134	1012

資料來源：國家社科基金項目數據庫（2021：國家社科基金項目數據庫），作者自製。

司、社會、鄉村乃至國家等多元主體的協同參與和合作。由此可見，學者對於「管理」和「治理」的使用仍存在基本差異，這與學者的理論訓練存在密切關係。

總的而言，由歷年《指南》和《立項》的統計顯示，學者偏好使用「治理」一詞，但政府偏好使用「管理」一詞，此與知識分子理解的「治理」內涵傾向開放和包容，強調國家與市場、社會等多元部門和主體為達成某種目標而採取共同協商、行動的互動模式有關；官方話語更偏好「管理」，強調自上而下的控制和黨政系統的主導性。然而，學界長期強調的「治理」概念已經受到政府的重視，取代「管理」的位置成為官方主流話語，展現了知識分子對於國家意識形態的影響力（李泉，2014b：28）。

柒、結語

中國大陸的知識分子受到制度環境的嚴格限制，無法如民主理論學者所言，推動威權體制的崩潰和民主化，但也非完全依附於國家的控制，其展現自主性的方式之一，即是提出基於學術專業和社會關懷的話語體系，並且讓國家接受甚至重視學者提出的話語。緣此，本文提出「合意空間」的概念，以 2007~2019 年國家社科《指南》和《立項》為文本資料，使用文字探勘技術探討中國大陸國家和學術知識分子的話語互動，發現知識分子使用迴避硬核意識形態、敏感概念的意識形態化、選擇基於社會關懷的新興議題等三種策略，得以在制度化管道之下，提出與國家偏好不同的研究議題，改變國家既有的話語結構，從而達到服務政治和維持自主性的雙重目的。

本文的研究結果可與以下幾個方面研究進行對話：

第一，針對知識分子的研究方面，有別於以往文獻強調以人為中心，以觀念和言論為判斷標準，進行知識分子群體的類型化分析（Hao and Guo, 2016; Noakes, 2014），本文強調話語分析的重要性，採取以知識分子所提出話語內容為中心的分析方式，並觀察其話語的政治效應，進而提出「合意空間」作為展現知識分子自主性的概念。

第二，針對國家與知識分子的互動研究方面，王信賢、鄧巧琳（2020）以國家社科基金項目為例，將中國大陸高校教師與政府之間的關係稱之為「壟斷性侍從主義」。

本文奠基在王鄧一文的基礎之上，指出除了「壟斷性侍從」關係之外，學者仍具備有限自主性，學者基於學術專業和社會關懷，仍可運用不同策略創造自主的話語空間，甚至影響到國家話語體系和政策方向，藉此完善對於中國大陸知識分子與國家關係的理解。

第三，現有社會運動和政治傳播研究對於話語使用策略抱持不同看法，有學者認為可利用政府文件或高層指示，創造有利於社會運動的話語機會結構（Stern and O'Brien, 2012; Steinhardt, 2016），有學者認為應採取政治迴避的話語策略，避免相關批評引發政府的不滿（Tong, 2009）。本文提出不同於前述兩者的新觀點，認為學者基於本身的理論和專業素養，可依照意識形態和政治標語的內容，靈活選擇迴避或連結意識形態的不同策略，創造出國家同意的話語空間。

第四，本文的研究結果為 Heilmannand Perry（2011）提出「調適性治理」提供了一種可能的側面說明。晚近中國大陸研究者採取動態和演化的視角指出，國家與社會的訊息交流並不僅止於由上而下的單方面諮詢，更重要的是透過對話和溝通的過程，促進社會發展和維持社會穩定（Lee and Zhang, 2013）。Ang（2016）展示政府和市場的相互演化（coevolution），如何幫助中國大陸跳脫中等收入的陷阱。Shue and Thornton（2017）指出，中國大陸的國家與社會互動沒有既定模式，而必須在過程當中相互學習和調適。Hsu, Tsai,and Chang（2021）提出演化治理（evolutionary governance）的概念，探討國家與社會互動類型何以改善治理品質。

相較於多數研究關注國家與社會行為者之間實際的互動行為，本文以國家與知識分子的話語互動為主題，說明即使在國家設定的制度框架之內，國家與知識分子之間也並非領導和服從的單向關係，而是兩者相互合作和建構。雖然知識分子僅是社會的一小部分，社科基金項目僅是知識分子與國家關係互動機制的一環，但在話語體系的建構上，知識分子能夠基於本身偏好有所選擇，甚至持續發揮引導國家意識形態和話語體系的作用，而國家也願意吸納知識分子的知識，從而進行自身的調適與改變，兩者的互動可能有助於威權體制的「調適性治理」。

參考文獻

王信賢、鄧巧琳，2020，〈壟斷性侍從主義：中國國家社科基金項目中的國家社會關係〉，《中國大陸研究》，63 (3)：1-44。

王詩宗、宋程成，2013，〈獨立抑或自主：中國社會組織特徵問題重思〉，《中國社會科學》，5：50-66。

王詩宗、宋程成、許鹿，2014，〈中國社會組織多重特徵的機制性分析〉，《中國社會科學》，12：42-59。

王禮鑫，2013，〈國家學習能力的建構：以中共中央政治局集體學習制度為個案的研究〉，陈明明主编，《復旦政治學評論》第 13 輯《比較視野中的現代國家建設》，上海：上海人民出版社。

中國共產黨新聞網，2017，〈推進中國上海自由貿易試驗區建設加強和創新特大城市社會治理〉，中國共產黨新聞網：http://cpc.people.com.cn/n/2014/0306/c87228-24540780.html，查閱時間:2021/4/9。

全國哲學社會科學工作辦公室，2013，〈國家社會科學基金管理辦法〉，全國哲學社會科學工作辦公室：http://www.nopss.gov.cn/n/2013/0520/c219644-21542088.html，查閱時間：2021/4/9。

全國哲學社會科學工作辦公室，2021，〈2021 年度國家社會科學基金專案申報公告〉，全國哲學社會科學工作辦公室：http://www.nopss.gov.cn/n1/2021/0106/c219469-31991309.html，查閱時間：2021/4/9。

李泉，2014a，〈治理理論與中國政治改革的思想建構〉，《復旦學報（社會科學版）》，2：138-145。

李泉，2014b，〈當代中國官方治理話語的意識形態起源〉，《文化縱橫》，5：138-145。

李艷霞，2021，〈論當代中國政治學者的社會角色認知與變遷〉，《廈門大學學報（哲學社會科學版）》，1：57-68。

俞可平主編，2000，《治理與善治》，北京：社會科學文獻出版社。

郁建興、關爽，2014，〈從社會管控到社會治理 - 當代中國國家與社會關係的新進展〉，《探索與爭鳴》，12：7-16。

高仲飛，2013，〈縱向課題與橫向課題比較研究〉，《經濟研究導報》，15：264-265。

張士峯，2016，〈中國官方如何進行學術控制？社會科學領域項目審核的實證研究 1994-

2015〉，2016 年臺灣政治學會年會暨「民主的挑戰與深化：臺灣新政局的契機」國際學術研討會，臺北：世新大學。

張可，2020，〈當代中國知識分子研究的社會學轉向：概念、成果與分析框架〉，《社會學評論》，8（5）：104-116。

謝儲鍵、張鎧文、陳敦源，2018，〈臺灣公共行政領域智識流動的研究：治理概念擴散與連接之初探〉，《行政暨政策學報》，66：39-83。

陳述之、江衍良，2012，〈改革開放時期中共意識形態的結構與演變：由鄧小平理論、「三個代表」重要思想到科學發展觀的發展過程〉，《中國大陸研究》，55（3）：1-33。

陳晨、李福華，2016，〈知识分子：大學教師的內在訴求〉，《教師教育研究》，28（2）：8-14。

新華網，2017，〈中共中央國務院關於加強和完善城鄉社區治理的意見〉，新華網：http://www.gov.cn/zhengce/2017-06/12/content_5201910.htm，查閱時間：2021/4/9。

新華網，2019，〈中共中央國務院印發國家積極應對人口老齡化中長期規劃〉，新華網：http://www.gov.cn/zhengce/2019-11/21/content_5454347.htm。2021/4/9。

楊立華、常多粉，2019，〈中国行政学三十年的範式變遷：從行政管理到公共治理〉，《中國行政管理》，6：94-102。

楊雪冬、季智璇，2021，〈政治話語中的詞彙共用與概念共享—以"治理"為例〉，《南京大學學報（哲學、人文科學、社會科學版）》，1：74-88。

鄧正來，2011，〈"生存性智能模式"——對中國市民社會研究既有理論模式的檢視〉，《吉林大學社會科學學報》，51（2）：5-10。

關爽、郁建興，2016，〈国家主导的社会治理：當代中國社會治理的發展模式〉，《上海行政學院學報》，17（2）：4-12。

Ang, Y. Y. 2016. *How China Escaped the Poverty Trap*. Ithaca and London: Cornell University Press.

Bonnin, M., andChevrier, Y. 1991. "The Intellectual and the State: Social Dynamics of Intellectual Autonomy During the Post-Mao Era." *The China Quarterly*, 127: 569-593.

Cheek, T., Ownby, D, and Fogel, J. 2018. "Mapping the Intellectual Public Sphere in China Today." *China Information*, 32(1): 107-120.

Evasdottir, Erika E.S. 2004. *Obedient Autonomy: Chinese Intellectuals and the Achievement of Orderly Life*. Vancouver: UBC Press.

Gandhi, J, and Przeworski, A. 2007. "Authoritarian Institutions and the Survival of Autocrats."

Comparative Political Studies, 40(11): 1279-1301.

Gandhi, J. 2008. *Political Institutions under Dictatorship*. New York: Cambridge University Press.

Greitens, S. C., and Rory, T. 2020. "Repressive Experiences among China Scholars: New Evidence from Survey Data." *The China Quarterly*, 242: 349-375.

Gu, E., and Goldman, M. 2004. "Introduction: The Transformation of the Relationship between Chinese Intellectuals and the State." InE. Gu and M. Goldman, eds., *Chinese Intellectuals between State and Market*, pp. 1-17. London and New York: Routledge Curzon.

Guo, S. 2012. *Chinese Politics and Government: Power, Ideology and Organization*. London and New York: Routledge.

Hao, Z., and Guo, Z. 2016. "Professors as Intellectuals in China: Political Identities and Roles in a Provincial University." *The China Quarterly*, 228: 1-22.

Heilmann, S., and Perry, E. J. 2011. "Embracing Uncertainty: Guerrilla Policy Style and Adaptive Governance in China." In S. Heilmann and E. J. Perry, eds., *Mao's Invisible Hand: The Political Foundations of Adaptive Governance in China*, pp. 1-29. Cambridge, MA: Harvard University Asia Center.

Hsu, S., Tsai, K. S., and Chang, C. 2021. *Evolutionary Governance in China: State-Society Relations under Authoritarianism*. Cambridge and London: Harvard University Asia Center.

King, Gary, Pan, J., and Roberts, M. E. 2013. "How Censorship in China Allows Government Criticism but Silences Collective Expression." *American Political Science Review*, 107(2): 1-18.

King, Gary, Pan, J., and Roberts, M. E. 2014. "Reverse-engineering Censorship in China: Randomized Experimentation and Participant Observation." Science, 345(6199): 1-10.

King, Gary, Pan, J., and Roberts, M. E. 2017. "How the Chinese Government Fabricates Social Media Posts for Strategic Distraction, Not Engaged Argument." *American Political Science Review*, 111(3): 484-501.

Lee, C. K. and Zhang, Y. 2013. "The Power of Instability: Unraveling the Foundations of Bargained Authoritarianism in China." *American Journal of Sociology*, 118(6): 1475-1508.

Lee, J., 2013. "Perceptions of Democracy Among Chinese Intellectuals: Evidence from Political Scientists in Beijing and Shanghai." *Asian Perspective*, 3: 333-361.

Li, Zhi. 2013. "Persistence in 'Hard Core' and Adjustment of 'Protective Belt': Text Analysis on Governance Programme of Chinese Communist Party." https://doi.org/10.2991/

mdhss-13.2013.68, (February 21, 2021).

Lorentzen, P., 2017. "Designing Contentious Politics in Post-1989 China." *Modern China*, 43(5): 459-493.

Noakes, S., 2014. "The Role of Political Science in China: Intellectuals and Authoritarian Resilience." *Political Science Quarterly*, 129(2): 239-260.

Repnikova, M. 2018. "Contesting the State under Authoritarianism: Critical Journalists in China and Russia." *Comparative Politics*, 51(1): 41-60.

Rhodes, Roderick A. W. 1996. "The New Governance Governing without Government." Political Studies, 44: 652-67.

Roberts, M. E. 2018. *Censored: Distraction and Diversion inside the China's Great Firewall*. Princeton, N.J.: Princeton University Press.

Shi, Y., and Rao, Y. 2010. "China's Research Culture." *Science*, 329(5996): 1128.

Shue, V., and Thornton, P. M. 2017. "Introduction: Beyond Implicit Political Dichotomies and Linear Models of Change in China." In V. Shue and P. M. Thornton, eds., *To Govern China: Evolving Practices of Power*, pp. 1-26. New York: Cambridge University Press.

Sleeboom-Faulkner, M. 2007. "Regulating Intellectual Life in China: The Case of the Chinese Academy of Social Sciences." *The China Quarterly*, 189: 83-99.

Steinhardt, H. C. 2016. "State Behavior and the Intensification of Intellectual Criticism in China: The Social Stability Debate." *Modern China*, 42(3): 300-336.

Stern, R. E., and O'Brien J. K. 2012. "Politics at the Boundary: Mixed Signals and the Chinese State." *Modern China*, 38(2): 174-198.

Tong, J. 2009. "Press Self-censorship in China: A Case Study in the Transformation of Discourse." *Discourse and Society*, 20(5): 593-612.

Tsai, Wen-Hsuan, and Nicola, Dean. 2013. "The CCP's Learning System: Thought Unification and Regime Adaptation." *The China Journal*, 69: 87-107.

Wang, Q., and Guo, G. 2015. "Yu Keping and Chinese Intellectual Discourse on Good Governance." *The China Quarterly*, 224: 985-1005.

Zhang, Y. 2007. "Politics, Culture, and Scholarly Responsibility in China: Toward a Culturally Sensitive Analytical Approach." *Asian Perspective*, 31(3): 103-124.

附錄

本文以歷年國家社科基金的《指南》和項目為數據，旨在分析中國大陸官方與學術知識分子之間的「合意空間」及其建構過程。本文使用統計軟件 RStudio（4.0.3 版）進行文本拆詞和主　模型分析，使用 Microsoft Office Excel 進行詞彙匹配分析。在 Rstudio 中使用的包（package）包括：tm、Rwordseg、jiebaR、slam，用於拆詞、詞頻分析和建立語料庫。具體步驟為：

一、自全國哲學社會科學辦公室網站（http://www.nopss.gov.cn/GB/index.html）下載 2007 年 -2019 年《國家社科基金項目年度項目指南》和「國家社科基金項目數據庫」的所有項目標題。根據分析需求，分別導入 Rstudio 形成「歷年（2007年 -2019 年）指南數據庫」、「歷年（2007 年 -2019 年）立項數據庫」、「胡錦濤時期（2007-2011 年）指南數據庫」、「胡錦濤時期（2007-2011 年）立項數據庫」、「習近平時期（2012-2019 年）指南數據庫」和「習近平時期（2012-2019 年）立項數據庫」共六個資料庫。

二、在拆詞詞庫中補充「一帶一路」等若干個手動補入詞彙和「政府機關團體機構大全」等若干個搜狗詞庫，並刪除數據庫中的標點符號、英文、數字和「由」、「與」、「向」等若干個停頓詞等，提升拆詞效率和準確性。

三、使用 Rstudio 對上述 6 個數據庫進行拆詞，將每一標題拆分為若干個不同詞彙。以 2007 年《指南》中的「毛澤東思想、鄧小平理論、"三個代表"重要思想研究」為例，該詞條會被拆分為「毛澤東思想」、「鄧小平理論」、「三個代表」、「重要思想」和「研究」。

四、針對 6 個數據庫中的詞彙進行詞頻統計，按照詞彙出現的頻率多寡，選取出現頻率最多的前 100 個詞彙製作 6 個 Excel 表格，隨後進行詞彙匹配分析，再將《指南》和《立項》詞彙的排名進行匹配分析，形成「歷年詞彙匹配表」、「胡錦濤時期詞彙匹配表」、「習近平時期詞彙匹配表」等三個詞彙匹配表，以供後續分析。

五、「歷年詞彙匹配表」、「胡錦濤時期詞彙匹配表」、「習近平時期詞彙匹配表」的完整內容，可參考線上補充檔案：https://osf.io/g3vry/?view_only=33bca101ec144752a314a9692c4374d7

第 10 章

威權的跨境流動與消長
中國因素、雙重政商關係與臺灣媒體自我審查

黃兆年

壹、前言

　　自由之家（Freedom House）（2010）曾多次在新聞自由調查報告中指出，2008年底旺旺集團併購中時集團後，旗下媒體開始承受來自中國政府的直接或間接壓力，導致其對六四、西藏、新疆、法輪功等中國官方敏感議題進行自我審查（self-censorship）。無獨有偶，此現象不只發生在統派媒體身上，也發生在獨派媒體身上。美國國家民主基金會（National Endowment for Democracy）的調查報告亦指出，三立電視臺自 2009 年起為了讓電視劇通過中國政府審批、賣入中國市場，故曾要求淡化處理六四、法輪功、達賴喇嘛等中國官方敏感議題，更在 2012 年停播高收視的政論節目「大話新聞」（Cook 2013）。儘管此二媒體都曾在「中國因素」影響下實施自我審查，但不同之處在於：旺中直至 2010 年代末仍持續自我審查，即使歷經 2012 年的拒絕中時運動、反媒體壟斷運動、乃至 2009 年的反紅媒運動也未曾動搖。然而，三立則在 2010 年代後期似已停止自我審查，2017 年底邀請大話新聞主持人鄭弘儀回鍋主持政論節目。

本文為再版文章，原文刊登於：黃兆年，2022，〈威權的跨境流動與消長：中國因素、雙重政商關係與臺灣媒體自我審查〉，《問題與研究》，第 61 卷第 3 期，頁 1-50。本文經授權單位《問題與研究》編輯部同意授權重刊。本文係科技部專題研究計畫（MOST 111-2636-H-004-002-）之部分成果，初稿曾發表於臺灣發展研究學會於 2020～2021 年間舉辦之「王振寰講座教授榮退」系列工作坊。作者感謝研究過程中每位受訪者的分享，以及巫旻樺、張芸嘉的協助，亦感謝湯京平、簡旭伸、李宗榮等人的評論與建議，以及兩位匿名審查人、《問題與研究》編輯委員會的修改意見。

有鑑於此，本文欲探討之研究問題如下：臺灣媒體為何會受中國因素影響而實施自我審查？採取或增加自我審查的條件為何？減少或停止自我審查的條件又為何？此議題之所以值得關心，乃是因為媒體與一般經濟市場的商品不同，不僅是私有財（private goods），也是公共財（public goods），媒體能否提供公正多元的資訊、促進公民進行民主溝通，關乎民主制度的運作品質。尤其在中國崛起脈絡下，臺灣首當其衝面臨一個外部威權強國對其境外自由、民主的潛在衝擊，故中國威權主義是否／如何對臺灣的媒體運作產生外溢效果（spillover effects），便關乎臺灣民主的存續及發展。

許多現有研究指出，臺灣媒體的運作越來越受到中國因素的影響，此影響主要透過「跨海峽政商關係」發揮作用。具體來說，部分臺灣媒體為了外銷電視劇至中國市場、接收中國政府的置入行銷、或拓展業外資本在中國大陸的特許利益等，大約自 2000 年代末便開始針對中國官方敏感議題進行自我審查（川上桃子 2017; 何清漣 2019; 張錦華、陳莞欣 2015; 馮建三 2016; 黃兆年 2017; Hsu 2014; Huang 2017; Lin and Lee 2017）。儘管現有研究有助於了解中國因素影響力的成長、以及部分臺灣媒體自我審查的增加，但卻尚未對中國因素影響力的消退、以及部分臺灣媒體自我審查的減少等現象提出解釋。為補充現有研究，本文提出「雙重政商關係」的研究途徑，將「在地政商關係」加入探討中國因素影響的理論架構，關注其與「跨海峽政商關係」的互動與作用，期能對中國因素對臺灣媒體自我審查影響力的消長做出更完整的解釋。

概略而言，本文基於訪談及次級資料對旺中和三立進行比較個案研究之後發現：當某臺灣媒體的跨海峽政商關係比在地政商關係更加強化時，該媒體將採取或增加因中國因素而產生的自我審查；而當其在地政商關係比跨海峽政商關係更加強化時，則會減少或取消該類自我審查。以下依序介紹理論架構及研究方法，呈現旺中、三立的個案分析與比較，最後提出結論。

貳、理論架構與研究方法

本文試圖從「雙重政商關係」的視角，探討中國因素對臺灣媒體自我審查的影響力消長。媒體自我審查經常被視為新聞自由的主要威脅來源之一，意指新聞工作者、

媒體組織、乃至整個媒體社群針對特定的議題採取諸如忽略、淡化、扭曲、轉移焦點、刻意修辭掩飾等編輯行動，以免遭到政府或掌權者的報復，或蒙受收視及廣告等商業損失（Lee 1998）。前者可稱為政府導向（government-induced）的自我審查，後者則可稱為市場導向（market-induced）的自我審查。在當代中國內部，媒體自我審查通常兼具政府導向與市場導向的特徵，亦即媒體組織或新聞工作者必須針對六四、法輪功、臺獨、藏獨、疆獨等官方敏感議題加以過濾或淡化處理，以免面臨被當局判刑、撤照、取消補貼或廣告等各種懲罰（Kurlantzick and Link 2009）。隨著中國崛起，此種中國式自我審查也逐漸延伸至中國境外，越來越多世界各地的媒體企業或新聞工作者，被迫針對中國官方敏感議題予以減量或淡化處理，以免被中國政府拒發簽證，或拒於其廣大的發行、廣告及資本市場門外（何清漣 2019; Cook 2013）。本文所關注的臺灣媒體在中國因素影響下的自我審查，即屬於此種肇因於境外政府或市場力量的誘因與威脅而引發的外導型（external-induced）自我審查。

為針對上述臺灣媒體在中國因素影響下實施外導型自我審查的現象做出系統性的解釋，本文提出「雙重政商關係」作為主要的理論架構。具體來說，本文相信臺灣媒體一方面鑲嵌於其母國臺灣的在地政商關係之中，另方面也鑲嵌於其與投資地主國中國之間的跨海峽政商關係之中，故臺灣媒體的運作在一定程度上取決於此雙重政商關係的影響力消長。具體來說，本文所提假設如下：當跨海峽政商關係比在地政商關係更加強化時，臺灣媒體容易受中國因素影響而採取或增加外導型自我審查；反之，當在地政商關係比跨海峽政商關係更加強化時，臺灣媒體則會減少或取消外導型自我審查。

所謂政商關係即是政府與企業之間的關係，不論是在地政商關係，或者跨海峽政商關係，皆各有其經濟／財務的層面，亦各有其政治／組織的層面。在本文中，在地政商關係即是臺灣本地的政府與企業之間的關係，此關係承襲自威權統治、民主轉型、乃至歷次政黨輪替等不同階段所涉及的各種經濟／財務上與政治／組織上的連結（王振寰 1993; 王振寰 2012; 王振寰、李宗榮、陳琮淵 2017）。在經濟／財務層面上，政府在威權統治時期掌控金融高地與黨公營事業，並運用產業政策、特許經濟、政府採購、公私相互持股／互任董監事等機制，引導私營企業追求經濟發展，同時換取其政治忠誠（朱雲漢 1989; 李宗榮 2007; 蕭全政 1989; Amsden1985; Evans1995; Gold1986; Wade1990; Wu 1987）。隨著經濟自由化、政治民主化的發展，私營企業可

藉由投資外移的選擇、選舉經費／政治獻金的挹注、乃至公職的參選等手段，提升對政府決策的影響力（蕭全政 2004; 瞿宛文 2011）。但國民黨政府在民主化初期仍可藉由黨營事業釋出股權、共享內線消息等作法，保持與私營企業之間的合作關係及相對自主性（張鐵志 2008; 陳師孟等 1991）。而首次政黨輪替後的民進黨政府則是運用行政資源（如公營事業／公股公司的資金與人事、民營化釋股、公共工程承包等）以及金融改革（包括一系列去管制化、自由化、民營化、併購等過程），換取特定私營企業的政治獻金及選舉支持（陶儀芬、張珈健 2008; 黃宗昊 2004）。在政治／組織層面上，國民黨在威權統治時期透過工業總會、商業總會、工商協進會等利益代理組織，以及特種黨部在各生產事業內部所成立的政治組織，確保公私營企業的政治忠誠。民主轉型之後，國民黨政府持續透過工商團體對企業家乃至其第二代發揮影響，民進黨政府上臺後則將原有「三大」工商團體稀釋成「六大」（新增中小企業協會、工業協進會、臺灣區電機電子公會）以求擴大對私營企業的影響，此外兩黨亦透過總統府資政／國策顧問等職務、其他公共關係、地方選舉提名權等手段，進行對私營企業與地方派系的吸納（王振寰 1993; 王振寰 2012; 王振寰、李宗榮、陳琮淵 2017）。

另一方面，跨海峽政商關係在本文中主要指涉中國政府與臺灣企業之間的關係。臺灣經歷二次政黨輪替後，隨著國共兩黨互動與兩岸經貿往來日益增加，臺灣企業與中國政府之間的關係也日益密切，在此關係中，中國政府顯然佔據比臺灣企業更高的政經優勢。在經濟／財務層面上，中國政府利用臺灣對其勞動力與消費市場的經濟依賴，以市場准入的審批權、優惠政策與特許利益作為誘因或威脅，影響部分臺灣企業的決策與行為，甚至使之成為「政治代理人」或「在地協力者」。在政治／組織層面上，中國政府也運用各種制度化或半制度化的兩岸交流平臺，例如博鰲亞洲論壇、國共論壇、海峽論壇、兩岸企業家峰會、以及中國各地的臺商協會等，藉以強化對臺灣企業的吸納（吳介民 2017）。

以上所勾勒的在地政商關係與跨海峽政商關係也充分適用在臺灣的傳播媒體場域。首先，就在地政商關係而言，在經濟／財務層面上，國民黨政府在威權統治時期得以運用市場准入、財政補貼、低利貸款、廣告費等經濟利益交換民營報業的政治忠誠（林麗雲 2000）。1988 年報禁解除後，儘管各類媒體陸續在新自由主義浪潮下自由化、民營化、去管制化及商業化（林麗雲 2004; 陳炳宏 2009; 馮建三 1995），但不論

國民黨或民進黨執政皆可透過選舉廣告、政策廣告、置入行銷、媒體標案等方法換取媒體企業協助政治與政策宣傳（林照真 2005; 羅世宏 2008）。此外國民黨在 2005 年履行黨政軍退出媒體之前，仍可經由黨營事業掌控包括中視、中廣、中影在內的部分媒體企業。在政治／組織層面上，國民黨政府在威權統治時期主要透過掌握黨／公營媒體、設置新聞黨部、邀請兩大民營報業老闆任職黨中央等方式控制公私營媒體（林麗雲 2000）。民主轉型之後，許多報社與電視臺仍積極經營與特定政黨之間的人際網絡，甚至涉入黨內派系的鬥爭與競合（林麗雲 2008; 羅世宏 2008），藉此維繫政媒關係、爭取企業利益。相對地，民選政府則可能採取各種公共關係手段，例如獨家消息的提供、餐敘與出訪的安排等，以拉攏特定的媒體企業。

其次，就跨海峽政商關係而言，在經濟／財務層面上，中國政府可以運用市場准入的審批權，對有意赴中國擴展發行市場的臺灣媒體施壓；中國各級機關也能採取置入行銷專案，對有意爭取中國官方廣告收益的臺灣媒體進行吸納；此外中國當局亦可透過補貼與政策優惠，為持有臺灣媒體的親中臺商確保在中國的商業利益（川上桃子 2017; 馮建三 2016; Hsu 2014; Huang 2017）。在政治／組織層面上，除了一般性的跨海峽政商網絡之外，中國政府還定期舉辦「海峽媒體峰會」、「兩岸媒體人北京峰會」等專為兩岸媒體高層提供的交流平臺，甚至不定期邀請臺灣媒體主管至北京參加「閉門座談會」，以便對臺灣媒體企業實施統戰（李志德 2014; Huang 2019）。

基於上述對在地政商關係與跨海峽政商關係的理解與界定，本文提出以下理論架構，期能釐清雙重政商關係與臺灣媒體的外導型自我審查之間的因果鏈結（見圖 10-1）。首先，作為理性自利的行為者，臺灣媒體企業的首要行動邏輯在於極大化企業的營收與利潤。因此，在臺灣當地的政商關係之中，臺灣媒體傾向運用其與執政當局、以及特定政黨／派系的人際網絡與公共關係，爭取政府標案、政策廣告、政治獻金等經濟資源。同樣地，在跨海峽政商關係之中，臺灣媒體亦會藉由各種兩岸之間的政商交流平臺，向中國政府爭取補貼、廣告、發行等各類特許商業利益。其次，在對外爭取企業利益極大化的考量之下，臺灣媒體可能會為了回應本地政府或中國政府的要求，而對內設定或修改新聞編輯規範，最終導致政府導向或外導型的自我審查（本文研究範圍在於關注中國因素影響下的外導型自我審查）。起初，自我審查通常涉及一種由上而下的過程，亦即媒體企業高層運用其人事與資源分配的權力，在層級體系

圖10-1　研究架構

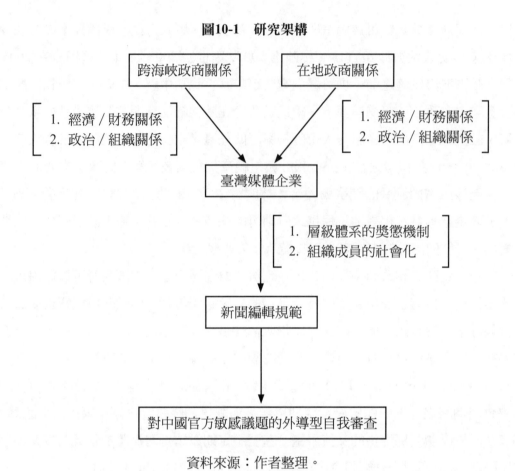

資料來源：作者整理。

中建立起針對特定議題不予報導或淡化處理的新聞編輯規範。但到後來，自我審查可能變成一種由下而上的過程，亦即媒體組織成員透過編輯室裡的日常運作與互動，逐漸建構起「什麼能說」、「什麼不能說」的新聞編輯規範（Jansen 1988）。

　　為驗證上述理論，本文針對旺中集團和三立集團進行比較個案研究，此二集團分屬統獨光譜的兩端，且皆因曾受中國因素顯著影響而蘊含經驗層面的研究價值，符合配額抽樣及立意抽樣的個案選擇標準。具體來說，本文將分別針對旺中與三立進行「個案內多重比較」（multiple within-case comparisons），以確認跨海峽政商關係、在地政商關係、外導型自我審查這三個主要變數在不同時間階段之間是否存在共變關係。其次，本文將分別針對旺中與三立進行「過程追蹤」（process tracing），以釐清特定時間階段當中雙重政商關係與外導型自我審查之間的因果鏈結。第三，本文將針對旺中與三立進行

「個案間比較」，透過交叉分析與綜合討論再次確認所提理論的有效性。上述個案研究所需的經驗資料來源主要包括：既有文獻、新聞報導、政府官方檔案、以及作者於 2014 年、2019～2021 年針對臺灣新聞工作者蒐集的半結構式（semi-structured）訪談資料，多數訪談以實體方式進行，少數以網路進行者，將於引用時註明。

參、個案研究：旺中集團

就跨海峽政商關係的經濟／財務層面而言，旺中與中國政府的關係強度自 2008 年底開始變得強化，此密切關係在整個 2010 年代保持穩定，具體呈現在媒體賴以維生的發行、廣告、資本等市場面向，其中後兩者對該集團的重要性又格外顯著。首先，在發行市場方面，由於中國政府對於境外媒體內容的市場准入採取嚴格的管制措施，故旺中在中國大陸的（有限的）報紙發行、網站露出、電視劇播出可視為中國政府特許下的經濟利益。早自 1990 年代起，中時集團創辦人余紀忠就已開始爭取在中國大陸發行報紙，然而《中國時報》以及同樣在臺灣被視為統派的《聯合報》，僅被准許在中國市場提供有限的訂閱與發行，亦即侷限於特定的地區、機構和人員，例如臺商企業、外資公司、五星級飯店、從事臺灣研究的學術機構等。[1] 2008 年底蔡衍明收購中時集團之後，不僅中時得以持續在中國市場有限發行，「中時電子報」還可在中國網路長城之內享有不被封鎖、完整露出的特殊待遇。根據《聯合報》新媒體部的實測，2015 年 1 月 12 日至 4 月 1 日期間，《自由時報》、《蘋果日報》、《聯合報》等其他三大報的網站在中國被封鎖的比例分別是 95%、92%、67%，而「中時電子報」則是 0%（楊棋宇、蔡欣潔、金少文 2015）。

其次，在廣告市場方面，旺中自 2009 年起即經常性承接中國國臺辦、各省市政府的廣告案，在旗下媒體版面刊登有關中國招商、旅遊、來臺採購團、「惠臺」措施的置入性行銷。[2] 根據監察院的調查報告，儘管違反《兩岸人民關係條例》相關規定，

1　訪談蘇正平，2014 年 7 月 28 日。

2　訪談陳曉宜，2014 年 6 月 27 日。訪談倪炎元，2014 年 7 月 16 日。訪談何榮幸，2014 年 7

中時與聯合皆曾收受中國各省市政府的宣傳經費，在新聞版面置入許多為中國各地觀光景點做行銷的廣告內容。旺中甚至在北京成立一間名為「旺旺中時文化傳媒北京」的廣告代理商，專門招攬中國當局的廣告業務，再轉包給臺灣其他媒體，價格經常是行情價的兩倍以上（何清漣 2019; 監察院 2010）。新頭殼的調查報導揭露：2012 年 3 月底，旺中疑似經由旺旺中時文化傳媒北京的代理，收受福建省政府和廈門市政府的宣傳經費，配合福建省長蘇樹林訪臺期間的宣傳規劃，連續五日於中時特定版面置入多則相關新聞（林朝億 2012）。根據專業估算，2011 與 2012 年兩年之內計有 49 位中國省級官員訪臺，若每位以 1 則 15 萬元的價格向某報社購買 5 則「業配新聞」，則每間報社每年可得約 1,830 萬新臺幣的廣告收入（李志德 2014; 馮建三 2016）。根據路透社的調查報導，直至 2010 年代後期，仍有多間臺灣平面及電視媒體，持續收受中國國臺辦及省市政府的資金，協助產出有助於改善中國形象、推動對臺統戰的置入性行銷新聞（Lee and Cheng 2019）。根據中時前資深編輯的說法，旺中一直都存在這種業配性質、置入性質的宣傳業務，「我以前服務的單位就會固定組團去大陸各個省份接受這樣的業務，從一級（線）城市到地級城市都有，包括統戰部門、宣傳部門、臺辦，然後因為我集團裡面太多了，所以大家必須輪流去。」[3] 可見旺中已將中國政府提供的廣告費視為固定營收的一部份。

第三，在資本市場方面，旺中的業外資本（亦即與旺中同為旺旺集團子公司的中國旺旺）長期收受來自中國政府的巨額補助款，旺中再透過關聯企業之間的定期交易接受來自中國旺旺的資金挹注，等同於間接得到來自中國官方的財務支持。1990 年代起，發源於臺灣的旺旺集團（2021）開始把食品事業拓展至中國市場，成為全中國最大的米果和乳酸飲料製造商，至今已在中國各省投資上百家工廠、50 餘家分公司、以及 400 餘家營業所，此外亦投資房地產、飯店、醫院、金融保險等事業。2000 年代後期，旺旺集團突然投入臺灣媒體市場，於 2008 年底收購包括《中國時報》在內的中時集團，並在 2009 年完成對中視與中天電視的併購。對部分臺商來說，臺灣媒體本身或許不是有利可圖的經濟資產，但卻可當作政治資產或工具，藉以向中國當局

月 14 日。訪談蘇正平，2014 年 7 月 28 日。訪談李志德，2014 年 8 月 19 日。

3　訪談中時前資深編輯，2020 年 12 月 1 日。

爭取投資補貼或其他商業利益（Lin and Lee 2017）。根據中國旺旺（2020）的歷年財報，該公司最晚自 2000 年代中期即收受中國政府補助款，其母公司買下中時、中視、中天之後，2009 年的補助金額（3,256 餘萬美元）比 2008 年（1,505 餘萬美元）多了足足一倍有餘。2009～2020 年間，中國旺旺每年取得中國政府補助金額介於 3,112 餘萬至 7,242 餘萬美元，平均每年 5,291 餘萬美元，總計 11 年共 6 億 3,492 餘萬美元（見圖 10-2）。2009～2020 年間，每年中國政府補助佔中國旺旺利潤的比例介於 7.71% 至 13.37% 之間，平均 10.26%，亦即中國旺旺每賺 10 元即有 1 元來自中國政府的補貼（見圖 10-3）。

從財務結構來看，如果說中國旺旺對中國政府補助有所依賴，那麼旺中則是對中國旺旺的資金挹注有所依賴。具體來說，旺中旗下多數媒體長期以來皆處於虧損狀態，仰賴中天電視和《工商時報》撐起獲利（任我行 2021）。然而，根據中國旺旺（2018）公告於香港交易所的交易協議，中國旺旺最晚自 2013～2020 年間以每年 3000 餘萬至 4,900 餘萬人民幣向神旺（旺中的所有權者）承租辦公室，2016 年之前即曾以每年 210 萬美元向中天購買廣告時段，2017～2020 年間更以每年 500 萬至 610 萬美元持續向中天購買廣告時段，同時以每年 490 餘萬至 580 餘萬新臺幣向中視承租辦公室，2019～2020 年間則以每年 300 萬美元向時報資訊（旺中旗下網路媒體）購買廣告服務。以中天為例，2016～2019 年間每年平均利潤約 1 億 1339 萬新臺幣（蕭婷方 2020），但在扣除中國旺旺每年挹注約 1 億 5,000 餘萬至 1 億 8,300 餘萬新臺幣的廣告費用之後，中天便會虧損（賴昀 2020）。可見旺中直接獲利於中國旺旺的資金挹注，而中國旺旺則長期蒙受中國政府的財政補助，等同於旺中間接得到中國政府的財務支持。

就跨海峽政商關係的政治／組織層面而言，旺中與中國政府的關係強度自 2008 年底開始變得強化，此關係網絡在整個 2010 年代持續鞏固。2008 年 11 月買下中時之後，蔡衍明旋即在同年 12 月與國臺辦主任王毅會面，會中蔡衍明向王毅表達：「此次收購的目的之一，是希望藉助媒體的力量，來推進兩岸關係的進一步發展。」而王毅則承諾：「如果集團將來有需要，國臺辦定會全力支持。不但願意支持食品本業的壯大，對於未來兩岸電視節目的互動交流，國臺辦亦願意居中協助。」此前旺旺集團在中國大陸的影響力，只達到地方層級的官員，但買下臺灣老牌媒體之後，立即躋身中央層級（林倖妃 2009）。其後蔡衍明積極投入兩岸黨政媒高層的交流互訪，尤其熱

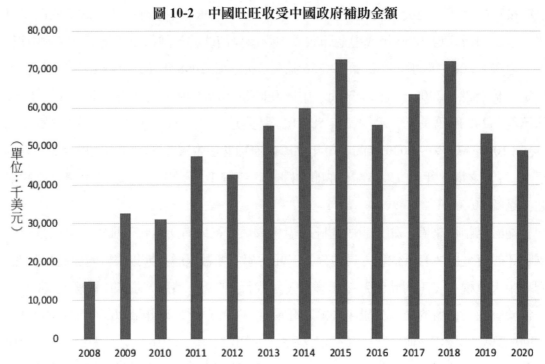

圖 10-2　中國旺旺收受中國政府補助金額

資料來源：中國旺旺2020，作者整理。

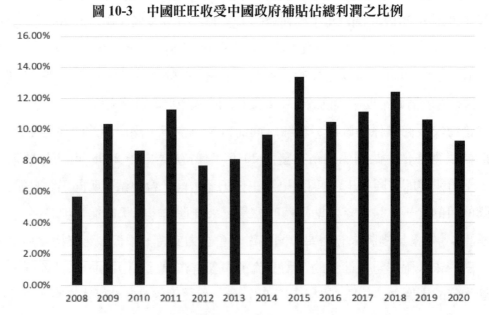

圖 10-3　中國旺旺收受中國政府補貼佔總利潤之比例

資料來源：中國旺旺2020，作者整理。

情接待中國貴賓蒞臨旺中指導，「一周兩、三團也不足為奇（南方快報 2009）。」除了交流互訪之外，旺中也積極參與兩岸之間較為制度化的政商組織或網絡，例如蔡衍明即以企業會員身分加入「兩岸企業家峰會」，旺中則幾乎每年都掛名主辦自 2009 年迄今已有 14 屆歷史的「海峽論壇」。在媒體領域的組織網絡方面，旺中早自 2009 年起便與《福建日報》聯合主辦至今已 9 屆的「海峽媒體峰會」，自 2015 年起則協助《北京日報》舉辦至今已 4 屆的「兩岸媒體人北京峰會」，同年起亦協助中國網信辦、浙江省政府舉辦至今已 7 屆的「世界互聯網大會」的「海峽兩岸暨香港、澳門互聯網發展」分論壇（見表 10-1）。在上述峰會／論壇中，旺中常態性扮演主辦、協辦的角色，創辦人蔡衍明、總裁蔡紹中、副董事長胡志強等高層亦經常出席致詞或參與交流。此外在 2009～2012 年間的「海峽媒體峰會」中，與會媒體連續四年簽署共同建議書，訴求兩岸媒體共同致力於促進兩岸關係和平發展、提升華文媒體的國際影響力、創造中華文化的繁榮、以及維護中華民族的根本利益（楊琇晶 2014; Huang 2019）。由此可見，旺中自 2008 年底之後業已與中國黨政媒官員之間建立起相當綿密且制度化的人際及組織網絡。

就在地政商關係的政治／組織層面而言，旺中與臺灣政府之間的關係強度自 2008 年國民黨執政起變得強化，但自 2016 年民進黨執政起又轉趨弱化。原因在於該集團與國民黨之間的人際網絡及組織關係更為緊密，但與民進黨之間的關係網絡則較為疏遠。某種程度上，旺中與國民黨之間的在地政商關係，可視為跨海峽政商關係塑造並強化之下的結果。2008 年底買下中時集團之前，蔡衍明因長期旅居中國大陸、專

表 10-1　旺中參與兩岸媒體交流概況

	海峽媒體峰會	兩岸媒體人北京峰會	世界互聯網大會
2009	聯合主辦、開幕致詞、簽署共同建議書	N/A	N/A
2010	聯合主辦、開幕致詞、簽署共同建議書	N/A	N/A
2011	聯合主辦、開幕致詞、簽署共同建議書	N/A	N/A

	海峽媒體峰會	兩岸媒體人北京峰會	世界互聯網大會
2012	聯合主辦、開幕致詞、簽署共同建議書	N/A	N/A
2013	聯合主辦、開幕致詞	N/A	N/A
2014	聯合主辦、開幕致詞	N/A	與會、發言
2015	聯合主辦、開幕致詞	協辦、致詞	與會、協辦分論壇、致詞
2016	N/A	協辦、致詞	與會、協辦分論壇、致詞
2017	聯合主辦、開幕致詞	協辦、致詞	與會、協辦分論壇、致詞
2018	N/A	N/A	與會、協辦分論壇、致詞
2019	N/A	協辦、致詞	與會、協辦分論壇、致詞
2020	查無明確資料	N/A	N/A
2021	N/A	N/A	與會、協辦分論壇、致詞

資料來源：作者整理。

心經營中國市場，而與臺灣政界關係較淡。根據蔡衍明的說法，他否認自己是北京指派前去收購中時的代理人，但他承認他知道國臺辦曾試圖找人去買下中時（田習如 2009）。根據臺灣政府資深官員的說法，國臺辦曾在中宣部的指示下，與國民黨某位資深領導階層合作，說服蔡衍明買下中時，以免中時落入立場反共的壹傳媒手中（Hsu 2014）。根據中時前資深編輯的說法，據說時任國民黨主席的吳伯雄曾勸說蔡衍明買下中時，以免中時落入香港人、壹傳媒手中，蔡衍明起初對新聞媒體一點興趣都沒有，「顯然他是受到國臺辦、國民黨的請託。」[4] 此後旺中開始與國民黨保持合作關係，首先是在國民黨執政時運用媒體資源加以護航。2008 年底甫入主中時半個月，蔡衍明特別利用假日召集報社一級主管吃飯，下達的第一道指令就是「全力擁護馬英九總統（陳免 2008）」，2009 年初更「公開要求編輯部不得批評馬政府、批評要有據（林倖妃 2009）」。根據中時前資深主管和編輯的證詞，蔡衍明曾下達指示減少或避免

---

4 訪談中時前資深編輯，2019 年 11 月 23 日。

對「馬政府」及「馬總統」的批評，並取而代之以正面支持的報導、或至少採平衡報導。[5]由於蔡衍明與國民黨政府高層關係良好，曾有政治組記者因一則有關馬英九失言的報導而差點受處分，亦曾有一篇南方朔所寫的專欄文章因批評馬英九而在半夜被緊急撤下。[6]另一方面，旺中也協助國民黨在選戰中進行政治宣傳。以 2018 年九合一選舉為例，旺中曾在編輯部門成立一個特別小組為國民黨高雄市長候選人韓國瑜助選，並曾在選前派出數十名編輯主管和記者南下高雄協助「韓國瑜凍蒜（Hille 2019）」。中天與中視是臺灣 11 間主要電視臺中唯二兩家在選前兩週播報韓國瑜的時間比例超過 50% 者：中天播報韓國瑜比例為 57.43%、民進黨高雄市長候選人陳其邁比例僅有 5.7%，中視則播報韓國瑜 52.94%、陳其邁 2.87%（國家通訊傳播委員會 2019）。除此之外，旺中副董事長一職自 2015 年 1 月起由當時競選臺中市長連任失利、時任國民黨副主席的胡志強擔任，胡 2020 年 4 月離職後自同年 6 月起則由曾任國民黨立委、臺北縣長的周錫瑋接任。由此可見，不論在國民黨執政或在野時期，旺中與該黨之間的合作關係都得以強化，相較之下與民進黨之間的組織網絡則較為薄弱。

就在地政商關係的經濟／財務層面而言，旺中與臺灣政府之間的關係強度自 2008 年國民黨執政起變得強化，但自 2016 年民進黨執政起又轉趨弱化。如同與兩政黨之間的組織關係，旺中與國民黨之間的財務關係較強，但與民進黨之間的財務關係則較弱。從晚近四屆總統大選兩大黨政治獻金的宣傳支出來看，雖然兩黨都曾支付宣傳經費給旺中，但國民黨給旺中的宣傳經費佔該黨宣傳支出總額的比例，經常高過民進黨給旺中的宣傳經費佔該黨宣傳支出總額的比例，在 2008 與 2020 年皆是如此，在 2016 年兩大黨則均未支付宣傳經費給旺中。此外在 2008、2012、2020 三年，國民黨經常支付宣傳經費給旺中，卻從未給過三立（見表 10-2）。顯見旺中與國民黨的互惠關係較之其與民進黨的互惠關係強度更高，使得旺中得以在國民黨執政時取得比民進黨執政時更多來自政府的經濟資源。以中央政府各部會的媒體標案為例，「國民黨政府當然讓對它好的 TVBS、中天拿了超級多。」[7]從政府電子採購網的統計資料來看，

5　訪談倪炎元，2014 年 7 月 16 日。訪談中時前資深編輯，2014 年 7 月 14 日。

6　訪談黃哲斌，2014 年 6 月 16 日。訪談中時前資深編輯，2019 年 11 月 23 日。

7　訪談三立記者，2020 年 11 月 25 日。

表 10-2　兩大黨總統大選政治獻金宣傳支出

總統大選	政治獻金 宣傳支出對象	國民黨	民進黨
2008	三立	0（0.00%）	11,892,180（4.34%）
	中時集團	1,788,620（0.40%）	117,600（0.04%）
2012	三立	0（0.00%）	4,464,750（1.24%）
	旺中	589,525（0.21%）	5,450,238（1.52%）
2016	三立	0（0.00%）	1,502,500（0.65%）
	旺中	0（0.00%）	0（0.00%）
2020	三立	0（0.00%）	60,000（0.02%）
	旺中	3,798,880（1.00%）	111,580（0.03%）

說明：表中數字為某黨支付某集團宣傳經費之金額（單位：新臺幣），括號內百分比則為該金額佔該黨宣傳支出總額之比例。

資料來源：監察院（2016; 2020），作者整理。

2008 年旺中僅能取得該年中央政府各部會所有媒體標案金額的 0.47%，隔年起出現增長趨勢，至 2010 年大幅增至 2.54%，其後 2011 ～ 2014 年均能維持在 1.5% 至 2% 之間。相對於此，2016 年旺中尚能取得 1.38% 的中央政府媒體標案，2017 年起連續三年卻驟降至 0.5% 以下，2020 年或因防疫政策宣傳採多元管道的需要而回升至 0.98%（見圖 10-4）。如以實際金額觀之，旺中於 2008 ～ 2015 年間可取得每年平均 8,867 萬餘元的中央政府宣傳標案，然而 2016 ～ 2020 年間卻僅能取得每年平均 5,599 萬餘元（公共工程委員會 2021）。由此可見，旺中在國民黨執政期間比在民進黨執政期間更能從臺灣政府身上取得較多的經濟利益。

　　2008 ～ 2010 年代中期，旺中的跨海峽政商關係因與中國政府在發行、廣告、資本等市場的合作而獲得強化，其在地政商關係也因國民黨取得執政而有所強化。儘管雙重政商關係皆獲強化，但該集團從前者所能取得的商業利益明顯大於其從後者所能取得的經濟利益。如前所述，旺中旗下多數媒體長期處於虧損狀態，唯二獲利者如中天電視則定期收受中國旺旺的資金挹注才得以獲利，而中國旺旺（2020）自 2009 ～

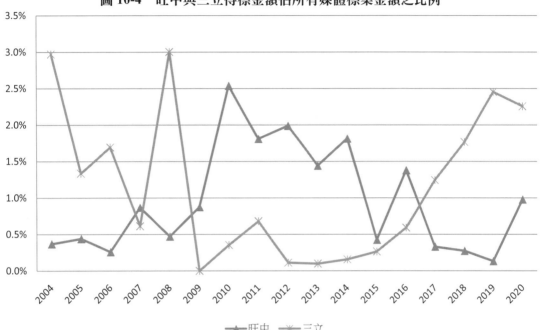

圖 10-4　旺中與三立得標金額佔所有媒體標案金額之比例

資料來源：公共工程委員會（2021），作者整理。

2019 年間每年皆有超過 90% 的營收來自中國市場，2009～2020 年間每年平均更有 10.26% 的利潤來自中國政府的補助，足見旺中對中國政府與市場的依賴遠大於其對臺灣政府與市場的依賴。上述情況導致該集團自 2008 年開始針對中國官方敏感議題建立新的新聞編輯規範，並逐漸在中國因素影響下實施外導型自我審查。2008 年底接手中時集團之後，蔡衍明開始經由正式會議或非正式的溝通管道，向媒體高層主管下達新聞編輯方針。買下中時後半個月，蔡衍明特別在 2008 年 11 月 16 日利用假日召集中時一級主管吃飯，並下達「擁護馬英九總統」、「化解兩岸人民誤會」、「所有新聞皆無關統獨」等三道指令（陳免 2008）。入主中時一年後，蔡衍明也開始積極參加每週一的主筆會議，向中時、中視、中天的社長、總主筆、總編輯、總經理等高層主管傳達其對特定議題的觀點與意志，除了涉己新聞、馬政府相關新聞之外，蔡格外關切六四、法輪功、藏獨、疆獨、臺獨、維權等中國官方敏感議題。[8] 於是「所有的高層主

8　訪談倪炎元，2014 年 7 月 16 日。訪談王健壯，2014 年 7 月 24 日。

管都明確地、直接或間接地感受到蔡衍明董事長的親中立場，然後新聞採訪越來越多各種禁忌，其中三個最主要的禁忌當然是：六四天安門事件、法輪功跟達賴喇嘛。」[9]接手中時後兩年內，蔡衍明把關於兩岸事務的人員和業務編制，從原本的「政治組」轉移到「大陸新聞中心」，以便老闆和高層直接控制相關新聞報導。[10]2009年12月海協會長陳雲林訪臺，中時於26日以頭版頭條報導海基會人士指陳是「C咖」，隔年1月8日蔡衍明即撤換總編輯夏珍，將其與《時報周刊》社長互調職位。對於撤換總編輯一事，蔡衍明曾私下對編採主管解釋：「對岸沒有給他任何壓力，而是他自己認為不應該刊登那種新聞，他自己覺得要換掉總編輯。」換句話說，此事完全是蔡「作為媒體老闆的自我審查」。[11]中時言論版面的情況又比新聞版面更為嚴重。2009年起，「時論廣場」編輯開始陸續接到言論版組長轉達主筆室的指示，包括不要處理六四（即使該年是六四20週年）、達賴喇嘛、熱比婭等議題，也不能刊登反對ECFA、批評「九二共識」的學者文章。[12]長年為中時撰寫專欄的作者亦曾被言論版編輯轉達「少寫中國敏感議題」、「避免強烈批判字眼」的建議。[13]及至2012年，由於蔡衍明接受《華盛頓郵報》專訪時稱六四屠殺的報導不是真的（Higgins 2012），許多學者及社運人士發起拒買、拒看、拒寫中時的運動，加上其後蔡衍明任用郭冠英為「地下總主筆」，導致中時言論版開始「完全赤化」：本來六四、藏獨、疆獨等議題不能談，如今可以談了，但必須採取中國官方立場，[14]例如六四「鎮壓有理」、藏獨和疆獨則被描寫成「西方帝國主義走狗」。長久以來，「時論廣場」被視為臺灣公共討論的自由園地，但蔡家接手到後來，幾乎淪為「中國政府的傳聲筒」。[15]

　　最遲自2012年開始，原先由媒體老闆「由上而下」傳達的新聞編輯規範，經過

9　訪談中時前資深編輯，2019年11月8日。

10　訪談黃哲斌，2014年6月16日。訪談中時前資深編輯，2014年7月14日。

11　訪談中時前資深編輯，2019年11月8日。

12　訪談蔡其達，2014年6月17日、2019年11月23日。

13　訪談張鐵志，2014年6月28日。

14　訪談王健壯，2014年7月24日。

15　訪談蔡其達，2014年6月17日、2019年11月23日。

新聞編製過程的日常互動，後來慢慢演變成記者、編輯「由下而上」揣摩上意、習以為常、甚至視為理所當然的一種組織文化（川上桃子 2017），導致外導型自我審查的社會化與日常化。具體來說，2010 年初蔡衍明因陳雲林 C 咖事件而撤換中時總編輯之後，「就算不用蔡衍明董事長自己親自下達指令，中時的主管們在新聞調度上都會自我審查。」因為主管們起初都以為蔡撤換總編輯是在對岸壓力下不得已的決定，但蔡卻自承是他自己的決定，此事讓主管們意識到「沒有比這更嚴重的自我審查」。[16] 故此後不只老闆由上而下自我審查，主管們也會由下而上揣摩上意，對中國官方敏感議題自我設限。[17] 例如 2010 年 10 月劉曉波獲諾貝爾和平獎，中時卻未將如此重大新聞放在頭版，反而僅放在內頁，即是主管們揣摩上意、自我設限所致。[18] 及至 2012 年 4 月 16 日，時任中時總編輯張景為曾寄一封群組信給編輯部同仁，該信要求檢討過去「被視為所謂『自由派』的時報風氣」，並認知「讓旺旺、中時兩種原本不同的企業文化相互調適、水乳交融」的重要性。[19] 此後中時許多記者、編輯「慢慢形成反射動作，只要碰到民進黨、臺獨的事項，就會集體痛罵，而碰到中國不名譽的事情，則是集體緘默，（自我審查）慢慢內化。」[20] 根據內容分析，中時於 2008 ～ 2013 年間有關中國敏感人權議題的新聞、圖表、特稿的數量皆呈現下降趨勢（李嘉艾 2015）。據統計，該報自 2009 年起對六四、達賴的報導及評論則數皆急遽減少（見圖 10-5）。關於「六四事件」或「天安門事件」的每年平均則數，從 1991 ～ 2008 年間的 36.44 則減至 2009 ～ 2021 年間的 8.77 則，僅剩 24.07%。至於「達賴」的每年平均則數，則從 1991 ～ 2008 年間的 91.83 則減至 2009 ～ 2021 年間的 20.23 則，僅剩 22.03%；倘若排除 1997、2001、2009 這三年達賴訪臺的極端值，每年平均則數更從 1991 ～ 2008 年間的 57.69 則減至 2009 ～ 2021 年間的 8.33 則，僅剩 14.44%。而在報導新疆

16　訪談中時前資深編輯，2019 年 11 月 8 日。

17　訪談中時前資深編輯，2014 年 7 月 14 日。訪談倪炎元，2014 年 7 月 16 日。訪談中時前資深編輯，2019 年 11 月 8 日。訪談蔡其達，2014 年 6 月 17 日、2019 年 11 月 23 日。

18　訪談中時前資深編輯，2014 年 7 月 14 日。

19　張景為，中國時報編輯部電子郵件〈總編輯給大家的一封信〉，2010 年 4 月 16 日。

20　訪談蔡其達，2019 年 11 月 23 日。

圖 10-5　中國時報歷年報導暨評論則數

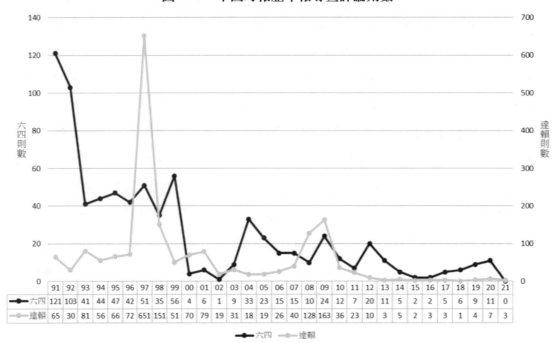

	91	92	93	94	95	96	97	98	99	00	01	02	03	04	05	06	07	08	09	10	11	12	13	14	15	16	17	18	19	20	21
六四	121	103	41	44	47	42	51	35	56	4	6	1	9	33	23	15	15	10	24	12	7	20	11	5	2	2	5	6	9	11	0
達賴	65	30	81	56	66	72	651	151	51	70	79	19	31	18	19	26	40	128	163	36	23	10	3	5	2	3	3	1	4	7	3

＊六四　＊達賴

資料來源：臺灣新聞智慧網（2022），作者整理。

衝突事件時，中時相對於其他三大報而言，明顯採取與中國黨媒一致的「官方維穩框架」，亦即 100% 採用中國官方的新聞來源、100% 將衝突責任歸因於抗議民眾而非官方，同時忽略自由權、法律保障權、民族自決權等重要的人權面向（張錦華、陳莞欣2015）。可見其新聞編輯規範逐漸向中國靠攏。

　　2010 年代中期起，旺中的跨海峽政商關係因與中國政府在發行、廣告、資本等市場的持續合作而獲得鞏固，但其在地政商關係卻因民進黨於 2016 年取得執政而轉趨弱化，此情況導致該集團在此期間持續強化在中國因素影響下的外導型自我審查。具體來說，旺中一方面持續貫徹「由上而下」與「由下而上」的自我審查，另方面則開始頻繁出現中國政府官員「由外而內」向旺中媒體高層主管直接關說或施壓所致的自我審查。首先，就「由上而下」自我審查而言，蔡衍明不僅會在每週一的主筆會議傳達原則性的理念，更幾乎每天經由微信群組向中時、中視、中天等媒體高層下達有關新聞報導內容、政論節目言論方向的指示，例如宣揚九二共識、引導選戰輿論、抨擊

民進黨高層、批評 NCC 等（國會無雙 2020）。此一微信群組的溝通模式，「在 2016、2017 年之後更為關鍵，因為真正的意旨是在裡面傳達的……當然會有蔡衍明的意志，或是有來自北京的影響在裡頭。」[21] 顯然媒體高層經常必須以蔡衍明馬首是瞻，難以保持新聞自主性，此情狀呼應國家通訊傳播委員會（2020）於 2020 年底駁回中天新聞臺換照申請的理由之一：「新聞製播遭受不當干擾」。可見「由上而下」的自我審查在旺中內部已然日常化。其次，就「由下而上」自我審查而言，不僅高層主管慣於揣摩上意、自我設限，就連基層記者也已學習融入企業的日常文化。以香港反送中議題為例，中時記者自承處理該類中國負面議題之前會先考量「報社的調性」，「我們都會先自我審查，看是要淡化處理，或是不要處理，或是要先問一下主管可不可以寫。」[22] 根據中天記者的觀察，由於反送中不在公司關心的議程範圍中，「長官自然不會去開這樣的稿單，我們也不會去提。」[23] 旺中的員工甚至不敢在臉書發布有關反送中的評論，因為「主管真的會去看，他會把這個同事貼標籤。」[24] 可見「由下而上」的自我審查在旺中內部亦已日常化。

最後，就「由外而內」自我審查而言，中國政府官員與旺中高層之間的新聞溝通，乃是建立在長期且日常的業務往來基礎之上。早自 2008 年底開始，由於食品本業和媒體置入行銷的業務需要，從老闆、業務主管、編輯主管到記者都有機會與國臺辦、各地臺辦、及其他涉臺單位建立聯繫管道，因此當對岸某政府單位有新聞溝通需要時，便可循既有聯繫管道對個別媒體高層進行單線的關切或施壓。2016 年起，由於兩岸關係隨著臺灣內部反中勢力興起、國民黨敗選而發生變化，中國官員對旺中高層的新聞干涉在層級上和頻率上都有所上升。[25] 根據英國《金融時報》的調查報導，中時與中天記者均證稱「他們的編輯主管直接接受國臺辦的指示」，中時記者表示「他們每天都打電話來……他們並不會干涉所有事務，主要聚焦在兩岸關係和中國議題，

21　訪談中時前資深編輯，網路訪談，2021 年 6 月 3 日。

22　訪談中時前資深記者，網路訪談，2019 年 11 月 11 日。

23　訪談中天前資深記者，2019 年 11 月 10 日。

24　訪談中時前資深記者，網路訪談，2019 年 11 月 19 日。

25　訪談中時前資深編輯，網路訪談，2021 年 6 月 3 日。

他們對於報導角度以及報導是否登在頭版有話語權。」中天記者則稱「中國官員會『組織』（organize）對於中國議題的報導，方法是指派故事情節和編輯立場給臺灣媒體派駐中國的記者（Hille 2019）。」曾任中時總編輯的戎撫天間接證實，國臺辦確實會打電話到編輯臺，他相信「國臺辦會打電話給記者，是因為希望記者瞭解國臺辦發佈的新聞，希望跟記者做好的溝通，希望記者的報導對國臺辦是有利的。」儘管他強調，「最後的判斷權還是在記者（鄒宗翰 2020）。」接受本研究訪談的中時前資深編輯亦呼應《金融時報》的報導內容「並未誇張」，他說通常「不用驚動到國臺辦的主任或副主任層級，底下一個科長層級的官員，就可以逕自打電話到編輯臺下達指示，還語帶威脅，例如哪個新聞做得不好、不符合黨的方向等等……國臺辦指揮臺灣媒體不是新聞，電視臺也有。」[26] 難怪有些前中時員工，眼看中時集團被旺旺集團接手後被徹底改變，形容它像《人民日報》海外版，或是央視的分臺。[27] 以旺中的案例來看，除了「由上而下」與「由下而上」的自我審查之外，「由外而內」的自我審查也越來越日常化。

肆、個案研究：三立集團

就跨海峽政商關係的經濟／財務層面而言，三立與中國政府之間的關係強度自 2008 年開始逐漸強化，但在 2010 年代中期之後又轉趨弱化。2008 年起，一向被視為偏向綠營與獨派的三立，開始致力於爭取中國廣電總局的審批，期能將自製電視劇的版權賣至中國的電視臺，或者無需審批即可播出的視頻網站（Hsu 2014; Huang 2017）。這主要有兩方面原因：一方面，受到 2008 年全球金融危機的衝擊，也受到 2011 年臺灣立法禁止政府從事置入性行銷的影響，臺灣媒體（不論統派或獨派）從私人企業與政府得到的廣告收入普遍減少，相應地提高了臺灣媒體對來自海外市場（包括中國市場）的經濟利益的需求和依賴（鍾年晃 2012）。另一方面，2008 年的政黨輪

---

26 訪談中時前資深編輯，網路訪談，2021 年 6 月 3 日。

27 訪談中時前資深編輯，2020 年 12 月 1 日。

替則令臺灣的執政黨由綠轉藍，2012 年的總統大選又由國民黨繼續取得執政權，此情況導致立場親綠的三立相較於其他媒體更加不易取得政府標案與政策廣告，從而促使該集團在此期間更加積極爭取機會至中國市場賣電視劇、賺版權費。舉例來說，三立電視於 2010 年 2 月與中國「土豆網」合作，首創中國視頻網站播出臺灣偶像劇，不僅刷新土豆網收視紀錄，也讓三立嘗到進軍中國市場的甜頭。此外，三立總經理張榮華也在 2011 年 12 月自創「華劇」一詞以取代較為政治敏感的「臺劇」，並於 2012 年 12 月創辦《華流》雜誌以推廣臺灣的華人流行文化，皆被視為在為西進中國市場鋪路。根據文化部的調查研究報告，2009 年三立已有 1 部電視劇輸出至中國大陸播出，2010 與 2011 年分別增加至 3 部與 2 部，2012 與 2013 年則分別暴增至 7 部與 10 部之多，達到高峰（見圖 10-6）。

然而，約莫 2010 年代中期前後，三立未能持續穩定從中國市場獲利。從三立電視劇輸出中國大陸播出的數量來看，2013 年雖有 10 部之多，但皆播出於不需通過中

圖 10-6　三立電視劇輸出中國市場播出情形

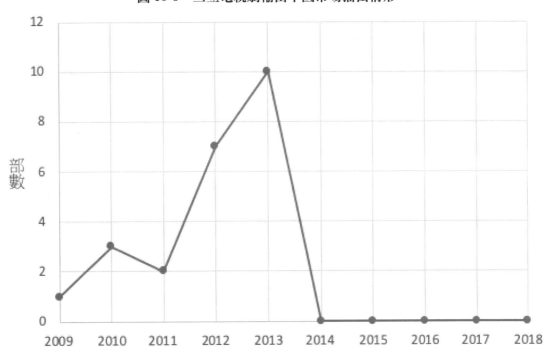

資料來源：臺灣經濟研究院（2019），作者整理。

國當局審批的視頻網站,而非央視或各省級的衛星電視頻道,到了 2014 年則全數歸零,此情況至少持續五年至 2018 年,其後兩年資料尚未公布(見圖 10-6)。上述轉折或可從以下兩方面加以解釋:一方面,針對境外電視節目的引進,中國政府自 2015 年起採取了更加緊縮的保護主義政策,相應地提高了臺灣電視劇出口至中國市場的成本。原本中國當局的媒體審查就已要求境外節目需經廣電總局審批才能於各衛星頻道播出,1998 年起更針對境外節目的播出比例與時段設限,2015 年起更進一步要求境外節目需經廣電總局審批方能於各視頻網站播出,等同設下境外節目輸入中國市場的總量管制,同時也壓縮境外媒體在中國市場的獲利空間(臺灣經濟研究院 2019)。另一方面,針對臺灣本土立場鮮明的三立所輸出的電視劇,中國當局自 2014 年起似乎不願持續買單。雖然北京決策的真實動機難以窺測與驗證,但以下兩重對比仍可提供間接的觀察及推論。其一,儘管三立電視劇在 2014～2018 年間仍可成功外銷至包括東南亞、港澳、韓國、日本、澳紐、印度、中東、歐洲、北美在內的海外市場,卻唯獨無法賣進語言、文化最為相近的中國市場,可見三立電視劇的質量恐怕並非其無法賣進中國市場的主因。其二,儘管中國市場在此期間未再接受三立電視劇的輸入,但仍持續許可諸如中視、臺視、八大、東森、公視、LINE TV 與衛視中文臺等其他多家臺灣媒體的電視節目播出,或可由此推估三立因本土立場鮮明而被中國當局針對的可能性。無論如何,及至 2010 年代中期,三立已不再積極經營中國市場,2017 年 9 月更停辦《華流》雜誌。董事長林崑海曾表示,「因為他的政治立場鮮明,讓三立被中國封殺,『好幾年前就放棄中國市場,一年少賺六、七億元,有(大陸市場)就是多的,沒有就算了(林喬慧 2017)。』」[28]

　　就跨海峽政商關係的政治／組織層面來說,三立與中國政府之間的關係強度亦自 2008 年開始逐漸強化,但也在 2010 年代中期之後轉趨弱化。在三立內部,董事長林崑海長久以來主掌新聞與政論節目,總經理張榮華則負責戲劇與娛樂節目,兩位高層分工清楚、盡量互不干擾。[29]2008 年起,三立為顧及財務情況而積極爭取中國市場,期能將其電視劇賣進中國各家衛視,張榮華遂開始帶隊參與各類兩岸交流平臺,以布

28　訪談三立記者,2020 年 11 月 25 日。

29　訪談三立前新聞部主管,2014 年 7 月 30 日。

建並經營中國人際網絡（見表 10-3）。在兩岸交流方面，三立於 2009 年 7 月即參與接待「海協會新聞交流團」，該團由國臺辦新聞局長楊毅率領，曾造訪包括三立在內的多家臺灣電視臺。同年 10 月，張榮華隨即隨同「海基會新聞交流團」回訪中國，該團由海基會董事長江丙坤率領，團員包括 15 家臺灣媒體的總編輯或總經理等高層主管，齊赴北京拜會國臺辦、廣電總局、新聞出版總署、新華社、人民日報、央視等中國政府機構。自 2010 年起，海基會連續六年籌組「媒體參訪團」或「媒體高層參訪團」赴中國各地訪問，張榮華最晚自 2011 年起曾連續四年親自隨團拜會中國中央或地方高層，殷勤投入兩岸交流活動（海峽交流基金會 2015）。

除此之外，在跨海峽論壇方面，三立亦一度積極派員參加多場由中國官媒主辦的兩岸媒體峰會，包括 2011 年 5 月的「海峽兩岸媒體峰會」、2013 年 10 月的「海峽媒體井岡山峰會」、以及同年 12 月的「海峽兩岸媒體前瞻論壇」，三場會議皆應主辦方

表 10-3　三立電視臺參與兩岸媒體交流概況

日期	兩岸交流平臺	主辦	三立參與情況
2009.7	海協會新聞交流團	海協會	接待國臺辦官員造訪三立
2009.10	海基會新聞交流團	海基會	隨團拜會國臺辦官員
2011.5	海基會媒體參訪團	海基會	隨團拜會國臺辦官員
2011.5	海峽兩岸媒體峰會	江西省委宣傳部、江西日報、廬山風景名勝區管理局、旺中	出席、簽署共同建議書
2012.4	海基會媒體參訪團	海基會	隨團拜會國臺辦官員
2013.8	海基會媒體高層參訪團	海基會	隨團拜會國臺辦官員
2013.10	海峽媒體井岡山峰會	江西省委宣傳部、江西日報、井岡山市人民政府、江西省臺辦、旺中	出席、簽署共同建議書
2013.12	海峽兩岸媒體前瞻論壇	中央電視臺	出席、簽署六點共同倡議
2014.10	海基會媒體高層參訪團	海基會	隨團拜會統戰部與省級官員

資料來源：作者整理。

要求簽署「共同建議書」或「共同倡議」。以央視主辦的「海峽兩岸媒體前瞻論壇」為例，三立由張榮華帶領多位高層主管出席與會，席間簽署由主辦方擬具的六點共同倡議，主旨提倡兩岸媒體所應扮演的角色在於推動兩岸關係和平發展、擴大華文媒體的國際話語權、弘揚中華文化等等（人民網 2013）。[30] 然而，自 2015 年起，三立便未再如過去幾年一般積極參與兩岸交流的各種平臺。舉例來說，海基會於 2015 年仍持續舉辦「媒體高層參訪團」，以往幾乎無役不與的三立卻未再持續參加，此外北京日報自 2015 年開始舉辦「兩岸媒體人北京峰會」，亦不見三立派員出席。

就在地政商關係的政治／組織層面而言，三立與臺灣政府之間的關係強度在 2008～2016 年國民黨執政期間較為薄弱，但自 2016 年民進黨取得執政之後卻變得強化。主要原因即是三立與國民黨之間的人際網絡較為疏遠，但與民進黨之間的組織網絡卻相對緊密所致。具體來說，人稱「海董」的林崑海，其媒體事業自高雄發跡，政治立場明顯偏向民進黨。2000 年代起，林崑海因著地緣關係與時任高雄市長謝長廷的「謝系」展開合作，藉由資助黨公職選舉、提供媒體宣傳資源，逐步開展與民進黨的關係。2016 年適逢謝系逐漸式微，海董遂收編謝系成員、另立「海派」，並將組織網絡往北拓展，[31] 一方面於同年黨內選舉取得 1 席中常委，打入民進黨權力中樞，另方面則與時任臺北市黨部主委黃承國合作形成「海國會」，同時亦與新北市黨部系統合作。2020 年海國會拆夥，海派於同年 6 月以非營利基金會形式成立「湧言會」，成為民進黨或綠營內部的重要政治派系之一（郭瓊莉 2020），該派系當時掌握 1 席民進黨中常委、4 席中執委、1 席中評委、以及 4 席立委。由此可知，隨著林崑海與民進黨關係的逐漸深化，三立與民進黨之間的派系網絡也逐漸制度化，導致該集團與臺灣政府之間的組織關係在國民黨執政時較弱、在民進黨執政時則相對較強。

就在地政商關係的經濟／財務層面而言，三立與臺灣政府之間的關係強度亦於 2008～2016 年國民黨執政期間較為薄弱，但也在 2016 年民進黨取得執政之後轉趨強化。換句話說，三立與民進黨之間（相較於其與國民黨之間）的緊密關係，不光是反映在政治／組織層面，也在很大程度上落實在經濟／財務層面；當三立為民進黨提供

30　訪談三立前新聞部主管，2020 年 12 月 7 日。

31　訪談三立記者，2021 年 4 月 14 日。

政治上的支持，相應地民進黨亦會對三立報以經濟上的回饋，[32] 此互惠關係可從以下兩方面加以觀察。首先，從兩黨政治獻金的宣傳支出來看，三立在 2008、2012、2016、2020 四屆總統大選之中，未曾從國民黨身上取得分毫的宣傳收入，但歷次皆無例外地從民進黨身上得到一定數額的宣傳收益。另一方面，儘管三立與旺中在過去四屆總統大選中都曾收到民進黨的宣傳經費，但若比較兩集團所收到者佔民進黨所有宣傳支出的比例，前者若非顯著高於後者（如 2008、2016），則是頂多與後者相當（如 2012、2020）（見表 10-2）。可見三立與民進黨之間（相較於其與國民黨之間）的財務關係確實較為緊密。

其次，從中央政府各部會的媒體標案來看，三立在國民黨執政時相對不易從中央政府取得媒體標案，「都會聽到業務部他們說又被中天或 TVBS 拿去了」，[33] 畢竟「國民黨政府當然讓對它好的 TVBS、中天拿了超級多」；[34] 然而換民進黨執政後，三立拿下中央政府媒體標案的機會相應地大幅提高，「那時候綠營媒體快破產，好不容易民進黨執政了」，三立拿到中央政府的廣告確實比較多。[35] 以行政院「政策溝通行銷案」為例，自 2016 年民進黨執政之後連續五年皆有三立或民視兩家親綠電視臺得標，2018年由三立與民視共同得標，2019、2020 兩年則是由三立獨家得標（陳彥宇 2020）。從政府電子採購網的統計數據來看，2008 年三立尚可取得該年中央政府各部會所有媒體標案金額的 3%，到了 2009 年卻驟然歸零，2010～2015 年間大致維持在 0.1% 至 0.6%之間的低迷狀態，但自 2016 年起比例持續上升，2019、2020 年分別達到 2.5%、2.3%（見圖 10-4）。如以實際金額觀之，三立於 2008～2015 年間僅取得平均每年 2,155 萬餘元的中央政府宣傳標案，相對地在 2016～2020 年間卻可取得平均每年 1 億 6,284萬餘元（公共工程委員會 2021）。由此可見，三立與臺灣政府之間的財務關係在國民黨執政時較弱、在民進黨執政時則獲得強化。

2008～2010 年代中期，三立的在地政商關係與跨海峽政商關係出現此消彼長的

32　訪談三立記者，2021 年 4 月 14 日。

33　訪談三立前新聞部主管，2020 年 12 月 7 日。

34　訪談三立記者，2020 年 11 月 25 日。

35　訪談三立記者，2020 年 11 月 25 日；訪談三立前新聞部主管，2020 年 12 月 7 日。

趨勢，亦即前者因國民黨取得執政而明顯弱化，而後者卻因該集團對中國發行市場的拓展而獲得強化。故在此期間，該集團難以透過在地政商關係確保企業利益（如政府標案、政策廣告），轉而仰賴跨海峽政商關係以擴張潛在的企業利益（如電視劇版權費）。上述情況導致三立自 2008 年起針對中國官方敏感議題建立新的新聞編輯規範，並在中國因素影響下開始逐步實施外導型自我審查。具體來說，三立高層自 2008 年起便曾暗中對新聞部下達「三條紅線」，要求盡可能減少或淡化處理有關六四、達賴喇嘛、法輪功等中國官方敏感議題的新聞報導。[36] 此後三立內部便盛傳一個不成文的潛規則，「就是可以批馬英九，但是盡量不要碰六四或達賴這種會觸怒北京的議題」。與此同時，向來把心力投注在戲劇節目的張榮華，也開始不時關切「大話新聞」的言論走向，新聞部經理更偶爾現身錄影現場，拜託來賓們「控制一下」批判火力（紀淑芳 2012a）。

到了 2012 年，三立進一步鞏固受中國因素影響的新聞編輯規範，並加強實施外導型自我審查，主因在於該年總統大選由國民黨繼續執政，使該集團無法期待得以藉由在地政商關係提升企業利益，於是持續致力於強化跨海峽政商關係以確保中國市場的商業利益。以「大話新聞」停播事件為例，在北京當局一再暗示必須「處理大話新聞」才能繼續磋商戲劇事宜，加上臺灣媒體獲利環境不佳的情況下，三立高層多次私下向人嘟囔該節目主持人鄭弘儀「讓三立少賺很多錢」，終於在 2012 年 5 月停播在臺灣政論節目市場長期占據收視第一的「大話新聞」，同時撤換鄭弘儀（紀淑芳 2012b）。及至 2014 年太陽花運動期間，三立高層再度下令新聞報導必須避開六四、法輪功、疆獨、臺獨等中國官方禁忌議題。以六四為例，三立新聞 2009 ～ 2014 年間對於六四的報導數量呈現顯著減少；2009 年正值六四 20 週年，六四期間（6 月 1 ～ 4 日之間）總計有約 19 條相關新聞，其後四年報導數量分別驟減至 1、1、3、1，到了六四 25 週年的 2014 年，相關報導亦僅有 2 則（楊琇晶 2014）。儘管張榮華表示不會為了中國市場「而特別做一些改變」或「做出違背心意的事（彭博商業周刊中文版 2014）」，[37] 但三立的新聞編輯規範確實曾符應北京偏好的方向而做出調整，也經常被

---

36 訪談三立前新聞部上管，2014 年 7 月 30 日。訪談三立前新聞部主管，2020 年 12 月 7 日。

37 訪談三立前新聞部主管，2014 年 7 月 30 日。訪談三立前新聞部主管，2020 年 12 月 7 日。

解讀為是在為西進之路向北京妥協示好（鍾年晃 2012）。

2010 年代中期之後，三立的跨海峽政商關係與在地政商關係再度發生此消彼長的轉變，亦即前者因 2014 年起該集團在中國發行市場的失利而轉趨弱化，而後者則因 2016 年民進黨取得執政而獲得強化。故在此期間，該集團傾向暫時放棄以跨海峽政商關係獲取不穩定的節目版權收益，轉而期待運用在地政商關係在臺灣市場取得政府標案、政策廣告及其他商業利益。在此情況下，三立於 2010 年代中期之後便不再堅持受中國因素影響的新聞編輯規範，也未再持續實施外導型自我審查。2012 年遭撤換的「大話新聞」主持人鄭弘儀，復於 2017 年底受邀回鍋主持政論節目，即是一個指標性案例。據信因「華劇」賣不進中國，2016 年又改由綠營執政，再搭上以美國為首的國際反共聲浪，使得三立高層打算重振本土市場，於是決定找回鄭弘儀。[38] 除此之外，三立對於過去受中國因素影響的新聞報導方針不再加以堅持，這可從三立新聞網（2021a; 2021b）近幾年來對於六四、達賴的報導數量加以觀察。從讀者搜尋系統來看，六四、達賴相關報導在 2014 ～ 2015 年間皆僅有 0 ～ 1 則，分別自 2017 和 2016 年開始擴增，並分別在六四 30 週年、也是達賴流亡 60 週年的 2019 年達到 75 則、34 則之多。從編輯搜尋系統來看，相關報導的數量趨勢也與讀者系統一致（見圖 10-7）。可見三立未再持續實施外導型自我審查。

伍、旺中與三立之比較

就跨海峽政商關係而言，旺中、三立兩集團與中國政府的關係強度明顯前者大於後者。在經濟／財務層面，三立與中國政府的關係主要體現在發行市場的合作上，亦即該集團把中國大陸當作商品出口的市場，透過電視劇輸出從中國市場取得版權收入。以輸出部數最多的 2013 年為例，三立電視該年總營收為 57 億新臺幣（陳幼英 2014），如以順利時每年可從中國大陸賺取 6 至 7 億新臺幣估算（林喬慧 2017），則三立電視該年中國營收佔總營收之比例約為 12.28%。相對來說，旺中與中國政府的

---

38 訪談三立記者，2020 年 11 月 25 日。

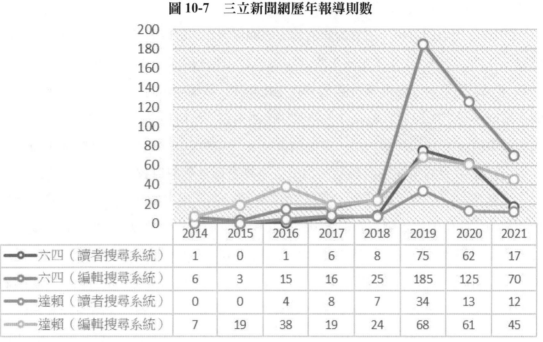

圖 10-7　三立新聞網歷年報導則數

	2014	2015	2016	2017	2018	2019	2020	2021
六四（讀者搜尋系統）	1	0	1	6	8	75	62	17
六四（編輯搜尋系統）	6	3	15	16	25	185	125	70
達賴（讀者搜尋系統）	0	0	4	8	7	34	13	12
達賴（編輯搜尋系統）	7	19	38	19	24	68	61	45

資料來源：三立新聞網（2021a），作者整理；三立新聞網（2021b），委託業內人士整理。

直接財務關係則體現在不只發行市場、還包括廣告市場的合作上，亦即透過報紙的有限發行、電視劇輸出、置入行銷的承包與轉包等從中國市場取得商業利益。除此之外，該集團的跨海峽政商關係也間接體現在其關聯企業中國旺旺與中國政府在資本市場上的財務合作：中國旺旺不僅把中國大陸視為商品銷售的市場，也當作其資本長期投資的地主國，於是中國旺旺作為外來直接投資者從中國政府取得長期穩定的財政補助，而旺中則以物業租賃、廣告交易等名目從中國旺旺取得定期定額的財務移轉。以旺中旗下媒體中少數獲利的中天為例，該電視臺 2017 ～ 2019 年間每年總營收介於 18.93 億至 19.55 億新臺幣（蕭婷方 2020），且每年可從中國旺旺取得 500 萬至 610 萬美元（約 1.5 億至 1.83 億新臺幣）的廣告收入（中國旺旺 2018），故中天每年接受中國旺旺資金挹注佔總營收的比例介於 7.67% 至 9.36%。若再加上因缺乏公開數據而無法納入估算的中國政府置入行銷收入，則中天對中國市場的財務依賴將更為顯著。至於對旺中施以常態性財務移轉的中國旺旺，則自 2009 ～ 2019 年間每年中國營收佔總營收的比例均超過 90%（中國旺旺 2020），對中國市場的財務依賴更加嚴重。對照之

下，顯見旺中與中國政府的財務關係強度不論在「質」或「量」上皆遠大於三立。同樣地，在政治／組織層面，三立與中國政府的關係主要體現在 2009 ～ 2014 年間兩岸媒體的交流互訪，此外該集團亦曾於 2011 及 2013 年派員參加 3 次由中國官方所舉辦的非常態性的兩岸媒體論壇（見表 10-3），至此已是該集團最大程度的跨海峽政商互動。相對於此，旺中與中國政府的關係則遠不僅止於兩岸媒體的交流互訪，該集團還自 2009 年起幾乎每年皆與中國官媒、政府機構聯合主辦或協辦 1 至 3 場常態性的兩岸媒體峰會，包括跨海峽媒體峰會、兩岸媒體人北京峰會、以及世界互聯網大會的分論壇（見表 10-1），此外蔡衍明更名列兩岸企業家峰會的名冊之中。以 2013 年央視主辦的「海峽兩岸媒體前瞻論壇」為例，三立的座位被安排在第三、四排，而中天、TVBS 則是被安排在第一排沙發，還有上臺發言的機會。[39] 相形之下，足見旺中與中國政府的組織關係強度亦高於三立。

就在地政商關係而言，則是三立與臺灣政府的關係強度大於旺中。在政治／組織層面，旺中與國民黨的關係（相較於與民進黨的關係而言）更為緊密，主要體現於該集團為國民黨的執政及選舉提供支持和宣傳，例如為馬政府護航、為韓國瑜造勢等。然而，旺中與國民黨之間較為正式的組織連結僅止於邀請胡志強、周錫瑋擔任副董事長，其餘合作則偏向非正式也較為鬆散的網絡關係，且在一定程度上可能是跨海峽政商關係塑造及強化下的結果。相對來說，三立與民進黨的組織關係（相較於與國民黨的關係而言）則較為緊密，不僅體現在該集團為民進黨提供執政及選舉所需的媒體資源，更體現於該集團對民進黨組織及決策的漸進參與之上，例如與「謝系」結盟、另組「海派」、成立「湧言會」、掌握中常委、中執委、立委等。可見在組織連結方面，三立與民進黨的關係比起旺中與國民黨的關係更為強化、也更加制度化。至於在經濟／財務層面，旺中在國民黨執政期間（2008 ～ 2015）每年平均可從中央政府各部會取得 8,867 餘萬元的媒體標案，佔中央政府媒體標案總數的 1.42%，而三立在民進黨執政期間（2016 ～ 2020）則每年平均可從中央政府各部會取得超過 1.62 億元的媒體標案，佔中央政府媒體標案總額的 1.66%（公共工程委員會 2021）。由此可知三立與臺灣政府的財務關係強度亦略高於旺中。

---

39 訪談三立前新聞部主管，2020 年 12 月 7 日。

整體而言，自 2008～2020 年間，旺中的跨海峽政商關係強度大於三立，而三立的在地政商關係強度則大於旺中，導致旺中受中國因素影響而實施外導型自我審查的程度比三立更為嚴重。具體來說，三立的外導型自我審查僅止於「由上而下」的模式，亦即三立高層曾於 2008 及 2014 年下達新聞編輯方針，要求新聞部減少報導或淡化處理六四、法輪功、達賴喇嘛等中國官方敏感議題（楊琇晶 2014），[40] 此外亦曾在 2012 年停播「大話新聞」。相對於此，旺中的外導型自我審查則除了「由上而下」的模式之外，還出現「由下而上」乃至「由外而內」等模式。換句話說，一方面蔡衍明自 2008 年底入主中時開始即陸續透過主筆會議、微信群組向旺中高層主管指示有關中國與兩岸議題的新聞及言論方針，除了六四、法輪功、藏獨之外，蔡對疆獨、臺獨、維權等議題也格外關切（國會無雙 2020）。[41] 另一方面，旺中的編輯和記者自 2008～2012 年間已由新聞產製的日常互動與社會化過程中培養出揣摩上意、自我設限的習性，甚至將受中國因素影響的新聞編輯規範視為理所當然的組織文化。[42] 更有甚者，旺中的編輯與業務主管自 2016 年起更為日常化地直接接受國臺辦等中國政府機構的致電關切或施壓，對其新聞內容乃至頭版頭條的配置施加外部影響（Hille 2019）。[43] 顯見三立與旺中實施外導型自我審查的程度差異，此差異亦反映在兩集團對中國敏感議題的處理上。如前所述，旺中自 2009 年持續減少有關六四及達賴的報導至今，而三立則自 2016 年起已逐漸恢復相關報導，此外中時不僅減少對六四的負面報導，該報言論版還自 2012 年起提倡對六四的正面報導，亦即採取中國官方對六四的詮釋。[44] 綜上所述，旺中實施外導型自我審查的程度比三立嚴重許多。

40　訪談三立前新聞部主管，2014 年 7 月 30 日。訪談三立前新聞部主管，2020 年 12 月 7 日。

41　訪談倪炎元，2014 年 7 月 16 日。訪談王健壯，2014 年 7 月 24 日。訪談中時前資深編輯，2019 年 11 月 8 日。訪談中時前資深編輯，網路訪談，2021 年 6 月 3 日。

42　訪談中時前資深編輯，2014 年 7 月 14 日。訪談倪炎元，2014 年 7 月 16 日。訪談中時前資深編輯，2019 年 11 月 8 日。訪談蔡其達，2014 年 6 月 17 日、2019 年 11 月 23 日。

43　訪談中時前資深編輯，網路訪談，2021 年 6 月 3 日。

44　訪談王健壯，2014 年 7 月 24 日。訪談蔡其達，2014 年 6 月 17 日、2019 年 11 月 23 日。

陸、結論

本文提出「雙重政商關係」的理論架構，針對中國因素對臺灣媒體自我審查的影響力消長做出系統性的解釋。本文主張：臺灣媒體一方面鑲嵌於其與母國臺灣政府的在地政商關係之中，另方面也鑲嵌於其與投資地主國中國政府之間的跨海峽政商關係之中，故臺灣媒體的運作在一定程度上取決於此雙重政商關係的相對強度。具體來說，當某臺灣媒體的跨海峽政商關係比在地政商關係更加強化時，該媒體便會實施或增加中國因素影響下的外導型自我審查；反之，當其在地政商關係比跨海峽政商關係更加強化時，則會減少或取消外導型自我審查。連結雙重政商關係與外導型自我審查的作用機制，主要是媒體企業依循經濟利益極大化的行動邏輯，而重新建構新聞編輯規範的強制機制與社會化機制。

為驗證上述理論，本文基於官方檔案、深度訪談、既有文獻等資料，分別針對旺中集團與三立集團進行「個案內多重比較」及「過程追蹤」，並針對兩集團進行「個案間比較研究」。本文發現：旺中個案研究中的兩階段比較（2008～2016、2016～2020）、三立個案研究中的第一階段比較（2008～2016）、以及旺中與三立的跨個案比較（2008～2020），皆可為以下命題提供經驗支持：臺灣媒體在跨海峽政商關係比在地政商關係更加強化時將增加外導型自我審查。另一方面，三立個案研究中的第二階段比較（2016～2020）、以及旺中與三立的跨個案比較（2008～2020），則可證實以下命題：臺灣媒體在在地政商關係比跨海峽政商關係更加強化時會減少外導型自我審查。

本研究具有理論與經驗意涵。在理論意涵方面，本文運用政商關係相關理論，期能呼應及補充中國效應／中國因素對臺灣影響的現有研究。現有文獻多僅從跨海峽政商關係的角度探討中國因素對臺灣媒體的影響，故多傾向關注中國因素影響力的成長、以及外導型自我審查的增加（川上桃子 2017; 何清漣 2019; 張錦華、陳莞欣 2015; 馮建三 2016; 黃兆年 2017; Lin and Lee 2017; Hsu 2014; Huang 2017），卻相對忽略中國因素影響力衰退、以及外導型自我審查減少的可能性。有鑑於此，本文將在地政商關係的視角加入探討中國因素影響的理論架構之中，強調其與跨海峽政商關係同時發揮作用的可能性，有助於為中國因素影響力的消長、以及外導型自我審查的增

減提供更完整的解釋圖像。另一方面，本文的焦點個案有助於將臺灣媒體／企業的跨海峽政商關係加以類型化：旺中以對中投資依賴為主，三立則以對中貿易依賴為主，此類型差異是否導致外導型自我審查／其他中國因素影響的程度差異，值得進一步研究。

在經驗意涵方面，本文研究結果不僅適用於臺灣本身，對於與中國（或其他威權強國）存有經濟連結的其他國家／地區也具有一定參考價值。本文涉及中國政府如何透過跨海峽政商關係對臺灣媒體運作造成影響，跨海峽政商關係固然具備兩岸關係在歷史淵源及政治面向上的特殊性，實則亦隱含兩個獨立的政治經濟體之間的互動連結在當代意義及經濟面向上的一般性。在全球化的脈絡下，中國及其他威權強國不僅透過貿易及投資活動與臺灣的政府和企業建立關係，也透過各種經濟連結與世界各地的政府和企業建立關係。而在民主衰退／威權復甦的脈絡下，中國及其他威權強國不僅利用跨海峽政商關係對臺灣媒體及其他領域造成影響，也開始利用與世界各國的政商連結對他國包括媒體在內的各種領域發揮影響（Diamond, Plattner and Walker 2016; Fong, Wu and Nathan 2020;Walker and Ludwig 2017）。有鑑於此，中國因素影響下的威權規範擴散、媒體自我審查、新聞自由倒退等現象，並非臺灣單獨面對的特有問題，而是世界各國都可能面臨的潛在課題。因此，本文所探討的臺灣經驗值得其他與中國（或其他威權強國）具有經濟連結的國家／地區參考。

最後，本研究也具有一些政策意涵。在跨海峽政商關係方面，本文建議臺灣政府應適度管理臺灣媒體對中國發行、廣告、資本市場的參與程度，以達成減少外導型自我審查、及其他威權體制外溢效果的政策目標。就發行及資本市場而言，政府應引導媒體及其業外資本多元化其貿易、投資對象，除了中國大陸之外，亦鼓勵至其他市場從事外銷（報紙、電視劇版權的出口）、設廠，以減少對中國大陸的經濟依賴。就廣告市場而言，政府應落實現行法規對中國廣告的審查，對經許可者要求資金來源透明化，對未經許可者則開罰，其中置入行銷因資訊不對稱而不易管理，故可考慮建立獎勵知情者揭露的誘因機制。就資本市場而言，由於媒體不僅是私有財，也是促進公正資訊、言論自由、民主溝通的公共財，故政府應考慮對媒體投資者的資格設限，例如要求在中國等威權國家營收或獲利達一定比例者，不得投資媒體，或持股不得超過一定比例，以免其因財務過度依賴中國等威權國家而帶來外導型的威權影響。

其次，儘管臺灣政府對於涉及跨境經濟活動的跨海峽政商關係難以完全掌握，但對在地政商關係卻相對有其主動性及影響力。有鑑於此，本文建議政府除了上述防衛政策之外，也應採取建設性的反制措施。具體來說，本文建議政府應重新建構在地政商關係／政媒關係，使更為合理的利益分配機制得以制度化。一方面，政府應重建公部門媒體標案的分配機制，使其對內排除政黨輪替週期的偏差效果，對外則阻卻受外來威權影響而實施自我審查的媒體參與投標、競租的資格，以求透明化、公平化、且反外來干預。另一方面，政府也可考慮建立獨立基金，獎勵致力於實現媒體專業性、資訊多元性的商業媒體及公民媒體，期能提高臺灣媒體的財務及編輯自主性，降低其接受外部威權影響、實施自我審查的誘因和機會。

參考文獻

人民網，2013，〈「2013 海峽兩岸媒體前瞻論壇」發布共同倡議〉，http://politics.people.com.cn/n/2013/1222/c70731-23912587.html，查閱時間：2021/06/09。

三立新聞網，2021a，〈2014 ～ 2021 報導搜尋〉，https://www.setn.com/ ，查閱時間：2022/01/12。

三立新聞網，2021b，〈2014 ～ 2021 報導搜尋〉，三立新聞網編輯系統，查閱時間：2022/01/12。

川上桃子，2017，〈中國影響力對臺灣媒體的作用機制〉，吳介民、蔡宏政、鄭祖邦主編，《吊燈裡的巨蟒：中國因素作用力與反作用力》：449-484，臺北：左岸文化。

中國旺旺，2018，〈2012、2016、2018 持續關連交易〉，https://www1.hkexnews.hk/search/titlesearch.xhtml?lang=zh，查閱時間：2021/08/31。

中國旺旺，2020，〈中國旺旺 2007 ～ 2020 財報〉，https://www.hkexnews.hk/index_c.htm，查閱時間：2021/06/09。

公共工程委員會，2020，〈2004 ～ 2020 媒體招標得標查詢〉，http://web.pcc.gov.tw/prkms/prms-searchBulletinClient.do?root=tps，查閱時間：2021/06/09。

王振寰，1993，〈臺灣新政商關係的形成與政治轉型〉，《臺灣社會研究季刊》，14：123-163。

王振寰，2012，〈民主轉型與政商關係重組〉，朱雲漢主編，《臺灣民主轉型的經驗與啟示》：

46–77，北京：社會科學文獻出版社。

王振寰、李宗榮、陳琮淵，2017，〈臺灣經濟發展中的國家角色：歷史回顧與理論展望〉，見李宗榮、林宗弘（編），《未竟的奇蹟：轉型中的臺灣經濟與社會》：49-88，臺北：中央研究院社會學研究所。

田習如，2009，〈臺灣人民變中國人民，沒有降級，蔡衍明：國臺辦有找人買中時，但不是我〉，《財訊》，325：70。

任我行，2021，〈失去中天52臺頻道少10億收入　蔡衍明面臨入主旺旺中時以來最大危機〉，https://www.cmmedia.com.tw/home/articles/27311，查閱時間：2021/06/09。

朱雲漢，1989，〈寡占經濟與威權政治體制〉，財團法人臺灣研究基金會編著，《壟斷與剝削：威權主義的政治經濟分析》：139-160。臺北：財團法人臺灣研究基金會。

何清漣，2019，《紅色滲透：中國媒體全球擴張的真相》，新北：八旗文化。

吳介民，2017，〈以商業模式做統戰：跨海峽政商關係中的在地協力者機制〉，李宗榮、林宗弘主編，《未竟的奇蹟：轉型中的臺灣經濟與社會》：675-719，臺北：中央研究院社會學研究所。

李志德，2014，《無岸的旅途》，新北：八旗文化。

李宗榮，2007，〈在國家權力與家族主義之間：企業控制與臺灣大型企業間網路初探〉，《臺灣社會學》，13:173-242。

李嘉艾，2015，〈臺灣媒體生產政治中的中國因素與獨裁者邏輯：以C集團為例〉，新竹：國立清華大學社會學研究所碩士論文。

旺旺集團，2021，〈關於旺旺〉。https://www.want-want.com/about/market17.htm，查閱時間：2021/06/09。

林倖妃，2009，〈報告主任，我們買了《中時》〉，https://www.cw.com.tw/article/5001838，查閱時間：2021/06/09。

林喬慧，2017，〈就是要挺本土　成了強國人的拒絕往來戶〉，https://www.mirrormedia.mg/story/20171030fin005/，查閱時間：2021/06/09。

林朝億，2012，〈福建置入中時陸官員：發票來了錢就匯過去〉，https://newtalk.tw/news/view/2012-03-30/23697，查閱時間：2021/06/09。

林照真，2005，〈誰在收買媒體？〉，《天下雜誌》，316：120-132。

林麗雲，2000，〈臺灣威權政體下「侍從報業」的矛盾與轉型：1949-1999〉，張苙雲主編，《文化產業：文化生產的結構分析》：89-148，臺北：遠流。

林麗雲，2004，《臺灣傳播研究史》，臺北：巨流。

林麗雲，2008，〈變遷與挑戰：解禁後的臺灣報業〉，《新聞學研究》，95：1-30。

南方快報，2009，〈媒體報效「祖國」充當中共統戰尖兵〉，http://www.southnews.com.tw/
newspaper/00/0393.htm，查閱時間：2021/06/09。

紀淑芳，2012a，〈為進中國，關掉《大話》？ 林崑海：外面說的跟實際不太一樣！〉，
https://www.wealth.com.tw/home/articles/906，查閱時間：2021/06/09。

紀淑芳，2012b，〈鄭弘儀被迫辭職內幕大公開〉，https://www.wealth.com.tw/home/articles/912，
查閱時間：2021/06/09。

海峽交流基金會，2015，〈2010～2015海基會媒體參訪團參訪報告〉，https://www.sef.org.tw/
list-1-35?page=3&showNum=50，查閱時間：2021/06/09。

國家通訊傳播委員會，2019，〈107年地方公職人員選舉競選期間電視新聞報導觀察統計委託
研究案結案報告〉，https://www.ncc.gov.tw/chinese/files/19060/5138_41518_190605_1.pdf，
查閱時間：2021/06/09。

國家通訊傳播委員會，2020，〈國家通訊傳播委員會決議予以駁回「中天新聞臺」衛廣事業
執照換發申請〉，https://www.ncc.gov.tw/chinese/news_detail.aspx?site_content_sn=8&sn_
f=45332，查閱時間：2021/06/09。

國會無雙，2020，〈蔡衍明公然說謊！旺中微信群組唯旺董是從：證實蔡衍明介入中天、中
視、中時新聞製播〉，https://musou.watchout.tw/read/J4EnldXrHEb0HPl3Re3V，查閱時間：
2021/06/09。

張錦華、陳莞欣，2015，〈從人權報導觀點分析五地十報新疆衝突報導框架〉，《新聞學研究》，
125:1-47。

張鐵志，2008，〈臺灣經濟自由化的政治邏輯：黨國資本主義的轉型與新政商聯盟1980-
2000〉，《臺灣政治學刊》，12（1）：101-145。

郭瓊莉，2020，〈自創「湧言會」黃承國「被分手」？三立海董超前部署，拉攏英系壯聲勢〉，
https://www.wealth.com.tw/home/articles/25533，查閱時間：2021/06/09。

陳幼英，2014，〈三立2013營收57億 灑1億元年終〉，https://tw.appledaily.com/
entertainment/20140124/IS7Z3TD7YOUECBJXQM4QGXIZQI/，查閱時間：
2021/06/09。

陳免，2008，〈中時唱旺臺灣蔡衍明下達擁馬三指令〉，https://reurl.cc/0DmdGK，查閱時間：
2021/06/09。

陳彥宇，2020，〈政府標案評委「綠油油」三立豪吞億元大餅〉，https://www.upmedia.mg/news_info.php?SerialNo=92841，查閱時間：2021/06/09。

陳炳宏，2009，〈電視服務產業的流變：政經勢力的消與長〉，卓越新聞獎基金會主編，《臺灣傳媒再解構》：43-76，臺北：巨流。

陳師孟、林忠正、朱敬一、張清溪、施俊吉、劉錦添，1991，《解構黨國資本主義》，臺北：自立晚報。

陶儀芬、張珈健，2008，〈政商關係在民主化之後的發展——以金融自由化為例〉，王宏仁主編，《跨戒：流動與堅持的臺灣社會》：219-238，臺北：群學。

彭博商業周刊中文版，2014，〈三立電視臺，不務正業最賺錢〉，《彭博商業周刊中文版》，13：54-59。

馮建三，1995，〈開放電視頻道的政治經濟學〉，馮建三主編，《廣電資本運動的政治經濟學》：31-65，臺北：臺灣社會研究雜誌社。

馮建三，2016，〈辨識「中國因素」，還原新聞自由　建構臺灣傳媒的出路〉，《臺灣社會研究季刊》，104：1-57。

黃兆年，2017，〈新聞自由中的美國因素與中國因素〉，吳介民、蔡宏政、鄭祖邦主編，《吊燈裡的巨蟒：中國因素作用力與反作用力》：395-448，臺北：左岸文化。

黃宗昊，2004，〈臺灣政商關係演變：歷史制度論分析〉，《問題與研究》，43（4）：35-72。

楊琇晶，2014，《臺灣媒體的中國因素——香港經驗參照》，臺北：國立臺灣大學國家發展研究所碩士論文。

楊棋宇、蔡欣潔、金少文，2015，〈中國防火長城下的臺灣媒體〉，https://udn.com/upf/newmedia/2015_data/20150327_udnfirewall/udnfirewall_m/index.html，查閱時間：2021/06/09。

鄒宗翰，2020，〈中時總主筆：國臺辦會打電話到編輯臺〉，https://reurl.cc/xgoOM5，查閱時間：2021/06/09。

監察院，2011，〈糾正案文099教正0022〉，https://www.cy.gov.tw/CyBsBox.aspx?CSN=2&n=134&_Query=a830a4ab-81fb-46fe-bc7f-0f7933fb3cf0，查閱時間：2022/08/01。

監察院，2016，《97、101、105年總統、副總統選舉政治獻金會計報告書》，臺北：監察院。

監察院，2020，〈109年總統、副總統選舉政治獻金〉，https://ardata.cy.gov.tw/data/search/advanced，查閱時間：2021/06/09。

臺灣新聞智慧網，2022，〈1991 ～ 2021 中國時報報導搜尋〉，https://tnsw.infolinker.com.tw/，查閱時間：2022/01/12。

臺灣經濟研究院，2019，〈2009 ～ 2018 影視產業趨勢研究調查報告—電視產業〉，https://stat.moc.gov.tw/Research.aspx?type=3，查閱時間：2021/06/09。

蕭全政，1989，《臺灣地區的新重商主義》，臺北：財團法人張榮發基金會國家政策研究中心。

蕭全政，2004，〈經濟發展與臺灣的政治民主化〉，《臺灣民主季刊》，1：1-25。

蕭婷方，2020，〈是言論自由還是商業利益？聽證會淪政治秀，中天背後的盤算其實是……〉，https://www.businesstoday.com.tw/article/category/183027/post/202010270049/%E6%98%AF%E8%A8%80%E8%AB%96%E8%87%AA%E7%94%B1%E9%82%84%E6%98%AF%E5%95%86%E6%A5%AD%E5%88%A9%E7%9B%8A%EF%BC%9F%E8%81%BD%E8%AD%89%E6%9C%83%E6%B7%AA%E6%94%BF%E6%B2%BB%E7%A7%80%EF%BC%8C%E4%B8%AD%E5%A4%A9%E8%83%8C%E5%BE%8C%E7%9A%84%E7%9B%A4%E7%AE%97%E5%85%B6%E5%AF%A6%E6%98%AF%E2%80%A6，查閱時間：2021/06/09。

賴昀，2020，〈中國旺旺財報自揭：若無中國旺旺四年投入 6 億廣告費，中天就會虧損〉，https://musou.watchout.tw/read/HFIF7yn0B1Plg0QD5xKm，查閱時間：2021/06/09。

鍾年晃，2012，《我的大話人生》，臺北：前衛。

瞿宛文，2011，〈民主化與經濟發展──臺灣發展型國家的不成功轉型〉，《臺灣社會研究季刊》，84: 243–288。

羅世宏，2008，〈自由報業誰買單？新聞與民主的再思考〉，《新聞學研究》，95: 213-238。

Amsden, Alice H. 1985.“The State and Taiwan's Economic Development.” In Peter B. Evans, Dietrich Rueschemeyer and Theda Skocpol (eds.), *Bringing the State Back In*, pp. 78-106, Cambridge: Cambridge University Press.

Cook, Sarah. 2013. "The Long Shadow of Chinese Censorship: How the Communist Party's Media Restrictions Affect News Outlets Around the World," http://www.cima.ned.org/resource/the-long-shadow-of-chinese-censorship-how-the-communist-partys-media-restrictions-affect-news-outlets-around-the-world/ (June 9, 2021)

Diamond, Larry, Marc F. Plattner and Christopher Walker. 2016. *Authoritarianism Goes Global: The Challenge to Democracy*. Baltimore: Johns Hopkins University Press.

Evans, Peter B. 1995. *Embedded Autonomy: States and Industrial Transformation. Princeton*, N.J:

Princeton University Press.

Fong, Brian C. H., Jieh-min Wu, and Andrew J. Nathan. 2020. *China's Influence and the Center-Periphery Tug of War in Hong Kong, Taiwan and Indo-Pacific*. New York, NY: Routledge.

Freedom House. 2010. "Taiwan: Freedom of the Press 2010," http://www.freedomhouse.org/report/freedom-press/2010/taiwan (June 17, 2021).

Gold, Thomas B. 1986. *State and Society in the Taiwan Miracle*. New York: M. E. Sharpe.

Higgins, Andrew, 2012, "Tycoon Prods Taiwan Closer to China," https://www.washingtonpost.com/world/asia_pacific/tycoon-prods-taiwan-closer-to-china/2012/01/20/gIQAhswmFQ_story.html (June 1, 2021).

Hille, Kathrin. 2019. "Taiwan Primaries Highlight Fears over China's Political Influence." https://www.ft.com/content/036b609a-a768-11e9-984c-fac8325aaa04 (June 9, 2021).

Hsu, Chien-Jung. 2014. "China's Influence on Taiwan's Media." *Asian Survey*, 54 (3): 515-539.

Huang, Jaw-Nian. 2017. "The China Factor in Taiwan's Media: Outsourcing Chinese Censorship Abroad." *China Perspectives*, 3: 27-36.

Huang, Jaw-Nian. 2019. "Between American and Chinese Hegemonies: Economic Dependence, Norm Diffusion, and Taiwan's Press Freedom." *China: An International Journal*, 17 (2): 82-105.

Jansen, Sue Curry. 1988. Censorship: The Knot that Binds Power and Knowledge. New York: Oxford University Press.

Kurlantzick, Joshua, and Perry Link. 2009. "China: Resilient, Sophisticated Authoritarianism." https://freedomhouse.org/sites/default/files/UnderminingDemocracy_Full.pdf (June 1, 2021).

Lee, Chin-Chuan. 1998. "Press Self-Censorship and Political Transition in Hong Kong." *Harvard International Journal of Press/Politics*, 3 (2): 55-73.

Lee, Yimou and I-hwa Cheng. 2019. "Paid 'News': China Using Taiwan Media to Win Hearts and Minds on Island - Sources." https://www.reuters.com/article/us-taiwan-china-media-insight/paid-news-china-using-taiwan-media-to-win-hearts-and-minds-on-island-sources-idUSKCN1UZ0I4 (June 1, 2021).

Lin, Lihyun and Chun-yi, Lee. 2017. "When Business Met Politics: The Case of Want Want, a Different Type of Media Capital in Taiwan." *China Perspectives* 2017/2: 37-46.

Wade, Robert. 1990. *Governing the Market: Economic Theory and the Role of Government in East*

Asian Industrialization. Princeton. N.J: Princeton University Press.

Walker, Christopher and Jessica Ludwig. 2017. "Sharp Power: Rising Authoritarian Influence," Washington, D.C.: National Endowment for Democracy. https://www.ned.org/sharp-power-rising-authoritarian-influence-forum-report/ (June 15, 2021).

Wu, Nai-teh. 1987. *The Politics of a Regime Patronage System: Mobilization and Control within an Authoritarian Regime*, Ph.D. Dissertation, University of Chicago.

第 **11** 章

失速的風機
中國能源轉型中的治理機制與地方套路

曾聖文、賴俊魁

壹、前言

　　2015 年，中國政府在巴黎召開的聯合國氣候峰會（UNFCCC COP21）中，提出在 2030 年降低 60%-65% 碳排放強度（相較於 2005 年的排放基準）、非化石能源佔初級能源消費比重要達到 20%、推動清潔能源發展……等承諾（習近平 2015）。在 2020 年 12 月的氣候變遷網路峰會上，中國政府領導人習近平先生進一步表示，到 2030 年的碳排放強度要降低 65% 以上，中國的風電和太陽能發電裝機容量將增加兩倍（Sengupta 2020）。換言之，推動可再生能源發展是中國實現節能減排、能源轉

本文為再版文章，原文刊登於：曾聖文、賴俊魁，2022，〈失速的風機——中國能源轉型中的治理機制與地方套路〉，《臺灣民主季刊》，第 19 卷第 2 期，頁 1-39。本文經授權單位《臺灣民主季刊》編輯部同意授權重刊。本文為歷年國家科學及技術委員會（原科技部）專題研究計畫的一部份（計畫編號：MOST 109-2410-H-019-003-；MOST 106-2410-H-019-015-MY2；MOST 104-2410-H-019-034-MY2），作者在此感謝國家科學及技術委員會各項經費補助，使得研究計畫與論文得以順利完成。作者誠摯感謝產官學研各界受訪者協助田野調查的工作，限於匿名，敬謹一併表達感激之意。《臺灣民主季刊》兩位匿名審查人以及編輯委員會給予作者許多嚴謹的修改建議，協助作者進一步修改論文初稿不足之處，作者要致上衷心的感激之意，惟文責仍屬於作者。作者感謝德國柏林自由大學 Sabrina Habich-Sobiegalla 教授在資料蒐集上的協助，也感謝國立臺灣海洋大學的兼任研究助理桑允禕、廖子權、陳湘宜、吳怡徵、俞欣妍、曾惠群、李念穎、陳彥宇及曾昱豪等在文獻蒐集、資料整理上的協助與辛勞。最後，作者特別感謝國立政治大學王振寰名譽教授，王教授長年親自帶領跨國研究團隊進行田野調查並指導發表研究論文，讓全球學術社群看見臺灣研究團隊的中國研究成果。

型的重要策略之一。實際上，中國風電產業自 2005 年開始蓬勃發展（deCastro et al.
2019），裝機容量及發電量的跳躍式成長十分突出。2020 年，中國風電累積裝機容量
高達 281.53 GW（國際能源網能源資訊中心 2021），發電量高達 466.5 TWh（趙紫原
2021），90% 以上採用中國國產的風機，且低速風電技術領先全球（瞿劍 2021）。

矛盾的是，在這些亮眼的經濟數字下，中國所面臨的長期電力問題卻依然存在。
這些問題包括嚴重的電力供應短缺（尤其在東部沿海省市）、對煤炭的依賴（以煤炭
為主的能源結構）[1]、環境汙染及嚴重的棄（風）電等問題（Cherni and Kentish 2007;
Yang 2017; Cai and Aoyama 2018; Hu 2020; Tseng and Habich-Sobiegalla 2020）。其中，
2010 年開始明顯出現的棄（風）電現象不僅未能根本消除（謝長軍 2016），更引起地
方分權和中央集權間的矛盾與衝突。根據中國國家能源局的官方統計，自 2010 年起
全中國的棄（風）電量／率歷經週期性高低波動，即使中央與地方政府都有各自提出
解決方案，歷經多年卻仍無法完全將棄（風）電量降至接近零，反映出中國風電治理
機制對處理棄（風）電問題仍有其侷限性。

現有少量的研究分析了省（市）政府在推動風電建設中的角色、市場失靈及棄
（風）電的分析（Mah and Hills 2008; Liu et al. 2018; Fang, Zhao, and Yu 2018; Tseng
and Habich-Sobiegalla 2020）。然而，既有研究未能有效的說明為什麼棄（風）電問題
長期未能解決？在面對地方政府對棄（風）電提出的回應時，中央政府的再回應策略
是什麼？從治理的角度出發，本文欲分析的是在中國的威權體制下，再生能源在中國
永續發展的可能性及侷限因素。相對於「能源民主」強調由下而上的開放空間，為政
策制定者與再生能源的夥伴關係創造相互合作的機制與機會，透過權力下放進行能源
轉型（Ramirez 2021; Bua and Bussu 2021; Bloem, Swilling, and Koranteng 2021）。中
國威權體制下的地方政府行為則存在公司化激勵機制、碎片化權力結構及運動化行為
模式等行為特徵（Oi 1992, 1995; Guo 2001; Zhu 2004; Hsing 2010），這樣的威權體制
是否不利於解決中國用再生能源（尤其是風力發電）進行能源轉型中產生的問題？

---

1 2020 年中國依然在全球新煤電廠建設中占主導地位。中國擁有的營運中煤電廠占全球近三分
　之二，發電量約占全球的二分之一。中國在 2020 年新設的煤電廠裝機容量高達 38.4GW，相
　當於全球其他國家裝機容量總和的三倍。同時，中國新煤電投資項目的審批也在加快。請參
　見德國之聲中文網（2021）。

綜上所述，棄（風）電現象成為中國政府長期需要面對和克服的問題，其背後的治理機制特徵與侷限性映射出本文欲探討的研究問題：本文的研究問題是：在中國的威權政體下，為什麼中國政府的風電治理機制導致棄（風）電問題呈現週期性消長？為什麼治理機制呈現地方分權與中央集權交替擺盪的不穩定現象？這些問題及矛盾在既有的研究文獻中尚未被掌握及提供完整解釋，需要進一步探究與分析。

本論文的寫作結構安排如下：在第二節中回顧政治與經濟利益驅動的環境治理模式；並針對中國風電不穩定的治理結構，就中央與地方政府回應策略、威權環境治理循環及地方套路模式提出分析架構。在第三節中梳理中國風電治理架構、棄（風）電問題的成因與連動關係，並說明這種治理模式的侷限性和矛盾性。在第四節中則集中分析中央和地方政府間的治理作為、地方套路運作模式和中央集權與地方分權治理動態軌跡。最後在第五節中總結本文的研究發現與貢獻。

貳、文獻回顧

一、政治與經濟利益驅動的治理架構

針對中國地方政府行為或中央－地方關係的研究，既有的文獻大致從兩個角度來分析，包含政治利益驅動及經濟利益驅動的環境治理架構。

從政治利益驅動的治理架構來看，現有的文獻從碎片化威權主義到幹部人事管理，反映出中國地方治理中的政治因素。許多學者從「碎片化威權主義」（fragmented authoritarianism）到威權環境主義（authoritarian environmentalism），認為中國官方的統治是威權化但也是碎片化的（簡旭伸 2016;Lieberthal and Oksenberg 1988; Mertha 20082009）。因此，決策的過程需要和不同區域的不同機構進行持續的協商和建立共識，這使得決策過程呈現拖延、破碎的現象。另一方面，從「幹部人事管理」（cadre personnel management）分析中國地方政府行為的研究，皆指出地方官員發展經濟的強大動機，根植於中共的幹部人事評價制度（Edin 2003; Chan 2004; Heberer and Senz 2011）。上述兩類研究文獻雖已回答了地方政府在回應中央政策的決策過程，但尚未

關注到中國風電產業的治理議題，也未能詮釋地方政府與中央政府之間就特定議題的權力互動架構。

在經濟利益驅動的治理架構方面，達成經濟指標是中國地方政府非常重視的政治任務，也和地方官員的晉升密切關連。因此，許多學者從「經濟行動主義」（economic activism）的觀點探討中國地方政府的經濟目標及影響（Oi 1992, 1995; Walder 1995; Lin 1995）。其中，「地方政府統合主義」（local state corporatism）探究在回應中央政府政策目標時，提升地方政府能動性的因素（Oi 1995; Guo 2001; Zhu 2004; Hsing 2010）。本文認為地方政府統合主義的理論，針對地方政府與企業間的關係，詳細解釋了為何地方政府是如何追求利益的最大化，以企業的營運模式與能動性的提升來迎合中央的目標與自身地方利益。此外，也有學者從「綑綁的利益」（bundled interest）觀點，去探討地方政府如何以特權、交換利益去綑綁國營與民營企業，使企業與地方政府合作達成中央所制定的指標，以回應中央政府的環境政策需求，同時發展地方經濟（Heberer and Senz 2011; Kostka and Hobbs 2012; Wang, Tseng and Zheng 2015）。上述這些理論觀點對於地方政府與中央政府在特定議題上的相互回應策略，以及地方政府所整合的行動網絡結構等，不僅有進一步需要補白的空間，也尚未針對風電發展議題進行研究。

綜合以上的梳理，本文認為在探討中國風電發展議題時，需要在地方政府統合主義的基礎上提出一個新的分析架構，解釋地方政府和中央政府間相互回應的驅動力與策略，方能細緻地分析地方分權與中央集權相互交替的軌跡，以及地方政府的回應套路和政企行動網絡運作機制。

二、中央－地方治理架構的不穩定

回顧上述分析中國政府行為的文獻，大多數研究尚未關注到風電議題。少數探討風電的文獻大多聚焦於省級政府的分析，並沒討論到中央與地方的權力互動關係。所以，在探討現階段中國風電治理的不穩定治理架構時，需要先建構一個解釋中央與地方政府回應策略的分析架構，接著探討威權環境治理循環的成因和動態運作，最後探討地方政府回應策略背後的「地方套路」行為模式。

　　首先，在分析中央與地方政府的政策與回應策略時，在中國的政治體制下，「幹部人事管理」理論認為政策指標考核是中央與地方官員在設計政策方向的強大動機及驅動力（Edin 2003; Chan 2004; Heberer and Senz 2011）。在向上問責（upward accountability）及人事評價制度制度的官場情境下，官員會謹慎選擇政策工具及優先順序，以避免犯政治錯誤而影響仕途（Edin 2003; Chan 2004; Chien 2010）。同時，在落實政策指標的過程中，中央政府如何驅動地方政府？地方政府如何驅動企業集團？從「綑綁的利益」觀點，官員需先思考能用那些交易內容（例如利益、權力）跟利害關係人去交換並驅動行動網絡的運作方向，達成政策指標，甚至維護自身利益（Heberer and Senz 2011; Kostka and Hobbs 2012; Wang, Tseng, and Zheng 2015）。準此，在解釋中央與地方政府的行為時，本文將以動機、政策排序和交易內容三個面向進行分析。

　　其次，雖然中央與地方政府持續對棄（風）電推出政策，但卻又長期無法解決這個問題，說明現有治理機制的不穩定及循環現象。既有研究認為受到兩個因素的影響：一個是威權體制存在學習限制及對蒐集由下而上（bottom-up）可靠資訊的障礙（Birney 2014）。另一個是經濟政策和環境政策的優先順序，創造了地方分權（decentralization）及中央集權（centralization）的矛盾，以及衍生的持續緊張和交易等行為（Green and Kryman2014; Wong and Karplus 2017; Kostka and Nahm 2017）。此處中央集權（centralization）指的是中央政府能透過掌握政策工具，且將地方之間的任何外部差異統一。同時地方都失去了純粹根據自己的喜好拒絕（reject）中央政府的能力（Seabright, 1996; Green and Kryman, 2014; Wong and Karplus, 2017; Kostka and Nahm, 2017）。而地方分權（decentralization）則指的是為地方優先發展項目以及改善地方環境成效，故地方政府能獲取更大的權限來處理與分配當地資源（Green and Kryman, 2014; Wong and Karplus, 2017; Kostka and Nahm, 2017）。

　　既有研究指出這兩個因素造成威權環境治理循環（authoritarian environmental governance cycles），也就是在地方分權及中央集權間的交替循環（Alkon and Wong, 2020; Hu, 2020; Zheng and Na, 2020）。學者更指出，集權體制缺乏能在政策優先順序和偏好間進行系統性裁決的合法和負責任機制。這種治理循環從地方分權開始，地方分權創造了政策捕獲（policy capture）和再詮釋（re-interpretation）的次國家

（subnational）行為存在空間，進而引起中央政府的過度調整回應，來回的不穩定狀態造成威權環境治理循環現象（Alkon and Wong, 2020）。

棄（風）電是中國風電產業發展長期未能解決的問題。在推動風電產業發展的過程中，中央政府制定推動再生能源的政策及分配目標，地方政府提出相應政策並與企業組成行動網絡，進而達成政策指標並維護自身利益。當出現重大的問題時，中央政府用政策指標要求地方政府解決問題，地方政府再提出新策略回應中央政府的政策要求。在這樣的過程中，中央政府和地方政府都有其各自的動機、政策排序和交易內容，形塑出治理循環的交替現象。

最後是「地方套路」模式的特徵和架構。在中央地方政府的互動過程中，各地方政府在中央制定的規則下，進行政治錦標競賽以達成環境治理上的政策目標（簡旭伸 2016; Chien2015; Li and Zhou 2005）。推動風電發展是中央政府啟動的政策，由中央制定統一的政策目標和各省分配指標、進行政策排序。地方則就特定政策議題進行回應，進而形成了經濟發展利益與資源內容的交易，也就是用不同的地方套路（local routines）進行次國家（subnational）互動行為。

為了解釋這樣的次國家互動行為，本文從「地方政府統合主義」的觀點出發，提出「地方套路」模式。地方政府在回應中央政府的政策目標時，以追求自身利益極大化為前提（Oi 1992;1995）。但地方政府須先從細緻程度不高的政策文件中先尋找政策工具的操作空間（Lo 2015），也就是辨認在特定議題可獲得的發展利益及交易內容，透過幹部管理系統與向上管理，進而呼應到官員升遷的政治利益和地方經濟利益。在辨識運作空間之後，地方政府用控制和支配行政資源作為資本，透過關係網絡去遊說、影響利害關係人或改變遊戲規則（Oi 1992;1995），整合出有利於提升地方官員政績和升遷的行動網絡。

從「地方政府統合主義」的觀點，政治壓力和人脈關係可能會影響企業的優先准入順序（Oi 1992），故地方政府在辨識運作空間和整合行動網絡後，會需要考量利害關係人的優點或創收潛力來分配資源和提供政策協助。換言之，本文認為針對利害關係人的政策，地方政府自會提出一套有利於自身利益最大化的政策組合，不完全會跟隨著中央政府的步調走，多了一份空間與彈性，而是盡可能的評估與掌握發展優勢，呈現在短期間內的運動化模式。

　　準此，本文所定義的地方套路指涉的是地方政府因應中央政府政策目標做出的回應策略，也就是地方政府針對中央政府的政策文件中辨識運作空間，並結合利害關係人組成行動網絡，提出應對中央目標的政策攻防組合。同時，在風電產業發展的議題，地方政府應對中央政府的政策套路不僅是一種慣行（inertia），地方政府之間更會彼此學習及改進自我的政策組合。

　　本文的研究對象是中國的風電產業及政府體制，研究期間自 2005 年至 2020 年。本研究的實證資料基礎，來自於作者所屬跨國研究團隊在 2014 年 8 月至 2022 年 6 月之間，針對可再生能源主題至中國許多省市執行田野調查所獲得的實地訪談（面訪）及遠距訪談（電訪）的訪談資料。執行田野調查實地訪談的地點包括：甘肅省（2014）、吉林省（2015）、內蒙古自治區（2015、2017）、北京市（2015、2016、2017）、山東省（2016、2019）及貴州省（2019）等地。2020 年起，由於 COVID-19 疫情衝擊研究人員跨境移動，因此本研究針對福建省可再生能源議題研究的受訪者（2021、2022），改採遠距電訪方式進行訪談（2021、2022）。受訪者包括中國中央政府、省（市）政府、地方政府的官員，以及可再生能源投資商和設備商，還有大學及研究機構的研究人員，每次深度訪談約 1-2 個小時。論文中所提及的受訪者資料請參見附錄一，訪談大綱請參見附錄二。本研究並輔以政府文件、研究文獻、研究報告、統計數據等次級資料。

參、棄（風）電：難解的治理問題

一、風電投資競賽：中央–地方政府治理模式的建構

　　中國的風電發展，一開始以推動集中式風力發電場的方式，成功地在十餘年間發展出一個規模龐大的風電產業，但也衍生出難解的棄（風）電問題。2005 年，中國政府制定了《可再生能源法》，對可再生能源發展的目標、範圍、實施及管理體制做了詳細的規範。據此，中國政府在 2005-2007 年制定了一系列推動可再生能源的法規

與政策（Li and Taeihagh 2020）。[2]各省（市）政府回應中央政府能源轉型的政策「訊號」，啟動了大力推動風電產業的省際競賽（Tseng and Habich-Sobiegalla 2020）。

　　在 2005 年風電產業剛起步時，中央政府的官方文件大多是原則性的規定或「畫線」標準（例如用 50 MW 作為中央或地方審批的標準），各項政策文件的規範細緻程度不高，進而使地方政府有許多可以操作的空間（Lo 2015）。在 2005 年的時空背景下，經濟發展指標是中共地方官員晉升的重要依據。因此，地方官員將土地視為第一生產力（Ydersbond and Korsnes 2016），地方政府（省（市）政府）的自主性從掌握土地資源積極向外招商引資著手，同步推出產業政策，建立區域風電的發電和設備市場。這過程中地方政府針對政府與企業的關係架構出一個治理模式，以企業的營運模式追求利益最大化（請參見圖 11-1）。

圖11-1　中國風電治理架構

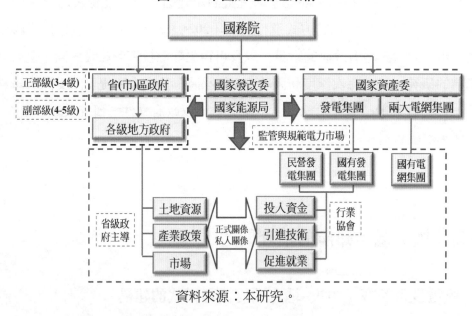

資料來源：本研究。

2　包括《可再生能源產業發展指導目錄》（2005 年）、《關於風電建設管理有關要求的通知》（2005 年）、《可再生能源發電有關管理規定》（2006 年）、《可再生能源發電價格和費用分攤管理試行辦法》（2006 年）、《可再生能源發展專項資金管理暫行辦法》（2006 年）、《可再生能源建築應用專項資金管理暫行辦法》（2006 年）、《可再生能源中長期發展規劃》（2007 年）、《可再生能源電價附加收入調配暫行辦法》（2007 年）、《電網企業全額收購可再生能源電量監管辦法》（2007 年）等。

　　從國有發電集團的角度，投入資金獲得風電項目，為地方引進技術和帶動就業市場，成為風電投資商在投標風電項目初期能與地方政府「交換」的利益（請參見圖11-1）。根據本研究的訪談結果，由於國有發電集團自身需要達成被分配的綠電指標，積極在風電大省競逐土地資源。在地方政府掌控土地資源和政策吸引下，在北京的國有發電集團高層主管，快速地與省（市）政府建立人際互動網絡。從雙方能交換的利益進行商議，達成優先選取及獲得優質土地區塊的目標（訪談紀錄 GS-14-05）。如同一位風電大省的地方能源主管部門高階官員所言：

> 「土地還是在項目裡，從可再生新能源的發展上，土地是資源，反過來可再生能源也是現有資源，好多國有企業雖然虧損，但資源今天不拿，明天就沒有了，（土地是種有限資源），像光電、風電都是需要大規模開發的，雖是可再生能源，但土地資源是不可再生的。」（訪談紀錄 GS-14-03）

　　前述的治理模式使得中國的風電產業自 2005 年起進入規模化及快速成長階段（Liao, 2016; Li and Taeihagh 2020）。從圖 11-2 可知，在政策的推動下，中國風電累計併網裝機容量在 2005 年超越 1,000 MW，2008 年超越 10,000 MW，2015 年成長至 129,340 MW，2020 年更高達 281,530 MW。在十五年間，中國的累計併網風電裝機容量成長約 225 倍，漲幅驚人。尤其在「十二五」（2011-2015）及「十三五」（2016-2020）期間，累計併網裝機容量更達到 233,690 MW。

　　除了快速成長的裝機規模之外，這樣的治理模式也造成土地資源閒置的嚴重問題。不幸的是，雖然中央政府推出限期改正與廢止，[3] 取消價格補貼 [4] 等政策工具去減少

3　例如在 2019 年 5 月，國家能源局發布《關於 2019 年風電、光伏發電項目建設有關事項的通知》，啟動收緊政策的時程，讓已經超過原核准文件的開發項目全部失效。其次，在「十二五規劃」及「十三五規劃」期間，至少有高達 224 個風電投資項目「被納入『十二五』或『十三五』時期年度建設（開發）方案，但未按時完成核准工作」，最終被省級政府公告廢止。「核准兩年內未開工建設也未申請延期或已經申請延期但延長期內仍未開工建設」的風電項目也有 128 個被公佈廢止。換言之，許多風電投資項目歷經了「招商→納入建設方案→被省級政府廢止」或「招商→納入建設方案→核准→被省級政府廢止」的歷程（大賢科技 2019）。

4　例如在 2020 年 1 月，財政部、國家發改委及國家能源局共同發布《可再生能源電價附加補助

圖 11-2　中國風電裝機容量

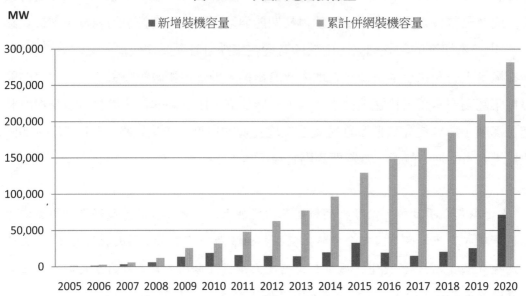

資料來源：本研究整理自中國國家能源局歷年統計資料。

土地資源浪費。但在中央政府一系列風電產業政策推動下，各省（市）政府審批通過的項目及規模大增，造成長期存在且上下波動的棄（風）電問題。

二、棄（風）電：不穩定的治理機制與矛盾性

中國在 2010 年開始發生顯著的棄（風）電問題（謝長軍 2016），根據棄（風）電量和棄（風）電率的變化週期，本研究將棄（風）電問題分為以下兩個階段：第一個階段是 2010 年至 2014 年，主要的原因來自於風機新增裝置容量大幅成長及早期電網建設的落後（謝長軍 2016; Qi, Lu, and Zhu 2018; Alkon and Wong 2020; Tseng and Habich-Sobiegalla 2020）。這個階段的棄（風）電量從 2010 年的 3.94 TWh（棄（風）電率 10%），快速成長至 2012 年的最高棄（風）電量 20.8 TWh（棄（風）電率

資金管理辦法》。2020 年 9 月財政部、國家發改委及國家能源局再次共同發布《關於促進非水可再生能源發電健康發展的若干意見》。兩個政策文件明確規定陸上風電、光伏電站、工商業分布式光伏將在 2021 年全面取消價格補貼。

17.1%），爾後降至 2014 年的 12.6 TWh（棄（風）電率 7.6%）（請參見圖 11-3）。

　　第二階段則是從 2015 年至 2020 年，2016 年達到有史以來最高的棄（風）電量 49.7 TWh 與棄（風）電率 17.1%，然後逐年下降至 2020 年的 14 TWh 與 3%（請參見圖三）。風機規模高速成長、外送電網建設速度落後、電力需求下降（經濟成長趨緩）及地方保護主義限制跨省電力調度等幾個主要因素（Qi, Lu, and Zhu 2018; Alkon and Wong 2020; Tseng and Habich-Sobiegalla 2020），使得這個階段的棄（風）電量創新高且年平均值高於第一階段。不過，從整體棄（風）比率的角度，伴隨著不斷成長的龐大風機規模，棄（風）電率在 2016 至 2020 年從 17.1% 逐步降至 3% 的水準（請參見圖 11-3），足見在第二階段中國政府應對棄（風）問題的改善措施仍有其成效。然而，綜觀從 2010 至 2020 年的棄（風）電量與棄（風）率變化趨勢，中國雖然是一個威權體制，處理棄（風）問題的結果卻是呈現週期性上下巨幅波動的現象（請參見圖 11-3），其背後的因素值得進一步探究。

　　從地理分布來看，棄（風）電問題主要集中在西北、東北及華北地區，各省市所屬地區的問題根源不盡相同。首先，在西北地區（例如甘肅、新疆），風電新增裝機

圖 11-3　中國風電棄風(電)變化趨勢

資料來源：本研究整理自中國國家能源局歷年統計資料。

容量高速成長，但是外送的跨省電網有限，且遠離電力負荷中心，且西北地區電力需求較低，導致西北地區棄（風）電問題始終居高不下；其次，東北地區（例如吉林、黑龍江、內蒙古東部）的電力需求緩慢且供過於求，再加上東北地區對於供熱的剛性需求（主要是由火電供應），風電與供熱間的矛盾造成東北地區的棄（風）電量上下波動；其三，華北地區（例如河北、內蒙古西部）雖然靠近電力負荷中心，但是因為電網架構及跨省外送電網限制等問題，限制了風電外送能力，使得華北地區仍存在棄（風）電問題（謝長軍 2016）。

2010 年至 2015 年，隨著棄（風）電問題越來越嚴重，各地方政府出台了許多在地化的保護政策。矛盾的是，地方政府保護的對象不是風電廠商，反而是保護電價較便宜的火電廠和各省地方電網，形同推出許多「逆風」政策。這些由地方政府出台的逆風電政策包括以下幾種態樣：（一）直接要求風電廠停止或限制發電，例如甘肅省、新疆省、寧夏自治區（習凡超 2016；小澤 2016）；（二）要求風電以部分收益補償火電，例如雲南省（習凡超 2016）；（三）以各種理由拒絕風電通過該省電網跨省輸送電力，例如湖北省、湖南省、江西省（汪莉絹 2016）；（四）以降低電價方式間接促使風電廠停機，例如新疆省、甘肅省（小澤 2016）。

在行政干預措施中，以甘肅省最具代表性。由於嚴重棄（風）電問題的壓力，甘肅省政府在 2015 年 6 月、11 月和 12 月，連續發布了三項文件去回應棄（風）電的問題。[5] 綜合本研究的訪談及媒體報導，如此密集的一系列政策組合，不僅讓風電無法依據《可再生能源法》獲得全額保障收購，更使發電成本較高的風電企業，被迫需自行找到用戶後，以低於標竿電價的價格去競爭售電（和價格較低的火電競爭），形成巨大的虧損。若風電投資商無法承擔巨大的虧損，為避免賣得越多虧得越多，只能讓風機停止修整，這樣自然就能降低甘肅省的棄（風）電率（生意社 2016）（訪談紀錄 GS-14-02、訪談紀錄 GS-14-03、訪談紀錄 GS-14-04、訪談紀錄 GS-14-05）。

在拒絕跨省輸電問題，有趣的是，區域電網公司的政策正是造成跨省輸電障礙的根源。例如西北電網（包括陝西、甘肅、青海、寧夏、新疆等）在 2014 年 9 月，將

---

5 這三項文件依序是《關於開展 2015 年新能源直接交易試點的通知》、《甘監能市場【2015】163 號通知》、《甘肅省 2016 年電力用戶與發電企業直接交易》政策（生意社 2016）。

所有風電項目的調管權下放至省級電網，同步實施跨省聯絡線考核制度，超出計畫發電量的電量皆以零電價計算（黃海燕 2015）。這項新制度實施之前，在兼顧電網安全的前提下，甘肅省輸出的大規模風電，可以在西北電網的五省範圍內自由流動和調峰。但新制度使得像甘肅省這樣的風電大省，由於風電調峰能力不足容易被「考核」。因此，甘肅的電網公司甚至曾將全省的風電輸出降至零。也就是說，實施調管權下放和聯絡線考核新制度後，反而是制約甘肅省風電輸出的最大障礙（黃海燕 2015）。

面對嚴重的棄（風）電問題，中央政府能源主管部門曾試圖以就近消納多餘電量（例如：引進高耗能企業、冬天供暖）的方法來回應，其政策理念是：「對於新能源的開發態度是採取就地、就近消納，跨省的情況盡量不要發生，這是大原則。然後如果相鄰這兩個省的消納能力，我們還是鼓勵大家共同去發揮這個潛力，所以這樣的話對於那些單純依靠本地能源，他們就有能力消納外來的意願。」（訪談紀錄 BJ-17-01）。同時，中央政府能源主管部門也希望將關注的焦點從棄（風）電率移轉到「等效利用小時數」，並指出：「棄風、棄光的比率與等效利用小時數相比比較偏向資源浪費。只要能保障等效利用小時數，企業的投資意願就會高。但跟項目建設進度相關的還是等效利用小時數。」（訪談紀錄 BJ-17-01）。例如 2015 年 10 月，國家發改委提出《關於開展可再生能源就近消納試點的通知》，期望能從就近吸納多餘電量的方式（例如風電供暖）來減緩棄（風）電的問題。但因為沒有配套的電網建設及創造足夠的就近消納需求，成效不盡理想（訪談紀錄 IM-17-01）。

由於就近消納政策效果有限，各地方政府的保護政策也引起國有風電集團的不滿，甚至引發國有風電集團的集體「維權」行動。例如在 2016 年 1 月，與國家能源局同一行政層級的五大發電集團（包括中國大唐集團、中國華能集團、國家電力投資集團、中國華電集團、國家能源投資集團）（請參見圖一）共同遞交一份連署意見函至國家發改委，要求 2016 年甘肅的新能源企業能直接參與發電量直接交易，而不是被分配發電量（生意社 2016）。不只如此，2016 年 3 月，中國再生能源學會專業委員會，以召開研討會的方式啟動集體式的「維權」行動，向國家能源局表達對地方政府「行政干預，棄風救火」的不滿（習凡超 2016）。

經過國有發電集團跨部門建言，加上行業協會的發聲。很快地，2016 年 3 月起，中央政府啟動了一系列針對降低棄（風）電問題的再集權化行動。2016 年 3 月，國

家發改委公布《可再生能源發電全額保障性收購管理辦法》，此辦法細化了「全額保障性收購電力」的原則和方法，將可再生能源發電分為保障性收購電量和市場交易電量，確保可再生能源發電企業的投資收益。也就是說，各省（市）的電網（力）公司須通過計畫方式優先安排收購一部份保障性發電量，超出保障性範圍的發電量再參與市場交易（習凡超 2016）。同年同月，國家發改委發布《關於做好 2016 年度風電消納工作有關要求的通知》，要求各省市政府的能源主管單位要落實可再生能源發電全額保障性收購及可再生能源優先發電兩項制度，並拓展風電供暖等就地消納方式。並提出提升火電、抽蓄水電調峰能力的配套措施。

接著，中央政府在《十三五規劃》、《可再生能源發展十三五規劃》以及一系列電力[6]和再生能源政策文件[7]中，提出了更積極的全套政策來處理棄（風）電問題。綜合整理以上文件，其政策方向包括：（一）加強電網規劃和建設，尤其是加速跨省的輸電主幹線（特高壓電網）建設；（二）充分挖掘電力系統調峰潛力，主要是加快抽蓄水電建設及推動儲能產業發展，[8]以提高電力系統調峰能力。這樣一方面是為了解決風

---

6 在電力政策方面，重要的政策文件包括：《關於積極推進電力市場化交易進一步完善交易機制的通知》（2018 年）、《關於創新和完善促進綠色發展價格機制的意見》（2018 年）、《關於電力中長期交易基本規則》（2020 年）、《關於做好電力現貨市場試點連續試結算相關工作的通知》（2020 年）及《關於做好 2021 年電力中長期合同簽訂工作的通知》（2020 年）。這些政策的目標主要在促進可再生能源消納、放開跨省區電力市場交易限制、用時段電價差提升儲能系統調峰作用、以及完善電力現貨市場價格交易機制。請參見劉英軍等人（2021）。

7 在可再生能源政策方面，重要的政策文件包括：《解決棄水棄風棄光問題實施方案》（2017）、《可再生能源電力配額及考核辦法(徵求意見稿)》（2018）、《關於促進非水可再生能源發電健康發展的若干意見》（2020）、《可再生能源電價附加資金管理辦法》（2020）、《國家能源局關於 2020 年風電、光伏發電項目建設有關事項的通知》（2020）、《財政部辦公廳關於開展可再生能源發電補貼專案清單審核有關工作的通知》（2020）、《關於建立健全清潔能源消納長效機制的指導意見(徵求意見稿)》（2020）及《關於開展「風光水火儲一體化」「源網荷儲一體化」的指導意見》（2020）。這些政策的目標主要在實施可再生能源配額制管理、建立各省可再生能源配額指標及考核、促進風電和光伏發電向平價上網過渡、推動因地制宜採取多能互補、增加儲能比例和調峰能力、以及逐步完善可再生能源配套措施。請參見劉英軍等人（2021）。

8 推動儲能產業發展的重大政策包括：《關於促進儲能技術與產業發展的指導意見》（2017 年）、《貫徹落實〈關於促進儲能技術與產業發展的指導意見〉2019—2020 年行動計畫》（2019 年）。

力間歇性發電導致的供電不穩定問題，另一方面也確保電網的穩定與安全；（三）結合電力體制改革，取消或縮減火電廠發電計畫；（四）優化風電調度運行管理，從提高風力預測精準度及考核力度、計畫發電保留足夠風電發電量額度、使風電參與市場輔助服務和實時電價競爭等方式，逐步提高電力系統消納風電的能力。

在中央政府實施前述一系列的政策後，中國的棄（風）電率從 2016 年的 17.1% 下降至 2020 年的 3%，棄（風）電量也從 2016 年的最高值 49.7 TWh，顯著地降至 2020 年的 14 TWh。顯示在中央政府一系列政策的干預下，即使 2020 年的棄（風）電量仍高於首次出現棄（風）電問題的 2010 年（約 3.55 倍），但棄（風）率已經有顯著的改善（請參見圖 11-3）。

肆、威權治理循環與地方套路：政策攻防與慣行

一、交替（錯）的軌跡：集權、分權與再集權

在前一節中，本文詳述了中國能源轉型中的風電治理架構，凸顯這樣的不穩定架構在處理棄（風）電問題時呈現的矛盾性。依據前一節的論述，本節進一步分析中央政府與地方政府在治理架構中的互動軌跡及地方回應策略的套路。

為了達成能源轉型與推動再生能源發展，2005 至 2010 年是中央政府用系列政策啟動風電產業成長的關鍵時期。在 2005 年中國政府發布的《可再生能源法》中，明確規定「全額保障性收購可再生能源電力」制度。從購電制度的觀點，意味著在中央政府的政策排序中，風電產業是優於火電產業的。同時，對省（市）政府而言，從中央政府獲得最重要的權力就是「項目審批權」（5 萬千瓦（50 MW）以下），使得地方政府得以用土地資源、產業政策和市場進行招商引資。綜上所述，在中國的威權政體下，中央政府以下列策略推動風電產業發展：

請參見劉英軍等人（2021）。

（一）動機：能源轉型、推動再生能源發展

（二）政策排序：風電產業 > 火電產業

（三）交易內容：項目審批權

　　在中央政府眾多僅具原則性規定的政策文件推出後，本文在前一節中說明這樣的風電投資省際競賽，一方面顯著地提高風電裝置容量，另一方面也造成大量土地閒置及嚴重的棄（風）電問題。在電網建設速度遲滯、電力需求變動和地方保護主義等因素交錯影響下，棄（風）電成為中央政府與地方政府都想解決但卻難以解決的問題。

　　在面對棄風（電）問題時，省（市）政府和電網公司的合作手段，對於地方政府在風電投資中與風電發電集團所建構的合作網絡造成巨大的衝擊，使得原有治理架構因逆風政策呈現高度不穩定。也就是說，在招商引資階段，省（市）政府與風電投資集團建立穩定的合作網絡；但在面對棄風（電）時，省（市）政府為了維護地方的利益，改和電網公司合作實施逆風政策，衝擊整個治理架構的穩定性。

　　面對節節升高的棄（風）電量，省（市）政府為了消除棄（風）電問題及壓力，不僅沒有遵循《可再生能源法》中「全額保障性收購可再生能源電力」的規定，反而推出棄風救火的「逆風」政策，以維護地方的最大利益（低價火電及電網安全）。本文在前一節中說明不同省（市）政府用行政干預或拒絕跨省輸電等手段，企圖同步減緩棄（風）電率（量）、降低購電成本和保護電網安全。因此，部分省（市）政府和電網公司甚至聯手用發電量、電價等手段，犧牲風電企業的利潤來確保火電企業生存及電網安全。換言之，造成棄（風）電量波動的因素，不僅和中央 - 地方關係有關聯，更和地方政府對火電的偏好有關係（Alkon and Wong 2020）。

　　綜上所述，自 2010 至 2015 年，面對不斷升高的棄（風）電問題，省（市）政府在違反《可再生能源法》相關規定提出的應對策略包括：

（一）動機：減緩棄（風）電率（量）、降低購電成本、保護電網安全

（二）政策排序：火電產業 > 電網安全 > 風電產業

（三）交易內容：風力發電量、電價、風電企業利潤

如同本文前一節中所分析的，雖然中央政府在 2015 年試圖以就地消納政策降低棄（風）量，但成效不彰。因此，權益受損的國有風電集團在中國政府體系中進行跨部門意見反映行動，以及透過行業協會（包括國有及民營風電集團）發聲，向同是中央政府體系的國家發改委施加壓力。終於，面對棄（風）電量屢創新高、各省（市）政府的保護策略及國有風電集團的維權行動，中央政府在 2016 年密集推出關於全額保障收購可再生能源、風電就地消納及配套措施等一系列政策來回應。接著，中央政府在《十三五規劃》、《可再生能源發展十三五規劃》及許多電力和可再生能源政策文件中提出一整套的解決方案來降低棄（風）電率（量）、維持風電企業營運和提高就地消納電量。中央政府的再集權化過程中，其政策優先順序是首先確保風電產業發展，加快電網建設，強化電力系統配套措施（加快抽蓄水電建設及推動儲能技術以提高調峰能力），並縮減火電產業規模。同時，中央政府透過保障收購風力發電量、實施實時電價和確保風電企業利潤等工具來達成降低棄（風）電率（量）等政策目標。總之，中央政府用以下的策略試圖緩解嚴重的棄（風）電問題：

（一）動機：降低棄（風）電率（量）、維持風電企業營運、提高就地消納

（二）政策排序：風電產業＞電網建設＞火電產業

（三）交易內容：風力發電量、電價、風電企業利潤

然而，根據本研究的訪談結果，風電企業認為在這一系列的新制度設計中，雖然在保障性收購電量中可以確保企業的獲利，但是當額外參與市場交易的價格會導致虧損時，就會停止發電。故這些作法最大的助益是降低風電場的虧損風險，改善帳面上的棄（風）電率數字，但無法完全解決棄（風）電的問題（訪談紀錄 BJ-16-01、訪談紀錄 BJ-17-01、訪談紀錄 IM-17-01）。

綜合前述的分析，在解決棄（風）電問題的過程中，2010 至 2016 年是省（市）政府以棄風救火、電網安全等自主政策消極（逆）回應中央政府的地方分權時期，中央政府則在 2016 年制 2020 年以加快電網建設、就近消納、部分保障收購及再生能源優先發電等政策進行再集權化行動，去減緩降低棄（風）電率（量）以維持風電企業永續經營。整體而言，從《可再生能源法》中規定「全額保障收購」的標準來說，不

應存在棄（風）電的問題（棄（風）電率應為 0% 或接近 0%）。然而，中央政府的再集權化行動確實使棄（風）電率獲得顯著改善。準此，在中央政府與地方政府持續相互出招的情境下，主要的問題不僅是棄（風）電率的改善，而是這樣的治理機制導致棄（風）電問題長期呈現上下巨幅波動的特徵。

二、地方套路：回應策略與慣行

在中國推動風電產業的過程中，分析中國中央政府與省（市）政府的交替（錯）軌跡，本研究發現省（市）政府的「地方套路」是回應中央政府政策的策略與慣行，因應不同的議題情境，去辨識運作空間、整合行動網絡和提出政策組合，以維護地方的利益（請參見表一）。「地方套路」的運作機制說明如後：

首先，地方政府需要在中央政府的政策文件（僅做原則性規範）中辨識「可運作的空間」，作為衡量地方自主權限範圍的依據。在吸引風電投資的情境下，省（市）政府評估「項目審批權」是能作主的政策空間，[9] 積極推動風電的招商引資工作（訪談紀錄 GS-14-05、訪談紀錄 LD-22-01）。在處理棄（風）電問題的情境中，由於「全額保障收購」的相關法規及政策仍存在許多漏洞，省（市）政府能用「行政干預」的方法去迴避和迫使風電企業停機避免虧損，進而達到降低棄（風）電量的目的（訪談紀錄 GS-14-02、訪談紀錄 GS-14-03、訪談紀錄 GS-14-04、訪談紀錄 GS-14-05）（請參見表 11-1）。

其次，地方政府會根據運作空間界限，用土地資源、產業政策、區域市場等項目，去綑綁利害關係人的利益進而「整合行動網絡」。在吸引風電投資的情境下，省（市）政府會整合風電集團和電網公司的利益形成行動網絡，共同促進風電項目的發展（訪談紀錄 GS-14-02、訪談紀錄 GS-14-05、訪談紀錄 IM-15-03、LD-22-01）。但在面對棄（風）電問題時，風電大省的省市政府反而利用發電量、電價和利潤等項

9　例如著名的政策文件：《關於風電建設管理有關要求的通知》（2005 年 7 月），使省（市）政府發改委擁有核准 5 萬千瓦（50 MW）以下風場的權限，不僅產生大量核准總裝置容量 49.5MW 的風場項目的有趣現象，更導致土地資源閒置及嚴重的棄（風）電問題。

表 11-1 中央集權與地方分權治理動態軌跡

中央集權	2005～2010年 1. 動機：能源轉型、推動再生能源發展 2. 政策排序：風電產業＞火電產業 3. 交易內容：項目審批權
地方分權	2010～2015年 1. 動機：減緩棄（風）電率（量）、降低購電成本、保護電網安全 2. 政策排序：火電產業＞電網安全＞風電產業 3. 交易內容：風力發電量、電價、風電企業利潤
中央再集權	2016～2020年 1. 動機：降低棄（風）電率（量）、維持風電企業經營、提高就地消納 2. 政策排序：風電產業＞電網建設＞火電產業 3. 交易內容：風力發電量、電價、風電企業利潤
地方套路	**（一）吸引風電投資** 　　1. 辨識運作空間：項目審批權 　　2. 整合行動網絡：地方政府、風電集團、電網公司 　　3. 提出政策組合：土地政策、產業政策 **（二）處理棄（風）電問題** 　　1. 辨識運作空間：行政干預 　　2. 整合行動網絡：地方政府、火電集團、電網公司 　　3. 提出政策組合：發電量配額、電價政策、電力企業利潤政策

資料來源：本研究。

目，結合火電集團及電網公司組成行動網絡，以棄風救火的逆風政策，凸顯地方保護主義及維護地方利益（請參見表 11-1）。

　　最後，地方政府會根據運作空間和利害關係人行動網絡的共同利益，提出一系列政策組合針對中央政府的最新政策進行攻防，以追求自身利益最大化。在吸引風電投資的情境中，省（市）政府會選擇土地政策和產業政策來提高招商引資的績效。在處理棄（風）電問題時，省（市）政府面對中央政府要求降低棄（風）電量的壓力時，會選擇發電量配額、電價政策、電力企業利潤政策等多種政策組合，達到能

實質降低棄（風）電量及維護地方利益的目標。本研究也發現，省（市）政府皆會學習和改良其他省（市）的政策攻防組合。這不僅會在不同省（市）中產生出類似的政策效果，也會衍生出類似的問題，差異的點只是在問題的嚴重程度高低不同而已（請參見表 11-1）。

有趣的是，過去的研究忽略電網公司在中國風電治理架構中的角色。本研究要指出的是，區域的電網公司與省級電網公司皆是國家電網公司的分部，省級電網公司受上級區域電網的指揮。電網公司對於降低成本（低電價）與電網安全（風電不穩定且調峰能力很低）的考量，是跨省調度的主要依據，而不是降低棄風（電）率（訪談紀錄 GR-15-01、訪談紀錄 BJ-16-01）。從行政層級的角度，因為電網公司是國家資產委所屬的副部級單位，且掌握調度電力的權力（訪談紀錄 BJ-16-01）。因此，即使是省（市）政府，對於電網公司的意見基本上是處於屈從位置，或者是需要與電網公司協商及合作，這樣的治理架構又進一步限制了省（市）政府解決棄風（電）問題的能力與意願（訪談紀錄 GS-14-03、訪談紀錄 SD-16-08、訪談紀錄 IM-17-02）。

在中國的威權體制下，中央與地方政府的回應策略、治理循環和地方政府的地方套路使得中國風電治理架構呈現以下三種特徵：一是氣候行動的本質是促進區域經濟發展，二是地方政府和風電集團存在矛盾關係，三是地方套路對中央政府運作機制具有穿透解離能力。

首先，為何氣候行動的本質是促進區域經濟發展？推動風電產業是中國政府因應全球氣候變遷政策下的實現節能減排、能源轉型目標的重大策略，出發點是為了達成中央政府環境政策的目標。然而，從面對棄風（電）問題的實際運作來分析，地方政府（省級政府）的套路是以經濟發展為主軸來達成中央政府的環境政策目標。換句話說，土地、政策和市場是地方政府和利害關係人共同的交換利益，氣候行動的本質是優先促進區域經濟發展，確保地方利益極大化。

其次，地方政府和風電集團存在矛盾關係。在面對棄風（電）問題時，地方政府卻與火電集團、電網公司共組行動網絡，逆風而行衝擊風電集團的發電量與營運績效。這顯示在省（市）政府層級，電力運作核心是地方政府和電網公司，收購電價成本和電網安全促使地方政府將火電的優先順序排在風電之前，地方政府和風電集團間的關係存在合作與衝突的矛盾關係。

最後，地方套路對中央政府跨部門運作機制具有穿透解離能力。在中國的政治架構中，國有發電集團與國家能源局屬於同一個行政層級，但各自分屬於國家資產委、國家發改委。國有發電集團下設火電集團、風電集團，[10] 各自與地方政府合作成為不同行動網絡中的成員。地方政府在不同議題上所靈活運用的套路，一方面在國家能源局和國有發電集團間（風電集團）的互動關係中進行穿透；另一方面，地方政府更能在同一國有發電集團所屬不同電力集團（火電和新能源）的矛盾關係中進行解離。這兩個層面的穿透與解離，讓地方政府能獲取區域經濟發展的最大利益，卻對中央政府在推動風電發展的全盤規劃造成巨大的衝擊。尤其是面對減緩棄（風）電問題時，在地方分權與中央再集權的交替（錯）軌跡中，地方套路不僅凸顯了省（市）政府的主體性和靈活性，更對中央政府的跨部門運作機制具有穿透與解離的能力。

伍、結論

在中國的威權政治體制下，本文分析中國中央與地方政府在處理棄（風）電問題時的相互回應策略與治理循環架構，以及地方政府回應策略背後的「地方套路」行動模式。本研究發現中央政府和地方（省級）政府會從自身動機、政策排序和交易內容等角度，針對特定問題相互「出招」（回應策略）形成地方分權與中央集權相互交替（錯）的軌跡。同時，地方政府的回應策略更形成一種「地方套路」，其運作包括在中央政府文件辨識可運作的空間，接著用交換利益（包括土地資源、產業政策、區域市場）去整合協調利益關係人組成行動網絡，提出回應中央目標的政策攻防組合（包括學習改良其他省市的政策組合），以確保地方的利益。

由於前述的治理結構特徵與運作方式，使得中國在面對棄（風）電問題時，中央政府即使提出解決問題的指標和原則性政策文件，但地方政府的的最終目標是在維護自身利益最大化，而不是有效解決問題。也就是說，在中央與地方政府持續相互出招

10　例如國有電力集團之一的「中國大唐集團有限公司」，下設「中國大唐集團新能源股份有限公司」和「大唐國際發電股份有限公司」。

的情境下，使得棄（風）電問題長期呈現上下巨幅波動的特徵，反而衝擊節能減碳的成效。因此，本研究有助於重新理解威權政體中的中央 - 地方關係和環境政治，以及解釋了治理領域中令人費解的交替（錯）軌跡。

在中國的威權政治體制下，中央與地方政府的回應策略、治理循環和地方政府的地方套路使得中國風電治理架構呈現以下三種特徵：氣候行動的本質是促進區域經濟發展、地方政府和風電集團存在矛盾關係、地方套路對中央政府運作機制具有穿透解離能力。這三種特徵導致推動風電發展衍生的嚴重問題——棄（風）電量（率）自 2010 年起始終呈現上下波動的現象，即使棄（風）電率在近幾年已有改善，但卻很難在現有的治理機制中被徹底解決。同時，本研究發現這些「地方套路」行為模式凸顯了在中國風電治理架構中，較缺乏可信的權力分配架構和強力的法律機制，[11] 且系統性裁決與負責機制也不完善，[12] 導致實際的問題在中央與地方的相互出招中反而不斷延續。

進一步將中國的棄（風）電率（量）和全球風電裝置容量同樣名列前矛的其他民主政體國家比較，本研究發現歐美發展可再生能源國家的棄（風）電量不僅顯著較低，棄（風）電率更趨近於 0%。以位居全球第二的美國為例，自由化電力市場的加州在 2018、2019 和 2020 年的棄（風）電率分別是 0.17339%、0.27487% 和 0.55814%（The California Independent System Operator 2022）。[13] 歐洲風電大國——德國，在 2011 至 2013 年間的棄（風）電量從 0.421 GWh 降至 0.127 GWh，棄（風）電率則位在 0.00023% 到 0.00086% 之間。在 2008 年至 2013 年間，西班牙的棄（風）電量在 0.070 GWh 至 1.166 GWh 之間波動，棄（風）電率則是在 0.00017% 到 0.00215% 之間波動。義大利的棄（風）電量從 2009 年的 0.700 GWh 逐年減少至 2014 年的 0.121 GWh，棄風率更是從 2009 年的 0.01070% 逐年降至 2014 年的 0.00081%（Yasuda et

---

11　因為政策文件細緻度不高，部分權責規範一開始並不十分完整，需要後續的新文件來補充完善。

12　風電集團、火電集團（隸屬國家資產委管轄）和能源主管部門 - 國家能源局（隸屬國家發改委管轄）皆屬於中國政府統治架構中相互平行的行政層級。

13　本研究依據 The California Independent System Operator (ISO) 網站中加州各年度之數據計算。各年度數據請參見 The California Independent System Operator (2022)。

al. 2015）。[14] 換言之，將發展可再生能源的歐美民主政體國家與威權政體的中國相比較，歐美風電大國的棄（風）電率和棄（風）電量兩者皆遠低於中國。

因此，相較於能源民主的觀點（Ramirez 2021; Bua and Bussu 2021; Bloem, Swilling, and Koranteng 2021），中國風電治理機制較缺乏由下而上的空間與合作機制，使得威權治理機制即使有改善棄（風）電率的能力，但卻無法完全根除長期存在的棄（風）電問題，衝擊節能減碳成效，成為中國能源轉型過程中的障礙。在能源民主缺位的情況下，中央政府自上而下分配風電發展各項指標，地方政府則持續用各種「地方套路」去回應各項議題，本質上是追求利益極大，而不是解決風電發展過程中的各項問題。換言之，針對特定議題，中央和地方政府不斷出招，問題也一直沒有被完全解決。

在理論角度的貢獻上，透過與既有文獻的對話，本研究從地方政府統合主義出發，修正其未能納入中央－地方互動循環的理論限制，建構了一個新的動態分析架構來解釋中國威權政體下，中央與地方政府如何就各自利益而採取各自的策略，還有地方政府回應策略背後的「地方套路」行為模式。本文梳理中央與地方政府各自的自身動機、政策排序和交易內容等因素，以及省（市）政府的「地方套路」行為模式，針對棄（風）電議題進行動態分析與效果評估。彌補了過去偏重在解釋中央－地方各自行為或相互關係的靜態分析的研究缺口（Mah and Hills 2008; Liu et al. 2018; Fang, Zhao, and Yu 2018; Tseng and Habich-Sobiegalla 2020）。同時，不同於中央集權的理論觀點（Seabright, 1996; Green and Kryman 2014; Wong and Karplus 2017; Kostka and Nahm 2017），本文的研究發現指出：「地方套路」具有對中央政府運作架構的穿透解離能力，這使得中央集權較難透過政策工具去統一地方之間的差異性，地方政府能根據自身利益整合不同的行動網絡去冷處理或抗拒中央政府的政策。

在實務的貢獻上，過去針對棄（風）電的研究（Mah and Hills 2008; Liu et al. 2018; Fang, Zhao, and Yu 2018; Tseng and Habich-Sobiegalla 2020; Alkon and Wong 2020），僅分析中央政府（國家能源局）和地方政府（省（市）政府）間的拉鋸，忽略了國有發電集團和電網公司也是中國政治體制中的一部份。這兩個行動者（actor）不

---

14 各國棄（風）電量請參見 Yasudaet al. (2015)，棄（風）電率則為本研究根據 Yasudaet al. (2015) 文中各國數字計算。

僅和國家能源局是平行的行政層級，更對中央政府與地方政府的行為具有重要影響力。

　　展望未來，除了棄（風）電議題之外，尚包括土地資源閒置和分散式風電值得學術界繼續關注。近年來在土地資源閒置議題中，中國中央政府提出廢止過期風電項目、[15]取消價格補貼（平價上網）、[16]放開審批權[17]等新政策。在分散式風電議題上，中國中央政府也同樣放開地方政府的土地審批權。[18]這些新政策在「十四五規劃」期間是否會造成新一波的土地資源閒置及棄（風）電問題？上述這些新政策衍生的治理問題相信是值得研究者繼續投入分析的議題。

15　包括《關於 2019 年風電、光伏發電項目建設有關事項的通知》（2019 年 5 月）、《關於 2020 年風電、光伏發電項目建設有關事項的通知》（2020 年 3 月）及《關於 2021 年風電、光伏發電開發建設有關事項的通知》（2021 年 5 月）。

16　包括《可再生能源電價附加補助資金管理辦法》（2020 年 1 月）、《關於促進非水可再生能源發電健康發展的若干意見》（2020 年 9 月）。

17　包括《國務院放權用地審批 2020 風電項目建設方案》（2020 年 3 月）。

18　在 2020 年 4 月，國家發改委公布廢止原來在 2005 年 7 月公布之《關於風電建設管理有關要求的通知》，也就是廢止原有總裝機容量 5 萬千瓦以上須由國家發改委核准的規定。

參考書目

Sengupta, Somini，2020，〈觀望美國行動，習近平謹慎提出新氣候目標〉，《紐約時報中文網》，12 月 14 日。https://cn.nytimes.com/china/20201214/china-xi-greenhouse-gases/zh-hant/。2021/8/1。

大賢科技，2019，〈十二五以來各省擬廢止風電專案匯總〉，《數據一圖流》，4 月 19 日。https://mp.weixin.qq.com/s/F3uade5zpMuwl_XzJ2FcFQ。2021/8/1。

小澤，2016，〈綠色風電得為火電讓路風電人怒了向政府要說法〉，《北極星風力發電網》，4 月 1 日。http://news.bjx.com.cn/html/20160401/721572.shtml。2021/8/1。Xiao Ze. 2016.

生意社，2016，〈新能源需為火電讓路？五大發電聯名上函質疑〉，《新浪財經》，2 月 19 日。http://finance.sina.com.cn/roll/2016-02-19/doc-ifxprupc9465044.shtml。2021/8/1。

汪莉絹，2016，〈甘肅發電過剩造價 5 千億風電基地停擺〉，《聯合報》，4 月 7 日。https://paper.udn.com/udnpaper/PID0005/295278/web/。2021/8/1。

國際能源網能源資訊中心（2021）。〈71.67GW ！國家能源局發佈 2020 年風電新增裝機規模，大於前三年之和！〉，《國際能源網》，1 月 21 日。https://www.in-en.com/article/html/energy-2300607.shtml。2021/8/1。

習凡超（2016）。〈地方行政介入棄風電，風能專委會啟動對滇甘新三省份集體維權〉，《彭湃新聞》，4 月 3 日。http://www.thepaper.cn/baidu.jsp?contid=1451987。2021/8/1。

習近平（2015）。〈習近平在氣候變化巴黎大會開幕式上的講話（全文）〉，《China.org.cn》，12 月 1 日。http://www.china.org.cn/chinese/2015-12/01/content_37207254.htm。2021/8/1。

黃海燕（2015）。〈全國棄風限電進一步惡化極端限電比例已達 79%〉，《人民網》，11 月 9 日。http://energy.people.com.cn/n/2015/1109/c71661-27792417.html。2021/8/1。Huang, Hai-yan. 2015.

趙紫原（2021）。〈中電聯報告：2020 年全國併網風電、太陽能發電量快速增長〉，《北極星風力發電網》，2 月 2 日。https://news.bjx.com.cn/html/20210202/1134042.shtml。2021/8/1。

劉英軍、劉亞奇、張華良、徐玉杰、陳海生（2021）。〈我國儲能政策分析與建議〉，《儲能科學與技術》，第 10 卷，第 4 期，頁 1463-73。

德國之聲中文網（2021）。〈中國去年新增風電裝機容量占全球近 60%〉，《Deutsche Welle》，3 月 14 日。https://www.dw.com/zh/ 中國去年新增風電裝機容量占全球近 60 /a-56851816。2021/8/1。

謝長軍（2016）。〈棄電限電史無前例風電困局誰來解？〉，《中國能源網》，5 月 26 日。https://www.china5e.com/news/news-945353-1.html。2021/8/1。

瞿劍（2021）。〈我可再生能源技術產業體系完備開發利用規模穩居世界第一〉，《國家能源局》，4 月 9 日。http://www.nea.gov.cn/2021-04/09/c_139869429.htm。2021/8/1。

簡旭伸（2016）。〈威權環境主義流域治理之機制與限制：以中國昆明河長制度為例〉，《中國大陸研究》，第 59 卷，第 4 期，頁 1-23。

Alkon, Meir and Audrye Wong. 2020. "Authoritarian Energy Transitions Undermined? Environmental Governance Cycles in China's Power Sector." *Energy Research & Social Science*, Vol. 68:1-13.

Birney, Mayling. 2014. "Decentralization and Veiled Corruption under China's 'Rule of Mandates'."*World Development*, Vol. 53:55-67.

Bloem, Sharné, Mark Swilling, and Kweku Koranteng. 2021. "Taking Energy Democracy to the Streets: Socio-Technical Learning, Institutional Dynamism, and Integration in South African Community Energy Projects."*Energy Research & Social Scienc*e, Vol. 72:1-14.

Bua, Adrian and Sonia Bussu. 2021. "Between Governance-Driven Democratisation and Democracy-Driven Governance: Explaining Changes in Participatory Governance in the Case of Barcelona." *European Journal of Political Research*, Vol. 60, No. 3:716-37.

Cai, Yifan and Yuko Aoyama. 2018. "Fragmented Authorities, Institutional Misalignments, and Challenges to Renewable Energy Transition: A Case Study of Wind Power Curtailment in China." *Energy Research & Social Science*, Vol. 41:71-79.

Chan, Hon S.2004. "Cadre Personnel Management in China: The Nomenklatura System, 1990–1998." *The China Quarterly*, Vol. 179:703-34.

Cherni, Judith A. and Joanna Kentish. 2007. "Renewable *Energy Policy* and Electricity Market Reforms in China." Energy Policy, Vol. 35, No. 7:3616-29.

Chien, Shiuh-shen. 2010. "Economic Freedom and Political Control in Post-Mao China: A Perspective of Upward Accountability and Asymmetric Decentralization." *Asian Journal of Political Science*, Vol. 18, No. 1:69-89.

Chien, Shiuh-shen. 2015. "Local Farmland Loss and Preservation in China: A Perspective ofQuota Territorialization." *Land Use Policy*, Vol. 49:65-74.

DeCastro, Maite, Santiago Salvador, Moncho Gómez-Gesteira, Xurxo Costoya, David Carvalho, F.

J. Sanz-Larruga, and Luis Gimeno. 2019. "Europe, China and the United States: Three Different Approaches to the Development of Offshore Wind Energy." *Renewable &Sustainable Energy Reviews*, Vol. 109:55-70.

Edin, Maria. 2003. "State Capacity and Local Agent Control in China: CCP Cadre Management from a Township Perspective." *The China Quarterly*, Vol. 173:35-52.

Fang, Debin, Chaoyang Zhao, and Qian Yu. 2018. "Government Regulation of Renewable Energy Generation and Transmission in China's Electricity Market." *Renewable and Sustainable Energy Reviews*, Vol. 93:775-93.

Green, Nathaniel and Matthew Kryman. 2014. "The Political Economy of China's Energy and Climate Paradox." *Energy Research & Social Science*, Vol. 4:135-38.

Guo, Xiao-lin. 2001. "Land Expropriation and Rural Conflicts in China."*The China Quarterly*, No. 166:422-39.

Heberer, Thomas and Anja Senz. 2011. "Streamlining Local Behavior through Communication, Incentives and Control: A Case Study of Local Environmental Policies in China." Journal of Current Chinese Affairs,Vol. 40, No. 3:77-112.

Hsing, You-tien. 2010. *The Great Urban Transformation: Politics and Property in China*. New York: Oxford University Press.

Hu, Zhan-ping. 2020. "When Energy Justice Encounters Authoritarian Environmentalism: The Case of Clean Heating Energy Transitions in Rural China." *Energy Research & Social Science,* Vol. 70:1-16.

Kostka, Genia and William Hobbs. 2012. "Local Energy Efficiency Policy Implementation in China: Bridging the Gap between National Priorities and Local Interests." *The China Quarterly*, Vol. 211:765-85.

Kostka, Genia and Jonas Nahm. 2017. "Central–local Relations: Recentralization and Environmental Governance in China." *The China Quarterly*, Vol. 231:567-82.

Li, Hougbin and Li-an Zhou. 2005. "Political Turnover and Economic Performance: theIncentive Role of Personnel Control in China." *Journal of Public Economics*,Vol. 89, No.9-10:1743-62.

Li, Lili and Araz Taeihagh. 2020. "An In-Depth Analysis of the Evolution of the Policy Mix for the Sustainable Energy Transition in China from 1981 to 2020." *Applied Energy*, Vol. 263:1-12.

Liao, Zhong-ju. 2016. "The Evolution of Wind Energy Policies in China (1995-2014): An Analysis

Based on Policy Instruments." *Renewable & Sustainable Energy Reviews*, Vol. 56:464-72.

Lieberthal, Kenneth and Michel Oksenberg. 1988. *Policy Making in China: Leaders, Structures, and Processes*. Princeton, N.J.: Princeton University Press.

Lin, Nan. 1995. "Local Market Socialism: Local Corporatism in Action in Rural China." *Theory and Society*, Vol. 24, No.3:301-54.

Liu, Shi-yu, Zhao-hong Bie, Jiang Lin, and Xi-fan Wang. 2018. "Curtailment of Renewable Energy in Northwest China and Market-Based Solutions." *Energy Policy*, Vol. 123:494-502.

Lo, Kevin. 2015. "Governing China's Clean Energy Transition: Policy Reforms, Flexible Implementation and the Need for Empirical Investigation." *Energies*, Vol. 8, No. 11:13255-64.

Mah, Daphne Ngar-yin and Peter Hills. 2008. "Central-local Relations and Pricing Policies for Wind Energy in China." *China Review-An Interdisciplinary Journal on Greater China*, Vol.8, No. 2:261-93.

Mertha, Andrew C. 2008. *China's Water Warriors: Citizen Action and Policy Change*. Ithaca, NY: Cornell University Press.

Mertha, Andrew C. 2009. "'Fragmented Authoritarianism 2.0': Political Pluralization in the Chinese Policy Process." *The China Quarterly*, No. 200:995-1012.

Oi, Jean C. 1992. "Fiscal Reform and the Economic Foundations of Local State Corporatism in China." *World Politics*, Vol. 45, No.1:99-126.

Oi, Jean C. 1995. "The Role of the Local State in China's Transitional Economy." *The China Quarterly*, Vol. 144:1132-49.

Qi, Ye, Jiaqi Lu, and Mengye Zhu. 2018. *Wind Curtailment in China and Lessons from the United States*. Beijing: Brookings-Tsinghua Center for Public Policy.

Ramirez, Jacobo. 2021. "Governance in Energy Democracy for Sustainable Development Goals: Challenges and Opportunities for Partnerships at the Isthmus of Tehuantepec." *Journal of International Business Policy*, Vol. 4, No. 1:119-35.

Seabright, Paul. 1996. "Accountability and Decentralisation in Government: An Incomplete Contracts Model." *European Economic Review*, Vol. 40, No.1:61-89.

The California Independent System Operator. 2022. "Production and Curtailment Data." *Managing Oversupply*. http://www.caiso.com/informed/Pages/ManagingOversupply.aspx (accessed March 29, 2022).

Tseng, Sheng-wen and Sabrina Habich-Sobiegalla. 2020. "Piloting Away—State-Signaling and Confidence-building in China's Renewable Energy Sector." *Journal of Contemporary China*, Vol. 29, No. 123:416-30.

Walder, G. Andrew. 1995. "Local Governments as Industrial Firms: An Organizational Analysis of China's Transitional Economy." *American Journal of Sociology*, Vol. 101, No. 2:263-301.

Wang, Jenn-hwan, Sheng-wen Tseng, and Huan Zheng. 2015. "The Paradox of Small Hydropower: Local Government and Environmental Governance in China."*The Journal of Development Studies*, Vol. 51, No. 11:1475-87.

Wong, Christine and Valerie J. Karplus. 2017. "China's War on Air Pollution: Can Existing Governance Structures Support New Ambitions?" *The China Quarterly*,Vol. 231:662-84.

Yang, Wei-dong. 2017. "Problems and Adjustments of Renewable Energy Legislation in China." *Journal of East Asia and International Law*, Vol. 10, No. 2:339-55.

Yasuda, Yoh, Lori Bird, Enrico Maria Carlini, Ana Estanqueiro, Damian Flynn, Alain Forcione, Emilio Gómez Lázaro, Paraic Higgins, Hannele Holttinen, Debra Lew, Sergio Martin-Martinez, John McCann, Nickie Menemenlis, and J. Charles Smith. 2015. "International Comparison of Wind and Solar Curtailment Ratio." Paper presented at the 14th International Workshop on Large-Scale Integration of Wind Power into Power Systems as well as on Transmission Networks for Offshore Wind Farms, Brussels, Belgium, October 20-22.

Ydersbond, Inga Margrete and Marius Stoylen Korsnes. 2016. "What Drives Investment in Wind Energy? A Comparative Study of China and the European Union." *Energy Research & Social Science*, Vol. 12:50-61.

Zheng, Lan andMing Na. 2020. "A Pollution Paradox? The Political Economy of Environmental Inspection and Air Pollution in China."*Energy Research & Social Science*, Vol. 70:1-13.

Zhu, Jie-ming. 2004. "Local Developmental State and Order in China's Urban Development during Transition." *International. Journal of Urban and Regional Research*, Vol. 28, No. 2:424-47.

附錄一　田野調查受訪者資料

記錄編號	受訪者背景	訪談方式	人數	訪談地點	訪談時間
GS-14-01	風電集團高階主管	結構式訪談（面訪）	1	甘肅省酒泉市	07/14/2014
GS-14-02	風電集團高階主管	結構式訪談（面訪）	6	甘肅省酒泉市	07/14/2014
GS-14-03	地方政府能源部門官員	結構式訪談（面訪）	3	甘肅省酒泉市	07/15/2014
GS-14-04	能源監管部門官員	結構式訪談（面訪）	2	甘肅省蘭州市	07/22/2014
GS-14-05	風電集團高階主管	結構式訪談（面訪）	7	甘肅省蘭州市	07/22/2014
BJ-15-01	中央政府環保部門研究機構官員	半結構式訪談（面訪）	4	北京市	08/12/2015
BJ-15-02	風電集團高層主管	結構式訪談（面訪）	5	北京市	08/13/2015
BJ-15-03	中央政府能源部門官員	結構式訪談（面訪）	5	北京市	08/14/2015
BJ-15-04	風電集團高層主管	結構式訪談（面訪）	5	北京市	08/14/2015
IM-15-01	地方政府經濟、能源、環保部門官員	結構式訪談（面訪）	7	內蒙古自治區呼和浩特市	08/17/2015
IM-15-02	風電集團電場主管	結構式訪談（面訪）	6	內蒙古自治區烏蘭察布市	08/20/2015
IM-15-03	地方政府經濟部門官員、風電集團高階主管	結構式訪談（面訪）	5	內蒙古自治區烏蘭察布市	08/20/2015
GR-15-01	電網公司主管	結構式訪談（面訪）	1	吉林省吉林市	08/02/2015
SD-16-01	地方政府能源、環保、農業部門官員	結構式訪談（面訪）	6	山東省德州市	08/22/2016

記錄編號	受訪者背景	訪談方式	人數	訪談地點	訪談時間
SD-16-02	再生能源集團高階主管	結構式訪談（面訪）	3	山東省德州市	08/22/2016
SD-16-03	地方政府經濟部門官員	結構式訪談（面訪）	3	山東省德州市	08/22/2016
SD-16-04	地方政府能源、環保、農業部門官員	結構式訪談（面訪）	5	山東省濟寧市	08/23/2016
SD-16-05	再生能源集團高階主管	結構式訪談（面訪）	1	山東省濟寧市	08/24/2016
SD-16-06	再生能源集團高階主管	結構式訪談（面訪）	1	山東省德州市	08/24/2016
SD-16-07	地方政府能源、農業部門官員	結構式訪談（面訪）	5	山東省濟南市	08/25/2016
SD-16-09	再生能源集團高階主管	結構式訪談（面訪）	6	山東省濟南市	08/25/2016
SD-16-10	風電集團高階主管	結構式訪談（面訪）	6	山東省濟南市	08/25/2016
SD-16-11	地方政府能源、農業、環保部門官員	結構式訪談（面訪）	8	山東省濟南市	08/26/2016
SD-16-12	風電集團電場主管	結構式訪談（面訪）	2	山東省濟南市	08/26/2016
BJ-16-01	電網公司高階主管	結構式訪談（面訪）	3	北京市	08/31/2016
BJ-17-01	中央政府能源部門官員	半結構式訪談（面訪）	4	北京市	08/04/2017
IM-17-01	地方政府能源、農業、環保部門官員；風電集團主管	結構式訪談（面訪）	10	內蒙古自治區赤峰市	08/07/2017
IM-17-02	風電集團電場主管	半結構式訪談（面訪）	2	內蒙古自治區赤峰市	08/10/2017

記錄編號	受訪者背景	訪談方式	人數	訪談地點	訪談時間
SD-19-01	再生能源集團主管；學研機構專家	結構式訪談（面訪）	2	山東省青島市	04/09/2019
GZ-19-01	地方政府財政部門官員	結構式訪談（面訪）	1	貴州省貴陽市	07/06/2019
GZ-19-02	學研機構專家	半結構式訪談（面訪）	1	貴州省貴陽市	07/06/2019
GZ-19-03	地方政府扶貧部門官員	結構式訪談（面訪）	1	貴州省貴陽市	07/11/2019
LD-21-01	學研機構專家	半結構式訪談（遠距電訪）	1	（遠距電訪）	11/25/2021
LD-22-01	地方政府經濟部門官員	半結構式訪談（遠距電訪）	1	（遠距電訪）	06/04/2022
LD-22-02	地方政府經濟部門官員	半結構式訪談（遠距電訪）	1	（遠距電訪）	06/28/2022

資料來源：本研究。

說明：依照訪談時間順序排列。

附錄二　訪談大綱

時間：　　年　　月　　日　　時　　分至　　時　　分	
地點：	訪談方式：
受訪人 / 職稱：	受訪人次：
單位名稱：	
訪談編號：	

⑴ 地方政府（於 2014、2015、2016、2017、2019、2022 年訪談）：各「五年計畫」期間風電產業的發展策略與問題？地方政府如何與發電廠商、設備製造商、電網公司協調和解決新能源發展的問題？如何用新能源促進農村發展？達成中央政府的環境政策與產業政策指標對地方政府有哪些好處？

⑵ 新能源發電廠商（於 2014、2015、2016、2017 年訪談）：如何向地方政府爭取建設新能源發電站的場址？如何向地方政府爭取財稅和優惠政策？如何與地方政府合作和電網公司協調電網建設？如何透過公協會爭取權益？

⑶ 新能源產業園區（於 2014、2015、2016 年訪談）：地方政府政策對於新能源產業園區的影響？對新能源設備廠商的招商引資策略？與地方政府如何合作吸引、選擇國有 / 民營設備集團進駐產業園區？

⑷ 新能源設備廠商（於 2014、2015、2016、2019 年訪談）：如何向地方政府爭取財稅補貼與優惠政策？如何與地方政府確認及評估未來發電設備市場需求？如何評估產業園區進駐條件與發展策略？如何透過公協會爭取權益？

⑸ 電網公司（於 2015、2016 年訪談）：國家電網如何助力風電產業的發展？電網輸送項目的選擇和建設狀況如何？新能源的發展對輸電網建設帶來什麼樣的變化？電網公司如何決定風電、光伏發電、火電及水電等電源的調度？上網電價為何？

⑹ 學研機構（於 2015、2019、2021 年訪談）：如何與地方政府合作對風電產業進行評估與驗證？對風電產業發展的市場前景評估？對個別省區地方政府制度創新與行動者合作網絡的評估？

第 **12** 章

科技創新與央地關係
習近平時代的政策汲取、擴散與調適

蔡文軒、林瑞華

壹、前言

　　部分學者認為中共政權至今能夠存續並保有強大的統治力，是中央在推動政策的過程中，對地方進行有效的管控。有文獻指出中共政權能夠對於外在的威脅做出有效的調適，以維持一黨專政的賡續（Nathan 2003; Shambaugh2008; Pei 2012, 28-29）；亦有學者從中共政黨本身的自主性角度，去思考這個問題（Brodsgaard and Zheng 2004, 19; Zheng 2010）。這也呼應學界的一項觀點，中共政權的這種決策制訂與運作，反映出「後極權政體」（post-Totalitarian regime）特性，它仍保有一些極權主義的專政能力、動員能力與國家能力（Guo 2000; Hsu 2011; Perry 2007, 5-10）。從這個旨趣出發，我們認為習近平的「新時代」中國，[1]上述性質仍賡續存在。中共在「新時代」強調頂層設計、系統觀念與新型舉國體制，在這套「學習型威權主義」的運作中，中央強化了對政策推動過程的調控力度，而地方政府可能只能在有限的自主空間下，進行創新。例如，中共在習近平時期，強調政府以發展為目標，來進行所謂「科學統

---

* 本文為再版文章，原文刊登於：蔡文軒、林瑞華，2022，〈科技創新與央地關係：習近平時代的政策汲取、擴散與調適〉，《遠景基金會季刊》，第 23 卷第 4 期，頁 3-51。本文經授權單位《遠景基金會季刊》編輯部同意授權重刊。

1 「新時代」的概念，由習近平在十九大正式提出。這代表中國特色社會主義步入新階段，要往全面建設社會主義現代化強國邁進。但究其實，「新時代」下的治理模式，是強化黨中央對地方與社會的全面控制。

籌、集中力量、優化機制、協同攻關」（何虎生 2019, 57）。 這意味中共希望透過學習來強化其統治能力，並增強部門或中央－地方的協作以達到政權存續。

換言之，中共的任何學習或改革，幾乎都有其政治目的性。中共體制擅長透過學習他國制度與自我調適，來強化執政能力（Christensen, Dong, and Painter 2008）。本文認為這可視為「學習型威權主義」（Learning authoritarianism）的型態（蔡文軒 2015）。 在改革開放之後，許多學者注意到中共在威權主義的架構下，做了一些制度上的調整，使得其國家社會關係更有彈性與調適性（Tsai 2021）。 本文所提到的威權主義，主要指的是中國的黨與政府在進行政策學習與調適的過程中，保有排他性的權力，對於學習的對象與推動進程，具有壟斷性權威來做決定。

誠如薄智躍（2010, 46）所言，「中國模式」是一種自我學習的模式。 從字面意義來看，「學習型威權主義」是在「威權主義」這個詞彙前面，加上一個形容詞：學習型，使得「威權主義」出現更特殊的意義（Goertz 2006, 76）。 文獻對中共體制運作已經提出相關概念，諸如，接受的威權主義（Accepting Authoritarianism）、回應式威權主義（responsive authoritarianism），及協商威權主義（consultative authoritarianism）（Heurlin 2016; Teets 2014, 38-42; Tsai and Lin 2021; Wright 2010）。而「學習型威權主義」是在確認其為威權主義的前提下，進一步認為它透過學習與調適等方式，進行自我進化。

我們認為中國政府的政策學習，透過三個環節來完善。其一，對外汲取適合的經驗或制度來做為施政的參考；其二，透過試點與樹立典型來進行政策的逐步擴散；最後，各地因地制宜的調整政策內容來強化政策的可行性。這些方式對於中國政策的合理化與降低創新風險，有一定的助益。這過程呼應 Sebastian Heilmann 和 Elizabeth J. Perry（2011）的觀點：中國政策傾向「擁抱不確定性」(embracing uncertainty)，在實踐過程中去總結經驗，逐步推動改革，使得執行更具彈性。

本文主要以 2015 到 2018 年間中國的科技創新（科創）為案例，來討論「學習型威權主義」的運作過程。創新的概念來自於西方，中國政府汲取這項理念。由於科創的範疇龐大，本文主要是以中共在 2014 年提出的「大眾創業、萬眾創新」（雙創）政策為討論對象。雙創政策鼓勵民間以各種形式進行創業與創新，但中央最希望推動的是企業提升其「科技創新」與「技術創新」能力（孫博洋 2015）。 雙創政策提出後，

在國家發展與改革委員會等部門主導下，中國政府開始在各地進行雙創的試點與樹立典型，進行政策推廣。最後，各地因地制宜的進行政策調適，並將經驗反饋回中央，來進行相關法規的完善。我們將以福建與廣東為案例，分析該兩地是如何調整相關政策，以符合地方發展與政策效益，以及對於中央改進相關政策的助益。這套「學習型」機制在 2018 年中美貿易戰和隨後的爆發的新冠疫情之後出現了轉變。此後，中國更強調「自主創新」與自力更生，向外學習逐漸被閉關鎖國所取代，但這已超出本文討論範疇，有待後續的進一步研究。

透過本文的研究，我們希望對中國的科創政治，以及政策學習等議題，進行更為深入的討論，並透過本研究來分析中國在習近平時期，政策執行模式的特點與意涵。我們認為在習近平強化頂層設計等理念導引下，地方的創新路徑，主要是鎖定在上級所期待的方向來執行。最後，我們也將指出這套模式在存在一定程度的侷限性。

貳、學習型威權主義：中共政治脈絡下的組成要素

從中共政治脈絡下來檢視之，「學習型威權主義」做為分析上的總體概念（overarching concept），其組成要素（composing elements）有三個（Collier and Levitsky 2009）。其一，為「政策汲取」（drawing），指的是本國向外國學習需要的創新。其二，是政策擴散（diffusion），本文指的是在決定學習某項外國的制度後，在本國各地進行推廣。其三，是政策調適（adaptation），本文指的是該項制度在推廣到中國各地（主要是省級）後，省政府依據地方發展需要，因地制宜的調整施行細節，並將相關意見反饋回中央，來幫助中央改進相關政策。

首先，是政策汲取。在中國地方政府當中，有許多的政策是透過所謂的政策企業家（policy entrepreneur）來推動，例如有意願與能力去從事創新的領導幹部，可能因為自身理念去推動某項創新（Zhu 2013）。而就中央政府的角度來說，進行創新的一個初始過程，可能是因為執政需要，而學習外國的成功經驗。國家在面對發展的需要時，可能會設法引用外國制度來解決本國的問題（Christensen, Dong, and Painter 2008, 354-357）。中共擅長向其他國家汲取所需要的知識與經驗，促進國家發展

（Bernstein 2010）。 例如，在 1990 年代之後，中共藉由模仿西方相關制度來進行政府改造，例如汲取「新公共管理」（new public management）思維，運用績效管理等方式，強化各級政府的治理能力（Heimer 2006）。

其次，是政策擴散。中共在決定推動某項政策後，往往傾向讓地方先行試點並樹立典型，讓各地進行仿效（周嘉辰 2019）。 這種漸進式（gradual reform）的方式，降低改革的風險性，讓其政策制訂與執行更具有彈性（Heilmann and Swan 2018, 121-124; Wang 2009）。 政策擴散過程中，各級政府的指令導引與資源挹注，扮演重要的角色。這反映中國是一種「發展型國家」（developmental state）的本質（Meier 2009）。 試點的過程中，中央對地方的調控與進程的掌握，一直擁有重大的權力，可決定是否擴大試點，抑或終止這項創新的實驗（Heilmann, Shih, and Hofem 2013）。有學者用「試點—擴散」的概念來闡述這種政策創新與擴散的過程（周望 2013）。

最後，是政策調適。中央的政策在落實到地方時，該地政府可能會適度的進行調整，來追求地方發展的利益（Zhu 2004）。 中國特殊的中央地方關係，例如行政集權與財政分權的並存；以及上級政府管控的幹部選拔制度，使得地方政府的創新方式不盡相同（Zhu 2014）。 Susan Whiting（2001）運用理性選擇與新制度主義等理論，分析浙江溫州、上海，以及蘇州南部等地的幹部，是如何依據地方狀況與需要，推動中央要求的產權改革，並造成三地的產權改革結果迥異。 換言之，中央有一套政策創新的指令，地方可能在不違背基本原則下，調整部分內容，使之更利於執行。而地方的經驗與意見，可再反饋回中央，讓北京政府來修改相關規範，使之更為周全。

上述三個組成要素，串起「學習型威權主義」的概念內涵。此外，這三個要件——政策汲取、擴散與調適——存在時序上的運作關係。本文希望進一步從過程追蹤（process tracing）的角度，來理解政策創新與擴散的過程與時序（sequence），這方面的內容可見圖 12-1。從這個三個面向來討論，我們對於中國如何吸收外國的先進經驗，並制訂出相關規範來在國內推動，以及各地如何因地制宜的進行制度調適，能有較為全面且具體的理解。以下，我們將以中國在習近平時期的科創政策為例，來進行討論。

圖12-1　「學習型威權主義」的概念內涵與運作

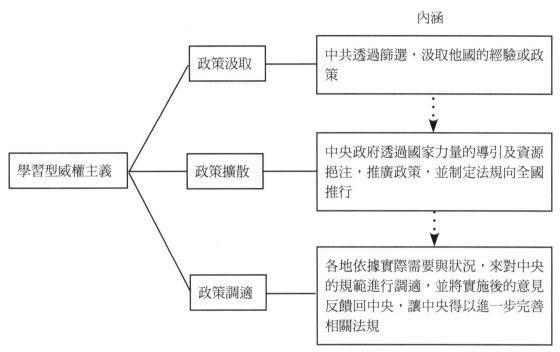

說明：實線是指學習型威權主義的概念構成要件與內涵，虛線箭頭指的是政策學習過程的時序。

參、當代中國的科技創新觀

　　中共在建政後的科技政策，受到民族主義影響甚深（Zhao 2000）。 在毛時期，中國特別重視國防工業的發展，並在 1970 年之前，相繼完成「兩彈一星」（原子彈、氫彈，和人造衛星）的製造計畫。改革開放後，民族主義與愛國主義等因素，對科技革新的影響依然顯著，但強調的是更全面性地發展。例如，中共在 1995 提出「科教興國」，認為中國要透過科技和教育提升來強化綜合國力（Xue and Forbes 2006, 118）。胡錦濤時期，中共開始重視科創。2012 年的十八大，胡在政治報告提到「創新驅動發展戰略是在我國改革發展關鍵時期做出的重大抉擇」（人民網 2012）。

　　對中國政府來說，科創概念並不是發源自本土，而是西方脈絡下的舶來品。中共近年來願意吸納這些西方詞彙，其中一個原因，在於透過這些西方成功經驗的

汲取，可以進一步正當化（legitimize）政策內容，使之更容易被大眾接受（Dong, Christensen, and Painter 2010, 183）。習近平提出「中國夢」與「兩個一百年」等口號，巧妙地將愛國主義、民族榮譽等理念，與科創進行聯結。他在 2014 年的談話中提到：

> 科技是國家強盛之基，創新是民族進步之魂。實施創新驅動發展戰略，建設創新型國家，為實現「兩個一百年」奮鬥目標提供強大科技支撐，是時代賦予我國廣大科技工作者的歷史使命（人民網 2014）。

習近平將對「科創」的相關講話與論述，匯集成冊，在 2016 年由官方出版了「習近平關於科技創新論述摘編」一書，顯見他確實重視科創的重要性（共產黨員網 2016）。 我們認為習近平的產業創新觀，可能帶有工業民族主義（Industrial Nationalism）色彩（Trouille 2014），具有濃厚的政治任務導向。中國在改革開放初期，屬於相對落後（relative backwardness）的國家。在科技創新的過程中，這類國家有許多成功的經驗可以模仿（Gerschenkron 1962, 8-10）。 但後發展（late development）的困局，也使得中國政府想用一些易速成的方式來「趕超」。習強調透過國家力量來推動科創政策，就可以看出他這種經濟思想。

這種帶有政治導向的思維，可能讓產業發展出現某些限制。Elizabeth C. Economy（2018, 124-126）觀察到，中國政府在推動科創時，很多時候並非鼓勵新技術的發明，它更像是在進行低成本、低技術的供應鍊生產。其本質是在改良技術的應用，但鮮少涉及核心技術或知識的革新。 此外，中國默許本地企業對西方新科技進行抄襲，甚至強制西方高科技企業進行技術轉移，而不甚熱衷於保障智慧財產權。如白宮辦公室在 2018 年 6 月發出的報告中明確提到，中共對西方科技企業進行「強制技術和知識產權轉讓的侵入性監管策略」（White House Office of Trade and Manufacturing Policy 2018）。

現代西方的科創理念，可用熊彼得式工業國家 (the Schumpeterian Workfare state) 來概括。這類國家的創新能力，來自於知識經濟的勃興。「國家創新體系」（National Innovation System）的建立，成為各國科技產業政策的發展重點。西方國家的創新，多涉及核心技術的新發明，這必須投入大量研發資金並承擔失敗風險，因此國家很重

視智慧財產權的保障，以激勵更多創新（Jessop 1994）。 此外，科技創新過程中，政府僅僅扮演服務型的功能，主要是完善市場經濟運作的相關法規，以及在市場失靈時提供協助。

隨著中國經濟的快速成長，各省根據會自身條件，發展出不同的創新模式。文獻指出，中央政府制訂相關政策後，各地因地制宜地進行相關的調整（Tsai and Lin 2021）。 相同的現象也發生在科創的政策推動過程。本文提出兩種科創模式：福建模式與廣東模式，並分別從政府角色（吳玉山 1996, 26-32; Kohli 2004）、運作原則與創新方向三個部分，說明兩地推動科創方式的不同。其中，政府角色分為指導行政府與服務型政府；運作原則區分為政治任務導向以及市場運作導向；創新方向則分為技術應用與新技術研發兩類。

肆、第三次工業革命的洪流：中國向外國進行汲取

身為「學習型威權主義」的中共政權，從胡錦濤時期開始，就注意到學習西方的創新理念。舉例來說，中共在 2009 年將「智慧城市」（smart city）引入引中國，就是的一個例子（Huang, Luo, Zhang, and Li2011）。 有兩個西方的相關概念，對中共高層的科創決策影響深遠。其一，是「第三次工業革命」（The third industrial revolution）。美國學者 Jeremy Rifkin（2011）在 2011 年出版的「第三次工業革命」一書，而中國在 2013 年就出版中文版。Rifkin 認為第三次工業革命，是以資訊化與數位化為主的科技革命。例如，電子網路、奈米科技，或再生能源的發展。世界主要強國為了擁抱第三次工業革命，強化國家的經濟與科技實力，紛紛制訂相關措施（Hepburn and Wolfe 2014）。

這波科技創新的思維，受到中共高層領導重視。在 2012 年 5 月 28 日的政治局集體學習（Tsai and Dean 2013），中國社科院教授金碚對於如何發展具有中國特色新型工業化道路和推進經濟結構戰略性調整等問題，進行授課（定軍 2012）。 2012 年 11 月，中共舉行十八次黨代表大會。新任的 24 位政治局委員，不少人看過 Rifkin 寫的這本書。總書記習近平就任後一個月，提出抓住中國發展「戰略機遇期」的十項政

策，第五項就是「搶占『第三次工業革命』制高點」（信報財經新聞 2012）。 國務院總理李克強也對這本書相當注意。早在該書出版時，還是副總理的李克強，就馬上指示時任發改委和國務院發展研究中心，要「密切關注」該書內容（新華澳報 2013）。 國務院副總理汪洋，也曾向下屬公開推薦這本書（人民日報 2014; *am730* 2012）。 這些領導雖然不一定看過整本著作，但透過相關報導，他們對於「第三次工業革命」的概念應該是相當重視。

　　第二個概念是所謂的「創客」（Maker）。Jackson Andrew（2012）在 2012 年出版了 *Makers: The New Industrial Revolution*，中國則在 2015 年出版中文版。李克強曾表示，「我最近翻閱了一本國外介紹『創客』的書籍，講的不是互聯網消費，而是利用互聯網推動工業企業的技術創新，這是一場真正的『新工業革命』」（人民網 2015）。 李克強指的這本書，正是 Makers 一書。Walter Isaacson（2011）在 2011 年出版的 Steve Jobs（賈伯斯傳）(Isaacson, 2011)，可能也對中共高層的思維起了重要影響。該書簡體中文版在該年底出版。在 2012 年 3 月 4 日下午，李克強參加全國政協的分組討論時，以賈伯斯為例，鼓勵科技創新。李說到，「我翻了翻『賈伯斯傳』，其中 [的內容] 很有意思」。李克強舉例，像蘋果的各種款式電腦和手機，到處行銷，達到很高的市占率，他還指出中國經濟能快速發展的關鍵在於科技創新（中國經濟網 2012）。

　　在中共領導人吸收了相關知識與理念後，再透過調研等方式來認知中國具體狀況（Wong 1979, 63-77）。 在 2013 年 9 月 30 日的政治局集體學習，領導們在習、李率隊下，到北京的中關村科技園區參訪。他們參觀並詢問增材製造、雲計算、大數據、高端伺服器、納米材料、生物晶片，以及量子通信等技術研發和應用情況，並聽取百度執行長（CEO）李　宏的匯報（張豈凡 2013）。 習近平在這次集體學習的總結講話中，提到「新科技革命和全球產業，好比體育比賽要『換場子』」（解放日報 2016）。 這句話的意思是說，中國過去的發展是以傳統製造業為主，現在要逐步改成高科技產業了。

　　為了增強對「創客」的了解，中共委託中國致公黨進行相關調研。該黨副主席蔣作君，曾率隊在 2014 年 10 月 21-22 日、11 月 14-15 日與 18-21 日，赴北京、西安、杭州、深圳四地開展「創客群體與創客文化」的專題調研，並將報告提交給中共中央來參酌（中國致公黨 2014）。 李克強則在 2015 年 1 月，南下深圳參觀「柴火創客空

間」等創業基地，強調「創客」對於經濟發展的活力與助益（南方都市報 2015）。

在透過調研等方式來匯集相關資訊後，中國政府提出科創政策。其概念最早由李克強在 2014 年的「達沃斯論壇」提出，他表示中國要在短期內，掀起「雙創」的浪潮。誠如我們在前文提到，由於科創的範圍與屬性過大，本文是以「雙創」（大眾創業、萬眾創新）政策為主要的討論對象，它主要是鼓勵大眾在中國的相關科創基地，進行創業與產業創新。2015 年 3 月，國務院頒布「國務院辦公廳關於發展眾創空間推進大眾創新創業的指導意見」（後稱「指導意見」），強調要以政府財政挹注及完善相關制度等方式，推動「雙創」（周慧 2015）。

伍、領導小組與「雙創」的擴散

「指導意見」頒布後，「雙創」開始在全國推廣。本節討論政策擴散的過程。在這個過程中，我們看到中共透過「領導小組」的方式來積極推行。習近平時期，中共強化了領導小組的機制，來強化部門之間的協調，以共同推進重要政策（Tsai and Zhou 2019）。 其中，最重要的舉措就是在 2015 年 8 月，成立由國家發改委牽頭，召集 24 個相關部門成立「推進大眾創業萬眾創新部際聯席會議制度」（後稱「聯席會議」），其目的是強化部門之間的協調與溝通。

「聯席會議」屬於一種「領導小組」的模式（Miller 2008）。 它是由國家發改委主任徐紹史擔任召集人，副召集人則由科技部、人社部、財政部、工信部副部長和發改委副主任擔任。負責「聯席會議」日常工作的辦公室，則設在國家發改委（中國政府網 2015）。 由此可知，除了發改委是「雙創」的牽頭部門外，另以科技部、人社部、財政部、工信部的職能最為重要。「聯席會議」的組成部門，多根據自身業務屬性，設有創業基金。例如科技部針對科技型企業，工信部針對小微和互聯網企業，及財政部針對創業培訓和歸國人才，提供各項補助金（人民網 2015）。「聯席會議」的組成與運作，請見圖 12-2。

聯席會議的各組成部門，都會樹立典型與雙創的發展模式。這些部門多會先挑選一些單位進行試點，也就是所謂的「雙創基地」。它多由民間或政府出資成立，吸引

圖 12-2 「雙創」政策擴散：以工信部的推動為例

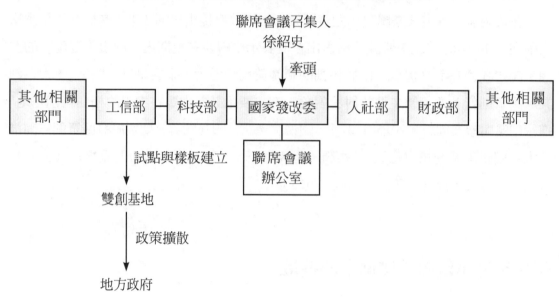

企業進駐來創業或研發，並邀請大學或科研機構到該基地與企業進行產學合作。換言之，「雙創基地」結合產官學的力量，強化企業營運與技術研發。中央部門透過基地的試點，歸納出若干成功的發展模式，來提供地方政府仿效與學習（Florini, Lai, and Tan 2012）。

我們以工信部為例來進行說明。在圖 2 可見，它建立一批樣版，供其他單位或地方政府仿效。依據其職責所屬，工信部從 2016 至 2020 年，在全國設立三百多家「國家小型微型企業創業創新示範基地」（雙創基地）（中國高新網 2020）。 此外，該部在 2016 年 4 月 15 日，召開企業「雙創」典型經驗交流電視電話會議，總結企業的成功「雙創」經驗並樹立典型來推廣。工信部副部長懷進鵬出席會議並作講話。此外，在機械工業享譽盛名的中國「三一集團」（Sany Group），由副總經理陸犇作心得分享，提出該公司是透過「智慧製造＋互聯網＋國際化＋金融」，為發展思路的成功經驗（中國高新網 2020）。

工信部再透過各級幹部研討班的舉辦，讓學員了解這些樣版（雙創基地或企業）的成功經驗，以做為施政參考。2016 年 9 月，工信部舉辦省部級幹部「深化製造業與互聯網融合發展」研討班，馬凱副總理出席並做講話（人民日報 2016）。 同年 12 月，

該部舉行廳級局幹部研討班。參加這些班別的學員，多是地方重要的領導幹部，他們透過學習，將這些電信產業發展的成功模式，進行仿效與推廣。

在以上的機制推動下，「雙創」政策開始向全國擴散。不同的省份，依據自身狀況與條件，對不同部門所提出的發展模式與樣版，進行選擇性的學習。例如，工信部提出的發展模式，多涉及高科技或互聯網產業的創新，適合經濟發展較好地區來學習；經濟發展較滯後的省份，由於產業型態多為第一級產業，因此對於農業部提出的農村產業創新模式，較感興趣（創頭條 2019）。 最後，在 2015 年 5 月到 10 月間，各省幾乎都出台鼓勵雙創的正式條例（劉東、陸海晴 2015）。 這說明雙創政策已在全國擴散。

陸、政策調適：福建與廣東的比較

「學習型威權主義」表現出來的最後環節，是各地調適，也就是因地制宜去調整若干政策，以強化執行彈性與可行性。我們挑選福建與廣東做為典型個案。這兩個省份均位於東南沿海，都是在改革開放初期就被選為「經濟特區」的省份。其中，廣東鄰近香港，福建靠近臺灣，都是靠著境外投資帶動經濟發展。但是，兩省的經濟發展卻始終呈現巨大差異。圖 3 是兩省在 2010-20 年間，地區生產總值的統計。該圖顯見福建在 2020 年的數值，還達不到廣東在 2010 年的水平（國家統計局）。 這也使得兩地政府在推動科創的過程中，必須採取不同策略。在廣東的案例中，政府扮演公共服務的角色，盡可能透過市場機制來吸引全球的高新企業進駐。而在福建的案例中，政府則扮演指導性的政治角色，將雙創政策結合對台統戰來運作。在本節中，我們主要希望從政府角色、運作原則、創新方向三個層面，來討論福建與廣東的兩種科創模式，做為地方政府在調適中央政策上的案例討論。

一、福建模式：以對台統戰帶動雙創

福建作為東部經濟發展相對滯後地區，在科創的推進上，政府不但扮演指導者的角色，還結合對台統戰的政治任務進行。習時期的中共的對台政策以「融合發展」為

主軸，而福建作為離臺灣最近的省份，對台政治任務也最重。2019 年兩會期間，習近平特別赴福建省代表團會議發表講話，強調福建應建成台胞台企在中國的「第一家園」（中國青年網 2019）。

　　中共推動一些政策來促進兩岸「融合發展」。國台辦在 2018 年 2 月頒布「關於促進兩岸經濟文化交流合作的若干措施」（「31 條」），給予台企更多參與當地發展的機會。福建隨後迅速抓住這個契機，制定「『關於促進兩岸經濟文化交流合作的若干措施』實施意見」（「66 條」），以及「探索兩岸融合發展新路的實施意見」（「42 條」）。

圖 12-3　廣東與福建的經濟表現（2010-2020）

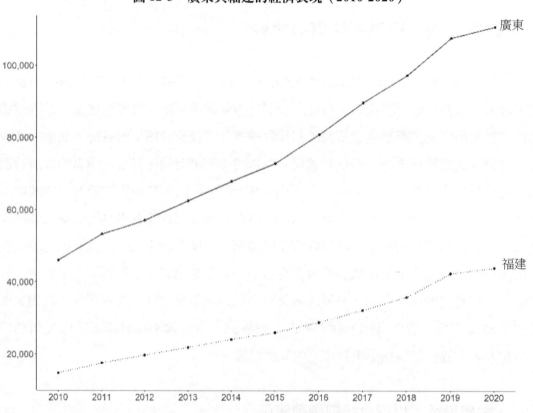

說　　明：圖為廣東與福建在2010-2020年，地區生產總值的統計。左列單位是「億元人民幣」。

資料來源：「中國統計年鑑」，國家統計局，搜尋時間：2022年2月10日，http://www.stats.gov.cn/tjsj/ndsj/。

福建政府制訂的相關條例，給予赴閩台企與台胞的優惠要高於中央的「31 條」。如「31 條」提到，在大陸工作的臺灣專業人才可申請參與國家「千人計畫」與「萬人計畫」。[2]「42 條」則在這個基礎上，開展「百人計劃」，提供最高 200 萬元的補助。「66 條」中的多項條文甚至是「31 條」未提及的，如推動閩台兩地海關、檢驗檢疫、食品安全、品質標準認證合作；放寬台胞個體工商戶在福建的執業範圍等。[3]

福建政府主導引進的企業，主要鎖定在技術應用型的中小微與非高新科技的相關產業。雖然臺灣不乏大型高新企業，但福建的條件較之於廣東等經濟先進的省分，對這類產業的吸引力較少。一位受訪的福建官員表示，「我們知道真正強的企業會選擇去北上廣深等一線城市，不會到福建，所以我們的策略是先吸引中小型的企業過來，還有希望臺灣青年來創業就業」。[4] 舉例來說，在福建投資的台資之一：華映科技，是一家以生產面板為主的公司。它在福建被當作龍頭企業，但在全球產業鏈中不具太多技術優勢。其母公司為臺灣華映，甚至已於 2019 年下市。[5]

根據作者走訪福建多個青創基地以及對當地台商的了解，福建能吸收到的台資企業，確實多為生產技術成分較低的產業，如汽機車零件、燈泡、紡織等。而入駐青創基地的台企，則多屬於技術應用或生活應用的小型企業，如手工藝品、面膜，或從臺灣進口食品銷售到中國內地市場。[6] 簡言之，對於高新技術較強的台企，福建省似乎較不易對其吸納與爭取投資。

此外，福建政府也主導設立「臺灣青年青創基地」，既推動了中央的「雙創」政策，也藉此強化「對台統戰」。為了落實該項政策，福建在 2015 年制訂「福建省人民政府關於鼓勵和支持臺灣青年來閩創業就業的意見」，鼓勵現有的雙創園區（青創基地）擴大對台青的吸引，績效顯著者給予獎勵。園區若能引進 20 家以上的台企，

---

2 「千人計劃」與「萬人計劃」均為中共中央提出的高層次人才補助計畫，前者針對海外人才，後者則是從國內甄選。

3 相關政策請見福建省台港澳辦辦公室網站，http://www.fjtb.gov.cn/special/fj66t/index_1.html。

4 作者訪談，福建省台辦幹部，訪談編號 FJ2022，福州，2020 年 11 月 4 日。

5 作者訪談，福州台商協會 T 幹部，訪談編號 FJ1866，臺北，2020 年 9 月 13 日。

6 作者之一在 2016 年到 2021 年間為福州台商協會會員，並擔任福州市的台青創業導師。

或吸引台青達 60 人以上，將由省政府給予最多 500 萬元人民幣的獎勵（中國政府網 2015）。 作者對福建青創基地負責人的訪談得知，他們確實接到相關文件，鼓勵其積極吸納台企與台資。[7]

在政府主導下，該省的「對台雙創」有了初步成果。在 2018 年之前，福建的雙創基地多以吸收陸企為主，但此後台企的比例激增。截至 2019 年 7 月，福建全省已有 73 個對台的雙創基地，其中包括 12 個國家級、23 個省級基地，是全國台青創業基地最多的省份（光明日報 2019）。

此外，福建對台企與臺灣人才的吸納，也有助於對台統戰的進行。福建平潭自貿區是中央選定的對台政策試點區。當地在推動雙創政策的過程中，除了以各項創新政策吸引台企，如首創直接採信臺灣的職業資格／證書，也最早引進臺灣人才在行政單位或事業單位工作。目前平潭管委會的財政金融局、經濟發展局、旅遊與文化體育局等多個單位，均有臺灣人擔任幹部，負責對台招商與協助推動兩岸交流。[8]此外，廈門在 2018 年首創招聘台籍「社區主任助理」，工作內容除了協助當地社區進行村居規劃、環境改造、發動居民參與社區治理服務外，更重要的是促進兩岸對接交流（中國新聞網 2018）。

福建在推動「對台雙創」過程中，也面臨到一些地方政府無法解決問題，這就有賴於中央透過新政策的制定來協助。最常見的問題是台人在生活層面遭遇的各種不便，如在大陸購房受限、無法參加大陸社保、子女難以進入大陸學校、台胞證難以登入網上公務系統等問題（Tsai and Lin 2021）。 此外，由於兩岸徵信困難，當台企需要向大陸銀行進行借貸時，經常面臨到在大陸沒有房產可抵押，而他們在臺灣的資產又無法被徵信的困境，導致融資困難，這些都可能影響台人赴閩的意願。[9]但這些事務涉及到中央對台工作的法規限制，已經超過了地方政府的職權，必須由中央制定明確的政策。在中央之後對於「指導意見」的修訂上，福建在這方面的意見反饋是非常重要的參考依據。

---

7 作者訪談，青創基地負責人，訪談編號 FJ1872，福州，2018 年 5 月 11 日。

8 作者訪談，平潭管委會幹部，訪談編號 FJ5443，臺北，2022 年 1 月 5 日。

9 作者訪談，福建省台商，訪談編號 FJ2047，福州，2020 年 11 月 7 日。

二、廣東模式：以完善市場推動雙創

　　廣東作為中國改革開放的試點省份，是最早引進外資的省分（Vogel 1989）。1980 年代廣東的外資多為港台地區的傳產製造業。這些企業雖然在當時不在全球產業鍊的最前沿，但卻適合當時廣東的發展需求。外資利用廣動廉價的土地與勞動力進行產品加工出口，確實有效帶動該省早期的經濟增長（耿曙、林瑞華、舒耕德 2012）。在經歷約 30 年的發展後，廣東在 2008 年開始進行產業升級的工作，時任廣東省委書記的汪洋，提出「騰籠換鳥」口號，要求汰換掉省內的傳統產業，引進中外的高新企業（中國新聞網 2018）。

　　在中國地方推動產業升級的進程中，廣東是表現最優異的地區之一。經過 30 多年的發展，廣東孕育較為完善的市場機制。在面對習近平政府所推動的雙創政策，該省即以服務型政府的方式來運作。也就是說，政府在不過度干預市場運作的情況下，一方面為企業提供更便利的服務，如加快企業審批的行政程序；另一方面，則盡力完善市場市場競爭機制，如制定智慧財產權法，以保障企業的權利。

　　2016 年，廣東省人大率先通過「廣東省市場監管條例」，第一條就提到該條例是為了維護公平競爭的市場秩序，保護企業和消費者的合法權益而制定，希望營造市場化、法治化、國際化的營商環境（廣東省政府網 2016）。 而透過訪談，也不難得知當地政府提供的各項服務，一位長期研究大陸經濟發展的受訪者表示：

> 廣東的市場化與便利化程度在全國是排名前列的。廣東是最早推出企業「一條龍」服務的省份之一，也就是企業在廣東辦事，不論是申請執照或其他事項，最多只要跑一次政府單位，就可辦完所有手續。如今網絡化程度大幅提升，廣東也率先推出「網上一體化政務服務平台」，企業主只要在手機上下載「粵商通」app，就可以在網上辦許多事。以創業來說，以前企業主需攜帶營業執照、稅務登記證等許多材料去申請，現在只要透過「粵商通」，就可自動關聯個人的相關證照，而且只需登錄一次，就可以一網通辦申領營業執照、經營許可、報稅繳稅等多項服務。[10]

10　作者訪談，廣州中山大學 H 學者，訪談編號 GZ3802，廣州，2021 年 6 月 12 日。

　　廣東在推動雙創時，政府主要的任務是藉由該省較為優越的經濟條件與市場機制，來吸引高新技術的投資。以東莞為例，該地早自 80 年代起，就是製造業的聚集地，數十年的積累，使得當地擁有完整的產業鏈。華為作為高端電子產業的龍頭企業，在 2018 年將其總部從深圳搬到東莞，看中的正是當地完善的產業配套環境與成熟瘩的市場機制（西安高新區企業信息網 2019）。

　　此外，廣東政府也積極引進世界 500 強的高科技企業，這些企業都是具有知識與技術研發能力的龍頭企業。到 2020 年 12 月，世界 500 強企業已有 276 家在粵投資，註冊資本超過 1807 億美元，僅次於北京和上海（北京新浪網 2021）。 廣東本地企業也有 16 家上到世界 500 強榜單，包括華為和騰訊兩大科技巨頭（央廣網 2021）。 其中，華為所擁有的 5G「標準關鍵專利」（standard essential patents，簡稱 SEPs）數量，佔全球的 15%，在全球企業中排名第一。而中國的互聯網龍頭騰訊，在全球專利申請數量已超過 30000 件，僅次於美國的 Google（騰訊科技 2019）。

　　對比於福建，廣東雖也必須執行中央的對台「31 條」政策，但以市場導向的思維來吸納高端技術型台企。在廣東最具代表性的台資企業為富士康。2017 年，富士康總裁郭台銘表示要在深圳推動新一代產業革命，帶動半導體、面板等產業，並自行建立工廠與研發中心，規劃半導體的設計與製造。這類高新產業正是該省所積極吸納的對象，因此受到當地政府的歡迎（郭美紅 2017）。 相較於此，非高新台企則不那麼受歡迎，當地多位台商協會幹部均提到，「惠台政策看似對台商有提供特殊優惠，但除非你的產業剛好符合廣東發展需要，否則也很難拿到補助」。[11]

　　在推動雙創工作中，廣東遇到最大的困境之一，是維護企業的知識產權。創新型企業最關注的問題，就是知識產權必須獲得保障。雖然廣東相對其他省份，已經比較重視對智慧財產權的保護，但內地企業對知識產權不重視，導致侵權情況仍頻。[12] 由於侵權案件許多是跨省案例，且同時涉及多個部門的認定，這已超出地方政府權限。

11　作者訪談，台商協會 S 會長，訪談編號 GD2022，臺北，2022 年 1 月 12 日；台商協會 W 會長，訪談編號 GD2025，臺北，2022 年 1 月 16 日；台商協會 WQ 會長，訪談編號 GD2026，臺北，2022 年 1 月 23 日。

12　作者訪談，台商協會 X 會長，訪談編號 DG1908，臺北，2019 年 3 月 4 日。

以大陸品牌「正泰」電器的侵權案為例，侵權企業在江蘇、陝西等八個省份進行生產和銷售，而調查該案需要由各地的市場監管、法院、公安、商務部門共同配合（人民網 2020）。這些涉及中央對於知識產權法規的修改，需要由中央政府來執行。

此外，新創企業需要較高額的投資，但極可能缺乏銀行體系之外的正式融資渠道，這也是廣東在推動雙創過程遇到的較大問題。企業在新創或轉型升級的過程中需要資金，但這類企業或因缺乏房產作為抵押品；或因產業升級面臨較高的營運風險，銀行多不願意放款給他們。[13] 由於金融政策與法規需由中央政府制定，這些都需要中央政府制訂更有彈性的政策。廣東在結合雙創與高新企業吸納的過程中，將上述問題反映給中央，做為北京在修改「指導意見」的參考。

三、小結：福建模式與廣東模式之比較

總結前述，福建與廣東推動科創政策的過程，呈現兩種截然不同的模式。在政府角色上，福建政府偏向指導型，對於商業活動進行必要的干預，廣東政府的屬性屬於服務型，其運作之目的主要在於建立與維繫市場運作的規範。而運作原則方面，福建模式更偏向對於政治任務導向的重視，特別是結合雙創政策與對台統戰，以強化該省的重要性；廣東模式則偏向市場經濟導向。在創新方向上，福建較重視技術的應用，而廣東則更重是技術的研發，相關內容請見表 12-1。

表 12-1　中國的兩種產業創新模式

模式＼內容	福建模式	廣東模式
政府角色	指導型政府	服務型政府
運作原則	政治任務導向	市場經濟導向
創新方向	技術應用	新技術研發

13　作者訪談，台商協會 W 會長，訪談編號 GD2025，臺北，2022 年 1 月 16 日。

柒、中央的自我強化與頂層設計

政策調適除了地方針對中央法規來因地制宜的推進外,還包括中央吸收地方所反饋的經驗,來修補原來規範之不足,讓相關政策更為周全。在本文的討論中,我們看到國務院在 2015 年下發「指導意見」後,中國各地開始積極實施雙創政策。在歷經地方的調適與推動後,中央吸收了相關意見的反饋。地方在上呈意見時,得透過部門之間的條條對接,例如省台辦與國台辦的管道,或是省發改委與國家發改委的聯繫,將地方的意見進行轉呈(Tsai and Lin 2021, 167-168)。

中央在 2018 年,在吸收了各地經驗後,對於「指導意見」的內容進行增補。國務院於該年下發的「推動創新創業高品質發展打造『雙創』升級版的意見」(後稱「升級版意見」)(中華人民共和國中央政府 2018),可看到福建與廣東在實施雙創過程中,所面對的一些需要中央來解決的問題,獲得一定程度改進。針對福建對於赴陸台人必須提供更多保障與扶持的意見,中央在「升級版意見」加入了「推動更多群體投身創新創業」的規定,要求進一步擴大兩岸經濟文化交流合作,為「臺灣同胞」在大陸創新創業提供便利,並責令台辦、人力資源社會保障部進行這項工作。

針對廣東所希望強化的知識產權保障與融資困難等問題,中央也做了政法規修改。「升級版意見」新增列「建立完善知識產權管理服務體系」事項,並做出詳細規定,強調要建立全國統一的知識產權交易市場,以及開展對於侵犯知識產權的查緝專項行動,並責令由知識產權局、財政部、銀保監會,以及人民銀行來負責這項任務。此外,針對企業融資難的問題,「升級版意見」也指出要「進一步完善創新創業金融服務」,包括拓寬創新創業直接融資渠道、完善創新創業差異化金融支持政策等,由財政部、人民銀行、銀保監會、證監會等單位負責。

從「指導意見」到「升級版意見」,我們可以看到中央政府也對相關規範進行調適。而在「學習型威權體制」的第三個面向——政策調適——有可能不僅一次循環,而出現多次過程,也就是地方調適——中央接受反饋來修補原規範——地方再調適,再反饋。透過央地之間的多次的調適,讓相關規範更有具備可執行性。由此可以看到,中國在進行政策執行的過程中,具有更為複雜的面向。Jessica C. Teets 與 William Hurst 提出三種政策創新／擴散的類型,包括「由下至上擴散模式」(bottom-up diffusion pattern），「由上至下擴散模式」（top-down diffusion pattern），及地區之間的擴散模式（regional diffusion pattern）（Teets and Hurst 2015）。 事實上，中國在政策創新與擴散的案例，更可能是上述三種類型的一個結合，並經過多次循環來讓政策逐漸明晰與完備，且能因地制宜的適合各地發展需要。[14]

從理論的面向來討論，習時期的地方政府，在進行政策改革時，其創新的空間可能比江、胡時期要來的小。Sebastian Heilmann 注意到在習近平時期，中共中央在政策制定過程中，強化了集權的機制，越級干預地方決策的情形更為明顯。（Heilmann and Swan 2018, 204-206）確實，在習近平強調的頂層設計，認為政策推進必須有中央的統一部署與協調（Schubert and Alpermann 2019）。 在 2020 年審定通過的「十四五規劃」，強調要堅持「系統觀念」，也就是要加強所謂「整體性推進」，任何政策都要從系統觀念和全局出發，統籌兼顧，來全過程協調推進（詹成付 2020）。 另外，習近平多次提到的「新型舉國體制」，認為中國在發展科創等涉及國家發展的重大議題時，必須「堅持自主創新、協同創新、開放創新」（楊開煌 2020）。

從科創的政策調適來看，地方政府在因地制宜的過程中，其創新的方向可能是由中央所給定的。福建在政治統戰的工作，以及廣東在高新科技吸納的任務，都是中央對這兩省的期待。換言之，地方政府在推動雙創過程中，必須以頂層設計、系統觀念、舉國體制等整體性思維，來考量地方的政策創新應如何放置在中央整體規劃的大格局下來推展，如此勢必影響地方政府規動相關政策以及企業進行創新的積極性。相較於部分學者透過對胡錦濤時期的研究，認為中國的地方政府在創新上，獲得更多的自主空間，彼此可以透過學習來吸取適合的制度，從而走向「多方共贏」（吳建南、馬亮、楊宇謙 2011, 93-94）。 本文則指出，在習近平時期，我們似乎不應該過度誇大地方政府在改革或政策執行上的空間。即便是地方政府執行若干改革，但其路線與政策主軸，也可能依循著被中央所設計好的方向來執行。

---

14 由於本文的篇幅所限，並沒有真正討論到地區之間的政策水平擴散，未來是可以補充之處。關於地方政府之間，政策擴散動力與機制的討論，參見李仲彬，〈影響全球電子治理發展的因素：以政策擴散理論為基礎的分析〉，《公共行政學報》，第 36 期，2010 年 9 月，頁 39-89；柯于璋，〈我國「閱讀起步走」政策創新與擴散之研究－政策知識管理的研究途徑〉，《公共行政學報》，第 51 期，2016 年 9 月，頁 35-67。

捌、結論

　　為何中共政權迄今具有強大的統治能力？為何其政策被認為有因地制宜的彈性？我們認為中共政權是一種「學習型威權主義」，並以此概念統整三個環節：政策汲取、擴散與調適等三個環節。在政策汲取上，中共向外國借鑒適合的經驗或制度。一旦中央決定學習某項政策，再透過國家力量來進行推廣與擴散。最後，是政策調適，這涉及到地方與中央的層次。地方政府依據中央法規並結合地方狀況，來進行政策內容的局部調整；而中央政府再依據地方的實施意見與反饋，來修補原先的規範。

　　「學習型威權主義」運做過程的一個核心思維，可能是降低改革或創新的風險性。中共的改革路徑被稱中國發展模式（China's Development Model）（Hsu 2011）。本文從「學習型威權主義」為分析概念，透過這種循序漸進，顧及中國各地狀況迥異的方式，確能避免蘇聯走向一步到位的大爆炸（Big Bang），所帶來之負面效果（Huang 1994）。本文透過「學習型威權主義」所強調的政策汲取、擴散與調適等面向，對於解釋為何中國的改革路線能持續至今，及其威權政體何以存續到現在，或可提供學界相關參考。

　　在案例上，本文對於習近平時期的科創政治，進行討論與分析。科技創新的概念源自西方。本文指出，相關著作的閱讀，可能是中共高層得以學習這些西方理念的重要管道之一。我們將科創的討論聚焦於「雙創」政策。中國政府在 2014 年，提出了雙創政策，並成立了由國家發改委牽頭的「聯席會議」，這是一個類似像領導小組的體制，由 24 個相關部門充分地協調溝通，並各自提出雙創的發展模式與典型來供地方政府學習。從這個過程中，我們看到中共在習近平時期，利用大規模的領導小組，來強化部門之間的協作與整合，以便推展重要的政策。2015 年底，針對雙創政策，中央制定了「指導意見」，正式將該政策擴至全國。最後，各省依據地方條件，來因地制宜的提出地方性的相關政策，並反饋到中央來進行法規修訂，在 2018 年頒佈「升級版意見」來回應地方在政策執行過程的需要。

　　我們也提出兩種模式—福建模式與廣東模式—來討論地方政府對雙創政策的調整。透過中國政府推動的雙創政策，我們更理解「學習型威權主義」在政策制訂上的運作過程。許多討論中國在政策學習的文獻，多在汲取、擴散與調適等層面上，進行部分性的研究。本文則希望建立一個更全面性的架構，對於中國的產業創新政治與政

策學習過程，做更為深入的討論。

「學習型威權主義」的相關概念，大致符合習近平「新時代」下，中國在政策執行與調適的過程。與胡錦濤時期相較之，「學習型威權主義」在習時期的運用，似乎更強調在政策汲取、擴散，與調適的過程中，必須有一個整體性的發展方略來做涵蓋。以本文討論的對台雙創為例，我們看到中共將整個科技產業與對台統戰的實施，鑲嵌在國家發展的整體戰略來檢視。誠如學者王信賢指出，這反映了中共強調對台工作的「總體方略」與頂層設計，使得 19 大來的對台政策，中央更強調必須規劃協調不同部門的運作（詹成付 2022）。然而，我們也必須指出，本研究似乎主要是在解釋中國在 2018 年之前的情況。自 2018 年美中貿易戰與 2019 年 COVID-10 炎疫情爆發後，中國似乎正從「學習型」走向「封閉型」的路徑。習近平在疫情之後提出「以國內大循環為主體」的「雙循環」政策，更強調「自主創新」而非向外學習，被認為是「閉關鎖國」之舉（BBC 中文網 2022）。

換言之，習近平強化中央集權的「頂層設計」，強調各地方政府與部門必須具備「系統觀念」來共同打造所謂「新型舉國體制」。從央地關係的角度來檢視，這似乎限縮了地方自主創新的空間。在地方政府，諸如福建與廣東推動雙創政策時，各自將重心聯繫到對台統戰與對全球高新技術的引進，可能是中央所期待的結果，是一場被中央設計好的規劃。這也顯見，在習近平的中國，任何創新與政策試驗，都必須放置在中央的規劃下來進行。在雙創政治的博弈中，我們看到習時期的中央政府，其力量無所不在，以及對整體政策推進的全面調控。

最後，這套「學習型威權主義」對於中國的長期發展究竟有何弊端，或許可以再深究。在整個政策汲取、擴散，與調適的過程中，中共依據自身國家發展的需要來做學習對象的選擇、地方的試行，與政策調整。這套看似縝密的運作，多賴於黨與國家機關的擘劃與決策。但由於改革與創新具有政治導向的鮮明色彩，因此其持續性與穩定性是值得觀察的。在中國與其他西方國家的外交持續動盪的近兩年，中共似乎已經大幅減少向西方吸納相關作法，更強調的是本土的自力更生與自主創新。此外，在習政權的調控下，市民社會的參與以及媒體監督等機制付之闕如，中共也絕不會以強化選舉、宗教自由，或是獨立監督權等議題為學習對象。換言之，這套學習與調適等相關作法，主要目的恐怕僅是在強化中共政權的存續與執政能力。

參考文獻

am730，2012/11/06，〈政治局委員愛看美暢銷書〉，《am730》，版 A10。

人民日報，2014/08/11，〈新時期推動科技創新的行動指南〉，《人民日報》，版 7。

人民日報，2016/09/20，〈馬凱：推動中國製造加快轉型升級〉。《人民日報》，版 2。

人民網，2012/12/13，〈實施創新驅動發展戰略〉，《人民網》，http://theory.people.com.cn/n/2012/1213/c352852-19882832.html，查閱時間：2021/05/26。

人民網，2015/06/05，〈國務院再出五策，為「雙創」加油添力〉，《人民網》，http://sd.people.com.cn/BIG5/n/2015/0605/c356086-25130809.html，查閱時間：2020/03/31。

人民網，2015/10/15，〈互聯網＋雙創＋中國製造 2025 催生一場「新工業革命」〉。《人民網》，http://cpc.people.com.cn/BIG5/n/2015/1015/c64094-27701174.html，查閱時間：2021/03/20。

人民網，2019/08/3，〈2019 廣東企業 500 強發布 21 家營收超千億元〉，《人民網》，http://gd.people.com.cn/BIG5/n2/2019/0830/c123932-33306034.html，查閱時間：2020/04/05。

人民網，2020/04/18，〈浙江發布 2019 年度知識產權保護十大典型案例〉。《人民網》，http://zj.people.com.cn/BIG5/n2/2020/0418/c186327-33957866.html，查閱時間：2022/02/06。

中國工程機械商貿網，2016/04/22，〈三一受邀參加工信部「雙創」典型經驗交流會〉，《中國工程機械商貿網》，http://news.21-sun.com/detail/2016/04/2016042208202640.shtml，查閱時間：2020/03/31。

中國青年網，2019/03/10，〈習近平參加福建代表團審議〉。《中國青年網》，http://news.youth.cn/sz/201903/t20190310_11892368.htm，查閱時間：2020/04/05。

中國政府網，2015/06/04，〈福建省人民政府關於鼓勵和支持臺灣青年來閩創業就業的意見〉，《中國政府網》，http://big5.www.gov.cn/gate/big5/www.gov.cn/zhengce/2015-06-04/content_5057561.htm，查閱時間：2020/04/01。

中國政府網，2015/08/20，〈國務院辦公廳關於同意建立推進大眾創業萬眾創新部際聯席會議制度的函〉，《中國政府網》，〈http://www.gov.cn/zhengce/content/2015-08-20/content_10109.htm〉，查閱時間：2020/03/30。

中國政府網，2018/09/26，〈推動創新創業高品質發展打造「雙創」升級版的意見〉，《中華人民共和國中央政府》，http://www.gov.cn/zhengce/content/2018-09-26/content_5325472.htm，查閱時間：2021/06/22。

中國致公黨，2014/11/25，〈蔣作君率致公黨中央科技委員會調研組開展「創客群體與創客

文化」調研〉，《中國致公黨》，http://www.zg.org.cn/zmwyh/201505/t20150511_20423.htm，查閱時間：2020/03/20。

中國高新網，2020/03/23，〈2020 年小微雙創示範基地推薦工作開始〉，《中國高新網》，http://www.chinahightech.com/html/paper/2020/0323/5543173.html，查閱時間：2021/03/25。

中國新聞網，2018/06/04，〈35 名台青受聘廈門海滄社區主任助理〉，《中國新聞網》，https://baijiahao.baidu.com/s?id=1602330946809918751&wfr=spider&for=pc，查閱時間：2022/02/13。

中國經濟網，2012/03/06，〈李克強：我翻了翻「喬布斯傳」，其中很有意思〉，《中國經濟網》，http://www.ce.cn/xwzx/gnsz/szyw/201203/06/t20120306_23131169.shtml，查閱時間：2021/03/24。

北京商報，2015/08/21，〈發改委牽頭，科技部、人社部、財政部共同組成，部際聯席會議首次瞄準創業〉，《北京商報》，版 28 月 21 日。

北京新浪網，2021/09/28，〈世界 500 強在廣東投資企業數量達 2416 家〉。《北京新浪網》，https://news.sina.com.tw/article/20210928/40087544.html%E3%80%822022/02/06，查閱時間：2022/02/06。

央廣網，2019/12/15，〈台資小微企業專屬信用貸款創新產品在廈門推出〉，《央廣網》，http://xm.cnr.cn/xwpd/zjxm/20191215/t20191215_524898755.shtml，查閱時間：2021/06/23。

央廣網，2021/08/03，〈2021 年《財富》世界 500 強廣東企業表現如何？〉，《央廣網》，https://twgreatdaily.com/481152609_362042-sh.html，查閱時間：2022/02/06。

光明日報，2019/07/04，〈發揮福建優勢，打造臺灣人才登陸第一家園〉，《光明日報》，http://share.gmw.cn/news/2019-07-04/content_32971241.htm，查閱時間：2020/04/05。

共產黨員網，2016/01，〈習近平關於科技創新論述摘編〉，《共產黨員網》http://www.12371.cn/special/blqs/xjpgykjcxlszb/，查閱時間：2021/08/05。

何虎生，2019/11，〈內涵、優勢、意義：論新型舉國體制的三個維度〉，《人民論壇》，第 32 期，頁：56-59。

吳玉山，1996，《遠離社會主義：中國大陸、蘇聯和波蘭的經濟轉型》，臺北：正中書局。

吳建南、馬亮、楊宇謙，2011，〈中國地方政府創新的動因、特徵與績效〉，收錄於俞可平（主編），《政府創新的中國經驗：基於「中國地方政府創新獎」的研究》：72-94，。北京：中央編譯出版社。頁 72-94。

李仲彬，2010/9。〈，〈影響全球電子治理發展的因素：以政策擴散理論為基礎的分析〉，《公

共行政學報》，第 36：期，頁 39-89。

周望，2013，。《中國「政策試點」研究》，天津：天津出版社。

周嘉辰，2019/3。〈，〈實驗主義與政策試點：中國大陸的公立醫院改革〉，《中國大陸研究》，第 62 期第（1）：卷，頁 35-65。

周慧，2015/03/17，〈政府添柴「眾創空間」〉，《21 世紀經濟報道導》，版 6。

定軍，2012/06/21，〈中國社科院學部委員金碚：「服務業作為經濟增長的主要推動力不現實」〉，《21 世紀經濟報道導》，版 6。

信報財經新聞，2012/12/18，〈中國發展面臨八大挑戰〉，《信報財經新聞》，版 A19。

南方都市報，2015/01/05，〈李克強總理在深圳考察〉，《南方都市報》，版 A4。

柯于璋，2016/9。〈，〈我國「閱讀起步走」政策創新與擴散之研究──政策知識管理的研究途徑〉，《公共行政學報》，第 51：期，頁 35-67。

孫博洋，2015/03/05，〈大眾創業、萬眾創新〉，《人民網》http://finance.people.com.cn/BIG5/n/2015/0305/c1004-26643284.html，查閱時間：2021/04/06。

耿曙、林瑞華、舒耕德，2012，〈台商研究的起源、發展與核心議題〉。收錄於，耿曙、林瑞華、舒耕德（主編），《台商研究》：3-51，臺北：五南出版社。頁 3-51。

國家統計局，〈中國統計年鑑〉，《國家統計局》，http://www.stats.gov.cn/tjsj/ndsj/，查閱時間：2020/04/06。

張豈凡，2013/11/08，〈中央政治局集體學習首次搬到中關村〉，《新聞晨報》，11 月 8 日：版 A9。

郭美紅，2017/01/20，〈傳鴻海深圳設新廠打造蘋果新品原型機〉，《香港商報》，。http://www.hkcd.com/content/2017-01/20/content_1033921.html，查閱時間：2021/06/23。

創投條，2019/12/16，〈農業部公佈第二批農村雙創典型縣〉，《創頭條》，http://www.ctoutiao.com/2566384.html，查閱時間：2021/04/01。

搜狐網，2021/05/26，〈2021 年廣東高新技術企業認定補貼高達 100 萬〉，《搜狐網》，https://www.sohu.com/a/468738978_120348080〉，查閱時間：2022/02/06。

新華網，2019/11/18，〈解碼廣東區域創新能力「三連冠」〉，《新華網》http://big5.xinhuanet.com/gate/big5/www.gd.xinhuanet.com/newscenter/2019-11/18/c_1125242806.htm，查閱時間：2020/04/06。

新華澳報，2013/01/042，〈親民務實作風深受國際社會好評，中國領導人的「軟實力」〉。《新華澳報》，版 3。

楊開煌，2020/3/20，〈新冠肺炎疫情 vs. 新型舉國體制〉，《海峽評論》第 352 期，https://www.haixia-info.com/articles/11777.html，查閱時間：2021/06/22

董慧林，2016/01/04，〈臺灣創客在福建迎來雙創好時機〉，《香港商報》，http://www.hkcd.com/content/2016-01-04/content_978541.html，查閱時間：2021/08/05。

解放日報，2016/04/07，〈供給側改革與創新型經濟〉，《解放日報》，版 12。

詹成付，2020/11/12，〈深入理解「堅持系統觀念」〉，《人民網》，http://theory.people.com.cn/BIG5/n1/2020/1112/c40531-31927887.html，查閱時間：2021/06/23。

福建日報，2019/02/21，〈貼息到地頭台農嘗甜頭 - 我省創新貸款方式為台創園台農發展搭建加油站〉，《福建日報》，http://www.fjtb.gov.cn/news/201902/t20190221_12141408.htm，查閱時間：2021/11/05。

劉東，2015/08/21，〈「雙創」部際聯席會議制度建立，重在資訊互通〉，《21 世紀經濟報道導》，版 5。

劉東、陸海晴，2015/10/01，〈眾創空間：遍地扶持下的「過剩」隱憂〉，《21 世紀經濟報導道》，版 7。

廣東省台辦，2019/04/22，〈關於促進粵台經濟文化交流合作的若干措施〉，《廣東省台辦》，http://dgtga.dg.gov.cn/dgtw/zcfg/201904/ee2b25a97c194779853a57761eaccf28.shtml，查閱時間：2022/02/13。

廣東省政府網，2016/07/29，〈廣東省市場監管條例〉，《廣東省政府網》，http://www.gd.gov.cn/zwgk/wjk/zcfgk/content/post_2727097.html，查閱時間：2022/02/05。

廣東省政府網，2018/09/06，〈廣東省進一步擴大對外開放積極利用外資若干政策措施〉，《廣東省政府網》，http://www.gd.gov.cn/gkmlpt/content/0/147/post_147205.html#7，查閱時間：2020/04/06。

廣東省科學技術廳，2019/03/28，〈廣東省人民政府關於促進高新技術產業開發區高品質發展的意見〉，《廣東省科學技術廳》。http://gdstc.gd.gov.cn/zwgk_n/zcfg/gfwj/content/post_2792062.html，查閱時間：2021/08/05。

蔡文軒，2015，〈中共「十八大」以來的政權調適：「學習型列寧體制」的運作與意涵〉，陳德昇主編，《中共「十八大」菁英甄補與治理挑戰》：47-75，臺北：印刻出版有限公司。頁 47-75。

薄智躍，2010/1。〈，〈政治局集體學習制度與「中國模式」〉。《南風窗》，第 3：期，頁 46。

騰訊科技，2019/04/28，〈騰訊全球專利申請數量超 3 萬件，僅次於谷歌〉。《騰訊科技》，

https://tech.qq.com/a/20190428/007284.htm，查閱時間：2020 /04/06。

騰訊網，2020/04/26，〈打智慧財產權官司，外企為何優選廣東？〉，《騰訊網》https://new.
qq.com/omn/20200426/20200426A0A7L900.html，查閱時間：2021/06/23。

Anderson, Chris. 2012. *Makers: The New Industrial Revolution*. New York: Crown Business.

Bernstein, Thomas P., 2010. "Introduction: The Complexities of Learning from the Soviet Union."In
Thomas P. Bernstein and Hua-yu Li, eds., *China Learns from The Soviet Union, 1949-Present*,
pp.1-26.Lanham, Md.: Lexington Books.

Christensen, Tom, Dong, Lisheng and Martin Painter. 2008. "Administrative Reform in China's
Central Government: How Much 'Learning from the West?", *International Review of
Administrative Sciences*, 74(3): pp. 351-371.

Collier, David & Levitsky, Steven. 2009. "Democracy: Conceptual Hierarchies in Comparative
Research." In David Collier and John Gerring, eds., *Concepts and Method in Social Science: the
Tradition of Giovanni Sartori.*, pp. 269-288. New York: Routledge.

Dong, Lisheng, Christensen Tom and Martin Painter. 2010. "A Case Study of China's Administrative
Reform the Importation of the Super-Department." *The American Review of Public
Administration*,40(2), pp.: 170-188.

Economy, Elizabeth, 2018. *The Third Revolution: Xi Jinping and the New Chinese State*. New
York: Oxford University Press.

Erik Brødsgaard, Kjeld & Zheng, Yongnian. 2004. "Introduction: Bringing the Party Back In." In
Kjeld Erik Brødsgaard, and Zheng Yongnian, eds., *Bringing the Party Back In: How China is
Governed*, pp. 1-21. Singapore: Eastern University Press.

Florini, Ann M., Lai, Hairong & Tan, Yeling. 2012. Washington, D. C: Brookings Institution Press.

Gerschenkron. 1962. *Alexander, Economic Backwardness in Historical Perspective: A Book of
Essays*. Cambridge: Belknap Press of Harvard University Press.

Goertz, Gary. 2006. *Social Science Concepts: A User's Guide*. Princeton: Princeton University
Press.

Guo, Sujian. 2000. *Post-Mao China: From Totalitarianism to Authoritarianism?* Westport, Conn.:
Praeger.

Heilmann, Sebastian & Perry, Elizabeth J. 2011. "Embracing Uncertainty: Guerrilla Policy Style
and Adaptive Governance in China." In Sebastian Heilmann and Elizabeth J. Perry, eds.,

Mao's Invisible Hand: the Political Foundations of Adaptive Governance in China, pp.1-29. Cambridge: Harvard University Asia Center.

Heilmann, Sebastian & Swan, Red. 2018. How Unorthodox Policy Making Facilitated China's Rise. Hong Kong: The Chinese University Press.

Heilmann, Sebastian, Lea Shih and Andreas Hofem. 2013."National Planing and Local Technology Zones: Experimental Governance in China's Torch Program." *The China Quarterly*, 216, pp.: 896-919.

Heimer, Maria. 2006. "The Cadre Responsibility System and the Changing Needs of the Party." In Kjeld Erik Brodsgaard and Zheng Yongnian, eds, *The Chinese Communist Party in Reform*, pp.122-138. London: Routledge.

Hepburn, Nicola and David A.Wolfe. 2015. "Technology and Innovation Centres: Lessons from Germany, the UK and the USA." https://munkschool.utoronto.ca/ipl/files/2015/01/Technology-and-Innovation-Centres-Haltech-Report-2014_1.1.pdf. (March 13, 2020).

Heurlin, Christopher. 2016. Responsive Authoritarianism in China: Land, Protests, and Policy Making. New York: Cambridge University Press.

Hsu, S. Philip. 2011. *"In Search of China's Development Model: Beyond the Beijing Consensus."* In S. Philip Hsu, Yu-Shan Wu, & Suisheng Zhao, eds., In Search of China's Development Model: Beyond the Beijing Consensus, pp.1-24. New York: Routledge.

Huang, Kaihui, Weijie Luo, Weiwei Zhang, and Jinhai Li. 2021. "Characteristics and Problems of Smart City Development in China." *Smart Cities*, 4: 1403-1419.

Huang, Yasheng. 1994."Information, Bureaucracy, and Economic Reforms in China and the Soviet Union." *World Politics*, 47(1):1-119.

Isaacson, Walter. 2011. Steve Jobs. New York: Simon & Schuster.

Jessop, Bob. 1994. "The Transition to Post-Fordism and the Schumpeterian Workfare State," In Roger Burrows & Brian Loader, eds., *Towards a post-Fordist Welfare State?*, pp.13-37.London: Routledge.

Kohli, Atul. 2004. *State-Directed Development: Political Power and Industrialization in the Global Periphery*. Cambridge: Cambridge University Press.

Meier, Nicola. 2009. *China, The New Developmental State: An Empirical Analysis of the Automotive Industry*. New York: Peter Lang.

Miller, Alice. 2008. "The CCP Central Committee's Leading Small Groups." http://www.hoover.org/ sites/default/files/uploads/documents/CLM26AM.pdf (June 31, 2021).

Nathan, Andrew J. 2003. "Authoritarian Resilience." *Journal of Democracy*, 14(1), pp: 6-17.

Pei, Minxin. 2012. "Is CCP Rule Fragile or Resilient?" *Journal of Democracy*, 23(1), pp: 27-41.

Perry, Elizabeth J., 2007. "Studying Chinese Politics: Farewell to Revolution?" *The China Journal*, 57: 1-22.

Rifkin, Jeremy. 2011. *The Third Industrial Revolution: How Lateral Power is Transforming Energy, the Economy, and the World*. New York City: Palgrave Macmillan.

Schubert, Gunter and Björn Alpermann, 2019 "Studying the Chinese Policy Process in the Era of 'Top-Level Design': The Contribution of 'Political Steering' Theory." *Journal of Chinese Political Science*, 24(2): 199-224.

Shambaugh, David L. 2008. *China's Communist Party: Atrophy & Adaptation*. Berkeley: University of California Press.

Teets, Jessica C. & Hurst, William. 2015. "The Polirics and Patterns of Policy Diffusion in China." In Jessica C. Teets and William Hurst, eds., *Local governance innovation in China: Experimentation, Diffusion, and Defiance*, pp. 1-24. New York: Routledge.

Teets, Jessica C. 2014. *Civil Society under Authoritarianism: The China Model*. New York: Cambridge University Press.

Trouille, Jean-Marc. 2014. "Industrial Nationalism versus European Partnerships: An Analysis of State-Led Franco — German Interfirm Linkages." *Environment and Planning C: Government and Policy*, 32(10): pp.1059-1082.

Tsai, Kellee S., 2021. "Evolutionary Governance in China: State-Society Interaction under Authoritarianism." In Szu-chien Hsu, Kellee S. Tsai, and Chun-chih Chang eds., *Evolutionary Governance in China: State-society Relations under Authoritarianism*, pp.3-37. Cambridge: Harvard University Asia Center.

Tsai, Wen-Hsuan and Nicola Dean. 2013. "The CCP's Learning System: Thought Unification and Regime Adaptation." *The China Journal*, 69(1), pp: 87-107.

Tsai, Wen-Hsuan and Wang Zhou. 2019. "Integrated Fragmentation and the Role of Leading Small Groups in Chinese Politics." *The China Journal*, 82(1): 1-22.

Tsai, Wen-Hsuan and Ruihua Lin. 2021. "How Policies are Adapted: The Roles of Local Think

Tanks in China's New Era." *China Review*, 21(2): 153-176.

Vogel, Ezra F. 1989. *One Step Ahead in China: Guangdong Under Reform*. Cambridge, Massachusetts: Harvard University Press.

Wang, Shaoguang. 2009. "Adapting by Learning: The Evolution of China's Rural Health Care Financing." *Modern China*, 35(4): 370-404.

Whiting, Susan. 2001. *Power and Wealth in Rural China: The Political Economy of Institutional Change*. New York: Cambridge University Press.

Wong, Siu-Lun.1979. *Sociology and Socialism in Contemporary China*. New York: Routledge.

Wright, Teresa. 2010. *Accepting Authoritarianism State-Society Relations in China's Reform Era*. California: Stanford University Press.

Xue, Lan and Nancy Forbes. 2006. "Will China Become a Science and Technology Superpower by 2020? An Assessment based on a National Innovation System Framework." *Innovations Technology Governance Globalization*, 1(4): 111-126.

Zhao, Suisheng. 2000. "Chinese Nationalism and Its International Orientations." *Political Science Quarterly*, 115(1): 1-33.

Zheng, Yongnian. 2010. *The Chinese Communist Party as Organizational Emperor: Culture, Reproduction and Transformation*. London: Routledge.

Zhu, Jieming. 2004. "Local Developmental State and Order in China's Urban Development during Transition." *International Journal of Urban and Regional Research*,28(2): 424-447.

Zhu, Xufeng. 2014. "Mandate Versus Championship: Vertical Government Intervention and Diffusion of Innovation in Public Services in Authoritarian China." *Public Management Review*, 16(1): 117-139.

Zhu, Yapeng. 2013. "Policy Entrepreneurship, Institutional Constraints, and Local Policy Innovation in China." *The China Review*, 13(2): 97-122.

第 13 章

華為與中興在全球市場崛起

回顧中國政府轉變為強國家推動大陸3G自主標準

蔡青蓉

壹、前言

2018 年 4 月美中貿易戰開打以來，中國大陸（以下簡稱大陸）企業華為和中興皆為美國政府的重點制裁對象（CNN 2019），外界才驚覺大陸電訊製造產業已經發展起來，其在全球邁向導入第五代行動通訊技術（5th Generation Mobile Networks，以下簡稱 5G）時，華為在全球的佈局逐漸挑戰了歐美主導的科技霸權地位。其實早在 2014 到 2020 年的全球電訊製造統計（請見圖 13-1），顯示華為與中興在全球的營收排行前十名，華為在 2014 年後超越諾基亞（Nokia）排名第一，中興排名第四緊追在後。**本文主張這些成果實際上是早在 3G 時代，大陸政府扮演強國家角色，大力推動促進廠商後進追趕所奠定的基石。**

回顧 2G 時代，大陸採納與跟隨全球通訊標準，以製造代工方式融入全球市場，但國內龐大的市場為外資所主宰。換言之，大陸當時是全球製造工廠，外資如諾基亞、愛立信（Eriksson）和摩托羅拉（Motorola）主宰大陸 70～90% 設備與手機市場。官方估計 2G 時代流出約五千億（人民幣，下同）的產值，特別是專利的權利金流出給美商手機晶片設計大廠高通（Qualcomm）（賈曉輝、舒華英、馬永強 2007）。因此，邁向 3G 時期到底發生了什麼樣的轉變，大陸政府（state）如何從上而下推動自主創新政策，與國家和國內外企業（state-business）角力與/或互動之過程值得探討。

圖 13-1　全球電訊製造廠營收，2014~2020年

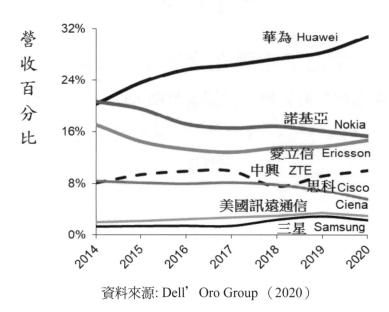

資料來源: Dell'Oro Group（2020）

首先，為何大陸決定以中國的 TD-SCDMA[1]（以下簡稱 TD）3G 標準來推動產業發展？簡單回顧在 2G 時代歐盟電信大廠商，如諾基亞與愛立信等聯盟制訂 GSM 標準，其和美國高通所制定的 CDMA 標準相互抗衡[2]（見圖 13-2）。歐美跨國企業在高科技產業，會藉由制定產業標準來提高進入障礙，例如微軟（Microsoft）與英特爾（Intel）聯手創造 Wintel 標準架構而寡佔全球市場，而在電訊設備製造與手機產業也是如此。位居全球產業鏈最下方的中國工廠，便興起「一流公司作標準、二流公司作技術、三流公司作產品」（Suttmeier, Yao, and Tan 2006）這類科技民族主義口號出現。

因此本文的研究問題與貢獻在於探討，大陸國家如何運用 TD 標準，扭轉先前 2G 時代跨國企業主導大陸市場的劣勢，本土電訊製造與手機廠商在 3G 時代達

1　中國 3G TD-SCDMA 的核心技術與專利 CDMA 為美商高通為開發與主導。其他相關的科技專有名詞，請參考附件一中英文翻譯。

2　GSM 標準廣為歐洲和大部分亞洲國家所採納，而 CDMA 則只有美國、韓國與少數國家所用，其市場佔有率相對 GSM 低。

圖 13-2　全球電信標準演化圖：從2G到5G

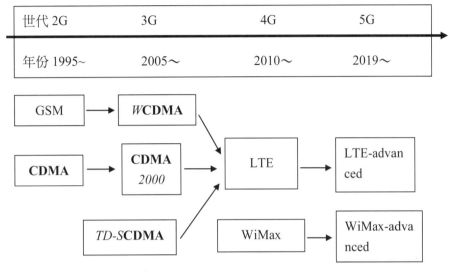

資料來源：作者整理

到「進口取代」目標。**本研究是利用政治經濟學「國家和企業」的分析架構[3]，主要聚焦在分析國家角色的變化以及大陸政府與本土廠商的角力。**本文定義與比較研究中國 3G 標準之產業發展分兩個階段：（1）第一階段爲 2000~2005 年（2）第二階段爲 2006~2013 年。以 2006 年爲分水嶺是因爲先前研究顯示，直到 2005 年爲止，投入研發中國 TD 的廠商、數量規模甚小導致手機產業鏈也不完善，產品不成熟而無法和全球主流標準競爭。大陸政府決定延遲發放 3G 執照導致其產業發展前途不明朗（Suttmeier,Yao,andTan 2006; Breznitz and Murphree, 2011）。

　　然而，大陸政府在 2006 年轉變態度，改爲大幅度支持 TD 之發展，2009 年 1 月指定中國移動獨家拿中國 TD 牌照，中國移動積極尋求外資和台商進入開發 TD 之相關產品，直到 2013 年發放 4G 牌照（更多細節請見第四小節說明）。

　　研究結果發現可分兩個層級來看：（1）**國家層次──爲了達成「進口取代」戰略，大陸政府轉變爲強國家**（strong state），加重力道透過多次政治操作，強制不

3　研究方法爲作者於 2011 到 2013 年間三度到北京等地方進行田野調查 [請見附件二訪談人物列表]，並加上次級資料蒐集。

聽從命令的第一大電信商中國移動成為產業發展的領頭羊，並搭配保護法案與補貼工具，達成國家「進口取代」戰略，而扭轉過去跨國企業主宰大陸市場的劣勢。（2）**企業層次**——本土廠商是否完全邁向「自主創新」是有待商榷的，一來無論是專利的「質」和「量」在此階段，大陸廠商還是遠遠落後外資企業，**但大陸擁有自己的 3G 通訊標準，至少發揮和外資談判權利金降價的作用，是中國爭取國際科技話語權的第一步。**第二，手機產業上游的核心晶片等零組件、中游晶圓代工甚至下游後段組裝，實際上幾乎都是台商企業協助開發與代工的。

也因此，在大陸追求邁向「自主創新」進行技術追趕，兩岸經貿關係沒有縮小卻反而擴大與逐年成長，這是因為台商彌補大陸手機製造產業鏈的缺口，特別是研發技術密集的半導體產業——即晶片設計與晶圓代工等等（Tsai 2015）。最後，結論部份也討論大陸在 4G 發展時期，改回採納全球通訊標準，企圖融入外資主導的國際通訊標準社群來挑戰全球科技霸權地位，此相較於 3G 時期採納封閉標準，對大陸政策調適的意涵（蔡青蓉 2013）。

本文的章節安排如下：第小二節為文獻回顧，個案研究分別在第小三節和第小四節——即比較研究 2006 年後「國家和企業」的關係變化，如何影響到產業發展結果。最後小節提出結論與討論。

貳、文獻回顧

一、東亞發展型國家與中國產業發展

回顧東亞台韓兩國產業之所以能融入全球市場，國家（state）發揮了關鍵的推動作用（Amsden 1989; Evans 1995）。首先，國家官僚具有強烈的發展意願，制訂有利於本國企業發展的產業政策，不斷調整行政工具與制度配套來干預市場，並輔導廠商研發學習而達到技術升級（Mathews and Cho 2000）。國家官僚要能自主但又鑲嵌於產業社會，才能有效引導與監督企業達到國家設定的產業目標（Evans 1995）。國家對東亞後進追趕扮演著「彌補市場失靈」的角色，而被理論化為發展型國家模式

（developmental state model）。吾人並不是要討論中國大陸是否為東亞發展型國家之類型，而是利用其關鍵分析架構「國家和企業」的關係——國家主導的角色和企業之互動關係對產業發展所發生的影響。

在大陸條條塊塊政治結構下，大陸廠商後進追趕之過程，**國家是否扮演重要的角色**（state matter）。換言之，大陸政府的國家能力（state capacity），是否足夠來推動達到產業發展，這也是中國研究焦點之一。先前研究顯示在大陸條條塊塊權力分散的情況下，**強國企 (strong business) 幹部往往負面影響到國家執行產業政策的意志**。原因在於大陸從1978年採取改革開放以來，透過分權給各部門科層與地方政府，一方面國家提供恩庇資源給國企和地方幹部，讓他們取得壟斷市場的租金（rents）以維持政權穩定（Pei2006）。另一方面讓幹部保有自主權可以從下而上動員，以推動現代化與工業化。故和東亞相比，大陸國家官僚也一樣具有強烈的發展意願，但大陸行政體系並非鐵板一塊、而是條條塊塊切割，而構成大陸特有的「分裂威權」體系（吳玉山2007）。**以下整理條條塊塊體系影響到本個案相關的兩個層面之文獻。第一為產業發展的問題，二是國企研發能力的問題。**

首先**在產業發展方面**，回顧改革開放後，中央將權力下放分散給各部會與地方政府進行改革，導致在多方利益團體相互競爭下，雖帶來市場經濟成長的正面效果（Naughton2011），但也一體二面帶來負面作用。「部門主義」（王信賢 2008, 47-50）保護利益集團或自利國企、無顧中央的政策指揮，為了鞏固地方政府或部門利益[4]，扭曲了產業政策、削弱了國家能力而形成了「弱國家、強部門（國企）」之對比。

在**電力產業**實證研究上，學者發現自利的國企破壞國家產業計畫案例。國企菁英幹部不但會跟國家索取恩庇資源，如補貼或專案投資等來擴張其權力，也會透過「院內活動」的遊說方式來影響國家的政策（Tsai 2011）。其他如**汽車產業**則有上海地方

4　國企政治菁英大致上透過兩種制度手段，來鞏固其勢力範圍或保護既得利益：（1）「部門主義經濟」：部會官僚還會透過職權壟斷該部門的租金，故官僚體制已經成為條塊的既得利益集團，迫使市場中的其他行為者交納「貢款」。而當國家機器內部進行結構調整、改革、或和其他門利益重疊時，特殊利益團體就會透過影響力來妨礙改革，也嘗試擴張權力來和其他部門相互競爭，以保護該部門或旗下國企的利益。（2）「院內活動」：規模越大的國企、相對權力也越大，能夠透過遊說來影響政策內容（Deng and Kennedy 2010）。

政府保護地方國企之案例（Thun 2004），而**電信產業**則是郵電部鞏固其下國企，用行政手段阻礙其他部會進入瓜分電信市場的租金（Pei 2006）。最後的產業政策往往是經過各方政治行動者議價協商下，所交換利益或妥協的結果。

其次，**中國特有政治體系影響到國企研發能力方面**，1998 年後大陸國家積極地展開國企改革，採取「抓大放小」策略來活化國有資產，培養 30~50 家具有國際競爭力的國企。關鍵是大陸政府也企圖提高國企的研發能力（Nolan and Wang 1999）。改革開放後將過去分開的科研機構和國企合併，來提升國企的研發能力之外，國家也在各項資源分配上給予國企特權（Lardy 1998），而相關制度搭配包括有優惠貸款、補貼、免稅等等財務優惠。

以上，中國政府採取類似於南韓政府集中扶持財閥「國家冠軍隊」（national champions）的作法，企圖透過大型企業來推動國家經濟的成長（Nolan 2001）。不過，由於缺乏類似南韓「蘿蔔和棒棍」（carrot and stick）的問責制度，大陸國家給國企補貼始終是建立在政治關係而非績效上，國家依舊提供恩庇資源給績效不好的國企（Naughton 2008,107）。因此，不同於南韓財閥為了市場績效，有誘因把國家提供的優惠貸款分配在研發活動上，大陸國企經理人並沒有此誘因從事研發（Steinfeld 1998），因而影響到國企的創新能力（Fuller 2009）。

二、中國在全球生產網絡的位階與自主標準的挑戰

全球商品鏈（Global Commodity Chains, GCC）解釋了東亞後進追趕產業發展的起源，臺灣和南韓廠商受惠於歐美跨國企業將製造分工外包而融入全球市場。不過，歐美跨國企業控制著產品的核心技術，並獲取較高的附加價值與利潤，和台韓廠商形成「領導－從屬」權力不對等的權力關係。以手機產業來說，美國高通和歐洲諾基亞等領導廠商，透過制訂標準與掌握關鍵專利而主宰全球產業（Wen and Yang 2010）。中國在全球生產網絡的位階，是從代工切入故處於最邊陲和低階的位置（Steinfeld 2004）。另方面，大陸企圖透過國家主導來進行追趕與產業升級。改革開放後國家就是運用「以市場換技術」策略，以廣大市場當作談判籌碼迫使外資和國企合資，目的在引進外資的同時，也拉動技術外溢效果來提升大陸的產業發展（Yeung 2008）。

2000 年大陸加入國際貿易組織（World Trade Organization，以下簡稱 WTO）需要符合自由貿易的規範，故大陸政府改採取中國自有的「科技標準」為貿易壁壘（Yao and Suttmeier 2004）。有學者認為大陸具有強烈後進追趕的野心，因而模仿跨國企業制訂「科技標準」，企圖從產品製造的技術從屬地位，轉變為研發與全球技術的領導地位，以反制歐美外資主導全球產業鏈（Ernst and Naughton 2008）。簡單來說，制訂標準的動機是基於國際政治經濟上的考慮，目的提升大陸在全球經濟的話語權。綜合上述學者的研究重心，只討論到大陸制訂 TD 標準的動機，**極少針對大陸「國家與企業」在推動產業的過程中，各方行動者之間的角力/合作等關係作動態的分析。**

其次，針對 2006 年大陸政府延遲發放 3G 執照，樂觀派的學者認為大陸政府用意在等待本土企業技術更成熟，於是採用國家保護民族工業的手段（柳卸林 2008）。相對地，批判派的學者認為這是國家角色退縮，阻礙了市場自由發展（Suttmeier,Yao,andTan 2006），國家政策不穩讓大陸本土廠商降低研發投資（Breznitz and Murphree, 2011）。

總之，上述文獻針對中國 3G 標準之討論，只是從靜態、片段面的「結果」來分析，缺乏動態、演化的「國家和企業」互動之過程研究。以下為本文兩階的比較研究個案分析。

參、中國3G產業化第一階段（2000~2005年）

一、國家角色的浮現——首由發改委小規模扶持企業研發

回顧中國 3G 標準 TD 的由來，是在 1998 年大陸政府召集與動員產、學、研三方透過 863 計畫補貼研發後，送交國際電信聯盟（ITU）並於 2000 年得到批准，成為和歐盟企業聯合主導的 WCDMA 以及美國高通領導的 CDMA2000，並列為全球三種相互競爭的 3G 標準。國企大唐集團是推動 TD 成為中國標準的主導者，其與 TD 技術主要的貢獻者西門子（Siemens）合作研發。2002 年大唐集團底下另設立子公司大唐移動負責研發、生產、銷售與技術授權（Fan 2006; Yan 2007）。

大唐移動設定技術跳躍的高目標，企圖以 TD 標準為基礎來發展中國自主手機晶片，並把大陸的電訊設備、手機和關鍵的半導體產業帶動起來（訪談記錄 S1、B8）。不過，當時的二線企業大唐無論在企業規模和研發技術上，都比一線企業華為與中興來落後，因此一開始要大唐壟斷開發 TD 三個產業的市場——橫跨電訊設備、半導體晶片到手機產業，是超出其能力範圍，導致 TD 在 2000 到 2002 年之間幾乎沒有進展。經過發改委居中協調，要求大唐開放技術授權給國內其他廠商聯合研發（訪談紀錄 B6）。最終，國家和國內多方企業達成協議，2002 年決定由大唐主導與負責組織 TD 產業聯盟。

此揭幕了國家初步小規模扶持的開端。發改委聯合工信部和科技部提出制度配套，包括：(1) 2002~2006 年間，提供共 10 億元研發基金（Yan, 2007），大唐拿到多數補助，共計 2 億 6 千萬元，其餘華為和中興則各拿到 1 億元，其他還有銀行給予的優惠貸款等等（柳卸林 2008, 63）。(2)同年工信部頒佈《關於第三代公眾移動通信系統頻率規劃問題的通知》並劃定了 3G 的頻段，中國的 TD 頻道共取得 155 MHz[5]，比其他兩個國際標準加總的 120 MHz 還來得多（Yan, 2007），這些資源分配上的差別，成為國家保護本土電信製造產業發展的起跑點。

(3)成立產業聯盟鼓勵廠商交換專利：2002 年產業聯盟剛成立時，原始成員只有大唐、華為、中興、普天、聯想、華立等 8 家企業。到 2003 年，共計有 17 家本國企業和 8 家外資企業[6]，並設立中外合資的凱明（Commit）、天碁（T3G）[7] 等合資企業從事手機晶片設計（Suttmeier, Yao, andTan 2006），顯然地大陸國家企圖利用外資來提升本土廠商技術能力。

5　國際電信聯盟（ITU）法規規定，WCDMA 和 CDMA2000 的核心頻道應預留各 60 MHz，而 TD-SCDMA 是 55 MHz。但是，中國政府表面上符合的國際規範，雖給 TD 核心頻道預留的是 55 MHz（1880~1920 和 2010~2025），工信部和軍方協調，又從軍方清出來多餘的 100 MHz（2300~2400）頻道給 TD，當作核心外的拓寬頻率。

6　西門子，阿爾卡特、北電、三星、菲力浦和摩托羅拉或合資企業。三年後的 2005 年增加到 21 家公司，包括有本土手機商海信、夏新、波導、TCL、海天，以及半導體廠商的海歸派展訊、T3G、凱明，為大唐、菲力浦和三星等合資企業。

7　凱明是中方大唐移動、普天等 9 家廠商，以及西方諾基亞、德州儀器、LG 等 8 家廠商共同成立的企業；而天碁則是大唐移動和西方菲力浦、三星和摩托羅拉（2005 年後加入）合資成立的公司。

圖13-3　第一階段「國家和企業」角力與產業化結果

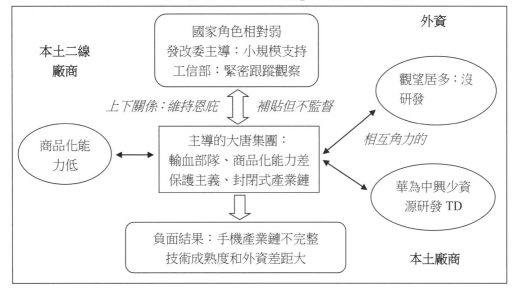

二、大唐部門主義：和國內外廠商之間的角力

不過，到2005年的首次商用測試顯示，TD標準並沒有成功轉換為商品而無法進行商用。原因出在TD標準領導者大唐集團缺乏技術能力，但又想透過制定標準的方式圈地創造地租。此導致TD產業鏈規模小之外，關鍵是缺乏能夠帶動手機產業發展的手機晶片。原因在於大唐國企缺乏研發與面對市場競爭之經驗，其技術能力比起在面對海外市場的中興和華為較低（訪談記錄B1a、B3、T1、T2、T3）。大唐雖然已從科研單位轉制到企業，但實際上沒有太多銷售成果，還是需要國家不斷的資金注入「輸血」、無法自負盈虧（訪談紀錄B10）。

其次，產業聯盟也因廠商之間的角力而無法發揮功能。大唐表示當初請求華為、中興等7家本土廠商加入為產業聯盟成員，他們的參加意願很低、且相互較勁意味濃厚。關鍵是大唐還企圖「擁標準自重」（訪談記錄B1a、S1），向國內企業收取權利金，而和其他企業之間的角力與衝突也不斷發生（訪談記錄，B3、B5a、B8）。大部分外資也採取觀望態度（訪談記錄B5b、B6、B10、B11），因為外資發現到大唐並不具

備研發實力，不會真正投入研發。外資參加 TD 產業聯盟並與中方組成合資企業，是為了向大陸政府示好（訪談記錄 B6）。因此，產業聯盟只能淪為政治表態（訪談記錄 B1a、B11）。

實際上，當時中興華為主要研發資金投在國際主流 WCDMA 標準上。而外資採取觀望態度，關鍵是他們的利益與中國的 3G 標準嚴重衝突，故根本不投入研發在 TD 商品上。

三、產業發展不成熟與國家延遲發放3G執照

到 2005 年為止，TD 標準下的國產品技術落後和產業鏈不完整，整體和國外 WCDMA 標準上下游產業鏈完成，眾多廠商研發投入的差距很大（Fan 2006）。這樣的技術發展差距，引發工信部對支持大唐等企業繼續研發 TD 產生猶豫，決定延遲發放 3G 執照與暫時不公告 TD 為中國的商用 3G 標準。顯然地「國家和企業」之間存在著分歧利益（divergent interests）。

四、本小節結論

透過本文第一階段分析架構圖結果來看（請見下圖 3），作者同意大陸政府延遲發放 3G 執照一部份因素是由於「部門主義」──即當時工信部部長和電信商的國企經理人是舊同僚關係（訪談記錄 B6），但不是 Breznitz and Murphree（2011）所主張的國家角色退縮。作者研究發現科技官僚出身的工信部部長，主要是基於「專業」而下此決策。因為他們從過去歷史學習到教訓，很清楚大陸 3G 標準和國外 3G 標準差距太大，一旦發牌對設備與手機製造產業、電信商以及消費端的發展都很不利（訪談記錄 B11、S1）。另一方面，對急於獲利抒困，而不管技術差距的尋租者大唐集團，反而希望政府能夠儘快承認與發放 3G 牌照（訪談記錄 B6），也不是柳卸林（2008）所宣稱國家給於廠商給予時間來進行追趕。

小結，大陸條條塊塊的行政分裂下，研發能力低落、尋租的「國企」大唐集團主導 TD，導致國家（發改委）主導的 3G 產業政策的實施效果不彰，結果是本土企業研

發落後外資，手機產業鏈不完整之連鎖效應。**此又導致國家（工信部）基於對市場面的務實考量，延遲猶豫不支持 TD 的主因。整體「國家和企業」多方行動者利益分歧，尚未經過整合**（如上圖 13-3）。但此情況到 2006 年後則有所轉變。

肆、中國3G產業化第二階段（2006~2013年）

到 2006 年 TD 產業化進入第二階段之後，大陸政府另尋新的「國家冠軍隊」中國移動來執行產業政策，並透過一系列政治操作達成「進口取代」的策略目標。在**中國移動不聽命國家主導的產業目標下，中央轉為「強國家」──除了進行跨部會整合外，並嘗試採取各種方式強制中國移動，「作大作強」帶動本土製造產業的成長。**本階段國家與企業的角力過程與發展結果，請詳見圖 13-4 之圖示。

一、中央轉為「強國家」的背景因素

大陸國家轉為強力支持 TD 的主因，與追求「中國崛起」有關。回顧中共第四代領導人胡錦濤主席時期，提出大陸邁向「自主創新」的政策（Kerr 2007; Zhao, 2010, 5-7）[8]，反映大陸企圖提升其在全球科技的話語權。接續國務院於 2006 年正式發布，將 TD 和高鐵都納入重點科技專項，並大幅增加研發預算，反映出大陸企圖透過「加倍快跑」來追趕西方（Breznitz and Murphree 2011）。

在此環境背景之下，大陸政府轉為大幅度支持 TD。訪談者表示，若不是這個背

8　回顧共產黨的民族主義論述，從延安時期（1935-47）就開始呼籲「自力更生」，至 1960 年代和蘇聯交惡後的「自足自給」，到第四代領導人的「自主創新」都如出一轍，只是改革開放後共產黨調整了策略，採取融入全球化而非封閉的作法（Kerr, 2007），大陸在國際組織提出其專屬的標準，拉開了和歐美國家高科技競賽的序幕。這除了和中國百年來缺乏現代化科技的背景有關之外，更重要的是國家安全、經濟利益和民族自尊情感等相互交織，構成了中共第四代領導人胡錦濤的「以人為本的科學發展觀」國家論述，鼓勵廠商進行科技創新及掌握核心技術，並在關鍵技術領域擁有智慧財產權，促成大陸企業必須能夠取代美國企業而自主研發（Zhao, 2010）。

圖13-4 第二階段「國家和企業」角力與產業化結果

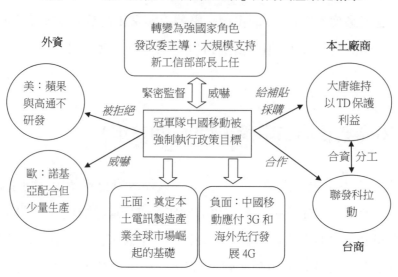

景因素影響，以 2005 年商用測試不理想的結果，估計應是分配給最小家的電信商，而不是最大的中國移動來推動（訪談記錄 B6）。在大陸政府決心推廣 TD 產業政策下，外資才和大陸政府談判降低權利金。中國即便要交付權利金給外資，至少將過去 2G 時代巨額外流的產值與權利金盡量降低，以此避免全盤被外資主宰國內市場的歷史重現（訪談記錄 T1）。此應證 TD 本身的作用，至少是發揮中國政府可和歐美外資協商談判的籌碼（Fan 2006; Breznitz and Murphree 2011）。

二、解決「部門主義」的問題與加強支持力道

其次，工信部也一改先前猶豫的態度，在 2006 年 1 月頒佈 TD 為大陸的通信行業標準之一。發改委再主導產業計畫並擴大建設的金額，由原本工信部規劃的 180 億元，提高到 267 億元，其中 89% 的 237 億元指定由中國移動承擔負責 TD 基地台等基礎建設。此外，中國移動建設 TD 商用的城市，由先前的二線城市升級到一線城市（搜狐財經新聞 2007）。

關鍵在於大陸國家決定了「**強牌給弱電信商、弱牌給強電信商**」的 3G 發牌分配**方式，也就是將技術展最落後的 TD 標準，分配給第一大電信商中國移動**。其目的在

於藉由中國移動的規模，「作大作強」帶動本土製造商的成長。中央指派新任工信部部長上台，並於2008年5月進行電信重組，整併四家電信商成為三家，三家電信商依照規模從大到小，分別拿到中國（TD）、歐盟（WCDMA）和美國（CDMA2000）主導的3G標準牌照來營運。這是顧及到大陸已經加入WTO，在權宜之計下展開支持本土電訊與手機製造產業發展[9]。

三、「國家和國企」的多次角力

（一）強國企的違抗嘗試：「院內協商」失敗

實際上，TD發牌的方法造成「國家和中國移動」的利益分歧。TD對大陸政府來說是國家轉型與推動民族工業，對中國移動來說卻是消耗其集團租金的賠錢貨。故中國移動一開始並沒有甘願接受國家從上而下的命令，私底下還在想辦法進行「內部遊說」同時拿TD和全球主流的WCDMA兩張牌照。中國移動早在2005年就先偷跑，在一線城市投資建設WCDMA基地台，也公開指責TD設備產品技術有問題。總之，在國家換新工信部部長上台前，中國移動態度消極不推動TD，不理會上面對TD的重視（訪談記錄B3、B6）。類似地，臺灣資策會專家也認為：「TD是國家產業目標、而不是中國移動的目標，大陸政府嫁了中國移動不要的老婆，中國移動不情願地接受了國家的政治任務」（訪談記錄T1）。

（二）新工信部長角色：開始運用「棒棍」監督國企

然而，中央為貫徹產業政策的執行，2008年3月派任新的工信部部長李毅中（2008~2010）上台，前部長降為副部長。新任部長具有雷厲風行強硬的作風（訪談記

9　2009年1月大陸發佈三種3G牌照，最大家的中國移動分配到TD-SCDMA牌照、中國聯通拿到WCDMA牌照，而中國電信則獲得CDMA2000牌照。這樣的發牌模式具有強烈的政治經濟邏輯，前提是以扶持民族工業發展為優先次序。

錄 B6），斷然拒絕中國移動的議價協商，要求中國移動只能接受 TD 一張牌照不能同時營運兩張，中國移動出於無奈只好接受政府的政治安排（訪談記錄 B1a）。

中央選擇李部長扮演「救火隊」角色，迅速處理先前延宕的 3G 發牌問題，並於 2008 年 12 月宣布實施。其次，李部長持續與緊密地監督中國移動的表現，包括逼迫 2008 年 8 月北京奧運前，讓 TD 手機可在北京使用（訪談記錄 B11）。此外，中央當初設定 TD 用戶兩年內達五千萬戶，四年內達到一億八千萬戶的目標，在一開始就情勢不佳而讓工信部大失所望。故李部長發揮對中國移動「拿鞭子抽」施加壓力時，包括發出摘除中國移動董事長王建宙官位的最後通牒，被動的中國移動才開始採取行動（訪談記錄 B6、B11、T1）。王建宙首先於 2008 年 12 月，對發展 TD 提出了正面的政治表態：「支援 TD 就是支援國家自主創新，TD 建設是中國移動的光榮任務和產業鏈共同責任。」（C114 中國通信網 2009）。

四、被市場與政治驅動的中國移動：上有政策、下有對策

大陸黨國體制下國家控制國企主管各項租 —— 包括事業投資與官位升遷（Pei 2006;Naughton 2008）。如果王建宙無法滿足上面對績效的要求，會影響他到在黨內的升遷。但如果接受政治任務，又會損害中國移動的利益。在此情況下，中國移動採取同時發展兩條路線。一是應付上面而加速 TD 網路建設與組織起 TD 手機產業鏈 —— 後者則尋求台資企業協助。二是暗中發展 4G 標準，並不斷透過「院內遊說」希望國家儘速發放 4G 執照。

（一）應付上面政治壓力的作為

1. 加速TD網路建設：國家同時出台保護採購工具

首先，2006 年發改委提高 TD 成為自主創新戰略性產業計畫之一，也企圖藉由以 TD 建設擴大內需帶動成長，故不可能讓 1,500 億元建設 TD 基礎網路的設備產值流入外資口袋。也因此，大陸政府出台各種貼與保護採購手段。

第一個保護手段就是「創新品採購保護法」 —— 此法案源自於 2006 年發改委制

訂的中長期政策內制訂，國家與地方政府採購本國創新產品不得低於 60% 的規則。故在政府採購保護傘政策下，實際上中國移動採購 TD 設備國產品的總額高達 90% 以上，外資即便有參與招標但個別企業得標率卻低於 10% 以下（見表 13-1）。總之，2007 年到 2012 年間中國移動花費 1,680 億元建設基地台，90% 的採購集中分佈在中興、大唐、華為和普天四家本土廠商。**在 3G 時代終於扭轉了大陸電信設備市場被外資主宰的局面，成功達到進口替代的戰略目標。**

因為大陸市場龐大占全球市場有舉足輕重的份量，而華為與中興兩家企業在大陸國內的占有率合計高於 60%，成為 TD 產業政策下的新「國家冠軍隊」。且 2008 年全球金融風暴下海外市場萎縮（見表 13-2），外商在國際與大陸市場兩頭皆空，讓華

表 13-1　中國移動TD建設網絡

項目	招標時間（年）	投資金額（人民幣億元）	設備商（得標率）	基地台數量（萬）	涵蓋城市（個）
一期	2007	150	中興47%、大唐37%、華為14%、普天3%	1.5	10
二期	2008	300	大唐38%、中興30%、華為26%、普天6%	2.2	28
三期	2009	580	中興34%、華為22%、大唐16%、剩下則是諾基亞西門子、普天、烽火集團、愛立信、新郵通	4.0	238
四期	2010	450	華為29%、中興22%、大唐（和上海貝爾）19.5%、諾基亞西門子8%、普天6%、新郵通6%、烽火集團5%、愛立信5%	10	330
五期	2011	200	建設中，國產品佔有率估計和四期一樣	5	縣城和鄉鎮
總共		1,680	國產化高達90%以上	22.7	

資料來源：作者整理

表 13-2　2008~2009年全球電訊設備商排行

單位：百萬歐元

1	思科	23,800	26,642	-10.5
2	愛立信	19,400	21,555	-9.7
3	阿爾卡特朗訊	14,900	16,692	-10.2
4	**華為**	**13,000**	**10,345**	**25.6**
5	諾基亞-西門子	12,600	15,309	-17.6
6	NEC	5,800	6,579	-10.7
7	摩托羅拉	5,600	6,196	-8.2
8	**中興**	**4,400**	**3,051**	**44.2**
9	北電	3,600	6,933	-48.0
10	Juniper	2,400	2,430	-1.2

資料來源：IDATE（2010）

為（排行第 4，年成長率 25.6%）與中興（排行第 8，年成長率 44.2%）在全球設備商的排行追趕起外資大廠。**本文主張沒有中國政府大力推動 TD 產業政策，此消長效應（Trade-off effect）不會發生**。且對照 2014~2020 年全球電訊製造廠的排行（圖 13-1），也就是全球廣為採納 4G 的時候，華為在此期間依然持續不斷成長，在 2014 年後超越諾基亞排名第一，中興排名也是類似情況但排行第四。**呼應了本文主張 TD 產業奠定華為與中興在海外崛起的基石。**

但是，大陸國家運用上述各種保種手段造成不公平競爭，後續引發外資抗議。歐盟商會、美國政府和 WTO 已經向中國的創新採購法規等保護政策提出抗議（USITC 2010）。中國已經承諾未來 4G 時會撤銷保護法案，和改變發牌照的方式不再是強制分配，不過華為與中興已經成功在大陸國內市場趕走外資企業。

2. 組織TD手機產業鏈：台資企業彌補缺口

中國移動拿出 6.5 億元來補貼 TD 手機晶片和製造廠商，來鼓勵更多廠商投入 TD

研發，但大陸本土廠商技術能力不足，和外資研發出來的 WCDMA 規格之手機，因差距太大無法吸引到大陸手機用戶[10]。因此中國移動開始尋求外資來幫忙，且模仿學習上層政府用「棒棍」方式，威脅其下游客戶諾基亞、三星等外資，如果不生產 TD 手機，則其他生意免談。不過，外資企業反過來抱怨市場上缺乏關鍵的 TD 手機晶片（訪談記錄 B3）。外資企業和中國移動合作關係可分為下列三組。

首先，完全不理會則是美商外資，包括蘋果手機和晶片商高通，因他們和大陸利益衝突高，則是維持不願投資研發 TD 產品（訪談記錄 B10）。而歐盟的愛立信與諾基亞等企業，則因為大陸政府大力支持 TD 態度轉變，從觀望調整為開始投入研發（訪談編號 B6）。不過即便諾基亞即便開發 TD 手機，2009 到 2010 年兩年內僅小規模生產，此暗示諾基亞「應付」意味濃厚，開發兩三款 TD 手機主要是維持和中國移動的關係（訪談記錄 B6、T1），而非市場商業的考量。

最後一組真正投入研發與中國移動合作的是台商。相對於外資主導標準和中國的利益相互衝突，台商則沒有這方面的問題，並不選邊站任何標準陣營，而願意從研發 WCDMA 手機晶片和手機產品延伸到研發 TD 標準。從 2009 年開始，王建宙多次來臺灣訪問接洽供應鏈廠商，並招募他們參與 TD 的手機產品研發（訪談編號 B3）。因此，全球手機晶片排行前十大的台商聯發科，抓緊這次機會正式進入大陸市場，自然成為中國大陸 TD 手機產業的抬轎者（訪談紀錄 T1）。

換言之，台商因大陸和歐美爭全球科技話語權而漁翁得利，一方面讓台商企業從過去跟民營企業合作，轉變可與官方如中國移動央企級單位正式合作，而**另一方面大陸也互惠利用台商的技術推升**，得以在自有 TD 標準上對抗歐美外資企業（蔡青蓉、李志強 2013）。其次，**在大陸挑戰歐美外資追求「自主創新」的同時，兩岸經貿的貿易量不減反增**，這是因為臺灣完善的手機產業鏈，與先進半導體設計與晶圓代工技術彌補大陸的缺口（Tsai 2015）。

10　大陸本土廠商在 TD 手機產業發展上並不順利，儘管發改委在 2006 年在中長期計畫大架構下提供補貼給本土廠商進行研發，後續中國移動在 2009 年祭出 6.5 億元研發補貼誘因，但是結果還是不盡如意，除了本土手機終端廠商只能開發出的品質差的中低階手機以外，吸引不到消費者使用；二來關鍵在於本土廠商研發的 TD 手機晶片因品質不佳而無法商用，缺乏關鍵的手機晶片無法帶動產業鏈發展。三是整體供應鏈上下游廠商數量仍然很少，不具有規模經濟的效益。

回到本文個案，大陸 TD 手機晶片跟台商合作而有所進展。根據官方統計，聯發科與大唐集團的子公司聯芯的合資企業，所製造的 TD 晶片市場佔有率為 55%，加上海歸派展訊的市場佔有率 20%，加總超越外資而**終於達到國產手機晶片「進口取代」**。在兩岸合資的 TD 手機晶片推動下，大陸 TD 手機製造產業也追趕上來。直到 2012 年年中為止，官方統計宣稱 TD 國產手機產量高達 3,500 萬台[11]，酷派、華為、中興和聯想等 TD 手機市場佔有率提高到 84.6 %，首度超越外資也終於達成**國產手機「進口替代」的目標**（搜狐科技新聞 2012）。

3. 反面效果：3G績效作假

大陸工信部官方統計宣稱 TD 是國內三種 3G 標準中，使用人次最多的一種標準[12]。但實際上，這是中國移動這是在上面政治壓力下，作假以虛應國家要求的績效配額所致。如前述，TD 在研發技術時程上發展落後──商品產品數量不夠多，整體產業鏈不完整，以及網路頻寬比起國際主流 WCDMA 標準窄很多，這些因素制約了中國移動很難達成國家設定的目標（訪談記錄 B3）。然而，為了應付來自國家的政治壓力，要其馬上改善 TD 用戶太少的問題，中國移動運用很多技術手段，導致用戶統計數字混合了「虛」與「假」。

其提出的改善方案，諸如：（1）把 TD 把手機當作「室內電話」使用，重新包裝促銷並推廣到二三線城市。工信部認為太過造假，而下令終止該業務（訪談記錄 B11）。（2）新增的用戶實際上沒有用到新建的 TD 網絡，還停留在使用固網語音通話的部份（新浪科技新聞 2012），中國移動則利用廣泛地建設 Wi-Fi 熱點，來彌補 TD 上網品質差的問題（訪談紀錄 B8）。

綜合以上，中國移動所補貼採購的國產品手機很可能滯銷存在倉庫裡，而不是流

11　中國移動又進一步於 2010 年和 2011 年分別提供 120 億元和 175 億元的生產補貼，集中給酷派、華為、中興和聯想等本土手機商，這四家國產手機商開始量產中低價位的手機，故其市場佔有率逐漸升高。

12　根據官方統計顯示，到 2011 年年底為主，TD 用戶規模為 5,121 萬人，為全國 3G 市場中最高，其市場佔有率高達 40%；WCDMA 和 CDMA 2000 的用戶則較少，分別只有 4,002 萬人（31%）和 3,719 萬人（29%）（新浪科技新聞 2012）。

通到市場上（訪談記錄 B11）。實際上，中國移動曾公開抱怨從 2009 至 2011 年間，在基地台採購上共投資了 1,670 億元，手機採購與補貼共投入 300 億元。但是 TD 基地台等網絡設備僅 10% 的使用率和手機滯銷的結果，導致其總損失約達 1,000 億元左右（第一財經日報 2011）。

（二）暗渡陳倉投資4G事業：第二次「國家與企業」的角力

中國移動是上市公司，國企幹部績效衡量指標有部分是市場表現，也因此中國移動決定以市場、而非政治任務為依歸。故當 2011 年國家要求改善 TD 網路的利用率，中國移動卻將 TD 五期建設工程金額調降到 250 億元（通信世界網 2011），暗中投入較多資源發 4G，這些都不需國家鞭策了（訪談記錄 B6）。

當國家分配 TD 政治任務給中國移動時，中國移動就抱定將 3G 當作過渡性的標準去發展，而最終目標是趕快上 4G 讓利潤回收，將 3G 過程當作是技術學習累積的鍛鍊（訪談記錄 B3）。所以不同於對 3G 的消極被動，中國移動對 4G 是相對積極發展的，並做出長期研發與投資規劃，包括擴大延攬研發人才及增加研發支出（訪談記錄 B5b）。也計畫到 2015 年為止，投入 2000 億元建設 20 萬個 4G 基地台（通信產業網 2011）。所以，中國移動 2012 年初到年底，迅速在香港建設海外第一個 4G 基地台，目的在進行院內遊說說服中央儘早放行發放 4G 執照（蔡青蓉 2013）。然而，2010 年 12 月新任的工信部部長苗圩上任，他也一樣傳達了國家意志，堅持發改委原先制訂的 4G 發展藍圖，認為發放 4G 牌照要等待兩三年後（中國新聞網 2012）。

中國移動的不聽命引發了「國家與企業」再度角力。首先，在 2011 年 6 月 30 日工信部副部長奚國華[13] 取代王建宙，上任成為中國移動黨組書記，王建宙不再兼任但還保有董事長職位。2012 年 3 月新任部部長正式宣告發放 4G 執照需等 2 至 3 年的時間，同時王建宙便宣告「退休」，工信部公告由奚國華正式取代王建宙就任董事長

---

13 奚國華曾任上海市郵電管理局副總工程師，2000 年 1 月就任上海貝爾執行副總裁，2001 年 11 月擔任信息產業部副部長，2002 年 3 月轉任中國網路通信集團公司總經理、黨組書記，2003 年 4 月回任信息產業部副部長、黨組副書記，2008 年 3 月改任工業和信息化部副部長、黨組副書記。

（IT 商業新聞網 2012）。

表面上中國移動遊說國家，提早發放 4G 執照失敗。不過，2013 年適逢中共第五代領導人習進平主席接班，且中國移動先前在海外積極佈局有一定成果，包括參與國際標準組織與申請各項專利，終於在最後「國家和企業」有了共識——即大陸必須「抓緊時機」，**以追求實質的中國崛起。因此，中央終於改口，轉為提早 2 年發放 4G 執照。簡言之，「國家和企業」雙方利益從衝突轉為一致，決定提早在國內外推廣與參與 4G 標準**（蔡青蓉 2013），也等同宣告了中國 3G 標準的短暫的過渡性任務結束。

伍、結論與討論

對照中國產業發展研究文獻，普遍認為大陸「分裂威權」體制制約了國家能力——包括強國企不聽命國家，而制約了產業政策之執行。然而，本文中國 3G 個案第二階段則發現不同的結果，在中國爭取國際科技話語權的情況下，大陸政府轉變為強國家（strong state），加重力道透過多次政治操作——特別是運用「蘿蔔和棒棍」，強制不聽從命令的中國移動成為民族製造產業的領頭羊。加上搭配多重保護、補貼工具與和台商合作等等手段，在電訊製造和手機製造產業達成國家「進口取代」戰略目標，而扭轉過去跨國企業主導大陸國內市場的劣勢。此外，在國家保護傘下，也扶持華為與中興在國內外的電訊製造的市場崛起。

不過，大陸本土廠商是否完全邁向「自主創新」是有待商榷的，一來無論是專利的「質」和「量」，中國大陸廠商還遠遠落後外資企業。不過，中國擁有自己的 3G 通訊標準，至少發揮與外資談判權利金的作用 [14]。二是手機產業上游的核心晶片等零組

---

14 大陸即使有其自己的 3G 標準，大陸廠商對外資企業的專利授權金依然處於支出、而沒有流入的狀態。TD-SCDMA 標準的核心技術 CDMA 主要是掌握在高通，其次是諾基亞和西門子等歐美跨國企業手上，大陸廠商擁有的專利算是比較邊陲的專利，即便是數量的確在增加當中（Wen and Yang 2010）。而且，擁有 TD 標準的大唐連對本土廠商也沒法索取到權利金，因技術能力相對高的華為與中興根本不理會，且可以繞過大唐另行開發產品（訪談記錄 B5a、B5b）。總之，至此階段大陸擁有的 TD 標準，對國家而言只能發揮防禦性有利於要求外資降

件、中游晶圓代工甚至下游後段組裝，實際上幾乎都是台商企業協助開發與代工的。也因此，在中國追求邁向「自主創新」進行技術追趕的同時，兩岸經貿關係卻反而逐漸擴大與趨向成長，彌補大陸手機製造產業鏈的缺塊。

總結，本文主張華爲與中興在全球電訊製造市場崛起，是與中國發展自主標準3G 時，大陸政府國家扮演強國家的角色息息相關。如果當時沒有大陸政府大力支持TD 導入大陸市場，並犧牲中國移動的利益來達成「進口取代」的戰略目標，可能沒有今日華爲與中興在全球市場的崛起。

最後，大陸在 4G 發展時期，改回採納全球統一的通訊標準，企圖以融入外資主導的國際通訊標準社群，來挑戰歐美主導的科技霸權。這暗示放棄 3G 時期在大陸關起門來自主自給的封閉做法，調整爲模仿歐美外資主宰全球標準制定的遊戲規則，來實質提升中國在國際科技圈的話語權。此外，大陸政府直接提供巨額研發補貼給一線企業如中國移動、華爲、中興，讓他們可以在國際科技的標準制定圈裡面運作，並運用大陸的市場規模來和外資「協商」，讓外資同意制定有利於中國、能夠降低給外資權利金的協定。以上，作者另一篇文章主張**中國在 4G 轉變走向實務的政策調整，「國家和企業」雙方有共識且摸索學習，模仿跨國企業如何在國際上實質擁有科技霸權**（蔡青蓉 2013）。

未來研究課題建議可檢驗全球邁向 5G 標準時期，中國本土企業持續提升專利數量，加上中國政府利用國際情勢，對高通以寡占市場的名義，求償高額的反壟斷罰金。另一方面，後續美國對中國華爲制裁的貿易戰，這些中美雙方的你來我往貿易報復等時事議題。第二，則是本文臺灣先進半導體技術，彌補大陸手機廠商技術落後，兩岸更緊密合作的主張，在美國制裁華爲後是否依然成立？資料顯示制裁一開始大陸對台電子零件（主要是半導體）進口量不減反增，不過後有台積電終止協助華爲晶片代工，以及最新發展爲台積電到美國設廠等，台商夾在兩造貿易戰中間的議題。以上，皆與本文回顧中國的 3G 發展歷史和挑戰歐美科技霸權論述都環環相扣，值得學者接續研究討論。

低權利金之作用（Fan 2006; Breznitz and Murphree 2011）。

參考文獻

C114 中國通信網，2009，〈中國移動 TD 用戶規模超過 50 萬〉，http://www.c114.net/topic/1158/a400950.html，查閱時間：2011/03/12。

IT 商業新聞網，2012，〈王建宙今日正式退休業內評價褒貶不一〉，http://news.itxinwen.com/communication/inland/2012/0322/401147.html，查閱時間：2012/4/17。

王信賢，2008，〈傾斜的三角：當代中國社會問題與政策困境〉，《中國大陸研究》，51（3）：37-58。

中國新聞網，2012，〈苗圩：中國發放 4G 牌照或許還要兩三年時間〉，http://tech.sina.com.cn/t/3g/2012-03-06/23116808022.shtml，查閱時間：2012/04/14。

吳玉山，2007，〈宏觀中國：後極權資本主義發展國家——蘇東與東亞模式的揉合〉，徐斯儉和吳玉山主編，《黨國蛻變：中共政權的菁英與政策》：309-335，臺北：五南。

柳卸林，2008，《全球化、追趕與創新》，北京：科學出版社。

通信世界網，2011，〈TD 五期規模預計達 50 萬載頻，重在補盲網優〉，http://tech.sina.com.cn/t/3g/2011-03-14/10155282370.shtml，查閱時間：2012/3/07。

通信產業網，2011，〈中移動 TD-LTE 今明兩年預計投資 2000 億〉，http://tech.sina.com.cn/t/3g/2012-03-05/09366801886.shtml，查閱時間：2012/04/14。

第一財經日報，2011，〈王建宙的喜與憂：TD-LTE 牆內開花牆外香〉，http://tech.sina.com.cn/t/2011-10-27/01116235100.shtml，查閱時間：2011/12/12。

搜狐科技新聞，2012，〈3G 手機月出貨量達 2164 萬部國產手機份額超七成〉，http://it.sohu.com/20120910/n352694081.shtml，查閱時間：2012/10/17。

搜狐財經新聞，2007，〈發改委主導 TD 建設 3G 投資高達 267 億〉，https://business.sohu.com/20070327/n249001144.shtml，查閱時間：2012/10/15。

新浪科技新聞，2012，〈TD 網絡利用率偏低：戶均流量僅 20M〉，http://tech.sina.com.cn/t/2012-02-23/10136759666.shtml，查閱時間：2012/08/08。

賈曉輝、舒華英、馬永強，2007，〈3G 智慧財產權中的機遇〉，《電子智慧財產權》，5:26-28。

蔡青蓉，2013，〈從「以市場換技術」到「以市場換支持中國標準」：大陸政府對中國 4G 標準走出去的政策調適〉，2013 年發展研究年會，臺北：國立政治大學。

蔡青蓉、李志強，2013，〈兩岸產業分工型態的轉變與大陸的後進追趕：以手機產業為例〉，《遠景基金會季刊》，14（4）：131-183。

Amsden, Alice. 1989. *Asia's Next Giant: South Korea and Late Industrialization*, New York: Oxford University Press.

Breznitz, Dan and Murphree, Micheal. 2011. *Run of the Red Queen: Government, Innovation, Globalization, and Economic Growth in China*. London: Yale University Press.

CNN. 2019."Blacklisting Huawei Takes the US-China Trade War to a Dangerous New Level." https://edition.cnn.com/2019/05/16/business/huawei-trade-war/index.html (April12, 2021).

Dell'Oro Group. 2020."Key Takeaways—Total Telecom Equipment Market 2020."https://www.delloro.com/key-takeaways-total-telecom-equipment-market-2020/ (12 April 2021).

Ernst, Dieter and Naughton, Barry. 2008. "China's Emerging Industrial Economy: Insights from the IT Industry." In Christopher A. McNally eds., *China's Emergent Political Economy: Capitalism in the Dragon's Lair*, pp. 39-59, Oxford, UK: Oxford University Press.

Evans, Peter. 1995. *The Embedded Autonomy: States and Industrial Transformation*. New Jersey: Princeton University Press.

Fan, Peilei. 2006. "Promoting Indigenous Capacity: The Chinese Government and the Catching-up of Domestic Equipment Firms", *China Review*, 6(1): 9-35.

Fuller, Douglas B. 2009. "China's National System of Innovation and Uneven Technological Trajectory: The Case of China's Integrated Circuit Design Industry." *Chinese Management Studies*, 3(1): 58-74.

IDATE. 2010."World Telecom Equipment Market."http://www.idate.org/en/Home (June 9, 2011).

Kerr, David. 2007. "Has China Abandoned Self-Reliance?"*Review of International Political Economy*, 14(1): 77-104.

Deng, Guoshengand Scott, Kennedy. 2010. "Big Business and Industry Association Lobbying in China: The Paradox of Contrasting Styles." *China Journal*, 63: 101-125.

Lardy, Nicolas. R. 1998. *China's unfinished economic revolution*.Washington, D.C. : Brookings Institution Press.

Mathews, John A. and Dong-SungCho. 2000. *Tiger Technology: The Creation of a Semiconductor Industry in East Asia*, Cambridge: Cambridge University Press.

Naughton, Barry. 2008. "A Political Economy of China's Economic Transition", In Brandt, Loren and Thomas G. Rawskieeds., *China's Great Economic Transformation*, pp. 91-135. New York: Cambridge University Press.

Naughton, Barry. 2011. "China's Economic Policy Today: The New State Activism." *Eurasian Geography and Economics*, 52(3): 313-329.

Nolan, Peter. 2001.*China and the Global Economy: National Champions, Industrial Policy and the Big Business Revolution*. Basingstoke, Hampshire [England]; New York: Palgrave.

Nolan, Peter. and Xiaoqiang, Wang. 1999. "Beyond Privatization: Institutional Innovation and Growth in China's Large State-Owned Enterprises." *World Development*, 27(1): 169-200.

Pei, Minxin. 2006.*China's Trapped Transition: The Limits of Developmental Autocracy*. Cambridge, Mass.: Harvard University Press.

Steinfeld, Edward S. 1998. *Forging Reform in China: The Fate of State-Owned Industry*.Cambridge, UK: Cambridge University Press.

Steinfeld, Edward. S. 2004. "China's Shallow Integration: Networked Production and the New Challenges for Late Industrialization." *World Development*, 32(11): 1971-1987.

Yao, Xiangkui and Richard P. Suttmeier.2004. "China's Post-WTO Technology Policy: Standards, Software, and the Changing Nature of Techno-Nationalism." *NBR Special Report*, No. 7, https://www.nbr.org/publication/chinas-post-wto-technology-policy-standards-software-and-the-changing-nature-of-techno-nationalism/ (June 25, 2011).

Suttmeier, Richard P., Yao, Xiangkuiand Tan, Alex Zixiang. 2006."Standards of Power? Technology, Institutions, and Politics in the Development of China's National Standards Strategy."*Geopolitics, History, and International Relations*, 1(1): 46-84.

Tsai, Chung-Min. 2011."The Reform Paradox and Regulatory Dilemma in China's Electricity Industry." *Asian Survey*, 51(3): 520-539.

Tsai, Ching-Jung. 2015. "Do Mainland Chinese Firms Transform towards Indigenous Innovation? The Paradox of Increasing Economic Integration across the Taiwan Straits." In Paul Irwin Crookes and Jan Knoerich, eds., *Cross-Taiwan Strait Relations in an Era of Technological Change: Security, Economic and Cultural Dimensions*, pp. 77-95. London: St Antony's Series. Palgrave Macmillan.

Thun, Eric.2004. "Keeping Up with Jones: Decentralization, Policy Imitation, and Industrial Development in China." *World Development*, 32: 1289-1308.

USITC.2011. "China: Effects of Intellectual Property Infringement and Indigenous Innovation Policies on the U.S. economy." Investigation No. 332-519, United State International Trade

Commission (USITC) Publication 4226, http://www.usitc.gov/publications/332/pub4226.pdf (July05, 2011).

Wen, Hu andDaniel You-Ren Yang. 2010. "The Missing Link between Technological Standards and Value-Chain Governance: The Case of Patent-Distribution Strategies in the Mobile-Communication Industry." *Environment and Planning A*, 42(9): 2109-2130.

Yan, Hui. 2007."The 3G Standard Setting Strategy and Indigenous Innovation policy in China: Is TD-SCDMA a Flagship?" Paper presented at the annual meeting of theDRUID Working Papers 07-01, Copenhagen Business School, Department of Industrial Economics and Strategy/Aalborg University, Department of Business Studies.

Yeung, Henry Wai-chung. 2008. "Observations on China's Dynamic Industrial Sector."*Eurasian Geography and Economics*, 49(5): 509-522.

Zhao, Yuezhi.2010. "China's Pursuits of Indigenous Innovations in Information Technology Developments: Hopes, Follies and Uncertainties." *Chinese Journal of Communication*, 3(3): 266-289.

附件13-1　全球通訊標準中英文對照表

縮寫	英文全名	中文全名
2G	2nd Generation	第二代
1.CDMA	Code Division Multiply Access	分碼多重存取
2.GSM	Global System for Mobile communication	全球行動通訊系統
3G	3rd Generation	第三代
1.WCDMA	Wideband Code Division Multiply Access	寬帶分碼多工
2.CDMA2000	CDMA的下一個世代	分碼多重存取2000
3.TD-SCDMA	Time Division- Synchronous Code Division Multiply Access	時分－同步分碼多工存取
4G	4th Generation	第四代
LTE	Long Term Evolution	長期演進技術
WiMax	Worldwide Interoperability for Microwave Access	全球互通微波存取
5G	5th Generation	第五代
LTE-advanced	Long Term Evolution-advanced	長期演進技術升級版
WiMax-advanced	Worldwide Interoperability for Microwave Access-advanced	全球互通微波存取升級版

資料來源：作者整理

附件13-2 訪談人員列表

對象與方式	時間與地點	代碼	人數
大陸商業報紙，記者，訪談	2011.01.17, 北京	B1a, B1b	2
工信部電信科學研究院副院長，訪談	2011.01.19 , 北京	B2	2
大陸A電信商，研究院人員，訪談	2011.01.20, 北京	B3	1
北京郵電大學，教授，訪談	2011.01.21, 北京	B4 a, B4 b	2
中科院，研究員，座談	2011.01.22, 北京	B5 a-d	4
資策會，研究員，訪談（負責大陸手機研究）	2011.03.01, 臺北	T1	1
台資無線通信科技公司，新興市場主管，電訪	2011.03.17, 臺北	T2	1
工研院研究員，訪談（負責電信產業搭橋計畫）	2011.04.29, 臺北	T3	1
臺灣經濟研究院，研究員，電話訪談	2011.04.30, 上海	S1	1
大陸電子媒體網站，總經理，訪談	2011.05.16, 北京	B6	1
大陸商業報紙，記者，訪談（二次）	2011.05.16, 北京	B7	1
中科院，博士生，訪談	2011.05.17, 北京	B8	1
大陸電信顧問公司，專家，訪談	2011.05.20, 北京	B10	1
北京郵電大學，教授，電話訪談	2011.05.23, 北京	B11	1
搭橋計畫成效，產官各界，座談，包括工研院研究員（二次）	2011.09.20 ,臺北	T4a-c	3
中科院，研究員，訪談（二次）	2013.03.10, 北京	B13	1
北京郵電大學，教授，電話訪談（二次）	2013.03.11, 北京	B14	1
大陸電子媒體網站，總經理，訪談（二次）	2013.03.12, 北京	B15	1
大陸A電信商，研究院人員，訪談（二次）	2013.03.12, 北京	B16	1
大陸C電信國企集團子公司，副總經理，以及商業報紙，記者，訪談	2013.03.14, 北京	B17a, B17b	2

第 14 章

文化資產治理與公民參與
大陸培田古民居的案例分析

湯京平、魏玫娟

歷史的遺產是過去遺留下來、今日與我們共存、將來我們要傳給未來世代的遺緒；文化與自然遺產是我們生活與靈感的重要來源。（聯合國教科文組織）[1]

這些老建築不只是屬於我們的：它們屬於我們的祖先，也將屬於我們的後代子孫，除非我們欺騙他們。這些老建築不是我們可隨意處理的財產；我們只是受託管理者。（Tony Haskell 1993）

---

* 本文為再版文章，原文刊登於：湯京平、魏玫娟，2017，〈文化資產治理與公民參與：大陸培田古民居的案例分析〉，《臺灣政治學報》，第 21 卷第 1 期，頁 113-156。本文經授權單位《臺灣政治學報》編輯部同意授權重刊。

1　請參考聯合國教科文組織官方網站首頁資訊，"Heritage is our legacy from the past, what we live with today, and what we pass on to future generations. Our cultural and natural heritage are both irreplaceable sources of life and inspiration." http://whc.unesco.org/en/about/

壹、前言

　　近年歷史文化資產保存（heritage conservation）的重要性日益受到重視。[2] 文化遺產保存的重要性在於歷史「文物」（objects）是人類歷史研究的重要一部份，因為它們提供我們瞭解許多概念、想法（ideas）的具體基礎，也讓我們能夠進一步證明這些概念、想法的真偽。也因此，保存這些文物顯示出我們對過去、以及這些歷史文物所述說的故事的價值的肯認；保存這些歷史文物也確認了我們的歷史記憶（Lowenthal 1985）。從哲學角度來思考，Philippot（1972）強調，歷史文物保存，是工業革命之後人類為滿足「懷舊」（nostalgia）情緒需求而保持與過去聯繫的現代方式。[3] 換言之，透過形塑我們觀看自己的方式以及他人詮釋我們的方式，文化遺產幫助我們定義「我們是誰」，建立我們的文化認同。（Zhang 2012, 153）

　　文化資產因為能提供滿足（心理）需求的效用，它同時被視為是社會與社區福祉的重要內容，其價值也受歐洲各國政府以及全歐洲各機構的肯定；例如，歐洲議會近來制訂了一項《文化資產對社會之價值框架協定》（Council of Europe Framework Convention on the Value of Cultural Heritage for Society），強調文化資產保存與都市永續發展之間密切的關係（CoE 2005）。當政府公布相關文件時，也就承認文物建築的地位。如英國就宣稱：「資產的保存不僅有助於文物環境健全狀態之保持，也

2　它指涉保存一地之文化重要性的所有過程（Australia ICOMOS 1999），包括保存（preservation）、調適（adaptation）、鞏固（consolidation）、恢復（restoration）、修復（rehabilitation）、再製（reproduction）及重建（reconstruction）等活動（Fielden 1982）。其中，conservation 跟 preservation 在多數文獻中被視為可互用，但是 Harvey（1972）認為前者所描繪的是一種對文物進行保持原狀的靜態保存並避免其狀態的退化；後者雖然也涉及對文化原狀的保存，但同時具有動態的概念，強調將文物或資產修改為適合既存或預計的使用目的。

3　Philippot 指出，工業革命之後，人類歷史良心與意識（historical conscience/consciousness）的發展，終結了人類與過去的傳統連結方式；在此之後，人類（西方人）習於遠距離地觀看歷史。這種新的歷史距離為創造客觀與科學的歷史知識提供必要的條件。然而，純粹科學知識本身並沒有辦法確保歷史傳統的持續性（continuity）。為了彌補歷史良心與意識在過去與現在之間所打開的縫隙，近年出現了一種新的與過去的聯繫方式，亦即一種建立在過去已經消逝的感覺基礎上、卻透過懷舊情懷而存續下來的方式。（Philloppot 1972, 268）。

對社區及文化認同非常重要，因為它幫助我們『定義一個地方的特色』。」Tweed and Sutherland（2007, 62）則從人類需求的視角，透過北愛爾蘭首都貝爾法斯特維多利亞廣場（Victoria Square, Belfast）的個案研究，強調文化資產在改善生活品質及維持都市永續發展上的重要性。

從更宏觀的角度而言，文化資產的重要性也反映在保存人類文化多樣性的功能。文化一方面是人類轉變自然的過程，同時也是這個轉變過程的產物；「文化」一詞因此包含了從實體（physical）轉換為知識（intellectual）、從「實體」（tangible）轉換為「非實體」（intangible）的過程。在這個過程中，人類一方面是將自然轉換為文化者，也是由時間所構成、同時也是時間構成之重要部分的存在（being）；人類的產物只有在這些產物是一種時間意義上代代相傳的實體時才是「文化產物」，而這個移轉／相傳的過程就是我們所稱的傳統或遺產（heritage）。從人類學的角度來看，人之所以為人在於有能力區辨過去跟未來，具有這個區辨能力的重要條件是「記憶」；而每一個文化都有它將記憶制度化的獨特方式（Offenhäußer et al. 2010; Zimmerli 2010, 11-12）。這些獨特記憶歷史的方式也正是人類文化多樣性的根源；人類文化多樣性的存在則開創了人類創造力與自由的發展空間。

貳、文化資產的治理

在現實世界中，歷史文化資產的保存往往與其他治理目標產生衝突。簡單地說，文化資產治理的主要挑戰主要來自於資產保存與經濟發展之間可能存在的矛盾關係，以及文化資產保存上所面臨的「成本集中、利益分散」的治理困境。對於許多發展中國家來說，提高經濟收入改善生活是國家整體發展的首要任務，歷史街區或文化資產的保存因此常被認為是無力負擔的奢侈品。以都市化為例，在有限行政與財政資源下，面對日益增加的都市人口，開發中國家的政府要滿足其基本需求都有困難，更遑論其他實體文化資產的保存（Bromley and Jones 1995）。

即便如此，對於迅速發展的新興城市而言，文化資產保存攸關國族主義的形塑與在地認同的提高（Hampton 2005），如新加坡自1980年代以來的發展（Yeoh and

Huang 1996; Yeoh and Kong 1994）；此外，近年歷史文化資產在發展都市旅遊產業以提升國家經濟成長上扮演著越來越重要的角色，也打破資產保存與經濟發展的對立關係（Mowforth and Munt 2009）。自 1960 年代以來，經濟合作開發組織（Organization for Economic Co-operation and Development,OECD）跟世界貿易組織（World Trade Organization,WTO）都認為（國際）旅遊是許多國家發展經濟的主要內涵及進行現代化的策略，甚至被認為是「通往發展的護照」（De Kadt 1979）。航空運輸的蓬勃發展則降低國際旅遊的成本，帶動旅遊的快速擴張；許多低度發展或發展中國家因此深受鼓舞積極發展旅遊，而這些旅遊不少是以當地歷史文化資產為賣點。

　　然而，文化資產保存上所面臨的「成本集中、利益分散」治理困境，想利用它來發展經濟，必須要有解決該困境的政治基礎。歷史遺跡某種程度具有公共財貨的特性：就建築物的實體而言，其空間可能被佔用，故為一般商品，但就其抽象的藝術與歷史價值而言，則不具排他性與敵對性，一旦能保存下來，則所有人都能在不需付費的情形下享受到利益。但是，在私有產權制度下，修復與保存歷史文化遺產的成本，卻必須由擁有這歷史遺產的所有者來負擔。若擴大到整個歷史街區的保存時，這種個人理性可能造成集體不理性的困境就更明顯；街區整體保存的利益由全民共享，但是街區裡歷史建物的修復跟維護成本卻集中在屋主身上：不花錢維修老舊屋舍可能產生安全問題，但隨便維修可能破壞古蹟，而昂貴的維修費用屋主可能無法負擔。此外，若能改建不僅可增加屋舍的經濟價值跟使用便利，也可避免龐大的維修成本。

　　從政治經濟菁英的角度來看，歷史街區保存除了涉及昂貴的成本，其價值常遠遠不及整個都市更新能夠創造的個人利益，或更精確地說，要透過保存文化資產來創造商業利益，過程複雜，需要投入的專業與資本更多，風險也更高，遠不如直接改建成商業大樓或住宅區划算。亦即，從歷史建物所有人或政治經濟菁英角度進行的成本效益分析來看，文物的保存都不符合其經濟利益；歷史文化遺產保存所面臨的這種「利益分散、成本集中」困境，因此成為政府（需）強力介入歷史文化遺產保存的主要原因。

　　從宏觀的角度來看，為解決文化資產保存與其他治理目標如經濟發展、都市更新之間的衝突，以歷史文物或藝術文化作品與活動為主要內容（或稱文化產業）的旅遊經濟遂逐漸被視為可行的解決方案，甚至被視為都市永續發展的策略，於是類似創意

城市（creative city）[4]、文化旅遊（cultural tourism）等便成為都市更新與都市永續發展想像的核心概念（Pratt 2005; Ryberg-Webster and Kinahan 2014; Scott 2000; Wood and Landry 2007）。本文研究個案「大陸福建省龍岩市培田村」，即是以由政府主導發展人文生態旅遊經濟作為解決公共資源有限下保存文化資產所面臨的困境並發展地方經濟的例子。但培田以「保護開發」為原則來發展古村落文化旅遊的經驗，儘管有相當不錯的成績，卻也因文化資產所具有的公共財性質而面臨前述治理困境，且顯示培田由政府主導發展所面臨的幾項重大挑戰，包括缺乏村民公共參與的治理結構問題、經濟發展利益分配不均、文化資產維修工作不當等，都在某種程度上影響培田古村落文化資產的保存及其文化旅遊經濟的永續發展。

參、案例：培田村

一、儒商風氣塑造的民間故宮

土樓及圍龍屋一直是客家建築最知名的代表。但有另一種形式的客家建築，九廳十八井，零星地散佈於客家聚落中，而被視為圍龍屋的變異體。[5]直到近年在閩西武夷山脈南麓、汀江上游的培田村中，發現較具代表性的建築群，這種風格的客家建築才受到重視，進而確立其類型學上的地位。當大家多把焦點放在建築藝術上的成就以及文物的精美之際，其實更值得珍惜的是這個古村落硬體背後，實際上展現了帝制時代以來地方自治的完美典型－如何透過親族的力量，創風氣之先，在大環境的迅速改

4　聯合國教科文組織（UNESCO）於 2004 年成立由全球 69 個創意城市為成員的「創意城市網絡」（Creative Cities Network）。這裡所謂「創意城市」指的是城市的永續發展是以創意為其發展戰略要素，詳見 http://en.unesco.org/creative-cities/content/about-us。就具體城市發展政策而言，創意城市往往是以文化經濟或文化產業作為促進發展的主要產業活動；舉凡藝術與文化作品及活動、歷史文物或遺產、設計作品與展示等，皆為文化經濟與產業的主要內容（參考 Quinn 2005）。

5　亦有文獻稱為「圍攏屋」。路秉杰與湯化（2004）在客都梅州市的考察中稱之為「枕式圍龍屋」。

變狂瀾中，力求穩定發展。這典型在共產制度摧毀後，近年重新以文化資產保存的議題，形塑後共產時代的地方治理模式。

武夷山脈到南部山勢漸緩，為贛西通往閩南（彰泉州）提供有利的地勢條件；汀江又是韓江的支流，往南到粵東潮汕出海，因此位居此間的培田，一直是中國客家移民南遷的主要據點之一，也是閩西贛南古道上的一個驛站。[6] 居此通衢要津，培田開基祖吳八四郎於 1344 年自寧化遷來，落籍於此，即乘明代中期去儒業商之風，以販運行商為業（劉麗川 2004），建村之後也因地利之便，很早就有文人、官宦、商賈在此匯聚，而有千米長街的商業榮景，成為四方貨物的集散地－江西的藥材與當地的竹木土紙沿汀江匯流韓江，下至潮汕，然後帶回兩廣的雜貨與潮汕的食鹽及海鮮（陳福棒等 2001）。也因此，吳氏歷代先祖在經商有成後，蓋起華麗的民居與祠堂，奠定培田古村落的物質基礎。

經商致富之後興建華邸乃天經地義，但讓培田古建築群更具文化資產價值的無形的「儒商」風氣創造出來的公共性。也許因為全村都是以吳姓為主的親族，而照顧族人也是費孝通所言中國人差序格局的傳統，培田的商賈把照顧從物質溫飽的層面，進一步擴展到興學等文化教育層面。在那個沒有義務教育的年代，讓年輕人唸書、不事生產，是非常奢侈的事。培田從七世祖寬公創辦第一個學堂「草堂別墅」之後，村中曾有十八處具書院功能的遺址（除了書院或別墅，也以學館、草堂、學堂、書館、私塾等為名），鼎盛時期全村各房皆興辦書院，平均十戶即有一所（吳美熙等 2001；張衛東 2004），並有兩棟藏書樓，分別為明末的藏珍樓（毀於太平軍時）以及藏書高達兩萬餘冊的馥軒樓（藏書毀於紅衛兵之手）。

除了有書以及讀書的地方，培田更不惜重金積極延聘名師，如寧化名儒曾瑞春在出仕前曾任教於南山書院。而讓小小村落村有驚人功名數量的主要原因，應該是一種特別的「學田」制度。根據吳氏族譜記載，培田除了有義倉以濟荒安貧之外，還有各種功能性的公田（義田），包括「經蒙田」及「秀才田」兩類學田，用以資助貧寒但「文武上進」的學子的生活費以及趕赴「鄉會兩試」的旅費，讓階級流動更順暢，也

6　關於培田地理位置在現代化交通工具盛行之前的意義，請參考吳福文（2004）。

鼓勵事業有成的鄉親回饋鄉里，形成良性循環。[7] 上述儒商風氣的具體結果，一方面展現在有形的建築文物上，另一方面也展現在一些治理制度的創新等無形資產上。就前者而言，在封建社會的建築，十分講究階級規制，由於村中取得功名者眾，因此能讓部分民居突破布衣的規制，在華麗精緻之外，另有官場專屬的氣派，如大夫第式的繼述堂和如松堂、進士第、以及接待官員的官廳，還有近年被燒毀的督閫府等；村中有官場重要人物，以及接待官員的驛站，也容易吸引其他歷史名人留下匾額墨寶，如明朝兵部尚書裴應章給南山書院的提聯，以及紀曉嵐暗訪後所提「渤水蜚英」的題詞等。[8] 此外，另一項較少受到大眾關注，但被學界視為珍寶的文物，則是自宋朝至民國五朝、系統完整、圖文兼修的族譜，被法國首席漢學家勞格文譽為國寶，乃客家人文發展與民俗的一手資料。

在非物質遺產方面，培田展示許多獨特或新創的制度，顯現相當難得的公共性。首先，培田的建築群展示客家人宗族內特別的公私界線。雖然聚族而居普遍存在於許多文化，但比較常見的是家族成員各自分居於獨立但鄰近的宅第，或眾多成員居住於財產共有的單一宅第中。培田則屬於一種共宅但財產不共享的模式：五十座宅邸容納三百多戶居民，每棟大宅中居住六七戶近親，只共有土地、屋頂、門戶、廳堂、水井等，其他部分仍維持私產（吳福文 2004），在獨立與團結的兩個極端之間，透過許多制度設計，維持精緻的均衡。其次，村中許多特殊的建築都透露著村民自治的努力。除了「七八戶一祖祠，十幾戶一學堂」背後的祭田、學田等維持公益的設計，還有相當於現代職業訓練的修竹樓（亦稱廉讓居），傳承培田先祖的泥木雕塑等精湛工藝；相當於婦女學校的容膝居，提供深閨中難以啟齒婦道知識；相當於煙毒勒戒所的大和山道堂，協助吸食鴉片者排毒戒煙；以及相當於孤兒院的「拯嬰社」，透過收養與補助防止女嬰遭到溺殺等。

誠如勞格文（2004）從人類學的角度評論，培田文物最珍貴的部分是它的整體性，從地理環境到風水考量的完美聚落選址，到村內以祠堂為社會控制樞紐的空間結

7　比較新近的例子則是居住在香港、熱心公益的吳俊斌提供獎助學金給培田村裡有經濟困難的優秀學子。

8　該區雖保存良好，但不幸於 2014 年遭竊（作者訪談，培田，2015 年 7 月 30 日）。

構與結合親緣與地緣的商業格局（饒小軍 2004），再到個別建築所展示的人際關係與治理理念，物質與非物質遺產相互輝映，透過導覽人員的講解，栩栩如生地展演在世人面前，令人驚艷。

二、旅遊發展下的文化資產保存

培田的價值在進入二十一世紀以前，並未受到重視。不過幾經戰亂，村裡的文物很幸運地大致仍得以保存。非物質的部分，在共黨建政後受到比較大的衝擊。當財產國有、山河歸公的政策普遍推行，政府的力量取代親族自治的精神，民間公益的意願也因國家強勢主導而消弭，族長（多有地主的身份）也失去配置公田、族產的權威，維持村民自治功能大抵已不復存在。[9] 這顆文化上耀眼的珍珠遂於此後失去光芒，淪落成山裡十分普通的農村。[10] 然而，在文化大革命「破四舊、立四新」與「批孔揚秦」運動狂潮下，尊儒傳統厚重的培田卻令人訝異地沒有受到太大的打擊。[11] 紅衛兵推倒了村首象徵封建的「恩榮」及村尾「樂善好施」的跨街石牌坊，燒掉馥軒樓的藏書，敲掉幾座祠堂的簷角之外，並沒有傷筋動骨的破壞行動。隨著動盪過去，培田也隨著改革開放的腳步，經歷巨大的城鄉差距。務農實不足以餬口，近年除了小規模的稀土礦開採，有些村民在森林裡採集松脂（割松油）等賺點小外快之外，多數青壯年會到沿海城市工作，留下老人和小孩，產生和其他農村一樣的長者長期照護與幼者教育問題。解決在地問題的釜底抽薪之道，似乎在於發展在地經濟，讓年輕人能夠在家鄉找到穩定的收入。此外，村中精緻但古老的建築，因缺乏經費維護，正迅速傾頹隳壞。

面對這些文化瑰寶保存的危機，村中有識之士開始奔走呼籲，希望獲得重視。最早的努力是 1987 年在福州師專教師吳靛初的倡議下，由吳美熙整理南山書院的資料，

9　作者訪談，培田吳姓耆老，培田，2015 年 7 月 29 日。

10　一個影響深遠的破壞是在大躍近時代以來大量的林木砍伐。之前能透過村約對森木砍伐產生限制，自治機制棄毀後，保護功能不復存在。2015 年 7 月 26 日進村田野調查時，含培田村在內的連城縣剛遭受百年不見的水患。

11　可能和紅軍曾駐守此地，長征前在此打過毛松嶺戰役有關。

申請成為省級文物保護的標的而未果。1992 年透過綑綁南山書院、四堡書坊及朋口
（王合）瑚廟項目等申請縣級保護標的，也因「有搞封建迷信之嫌」而遭否決。幾經
挫折之下，鄉民仍有一些倡議的努力。1993 年在龍岩市文聯組織舉辦「南山書院筆
會」的活動，將書院的歷史風貌在平面媒體披露，次年更透過「客家母親河汀江」的
新聞專題，由吳美熙校長在東南衛視介紹書院的歷史意義。經過這些努力，加上旅遊
風氣漸盛，培田包括三十幢豪邸、二十一座祠堂、六處書院、兩座牌坊、一條古街等
的古建築群，因具備旅遊價值，受到以觀光資產角度的理解，頓時受到重視。縣級政
府於 2000 年開始將培田以「古民居」之定位，列入縣旅遊開發計畫，落實「旅遊興
縣」的政策。

　　具體的戰略由六月上任的副縣長陳日源提出，透過「冠豸山水遊＋培田人文遊」
的構想，行銷連城縣的旅遊。此後便以驚人的速度推展，包括聯合各科局現場勘查；
在鄉政府召開公聽會；成立「冠豸山培田古民居管理中心」（由陳日源擔任中心主任，
簡稱「管理中心」）；並接待省及中央機構以及學術單位的考察等。[12] 此間，「恩榮」與
「樂善好施」兩座象徵培田儒商精神與耕讀文明的座標，緊急從廢棄的水電站中找回、
修復，並重新豎起。在支援旅遊事業的週邊設施粗具後，培田於 2000 年 10 月正式組
建「培田古民居管理站」，設置站長、保安小組及解說員（後來設清潔人員），並透過
出售門票（當時 20 元）對外開放。

　　在經營古村落旅遊的思維下，產官學界以「保護開發」之名，聯手推動了一系列
的行銷活動。首先是由官方邀集在地耆老，透過蒐集整理關於培田的史料、詩詞、故
事，人物傳記等，出版「培田：輝煌的客家莊園」一書，成功地連結村中有形和無形
的資產；之後，透過召開研討會，邀集國內外專家學者出席，並集結論文成「培田古
村落研究」一書，從更寬闊的客家文化觀點，來理解培田文物的代表性與特殊性。同
時，透過管理中心聘請同濟大學、西安古建築研究院等學術單位提出保護規劃，也將
旅遊開發規劃外包給廣東華娛公司進行。

　　2008 年堪稱培田發展發展的分水嶺。由於之前的努力受到各級政府的肯定，龍

12　副省長汪毅夫及國家建設部規劃審核司司長吳亦良、國家旅遊局魏小安司長都曾到訪，並盛
　　讚培田為民族文化瑰寶。

岩市政府遂成立「連城縣培田古村落保護開發管理委員會」，從市的層級投入可觀的建設資金，除了興建遊客服務中心、改善交通之外，[13] 一個非常關鍵的工作是培田新村陽光工程一二期的規劃和執行。要保護培田整體價值，首要任務是要防止村民在既有風格完整的建築群中，符人口與家戶增長所需，任意增建現代風格的新建築。在古村落的外圍徵收農地，興建風格一致的新村，鼓勵遷居新村的村民開設農家樂，同享旅遊經濟的利益，是培田推動文化觀光比較重要的利益分配機制。2008 年第一期啟動後，2012 年完成一百零三戶；第二期於 2012 年啟動，2014 年已興建五十八戶。[14] 古村原有三百多戶，一千四百多人，目前約有半數已遷到新村；騰出的空間，部分被用來開設商舖，重現千米古街的風華，有些則提供餐飲，或發展民宿，健全旅遊所需的商業服務。目前新村約有六十間農家樂，古村則有二十間左右，但能利用古建築而有古色古香特色的民宿者，只有一間（吳家大院）較具規模。

肆、文物保存的困境

前述一連串的倡議觀光旅遊的努力，對於文物保存上產生重要的貢獻：對於村民而言，這些早已習以為常的建築格局、楹聯、牌匾、旌表、壁畫、木雕石刻、墓誌，乃至於族譜，以及其背後豐富的文化底蘊，在文革之後可能被棄如敝屣。幾次盤點後，外界的讚賞讓村民重新認識自己所擁有的文化資產。對於珍視這些文化遺產的外人而言，這些提倡旅遊的努力，讓他們近距離直接欣賞這些文明成就的成本大幅降低。而獲得國家級的認可以及隨之而來的各部會經費，則適時解決地方政府無法負擔昂貴維修成本的窘境。

然而，看似順利的發展，實際上潛藏著文物保存方面嚴肅的挑戰。就利益結構而言，大筆經費經過諸多層級的政府，撥到地方，再外包給維修的承包商，十分不利於文物保護。修繕維護的項目涉及非常多工藝專業，工法精緻度也涉及很大的材料、工

13　如曹培公路拓寬、升培旅遊專線改造、文坊—培田旅遊專線改線等。

14　2014 年開始規劃第三期，但因徵地困難，目前處於停滯狀態。

資與時間方面之成本差異。若考據不足，[15] 工藝精緻度不夠，或為了節省成本改變工法，很容易改變文物原有的風貌，不但質感盡失，從令人驚嘆的文物精品淪為難登大雅之堂的劣質仿製品，也容易和整體呈現的歷史氛圍格格不入，如古意盎然的牆面，裝上簇新的漏窗，不用專家也有違和的感受。對於走馬看花的觀光客而言，也許不一定在意真假良窳的差異；但對於越來越多願意透過文化觀光來增添知識、認識精緻文物的有心人而言，粗枝大葉的維修，正是讓人錐心泣血的摧殘行為。[16]

一個實例是 2014 年敦朴堂的維修工程中，外簷下緣優雅的彩圖被白灰抹蓋的悲劇。該屋的建造者自幼即因身為孤雛而生活困苦，循忠厚勤儉的家訓而致富。爾後擴建宅邸時，就以「敦厚樸實」為堂號，建築風格也反應這種態度，不以奢華示人。然其歷代子孫在務農之餘，卻多能舞文弄墨，書畫功力深厚，以耕讀的風雅傳家。故其屋宇相對平實，不採花俏華麗的雕刻或陶塑裝飾，僅略施粉墨地用典雅的傳統圖案裝扮，在培田眾多爭奇鬥艷的古建築群中，有著獨樹一格的品味。可想而知，當這沿著外簷繞屋一匝的畫飾，被承包維修的工匠以一抹水泥覆蓋時，給人多深焚琴煮鶴的無奈。

類似因維修而破壞的例子不勝枚舉，不但在村內耆老中引發很深的憂慮，也有許多遠到來此駐點調查的學者頻頻提出專業建議；但言者諄諄，聽者藐藐，建言多被視為找碴，能夠從善如流的機會非常有限，主要是受維修經費所限。所有古蹟維護都面臨類似的問題：修復越講究，耗時越久，費用越高，能夠鑑賞的受益者也越少，支持的力道也就越小，在成本效益的計算上，就越不划算。因此，當修復文物的主管機關層級過低，修復預算占部門整體預算比例越大，主事者越有動機將專款設法轉移他用。承接維修工作的公司，在有限的預算以及限時完工的壓力下，自然不太可能不惜成本地找到所涉及各領域（木刻、石雕、陶塑、書畫等）的專業工匠，或學習不熟悉的工法，用更具藝術（再）創作的熱情來完成手邊的工作。

---

15 當古城、古鎮旅遊隨著古裝劇的流行而興盛，具備古老工法的工匠供不應求，舊門舊窗舊家具的市場行情也就水漲船高。常見的無奈是看到不同風格元素的混搭，如閩西風格的建築元素（漏窗、陶飾）被安裝在華北的宅邸上。從某種角度而言，也許可以是個創意，但就保存文物、恢復舊觀的目的而言，這不啻是欠缺考據、為節省經費而採行的詐欺手法。

16 作者訪談，廈門大學建築系教師，培田，2014 年 7 月 18 日。

一、治理結構與利益分配

　　除了保護珍貴的文化遺產之外，發展培田古民居的另一層意義在於透過發展文化觀光，解決農村普遍人口外流、兒童留守、老人無所依靠的問題，改善村民的生活。從各級政府的認證，以及絡繹不絕的遊客等觀點來看，發展旅遊的成果堪稱有目共睹。然而，如果更深入探詢旅遊經濟背後的利益分配情形，似乎還有很大的思考空間。

　　由於農村徵稅限制乃至於財政困難，大陸普遍的作法是遵循西方管理主義的精神：引進市場機制，一方面補充政府財源，另一方面提供必要的公共建設及服務。但相較於西方管理主義對私人資本的依賴，大陸更常見到政府自己入股，甚至獨資籌組國營公司進入獨佔或寡佔的市場，呈現所謂「國家資本主義」（state capitalism）的特色（Bremmer 2009; 2010）。[17] 因此，當連城副縣長陳日源決定發展培田觀光後，除了代表官方執行公權力的「冠豸山培田古民居管理中心」之外，另成立了縣府獨資負責承接觀光旅遊業務的「連城縣豸龍旅遊投資經營有限公司」（簡稱「豸龍」），透過政府授與收取門票權利而取得資金，然後得以提供公共服務。[18]「豸龍」章程上的任務是旅遊資源的開發利用、景區建設與經營管理、旅遊商品住宿等配套業務的經營以及地產開發建設等；因此，培田設立的管理站，除了站長以外所聘僱的十多位保安人員、清潔人員、導遊都由「豸龍」出面聘僱。這些工作機會確實有助於提升村民的收入，[19]但跳脫聊勝於無的思維，村民能否在這治理體系中扮演更重要的角色並獲得更合理的利益分配？

　　問題的關鍵在於公司與政府之間的分工並不十分清楚。整體的旅遊開發規劃仍由「冠豸山風景區管委會」跟「縣旅遊局」兩個官方機構負責；攸關旅遊品質的文物修復

17　Bremmer 認為國家資本主義是一種由官僚所主導策劃的資本主義；在國家資本主義體制下，國家為其自身的政治利得而主導市場的運作（Bremmer 2009; 2010, 23）。在西方民主國家，這樣的運作模式會產生政府預算無法受到議會有效監督的課責問題，因此不太容易被允許。

18　連城縣有四個執行公務的國有公司，除豸龍外，其他三個分別為連城縣國投集團有限公司、連城縣連發城市建設有限公司，以及連城縣工貿發展有限公司。

19　成員月薪約 1,500 人民幣，待遇不算太好，但上午工作半天，下午還可以幫忙農事，對於村民還蠻有吸引力。由於僧多粥少，有些受訪的村民會抱怨這些職位長期被少部分菁英霸佔。

與保護，也許因為要承接上級龐大的補助，則由連城縣「文體廣新局」（原「文體局」）負責；其他關於保護與開發的協調工作，則交由更低層級的鄉政府與村委會來執行。換句話說，既然是一家公司，自然應該有收入和支出、盈餘如何分配、政府補助佔比等財務劃分與流通的具體安排，提供資訊讓民眾監督公司利潤是否合理，並思考更符合公義的利潤分配。然而，「夵龍」在這問題上非常低調，導致村民對該公司所知甚少，而比較熟悉管理站，外人更難窺究竟，查不到夵龍的營收狀況與財務資訊。

村民比較關心的是門票收入。門票表面上是由管理站收取，但背後則是由「夵龍」統籌運用。為了避免村民（尤其是新村的農家樂）私帶遊客入村，[20] 很早就有分紅的制度：門票收入的 25% 回饋給村子，但不是直接按村中的人頭計算配額，而是依照村中幾幢具有代表性的景點建築配發給擁有該建築的家族；家族收到數千到上萬元不等的紅利後，也不繼續配發到各戶或個人，而秉持當年公田制度的精神，保留作為清明節祭祀活動的費用。由於這些家族能夠涵蓋絕大多數的村民，因此大家對這樣的紅利分配大致沒有異議。

對於村民而言，發展古民居旅遊的各項措施中，比較大的利益莫過於一二期新村的籌建。人口增長帶來居住空間的需求，導致部分村民在老村中增建或改建一些高聳的房舍，風格與古民居建築群格格不入，影響古民居的整體價值。[21] 為了避免悲劇重演，政府徵收古村外的農地分期興建新村。[22] 第一期條件較佳；[23] 第二期條件就很不理想，對於經濟狀況較不理想的家庭而言，負擔顯然過於沉重。[24] 許多因財務問題無法遷住新村者，雖可繼續居住在古村中，但隨著古建築的毀壞情形日益嚴重卻不能草草

---

20 這個問題應該到處都有，在培田也不例外。在培田進行調查時，就有村民以客家話竊竊私語，質疑拿著相機從新村進入古村的筆者是否有購票進村。

21 比較受到關切的是臨河的十戶新建築，一方面很接近門面，另一方面從河對岸筆架山的觀景台對古民居攝影取景時，這些建築無可避免地會破壞畫面，因此一直有遷建的提議，但因部分擁有者是村中比較活躍的菁英，補償問題一直沒有共識而無法落實。

22 雖然新村已經矗立多時，土地徵收補償的爭議仍持續延燒。

23 有意願者自付 30 萬元，可取得土地、建造並裝修一幢地坪 100 平方公尺的兩層半透天樓房。

24 第二期只提供土地平整與下水道工程，鼓勵村民自己購地自建樣式一致的樓房，一位家庭成員只補助 2,500 元，還要扣除統一樣式的琉璃瓦材料費。

維修，而陷於建物坍塌的危險之中。這些村民因為這樣的利益衝突，對於精緻維修古蹟的籲求，比較無法認同。

鼓勵經營農家樂是培田發展古民居觀光的一項核心政策。新村一棟新房可以有七、八個房間，如果要讓旅遊的利益在村民之間雨露均霑，最直接的方式就是輔導村民利用空餘的房間賺取外快。[25] 為鼓勵村民經營農家樂，政府提供政策誘因，凡是在期限內通過審查、取得農家樂經營執照者，都能獲得兩萬元的補助經費。然而，有些村民覺得這是好大喜功的政績工程：掛招牌拿補助容易，但實際上經營專業不足、人手不足，品質堪慮。有村民因此自嘲，村裡幾近氾濫的「農家樂」雖有座落於農村的事實，但沒有實際「農務」操作的活動；雖有食宿服務，但未必有「家」的氣氛，更沒有因此帶來的歡「樂」。也因此不難想像，在村裡留宿的遊客量其實不太多，村民能由此獲益的機會也不大。

二、發展瓶頸和公民參與

有村民樂觀地預期，2015 年底動車從龍岩延長到朋口後，交通便利性提高能大幅增加遊客量。不過，有些村民已看到培田在發展文化旅遊上的瓶頸；觀光客進村後會被許多精緻的建築所吸引跟震懾，但在邊際效用遞減的原理之下，不必多久就會覺得大同小異，美感麻痺。交通便利性越高，感到厭倦後離開的障礙越小，留宿村中的機率也越低。改善之道，還是在於強化文化旅遊活動內容的豐富及多元性，讓不同文化層次的遊客能夠獲得滿足；例如，南靖土樓因「雲水遙」電視劇在那取景而能以通俗文化而吸引大批場景旅遊的遊客。培田古村落文物豐富性與精緻度更高，因此更有發展深度文化旅遊的空間，但政府在硬體設施方面投入兩億多元的同時，文化活動方面的投資卻不到一百萬。[26]

這個軟硬體投資金額的差距很幸運地被一些民間團體填補起來。長期駐村的「培

---

25 一般術語，旅館比較高檔，民宿次之，農家樂則是檔次最低的住宿設施。新村有空調衛浴的農家樂房間約 120 元，古村則約 200 元。

26 作者訪談，村中耆老，培田，2015 年 7 月 28 日。

田客家社區大學」（簡稱社大）即透過培訓課程以及舉辦文化活動，設法串連物質和非物質資產，俾進一步讓文化觀光的利益能夠更平均地分配給在地居民。社大於 2010 年進駐培田，是溫鐵軍教授所領導的「中國人民大學鄉村建設中心」（簡稱「鄉建」）體系下眾多非營利機構之一。早年駐村的重點任務是提供公益服務，除了募款開辦「老人公益食堂」，[27] 為村裡六十歲以上的老人蒸煮飯菜之外，也在社區基礎教育上著力甚深。幾年來已成功地招募大專生志工及協助境外機構（如臺灣的政治大學、台中 YMCA（Young Men's Christian Association，基督教青年會））舉辦夏令營，擴展村中孩童眼界；社大也跟二十一世紀教育研究院合作，成功保存培田小學的完全小學建制，並成立吳建斌獎助學金獎勵培田優秀但家境困難的學子。這些扶老攜幼的公益活動都建構重要的社會基礎，讓具備生產力的青壯年勻出時間精力接受文化相關培訓與活動。

在文化培訓方面，社大除了建立圖書室重建培田「耕讀」的重要傳統外，更陸續協助村民組成各種傳統民俗的表演團隊，如秧歌隊、腰鼓隊、盤鼓隊、婦女文藝隊等，除了傳承文化，讓硬體文化資產能夠和文化展演相得益彰，也透過各種文藝晚會表演的機會爭取一些額外的收入。這些表演團體的培訓，則進一步為大型文化活動提供素材。社大已連續多年協助政府舉辦培田的鄉土文化旅遊節，又名為「春耕節」，是一個由村民共同參與的農民節慶。客家人重視祭祖，因此清明時節會有遊子回鄉掃墓，因而順勢舉辦歷時兩天節慶活動，祭神農、遊春牛、犁田插秧等農事競賽、傳統紙紮燈籠遊行等，再加上比較具備現代性的大地民謠音樂會、鄉村文明論壇等。許多具有在地特色的節慶活動在消失多年後重新被找回，並加入一些創新的元素；除了凝聚村民的向心力、重塑傳統，並活化古蹟的意象，賦予古老硬體設施一些更契合時代意義的文化元素。初步成果是 2015 年的第四屆春耕節吸引了近萬人的參與，以及三十多家媒體報導；除了推升培田古民居的知名度之外，也有助於提高居民的收入。

儘管社大在基層篳路藍縷的經營已展現成果，但其是否能永續經營則有賴新的運作模式。早年依賴以慈善為宗旨的基金會提供財務支持，近年一則因為經濟發展步調

---

27 此一項目獲得福建正榮基金會與政府的支持。2015 年「滋農團隊」則嘗試以網路募款的方式籌措維繫運作的經費。

減緩導致企業閒置的資金減少，二則因為培田已經得天獨厚地接受各級政府的財務補助，相較於其他廣大的貧窮農村，其境況已經不算太糟，以致政府資助有流動到更有需求之處的壓力，以及出現公益資金漸漸撤出的趨勢。這狀況讓社大在基層的工作人員處於經濟收入不穩定、寅吃卯糧的窘境。也因此，如何以「共創中心」為平台，合作社等社會企業為載體，[28] 連結外部社會資源，並利用網際網路所帶來弗遠無界的市場，與村民共謀鄉村社區經濟的發展，遂成為培田以文化資產為主的旅遊經濟發展的重要策略。具體的作法就是以古建築為基地，定期舉辦耕讀文化體驗營，一方面籌措持續運作的資金，另一方面也能行銷培田的文化觀光。

伍、文化資產的治理創新－理論反思

一、文化資產之為新共享資源

　　培田古民居因為有很強的整體性，堪稱近年文化旅遊所倡議之「生活環境博物館」（Eco-museum）的範例，[29] 在保護物質文化資產的同時，也能透過文化復振與調適的努力，設法保存或重建非物質文明的資產，讓抽象的價值、傳統與技藝能繼續存活在博物館中；一方面能增加文物本身的價值，保存人類文明的文化多樣性，另一方面也能夠增加文化旅遊的豐富性，提升旅遊的經濟價值以達到改善生活的目的。因此，文化資產的保護，至少涉及兩個重要的政策目標，其一為資產的保護，其二是因資產而產

28　此間，已有匯通資金互助社於 2015 年 1 月正式成立，由滋農公司和當地 8 個村民共同發起，資金調度的金融服務，目前已經開始正常運作，在合作社 36 名社員之間有額度 40 萬左右的貸款額度可以進行資金周轉。

29　Ecomuseum（活的博物館）最早是由 Georges Henri Rivière and Hugues de Varine 所提出來的概念；「eco」是 ecology 的縮寫，但這裡特別指的是對文化遺產進行整體詮釋（holistic interpretation）的新概念，相對於著重在特定的歷史文物。「活的博物館」強調以在地參與為基礎所形塑的在地認同，並以提升在地社區的福祉與發展為目標（Corsane et al. 2007;Davis 1999）。

生的經濟利益能夠被廣大基層民眾更公平地分享。在具體實踐上，文化資產保存一方面涉及實體維修所需的鉅額資本，受益者相當分散，因此牽涉到相當大的治理規模經濟，需要較大範圍的治理範疇；另一方面，因標的資產繼續被使用，因此涉及到使用規範的落實，同時也因為涉及非物質文化的傳承與發揚，而需要很多人力以及很強的在地網絡來達到治理的目的，因此也涉及比較小規模、非常草根的治理機制。如何建立一套可以兼顧這兩種概念對立的治理需求的制度，即為成功治理的關鍵。

這種兼顧不同規模經濟的需求，在許多共享資源（common-pool resources，以下簡稱 CPR）治理的案例中可以看到（McGinnis 2002b; Ostrom 1990）。[30] 面對擁有不同規模經濟的各種治理項目，政治經濟學的治理理論建議可以考慮採用多中心治理（polycentric governance）的制度設計，如空氣污染或流域治理有很大地理範圍的政府，而消防、警政就必須有較小的轄區，俾對於在地的特殊情形有較好的掌握，因此應以一組領域互相重疊的「特殊功能政府」（Special-Purpose Governments），而非以傳統綜合多個部門的地方政府（prefecture），來進行治理，才能達到最好的效果。[31] 此一概念經過多年的發展，尤其是在新管理主義盛行後，治理實體也可能擴及非政府單位。根據 Ostrom、Bish 與 Ostrom（1988）對於美國地方政府的描述，多中心體系

---

30 Common-pool resources 即 commonly held resources，意指共享資源。將其他人排除在共享資源的使用之外是非常耗費力氣跟金錢的，特別是在建立使用規範、監督對規範的遵守以及懲罰違規者這些事情上。也因此，任何共享資源的使用者群體都會面臨一個集體行動的基本困境：在面臨搭便車誘因下為了私利而過度使用共享資源的情況下，如何達成維持穩定接近使用這個共享資源的共同目標（McGinnis 2002b, 1）？以灌溉系統為例，灌溉水從源頭引到用水人的田裡，需要儲水與輸水的相關設施，而這些水利設施相當昂貴，需要很高的資本額，因此規模經濟相當龐大，但與此同時，要有效執行用水計畫，讓有限的水量可以很和諧地分配給用水人而達到最少浪費、最高效益的理想，必須有很貼近在地社會脈絡、能掌握在地知識、能整合其他在地既存規範的治理體系；因為具有勞力密集的特性，所以規模經濟較小，治理的地域範圍也比較限縮（Lam 2002a; 2002b; Ostrom 2002a）。

31 多中心治理的概念主張，對於有效或成功自我治理的制度分析，必須同時考慮多中心及場域的互動跟參與；治理不需要一個單一權力中心的存在，而政府也不需要攬起解決所有政治問題的責任。一個社區或群體管理共享資源最佳的方式就是建立一種跨越、涵蓋不同空間尺度的多中心治理架構，從在地社區團體到中央政府、再到全球層級的非正式治理安排（McGinnis 2002a, xii; 2002b, 2）。

指涉多個不同疆界大小的治理實體在同一地點套疊，除市政府之外，還包括許多特別功能政府，如學區、水區、空氣污染防制區等，同時進行治理。在談論加州地下水治理時，Blomquuist（1992）則把法院納入治理體系，因此治理實體的概念就不限於行政機關；Lam（2002b）討論臺灣的灌溉時，把水利會這種獲得官方代理權的民間自治組織，放進治理架構中，則更進一步把治理實體的概念擴散到非政府單位；而知名CPR 學者如 Agrawal and Ribot（1999）等，則在比較南亞和非洲的案例中，把概念引伸到資源使用者自治組織的核心治理角色，討論其功能及所享有的特別政府的地位，與其他政府機構形成多中心體系的治理結構。然而，當特定治理標的同時要求兩種不同規模經濟的治理要素，如勞力密集同時也是資本密集，要如何設計制度？

　　長期研究治理制度以及共享資源治理的歐玲（Elinor Ostrom）及其團隊，透過長期累積的實證案例，檢視跨部門的「合產」（coproduction）制度設計如何可能解決這樣的困境（Ostrom 2002b, 346-347）。共享資源的物理特色，一是資源具有某種程度的「使用敵對性」（subtractability of use）與「排除潛在受益者的困難度」（difficulty of excluding potential beneficiaries），[32] 導致市場失靈以及政府介入的行政成本偏高（Ostrom et al. 1999; Ostrom 2010）。很直觀的解決方式乃是組合市場（如產權重新定義、委外經營等）、政府（法令規範、直接財政補貼），以及在地動員（如培植民間自我組織管理能力）等多元誘因機制，整合部門之間能夠互補的優勢，以創造協作增效（synergy）的成果（Ostrom 1997; Ostrom 2002b）。[33]

32　Ostrom 夫婦（1977）以「使用敵對性」（subtractability of use）取代原本經濟學中所用的「消費敵對性」（rivalry/rivalness of consumption）概念，但意義其實非常類似，就是指某種財貨被 A 消費之後剩餘多少給其他人消費；以私有財為例，超市架上的某項物品一旦被 A 買走之後，其他人就買不到。但是其他性質的財貨不見得具有這樣的消費敵對性，例如大眾交通運輸，當 A 抵達其目的地下車之後，A 空下的座位可以讓其他乘客繼續使用。此一概念還涉及另一個物理性質－「耗竭性」：當資源被 A 使用之後，是否有質與量的耗損，因而影響其他人使用的效用。另一個重要而對立的概念，則是「再生性」（renewability）：許多資源能夠在適當的條件下自行補充因人們取用而產生的耗損。

33　根據 Ostrom（1996），「互補」（而非「替代」）是合產能夠產生增效的條件。從這個概念來理解，可以推論當財貨的提供需要密集的勞力時，草根公民組織投入合產就比較容易有增效的現象。

文化資產在傳統上並未被視為共享財貨。但就上述這兩項物理性質而言，則有本質上相當近似之處，因此透過這個理論觀點，能夠協助我們思考如何處理利益結構的困境，建構更有效的治理制度。有些有形的文化資產如古蹟，可能地處偏遠或分布範圍很廣，防範他人盜取的成本很高，但排他性甚低，具有傳統共享資源的特性。此外，許多古蹟仍在使用當中，雖然硬體可能因為被佔用而無法同時被他人分享，但這些古蹟外顯的美感及其歷史價值，仍舊能對其他人（如來訪的遊客、後代子孫等）產生重要效用而不具有全然的敵對性，這也近似於共享資源比較複雜的消費排擠效果。

就許多非物質的文化資產而言，其實更符合部分敵對性以及低排他性的特點。非物質文化常常是抽象的知識、符號或技藝，不太會因為某些人佔有而排擠他人使用，使用之後也不會耗竭，有些資產（如語言）甚至要求有一定規模的使用者才容易保存與發揚。此外，除非有很細緻的智慧財產權保障規範，否則集體擁有的文化資產不容易排除外人使用，排他性甚低。因此，文化資產近年被喻為「新共享資源」（new commons），與傳統共享資源的概念稍有不同，但治理的原則大致可以援用。Charlotte Hess（2008）率先關注新共享資源的相關研究，她指出 1990 年代初期到中期是相關研究開始快速發展的時期，特別是關於智慧財產權跟志願服務（volunteerism）的研究領域；例如有法律學者開始將「知識性的公共領域」（intellectual public domain）視為一種共享資源，用來作為對抗智財權概念持續擴張的指導概念（Hess2008; 2012; Hess and Ostrom 2003）。Bertacchini 等（2012）在所編的 *Cultural Commons* 書中，直接以共享財貨的概念來討論探討文化生產、演變與管理。[34] 其中，Yan Zhang（2012）將（有形）文化遺產視為共享財貨，指出傳統上治理三種途徑包括私有產權（private property）、國家介入（state intervention）跟國際規範（international regulation）都忽略了最重要的利害關係人－在地社區－的利益，而這也是文化資產保存與管理無法解決所面臨的主要挑戰跟社會兩難的主要原因。[35]

34　其他常被視為新共享資源的治理標的包括知識（knowledge commons）、醫療保健（medical and health commons）、鄰里（neighborhood commons）等（Hess 2008, 3-13）。

35　Zhang 認為文化遺產保存與管理面臨的兩個挑戰跟兩難包括：集體行動困境以及文化資產價值的利用。前者指的是即使文化遺產對在地社區而言是具有公共利益的，但是涉及此文化遺產保存過程的許多利害關係人（社區居民）在保存跟決策過程中，有可能沒有辦法適當協調

　　把文化資產視為共享財貨，有助於思考培田古民居乃至於所有民間古蹟保存的發展上有何挑戰與制度創新的需求。首先是「利益多數均分、成本集中於少數」的利益結構要如何克服。如前所述，保存古蹟的利益廣泛地分散在全國、全球民眾甚至後代子孫身上，但維護的成本卻集中在財產的擁有者或使用者身上；因此，如何讓擔負成本的少數人獲得合理的補償，就成為治理成功的關鍵。補償的方式，除了由政府直接補助之外，也可能透過市場機制給予補償；具體而言，就是將古蹟視為資產，並利用該資產牟取利潤。從這個角度觀察，連城縣政府鼓勵村民註冊開設農家樂，就是這個思維脈絡下的決策；也因此，發展與古蹟相得益彰的文化展演以復振培田非物質文化，是解決前述文化資產治理困境的處方。

　　然而，文化展演相關的旅遊活動無疑是一種規模經濟較小、具勞力密集特性的共享財貨。首先，這些活動需要在豐富的地知識以發展能結合硬體、地景特色的元素如傳統民俗、祭典等，越具在地識別性，則被其他地方學習、複製的可能性越低。其次，許多展演節目具有相當高的技術要求，因此需要許多人投入較長時間的學習，而有較高的進入門檻；如此，不但產品的稀缺性較高，被他人模仿或複製的可能性也越低。此外，一旦這些非物質文化能夠成功地吸引遊客滯留更長的時間，遊客滯留而增加消費的好處很難排除其他拒絕分擔勞務的村民共享，因此需要透過某種治理機制，避免因產生勞逸分配不均或過多搭便車者而導致此一集體行動瓦解。

　　由於這些非實體文化財貨的創造與維繫，除了因排他性不足而不易透過市場來提供之外，同時也因為需要密集的勞力，純由政府提供會耗費過高的行政成本。雖然理論上透過民間基層網絡來治理相對比較可行，但此非實體文化財貨創造與維繫，涉及許多高專業門檻，村民未必有能力處理；因此，外部企業或非營利部門的投入，一方面帶進符合時代潮流的想法和資源，另一方面也能透過培力的過程，讓村民能夠自我成長並與外部組織合作進一步發展尚未開發的潛能。

　　培田的發展經驗中，政府力有未逮的部分，最初顯然是透過旅遊公司來補足。但

　　其管理能力跟付出的努力。後者指的是，旅遊產業是利用歷史建物價值發展經濟的重要部門，但其經濟發展模式若不具可持續性，則會導致對遺產價值的剝削，亦即過度開發導致文化遺產承載能力與壅塞相關問題，進而對環境造成壓力並帶來社會挑戰（Zhang 2012, 160-162）。

有趣的部分是，這個旅遊公司是純由政府投資的企業，因此在本質上和政府直接介入並沒有太大的不同，直覺上比較像是要透過更有彈性、更具私密性的商業治理模式來規避行政稽核，甚至創造官員從中牟利的空間，而不是尋求更有效的多中心治理。直到許多民間團體陸續投入，結合村民的參與，才比較具備多中心治理的精神。

二、多中心治理與合產的需求

　　約與培田的案例同時出現的許多新治理模式，顯示大陸近年有朝多中心治理體制調整的傾向。在都會區，龐大的市政建設，都透過政府投資的「市政（建設）集團」，結合民間資金來進行；包括許多知名的都市更新或新城區的建設計畫，則透過招商公司的形式與政府共同推動（Chien 2013）。從改革開放到 1994 年的分稅制改革，再到 2000 年以來的農村稅費改革，農村地方政府無力負擔農村龐大的公共建設與基礎教育資金，在基層引進西方管理主義，以契約外包的模式讓都市的資本進入農村，補充公共財源的缺口以提供公共服務，企業則以市場機制來獲取利潤；如雲南沅陽的梯田希望被列入世界遺產，就透過「申遺公司」的成立，介入地方治理。這樣的模式，基本上能夠處理資本密集的治理標的，但較無法處理勞力密集的治理標的；當治理任務需要透過動員更多人力來完成時，通常需要很強的在地連結以及活躍的市民組織，透過比較非正式的制度，針對特別的在地情境與複雜的人際關係彈性調整作法，靈活運用多元誘因，俾解決衝突、促進合作。緣此，以文化展演活動來復振培田非物質文化這種涉及密集勞務的治理，需要把權力下放到很基層、疆域相對較小的層級，透過基層培力之後授與其自治權、鼓勵其凝聚共識跟化解爭議，以追求彼此共享的利益。

　　大陸經歷人民公社、文化大革命等政治運動之後，行政權深入基層社會，個人徹底原子化的後果，是西方社會常見的自發性網絡治理不容易在基層運作；政權對於基層自發性的組織活動仍深感不安，因此比較看不見有系統的政策措施來鼓勵積極的基層民眾結合各種社會力量，透過集體行動參與政府的治理（王瑞琦 2015）。這種對於市民社會角色相對保守的態度，在和臺灣對比之下更清楚地呈現出來。臺灣在 1980年代經歷各種社會運動後市民社會逐漸茁壯的背景下，於 1994 年仿日本的「造町」運動提出社區總體營造政策，在村里等正規的行政體系之下，建構另一軌更具彈性的

社會治理體系，鼓勵基層民眾找尋在地特色、規劃並推動執行治理任務的集體行動，十分符合多中心治理的精神。

此外，特別針對古蹟保存，臺灣也在針對古蹟保存的治理任務上，推動鼓勵市民參與的制度創新。臺北市政府在保存大稻埕古街區的努力中，有個「都市再生前進基地」（Urban Regeneration Station，簡稱 URS）的政策，[36] 把都市中幾個政府擁有產權的古建築修復後交給公民團體營運，除了達到保存古蹟的目的之外，並進一步將這些點塑造成都市再生基地，推廣古蹟保護以及文化產業共生的創意作法，發揮由點到面的擴散效果。透過社會企業與公民團體的進駐，創造古街區特有的氛圍以及產業生態；這些基地提供許多催生文創產業的公共財貨，預期會產生促進產業發展、活絡地方經濟的積極效果。同樣重要的是，透過文化資產保存與文化產業發展所創造的經濟收益，可以補償限制古蹟改建對擁有者造成的損失。[37] 這些臺灣的經驗，都展示自主的社會如何利用商業機制分擔政府的治理工作，同時將財富留在基層社會，而不是向上集中到政府官員和財團的手中。

三、公民參與和賦權

儘管面臨體制上的限制，培田案例仍展現了重要的突破。前述人民大學溫鐵軍教授領導的鄉建體系從學術界出發，透過學術網絡取得政府的信任，建立其為政府在農村代理人的身份，多年來已經在基層經營社會網絡、吸收外部資源方面，有相當的成就。鄉建在培田的組織「培田客家社區大學」，積極尋求外界支持，除了提供社會福利，也透過訓練課程的提供，希望豐富培田的文化活動，俾進一步利用這些活動發展觀光產業，讓村民有機會從旅遊經濟中獲益，某種程度填補了市民社會活力不足的空

---

36 URS 不專為大稻埕而設，但在現存（2015）九個 URS 中，大稻埕就佔了五個。因為這些工作站的經營是由民間團體透過與政府來進行，約期屆滿後可能不續約，因此以上數字常有變動。

37 大稻埕位於都會中，URS 也基本上也是在都會的情境下被嘗試，因此拿來和農村情境的培田相比，必然有其限制。然而，本文希望展示政府鼓勵市民參與可能的效果與可行的辦法，應不致於受到農村與都會的差異所影響。

白。近年，社大更透過轉型為社會企業經營的方式，[38] 力求降低組織對於外部捐助資源的依賴，並吸引更多年輕伙伴投入農村經濟發展的行列。

這樣的補位確實在各項籌辦的文化活動中，展示了民間組織在基層動員的能力。這些組織一方面具備引入資源的籌碼，另一方面則因為經過長久的經營，社大幹部勤懇地為居民提供服務，也已能夠取得村民相當的信任，[39] 展示以往不太有角色能夠扮演的民間團體，如今也已經粗具參與基層治理的能力。目前仍舊相對不足的似乎是村民的公共意識；也許是因為較少經驗成就其政治功效意識，村民不太相信自己能夠改變集體現狀，也不太自主提出關於公共事務的創新意見。村中有不少耆老很有想法，雖願意私下分享，但對於可能挑戰既有菁英利益的意見，都很自覺地保持緘默，避免引發衝突。這是個值得關注的議題，因為鄉建或社大畢竟是外人，有一天可能會撤離，若沒培養起在地居民的公共意識與自主參與的精神，則辛苦培養起來的市民社會能量，可能會因為社大的人事變動而瞬間瓦解。

面對上述挑戰，在政策面若能降低政府和企業獨享經濟利益的制度設計，擴大民間組織在基層參與治理的空間，透過目前全球熱議的社會企業，並鼓勵村民組建類似當年的鄉鎮企業的社會經濟，得以利用集體行動來追求共同的財富，應有機會把這種實踐精神從經濟範疇擴展到社會範疇，而能夠培植更具公民參與精神的基層治理，達到綜效的理想。

陸、結論：邁向公道的發展

從政策分析的角度觀察，古蹟維護涉及相對艱困的利益結構：廣大而分散的受益人（希望保存古蹟的世人或後代子孫）對抗少數古蹟的使用者或擁有者（希望免除

---

38 社會企業可以是營利或非營利性組織，但主要指的是採取商業策略或經營模式來改善人類福祉或環境的組織；營利並不是社企的主要目的，社會影響才是其主要目的。

39 這次田野調查，適逢百年一見的水患，社大即成為賑災物資配送的主要單位，受信任的程度可見一斑。

保存古蹟而衍生的限制與成本）。要突破這困境，除非能以強制的手段迫使成本負擔者接受，或透過豐富的財力補償或收購，否則就需要有政治企業家提出改變利益結構的辦法。透過文化旅遊，將古蹟轉變為足以讓成本負擔者生財的財貨，是近年常見的解決方案。大陸在「國家資本主義」的指導原則下，透過國家的財政以及公權力的運用，吸引外部投資與消費，往往能創造相當繁榮的文化旅遊市場；然而，有多少經濟利益能夠為基層民眾分享，而不是掌握在政府與資本家手中，則特別值得關注。

為使地方發展經濟利益能夠在基層雨露均霑，結合物質文化的保存與非物質資產文化的復振以發展「生活環境博物館」式的旅遊，是近年趨勢所在。然而，要管理這種性質上接近共享資源的文化資產，既需要密集的資本來進行古蹟維修，也需要密集的勞力來維護物質文化，同時恢復、發展並展演非物質文化；也因此，如何克服治理轄區大小需求上的矛盾，遂為重要的課題。近年常見的克服方式，乃是透過合產的設計，一方面維持夠大的治理疆域以提供足夠的讓公民社會有積極參與治理的機會和能力，另一方面則是透過利益分享機制讓基層民眾能組織起來，提供治理所需要的人力。

大陸比較普遍的治理模式是透過政府直接介入，或在政府財政困難時，透過獨資或合資將治理項目商品化，引入市場機制來增闢財源。這種單一功能治理單位的成立，雖然趨近多中心治理的模式，但此間最大的特徵是社會力量被有意識地忽略，基層或外部的非營利組織通常都不會扮演任何角色，當然也就不太有合產的效果，更不會讓協力者有機會分享夠大的利潤。培田的案例獨特之處，在於鄉建之類的外部組織長期投入，有系統地吸引外部資源進行在地培力的工作。其成果展現在村史的撰寫、族譜的保存，文化素材的採集，以及文藝表演活動的培訓等方面，顯示其已走出不同於傳統的發展新模式，即使目前推展仍有瓶頸，但堪稱大陸市民社會發展並投入地方治理的新里程碑。

除了契機，培田案例也展示了大陸文化資產保護以及農村發展的困境。除了來自外部（尤其是建設公司）的資助仍舊不夠穩定外，有兩個比較核心的問題值得注意。首先，村民的公共意識仍有強化的空間。鄉建的幾個據點，在大陸同時進行類似的努力，共同面臨的問題就是村民對於公共議題的興趣不高，導致許多單位在基層都只能進行類似培養花鼓隊之類的民俗表演活動，而缺乏更具真實治理意義的公民參

與。培田因為每年有祭祖的共同活動，理論上村民的公共意識與公共參與意願應該比較強；然而，中共長期政治動員以及壓抑市民社會的直接後果，就是市民對公共利益的漠視。此外，農家樂百花齊放的政策，造成村民的利益對立，讓大家更專注於個人利益，因此看不到願意多管閒事的村民為公益挺身而出。其次，政府缺乏對應的培力政策，以使鄉建扮演更積極的角色。鄉建依靠自己對外募款在村子裡進行自己規劃的活動，跟地方政府的治理工作之間比較缺乏有機整合，兩者各行其是，缺乏合產的制度安排及適當的授權。如何透過政策對社會組織以及基層民眾進行培力，激發公民參與意願，似乎是無法一蹴可幾、但卻是突破眼前瓶頸的重要課題。大陸似乎刻意透過鼓勵青年創業來填補這部分的不足。許多青年取得政府的資金補助，藉網路平台的興起，在農村發展個人事業，許多則順勢和正紅的社會企業風潮結合，在創業的同時，也企圖解決一些公共問題。假以時日，也許這股力量能夠強化地方的公共意識，位在地公道發展奠定基礎。

參考文獻

王瑞琦，2015，〈國家資本主導的中國農村發展與村落原子化困境〉，《臺灣政 治學刊》，19（2）：181-132。

路秉杰、湯化，2004，〈鋪展型平面客家住宅的比較分析〉，中共連城縣委宣傳部主編，《培田古村落研究》：16-22，龍岩市：龍岩市文化與出版局。

吳美熙，吳來星、吳有春、曹誠，2001，〈培田風物〉，陳日源主編，《培田：輝煌的客家莊園》：7-112，北京：國際文化出版社。

張衛東，2004，〈以興養立教為己任的村民自治──培田特色之一〉，中共連城縣委宣傳部主編，《培田古村落研究》：23-39，龍岩市：龍岩市文化與出版局。

吳福文，2004，〈培田民居當議〉，中共連城縣委宣傳部主編，《培田古村落研究》：76-91，龍岩市：龍岩市文化與出版局。

陳福樑、盧運泉、吳美膝、吳來星、吳有春、吳載金，2001，〈漫步培田〉，陳日源主編，《培田：輝煌的客家莊園》：113-150，北京：國際文化出版社。

劉麗川，2004，〈福建培田吳氏家族儒文化探究〉，中共連城縣委宣傳部主編，《培田古村落研究》：40-55，龍岩市：龍岩市文化與出版局。

勞格文，2004，〈請保護好美麗的培田〉，中共連城縣委宣傳部主編，《培田古村落研究》：1-4，龍岩市：龍岩市文化與出版局。

饒小軍，2004，〈培田宗族社會與村落型制初探〉，中共連城縣委宣傳部主編，《培田古村落研究》：102-114，龍岩市：龍岩市文化與出版局。

Agrawal, Arun, and Jesse C. Ribot. 1999. "Accountability in decentralization: a framework with South Asian and West African cases."*Journal of Developingt Areas*, 33: 473-502.

Australia International Council on Monuments and Sites. 1999. *The Burra Charter* (The Australia ICOMOS Charter for Places of Cultural Significance).

Blomquuist, William. 1992. *Dividing the Waters: Governing Groundwater in Southern California.* San Francisco, CA: ICS Press.

Bremmer, Ian. 2009. "State Capitalism Comes of Age: The End of Free Market." *Foreign Affairs*, 88(3): 40-55.

Bremmcr, Ian. 2010. *The End of Free Market: Who wins the war between states and corporations?.* New York, NY: Portfolio.

Bromley, Rosemary D. F., and Gareth A. Jones. 1995. "Conservation in Quito: policies and progress in the historic center." *Third World Planning Review*, 17: 41-60.

Chien, Shiuh-shen. 2013. "Chinese Eco Cities- a Perspective of Land-Based Local Entrepreneurialism" *China Information*, 27(2): 73-196.

CoE (Council of Europe). 2005. "Council of Europe Framework Convention on the Value of Cultural Heritage for Society." http://conventions.coe.int/Treaty/EN/Treaties/Html/199.htm. (October 5, 2015).

Corsane, Gerard, Peter Davis, Sarah Elliott, Maurizio Maggi, Donatella Murtas, and Sally Rogers. 2007. "Ecomuseum Evaluation: Experiences in Piemonte and Liguria, Italy." *International Journal of Heritage Studies*, 13(2): 101–116.

Davis, Peter. 1999. *Ecomuseums: a sense of place*. Leicester, UK: Leicester University Press.

De Kadt, Emanuel. 1979. *Tourism- Passport to Development?: Perspectives on the Social and Cultural Effects of Tourism in Developing Countries* (A Joint World Bank - UNESCO Study).

Fielden, Bernard. 1982. *Conservation of Historic Buildings*. Oxford: Architectural Press.

Hampton, Mark P. 2005. "Heritage, Local Communities and Economic Development." *Annals of Tourism Research*, 32(3): 735-759.

Harvey, John Hooper. 1972. *Conservation of Buildings*. London: John Baker.

Haskell, Tony ed. 1992. *Caring for Our Built Heritage: Conservation in Practice*. London, UK: Taylor & Francis Group.

Hess, Charlotte, and Elinor Ostrom. 2003. "Ideas, Facilities and Artifacts: Information as a Common-pool Resource." *Law and Contemporary Problems*, 66(1-2): 111-146.

Hess, Charlotte. 2008. "Mapping the New Commons." Paper presented at The Twelfth Biennial Conference of the International Association for the Study of the Commons, Cheltenham, UK.

Hess, Charlotte. 2012. "Constructing a new research agenda for cultural commons" In *Cultural Commons: A New Perspective on the Production and Evolution of Cultures*,eds. Enrico Bertacchini, Giangiacomo Bravo, Massimo Marrelli, and Walter Santagata. Cheltenham, UK: Edward Elgar Publishing Ltd.

Lam, Wai-fung. 2002a. "Improving the Performance of Small-Scale Irrigation Systems: The Effects of Technological Investments and Governance." In *Polycentric Governance and Development*, ed. Michael D. McGinnis. Ann Arbor, MI: University of Michigan Press.

Lam, Wai-fung. 2002b. "Institutional Design of Public Agencies and Coproduction: A Study of Irrigation Associations in Taiwan." In *Polycentric Governance and Development*, ed. Michael D. McGinnis. Ann Arbor, MI: University of Michigan Press.

Lowenthal, David. 1985. *The Past is a Foreign Country*. Cambridge, UK: Cambridge University Press.

McGinnis, Michael D. 2002a. "Series Foreword". In *Polycentric Governance and Development*, ed. Michael D. McGinnis. Ann Arbor, MI: University of Michigan Press.

McGinnis, Michael D. 2002b. "Introduction". In *Polycentric Governance and Development*, ed. Michael D. McGinnis. Ann Arbor, MI: University of Michigan Press.

Mowforth, Martin and Ian Munt. 2009. *Tourism and Sustainability: Development, Globalisation and new tourism in the Third World*. London: Routledge.

Offenhäußer, Dieter, Walther Zimmerli, and Marie-Theres Albert. Eds. 2010.*World Heritage and Cultural Diversity*. UN: UNESCO.

Ostrom, Elinor. 1990. Governing the Commons: *The Evolution of Institution for Collective Action*. Cambridge, UK: Cambridge University Press.

Ostrom, Elinor. 1996. "Crossing the great divide: Coproduction, synergy, and development."*World Development*,24 (6): 1073-1087.

Ostrom, Elinor,Joanna Burger, Christopher B. Field, David Policansky. 1999. "Revisiting Commons: Local Lessons, Global Challenges." *Science*, 284 (5412): 278-282.

Ostrom, Elinor. 2002a. "Design Principles in Long-Enduring Irrigation Institutions." In Michael D. McGinnis. Ann Arboreds.,*Polycentric Governance and Development*, MI: University of Michigan Press.

Ostrom, Elinor. 2002b. "Crossing the Great Divide: Coproduction, Synergy, and Development." In Michael D. McGinnis. Ann Arboreds.,*Polycentric Governance and Development*, MI: University of Michigan Press.

Ostrom, Elinor. 2010. "Beyond Markets and States: Polycentric Governance of Complex Economic Systems." *American Economic Review*, 100: 641-672.

Ostrom, Vincent, and Elinor Ostrom. 1977. "Public Goods and Public Choices." In Emanuel S. Savas,eds., *Alternatives for Delivering Public Services: Toward Improved Performance*. Boulder, CO: Westview Press.

Ostrom, Vincent, Robert Bish, and Elinor Ostrom. 1988. *Local Government in the United States*. San Francisco, CA: ICS Press.

Ostrom, Vincent. 1997. *The Meaning of Democracy and the Vulnerability of Democracies: A Response to Tocqueville's Challenge*. Ann Arbor, MI: University of Michigan Press.

Philippot, Paul. 1972. "Historic Preservation: Philosophy, Criteria, Guidelines." In *Preservation and Conservation: Principles and Practices*. Proceedings of the North American International Regional Conference, Williamsburg, Virginia, and Philadelphia, Pennsylvania, 1972. Washington, D.C.: Preservation Press. 1976. pp. 367-74.

Pratt, Andy C. 2005. "Cultural Industries and Public Policy: An Oxymoron?" *International Journal of Cultural Policy*, 11: 31-44.

Quinn, B. 2005. "Arts Festivals and the City." Urban Studies, 42: 927-943.

Ryberg-Webster, Stephanie, and Kelly L. Kinahan. 2014. "Historic Preservation and Urban Revitalization in the Twenty-first Century." *Journal of Planning Literature*, 29(2): 119-139.

Scott, Allen J. 2000. *The Cultural Economy of Cities: Essays on the Geography of Image-Producing Industries*. London, UK: Sage.

Tweed, Christopher, and Margaret Sutherland. 2007. "Built cultural heritage and sustainable urban development." *Landscape and Urban Planning*, 83:62-69.

Wood, Phil, and Charles Landry. 2007. *The Intercultural City: Planning for Diversity Advantage*. Sterling, VA: Earthscan.

Yeoh, Brenda S. A., and Lilly Kong. 1994. "Reading Landscape Meanings: State Constructions and Lived Experiences in Singapore's Chinatown." *Habitat International*, 18(4): 17-35

Yeoh, Brenda S. A., and Shirlena Huang. 1996. "The Conservation-Redevelopment Dilemma in Singapore: the Case of Kampong Glam Historic District." *Cities* 13(6): 411-422.

Zhang, Yan. 2012. "Heritage as cultural commons: towards an institutional approach of self-governance." In *Cultural Commons: A New Perspective on the Production and Evolution of Cultures*,eds. Enrico Bertacchini, Giangiacomo Bravo, Massimo Marrelli, and Walter Santagata. Cheltenham, UK: Edward Elgar Publishing Ltd.

Zimmerli, Walther Ch. 2010. "A philosophical preface." In Dieter Offenhäußer, Walther Ch. Zimmerli and Marie-Theres Albert, eds.,*World Heritage and Cultural Diversity*. UNESCO.

附錄：訪談名單

編號	日期	受訪者資訊
A1	2014/8/5；2015/7/29	耆老，七十多歲，男性，文史工作者
A2	2015/7/29	村中幹部，四十多歲，男性，2015村委會選舉候選人
A3	2014/8/7；2015/7/27	村中農家樂經營者，四十多歲，男性
A4	2015/7/29	導遊，十八歲，女性
A5	2015/7/29	攤販，二十多歲，女性
A6	2014/8/6	返鄉服務青年，二十歲，男性
B1	2014/8/7	社區大學主辦人，三十多歲，男性
B2	2014/8/8	社區大學工作者，二十多歲，男性
B3	2015/7/26	社區大學工作者，二十多歲，男性
C1	2014/8/7	廈門大學教師，四十多歲，女性
C2	2014/8/6	外來志工，五十多歲，男性

第 15 章

低碳轉型、資源再估值與產業地景重構
生態發展型國家的地方視角

林凱源

壹、緒論

自 2006 年《可再生能源法》通過以來，中國已經擁有 300GW 的風電和 282 GW 的太陽能光電裝機容量，使其成為新能源產業的領航者（國家能源局, 2021a;2021b）。除了能源自主性、減少溫室氣體排放和改善空氣質量等環境和能源考量，中國也希望通過綠色能源轉型消除貧困、縮小沿海富裕地區和相對落後的內陸地區的發展差距[1]和培育快速增長的新興產業。

比如以光伏治沙為代表的太陽能發展與荒漠化治理整合計劃，在生產清潔能源的同時，貢獻生態、農業和社會效益，通過使用嚴格和透明的評估系統來增加綠色產業政策的合法性（Shen et al., 2021）；從 2014 年開始的光伏扶貧項目，通過增加 10GW 的太陽能光伏裝機容量，試圖增強西部偏遠地區的在地產業能力（capacity building）以減少農村貧困。然而關於這些項目的實證研究表明，雖然它們能夠成功地增加當地的家戶收入和推廣使用現代能源，但是卻無法有效地促進當地產業能力的發展；這些自上而下的政策在執行時沒有考慮到當地的情況和需求，反而更注重迎合其他區域能

---

1 電力基礎設施作為中國調節區域發展差距的重要工具已經行之有年。2000 年，中國時任國務院總理朱鎔基說服廣東省將其在本地建設 10GW 發電能力的計劃替換為「西電東送」項目。西電東送項目在貴州、雲南、廣西三個省份投資建設了許多火力發電廠和水電站，再通過跨區域輸電網送往廣東，以幫助較為落後的黔、滇、桂三省發展經濟和減少貧困。這一項目也成為此後南方電網公司的源起。參考張國寶（2018：168-173）。

源消費者的需求（Geall & Shen, 2018; Liao et al., 2021）。綠色能源轉型能否對經濟增長和減少不平等發展目標做出貢獻還需商榷。

　　中央政府在中國綠色能源轉型所取得的成就中扮演至關重要的角色，通過產業政策、利益協調和政策共同體（參考 Shen, 2017）等政策工具和措施，調和經濟和社會發展的需求並緩解對環境保護問題的擔憂，從而激發利益相關者參與以克服現有化石能源體制下既得利益者的阻力（Harrison & Kostka, 2014; Lewis, 2012; Shen, 2017; Shen & Xie, 2018; Wang et al., 2015）。而低碳轉型執行上困難和糟糕的表現經常被歸咎於地方政府的機會主義行為、部門間的衝突以及形式主義和數據造假（Andrews-Speed, 2012; Ding, 2020）。為了揭示地方政府在能源轉型中的真實角色，本文將呈現新能源產業的發展及其對地方社會經濟的影響，具體來說，將關注 (1) 地方政府如何執行中央政府的綠色能源政策？ (2) 風電和太陽能光電這兩種主要的綠色新能源產業的發展，對偏於地區發展目標的影響為何？

　　甘肅省酒泉市是中國第一個「千萬千瓦級風電基地」和重要的太陽能光電基地，本文將以酒泉為樣本，觀察中國新能源產業的爆發、挫折和復甦。基於對從田野調查中蒐集的資料、官方政策文件和媒體報道的分析，本文將分析 (1) 中國以產業政策的方式執行綠色能源政策，通過建立新的資源控制制度，使全國尺度的環境目標與地方的經濟發展需求保持一致；(2) 自從中央政府加速推動低碳轉型後，作為邊緣城市的酒泉建立了許多的風電場和光伏發電站，通過操縱政策脈絡轉變造成的稀缺－富餘悖論，酒泉發展出在地的設備製造產業；(3) 通過實驗性創新度過危機，酒泉為當地的發展模式重建合法性並且獲得更多的基礎設施投資。因此，本文認為，綠色產業政策有時是由地方積極培育出的，而非總是由中央政府主導；而綠色產業政策能夠在不同尺度實現特定的發展目標：在地方層面，建立地方產業能力；在區域層面，縮小沿海和內陸地區的發展差距；在全國層面，回應氣候變化和能源安全目標。

　　本文的資料主要通過在甘肅省和北京市的田野調查獲得。在地方層面，分別於 2014 年 7 月和 2020 年 9 月在甘肅省進行兩次持續 10 到 14 天的田野調查，覆蓋該省最大的新能源基地酒泉市[2]和省會蘭州市，以一對一或者群體訪談的方式訪談了 25

2　2014 年前往敦煌縣、瓜州縣和金塔縣，2020 年前往玉門市。縣級行政區都屬於酒泉市。

人，受訪者的背景包括地方政府官員[3]、風電場和太陽能光伏電站的經理和工程師，以及新能源裝備製造商。在中央層面，本文使用的資料是在 2014 年 7 月、2015 年 8 月和 2017 年 8 月三次在北京的田野中搜集的，以一對一或者群體訪談的方式訪談了 22 人。受訪者的背景包括中央政府負責經濟規劃事務和電力監管事務的官員，和國有電力公司和國家電網公司的高級別經理人和工程師，以及產業研究者。跨越六年的時間尺度，覆蓋來自不同政府級別和領域利益相關者的資料，不僅能夠為觀察地方政府在新能源產業快速擴張和隨後的嚴格監管期間如何執行綠色產業政策，提供較為全面的視野，也可以據以對這種執行模式的演變、中央和地方政府的政策過程，以及投資者和政府部門的互動進行比較分析。本文通過分析 (1)（政策、制度和技術）脈絡變化產生的對土地獲取和電網接入的控制權，(2)通過組成支持性聯盟以創建工業園區／群聚／連結，以及 (3)消解棄風、棄光造成的負面政策反饋效應三個方面，認為處於經濟邊陲的地方政府可以通過操縱「稀缺」和「過剩」，驅使大型電力國企和設備製造商組成聯盟以提升地方能力，實現產業升級和技術進步，從而重塑中國社會經濟格局。我將這種地方政府行為模式稱為地方生態發展型國家，以揭示地方政府駕馭中央政府的綠色能源轉型政策以達成地方發展目標的能力。

本文的節次安排如下：首先回顧能源轉型的文獻，尤其關注地方政府的角度和策略；接下來討論在綠色能源轉型的大環境變動下，酒泉利用脈絡的變動創造出利基以吸引投資和技術。第四節論述加速轉型之地方新能源聯盟的發展，如何通過馴服國有企業和新能源設備產業鏈來強化當地的產業能力。第五節討論地方政府如何通過促進基礎設施投資和應用創新技術及新商業模式，來消弭負面的政策反饋效果。最後是結論。

貳、文獻回顧

能源轉型是複雜和系統性的，需要產業、技術、市場、政策、文化和公民社會的共同演進和多維度互動。基於演化經濟學、技術社會學和新制度論，多層次視角

3　地方官員分別來自縣級、地級和省級政府裡負責經濟、環境和能源監管的部門。

（multi-level perspective, MLP）提供一個架構，用以分析技術和社會在利基－創新（微觀）、社會－技術體制（中觀）和社會－技術地景（鉅觀）三個層次互相塑造的互動（Geels, 2012; Verbong & Geels, 2007）。現有體制和持份者（the incumbent regime and stakeholders）雖然在一般情況下會阻礙轉型進程，但如果能夠將策略和資源重新引導到利基創新上，他們也能扮演加速轉型的角色（Geels, 2018）。作為整體系統的一部分，在這一過程中，不僅政策會受到社會－技術的影響，政府本身也被視為轉型的一部分（Kemp, 2011）。然而，能源轉型研究在很大程度上忽視國家權力多重而分散的形式所扮演的角色；國家在環境和能源管理方面依然扮演中心角色（Johnstone & Newell, 2018; Meadowcroft, 2005）。在發展中國家，國家在平衡增長、環境保護和公平方面發揮著至關重要的作用。通過一系列話語、項目、戰略和政策將環境保護與經濟和社會需求相協調，國家成為「生態國家（ecostate）」（Meadowcroft, 2005）。生態國家重構（eco-state restructuring）幫助國家發展能力，以組織和動員戰略利益及行動者開展特定項目和活動（While et al., 2010）。

作為維護合法性努力的一部分，中國及其東亞鄰國政府已經從單純發展政策導向，轉向更顧及環境的發展路徑；威權主義和發展傳統從根本上轉向環境威權主義（Mol, 2006; Beeson, 2010; Gilley, 2012）和生態發展型國家（Esarey et al., 2020）。威權主義賦予這些政府的更大的空間來應對環境退化和氣候風險對經濟增長和健康構成的複雜威脅（Frijns et al., 2000; Beeson, 2010）。這些國家的政府的合法性以往建立在物質繁榮的基礎上，但現在面對公眾對環境退化日益增長的擔憂，她們必須在經濟發展和環境永續這兩個目標間取得平衡。然而，這並不意味著「綠色」目標優先於「增長」目標；相反，在「綠色」投資和監管能夠削減成本和獲得長期經濟收益，從而促進「增長」的領域，東亞生態發展型國家表現出色（Harrell & Haddad, 2020）。此外，考慮到培育綠色技術、研發外部性、碳定價過低和競爭動機等方面的市場失靈，使用產業政策指導綠色經濟增長被證明是合理的（Rodrik, 2014）。

通過巧妙地將環境問題納入自己的政治目標，中國將能源轉型與經濟發展戰略捆綁在一起（Moore, 2014; Lewis, 2020）。對中國可再生能源產業的實證研究表明，國家的角色及其對綠色產業政策的協調、自上而下的指揮和控制機制，加上國家創新體制，是中國可再生能源產業空前的快速擴張的關鍵因素（Chen & Lees, 2016; Lema &

Ruby, 2007;Lewis, 2012）。在中央和地方層級，由各個政府和行業行動者組成的綠色發展聯盟已經形成，這些聯盟不僅推動中國再生能源行業舉世矚目的擴張（Harrison & Kostka, 2014; Shen, 2017），同時也造成一些長期而頑固的問題，比如投資過熱、產能過剩和棄風棄光（Liu & Kokko, 2010）。這些問題往往被歸咎於地方政府層面的「執行偏差」，在環保從幹部評價體體系的「軟指標」轉變為「硬指標」後，地方官員在執行時會選擇將中央政府的環保要求與地方的發展目標平衡，這種務實的執行方式被認為抵消中央環境政策的有效性（Heberer & Senz, 2011; Kostka & Hobbs, 2012; Wang et al., 2015）。

　　能源低碳轉型的差異性衝擊也會影響執行路徑的選擇。能源是社會空間關係不可或缺的一個部分，能源基礎設施發展不僅僅是「空間製造」（place-making）行為，還具有倫理和社會經濟意義（Calvert, 2016）。由於潛在的低碳資源已經嵌入到現有的地理環境中，綠色能源轉型涉及當前實踐和價值系統的再評估和調整，並且會產生新的「不平衡發展」模式（Bridge et al., 2013）。比如，綠色能源轉型為中國煤炭開採區域的地方領導者實現產業復興創造更多的有利條件（Hu & Hassink, 2017），也能夠幫助經濟較不發達的城市通過追求永續轉型而成為技術和製造中心（Yu & Gibbs, 2018）；不過，這兩個研究關注的是中國相對富裕的沿海地區，當中國依循一種「綠色發展主義路徑」，在不影響經濟發展的前提下，通過開發邊緣資源保護特定環境目標，那麼較不重要的內陸農村地區就可能會被犧牲（Hong et al., 2020）。

　　近年來的研究全面檢視了中國的「（太陽能）光伏＋」項目，呈現中國將能源轉型與其他發展目標結合的多樣化實踐。對青海省光伏扶貧項目的研究表明，地方執行政策存在的問題降低了自上而下項目的成效，這些項目不僅未能提升當地工業能力，也並非以當地電力需求為目標，而是優先滿足沿海區域用電端的需求（Geall & Shen, 2018; Liao et al., 2021）。沈威關於內蒙古自治區的「光伏＋治沙」項目的研究表明，這種通過清潔能源生產對生態、農業和社會做出貢獻的項目，地方政府的支持對其發展至關重要（Shen et al., 2021）。

　　「加速低碳轉型的政治學（the politics of accelerating low-carbon transitions）」為分析地方政府是推動抑或阻礙綠色能源轉型提供了一個跨學科的分析架構，該框架由「聯盟的角色（the role of coalitions）」、「反饋和穩定性（feedback and stability）」

以及「脈絡依賴（context dependence）」構成，揭示了行動者之間複雜互動、動態轉型過程以及關鍵的脈絡維度，以全面瞭解地方政府在實施綠色能源政策中扮演的角色（Roberts et al., 2018）。綠色能源轉型將風力和太陽能「資源化」，改變了地方資源稟賦，以往被視為邊緣的地方有機會能夠實現工業化和產業轉型升級。本文以酒泉為例，借鑑「加速低碳轉型的政治學」框架來觀察風電產業在這個中國西北偏遠城市的發展歷程及其影響，分析地方政府如何以「地方生態發展主義」執行新能源政策，特別是如何應對新能源產業突然的快速增長和隨之而來的嚴重棄電和監管衝擊。

本文通過分析 (1)**脈絡依賴**變化產生的對土地獲取和電網接入的控制權，(2)通過組成支持性**聯盟**以創建工業園區／群聚／連結，以及 (3)消解棄風、棄光造成的負面**政策反饋效應**，認為處於經濟邊陲的地方政府可以通過操縱「稀缺」和「過剩」，驅使大型電力國企和設備製造商組成聯盟以提升地方能力，實現產業升級和技術進步，從而重塑中國社會經濟格局。我將這種地方政府行為模式稱為「地方生態發展型國家」，以揭示地方政府駕馭中央政府的綠色能源轉型政策以達成地方發展目標的能力。

參、綠色能源轉型、脈絡變化和邊陲酒泉的轉型

伴隨改革開放之後經濟的快速成長，中國的電力需求也經歷了爆炸性增長，而以往這些需求主要由燃煤發電廠滿足（Aden & Sinton, 2006）。中國自 2002 年開始成為世界上最大的二氧化碳排放國，要求中國及時採取減緩氣候變化舉措的國際壓力日漸增加。為了建立「負責任大國」的形象，中國做出了一系列回應，時任國家主席胡錦濤在 2009 年承諾，到 2020 年中國的總體能源消費量將有 15% 來自非化石能源（胡錦濤, 2009）；2020 年，現任最高領導人習近平提出「3060 目標」，承諾中國的碳排放量將在 2030 年達到峰值，至 2060 年實現碳中和（習近平, 2020a）。為了實現這一目標，2030 年中國 40% 的電力用量應該來自非化石能源，到時風電和太陽能發電裝機容量應該分別達到 1200GW（習近平, 2020b）。這一節討論綠色能源轉型導致的脈絡依賴變化及其帶來的衝擊，以及酒泉如何在這一變動中捕捉到發展利基從而吸引投資和技術。

中國政府近年來推出許多政策和制度重組措施來推動國家的能源系統轉型，從以

往過度依賴煤炭，轉型到更多地由諸如風力、太陽能、核電和水電等非化石能源支持能源需求。這些政策和措施取得顯著的成果，中國的發電量中可再生能源所佔比例從2006 年的 15.59% 大幅增長到 2020 年的 28.23%，其中風電和太陽能光伏發電的比例從 0.14% 躍升到 9.5%，而同一時段化石能源發電比例則從 82.49% 跌落到 67.07%（圖15-2）。在過去十多年，中國發展出全世界規模最大的新能源發電能力，風力發電和太陽能光伏發電裝機容量多年來一直保持全球第一，截止 2021 年，風電裝機容量超過 300GW，太陽能光伏發電裝機容量也達到 282GW（國家能源局, 2021a, 2021b）。

　　綠色能源轉型給甘肅這個中國最貧困的省份帶來巨大變化，從以往的經濟邊緣省份轉變成新能源產業的核心區域。甘肅擁有廣袤的地域面積和豐富的風力和太陽輻射資源，70 米高度層平均風速超過 6 米／秒，每平方米年均水平面太陽總輻照量達到 1750 千瓦時[4]，因此，被中央政府選定為發展風力和太陽能光伏發電的重要資源區（中國可再生能源發展戰略研究項目組, 2008）。甘肅的風能產業發展肇始於 1997 年，2008 年之後開始井噴式發展；太陽能產業起步稍晚，在 2010 年開始爆發，近兩三年來開始追上風電發展的勢頭。2013 年，甘肅擁有中國最大的太陽能光伏裝機容量和第三大的風電裝機容量（國家能源局, 2014）。

　　位於甘肅西北部的酒泉市是該省最主要的綠色能源基地，酒泉管轄的面積高達 19萬 1342 平方公里，佔全省地域面積的 42.11%，風能儲量豐富，可開發量佔甘肅全省的八成以上。在 2010 年之前，中國開發新能源的技術儲備薄弱，因此選擇技術門檻較低的「大基地」發展路徑。酒泉被中央政府選中，成為第一個「千萬千瓦級風電基地」，此後又規劃在酒泉建設「百萬千瓦級光伏發電基地」（張國寶，2018）。2006 年《可再生能源法》通過之後，大量的風電場和光伏園區開始在酒泉投入建設。僅僅在產業開始爆發性增長的 2009 年，酒泉新增風電裝機容量 1.69 GW，相當於此前 12 年新增裝機容量總和的 3.3 倍，總裝機容量達到 2.2 GW。風力發電和風電設備製造企業的增加值達到 28.4 億元人民幣，比前一年增加了 7.2 倍（酒泉市統計局，2010）。此後，太陽能光電和風電經歷令人矚目的增長。

4　《從數據看，我國哪裡適合發展風能、太陽能》，國家氣象科學數據中心。http://data.cma.cn/site/article/id/41255.html

圖 15-1 中國能源系統的轉型

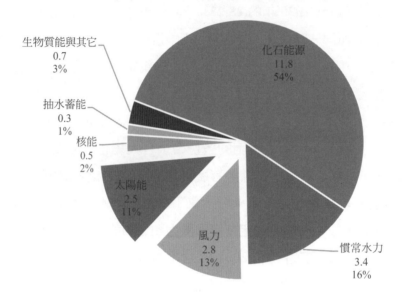

2020 年中國電力裝機容量的能源結構 （100GW）

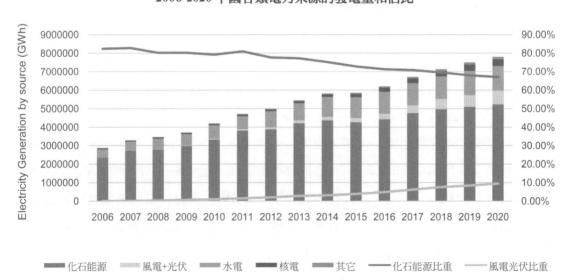

2006-2020 中國各類電力來源的發電量和佔比

資料來源：中國電力企業聯合會，www.cec.org.cn/upload/1/editor/1640595481946.pdf; 國際能源機構，www.iea.org/fuels-and-technologies/electricity

圖 15-2　酒泉在甘肅省及中國的位置

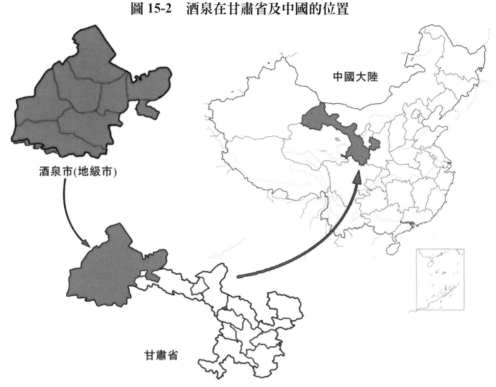

來源：底圖來自中國自然資源部地圖技術審查中心，bzdt.ch.mnr.gov.cn。

　　為什麼酒泉的新能源產業增長如此迅速？地方政府如何成功吸引新能源企業並且將自己轉變成為新能源發展中心的？為了回答這兩個問題，接下來首先檢視中國治理體系的調整。綠色能源轉型改變的中國的政治經濟脈絡，也同樣改變酒泉的自然資源稟賦和社會政治環境。其次，將分析地方政府如何利用能源轉型帶來新脈絡依賴發展地方經濟。

一、幹部評價體系的調整

　　中國官員的升遷基於一套幹部指標評級體系（Edin, 2003; Chan, 2004; Zhou, 2007; Chien, 2010），此前，官員的表現的優劣主要取決於由轄區內的經濟成長速度，因此呈現出 GDP 至上的經濟行動主義（Lieberthal & Oksenberg, 1998; Qian &

Weingast, 1996; Zhu, 2004）。從胡溫時代開始（2002-2012年），評估官員表現優劣的重點開始從單一關注經濟表現，逐漸納入環境保護和永續資源管理方面的指標（Heberer & Senz, 2011; Kostka & Hobbs, 2012; Schubert & Heberer, 2015; Wang et al., 2015; Lin, 2021）；這一調整趨勢在習近平時代進一步加速（2012年至今），2017年習近平在中國共產黨第十九次全國代表大會上提出「綠水青山就是金山銀山」這一極具政治影響力的口號，有些地區如最初提出這句口號的地點浙江省安吉縣，甚至可以不用考核 GDP 成長。

　　事實上，面對環境退化和社會不滿不斷增加的挑戰，中國中央政府如今更加關注環境保護議題，反映出文化和政治規範以及政治經濟環境的改變。低碳轉型作為系統性的技術 - 社會轉型，改變的範圍並不僅僅限於政治制度的變化，包括中尺度的體制和大尺度的地景都會發生變動，因而受到既有脈絡影響的維度也不僅僅限於政府的角色；關鍵背景維度比如技術能力、自然資源稟賦、產業專業化和文化傳統可能會影響低碳轉型加速的範圍（Baker et al., 2014; Power et al., 2016; Roberts et al., 2018）。

圖 15-3　2008-2020年酒泉市風電和太陽能光電並網容量

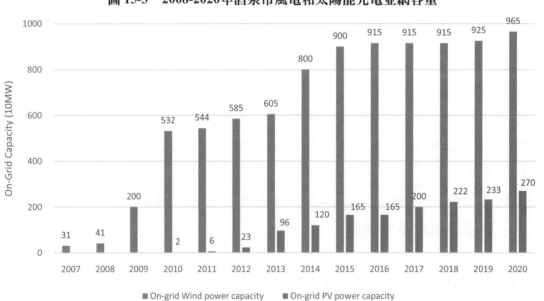

資料來源：《酒泉市經濟與社會發展統計公報（2008-2020）》，酒泉市統計局，www.tjcn.org/tjgb/28gs/3228.html。

中國推出許多環境政策來應對國內外對環境問題的擔憂，尤其關注可再生能源的發展，以補充甚至最終替代一直以來主導能源結構的臭名昭著的煤炭。2007 年 9 月，國家發展與改革委員會（以下簡稱國家發改委）頒布《可再生能源中長期發展規劃》，宣佈到 2020 年中國總體能源消費量的 15% 應該由可再生能源構成，其中風電裝機容量將從 2005 年的 1.26GW，增長到 2010 年的 5GW，並在 2020 年達到 30GW（國家發改委，2007）。《可再生能源發展十二五規劃》也訂立明確的可再生能源發電能力擴展目標，2011 至 2015 期間應該增加 160GW，達到總發電量的 20%，其中風電增加 70GW，太陽能光伏發電增加 20GW（國家發改委，2012）。

一系列政府文件為中國可再生能源發展提供清晰的路線圖，並迫使主導發電行業的大型國企[5] 參與到綠色能源轉型中。國家能源局建立可再生能源發電配額考核制度，要求各燃煤發電企業應該要承擔非水可再生能源發電的配額責任，至 2020 年非水可再生能源發電量應該佔火電發電量比重的 15% 以上，以解決棄風棄光問題（國家能源局，2016a）。政策租的創造和分配是中央政府綠色產業政策的核心（Schmitz et al., 2013），這些政策與制度改革一道，將投資吸引到綠色技術的風險領域，並且賦能像酒泉這樣的地方政府在解讀和實施綠色產業政策方面的主動權。舉例來說，完成可再生能源發展目標不僅是國有企業滿足政府監管要求的措施，也是國有企業經理人完成政治任務和對最高領導人表達忠誠的行為，因此，能夠激勵電力國有企業經理人急切地提高所在企業的新能源裝機容量（Chen and Shih, 2009; Shen, 2017）。這也創造出上佳新能源發展場址和空間的稀缺性，讓酒泉能夠藉由出讓風電和太陽能光伏發電場址來撬動更多發展資源。

二、將環境政策與經濟發展捆綁

在中央政府發佈一系列新能源發展政策後，甘肅省也制定地方的發展規劃和實

5　中國的發電部門目前由五大國有企業主導，分別是華能、大唐、華電、國家能源投資集團（前身為國電）和國家電力投資集團（前身為中電投）。國家核電技術公司和中電投在 2015 年合併為國家電力投資集團；國電集團和煤業巨頭神華集團在 2017 年合併重組為國家能源投資集團。

施細則。在經濟發展依然是幹部評估考核的主要指標、而環境表現的重要性日漸提高的情況下，地方官員為了同時滿足兩方面的要求，必須創造出調和這兩個貌似衝突的目標的發展模式。應對氣候變化的全球行為創造出新形態的資源商品化（Rasmussen and Lund, 2018），為這種發展模式的出現提供了契機。在發展的最初階段，由於在可再生能源領域的技術能力落後，中央政府選擇風光資源豐富、開發容易的酒泉作為發展重點，來推動產業升級、平衡區域發展、提升環境治理和技術進步的國家目標。政策租被分配給酒泉以建立新的資源控制體制來掌控風能和太陽能資源，讓這個廣袤而人口稀少的區域能夠實現此前難以企及的發展目標。

甘肅省規劃在「十二五」新增 11.5GW 的風電裝機容量和 4.98GW 的太陽能光伏發電裝機容量，到 2015 年，全省將擁有 17GW 的風電裝機和 5GW 的太陽能光伏裝機，佔全省總發電裝機容量的一半（甘肅省人民代表大會, 2011）。作為全國首批集中式大規模可再生能源基地，酒泉是中國最大的新能源基地之一，同時是新能源裝備製造產業集群的先鋒。酒泉在這一階段的發展規劃比甘肅省更為激進，計劃讓風電和太陽能光伏裝機容量在 2015 年分別達到 20GW 和 2GW 的目標，並且希望發展出年營收超過 500 億人民幣的新能源裝備製造產業。顯然，酒泉的裝機目標高於甘肅全省的目標，當地官員注意到中央政府推動低碳轉型帶來的脈絡依賴的變化，藉此構造出地方借能源轉型發展經濟的合法性：

> 目前，發展經濟的積極性很高；但是經濟發展需要許多能源，這是中國與其他大多數發展中國家都需要面對的問題。中國東部和北方省份的能源消耗過度依賴煤炭和石油，大氣和環境不利，這種發展路徑需要改變；相較之下，我們選擇風力、太陽能甚至核電，環境代價會小一些」[6]

酒泉快速增長的新能源裝機容量創造出巨大的設備市場，推動當地裝備製造業的發展。當地建立許多工業園區，包括酒泉經濟技術開發區（國家級）、玉門經濟技術開發區（省級）和敦煌工業區，引入許多新能源裝備製造企業在當地設廠，為當地提供工

6　訪談，甘肅省環保廳官員，蘭州, 2014 年 7 月 23 日。

作機會，並且提升當地的工業能力（酒泉市政府, 2015）。酒泉之所以能夠將風電和太陽能光伏發電設備的產業集群在地化，部分原因在於當地巨大的需求，風機零件本身的特性（尺寸巨大難以長距離運輸），和地方保護主義政策；而地方政府建立新能源產業發展聯盟的策略也是重要原因。下一節，討論酒泉如何將地方發展目標與中央政府的低碳轉型目標捆綁，呈現酒泉建立新能源聯盟和將新能源裝備生產鏈在地化的策略。

肆、稀缺－富餘悖論、利益配置和產業能力建設

通過技術能力進步和政治經濟環境變化等制度、合法性等脈絡依賴的改變，風力和太陽光照成為具備商業開發價值的自然資源稟賦；酒泉政府通過觀測和搜集風力和太陽輻射數據，規劃變電站和輸電網等基礎設施，將風力和太陽能資源商業化；並且通過繪圖（mapping），基於開發價值和開發成本將不同區域分級，從而操縱優質開發區塊的稀缺性，以增加自身的談判籌碼。生態發展型國家需要將環境保護與地方的經濟和社會需求調和，通過測量和地圖繪製等手段將有限性加諸於取用不竭的風能和太陽能之上，稀缺性得以建構。因此，當新能源發電投資商為尋求最優地點以最大化發電產出、最小化建設和運營維護成本，而將當地豐富的風力和光照資源視為投資標的時，地方政府可以將稀缺性作為政策工具以實現當地的發展目標。通過操縱稀缺性，地方政府得以和政治經濟實力強大的大型發電國有企業和設備製造商建立發展聯盟，從而增加地方工業能力，實現產業升級：

> 項目成敗取決於土地（區位）。發展可再生的新能源需要土地，從這個角度來說可再生能源也是有限的資源；好多國營企業雖然虧損，但資源今天不拿，明天就沒有了，土地資源是不可再生的。[7]

7　訪談, 甘肅省環保廳官員, 蘭州,2014 年 7 月 23 日。

政策一直在變化，但是好的資源一直都是有價值的。[8]

　　地方政府的視角之外，作為主要投資者的電力公司也有充分的動機加入地方的新能源發展聯盟。中國從計劃經濟逐步向市場經濟轉型的過程中，電力部門也經歷了多次重組，雖然通過分拆以提高競爭程度來改善效率低下的嘗試不斷，但進展並不順利，依然保留濃厚的計劃經濟色彩。幾大電力公司都是中央直屬國有企業，具有「半政府」的狀態，企業正職領導由中共中央直接管理（中管幹部），在行業中具有主導地位並且擁有巨大的能量和議價籌碼（Tsai, 2011）。對於發電集團來說，由於「可再生能源發電配額考核制度」的要求，他們有強大的動機去投資風電和太陽能光電產業，以滿足監管要求，並增加建設新的火力發電站的機會。酒泉的新能源資源和政策優勢為這些電力國企提供完成配額要求和拓展公司規模的機會；通過將投資者的利益與酒泉新能源產業的發展捆綁，一個綠色能源聯盟建立起來了。因此，即便對電力公司來說，新能源產業的投資在過去的很長一段時間內並不盈利，但是這些公司化的電力國有企業依然有很強的誘因投資酒泉的新能源產業。

　　除此之外，低廉的資金成本也在鼓勵預算限制相對低、獲取資金容易的國有企業進入新能源產業。中央政府使用宏觀經濟政策工具來引導國有企業將其投資方向與國家的經濟和社會戰略同步，通過例如國家開發銀行和全國社會保障基金的機構來實行。新能源產業能夠改善環境保護、區域平衡和基礎設施改善，也屬於先進製造業的發展方向，符合國家開發銀行和全國社保基金這類開發性機構和公共基金的投資方向。全國社保基金一直是中國主要新能源企業的重要股東，2019 年分別持有國家能源投資集團下屬的新能源公司龍源電力 2.91% 的股份和大唐新能源集團 3.13% 的股份（大唐新能源，2020；龍源電力，2020）；與此同時，國家基金的支持和國家級項目的背書也能夠幫助新能源電力公司以優惠的條款獲取商業貸款。因此，相較於太陽能光伏發電，投資額度巨大、當時盈利前景更好的風電場項目主要由國企主導，以新能源發展的第一個高峰年度 2011 年為例，當時有 90% 的風電項目和 80% 的並網風電裝機容量由國有企業投資，其中五大電力國企控制 27.1GW 的並網風電，佔當時所有並網

8　訪談，酒泉市發展改革局官員，酒泉，2020 年 9 月 10 日。

風電裝機容量的 57%（李俊峰, 2012; Shen & Xie, 2018）。

為了從新能源產業發展中獲取更多價值，而非僅僅是簡單地出售自然資源，酒泉採取兩個策略來創造和分配政策租，以實現產業結構轉型。其一是創造新能源發電產業群聚，其二是利用巨大的在地市場需求來尋求新能源設備製造產業鏈落地酒泉。新興的新能源市場為酒泉提供了一個千載難逢的機會來升級工業基礎和供應鏈，湧入的設備製造商為當地帶來工作機會和職業訓練；雖然風電場和太陽能光電站享受增值稅抵免政策讓地方在大概十年內難以從新能源發電產業獲取增值稅，但他們依然為地方政府貢獻其它稅種和規費收入，並且推動新能源發電產業群聚的形成。正如當地政府官員所說：

> 我們用行政優勢，可以跟企業談。我們希望投資者不是僅僅投資新能源發電部門，也希望能夠投資能夠創造更多就業和稅收收入的新能源相關設備製造業。

> 風電場和光伏發電站那麼大一片，只需要很少的人；製造業提供的就業多，我們當地的年輕人在本地就能找到不錯的工作。[9]

2000 年成立的酒泉經濟技術開發區，憑藉當地新能源資源的開發，吸引了諸多新能源設備製造商，以此為依據在 2014 年被升格為國家級經濟技術開發區。截至 2020 年，這個開發區內有 36 家風電和太陽能相關的設備製造商，包括在中國風電設備製造產業排名前三的整機廠商華銳、金風和東方電氣，和太陽能光電領域重要的零組件商正泰電器等。

酒泉地方政府一度使用保護主義政策來支持本地的製造商，要求風電場和光伏電站優先採購本地的產品，增加設備製造商在當地設廠的誘因，將其納入地方發展聯盟中[10]。隨著當地新能源市場的快速擴張，酒泉發展出一個新能源設備製造的產業集群，

9　訪談，酒泉市經濟技術開發區管委會官員，酒泉，2014 年 7 月 14 日；訪談，玉門市發展與改革局官員，2020 年 9 月 8 日。

10　《關於酒泉風電基地二期建設相關問題的通知》，酒泉市能源局，2011 年 3 月 19 日，參考 Li

特別是風機供應鏈，不僅面向本地市場，客戶也遍佈寧夏、內蒙古和新疆等臨近省份。由此，得益於新能源產業在 2006 年後的發展，酒泉的 GDP 經歷了爆發性增長，風電場和太陽能光伏電站建設、運營和維護，和新能源裝備製造，為當地創造出許多就業機會；當地的酒泉職業技術學院也設立新能源工程系，針對當地的需求提供訓練，提升當地工人的職業技術水平。

　　然後，酒泉迅猛生長的新能源產業也因為諸多亂象而招致中央政府的嚴厲懲罰，地方保護主義政策雖然幫助酒泉發展新能源裝備製造能力，但是效益似乎並未完全落地生根，而是稍縱即逝。下一節將分析酒泉如何運用地方力量來消解政府的負面反饋效應，並且通過應用創新性技術和新的商業模式來調和各方衝突。

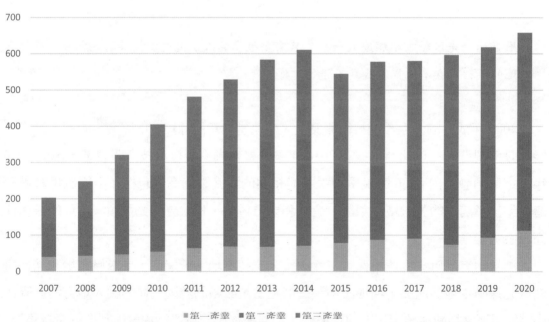

圖 15-4　酒泉市歷年GDP與產業結構（2007-2020）

■第一產業　■第二產業　■第三產業

數據來源：《酒泉市經濟和社會發展統計公報（2007-2020）》，酒泉市統計局，www.tjcn.org/tjgb/28gs/3228.html。

　（2011）；以及訪談，酒泉市能源局官員，酒泉，2014 年 7 月 14 日。

伍、監管衝擊和消解負面政策反饋

一、棄風棄光，監管衝擊和聯盟消解

地方政府、大型電力國企、新能源裝備製造商、銀行和全國社保基金等行動者的利益在執行新能源政策方面達成一致，共同推動新能源裝機容量快速大規模地擴張。然而，這一新能源發展聯盟卻未能將負責輸配電的電網公司納入，儘管按照規劃，電網公司承諾到 2010 年建設完成一條 750KV 的輸電線路以配合酒泉最初 3.8GW 的風電發展規劃。風電和太陽能光電的高成本和不穩定使得化石能源體系的既得利益者電網公司排斥新能源發電，加上電網公司力推的特高壓輸電線路的成本和安全問題遭受到專家和民眾的廣泛質疑，建設進度嚴重滯後，電網的配套跟不上野蠻生長的酒泉新能源發電。因此，即便監管部門要求電網要履行法律規定的新能源發電全額上網的義務，電網公司為酒泉新能源發電提供接入和輸配基礎設施以及消納這些電量的意願低下。

因此，實際建成的電網傳輸能力遠遠低於新能源的傳輸需求，傳統能源模式下「以需定供」的計劃調度方式也難以應對波動巨大的風電和太陽能光電，電力系統僵化的運作制度放大了電網消納能力的不足。負責酒泉區域並網和輸電事務的國家電網公司表明，為了確保西北電網的安全，750KV 輸電線路僅僅能夠運作在 2.6GW 的強度下，相較於 3GW 的設計容量縮水了 13%；讓消納問題雪上加霜的是，酒泉的風電裝機容量在 2011 年達到 5.56GW，比最初規劃的 1.76GW 增加了 3 倍以上。結果顯而易見，能源供應遠遠超過當地需求和電網的外送能力，大量的風電場和太陽能光伏電站閒置，棄風棄電現象嚴峻。

中央的監管懲罰隨之而來，2012 年 3 月 19 日，國家能源局發佈《關於印發「十二五」第二批風電項目核准計劃的通知》，擬核准 16.76GW 的項目，其中甘肅省的項目為零。不過，這次的項目擱置只持續六個月，由於酒泉成功地引起輿論和相關部門對當地生產新能源設備的工業區停產狀況嚴峻及其連鎖反應的關注，國家發改委在 9 月 26 日批復了酒泉二期 3GW 的風電項目。在發展新能源的風口上，即便是獨立的電力監管單位，也強調棄風棄光的責任應該在於電力輸送能力不足，而不是實際裝

機容量大幅超過規劃：「可再生能源是國家大力支持的新興產業，我們對電力公司的監管就是要求，對多數電力公司納入國家規劃和專項規劃的新能源電源項目，必須高效、按照有關規定如期接入電網。」[11]

此時，新能源發展聯盟依然堅固，因為風電和太陽能光電產業的快速擴張，給大多數利益相關者提供了新的商業機會，比如大部分的風電場由主導傳統電力行業的大型國企掌控，因此化石能源既得利益者對這一轉型的反抗也較弱（Shen & Xie, 2018）。發電行業的國企和設備製造商與地方政府一道，合力推動中央政府批准額外的輸電基礎設施建設，並且施壓國家電網，敦促其履行全額收購酒泉風電場和太陽能光電站所發綠電的法律責任。

2013 年，在新一輪簡政放權改革中，中央政府將大部分審批風電場和太陽能光電站的權限下放到地方政府。在新能源發電的設備投資能夠折抵增值稅的情況下，投資額巨大的風電場和太陽能光伏電站在運作期的前八到十年間難以為地方貢獻稅收；地方政府需要為能夠即時貢獻財稅收入的設備製造企業創造更大的市場。因此，酒泉超額審批了遠遠超過地方需求和跨區域輸電設施輸送能力的風電和太陽能光電發電容量。然而，脈絡因素改變和利益衝突弱化了酒泉的新能源產業發展聯盟。對酒泉風電產業發展模式的懷疑和批評開始湧現，主要關注無序擴張造成的資源浪費、無效和風險。這一階段的大背景是，中國的經濟增長速度開始放緩，導致能源需求從此前的高速擴張轉向停滯不前，能源供需平衡從供給不足轉向寬裕。

這一情形不可避免地造成能源提供者之間競爭的加劇，促使化石能源產業和監管者削減對新能源產業擴張的支持；中央政府的監管部門將注意力從擴張新能源產業的設備產能和發電裝機，轉向優先消納既有的裝機容量和並網工作（Shen & Xie, 2018）。棄風率成為中央政府考核新能源產業發展狀況的關鍵指標，此前在西北等風力資源豐富卻遠離電力消耗市場的地區，以「建設大基地，發展大風電」策略推動新能源產業發展的路徑；由於造成嚴重的棄風棄電，加上中國新能源開發技術的進步，發展路徑逐漸轉向尋求更靠近東部電力消耗市場、減少電力長距離傳輸需求的新能源發電形式。離岸風電、中低風速地區風電和分佈式太陽能光伏發電被視為替代以酒泉

11　訪談，國家能源局甘肅監管辦公室關於，蘭州，2014 年 7 月 22 日。

為代表的「大風電」模式的先進技術和發展方向；酒泉模式不再具有創新、領先的新能源產業發展模式的標籤，合法性嚴重流失。

　　整體來看，中國的可再生能源產業在 2015 到 2016 年期間經歷嚴重的棄風棄光，行業發展過熱和資源浪費問題被輿論猛烈批評（圖 15-5）。中央政府推出嚴格的監管措施來遏制產能過剩，2016 年 7 月 18 日，國家能源局發佈《關於建立監督預警機制促進風電產業持續健康發展的通知》，依據政策類、資源和運行類指標和經濟類指標計算風險預警結果，分為紅色、橙色和綠色三類預警，指導各省風電開發投資。

　　酒泉被列入級別最高的「紅色預警」名單中，風電開發投資風險較大，被國家能源局擱置當年的開發建設規模，酒泉地方政府也必須暫緩核准新的風電項目。國家能源局建議風電開發企業在做出建設決策時要慎重，而電網企業也不再辦理當地新能源項目的接網手續。酒泉風電開發的「紅色預警」從 2016 年持續到 2020 年才解除，棄風的負面效果不可避免地外溢到太陽能光電產業，2019 到 2020 年，酒泉太陽能光電的開發也被列入「紅色預警」名單中（國家能源局, 2016b, 2020）。

圖 15-5　甘肅省和中國的風力發電棄風率

資料來源：從國家能源局歷年新聞稿搜集。

這些措施表明中央政府認為酒泉新能源產業的過度擴張是造成棄風率高企的主要原因。不過，新能源產業的支持者和反對者能夠從不同角度支持他們各自對於棄風棄光問題的觀點，讓酒泉獨自為這個問題背鍋站不住腳。核心議題是，在輸送能力和地方消納能力有限的前提下，如何在不同能源種類之間分配發電時數。電網運營者必須避免電網過載和潛在的崩潰，因此需要在不同的電力來源中保持平衡。諸如經濟發展趨緩和電力需求增長不如預期，以及輸電線路建設滯後等外部衝擊，激化不同電力類型的競爭，讓整個發電行業利用率低的問題加劇。因此，棄風、棄光在整個發電行業內不是孤例，傳統能源發電行業同樣艱困。[12]

表 15-1　風電投資監測預警機制指標體系*

政策類	風電規劃落實進度預警指標
	風電開發政策環境預警指標**
資源和運行類指標	調節能力較差電源裝機比重
	棄風率（前一年度）
	年利用小時數（近三年平均）
經濟類指標	交易價格同比降幅
	抽樣虧損率

*　發佈年前一年度風電平均利用小時數低於地區設定的最低保障性收購小時數，風險預警結果將直接定為紅色預警。發佈年前一年度棄風率超過20%的地區，風險預警結果將為橙色或橙色以上。

**　包括是否違規開展風火發電權交易、是否違規收取資源費等稅費、是否強制企業開展捐贈活動、是否強制要求採用本地生產的設備、是否存在違規倒賣項目前期工作等情況。

資料來源：《關於建立監督預警機制促進風電產業持續健康發展的通知》（國能新能 [2016]196號），2016年7月18日

12　2012 年到 2016 年，中國整體發電利用時數每年都減少，從 2011 年的 4731 小時減少到 2016 年的 3785 小時。包括燃煤和燃氣發電在內的火電利用時數，從 2011 年的 5294 減少到 2016 年的 4165 小時，這是 1964 年以來的歷史最低點（中電聯，2012；國家統計局，2015, 2016）。

　　酒泉模式似乎陷入政策負面反饋的循環，無法應對加速能源轉型和促進當地產業
能力持續發展的雙重挑戰。酒泉新能源產業的高速增長在 2013 年達到高峰，產值達
到 78 億人民幣，此後開始走下坡，至 2016 年降至 24.4 億人民幣，僅為高峰時的不
足三分之一（表 15-2）。然而，在地方的新能源發展聯盟瀕臨解體和中央的監管擊打
兇猛之時，酒泉地方政府發揮能動性，盡力消除政策負面反饋的影響，並且通過自我
轉型為新技術和新商業模式的實驗田，重新建立起酒泉模式擴張新能源裝機容量以及
引入上下遊和高耗能產業的合法性。

表 15-2　酒泉市新能源產業工業增加值

年度	2007	2010	2013	2016	2019	2021
新能源產業增加值（億元人民幣）	0.6	60	78	24.4	23.2	N／A
酒泉市GDP（億元人民幣）	203.3	405	642.7	577.9	618.2	762.7
新能源產值／GDP（％）	0.30	14.81	12.13	4.22	3.75	N／A
新能源產值／規上企業總增加值（％）	0.89	42.77	35.18	22.61	23.7	25.2

數據來源：《酒泉市經濟和社會發展統計公報（2007-2020）》，酒泉市統計局，www.tjcn.
org/tjgb/28gs/3228.html

二、創新性技術，新商業模式，和合法性重建

　　「紅色預警」給酒泉造成突然而劇烈的衝擊，當地新能源設備製造業的產值在
2015 到 2018 年期間下降了三分之二。在危機的刺激之下，酒泉地方政府重新思考建
立地方產業能力的政策：

　　有些設備製造企業破產了，還有一些搬到青海省或陝西省。實話說，（風機）總裝

廠的沒什麼技術含量，容易搬走。不過我們非常意外，大部分的零組件廠商，比如風機葉片和塔筒的製造商，選擇留在我們酒泉，他們的產品也能賣到其他省份。我們的設備產業政策的最大缺點就是，沒有能夠成功地培育出完整的產業鏈。[13]

培育出扎根於當地的新能源裝備產業集群對於酒泉長期的經濟和社會發展至關重要。為了從挫折中重新站起來，在中國的新能源發展的重點從「量」向「質」轉變之際重新確立領航者的地位，酒泉必須調整其產業政策，讓新能源發展的戰略聯盟重新建立起來。

在低碳轉型過程中，技術的變化會同時具備正負兩方面的政治反饋效應，正面效應比如政策引導的技術成本降低，負面效應則包括投資「井噴」，設備需求在短時間內劇增導致的成本「政策性」上升（Lockwood, 2016; Schmidt & Sewerin, 2017）。由於當時分散式風電和光伏發電技術的困難和昂貴，酒泉在中國發展新能源發電的初始階段，獲益於「大基地」戰略下技術門檻較低的陸上高風速技術路線；但是嚴重的棄風棄光讓消納問題凸顯，加上技術進步增加海上和中低風速地區風能的可開發性，酒泉當地新能源資源的「稀缺性」降低，地方政府的議價能力貶值。不過，社會-技術系統的政策反饋機制不僅僅包括利益團體，還包括大型技術系統、市場變動、使用者偏好和激進利基-創新的裝配組合，這一組合是複雜的、不斷變化的和相互依賴的（Turnheim & Geels, 2012; Unruh, 2000）。酒泉可以通過應用新的創新性技術和商業模式創新，消弭負面政策反饋的影響，重新獲取合法性，調和各方衝突以重建發展聯盟。

首先，酒泉政府通過聯合新能源產業行動者和國家電網公司等利益相關方，共同敦促中央政府批准電力基礎設施升級項目，尋求解決消納問題和新能源裝機容量增長限制。隨著中國決定在中西部地區建設更清潔、更有效率的電源，以取代東部人口稠密地區的舊燃煤機組，關於特高壓長距離輸電線路的爭議落下帷幕。通過消除電力輸送瓶頸以消納新能源電力的政策方向使得酒泉能夠在地方層面操作中央政府的政策，向新能源增長聯盟分配政策租。國家電網投資了 262 億人民幣建設全長 2300 公里、

---

13 訪談, 酒泉市發展改革局官員，酒泉，2020 年 9 月 10 日。

連結酒泉和湖南的特高壓輸電線路，以解決酒泉本地消納能力不足的問題。2017 年中，這條 ±800 千伏祁韶特高壓直流輸電工程完工，截止 2020 年，已經向湖南輸送了 900 億千瓦時的清潔能源，不僅改善了酒泉的棄風棄光問題，還助力湖南向更清潔的能源結構轉型，並且降低了輸入地的用能成本[14]。

酒泉不僅僅從長距離售電中獲益，建設調節新能源波動的基礎發電設施和儲能設施，也為酒泉增加 GDP 和財政收入。這些配套措施包括甘肅電投常樂超超臨界火電廠，玉門昌馬抽水蓄能電站，首航高科 100MW 級熔鹽塔式太陽能光熱發電站。常樂火電廠位於酒泉市主要的風電基地瓜州縣，是甘肅省首個百萬千瓦級火電站，規劃裝機 4 台 1000MW 超超臨界機組，總投資 118 億元人民幣，是西北地區最大的調峰火電項目，作為甘肅酒泉至湖南 ±800kv 祁韶特高壓直流輸電工程的配套項目，能夠調節酒泉風電和太陽能光電的波動，確保特高壓外送新能源的安全穩定。常樂電廠的一期項目在 2020 年底完工，兩台能夠最大化煤炭利用率並且最小化污染物排放的 1000MW 級別的發電機組，為酒泉新能源發電系統和特高壓輸送線路的運行提供支撐。

首航高科光熱發電站位於敦煌縣，是亞洲第一座 100MW 級光熱發電站，也是中國最大的熔岩塔式光熱發電站。光熱電站能夠 24 小時不間斷地發電，自帶儲能功能，雖然目前經濟性還不足，但作為解決風電和太陽能光伏發電不穩定特性的另一個零碳解決方案，光熱電站的價值隨著市場體認到儲能的價值而水漲船高，並且讓酒泉重新確立最為前沿新能源技術實驗地的先鋒地位。

其次，由於外送電網等大型配套基礎設施的建設耗時久遠，本地電力消納和發展本地的產業能力也是酒泉地方政府的關注重點。酒泉強調新能源的環境效益和低邊際成本（特別是在大規模棄風棄光之時）的論述，吸引高耗能企業進駐當地，特別是被工信部列入「產能置換」行業名單中的企業[15]。除此之外，酒泉和東部沿海發達地區

---

14 訪談，酒泉市發展改革局官員，酒泉，2020 年 9 月 10 日。酒泉通過祁韶直流往湖南送電的最高價格是每千瓦時 0.285 元人民幣，是依據湖南當地的燃煤火電上網標桿電價每千瓦時 0.45 人民幣，加上線損和輸送費用計算得出。在新能源大發時，由於競價上網，新能源上網電價會遠遠低於 0.285 元人民幣的最高價格，因此湖南當地的用電成本也會同步下降。

15 「產能置換」指的是通過市場化、法治化的手段淘汰效率低下的落後產能，並將等量或者減量

的工業化差距也被納入論述中，以最大化引入製造業發展本地產業能力的合法性。凱盛大明玻璃，一家生產太陽能光伏組件用超白壓延玻璃和光熱發電高透超白浮法玻璃及光熱反射鏡的公司，關閉他們在浙江的工廠，將騰出來的產能搬到酒泉下屬的玉門縣。同樣，煤化工、單晶硅多晶硅和電解鋁等高耗能產業也在酒泉建立生產基地，將原來使用的化石能源替換成可再生能源發的電。從整個國家的視角來看，雖然高耗能行業整體的產能不變，但在「產能置換」政策下產能指標變得稀缺，因此從東部搬移過來的企業會更有動力投資產值更高的先進製程，搬遷本身也能夠繞開早前投資產線的路徑鎖定，所以整個行業的技術水平得以升級，也能夠減少整體的污染和溫室氣體排放。

這些裝備製造業僱傭和訓練當地的勞動力，能夠促進酒泉熟練勞動力資源的發展[16]。與通常會建設家屬區和其他生活設施、創造「飛地」的燃煤火電廠不同，風電場和太陽能光電站偏好僱傭當地的青年男性員工，他們可以在家庭和工作地點較為頻繁地通勤[17]。新能源產業給酒泉帶來的改變，除了這些社會外溢效應，還包括更為直接增加地方特定群體收入的光伏扶貧項目，幫助酒泉提前一年完成脫貧目標[18]。

第三，酒泉通過推廣風電和太陽能光電平價上網模式、在現有風電場建設光伏發電站和建設氣象預測數據計算中心，重新建立新能源產業發展聯盟。「讓所有新能源產業的參與者都能夠盈利」是這些嘗試和努力的中心原則[19]。平價項目減少國家新能源補貼計劃的財政壓力[20]，並且加速電力部門的市場化進程；對平價項目本身來說，雖

建置新增產能，以控制行業總產能，避免低端產能無序擴張，以實現產業升級。「產能置換」是中央遏制鋼鐵、水泥、玻璃等高耗能高污染行業產能過剩、鼓勵技術升級，確保產能總量只減不增的的重要舉措。「產能置換」機制鼓勵這些高耗能產業從東部人口稠密的高度城市化地區遷移到西部地廣人稀的地區。

16 訪談，酒泉市發展改革局官員，酒泉，2020 年 9 月 10 日。

17 訪談，風電場管理人員，玉門市，2020 年 9 月 9 日。

18 張文博，《溫暖萬家燈火共赴全面小康——酒泉市決勝全面小康、決戰脫貧攻堅綜述》，甘肅日報，2020 年 12 月 5 日。

19 訪談，酒泉市發展改革局官員，酒泉，2020 年 9 月 10 日。

20 為了吸引對可再生能源技術和產業的投資，各國普遍實行為可再生能源生產商提供長期合同

然上網電價較低，但由於風電和太陽能光電的邊際成本接近於零，在國家補貼長時間拖欠的情況下，確保發電時數的策略在財務上回報更大。中國首個並網發電的平價風電示範項目中核黑崖子 50MW 風電場，2020 年發電時數達到 3800 小時，發電量 1.9 億千瓦時，成為甘肅有史以來發電量和發電小時數最多的風電場，財務回報也相當喜人[21]；這個成績超出投資者的預料，中核集團在設計之初預計該項目盈利狀況不容樂觀，甚至縮小了人員生活區的空間和設施以節約成本[22]。

全額收購平價項目所發的電量，不可避免地排擠到原有補貼項目的利用時數，造成後者不相稱的財務損失，特別是對投入較為陳舊、機組功率小的風電場。雖然風電場主要由國有企業投資，但是按照規定，如果項目三年不能盈利，考核會遇到困難，甚至需要列入不良資產出售。為了避免這種情形，酒泉允許這些項目的業主在原有土地上「套種」太陽能光電站，在光伏成本降低、好的區位價值上升的背景下，提供土地利用率，讓項目保持盈利。

此外，酒泉還規劃投入五千萬人民幣建設氣象預報數據計算中心，希望能夠引入騰訊和阿里巴巴之類的科技巨頭，一方面利用他們的技術能力提升風電和太陽能光電的出力預測，幫助國家電網安排輸電計劃；另一方面，也希望在「東數西算」戰略下，引入這些巨頭的數據中心，增加本地消納能力。

藉助技術進步和商業模式創新，酒泉不僅保持其利用資源稀缺 - 富餘雙重屬性來選擇優秀投資者的能力[23]，而且重建了地方新能源發展聯盟，從而能夠成功地轉變產業結構，維持 GDP 持續快速增長。在 2007 年之前，酒泉的第二產業主要是鋼鐵加工、石油開采和農產品加工（比如棉花和酒），第三產業主要是絲綢之路旅遊，全市 GDP 僅有 203 億元人民幣，人均 GDP 為 20,524 元人民幣（酒泉市政府，2009）。2008 年

和補貼的政策機制。平價上網是指可再生能源發電成本等於或低於傳統化石燃料發電成本的狀態。當這種情況發生時，不再需要額外的財政激勵措施，市場機制就會自動吸引投資者進入新能源產業。

21 郭軍，《在西部崛起的中國綠色能源之都——酒泉千萬千瓦級風電基地建設紀實》，酒泉日報，2021 年 7 月 6 日。https://www.gushiciku.cn/dl/1fLMa/zh-hk。

22 訪談，風電場管理人員，玉門市，2020 年 9 月 9 日。

23 訪談，玉門市發展改革局官員，玉門市，2020 年 9 月 8 日。

之後，隨著新能源產業的快速發展，酒泉的 GDP 開始迅速增長，截至 2020 年增長了三倍，超過 600 億人民幣，同期人均 GDP 同樣增長超過 3 倍（圖 15-5）（酒泉市統計局，2021）。其中，酒泉包括發電和設備製造在內的新能源產業產值從 2007 年的 6 千萬元人民幣，增加到 2013 年的 78 億人民幣，佔 GDP 的份額從 0.3% 增加到 12.13%。即便是在被國家能源局「紅色預警」三年後的 2019 年，雖然新能源產業的產值下降到 23.2 億元人民幣，但依然是酒泉經濟活動的重要組成部分（表 15-3），對於引進高耗能製造業更是起到關鍵作用。

陸、討論和小結

　　本文分析了酒泉，這個在中國地理和經濟地景上都處於邊陲的城市，如何抓住綠色能源轉型創造出的發展機會，尤其強調地方政府在加速綠能轉型和建立本地產業能力方面扮演的角色和策略操作。這一轉型帶來的變化是應對氣候變化全球行動和中國發展綠色能源的多重國家政策目標的共同產物。通過基於「加速低碳轉型的政治」的分析架構和歷經近十年的觀察，本文展示了中國甘肅省酒泉市如何通過操縱稀缺 - 富餘悖論、圍繞限制進行談判、建立多樣利益的聯盟以保持發展勢頭，從而應對低碳能源轉型更廣泛脈絡依賴的變化，以推動可再生能源產業在當地快速發展。酒泉的風力和太陽能潛能在政治經濟環境變化和技術進步的背景下，成為重要的資源稟賦，讓此前處於邊陲的酒泉成為重要的綠色能源和工業製造中心。雖然初期的無序擴張和地方保護主義引來中央政府的懲罰性監管，然而酒泉能夠通過發展支持性基礎設施和當地的消納能力，並且通過應用創新技術和新的商業模式，成功消除負面政策反饋。這表明中國的綠色能源轉型不僅僅是自上而下的政策安排，也是自下而上創新的結果。

　　低碳經濟社會系統的轉型會重估既有能源地景的形式、功能和價值。脈絡依賴的轉變，比如技術能力的進步和政治經濟制度的相應調整，讓邊緣的戈壁沙漠土地獲得潛在開發價值而成為商業發展標的，地廣人稀的偏遠城市因此獲得新的發展機會。包括酒泉市在內的許多中國大陸的邊陲城市都從中央政府加速低碳轉型的雄心壯志中獲益。

　　此外，將高耗能企業從中國的沿海地區遷移到酒泉這一類的新能源基地，這種產能置換不僅能夠實現化石能源的可再生能源替代，也能夠為邊緣區域的產業能力建設做出貢獻。長距離跨區域特高壓輸電線路的建設，將西部地區的清潔能源輸送到東部沿海，不僅降低東部地區和中國大陸整體的污染物和溫室氣體排放量，並且能夠顯著地降低電力輸入省份的用電成本。這些發展幫助中國向綠色能源結構轉型，縮小區域的發展差距，並且成為新能源這個新興產業的領頭羊。

　　本文的發現表明，生態發展型國家能夠同時在不同的尺度完成經濟、社會和環境目標。與徒具表演形式、在排污權交易方面缺少實效的「政策劇院」不同（Ding, 2020），關於酒泉新能源產業的觀察確認了關於中國地方政府的新研究議程，認為地方政府傾向於遵循中央政府在環境方面的要求去追逐地方的經濟發展，而這種路徑並非總是會造成環境政策的失敗，而是能夠對整體的環境改善最終做出貢獻。

　　這些發現還指出一種另類分析路徑，用來觀察全球應對氣候變化的努力對中國經濟地景，尤其是「邊域（Frontier）」的影響。窮人和邊陲地區在面對氣候變化威脅時更加脆弱，基於市場的新自由主義回應方式往往會加劇這種固有的不平等（Millington & Scheba, 2021）。酒泉發展新能源產業的經驗表明從化石能源體制向低碳體制轉型也能夠為邊陲地區提供發展機會，並且為減貧做出貢獻。不過，需要強調的是，雖然低碳轉型能夠重塑既有的「核心」和「邊陲」格局，為地域發展均衡做出貢獻，但新的發展機會並不會均等地分配到邊陲地區中，因此有可能會產生新的不均衡發展的格局。由於存在空間差異和脈絡依賴，某些區域和國家會被排除在低碳轉型帶來的「向心力」之外。因此，在地方政府的能動性以外，中央政府和國際社群應該審慎地挑選技術路徑並調節政治經濟環境，在加速低碳轉型的同時，將低碳發展引導到包容性增長的路徑上。這些舉措包括有針對性地投資基礎設施、教育和職業訓練，增強目前被排除之邊陲地區的能力，讓他們參與到低碳轉型中來。此外，促進不同區域和部門合作和協調的政策，能夠實現資源和知識的共享，從而讓國家內部和世界各國之間的發展更加平等和永續。

參考文獻

大唐新能源，2020，〈中國大唐集團新能源股份有限公司 2019 年年度報告〉，www.cdt-re.
　　com/xnygsweb/ueditor/jsp/upload/file/20200914/1600045328210018484.pdf

中國可再生能源發展戰略研究項目組，2008，《中國可再生能源發展戰略研究叢書・風能卷》，
　　北京：中國電力出版社。

中國電力聯合會，2012，〈2011 年全國電力供需情況及 2012 年分析預測〉，cec.org.cn/detail/
　　index.html?3-126585

甘肅省人民代表大會，2011，〈甘肅省國民經濟和社會發展第十二個五年規劃綱要〉，蘭州：
　　甘肅省第十一屆人民代表大會第四次會議通過，www.gsei.com.cn/html/1275/2011-02-14/
　　content-59181.html

李俊峰等，2012，《2012 中國風電發展報告》，北京：中國環境科學出版社，gwec.net/wp-
　　content/uploads/2021/01/GWEC_China-Wind-Energy-Outlook_2012.pdf

胡錦濤，2009，〈攜手應對氣候變化調整——在聯合國氣候變化峰會開幕式上講話〉，http://
　　www.gov.cn/ldhd/2009-09/23/content_1423825.htm.

酒泉市政府，2015，〈2014 年酒泉市政府工作報告〉，district.ce.cn/newarea/roll/201402/24/
　　t20140224_2363092.shtml

酒泉市統計局，2008，〈酒泉市 2007 年國民經濟和社會發展統計公報〉，www.tjcn.org/
　　tjgb/28gs/3228.html

酒泉市統計局，2010，〈酒泉市 2009 年國民經濟和社會發展統計公報〉，www.tjcn.org/
　　tjgb/28gs/17086.html

酒泉市統計局，2021，〈酒泉市 2020 年國民經濟和社會發展統計公報〉，www.tjcn.org/
　　tjgb/28gs/36852.html

國家能源局，2014，〈可再生能源發電並網駐點甘肅監管報告〉，http://zfxxgk.nea.gov.cn/
　　auto92/201407/t20140718_1827.htm.

國家能源局，2016a，〈關於建立燃煤火電機組非水可再生能源發電配額考核制度有關要求的
　　通知〉，guangfu.bjx.com.cn/news/20160425/727787.shtml

國家能源局，2016b，〈關於建立監測預警機制促進風電產業持續健康發展的通知〉，zfxxgk.
　　nea.gov.cn/auto87/201607/t20160721_2276.htm

國家能源局，2020，〈关于发布《2020 年度风电投资监测预警结果》和《2019 年度光伏发电

市场环境监测评价结果》的通知〉，zfxxgk.nea.gov.cn/2020-03/30/c_138944089.htm

國家能源局，2021a，〈我國可再生能源發電累計裝機容量突破 10 億千瓦〉，http://www.nea. gov.cn/2021-11/20/c_1310323021.htm.

國家能源局，2021b，〈我國風電並網裝機突破 3 億千瓦〉，http://www.nea.gov.cn/2021-11/30/ c_1310343188.htm.

國家統計局，2015，〈2015 年電力供需情況報告〉，lwzb.stats.gov.cn/pub/lwzb/gzdt/201707/ t20170728_4221.html

國家統計局，2016，〈2016 年全國電力供需及 2017 年電力供需預測報告〉，lwzb.stats.gov.cn/ pub/lwzb/gzdt/201707/t20170728_4236.html

國家發改委，2007，〈可再生能源中長期規劃〉，www.ndrc.gov.cn/xxgk/zcfb/tz/200709/ W020190905520872137792.pdf

國家發改委，2012，〈可再生能源發展「十二五」規劃〉，policy.asiapacificenergy.org/ sites/default/files/12th%20Five%20Year%20Plan%20of%20Renewable%20Energy%20 Development%20%28CH%29.pdf

張國寶，2018，《篳路藍縷：世紀工程決策建設記述》，北京：人民出版社。

習近平，2020a，〈在第七十五屆聯合國大會一般性辯論上的講話〉，http://www.gov.cn/ gongbao/content/2020/content_5549875.htm.

習近平，2020b，〈繼往開來，開啓全球應對氣候變化新徵程 —— 在氣候雄心峰會上的講 話〉,http://www.xinhuanet.com/politics/leaders/2020-12/12/c_1126853600.htm.

龍源電力，2020，〈龍源電力集團股份有限公司 2019 年度報告〉，www.clypg.com.cn/lydlww/ dqbg2019H/202004/c02fc80bba70407d986551ad044d50f0/files/cae8d5be5cf14369a6beff2c1e3 c4e2f.pdf

Aden, N. T., & Sinton, J. E.,2006. "Environmental implications of energy policy in China." *Environmental Politics*, 15(02), 248-270.

Andrews-Speed, P., 2012. *The governance of energy in China: Transition to a low-carbon economy*. Hampshire: Palgrave Macmillan.

Baker, L., Newell, P., & Phillips, J., 2014. "The political economy of energy transitions: the case of South Africa."*New political economy, 19*(6), 791-818.

Beeson, M., 2010. "The coming of environmental authoritarianism."*Environmental politics*, 19(2), 276-294.

Bridge, G., Bouzarovski, S., Bradshaw, M., & Eyre, N., 2013. "Geographies of energy transition: Space, place and the low-carbon economy."*Energy Policy, 53*, 331-340.

Calvert, K., 2016. "From 'energy geography'to 'energy geographies' Perspectives on a fertile academic borderland."*Progress in Human Geography, 40*(1), 105-125.

Chan, H. S., 2004. "Cadre Personnel Management in China: The Nomenklatura System, 1990-1998."*The China Quarterly*, 179, 703-734.

Chen, C., & Shih, H. L., 2009. "*A Study on Green Energy Development.*" University of Finance and Economics Press.

Chen, G. C., & Lees, C., 2016. "Growing China's renewables sector: a developmental state approach."*New political economy, 21*(6), 574-586.

Chien, S. S., 2010. "Economic freedom and political control in post-Mao China: A perspective of upward accountability and asymmetric decentralization." *Asian Journal of Political Science,* 18(1), 69-89.

Ding, I., 2020. "The Politics of Pollution Emissions Trading in China." In A. Esarey, M. A. Haddad, J. I. Lewis, & S. Harrell, eds., *Greening East Asia: The Rise of the Eco-developmental State*, pp. 76-91. Seattle, WA:University of Washington Press.

Edin, M., 2003. "State capacity and local agent control in China: CCP cadre management from a township perspective." *The China Quarterly*, 173, 35-52.

Esarey, A., Haddad, M. A., Lewis, J. I., & Harrell, S., 2020. *Greening East Asia: The Rise of the Eco-developmental State.* Seattle, WA: University of Washington Press.

Frijns, J., Phuong, P. T., & Mol, A. P., 2000. "Developing countries: Ecological modernisation theory and industrialising economies: The case of Viet Nam." *Environmental politics*, 9(1), 257-292.

Geall, S., & Shen, W., 2018. "Solar energy for poverty alleviation in China: state ambitions, bureaucratic interests, and local realities." *Energy Research & Social Science, 41*, 238-248.

Geels, F. W., 2012. "A socio-technical analysis of low-carbon transitions: introducing the multi-level perspective into transport studies."*Journal of transport geography, 24*, 471-482.

Geels, F. W., 2018. "Disruption and low-carbon system transformation: Progress and new challenges in socio-technical transitions research and the Multi-Level Perspective." *Energy Research & Social Science, 37*, 224-231.

Gilley, B., 2012. "Authoritarian environmentalism and China's response to climate change." *Environmental politics*, 21(2), 287-307.

Harrell, S., & Haddad, M. A., 2020. "The Evolution of the East Asian Eco-Developmental State."In A. Esarey, M. A. Haddad, J. I. Lewis, & S. Harrell, eds., *Greening East Asia: The Rise of the Eco-developmental State*, pp. 76-91. Seattle, WA: University of Washington Press.

Harrison, T., & Kostka, G., 2014. "Balancing priorities, aligning interests: developing mitigation capacity in China and India." *Comparative Political Studies, 47*(3), 450-480.

Heberer, T., & Senz, A., 2011. "Streamlining local behaviour through communication, incentives and control: a case study of local environmental policies in China." *Journal of Current Chinese Affairs, 40*(3), 77-112.

Hong, D.-L., Chien, S.-S., & Liao, Y.-K., 2020. "Green developmentalism and trade-offs between natural preservation and environmental exploitation in China." *Environment and Planning E: Nature and Space, 3*(3), 688-705.

Hu, X., & Hassink, R., 2017. "Place leadership with Chinese characteristics? A case study of the Zaozhuang coal-mining region in transition." *Regional Studies, 51*(2), 224-234.

Johnstone, P., & Newell, P., 2018. "Sustainability transitions and the state." *Environmental innovation and societal transitions, 27*, 72-82.

Kemp, R., 2011."The Dutch Energy Transition Approach." in R. Bleischwitz, P.J. Welfens and Z. Zhang , eds,*International Economics of Resource Efficiency: Eco-innovation Policies for a Green Economy*, pp. 187–214. Heidelberg: Springer Science & Business Media.

Kostka, G., & Hobbs, W., 2012. "Local energy efficiency policy implementation in China: bridging the gap between national priorities and local interests." *The China Quarterly*, 211, 765-785.

Lema, A., & Ruby, K., 2007. "Between fragmented authoritarianism and policy coordination: Creating a Chinese market for wind energy." *Energy Policy, 35*(7), 3879-3890.

Lewis, J. I., 2012. *Green Innovation in China: China's Wind Power Industry and the Global Transition to a Low-Carbon Economy*. New York: Columbia University Press.

Liao, C., Fei, D., Huang, Q., Jiang, L., & Shi, P., 2021. "Targeted poverty alleviation through photovoltaic-based intervention: Rhetoric and reality in Qinghai, China." *World Development, 137*, 105-117.

Lieberthal, K., & Oksenberg, M.,1988. *Policy Making in China: Leaders, Structures, and Processes.*

Princeton, NJ: Princeton University Press.

Lin, S. Y., 2021. "Bringing resource management back into the environmental governance agenda: eco-state restructuring in China." *Environment, Development and Sustainability*, 1-30.

Liu, Y., & Kokko, A.,2010. "Wind power in China: Policy and development challenges."*Energy Policy, 38*(10), 5520-5529.

Lockwood, M., 2016. "The UK's Levy Control Framework for renewable electricity support: Effects and significance."*Energy Policy, 97*, 193-201.

Meadowcroft, J., 2005. "Environmental political economy, technological transitions and the state." *New Political Economy*, 10(4), 479-498.

Millington, N., & Scheba, S., 2021. "Day zero and the infrastructures of climate change: Water governance, inequality, and infrastructural politics in Cape Town's water crisis." *International Journal of Urban and Regional Research, 45*(1), 116-132.

Mol, A. P., 2006. "Environment and modernity in transitional China: frontiers of ecological modernization." *Development and Change*, 37(1), 29-56.

Moore, S. M.2014. "Modernisation, authoritarianism, and the environment: the politics of China's South–North Water Transfer Project." *Environmental Politics*, 23(6), 947-964.

Power, M., Newell, P., Baker, L., Bulkeley, H., Kirshner, J., & Smith, A., 2016. "The political economy of energy transitions in Mozambique and South Africa: The role of the Rising Powers." *Energy Research & Social Science, 17*, 10-19.

Qian, Y., & Weingast, B. R., 1996. "China's transition to markets: market-preserving federalism, Chinese style." *The Journal of Policy Reform*, 1(2), 149-185.

Rasmussen, M. B., & Lund, C., 2018. "Reconfiguring Frontier Spaces: The territorialization of resource control."*World Development, 101*, 388-399.

Roberts, C., Geels, F. W., Lockwood, M., Newell, P., Schmitz, H., Turnheim, B., & Jordan, A., 2018. "The politics of accelerating low-carbon transitions: Towards a new research agenda." *Energy Research & Social Science, 44*, 304-311.

Rodrik, D., 2014. "Green industrial policy." *Oxford Review of Economic Policy, 30*(3), 469-491.

Schmidt, T. S., & Sewerin, S.,2017. "Technology as a driver of climate and energy politics." *Nature Energy, 2*(6), 1-3.

Schmitz, H., Johnson, O., & Altenburg, T. 2013. "Rent management–the heart of green industrial policy."*IDS Working Papers, 2013*(418), 1-26.

Schubert, G., & Heberer, T., 2015. "Continuity and Change in China's 'Local State Developmentalism'." *Issues and Studies, 51*(2), 1-38.

Shen, W.,2017. "Who drives China's renewable energy policies? Understanding the role of industrial corporations." *Environmental Development, 21*, 87-97.

Shen, W., & Xie, L., 2018. "The political economy for low-carbon energy transition in China: towards a new policy paradigm?." *New Political Economy, 23*(4), 407-421.

Shen, W., He, J., & Yao, S.,2021. "Green industrial policy in the post grid parity era: Governing integrated Solar+ projects in China." *Energy Policy, 150*, 112-129.

Tsai, C. M., 2011. "The reform paradox and regulatory dilemma in China's electricity industry." *Asian Survey, 51*(3), 520-539.

Turnheim, B., & Geels, F. W.,2012. "Regime destabilisation as the flipside of energy transitions: Lessons from the history of the British coal industry (1913–1997)." *Energy Policy, 50*, 35-49.

Unruh, G. C. 2000.,"Understanding carbon lock-in."*Energy Policy, 28*(12), 817-830.

Verbong, G., & Geels, F., 2007. "The ongoing energy transition: lessons from a socio-technical, multi-level analysis of the Dutch electricity system (1960–2004)." *Energy Policy, 35*(2), 1025-1037.

Wang, J.-H., Tseng, S.-W., & Zheng, H., 2015. "The paradox of small hydropower: Local government and environmental governance in China." *The Journal of Development Studies, 51*(11), 1475-1487.

While, A., Jonas, A. E., & Gibbs, D., 2010. "From sustainable development to carbon control: eco-state restructuring and the politics of urban and regional development." *Transactions of the Institute of British Geographers*, 35(1), 76-93.

Yu, Z., & Gibbs, D., 2018. "Sustainability transitions and leapfrogging in latecomer cities: the development of solar thermal energy in Dezhou, China." *Regional Studies, 52*(1), 68-79.

Zhou, L.-a., 2007. "Governing China's local officials: An analysis of promotion tournament model." *Economic Research Journal, 7*(36), 36-50.

Zhu, J., 2004.,"Local developmental state and order in China's urban development during transition." *International Journal of Urban and Regional Research, 28*(2), 424-447.

第 16 章

印尼伊斯蘭民粹主義的興衰及其對民主的挑戰

邱炫元

壹、前言

　　自 1998 年 5 月印尼前總統蘇哈托被迫下台，印尼邁向後蘇哈托改革時代，印尼的民主化大致上在東南亞國家中的表現算是優等生，即使與其他的穆斯林國家相比，印尼伊斯蘭相對而言較為溫和，雖然有伊斯蘭政黨提出政治伊斯蘭的訴求，也發生若干暴力攻擊事件，但整體上來說，國家的政治體制並未走向政教合一的方向。[1] 然而民主化卻同時給予強硬保守的穆斯林團體發展的空間，讓他們運用訴求宗教自由的權利，以及穆斯林的道德恐慌（moral panic），對於性道德、宗教褻瀆等議題進行強烈的政治訴求，甚至採取暴力手段來抗爭。由於政黨政治的競爭，若干政黨與政治人物，則刻意縱容並忽略這些群體可能造成的人權與迫害少數之侵害，並甚至在其間暗通款曲，讓這些保守強硬的穆斯林組織成為選舉的動員工具。本文將檢視近幾年這些保守強硬的穆斯林組織如「捍衛伊斯蘭陣線」（Front Pembela Islam）跟「解放黨」（Hizbut Tahir）對特種行業店家的破壞、主張反色情法、對伊斯蘭新興宗教的迫害、反對印尼華裔基督教前雅達特區首長鍾萬學的諸事件，以及 2019 年的印尼總統大選右翼穆斯林的暴力等事件，並從全球伊斯蘭民粹主義（Islamic populism）興起的潮流來探討印尼伊斯蘭民粹主義崛起的歷史脈絡以及對印尼伊斯蘭政治未來發展的影響。

1　政治伊斯蘭是指運用伊斯蘭宗教為政治意識形態並採取相關的政治行動，通常將政治伊斯蘭所塑造的意識形態稱之為伊斯蘭主義（Islamism），通常指主張奉伊斯蘭為國家宗教，並將古蘭經和聖訓視為建立政治體制與社會制度藍圖的根本，並在這個基礎上奉行伊斯蘭法。

印尼的民主化雖然讓她贏得世界上最大的穆斯林民主國家之美譽，但是自 1998 年開始，伊斯蘭宗教在新秩序時期受到政府壓制、去政治化（禁止未受許可設立政黨），因應民主化的潮流，民眾重新可以組織伊斯蘭政黨參與選舉，投入各級議會參政。其實，印尼政府傳統上有安排印尼兩大穆斯林組織入閣的習慣，比如說安排伊斯蘭教士復興會（Nahdlatul Ulama）的成員擔任宗教部部長，而讓穆罕默迪亞（Muhammadiyah）的成員出任教育部部長。不過，在保守的伊斯蘭組織眼中，中央政府基本上是世俗性的，這些組織對於印尼改革時期的政治、經濟與社會仍舊不滿，而民主化讓這些組織更勇於表達對於捍衛伊斯蘭的訴求，穆斯林政治出現保守轉進的現象。不過，縱使印尼雖然解除組織伊斯蘭政黨的禁令，也不對各種政治訴求設限（除了恐怖主義除外），但是要求建立將伊斯蘭法入憲，建立伊斯蘭國之類的伊斯蘭政黨在國會選舉中很少獲得選民青睞。印尼民主化之後，經濟發展逐漸起步，社會出現世俗、多元與性別解放的主張，卻被一部分的穆斯林視為對於伊斯蘭道德的威脅。因此這些穆斯林就將捍衛印尼穆斯林社群的道德完整性視為神聖己任。又因為經濟自由化進一步擴大貧富差距，以及城鄉發展的差距，讓居住在鄉鎮區域的穆斯林青年感到惶惶，不知未來是否能雨露均霑地分潤印尼經濟發展的成果，這種貧富差距讓他們更容易對目前的經濟局勢心生怨懟而產生激進化的想法。

由於一部分的激進團體，認為當下政治、經濟與社會的新進程有違伊斯蘭倫理，並威脅到印尼穆斯林社會的存續，也讓他們覺得自身的處境更加邊緣，因而形成一種危機感，進而會標示有哪些不夠虔誠、甚至是敗壞德行的穆斯林，或將非穆斯林視為敵對對象，採取反制對抗、甚或暴力方式來遂行他們的宗教與政治主張。這種以穆斯林自身的道德正義身分自居，願意追隨在社會與政治運動上可以號召他們投入改變現況的領導者和組織，並形成一種以匡正倫理價值和守衛穆斯林社群的完整性權益之伊斯蘭政治主張與行動，便構成本文所要探討的「伊斯蘭民粹主義」（Islamic populism）之現象。

本文將從民粹主義的政治社會學觀點（Tuğal 2021），首先簡略地討論民粹主義的歷史比較意涵，以及宗教和民粹主義的關係；其次，檢視伊斯蘭民粹主義的風潮在印尼形成的歷史脈絡，提到暴力幫派的伊斯蘭化和經濟自由化對穆斯林青年的影響。接下來，則討論好戰保守的伊斯蘭組織如何面對伊斯蘭新興教派，以及具有基督教與華

人族裔背景的政治人物鍾萬學參選所遇到的反制，而這些紛爭如何延續到 2019 印尼總統大選的發展。最後，本文指出印尼的伊斯蘭民粹主義，雖有宗教意識形態的動員力量，但卻缺乏堅實的階級聯盟基礎，加上兩個指標性的帶頭激進組織先後由政府取締被強制解散，伊斯蘭民粹動員的浪潮慢慢消退。

貳、宗教與民粹主義

民粹主義通常通常發生在政經動盪，一部分的人覺得自身的社會經濟條件淪為邊緣的受苦者，而當傳統的自由民主體制或是左翼社會想像失落之後，這些受苦者會對當前社會苦境的動盪不安，找出後面的各種政治、經濟、文化與社會因素，這群受苦者，可能是某一群特定階級、種族或信仰社群，他們自奉為受苦的「人民」（people），尋找加害他們的對立者，如腐敗的菁英，敵視多元，想要回復原有的美好社會秩序，認為當前的政治體制失靈，就是因為某些菁英、外來者或是與威脅他們權益的支配或剝奪者，讓他們淪落至斯，因而亟欲尋求可以解救受苦者的領袖，他們最好別具領袖魅力，並能三言兩語就洞穿局勢，不受既有體制所限，能真正為人民解除問題的另類政治人物。也就是說，在產生相對剝奪感的人民面臨自身弱勢處境，他們急切於認清當前政治與社會動盪不安的問題根源，以及標示製造這些問題的對象，形成歸咎的思考迴圈，當成他們的政治訴求、投入運動或是透過選舉，想要壓制與排除這些加害他們的對象。因此，民粹主義可以因移民、階級、種族、宗教等各種議題而發，在各種議題中的受苦者，形塑他們自身為正確的國族、道德、種族或宗教信仰的正義多數者。所以，民粹主義可以和國族、種族主義、宗教的道德多數、本土主義等各種意識形態結盟。挑戰或敵視民主政治的運作規則，反對社會的多元性，而訴諸威權、期待將問題簡化並出現強而有力的政治領袖來帶領他們。

從歷史比較的經驗來看，如出現在二十一世紀初年的美國茶黨運動（Tea Party movement），反對歐巴馬政府社會主義大政府導向的政策，或是川普總統擅長於操用美國藍領白人的經濟相對剝奪的社會失落感，訴諸這群藍領白人的政治支持，故意展現不屑既有體制的強人政治。20 世紀拉丁美洲各種左右翼光譜的民粹主義，歐洲

在九一一事件之後因為大量移民的湧入，特別是穆斯林移民的遷居，造就右翼反移民政黨的崛起（阮曉眉 2022），印度以農民為權益運動訴求的農民民粹主義（魏玫娟 2022），或者像是王振寰與錢永祥（1995）將民粹概念帶入威權主義，分析李登輝就任總統之初，如何以臺灣國族的概念強化自身以及國民黨的統治正當性，以及推動臺灣的民主化的同時，卻挾帶著訴諸國族的威權陰影。民粹主義自然也可與宗教意識型態相結合，如印度的政治人物將印度教帶入形成與農民政治運動合體，形成印度教民粹主義（魏玫娟 2022），當然就本文的研究主題，伊斯蘭宗教也具備和民粹主義連結的政治動能，形成所謂伊斯蘭民粹主義（Islamic populism）。

民粹主義是一種「內涵稀薄」（thin-centred）的意識形態，其本身並沒有本有的政治價值體系，可以在不同的歷史情境中，與各種像是種族主義、社會主義、共產主義或伊斯蘭主義等各種較具內在系統性價值之意識型態產生不同的連結。（De Cleen and Stavrakakis 2017）因此，民粹主義生成的脈絡經常發生在政治、經濟與社會秩序的不穩定，造成處於自認為處於弱勢和邊緣化的人民，把這些壓榨者、外來剝奪者或是不道德者視為對立面，簡單地來說，就是形成被欺壓的我們人民，和宰制者菁英或敵人的二元對立圖像。自然而然，宗教也易於成為意識形態動員的工具，而形成所謂的宗教民粹主義。民粹主義中的人民在此被替換為懷抱著純正宗教情操和誠篤的宗教實踐觀的信仰者，而被宗教民粹者視為邪惡的對立者，就是那些不信神的或是宗教倫理敗壞淪喪的不信教者。

伊斯蘭民粹主義將穆斯林社群（ummah）的身分代入人民共同體的想像。倘若這個穆斯林共同體缺乏中產階級的社會根基，無法導向自為清晰的社會與政治改造圖像，很容易被政治人物或政黨煽動，簡單地將穆斯林社群同質化為正義與道德的人民，而將非伊斯蘭信仰者它者化，並形成具有煽動性與暴力潛能的保守運動群體。因為他們可以認為，印尼本來便是穆斯林多數的國家，更應該一切奉行伊斯蘭倫理與律法為依歸，將印尼的資本主義、自由主義、世俗主義、非伊斯蘭宗教信仰者與少數族群、宗教異端等，視為威脅印尼穆斯林社群完整性的對立者，完全無視穆斯林社群內部的社會與文化歧異與多樣性，所樹立的虔信穆斯林敵對者，可以是自由派的穆斯林、不信伊斯蘭教的非穆斯林、其他非原住民族、外部勢力或是道德敗壞者，經濟剝削者，以至世俗主義或是文化多元論者（Hadiz 2018）。自印尼新秩序時期的結束，邁

向政治民主化但卻同時伴生印尼社會的伊斯蘭化，威權統治的終結讓被壓抑的宗教團體像是被壓在水底的浮球一樣以驚人的速度回升到社會大眾的視野，他們不但想要索回過去蘇哈托政府的威權世俗化統治對穆斯林社會的虧欠，同時在面臨自由奔放的印尼社會種種消費文化與女性自主表達等諸現象，視之為印尼社會受到西方資本主義影響的世俗化亂象，或者是中國或基督教世界的外部入侵，而必須鼓動正在受到侵害的穆斯林奮身而起，採取霹靂手段予以回擊。

參、印尼伊斯蘭的保守轉向

當時序進入 21 世紀，伊斯蘭與民主兩者之間是否可以兼容並蓄，仍是一個相當被關注的議題。阿拉伯之春與土耳其和印尼等諸個案，經常被用來比較檢證穆斯林社會是否能順利進行民主轉型的代表案例。然而，當我們審視阿拉伯之春後，中東與北非幾個穆斯林國家的政治發展，以埃及來說，軍事政權再度執政並瓦解民主選舉的成果。而土耳其現任總統艾爾多安（Recep Tayyip Erdoğan）則操弄軍方與穆斯林的緊張關係，從 2016 年起假藉瓦解軍事政變的名義，解散 Hizmet 運動組織，並進行大規模拘禁以及搜捕反對分子。[2] 前兩者讓世人對穆斯林社會的民主轉型之期待變得更為保留。但是相較與前兩者，印尼的民主體制與政治穩定性似乎較為健全，也經常被視為

---

2 Hizmet（土文原意為服務）運動由土耳其的伊斯蘭精神領袖 Fethullah Gülen 所發起推動，為土耳其當代一個兼具傳統蘇非（Sufism）色彩的跨國伊斯蘭改革組織，致力於推動教育、社會服務與人道救援工作。該組織在跟土耳其的伊斯蘭政黨「正義與發展黨」（Justice and Development Party）在 2002 年採取合作的策略，協助剛剛贏得大選的艾爾多安跟正義發展黨，將 Gülen 的追隨者安插至政府警政、司法與內政部門擔任要職，來對抗當時政府立足於世俗與凱末爾主義的官員和軍方。但隨著 Hizmet 的力量壯大，以及 Hizmet 派性的官員跟相關的媒體，2012 年開始調查正義發展黨的貪汙事件，便跟艾爾多安漸行漸遠以致產生嚴重的間隙。艾爾多安也覺查出 Hizmet 在政府中已形成一股勢力，於是在 2016 年 7 月利用鎮壓軍事政變為由，指稱 Fethullah Gülen 是政變的幕後指使，並誣指 Hizmet 為恐怖組織，關閉 Hizmet 所屬的營利、教育、媒體與社福機構，並對 Hizmet 成員進行大規模搜捕（Yavuz and Rasim Koç 2016）。

穆斯林社會成功民主轉型的典範。

　　然而，印尼在歷經蘇哈托威權統治的結束之後，昔日被軍事強人壓制而被去政治化的穆斯林團體，大半具有溫和中道的形象，本來有「笑臉伊斯蘭」（smiling Islam）的說法（van Bruinessen 2011）。可是在民主化的發展中所俱現的伊斯蘭復興，激進穆斯林組織卻趁這個言論與結社自由的空間迅速發展，他們激化穆斯林與基督徒之間的暴力相向。同時，對於印尼穆斯林社會對於再度實行伊斯蘭法推波助瀾，推動反色情法、支持合法的一夫多妻制，以及支持在若干地方省份與特別行政區，在婚姻與教育議題上，推動更嚴格的執行伊斯蘭法，基於由於種種跡象，研究印尼伊斯蘭的知名荷蘭學者 Martin van Bruinessen（2011）用「保守轉向」來概括對於這些趨勢的觀察。

肆、幫派暴力的伊斯蘭化與對現況焦慮失望的穆斯林憤青

　　自 1965 年蘇哈托成功的發動軍事政變，印尼政府變成軍人執政的軍事威權體制，遂行反共親美的路線。接續而來的，是蘇哈托的軍事政府聯手地方的幫派組織執行清除可疑共產份子的清鄉與白色恐怖。這些動用私刑的幫派組織以無限上綱的愛國精神，在政府默許下動用私刑殺戮。這種威權政府利用幫派組織做為國家暴力的側翼延伸，形成了印尼民主化時期政治寡頭利用幫派組織當做政治圍事的打手。這些問題在 1998 年雅加達排華暴動非常明顯，歐本海默（Joshua Oppenheimer）拍攝的紀錄片《殺人一舉》（*The Act of Killing*）裏面，非但顯示出蘇哈托政府縱容默許這些幫派施暴的問題，更有甚者，一直到印尼民主化之後，由於印尼的轉型正義未曾真正貫徹，這些愛國幫派至今以某種聯誼會的型態繼續運作，而政治人物也跟這類型的組織保持藕斷絲連的關係。

　　Abdil Mughis Mudhoffir（2017）稱這類由國家暴力或政客為興風作浪的幫派組織為「政治幫派」，他發現幾個基進暴力穆斯林團體趁勢而起，一部分的原因來自這些傳統上與伊斯蘭未必直接相關的政治幫派，在眼見印尼民主化之後的幾年之間，中央尚在多事之秋，國家處於治理缺乏效能的弱國家狀態，二方面則是一些政治幫派者眼見社會伊斯蘭復興的潮流，於是轉身一變趨附於伊斯蘭組織，凸顯自己的穆斯林身

分，於是造就了具有軍事色彩的伊斯蘭民兵（Islamic Militias）。他們雖然沒有任何軍人身分或是真正投入軍事活動，但是卻運用具有高度軍事組織的方式來進行抗爭與施暴。這種傳統的政治幫派份子伊斯蘭化之後的「伊斯蘭民兵」，成為印尼伊斯蘭民粹主義運動的前鋒，一方面顯示出，印尼政治菁英，包括政府的軍警單位，在他們想要介入政爭，但又不方便出手時，這些外部的民間幫派武力便成為他們興風作浪的工具，二方面則反映出印尼社會的伊斯蘭化，讓這些民間幫派武力蒙上伊斯蘭的色彩，並以維護伊斯蘭倫理為訴求，可以為暴力行動取得更多的道德正當性。第三，好戰激進的伊斯蘭組織在這樣的趨勢中，正好利用印尼經濟快速發展中所帶來的貧富差距，讓穆斯林青年對現況失望的穆斯林青年，易於成為那些鼓吹煽動民粹主義的宗教領袖或組織的招募對象。

許多穆斯林國家在歷經政治伊斯蘭運動失敗的洗禮之後，他們國家的伊斯蘭政黨開始走體制內的議會路線，取得執政地位。這些執政的伊斯蘭政黨意識到他們不能再耽誤於建立伊斯蘭國的政治意識形態，而是必須著力於改善國內的民生經濟，並擴大政治上的階級結盟，廣邀更多的穆斯林企業家入黨或是擔任政府顧問，因而出現伊斯蘭與新自由主義偕行的特殊現象。印尼既未有長遠的政治伊斯蘭運動歷史，也談不上用後伊斯蘭主義（post-Islamism）來解釋政局的發展[3]。但不可否認的是，印尼民主化之後，一方面擁抱市場追求新自由主義式的資本主義經濟，二方面則又過於快速地推動具有文化多元性的穆斯林社會，在健全的公民社會尚未鞏固，民主發展又無法擺脫政治寡頭精英的操縱，其所衍生的貧富差距、城鄉發展，以及多元文化的主張，皆讓一部分在這個過程當中未蒙其惠的穆斯林青年感受到階級跟宗教身分的剝奪感。

通常對於印尼年輕選民的印象，除了認為他們擅長於運用社交媒體外，還理所當然地認為他們大多是住在都市地區的，受過良好教育並隸屬於中產階級。但是這種想法有時會將印尼的年輕選民，過度誇大地將他們視作同一群體，並預設因為這群青年的開明進步，印尼的政治將會越來越邁向開放、包容與穩健。可是，根據位在雅加達

3　後伊斯蘭主義泛指經歷過政治伊斯蘭運動經驗者，開始反思原先的政治與宗教訴求，然而因為這些訴求在現實上不易達成，於是便轉向強調內心的虔敬，而不像先前對伊斯蘭政治運動德熱切期待。

南區的國立伊斯蘭大學「伊斯蘭與社會研究中心」（Centre for the Study of Islam and Society, PPIM），在 2017 年針對 322 位宗教課老師，1522 位高中與 337 位大學學生所做的調查顯示：在他們的受訪者之中，有六成承認他們有某種激進的宗教態度，這六成當中有一半認為對於違反伊斯蘭教規的少數宗教群體不須包容。PPIM 的調查彰顯出，印尼的宗教教育隱藏著一種巨大的危險，那些擔任宗教課講授伊斯蘭的教師，有很高的比例是帶著強烈的護教意識，用負面的角度看待非穆斯林、政府的作為以及印尼當下的經濟發展。而這批保守激進的教師將這種價值觀透過宗教課傳達給印尼穆斯林青年，而致使他們易於對社會心生憤懣。在所有的受訪者師生，有五成認為印尼經濟不好，貧富差距很大，接近七成的人認為法律制度不公平。這些對於經濟與法律運作的意見，反映出印尼的年輕世代對於現況的疑慮以及對於非穆斯林群體的不寬容（Syafruddin and Ropi 2018）。

伍、伊斯蘭學者諮議會與反宗教異端

印尼自建國以來對於宗教的政策立場，在建國之初的立憲辯論中，決定捨棄奉伊斯蘭為國教，但卻採取了一個相對性的修補策略，律定印尼國民必須信奉印尼政府認可的六大宗教。國家設立宗教部輔導各大宗教事務，但是政府對於各宗教皆抱持平等看待的中立性態度。印尼憲法雖然採取一種折衷的政教分離的立場，但是因為對於宗教事務的管轄，難不免會讓國家扮演涉入規範宗教的治理的角色。印尼社會的民主化也同時讓過往在蘇哈托時代被壓制與去政治化的穆斯林社會再度復興，各方穆斯林團體進入公共領域與國家角力，並對於爭取伊斯蘭的宗教發言權展開競逐。在此我們從印尼伊斯蘭學者諮議會（Majelis Ulama Indonesia）跟激進伊斯蘭團體的發展來進行初步討論。

印尼不像一些將伊斯蘭宗教奉為國教的國家，設有官方的最高伊斯蘭學者（或法官）組織來代表國家頒布釋令，一部分的原因當然是因為印尼的宗教政策是採取認可六大宗教的多元政策，自然就沒有立場去設立一個代表印尼中央政府的伊斯蘭法審議機構來頒布釋令。此外，印尼其他的全國性穆斯林組織，自己本身也都擁有類似頒布

釋令的能力。但是印尼政府不能無視於本身的國民穆斯林居大多數的事實。因此，伊斯蘭學者諮議會事實上具有半官方的色彩，它的經費來源一部分由政府支付，一部分則是自籌，而且政府無法完全指派或是安排它的代表選拔。這些折衷的制度性安排，反映出印尼政府想要維持一種貌似多元性的政教分離架構，但又不能無視於印尼穆斯林國民想要知道政府對於相關公共性事務以及穆斯林的宗教信仰，到底能否提供好的伊斯蘭法見解來讓穆斯林國民參考。印尼伊斯蘭學者諮議會在蘇哈托時代只是個橡皮圖章，讓印尼伊斯蘭學者有機會透過頒行伊斯蘭釋令（fatwa），來表達他們透過伊斯蘭法來表達對於印尼穆斯林社會的宗教事務的意見。[4] 基本上印尼伊斯蘭學者諮議會的伊斯蘭法見解，對於印尼政府沒有任何政策或法律上的拘束力。但是隨著印尼的民主化，印尼伊斯蘭學者諮議會獲得更多頒布伊斯蘭釋令的權力，也由於保守的伊斯蘭學者進入這個組織，而使得保守穆斯林陣營的觀點透過學者諮議會頒布釋令的權力拓展他們的影響力，介入對於印尼社會宗教政治事務的發言權（Sirry 2013）。

另一方面，政治民主化讓過往被壓抑的社會與宗教矛盾迸發出來，因此民主化開始之初，印尼國內的穆斯林對基督徒發動暴力攻擊。加上跨國伊斯蘭恐怖主義網絡的佈建，過往被理解為溫和、中道的印尼穆斯林社會，突然蒙上了暴力與好戰的面貌。雖然這種短時間急促的暴力相向，等到政經情勢稍事穩定，以及跨國性的組織網絡被瓦解之後，迅速消退。但是，由於政府在民主化之後改變威權統治的作為，加上畏懼激進穆斯林團體挑戰國家的權威，尚未充分掌握國家的中立性角色，以及體認到制止宗教暴力的重要性，因此激進的穆斯林團體自己組成武裝衛隊，對他們所反對的基督教徒或是伊斯蘭異端教派私自施加暴力。印尼社會對於蘇哈托時期的白色恐怖，對於國家暴力跟社會內部的宗教、族群與宗教暴力並未進行有系統的轉型正義的反省。缺乏這種反省，會讓印尼社會忘卻過去的暴力悲劇，也會讓民眾產生錯覺，覺得自身認

---

4 伊斯蘭宗教學者面對穆斯林的詢問各種牽涉到伊斯蘭法的問題，需要根據古蘭經、聖訓以及伊斯蘭法學，對於各種問題提出解釋、規範與律定。這些宗教釋令，在若干穆斯林國家具有程度不一的權威性，釋令也可以是宗教學者個人的見解或是穆斯林組織對穆斯林社群事務的評論；但是在若干穆斯林國家有正式的伊斯蘭法官（學者）會議，其所頒行的釋令具備國家法律見解的屬性。隨著網際網路的發達，我們可以很輕易地在網際網路上面閱讀到這些宗教釋令的觀點和辯論。

定的宗教道德訴求本身即是不可侵奪之最高正義，可以為達目的而不擇手段，甚至是透過遂行暴力來達到目標。

印尼並非伊斯蘭國家，但是因為穆斯林的人口最多，因此國家會陷入一種兩難的處境。國家以世俗性的憲法作為基本大法，而非伊斯蘭法。但是宗教部的資源仍然集中在對於伊斯蘭宗教的行政與治理。政府在憲法以及表面上允諾更多的自由，但是對於非屬於六大國家認可宗教的信仰團體卻還是可以打壓，甚至是以法律來制裁。然而，一方面政府應允更多的宗教自由，但另一方面卻顧慮過為分歧的宗教差異，會導致印尼政治秩序的不穩定，而帶來動盪。

Tim Lindsey and Helen Pausacker（2016）指出，伊斯蘭學者諮議會以伊斯蘭信仰正統化為目標來強化保守的穆斯林團體的權力，使保守的穆斯林團體或政黨環繞在以伊斯蘭學者諮議會為首的機構，來界定何者為正統與異端，透過伊斯蘭學者諮議會所頒發的釋令來取得號令（召）廣大穆斯林社群正當性，再經由外圍的好戰取向的穆斯林團體來進行暴力攻擊。而當整體社會被煽動，呈現厭惡甚至仇恨這些少數信仰群體之氛圍的時候，讓這些少數信仰群體陷於非常脆弱的處境，加上自由主義立場的穆斯林組織跟人權團體無力來保護他們的信仰與人身自由。而政府則偏向穆斯林多數的立場，對於這些受迫害的少數信仰群體所遭遇的問題，則採取一種被動的、眼不見為淨的方式來面對，縱容好戰群體的暴行。也就是說，政府反而比較擔心反對好戰穆斯林的政治煽動與群起抗議，因此為求避免捲入宗教衝突，只好縱容讓不幸的宗教暴力發生。後蘇哈托時代的印尼政府在民主化與去威權之後，突然變成一種弱國家。面對風起雲湧的政治、社會與宗教抗爭，在失去過往的非法強制性手段之後，又面臨形形色色各類型的穆斯林組織蜂擁而現，在法制的思考上進退失據，而不知道要用怎樣的政策性立場來維繫宗教自由。還是慣於用多數政治的角度在思考，避免讓政府得罪穆斯林多數，而讓少數教派淪為被犧牲的對象。政治的民主化賦與印尼社會更大的信仰自由，但是宗教自由的復返，其實需要思考印尼建國之後的解殖民諸問題。印尼共和國的政教體制，是採取避免建立伊斯蘭國家，但是卻將公民需信奉宗教列為國民義務而入憲，並規範國家認可的宗教。在形式上看起來，國家想要採取一種中立性，對各個被國家認可的宗教都採取一種同等看待的立場，但是當穆斯林對於自身的宗教信仰正當性如排山倒海般的撲向國家之時，再加上各種派性立場的穆斯林團體彼此針鋒對

畢，政府在既有的法制與政策做為上不及因應，因此便易於從偏袒顧慮穆斯林的立場，因此，即使在原則上雖應許更多的宗教自由，但在實踐上則是有所落差。

陸、鍾萬學事件：強硬派穆斯林團體反華與反基督教的集結

具有印尼華裔基督徒背景的雅加達特首鍾萬學（印尼文全名 Basuki Tjahaja Purnama；外界習慣稱呼其客語小名 Ahok，鍾萬學），自 2014 年從副首長的身分接任代理雅加達特區首長之後，他的新式治理市政的作風，引發印尼輿論多方的關注。外界對鍾萬學的參政，尤其是華文媒體，習以從印尼改革時代，越來越多華人參政的新時代意義來看待之。鍾萬學出任雅加達省長，固然有其偶然機運，但隨後他的施政表現水準，已經驗證其政治才能。然而，鍾萬學破例成為雅加達行政首長，並能獲的得多數民意的支持，除了華人少數參政的意涵之外，所謂鍾萬學現象更深層的意義，則是反映出，印尼在經濟發展所形塑的都會中產階級，內心期盼地方政府的治理能夠廉能：革除貪汙的弊病，並擺脫尾大不掉的官僚習氣，讓政治跟經濟發展一樣可以儘速步上改革的坦途。然而，制度性的變革總是不易立竿見影，因此可以觀察到，在亞洲城市的地方政治中，選民總是傾向期待魅力型首長出現，期待他們能夠傾聽基層市民的民意，並透過魅力領導的意志加速改革的進程。

鍾萬學在跟現任印尼總統佐科威搭檔競選雅加達特區首長之初，他的華人基督徒背景，就將常被反對陣營拿來當作批評跟攻訐的話題。在他正式上任代理首長積極表現，以及宣布要在 2017 年競選連任雅加達特首，這一路下來，似乎激發出一股敵視華人參政以及反華的伏流。穆斯林將鍾萬學的參選視為基督徒華人要挑戰印尼既有的政治與宗教權力格局，企圖破壞印尼穆斯林社會，背後表現出反基督教和華人的思維。

印尼社會敵視華人的心態在改革時代之後，隨著政治與社會的穩定跟經濟發展，以及政府推動的多元主義，使得反對華人的心態，雖不能說是完全消失，至少社會的主流價值不會輕易地去煽動這樣的心態。但是近十多年來，印尼華人參政的風潮，讓一些右翼的印尼菁英或穆斯林團體，心裡面產生出跟新秩序時期反華心態不一樣的心

思。他們忖度著華人除了在經濟上依舊掌控著印尼經濟的命脈，此刻在政壇上再也不是弱勢，加上在政府推動的多元主義政策下給予華人文化更多公開展現的機會，那麼華人是不是在各方面都越來越具有支配力？甚至越來越凌駕於非華人的印尼原住民？鍾萬學在雅加達特首政務上的成功及其成為媒體的寵兒，更加滋長這樣的猜疑與不滿。

除此外，中國在印尼推動的幾個大型建設計畫，與印尼國營企業有合作關係。兩國的合作建設計畫，也讓一些人疑慮，是不是讓一些印尼華人企業家在從中牟利？這股潮流與中國的一帶一路跟印尼華人參與中國的投資建設都有關係，也引發印尼反華情緒的流露，認為華人文化在印尼社會的公開展現機會實在太頻繁，懷疑這些與中國過從甚密的華人，他們的認同與政治忠誠度。甚至連不能講華語的土生華人，對於能夠使用華語和中國商人自在互動的印尼華人，同樣心中會感到有所芥蒂。不過，要理解鍾萬學的政治旋風在印尼地方政治的特殊性，不該完全侷限在探究華人參政的得失。

鍾萬學以清廉效能自許的新式治理風格，成功的促進雅加達邁向快速的都市更新，不但為雅加達市政帶來的氣象，也因為雅加達特殊的國際地位，讓自己成為印尼、華文與國際媒體的寵兒，更成為印尼政治民主多元主義跟少數參政的重要象徵。但是，鍾萬學在地方治理的效率，卻同時也牽動一種矛盾的結果。城市的經濟發展以及對老舊城區的整頓掃蕩，也使得雅加達的城市物價上揚，讓這個城市裡為數眾多，倚賴著非正式部門維生的底層群眾，生活變得更為艱困。鍾萬學的施政招致種族與宗教排它論者的怨氣，批評者認為他在雅加達實施鐵腕式的市容整頓，政策偏向中產階級而排除社會底層民眾。除此之外，環保團體跟人權團體，也質疑鍾萬學的施政作為是否真如外界所看待的那般清新。

當鍾萬學得到印尼民主奮鬥黨（Partai Demokrasi Indonesia Perjuangan, PDI-P）的提名，正加緊腳步布局籌備特首選戰沒多久，卻因為在一個公開場合回應穆斯林引用古蘭經對他的批評而賈禍，在 2016 年 9 月 27 日，鍾萬學在一個地方公開場合提到，假如有人因為受到一些種族主義者跟有心人引用古蘭經文的影響，而不願投他的票，那麼就悉聽尊便。即使他事後強調說他毫無意圖要污辱古蘭經，單純只是要提醒他的選民跟表述他尊重選民的立場。

不幸的是，鍾萬學在 9 月的公開講話的錄影，被有心人士剪輯，捏造為看似在批

評古蘭經的影片，透過網路在印尼穆斯林的手機上被廣泛傳閱。這股力量最後被一個強硬派穆斯林團體——捍衛伊斯蘭陣線所發動，11 月 4 日在雅加達市區有估計約十到二十萬的穆斯林在雅加達街頭示威遊行，抗議鍾萬學污衊古蘭經，對伊斯蘭宗教不敬，已經觸犯宗教褻瀆，應該被判刑入獄。即便在這場示威遊行進行之前，鐘鍾萬學已經在不同的場合裡對穆斯林說明致歉，但因為他仍然繼續參選明年二月雅加達特區首長的競選活動，因此所激起的保守穆斯林團體的義憤，仍未歇止。而這股義憤也被反對他的政治團體所操作，持續發酵。

就在鍾萬學獲得政黨奧援代表正式宣布參選之後，幾波的穆斯林抗議，包括著名的一些穆斯林領袖用鍾萬學的族裔與宗教背景來批評鍾萬學參選的正當性，但是他們發現鍾萬學的廉能治理市政的評價難以被撼動，因此將箭頭轉向利用他的公開發言，歸咎他觸犯褻瀆宗教的罪名。[5]

印尼宗教褻瀆罪的制定起因於 1965 年印尼國父蘇卡諾顧慮到當時猖獗的共產黨政治活動及其無神論的立場，因此制定褻瀆罪以保護當時印尼政府所認可的六大宗教不致受到共產黨政治活動的壓迫。一開始的條文非常簡要，幾乎只是一種立場的聲明。但是在 1969 年蘇哈托總統補充其內容，主要的精神在於，規範六大宗教的領袖可茲以保護自身的宗教信仰，也可有法令依據來維繫他們的宗教正統性（如教義的規範與解釋，或者正確無誤地做儀式），同時確保國家的司法力量可以遂行規範跟執行刑罰的力量。[6]

5　鍾萬學所提到，那些反對他的穆斯林群眾，最常被引用來質疑他的基督徒身分來參選之正當性的古蘭經文，乃出自於古蘭經第五章第五十一節的經句：「有信仰的人啊！你們不要以猶太人和基督徒作為你們的盟友（保護者）。他們彼此是盟友。你們當中找他們作盟友的人就是他們的人。安拉決不引導不義的人。」（全道章古蘭經譯文）來作為根據，對穆斯林選民宣揚反對投票給具有基督徒背景的鍾萬學。如同其他世界宗教的聖典，穆斯林或宗教學者對古蘭經的解釋，除了字面的理解，往往還需多方顧及經文在當時被啟示的歷史背景脈絡。雅加達伊斯蘭大學的學者指出，對古蘭經第五章第五十一節的經句的解釋，必須考量到當時穆斯林社群在伊斯蘭發展草創時期仍算是宗教少數群體，而必須在多數的基督徒與猶太教徒環伺中，與之共存並追求穆斯林社群的茁壯。因此這些經文的啟示，也可以從當時穆斯林社群必須強化集體的自我的認同界線之需求來理解，而未必定然將之理解為穆斯林要排除其他信仰群體。

6　依照條文，宗教褻瀆罪最高可判以五年徒刑。在蘇哈托執政的三十二年間（1966-1998），只

　　大型抗議活動主要都是由保衛伊斯蘭陣線來組織發起。但是印尼最大的兩大溫和中道型穆斯林組織，宗教學者復興會跟穆罕默迪亞（Muhammadiyah）都呼籲他們的成員不要參加遊行。因此，運用宗教褻瀆來反對鍾萬學參選，印尼的觀察家的解釋是將反鍾萬學延伸為挑戰印尼總統佐科威改革路線，許多人認為鍾萬學若當上雅加達特首，可以成為帶領呼應佐科威改革政治的地方諸侯，也有可能在下一回的印尼總統大選中，佐科威會繼續邀請鍾萬學擔任副手，一同參選並繼續保持勝選的戰果。因此，宗教的理由是表面性的，其背後還是政客的力量在操刀運作，希望打擊佐科威的政治威性，也提早削弱他 2019 年的大選布局政治能量。

　　浮面地來說，比較保守基進保守的穆斯林團體發起的反鍾萬學運動，可以理解為想要藉由司法的手段來瓦解他明年參選的合法性，也有人將其視之為強硬派穆斯林團體再度興起的徵兆。但是有觀察者參與 2016 年 11 月 4 日的遊行行列，並對參與者訪談了解其動機，認為這股反對鍾萬學的風潮，不能單純地這樣來解釋。原因是遊行的行列裡也不乏專業白領跟商人，也有重視靈修與誦念經文的蘇非穆斯林團體參與，甚至是提名鍾萬學競選的政黨印尼民主奮鬥黨的成員。許多參與遊行者事實上並不在意鍾萬學在雅加達的地方政治之重要性，反倒是有的穆斯林更在意他們在雅加達的公共空間舉辦活動的申請受到刁難，認為鍾萬學不重視穆斯林的需要。更值得思考的是，有些對伊斯蘭信仰較為保守堅持執著的非主流的保守穆斯林團體，在政治立場上未必具有強硬的政治色彩，但他們認為目前的印尼中央政府較疏於跟他們溝通互動，也導致出這些穆斯林群體感受到政府對他們的存在與需求不重視。鍾萬學被控訴的宗教褻瀆之罪名，正好挑動了他們心中對於政府日趨世俗化的一種不滿情緒，而跟強硬派發動的示威運動產生合流。

　　就在 12 月 2 日，保衛伊斯蘭陣線又發起第二次大遊行，事前警方逮捕八名被認定要藉機滋事的嫌疑份子。而雅加達總統已經發出警告，認為有政治分子藉機無限上綱，想要藉由這些遊行來擴大政治動盪，所幸遊行最後還是和平落幕。然而，最終鍾萬學在 2016 年 12 月 13 日被以褻瀆宗教罪起訴，隨後被判刑兩年。這個風暴也讓他

有十個判例。但是蘇哈托下台之後，根據 2000 年起到 2011 年的資料，短短十二年間判例便高達四十七件，一百二十人被判刑。

敗選，鍾萬學旋即放棄上訴並於 2017 年 5 月入監服刑。[7]鍾萬學的判刑、入獄和敗選，對反對陣營的激進穆斯林團體來說，有如建立起一座返佐科威政府的伊斯蘭灘頭堡，隨後這股政治能量會繼續發作，並在 2019 年的總統大選展現對立的能量。

柒、2019總統大選前後

2019 年四月十七日舉辦的印尼總統大選，兩組競選的總統候選人跟 2014 年的狀況相當類似，現任的總統佐科威對上退役的將軍，也是印尼前總統蘇哈托的女婿普拉伯沃（Prabowo Subianto）。憑藉佐科威第一任在位者的執政優勢，執政期間印尼政經的平穩局勢跟過去幾年的政績，選前的民調顯示，佐科威以百分之二十的幅度（各類民調顯示都有 20-30% 的差距）穩定領先對手。

但也因為佐科威自恃政績，對於強硬派的穆斯林組織保持距離，甚至批評一些伊斯蘭教士的排他激進行為，導致這些群體認為佐科威並非是一個虔信的穆斯林總統。像是前述 2016 年 12 月 2 日，保守強硬的穆斯林團體發動的 212 運動，成功動員印尼穆斯林社會抵制當時擔任雅加達特區行政首長的鍾萬學褻瀆古蘭經的事件，並成功的讓鍾萬學落選入獄，便自然認為可以延續這樣的能量，再度動員穆斯林的政治反撲來繼續削弱佐科威的政治威望，順便期待看看能不能把他們支持的候選人普拉伯沃送上總統寶座。

面對若干比較保守強硬的穆斯林團體的挑戰，佐科威透過密集的行程跟不同的穆斯林組織以及地方的宗教領袖會面，透過佐科威最擅長的社交媒體行銷（自拍＋臉書直撥），以四兩撥千金之姿來營造他跟伊斯蘭宗教圈一家親、大團圓的領袖形象，並決意邀請宗教學者理事會（MUI）主席 Ma'ruf Amin 來出任他的副手，來幫佐科威自己較弱的宗教威望加分。佐科威選擇比較保守的 Amin，也讓那些期待印尼政治改革的選民失望。在競選過程中，普拉伯沃用宗教與族群對立的修辭來煽動，以及質疑佐科威接受中國一帶一路的高鐵建案是在出賣印尼，微妙地挑動印尼社會對中國的複雜

7　2019 年的 1 月 24 號，華裔印尼政治人物鍾萬學獲得三個半月的減刑而獲准提早釋放。

情感。因此，評論家們用了兩個看起來有點矛盾，但是卻可以相互補充的觀察，認為這次大選的競選過程，是印尼大選有史以來激化宗教與民族對立最為嚴重的一次；但是，就投票過程以及選後的情勢發展中，雖然挑戰方不承認敗選，並質疑政府選務工作的中立性，但跟先前的經驗相比，這次大選算是相對祥和與寧靜。競選過程激烈到即使普拉伯沃的母親跟兩位兄弟姊妹是基督徒，都無法阻止普拉伯沃在各種場合說出敵視基督徒與中國的言論，還質疑佐科威到底是不是個合格的穆斯林？為了爭取極端立場的穆斯林選民的支持，還說要讓具有暴力形象的捍衛伊斯蘭陣線的領袖 Habib Rizieq Shihab 可以順利從沙烏地阿拉伯返回印尼。

投票過程及選後大致上印尼並未出現動盪失序的局面，或許應該歸功於 2016 年的事件，讓印尼政府心生警惕。在這個事件中，他們見識到反鍾萬學的運動是如何運用假新聞，操作族群與宗教的力量來煽動群眾仇恨怨毒的情緒，集結反撲的能量。為了因應假新聞，印尼傳播與資訊科技部特別設立特殊的部門關注與監控網路假新聞。在競選期間，假新聞捏造出另類的中國干預印尼大選論，說在印尼工作的中國人擁有假造的電子身分證可以前往投票；或者假傳消息，說印尼選委會還需要跟中國貸款讓他們去修復損壞的投票櫃；還捏造假消息說中國已經印好七千萬張投給佐科威的選票，放在貨櫃經由船運已經準備入港。這些牽扯到中國的假新聞，其實是利用印尼現代史在 1960 年代反共的恐中與反華情緒，在這種情緒的推波助瀾之下，還順帶倒打一耙，捏造佐科威是印尼華人後裔，還具有共產黨員的身分！[8]

普拉伯沃的競選搭擋烏諾（Sandiaga Uno）在接受媒體採訪的時候似乎扮演著與普拉伯沃分進合擊的角色，前者負責發出強烈的極端伊斯蘭、反中訊息，或是質疑印尼接受中國一帶一路的貸款來做高鐵工程會損害印尼的利益。而烏諾則扮演著類似白臉的角色，總是強調，這次總統大選的主要的訴求是經濟議題，跟宗教挑撥的因素無

8　印尼政府憂心強硬穆斯林團體會再上街抗議滋事，乾脆就擺出軍隊的陣勢昭告大眾。印尼情報首長 Abdullah Mahmud Hendropriyono 在選前就將這場大選定性為：多元主義與極端伊斯蘭兩種意識形態的政治對立。因此印尼三軍聯席總司令老早在四月十日，邀集三軍將帶著領荷槍實彈的部隊，並用強硬堅定的口氣公開宣示：軍方對各方競選都保持中立並受國家法律約制，但是，國軍也是印尼共和國的秩序保證者，誰若妨礙印尼憲政跟選舉，軍方就會對這些人施以霹靂手段！

關，印尼還是需要跟中國和華人攜手共創更多的投資與經濟發展機會。至於規劃中的高鐵工程，他避免用強烈的詞彙去否定，而只是委婉的提到這個融資與工程有更多的細節須要被修補強化。然而，我們不能忽略烏諾曾經跟現任的雅加達特區首長聯手搭檔擊敗鍾萬學，他們曾動員中間溫和跟保守強硬的穆斯林選民一起來投票，讓他們成功的擊敗鍾萬學。烏諾也擔任了將近一年的副首長，直到 2018 年 9 月為了參選副總統才辭去職務。即如烏諾基本上出身於商人家庭，他本人也非以訴諸伊斯蘭政治為主要形象經營的政治人物，但是他應當相當了解，要挑戰像是佐科威或鍾萬學這種類型的政治人物，以及他所身處的政治意識形態光譜，必然得訴諸穆斯林選民反對基督徒與排華的政治動員。

計票結束後，普拉伯沃不願承認敗選，利用周五清真寺禮拜後在雅加達南區聚眾表達抗議，現場也不過差不多千人左右，顯示出他質疑大選公正性的做法，並無法得到廣泛的認可。佐科威還是運用上至副總統下至普拉伯沃的將領同儕兼好友，也是現任的佐科威海洋事務部部長 Luhut Panjaitan 來溝通協商，希望規勸普拉伯沃可以放下選舉恩怨，不要再繼續抗議，製造印尼選後的不安。甚至也考慮安排兩位總統候選人可以進行私下的碰面，化解選戰的對立。一些政黨與穆斯林組織領袖也出面呼籲社會應該和解，切勿撕裂選戰的傷痕而讓它難以癒合。

挑戰執政的印尼副總統參選人烏諾雖有意淡化他們的伊斯蘭色彩，而告訴媒體說這回大選無關宗教，但其實不管是選前的態勢跟選後各省的票的分布，顯示出佐科威在非穆斯林選民人口比例較高的省份得票率較高，而普拉伯沃則在穆斯林選民人口比較高的省份得票率較高的趨勢。當然，因為印尼穆斯林人口近乎九成，我們不該推論投票給普拉伯沃的穆斯林，就表示他們都是保守反對多元的，但不能否認的是，普拉伯沃在政治結盟的策略上是選擇靠近強硬穆斯林群體的政治立場。

在大選中，佐科威很清楚對手會攻擊他的信仰虔誠軟肋，因此，他除了跟穆斯林宣教師與長老密集會晤，也在選前不斷強化他是一個虔信的穆斯林形象，包括在競選影片中他跟一群穆斯林虔誠的一起禮拜，他特別私下跟自己的孫子一起在家中禮拜，還有跟他的妻子到沙烏地阿拉伯麥加參加副朝覲（Umrah），順便與沙烏地國王會晤等，不斷地塑造他是一個虔敬的穆斯林總統。

雖然宗教與民族主義的分化修辭是這次選戰的動員主要訴求，但是這種分裂社會

的訴求，背後反應出來的其實是印尼政治與社會的重要議題，作為一個世界上擁有最大的穆斯林社群，也是號稱第三大的民主國家，當她的民主進程已經展開，而國家的經濟發展也已經迎合向全球化與新自由主義的進程，但國內日益茁壯的穆斯林社會卻也同時滋養出茁壯的保守力量，印尼國內的保守穆斯林帶著一種潛在的敵視外資跟多元文化的態度，未來該如何與印尼的經濟開放和社會的民主多元共存？。

　　由於反對陣營不接受大選結果，一場可以預見的衝突場面終於在 2019 年 5 月 21 日爆發，即使此時還是穆斯林的齋月，理當是印尼穆斯林需要靜心反思自己的信仰功修、感恩與期待即將到來的伊斯蘭新年與家人團聚，沒想到卻發生這樣的衝突。其實在這之前，印尼政府老早得到情資，不但提早公佈總統大選結果，也預先部署軍警進入雅加達，一開始的人員是規劃三萬兩千人，但直到 5 月 21 日暴動開始時，總兵力達到五萬四千多人。看到媒體傳送的衝突抗爭場面，會讓人覺得膽戰心驚，仿若 1998 年 5 月雅加達排華事件的再現。但兩相比較，這回選後的暴亂跟當時還是有所不同。1998 年的暴動起因乃是亞洲金融風暴帶來的經濟緊縮所累積的民怨，而且事先從外島省分的城市先爆發、累積，然後像傳染病一樣蔓延向雅加達。而當時的暴動在雅加達可說遍地烽火，而暴亂結束之後，當時的政府在控制情勢之後，是急忙著處理蘇哈托下台交棒的政權移交，根本無力去追究煽動暴亂的主謀跟共犯的刑責。而這回的五月暴動，主因當然是反對陣營不接受敗選結果，想要藉機滋事，看看能不能讓這個政治怒火燎原，來動搖佐科威勝選的正當性。衝突的場合看似激烈，但都集中在中、西雅加達的局部鬧區，東爪哇跟其他外島城市如坤甸、西西巴布亞（West Papua）也有偶發的零星衝突，但也都迅速控制得宜。最重要的，社會各界呼籲盡速結束衝突，團結印尼國民。雅加達差不多 5 月 22 日晚上之後，情勢就得到控制，隔日凌晨很快回復都市生活的日常，更特別的是，在情勢稍緩之時，一些民眾顧慮到維安軍警已經在白天齋戒，滴水不沾，還自行購買食物與礦泉水現場分送給他們，顯示出民眾願意信任軍警，而且關心他們齋戒時期維安的辛勞。

　　警政與情報單位陸續蒐證，而且某些事證已經呼之欲出。這些皆顯示，歷經二十餘年的民主化，印尼政府的治理能力已經有大幅進展，而人民也願意支持政府盡速穩定社會，並追究幕後主謀。在暴動之前，情報顯示曾經參與過 212 事件（2016 年 12 月 2 日在雅加達反鍾萬學的抗議）的強硬派穆斯林團體早就在謀畫起事，印尼國民使

命黨（Partai Amanat Nasional，簡稱 PAN）跟普拉伯沃所屬的大印尼運動黨（Partai Gerakan Indonesia Raya，簡稱 Gerindra）的幾位政治人物，便在預告人民即將為造假的選舉集結在雅加達選舉委員會外起義。警方從所逮捕的滋事的群眾中搜出裝在信封袋的現金，還有若干場地堆放的棍棒與石塊，以及群眾甚至使用沖天炮跟汽油彈攻擊警方，還放火焚燒警車跟警察宿舍，以至警方要用催淚彈跟塑膠子彈來鎮壓群眾，這種陣仗大概在臺灣的陳抗中鮮少看到。

而許多參與暴亂的群眾是從雅加達外地被動員進來，可以看出這是一場有預謀的計畫。警方還發現跟伊斯蘭國（ISIS）掛勾的神權游擊隊（Jamaah Ansharut Daulah）也試圖在暴動中發動炸彈攻擊，並製造群眾被軍警用火力殘暴射擊的假象，企圖引發更大的動亂。更驚人的是，已經有六個嫌疑犯被捕，他們被指控要刺殺四位中央政府閣員，包含印尼情報總局首長。至 5 月底為止，警方已經發現有幾個組織涉入，包括跟伊斯蘭國有聯繫的強硬穆斯林團體、前特戰司令 Soenarko 所帶領的團體、還有大印尼運動黨的若干成員，他們涉嫌使用一部有政黨標誌塗裝的救護車載運石塊。在這場為期兩三天的暴動雖然很快被敉平，卻導致至少六人死亡，超過七百人受傷，並且有超過兩百多位滋事者被逮捕。這是自 1998 年排華暴動之後，雅加達最大規模的暴亂事件。

2019 年 5 月總統大選完後的暴亂，可以視為是隱身在普拉伯沃深後的反鍾萬學和佐科威的保守強硬穆斯林組織與反政府政治菁英的結盟所延伸的抗爭。這次的總統大選乃是反鍾萬學事件的政治情緒能量表達的最高點，因應普拉伯沃敗選的不滿而滋事尋釁。然而，普拉伯沃在佐科威高明的政治手腕召喚下，於 2019 年 10 月同意入閣出任國防部長，這個決定也讓佐科威暫時削弱了普拉伯沃背後的保守伊斯蘭組織力量繼續抵抗的意志。

捌、結語：印尼伊斯蘭民粹主義興衰的社會基礎

Vedi R. Hadiz（2018）認為，印尼的民粹主義與土耳其和埃及相比較，土耳其的正義與發展黨（Turkish: Adalet ve Kalkınma Partisi），成功地運用民粹主義式的動

員，將穆斯林被塑造為跨階級的，整體性的虔信穆斯林大眾，打擊土耳其歷史悠久的凱末爾主義（政教分離的西方世俗化），支持土耳其總統艾爾多的長期執政。而埃及的兄弟會則是在政治強人的監控下，穆斯林兄弟會依然能執行長期的福利救濟措施，贏得穆斯林大眾堅實的草根社會支持。但印尼穆斯林的民粹動員，則缺乏堅實的階級後盾，Hadiz 分析，因為印尼的穆斯林中產階級並不像土耳其那樣掌握經濟發展的脈動。在土耳其，艾爾多成功地與穆斯林商人和中產階級，以伊斯蘭為主要的價值動員，說服他們同意加入伊斯蘭民粹主義的階級聯盟，將伊斯蘭主義與新自由主義發展的意識形態相連結，並藉此對抗土耳其的世俗取向的政治力量。而在印尼，經濟的命脈仍然掌握在華人以及對伊斯蘭信仰不那麼熱中宗教的商業大亨，印尼的穆斯林中產階級沒有強大的經濟實力當後盾，讓伊斯蘭政黨茁壯到可以執政。反之，印尼伊斯蘭民粹主義的動員，則處處彰顯出，印尼在改革時期的混亂轉型期，穆斯林亟欲著凸顯在新秩序時期，印尼穆斯林社會對於過往被世俗性的軍事威權壓制的反彈，以及對印尼民主轉型過程中的種種政治、社會、經濟和文化秩序的混亂的反應。雖然，政治伊斯蘭運動也開始在印尼開展。並沒有成功的獲得執政或是意識形態的文化領導權，基本上印尼穆斯林社群內部依舊是多樣歧異的。從繁榮正義黨在國會的席次不佳、其他激進伊斯蘭團體像是伊斯蘭捍衛陣線或是伊斯蘭解放黨等的激進訴求都無法獲得廣大的支持。此外，彼時成立的伊斯蘭保守激進組織，以整頓穆斯林道德得使命自居，改革的社會開放是一種雙面刃，它既讓印尼社會與國際社會有更多接軌，面臨世俗化的浪潮，這種開放其實也給穆斯林社會帶來道德的焦慮，而想要透過行動來匡正。

但是，印尼伊斯蘭民粹取向的組織，還是運用了伊斯蘭化的浪潮，和進行權力競逐的政治菁英結盟，他們雖然無法成為參與執政聯盟的制度性力量，但是伊斯蘭化的潮流還是讓這些伊斯蘭民粹行動者，透過伊斯蘭取得社會與政治動員的能量。Abdil Mughis Mudhoffir（2022）認為，這些伊斯蘭民粹組織，採取私有化暴力的形式，在體制外和政治菁英建立某種「掠奪性的聯盟」（predatory alliances），在不同的政治事件與選舉當中，激發穆斯林選民的宗教情感，而讓選舉結果導向對鞏固伊斯蘭政治有利的走向。在鍾萬學事件當中，他們成功地運用宗教褻瀆罪的訴求改變選舉結果，但是在 2019 年的總統大選之中，佐科威以高明的競選手法勝選，並透過邀請競選對手入閣的方式，穩定政治局勢，也遏止伊斯蘭民粹延續對政府的挑戰。

自改革時期至今，這些組織甚至成為軍警或是政治人物所收買出來滋擾製造政治動盪，雖然這種被政客和金錢政治所收買動員的現象，像是潛伏的病灶一樣在 2019 年的印尼總統大選完之後的暴動發作。最後因為他們所採取的暴力路線，終於遭到政府取締而被迫解散。改革時期以來的印尼經濟自由化與國際化所帶來的經濟快速發展，附帶所衍生的城鄉發展差距和青年就業困難等議題，雖激化了穆斯林青年投入保守伊斯蘭政治運動的可能動機，但是在總統大選完之後，似乎這些激流都暫時地偃旗息鼓。印尼的伊斯蘭民粹主義更像是一個沒有堅實社會基礎的，但是要按照政治事件的需求，來尋找宗教與政治的對立面來進行政治與宗教動員的機制。在鍾萬學事件和總統大選的抗議風波都得到明顯的證明。印尼的伊斯蘭民粹主義不像埃及和土耳其的個案，可以從社會福利服務獲得廣大的穆斯林民眾支持，或是像土耳其的執政黨一樣，透過伊斯蘭民粹主義的召喚，成功地建立起一個廣大的階級聯盟。而其他的印尼穆斯林主流團體，他們遂各自有許多宗教基層組織，但是兩個團體都有自己的政黨和進入政府服務的管道，因此不需要走偏鋒以伊斯蘭民粹主義來動員群眾得到其他的利益。

因此，印尼的民粹主義主要還是在於政治議題式的動員，目前來看，鍾萬學事件跟 2019 年的總統選舉糾紛是印尼伊斯蘭民粹主義動員的極致，在 2019 年之後，普諾多入閣擔任國防部長，捍衛陣線 2020 年被解散，基本上印尼總統佐科威已經有效地化解保守伊斯蘭政治力量的反抗，但是未來在 2024 年的總統大選，宗教民粹的意識形態是否可能再度復燃被動員來影響大選，值得我們後續的觀察。

參考文獻

王振寰、錢永祥，1995。〈邁向新國家？民粹威權主義的形成與民主問題〉，《臺灣社會研究季刊》，20：17-55。

阮曉眉，2022，〈不確定性與歐洲右翼民粹主義〉，《政治與社會哲學評論》，76：55-107

魏玫娟，2022，〈民粹主義與民主政治發展：以印度為例〉，《人文及社會科學集刊》，34(1):117-115。

Barton, Greg, Ihsan Yilmaz, and Nicholas Morieson. 2021. "Religious and Pro-Violence Populism in Indonesia: The Rise and Fall of a Far-Right Islamist Civilisationist Movement." *Religions*, 12(6): 397.

De Cleen, B., & Stavrakakis, Y. 2017. "Distinctions and Articulations: A Discourse Theoretical Framework for the Study of Populism and Nationalism." *Javnost-The Public*, 24(4): 301-319.

Hadiz, Vedi R. 2018. "Islamic Populism in Indonesia: Emergence and Limitations." In Robert W. Hefner, ed. *Routledge Handbook of Contemporary Indonesia*, pp. 296-306. Routledge Press.

Lindsey, Tim, and Helen Pausacker, eds., 2016. *Religion, Law and Intolerance in Indonesia*. Routledge.

Mudhoffir, Abdil Mughis. 2017. "Islamic Militias and Capitalist Development in Post-Athoritarian Indonesia." *Journal of Contemporary Asia*, 47(4): 495-514.

Mudhoffir, Abdil Mughis. 2021. *State of Disorder: Privatised Violence and the State in Indonesia*. Springer Nature.

Sirry, Mun'im. 2013. "Fatwas and Their Controversy: The Case of the Council of Indonesian Ulama (MUI)." *Journal of Southeast Asian Studies*, 44(1): 100-117.

Syafruddin, Didin and Ismatu Ropi. Eds. 2018. *Gen Z: Uncertainty in Religious Identity*. Jakarta: PPIM UIN Jakarta.

Tuğal, Cihan. 2021. "Populism Studies: The Case for Theoretical and Comparative Reconstruction." *Annual Review of Sociology*, 47: 327-347.

van Bruinessen, Martin M. 2011. "What Happened to the Smiling Face of Indonesian Islam? Muslim Intellectualism and the Conservative Turn in Post-Suharto Indonesia." *RSIS Working Papers*, No. 222..

Yavuz, M. Hakan, and Rasim Koç. 2016. "The Turkish Coup Attempt: The Gülen Movement vs. The State." *Middle East Policy*, 23(4): 136-148.

第 17 章

機會主義者
英國、美國、臺灣與李光耀的總理路（1955-1959）

劉曉鵬

壹、緒論

冷戰開始後，美國視反共為最重要的任務，考慮到原料與基地的取得已成國家安全問題，故調整其原本的反殖態度，外交政策在精神上與實質上都朝原來的殖民主義國家靠攏，對其最重要的歐洲盟邦——英國——也特別支持（Calvocoressi 2013, 770; Mumford 2017, 20-22）。英國雖然實力大不如前，但仍在全球反殖反帝的浪潮中力圖保留威望。美國瞭解這點，故一般不干涉其殖民地區事務，也因此學者常認為美國將新加坡視為「英國的責任」或「大英國協的責任」（British/Commonwealth Responsibility）（Gould 1969, 220; Chin 1983, 89; Subritzky 2000, 30-31; Jones 2012, 19; Hideki 2018, 156-160; Halvorson 2019, 103-130），尊重倫敦以殖民主的身份安排其前途。

也因新加坡的殖民身份，回顧其對外關係多從 1965 年獨立起。然而，獨立並非突然達成。1954 年倫敦接受林德憲法（Rendel Constitution）之後，新加坡邁向獨立已是趨勢，其領袖也受國際尊重。1955 年開始半自治後出現第一位民選領袖，首席部長（Chief Minister，半自治時期的稱呼，1959 年全面自治後稱 Prime Minister，即總理）是勞工陣線黨籍的大衛馬紹爾（David Marshall, 1908~1995）。馬紹爾 1956 年剛

本文為再版文章，原文刊登於：劉曉鵬，2022，〈機會主義者：英國、美國、臺灣與李光耀的總理路（1955-1959）〉，《問題與研究》，第 61 卷第 1 期，頁 145-185。本文經授權單位《問題與研究》編輯部同意授權重刊。

卸任就訪問中國三個月，即使沒有正式職位，仍獲極佳禮遇，與陳毅及周恩來各會談兩次並發表聯合聲明（Marshall 1996, 26-29）。

全面自治（1959~1963）與結束殖民後的吉隆坡合併時期（1963~1965），新加坡領袖頭銜都是總理，更受尊重。首位總理李光耀在自治與合併時期有許多包括蘇聯與非洲在內的國際出訪，更獲得元首級接待（李光耀 2000, 523-525; 594-607）。因此，新加坡正式獨立前的對外關係就十分豐富，惟探討有限。

在新加坡獨立前對外關係中，有限的資料顯示李光耀與美國的關係並不友好。李光耀在其回憶錄中指出，1959 年時美國政府不喜歡人民行動黨（李光耀 2000,355）。這個回憶應屬正確，因為 1959 年 5 月 30 日立法議會選舉後，李光耀當選自治邦總理，立即批評美國干涉內政，更公開稱讚北京保持中立（The Straits Times, June 2, 1959, 1; Nanyang Siang Pau, June 2, 1959, 5）。美國與李光耀似乎持續不友好，1965 年 8 月新加坡正式獨立後三週，李光耀就在記者會公開批判美國，指 1961 年中央情報局曾在新加坡活動而迫使國務卿魯斯克（David Dean Rusk, 1909~1994）道歉、1962 年過境洛杉磯時美國未適當款待、1965 年也未派醫生為他的夫人看病（陳加昌 2016, 131; Chua 2017, 63-69）。[1]

學者解釋獨立時新加坡對美國態度不佳，原因在於其試圖爭取不結盟國家的認同，且民間也有反殖反帝情緒，但新加坡被普遍接受為國家後，就改善了對美國的態度（Ang 2010, 26-27; Leifer 2013, 62-63）。蔡偉文則指出，李光耀認為華府在華人與馬來人的族群衝突中偏坦吉隆坡，故直到 1966 年美國國務助卿 William Bundy（1917~2000）當面向李保證中立，雙方關係才回溫（Chua 2014, 442-460）。也有學者認為 1966 年關係改善，是由於新加坡獨立後的經濟需求（Liu 2020, 567）。Ganesan（2005, 16）認為美新友誼的基礎是由於雙方都反共，李光耀本人也支持這樣的說法。李回顧與美國關係時主要也是以 1965 年後為主，稱其不結盟路線對美國原無好印象，但「美國準備在任何受到威脅的地方，不惜任何代價，同共產黨人對抗到底，這一點

1　李光耀夫人生病，欲前往美國醫治，但李光耀擔心其夫人赴美治病造成的政治形象，得罪亞非新興國家，要求美國國務院派特定醫師到新加坡為他的夫人治病。該醫師因故無法前往新加坡，李光耀憤而斥美國無禮。

倒讓我鬆了一口氣」（李光耀 2000, 525）。

由前述李光耀 1959 與 1965 年對美國的批評中可看出，美之前就與李有互動，因此雙方並不陌生，李光耀毋需等到獨立後再確認美國的反共決心。事實上李光耀可能 1950 年代中期就對美國在新加坡進行反共行動的決心十分熟悉，因為當時華府擔心英國離開後新加坡遭到共黨滲透，曾試圖阻擋親共的人民行動黨控制新加坡勞工運動（Long 2009, 323-351; Long 2011），而李光耀當時正是勞工運動與人民行動黨的要角。

阻擋人民行動黨就必然會阻擋李光耀，包括與李光耀的對手合作。李光耀回憶錄記載 1959 年立法議會選舉前，當李正要挑戰總理大位，美國提供金錢支持林有福政府，收錢者是教育部長周瑞麒，金額是 70 萬美元，他也成功地使對手「因接受美國人的金錢而名譽掃地」。只是更仔細看回憶錄相關插圖，會發現「華僑保險公司總經理」劉攻芸，和「被中華人民共和國列為戰爭罪犯的一個惡名昭彰的洋和尚」于斌也有贈款行為（李光耀 2000, 347-355）。這顯示除了美國之外，臺灣可能也有介入，因為這兩位受到強烈批判的人士，前者曾任國民政府中央銀行總裁與財政部長，後者是臺灣輔仁大學創校校長與樞機主教。

國民政府兩位要員介入選舉顯示臺灣可能反對李光耀。然而，不少研究都強調臺灣與新加坡的正面友誼，也多認為反共意識形態是臺灣與新加坡合作的基礎。杜漢士指出，李光耀和蔣經國的友誼並不令人驚訝，因為李光耀不信任國內左翼，故與反中共的蔣經國發展關係，而李光耀 1970 年代才結束反中共（Toh 2017, 171）。楊善堯（2019, 70-93）指出臺灣政府自蔣介石父子以降皆視李光耀為友人，兩國情誼「超越了……外交關係……是建立於私人情感上的友好互動」。李光耀自己的說法是從 1967 年開始，從軍事合作逐漸促成 1973 年的訪問，才建立起與蔣經國的友誼（李光耀 2000, 650），1967 年之前則完全沒有記載。石之瑜教授認為 1972 年美中簽訂聯合公報後，兩個反共政府才開始接近，李光耀也在見到蔣經國後「改變之前對中華文化懷疑的態度」（Shih 2016, 681-701）。

簡言之，許多資料都指出李光耀早年對共產中國有戒心，對臺灣代表的中國有好感，而絕大多數的文獻都只注意友善的台新關係，卻忽略李光耀與美國不和時，新加坡與臺灣的關係可能的變化。有少量文獻已指出蔣經國控制的國安局，曾派其親信，即掌管外圍單位「國際關係研究會」（後來的國際關係研究中心）的卜道明赴新加坡

考察李光耀，並回報李「親共」與「容共」（佚名 1992, 112-115）。[2]

　　受新加坡群眾支持的人民行動黨領袖「親共」與「容共」，那麼臺灣一定是被許多新加坡群眾排斥的對象，所以沈錡任職新聞局長期間（1956~1961），委請新加坡反共報人趙世洵，「利用新聞從業人員身份，積極展開活動，盡心竭力扭轉政府形象」（殷月瑾,1992），也自承「送錢給新加坡的首席部長林有福……幫他們競選……卻失敗了」（沈錡 2000，52），而林有福就是在 1959 年被李光耀擊敗。李光耀和臺灣的關係，在 1960 年代初似乎也不和諧，如吉隆坡 1964 年同意台設領事館，就遭到李光耀反對（陳鴻瑜 2011, 123）。此外，蔣介石 1975 年過世時，李光耀曾出言不敬，指蔣介石「微不足道」、「世界少了他也照樣能生存」（陳加昌,414-416）。總之，李光耀對臺灣的正負面紀錄，顯示臺灣與新加坡的友誼，仍有值得探究之處。

　　美國與臺灣皆曾因對抗李光耀而金援林有福政府，與當今部份學者相信的李光耀與華府及臺北的友誼有出入，也與「英國責任」的概念不符。在冷戰氣氛下，美台若介入新加坡 1959 年大選，必然是感受到新加坡即將淪陷於共黨之手，也與部份學者敘述的李光耀反共形象不符。分析早年美新關係的著作有限，而較多的研究已集中在 1960 年代後，因此本文將焦點集中在 1960 年之前，即李光耀取得政權之前。

　　本文將從華人身份認同切入，首先回顧英美對李光耀的不同詮釋，繼而分析林有福協助李光耀清理人民行動黨後，如何影響英、美及臺灣介入新加坡政治的態度。最後說明李光耀 1959 年成為總理後，美國與臺灣如何與其重建關係。由於新加坡檔案不開放，研究新加坡對外關係一般多使用英國檔案，本文則以美國國家檔案局、總統圖書館、臺灣國史館與部份中國外交部檔案為基礎，透過文獻分析法進一步審視「英國責任」的論述、釐清美台阻擋李光耀成為新加坡總理的前因後果，以更完整的視角省思冷戰中的敵我關係。

2　這位佚名發表的人士是早年的國際關係研究中心研究員方雪純。見劉曉鵬，〈敵前養士：國際關係研究中心前傳〉《中央研究院近代史研究所集刊》，82 期（2013），頁 143、163。

貳、華人身份認同

歷史上新馬一帶的華人常受到中國政局的影響，曾大批參加推翻滿清的革命活動，也積極參加抗日。不過參與者多為較晚移民的傳統華人，他們受中國文化影響，和早期移民且已受到英殖民文化影響的「海峽華人」（Straits Chinese）有很大不同。海峽華人的中國文化聯繫很弱，關心殖民地前途或英國利益，不過由於跨文化，在身份認同上常可視情況調整（Holden 2009, 8）。

華人身份調整可建構不同的中國性（Chineseness）。該建構並非一成不變，不同地域、歷史或視角會產生不同詮釋。政治上可基於利益，藉調整身份形成新的主體進行溝通（Ang 1994, 75）。王賡武把早年馬來亞華人分為三類：第一類通常忽略馬來政治，將自己的政治命運與中國連繫。第二類由較為務實際華人組成，鮮少對政治表態，成員也最多。第三類人數較少，對身份認同不確定（uncertain），對馬來亞政治事務較關心，多不會中文，海峽華人即屬此類。二戰時以「大東亞共榮圈為號召」的日本，就吸引部份第三類華人與日本合作。戰後也有同類型華人，相信以第一類華人為主的馬來亞共黨有助民族獨立，因而與之合作。另由於最大的第二類與一、三類界線模糊，海外華人政治上是「騎牆派」（Fence-Sitting）的印象也十分普遍（Wang 1970; Oyen 2010, 64）。

隨著中共崛起成為冷戰要角，龐大的東南亞華人政治傾向成為美國關心的焦點。例如美國為了反共，在教育上協助臺灣吸引東南亞華人學生（Li 158-162）。然而新加坡和東南亞其他地方不同，早有傳統華人，特別是前述第一類華人，建立起堅實的教育基礎，毋需臺灣協助，甚至有能力在 1950 年代建立第一個海外中文大學──南洋大學──展現對中華文化認知的獨立性。此外，1950 年代反殖反帝的潮流中，惟美國是從的臺灣對新加坡多數華人也毫無吸引力。美國領事館就以國民黨長期經營的中興日報虧本為證，指臺灣的國民黨不受新加坡華人歡迎（Telegram, June 21, 1955）。

國民黨不受歡迎，也對照出共產黨受歡迎。林德憲法開始賦予傳統華人選舉權，實施的背景除了中共崛起，也正值以華人為主的馬來亞共黨積極進行反殖反帝鬥爭，因此中國因素是此時要投入政治圈的新加坡政客們的重要考量。李光耀也就在這股新政治氣氛下參選。

李光耀是海峽華人，身份認同有彈性，其政治認同也視情況調整，在英殖民時期受英國教育，只會馬來文與英文，屬於前述第三類華人。日本占領時期學習日文，成為日軍報道部一員。從英國留學返回新加坡時，先參加右翼的進步黨（Progressive Party），隨著全球反殖潮興起與大批傳統華人參政，他開始轉向左翼。初入政壇時李光耀不會中國話，但那並不是問題，曾與李光耀合作的馬來亞共黨領袖方壯璧指出，當時新加坡的華校青年在殖民主義體系下處於「賤民」地位，能有英語界的菁英來靠攏，無不因敬仰而積極擁護（方壯璧 2007, 138-139）。因此說英語的李光耀，面對許多心向新中國的擁護者，即使文化上有隔閡，但仍能在政治立場上投其所好，故競選時態度上完全朝向北京。

例如韓戰使部份心向祖國的華人信心大增，因此李光耀展現第一類華人期待的中國性：「所有華人都為毛澤東政府的成就感到萬分自豪。一個政府能在幾年內革除貪污腐敗，使它頂得住美國人在朝鮮的武裝力量，這樣的政府是值得大力稱頌的。蔣介石和國民黨完了，只有一些零星的支持者還在談論反攻大陸。」為了擺脫英殖民主義，李光耀爭取第一類華人的支持，無論族群與意識形態都有意無意地向中共看齊，例如他指出「華人為中國感到異常自豪。如果要我在殖民主義和共產主義間作出選擇，我會投票支持共產主義，絕大多數華人也會這麼做」（李光耀 2000, 223; 245）。

李光耀具華人身份且如此支持毛澤東、新中國與共產主義，必然引起美國不快，這也是為何美國總領事 Elbridge Durbrow 告訴英國的新加坡總督 Robert Brown Black，李光耀應是「地下共產黨人」（secret communist），即使不是，也「和真正的共黨一樣危險」（as dangerous as if he were a member of the Communist Party），因為他被共黨所利用（Telegram, December 23, 1955）。

參、美英對李光耀的不同詮釋

美國總領事向新加坡總督指控李光耀是共黨，顯示在尊重英國的外表下，美國對英國政策的不安。冷戰初起，英美對中國威脅有不同詮釋（Warner 2011）。而東南亞原本就不是美國勢力範圍，即使國力不如以往，需要美國填補權力真空，英國仍盼

提供其豐富經驗給美國參考。然而，美國常認為英國在遏止以華人為主體的共黨擴張上，缺乏積極作為（Long 2011, 180）。

一、共黨形象的認知

Elbridge Durbrow 反映了當時許多西方學者對東南亞華人親共的懷疑。這種看法是基於海外華人遲早會落葉歸根的假設，因此心向祖國與中共（Purcell 1952; Fitzgerald 1965）。這也是為何覃炳鑫解釋，1950 年代的新加坡看來處處共黨，常是根據英文資料論述的結果。即使華人佔人口四分之三，中文文獻卻因為語言障礙而常被西方學者忽略。英文出版品普遍懷疑　中國話的傳統華人，故將許多勞工不滿或反殖運動皆視為共黨陰謀（Thum 2012, 87-109）。

美國外交官的心態符合西方普遍存在的邏輯，認為新加坡華人易為北京的民族主義與族群關係所吸引（Telegram, July 1, 1955）。華人領袖傳統上與殖民政府親近，但在全球反殖潮下，左翼的工運與學運青年已成為新一代華人領袖。新加坡大多數人不一定是左翼，但他們很難抵抗左翼誘惑，即使不親共的報紙都因民眾喜好，而刊登北京的宣傳（Memo, July 19, 1955）。

在當時的政治光譜上，最強大的左翼指的就是 1954 年崛起，由李光耀與林清祥等領導的人民行動黨。因其支持以華人為主的學運與工運，主要領袖又是華人，在族群與意識形態上皆符合當時許多西方人對共黨的看法，美國領事館因而指出「人民行動黨毫無疑問是共黨前鋒，就算有些領袖不是共黨，也會被共黨控制」（Telegram, July 1, 1955）。那麼誰是共黨？在反共的年代，罕有人自承是共黨，多是潛伏的共黨。在這種環境下，如何認定人民行動黨中的共黨份子，就十分主觀。

雖然從來沒有證據，當今無論是學術文獻或新加坡官方　法，多指認人民行動黨建黨元老之一的林清祥就是共黨領袖。即使林清祥否認自己是共黨（Telegram, October 7, 1955），就美國而言，林清祥若非共黨，至少是馬克斯主義者（Telegram, September 20, 1955）。這些沒有證據的指控成為廣為接受的知識，主要原因就在於林清祥受華人教育，也最能用左翼反殖語言煽動華人群眾，具備西方恐懼的中國共產黨形象。

李光耀和林清祥在成長過程中有明顯文化差異，但是在美國眼中都是華人，也

因此這種「共黨同路人」的認定也包括李光耀。李光耀是英文教育出身，參政之初中國話與福建話都極不流暢，因此群眾魅力遠遜林清祥。即使如此，他仍然受到華人社區與青年們的支持。要得到青年華人的支持必然有激進言論，而這些青年支持者也以「共黨式街舞」（communist-type street dances）展現對李的擁戴（Telegram, April 12, 1955）。美國領事館看到李光耀「長期擁護共黨領導的學運」（long has been the champion of communist-led school movement），更加認定他是地下共黨份子（Telegram, May 27, 1955）。

簡言之，和林清祥今天得到的罪名相同，就算李光耀解釋自己相對於說中國話的「共黨」，屬黨內的溫和派，但由於在美國人認知上他的言行仍屬激進，故仍視為共黨或共黨同路人。

二、機會主義的功能

英國是美國主要盟邦，也是新加坡的殖民主，美國對新加坡的判斷常需與英國協商，而雙方視角不盡相同。面對全球反殖浪潮，實力又有限，為維持自身地位，如Nicholas Tarling（1998, 152）指出，英國一方面壓制極端主義，另外也積極尋找合作者，展現很大的妥協範圍。英國在東南亞深耕已久，必定瞭解許多華人有政治「騎牆」情形，李光耀就在此背景下成為英國可以妥協的合作者。

近年有新加坡學者發掘英國檔案，發現倫敦與李光耀私下有合作關係，陳劍更明確指出李光耀雖原本與共黨合作反殖，但在 1957 年後已和英國組成「統一戰線」（united front）對付共黨（Chin 2008, 63-69）。換言之，雖然美國視李光耀為共黨，倫敦卻能和李光耀合作。

英國之所以和李光耀合作，關鍵在於他的機會主義性格。1957 年之前，英國認為人民行動黨有共黨支持，但對李光耀共黨性的質疑較美國輕。殖民政府向美國領事館解釋，倫敦擔心有共黨傾向的人民行動黨執政，但也說明黨內的領袖不一定都是共黨。1953 至 1957 年的布政司長（Colonial Secretary）William A.C. Goode（後於 1957 至 1959 任新加坡總督）暗示李光耀受更左的林清祥指揮，公開質疑李親共（Telegram, May 20, 1955）。

但是親共算不算是共黨？連警察的情報部門（Special Branch）的判定也模稜兩可，僅能指出李光耀十分看好未來共黨會獲勝，就其行為上來看，若非共黨，就是親共的機會主義者（opportunist）（Telegram, Sep 28, 1955）。美方向警察總長 Nigel Morris 求證，也得到類似的答案。Nigel Morris 認為李光耀因看好中國共產黨將控制新加坡而親共，雖不是共黨，但無法擺脫共黨控制（Memorandum of Conversation, April 7, 1956）。李光耀模糊的政治身份，1955-1957 年的新加坡總督 Robert Brown Black 的意見應有一定的代表性，他認為李不是共黨，而是機會主義者（Telegram, December 23, 1955）。

部份新加坡本地領袖也肯定李光耀是機會主義者的想法。勞工陣線是 1955 年新加坡首次普選後的執政黨，該黨有清楚的反共政策，也是人民行動黨的主要對手，卻沒有用共產黨來攻擊李光耀。第一任首席部長大衛馬紹爾就告訴美方，李光耀是機會主義者、反殖與民族主義者，但不是共黨（Telegram, March 6, 1956）。

為了解釋李光耀可能不是共黨又看起來像共黨的政治行為，管理華人選民事務的華民政務司兼社團註冊官（Secretary for Chinese Affairs and Registrar of Societies）J.D. Haskins 一針見血地指出，李光耀就是「政治變色龍」（political chameleon）（Memorandum of Conversation, December 27, 1956）。

在這種機會主義與變色龍的概念下，無論英國官員或親英的勞工陣線，都普遍將李光耀定位為無特定立場的左派，只是藉人民行動黨達到反殖反帝的目的。既然不一定是共黨，就有合作空間，於是英國開始利用李光耀駕馭人民行動黨。美國國務院知道英方企圖，也知道李光耀身邊有一英國特務 Alex Josey（Memorandum of Conversation, February 3, 1956）。[3] 英國主要策略是利用李光耀對付其黨內更左的政治對手，即人民行動黨內的「共黨」或激進左翼，削弱人民行動黨的左傾路線。總之，李光耀的變色龍與機會主義者的特色，使其成為與英國合作的對象。

3　據傳樹介考證，Alex Josey 隸屬英國軍情六處，二次大戰期間就開始活動，常扮演左派 (Poh 2016, 122)。Josey 跟隨李光耀多年，於 1968 年出版全球第一本李光耀傳記。

肆、林有福與李光耀合作的影響

一、清理李光耀黨內政敵

　　要與李光耀合作，就要確保李光耀在人民行動黨的地位。1955 年後英國對新加坡的行政權已多半轉移，故實際削弱行動黨還要靠勞工陣線政府執行。大衛馬紹爾於 1956 年辭職，繼任首席部長的林有福（1914~1984）希望能成為 1959 年全面自治後的第一任總理，因此更積極配合英國反共政策。但勞工陣線既然成為和英國合作的右派，在反殖潮流下，民意支持度不足，而人民行動黨中，李光耀相對於「共黨」又顯得溫和，故林有福和李光耀合作分裂人民行動黨成為可能。特別是林有福的手上有警察權，能與李光耀裏應外合。

　　即使表面上勞工陣線與人民行動黨雙方敵對，但傅樹介查閱英國檔案後指出，在倫敦撮合下，李光耀與林有福已私下合作（Poh 2016, 176-181），美國檔案也證明這點。1957 年 3 月，林有福明確告訴美國官員，他和李光耀關係「相當不錯」（quite cordial），也將會協助李對付行動黨中的「共黨」（Telegram, March 6, 1957），他認為李光耀已「在他的口袋」（in his pocket）。當時負責與林有福溝通的美國外交官是後來著名的中國通何志立（John Herbert Holdridge, 1924~2001），他向華府報告李林合作關係很快會成真（Telegram, March 28, 1957）。同年 5 月，林有福再次表示李光耀和他已「充份合作」（cooperating fully），但同時何志立也觀察到林有福可能「過度自信」（cockiness）（Telegram, May 3, 1957）。

　　到了 1957 年 7 月，林有福和李光耀「幾乎每天見面」（meeting almost daily），商討如何協助李光耀發動「清理」（sweep），林李雙方並準備要組新政黨以贏得下次大選（Telegram, July 16, 1957）。8 月，人民行動黨內部由「共黨」取得領導權，李光耀的派系辭職，而領導階層立即遭林有福政府以共黨為由逮捕（Ramakrishna 2015, 49-51）。左翼領袖消失，人民行動黨群龍無首，只好請李光耀等人回來，李光耀也順利取得該黨領導權。政壇上自然有傳聞稱李林合作對付自己的同志，李光耀在回憶錄則稱此為「誣蔑」（李光耀 2000,321）。

　　何志立在 5 月間對林有福「過度自信」的批評，逮捕後開始驗證。林有福以為助

李光耀奪黨權將獲回饋，結果卻完全相反。由於這次逮捕的多為工人領袖，林有福遭到許多勞工階級的質疑，民眾對李光耀的支持更為鞏固。稱李光耀是「政治變色龍」的 J.D. Haskins 此時已改任內安局長（Secretary for Internal Security），他告訴美方林有福已無機會，而李光耀有各方支持，除了原有的行動黨群眾，還擴大到受英文教育的年輕人（Telegram, August 29, 1957）。

　　李光耀也未曾感激林有福。鞏固權力後李光耀指李林合作的傳聞是「胡　」（nonsense），林有福是「替英國人做髒事」（doing the dirty work for the British），他沒有必要還林有福人情（Telegram, September 9, 1958）。此時李光耀與林有福合作的條件，是後者可以把他的人馬帶過來給人民行動黨（Telegram, December 11, 1958）。從李光耀的態度可看出，林有福不但失算，也吃了暗虧。

　　林有福原本代替倫敦壓制人民行動黨，但現實的英國人發現林有福難以當選新加坡首任總理，寄希望於李光耀的想法就更強烈，也解釋為何陳劍認為 1957 年後李光耀已和英國人組成統一戰線對付共黨。約自 1958 年初起，英國分析政情給美方時，已不再懷疑李光耀是共黨，更傾向強調其反共的功能（Telegram, January 21, 1958）。由於李光耀的群眾仍然有不少「共黨」，總督 William Goode 用「騎虎」（riding the tiger）形容李光耀對行動黨的領導（Telegram, January 24, 1958），雖有讚許其駕馭共黨之意，亦凸顯其難下之處。

　　倫敦的殖民部官員也開始認為李光耀是真反共，只在面對青年群眾前激進些。他們仍然擔心即使李光耀掌權也不會安然無事，因為李光耀清理不完人民行動黨內激進左翼，他們仍是黨的主要支柱，可能「在人民行動黨完全控制新加坡事務後，共黨會像特洛伊木馬一樣（搞顛覆）」（do a Trojan horse operation after the PAP is in full control of Singapore affairs）（Telegram, March 12, 1958）。

二、美英爭辯

　　英國所謂李光耀只是機會主義者，對美國而言不是新聞，因為李光耀對美國向來態度不佳，但黨內鬥爭失利時，對美國領事館的態度就會改善（Telegram, October 9, 1956）。重要的是對美國而言，機會主義就是無法信任，而英方「騎虎」或「特洛伊

木馬」等比喻也暗示李光耀不一定有能力完全駕馭行動黨及新加坡，因此美國沒有因為英國的態度就相信李光耀。如 Alex Josey 替李光耀到美國領事館尋求資金協助，仍遭美方拒絕（Memorandum of Conversation, February 3, 1956）。

美英最大的不同在於美國重視李光耀的政治語言，視其為親共證據。李光耀的群眾一心反殖，英國是殖民大國又是美國重要盟友，故群眾往往也視美國為敵。由於當時國際上許多民族主義者，常與親共路線並存，因此也形成美方形塑李光耀的重要因素，認為他會「將民族主義運動轉為在海峽的共產主義運動」，是假民族主義者（Telegram, March 6, 1956）。

為了讓美國更瞭解李光耀，英國鼓勵美方邀請李光耀訪美。因若能成行，人民行動黨的親共性必大幅降低，也會改善美國與李光耀關係。李光耀和美國雙方雖對此事有溝通，但美國擔心無法駕馭李光耀在美國的言行，李光耀也擔心造成政治自殺（political death），終未能成行（Telegram, June 25, 1956）。

林有福協助李光耀除去政治對手後，Alex Josey 告知美方，李光耀必將擔任總理，也稱只要林有福和李合作，李會考慮給林有福勞動部長的位子（Telegram, September 9, 1957）。但美國不為所動，仍試圖扭轉政局。即使林有福在 1957 年 12 月在十分重要的新加坡市議會選舉大敗，仍堅定支持林有福。[4] 支持的實際作為就是助選。林有福雖然失去英國的青睞，但與美國關係良好，常與美國領事館分享新加坡政壇資訊，最早在 1957 年 11 月就有向美國政府要求 10 萬美元支持選舉的紀錄（Memorandum of Conversation, November 13, 1957）。

美國懷疑李光耀的聲音中，只有駐英使館較瞭解英國政策，也向華府解釋倫敦是以較為現實的手法捍衛自由世界（Telegram, March 12, 1958）。英國身為殖民母國，較瞭解新加坡，盼華府接受英國的設計，接受李光耀當總理。不過，駐新加坡的官員與華盛頓決策圈皆未能聽進去。何志立與總領事都認為應在財務（financial）與道德上支持林有福（Telegram, April 24, 1958），而國務卿杜勒斯（John Foster Dulles, 1888~1959）則代表華府對李光耀的看法。他認為即使林有福聲勢弱，但「人民行動黨若勝選將是自由世界的威脅」（PAP victory would represent danger to Free World），

4　新加坡當時仍然是市，但該選舉已是 1959 年升格為自治邦大選的前哨戰。

決定支援林有福，除要求駐館與英國官員溝通（Memo, May 15, 1958），美國領館也與李光耀直接溝通。

但溝通結果並不理想。李光耀告訴美方自己能控制人民行動黨與力阻「共黨」，但無法完全掌握結果（Telegram, July 2, 1958）。李自稱反共，但對同樣反共的美方態度不佳，批評美國高傲，稱美國人在新加坡就象徵著右派及殖民主義者。如此使美領館確認李的手法就算看起來反共，由於新加坡青年激進份子太多，使其未來難估，更增加對李光耀狡猾（cunning）和不能信任（untrustworthy）的印象（Telegram, September 2, 1958）。

英國認為李光耀獲勝無法避免，而美國認為還有機會救林有福，雙方對李光耀的共黨性難以妥協。實力強大的美國表面稱尊重英國，實際操作則強詞奪理，以避免傷英美聯盟為由，堅持支持林有福（Memorandum, January 2, 1959）。東亞事務助理國務卿 Walter Robertson 告訴英國駐美大使 Harold Caccia，美國金援林有福乃為了區域穩定，暗示英國縱容李光耀會影響東南亞局勢。英方隨即反駁沒有證據顯示李光耀是共黨，也安撫美方，強調英國仍掌握新加坡，若李光耀掌權後危及英國基地安全，英國仍有權停止憲法進行直接統治，結束新加坡的自治（Memorandum of Conversation, March 6, 1959）。

美英對李光耀的態度迥異，雙方在 1959 年初有不少爭辯。總之，英方基本上認為扶不起阿斗林有福，就應扶植變色龍李光耀，而美國偏反其道而行，英國必然不滿華府干涉其殖民地。巧合的是，雙方爭辯的同時，如前述，身為反對黨的李光耀忽然得到明確的情報，詳細提供紐約帳戶的證據，指責執政的林有福收取美國人金錢。無論是誰提供資料給李光耀，不但讓林有福徹底失去民心，也讓這場英美對新加坡前途的辯論提前看到結果。

伍、臺灣的角色

一、接濟林有福

李光耀指林有福的教育部長周瑞麒 1957 年收到 52 萬美金，1958 年收到 18 萬美金（陳加昌 2016,101-105），李光耀又循線指出劉益之、周瑞麒、劉攻芸、于斌等人經手過紐約的金錢關係，據此把林有福政府打成接受美國金援的反動派。雖然美國檔案中不斷提及要提供金援給林有福，但從未提到臺灣。然而，經手的人與國民政府密切相關，表示臺灣很可能也介入新加坡選舉。

林有福政府聯合臺灣對付人民行動黨，最早的紀錄大約是 1957 年中，「新聞局駐星聯絡員」趙世洵（即前述沈錡在新加坡安排的反共報人），得知林有福政府需金援，聯絡後於 1957 年 7 月，由周瑞麒遣劉益之（亦為趙世洵報業舊識）來台，先與新聞局長沈錡接洽，尋求雙方反共合作，同時要求 30 萬美金的支持，還特別強調由於美國是白種人國家且與英國關係密切，林有福政府不便向美方索取金援。葉公超表示原則同意金援，不久後林有福政府又寄來 8 月逮捕人民行動黨中的「共黨」資料（即前述林有福配合李光耀奪權事），證明反共與合作誠意，要求臺北支付 1 萬美元旅費，以安排周瑞麒於 9 月底密訪。[5]

5　以上資料見〈沈錡呈蔣中正因新加坡教育部部長周瑞麒為謀雙方政府合作特派其代表劉益熾來臺轉交其致外交部與新聞局之函件以說明雙方合作途徑並附相關函件及談話紀錄等〉，1957 年 7 月 17 日（原件誤植為 1958 年 7 月 17 日），於《外交——葉公超周瑞麒等呈蔣中正之函件》，國史館數位典藏號 005-010205-00119-010；〈葉公超呈蔣中正因新加坡執政黨勞工陣線主席周瑞麒定於九月來臺現擬依約匯予其一萬美元以示誠意等〉，1957 年 8 月 23 日，於《外交——葉公超周瑞麒等呈蔣中正之函件》，國史館數位典藏號 005-010205-00119-001；〈葉公超呈蔣中正關於星洲虎報及自由報報導有關新加坡政府逮捕共黨顛覆分子一事確係該國執政黨勞工陣線所採之積極行動並附相關剪報〉，1957 年 8 月 23 日，於《外交——葉公超周瑞麒等呈蔣中正之函件》，國史館數位典藏號 005-010205-00119-002；〈葉公超呈蔣中正關於新加坡政府日前發表之政策白皮書及該國首席部長林有福與執政黨勞工陣線主席周瑞麒之言論確係該國當局近來重大之反共措施並附相關剪報等〉，1957 年 8 月 25 日，於《外交——葉公超周瑞麒等呈蔣中正之函件》，國史館數位典藏號 005-010205-00119-003；〈星馬雜卷 (二)〉，1957-1970 年，《外交部》，國史館數位典藏號 020-010599-0003。

周瑞麒 9 月來訪，見到了蔣介石，並於 1957 年 10 月底先收到 17 萬美金。但勞工陣線在 12 月的市議會選舉中表現極差，臺北面臨是否應持續金援的考量。葉公超知道勞工陣線政府和李光耀私下的合作，也知道林有福吃暗虧事。對是否應繼續金援，葉向蔣介石分析：「勞陣領袖缺乏與共匪鬥爭之經驗，對左派人民行動黨看法太過天真，在選舉前與該黨偽裝溫和之領袖李光耀攜手，企圖建立聯合戰線……。但人民行動黨在選舉中佔優勢後，李光耀避不見面，勞陣之聯合計劃失敗，然已噬臍不及。」

葉公超眼中的李光耀是「偽裝溫和」之新加坡版「共匪」，藉「聯合戰線」擊敗林有福，也喚醒國民黨失去中國大陸的教訓。故即使林有福選情低迷，葉公超仍然逆勢操作，評估勞工陣線占執政優勢，只要在 1959 年全面自治的立法議會獲勝，林有福「尚有可為」，故建議蔣介石「本於患難相助之義」再支付 5 萬美金助其加強組織。[6]

國內公開檔案有關金援事，大約只到 1957 年底與 1958 年初，但其他資料顯示林有福政府 1958 年仍在臺灣積極活動，包括承諾協助臺灣與吉隆坡建交，也在 12 月 27 日安排馬來亞總理之代表裕末及周瑞麒與蔣介石見面。[7] 見面後蔣介石在日記寫下

6　以上資料見〈葉公超呈蔣中正因新加坡執政黨勞工陣線主席周瑞麒擬以赴日為名於九月二十八日自港來臺已去電表示歡迎並妥籌接待方法等〉，1957 年 9 月 17 日，《外交——葉公超周瑞麒等呈蔣中正之函件》，國史館數位典藏號 005-010205-00119-004；〈劉攻芸呈蔣中正因新加坡執政黨主席兼教育部部長周瑞麒來臺之目的係為商訂反共合作辦法以為兩國建交之準備請准予其訪華期間前往謁見等〉，1957 年 9 月 26 日，於《外交——葉公超周瑞麒等呈蔣中正之函件》，國史館數位典藏號 005-010205-00119-005；〈葉公超呈蔣中正有關新加坡執政黨勞工陣線於市議會選舉挫敗之分析報告〉，1957 年 12 月 23 日，於《外交——葉公超周瑞麒等呈蔣中正之函件》，國史館數位典藏號 005-010205-00119-007。

7　以上資料見〈葉公超呈蔣中正新加坡教育部部長周瑞麒建請臺灣先行協助馬來亞聯邦共和國總理東姑拉曼實施加強巫統改善馬國經濟水準方案俟其順利連任總理後再進行建交事宜〉，1958 年 6 月 12 日，《外交——葉公超周瑞麒等呈蔣中正之函件》，國史館數位典藏號 005-010205-00119-008；〈劉攻芸函葉公超因馬來亞聯邦共和國總理東姑拉曼對於新加坡教育部部長周瑞麒為臺親擬之援巫計畫甚表贊同故與馬來亞建交事應指日可待並附該項援巫計畫等〉，1958 年 7 月 5 日，《外交——葉公超周瑞麒等呈蔣中正之函件》，國史館數位典藏號 005-010205-00119-009；〈黃少谷沈錡呈蔣中正因馬來亞總理東姑拉曼之代表裕末及新加坡教育部

「約見星島與馬來代表予以慰勉」（蔣介石日記，1958 年 12 月 28 日）。這位馬來代表全名是哈密裕末（Abdul Hamid bin Jumat, 1917-1978），也是新加坡內閣閣員。

蔣介石必定給這兩人重要「慰勉」。三天後即使在新年期間，新加坡成為蔣經國重要業務。蔣經國寫下「與春丞談接濟新加坡反共力量問題」（蔣經國日記，1959 年 1 月 1 日）、[8]「約見德美，問其有關新加坡與馬來亞之情況，關於以上二地之政經情形與歷史，知之甚少，擬請人作一專題報告」（蔣經國日記，1959 年 1 月 3 日）。[9] 一個月後新加坡更重要，「約養浩談新加坡之工作問題」（蔣經國日記，1959 年 2 月 4 日）、[10]「派道明赴新加坡從事於反共鬥爭工作」（蔣經國日記，1959 年 2 月 14 日）。[11] 蔣經國到 1959 年大選前夕仍十分關心金援林有福，故與「沈錡談接濟新加坡選舉有關問題」（蔣經國日記，1959 年 5 月 26 日）。

二、誤判情勢

從蔣介石父子重視程度來看，勞工陣線必然收到許多臺北的「接濟」，因此新加坡 1959 年大選揭曉後，蔣介石寫下：「新加坡人民行動黨李光耀此次自治選舉之勝利取得政權，不僅為亞洲共黨勢力之進一步躍進，遺禍無窮，而且亦為我個人援助各地反共派失敗之一大教訓。此次援助周林（筆者按：應指周瑞麟與林有福），只知其為執政黨而不研究爾內容實情是否值得援助與是否收效，只憑葉公超之主觀關係而不察其真偽虛實甚至為一騙局，可知官僚政客之不知責任與不可再信」（蔣介石日記，1959 年 6 月 2 日）。

隔日又寫下：「此次星洲計劃失敗之教訓：甲. 對金錢消費不需多加考慮。乙. 但

部長周瑞麟現已抵臺故請准予其等前往謁見〉，1958 年 12 月 27 日，《外交——葉公超周瑞麟等呈蔣中正之函件》，國史館數位典藏號 005-010205-00119-012。

8　春丞即沈錡，時任新聞局長。

9　德美為黃德美，時任國安局副局長。

10　養浩為陳大慶，時任國安局長。

11　道明為國際關係研究會（屬國安局政策研究室，後改稱國際關係研究中心）理事長卜道明。

對人與對事不作正確瞭解與深入考慮則決不可也」（蔣介石日記，1959 年 6 月 3 日）。
新加坡情勢發展持續困擾蔣介石，因此二日後又寫下：「人民行動黨組織政府乃為俄
共對亞洲赤化發展第二個陰謀重大成就也」（蔣介石日記，1959 年 6 月 5 日）。

和他的父親相同，蔣經國也很重視這次失敗，他在李光耀勝選後在日記上寫下：
「新加坡選舉中，左傾之人民行動黨已經得勝，吾人所支持之林有福則失敗，此又是
一次政治鬥爭之教訓，不過人民行動黨當政，亦決難持久，吾人對新馬問題，仍應密
切加以注意」（蔣經國日記，1959 年 6 月 1 日），而「赴新加坡從事於反共鬥爭工作」
的卜道明一週後返國，亦即約見，「談新加坡之情形甚詳」（蔣經國日記，1959 年 6 月
8 日）。

從資料上來看，雖然 1958 年之前臺北對林有福政府已有支持，但大約到 1959 年
初，才有感於「知之甚少」，開始找人對新加坡的「政經情形與歷史」做專題報告，
新加坡成為蔣氏父子的重要工作。蔣經國除不斷的「接濟」林有福政府，也派親信卜
道明赴新加坡指揮，可見其對林有福支持之深，後來對選舉結果也難接受，只能咒詛
李光耀「決難持久」。

美台干涉新加坡的理由相同，即李光耀和人民行動黨就是共產黨。為了擔心新加
坡像中國大陸一樣淪陷，決定慷慨解囊。但蔣介石大筆金錢花下後林有福仍慘敗，不
免有些後悔，但又自省不該太在乎錢，只好怪罪葉公超。反共意識形態使總統到外交
部長都做錯估形勢。葉公超能向蔣介石報告李光耀及林有福私下合作關係，應該是林
有福透過周瑞麒等管道告知，手法和林有福告訴美國領事館的內容相仿。聽者相信林
有福的反共決心與李光耀的狡猾，使林有福在 1957 年 12 月的市議會選舉大敗後，葉
公超和美國官員的反應都和英國人相反，相信勞工陣線政府在 1959 年的選舉「尚有
可為」。

雖然林有福政府用「美國是白種人國家且與英國關係密切」等反殖語言讓臺灣
相信美國未提供金援，但美台關係密切，這又是華人與中共事務，雙方對援助林有福
事，自然會有溝通。劉益之在 1957 年 7 月訪台尋求金援時，美方告訴臺北，援助事
以分頭進行為宜。10 月林有福政府收到臺北的 17 萬美金後，如前所述，11 月亦向美
國索援。美台都是林有福分頭籌集政治資金的對象。

針對美台資金進入新加坡的傳言，陳加昌（2015, 101-112；2016,112-119）認為

給林有福政府的鉅款不可能來自當時財政捉襟見肘的臺灣。這個看法雖然有誤，但鉅款凸顯蔣介石的反共意志，也解釋蔣在日記上的後悔情緒，更說明直到蔣介石過逝，李光耀仍對蔣出言不敬。

陸、李光耀任總理後

李光耀擔任總理之後，積極與馬來人合作，於 1963 年合併成為馬來西亞，新加坡正式擺脫殖民身份。之後由於積極參與馬來半島政治，又與馬來人衝突，故新加坡於 1965 年正式獨立。美國與臺灣的懷疑既然沒有發生，又如何調整與李光耀的關係？

一、美國態度的轉變

即使到了立法議會投票前一個月，美國仍懷疑李光耀，認為他的目標是成立「親中國大陸的社會主義馬來亞」（Socialist Malaya oriented towards Mainland China）（Memo, April 9, 1959）。等到林有福的選情已經差到連選後和李光耀談合作的能力都沒有，英國告訴美國，李光耀執政後不會違反英國目前立下的憲法，再支持林有福既危險也無助（dangerous and unproductive）。美國終於承認對新加坡情勢的估算沒有英國人準確（less sanguine），但仍看好人民行動黨內的激進派，認為他們可能會奪權，或逼李光耀離職（Memorandum, May 29, 1959）。

美國對人民行動黨的評估與擔憂，選後不久仍然沒有改變。白宮國家安全會議在 1959 年 8 月指出人民行動黨獲勝是美國與自由世界的明顯挫折（distinct setback），對剛開始自治的新加坡並非吉兆（unpromising auspice），仍然認為人民行動黨內各派系將力圖與馬來亞合併，然後「走左翼親中國大陸的路線」（adopt a leftist and pro-mainland China orientation）（Memo, August 12, 1959）。

不過，李光耀已取得政權，考慮新加坡的戰略地位，時間久了美國也必須面對現實調整政策。1959 年 11 月，曾積極反李光耀的杜勒斯國務卿，開始改變口氣。他告

訴艾森豪總統（Dwight D. Eisenhower, 1890~1969），李光耀公開表明不當共產中國擴張的前哨，故新加坡情勢仍有希望。艾森豪則順勢成為政策修正的主要推手。他認為英國仍牢牢控制新加坡，同時也批評白宮國安會的新加坡政策準則。因為這些政策準則中，面對新加坡可能陷入共黨或極左勢力，與英國商量只是裝飾，關鍵內容充滿了「單幹」（independent action）精神，執行手段「甚至包括軍事干涉」（including even military action）。艾森豪認為美國可以單方面介入獨立的東南亞國家，但新加坡是英國的責任區（殖民地），美國不能代英國履行責任，更不應對其提供經濟與技術援助，否則難道連法國責任區也要介入？艾森豪因此要求修改政策準則，未來在新加坡事務上勿再過於主動（Memo, November 5, 1959）。[12]

12　艾森豪要求修正以下條文：

Paragraph 67: Encourage and support British, Australian, Federation of Malaya and Singapore Government efforts to strengthen moderate political forces in order to counteract as much as possible the extreme left's pull on the Government. Be prepared, however, after consultation with the British, to take such independent action as necessary to accomplish this end.

Paragraph 68: In case the Communists or the extreme leftists move to gain control of the Government by legal or violent means, consult with the United Kingdom, the Federation, and if appropriate other interested parties, and as necessary support counteraction, being prepared, as necessary, to take independent action along the lines of paragraph 20. (Paragraph 20: In case of an imminent or actual Communist attempt to seize control from within, and assuming some manifest to thwart the attempt, including even military action after appropriate Congressional action)

Paragraph 69: Should overt Communist aggression occur against Singapore, place initial reliance on the resources possessed by Singapore, the British and the Federation of Malaya, but be prepared to take action, if necessary, in accordance with paragraph 19.(Paragraph 19: Should overt Communist aggression occur in the Southeast Asian treaty area, invoke the UN Charter or the SEATO Treaty, or both as applicable, and subject to local request for assistance take necessary military and any other action to assist any Mainland Southeast Asian state or dependent territory in the SEATO area willing to resist Communist resort to force: Provided, that the taking of military action shall be subject to prior submission to and approval by the Congress unless the embassy is deemed by the President to be so great that immediate action is necessary to save a vital interest of the United States.)

Paragraph 69B: Encourage efforts by the Government of Singapore to solve its political and economic problems in ways consistent with US objectives. To the extent feasible, rely on the United Kingdom to provide external financial support to Singapore and, to the extent desired by the United

　　美國在新加坡問題上，至此才開始尊重英國的意見。強烈反共的艾森豪政府對於新加坡局勢都努力找台階下，不久後接任的民主黨政府自然更尊重英國與李光耀對新加坡的安排，鮮少再表示意見，即使有衝突也保持低調。1965 年新馬分家，獨立後的李光耀考慮到安全與經濟問題，逐漸與美國改善關係，開始強調共黨威脅，也調整了他對北京的態度（Liu 2020, 567）。

二、臺灣態度的改變

　　臺灣未如美國在選舉後接受新加坡為英國責任區，對李光耀持續敵視，直到1965 年新加坡獨立時，蔣經國仍告訴美國國務院，中共正在利用李光耀，李光耀目前對於自由世界的態度，猶如蘇卡諾（Sukarno, 1901-1970）在一開始的時候一樣（"the Chinese Communists are using Lee Kuan Yew, and his current attitude towards the Free World is just as Sukarno's was at the beginning"）（Memorandum of Conversation, September 22, 1965）。1965 年新加坡獨立時，李光耀也對北京承諾「不會同臺灣蔣幫建立任何關係」（祁烽自香港電廖承志轉陳毅與周恩來，1965 年 8 月 25 日）。

　　新加坡調整對美國與北京的態度，和臺灣的關係也開始改變。如李光耀所述，台新關係在 1967 年逐漸開始建立，因為對獨立的新加坡而言，臺灣是合適的軍隊訓練場域。[13] 蔣經國寫下「審核國防部為新加坡所起草的建立武力計劃，與新加坡之合作對亞洲反共形勢而言，乃為一有利之事」（蔣經國日記，1967 年 12 月 8 日）。而臺灣軍方對形勢的解釋是，李光耀原本「反西方」、「利用與蘇俄關係⋯⋯保持反美姿態」、「在波蘭曾試圖透過匪使館，要求秘密訪問北平」，但新加坡警察最近　收「船員所攜之毛語錄」，加上「1967 年冬，李氏突赴華府⋯⋯支持美國在越南之戰爭」、「途中不

　　Kingdom, support the utilization of Free World international financial institutions in the promotion of economic development and economic reforms in Singapore. Be prepared, however, to provide US technical and economic development assistance when such assistance would be of special significance in achieving US objectives."

13　新馬不睦且相鄰，雙方一旦有衝突，新軍不免越過國界。新加坡因腹地有限難以訓練，而臺灣有類似馬來西亞的環境。

斷發表談話，支持美國，其與美國之關係亦隨之改善」，「基於以上新加坡外交政策之轉變，並參證李光耀之投機個性」，判斷將循中立路線。「新政府內幕人士透露，新洲與我國之關係，在不觸怒共匪，與我國不在新洲進行反共宣傳的條件下，希望與我有經濟上之關係」（新加坡政黨與外交之研究，1968 年 6 月 6 日）。

只要不親北京就有合作空間。雙方關係在 1969 年進一步提升，「中華民國商務代表辦事處」在新加坡設立。失去聯合國席位後（代表權投票中新加坡未支持臺灣），能與中立的新加坡交往，對蔣氏父子仍屬珍貴。李光耀 1973 年來訪，蔣介石十分歡迎，蔣經國寫下「父親囑兒好好招待，並稱其為雪中送炭之人」（蔣經國日記，1973 年 5 月 16 日）。努力招待之外，蔣經國未忘懷李光耀的善變，仍像十四年前一般，咒詛李垮台：「三天來與李某相處，發覺其為一屬害人物，不過如此而已，此人之政治生命似乎不會太長，非善類之人也」（蔣經國日記，1973 年 5 月 18 日）。二天後再寫下「李光耀之名，聞之已久，此次彼來台作私人訪問，彼此見面談話多次，發現其為一非常現實的政客，並無政治理想，不過善於運用各種矛盾，以求自保而已」（蔣經國日記，1973 年 5 月 20 日）。

與李光耀的互動中，蔣經國常淡化兩人關係，如「所談多應酬話」（蔣經國日記，1974 年 12 月 27 日）、「彼此交情不深」（蔣經國日記，1976 年 1 月 25 日）。對李光耀仍不時批評，如「李光耀勸泰與匪建交，出人意外，政客以及貪圖小利，莫不如是，亦不作奇」（蔣經國日記，1975 年 5 月 10 日），指李光耀去電吊喪周恩來，是「國際性的投機行為」（蔣經國日記，1975 年 1 月 16 日），也形容李「是一個會運用各種因素的政客」（蔣經國日記，1976 年 1 月 28 日）。

但李光耀海峽華人的彈性身份認同，必然在與臺灣交往的各種因素中，發揮一定作用。1950 年代李稱「所有華人都為毛澤東政府的成就感到萬分自豪」，拉攏親北京的新加坡選民十分有效，1970 年代拉攏臺灣時也有類似做法，在臺灣展現臺北偏好的中國性。蔣經國稱讚他「一再強調自己身為中國人而自傲，共匪正在消滅中國文化，中華民國政府必須保存和發揚中華文化」（蔣經國日記，1976 年 1 月 28 日）。

李光耀是臺灣少有的國際支持，也是國家安全層次，無論蔣經國對李光耀有何意見，「能於此時來訪，表明其反共之立場，實已難能可貴……（東南亞）惟有李光耀尚立得住，所以彼此應加強連繫」（蔣經國日記，1976 年 1 月 25 日）。因政治需求而

加強的私誼，使蔣經國自述「招待李光耀為期一周。我對其一無所求，以盡交友之道耳」（1977 年 3 月 19 日）多少有些言不由衷。若無所求，為何如此努力招待？

到了臺灣失去美國承認時，蔣經國一方面指「李光耀的基本觀念雖然是反共的，但是對共黨的認識還是非常淺薄，可慮」（蔣經國日記，1979 年 2 月 21 日）。另一方面也給了李最高評價：「李光耀總理此時來台專訪，甚為之感動。國際間尚有如此無所畏懼之友人，稍可安慰矣」（蔣經國日記，1979 年 2 月 19 日）。1970 年代蔣經國對李光耀的批評逐漸緩和、讚美逐漸提高，說明在互利的大環境下，臺灣和李光耀過去的對立，很快被新的記憶取代。

柒、結論

李光耀 1965 年之前都與北京有良好關係，因此若只注意李光耀與中國 1966 年之後的互動，常只看到衝突，無法完整表達新中關係，也使李光耀具備反共形象（Liu 2020），進而看到新加坡與美台的和諧關係。本文以 1959 年新加坡大選為核心，強調李光耀與美國及臺灣的嚴重對立，試圖透過李光耀不同時期意識形態的變遷，賦予這段友誼更完整的意義。

相較於臺灣常流於情緒性的評估，英美對新加坡政治發展的預測較正確。1961 年人民行動黨的確爆發嚴重的內鬥。李光耀險勝，人民行動黨也因而分裂，黨內左派另組新黨，成為李光耀政治上最大對手。威脅之大使李光耀在 1963 年逮捕他們並長期拘禁，至今仍是新加坡重大歷史問題。可見 1959 年前李光耀強大的「共黨」同志，的確可能在人民行動黨掌權後取而代之。

整體而言，順勢利用機會主義者李光耀造成行動黨內鬥，比起逆勢支持反共的林有福，更能消滅人民行動黨內左翼，確保新加坡留在西方陣營，可看出老練的英殖民帝國壓迫與妥協運用技巧及對華人政治身份的瞭解，高過剛成為西方領袖的美國。美國一心反共，擔心東南亞的圍堵出現漏洞，因此不尊重英國的殖民主地位，支持林有福，防止李光耀執政的手段甚至包括軍事干預。因此，美國尊重英國的殖民地位的論述，有修正的空間。以李光耀的例子來看，美國是由於扶不起林有福，才開始尊重英

國的策略。

　　蔣氏父子也重金協助林有福，故臺灣與李光耀友誼，同樣也有修正空間。蔣經國用蘇卡諾做對比的　法，點出李光耀早年與美台關係不佳的原因，關鍵就在於李是「變色龍」。身為海峽華人，李光耀的政治身份可以調整以符合各方需求的華人性。表面上和「共黨」共同反殖，私下又強調自己和這些傳統華人有別。反殖的同時可以透過 Alex Josey 與英國合作，更能和右派的林有福合作對付黨內左派對手後翻臉不認，種種因素讓美國無法信任他，自然也讓臺灣無法信任他。「機會主義」的負面情緒甚至延伸到蔣經國初見李光耀，但為了國家利益，後來的相互需求掩蓋了雙方衝突的記憶。

參考文獻

方壯璧，2007，《馬共全權代表方壯璧回憶錄》，Petaing Jaya, Selangor：策略資訊研究中心。

佚名，1992，〈政要養成所（上）——揭開國關中心的神秘面紗〉，《中外雜誌》，52（4）：112-115。

〈祁烽自香港電廖承志轉陳毅與周恩來〉，1965 年 8 月 25 日，於《關於新加坡離馬來西亞成為獨立國家及我態度，1965. 8. 10-1965. 8. 24》，中華人民共和國外交部檔案 #05-01920-01。

沈錡，2000，《我的一生（二）》，臺北：聯經。

〈沈錡呈蔣中正因新加坡教育部部長周瑞麒為謀雙方政府合作特派其代表劉益熾來臺轉交其致外交部與新聞局之函件以說明雙方合作途徑並附相關函件及談話紀錄等〉，1957 年 7 月 17 日（原件誤植為 1958 年 7 月 17 日），於《外交——葉公超周瑞麒等呈蔣中正之函件》，國史館數位典藏號 005-010205-00119-010。

李光耀，2000，《李光耀回憶錄 1923-1965》，臺北：世界書局。

李光耀，2000，《李光耀回憶錄 1965-2000》，臺北：世界書局。

〈星馬雜卷（二）〉，1957-1970 年，《外交部》，國史館數位典藏號 020-010599-0003。

殷月瑾，1992，〈先夫趙世洵先生小傳〉，《傳記文學》，60（1）：55-56。

陳加昌，2015，《我所知道的李光耀》，新加坡：玲子傳媒。

陳加昌，2016，《超越島國思維：李光耀的建國路與兩岸情》，臺北：天下文化。

陳鴻瑜，2011，《新加坡史》，臺北：臺灣商務印書館。

〈新加坡政黨與外交之研究〉，1968 年 6 月 6 日，陸軍總司令部情報署呈國防部，國軍檔案數位典藏號 57_511_6015-2_1_13_00023850。

〈黃少谷沈錡呈蔣中正因馬來亞總理東姑拉曼之代表裕末及新加坡教育部部長周瑞麒現已抵臺故請准予其等前往謁見〉，1958 年 12 月 27 日，《外交——葉公超周瑞麒等呈蔣中正之函件》，國史館數位典藏號 005-010205-00119-012。

楊善堯，2019，〈從沈昌煥與李光耀的互動看中華民國與新加坡的關係〉，中國近代史學會編，《老成謀國——紀念沈昌煥先生逝世 20 週年研討會實錄》：70-93，臺北：秀威資訊。

〈葉公超呈蔣中正因新加坡執政黨勞工陣線主席周瑞麒定於九月來臺現擬依約匯予其一萬美元以示誠意等〉，1957 年 8 月 23 日，於《外交——葉公超周瑞麒等呈蔣中正之函件》，國史館數位典藏號 005-010205-00119-001。

〈葉公超呈蔣中正關於星洲虎報及自由報報導有關新加坡政府逮捕共黨顛覆分子一事確係該
　　國執政黨勞工陣線所採之積極行動並附相關剪報〉，1957 年 8 月 23 日，於《外交——葉
　　公超周瑞麒等呈蔣中正之函件》，國史館數位典藏號 005-010205-00119-002。

〈葉公超呈蔣中正關於新加坡政府日前發表之政策白皮書及該國首席部長林有福與執政黨勞
　　工陣線主席周瑞麒之言論確係該國當局近來重大之反共措施並附相關剪報等〉，1957 年
　　8 月 25 日，於《外交——葉公超周瑞麒等呈蔣中正之函件》，國史館數位典藏號 005-
　　010205-00119-003。

〈葉公超呈蔣中正因新加坡執政黨勞工陣線主席周瑞麒擬以赴日為名於九月二十八日自港來
　　臺已去電表示歡迎並妥籌接待方法等〉，1957 年 9 月 17 日，《外交——葉公超周瑞麒等
　　呈蔣中正之函件》，國史館數位典藏號 005-010205-00119-004。

〈葉公超呈蔣中正有關新加坡執政黨勞工陣線於市議會選舉挫敗之分析報告〉，1957 年 12 月
　　23 日，於《外交——葉公超周瑞麒等呈蔣中正之函件》，國史館數位典藏號 005-010205-
　　00119-007。

〈葉公超呈蔣中正新加坡教育部部長周瑞麒建請臺灣先行協助馬來亞聯邦共和國總理東姑拉
　　曼實施加強巫統改善馬國經濟水準方案俟其順利連任總理後再進行建交事宜〉，1958 年 6
　　月 12 日，《外交——葉公超周瑞麒等呈蔣中正之函件》，國史館數位典藏號 005-010205-
　　00119-008。

劉曉鵬，2013，〈敵前養士：國際關係研究中心前傳〉，《中央研究院近代史研究所集刊》，
　　82:145-174。

〈劉攻芸呈蔣中正因新加坡執政黨主席兼教育部部長周瑞麒來臺之目的係為商訂反共合作
　　辦法以為兩國建交之準備請准予其訪華期間前往謁見等〉，1957 年 9 月 26 日，於《外
　　交——葉公超周瑞麒等呈蔣中正之函件》，國史館數位典藏號 005-010205-00119-005。

〈劉攻芸函葉公超因馬來亞聯邦共和國總理東姑拉曼對於新加坡教育部部長周瑞麒為臺親擬
　　之援巫計畫甚表贊同故與馬來亞建交事應指日可待並附該項援巫計畫等〉，1958 年 7 月 5
　　日，《外交——葉公超周瑞麒等呈蔣中正之函件》，國史館數位典藏號 005-010205-00119-
　　009. "

蔣介石日記。

蔣經國日記。

Ang, Cheng Guan. 2010. *Southeast Asia and the Vietnam War*. New York: Routledge.

Ang, Ian. 1994. "The Differential Politics of Chineseness."*Southeast Asian Journal of Social*

Science, 22: 72-79.

Calvocoressi, Peter. 2013. *World Politics Since 1945*. New York: Routledge.

Chin, Kin Wah. 1983. *The Defence of Malaysia and Singapore: The Transformation of a Security System 1957–1971*. London: Cambridge University Press.

Chin, Chong Cham. 2008. "The United Front Strategy of the Malayan Communist Party in Singapore, 1950s-1960s." In Michael Barr and Carl Trocki, eds.,*Paths not Taken: Political Pluralism in Post-war Singapore*,pp. 58-77. Singapore: NUS Press.

Chua, Daniel Wei Boon. 2014. "Revisiting Lee Kuan Yew's 1965-66 Anti-Americanism." *Asian Studies Review*, 38 (3): 442-460.

Chua, Daniel Wei Boon. 2017. *US-Singapore Relations, 1965-1975: Strategic Non-alignment in the Cold War*. Singapore: NUS Press.

Fitzgerald, C.P. 1965. *The Third China: The Chinese Communities in South-East Asia*. Melbourne: F.W. Cheshire.

Ganesan, Narayanan. 2005. *Realism and Interdependence in Singapore's Foreign Policy*. New York: Routledge.

Gould, James. 1969. *The United States and Malaysia*, Cambridge, MA: Harvard University Press.

Halvorson, Dan. 2019. *Commonwealth Responsibility and Cold War Solidarity Australia in Asia*, 1944–74. Canberra: ANU Press.

Hideki, Kan. 2018. "The Making of 'an American Empire' and US Responses to Decolonization in the Early Cold War Years". In Tomohiko Uyama, ed., *Comparing Modern Empires: Imperial Rule and Decolonization in the Changing World Order,* pp. 147-180.Sapporo: Slavic-Eurasian Research Center, Hokkaido University.

Holden, Philip. 2009. "Literature in English in Singapore before 1965". In Shirley Geok-lin Lim, Philip Holden, Angelia Poon, eds., *Writing Singapore: An Historical Anthology of Singapore Literature*, pp. 5-14.Singapore: National University of Singapore Press.

Jones, Matthew. 2012. *Conflicts and Confrontation in Southeast Asia, 1961-1965: Britain, the United States, Indonesia, and the Creation of Malaysia*. Cambridge: Cambridge University Press.

Leifer, Michael. 2013. *Singapore's Foreign Policy: Coping with Vulnerability*. New York: Routledge.

Li, Hongshan. 1998. "The Visible Hand: Washington's Role in US Cultural Relations with Taiwan." In Xiaobing Li and Hongshan Li, eds., *China and the United States: A New Cold War History*, pp 153-180. Lanham, MA: University Press of America.

Liu, Philip Hsiaopong. 2020. "Love the Tree, Love the Branch: Beijing's Friendship with Lee Kuan Yew, 1954–1965."*The China Quarterly*, 242: 550-572.

Long, S. R. Joey. 2009. "Mixed up in Power Politics and the Cold War: The Americans, the ICFTU and Singapore's Labour Movement, 1955-1960." *Journal of Southeast Asian Studies*, 40（2）: 323-351.

Long, S.R. Joey.2011.*Safe for Decolonization: The Eisenhower Administration, Britain, and Singapore*.Kent, OH: Kent State University.

Marshall, David. 1996. *Letter from Mao's China*. Singapore: Singapore Heritage Society.

Memo, July 19, 1955, Ralph Clough to McConaughy, "Singapore's Despatch 615 on Chinese Leadership in Singapore." In RG 59, Box 3261: 1955-1959 Central Decimal File, # 746F00/6-2155. National Archives, College Park, MA.

Memorandum of Conversation, February 3, 1956, Sir Robert Scott, "Commissioner General for the UK in SEA and Elbridge Durbrow, American Consul General." In RG 59, Box 3261: 1955-1959 Central Decimal File, # 746F00/10-2256. National Archives, College Park, MA.

Memorandum of Conversation, April 7, 1956, American Consul General Elbridge Durbrow and Governor of Singapore Sir Robert Black. In RG 59, Box 3261: 1955-1959 Central Decimal File, # 746F00/4-756. National Archives, College Park, MA.

Memorandum of Conversation, December 27, 1956, J. H. Holdridge, "American Consul and J.D. Haskins, Secretary for Chinese Affairs and Registrar of Societies."In RG 59, Box 3261: 1955-1959 Central Decimal File, # 746F00/12-2756. National Archives, College Park, MA.

Memorandum of Conversation, November 13, 1957, US State Department, "Possible Assistance to Lim Yew Hock." In RG 59, Box 3262: 1955-1959 Central Decimal File, # 746F00/11-1357. National Archives, College Park, MA.

Memo, May 15, 1958, "US State Department to American Consulate General in Singapore." In RG 59, Box 3263: 1955-1959 Central Decimal File, # 746F00/5-1558. National Archives, College Park, MA.

Memorandum, January 2, 1959, US State Department, "Deterioration of Political Situation in

Singapore." In RG 59, Box 3263: 1955-1959 Central Decimal File, # 746F00/9-259. National Archives, College Park, MA.

Memorandum of Conversation, March 6, 1959, Walter Robertson, "Assistant Secretary of State and Harold Caccia, British Ambassador to the US." In RG 59, Box 3263: 1955-1959 Central Decimal File, # 746F00/3-659. National Archives, College Park, MA.

Memo, April 9, 1959, US State Department, "Current Political Situation in Singapore." In RG 59, Box 3263: 1955-1959 Central Decimal File, # 746F00/4-959. National Archives, College Park, MA.

Memo, May 29, 1959, US State Department, "Singapore Political Situation on Eve of Election." In RG 59, Box 3263: 1955-1959 Central Decimal File, # 746F00/5-2959. National Archives, College Park, MA.

Memorandum of Conversation, September 22, 1965, Chinese Defense Minister Chiang Ching-kuo, Chinese Ambassador Chow Shu-kai, Chinese Government Information Office Director James Shen, INR Director Thomas Hughes, INR/RFE Allen Whiting, and EA/ROC Officer Norman Getsinger. In RG 59, Box 2652: 1964-1966 Central Foreign Policy Files, # POL16SING. National Archives, College Park, MA.

Memo, August 12, 1959, National Security Council, "Operations Coordinating Board Report on US Policy in Mainland Southeast Asia." (NSC 5809) In Box 55: Disaster File, National Security Council Staff Paper 1948-1961. (Dwight Eisenhower Library, Abilene, KS)

Memo, November 5, 1959, "Discussion at the 423rd NSC Meeting of the National Security Council." In Box 11: Ann Whitman File, Eisenhower, Dwight D: Papers as President, 1953-1961. (Dwight Eisenhower Library, Abilene, KS)

Mumford, Andrew. 2017. *Counterinsurgency Wars and the Anglo-American Alliance: The Special Relationship on the Rocks*. Washington DC: Georgetown University Press.

Nanyang Siang Pau (Singapore Newspaper Archives,) .https://eresources.nlb.gov.sg/newspapers/ , accessed on August 1, 2021)

Oyen, Meredith, 2010, "Communism, Containment and the Chinese Overseas." In Zheng Yangwen, Hong Liu and Michael Szonyi, eds., *The Cold War in Asia*, pp. 59-94. Boston: Leiden.

Poh, Soo Kai. 2016. *Living in a Time of Deception*.Petaling Jaya: Strategic Information and Research Development Centre.

Purcell, Victor. 1952. *The Chinese in Southeast Asia*. London: Oxford University Press.

Ramakrishna, Kumar. 2015. *Original Sin? Revising the Revisionist Critique of the 1963 Operation Coldstore in Singapore*. Singapore: Institute of Southeast Asian Studies.

Shih, Chih-Yu. 2016. "Affirmative Balance of the Singapore-Taiwan Relationship: A Bilateral Perspective on the Relational Turn in International Relations." *International Studies Review*, 18（4）: 681-701.

The Straits Times（Singapore Newspaper Archives, ）.https://eresources.nlb.gov.sg/newspapers/ , accessed on August 1, 2021）

Subritzky, John. 2000. *Confronting Sukarno:British, American, Australian, and New Zealand Diplomacy in the Malaysian-Indonesian Confrontation, 1961-65*. London: Palgrave Macmillan.

Tarling, Nicholas. 1998. *Britain, Southeast Asia, and the Onset of the Cold War, 1945-1950*. Cambridge: Cambridge University Press.

Telegram, April 12, 1955, American Consulate General to US State Department, "An Interim Political Appraisal of the Singapore Election." In RG 59, Box 3261: 1955-1959 Central Decimal File, # 746F00/4-1255.National Archives, College Park, MA.

Telegram, May 20, 1955, American Consulate General to US State Department, "Singapore Riots of May 12-13, 1955." In RG 59, Box 3261: 1955-1959 Central Decimal File, # 746F00/5-2055. National Archives, College Park, MA.

Telegram, May 27, 1955, American Consulate General to US State Department, "Singapore Riots of May 12-13, 1955: A Political Appraisal." In RG 59, Box 3261: 1955-1959 Central Decimal File, # 746F00/5-2755. National Archives, College Park, MA.

Telegram, June 21, 1955, from US Consulate in Singapore to US State Department, "Chinese Leadership in Singapore." In RG 59, Box 3261: 1955-1959 Central Decimal File, # 746F00/6-2155.National Archives, College Park, MA.

Telegram, July 1, 1955, American Consulate General to US State Department, "Political and Economic Assessment Situation Singapore." In RG 59, Box 3261: 1955-1959 Central Decimal File, # 746F00/7-155.National Archives, College Park, MA.

Telegram, September 20, 1955, American Consulate General to US State Department, "The Political Climate in Singapore." In RG 59, Box 3261: 1955-1959 Central Decimal File, # 746F00/9-2055.National Archives, College Park, MA.

Telegram, Sep 28, 1955, American Consulate General to US State Department, "Comments of John Higham, Director of Personnel, Government of Singapore, on Political Development." In RG 59, Box 3261: 1955-1959 Central Decimal File, # 746F00/5-2855.National Archives, College Park, MA.

Telegram, October 7, 1955, American Consulate General to US State Department. In RG 59, Box 3263: 1955-1959 Central Decimal File, # 746F00/10-755.National Archives, College Park, MA.

Telegram, December 23, 1955, American Consul General Elbridge Durbrow to US State Department, "Transmitting Memorandum of Conversation with the Governor of Singapore." In RG 59, Box 3261: 1955-1959 Central Decimal File, # 746F00/I-355.National Archives, College Park, MA.

Telegram, March 6, 1956, American Consulate General to US State Department, "The General Political Situation in Singapore." In RG 59, Box 3261: 1955-1959 Central Decimal File, # 746F00/3-656.National Archives, College Park, MA.

Telegram, June 25, 1956, American Consulate General to US State Department, "Memorandum of Conversation with Lee Kuan Yew." In RG 59, Box 3261: 1955-1959 Central Decimal File, # 746F00/6-2556.National Archives, College Park, MA.

Telegram, October 9, 1956, American Consulate General to US State Department, "Political Philosophy of Lee Kuan Yew." In RG 59, Box 3261: 1955-1959 Central Decimal File, # 746F00/10-956.National Archives, College Park, MA.

Telegram, March 6, 1957, American Consulate General to US State Department, "Singapore Chief Minister's Comments on Political Developments." In RG 59, Box 3262: 1955-1959 Central Decimal File, # 746F00/3-657.National Archives, College Park, MA.

Telegram, March 28, 1957, American Consulate General to US State Department, "Background on Current Development in Singapore." In RG 59, Box 3262: 1955-1959 Central Decimal File, # 746F00/3-2857.National Archives, College Park, MA.

Telegram, May 3, 1957, American Consulate General to US State Department, "Evolution of Political Developments in Singapore." In RG 59, Box 3262: 1955-1959 Central Decimal File, # 746F00/5-357.National Archives, College Park, MA.

Telegram, July 16, 1957, American Consulate General to US State Department, "Singapore Chief Minister's Comments on Political Conditions." In RG 59, Box 3262: 1955-1959 Central

Decimal File, # 746F00/7-1657.National Archives, College Park, MA.

Telegram, August 29, 1957, American Consulate General to US State Department, "Comments on Singapore Government's New Anti-Subversion Sweep by Chief Minister." In RG 59, Box 3262: 1955-1959 Central Decimal File, # 746F00/8-2957.National Archives, College Park, MA.

Telegram, September 9, 1957, American Consulate General to US State Department, "Inside the PAP." In RG 59, Box 3262: 1955-1959 Central Decimal File, # 746F00/9-957.National Archives, College Park, MA.

Telegram, January 21, 1958, American Consulate General to US State Department, "Colonial Office Reaction to Singapore Municipal Election." In RG 59, Box 3262: 1955-1959 Central Decimal File, # 746F00/1-2158.National Archives, College Park, MA.

Telegram, January 24, 1958, American Consulate General to US State Department, "Remarks by the Governor of Singapore Regarding the Political Situation in Singapore." In RG 59, Box 3262: 1955-1959 Central Decimal File, # 746F00/1-2458.National Archives, College Park, MA.

Telegram, March 12, 1958, American Embassy, London to US State Department, "Colonial Office Views on the Developing Singapore Situation." In RG 59, Box 3262: 1955-1959 Central Decimal File, # 746F00/3-1258.National Archives, College Park, MA.

Telegram, April 24, 1958, American Consulate General to US State Department, "Political Situation in Singapore." In RG 59, Box 3262: 1955-1959 Central Decimal File, # 746F00/4-2658. National Archives, College Park, MA.

Telegram, July 2, 1958, American Consulate General to US State Department, "Conversation with Lee Kuan Yew." In RG 59, Box 3263: 1955-1959 Central Decimal File, # 746F00/7-258. National Archives, College Park, MA.

Telegram, September 2, 1958, American Consulate General to US State Department, "Remarks by Lee Kuan Yew on Singapore Political Situation." In RG 59, Box 3263: 1955-1959 Central Decimal File, # 746F00/9-258. National Archives, College Park, MA.

Telegram, September 9, 1958, American Consulate General to US State Department, "Remarks by Lee Kuan Yew on Singapore Political Situation." In RG 59, Box 3263: 1955-1959 Central Decimal File, # 746F00/9-258.National Archives, College Park, MA.

Telegram, December 11, 1958, American Consulate General to US State Department, "British Colonial Office Working Level Views on Situation in Singapore." In RG 59, Box 3263: 1955-

1959 Central Decimal File, # 746F00/9-1158.National Archives, College Park, MA.

Thum, Ping Tjin. 2012. "The Limitations of Monolingual History." In Nicholas Tarling, ed., *Studying Singapore's Past: C. M. Turnbull and the History of Modern Singapore*, pp. 87-109. Singapore: National University of Singapore.

Toh, Han Shih. 2017. *Is China an Empire?* Singapore: World Scientific.

Wang, Gunwu. 1970. "Chinese Politics in Malaya." *The China Quarterly*, 43: 1-30.

Warner, Geoffrey. 2011. "Anglo–American Relations and the Cold War in 1950." *Diplomacy & Statecraft*, 22(1): 44-60.

第三部分

經濟創新與跨國發展

第 18 章

社會團結經濟與鑲嵌性營運模式
博蘭尼取徑的嘗試

許甘霖

前言：全球的社會團結經濟趨勢，臺灣的社會企業風潮

在資本主義持續擴大全球的不均衡發展，以及「市場經濟（market economy）是唯一行得通的制度，除此之外別無替代方案（there is no alternative）」意識型態氛圍中，全世界各地的民眾和草根組織持續嘗試和展現其他經濟模式存在的可能性。這些**泛稱為社會團結經濟**（social and solidarity economy, SSE）的替代性經濟模式，在主流經濟模式之外或夾縫中存活，因規模太小或處於邊緣而通常不受矚目，包括各種類型的生產或消費合作社、公平貿易運動、另類貨幣、社區支持農業、剩食餐廳運動等。

這股風潮也在臺灣蔓延開來，但呈現相當不同的樣貌：政府積極推動社會企業創業和相關立法、大專院校開設相關課程或設立育成中心鼓勵創業提案、草根倡議者和先行者落力推廣實踐。然而，臺灣的**社會企業風潮**有幾個問題。首先，「社會企業」（social enterprise）一詞有侷限性。無論如何定義，社會企業主要是個企業體（enterprise），但多數的社會團結經濟形式，既非企業（如半官方組織、非營利組織、社區發展協會等）、亦非組織形態（如社區或社群網絡、合作平台，甚至是高流動性的鬆散團購社群），甚至不產生利潤（如社區換工互助）。由於各種社會團結經濟形式的社會條件不同，侷限於社會企業的框架，可能影響其他社會團結經濟形式取得資源

和發展的空間。

其次，臺灣的社會企業風潮有濃厚的「商學思維」。這種商業思維不是營利思維（損益平衡至少是企業存活的重要關鍵），而是「以營利事業的營運模式」來思考、推動社會企業。「企業性」或「營運模式」成了思考社會企業的核心概念，而「社會性」則成了類似企業形象的偶合要素。這當然不是說「營運模式」不重要，而是這種思維無法將社會企業宣稱的「社會性」納入營運模式，結果就是對「社會企業」這稱號的誤解、挪用，甚至是濫用。

第三，社會企業追求的另類價值難以納入營運模式中，而成了據說是與營利取向不相容的「理念堅持」，且正因這種咬牙苦撐而不是成功的營運模式，成了社會企業存活的方式。這種苦行僧精神誠然值得讚佩，但無助於社會團結經濟的發展，就像強調「務農很辛苦」的食農教育，對農業復興並無幫助一樣。

要解決這三個問題，必須跳脫社會企業的狹隘框架，並構思替代性的「營運模式」概念，以納入社會團結經濟有別於主流營利事業的特性。本文使用「社會團結經濟」取代含義較狹隘的「社會企業」，嘗試提出一個能掌握社會團結經濟特殊性的「營運模式」概念。底下先簡述社會團結經濟的歷史與現狀；接著透過「經濟是嵌置過程」的詮釋，將 Karl Polanyi 的整體性分析取徑重新概念化為「鑲嵌性矩陣」，據此提出社會團結經濟的四個特徵，進而與「營運模式」結合起來，成為用來分析社會團結經濟的「鑲嵌性營運模式」，再以剩食餐廳七喜廚房為例，測試鑲嵌性營運模式的運用。

壹、價值體制典範的轉移？社會團結經濟的興起

「團結經濟」（solidarity economy）作為一個**經濟組織化**的概念（economic organizing concept）最早出現於 1937 年西班牙內戰期間，Felipe Alaiz 提倡在城市和郊區的工人集體間創建團結經濟（*economía solidaria*）。目前該詞的用法出現於 1980 年代初期的法國和南美洲。歐洲團結經濟（*économie solidaire*）的興起源於「社會經濟」（social economy）的行動主義，以及在傳統以市場和國家為主的制度之外透過

「第三部門」政策來解決社會和經濟排除問題的悠久傳統。在哥倫比亞，團結經濟出現在合作社運動（cooperative movement）中，而合作主義（*cooperativismo*）則是創建不同經濟體之政治願景的一部分。在智利，經濟學家 Luis Razeto 借用地質學概念將團結經濟看成經濟的截切「部門」（cross-cutting "sector"），納入該部門的企業都具有合作與團結這種「經濟理性」（economic rationality）。在這些概念和實踐的基礎上，團結經濟逐步發展，成為不斷壯大的社會運動，並在世界各地形成強大的經濟行動網絡。1997 年，國際團結經濟小組（*Grupo Internacional de Economía Solidaria*，簡稱 GES）在秘魯利馬召開會議，首次把世界各地實踐團結經濟的代表召集在一起，成為後來的社會團結經濟洲際推廣網路（*Red Intercontinental de Promoción de la Economía Social Solidaria*，簡稱 RIPESS）的前身（Miller2010）。

由於分歧的歷史和社會起源，以及具體形式的多樣性和異質性，有關「社會團結經濟」的概念缺乏共識。Miller（2010）認為，在面臨替代性經濟方案問題時，倡議者通常忍不住制定藍圖來闡釋「經濟」應該怎樣運作。這些替代性經濟結構的「藍圖」雖能用來釐清工作思路和激發行動，但以此為核心的社會變革策略會有問題：首先，沒有人能為數百萬人口規劃出一個經濟結構，而藍圖規劃經常會失去集體想像和創造過程中產生的豐富內容；其次，這些規劃可能導致人們就政治路徑進行不明智的選擇，特別是淪為意識型態或路線之爭。

據此，Miller 歸納社會團結經濟特徵來取代為之下定義：首先，團結經濟是個開放的過程和邀請，追尋「路是走出來的」的理念，是「**包含各種運動的運動**」（movement of movements），不斷尋求相互聯繫和可能性，並堅持履行具有共同價值的改造責任。這種「運動」的優勢和創新之一是能超越派系主義。其次，團結經濟的核心信仰，是**人們具有為自己找到替代方案來解決經濟問題的創造力和能力**，而團結經濟透過相互支援將各種既存和初萌的替代性方案連結起來。

誠然，制定藍圖闡釋「經濟」該怎樣運作或可能落入派系主義和路線之爭，但拒絕這種藍圖也不見得就能豁免。並且，這種樂觀主義似乎也預設某種自發性秩序（spontaneous order）：只要釋放人們的創造力，社會團結經濟就能蓬勃發展。雖然不需有個「畢其功於一役」的整體性藍圖，但若有個微型藍圖可供參考，或許能大大縮短試誤過程，讓這個「包含各種運動的運動」更為蓬勃發展。出於這樣的旨趣，本文

嘗試發展出對社會團結經濟而言適足於實作（practically adequate）的概念架構。底下透過 Karl Polanyi 整體性分析取徑的重新詮釋，為這個概念架構提供理論基礎。

貳、鑲嵌性、鑲嵌性矩陣，與鑲嵌性營運模式

Karl Polanyi 的《鉅變》主要探討十九世紀文明瓦解的政治和經濟根源：市場與有組織社會生活兩者之必要條件的衝突，為十九世紀提供動力，並產生了最終摧毀社會的典型張力和壓力，而外部戰爭不過是加速其毀滅。市場社會的問題在於這一整套成問題的預設：人的經濟活動遵從所謂經濟理性，只要沒有外部干預，市場制度就會自發形成，因而最自然的經濟體系乃由市場組成且只受價格機制控制，而以這種市場為基礎的人類社會應該是所有進步的目標。Polanyi 深不以為然，他認為：根據人類學和歷史學對前市場社會經濟型態的研究，人類行為與這組預設幾乎截然相反，以自我調節市場組織起來的經濟生活完全不自然。

Granovetter（1985）將前市場社會之經濟行為的研究取徑，分為實質論學派（substantivist school）和形式學派（formalist school）：前者認為早期社會的經濟行為高度地鑲嵌於社會關係中，且鑲嵌性程度（level of embeddedness）隨著「現代化」的推進而降低；後者認為早期社會和現代市場中經濟行為的鑲嵌性程度無多大差別，人類從來都不缺自利心和營利傾向。Granovetter 接受 Parsons「社會行動主要是由內化的規範和價值所導引」的唯意志論取徑，認為實質學派和形式學派分別有過度社會化（over-socialized）和低度社會化（undersocialized）的問題，進而主張：無論在早期社會或現代市場中，經濟行為一向鑲嵌於社會關係中，但這種鑲嵌性的程度並不若實質學派主張的那麼高，也比形式學派主張的更為顯著（Granovetter1985, 481-483）。

Granovetter 的新經濟學宣言某種程度上促發了學界對 Polanyi 的重新關注，但也誤導了對 Polanyi 鑲嵌性概念的理解：**Polanyi 對經驗性經濟體（empirical economy）的分析是從動機、整合方式（或行為原則）和制度模式間的複雜交織關係，整體性地加以把握**，但在 Granovetter 這裡，這種經濟的鑲嵌性則化約為**經濟行為中經濟動機與非經濟動機的相對優勢問題**。以一種數理的**類比**來說，鑲嵌性在 Polanyi 那裡是一

組包含不同維度、大小和方向的向量（vector），但在 Granovetter 這裡成了**只有數量級（magnitude）**的純量（scalar）。

事實上，Polanyi 在《鉅變》裡提出，而在〈經濟是嵌置的過程〉（The Economy as Instituted Process, 1957）裡完整闡述的「整體性分析」，遠比 Granovetter 詮釋的更為立體、深刻而豐富，並提供分析社會團結經濟的重要啟發。

一、經濟是嵌置的過程

Polanyi 認為，十九世紀社會的先天弱點不是工業社會，而是**市場社會**（market society）：市場社會是個**政治與經濟領域分離、商品虛構為思維模式、自律市場為組織化原則**的社會型態；也只有這種社會型態，才能提供**市場經濟**（market economy）的存在條件。而市場經濟背後有兩個不尋常的預設：首先，市場經濟是個只受市場控制、調節及引導的經濟體制，財貨生產及分配的秩序從屬於這個自我調節機制。其次，「價格形成收入」（prices form incomes），所有收入皆來自市場銷售，也都足以購買所有生產出來的財貨。Polanyi 認為，除非社會以特定方式從屬於自我調節市場的各種需要，否則這樣的制度模式無法運作：市場經濟只能存在於市場社會中，因為市場經濟必須包含工業生產的所有要素，包括勞動、土地及貨幣。然而，勞動與土地不過是每個社會皆有的人類本身及其存在的自然環境，將之納入市場機制意味使社會自身的意義從屬於市場的規律（Polanyi, 2001[1957], 71-72, 74-5）。

Polanyi 嚴屬批判關於勞動、土地與貨幣的商品假定，因為若是讓市場機制主導人類命運和自然環境，將導致社會的瓦解（Ibid., 76）。這個批判的論據，來自 Polanyi 對「economic」之實質與形式意義（substantive/formal meanings）的區分，而考察**經驗性經濟體**最大的阻礙，是「economic」之實質意義與形式意義的混淆：

> 「economic」之實質意義源於人類生活對自然和同伴的依賴。它是指人與其自然和社會環境之間的互相轉換（interchange），進而提供人類滿足物質想望的手段。「economic」之形式意義源於手段－目的（means-ends）關係的邏輯特性，常見於『簡約的』（economical）或『節約的』（economizing）這類詞語。它指的是這樣一個

明確的選擇情境，亦即因為手段不足而造成要在手段的不同用途之間進行選擇。如果我們把決定手段選擇的規則稱為理性行動（rational action）的邏輯，則或可用個權宜的術語來指稱這個邏輯變體，即形式經濟學（formal economics）。（1968[1957], 139-140）

　　形式意義源自邏輯，指的是在不充分手段的不同用途間進行選擇的一組規則，是心靈的法則。而實質意義源自事實，指的既不是選擇也不是手段的不足，因人的生計（livelihood）不見得涉及選擇，即使存在選擇，也未必是受限於手段的稀缺，這是自然的法則。「economic」的這兩種根本意義，就語意而言處於對立且毫無共通之處。然而，由於近兩世紀以來西歐和北美出現一種諸定價市場形成的體系（system of price-making markets）所支配的經濟型態，格外適用以形式意義為基礎的方法，「economic」之形式與實質意義才得以相符（Ibid., 141）。

　　從經濟的實質意義來考察經驗性經濟體有何不同？這裡涉及 Polanyi 提出之經濟生活中多樣的**行為原則**（principle of behavior）或**整合方式**（mode of integration），以及相應的**行為動機**和**制度模式**。Polanyi 根據前人及自己對原始經濟和古代經濟的研究指出：所謂的經濟動機源於社會生活的背景，故經濟行動通常包含**複雜的動機**（如社會聲望、社會認同），而無所謂單純的經濟動機。人類經濟行為除了**交換**（exchange），還有**互惠**（reciprocity）和**重分配**（redistribution）等行為原則或整合方式，除非既存制度模式有助於這類行為原則的實施，否則這些整合方式無法產生效力：互惠和再分配所以能在缺乏書寫記錄和複雜行政管理的情況下確保一個經濟體系的運轉，是因這些社會的組織符合藉助對稱結構（symmetry）和輻輳結構（centricity）作為解決方案的必要條件，而就對稱結構和輻輳結構這類制度模式來說，經濟只是其附屬功能。**只有在市場社會中，僅以獲利為經濟動機、只透過交換作為整合方式，且市場只是交換的制度模式**。換句話說，Polanyi「經濟是嵌置過程」所指的，正是經濟活動中動**機的複雜性、整合方式的多樣性**，以及**制度模式的多價性**（或多功能性）。

　　那麼，又如何理解「**經濟重新嵌置於社會之中**」？在《鉅變》第三篇的章節裡，Polanyi 從第二次世界大戰甫結束的時間點上展望：經過一個世紀的盲目「改進」後人類正恢復其「安居」（habitation）。若不想讓工業主義消滅人類，就得使之從屬於

人性的要求。但傳統制度的崩潰並未讓我們處於真空，在那些飽受自我調節市場摧殘的國家裡，經濟體系不再為社會立法，也確保了社會對經濟體系的優位性。即使就原則上來說，市場體制也不再是自我調節的，因為**勞動、土地和貨幣都從市場撤離出來了**：在**勞動**方面，工資契約不再是私人契約，工廠條件、勞動時間、契約樣式，甚至基本工資，都在市場之外決定；工資差別在經濟體系中持續發揮重要作用，但在與金錢收入直接相關的動機外，其他動機可能比勞動的財務面向更為重要。在**土地**方面，是將土地併入明確的制度（如家園、合作社、工廠、城鎮、學校、教會、公園和野生動植物保護區等）。在**貨幣**方面，主要國家開始遵循功能財政（functional finance）的原則，財政預算是為了達成明確目標，而稅收的目的不再是為了支出或投資。然而，市場社會的終結並不是各種市場不再起作用。這些市場仍以各種方式繼續確保消費者的自由、顯示需求的轉變、影響生產者的收入，並發揮審計的作用，但已完全不再是個經濟自我調節的機關。（2001[1957], 259-260）

　　換句話說，「經濟重新嵌置於社會中」，不過是在觀念和行動上**體認並回歸**經濟行為中動機的複雜性、整合方式多樣性和制度模式的多價性，勞動、土地和貨幣因「去商品化」而不再是由市場調節價格的虛構商品；後市場社會不是回到**前市場社會**，而是社會從自我調節市場的主導中解脫出來，從而給人類提供更多自由的可能性。

　　以批判實在論（critical realism）的術語重新描述，經濟現象是包含動機、整合方式和制度模式的湧現結構（emergent structure）。在**前市場社會**中，經濟行為嵌置（instituted）、浸沒（submerged）於廣泛多樣的動機、整合方式和制度模式之中，而不僅限於獲利、交換和市場的組合。在**市場社會**中，市場經濟這個聚現結構由獲利動機、交換的整合模式，以及市場制度所組成。形成這個湧現結構的社會前提是勞動、土地及貨幣成為虛構商品，以及市場機制控制、調節及引導財貨生產及分配的秩序。一旦這個聚現結構佔主導地位，包括勞動、土地、貨幣都被納入市場機制，從而使社會自身的意義從屬於市場的規律。而在**後市場社會**中，勞動、土地和貨幣因「去商品化」而不再是由市場調節價格的虛構商品，經濟重新嵌置於複雜的動機、多樣的整合方式和多價的制度模式之中。

二、鑲嵌性矩陣：Polanyi的整體性分析

Polanyi 的整體性取徑強調經驗性經濟體中人類複雜的行為動機、多樣的整合方式和多價的制度模式間之**交織和交互作用**，如何提供穩定的**生活形式**。據此，本文將「經濟是嵌置的過程」概念化為「鑲嵌性矩陣」（matrix of embeddedness）：**我們觀察到的經濟現象，可以理解為具有特定因果作用力或傾向（causal power or liabilities）的各種動機、整合方式和制度模式等要素交織互動的湧現現象。**

我們可以透過圖式化，進一步闡明前市場社會、市場社會和後市場社會的鑲嵌性矩陣。在**前市場社會**（pre-market society）的鑲嵌性矩陣裡，「獲利 - 交換 - 市場」這組要素「浸沒」、「嵌置」於社會架構中，社會甚至有意將之隔離在特定範圍內，以減少對社會生活的影響（圖 18-1）

在**市場社會**——亦即以市場經濟為主導、以自我調節市場為社會組織原則的社會——的鑲嵌性矩陣中，「獲利－交換－市場」這一組要素成為主導社會生活的聚現結構（市場經濟），勞動、土地和貨幣成為虛構商品，社會各層面從屬於自我調節市場的運作（圖 18-2）。

而在**後市場社會**（post-market society）中，勞動、土地和貨幣因**自市場撤離出來**而不再是由市場調節價格的虛構商品，經濟重新嵌置於複雜的動機、多樣的整合方式和多價性的制度模式之中（圖 18-3）。

透過「鑲嵌性矩陣」的概念，對具體經驗性經濟體的整體性分析得以聚焦於**具有特定因果作用力或傾向的動機、整合方式和制度模式**，以考察**這些要素如何交織起來，並產生怎樣經濟現象和社會後果**。特別是「獲利 - 交換 - 市場」這組向量與其他社會向量間的關係如何影響經濟生活。

循此鑲嵌性矩陣的思路，本文在 Miller 歸納的兩個特徵的基礎上，再加上四個社會團結經濟的特徵。首先，各種社會團結經濟，通常是主動（proactive）或被動（reactive）因應市場經濟或資本主義生產方式導致的**具體社會問題**（specified social problem）而發展起來：如因應跨國企業剝削小農的公平貿易、因應市場交易環節不透明造成農食安全衛生疑慮而起的消費合作社或社群支持型農業、因應食物浪費與飢餓並存而興起的剩食餐廳或食物銀行、對抗居住成為炒作標的而起的自力造屋⋯等

圖18-1：前市場社會的鑲嵌性矩陣

圖18-2：市場社會的鑲嵌性矩陣（matrix of embeddedness in market society）

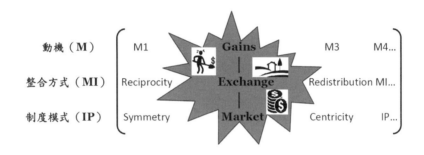

圖18-3：後市場社會的鑲嵌性矩陣

等。就這意義而言，社會團結經濟通常有診斷體制和對治具體社會問題的意涵，此為其診斷性（diagnostic）特徵。

其次，雖說經濟總是鑲嵌在社會關係中，但相較於市場經濟中典型的資本主義企業，以及實存社會主義的國有企業，各種社會團結經濟的日常運作**更仰賴**獲利以外的動機（如庇護性購買、倫理消費）、交換以外的整合方式（如二手物資捐贈、勞務交

換、合作）、市場和政府以外的制度機制（如社群網絡和非政府組織），甚至私有制以外的財產制度和貨幣以外的交換媒介（如社區貨幣）等等，故謂社會經濟（social economy），此為其**運作性**（operational）特徵。第三，各種社會團結經濟，無論是主動或被動因應具體社會問題而發展起來，通常追求團結、合作、互惠、平等、公平或環保等**有別於**競爭、效率、剝削、非個人化、利益極大化等市場經濟和資本主義企業的**規範性**價值，故謂團結經濟（solidarity economy），此為規範性（normative）特徵。

最後，根據前面三個特徵，各種社會團結經濟的日常運作本身，無論成功與否及程度為何，即伴隨著對治具體社會問題的後果。換句話說，社會團結經濟的運作**根據事實本身**（*ipso facto*）將產生至少與其對治問題和標舉理念相應的外部性後果，此為其**後果性**（consequential）定義。這個定義的重要性在於：獲利本身不是社會團結經濟的必然結果（可能是虛耗熱情和資金），對「社會公益」的投注也不是根據獲利狀況而定的偶合現象。

根據以上四個特徵，比如說公平貿易運動（fair trade movements），起於解決「低度發展國家弱勢生產者，因跨國企業、資本主義市場和自由貿易的結構性剝削而持續邊緣化」的努力（此其病理學特徵），倡議生產與消費關係中團結、合作、公平的價值（此其規範性特徵），並透過公平貿易組織的中介以及公平貿易企業與弱勢生產者間的合作關係（此其運作性特徵），協助弱勢生產者改善生產品質、經濟收入和社會處境（此其後果性特徵）。而剩食餐廳（food waste restaurant），起於解決「因市場規格及食用期限而造成規格外和即期食物的浪費」的努力（此其診斷性特徵），倡議減少浪費、緩解環境衝擊的價值（此其規範性特徵），並透過剩食的回收和處理（此其運作性特徵），降低食物浪費、甚至協助弱勢族群解決溫飽（此其後果性特徵）。

據此，社會與團結經濟可以初步定義如下：

社會團結經濟泛指因應市場經濟或資本主義生產方式所產生的具體社會問題而發展起來的各種創新經濟形式的總稱，這些經濟形式追求有別於主流經濟體系的價值，且比主流經濟形式更仰賴獲利以外的動機、交換以外的整合方式及市場以外的制度模式為其運作機制，而其正常運作本身伴隨對治具體社會問題的後果。

這樣的定義肯定不完備。筆者遵循 Aristotle 討論政治學時的建議：從不確定的前提出發談論某種題材，就只能在題材本身性質所允許的範圍內，尋求這類事物的精確性（*Nicomachean Ethics* bk.1, ch.3. 1094b25）。

三、從「鑲嵌性矩陣」到「鑲嵌性營運模式」

在廠商行為的領域裡，**營運模式**（或商業模式）（business model）的概念通常用來描述一個組織**如何創造、遞送和取得價值**的手段與方法。這個概念包含大量的商業元素與其間的關係，以描述特定公司的營運模式。Osterwalder and Pigneur（2012）綜合各種概念版本，提出了一個包含九個構成要素的營運模式，這些構成要素包括：

⑴ **目標客層**（Customer Segments, CS）：一加公司鎖定為目標，要接觸或服務的個人或組織群體。

⑵ **價值主張**（Value Proposition, VP）：可為特定的目標客層創造出價值的整套產品和服務。

⑶ **通路**（Channels, Ch）：一家公司如何和目標客層溝通、接觸，以傳達其價值主張。

⑷ **顧客關係**（Customer Relationships, CR）：一家公司與特定的目標客層所建立起來的關係型態。

⑸ **收益流**（Revenue Streams, RS）：一家公司從每個客層所產生的現金（扣除成本所得到的利潤）。

⑹ **關鍵資源**（Key Resources, KR）：讓一個營運模式運作所需要的最重要資產。

⑺ **關鍵活動**（Key Activities, KA）：讓一個營運模式運作最重要的必辦事項。

⑻ **關鍵夥伴**（Key Partners, KP）：讓一個營運模式運作所需要的供應商和合作夥伴網絡。

⑼ **成本結構**（Cost Structure, C$）：讓一個營運模式運作會發生的所有成本。

從鑲嵌性矩陣的角度來看，營運模式之於資本主義企業，就像形式經濟學之於市場經濟，聚焦於「獲利－交換－市場」這組要素，而忽略其他動機、整合方式和制度

模式對廠商營運的作用，以及廠商收益以外的社會後果，亦即，忽略廠商行為的鑲嵌性和外部性。因此，這種營利事業的營運模式或可稱之為脫嵌的或形式主義的營運模式（disembedded or formalist businesss model）（見圖 18-4）。

　　至少就前述四個社會團結經濟的特徵來說，典型資本主義企業相當不同於社會與團結經濟形式。雖然企業的營運總是鑲嵌在社會規範、關係和制度之中，但主要還是以「獲利 - 市場 - 交換」這組要素為基礎。雖然企業總是有善盡社會責任的善意、標舉崇高的理念、宣稱為社會帶來正面效益，**但這些理念和善意與營利事業的正常營運只有外部性、偶合性的關係**。此外，資本主義營利事業與社會團結經濟的最大區別，是在社會與團結經濟的鑲嵌性營運模式中，**鑲嵌性與外部性為完整不可分割的要素**。據此，本文提出**鑲嵌性營運模式**（embedded business model），作為分析社會團結經濟營運模式的概念工具，定義如下：

圖18-4：脫嵌的營運模式（disembedded business model）

Key Partners 關鍵合作夥伴	Key Activities 關鍵活動	Value Proposition 價值主張	Customer Relationships 顧客關係	Customer Segments 目標客層
	Key Resources 關鍵資源		Channels 通路	
Cost Structure 成本結構		Revenue Streams 收益流		

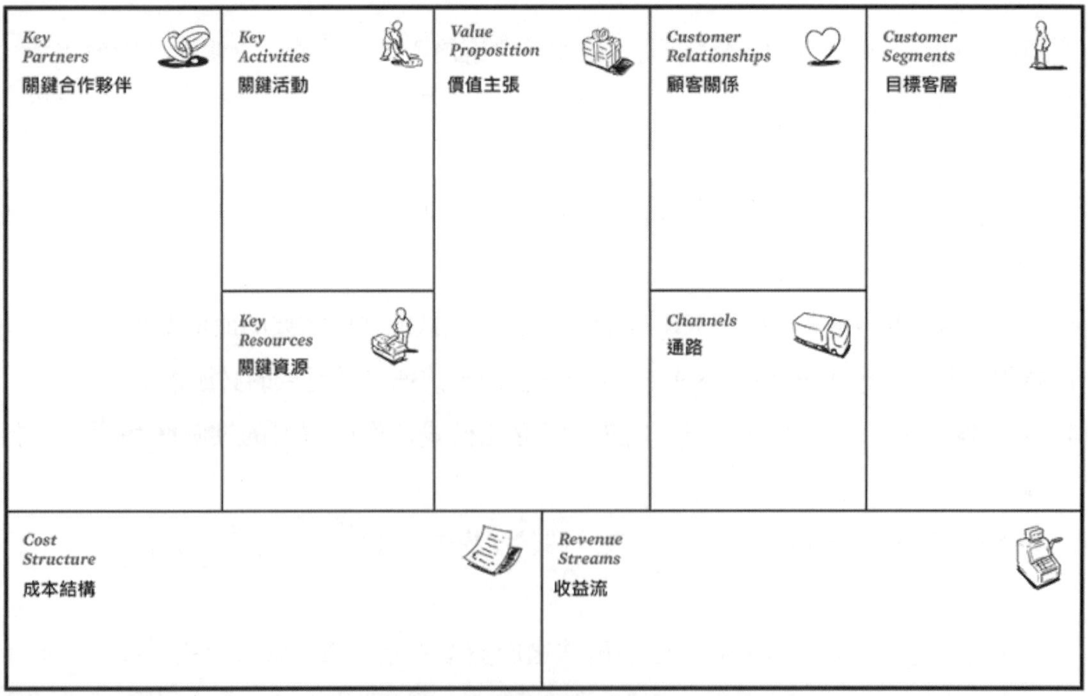

來源：今津美樹（2015）《圖解獲利世代實戰操作手冊》。

鑲嵌性營運模式描述一個組織在嵌置的過程中如何創造、遞送和取得價值的手段與方法，以及伴隨這個過程產生的營利以外的社會效果。其中創造、遞送和取得價值的手段與方法包括典型資本主義企業運作涉及的重要商業要素；鑲嵌性包括涉及行動者的各種動機、產生連結的整合方式和參與起作用的制度模式；而外部性涉及伴隨正常營運產生的外部性，包括外部經濟和外部不經濟。

據此，鑲嵌性營運模式的除了典型資本主義企業的營運模式外，還包括鑲嵌性和外部性的分析。（見圖 18-5）

圖18-5：鑲嵌性營運模式

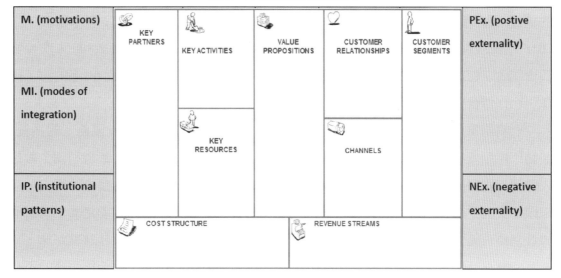

參、剩食餐廳的鑲嵌性營運模式：以七喜廚房為例[1]

七喜廚房位於台中市，創建於 2016 年 2 月，是臺灣第一個民間經營的剩食共食實驗空間，回收市場的醜蔬果和餐廳剩餘的食材並料理成餐點，以自由定價的方式販售。創建初衷是為了解決糧食浪費問題，並照顧街友的溫飽。

所謂的「剩食」，是指每天銷售不完的食材。創辦人楊惠涵（楊七喜）有鑑於「許多蔬果賣相差而乏人問津，但有人處於飢餓卻無法利用這些食材，因而想建立一個能將物資與人完整連結的網絡」。於是她到向上市場實地市場拜訪攤販，開始收集市場會丟棄的蔬果。當她邀請合作時，幾乎所有菜攤都開心答應，「不用浪費，還能做善事」；有七喜廚房穩定收菜，他們也能減少剩食處理的成本，而能維持新鮮蔬果的供應。從第一家合作菜攤每天約 5 公斤的菜，增加到 6 個菜攤、2 個水果攤，迄 2016 年底回收近 4,000 公斤的醜蔬果，僅 15 個座位的七喜廚房累積 2,800 人次參與共食剩食、送出 880 人次的餐點、獲得 20 家不同的媒體採訪、擁有近 60 名的志工團隊、合作惜食店家 10 間，並有多餘的醜蔬果供民眾免費拿取。

七喜廚房創建後的最初四個月致力發展一套能夠「**長期支持街友溫飽**」的系統，並請印度朋友指導，研發餐廳級咖哩調理包，將咖哩餐點及調理包的販售利潤全數投入營運與送餐成本。原本是透過人安慈善基金會每天捐贈一定數量的餐盒給街友，後來因惠文高中營養午餐的剩食已足夠供應街友用餐，便調整營運方向：建立中區剩食回收網絡、完整調查臺灣食物浪費現況、推廣共享經濟在地生活、廚師註點訓練，以及實踐陪伴甘苦人的初衷。對於這樣的調整，楊惠涵表示，七喜廚房希望服務的不是

1　七喜廚房的簡介和營運概況，資料取自：〈七喜廚房 - 剩食的華麗舞台〉（Mina Liou 採訪，2016/6/25）、〈憨人讓世界更溫暖七喜剩食 buffet 任君自由入座〉（上下游 News & Markets，2016/10/2）、〈楊七喜：點燃改變火種的剩食共享實驗所〉（《Cheers 雜誌》，194 期，2016/11）、〈七喜廚房剩食餐廳－讓蔬果與甘苦人一起重生！〉（FlyingV 剩食餐廳募資計畫，2017/02/10 - 2017/04/30）、〈剩食與共食：從理念到行動〉（楊惠涵東海大學社會系演講，2017/4/9）、〈濟貧救地球剩食餐〉，壹 Walker- 第 122 集 part1，2017/8/12）、〈〈七年級的剩食餐廳心意無價買單隨意〉，東森新聞專題報導「臺灣 1001 個故事」part5」，2017/11/13），以及 2017/11/19 日拜訪七喜餐廳對楊惠涵小姐的簡短訪談。

最弱勢的族群，而是避免弱勢者淪為更弱勢：對許多弱勢者來說，透過勞務換餐解決基本溫飽問題，就可以避免社會處境更惡化。

目前除了創始的華美社區廚房，七喜廚房又租下育德路店面，籌備「剩食餐廳」，全力推廣「共食剩食」。原本的華美社區廚房從向上市場回收醜蔬果，整理分類後，烹煮成菜餚，晚餐以**自由定價、以物換餐、以勞力換餐**的方式募集民眾參與「共食剩食」，並且提供定期儲值外帶便當。而育德剩食餐廳午間供應咖哩餐點，並至東興市場回收醜蔬果，晚餐則維持自由定價的模式，並將經營費用概算出來，由**每日的參與者決定要支持哪個部分的費用，或以挑菜與洗碗的勞務來換取餐點，直接參與剩食循環**。（見圖 18-6）

圖18-6：「剩食共食」的自由定價項目

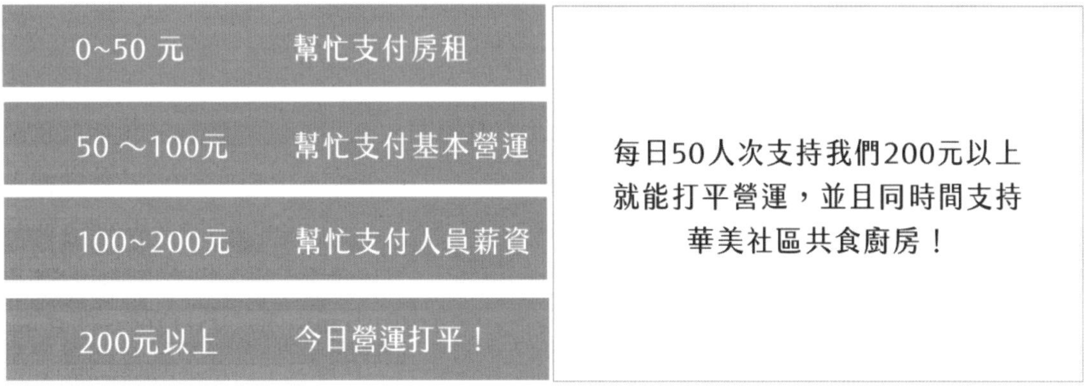

0~50 元	幫忙支付房租
50～100元	幫忙支付基本營運
100~200元	幫忙支付人員薪資
200元以上	今日營運打平！

每日50人次支持我們200元以上就能打平營運，並且同時間支持華美社區共食廚房！

來源：FlyingV剩食餐廳募資計畫

楊惠涵堅持將剩食餐廳當成「社會企業」而不是「公益團體」來經營，認為社會企業創造出來的商品不應與公益團體混淆，以幫助弱勢為訴求創造出來的商品也必須**對消費者負責**，「先以產品來吸引人，再以產品價值去感染人」。基於這個理念和營利並重的堅持，七喜廚房致力提升產品價值，並聘僱專業者負責相關職務，降低對志工的依賴。這樣的堅持也造成「徵求主廚和食客，以及損益無法平衡的長期難題」。如育德店每個月的營運支出約 45 萬，但營收才十來萬。七喜餐廳於 2017/02/10~2017/04/30 期間透過 FlyingV 發起目標 200 萬元的群眾募資提案，但迄募資結束僅募

得不到 64 萬元。這個募資計畫主要是籌集新增育德店據點的資金，雖然募資未達到目標，卻仍然**負債如常進行**。

　　七喜廚房起於「因市場規格及商品促銷而造成食材的浪費的同時，許多甘苦人卻因溫飽問題而淪為更弱勢」（診斷性特徵），倡議**減少浪費、照顧弱勢**（規範性特徵），具體作法是**藉由建立剩食回收網絡和剩食餐廳**，加上**自由定價**和**勞務換餐**的機制（運作性特徵），**以剩食料理讓甘苦人獲得溫飽**（後果性特徵）。雖然具體社會問題、營運模式和理念略有調整，但基本上仍是以解決食材浪費這個具體的社會問題為核心，只是弱勢族群的特徵和照顧的方法略有所更改，大體上仍符合前述社會團結經濟的特徵。

　　如何以鑲嵌性營運模式來分析七喜廚房這個剩食餐廳的營運？底下先從鑲嵌性（Em）開始，接著檢視營利事業運作涉及的主要「商業要素」，最後是外部性（Ex）。根據前述「鑲嵌性矩陣」的意涵，**鑲嵌性**指的是經濟行為嵌置於複雜行為動機、多樣性整合方式、多價性制度模式之交織互動關係中的樣態。底下依序討論七喜廚房涉及的行為動機、整合方式和制度模式。

⑴ **涉入剩食餐廳的不同行動者，都有獲利以外的動機**。七喜餐廳的**顧客**，包括以實際行動響應「剩食共食」理念的倫理消費型顧客、既能解決用餐問題又能響應理念的實用贊助型顧客、出於好奇心或歡喜心而來見識的體驗型顧客、喜歡透過用餐時間與別人互動的鄰里居民、出於其他目的而光顧的參訪型顧客等。這些顧客參與共食剩食的消費過程中，也可能因工作人員的介紹而購買待用券或料理包，或支付較高的用餐費用（自由定價）。剩食料理的食物和用餐環境，頂多不遜一般餐廳，除非訴諸「粗飽」或食物以外的消費效用（consumption utility），否則無法吸引顧客，故來店購用餐點，甚至超額付費、購買待用券和料理包等，當然不侷限於獲利而肯定有其他的動機。在**剩食供應者**方面，許多菜攤或惜食店家老闆知道剩食餐廳的理念後，不但免費贈送醜蔬果，甚至以品相不錯的蔬果補餐廳所需食材的不足，這已超過「減少剩食處理成本」的經濟動機，而涉及與浪費和助人行為相關的傳統價值觀念（如浪費是「討債」、揮霍福緣，助人是做功德、結善緣）。**工作人員**包含支薪的專業人員（主廚、外場、公關企劃）、勞務換工者，以及志工（包含堅持不支薪的專業者）。就目前營運狀況來看，應還無法提供市場行情的薪

資，專業人員留任的動機還包括工作本身帶來的成就感。勞務換工者的主要動機是求溫飽，而志工若無獲益以外的動機也不會提供無償勞動

(2) 剩食餐廳涉及**多重整合方式**的**複雜交織**。除了店面、水電瓦斯、營運設備和非屬剩食的食材調味料是透過交換購取或租賃外，回收剩食資源、執行日常職務、參與共食剩食，也涉及**贈與、互惠和重分配**：免費送的醜蔬果和志工的無償勞動是餽贈，但購置食材設備及聘僱專業人員等需要支出的部分，也未必完全根據等價原則；勞務換餐根據的是互惠的義務而不是等價原則，而參與**自由定價**的與「共食剩食」涉及兩種意義的**重分配**，包括**回收剩餘食物以供給需要溫飽者**，以及**倫理消費者的超額付費補勞務換餐者的免費**。

(3) 剩食餐廳涉及**制度模式的專用性**（specificity）和**多價性**（polyvalence）（或**多功能性**，versatility）：從 Polanyi 的觀點來看，市場制度為交換專用，但經濟行為涉及通常涉及非市場制度模式，經濟只是這些制度模式的諸多功能之一。除了透過市場交換租賃店面、購用水電瓦斯、購置設備和部分食材外，**剩食回收網絡**和**剩食共食網絡**其實包含**鄰里關係和人際關係網絡**的重疊，而**剩食共食的自由定價**，也**取代市場的價格機制，發揮重分配的功能**。此外，合作平台在這裡也扮演重要角色，包括群眾募資平台，以及**七喜餐廳本身就是多功能的平台**：推廣共食剩食理念、剩食回收重分配，以及社會弱勢的資源中心。

理解七喜廚房這個剩食餐廳的鑲嵌性和外部性後，接著「**嵌回**」其**形式經濟學**意義下**營利事業體**的營運模式。目前還在摸索檢視這些項目的最佳次序，但我們先將《獲利世代》作者建議的檢視次序反轉過來：

(1) **成本結構（CS）**：與其他餐廳比較起來，七喜廚房透過剩食回收和勞務換餐，降低多數材料費和部分人事費，但因堅持社會企業**以營收聘僱工作人員**的政策，除了店租和水電等基本支出外，人事費用成了最關鍵的成本。

(2) **關鍵夥伴（KP）**：除了**供應剩食**的菜攤和惜食店家、**勞務換餐者和志工**是最重要的夥伴，以不同方式影響成本結構：剩食供應者大幅度降低食材的成本，勞務換餐者和志工降低回收和處理食材的成本。此外，無論是否支薪，具有專業能力的

工作人員也是重要夥伴：主廚、外場和行銷企劃人員是**提升產品價值**（消費效用）的重要關鍵。

⑶ **關鍵活動（KA）**：除了剩食的回收、處理、料理和供餐外，降低營運成本、**提升產品價值**和徵求顧客是最主要的活動：剩食回收和回收網路的維持確保低成本食材的穩定供應，無菜單料理技巧、餐廳形象和理念推廣有助於提高產品價值以吸引顧客，而徵求顧客**參與剩食共食**並**透過自由定價超額付費**或購買待用券則是營收最重要的來源。

⑷ **關鍵資源（KR）**：回收的剩食、勞務換餐者和志工的勞動力直接影響成本結構，而無菜單料理技巧和餐廳形象則直接影響收益流。

⑸ **收益流（RS）**：主要的營收是來自透過顧客參與「共食剩食」之自由定價的超額付費。要維持穩定的收益流，愈來愈依賴共食剩食的「包場參與者」而不是散客和鄰里居民，但由於餐廳座位有限，也可能縮限散客和鄰里居民參與的空間。

⑹ **顧客關係（CR）**：七喜廚房目前致力透過「共食剩食」創建一種以倫理消費為基礎的顧客－夥伴關係：希望因贊同理念而到餐廳用餐的顧客，也願意超額付費維持這種剩食餐廳的營運。

⑺ **通路（Ch）**：實體產品主要是透過店面。然而，由於座位有限且強調用餐本身是社會參與和理念實踐的意涵，無法追求「翻桌率」，而只能愈來愈仰賴包場的共食剩食活動。換句話說，通路的專用性侷限了收益流。

⑻ **價值主張（VP）**：透過剩食共食這種倫理消費，**解決食材浪費與幫助弱勢**這組具體的社會問題。在前述八個環節的基礎上，

⑼ **目標客層（CS）**其實主要是贊同剩食共食理念，並願意超額付費的倫理消費者。

　　七喜廚房的營運本身，無論損益如何，都伴隨著許多**外部性**的產生。

⑴ 外部經濟：除了日常營運即產生減少食材浪費和提供弱勢勞務換餐的正面外部性外，還有諸如作為食農教育的**教學場域**、**公民參與的體驗場域**，以及政府機構和公益團體之外**非典型社會安全網**的功能。

⑵ 外部不經濟：目前尚不清楚。

這個結合鑲嵌性、「商業要素」和外部性之七喜廚房之鑲嵌性營運模式分析，可以整理成下圖。（圖 18-7）

圖18-7：剩食餐廳的鑲嵌性營運模式

鑲嵌性（Em）：⑴動機：具有獲利以外之複雜異質動機的各種類型顧客、剩食供應者、勞務換工者和志工，⑵整合方式：贈與、交換、互惠、重分配的複雜交織。⑶制度模式：除了市場之外，包括剩食回收網絡、剩食共食網絡、鄰里網絡和人際關係網絡交織的社會網絡，取代價格機制的自由定價機制，群募平台，以及七喜餐廳本身就是多功能的平台：推廣剩食共食理念、剩食回收重分配，以及作為社會弱勢資源中心。				
KA：剩食的回收、處理、料理和供餐；提升產品價值、餐廳形象、推廣理念的公關活動；招募參與剩食共食的顧客。	KP：提供剩食的菜攤和惜食店家、勞務換餐者和志工的勞動、媒體和網路平台	VP：透過剩食共食和自由定價的倫理消費，解決食材浪費與幫助弱勢	CR：透過剩食共食創建一種以倫理消費為基礎的新顧客—夥伴關係	CS：願意超額付費的倫理消費者
	KR：回收的剩食、勞務換餐和志工的勞動力；無菜單料理技巧和餐廳形象。		Ch：座位有限的實體店面	
C$：除食材成本因剩食回收而大為降低，主要有聘僱專業者的人事費、基本營運費用（店租、水電、瓦斯等），以及公關行銷費用				RS：剩食共食模式之自由定價的超額付費。
外部性（Ex）：外部經濟。減少食材浪費和提供弱勢者勞務換餐的機會；餐廳也是食農教育的教學場域、公民參與的體驗場域，以及政府機構和公益團體之外的非典型社會安全網。				

雖然缺乏七喜餐廳的財務資料，透過鑲嵌性營運模式的分析或可大概指出七喜廚房的三個特點：有別於營利事業的**價值主張**（VP），具體展現於**正常營運伴隨著對治具體社會問題的外部性**；獨特的**鑲嵌性**形塑特殊的**成本結構**（C$）和**收益流**（RS）；以及以餐廳為**回收網絡的中心和解決具體社會問題的平台**。然而，這些特點無法保證七喜廚房營運的可持續性：**目前的營收仍無法達到損益平衡**。

首先，剩食餐廳最大的競爭優勢是**成本幾乎可以忽略不計**的剩食，但這個優勢部分為剩食**回收、處理和料理的勞動費用**所抵銷。其次，最大的成本是人事費和基本營運費用，只能透過志工的無償勞動和勞務換餐者的勞動來降低，但可能因**熟練度不足導致的生產力低落而抵銷**，若堅持支付工作人員薪資而減少對志工和勞務換餐者的依賴，就必須**透過餐點販售取得足夠的營收**。第三，受限於**通路規模**，來自倫理消費者透過自由定價的超額付費有其限制。根據七喜廚房的募資計畫，**每日 50 人次 200 元以上的超額付費才能維持餐廳營運的損益平衡**。由於用餐是日常支出，扣除不產生收益的供餐，鄰里客戶很難成為超額付費的客源，而必須開發參與共食剩食的新客源，這需增加公關行銷的支出。即使招募到參與共食剩食的顧客，也未必能收到超額付費，而足夠的新客源也可能意味著減少鄰里顧客和勞務換工者的用餐機會。若要擴大通路規模（座位數），則意味著基本營運費用相應提高。

換句話說，採取**共食剩食、自由定價**的剩食餐廳，其營收的關鍵是**穩定、數量足夠且有超額付費意願的倫理消費者**。而倫理消費者來源的穩定性、數量和意願**皆非理所當然**。七喜廚房是個令人敬佩的社會企業，但理論上來說相對缺乏可持續。缺乏可持續性的原因不在於營收不足（這反而應該是正常的），而是營運成本太高（基本營運費用和人事費），以致於對營收有更高的要求。若**無法產生足夠的營收**且仍**堅持社會企業路線**，那麼未來營運模式的調整很可能是**提高志工的比例以降低人事費用**，但這會**影響產品價值**，並不是有效的解決方案。

根據以上的分析，本文建議三個相對而言可持續的方向。首先，剩食餐廳或可轉型為**社會福利體制和社會安全網的輔助機構**：公部門提供營運場所並負擔部分的人事和營運費用，交由團隊經營，推動社區共食剩食，提供弱勢者勞務換餐的機會和獨居長者送餐服務。從**公部門的角度**來看，是結合民間的力量，且透過剩食回收減輕財政負擔，更有效運用社福資源；從**經營團隊的角度**來看，則能減輕營運成本的固定負

擔，而不用費力徵募願意超額付費的倫理消費者；從**社會的角度**看，同樣能透過共食剩食，達到減少食物浪費並幫助弱勢族群的目的。那麼，這樣的剩食餐廳和社福團體有何差異？本文認為，七喜餐廳目前營運模式最可貴之處，在於**提供弱勢者勞務換餐的機會**。許多弱勢者因為這樣或那樣的因素而暫時或長期無法受雇以取得穩定的經濟收入，因而無法維持基本的溫飽，從而陷入更為弱勢的處境。勞務換餐提供救濟之外**以有尊嚴的方式度過難關的機會**；就像七喜廚房在群眾募資計畫裡說的：「我們相信蔬果與人一樣，沒有所謂的剩餘」。

其次，剩食餐廳或可往**純剩食餐廳**的方向轉型，重新定位顧客關係（CS）以改變成本結構（C$）和收益流（RC）：擴大通路規模（Ch，座位數），以一般消費者為主要客層，並降低勞務換餐和志工與正職人員的比例。通路規模的擴大可以有效去化剩食，且降低對無菜單料理技巧這個關鍵資源（KR）的依賴，提高正職人員的比例可以提高生產力，從而提高以販賣餐點的收入支付基本營運費用的能力。那麼，這樣的剩食餐廳與一般餐廳有何差異？本文認為，七喜餐廳的願景是「搶救醜蔬果，解救甘苦沒有飯吃的人」，擴大通路規模本身就能減少更多的食物浪費，且同時為更多低收入的「甘苦人」提供廉價餐點。目前國外許多剩食餐廳就是採取這種營運方式。

第三，剩食餐廳或可往**技職教育實習場域**的方向調整。無菜單料理是剩食餐廳提高餐點價值最重要的關鍵活動，但也是生產力的障礙和重要的人事成本。醜蔬果的多價性之一，就是與餐飲技能訓練連結：醜蔬果的低成本提供學生更多參與實作的機會，食材種類、數量和品相的隨機性供給是磨練廚藝的挑戰，而餐點的取用狀況則為學生的學習成效提供最真實的即時回饋。換句話說，剩食餐廳的廚房為餐飲專業訓練，提供低成本、挑戰性高、訓練紮實且回饋機制有效明確之不尋常高成本效益比（cost-performance ratio）的實習機會。反過來說，餐飲科實習學生的實習，即解決食材處理和料理的活動，甚至餐廳外場所需的勞動。與餐飲科技能訓練的實習結合，**將無菜單料理的需要轉為技能實習機會**，不但能大幅降低進行關鍵活動（KA）的人事支出而改變成本結構（CS），且更能有效利用剩食這個關鍵資源（KR）並提高餐點價值，從而改善收益流（RS）。

以上三個調整方向並不互斥，跳脫「社會企業」的框架，七喜廚房可以同時是社福團體、剩食餐廳、技能實習機構和其他多功能有待探索的「社會團結經濟組織」。

至於剩食餐廳的其他功能或其他調整發展方向，我們同意 Miller 的特徵刻畫：團結經濟的核心信仰，是人們為自己找出經濟問題之替代解決方案的創造力，而團結經濟透過相互支援的方式將各種已經存在及剛萌芽的替代性經濟方案連結起來。

結語：探索一種能起變革作用、有存活力的鑲嵌性營運模式

本文以七喜廚房為例，分析剩食餐廳這類型社會團結經濟的鑲嵌性營運模式。從 Polanyi 整體性分析取徑來看，社會團結經濟或可定義為**具有鑲嵌性營運模式的經濟形式**。這個鑲嵌性營運模式衍生出幾個重要的理論問題和實務問題：首先，各種社會團結經濟的類型（如公平貿易、剩食餐廳、社區支持型農業、消費合作社、生產合作社等），是否有**獨特、可以辨識和概括的鑲嵌性營運模式**？其次，這些不同類型的社會團結經濟，有哪些與主流經濟形式共通的和特有的**基礎設施**（intrastructure）？不同類型的社會團結經濟，又需要哪些共同和特殊的基礎設施？第三，**非企業體型態**的社會團結經濟形式（如網絡、社群和平台），是否適於鑲嵌性營運模式的分析？與具有企業組織的社會團結經濟形式，又可以有怎樣的**關係**？第四，就鑲嵌性營運模式而言，剩食餐廳**自成一類**（*sui generis*）？或其時屬於更寬廣的循環經濟（circular economy）或共享經濟（sharing economy）的範疇？無論是剩食餐廳、循環經濟或共享經濟，是否有何獨特、可辨識和可概括的鑲嵌性營運模式？以上問題的答案，或許有助於新創及既有社會團結經濟的分析，以及政府角色的定位和適切政策的擬定（如建構共用的合作平台）。

這些問題的答案，有賴於對其他類型社會團結經濟形式的實例分析，從而進一步修正鑲嵌性營運模式的概念。本文透過七喜廚房的實例，測試「鑲嵌性營運模式」的理論意涵和實用價值。本文的概念架構仍相當粗糙，須整合不同領域對各種人類行為複雜動機（如行為經濟學對消費行為、公益行為的研究）及不同新興社會制度（社交媒體、募資平台）的研究成果，才能有更周全的分析。最終目的，在於探索一種能起變革作用（transformative）、有活力（viable）的鑲嵌性營運模式概念，成為「包含各種運動的運動」之一部分，而有助於社會團結經濟的蓬勃發展。

參考書目

尤傳莉譯、Alexander Osterwalder and Yves Pigneur 著，2012[2010]，《獲利世代：自己動手，畫出你的商業模式》(*Business Model Generation: A Handbook for Visionaries, Game Changers, and Challengers*)，臺北：早安財經。

李靜宜譯、今津美樹著，2015，《圖解獲利世代實戰操作手冊》(図解ビジネスモデル・ジェネレーションワークショップ)，臺北：如果出版社。

廖申白譯注、Aristotle 著，2003，《尼各馬科倫理學》(*Nicomachean Ethics*)。北京：商務印書館。

Granovetter, Mark. 1985."Economic Action and Social Structure: The Problem of Embeddedness."*American Journal of Sociology*, 91(3): 481-510.

Miller, Ethan. 2010. "Solidarity Economy: Key Concepts and Issues." In Emily Kawano, Tom Masterson and Jonathan Teller-Ellsberg, eds.,*Solidarity Economy I: Building Alternatives for People and Planet*, pp.25-41. Amherst, MA: Center for Popular Economics.

Polanyi, Karl. 1968[1947]. "Our Obsolete Market Mentality." In George Dalton,ed.,*Primitive, Archaic and Modern Economies: Essays of Karl Polanyi*,pp.59-77.Boston: BeaconPress.

Polanyi, Karl. 1968[1957]. "The Economy as Instituted Process." In George Dalton (ed.),*Primitive, Archaic and Modern Economies: Essays of Karl Polanyi*., pp.139-174. Boston:Beacon Press.

Polanyi, Karl. 2001[1957].*The Great Transformation*. Boston: Beacon Press..

Polanyi-Levitt, Kari. 2003."The English experience in the life and work of Karl Polanyi." Paper presented at the conference "Polanyian perspectives on instituted economic processes, development and transformation," Centre for Research on Innovation and Competition, University of Manchester.

第 **19** 章

窮困－發達與共弔詭
一個社區品牌故事的啟發

何彩滿、李明彥、黃儀婷

　　近幾年來為了因應人口少子化、人口過度集中、地區發展不均以及地方經濟衰退等問題，不論是由臺灣行政院國發會推動，或是藉由教育部大學社會責任計畫的執行，而有各種地域活化的政策。其中，地方創生發源於日本，旨在解決日本人口減少，且過度集中於都會區的問題。臺灣則是在 2019 年承襲日本政策概念，逐步由各部會向下推動偏鄉活化工程。檢視兩國政策推動概況，不論在日本或是臺灣，均有鄉鎮發展出各自成功的案例，只是，因為體制或地方特色各具優劣勢，成功的案例其模式或許無法直接套用，不易建立一套可依循的學習機制。

　　然而本質上，在這諸多成功或失敗的故事中，都必須面對某些共同議題，例如使命偏離（mission drift）的難題或是如何避免公地悲劇（the tragedy of the commons）的困境。換句話說，成功的模式或許不易複製，但不同案例間所面臨的問題卻具有一定的相似性，透過共同議題的理解 - 分析 - 建立解方的過程，將有助於建立一套理解問題的意識，作為發展地方活化議題方案的重要依據。

　　因此，本研究案例敘述了大學團隊與社區的互動過程，透過社區品牌行銷在地農產品，挽救小學免於廢校的經驗。而在執行計畫的過程中，大學團隊介入了社區既有的社會連帶與經濟關係網絡，凝聚社區共識之際，經歷了共患難卻難享福的危機。大學團隊將危機轉化為可能的機會，與社區磨合出一種新的社區培力機制──社會企業，來因應團結經濟帶來的機會與挑戰。

　　下文將依序敘述社區的樣貌、社區結構、大學師生如何組成團隊以及與社區磨合的故事。

壹、參與社區的起源

　　臺灣西部卓蘭鎮雙連社區的梨農約 50 戶，農民平均年齡 50-60 歲，20、30 歲的務農人口不到 10 人。臺灣人口老化、長年農村人口外流與少子化的現象，同時也反映在雙連社區的雙連國小。2016 年就學人數剩下 27 人，在大學師生團隊介入之前，被苗栗縣政府列為廢校觀察名單，同在名單且為附近的景山國小、坪林國小，面臨同樣的處境。於是，一個弔詭的競爭局面出現，倘若其中一間小學被裁撤，廢校後的剩餘學生，將移轉到其餘兩個學校，於是這兩所學校至少有 10 年以上都能維持有 30 人以上的穩定發展期。

　　中山大學因為執行教育部 102 學年度至 103 學年度之小學教育扎根計畫，而在卓蘭的雙連國小啟動學童的「未來想像與人才培育計劃」。計畫執行過程中，發現偏鄉學童對於未來的想像顯示較為單一。由於不確定農村或鄉村的前景，或是來自家長的影響，幾乎學童對於自己未來工作的想像都是要「往城市發展」。然而，學童的生活經驗事實上是脫離「城市」的，亦即他們所擁有的世界觀與對未來的城市想像，其實是斷裂的。學童在農村社區成長的經驗無法支撐他對城市生活的實際基礎。臺南大學行政管理系助理教授李芸蘋、中原大學企管系的李明彥、雙連國小的教務主任彼此之間有學長姐等延伸關係，自 2015 年起參與教育部推動「發展以學校為核心之社區創新創業計畫」後，進駐苗栗縣偏鄉卓蘭鎮雙連社區，共同開設偏鄉創新創業課程，開始帶領學生團隊進入雙連國小及社區。

　　企劃主要負責人為中原大學企業管理學系的李明彥教授、中原大學商業設計學系黃儀婷教授與臺南大學行政管理學系的李芸蘋教授，團隊深入了解該地區後，將該地區的問題主要歸類為三大項，分別為「人力、社會及教育資源匱乏」、「社區整體產業環境不佳」、「水果產業產銷收益大幅失衡」。[1]

　　針對此三項問題，企劃團隊發展出對應的三大執行策略，分別為「在地人文深耕」、「新興農業模式開發」、「社會企業創業」，透過此三大策略目標來幫助雙連社區解決問題，一方面，期待大學能量可以灌注偏鄉小學，協助社區發展，找到小校的自

1　李明彥，〈創新教學計畫「『梨』想家園・看見雙連」〉。

我優勢，並且能夠透過在地小物創立新興公司；另一方面，以實驗創新課程為出發點，啟發大學生的創造力、想像力並引導大學生關心臺灣在地社區發展現況，嘗試發展社區的在地微型企業促進青年回鄉，在社區與大學兩端之間，透過「大學帶小學」，使小校學生了解家鄉產業及面臨的問題，甚至進一步開展不同於離地的「城市生活」想像，而有能力創造紮根社區的就業與生涯想像。

2015 年 4 月大學師生中原大學與臺南大學團隊（文後以大學師生團隊代稱）進入社區後，觀察並盤點社區資源，有幾點發現：第一，關於社區連帶，社區居民跟小學的關係很密切。雙連國小的規模雖小，但是從創校五十週年校慶，席開四、五十桌來看，校友的連結很不錯。學校的計畫，居民願意支持，學校被視為社區連帶的運作樞紐。根據李明彥的觀察，有別於城市的小學功能，在偏鄉，社區所有重要的活動都在學校舉辦。有時因為農忙，學校還肩負起安親班的功能，倘若廢校，衝擊的將是整個社區。

大學師生團隊投入社區之原始初衷——留下小學校，顯示「學校」在該社區，不單單只是擔負著教育功能，它毋寧更是一項社會基礎措施（social infrastructure）。國小的存續在社區中擔負著社會基礎建設的重要指標，國小可以做為一個社區導入外界資源的支點。這支點包含著大學社會責任、地方創生和團結經濟提案進入社區的敲門磚。如高等教育和基礎教育的合作，如大學與社區協作進駐的支撐點。國小做為社區代表性的基礎設施，大學與國小的合作隱含著整個社區一同與大學協作的概念。在團結經濟中，以國小做為社區代表行的支點，透過國小之於社區的意義，讓社區的概念轉為實體，個體農戶有一個清晰的合作目標，減少個體之間摩擦，藉以增加團結經濟中的合作效益。好的社會基礎措施，能夠促進人與人的交流，甚至提升生活的幸福感。相反地，缺乏良善的社會基礎措施，某一種程度，可能導致社區失去動能。猶如克林南柏格（E. Klinenberg）在《沒有人是一座孤島：運用「社會性基礎設施」扭轉公民社會的失溫與淡漠》敘及，現代許多國家面臨諸多難題，原子化的個人現象，導致人心普遍淡薄，公民社會難以培養。克林南柏格認為與其追求表現上的共同價值觀或意識形態，創造能夠讓大眾實際交流、培養感情的「社會性基礎設施」，才是社會活力的關鍵靈藥。在他的研究中，1995 年熱浪侵襲芝加哥，短短一週內，竟然高達七百三十九人死亡。在克林南柏格的研究中，社會隔離（social isolation）提高死亡風險，獨居非常危險，與他人的密切聯繫使人更容易存活下來（克林南柏格，2021）。此波熱浪襲

擊事件，英格鄔（Englewood）社區最危險，每百萬人就有三十人死亡，而另一社區奧本・格雷莎姆（Auburn Greshum）的死亡率卻是每百萬人中只有三個人死亡。兩個社區在種族、老年人口、貧困、失業率與暴力等比例都相當，經過作者實地田野調查等研究，他類似奧本・格雷莎社區有韌性的差異來自於所謂的社會性基礎設施，他們是形塑居民如何互動的實際場所與空間。雙連國小即發揮著這樣的功能，它本身並非社會資本，卻是社區裡社會資本產生的良好機制。計畫團隊，在學校與社區存活之間，直覺性地發掘這個特質，而「想要讓」學校留下來，不廢校，社區有希望。

其次，雙連社區居民多為農民，小學的家長多數務農，卓蘭盛產葡萄、楊桃、草莓、柑橘和水梨，雙連社區是高接梨的產地，七成以上農戶主種水梨，李明彥從產業的角度，詢問整個大坪林地區的年產值，雙連社區發展協會農村再生居民促進會理事長邱立焜答約為一億五千萬到兩億之間。總金額雖多，農民獲得的利益卻不多。倘若產值的利潤可以增加 10%，規模夠大，值得經營。

此外，產品本身具有話題性。有別於東勢，卓蘭雙連的海拔比東勢更高一點，梨農每年 12 月從日本進口梨穗架接在本土梨樹，又因為靠近鯉魚潭水庫上游，是大台中人用水的地方，用藥限制嚴格，不使用落葉劑，也不施打生長激素，有「安園圃」安全蔬果認證，唯生長期較慢，知名度雖不高，但頗有潛力樹立該水果的獨特性與品牌形象。這幾點觀察令大學師生團隊認為雙連社區的永續發展大有可為：產業資源鑲嵌於社區，取社區的資源並用之於社區。

為了說服社區合作，團隊提出的願景是，讓社區有能力自主經營小學，如果社區可以支付雙連國小每年 300-500 萬元經費，減少地方政府的負擔，就不會遭受被縣政府廢校的命運，甚至可以轉型成為實驗國小。為達此目標，他們的策略首先是打出品牌，類似玉井芒果的概念，希望讓消費者一想到水梨，就想到雙連梨，讓每個梨農都以貼上「雙連梨」的產品標籤為榮，並以「賣梨救校」來號召並落實計劃。大學師生團隊結合社區的具體做法則是承諾，「雙連梨」會將獲利 30% 回饋給雙連國小，30% 回饋給合作的梨農，其餘的 40% 留在公司（如圖 19-1）。留存公司的這 40% 盈利將逐年累積，一旦達到募資來的原始資本額，初期股東則會撤出，將這家社會企業無償留給社區，成為社區公共財。

針對產品，所提出的品牌形象，透過中原大學企業管理學系與商業設計學系的跨

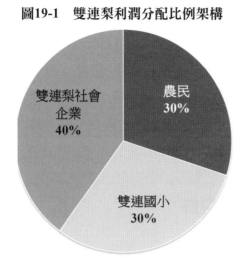

圖19-1　雙連梨利潤分配比例架構

圖19-2　雙連梨企業商標設計

系合作課程－整合行銷與設計，在不同系所間的合作下，為雙連梨設計出了專屬的企業辨識標章（如圖 19-2），透過簡約的設計展現出大梨原有的色彩，俐落而簡約的線條創造出鮮明、特有且年輕富有活力的觀感，以明確雙連梨品牌的形象，並且將產品故事融入包裝之中，使社會能更理解賣梨救小校的決心與理念。

　　2016 年，與在地小農合作，並在企業的支持下設立「雙連梨有限公司」社會企業，發展「『梨』想家園，看見雙連」計畫，以當地經濟作物「高接梨」為核心商品，為雙連社區打造專屬品牌，提高在地小農的收入，也讓消費者更認識在地的優良蔬果。接下來，將談及在地合作過程所遭遇的問題。

貳、癥結──社區梨農營運的既有模式

一、數字的精算與產量記錄

　　大學師生團隊派遣學生成員進入社區踏查，首先發現社區梨農很少記錄，上述提及的「一億五千萬到兩億」的數值基本上是估算而來。但若要精算社區總體的產值，

也的確有困難，因為農民並不知道該年的採收會有多少，直到最後採進籃子裡，他們才知道。梨農的算法是以「箱」估量，若一箱是 33 台斤，大顆梨少裝一點，小顆梨則多裝一點，維持一箱在 33 台斤。然而實際上，扣除包裝箱的重量，梨子的實重是 28 台斤。缺乏數字的精算，他們無法從成本的角度去思考價格，這是第一點。因此，大學師生首要的工作，即是協助梨農開始記錄。他們挨家挨戶調查，至少農民對於自家農產的數量會有精確記錄。

二、關於交貨價格的制定、農業產銷的習慣

由於家族經商，大學師生團隊主持人李明彥利用私人家族企業的網絡與資源，開始接洽數家大型超市，遊說他們一起投入這項工作。被團隊願景打動而答應合作的超市，要求報價以確認需求數量。當團隊回到社區，要求合作梨農報價時，才發現梨農朋友根本給不出價格來。原因如下：2016 年初發生嚴重寒害，天候不佳影響產量，水梨收成相較於 2015 年近百萬台斤，2016 年估計只有 50 萬台斤，價格無法依據去年而定。因為天候劇變，令農民無法依照去年價格報價。但更關鍵的，也許是基於資訊不對稱的商業模式，讓農民無法自行報價。當他們無法知道總量是多少時，其實是無法針對價格有概念。

既有的商業模式更是令農民無從得知總產量的數字。梨農的做法是先將貨品交給盤商到市場、行口、農產運輸公司去兜售，也許是兩個禮拜後售完，由盤商加上服務費，再跟梨農個別計算總出貨量，然後給出平均一箱的價格。收貨時，盤商也不知道價格，確切來說，只有行口（大盤商）知道價格，而此價格依據的基礎乃是參照東勢，因為東勢的果菜市場交易量大。大盤商的去化能力很多層次，包含臺灣北中南的運輸公司、零星拍賣市場一直到各地的水果攤。大學師生團隊從這次報價的經驗，認知社區梨農無法從成本來思考的主要原因，價格的決定必須依靠大盤商給予的市場價格再進行調整。

答應與李明彥合作的通路商承銷的量很大，預計需求三千盒（禮盒包裝），大約一萬多台斤，這麼大的量可以幫助社會企業降低一大部分的成本。通路商 6 月份必須要知道價格，問題是雙連梨農 7 月份才能採收，並且須等到 7 月份東勢市場的價格出

來，對於報價才能有所參照依循。大學師生團隊初始卻不熟悉梨農的報價行規，迫切要求梨農給出價格，就在此時，雙方原先溝通的語言忽然從國語，由梨農單方面「切換」為客家話，因為不懂客家話，大學師生團隊與梨農的溝通距離頓時產生。

最後由理事長邱立焜直接表明，不知道怎麼訂價格。直至幾番催促下，邱立焜勉強給了一個價格，其估價依據來自於 2015 年的價格，考量 2016 年收成只有 2015 年的一半，於是根據此價格區間，報給團隊一台斤 70 元的價格。另外，行口的價格會隨著時間遞減，但是與雙連梨企業的價格則是固定。就當時的大學師生團隊而言，其實價格多少不是重點，他們只是需要一個數字以利跟通路商持續協商與安排鋪貨。此次報價事件導致原先有意願參與的梨農，其中 5 位驚訝於大學師生團隊的報價方式，很快退出夥伴關係。與社區合作，面臨「人的因素」與合作問題。

在檢驗既有模式的過程中，我們發現這是一段互相再教育的過程。首先，對於大學師生團隊而言，價格的制定，除了經濟學與企管教科書上的供給與需求，農產品相關領域，成本都是一個討價還價的對象，價格的擬定也需參考其他行動者，同時這也顯示出梨子這類產品的價格制定有著結構階層的現象，卓蘭鎮雙連參考東勢，規模在這裡當然有作用，但另外行銷的層級（hierarchy）也是價格決定的關鍵因素。而對社區農友而言，因為大學端的介入，他們開始認真面對「數字」與「記錄」，打破長久以往的慣習，有了記錄，才有追蹤與品質控制管理等進一步的可能性。

其次，兩端因為論及價格的敏感性，「語言的切換」彰顯出社會網絡的不同性質，誰是「自己人」，誰是「局外人」，因此也就產生信任的問題。缺乏信任，再豐富的資源無法移轉為社會資本。幸好，理事長邱立焜充滿熱情，有心想突破這個缺乏信任的社區藩籬。另一個「幸好」，是計畫主持人之一李明彥的家族企業所衍生的社會網絡，讓社區雙連梨可以搭上不同於以往的傳統行銷模式的關鍵，大超市與賣梨救校的話題性，對於「公益性」發揮了加乘效果，也是資源可以轉化為社會資本的徹底體現。

參、社會企業運作的「社會」因素與因應

一、團結經濟的要角與主力：社會企業與梨農

初始階段，大學師生團隊會與社區合作的源頭是因為學校，家長會長尤其熱心，他的配合度很高，協助大學師生團隊組織社區的主力成員，其中包含雙連社區發展協會農村再生居民促進會理事長邱立焜與 15 位水梨產量較大的農友。

大學師生團隊原先想成立社團法人，透過此機制來運作社區創新，然而依據《社會團體法》，法人成立需要至少創始會員至少 20 人，就在此階段大學師生團隊已經發現困難，因為與社區之間尚缺乏信任，多人觀望，難以招募到 20 位成員。李明彥轉以社會企業的方式來運作，他們從 Flying V 小額群眾募資平台，募了 70 萬、實質群眾募資（透過中原大學陳若暉老師的全球群眾募資協會）募了 200 萬、計畫主持人親戚 90 萬，以總資本額 350 萬在 2016 年 6 月成立「雙連梨」社會企業公司。即使計劃主持人以其能力與資源成立了社會企業公司，仍只吸引到 15 人有意願參與，其中 5 位如前述，因有疑慮而退出。因此一開始的運作，共有 10 位梨農參與。

原本談妥的給付方式，是梨農將貨送進冰箱的那一刻，公司就先給付一半的貨款，另外一半貨款則於次月五號付清。然而由於草創期間，負責現場操作的學生缺乏經驗，入貨與付款沒有完整記錄，衍生許多誤解，這樣一來，因為延遲付款，又有兩位成員離開。團隊必須面對這樣錯誤，為了解決彼此的誤會，重新建立信任，團隊決定完全依照梨農自行提供的供貨訊息給付貨款，並且釐清進出存貨。為了這項錯誤，團隊的確付出代價，除了梨農離開組織，社區更是充滿了對團隊的負面評語。

隨著大學師生團隊的運作漸上軌道，雙連梨開始受到媒體關注。根據李明彥的觀察，邱立焜理事長擅長表達，若有公開場合，經常邀請他受訪，邱立焜理事長成為社區的代表人物。就在大學師生團隊前往家長會長處拿取水梨預做檢驗時，家長會長表示不僅不再幫忙團隊，而且要退出整個運作。大學師生團隊當時沒多想，但曾經在一個社區會議中，已經退出合作的家長會長再度提出質疑，究竟公司屬誰？整個社區再度對雙連梨社會企業究竟屬誰議論紛紛。從媒體描述的這一段話來看，雙連梨社會企業成員被視為「他者」，反映了梨農、代表學校家長的家長會長（他本身也是梨農）

與社會企業之間，彼此互信的難度。

卓蘭鎮果樹產銷班班長江文祺表示，「雙連梨」成員畢竟都是外地人，對農業產銷
完全沒概念，要打入社區頗難，所以他們常常路過幫忙。[2]

（一）社區連帶的緊張——利潤的秘密

本案在第一年就取得獲利，順利打造「雙連梨」的品牌形象，加上社群媒體網路
行銷奏效，成功贏得大眾的注意。但是，對梨農而言，這次的經驗，大概是一次震撼
教育，他們感受到出貨與末端價格竟然有如此大的差異。他們給行口的價格一箱 33
台斤大約兩千多元（與給雙連梨報價的一台斤 70 元差不多），梨農發現由雙連梨社會
企業出品的產品在超市的價格，竟然可以賣到五千元，他們覺得不可思議。因此，當
雙連梨企業依照原先承諾，進行分配比例時，學校果然拿到 30% 的收益，梨農也分
配到 30%，但對部分梨農而言，他們認為末端價格這麼高，30% 的獲益分配給他們之
後，卻僅等於比原本價格多出百分之十而已。儘管經過大學師生團隊的解釋，因為末
端價格的訂定是包含了行銷、人事、通路等費用，然而社區仍有誤解，以為社會企業
被少數人所把持，並未能等值造福每一位合作夥伴，又一位梨農選擇離開。

事實上，第一年（2016）的「帳面獲利 70 萬元」需要說明。公司本身的營運成
本含括行銷、網路平台、包裝、運費等等。雖然末端價格高，但是超市拿走的比例達
40%。換句話說，倘若一個雙連梨禮盒售價 700 元，超市拿走 280 元。實質利潤來自
管銷，具體而言，實際投入社會企業的三名年輕人，他們負責現場操作，也需要支付
他們薪資。第一年的人事成本費用，其中有一位年薪 50 萬元人事費用是由負責人李
明彥家族公司支付的。因此，第一年的實質利潤只有 20 萬，詢問計畫主持人採用該
策略的原因，李明彥認為要在第一年就營造出聲勢，以利第二年的繼續操作。即便如
此，雙連梨企業仍然依照帳面利潤進行分配。

社會企業運作第一年的「成功」，有很多要素。梨農被願景吸引，願意配合當然

2　賴至巧，"新故鄉動員令——寄望「雙連梨」讓更多青農返鄉" 中國時報 2016 年 103 日。
2018 年 10 月 11 日瀏覽網址 http://www.chinatimes.com/newspapers/20161003000320-260102。

是關鍵。然而，若從集資的角度來看，大學師生團隊利用主持人李明彥家族企業、學校關係與公共平台的網絡資源取得，這是社區本身當時缺乏的；若從另一端行銷拓展與營運角度來看，李明彥移轉了家族貿易公司既有的超市網絡資源，同時並支援一名員工的人事費用。若要長久營運，帳目上的成本與費用必須清楚陳列，並且要回到事業本體的經營能力與社區基礎。例如，第一年的草創階段，雙連梨企業使用的冰箱設備來自梨農提供；第二年雙連梨企業計畫投資工作站，則開始決定另租用土地以及設置冰箱設備。

　　大學師生團隊從第一年的經驗理解到農業產銷生態因為受到天候影響，水果價格易產生波動，因此在第二年運作時，社會企業與供貨果農擬定了價格補貼或回饋機制，隨著市場價格的波動，梨農給予社會企業價格的正負幅度 10% 內，雙方各自吸收。若市場價格超過給定價格的 10%，則由雙連梨企業補貼梨農。再以一台斤 70 元為例，若市場價格已經到了 78 元時，就由雙連梨補貼梨農一元。同理，若是跌幅超過 10%，例如跌到 62 元，梨農需要補還雙連梨 1 元。

（二）第二年的價格挑戰──行銷模式的轉換

　　此價格調節機制在第二年營運時，就受到動搖。第二年社區梨農開給雙連梨的價格是 60 元，甚至為了提升梨農的信心，還保證會有跟 2016 年一樣的利潤 10%，因此實際上是以 66 元的價格收購，結果該年市場的價格跌到只有 40 元，當社企期望回到雙方協定的價格機制進行調節時，不斷協商下仍然遭受拒絕。梨農的角度是他們已經拿出最好的梨，但是對社企而言，價格過高，很難進行銷售。第一年的超市通路商，只銷售一千箱，相較第一年少了兩千箱。傳統分銷管道受阻，所幸因為「賣梨救小校」已經有口碑，意外地吸引網路消費端人口，從傳統轉為網路銷售管道，2017 年有九成的梨子都是社會企業自行銷售，少了必須給予超市 40% 的比例，2017 年獲利好過 2016 年。

　　雖然順利挺過第二年，價格調節機制是否能夠維繫，將會是社會企業與團結經濟運作模式的挑戰。

二、團結經濟的要角與主力:社會企業與學校

關於團結經濟（solidarity economics）的討論日益漸多，尤其全球化與新自由主義的影響下，貧富差距的擴大，讓人們更多地思考發展經濟有沒有其他的可能性。團結經濟強調社區連帶，不因為發展而破壞人際關係，並且讓市場行為鑲嵌於具有韌性的連結，如此一來不僅取得經濟利得也同時強化既有的社區，讓社區得以永續。本計畫的大學師生團隊，首先在「保留學校」這個事件上，發現「共識」，藉此獲得社區連結的關鍵；並透過「本地物件」-- 梨子，成立社會企業，作為團結經濟的運作機制。只是，「團結」能否持續，經濟利得的分配形式也引發當地社會連帶的變動，這說明社區與連帶永遠是個動態發展的過程，也是大學師生融入當地社區的一大挑戰。

除了與梨農的關係之外，第一年的「成功」效應，引發了社區內部的緊張，不僅帶來學校之間的競爭；更值得討論的是雙連梨社會企業能否順利持續運作；問題根源並不是因為「成功」本身，而是獲利分配之後，學校的作法（或曰策略）影響了社區連帶的狀態，也給雙連梨社會企業在社區的持續運作帶來挑戰。分別說明如下。

馬太效應，由於雙連國小的成功，吸引鄰近小學生轉學進來，導致社區的小學之間形成競爭的局面。雙連梨社會企業與社區合作時，期待獲益的 30% 亦即 20 萬元回饋學校，挹注學校的硬體設備、課程開發等，減少地方政府的財政負擔。結果，與雙連梨社會企業原本的期待有異，新任國小校長將經費移作旅行費用，率領四五六年級的學生前往菲律賓遊學。校長不僅發送新聞稿，也邀來縣長助陣，在社區內外，大大獲得肯定。接著的外溢效應，雙連社區所屬的坪林里里長率先領了五個親戚的小孩轉進雙連國小，於是，只剩下十來位學生的坪林國小形勢更加嚴峻。社區的氛圍起了微妙變化，一方面與雙連梨合作的五個梨農在社區受到歡迎，大大得到社區居民的肯定；另一方面，退出的梨農，尤其是那位家長會長格外尷尬，因為他的孩子就是遊學團的成員之一。

可能是雙連梨成功給校長的靈感，同時校長本身也擔心第二年是否能夠繼續帶領學生出國遊學，學校開始透過「你買雙連梨，送偏鄉學童去遊學」的計畫，自主引導學生積極參與為社區賣梨的活動，增加學生課後服務照顧以及美語營隊的學習。於是問題來了，「雙連梨」社會企業是大學師生團隊與社區梨農共創的品牌，但是「雙連

梨」是否就等同於雙連社區所有梨農的品牌？第二年水果產季期，在新任校長主導下另闢供貨源與銷售管道，卻打著該社會企業所建立的品牌水果形象進行銷售。對於雙連梨社企而言，變得有點為難，過去是「賣梨救小校」，現在是「賣梨送遊學」，願景有點差異。其次，校長買賣的梨不是來自雙連梨社會企業，卻因為雙連國小校長的身分，一般大眾很難區辨。接著，校長帶著過去離開社企合作計畫的梨農，到佛光山系統的惠中寺銷售，一個週末就銷售了雙連梨社企預計販賣的數量。雙連梨社企收到很多詢問與回應，他們以為惠中寺的梨子與雙連梨社企的來源是一樣的，這讓雙連梨社企很兩難。

　　大學師生團隊負責人李明彥認為再下去將會兩敗俱傷，於是與校長商談合作方式。為了保障合作梨農的權益，他提出幾個條件，首先讓兩造的包裝做區辨；其次，若要貼上「雙連梨」的貼紙，必須經過同樣的檢驗程序，支付檢驗成本，並且要回饋部分比例給雙連梨社企。校長雖答應，但經歷了第三年（2018）的產銷期，兩造仍因各自所屬的梨農有不同的考量，而未依循上述模式進行合作。

（一）永續的雙連梨社會企業：機緣與回應挑戰

　　我們已經看到，雖然制定了價格調節機制，但是梨農不一定願意履行，特別遇到市場價格遠低於雙連梨的收購價格狀況。雪上加霜，利用已經在媒體受到關注的「雙連梨」品牌效應，現任校長另闢產銷管道，卻也沒有履行回饋承諾。即使這樣，第二年的雙連梨，反而有著高過第一年的利潤，為什麼呢？如前述，2017 年水梨的價格遠低於 2016 年，因此超市承銷少掉三分之一，傳統行銷管道僅佔 10%，其餘 90% 都透過網路行銷模式。從行銷成本來講，節省了過去必須支付給超市的部份。

　　此外，若社會企業要維持營運，不能只做一種產品。如雙連梨公司銷售水梨期間，包含前置與梨農、通路商議價，中期網路行銷推廣，及後期裝箱出貨等工作，實質忙錄期間只有 5 個月，卻要支應社會企業全年度人事費用。倘若有第二項產品，就可以產生第二項收益，人事成本的費用就可以被攤平。於是，第二年的大學師生團隊開始行銷冬天季節的茂谷柑，在供貨來源方面，避免單一水果的侷限，開始開發不同季節但屬於社區整體的多種水果品牌：葡萄、楊桃、水梨；在另一端的銷售，由於第一年建立起來的形象以及媒體效應，大大吸引善意的基金會主動投入，與他們的合作

關係，不但開發出多元的行銷管道，甚至有能力擴散品牌效益。雙連梨社會企業，不單單扶持了在地的雙連國小，更有能力協助臺灣東部的國小教育與社區拓展。具體做法是這些具有善意的法人基金會購買雙連梨的產品，並把全數的產品交由受捐贈的小學銷售，義賣的收益就是屬於小學的。藉由基金會合作的方式，2017 年雙連梨所獲得的額外利潤就支持了臺東縣長濱國小，支援和孕育許多臺灣國手的國小棒球隊的日常運作。

（二）社區挑戰與可能解方

1. 產季分明的挑戰與可能解方：在產季分明的水果產業中，倘若沒有其他產業的協作或輔助將難以保留人力，僅有一級的產業的偏鄉，面對產業鏈的斷層更是束手無策。回到本研究的關鍵重心「國小」，透過國小導入外界的合作資源可能能有效解決相關問題，雙連梨社會企業已大學社會責任與暑期實習的方式導入課程資源，同時，社區則成為大學教學成果的實踐場所。大學的暑假適逢雙連社區梨子的主要產季，藉由實習計畫導入學生進入社區協作，且學年的課程成果適用於暑期產季。學生做為社區商業行動的推手的同時，也進入商業與農業的領域學習產業結構與商業合作的發展可能性。

2. 道德經濟的訂價的挑戰：Thompson（1971）在《The Making of the English Working Class》和《Customs in Common》兩本書中闡述了道德經濟的概念，強調商業過程中所產生的生產、交換、分配和消費等一系列過程應該根據大眾過去所接受的倫理價值，適當的產品應給予適當的價格，而非過度的削價、掩蓋品質或剝削勞力價值，如公平貿易的提倡要求農業的通路商給予生產商合理的收購價格。而這一情況主要出現在以精緻小農經濟為主的國家之中。在平衡高品質生產者收入的同時，在層層節制的商業通路之中價格將明顯放大，進而使的產品在末端市場上定價較高。因此，目標客群的鎖定十分重要，對於具有高階品質的水果而言，企業與送禮需求的市場仍屬於一個獨立且範疇清晰的市場，當高品質的水果產品有明確的定位時將可以有效平衡道德定價的挑戰。

3. 商業模式複製可能性的挑戰：儘管雙連梨社會企業在目前的運作中看起來能有效的位地方產業帶來更的可能性，但這是基於雙連梨對於在地深刻的調查以及在長

期陪伴中所進行的修正。換言之，對於一個模範的學習不應止於商業模式的複製，而是解構商業模式可以成行的背後邏輯，才能夠有效的建立出適合不同社會問題的解決可能性。

4. 社區品牌或企業的產權的挑戰：對於雙連梨社會企業而言，最終希望能將產權回到社區自主經營，但這不僅取決於在地農友對於商業領域需要更為完備的知識背景，甚至也需要了解共享品牌的特性，否則最終品牌只會淪為公共財的悲歌而造成品牌沒落。回到本研究所討論的重心「在地教育」，雙連梨社會企業希望能夠在長期與社區的運作中改變在地農友對於商業與共有的認知，在長期的國小教育之中提升農友對於在地產業的認同感，改變農友僅著眼於短期分潤的情況，也讓受到幫助的新一代學童對於農產品牌共享有新的概念，由教育推動世代慢慢改變社區。

伍、代結語

在本案中，一個迫切的問題：就是如何設計一套機制，讓農友合作，一起努力維繫小學的存在。小學存續，社區即有較多的機會避免人口繼續流失。對於該大學師生計畫主持人而言，有別於企業與公共利益的傳統營利模式——社會問題的解決倚賴企業經營活動所產生的利潤，該大學師生團隊透過參與雙連社區水果品牌形象及通路的經營，嘗試建立社會企業的商業模式，亦即，商業經營其中的某一個環節，就在解決社區（或社會）問題，而解決社區問題的同時，也在創造社區與小學的連結並維護社區持續發展的機制。因此，利用社區的水果產業，幫助雙連小學持續發展，以凝聚社區是本案的目標。大學師生團隊初期透過群眾募資，成立一家以卓蘭水果產銷為主的公司，並將該公司定位為社區的公共財，公司的獲利將令社區有能力自主經營小學，減少地方政府的負擔。機制的基本設計，乃由參與合作的社區果農供貨，公司負責經營管銷，扣除各項成本後，獲利總額的 30% 支持學校，30% 回饋水果農，40% 則留在公司。留存公司的這 40% 盈利將逐年累積，一旦達到募資來的原始資本額，初期股東則會撤出，將社會企業無償留給社區。

　　經過將近三年的操作，雙連梨社會企業卓越的經營能力獲得多方肯定，不但繼續獲得 107 年度教育部大學社會責任與在地實踐萌芽型計畫，同時在 2017 年十月通過經濟部的小型企業創新研發計畫（SBIR）徵選活動，在僅有 4.7% 的錄取率當中雀屏中選，第一階段獲得 60 萬的研發補助金以及兩次的專家諮詢機會和公司大量曝光機會，第二階段（2018）更獲得 200 萬的補助，可見雙連梨社會企業擁有實力且極具發展潛力，足以吸引外部資源的投入。

　　「賣梨救校」的動力來自於大學師生團隊與社區都想保留學校，除了學校滿足教育需求，有助於減少社區流動人口之外，大學師生團隊考察該社區，也因為校友返校，發現學校有著強化連結的潛力與再運作的可能社會基礎。留下學校，更能發揮社會基礎設施的功能，它促進社區人與人的連結。雙連梨社會企業因著社區連結而得以成立，但不單單只是在既有的社會連帶上，大學師生團隊引進包含人才與專業知識等大學資源，橋接了其他的社會資源，豐富與擴大當地社區的力量。按照克林南柏格的主張，強韌的社會性基礎措施，不僅能守護民主，更能夠刺激經濟成長。雖然對雙連梨社會企業而言，最難應付的部分就是社區內的「社會」因素，社區內學校間的競爭氣氛、梨農的互信、學校校長自行主導所可能的衝擊等等挑戰，但是幾年運作下來，社會企業在本社區漸漸發展成為一種機制，它可以是一種「第三空間」，也就是克林南柏格所謂由企業家創立的空間，雖然第三空間是市場行為，卻孕育了人們可以聚集與流連的場所，例如法國巴黎過去舉辦各種沙龍活動的咖啡館，德國啤酒花園一起觀看足球賽盛事的空間，或是日本居酒屋提供人們私密與情感交流的場所。雙連梨社會企業的運作與該社區的經濟發展模式，值得我們繼續觀察。

參考書目

克林南柏格．艾瑞克（Klinenberg, Eric），2021。《沒有人是一座孤島：運用「社會性基礎設施」扭轉公民社會的詩溫與淡漠》（Palaces for the People: Social infrastructure Help Fight Inequality, Polarization, and the Decline of Civic Life）。臺北：臉譜出版社。

Thompson, E. P. ,2016. *The making of the English working class.* Open Road Media.

Thompson, E. P. ,2015. *Customs in common: Studies in traditional popular culture.* New Press/ ORIM.

第 20 章

外部衝擊、區域經濟回復力之構成及作用機制

陳良治、田孟凌

壹、前言

　　區域回復力（regional resilience）的討論近十幾年來在全球學界受到關注，更逐漸發展成區域政策制定的重要概念之一（Swanstrom 2008, Christopherson et al. 2010, Simmie and Martin 2010, Boschma 2015, Martin and Sunley 2015）。意識到日趨頻繁的全球金融危機及經濟大蕭條，大家開始關注這些情勢對地方及區域長期發展帶來的影響。尤其是一些發展已趨向成熟的傳統產業區域，更容易受到全球化發展的負面影響。而如何讓這些區域能因應突發之重大經濟事件，並有能力進行結構調整，以達長期穩定發展，便成了區域發展研究的重要議題。因此，近來關於區域發展的討論面向，也開始從關注區域成長，擴展至瞭解區域面對不同外來衝擊的回復力（Filippetti and Archibugi 2011, Elola et al. 2012, Raco and Street 2012, Skålholt and Thune 2014, Eriksson and Hane-Weijman 2015, Waters 2015, Dubé and PolèSe 2016, Martin et al. 2016）。雖然目前學界中對於區域經濟回復力仍未有一致認同的定義，但普遍同意透過回復力的概念來分析一個區域如何因應其發展過程中所遭遇的不確定的干擾因素，將有助我們理解區域不均衡發展之形態及過程（Bristow 2010, Christopherson et al. 2010, Hassink 2010, Pike et al. 2010, Yamamoto 2011, Bristow and Healy 2013）。此

本文為再版文章，原文刊登於：陳良治、田孟凌，2017，〈外部衝擊、區域經濟回復力之構成及作用機制〉，《都市與計劃》，第 44 卷第 1 期，頁 1-25。本文經授權單位《都市與計劃》編輯部同意授權重刊。

外，不同於工程、生態或心理學領域對於回復力的討論多專注在探討研究對象在受到衝擊影響後如何維持或回復到原有的形態（Holling 1973, McGlade et al. 2006），經濟地理學對於區域回復力的討論則進一步討論區域的發展軌跡如何在經歷衝擊後發生改變，甚至是否出現新的演化路徑（Pendall et al. 2010, Simmie and Martin 2010, Martin 2012, Boschma 2015）。

雖然目前仍未有一個具有共識關於區域經濟回復力的明確定義，但現今文獻主要多採取 Martin（2012）的看法，認為區域經濟回復力係指「一種區域經濟能重組（reconfigure）或調適（adapt）其結構（如公司、產業、技術或制度）的能力，使其在遭遇衝擊時或衝擊後，能維持可接受的生產力或就業狀況等方面之成長路徑。」（p.10）既有關於區域經濟回復力的研究主要是基於演化經濟學的觀點，強調區域發展的軌跡會受到其根植的經濟、社會及文化等因素的影響（Martin and Sunley 2008）。當這些區域遭遇外在如總體經濟、科技及環境等變化的衝擊時，他們的回復力也將受到其既有經濟結構（取決於過去的發展軌跡）、區域的制度環境（能否開發及利用新知識），以及他們為回應這些衝擊所做的策略性選擇等因素的影響（Wolfe 2010）。除了持續對於區域經濟回復力的概念及分析架構進行討論外（Pendall et al. 2010, Pike et al. 2010, Simmie and Martin 2010, Boschma 2015, Martin and Sunley 2015），近年許多學者陸續投入進行經驗研究，期以實例探討區域經濟體面對衝擊後的調適狀況（Treado and Giarratani 2008, Hervas-Oliver et al. 2011, Elola et al. 2012, Skålholt and Thune 2014, Waters 2015, Dubé and PolèSe 2016, Eraydin 2016, Sensier and Artis 2016），以求具體且深入的掌握具經濟回復力之區域的特質。只是目前關於區域經濟回復力的經驗研究仍有相當缺陷，一方面其多採量化方法，無法描述回復力發揮作用時的動態過程（Martin and Sunley 2015）。另一方面，這些研究成果多來自較短期且多以單一類型事件（如金融風暴）為案例的經驗研究，若從區域經濟演化的觀點來看，我們仍需要有以長期視角、多重事件之角度的研究，來理解如何以回復力的概念來解釋區域的經濟發展過程及機制（Swanstrom 2008, Boschma 2015）。意識到既有文獻的不足，本研究將以臺灣工具機產業群聚為例，透過質性研究的取徑，探討區域經濟體在其發展過程中如何因應各種類型的重大衝擊，藉此深化我們對於回復力發揮的過程及作用機制的理解。除此之外，本研究呼應既有文獻強調區域經濟回復力構成的

系統性，以及不同區域會有不同的回復力系統構成面向（Holm and Østergaard 2015），我們還進一步主張，同一區域面對不同類型的衝擊，其回復力系統內各組成因素扮演的角色或重要性會有所差異。也就是說，面對不同性質的衝擊，區域經濟回復力的呈現及發揮動態也會有所差異。

　　本研究的資料主要來自歷史文獻及檔案，以及作者對於臺灣工具機業中公私部門之決策者的深度訪談[1]。我們先界定臺灣工具機產業發展過程中所遭遇的重大衝擊，接著藉由本文所建構的區域經濟回復力分析架構，分別探討臺灣工具機產業群聚經歷不同性質之衝擊時，其回復力發揮的機制及過程，以及其影響因素。以下本文分為幾個部分，首先是回顧有關區域經濟回復力概念及分析架構的相關文獻，接著說明本文所建構的區域經濟回復力的分析架構。第三部分則指認臺灣工具機產業群聚發展過程中的重大衝擊及其回復力，並利用本文所提的分析架構，探討工具機廠商面對衝擊時的應對方式。第四部分則將前述衝擊進行分類，嘗試討論衝擊性質與臺灣工具機產業群聚回復力發揮模式間的關係。最後則是結論與建議。

貳、區域經濟回復力的概念及分析架構

一、區域經濟回復力的概念

　　成長及回復力被認定是影響區域經濟演化的兩個重要特質（Holm and Østergaard 2015: 96）。具體來說，影響區域經濟演化的關鍵因素，不僅包括到區域或企業能否創

1　為了掌握臺灣工具機產業回應各種重大衝擊的策略及過程，本研究主要依賴對於參與其中之行動者（特別是廠商、政府、研究單位及產業協會）的訪談。本文作者研究臺灣工具機產業多年，並已累積超過百件關於臺灣工具產業的深入訪談逐字稿。這些訪談分別於2005-2006、2008-2012年間進行，每次訪談時間約1至3小時，其內容當中多數已包括受訪者對其所屬組織發展過程的分享，以及對不同時期所面臨的危機及因應方式的說明。然而為補充調查廠商如何因應較近期（2008-2011）金融風暴衝擊的資訊，以及就本研究對臺灣工具機廠商如何應付衝擊所指認之因素進行回饋，本研究於2013-2014年間又繼續進行了10次訪談。

造出有利於發展的條件，也包括了不可預期的外在衝擊，以及區域或企業如何回應衝擊。意識到近來層出不窮的全球經濟危機，區域研究的學者也開始投注心力探討這些重大衝擊如何影響（或形塑）區域成長及發展的路徑。雖然對於區域經濟回復力的定義仍未有共識（Martin and Sunley 2015），目前既有研究主要從三種取徑：工程、生態及調適（adaption）來詮釋區域經濟回復力。其中工程回復力（engineering resilience）指的是一個區域在抵抗（resist）衝擊以及回復到先前的狀態的速度，其強調系統的穩定性（stability），並從系統如何抵抗衝擊，以及回歸到先前均衡（pre-existing equilibrium）狀態的速度來定義回復力（Holling 1973）。而生態回復力（ecological resilience）則是基於多重均衡（multiple equilibria）的概念（Pimm 1984），主張區域經濟在遭逢衝擊後可能會改變其結構及功能，並趨向一個新的均衡狀態。此時，回復力則被視為一個系統在產生結構及功能變化前，能吸收多大程度的衝擊（Gunderson and Holling 2002）。換句話說，一個愈具回復力的區域，就愈能夠在不需進行形態及功能改變的情況下，吸收衝擊或配合調適。由於以上二種取徑都基於所謂的均衡觀點，認為具回復力的區域經濟會從一個穩定的成長路徑或均衡狀態，邁向另一個穩定的成長路徑或均衡狀態，因此受到被許多演化經濟地理學者的批評。例如，工程回復力意味區域終將回到先前的狀態，在此狀況下，區域經濟將無演化出其他形式的可能性（Christopherson et al. 2010, Martin 2012）。這種強調維繫既有結構的看法，還可能導致區域發展出現鎖死（lock-in）以及技術同質性（technological isomorphism）等不利發展的狀況（Hassink 2005, Martin 2010）。此外，由於區域經濟的變化常是一種路徑依賴的過程，而且這個過程會受到過往決策、偶發事件及歷史等因素所影響，更使得區域發展會產生多重路徑或多重均衡狀態（David 1993, Arthur 1994, Boschma and Martin 2010）。

目前區域研究或經濟地理學界則傾向從調適（adaption/adaptability）的取徑來理解區域經濟回復力，其主張區域經濟回復力為一個系統能否因應衝擊而進行調適其結構及機能的能力（Pike et al. 2010, Simmie and Martin 2010, Skålholt and Thune 2014, Boschma 2015），其包括了抵抗（resist）衝擊的能力、從事復原（recover）或再定位（re-orientate）的能力，甚至進行轉型（transform）的能力（Holm and Østergaard 2015）。由於這是一個不斷進行的過程，系統並不一定會回復到先前的穩定均衡狀態。

這個取徑也讓回復力的研究，從分析一個區域經濟如何具回復力，擴張到檢視它如何隨著時間及不同的衝擊與壓力的調適過程（Christopherson et al. 2010），不僅關注區域回應短期衝擊的能力，還包括維持其長期發展的能力，並特別在意區域面對衝擊而重新組織其產業、技術及制度結構的長期能力（Christopherson et al. 2010, Simmie and Martin 2010, Boschma 2015）。也因此，一個具回復力的區域經濟體應能成功調適或重新開始（並改進）其長期發展路徑。而一個不具回復力的區域體，則無法成功轉變，甚至會鎖死在一個過時的結構，其可選擇的長期發展的可能路徑減少。

二、區域經濟回復力的分析

基於調適回復力的觀點，Pike 等人（2010）提出了用適應（adaption）及調適力（adaptability）二個概念來分析回復力。其中適應是地區內部緊密關聯的行動者，為回應衝擊而朝向已知路徑的短期運動。而調適力則是檢視地區中較鬆散連結的行動者如何形塑或影響地方長期發展之多重演化路徑。此時，適應及調適力存在著緊張關係：前者強調緊密網絡及可預期的單一路徑，而後者則強調鬆散網絡及不可預期的多重軌跡。透過這二個概念，我們就可以解釋一個區域或群聚的回復力。簡單來說，適應可以說明區域基於既有能力或過往成功經驗，在短期內迅速構成的回復力。調適力則是一個區域為應付不可知的未來，所呈現出之一種不同形式的回復力。尤其是由調適力所產生的回復力，其強調區域可能會捨棄曾被認為成功的過去發展經驗，而朝向一個新的替代路徑演化。然而，在形塑這種基於路徑轉變所建構而成之回復力的過程中，區域內部行動者會面臨諸多挑戰，如認知上的不確定性（cognitive uncertainties）、經濟上的無效率（economic inefficiencies）及政治上的不受歡迎（political unpopularity）等（Pike et al. 2010: 62-63）。也因此，適應及調適力這二個概念，除提供區域回復力發展的對比解釋外，他們二者也可互補來解釋區域內不同因素，如產業部門、勞力市場或政治利益等，如何相互影響而造成區域出現不同形式之回復力。

Simmie 和 Martin（2010）所提出的調適週期模式（adaptive cycle model），則進一步將區域經濟回復力的發展區分為抵抗（resistance）、再生（renewal）、復

原（recovery）及再定位（re-orientation）等四個階段，並主張每個階段都受到三個因素的影響：（1）區域已累積資源的潛能、（2）區域內部成員及制度間的連結度（connectedness）、（3）區域彈性回應衝擊的能力。Martin（2012）同時還指出幾項因素，如新企業的形成、公司的創新、公司進行改變的意願、區域經濟的多樣化、以及勞力技能等，對區域經濟的調適回復力具有重要影響。由於這些觀點都欠缺實證資料予以佐證，後來許多學者即透過量化方法來找出答案。例如關於產業結構方面，Frenken 等人（2007）發現專業化雖有助區域經濟發展，但卻可能提高其對外部衝擊的脆弱度。換言之，有較多元產業結構的區域雖然可能成長較緩，但卻有較高抵抗外部衝擊的能力。Menzel 和 Fornahl（2010）研究也指出區域會隨著發展而變得更加技術單一性而減少知識的異質性，造成區域再生（renewal）的能力降低。經由研究英國國內各區域面對經濟衝擊前後的就業情況，Martin 等人（2106）也發現區域的產業結構與區域的特質，對回復力的展現有特別的重要性。除此之外，一些學者還提醒，區域回復力的研究還必需檢視制度（institutions）及政策因素如何影響區域應付衝擊及發展出新路徑（Bailey and de Propris 2014, Martin and Sunley 2015）。

三、本研究主張的區域經濟回復力分析架構

目前針對如何分析區域經濟回復力的研究已有共識，即回復力的構成應從系統性及全面性（comprehensive）的角度來理解（Bailey and de Propris 2014, Boschma 2015, Martin and Sunley 2015）。雖然區域經濟回復力的構成極為複雜，但學者都強調至少合理的區域回復力分析都必須補捉到區域產業網絡及制度層面的特質，特別是產業結構（industrial structures）、網路（networks）及制度（institutions）等三個決定區域回復力的基本因素（Boschma 2015: 743）。只是，我們必須注意，這種強調系統或整體結構的觀點，則有過於強調這個系統面對衝擊的自我組織或調整能力（Crespo et al. 2014），而低估了系統內成員的能動性（agency）的缺失（Bristow and Healy 2014）。例如既有研究就被批評常忽略了對於形塑區域經濟回復力極為重要之國家（state）的角色（Hervas-Oliver et al. 2011），以及忽略了產業系統內的成員（如企業）為回應衝擊而有意識的採行策略性行動（Martin 2012, Bathelt et al. 2013）。綜合以上

既有文獻的主張及建議，本研究嘗試提出以下之區域經濟回復力分析架構（圖 20-1），
以進行臺灣工具機產業群聚的回復力分析。我們認為區域經濟回復力的發揮不僅為區
域經濟結構及制度所固有，也會受各個行動者的行為及決策所誘發，所以此分析架構
除考量了經濟回復力分析系統觀，包括考量產業結構及地方制度因素的影響，也意識
到成員能動性的分析，包括國家角色及企業家決策等因素。至於這四項因素如何影響
區域經濟回復力的構成，以及這四個因素在臺灣工具機產業群聚回復力之分析中的觀
察面向，我們進一步說明如下：

圖 20-1　本研究建立之區域經濟回復力分析架構

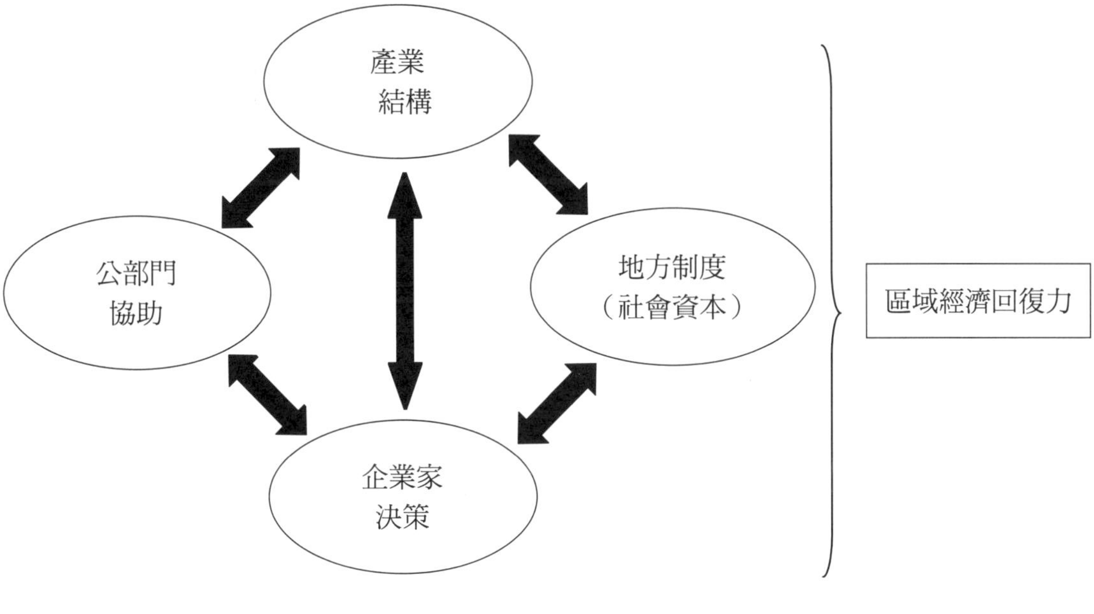

（一）產業結構

　　區域產業結構，例如產業的技術或市場特性、產業內企業的規模大小、生產鍊的
構成與效能、以及勞力供給等，都影響了區域因應衝擊的調適能力（Boschma 2015,
Martin and Sunley 2015, Martin et al. 2016）。其中關於產業群聚文獻就特別強調空間
集中之網絡式生產體系，不僅有利廠商間產生生產的綜效（synergy），並促進技術學

習及創新，更讓個別廠商、甚至整體產業得以因應環境變動，而採行各種不同的營運策略或進行生產組織的調適（Enright 2003），進而呈現較高之回復力（Jaime and Jean-Louis 2013, Kiese and Hundt 2014, Waters 2015）

（二）地方制度（社會資本）

　　地方的制度能力（institutional capacity）也決定了其成員如何回應衝擊，進而影響其回復力（Boschma 2015）。而地方的制度能力的構成包括許多因素，其中社會資本的存量又至為重要（Staber 2007）。在產業群聚中，社會資本指的是群聚內獨立自主又彼此依賴的成員，透過互補關係建立共同的利益，並經由長期互動所累積的信任關係。面對外在經濟衰退，廠商在公司經營上將面對重大抉擇困境，例如是否要透過裁員或更換合作伙伴來縮減支出（Smallbone et al. 2012），亦或是採行與外部組織進行合作的策略（Child et al. 2005）。這時，群聚環境內社會資本的厚薄將影響廠商選擇採取個別或共同行動來面對外部衝擊，並也是其回復力的關鍵。

（三）企業家決策

　　企業家的活動是經濟變遷及成長的重要來源（Schumpeter, 1934），也是促成產業群聚形成及演化的重要因素（Feldman and Francis 2006）。一些區域經濟回復力的研究更指出區域遭逢衝擊得以開始回復，常是從行動者（特別是企業家）重新整合（rebundle）手邊的資源（包括資金、人力或社會資本等）並進行新一階段的積累開始（Bathelt et al. 2013）。基於以上看法，我們認為企業家（亦即廠商經營者）的決策，例如對於衝擊的認知及採取的回應策略，除關係著個別廠商的存活與否，也影響了整體區域經濟之回復力的形成。

（四）公部門協助

　　既有文獻已提醒區域經濟回復力的研究，在理解區域如何迴避災害及應付衝擊時

必須考量政府及政策因素（Hervas-Oliver et al. 2011, Bailey and de Propris 2014），同時也指出，各區域遭逢衝擊時，對於政府介入的需求，以及政府介入的型態會隨著地方脈絡而異（Rodríguez-Pose 2013）。關於臺灣經濟發展的研究均強調，國家常透過財政或技術支援等不同形式的政策來干預產業發展（Onis 1991, 王振寰 2010），其更常是國內各類產業群聚優勢形成的背後要角，因此是影響臺灣產業群聚回復力的重要因素。

參、臺灣工具機產業群聚發展過程中的重大衝擊及其回復力

臺灣工具機產業在 2015 年名列全世界第四大工具機出口國與第七大製造國（Gardner Publications 2015）。除了是臺灣重要的出口貿易產品，透過供應本國製造業所需的生產設備，工具機產業更肩負起支持臺灣產業發展的關鍵角色。對於這個產業如何從後進者（latecomer）晉升至目前全球工具機產業中極具競爭力的地位，既有研究特別從產業群聚的觀點予以解釋（劉仁傑 1999, Brookfield 2008, Chen 2014）。具體來說，學者指出這個產業的競爭力源自於聚集在臺灣中部一帶，以中小企業為主的工具機及其協力廠商所形成的分工協力生產網絡。在臺灣中部一帶，工具機生產所需的大小零件及加工，均能在方圓 30 公里內取得。而鑲嵌在這個產業群聚內之廠商間相互依賴的社會關係，更讓廠商間的合作能因應市場變化，快速且具彈性調適出各種不同的合作形態，並利用體系內所有的可用資源，從事研發、設計、試製、生產、裝配、銷售等每一環節，進而在這過程中提升與產品相關連的附加價值（劉仁傑，1999:9）。此外，由於產業群聚的制度環境鼓勵新創公司成立，為這個產業注入源源不絕的創意及動力。群聚內的廠商亦在群聚的支持下，能因應競爭情況的變化來嘗試不同的生產組織形態。總合這些因素，即造成臺灣工具機產業的活力（Chen and Lin 2014）。

然而，就本研究的觀察，臺灣工具機產業的發展並非一路順遂，在其成長過程中更數度面臨重大衝擊。具體來說，檢視臺灣工具機產業產值的歷年成長率，我們發現其自 1980 年代起至 2011 年止就有五次較明顯的負成長（參見圖 20-2）。經本研究探

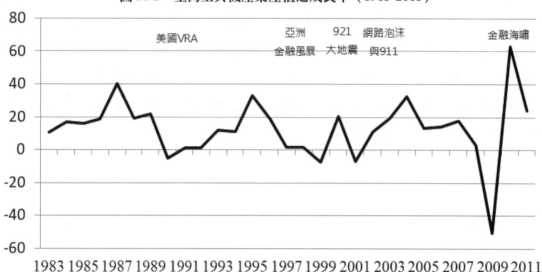

圖 20-2　臺灣工具機產業產值之成長率（1983-2011）

資料來源：工研院機械所（1995、1996、1998）、Chen（2007）、TAMI（2005）與網站統
計數據。

討，這五次的成長衰退主要是分別受到幾次重大的外部衝擊所致，包括 1987 年的臺
灣工具機出口美國自動設限協定（voluntary restraint agreement，VRA）、1997 年的東
南亞金融風暴、1999 年的臺灣 921 大地震、2000 年初的網路泡沫化與 911 恐怖攻擊、
以及 2008 年的全球金融海嘯。以下我們就分別說明這些衝擊的內涵，基於本研究所
提的分析架構，說明臺灣工具機產業群聚發揮其回復力的過程及機制。

一、1987年：臺灣出口美國工具機自動設限協定

1986 年時，美國政府為保護本國工具機產業及國防安全需要，與西德、日本、瑞
士及臺灣簽訂出口自動設限協定（以下簡稱 VRA），從 1987 年開始限制這四個當時
美國最大工具機進口國家的工具機進口（Alexander 1990）。VRA 的簽訂對臺灣工具
機產業帶來的極大的負面影響衝擊，特別是美國一直為臺灣工具機出口的主要市場，
例如在 VRA 實施的前一年（1986 年），臺灣銷往美國的工具機比例即超過五成。然
而在 VRA 實施之後，臺灣工具機輸美的比例便大幅下滑，從 1987 年的四成一直到

1990 年的三成（工研院機械所 1995）。由於在 VRA 衝擊發生的時期，臺灣工具機產業主要由幾家較大型並採垂直整合的工具機廠為主，加上當時這些業者也未被觀察到有為社會資本所驅動之明顯共同行動，我們認為臺灣工具機產業面對 VRA 衝擊的回復力發揮，主要來自企業家行動及公部門協助等二個因素的影響，其分析如下：

（一）企業家決策

　　面對 VRA 的出口配額限制，規模較小且資源較為欠缺的臺灣工具機廠商無法像其他同樣受到 VRA 影響之國家（如日本或德國）業者，得藉由直接到美國設廠投資來降低衝擊。為找尋出路，臺灣工具機廠商除了與美商合作來爭取特別配額外，最主要的策略則是思考如何在限制機種及數量下，增加產品的附加價值，並且開發新市場。為了在有限配額下獲取最大利潤，臺灣各工具機廠商決定拉高研發數控（NC）工具機比例。由於傳統工具機（如車床、銑床或綜合加工機）與 NC 工具機均同時被納入 VRA 限制名單，為追求較高利益，廠商多轉往發展較高附加價值的 NC 工具機，這使得臺灣 NC 工具機出口比例開始大幅提升。而這些臺灣主要 NC 工具機出口中，綜合加工機出口總值更超過其他工具機出口值的總和[2]，並逐漸成為臺灣工具機產業在國際市場中最具競爭力的產品。另外，在提升非美國市場比例的海外拓銷上，我們更看到臺灣工具機業者的積極行動及企圖。例如為打入門檻較高的歐洲市場，他們就積極為取得歐洲的 CE 認証而進行設備投資及產品改良。當時身為臺灣車床大廠的台中精機，則在荷蘭及南非設立了海外發貨及售後服務中心，其 NC 車床更在南非市場的佔有率爬升至第一位[3]。經由廠商的努力，歐洲市場佔臺灣工具機整體出口的比例則從 1986 年的 19% 上升至 1990 年的 34%（Chen 2007）。而這些業者如何開拓歐洲市場以因應 VRA 的衝擊，一位國內工具機領導廠商的經營者說明了這個過程及他們的策略：

　　「……我們只好透過參展及代理商，辛苦將產品賣至歐洲。我們是被逼到去開拓歐

2　經濟日報（1988），「工具機分散市場奏功綜合機種成外銷主力」，台中訊，產業（二）

3　經濟日報（1988），「台中精機增設海外據點 澳洲分公司今日成立」，臺北訊，15 版

洲市場的……除了可靠度，我們也要考慮我們的價格功能比。當時我們是努力將品質做到最好，使用最好的配件，符合日本標準 85-90% 品質性能，但賣 65-70% 的價錢，客戶和我們做過第一次生意後，可以知道我們產品價值之所在，這是我們很重要的產品策略……」（訪談紀錄 B 20050826）

（二）公部門協助

臺灣工具機產業在因應 VRA 衝擊的過程中，政府是另一個關鍵的行動者。在 VRA 事件中，除了與美國政府進行談判外，臺灣政府也為工具機產業因應能力的強化提供了重要的協助。尤其多屬中小企業的臺灣工具機業者，難以靠自身力量取得為打進歐洲市場所需要的產品 CE 認證。當時政府指派國內幾所相關公部門研究機構，例如精密機械研究發展中心、金屬工業研究發展中心或工業技術研究院機械所等，協助廠商改善技術及產品的品質以完成認證的工作，進而讓臺灣的工具機產品得以順利銷往歐洲市場。

依本研究的探討，在廠商的積極行動及政府協助下，臺灣工具機產業安然從 VRA 的衝擊後回復。不僅如此，在經歷了 VRA 之後，臺灣工具機產業有了進一步的升級。例如工具機 NC 化的比例由 1987 年的 19.8%，逐步提高到 1991 年的 29%（工研院機械所 1995）。由於 VRA 的限制，美國佔臺灣工具機出口比例也逐漸下降，逐漸代之而起的是歐洲與東南亞市場，這也讓臺灣工具機產業改善其外銷向單一市場傾斜的情形。更值得注意的是，由於開拓了更多元化的出口市場，加上對於產品升級的努力，臺灣工具機廠商及整體產業的回復力在衝擊過後顯得更為強化。

二、1997年：東南亞金融風暴

臺灣工具機產業在 VRA 解除後，隨著美國經濟的成長以及對東南亞與歐洲市場的拓展，在產值與出口值上都有明顯的成長。然而在國內外的經濟榮景的背後，則逐漸浮現出另一個於金融面上的隱憂。在 1990 年的下半期，臺灣的股市一片人好，許多國內的工具機大廠開始利用股市進行高槓桿操作，進行各種非本業的投資。而此時

卻發生因泰國貨幣崩盤而引發的東南亞金融危機，重擊以東南亞為主要出口市場之一的臺灣工具機產業。此一金融危機同時造成臺灣股市崩跌，致使部分國內工具機上市廠商，被銀行評估為體質不良而收銀根，進而出現資金流問題，甚至倒閉或下市重整。這是臺灣工具機產業首次碰到的國際性金融危機，其面對此一衝擊之回復力發揮的綜合分析如下：

（一）產業結構

臺灣工具機產業最為著名的產業群聚及其中的網絡式生產體系（即所謂外包協力體系）是到 1990 年代初期才漸趨發展成熟（Chen 2014）。由於將其生產能力鑲嵌在這個位處中部一帶的外包協力體系中，臺灣工具機廠商及整體產業更容易進行彈性應變，進而呈現較高對於衝擊的調適能力。首先，廠商因無需進行大量廠內設備投資，營運風險即可大幅降低。而當遇到不可預期之景氣變化時，他們更可透過調整內外部的生產比例或選擇不同的協力廠等方式，來調整生產策略。此外，群聚內的一些工具機廠商也進行策略聯盟，透過互補生產或共同行銷的方式拓展市場。

（二）企業家決策

面對此次風暴所造成的東南亞市場萎縮，除了進行生產面的調整外，臺灣工具機廠商更進一步採取市場分散化的策略。不僅對於歐洲及美國等工具機最大市場的持續進行深耕，許多經營者更選擇開拓其他原本較不熟悉的新興國家市場。例如透過參加各國舉辦之工具機展覽主動找尋商機或合作伙伴，臺灣工具機廠商在此時期就進入了印度、墨西哥與一些西亞國家的市場，反映在其他區域（非歐、美、中市場）佔臺灣工具機產業出口之比例由 1995 年的 19%，上升至 1998 年的 30%（工研院機械所，1998）。也由於廠商對於開拓新興市場的積極作為，東南亞金融風暴期間，臺灣外銷至東南亞之工具機占全體出口之比重雖從 1996 年的 16% 降至 1998 年的 2%，但其他市場所帶來的新需求則帶給臺灣工具機產業回復的重要動能。

（三）公部門協助

面對東南亞金融風暴，臺灣政府除運用貨幣政策降低對臺灣出口產業的衝擊外，也施行相關措施協助本國廠商拓展外國市場。例如經濟部當時就成立了外銷服務團，協助包括臺灣工具機產業在內的廠商探索中東、墨西哥、印度等過去未涉足的市場[4]。同時，工具機公會也在政府的支持下，協助提供相關國際市場商情資訊，或帶領臺灣工具機廠商參加國際展。例如印度工具機展，1993 年時臺灣工具機業前往印度參展的廠商家數，僅十二家左右。但 1997 年時臺灣主要的工具機廠商都前往參展，更創下臺灣工具機廠商赴海外參展最大規模[5]。此外，許多開發中國家的客戶在採購工具機設備時，因本身資金較為缺乏，常希望工具機廠商能提供融資或是租賃設備的方案。只是多屬中小型規模的臺灣工具機業，往往難以配合此特殊需求上。針對這點，臺灣政府當時就配合提供了 5 億美元的轉融資予購買臺灣工具機產品的外國客戶，為臺灣工具機廠商爭取訂單帶來極大助益。

（四）社會資本

此次風暴也造成臺灣一些工具機大廠出現營運上的危機，其中最著名的例子便是國內龍頭廠商台中精機的下市重整。然而我們發現，既使當時工具機廠商因面臨困境而無法交付貨款，許多他們的協力廠商仍願意持續供貨，使得這些工具機廠商仍能在資金不足的狀況下進行生產，始能熬過難關而重整再起。對於當時他們為何願意給予工具機中心廠這些寬限及協助，一位協力廠商說明：

> 「協力廠商很簡單，我今天沒辦法拿到這些錢。但是你還是要永續經營。我有一天我還是可以賺回來的。那我們配合那麼多年，我不能因為一時之間你的不方便，所

4　聯合報（1999）「成軍半年協助三千多家廠商解決進出口問題 經部促進外銷服務團績效不錯」，孫中英，24 版。

5　工商時報（1997）「印度工具機展為我國海外最大參展規模」，張令慧。

以我就給你斷貨。我們不會這樣子的。」（訪談紀錄 E 20141104）

此外，我們發現臺灣工具機產業傳統的師徒制下形成的外包體系（Chen 2011），也有助讓這種危機時期的合作關係出現。舉例來說，曾在工具機廠工作的學徒或員工出外自行創業後，往往會成為該工具機廠的協力廠，因此當這工具機廠出現危機時，這些過去具有師徒情分的協力廠多願意協助老東家度過危機，如同某工具機廠商經營者解釋：

「……我們很多協力廠都是做幾十年了，有很多還是在這裡待了很久才出去做的，很多都是我父親的徒弟，有一些當初出去開業的機器還是從我們這裡拿去的，後來再以幫忙加工的勞務來相抵，他們當初也沒錢，也是靠我們把他們養起來的。……因為我們又不是惡性倒閉，而且欠他們的應付帳款也不多。所以後來大家一起幫忙共同度過，我們也有十多年的情誼。……」（訪談紀錄 A 20051114）

以上這些中心廠與協力廠間基於過去長期生產合作所建立的信任與情感，或因為彼此之間曾存在的師徒關係，有利雙方形成共體時艱的共識，更是臺灣工具機產業遭逢危機時能被運用的社會資本。

三、1999年：921大地震

臺灣中部鮮少受強烈天災影響，而發生在 1999 年的 921 大地震，則是臺灣工具機產業第一次碰到無預警的重大天災。由於廠房及生產設備的毀損，臺灣工具機產值在地震當年衰退了 7%，但卻在隔年隨即回到正成長。依我們的研究，這次災害對臺灣工具機產業的衝擊主要於在地供應鍊及廠商生產能力的損害，其回復力發揮的分析如下：

（一）產業結構

由於地震使得一些本地供應商因設備受損而無法依約供貨，許多工具機廠商當

下面臨因缺料而無法進行生產的危機。然而我們發現，受利於產業聚集之故，臺灣工具機廠商既使碰到原有供應商斷貨的情況，仍能迅速的在當地找到許多替代的供應來源。而供需雙方間的地理鄰近性也有利零組件的及時供應，更增加工具機廠商緊急應變的能力。

（二）企業家決策

為因應震災，政府當下對中部地區實施了限水限電的措施。為讓其生產能力不致因此大幅減損，工具機廠商則採用彈性生產方式予以應變，包括如配合限水限電時間調整生產工序，甚至改變工廠營運時間等方式，降低生產延遲的衝擊（工研院，2000）。這些臺灣工具機廠商得以進行生產活動的靈活調整，除了得利於產業結構的優勢外，我們認為廠商經營者的積極行動亦是關鍵。一些受訪的業者就強調，當時他們一旦意識到位於災區的供應商無法出貨，透過自己的人脈或過去累積的在地知識，他們很快就能找到其他合適的供應源來替補。此外，有些經營者更表示，在其工廠生產能力完全恢復之前，他們也會將部分生產訂單轉包給其他在地同業，藉此達到準時供貨的目標。

（三）公部門協助

地震發生後，政府為協助工具機廠能儘快重建生產能力，除指派精密機械研究發展中心與工研院機械所等公部門研究單位協助廠商進行設備檢測與調校，也提供災區廠商低利貸款進行重建，另外，為避免這次震災使得國外客戶對採購臺灣工具機產品產生疑慮，進而對其出口造成長期的不利影響，政府也委由外貿協會帶領災區廠商到世界各大型工具機會展露面[6]，爭取訂單與穩定國外顧客信心[7]。

6　經濟日報（1999），「年底前震災區廠商參展將退費優待 參加貿協海外推廣活動半價優惠」，白富美，26 版。

7　經濟日報（2002），「斯圖加特加工機展 我廠商接獲訂單」，萬中一，06 版。

（四）社會資本

臺灣工具機產業面對 921 震災得以迅速採行前述的回應行動，如進行轉分包生產、彈性工時與工序等，厚實的在地社會資本則是重要的支持條件。我們發現，臺灣工具機產業內勞資雙方的關係相對合諧，員工對公司也有極高的向心力。因此在公司面臨營運危機時，員工基於對公司的情感，多願意在工時或工資上配合調整。此外，基於彼此之間長久以來所發展的合作關係，許多工具機廠也會主動協助其合作伙伴（如協力廠或客戶）修復其生產設備，這不僅確保了生產體系在災後的迅速重建，也使得雙方未來的合作更為緊密。

四、2000年初：網路泡沫化與911恐怖攻擊

隨著美國經濟的升溫，剛從 921 震災復甦的臺灣工具機產業的產值在 2000 年時達到約二成的成長。然而全球經濟卻在接下來又因網路泡沫化與 911 恐怖攻擊而遭受重擊，使得全球市場需求下滑，讓以出口為主的臺灣工具機業者又再次面臨考驗，反映在臺灣工具機產業於 2001 年的產值及出口值分別出現 7% 及 4% 的負成長。但這個一直以來均展現極佳韌性的臺灣產業，在隔年便回復至原來的成長軌跡。就本文分析，這次危機主要來自歐美市場的需求不足，臺灣工具機產業能迅速回復主要是因為從開拓中國市場找到成長動能。只是在這過程當中，由於臺灣政府對國內業者進軍中國採較消極支持（甚至阻撓）的態度，而鑲嵌在中部群聚的社會資本對工具機業者的中國投資助益有限，我們認為企業家決策與產業結構為促使本次衝擊回復力發揮的二個較重要因素。

（一）企業家決策

臺灣工具機廠商得以安然度過此次景氣下滑，我們認為與經營者決定積極開發中國市場以彌補外銷缺口的行動有極大關係。過去由於兩岸政治因素，以及歐美市場具有較高的經濟效益，臺灣工具機廠商較少赴中投資。但此次危機後，業者開始大量轉

進中國市場，從設置行銷據點開始，更接著在中國建立生產基地（Chen 2015）。就本研究的訪談，業者指出他們赴中國設點除了市場需求外，同時亦為了能服務在中國設廠製造的其他國家客戶。換言之，他們赴中國設點達到既開發新市場、又能服務老客戶的雙重優點，使得他們能在這波風暴下，快速找到新的出口發展動能，彌補歐美市場的損失。例如 2000 年臺灣工具機出外銷中國比率佔全部總數約為 29%，然而在這次 2000 年初的衝擊之後，出口中國比例大幅增加，直到 2003 年甚至佔所有臺灣工具機出口額將近一半，高達約 49%（工研院產經中心, 2003）。

（二）產業結構

要能順利進軍中國市場，臺灣工具機廠商的重要策略之一便是在當地建構生產網絡。首先，最早到達中國的臺灣工具機廠商，就得利於其他在當地之臺灣客戶的訂單而逐漸站穩腳步。此外，為了尋求穩定且高品質的在地零組件供應，部分大型工具機廠商，甚至號召了他們在臺灣的協力廠一同到中國投資，並透過如提供設廠土地、原料、人才招募或訂單等各種協助，使得這些協力廠得以降低在中國投資的風險與成本，進而順利紮根，最後更進而在中國複製出臺灣工具機產業所熟悉的網絡式生產體系（Chen 2015）。而更值得一提的是，藉由生產網絡的向中國拓展，臺灣工具機產業因此有更多管道取得在臺灣的群聚所欠缺的外部知識及能力，對其回復力的提升有極大助益。

五、2008年：金融海嘯

起因於美國次級房貸的危機，此波金融海嘯重創全球經濟，臺灣工具機廠商則因市場急凍而陷入沒有訂單的困境，整體產業的成長率於 2009 年更重挫超過五成。然而即使遭逢這般嚴重的風暴，臺灣工具機廠商沒有廠商因而倒閉，整體產業的產值在 2010 年後就逐步回升，更在 2011 年即回復到 2008 年金融海嘯襲擊前的水準（工具機暨零組件公會, 2011）。此時期臺灣工具機產業群聚回復力的發揮分析如下：

（一）企業家決策

由於臺灣工具機業者過去已有一次面對國際金融危機的經驗，因此在美國發生次貸風暴尚未波及亞洲時，許多廠商表示他們便早有警覺並進行因應準備。在預先示警方面，以台中精機作為例，因為該公司曾因東南亞金融風暴而下市重整，管理階層從此對於資金與國際金融市場的變動較為敏感，並在美國次貸危機剛發生時就對外示警，提醒同業需審慎因應，不宜過度擴充。[8]而後來衝擊確實發生後，臺灣工具機經營者也因在東南亞金融風暴後改採較保守的財務操作，多數廠商也因而能在較穩健的財務支持下，初步抵抗本次訂單下滑、資金流動停滯的衝擊。

另外，許多經營者都表示，雖然公司的生產在當時大量減少，但他們會趁此時就公司的其他重要營運活動予以強化，例如增加技術精進方面投資。以台中精機為例，其經營者即強調他們不會因此而坐以待斃，而會積極檢討既有機種並開發新的利基產品來增強公司因應市場變化的能力[9]。而另一家受訪廠商的負責人則提到，面對金融海嘯來襲，他除以「踩剎車」的方式將出貨與採購量降低因應突如其來的市場急凍，更把握住這空檔時間進行員工教育訓練，以為公司提升未來長期競爭力做準備（訪談紀錄 C 20140929）。

（二）產業結構

本次金融海嘯期間，我們除觀察到臺灣工具機產業群聚的網絡式生產體系持續支持個別廠商及整體產業降低衝擊所帶來的負面影響，更發現另一個帶給臺灣工具機產業群聚建構出更高回復力的一種新組織型態的出現－即幾家工具機廠及協力廠組成的 M-Team。這個由二家國內工具機領導廠商於 2006 年發起的組織，企圖經由工具機廠與協力廠組成聯盟，集體推動豐田式生產系統（Toyota Production System, TPS），以改善公司內部以及協力網絡體系的生產效率。根據本研究的訪談，許多廠商都表示，

8　經濟日報（2007）「次貸核爆 骨牌效應 工具機業 明年接單恐受衝擊」，宋健生，A4 版。

9　工商時報（2009）「中精機另闢戰場 開發經濟型機種」，張令慧，A15 版。

經過了幾年的持續參與，M-Team 已促使一個緊密合作的團體形成，成員間會相互鼓勵、觀摩與交換意見，使得他們更能就生產觀念、工具或組織等進行革新。更重要的是，因為 TPS 的推廣建立，臺灣工具機廠與協力廠，以及他們所共同組成之協力生產網絡，對於因應外部供應及需求狀況驟變的能力均大幅提升。

（三）公部門協助

本階段的公部門協助主要反映在公部門研發單位，如精密機械研究發展中心在金融海嘯期間安排課程，供工具機廠商派員前往進行員工訓練。此外，中衛中心更也在推廣 TPS 及鼓勵廠商投入生產流程的改善的行動上扮演重要的角色。

（四）社會資本

如先前所述，臺灣工具機廠商的員工向心力頗高，因此本次金融海嘯期間，受訪者多指出雖然公司逼不得已必須放無薪假或減薪，但員工都能理解景氣困境，而共同協助公司度過景氣冰河期（訪談紀錄 C 20140929）。一些受訪者更強調，他們寧可減薪並提列赤字預算的方式，而不願因此解雇任何一位員工，甚至會在沒有訂單的時間為員工安排課程進修（訪談紀錄 F 20140819）。除此之外，因為 M-Team 的出現，我們發現群聚內似乎正在形成一種新的社會關係，主要體現在 M-Team 內中心廠與協力廠間出現更緊密的互助關係。例如一位工具機廠商經營者即表示，他們在這次的金融海嘯發生之時，會更主動警告其他 M-Team 成員預先準備並提出因應策略建議：「……產品不要亂出、銀行有額度盡快領出來，現金流先顧好…」（訪談紀錄 D 20141006）我們認為，M-Team 的建構讓組織內的成員間產生更強的互賴感，而這種「我們是個Team」共同意識，則是臺灣工具機產業群聚所發展出支持回復力發揮的另一種社會資本形式。

肆、不同類型的外部衝擊及回復力發揮的動態

依前節之探討，臺灣工具機產業群聚面對各重大衝擊及其回復力之內涵匯整如（表一）所示。而這些外部衝擊事件，依其性質更可分為 1. 主要市場的受挫 2. 國際金融危機 3. 無法預測之天災等三種不同類型。以下我們進一步討論這三種類型衝擊的特色，以及臺灣工具機產業群聚回復力的發揮模式。

一、主要市場受挫

主要市場受挫型態的衝擊，主要呈現在佔臺灣工具機主要出口比例的市場突然受到限制，致使業者無法繼續開拓當地市場；或是因其他突發的政治經濟事件，導致出現該市場需求大量減少的狀況。例如 1987 年美國的 VRA 以及 2000 年初網路泡沫化與 911 攻擊事件，都讓臺灣工具機產業遭逢主要市場萎縮的窘境。

面對此種衝擊，我們發現臺灣工具機產業主要以開發其他市場作為彌補，呈現在廠商開始積極開拓歐洲及中國的市場。在這過程中，我們除了看到企業家願意挑戰新市場的決心，也觀察到他們策略性地運用本地產業群聚中的各種資源來克服開拓市場的障礙，具體案例如運用公部門的協助通過 CE 認證以使產品得以打入歐洲，或在欠缺公部門的支持下積極在中國建立生產據點。這種以企業家主導，根據情況動員相關資源以轉移主要市場並開拓新市場來度過危機的回復力發揮模式，我們認為最能解釋臺灣工具機產業群聚如何應對主要市場流失類型之衝擊。

二、國際金融危機

國際金融危機則屬金融市場波動所造成全球性或區域性的景氣下滑狀況。此種事件對臺灣工具機產業的衝擊不只市場需求的停滯或減少，甚至也使得廠商因股市崩跌或銀行融資不易而影響公司財務週轉，進而造成營運困境。例如 1997 年的東南亞金融風暴時，一些臺灣工具機廠商就不僅遭受抽銀根的困境，有些甚至因而倒閉。而1997 及 2008 二次風暴，更讓臺灣工具機廠商同時面臨國內外市場重挫的雙重威脅。

要能夠抵抗這兩次大規模且全面性的經濟衝擊，並找到回復的動能，我們認為臺灣工具機產業群聚的回復力的建構主要來自企業家決策、社會資本及公部門協助等三個因素的作用。然而我們更進一步發現，這些因素的作用內涵則有了重要改變。具體來說，企業家的因應策略由專注開發新市場，轉至強化公司內部的營運能力，以及透過建構更緊密的聯盟組織以深化與其他群聚成員的垂直及水平合作關係，尋求個別及產業整體發展能力或回復力的提升。社會資本方面，廠商除了受益於在地所累積之社會關係取得重要的避險能力外，一些廠商也因進行了更正式的團隊合作（如M-Team），使群聚內出現另一種有利成員間更為制度化的利益共享機制。而公部門的協助方面，政府也從由主動的資金與技術提供者，強化其在回應廠商需求，適時扮演促成廠商合作關係過程中的的輔導或協調之角色。總的來說，臺灣工具機產業在應對金融危機的回復力展現在工具機廠商經營者從過去經歷中的學習及自我調整，並透過跨廠商互動合作來進行廠商個別及產業整體的體質改善行動，以應對當前及未來可能發生的衝擊。

三、無法預測之天災

不同於前述之衝擊主要在市場需求驟減，地震或洪水等大型天災對產業所帶來負面影響通常發生在生產面，而廠商的回應策略則是儘快恢復生產能力。依921地震的案例，我們發現臺灣工具機產業之所以能很快的在隔年便恢復到原有的產能，其回復力發揮來自廠商經營者為重建生產組織所做的努力，以及群聚內之多樣化供應網絡與社會資本所支持廠商內部以及廠商間共同行動的彈性調整機制。然而，公部門在這過程中所提供的協助，例如協助受災廠商設備檢測或取得融資等，也對快速回復臺灣工具機產業供貨能力發揮重要的作用。

伍、結論與建議

在區域經濟的研究中，相對於一些文獻關注在競爭力（competitiveness）及永續

性（sustainability）的討論，回復力的概念則將焦點放在分析區域經濟體如何因應無法預期的衝擊，以及這些事件及回復過程如何影響或形塑區域經濟接下來的發展型態（Scott 2013）。學者指出，討論回復力的重要價值不僅在幫助我們理解不同地區對於衝擊之承受及反應的不同能力，更讓我們認識到重大衝擊對區域經濟之演化路徑，甚至區域間發展不均之過程所帶來的關鍵影響。接續學界近來對區域經濟回復力研究的關切，本文以臺灣工具機產業群聚為例，藉由回復力的觀點來分析其如何因應發展過程中所遭遇的重大衝擊，同時檢視廠商及產業整體是否在經歷衝擊過後演化出更能調適未來衝擊的經營模式或組織。由於既有區域經濟回復力研究常被批評多僅從概念層面來討論區域經濟回復力及影響回復力構成的因素，我們嘗試藉由實例來進一步說明影響區域經濟回復力之幾項關鍵因素如何作用，使得區域經濟體得以承受衝擊並逐步復原的過程。此外，本文更讓我們對衝擊與區域經濟回復力之間的關係有更深入的理解。具體來說，本文同意回復力應從系統觀點來理解，也呼應既有研究所強調，並非每個區域都有相同的回復力之構成面向及來源（Holm and Østergaard 2015）。以臺灣工具機產業群聚為例，我們除了說明其為一亟具回復力的區域經濟系統，我們更指出這個區域經濟系統遭逢衝擊的回復力主要受到四個因素的影響，包括產業結構中的水平及垂直的彈性分工網絡、願意開拓新市場及具動員能力的企業經營者、深厚社會資本所形成的在地勞資雙方或生產鍊成員間的伙伴關係、以及適時提供協助的公部門。但我們的研究更指出，不僅回復力構成的面向不同，同一區域面對不同類型的衝擊，區域經濟回復系統各因素扮演的角色或重要性會有不同。誠如本文在第四部分就臺灣工具機產業群聚面對不同類型衝擊時的回復力型態分析，我們發現這個區域經濟系統面對不同類型重大衝擊，其回復力的發揮型態及主要作用的因素就隨著呈現些許差異。

　　除了增進我們對於區域經濟回復力的構成內涵及作用機制的理解外，本研究在探討臺灣工具機產業群聚克服重大衝擊的過程後，最後嘗試針對如何強化臺灣產業群聚之回復力提出建議。在臺灣，不只是工具機業，其他臺灣著名的成功產業如電子業、鞋業、自行車業或遊艇產業等都有空間群聚現象，並成為其所處區域經濟之重要基礎。而產業群聚的視角，更常是分析臺灣產業發展及技術升級的主要觀點之一（王振寰 2010）。然而近來的文獻均指出，空間聚集雖是一種有利廠商或產業取得更高生

產及創新能力的空間及制度安排，但在變動的全球競爭環境當中，產業群聚並不一定能持續保持競爭優勢。特別是許多經驗研究發現，遭逢外部負面衝擊時，產業群聚能順利且成功的調整並非是一個自然發生的過程。某些產業群聚會具有較高回復力的原因及形成機制，群聚內成員（個別或群體）能否有意識的採取共同行動（collective action），才是其中之關鍵（Schmitz 1995, Bellandi and Caloffi 2008）。本文關於臺灣工具機產業群聚回復力的研究，也同意這個觀點。進一步來說，我們認為要維繫工具機這項臺灣最具全球競爭力之產業的動能，政府的協助重點應該放在協助臺灣工具機廠商間合作關係的持續及深化。

從過去臺灣工具機廠商應對外部衝擊方式及成果來看，雖然廠商經營者的決策行為，如整合自身內部與其他能動者協助、善用優勢並從過去的經歷中學習、靈活應對市場變化、對商業機會與市場風向的敏感度等，扮演著重要角色。然而產業群聚環境及工具機在地生產網絡的彈性及效率，亦讓廠商具有更高的營運靈活度。但是我們也發現，由於臺灣工具機廠商多為中小型規模，整體產業在繼續升級這項任務上，則與臺灣許多以中小企業為主之製造業同樣面臨因廠商規模限制而無法取得足夠之資源的困境（Wang 2007）。不過 2006 年臺灣幾家工具機廠及其協力廠所共同發起之 M-Team 的出現，卻又讓我們看到臺灣中小企業生產及管理技術提升的一線曙光（陳恆文 and 陳良治 2015）。雖然這些廠商間的共同行動不見得來自公部門的刻意推動，更常是廠商為因應經營或競爭情勢變化所採取的主動作為。為確保這些不同型態共同行動的嘗試能在臺灣的環境下不斷發生，如何提供有效的誘因及支援以協助廠商及相關行動者整合資源，則應是臺灣政府未來產業政策的重點之一。

表20-1 臺灣工具機產業經濟回復力分析

外部衝擊	性質	因應策略	因應成果	回復力構成分析
1987年－1993年：美國VRA	主要市場受挫	開發歐洲市場、產品技術升級成功	成功開拓歐洲市場、NC工具機比例大增	企業家精神→挑戰歐洲市場 公部門協助→協助通過歐盟CE認證
1997年：東南亞金融風暴	國際金融危機	重新開拓歐美與新市場	再次嘗試進一步開拓歐美市場並提高產品附加價值。對財務風險管控更為謹慎	產業結構→外包制度分攤了生產風險、分散式網絡得以進行新合作嘗試、開始出現共同行銷 企業家精神→轉入歐美與新市場 社會資本→母廠與協力廠情誼 公部門協助→國際商會展參展補助、政府融資協助
1999年：921大地震	無法預測之天災	彈性生產、產業網絡協助、參加國際展覽	耐震工廠成為建廠標準。展現出良好的危機處理能力、外商下單更有信心	產業結構→分散式生產網絡替代方案眾多、能快速應對天災 企業家精神→快速應對缺水缺電、廠內彈性生產、重建生產與行銷 社會資本→員工向心力、母廠與協力廠進行彈性工時工序的共同行動、降低訂單延誤風險 公部門協助→精密機械中心(PMC)協助維修調校
2000年初：網路泡沫化與911恐怖攻擊	主要市場受挫	開發中國市場	大量赴中投資、以中國市場作為歐美景氣不佳之補償、跨海峽分工體制成形。	產業結構→延伸至中國、給子訂單等資源、地生根 企業家精神→勇於赴中國投資
2008年：金融海嘯	國際金融危機	生產體質改善、產業集團化、互動制度化	進行產業內部改造、產業再結構、新社會資本成型。強化競爭力、金融海嘯後產值大幅反彈	產業結構→新型態產業結構產生(M-Team)、進行產業結構演化與再結構 企業家精神→記取、學習東南亞金融風暴教訓、對國際性金融危機警覺性高 社會資本→新型態產業結構使新社會關係產生、互動制度化、正式化、進行共同行動(如推動TPS) 公部門協助→中衛中心、精密機械中心等對財團法人單位協助廠商改善、體質改善

參考文獻

工研院機械所，1995，《1995 工具機年鑑》，新竹：工研院機械所。

工研院機械所，1996，《996 工具機年鑑》，新竹：工研院機械所。

工研院機械所，1998，《「1998 工具機年鑑》，新竹：工研院機械所。

工研院，2000，《九二一地震對我國產業之衝擊》新竹：工研院 ITIS 專案辦公室。

工研院產經中心，2003，《2003 機械產業年鑑》，新竹：工研院產經中心。

王振寰，2010，《追趕的極限：臺灣的經濟轉型與創新》，臺北：巨流圖書．

臺灣區機械工業同業公會 TAMI，2005，《機械工業六十年史》，臺北：臺灣區機械工業同業公會。

臺灣區工具機暨零組件同業公會，2011，《MA 工具機與零組件雜誌》，28 期，台中：臺灣區工具機暨零組件公會。

陳恆文、陳良治，2015，〈產業群聚的制度建構：以臺灣工具機 M-Team 為例〉，「第六屆發展研究年會」，臺北。

劉仁傑，1999，《分工網路：剖析臺灣工具機產業競爭力的奧秘》，臺北：聯經出版事業股份有限公司。

Alexander, Arthur. 1990. Adaptation to Change in the U.S. Machine Tool Industry and the Effects of Government Policy. Santa Monica: Rand.

Arthur, W. Brian. 1994. Increasing Returns and Path Dependence in the Economy. Ann Arbor: University of Michigan Press.

Bailey, David and Lisa de Propris. 2014. "Editorial: Recession, Recovery and Resilience?" Regional Studies, 48 (11), 1757-1760.

Bathelt, Harald, et al. 2013. "Challenges of Transformation: Innovation, Re-Bundling and Traditional Manufacturing in Canada's Technology Triangle." Regional Studies, 47(7), 1111-1130.

Bellandi, Marco and Annalisa Caloffi. 2008. "District Internationalisation and Trans-Local Development." Entrepreneurship & Regional Development: An International Journal, 20(6), 517-532.

Boschma, Ron. 2015. "Towards an Evolutionary Perspective on Regional Resilience." Regional Studies, 49 (5), 733-751.

Boschma, Ron A. and Ron Martin. 2010. The Handbook of Evolutionary Economic Geography. Northampton, MA: Edward Elgar.

Bristow, Gillian. 2010. "Resilient Regions: Re-ʻPlace'ing Regional Competitiveness." Cambridge Journal of Regions, Economy and Society, 3(1), 153-167.

Bristow, Gillian and Adrian Healy. 2014. "Regional Resilience: An Agency Perspective." Regional Studies, 48(5), 923-935.

Bristow, Gillian and Adrian Healy. 2013. "Regional Resilience: An Agency Perspective." Regional Studies, 48 (5), 923-935.

Brookfield, J. 2008. "Firm Clustering and Specialization: A Study of Taiwan's Machine Tool Industry." Small Business Economics, 30(4), 405-422.

Chen, Liang-Chih. 2015. "Building Extra-Regional Networks for Regional Innovation Systems: Taiwan's Machine Tool Industry in China." Technological Forecasting and Social Change, 100, 107-117.

Chen, Liang-Chih. 2014. "Entrepreneurship, Technological Changes, and the Formation of a Subcontracting Production System: The Case of Taiwan's Machine Tool Industry." International Journal of Economics and Business Research, 7(2), 198-219.

Chen, Liang-Chih. 2011. "The Governance and Evolution of Local Production Networks in a Cluster: The Case of Taiwan's Machine Tool Industry." GeoJournal, 76(6), 605-622.

Chen, Liang-Chih. 2007. "Industrial Upgrading of Newly Industrializing Countries: The Case of Machine Tool Industry in Taiwan," Unpublished PhD thesis, University of California at Berkeley, USA.

Chen, Liang-Chih and Zi-Xin Lin. 2014. "Examining the Role of Geographical Proximity in a Cluster's Transformation Process: The Case of Taiwan's Machine Tool Industry." European Planning Studies, 22(1), 1-19.

Child, John, et al. 2005. Cooperative Strategy: Managing Alliances, Networks, and Joint Ventures. New York: Oxford University Press.

Christopherson, Susan, et al. 2010. "Regional Resilience: Theoretical and Empirical Perspectives." Cambridge Journal of Regions, Economy and Society, 3(1), 3-10.

Crespo, Joan, et al. 2014. "Lock-in or Lock-Out? How Structural Properties of Knowledge Networks Affect Regional Resilience." Journal of Economic Geography, 14(1), 199-219.

David, Paul (1993), "Historical Economics in the Long Run: Some Implications of Path-Dependence." in Historical Analysis in Economics, G. D. Snooks, Ed. London ; New York: Routledge.

Dubé, Jean and Mario PolèSe. 2016. "Resilience Revisited: Assessing the Impact of the 2007–09 Recession on 83 Canadian Regions with Accompanying Thoughts on an Elusive Concept." Regional Studies, 50(4), 615-628.

Elola, Aitziber, et al. 2012. "The Resilience of Clusters in the Context of Increasing Globalization: The Basque Wind Energy Value Chain." European Planning Studies, 1-18.

Enright, Michael (2003), "Regional Clusters: What We Know and What We Should Know." in Innovation Clusters and Interregional Competition, Johannes Brocker, et al., Eds. New York: Springer.

Eraydin, Ayda. 2016. "Attributes and Characteristics of Regional Resilience: Defining and Measuring the Resilience of Turkish Regions." Regional Studies, 50(4), 600-614.

Eriksson, Rikard H and Emelie Hane-Weijman. 2015. "How Do Regional Economies Respond to Crises? The Geography of Job Creation and Destruction in Sweden (1990–2010)." European Urban and Regional Studies.

Feldman, Maryann and Johanna L. Francis (2006), "Entrepreneurs as Agents in the Formation of Industrial Clusters." in Clusters and Regional Development : Critical Reflections and Explorations, Bjorn Asheim, et al., Eds. New York: Routledge.

Filippetti, Andrea and Daniele Archibugi. 2011. "Innovation in Times of Crisis: National Systems of Innovation, Structure, and Demand." Research Policy, 40(2), 179-192.

Gardner Publications (2015), "2014 World Machine Tool Output and Consumption Survey," http://www.gardnerweb.com/articles/2015-world-machine-tool-output-and-consumption-survey (Accessed: 15 June 2015).

Gunderson, Lance H. and C. S. Holling. 2002. Panarchy: Understanding Transformations in Human and Natural Systems. Washington, DC: Island Press.

Hassink, R. 2005. "How to Unlock Regional Economies from Path Dependency? From Learning Region to Learning Cluster." European Planning Studies, 13(4), 521-535.

Hassink, Robert. 2010. "Regional Resilience: A Promising Concept to Explain Differences in Regional Economic Adaptability?" Cambridge Journal of Regions, Economy and Society, 3(1),

45-58.

Hervas-Oliver, J. L., et al. 2011. "'May the Ovens Never Grow Cold': Regional Resilience and Industrial Policy in the North Staffordshire Ceramics Industrial District - with Lessons from Sassoulo and Castellon." Policy Studies, 32(4), 377-395.

Holling, C. S. . 1973. "Resilience and Stability of Ecological Systems." Annual Review of Ecological Systems, 4, 1-23.

Holm, Jacob R. and Christian R. Østergaard. 2015. "Regional Employment Growth, Shocks and Regional Industrial Resilience: A Quantitative Analysis of the Danish Ict Sector." Regional Studies, 49(1), 95-112.

Jaime, Evaldo Fensterseifer and Rastoin Jean-Louis. 2013. "Cluster Resources and Competitive Advantage." International Journal of Wine Business Research, 25(4), 267-284.

Kiese, Matthias and Christian Hundt. 2014. "Cluster Policies, Organising Capacity and Regional Resilience: Evidence from German Case Studies." Raumforschung und Raumordnung, 72(2), 117-131.

Martin, R. 2012. "Regional Economic Resilience, Hysteresis and Recessionary Shocks." Journal of Economic Geography, 12(1), 1-32.

Martin, Ron. 2010. "Roepke Lecture in Economic Geography—Rethinking Regional Path Dependence: Beyond Lock-in to Evolution." Economic Geography, 86 (1), 1-27.

Martin, Ron and Peter Sunley. 2008. Economic Geography : Critical Concepts in the Social Sciences. New York: Routledge.

Martin, Ron and Peter Sunley. 2015. "On the Notion of Regional Economic Resilience: Conceptualization and Explanation." Journal of Economic Geography, 15(1), 1-42.

Martin, Ron, et al. 2016. "How Regions React to Recessions: Resilience and the Role of Economic Structure." Regional Studies, 50(4), 561-585.

McGlade, J., et al. (2006), "Industrial Resilience and Decline: A Co-Evolutionaryapproach." in Complexity and Co-Evolution: Continuity and Change in Socio-Economic Systems, Elizabeth Garnsey and James McGlade, Eds. Northampton, MA: Edward Elgar.

Onis, Ziya. 1991. "The Logic of the Developmental State." Comparative Politics, 24(1), 109-126.

Pendall, Rolf, et al. 2010. "Resilience and Regions: Building Understanding of the Metaphor." Cambridge Journal of Regions, Economy and Society, 3(1), 71-84.

Pike, Andy, et al. 2010. "Resilience, Adaptation and Adaptability." Cambridge Journal of Regions, Economy and Society, 3(1), 59-70.

Pimm, Stuart L. 1984. "The Complexity and Stability of Ecosystems." Nature, 307 (5949), 321-326.

Raco, M. and E. Street. 2012. "Resilience Planning, Economic Change and the Politics of Post-Recession Development in London and Hong Kong." Urban Studies, 49 (5), 1065-1087.

Rodríguez-Pose, Andrés. 2013. "Do Institutions Matter for Regional Development?" Regional Studies, 47(7), 1034-1047.

Schmitz, Hubert. 1995. "Collective Efficiency: Growth Path for Small-Scale Industry." Journal of Development Studies, 31(4), 529-566.

Scott, Mark. 2013. "Resilience: A Conceptual Lens for Rural Studies?" Geography Compass, 7(9), 597-610.

Sensier, Marianne and Michael Artis. 2016. "The Resilience of Employment in Wales: Through Recession and into Recovery." Regional Studies, 50(4), 586-599.

Simmie, James and Ron Martin. 2010. "The Economic Resilience of Regions: Towards an Evolutionary Approach." Cambridge Journal of Regions, Economy and Society, 3(1), 27-43.

Skålholt, Asgeir and Taran Thune. 2014. "Coping with Economic Crises—the Role of Clusters." European Planning Studies, 22(10), 1993-2010.

Smallbone, David, et al. 2012. "Small Business Responses to a Major Economic Downturn: Empirical Perspectives from New Zealand and the United Kingdom." International Small Business Journal.

Staber, Udo. 2007. "Contextualizing Research on Social Capital in Regional Clusters." International Journal of Urban and Regional Research, 31(3), 505-521.

Swanstrom, odd (2008), "Regional Resilience: A Critical Examination of the Ecological Framework," IURD, UC Berkeley.

Treado, Carey Durkin and Frank Giarratani. 2008. "Intermediate Steel-Industry Suppliers in the Pittsburgh Region: A Cluster-Based Analysis of Regional Economic Resilience." Economic Development Quarterly, 22(1), 63-75.

Wang, Jenn-Hwan 2007. "From Technological Catch-up to Innovation-Based Economic Growth: South Korea and Taiwan Compared." Journal of Development Studies, 43(6), 1084 - 1104.

Waters, Rupert. 2015. "Clusters and Resilience: Economic Growth in Oxfordshire and

Cambridgeshire." International Journal of Global Environmental Issues, 14 (1-2), 132-150.

Wolfe, David A. 2010. "The Strategic Management of Core Cities: Path Dependence and Economic Adjustment in Resilient Regions." Cambridge Journal of Regions, Economy and Society, 3 (1), 139-152.

Yamamoto, Daisaku. 2011. "Regional Resilience: Prospects for Regional Development Research." Geography Compass, 5(10), 723-736.

第 21 章

臺灣大型企業內的薪資差距分析

李宗榮、盧逸君、蔡其融

壹、導言

　　臺灣近年來受薪階層的薪資普遍低迷、成長停滯的情形不僅引起媒體廣泛報導，政府首長也多次跟企業喊話，希望能鼓勵企業加薪，改善臺灣多年來薪資凍漲的困境。根據行政院主計總處統計，臺灣從 1987 年至 1996 年，受僱員工薪資平均年成長 9.3%，1997 年至 2006 年劇降至 1.7%，2007 年至 2016 年再降至 1.3%，2017 年 1 至 10 月甚至僅年增 0.26%。而平均薪資成長率與經濟成長率之比值更由 1981 至 1990 年間的 0.97，降至 1991 至 2000 年間的 0.47，2001 至 2011 年更劇降為 -0.05，顯示臺灣經濟雖有所成長，然受薪階層卻未能分享經濟成長的果實（陳劍虹 2013）。

　　相較於受薪階層的普遍低薪與成長停滯，近三十年來全球的企業高階經理人的薪資報酬則快速成長，到了驚人的程度。以美國為例，九零年代初企業執行長的薪資約是生產線員工薪資的 107 倍，2000 年已經成長至接近 525 倍；而這個比例在 1980 年代卻只有 42 倍（Economist 2005 November 24th）。也因此，國際勞工組織（ILO）2016-2017 的全球薪資報告（Global Wage Report）在回顧了全球薪資發展的趨勢之後，呼籲各國應注意薪資增長的公平性以及家戶所得分佈不均等問題。在臺灣，企業高階經理人薪資急速膨脹的現象也受到輿論注目。早年《商業週刊》雜誌曾報導臺灣上市公司董事長薪酬不只成長快速，即使公司獲利衰退企業董事長薪酬卻仍逆勢上

謝辭：本研究完成承勞動部勞動及職業安全衛生研究所勞動市場研究組黃春長組長，以及研究員陳雅惠小姐的協助，以及邱旻翰、柯柏廷、張家榕先生在資料整理上的協助，謹此致謝。

揚；這個現象在兩年的調查中都近整體上市櫃公司的四分之一，比例可謂驚人（劉佩修 2004）。

在成熟發展的市場社會，大型企業擔負著經濟利益分配的重要角色（Coleman 1982）；了解大型上市公司內部的薪資分佈對於經濟社會學與社會階層的相關研究都有重要的意義（Stolzenberg 1978；Stainback, Tomaskovic-Devey, and Skaggs 2010）。美國社會學家 Kim , Jerry, Kogut, and Yang（2015）的研究曾指出，美國高階管理者薪酬在 1970 到 2005 年間平均增加三倍，但同時一般受薪階層的整體工資收入卻下滑。高階管理者收入的大幅增加原因來自美國政治環境的轉變以及市場去管制化；對高階管理者薪酬的制度性與規範性限制的放寬，背後涉及宏觀制度的改變（Kim et al. 2015; Fligstein and Shin 2007）。美國社會早年受到福利體制強調重分配的薪資規範在 1970 年代因為大規模減稅、政治上對工會組織的敵意、市場自由化等因素開始瓦解（Piketty 2014; Frydman and Saks 2010）。其中工會的式微，被認為是美國勞工薪資普遍成長停滯以及薪資分配不均惡化的重要因素，成為社會學者關注的焦點（Bernstein 2016; Shin 2014; Western and Rosenfeld 2011）。

臺灣的經驗與美國的歷史發展顯得亦步亦趨，然而什麼因素造成組織內不同的工作職位在薪資水準上的差別，目前在臺灣研究仍然有限。從歷史發展的經驗來看，臺灣的企業體系在很短的時間歷經高度壓縮性的成長，具有很強的在地制度特色（Hamilton and Biggart 1988; Lee and Hsiao 2014）。1990 年代之後，隨著市場環境的劇烈變動，企業在日漸全球化與大型化與集團化的影響趨勢下成長。以外銷出口導向為主的經濟，讓臺灣的企業鑲嵌在全球性的生產鏈之中；金融市場的全球化，則讓外資法人成為臺灣上市公司最大的投資者，講求立即獲利與金融回報的華爾街文化成為市場上的規範。而工會組織的發展則在政治變遷與經濟私有化的過程中一度風起雲湧，雖然後來逐漸減緩。在地制度環境的變化與全球化的新市場規範造成種種折衝，將會如何影響企業組織內部的薪資分配政治？

有鑑於本地的相關研究仍然闕如，本文希望可以推進臺灣此議題的初步探索性分析。本研究的特殊之處在於整合勞工行政相關資訊與上市櫃公司長達十一年（2005-2015）的數據，能夠檢視臺灣的大型公司內的薪資分配，如何受到組織與制度環境的影響。這些難得的數據讓本地學術界能夠初估了解，影響臺灣受薪階層的薪資至為重

要的大型企業內的分配機制。除了回顧並歸納文獻中重要的解釋因素,如人力資本、組織規模、利潤等組織因素之外,我們的分析模型也考量本地市場環境的特殊制度性脈絡,討論了企業集團、外資與工會等因素的可能影響。本文隨後回顧國外主要有關企業內部薪資差異的研究文獻,並歸納預期看法,隨後介紹資料與分析策略,並報告最後的分析結果。

貳、薪資差異的影響因素

一、**人力資本**:人力資本一般對於薪資具有正向的影響;顯而易見,員工教育程度越高,薪資成長也越穩定(Bernstein 2016;Stolzenberg 1978);因此受僱員工的平均教育程度越高,平均薪資一般也將有所增加。以 OECD 十六個國家為分析單位的經驗研究發現,一個國家國內的員工普遍所受的教育程度越高,則其國家內薪資不平等的程度越低(Wallerstein 1999),顯示總體的教育程度,對於國內薪資分佈的不平均的情況具有改善的作用。另外一個與人力資本相關的因素,則是員工的工作經驗,因為員工薪資大多會隨著經驗的累積而上升,年資越長薪資也有可能增加。臺灣的數據顯示,廠商內年長的員工比例越高,員工的平均薪資也較高(張景福、盧其宏與劉錦添 2011)。然而教育或資歷等人力資本的因素,對於企業組織內薪資分配的作用可能仍然受到一個國家經濟階段或產業特性所左右。Shin(2014)對於美國上市公司的研究發現,員工的平均教育年數與平均年齡,對於一般員工的薪資水準雖然有正向的影響作用,然而對於公司內薪資差距程度沒有顯著的影響。

二、**公司規模**:組織的大小通常隱含內部資源的涵蓋程度,員工的水準自然受到這種資源分配的因素所影響。過往的社會研究普遍發現,組織規模越大,員工的平均薪資越高(Kalleberg and Van Buren 1996)。直觀而言,組織規模越大,通常也意謂公司內部的差異化與層級化加大,因此有可能具有更大的薪資差距的變異;而且在大規模的公司內,員工有可能較難相互比較薪資,進而不易對公司產生均分薪資的壓力(Kalleberg and Van Buren 1994)。Shin(2014)發現美國大型上市公司的規模越大,高階經理人與一般員工間的薪資差異也越大。不過也另有美國市場的相關研究文獻發

現，大型企業會帶來所謂的規模紅利（size premium）：教育程度較低的員工在大型組織所獲得的薪資福利，會較教育程度高者多，而且越大的企業帶來的紅利越多。規模紅利意謂，大型組織對於教育程度或技術能力較低的員工，有更多的保障，顯示一般員工在較大的企業中能得到福利保障的效果。美國的社會學與經濟學者的研究顯示，企業規模的增加對於不同層級的員工的薪資都有顯著的助益；雖然這種規模的紅利近年來正隨著福利體制與工會力量的沒落而逐漸的減低中（Hollister 2004; Cobb and Lin 2017；Bloom, Guvenen, Smith, Song, and Wachter 2018）。延續這種看法，晚近也有學者主張，大型企業設定薪資分配的機制，更有可能受到員工進行社會比較的壓力所制約，並維持公司內的公平感，以降低薪資分佈差異過大所可能帶來的組織運作的負面成本（Grund and Westergaard-Nielsen 2008; Wade, O'Reilly, and Pollock 2006）；就此而言，越大型企業因此越傾向於壓縮公司內薪資的差異，因而降低薪資分配不平等的情況。

　　三、獲利：在組織社會學者的視角中，組織內部的薪資分佈反映的是，不同群體之間對於經營利潤的宣稱與佔有的政治過程，是不同的權力折衝的結果（Pfeffer 1997; Gourevitch and Shinn 2005）。公司經營的績效與利潤的分配，牽涉到不同權力位置的組成，與彼此權力大小的差異；而這種權力影響分配的效果，有可能因為不同市場的體制與權威文化的強弱不同，而有所差異（Greckhamer 2016）。在臺灣，大型上市公司高階主管的薪資成長幅度，如果不符合市場對於其經營獲利的預期，經常會被認為是不正當的，甚或侵佔股東或員工的利益（劉佩修 2004）。從經驗分析的角度而言，檢視企業獲利的程度對於企業內高階經理人與一般員工的薪資水準的影響，可以有效評估公司的經營成果，在特定的市場環境中，受到權力差異所導致的分配結果（Connelly et al., 2016; Shin 2014）。

　　四、集團組織：集團企業是一隨著企業規模與經營範疇不斷擴大，而由若干個別獨立企業集合而成的商業實體，在轉型市場或發展中國家中尤為顯著（Granovetter 1995）。臺灣的經濟原以中小型企業為主體，隨著市場開放與資本自由化的進程，1980 年代末期開始，企業規模日益壯大，形成今日我們常見的集團企業。數據顯示，2007 年底，臺灣前一百大集團的總營收規模已經高達 GNP 的 137%（中華徵信所 2008）。過去研究對於集團企業的討論，認為其優勢在於規模經濟及計畫執行能力

（瞿宛文、洪嘉瑜 2002）。然而，過往研究卻甚少討論集團企業與非集團企業薪酬差異的議題。

從組織的角度來看，分子企業的高階主管肩負執行集團決策、達成績效目標的責任，其計酬基礎往往具備較高的薪酬績效敏感性。其中會計基礎的績效衡量，是企業內部制定薪資的重要參考依據。然而，會計基礎的績效制度極可能受到許多非直接影響公司價值的會計選擇所操弄（Balsam 1998）。特別是高階主管多半與核心控制者（母公司或是核心控制家族）具備深厚的關係，在資訊不對稱的狀況下，有相當程度誘因透過一般會計原則所付予之裁量權，操縱盈餘以達更高的薪酬，可能進一步加大企業高階經理人與一般員工的薪資差異。此外，集團企業的組織結構構築了一個與外部勞動力市場相對隔絕的市場。一般員工很可能因為轉換工作的成本、年資、職級等種種理由，減少其跨越到外部就業市場的可能性，形成勞動力流動僵固。然而，高階經理人的勞力需求遠較一般員工來的少，集團內部的資源也提供更多的技術訓練。隨著相關經驗的累積，其具有可轉換的管理技能增加，彈性上相對較高，其薪資談判的籌碼也較強（Murphy and Zabojnik 2004；Khanna and Yafeh 2007）。這些特殊的組織特性可能進一步加大集團中的企業高低階員工其薪資的差異。

五、股東價值：1990 年代開始，是個資金全球化的時代，使得市場的價值與規範跨越既有的地理界線；尤其夾帶龐大資金的美國法人機構，在世界各地尋求投資標的，盛行於美國的股東價值（shareholder value）也一同進入各國市場，改變了許多地方的企業治理文化（Ahmadjian and Robbins 2005; Kim and Chung 2018 ）。在股東價值的邏輯裡，公司經營的首要目標是提高股價，最大化股東利益（Jensen 2001; Davis 2009）。這種經營策略重視短期獲利而非長期的經營，高階經理人的任務專注於提升公司的資產報酬，提升股價。其他如員工、社區、社會責任等不再是企業經營的要務；員工也不再是工作夥伴，而成為需要被減省的人事成本（Fligstein and Shin 2007）。為了使高階經理人的利益與股東利益一致，企業普遍增加高階經理人的薪給，增加股權的比例；新的股權結構增加了高階經理人的總薪酬，同時也擴大了高階經理人與一般員工的薪資差異（Perry and Zenner 2000）。股東價值的文化強化了企業所採取的各種降低成本的營運策略（如裁員、外包承攬等等），也減少勞工議價的籌碼（Goldstein 2012），導致勞工更難向資方爭取薪資。美國的經驗顯示在金融化的壓力

之下，企業紛紛替換上具有財務金融背景的 CEO（Fligstein and Shin 2007）；而有財務金融背景的公司執行長更傾向於支持股東價值，在這些公司中薪資差異普遍擴大，同時透過工會的力量來降低薪資差異的能力也更弱（Shin 2014）。管理學者的研究發現，持股的股東如果以財務回報為目的的短期投資者佔大宗，則公司內部的高階經理人與一般員工之間的薪資差異則會加大（Connelly et al., 2016）。

臺灣自 90 年代開始隨著經濟自由化，逐步解除外資在各種金融項目上的管制（Chu 1989），外資也成為臺灣股市重要的投資者。到 2006 年，外國法人持股已佔上市企業股份的 25.52%（鄭力軒 2017）；至 2017 年甚至一度接近四成（38.34%）。這也意味著臺灣的企業開始暴露在國際市場的評價與治理的規範下。 Luo 等人的研究發現，外國法人機構的資金傾向於投資近似於股東價值的臺灣企業（Luo and Chung 2017）。對於想要積極吸引外資的企業而言，可能會將經營策略調整至接近股東價值的模式。就此而言，外資投資比例愈高的臺灣企業，有可能受到較強的股東價值的規範，內部的薪資也可能產生較大的差距。

六、工會：工會對於組織內薪資差異的影響可以從兩個機制來探討。一是工會對於一般員工薪資水準的保障，另外則是對於高階經理人薪資水準的抑制。過去的美國市場的研究發現，員工的集體行動經常是決定員工薪資的重要因素（Kalleberg, Arne, Wallace, and Althauser 1981; Wallerstein 1999）。員工若得以匯集力量成為一個集體，有助於提高其薪資協商與議價的能力（Coff 1999; Freeman and Medoff 1984; Rueda and Pontusson 2000）。學者也認為，強大的工會對有無工會組織的企業，都具有約束其符合平等規範的作用（Western and Rosenfeld 2011）；企業內部的工會不僅能提升自身會員的工資，更因其外溢效應（spillover）而擴散其影響，進一步改善產業內員工總體的薪資水準。

強大的工會也可能對高階管理團隊形成掣肘，從公司治理的層面抑制高階管理者薪資過度成長。在以歐盟為主的國家，勞工有權擔任董事會代表，對高階管理者薪酬指定具有發言權；工會控制的退休基金對董事會也能夠規範，抑制高階管理者薪酬（Agrawal 2012; Ertimur, Yonca, Mayew, and Stubben 2011）。晚近高階經理人的薪酬有很大的部份來自配股，企業工會也可透過談判，甚或罷工影響股票價格等間接方式，降低高階管理者薪酬（Abowd 1989; DiNardo and Hallock 2002）。 Shin（2014）

以美國大型企業的資料進行分析發現,公司所屬產業的工會覆蓋程度,和高階管理者薪酬呈負相關,和一般員工薪酬則呈正相關,與薪資差異呈負相關。跨國數據分析也顯示,不同國家的總體工會組織率,和該地的高階管理者的平均收入成反比(Scheve and Stasavage 2009)。

相比工會發展成熟的西方國家,工會在臺灣的發展較短,也有特殊的發展歷史脈絡(謝國雄 1997;張晉芬 2013)。臺灣早期經歷長期的戒嚴,在黨國統治下工會是國民黨控制社會的一個環節(王振寰、方孝鼎 1992;Deyo 1989)。九〇年代中期開始,工會逐漸脫離原來威權時期的政治控制,成立全國性的全國產業工會總會而走向高峰,之後工會的發展在不同的產業環境中顯現不同的路徑。一方面臺灣廠商的生產線外移,造成許多工廠停工、關廠,製造業從業人員減少,作為臺灣工會基礎的廠場工會因而減弱;而就業人口逐漸成長的服務業,則難以集結形成工會;新興的電子產業,雇主多以股票、選擇權等制度設計削弱員工加入工會的誘因(何明修 2016)。此外,在全球化下興起的移住勞工與派遣勞工又未能納入既有工會體系(邱毓斌 2010)。這些原因,使得學者一般認為臺灣的工會力量普遍不強。比較政治經濟學的研究學者也認為,與韓國的工會相比,工會能力的差異使臺灣勞工薪水協商能力較為薄弱,也是 1990 年代臺灣受薪階層薪資成長比韓國緩慢的原因之一(Lee 2011)。另外重要的是,在工會法於 2010 年修正前,規定工會不得要求超過標準工資的加薪而罷工。這個重要的法治規範,可能減低了企業內員工爭取薪資甚或抑制高階主管薪資的可能性。不過隨著時間推展臺灣的工會組織漸有雛形,漫長的工會法的立法過程,讓工人學得工會的合法意識,以及工會聯合的政治化手段(謝國雄 1997)。政治環境的改變,也使得多部勞工相關法律陸續完成。當中最重要的是勞動三法的修訂,明訂勞方的團結權、協商權與爭議權,強化了勞方與資方議價的權利以及制度性的管道(張晉芬 2013)。有鑑於工會組織發展至今,對於企業內員工薪資的影響為何仍然是文獻上的空白,本文進一步測試工會的組織率對於企業內部薪資差異的影響。

參、資料來源、變項與分析策略

　　為了測試以上各個主要理論概念的經驗預期，本文使用 2005 年至 2015 年臺灣經濟新報的臺灣上市櫃公司的財務與組織相關之數據，並透過公司的統一編號來連結並整合勞動行政相關的資訊進行分析。臺灣經濟新報為臺灣最主要的上市櫃公司數據資料庫公司；該公司的上市櫃公司財務與企業治理與證券相關數據，廣為本地的金融業者與財經管理與組織研究或社會學等不同領域的學者所使用。我們使用的高階經理人的薪資資料，主要來自臺灣經濟新報之「上市櫃董監、經理人薪酬資料庫」，該資料庫包含臺灣上市櫃 1,800 餘家公司的董事、監察人以及高階經理人之車馬費及酬勞。自 2006 年開始，由於揭露的法令修改，不再強迫上市櫃公司揭露個別資訊，絕大部分的公司皆選擇彙總級距方式揭露薪酬資訊。受此限制，本研究以高階經理人群體的平均薪資進行分析。這個群體包含有總經理與其它數據所揭露的高階經理人；在本文的樣本中其平均規模為 5 人左右，大約為公司員工的前 2.39% 的群體。本文其它分析變項資料，來自於經濟新報相關公司財務資料庫。而勞動部的「全國勞工行政資訊管理整合應用系統」中的勞退、勞保資料庫記載全國每個投保勞工的薪資級距等資訊；透過該資訊可計算得出每個公司內部的平均員工薪資，並連結計算例如公司規模、員工性別、員工年齡等組織層次的數據等。企業所屬產業的工會會員的比例也能夠據以計算[1]。就數據的品質而言，本研究直接從行政數據計算員工的薪資，比起國外研究慣用公司財報所揭露的資訊更能夠排除資料揭露誤差的問題。

1　94 年起勞退新制實施，然而選擇使用舊制的勞工，其薪資資訊不會出現在勞退資料中；94 年之後，勞退資料大概僅涵蓋六成左右的就業人口。由於勞保資料薪資級距最高僅及四萬餘，而勞退最高薪資級距為十五萬元，沒有勞退數據而直接使用勞保資料替代，會造成平均薪資低估。一個解決方式是，整合勞保資料並進行合理薪資水準的插補。我們將薪資在四萬元以下之資料，直接合併進主資料（原勞退資料）。而薪資級距屬於最高級距的四萬元以上者，則以公司為單位，利用該公司在勞退資料當中薪資四萬以上的樣本，進行以年齡與性別變項為基礎的薪資迴歸預測，最後再代入勞保中的年齡與性別得出的預測薪資進行插補。為確保迴歸預測的合理，我們將預測模型限制在公司員工多於 25 人以上之樣本使用；低於 25 人之樣本，以及性別分佈過於不均使得性別估計係數失準的公司，則直接以該公司四萬元以上員工之平均薪資插補。

一、依變項：薪資差距

本研究中公司員工的平均薪資資訊來源是勞保及勞退資料，計算的方式是，加總公司內每個薪資級距的薪資總額（等於該級距的薪資乘以員工數），再除以總員工人數。高階經理人的薪資數據，我們採用經濟新報資料庫中，總經理與副理等高階經理人的平均薪金變項；薪金變項為總經理或副總所領取的薪資、退職金、獎金特支、現金股利及股票股利的加總。由於比起一般員工，獎金、股利等是高階經理人的勞務報酬中重要的部分，因此本研究計算高階經理人薪資時一併涵蓋獎金於股利的報酬，較真實反映高階經理人之勞務所得（cf. Shin 2014；Connelly et al. 2016）。我們求得高階經理人的平均薪資，並據此除以員工的平均薪資，得到公司內部高階經理人與一般員工薪資差異比，作為本研究分析的主要依變項。進行迴歸分析時，我們的薪資變項都取對數的方式避掉極端值的問題。

二、自變項

過去相關的研究文獻中的分析模型主要是管理與經濟學者所關心的產業、地區、組織、股權結構以及人力資本、會計財務等變項（Ciscel and Carroll 1980; Jensen and Meckling 1976; Jesen and Murphy 1990; Hambrick and Finkelstein 1995; Boyd 1994; Finkelstein and Hambrick 1989; Shin 2014）。本文的分析變項主要參考這些過去的研究而據以計算。本文的主要自變項有，代表公司內部人力資本的平均教育程度與資歷、公司的規模與獲利以及集團屬性、股權結構上外國資本持股的程度以及公司所在的產業的工會力量。

首先，公司內部的人力資本反映在員工的教育程度與員工經驗上，我們計算每間公司內的員工的平均教育年數，以及員工的平均年齡。教育數據採用經濟新報的資料，其中平均教育年齡，計算每個公司員工在四個教育層級中所代表的教育年數（高中、大學、碩士與博士），並按照所佔人數百分比加權取得平均值。公司規模的指標，本研究採取公司員工總人數。公司績效則取公司年度的資產報酬率（return on asset; ROA），計算公司的常續性淨利除以平均資產總額而得。在集團企業的屬性方面，我

們參考新報的公司治理模組，凡公司屬於集團企業者編碼為 1，無則 0，建構虛擬變項。有關股東價值的測量，我們則是使用經濟新報股權的模組，計算外資（包含外國金融機構，外國法人與外國信託基金等）持有上市櫃公司的股權比例。

在臺灣，代表勞工議價能力的三個面向，分別為工會組織是否成立、勞資會議以及團體協約等頻率。由於勞資會議以及團體協商的頻率不高，我們以工會覆蓋率為主來檢視勞工議價的能力。工會覆蓋率的資料來自勞動部的行政資訊系統。該行政資料紀錄工會對應的產業代碼、工會所屬公司的營利事業統一編號，以及勞保證號，並包含該工會的企業人數和會員人數。工會數據中有四分之一屬於企業工會，有三分之二是職業工會，剩下為產業工會和工會聯合組織。我們在計算時排除職業工會的會員數[2]。由於大部分的工會並不附屬於特定的企業單位，導致工會資料無法完全與既有公司別資料串連，無法明確得知每個公司的工會會員數。我們參考相關文獻的作法，以產業為單位計算每個公司所屬的產業其產業覆蓋率（cf. Shin 2007）[3]。

產業工會覆蓋率的計算，以公司所屬產業的工會會員人數除以該產業的總從業人數。分母是從勞退保資料加總算出產業別的總員工數，分子是工會基本資料檔的會員人數[4]。資料分析發現，臺灣的工會覆蓋率普遍不高。以上市櫃公司對應的 60 個產業為比對基礎，計算所得的工會覆蓋率平均只達 7.89％。而不同產業之間的分佈差異頗大，有些產業的覆蓋率甚高，其中最高是運輸業達 43.35％，表示不同產業之間的工

2　2010 年《工會法》的修訂後臺灣的工會主要有三種類型，分別是企業工會、職業工會和產業工會。企業工會能夠代表組織內的員工向資方協調勞動條件。職業工會則多成為自僱者或小型組織的勞保代辦單位，無實質力量（何明修 2008；邱毓斌 2010）。雖也有部分職業工會積極代表勞工和資方協商，如空服員職業工會，但仍屬少數。產業工會則是另一個代表勞工的重要組織，例如全產總，在全國政策制定與勞資協商中扮演重要角色（何明修 2017）。

3　國外的研究文獻中產業（industry）一詞，在臺灣的使用有時指涉是比較大的產業分類，有時是大的產業分類下的不同行業。例如主計處的官方使用名稱「國際標準行業分類」其英文為 International Standard Industrial Classification。本文行文主要以產業為主。西方社會中行業工會（trade union）通常意指延續基爾特等工匠組織的專門職業工會（見張晉芬 2013:326），在臺灣並無此傳統。為避免混淆，本文以產業工會（industrial union）指稱。

4　有些公司有超過兩個保險證號，對應至兩種以上的產業或行業。這種情形我們將一家公司對應的工會覆蓋率取平均，得到公司別平均工會覆蓋率。

會發展具有很高的異質性。勞動部的行政資訊僅紀錄 2016 年 8 月當時的最新更新數據，沒有保存跨時性的資料變動紀錄，因此我們沒有隨著每年變動的工會覆蓋率。為彌補這個缺陷，我們另外參考勞動部每年公佈的工會組織率，並假設工會覆蓋率與工會組織率隨著時間變化的趨勢相同，藉此來調整取得工會覆蓋率每年變化的數據。我們首先以 105 年的工會組織率為基準，將其餘年份工會組織率除以該數值，得到工會組織率的時間變化指數，最後再將工會覆蓋率乘上時間變化指數，最後得到每年工會覆蓋率的數值[5]。隨後有關全國廠商的數據以及上市櫃公司的數據皆以這個調整過的工會覆蓋率進行估計。

三、控制變項

除了前述理論回顧部份所回顧之因素，本文並控制其它相關變項。以下有關數據皆來自經濟新報資料庫。首先我們考量上市櫃公司所屬產業的差異對於薪資水準所可能帶來的影響。我們以行政院產業分類為依據，除了將幾個型態特殊的產業，如電子資訊業、金融業獨立成一類分析，其他則結合相近的產業類別成為製造業、服務業等大類別，並分別建立虛擬變項，分析時則以製造業作為參照變項。同時，本研究也控制了公司所在的地理因素，將上市櫃公司集中的主要地區——臺北市、新北市、新竹市三地——獨立作成虛擬變項放入模型，而以其他地區為參照。在經濟學的模型中，工資是生產力的函數，自然受到其潛在影響；而生產力通常以每位員工能創造出的盈收來衡量。我們以總營收除以總員工人數代表生產力，並於模型中作為控制變項。有關股權結構，除了前述的外資控制比重，早期臺灣的市場國有事業佔比很高，而且公部門廣泛持股，深刻地影響臺灣上市公司的所有權結構（Wade 1990）。考量受到政

5　勞動部於線上公布的工會組織率所依據的產業分類只有 19 項大項，而我們的工會資料所計算的是更細的中分類 60 個行業項目的產業工會覆蓋率。考量較粗糙的產業分類有可能導致公司層級的工會覆蓋率變異程度變小的問題，我們採用原來工會覆蓋率的測量再以具有年度變動訊息的工會組織率加以調整。勞動部所公布之工會組織率算法為（（企業工會會員人數＋產業工會會員人數）÷（受僱者 - 經銓敘之公務人員 - 約聘僱人員））x100，與本文所採用的行業工會覆蓋率 ＝（同一行業的工會成員數÷該行業所有受雇勞工數）x100 略有不同，但意義相似。

府的權威的規範，公股持股比重較高的公司，有可能更重視勞工的權益而影響薪資制定，我們亦控制公股的持股比（Wallerstein 1999）。此外，臺灣為一以外銷出口導向為主的市場，因此產品以外銷為主的企業，其通常更受到國際市場的壓力，其經營壓力可能反映在內部員工薪資的制定上。我們因此也加以控制，採用的是公司主要產品外銷的比重。最後我們控制公司成立的歷史，計算的是公司成立年至資料分析年的成立年數。表 21-1 是本研究主要分析變項的定義與資料來源。

表21-1　主要變項定義與資料來源

變數名稱	變數定義	變數類型	資料來源
員工平均薪資（對數）	（員工人數×薪資級距）÷總員工人數	連續變數	勞保、勞退
總經理／副總平均薪資（對數）	（總經理、副總薪資＋退職金＋獎金特支＋現金股利＋股票股利）÷總經理/副總領酬人數	連續變數	經濟新報
總經理/副總薪資÷平均薪資（對數）	總經理／副總平均薪資÷員工平均薪資	連續變數	經濟新報
地區	以該公司之登記地址為依據，將臺北市、新北市、新竹市作為類別的虛擬變數	臺北市、新北市、新竹市各有一虛擬變數	勞保、勞退
產業類別	以行政部行業代碼表為基礎，全國資料的部分，將行業粗分第一二級產業、製造業、資訊電子業、服務業、金融業、公教文化業；上市櫃公司部分，則分為資訊電子業、服務業、金融業及其他產業	每一個行業類別為一個虛擬變數	勞保、勞退
外銷比例（％）	外銷值／內外銷值總額	連續變數	經濟新報
員工人數（人）	屬於該公司保險證號下員工總數	連續變數	勞保、勞退
員工平均年齡（歲）	公司員工年齡之平均數	連續變數	勞保、勞退

變數名稱	變數定義	變數類型	資料來源
員工平均教育年數（年）	每個公司員工在高中（12）、大學（16）、碩士（18）與博士（22）四個教育程度上的所佔人數百分比×公司員工數	連續變數	經濟新報
公司成立年資（年）	以資料計算年份減掉公司成立日期（該公司設立登記的日期）之年度	連續變數	經濟新報
集團企業	該公司是否隸屬某一集團	虛擬變數	經濟新報
生產力	內外銷值總額÷員工總人數	連續變數	經濟新報
資產報酬率（ROA）（％）	常續性淨利÷平均資產總額（採稅後席前計算）	連續變數	經濟新報
公股比（％）	本國政府機構持股比率	連續變數	經濟新報
外資持股比（％）	外國金融機構持股比率＋外國法人持股比率＋外國信託基金持股比率	連續變數	經濟新報
工會覆蓋率（％）	該產業的工會成員數÷該產業總從業人數	連續變數	勞動部工會資料檔

四、模型估計

本研究的數據型態屬於重複測量的貫時性之縱橫資料（panel data）形式，在統計分析上需採用適用的方法，以處理重複觀察值之間互相依賴的問題（Frees 2004）。過去研究有採用一般迴歸分析模型，另外加上年度的虛擬變項的方式，來控制長時段的觀察值之間的依賴性（Shin 2004）。另外則有學者使用固定效果（fixed effect）模型（Connelly et al. 2016）與隨機效果模型（random effect）等不同的模型來進行估計。本文使用的是廣義估計方程式（Generalized Estimating Equation, GEE）估計方法進行分析（Liang and Zeger 1986）。廣義估計方程式的迴歸係數值跟廣義線性模型

（Generalized linear model, GLM）相近，但標準誤更為精確，在生物統計學界與公衛等領域廣為使用。其最主要是的特色是，模型中針對不同時間點的觀察值做出相關性的假設，以所謂工作相關矩陣來假設不同時間點觀察值彼此相關的模式，並予以估計參數，其優點是具有強韌標準誤（robust standard error），而能對於貫時性資料的迴歸分析得到有效的統計推論[6]。

隨後的迴歸分析我們首先以勞退及勞保資料的全國廠商的數據，以 30 人以上之公司為樣本，先概覽全國廠商的總體面貌以作為補充性的資訊，接著才聚焦至上市櫃公司的資料。根據我們的篩檢原則，得到全國性的廠商樣本約有兩萬四千餘家。受限於此全國廠商樣本中相關測量闕如，我們的依變項取員工薪資第九十分位數對第十分位數的比率，並補充內部薪資分配的基尼係數。此外我們僅能以數個基本變項，如公司人數、所在地區、產業別以及工會覆蓋率等，作為自變項進行模型估計。隨後的全體上市櫃公司的樣本，則分析高階經理人的薪資對員工平均薪資比率。從組織內的人口結構來看，高階經理人為公司頂端最高的 2%，與十分位數的群體薪資的水準又有不同，更能凸顯薪資差距。為比較有效的排除變項之間逆因果關係的影響，統計估計時模型中的依變數皆為遞延一年之數值。所有薪資相關變項皆經過物價調整。在上市櫃公司的數據分析，我們同時針對公司員工的平均薪資、高階主管薪資等兩個薪資變項進行迴歸分析，以提供更多的比較參考資訊。

肆、分析結果

表 21-2 是主要分析變項的描述統計。在進入迴歸分析之前，我們提供數個簡單的統計圖表。為呈現原始數據，描述統計的中使用的薪資變數為未經物價調整的原始薪資資料。圖 21-1 是 2005 年至 2015 年間，上市、上櫃公司及全國廠商的平均薪資

6　隨後我們的估計模型中的工作相關矩陣，採用的是一階自迴歸模型（first-order autoregressive, AR（1））。這個矩陣假設距離越久的時間點之間的相關越低，通常適用於重複測量的觀察值之間的時間間隔長度相同的資料。

的歷史趨勢；可以看出全國一千五百餘家的上市櫃員工平均薪資較全國平均薪資高，而上市公司的員工又比上櫃公司高。上市櫃公司的員工平均薪資約為四萬元台幣，較全國平均薪資高了約一萬元台幣，而上市公司又較上櫃公司高約 2,000 元。從變化來說，不管是上市櫃員工或者全國廠商中的員工薪資，除了在 2008 年金融危機前後呈現停滯，總體來說都呈現逐年微幅增加的趨勢。到 2015 年，上市公司的薪資平均達到 51,000 元左右的水準，上櫃公司員工薪資約為 48,000 元，全國平均約為 35,000 元。總體而言，三個群體的員工薪資也都呈現成長，不過上市櫃員工薪資成長幅度略大，全國性的薪資成長幅度略平，甚至在 2012 至 2013 年間呈現下降的現象。十年間上市櫃員工薪資成長約一萬元，全國員工平均增加約 6,000 元。圖 2 是上市櫃員工內部不同群體（總經理／副總與一般員工）的平均薪資歷年趨勢。上市櫃公司內總經理及副總層級的薪資平均月薪約為 300,000 左右，大約維持在一般員工平均薪資的七、八倍之間。過去十餘年來，臺灣上市櫃公司內部，高低階薪資群體之間的薪資差異比率，大致維持穩定的狀態。

表21-2　主要變項描述統計

變項	平均數／百分比	標準差	最小值	最大值
員工平均薪資	44444.8	12917.3	14093.55	123451.7
總經理、副總平均薪資	326337	371171.5	0	1.15e+7
總經理、副總薪資／平均薪資	7.65	8.74	0	234.73
區域別				
臺北市	.23	.42	0	1
新北市	.18	.38	0	1
新竹市	.08	.28	0	1
其他	.51	.50	0	1
行業別				
服務業	.11	.31	0	1
資訊電子業	.55	.50	0	1

變項	平均數／百分比	標準差	最小值	最大值
金融業	.02	.14	0	1
其他行業	.32	.47	0	1
外銷比例（%）	55.21	36.54	0	100
員工人數	612.66	1514.80	30	38537
員工平均年齡	35.89	4.06	21.06	54.4
平均教育年數	14.41	1.51	9.37	18.19
公司成立年資	33.05	12.51	8	72
集團企業	.54	.50	0	1
生產力	7964.76	13947.72	23	248449
資產報酬率（ROA）	4.75	9.21	-105.75	95.78
公股比（%）	.74	3.72	0	49.31
外資持股比（%）	7.70	12.22	0	100
工會覆蓋率（%）	7.89	2.84	0	43.35

總觀察公司數 =11315

一、全國廠商樣本資料分析

表 3 為全國勞退保資料中規模在 30 人以上的兩萬四千多個廠商數據的分析；分別針對員工平均薪資（模型 1）第九十分位薪資（模型 2）、第十分位薪資（模型 3）、薪資差異（模型 4，第九十分位數對第十分位數的比率），以及薪資分佈的基尼係數（模型 5）的估計結果。從表格中可以看出組織的基本特性對公司內薪資的影響。首先，員工人數愈多的公司，平均薪資、第十分位薪資皆較高，而公司內的薪資差異也較大。員工人數反映公司規模，而此效應對較高層的員工（第九十分位薪資）似乎較為明顯，因此也造成公司內部的薪資差異。而人力資本為影響薪資的重要變項，員工的年齡與教育通常被學者視為員工工作技能的指標。表 21-3 的模型中員工平均年齡愈高的廠商，各層級普遍薪資皆較高，而薪資差異較小；意味該公司的員工技能的累

圖21-1　上市櫃員工的平均薪資與全國員工薪資

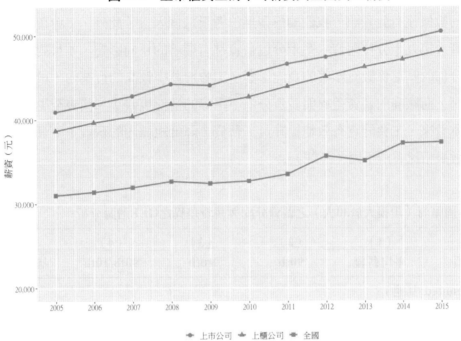

圖21-2　上市櫃內不同層級員工薪資趨勢

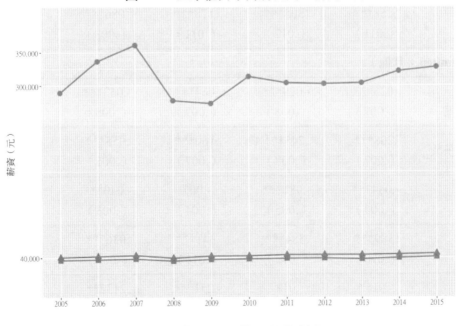

積,能夠強化底層員工的薪資,進而降低組織內的薪資差異。而員工的教育程度由於全國廠商的數據沒有此資訊,我們的模型無法考量這個因素。此外,工會覆蓋率對員工平均薪資、第九十分位薪資、第十分位薪資都有顯著的正向影響,並且對薪資差異以及薪資分佈的基尼係數有顯著的負向影響。工會覆蓋率較高的行業內,員工的整體薪資皆較高,而廠商內薪資差異與薪資分佈不平等的情況也較小,代表至少在此全國廠商的樣本看來,工會能夠有效地提升員工薪資,降低組織內的薪資不平等,與上市櫃公司的數據相比有所不同(下詳)。

表21-3 全國廠商(規模大於30人)之薪資分配與薪資差異之GEE迴歸分析

模型 自變項	(1) 平均薪資	(2) 90th	(3) 10th	(4) 90th/10th	(5) 基尼係數
地區(ommited:其他)					
臺北市	.299*** (.005)	.361*** (.005)	.161*** (.005)	.134*** (.003)	.040*** (.001)
新北市	.101*** (.005)	.135*** (.005)	.021*** (.005)	.079*** (.004)	.023*** (.001)
新竹市	.258*** (.011)	.305*** (.012)	.178*** (.011)	.086*** (.008)	.025*** (.002)
行業(ommited:其他)					
第一級、第二級產業	.025*** (.007)	-.029*** (.008)	.064*** (.007)	-.053*** (.005)	-.022*** (.001)
資訊電子業	.208*** (.007)	.245*** (.008)	.160*** (.007)	.055*** (.005)	.024*** (.001)
服務業	-.044*** (.004)	-.081*** (.005)	-.007 (.004)	-.040*** (.003)	-.013*** (.001)
金融業	.389*** (.010)	.384*** (.012)	.341*** (.011)	.036*** (.008)	.012*** (.002)
公教文化	-.015* (.006)	.013 (.007)	-.251*** (.007)	.213*** (.005)	.031*** (.001)

模型 自變項	（1） 平均薪資	（2） 90th	（3） 10th	（4） 90th/10th	（5） 基尼係數
員工人數	.9e-5*** （.1e-5）	.000*** （.2e-5）	.2e-5 （.2e-5）	.4e-5** （.1e-5）	.3e-6 （.3e-6）
平均年齡	.001*** （.000）	.002*** （.000）	.005*** （.000）	-.003*** （.000）	-.000*** （.000）
工會覆蓋率	.412*** （.034）	.254*** （.038）	.432*** （.036）	-.112*** （.026）	-.064*** （.007）
常數項	5.615*** （.006）	5.927*** （.008）	5.110*** （.009）	1.212*** （.007）	.179*** （.002）
Wald chi2	9037.03***	9511.19***	6245.05***	5383.64***	5045.69***

*p<.05, **p<.01, ***p<.001 （括號內標準誤）

註：基尼係數外，依變項為自然對數值

各個模型的總觀察廠商數皆為 245,632

在地區方面，臺北市、新北市、新竹市這三個地區，員工薪水皆顯著高於其它地區，而且高階員工的薪資水準更高，造成公司內薪資差異也顯著高於其他地區。這顯示此三個地區不但薪資普遍較為優渥，且有更高薪之職位讓員工發展。產業別的方面，本研究以人口最多的製造業作為參考點。初級產業及次級產業相較於製造業，平均薪資、第十分位薪資較高，第九十分位薪資卻較低，因此薪資差異較低；屬於製造業當中的工人薪資，甚至低於農林漁民和採集礦石者。然而，初級和次級產業對第九十分位薪資的顯著負向影響，可能反映這些產業中缺乏待遇較好的職位能夠晉升。服務業也有相似的情況，反映臺灣勞動市場的特徵：賣場中的服務人員取代過去工廠裡的工人成為社會當中主要的低薪者；這樣的工作多半缺乏升遷機會，也多缺乏正式員工的工作福利（林宗弘 2009；張晉芬 2013）。

相反地，資訊電子業和金融業的薪資、薪資差異都顯著高於製造業薪資；資訊電子業及金融業雖然平均薪資較高，卻也存在較大的薪資不平等。最後，公教文化業的薪資皆顯著低於製造業，薪資差異也顯著較高，且薪資差異程度為所有產業中最高。公教文化業的平均、十分位薪資皆顯著低於製造業，可能是來自文化工作業者的普遍

低薪。此外我們以基尼係數作為依變數放入模型分析，表 3 的模型 5 顯示，模型中的自變數的影響皆與第九十分位數對第十分位數的比率分析的係數方向一致（但員工人數不顯著）；特別是工會覆蓋率的影響因素，也與公司內部薪資分佈的基尼係數形成負向的影響關係，結果頗為一致。不管是以基尼係數，還是以第九十分位數對第十分位數的比率作為薪資分配差異的測量，工會覆蓋率較高的廠商其內部薪資分佈的差異皆顯著較小。

二、上市櫃公司樣本：高階經理人與員工平均薪資比分析

回到本文的主要關心焦點高階經理人與員工平均薪資的比率，表 21-4 是針對上市櫃公司中高階經理人與員工平均薪資的 GEE 迴歸分析結果。模型（1）至（3）分別以產業與區位相關的基本變項對於員工平均薪資，高階經理人薪資以及薪資差異比進行迴歸分析；模型（4）至（6）則加入了其它組織相關以及本文關心的數個自變項。表 4 的模型（6）可以視為本文的主要分析模型；模型（4）與（5）則提供了補充性的分析，進一步比較員工薪資與高階經理人群體的薪資影響因素，來了解造成薪資差異的可能機制。從模型（6）的估計結果來看，代表人力資本的員工平均教育年數與平均年齡，對薪資差異皆有顯著負向關係，表示平均人力資本愈高的公司，公司內部薪資分配不平等的情況也較低。這與前述 OECD 的跨國數據，以及之前的臺灣經驗分析結果類似，也與前述全國性的樣本分析一致。此外，公司規模與公司內部薪資差異有顯著的正向關係；值得注意的是，這個發現似乎比較傾向支持，組織規模是擴大薪資分配差異的因素，而不是帶來規模紅利，且有助壓縮薪資不平等的力量。在臺灣，企業組織規模沒有強化一般員工的薪資，反而是帶給高階經理人更好的報償，可能與臺灣缺少例如早年的美國福利體制的歷史傳統有關。

模型（6）中，公司的獲利程度（資產報酬率）則對於薪資差異比，有正向的顯著效果；值得特別指出的是，公司的獲利程度對一般員工的薪資並沒有顯著影響（模型 4），而對高階主管薪資則有正面而顯著的影響（模型 5）。這表示作為公司績效表現的資產報酬率會影響薪資，不過其影響不均；高階經理人得以分配到比一般員工更多的利潤份額，而這最後反映在公司內部的薪資差異上。此外，上市櫃公司屬於集團

表21-4　上市櫃公司之薪資分配與薪資差異之GEE迴歸分析

模型	（1）	（2）	（3）	（4）	（5）	（6）
變數	平均薪資	高階經理人	高階經理人／平均	平均薪資	高階經理人	高階經理人／平均
地區（ommited:其他）						
臺北市	..230***	.095*	-.129***	.212***	.081	-.072**
	（.017）	（.047）	（.032）	（.016）	（.043）	（.026）
新北市	.137***	-.011	-.126***	.133***	.050	-.046
	（.019）	（.052）	（.034）	（.017）	（.046）	（.028）
新竹市	.299***	.200**	-.103*	.289***	.190**	-.049
	（.025）	（.070）	（.047）	（.024）	（.062）	（.038）
行業（ommited：其他）						
服務業	-.004	-.013	-.012	-.010	-.063	-.048
	（.023）	（.064）	（.043）	（.022）	（.057）	（.035）
資訊電子業	.066***	.253***	.140***	.094***	.226***	.069**
	（.015）	（.043）	（.029）	（.016）	（.044）	（.026）
金融業	.331***	.358**	-.027	.188***	.301*	.077
	（.048）	（.132）	（.088）	（.050）	（.133）	（.081）
外銷比例	.000**	.001*	.000	.000**	.001**	.000*
	（.000）	（.041）	（.026）	（.000）	（.000）	（.000）
員工人數				.4e-5	.000***	.000***
				（.2e-6）	（.000）	（.6e-5）
員工平均年齡				.007***	-.014**	-.029***
				（.001）	（.004）	（.002）
平均教育年數				.002	.015	-.023***
				（.001）	（.009）	（.005）
公司年資				.000	.007***	.004***
				（.001）	（.002）	（.001）
集團企業				.048***	.190***	.123***
				（.012）	（.033）	（.020）

模型	（1）	（2）	（3）	（4）	（5）	（6）
變數	平均薪資	高階經理人	高階經理人 / 平均	平均薪資	高階經理人	高階經理人 / 平均
生產力				.2e-6 (.1e-6)	.3e-5** (.9e-6)	.9e-6 (.5e-6)
ROA（資產報酬率）				-.6e-5 (.000)	.009*** (.001)	.005*** (.000)
公股比				.001* (.001)	.008* (.004)	.002 (.002)
外資持股比				.000* (.000)	.010*** (.001)	.006*** (.001)
工會覆蓋率				1.241*** (.235)	.042 (.655)	-.728 (.397)
常數項	10.575*** (.013)	12.246*** (.041)	1.932*** (.026)	10.294*** (.034)	12.008*** (.194)	2.991*** (.108)
Wald chi2	423.68***	82.60***	61.19***	682.55***	565.79***	866.42***

*p<.05, **p<.01, ***p<.001 （括號內標準誤）

註：依變項為自然對數值

各個模型的總觀察公司數皆為 11,315

企業旗下子公司者，其薪資分佈的差異也越大，符合前述文獻的預期。雖然數據顯示，集團企業子公司的一般員工及高階經理人的薪資都普遍較高，表示集團組織整理而言對於員工都帶來正面助益，然而集團對薪資的提升效應在高階經理人身上來得更強（效果約為四倍多），也拉大了高階經理人與一般員工之間的薪資差異。顯然，集團所產生的內部就業市場，對於高低階員工的薪資差異具有顯著的放大效果。

此外，外資持股比例作為股東價值的測量，外資持股比例越高的公司，內部薪資差異卻越大。外資持股會造成公司內部薪資分佈差異的擴大，反映金融化與全球化的市場壓力，會加劇企業內的薪資分佈不平等的現象，這也符合前述文獻有關股東文

化，與重視金融投資回報的效應，將可能擴大薪資差距的預期。不過，外資持股比對於一般員工的薪資，似乎也存在顯著的正向影響，這可能是因為外資會更青睞組織較健全的公司，而這樣的公司勞動條件通常較好。從統計的分析來看，前述這些造成一般員工與高階經理人的薪資比的影響變項（如企業規模、獲利、外資持股比例、集團身份等）的估計係數差異幅度都非常大，顯現這些因素對於企業內高低群體薪資報酬，具有強烈差異化的影響。最後，工會覆蓋率與該公司之員工平均薪資，有顯著的正向關係（模型 4），這個正向的影響關係，在控制了其他的因素之後都持續獨立地存在；然而工會與高階經理人的薪資沒有顯著關係（模型 5）；工會覆蓋率對於公司內部的薪資差異水準，也沒有顯著影響（見模型 6）。工會力量雖然能夠顯著的提高員工薪資，但難以影響高階經理人之薪資，也無法抑制內部薪資差異[7]。

　　在控制變項方面，我們控制了公司所在地區、產業、生產力、外銷比例，以及公股持股比例等變項。公司如果位於臺北市、新北市、新竹市，這三個主要上市櫃公司集中的地區，平均薪資、高階經理人薪資皆顯著高於其他地區。其中，一般員工的平均薪資提高的程度，高過高階經理人薪資提高的程度，也降低了這幾個地區的公司內高階經理人與員工之間的薪資差異；不過只有位於臺北市的公司其內部薪資差異顯著低於其它地區。就產業的效果而言，不管是一般員工或者高階經理人，資訊電子業與金融業的薪資都比較高；不過只有資訊電子業相較於製造業來說，內部的薪資差異比皆達到顯著的程度。公司生產力對高階經理人薪資增加有顯著的正向影響，不過對於公司內部的薪資比則無顯著效果。另外企業的產品外銷比例越大者，其薪資差異也越大。公股對於平均薪資和薪資差異無顯著影響，雖然其對於高階管理者的薪資有正向且顯著的影響。此外公司的成立時間越久，公司內部薪資差異也越大。

7　臺灣的工會運動在 1990 年代之後，於臺北縣、臺南縣、高雄縣、宜蘭縣、臺北市、高雄市、新竹縣、苗栗縣、台中市共 9 個縣市較早成立縣市級產業工會，並成為全國產業總工會的第一批成員（何明修 2017）。我們據此另外建立自主工會歷史縣市的虛擬變項，檢視這些較早成立工會的縣市，是否如文獻所言產生外溢效果（Western and Rosenfeld 2011）而對於企業內部的薪資產生影響。分析結果顯示自主工會歷史縣市僅對員工薪資產生顯著的正向效果，對於高階經理人薪資沒有影響，對於薪資差異的影響則為負向但顯著程度在邊際之間。

伍、討論與結語

本文的目的在，探討晚近社會科學研究文獻中，逐漸被矚目的公司內部薪資分佈差異的議題，並透過對於主要文獻的回顧，提供一個有關臺灣市場經驗的初步探索性的分析。本文整合了難得的公司行政訊息與上市公司的資料，而得以對於此在臺灣仍然沒有被觸及的議題有了初步的了解。我們的研究發現與員工薪資水準以及薪資差異相關的多種影響因素，這些分析的結果基本上符合文獻中的理論預期。鑲嵌在全球化與大型化趨勢中的臺灣企業，其薪資分佈的影響來源也顯得多元。例如，公司的人力資本一直是重要的影響因素。員工的人力資本越好，薪資水準越高，而且內部的薪資差異也越低。意味著整體社會對於人力資本的投資，將可以朝向集體改善薪資福祉與健全薪資分配的方向前進。然而本研究的分析結果也反映，臺灣的企業員工的薪資分配鑲嵌在企業大型化與全球化的資本邏輯中：嚴竣的競爭壓力反映在產業的效果，以及諸如外銷導向且受到外資大量持股的營運環境中，這些都積聚成為擴大薪資分配的因素。而組織的規模並沒有類似美國經驗產生所謂規模紅利，反而是促成分配差異的重要因素。而分配不均的情況，更反映在企業利潤成果並非雨露均霑於全部的員工，而是有階層化分配的性質。而臺灣企業環境中日益強烈的集團化趨勢所產生的內部市場，也對於高階經理人比較有利。特別值得注意的是，公司的獲利以及外資持股對於高階經理人的薪資有顯著提升的影響，然而企業的獲利卻相對地沒有提升一般員工的薪資，顯示在日益全球化與金融化的當代市場環境中，企業經營獲利的果實並非平均地分配在組織內部給全體員工。

相反地，工會與國家角色等能夠成為制約這種全球金融化邏輯的反作用力，但其影響則非常微弱。雖然我們的研究發現全國性的廠商資料中，工會的覆蓋程度，對於薪資差異（第九十分位數對第十分位數的比率、基尼係數）產生抑制的效果，不過在上市櫃公司的資料卻並沒有產生這個效果。臺灣的市場社會缺少福利體制的歷史，不似西方擁有強大工會的遺產，能對於大型企業內的薪資分配產生制約力量。在臺灣，工會的效能僅提供一種基本水準的保護，卻對於大型企業內的高階經理人的薪資，沒有如西方社會產生抑制的能力。這些研究發現也說明了，臺灣的市場發展有其特殊歷史與制度脈絡。Shin（2014）等人的研究所針對的是，曾經一度強大但日益衰弱的工

會與福利體制，雖然逐漸失去保障基層員工薪資的作用，但某一個程度上仍然展現抑制薪資分配不均的力量；而相反地，工會長期被壓抑且組織力量的不強的臺灣，則沒有顯現這個作用。臺灣長期以來透過工會法箝制工會以罷工的手段來爭取薪資，可能是其中一個重要的制度因素。

從當代資本主義的發展而言，大型企業的薪資分配具體而微地展現市場分派經濟利益的過程。在主要的工業化國家，大型企業一直是經濟發展的引擎，一個國家的經濟主要核心能力與創造財富的動能，絕大部分都由大型企業在擔負（Chandler, Alfred, Amatori, and Hikino 1997）。大型企業的員工不僅代表一個國家的人力資本水準，其勞動成果的分配過程也扮演重要的角色。臺灣上市櫃公司的員工，大約有一百餘萬人，約佔全體勞動人口的一成多。透過觀察臺灣大型企業的薪資分配，將能夠觀察當前臺灣市場環境中，勞動薪資分配與經濟發展之間的關聯。長期以來，社會學者即倡議從公司或廠商的角度，來探討經濟不平等與階層化的議題（Baron and Bielby 1980; Stainback, Tomaskovic-Devey, and Skaggs 2010），本研究於此對於臺灣相關的議題提供了一個新的研究文獻的補充。

晚近薪資普遍停滯的現象頗為臺灣社會關注，也引起政府的重視，希望能夠改善臺灣長期以來一般員工薪資多趕不上經濟發展速度的困境。臺灣的金管會為了強化臺灣的上市櫃公司的公司治理與社會責任，於 2019 年 10 月公開要求上市櫃公司應於 2020 年 6 月開始，公告並揭露非擔任主管職務之全時員工薪資資訊，並要求平均薪資低於 50 萬元等公司，應提出公司經營績效與員工薪酬之關聯性及合理性說明，顯示大型企業內的薪資分佈的議題，已經成為公共政策的重要議題。本研究的發現適足以提供這個最新發展的政策討論的客觀數據。

就此而言，對於日漸惡化的貧富不均的問題，政府與公共政策可以扮演的角色，也是未來學術研究與公共政策辯論值得關注的面向。以美國而言，由於高階經理人的薪資急速增加到令人吭舌的程度，2013 年於國會通過了多德 - 弗蘭克華爾街改革和消費者保護法（Dodd-Frank Wall Street Reform and Consumer Protection Act），要求上市公司揭露公司內執行長與一般員工薪資差距，希望讓更透明的薪酬資訊揭露能夠改善員工士氣，以強化公司總體生產力與美國的經濟發展。然而在臺灣，不僅相關規範的改變牛步，並且與國際趨勢大開倒車。以董事長的薪資揭露為例，臺灣的主管機

關於 2006 年因為媒體大力揭露所謂「自肥董事長」的情況，受到大公司老闆的壓力，而將董事長與高階經理人的薪資資訊，由原本個別揭露改為集體總額與級距的揭露方式（見劉佩修 2004）。如今不僅媒體與大眾無法真實了解臺灣大型企業最高階主管的實際薪資訊息，減少了公共辯論的機會，放眼在全亞洲的公司治理的透明程度，亦是遠落後於亞洲各國，甚至不及東南亞國家斯里蘭卡與巴基斯坦，敬陪末座[8]。這些重要的政策辯論顯然值得更多的研究與討論來倡議。

本研究有幾個重要的研究限制。首先，我們所使用的工會資料是 2016 年 8 月當時的工會狀態，限於行政資料的性質，無法得知工會每年的變化。本研究目前假定工會會員數在我們分析的期間並未有大幅的更動，而以 2016 年 8 月的最後更新數據來計算工會會員數。並以此工會的資訊建構工會覆蓋率的變項，並填補 2016 年之前歷年的數據。這個作法有可能無法有效捕捉不同年份工會覆蓋率對於薪資水準的實際作用。此外，企業層級的工會資訊通常難取得，因此以產業層級的工會覆蓋率來進行公司層級數據的統計分析，勢必無法更精細的評估工會的實際影響。目前已知像美國的研究 (Shin 2014) 採用的也類似於本研究的做法，以產業層級的工會覆蓋率作為分析變項，這也是未來研究需要考量克服之處。此外，臺灣的企業自從 2000 後開始大量外移生產線至中國設廠，在臺灣僅保留研發與核心運籌的部門，而將較低薪資的工作排除出去，因此臺灣內部公司的薪資水平有可能因此而拉高。未來的研究可以更細緻的衡量這些相關因素。

另外，2005 年之後，由於監理機構的規範改變，臺灣的董監事與高階主管的薪資揭露並非以個人，而是以群體為揭露單位。在衡量公司內部薪資分佈的實際情況，可能無法有效捕捉，如美國的公司執行長一人領取巨額高薪的贏家全拿現象。由於臺灣目前董事長個人薪資揭露的缺失，研究者難以與國外研究進行精確比較，因為國外研究通常以最高層的執行長，跟一般員工薪資差異進行研究。本研究曾以 2005 年臺灣上市櫃公司董事長的薪資數據，與公司內平均員工薪資進行合併分析。以董事長個人

8　根據國際人力顧問公司 Mercer 的調查，亞洲十六個國家中，對於上市公司董監事的薪資沒有個別揭露的僅有印尼，馬來西亞，菲律賓與臺灣。見 Mercer Executive Remuneration Disclosure in Asia 2014 (www.mercer.com)。

薪資算出的比率（八倍左右），略高於高階經理人的群體薪資算出的比率（七倍），其中最高的比率為 192 倍，不過比率最高的第十個公司，已經降至 50 倍左右。若以國際 2010 年後數據作比較，美國上市公司 CEO/ 員工平均薪資比約 300 倍至 400 倍，日本平均約 60 倍，臺灣 2005 年上市公司的董事長與員工薪資差異相對來說並不算高。不過由於 2005 年之後資訊無法明確得知，因此實際情況如何仍難以確認。

值得指出的是，臺灣勞動市場裡受薪階層普遍低薪，不僅一般員工深為所苦，與其它國家相比，縱使是高階經理人的薪資也遠低於其它國家的水準。根據國外人力顧問公司所做的 2016 年高階主管的薪資調查，臺灣在亞太地區十三個國家的高階經理人薪資數據中排名最低，已普遍低於東亞國家的水準，更不及東南亞國家的水準（Wang 2017）[9]。雖然本文意在探討企業內部不同群體間薪資分佈的差異，然而從數據來看，臺灣目前面對的問題似乎是整體市場中受薪階層普遍低薪的困境，而不全然是內部不同群體間薪資差距的擴大 [10]。而這也與前述指出的問題相關。由於我們的企業高層的薪資分析僅限於公司的高階經理人群體，因此我們的研究有可能不完全符合臺灣的市場中企業經營利潤分配的實際情況。臺灣的企業以家族企業為主（Hamilton 1997; 李宗榮 2017）；在這種以家族企業佔大多數的市場環境中，控制家族多由控股或投資公司法人代表，甚或以醫院或基金會等非營利組織的方式掌控企業的經營（鍾喜梅、詹淑婷 2017）。在這種情況下，控制家族通常隱身於複雜的控股結構之中。透過高階管理職位獲取薪資與獎金，未必是控制家族實際分享企業經營利潤的主要機制；甚至，如果控制家族的目的在強化其家族的財富，他們也有很強的誘因來壓抑包括非家族的高階經理人在內的全體員工的薪資。我們的研究因此沒有回答在家族企業中，一般員工與控制家族成員之間利潤分配的差異。僅檢視高階經理人與一般員工之間的薪資差異水準，有可能低估了在這種以家族為主的市場中，勞資利益分配不均的情況。而這些議題都需要後續的研究進一步探索。

9　另見商業周刊 2017 年 12 月（414 期）專題報導〈臺灣人薪資報告〉其中引述 Towers Watson 2014 全球薪酬報告指出，臺灣高階主管薪資在亞太 14 國數據中排名倒數第四。

10　根據我們針對 2005 年至 2015 年間的數據分析，全國上市櫃公司的薪資基尼係數平均為 0.22。2014 年財政部發佈的全國家庭所得的基尼係數約為 0.335。

參考文獻

中華徵信所，2008，《中華徵信所 2008 年版臺灣地區集團企業研究》，臺北：中華徵信所。

王振寰、方孝鼎，1992，〈國家機器、勞工政策與勞工運動〉，《臺灣社會研究季刊》。13：103-131。

何明修，2016，《支離破碎的團結：戰後臺灣煉油廠與糖廠的勞工》，臺北：左岸文化。

李宗榮，2017，〈家族資本主義的興起與鞏固〉，李宗榮、林宗弘主編，《未竟的奇蹟：轉型中的臺灣經濟與社會》：313-344，臺北：中央研究院社會學研究所。

林宗弘，2009，〈臺灣的後工業化：階級結構的轉型與社會不平等，1992-2007〉，《臺灣社會學刊》，43: 93-158。

邱毓斌，2010，〈當工運的制度惰性遭遇全球化〉。吳介民、范雲、顧爾德主編，《秩序繽紛的年代：走向下一輪民主盛世》：99-116，臺北：左岸文化。

張晉芬，2013，《勞動社會學》，臺北：政大出版社大出版社。

張景福、盧其宏與劉錦添，2011，〈勞工組成特性對工廠生產力及薪資之影響：以臺灣電子業工廠為例〉，《經濟論文叢刊》，39：177-612。

陳劍虹，2013，〈臺灣近年薪資成長停滯原因探討及改善對策〉，《經濟研究》，13：111。

劉佩修，2004，〈1/4 董座公司獲利衰退還敢加薪〉，《商業週刊》，（874）：92-98。

鄭力軒，2017，〈自由化、資本形成與股票市場：一個經濟社會學的分析〉，李宗榮、林宗弘主編，《未竟的奇蹟：轉型中的臺灣經濟》：89-124。臺北：中央研究院社會學研究所。

謝國雄，1997，《純勞動：臺灣勞動體制緒論》，臺北：中研院社會所籌備處。

鍾喜梅、詹淑婷，2017，〈臺灣家族集團控股結構的變遷：制度環境與組織擴張的影響〉，李宗榮、林宗弘主編，《未竟的奇蹟：轉型中的臺灣經濟與社會》：267-312。臺北：中央研究院社會學研究所。

瞿宛文、洪嘉瑜，2002，〈自由化與企業集團化的趨勢〉，《臺灣社會研究季刊》，47：33-83。

Abowd, John. M. 1989. "The effect of wage bargains on the stock market value of the firm." *The American Economic Review*,79(4) :774-800.

Agrawal, Ashwini. K. 2012. "Corporate governance objectives of labor union shareholders: Evidence from proxy voting." *The Review of Financial Studies*, 251: 187-226.

Ahmadjian, Christina. L. and Gregory E. Robbins. 2005. "A Clash of Capitalisms: Foreign Shareholders and Corporate Restructuring in 1990s Japan." *American Sociological Review*,

70(3): 451-471.

Balsam, Steven. 1998. "Discretionary accounting choices and CEO compensation."
Contemporary Accounting Research, 15(3): 229-252.

Baron, J. N., &Bielby, W. T. 1980. "Bringing the firms back in: Stratification, segmentation, and the organization of work." *American sociological review*, 737-765.

Bernstein, Jared. 2016. "Wages in the United States: Trends, Explanations, and Solutions." In Irwin Kirsch and Henry Braun, eds., *The Dynamics of Opportunity in America: Evidence and Perspectives*, pp. 167-195. Cham: Springer International Publishing.

Bloom, N., Guvenen, F., Smith, B. S., Song, J., & von Wachter, T. 2018. "The disappearing large-firm wage premium." *AEA Papers and Proceedings*, 108: 317-22.

Boyd, Brian K. 1994. "Board Control and CEO Compensation." *Strategic Management Journal*, 15(5) : 335-344.

Chandler, Alfred D., Franco Amatori,and Takashi Hikino. 1997. *Big Business and the Wealth of Nations*. Cambridge: Cambridge University Press.

Ciscel, David H. and Thomas M. Carroll. 1980. "The determinants of executive salaries: An econometric survey." *The Review of Economics and Statistics*, 62(1): 7-13.

Cobb, J. Adam and Ken-Hou Lin. 2017. "Growing Apart: The Changing Firm-Size Wage Premium and Its Inequality Consequences." *Organization Science*, 28(3): 429-446.

Coff, R. W. 1999. When competitive advantage doesn't lead to performance: The resource-based view and stakeholder bargaining power. *Organization science*, 10(2): 119-133.

Coleman, J. S. 1982. *The asymmetric society*. Syracuse, NY: Syracuse University Press.

Connelly, R., Playford, C. J., Gayle, V., & Dibben, C. 2016. "The role of administrative data in the big data revolution in *social science research*." Social Science Research,59: 1-12.

Chu, Yun-Peng. 1989. An Analysis of the Changes in Taiwan's Income Distribution Between 1980 and 1986. *Analysis of Taiwan's Social Phenomenon*,437-456.

Grund, C., and Westergaard-Nielsen, N. 2008. "The dispersion of employees' wage increases and firm performance." *ILR Review*, 61(4): 485-501.

Davis, G. F. 2009. *Managed by the markets: How finance re-shaped America*. Oxford, UK: Oxford University Press.

Deyo, Federic C. 1989. *Beneath the miracle: Labor subordination in the new Asian industrialism.*

Berkeley, CA: University of California Press.

Dinardo, John. and Kevin F. Hallock. 2002. "When unions 'mattered' : the impact of strikes on financial markets, 1925-1937." *ILR Review*, 55(2): 219-233.

Ertimur, Yonca, William J. Mayew, and Stephen R. Stubben. 2011. "Analyst reputation and the issuance of disaggregated earnings forecasts to I/B/E/S." *Review of Accounting Studies*, 16(1): 29-58.

Finkelstein, Sydney and Donald C. Hambrick. 1989. "Chief Executive Compensation: A Study of the Intersection of Markets and Political Processes." *Strategic Management Journal,* 10(2): 121-134.

Fligstein, Neil and Taekjin Shin. 2007. "Shareholder Value and the Transformation of the U.S. Economy 1984–2000." *Sociological Forum*, 22: 399-424.

Freeman, Richard and James Medoff. 1984. *What Do Unions Do?* New York: Basic Books.

Frees, Edward. 2004. *Longitudinal and Panel Data: Analysis and Applications in the Social Sciences*. UK: Cambridge University Press.

Frydman, C., & Saks, R. E. 2010. "Executive compensation: A new view from a long-term perspective, 1936-2005." *The Review of Financial Studies*, 23(5): 2099-2138.

ILO. 2017. *Global Wage Report 2016/17: Wage Inequity in the workplace*, https://www.ilo.org/global/research/global-reports/global-wage-report/2016/lang--en/index.htm (April 13, 2020).

Goldstein, Adam. 2012. "Revenge of the Managers: Labor Cost-Cutting and the Paradoxical Resurgence of Managerialism in the Shareholder Value Era, 1984 to 2001." *American Sociological Review*, 77(2): 268–294.

Gourevitch, P. A., & Shinn, J. 2005. *Political power and corporate control: The new global politics of corporate governance*. Princeton, NJ: Princeton University Press.

Granovetter, Mark. 1995. "Coase revisited: Business groups in the modern economy." *Industrial and corporate change*,4(1): 93-130.

Greckhamer, T. 2016. "CEO compensation in relation to worker compensation across countries: The configurational impact of country – level institutions." *Strategic Management Journal, 37*(4): 793-815.

Hambrick, Donald C. and Sydney Finkelstein. 1995. "The effects of ownership structure on conditions at the top: The case of CEO pay raises." *Strategic Management Journal*, 16(3): 175-93.

Hamilton, G. G. 1997. Organization and market processes in Taiwan's capitalist economy. *The economic organization of East Asian capitalism*, 237-293.

Hamilton, Gary G. and Nicole Woolsey Biggart. 1988. "Market, Culture, and Authority: A Comparative Analysis of Management and Organization in the Far East." *American Journal of Sociology*, 94: S52-S94.

Hollister, M. N. 2004. "Does firm size matter anymore? The new economy and firm size wage effects." *American Sociological Review*, 69(5): 659-679.

Jensen, M. C. 2001. "Value maximization, stakeholder theory, and the corporate objective function." *Journal of applied corporate finance*, 14(3): 8-21.

Jensen, Michael C. and Kevin J. Murphy. 1990. "Performance pay and top-management incentives." *Journal of political economy*, 98(2): 225-264.

Jensen, Michael C. and William H. Meckling. 1976. "Theory of the firm: Managerial behavior, agency costs and ownership structure." *Journal of financial economics*, 3(4): 305-360.

Kalleberg, Arne L. and Mark E. van Buren.1994. "The structure of organizational earnings inequality." *American Behavioral Scientist*, 37(7): 930-947.

Kalleberg, A. L. M. E. Van Buren. 1996. "Is Bigger Better?" *American Sociological Review*, 61: 47-66.

Kalleberg, Arne L., Michael Wallace, and Robert P. Althauser. 1981. "Economic segmentation, worker power, and income inequality." *American journal of sociology*, 87(3): 651-683.

Khanna, Tarun and YishayYafeh. 2007. "Business Groups in Emerging Markets: Paragons or Parasites?" *Journal of Economic Literature*, 45(2): 331-372.

Kim, Jerry W., Bruce Kogut, and Jae-Suk Yang. 2015. "Executive compensation, fat cats, and best athletes." *American Sociological Review*, 80(2): 299-328.

Kim, Young-Choon and Chi-Nien Chung. 2018 . "Organizational Change under Institutional Logics: Family Control of Corporate Boards in Taiwan." *Sociological Perspectives*, 61(3): 444-466.

Lee, Yoonk-Yung. 2011. *Militants or Partisans: Labor Unions and Democratic Politics in Korea and Taiwan.*Standford: Stanford University Press.

Lee, Zong-Rong and Hsin-Huang Michael Hsiao. 2014. "Taiwan: SME-Oriented Capitalism in

Transition." In Michael A. Witt and Gordon Redding, eds., *The Oxford Handbook of Asian Business Systems*, pp.236-257. New York: Oxford University Press.

Liang, Kung-Yee and Scott. L. Zeger. 1986. "Longitudinal data analysis using generalized linear models." *Biometrika*, 73(1): 13-22.

Luo, Xiaowei R., Young-ChulJeong, and Chi-Nien Chung. 2017. "In the Eye of the Beholder: Global Analysts' Coverage of Family Firms in an Emerging Market." *Journal of Management*, 20: 1-28.

Murphy, Kevin J.and JánZábojník. 2004. "CEO Pay and Appointments: A Market-Based Explanation for Recent Trends." *The American Economic Review*, 94(2): 192-196.

Perry, T., & Zenner, M. 2000. "CEO compensation in the 1990's: Shareholder alignment or shareholder expropriation." *Wake Forest Law Review*, 35: 123.

Pfeffer, J. 1997. *New directions for organization theory: Problems and prospects*. Oxford, UK: Oxford University Press on Demand.

Piketty, T. 2014. *Capital in the 21st Century*. Cambridge, the Belknap press of Harvard University Press.

Robert, W. 1990. *Governing the Market: Economic Theory and the Role of Government in East Asian Industrialization*. Princeton, NJ: Princeton University Press.

Rueda, David and Jonas Pontusson. 2000. "Wage inequality and varieties of capitalism." *World Politics*, 52(3): 350-383.

Scheve, Kenneth and David Stasavage. 2009. "Institutions, Partisanship, and Inequality in the Long Run. *World Politics*, 61(2): 215-253.

Shin, Taekjin. 2014. "Explaining pay disparities between top executives and non-executive employees: A relative bargaining power approach." *Social Forces*, 92(4): 1339-1372.

Stainback, K., Tomaskovic-Devey, D., and Skaggs, S. 2010. "Organizational approaches to inequality: Inertia, relative power, and environments." *Annual Review of Sociology*,36: 225-247.

Stolzenberg, R. M. 1978. "Bringing the boss back in: Employer size, employee schooling, and socioeconomic achievement." *American Sociological Review*, 813-828.

Wade, James B., Charles A. O'Reilly, III, and Timothy G. Pollock. 2006. "Overpaid CEOs and Underpaid Managers: Fairness and Executive Compensation." *Organization Science*,17(5): 527-544.

Wallerstein, Michael. 1999. "Wage-setting institutions and pay inequality in advanced industrial societies." *American Journal of Political Science*, 43(3): 649-680.

Wang, Winnie. 2017. "Achieveing pay equality in Aisa Pacific." https://www.towerswatson.com/en-VN/Insights/Newsletters/Asia-Pacific/points-of-view/2017/achieving-pay-equity-in-asia-pacific (March 26, 2019).

Werner, Steve, Henry L. Tosi and Luis Gomez-Mejia. 2005. "Organizational governance and employee pay: how ownership structure affects the firm's compensation strategy." *Strategic Management Journal*,26(4): 377-384.

Western, Bruce and Jake Rosenfeld. 2011. "Unions, norms, and the rise in US wage inequality." *American Sociological Review*, 76(4): 513-537.

第 22 章

勞動市場媒介（LMI）在東亞人才跨國流動所扮演的角色
以台日科技人才為例

田畠真弓

壹、前言

　　人事顧問業在美國第二次世界大戰結束後成為正式的企業組織，1970 年代之後蓬勃發展，隨著「外部勞動市場[1]（external labour market）」的發展過程中，開始成為媒合人才與雇用者的核心平台。人事顧問公司多半兼顧人力派遣業務，因此，在本研究不僅討論人才介紹為主的獵人頭公司，也有探討派遣人才以及管理與訓練人才的人力資源顧問公司。不管是人才介紹公司或派遣人才公司，它們都在外部勞動市場扮演求職者與求才者之間的媒合角色。受到政府對於就業市場的放寬管制之影響，人事顧問業改變以往企業組織在就業市場主導的薪資調整機制，逐漸地開始對於薪資結構也有帶來相當大的影響（Theodore and Peck 2002:463）。經過幾次的經濟蕭條，例如，2001 年的網絡泡沫崩潰時發生的經濟低成長期以及從 2000 年到 2004 年的大規模失業潮，人事顧問業扮演推動美國勞動市場的彈性化（flexibilising）（Peck and Theodore 2007:171）。在過去大約 70 年的發展過程，人事顧問業從美國中西部的小型仲介公司

1　據 Lazearand Oyer（2004）的定義，外部勞動市場所指的是勞工跨企業流動，薪資通常是由自由市場的原則被決定的，企業本身並不全然控制薪資水準。與此相反，在內部勞動市場，勞工在企業組織內部升遷，很少跨企業流動。薪資是由組織內部被決定的，也不容易受到市場的影響。

轉變成現在的大規模人才資源機構，已經展開跨國的經營模式。美國大型人事顧問業開始鑲嵌在東南亞、南美洲以及東歐等就業市場，這些人才資源顧問公司的功能不僅透過「外部勞動市場」將更多的工作機會提供給求職者，推動人才的跨組織流動與跨國發展以不斷地創造彈性化工作的就業市場（market making activities）（Ward 2004）。

臺灣薪資長期低迷，媒體時常報導人才流失的危機。國內各媒體都有討論人才流失的原因，媒體的分析大致分成兩派：臺灣經濟對中國大陸閉鎖的產業政策造成產業空洞化，投資環境惡化的結果加快人才流失（中時電子報 2017/4/2）。另外一個看法則是臺灣產業界對於勞工的不友善。1995 年之後，臺灣的平均薪資幾乎沒有上升，雖然超過三分之二的臺灣勞工都在中小企業上班，但他們的薪資到離職時與雇主談判，雇主拿來誠意時才被調整。外商公司普遍誤認為臺灣人才是「物美價廉」，也不會主動參與抗爭罷工（自由時報 2015/3/30）。

王振寰（2010）認為，臺灣的產業發展出一種整合各種制度：國家政策、金融體制、研發制度以及科學園區趕工文化的「快速跟隨式創新」機制，這種創新是奠基於廠商利用國際產業模組化的機會，以快速追趕其他國家的技術和產品。過去將近四十年，臺灣的科技產業：半導體、液晶面板產業等都在全球以及東亞供應鏈扮演相當重要的角色，與歐美以及日本之間建立產業供應鏈，挖角人才引進技術以加快追趕速度。在此全球科技產業供應鏈的技術發展的過程中，1980 年代起，臺灣半導體產業透過在美國矽谷工作或唸書歸國的臺灣籍主管以及資深技術人員引進關鍵技術（Hsu, and Saxenian, 2000;Saxenian, and Hsu, 2001），新竹科學園區與矽谷之間的技術社群網絡促成與加快美國與臺灣之間的技術人才交流與知識的跨國擴散（Jou and Chen ,2000；陳東升，2008）。1990 年代末期到 2000 年代初，臺灣的液晶面板產業透過日本的技術人才迅速引進與學習關鍵技術，僅大約五年的時間趕上日本的技術水準在臺灣國內建立液晶面板的生產基地（田畠真弓、莊致嘉，2010；Tabata, 2012）。這些先前的研究都指出，臺灣的科技產業透過跨國技術社群網絡引進人才，以快速地引進關鍵技術的默會知識（tacit knowledge）。2000 年代初之後，歐美以及日本的人事顧問公司陸陸續續地在臺灣開設分公司，提供給國內科技產業界僱用國外人才的管道，國內人才也有機會透過人力仲介公司尋求國外發展的途徑。筆者認為，人事顧問公司的抬頭對於東亞科技產業的知識流通帶來不少影響。例如，辛炳隆（2006）、馬蘭

（2005）等研究顯示，臺灣的科技產業透過人事顧問公司引進國外人才，臺灣的科技
人才也透過人事顧問公司跳槽到中國大陸的相關企業。本研究透過學術報告以及媒體
報導等書面資料與針對臺灣與日本的人事顧問公司主管與員工、臺灣國內科技產業：
半導體以及 TFT-LCD（薄膜電晶體液晶面板）廠商以及產業公會的主管等進行的深
度訪談，試圖深入地了解日本與臺灣的高技術勞工透過人事顧問公司遷移到國外的過
程，人事顧問公司的運作對於臺灣、中國以及日本等東亞科技產業供應鏈的知識流通
與學習、勞動市場以及培養人才機制帶來的各種影響。

貳、從社會網絡到人事顧問業：高技術勞工求職管道的轉變

隨著科技的創新、全球競爭的激烈化以及企業重組的進展，勞動市場變得愈來愈
複雜多變，呈現出無法預測的狀況。受不穩定勞動市場與高頻率跳槽的影響，不僅求
職者，越來越多的雇用者也需要「第三方仲介（third party intermediaries）」的求職
與求才輔導。在此趨勢下，過去僅僅二十年的時間，「派遣幫援機構（temporary-help
agencies）」滲透在歐美的勞動市場（Benner, 2003：621）。Benner（2003）從區域發
展的角度探討「勞動市場媒介（labour market intermediaries, LMI）」在美國矽谷的
科技廠商（雇用者）與高技術勞工之間的關係扮演的角色。依據他的分類，LMI 分
為如下的三種類型：「私部門的媒介」、「會員為基礎的媒介」以及「公部門的媒介」。
「私部門的媒介」所指的是人力派遣公司，矽谷的科技廠商透過人力派遣公司雇用裝
配人員、運送人員以及行政工作人員等邊陲人力，但於此同時尋找與評估高級技術
人員以及電腦專業人員等核心人力。「私部門的媒介」包含如下代表性的企業組織：
派遣幫援公司（temporary help firms）、顧問仲介公司（consultant brokerage firms）、
人力銀行網頁（web-based job sites）以及專業雇主組織（professional employer
organization）。派遣幫援公司是在所有的 LMI 中最著名，而且最快速發展的商業模
式。此商業模式漸漸地被整合成科技企業的人力資源管理系統以在客戶的工作場域透
過長期契約的方式提供員工的管理與徵才服務。顧問仲介公司與派遣幫援公司不同，
他們主要提供具有高技術的中階到高階的專業人才，將這些高階人才派遣到客戶的約

聘職位。人力銀行網頁公司是在美國從 1994 年起蓬勃發展的 LMI，提供所有工作類型的人才。它是一個虛擬 LMI，也扮演產業公會與求職者之間的連結角色。專業雇主組織與派遣幫援公司同樣，扮演求職者的法定雇用者角色，將應徵到的求職者派遣到客戶公司。但與派遣幫援公司不同，被派遣到客戶公司的勞工不是成為約聘人員，而是成為全職的正式員工。LMI 的第二類型是「會員為基礎的媒介」，它包含專業公會、產業公會以及其他工會等。此會員組織提供一般求才與求職資訊之外，也有人才培訓等服務。第三類型的 LMI 是「公部門的媒介」，則是公部門扮演求職者與雇用者之間的媒介角色，例如，政府機關幫身障人士找到合適的工作場所，提供成人教育的機會以及人才培訓等服務（Benner, 2003：623-625）。Benner 的的分類顯示，LMI 涵蓋多樣化的服務模式，人事顧問業促成工作需求的迅速變化，加快工作技術的提升以及工作的彈性化。

社會資本理論的先前研究探討社會資本對於個人的社會流動帶來的各種效應，例如，求職、工作酬勞、升遷等（林南、陳志柔、傅仰止，2010：121）。Granovetter（1973, 1974, 1995）與 Lin（林南）（1982, 1990, 2001）從弱連繫的角度社會資本對於求職帶來的效應，他們的一系列研究結果顯示，不僅關係相當密切的血緣關係以及親朋好友等強聯繫，朋友的朋友、點頭之交等弱連繫促成求職者認識在職場不同地位的人士以容易爭取到多樣化的工作機會。Bian（1997）在 1988 年中國天津市進行的研究結果顯示，在中國社會，強連繫扮演相當重要的求職管道，但在 2009 年在中國八個都市進行的研究發現，求職者找到第一份工作的時候，通常需要父母親的人脈等強聯繫，但換工作時仰賴強聯繫的同時，也靠弱聯繫的機率變高（Huang and Bian 2015）。美國的人類學家 Gershon（2017）的研究指出，「職場聯繫（workplace ties）」，則是工作上的人際網絡（包含跨組織以及組織內部）在求職的過程中比社會網絡更扮演關鍵性的角色。她針對加州舊金山灣區找到工作的高學歷白領專業人士 380 人（從 2012 年追蹤到 2013 年）的求職策略資料進行分析發現，社會網絡雖然對於求職帶來正面的效應，但與 1970 年代初期相比，沒有那麼重要了。1970 年代初，26% 的求職者透過正式的應徵管道：公司與報紙徵才啟事等找到工作，剩下的大約 74% 的求職者透過社會網絡爭取到工作機會。但 Gershon（2017）的研究結果顯示，2010 年初，求職者透過社會網絡找到工作的機率降到 37.5%，35% 的求職者透過招聘

人員（recruiter）或人事顧問公司應徵到工作，26% 的求職者透過網際網路的公開徵才資訊爭取到就業機會。除此之外，61% 的求職者都認為，應徵到現在工作時，了解求職者工作能力的人士對求職者的錄取帶來最大的正面影響。此「職場聯繫」：在工作場所以及工作生涯中相識的高層或有力人士們幫求職者打包票，向雇用者說明與保證他的工作能力，則是求職者應徵到工作時最重要的信任機制。Gershon（2017）指出，1970 年代初期，求職者與雇用者只能夠透過公司以及報紙的徵才啟事等正式的管道或人脈找到工作機會。但現代社會與 1970 年代初期不同，網際網路改變了傳統媒體的生態，網路公開徵才資訊取代弱聯繫的角色，求職者從全世界可以搜尋各種各樣的工作，容易評估自己理想的工作與職場。對於求職者而言，問題是如何遇到應徵公司裡面欣賞他工作能力的主管以順利被錄取。網路徵才資訊提供給求職者多樣化的工作機會，員工跳槽的機率越來越提升。隨著跨組織的人才流動開始頻繁，傳統的社會網絡漸漸地被網路徵才取代，「職場聯繫」，則是工作圈的跨組織專業社群網絡對於應徵者爭取到工作時扮演決定性的角色（Gershon 2017:104-109）。

　如上的研究結果顯示，在過去的就業市場，強與弱聯繫等傳統社會網絡提供給求職者各種工作機會。但網際網路出現後，求職者透過網路徵才啟事能夠評估更多樣化的工作機會，求職者透過「職場聯繫」傳遞自己的工作能力與風評，求才者參考此工作圈網絡的資訊評估人才。筆者認為，傳統的社會網絡與「職場聯繫」雖然保持它們的優勢，但在蓬勃發展的全球網際網路徵才趨勢，難免遇到瓶頸，越來越多的求職者開始透過人事顧問業等 LMI 找工作。例如，在 2000 年初的美國矽谷，四分之一的求職者過去三年中透過人事顧問業找到工作（Benner, 2003：625）。在矽谷，為什麼這麼多求職者透過人事顧問業找與科技產業相關的工作？ Benner（2003）認為，人事顧問業等 LMI 在勞動市場扮演如下的三種角色：降低交易成本、建立求職與求才社會網絡以及風險控管。在勞動市場，求職者與求才者從龐大的資訊中需要找到彼此的存在，也需要協商薪資水準。在此談判的過程中，雙方遇到許多不確定性的因素，例如，由於透過 LMI 人才流動與跳槽的機率越來越高，在勞動市場的交易次數與頻率變得相當多，而且在科技產業求職者具有較高的技術特殊性，受此「資產專用性（asset specificity）」的影響，在非中心化（decentralized）的自由市場不容易迅速地找到理想的人才，也無法進行薪資的協商。產生市場失效的結果，需要獨立的 LMI

提供求職與求才雙方之間的媒介功能以降低交易成本，讓他們順利進行協商。至於建立求職與求才社會網絡而言，派遣幫援公司被整合成大公司人才資源管理系統，與客戶建立長期契約關係以提供管理人才與徵才服務給客戶。在此與客戶之間的長期合作中，累積下來人才管理與行政工作的附加價值。顧問仲介公司、專業公會、各種各樣的職業訓練以及人員安置計畫等也在公司的人才管理技術與組織的創新過程中扮演關鍵性的角色。除此之外，LMI 透過在勞動市場累積下來的社會網絡將豐富的徵才資訊與求才公司提供給求職者。對於風險控管而言，科技產業技術革新的速度非常快，因此，與穩定的產業生產體制不同，容易產生風險相當高的勞動市場。例如，臨時解雇、長期失業、所得縮小、技術的落伍以及金融風暴等。企業遇到經濟蕭條時，雇用者透過 LMI 能夠延遲雇用正式員工，也可以砍掉約聘人員。在此經濟低迷時，人事顧問公司的作用的確惡化失業狀況。但另一方面，失業者透過 LMI 能夠縮短失業的期間，則容易找到新的工作機會。人事顧問公司將職業訓練等教育機會提供給失業者以協助求學者提升他們的就業能力（employability），也因此求職者能夠緩和他們失業時的衝擊（（Benner, 2003：625-628）。Benner（2003）的研究結果讓我們看到在資訊與知識經濟的發展過程中人事顧問公司成為相當重要的調整區域勞動市場媒介機制。越來越多的研究開發業務是由透過企業間合作關係而被進行的，人才的跳槽也變得常態，在此彈性化的技術知識跨組織流通與人才的流動，企業本身則不容易控制勞動市場與徵才效率。過去的以內部勞動市場與長期性的勞工與雇用者之間的關係為基礎的傳統就業市場已經瓦解，在此狀況下，LMI 成為使得求職者與雇用者連結在一起的「市場製造者（market makers）」，而且，在工作技術內容的改變相當地快速，技術的創新也非常迅速的科技產業，人事顧問公司扮演推動就業市場人才交易的核心角色。

參、東亞人事顧問業的發展：「消費驅動商品鏈」與科技人才的流動

如前所述，受到就業市場的放寬限制、網際網路徵才、工作技術內容的快速轉變等的影響，穩定的內部勞動市場漸漸地被外部勞動市場取代，以長期性的勞工與雇用

者之間的關係為基礎的傳統就業市場開始瓦解。

　　對於臺灣就業服務政策的歷史背景而言，1945 年第二次世界大戰結束後，被日本殖民政府派往國外的復員軍人、國民政府於中國大陸撤退來台的 60 萬軍人與大約 150 萬的逃難居民都變成大量的失業人口。在此狀況下，1947 年臺灣政府在各縣市設立國營職業介紹機構。但由於後殖民的工商業發展程度不能夠吸收大量的農村過剩人口以及失業人口，國營職業介紹機構無法發揮勞動力調節的功能，惡質的民營職業介紹所與雇用者勾結造成血汗職場、勞動力買賣等嚴重的社會問題。於是，1949 年到 1994 年，呼應國際勞工組織（ILO）第九十六號公約的規定，在政府監督之下，以營利為目標的民營職業介紹所才能夠與國營職業介紹所並存。隨著經濟發展，勞動市場的求人件數比求職件數增加，臺灣政府已經不需要透過警察機關管理營利職業介紹所，1985 年決定採用設立許可制，全面開放民營職業介紹所的經營模式。1985 年中期後，某部分的營利職業介紹所改變傳統的運作模式，開始從事更廣大的業務，針對人才進行職業指導、產業與市場研究調查、**派遣**、工作生涯規劃、職業介紹、招募員工等服務，針對雇用者提供能力開發、市場調查、調職借用等業務。於此同時，由於臺灣經濟的持續成長、國民所得提升以及薪資上漲的原因，國內建築業以及製造業等勞動市場則出現勞動力嚴重缺乏的問題。為了解決勞動力不足的問題，1989 年政府決定開放引進藍領外勞，菲律賓、越南以及泰國等外勞陸陸續續進來國內勞動市場。1992 年制「**就業服務法**」公布實施，考量全球人才流動的趨勢，2002 年增訂仲介外國人至臺灣地區工作或仲介臺灣人國外工作的公司型態，至於外勞管理部分，從事專門職業或技術的高技術白領外勞滯留臺灣的期限以及轉換雇用者沒有限制規定，但藍領外勞的滯留期限與轉換雇用者等都有限制（邱祈豪，2005：25-87；黃越欣，2015:624-637）。1990 年代中期後，隨著跨國公司的外國直接投資（FDI）之增長，國內派遣機構開始將臺灣的人才派遣到美國通運、花旗銀行、惠普科技、臺灣微軟等外商公司，到了 2000 年初期，中小企業開始雇用派遣勞工以降低人事成本。派遣工作包含清潔打掃、文件打字、櫃檯服務、助理、秘書、專案經理以及研究開發等，也涵蓋從藍領到白領，從技術人員到研究開發人才等相當多樣化的業務內容（邱祈豪，2005：38-69）。邱祈豪（2005）指出，企管顧問公司等派遣公司雖然在勞基法規定之下運作，但「就業服務法」尚未實施前，職業介紹所的主管機關為經濟部，內政部以及勞委會無法管

制，此制度管理方面的混亂狀態導致行政機關之間的溝通失調，政府方面始終無法取締職業介紹所以及派遣公司的違法行為（邱祈豪，2005：37）。勞動部方面考量企業過度濫用派遣勞工的狀況，正在推動派遣勞工的保護法制化，但派遣勞動法還在草案過程中，勞動部透過行政指導、勞動法規教育等方法試圖加強保護派遣勞工權益（中華民國勞動部網頁）。

日本的職業介紹所 1650 年代的時候已經出現，明治維新之後職業介紹所的業務範圍從家庭幫傭擴大到商業以及工礦業，1891 年日本政府制定「營利職業介紹所取締規則」，在政府與警察機關的監督下管理以及取締營利職業介紹所。到了 1930 年代，日本進入戰爭時期，日本各地的職業介紹所在日本軍事政府的監督之下必須開拓勞務資源，被改稱「國民職業指導所」，1943 年轉變為「國民勤勞動員署」。如此，在戰爭時期職業介紹所扮演勞動力供應事業的角色，但到了戰後 1947 年，日本政府制定「職業安定法」，禁止勞動力供應業務：派遣勞動事業。隨著日本的經濟發展，日本政府考量企業界的臨時人力需求，實施承攬契約工制度，逐漸緩和與修正法律規定。1966 年，美商萬寶華（manpower group，在美國 1948 年成立）在日本開設分公司推動現代化的人才資源管理業務，當時的派遣勞動事業雖然違反職業安定法的規定，但以承攬契約事業的名義擴展經營範圍，則包括與重工業相關業務、秘書等行政事務工作以及通信器材組裝等服務業務。經過石油危機之後的經濟成長停滯，1984 年經濟合作暨發展組織（OECD）提倡彈性化勞動市場，歐美政府也推動自由經濟主義路線，則刪減公共建設與社會福利事業等經費，開始鬆綁法令與管制。日本政府也呼應歐美的小政府主義政策，為了迎合泡沫經濟的投資熱潮，支持國內企業積極運用臨時性勞動力，1986 年正式成立「勞動派遣法」（邱祈豪，2005：119-160；「日本の人事部、人材派遣の歷史（日本的人力資源部門，人才派遣的歷史）」網頁）。但剛成立時，派遣工作被限制於專業白領業務內容：電腦軟體開發、秘書、財務處理、翻譯以及口譯等。到了 2003 年，派遣工作的業務範圍擴張到資訊科技以及金融相關的工作，也有涵蓋照護中心以及安養院的醫療業務。但 2007 年雷曼兄弟（Lehman Brothers）破產事件之後，在日本國內陸續續地發生製造業針對臨時派遣工的雇用終止、派遣裁員等嚴重的非法行為（「日本の人事部、人材派遣の歷史（日本的人力資源部門，人才派遣的歷史）」網頁），因此，日本政府進行了幾次勞動派遣法的修正，2015 年正式成

立與實施勞動者派遣法修正法案。此法案規定所有的派遣事業單位都需要政府的營業許可，針對非專業的工作設定派遣年限，超過年限時，派遣公司必須安排新的就業機會，同時提供給派遣工教育培訓等保護勞動權益的服務，以他們能夠規劃長期穩定的職業生涯（「技術系アウトソーシング業界とメイテックについて（專業技術工作的服務外包產業與 Meitec[2] 股份有限公司）」公司書面資料）。

　　臺灣與日本職業介紹所以及派遣勞動事業的發展歷史告訴我們，隨著經濟的發展，產業的變遷幅度越來越提升，企業方面需要快速地找到能夠呼應產業變化的多樣化人才。人事顧問業者幫企業快速找到專業人才，同時將更合適的工作介紹給求職者。在經濟蕭條時，雇用者透過人事顧問業者能夠調整人才的需求量，也可以削減多餘的派遣勞動力。台日兩國政府雖然都透過派遣勞動法的成立或規劃試圖保護派遣工的權益，但人事顧問業者以法制化為契機加強人才派遣商業模式之的正當性，在整個東亞勞動市場，人事顧問公司開始扮演更核心的角色。

　　除此之外，在東亞資本主義的發展模式從日本為核心的「生產驅動商品鏈」轉變為以臺灣與韓國為主導的「消費驅動商品鏈」，尤其是在製造業領域，專業技術人員已經不容易在穩定的公司內部雇用制度長期地投入研究開發的業務，更需要配合全球市場需求的快速改變，跨組織、跨國頻繁地流動與遷移。1990 年代初期之前，日本電子大廠透過終身雇用制與內部勞動市場等制度上的優勢，建立公司內部的研究團隊以花了長期的時間投入製造業商品的品質改善。日本電子大廠在東亞建立「生產驅動商品鏈」，整合東亞的廉價勞動力與龐大的市場，以不斷地提升生產技術水準與商品的競爭力。但 1990 年代中期後，經過幾次金融風暴等大規模的全球經濟危機，科技零售商品市場的消費者渴望購買廉價中階商品。剛好韓國與臺灣的科技產業在「生產驅動商品鏈」長期以來配合日本電子大廠，在合作的過程中吸收日本的核心技術，已經能夠生產高品質的商品，比日本商品較低的價格吸引中國、印度以及俄羅斯等新興開發中國家的龐大消費群。日本電子大廠曾經透過不斷地改善技術與品質水準的生產機

2　Meitec 公司是 1974 年在日本東京成立的科技專業人事顧問公司。與一般的派遣公司不同，Meitec 公司先招募科技產業的設計與開發專業人員，將他們成為正式員工，然後派遣到各種不同的製造業公司（Meitec 公司網頁）。

制提升它們的競爭力，但韓國與臺灣透過「消費驅動商品鏈」與日本公司市場展開激烈的競爭，在 DRAM（動態隨機存取記憶體）、大型液晶面板等半導體以及家電商品市場打敗日本電子大廠，以奪取日本企業原先壟斷的市場佔有率（田畠真弓，2017）。日本著名的人力資源顧問公司人才介紹事業部日籍總經理告訴我們日本電子大廠扮演核心角色的「生產驅動商品鏈」瓦解的過程：

> 日本的 GDP 大約 500 兆日圓，那麼，製造業大約佔 100 兆日圓，這趨勢將來也不會改變。但是，製造業的勞動人口 2020 年的時候會減少大約 5% 左右。從 700 萬到 650 萬的製造業勞動人口會消失。主要的原因是 SONY 等電子大廠進行大規模的裁員，還有研發部門的自動化，引進機器人等。還有，產業結構的大改變　　因為現在電子商品的競爭優勢是如何提升 cost performance（成本效率），消費者已經不會追求技術水準太高的高價格電子商品，例如，4K 電視機的價格大約一台 100 萬日幣，不過我們不會買這麼貴的。看到 50 尺寸面板的液晶電視很便宜，只有一台 5 萬日幣，那麼一定會買這台吧。日本人一直都堅持認為，透過不斷的創新努力開發高技術產品才是真理。但是韓國跟臺灣的廠商他們的策略就是生產成本效率很高的中階產品，因為又便宜，品質也還可以的中階商品，它的市場最大。韓國跟臺灣的廠商以相當便宜的價錢銷售品質不錯的商品，日本的廠商無法生產這麼便宜的中階電子商品。（訪談紀錄：HRJ-1）

臺灣的人事顧問公司（日商）臺灣籍資深經理在訪談中提到日本人才對於研發具有優勢，但海外市場的行銷能力不足，日本專業技術人才無法適應於「消費驅動商品鏈」的問題：

> （在中國科技產業的行銷業務：筆者註明）日本人沒有戰力，日本人有個問題就是，他們做 engineering OK，可是 sales 不行。日本人的 attitude 跟中國人差別很大，日本人像「半澤直樹（日劇：筆者註明）」那種場景，日本人可以不講了統統都不講，比較低調一點。CHINA 不一樣，他們明明做不到也告訴我做得到。所以他們的方法是 match 中國的客戶需求。日本人 sales marketing 不行，「工程」他們可以做啊，

生產 OK，因為工程跟 sales marketing 完全不一樣的 skill。所以，日本的液晶面板大廠拜託我們（臺灣的人事顧問業：筆者註明）recruit 中國當地人才，讓他們在中國的分公司就業。（訪談紀錄：HRT-1）

就如後述文章所言，日本科技人才的工程方面關鍵技術透過部分人才的流失傳到臺灣來，但日本的人才在國際市場的行銷策略上遇到不少困境。瑞士洛桑管理學院（IMD）發布的《2016 年 IMD 世界人才報告（IMD World Talent Report 2016）》國際調查結果顯示，日本的人才在「國際經驗」的指標在 61 個受評比國家中排名為最後 1 名（第 61 名），在「語言能力」指標上也排最後 1 名（第 61 名）。其他的東亞國家，新加坡的「國際經驗」與「語言能力」分別排名為第 6 名以及第 10 名，香港分別排名為第 2 名以及第 23 名，韓國分別排名為第 52 名以及第 33 名，臺灣分別排名為第 42 名以及第 39 名（IMD World Talent Report 2016）。日本的科技人才在公司內部的研發部門花長期的時間累積經驗與技術能力，這些「工程 engineering」的技術能力則是日本電子大廠的競爭優勢。但在海外市場推動行銷業務時，日本專業人才缺乏國際溝通能力，不容易開拓中國等東亞以及其他新興市場（emerging markets）。中國等新興開發中國家的消費者需要 CP 值（功能與價格的比值）高的科技商品，消費性電子產業的方向從生產技術導向的「生產驅動商品鏈」轉移到消費市場的需求導向的「消費驅動商品鏈」的結果，則產生了注重商品的行銷能力，快速趕上消費者需求變化的彈性生產機制。1990 年代末期到 2000 年初，中國的龐大消費群之成長加強東亞資本主義的彈性生產機制，剛好碰到臺灣與日本國內的派遣公司等人事顧問業的蓬勃發展時期，東亞科技產業界的跨國人才流動現象越來越普遍，越來越活躍。

肆、「挖角資本主義」的來臨：東亞科技就業市場與人事顧問業

全球第一大電子專業代工製造服務（Electronic Manufacture Service, EMS）廠商臺灣鴻海與日本液晶面板大廠夏普（Sharp Corp）經過四年多的談判過程，鴻海集團 2016 年 3 月 30 日宣布共計投入約新台幣 1108 億元取得夏普 66% 股權，成功地合併

夏普公司。夏普公司是與 Sony、Panasonic 同等級規模的電子大廠，如此規模龐大的日本電子大廠首次接受外資企業收購重整，讓一向忽視其他東亞國家企業實力的日本電子產業受到相當大的打擊（科技產業資訊室，2016 年 3 月 31 日）。鴻海雖然與夏普合作，但沒有與日本企業類似的內部勞動市場（內部升遷制度）與終身雇用制等長期性培養人才與技術的機制，因此，鴻海向來推動挖角與購買技術人才的策略。2013 年 6 月，為了提升八屏（智慧型手機、平板電腦、筆記型電腦、LED 戶外看板、一體成型電腦與桌上型電腦、可攜式電視、智慧型電視、電子白板）需要的各種液晶面板技術之水準，鴻海在日本橫濱與大阪地區設立研發中心。引進日本人才方面，聘請日本液晶專家矢野耕三擔任研發中心總經理一職，也有聘用由於夏普等日本電子大廠的經營不善而失業的日本資深技術人員。在迅速改變的高科技產品消費市場，電子科技企業無法將龐大的經費投入到人才的培養，在此「消費驅動商品鏈」的發展過程中，鴻海則放棄成本相當高的研究開發活動，推動挖角與購買技術策略（中國時報，2013 年 06 月 01 日；田畠真弓，2016：18）。日本人力資源顧問公司人才介紹事業部日籍總經理指出，日本的資深科技人才被臺灣等其他東亞電子廠商挖角流向到國外的過程：

日本科技人才的國外流失，我記得大概 2000 年前後產生第一波的流失。主要的原因就是泡沫經濟的瓦解，1995 年之前沒有特別感受到嚴重的不經濟的低迷氣氛，不過，1997 年的時候山一證券（日本四大證券公司之一：筆者註明）破產讓我們嚇到，因為我們都以為這麼超大規模的證券公司不會倒閉。然後，大型金融公司也面臨破產的危機，到了 2000 年初之前也有發生 Panasonic 的大規模裁員等，日本大部分的公司開始刪減人事成本，進入了就業冰河期。那時候臺灣的奇美電子、還有台積電、韓國的三星等都有跟日本電子大廠有交易往來，它們透過人脈開始挖角日本的資深科技人才、主管等，大約日本的 40 歲到 50 歲的人才都是臺灣以及韓國公司的挖角目標。臺灣、韓國的公司都提出優渥的薪資，例如，以二倍薪來挖角年收入大約 700 到 800 萬日幣（大約 186 萬台幣到 212 萬台幣）的資深科技人才……日本科技人才的國外流失，第一波是 2000 年，那麼，第二波是 2008 年的時候。那時候，不少人開始透過人才介紹公司找相關的工作機會。我們已經在亞洲有分公司，他們，亞洲分公司的獵人頭需要日本的人才，拜託我們在日本評估適當的人才，像

這樣的需求越來越多。（訪談紀錄：HRJ-1）

在東亞就業市場，2000 年之後，人才介紹以及人才派遣等人事顧問業蓬勃發展，圖 22-1 與圖 22-2 顯示，日本的人力派遣與介紹業市場規模從 2000 年到 2008 年急速發展。受到 2007 年金融風暴的影響，企業方面進行大量的派遣裁員，政府檢討與修正派遣法以限制人事顧問業的運作，到了 2009 年市場規模縮小了不少。但整體的發展趨勢往恢復的方向走。日本科技人才的派遣與介紹業的市場規模也在同一個時期呈現出類似的發展趨勢。這幾年日本電子大廠陸陸續續地陷入財務危機，日本東芝（Toshiba，日本的電子大廠之一）2017 年 4 月將記憶體晶片事業部門分割，9 月宣布出售給由蘋果（Apple）、戴爾（Dell）、SK 海力士（SK Hynix）組成的貝恩資本公司（BainCapital）投資團隊（法新社，2017 年 10 月 24 日）。日本著名的財經媒體「日本經濟新聞網路版」報導指出人事顧問業的獵人頭專員主動與東芝的員工聯絡，試圖挖角資深的科技人才：

「您是否擔心現在您任職公司（東芝：筆者註明）的將來？您這麼優秀，有其他您可以發揮能力的地方」……。40 幾歲的資深工程師，他目前任職東芝記憶體工廠（日本三重縣四日市）。今年春季之後，他接到兩次人事顧問業獵人頭專員的電話。他婉拒這家公司的挖角邀約，但告訴記者，「今年春天之後，有幾位同事沒有告訴我們去哪裡就辭職了」。在四日市工廠以及研發中心的大船事業所（橫浜市）附近，人事顧問公司的獵人頭與下班回家的工程師打招呼，提供挖角邀約資訊給他們。獵人頭專員參考離職的東芝員工之介紹以及工程師他們在學術研討會所發表的研究內容等，篩選與拉攏優秀科技人才。（日本經濟新聞網路版：2017 年 9 月 8 日）

圖 22-3 顯示，民國 95 年底（2006 年）臺灣的人事顧問及供應業支援服務業從業員工人數計 8 萬 3,002 人，僅 5 年間增加 6 萬 9,719 人，與上次普查增減比率高達 524.87%[3]。在臺灣的就業市場，越來越多的求職者透過人事顧問業尋找工作的機會，

3　臺灣的人事顧問業有包含派遣外籍藍領等外勞的機構與介紹或派遣科技專業人才與各種業界

圖 22-1　日本人力派遣與介紹業市場規模與成長率

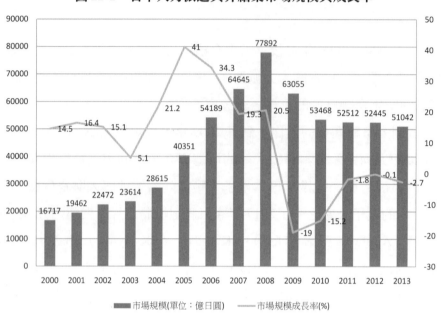

資料來源：本文作者根據日本Meitec（科技專業人事顧問公司）所提供的資料整理而成。

圖 22-2　日本科技人才派遣與人才介紹市場規模與成長率

資料來源：本文作者根據日本Meitec（科技專業人事顧問公司）所提供的資料整理而成。

相較於穩定的內部勞動市場，外部勞動市場的規模發展，整個就業市場的彈性化快速地進展。最近幾年，國內媒體一窩蜂地報導臺灣國內的平均薪資較國外相當低，加快臺灣的人才流失到國外就業市場。臺灣科技人才的平均年收入的確比新加坡、日本、韓國、美國等國家的水準還低（參照圖22-4），雖然臺灣的所得稅遠較這些國家低的很多（參照圖22-5），但臺灣的就業市場已經相當地彈性化，出國發展的門檻變得越來越低，求職者透過網路的人力銀行、Linkedin（商業型社交服務網站）以及人事顧問業等公司的服務較容易找到國外的工作機會。如圖22-6顯示，臺灣重視科學科目的程度也在全世界排名為第16名，科技人才的素質相當高，但薪資水準相對較低，

圖22-3　臺灣人事顧問及供應業企業單位從業員工人數變動概況（四次普查結果）

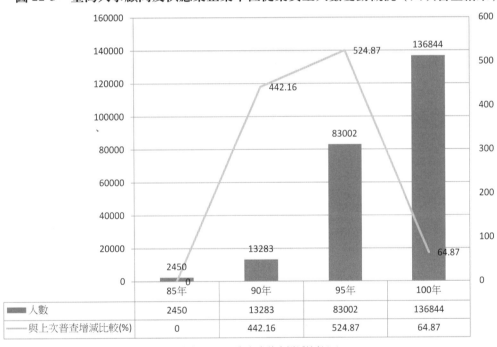

	85年	90年	95年	100年
人數	2450	13283	83002	136844
與上次普查增減比較(%)	0	442.16	524.87	64.87

資料來源：本文作者根據中華民國統計資料網的資料整理而成。

https://www.stat.gov.tw/ct.asp?xItem=37508&ctNode=543

的主管級白領之人力資源顧問公司，因此，圖22-3的數字呈現藍領與白領雙方面的人事顧問業從業員工人數的成長規模。

圖 22-4　科技人才年收入國際比較（薪資與獎金以及長期獎勵總額）　單位：美元

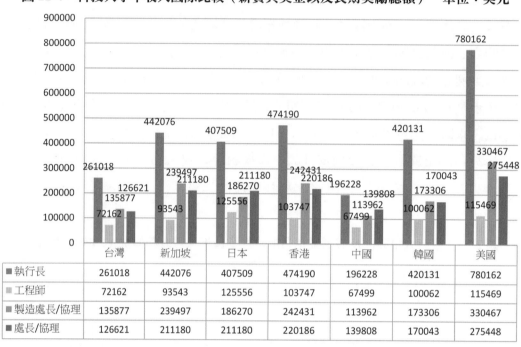

	台灣	新加坡	日本	香港	中國	韓國	美國
■執行長	261018	442076	407509	474190	196228	420131	780162
▥工程師	72162	93543	125556	103747	67499	100062	115469
■製造處長/協理	135877	239497	186270	242431	113962	173306	330467
■處長/協理	126621	211180	211180	220186	139808	170043	275448

■執行長　▥工程師　■製造處長/協理　■處長/協理

資料來源：本文作者根據 IMD World Talent Report, 2016 的資料整理而成。

圖 22-5　各國所得稅率的國際比較（％）

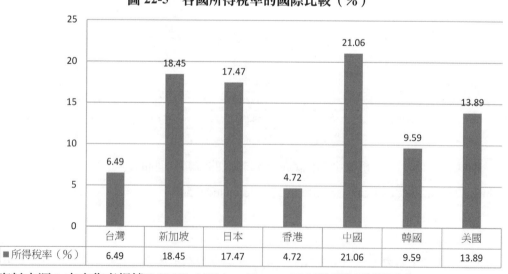

	台灣	新加坡	日本	香港	中國	韓國	美國
■所得稅率（％）	6.49	18.45	17.47	4.72	21.06	9.59	13.89

資料來源：本文作者根據IMD World Talent Report, 2016的資料整理而成。

圖 22-6　在世界各國學校重視科學科目的程度

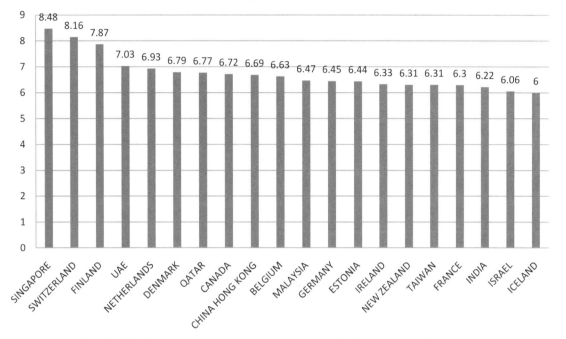

資料來源：本文作者根據 IMD World Talent Report, 2016 的資料整理而成。

因此，對於國外的科技品牌公司而言，臺灣的科技人才則容易成為絕佳的被挖角對象。

　　臺灣的人才出走現象與韓國同樣已經對於國家整體經濟發展帶來負面的影響（參照圖 22-7）。在注重成本效益的「消費驅動商品鏈」之發展過程中，如何規劃與布置全球分工據點以降低生產成本是電子產業最核心的策略考量，因此，「紅色供應鏈」的抬頭威脅臺灣在全球供應鏈所扮演的角色，給臺灣的科技產業帶來相當嚴重的成本壓力。中國的電子產業已經脫離勞力密集的末端組裝業務的階段，開始針對美國蘋果公司供應 iPhone 的零組件以試圖替代原先臺灣、日本、韓國等廠商所扮演的角色（臺灣證券交易所 105 年度委託研究計畫，2016 年）。在此情況之下，臺灣國內科技業工程師的平均薪資變得相當低，例如，2017 年 7 月，新竹市政府幫新竹科學園區廠商徵才，共 34 家廠商，其中至少一半的上市上櫃科技大廠開出 1178 個工程師職缺，但平均月薪僅有 4 萬台幣左右（民視新聞，2017 年 7 月 25 日）。中國的科技企業開出

圖 22-7 控制專業人才國外流失造成經濟發展困境的程度
（越低表示人才國外流失對經濟發展帶來越嚴重的影響）

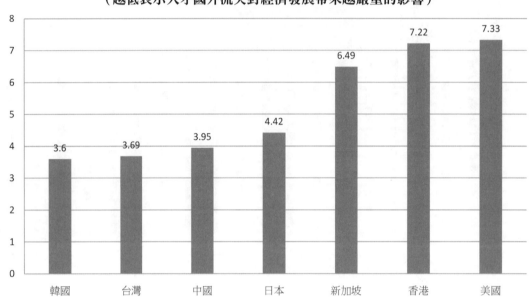

臺灣行情三至五倍的薪資試圖挖角臺灣的工程師，甚至願意幫臺灣的工程師向原本任職的公司支付「競業違約金」[4]，也有中國公司在臺灣設立辦事處以免臺灣人才到中國上班，在臺灣可以辦公（雷鋒網，2015）。

目前，在臺灣國內大約有 8 家代表性的外商與臺灣本土的人事顧問公司（以白領勞工為主的人力資源管理業務）（參照表 22-1），1990 年代到 2000 年中期在臺灣開始營業。人事顧問公司的求才對象為中高階主管，仲介公司的獵人頭主動幫客戶找適合

---

4 「競業禁止」是依據行政院勞動部發佈之「簽訂競業禁止參考手冊」，明訂企業單位為保護商業機密要求員工在離職後之一定期間不得受僱或經營與此企業相同或類似之業務工作。但有些公司雇主濫用離職後競業禁止，約束員工，因此，105 年 10 月 7 日，勞動部另加上勞基法施行細則，雇主對於勞工一定要有合理的補償；例如，每月補償金額不低於勞工離職時每個月平均工資 50% 等。鴻海曾經控告員工跳槽到競爭對手公司，違反「競業禁止」條款，要求賠償違約金。但臺北地方法院認為鴻海的條款嚴重地影響到員工的勞動權益，則判決鴻海敗訴。「競業禁止」雖然某種程度上能夠限制員工亂跳槽的心態，但為了徹底執行此條款，企業雇主必須負擔相應的補償金，實際上不容易限制員工跳槽到競爭對手公司的現象（洪宗暉，2016；中國時報，2016 年 5 月 30 日；黃亦筠，2016）。

的人才，或幫求職者找適合的就業機會。獵人頭以個案尋找特定人選，因此也有私下進行評估人才，扮演人才與雇用者之間交易的協調橋樑。人事顧問公司的獲利是成交案例的求職者年薪之一定比例。網路的人力銀行與人事顧問公司不同，都有提供由低階人才到高階主管的職缺，幫雇用者公開徵才條件，等待求職者自動聯絡。人力銀行從職缺的網頁上架費用獲取利益（李宗嶽，2011；經理人，2014 年 5 月 4 日）。

表 22-1　在臺灣國內主要人事顧問公司業務特色（以白領勞工為主的人力資源管理業務）

公司名稱	業務特色
精英人力資源公司（臺灣本土企業） http://www.jobnet.com.tw/	於1991年成立。IMC精英與知名外商、日商及國內企業合作，提供多種產業及職務類型工作機會。工作職缺的薪資相當明確。營業區域為臺灣與中國。
怡東人事顧問（臺灣本土企業） http://www.carewell.com.tw/html3/services02.asp	對各產業皆具有深入了解，而以電子科技與消費性產業為主要對象。服務範圍是臺灣與中國。
萬寶華人力資源（美商） www.manpower.com.tw	經營超過70年，幫助80個國家及區域超過40萬名客戶解決其關鍵人才需求。提供全面的解決方案以發掘、管理、發展人才。於1997年在臺灣成立分公司。
178人力銀行（日商） http://www.job178.com.tw/about	以新人求職與白領勞工轉職為主。幫日本公司或臺灣的日商尋找人才。
保聖那臺灣（日商） http://www.pasona.com.tw/index.jsp	保聖那臺灣分公司成立於1988年。介紹日本工作者到世界各地，也介紹其他國家的人到日本工作，其中服務對象包括臺灣。
Adecco藝珂人事顧問股份有限公司（瑞士商） https://www.adecco.com.tw/about-us-jobseeker	全球最大的國際性人力資源服務公司，7,000多家分公司遍佈於世界60個主要國家及地區市場。1989 年之時，臺灣股市首度突破萬點以上，當時的 Adecco 看準經濟發展的繁榮，於同年成立藝珂臺灣分公司。

公司名稱	業務特色
臺灣英創（日商） https://www.inte.com.tw/	臺灣分公司於2007年成立，主要以臺灣的日系企業為服務對象。過去是以和臺灣半導體、液晶等大型科技廠交易為主體的日本製造商及貿易商居多，但近年來，將親日的臺灣一般消費者視為目標客群而來台發展的日系企業（服務類相關企業），有逐漸增加的趨勢。
Wanco Manpower（萬谷境外就業服務有限公司）（新加坡商） http://www.wanco-manpower.com/	2000年在新加坡成立。主要客戶為半導體國際大廠，從臺灣、中國、馬來西亞、印度、韓國、菲律賓等東亞以及東南亞國家徵求科技人才，幫他們安排高薪的科技相關工作機會。

資料來源：本文作者根據各公司網頁資料整理而成。

　　那麼，臺灣白領人才透過這些人事顧問的管道如何離開臺灣？他們通常至人事顧問公司的網頁登入履歷，也有透過 Linkedin 登入國際履歷以吸引外商或者相關獵人頭專員的注意。如表 22-2 顯示，求職策略因應徵目標國家的不同而有所改變，日本的企業具有愛用新人的文化，主要雇用自己培養的新人，因此，主要的求才對象幾乎都是大學應屆畢業生或新鮮人，新加坡則廣泛地網羅世界各地的中高階主管等資深人才，而且新加坡政府與東亞各地人事顧問業者合作推動大規模的徵才活動（CAREhER 精華，2015 年 12 月 24 日；王茜穎，2008 年 1 月 17 日；民視新聞，2015 年 11 月 24 日）。

　　初步的研究分析顯示，臺灣的白領人才不僅在國內勞動市場跳槽，也有透過人事顧問公司以及其他網路管道尋找國外的工作機會，考量國外就業環境，人事顧問公司則建立與求職者／雇用者之間長期性的合作與人際網絡，開始幫企業進行人才配對（talent matching）、職涯規畫以及培訓人才，也有代替企業進行人才的評估，例如，薪資核算（wage accounting）等業務。臺灣國內人事顧問公司的臺灣籍主管訪談中描述人事顧問公司的主要功能：

表 22-2　臺灣人才海外求職管道

	臺灣頂尖學校新鮮人	臺灣科技人才、中高階主管
人才優勢	教育程度	工作經歷
應徵目標國家	日本	中國、新加坡
原因	日本公司徵才對象是新人為主。企業願意栽培新人，待遇好。	待遇好。
徵才方式	企業海外招募，人力銀行	獵人頭、挖角
延攬方式	公開遴選	私下找尋特定對象

資料來源：CAREhER精華，2015年12月24日；王茜穎，2008年1月17日；民視新聞，2015年11月24日。

　　我們其他的 service 像有一些公司它的薪水，我們可以幫它計算，算薪水，他們 HR 如果人不夠多的話 我們也可以派遣就是很 senior 的像我們有一個 consultant 已經做到總經理啊 director 就是說 HR head 的 level。那如果有一些企業需要比較 senior，的專業的人來去幫他們一小段時間，我們也有這樣子的服務。對，然後還有 talent development 就是 training 啊 coach 啊。（訪談紀錄：HRT-2）

　　在日本，每間大學都有設就業協助部門，幫在學生以及畢業生進行職涯規劃的指導，但在臺灣的大學沒有存在類似的部門與功能。於是，臺灣的人事顧問公司針對應屆畢業生進行職涯規劃方面的指導（訪談紀錄：HRT-3）。在「消費驅動商品鏈」的發展過程，科技公司需要雇用具有相當熟練的外文溝通能力以迅速呼應全世界消費市場的變化，也有商品與服務技術上的專業知識之專業人才。人事顧問公司透過業界的人脈管道都有兼具高度外文溝通能力與專業知識的資深科技人才之資訊，台商在中國設立辦事處以及工廠時通常透過人事顧問公司評估人才。人事顧問公司現在已經與 LinkedIn 等社群網站（SNS）連結在一起建立跨國人才資源網絡。人事顧問公司的臺灣籍主管指出，科技企業的人力資源部門（HR）透過他們的人脈與科技人才社群也不容易找到具備高度英文溝通能力的資深工程師，因此他們通常透過人事顧問公司的人才配對服務找到國際人才（訪談紀錄：HRT-1；HRT2）。在臺灣與日本的日常生活

以及工作場所很少使用英語，因此，在人才的跨國流動過程，人事顧問公司所扮演的角色越來越重要。

　　東亞資本主義的發展機制從生產技術導向的「生產驅動商品鏈」轉移到注重消費市場需求導向的「消費驅動商品鏈」之過程中，科技企業透過人事顧問業者快速地找到資深的專業人才以趕上消費潮流的轉變，提供高成本效益的商品。在此狀況之下，技術與人才的培養已經不是推動資本主義發展的核心機制，「挖角」則成為東亞資本主義發展的重要推手。「挖角資本主義」的發展機制雖然使得雇用者在外部勞動市場迅速找到資深專業人才以免投入長期性的技術與人才培育的成本，但將人才當成消耗品，導致人才的商品化與高技術勞工的異化現象。臺灣與日本的人才受到產業結構的改變、國內勞動市場的縮小以及薪資的低迷等原因流失到國外勞動市場。在電子大廠任職的日本資深科技人員雖然是東亞其他國家企業的挖角目標，但他們通常以約聘的身份平均三、四年在臺灣、韓國以及中國等國家的科技企業上班，透過職場面對面溝通與互動過程將日本的核心技術與經驗移轉到這些國家企業的員工之後，到了契約期間的終止而被開除。這些日本科技人才被臺灣、韓國以及中國等科技企業解雇後通常無法回國，在東亞國家的企業間輪流被雇用或流浪，無法上「人才回流（re-circulating）」的軌道，他們的技術知識與經驗則持續被消耗掉（訪談紀錄：HRJ-1）。日本的勞動市場與其他亞洲國家和西方國家不同，以內部勞動市場為主。也就是說，終身雇用和應屆畢業生招募等制度被鑲嵌在日本的整個企業社會，雖然跳槽的人數有所增加，但與其他國家相比並不普遍。因此，如果從海外回到日本，尤其是年紀較大的人，重新就業非常困難。在海外工作的日本人，在日本找不到工作的情況並不罕見，因此有些人會在海外漂泊。

圖 22-8　東亞高科技產業「挖角資本主義」1990年代末至2000年代

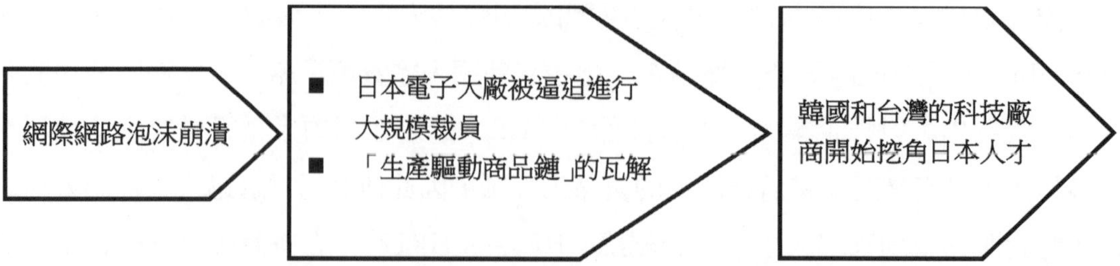

圖22-9 東亞高科技產業「挖角資本主義」2007年至2020年

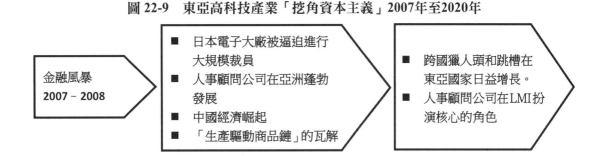

伍、結論

如上述的初步分析顯示，東亞資本主義的發展機制從透過內部勞動市場：長期性的人才培訓與研發活動不斷的提升生產技術的「生產驅動商品鏈」轉移到進行重組全球生產網絡以降低生產成本，迅速供應又廉價、品質也穩定的中階商品與服務之「消費驅動商品鏈」，在新自由經濟主義之下政府對於LMI的放寬政策與正當化過程中，科技企業透過各種LMI：網路徵才、人事顧問業者等管道快速地找到資深的專業人才以呼應以中國為主的大眾消費市場的擴大，提供CP值高的商品與服務。人事顧問公司與LinkedIn等社群網站整合在一起建立跨國人才資源網絡，科技企業的HR透過人事顧問公司的跨國人脈與科技人才社群網絡找到具備高度英文溝通能力的資深工程師。在此趨勢之下，鴻海等東亞跨國科技大廠推動挖角與購買技術人才的策略，「挖角」則成為東亞資本主義發展的重要推手。「挖角資本主義」的發展機制有如下的正面與負面的作用：雇用者不需要投入長期性的技術與人才培育的成本，在外部勞動市場迅速能夠找到資深的專業人才。但對於負面的問題而言，雇用者容易將高技術人才當成消耗品，造成人才的商品化與異化現象。新加坡、香港等國家與區域呼應東亞資本主義的轉變，透過整合政府與民間人力資源管理業者的資源與科技人才社群網絡快速建立人才庫（talent pool）不斷的提供高薪待遇領先展開跨國「挖角資本主義」發展機制（訪談紀錄：HRT-4），臺灣與日本的科技廠商、高技術勞工與勞動市場正要面臨核心科技人才大量流失到國外的窘境與風險。

參考文獻

CAREhER 精華，2015，【海外工作系列】想找新加坡的工作，跨國獵人頭這麼建議，12 月 24 日。http://careher.net/

王茜穎，2008，教戰守則二》上萬個工作機會等你來拿　亞太金飯碗 要到哪裡找？，商業周刊，1 月 17 日。http://www.gallop.com.tw/news_doc/story649.htm

王振寰，2010，《追趕的極限：臺灣的經濟轉型與創新》。臺北：巨流。

「日本の人事部、人材派遣の歴史（日本的人力資源部門，人才派遣的歷史）」網頁。https://jinjibu.jp/f_haken/article/detl/outline/836/

日本經濟新聞網路版，2017，東芝，無法控制的人才出走，獵人頭專員主動打電話給員工提供挖角邀約資訊，9 月 8 日。https://www.nikkei.com/article/DGXLASDZ08HPH_Y7A900C1EA6000/

中時電子報，2017，中時社論人才持續外流臺灣將走向崩壞，4 月 2 日。http://opinion.chinatimes.com/20170402002949-262101

中國時報，2013，布局八屏鴻海成立日本研發中心，6 月 1 日。https://www.chinatimes.com/newspapers/20130601000707-260110

中國時報，2016，競業禁止須補償半薪勞動部：新法實施日起算，5 月 30 日。http://www.chinatimes.com/newspapers/20160530000309-260114

中華民國勞動部網頁。http://www.mol.gov.tw/topic/3072/

自由時報，2015，人力外流嚴重徐嶔煌：再不調薪產業人力空洞化，3 月 30 日。http://news.ltn.com.tw/news/life/breakingnews/1272309

民視新聞，2015，日新型態獵人頭公司專門鎖定在校生，11 月 24 日。https://tw.news.yahoo.com/%E6%97%A5%E6%96%B0%E5%9E%8B%E6%85%8B%E7%8D%B5%E4%BA%BA%E9%A0%AD%E5%85%AC%E5%8F%B8-%E5%B0%88%E9%96%80%E9%8E%96%E5%AE%9A%E5%9C%A8%E6%A0%A1%E7%94%9F-091532826.html

民視新聞，2017，薪資「倒退嚕」？竹科工程師起薪 40k，7 月 25 日。https://www.youtube.com/watch?v=H-94NT6avEE

陳東升，2008，《積體網路（增訂版）——臺灣高科技產業的社會學分析》。臺北：群學。

田畠真弓，2017，〈產業浪人：日本科技人才遷移到臺灣的過程〉。頁 519-529，收錄於《未竟的奇蹟：轉型中的臺灣經濟與社會》。臺北：中央研究院社會學研究所。

——，2016、〈東亞資本主義與跨國產業合作：臺日合作對於技術策略之影響〉、《亞太研究論壇》第 63 期、中央研究院亞太區域研究專題中心：1-26。

田畠真弓、莊致嘉，2010，〈引進技術過程和發展：比較臺灣與日本液晶顯示器產業〉，《臺灣社會學》，第 20 期，臺北：中央研究院社會學研究所。

李宗嶽，2011，當獵人頭公司找上你，Cheers 雜誌 13 期。http://www.cheers.com.tw/article/article.action?id=5026215

邱祈豪，2005，《臺灣勞動派遣法制度之研究》。臺北：致良。

辛炳隆，2006，〈臺灣引進科技人力之政策分析〉，《政府再造與憲政改革系列研討會：全球化之下的人權保障與人才共享》研討會論文。臺灣法愛公德會、國立臺北大學公共行政暨政策學系。http://www.ntpu.edu.tw/~pa/news/94news/attachment/950221/2-1.pdf

「技術系アウトソーシング業界とメイテックについて（專業技術工作的服務外包產業與 Meitec 股份有限公司）」公司書面資料。

林南、陳志柔、傅仰止，2010，〈社會關係的類型和效應：臺灣、美國、中國大陸的三地比較〉，《臺灣社會學刊》，第 45 期：117-162。

法新社，2017，東芝年度虧損驚人社長鞠躬道歉，10 月 24 日。https://tw.news.yahoo.com/%E6%9D%B1%E8%8A%9D%E5%B9%B4%E5%BA%A6%E8%99%A7%E6%90%8D%E9%A9%9A%E4%BA%BA-%E7%A4%BE%E9%95%B7%E9%9E%A0%E8%BA%AC%E9%81%93%E6%AD%89-065002126--finance.html

洪宗暉，2016《「競業禁止」是什麼？雇主可以不給員工補償嗎？》。成鼎律師事務所網頁，10 月 21 日。http://www.cdlaw.com.tw/modules/news/article.php?storyid=160

財團法人國家實驗研究院科技政策研究與資訊中心科技產業資訊室，2016 年，鴻海成功迎娶夏普之觀察，3 月 31 日。http://iknow.stpi.narl.org.tw/post/Read.aspx?PostID=12297

馬蘭，2005，《企業經由人力仲介業任用臺灣籍高階管理層的實例探討：以中國大陸高科技電子業為例》。國立中央大學高階主管企管碩士班碩士論文。

臺灣證券交易所 105 年度委託研究計畫，2016，《紅色供應鏈對臺灣產業之影響評估》。http://www.tse.com.tw/ch/products/publication/download/0003000156.pdf

黃亦筠，2011，《跳槽違法嗎？5 要件了解競業禁止條款》。天下雜誌，4 月 28 日。http://www.cw.com.tw/article/article.action?id=5007375

黃越欽，2015，《勞動法新論》。臺北：翰盧圖書。

雷鋒網，2015，《人才流失是必然，臺灣產業遇瓶頸》。科技新報，3 月 27 日。http://technews.

tw/2015/03/27/taiwan-business-china/

Meitec 股份有限公司網頁。 http://www.meitec.co.jp/

經理人，2014，獵人頭公司沒有告訴你的事情（下），5 月 4 日。

Benner, Chris, 2003, "Labour Flexibility and Regional Development :The Role of Labour Market Intermediaries." *Regional Studies*, 37(6&7), 621-633.

Bian, Yanjie, 1997, "Bringing Strong Ties Back in: Indirect Ties, Network Bridges, and Job Searches in China." *American Sociological Review*. 62(3):366-385.

Gershon, Ilana, 2017, *Down and Out in the New Economy: How People Find (or Don't Find) Work Today*. Chicago: The University of Chicago Press.

Granovetter, Mark. 1973. "The Strength of Weak Ties." *American Journal of Sociology* 78: 1360-1380.

——, 1974. *Getting A Job: A Study of Contacts and Careers*. Cambridge, MA: Harvard University Press.

——, 1995. "Afterword 1994: Reconsiderations and A New Agenda." 139–182 in Getting A Job, edited by Mark Granovetter.Chicago: University of Chicago Press.

Huang, Xianbi, 2015,"Job-search Networks and Wage Attainment in China: A Comparison of Job Changers and Non-changers."*International Journal of Japanese Sociology*. 24:1-16.

IMD World Talent Report, 2016: IMD Business School. https://www.imd.org/globalassets/wcc/docs/talent_2016_web.pdf

Lazear, Edward,Oyer, Paul, 2004, "Internal and External Labor Markets: a Personnel Economics Approach." *Labour Economics*. 11(5):527-554.

Lin, Nan. 1990. "Social Resources and Social Mobility: A Structural Theory of Status Attainment." 247-271 in *Social Mobility and Social Structure*, edited by Ronald L. Breiger. New York: Cambridge University Press.

——,1999. "Building a Network Theory of Social Capital." *Connections* 22: 28-51.

——, 2001. *Social Capital: A Theory of Social Structure and Action*. New York: Cambridge University Press.

Peck, Jamie, Theodore,Nik, 2007, "Flexible Recession: The Temporary Staffing Industry and Mediated Work in the United States" *Cambridge Journal of Economics*, 31, 463-.493

Theodore,Nik, Peck, Jamie, 2002, "The Temporary Staffing Industry: Growth Imperatives and

Limits to Contingency" *Economic Geography*, 78(4), 463-.493

Ward, Kevin, 2004, "Going Global? Internationalization and Diversification in the Temporary Staffing Industry" *Journal of Economic Geography*, 4, 251-273

Hsu, Jinn-Yuh and Saxenian, AnnaLee, 2000, "The Limits of *Guanxi* Capitalism: Transnational Collaboration between Taiwan and the USA" *Environment and Planning A*, 32:1991-2005.

Jou, Sue-Ching and Chen, Dung-Sheng ,2000, "Keeping the High-tech Region Open and Dynamics: the Organizational Networks of Taiwan's Integrated Circuit Industry" *GeoJournal* 53: 81-87.

Tabata, Mayumi(田畠真弓), 2012, "The Absorption of Japanese Engineers into Taiwan's TFT-LCD Industry: Globalization and Transnational Talent Diffusion"*Asian Survey* Vol. 52, No. 3 (May/ June 2012), pp. 571-594,University of California, Berkeley. Institute of International Studies, University of California Press.

Saxenian, AnnaLee and Hsu, Jinn-Yuh, 2001, "The Silicon Valley-Hsinchu Connection: Technical Communities and Industrial Upgrading" *Industrial and CorporateChange* 10, 4:893-920.

第 **23** 章

馬來西亞民主轉型中華人女性知識份子的社會參與
兩位留臺人的個案研究

陳琮淵、何蘊詩

壹、前言

一、研究問題

　　隨著性別平權意識的全球普及，女性地位提升，權益獲得更多保障。東南亞女性參與社會事務的諸多限制逐漸削弱，卻依然存在。特別是華人社會的父權制體制，長期將女性的生涯選擇及人生價值綑綁於家庭，束縛她們的行為舉止，公共參與也備受限制。[1] 作為少數族裔成長於多元文化社會的馬來西亞華人女性，一方面受現代教育薰陶，卻也承繼了賢妻良母的期許。家庭負擔及社會壓力，似乎壓縮了華人女性在公共領域發展長才的空間，在馬來西亞，華人女性的社會參與及對國家發展的可觀貢獻，並未引起太多關注。[2] 本文欲探究的問題是：**當代馬來西亞華人女性的成長背景及移動經驗，如何使她們成為馬國民主轉型過程中，進步價值的媒介與實踐者？又有哪些因素影響她們的性別意識及社會參與？**

---

* 　本文原刊登於：陳琮淵、何蘊詩，2021，〈馬來西亞民主轉型中華人女性知識份子的社會參與：兩位留臺人的個案研究〉，《思與言》，第 54 卷第 3 期，頁 107-175。本文經授權單位《思與言》編輯部同意授權重刊。

1 　鄭宏泰、黃紹倫，2014，〈婦女與家族企業〉，《商城記：香港家族企業縱橫談》：295-329，香港：中華書局。

2 　方雄普，2005，《華僑婦女舊聞錄》：131，香港：香港社會科學出版社。

二、文獻探討

　　研究馬來西亞華人女性的社會參與，首先要釐清女性地位的變化；其次要探討影響當地女性參與的因素；最後聚焦到女性生命經歷進行分析。

（一）女性地位

　　古典左翼理論認為財產私有制及家父長制導致女性地位下降，使之淪為男性的附屬。[3] 性別權力失衡的現象，至今仍未有解方。聯合國 1975 年至 1995 年期間召開四次世界婦女大會，多次重申兩性平權的重要性，[4] 探討可行的應對方案；2010 年 7 月更決定建立婦女署，將性別平等列為可持續發展目標，追求男女在生活中享有同樣的機會、權利和義務。[5] 目前，聯合國婦女署將「提升女性政治參與暨領導力」及「女性經濟賦權」列為達成性別平等的核心工作項目，鼓勵女性積極參與公共事務並有尊嚴地累積資產。[6] 儘管倡議廣受支持，但女性貧窮及失學問題依舊嚴峻，相較於男性更不易獲得財產、信貸、培訓和就業機會，也更常淪為家庭暴力的受害者。我們也不能忽視性別偏見所導致的傷害。時至 1990 年代，仍有一些地區的男性出生率比女性高出 25%，女性死亡率過高有時被歸咎於產前性別選擇。在印度，婦女平等繼承權的立法甚至還加劇了生子不生女的情況。[7] 截止到 2010 年，全世界共有 1.26 億婦女和女孩不知所終。[8]

3　張仲實譯，Friedrich Von Engels 著，1956，《家庭、私有制和國家的起源》：77，北京：人民出版社。

4　聯合國日常議題，〈婦女〉，網址：http://www.un.org/zh/globalissues/women/，查閱時間：2018/10/12。

5　中華婦女網，2016，〈歷次世界婦女大會情況〉，網址：http://www.women.org.cn/art/2016/1/5/art_235_103543.html，查閱時間：2018/10/12。

6　張琬琪，2017，〈性別平等與可持續發展目標〉，《婦研縱橫》，4：9。

7　Sonia Bhalotra , Rachel Brule, Sanchari Roy.2018.[Women's Inheritance Rights Reform and the Preference for Sons in India]. *Journal of Development Economics*, 1-15.

8　聯合國人口基金會，〈性別偏見－性別選擇〉，網址：https://www.unfpa.org/gender-biased-sex-

　　東南亞女性地位並非向來低於或從屬於男性，性別關係總體上受到現代化、資本化的過程而改變，但在不同國家及族群中，宗教及傳統觀念的影響仍不容小覷。長期以來，在伊斯蘭教的影響下，馬來西亞女性地位低落，發展受到制約。穆斯林婦女被認為是男性的附屬品，無法享有相同的政治權利，職業生涯侷限在職員、教師、護士和醫生；更被教導在公開場合必須遮住自己的頭髮，身穿寬鬆拖曳的衣服，不可使用化妝品、保險套等西方產品。[9] 應對西方現代化及全球化的價值衝擊，馬來西亞甚至有部分菁英女性提倡一種符合伊斯蘭教義的「理想家庭」，即婦女以夫為與尊，同意一夫多妻制，從而追求個人、家庭及社會的和諧。這樣的主張看似妨害女性自主而引發爭論，但亦不乏認為此作法可為穆斯林婦女爭取更多身心支持，使之成為致力追求自我肯認的另類主體主張。[10] 由此也可看出，馬來西亞女性所追求的解放，未必就是西方版本的女性主義，掌握宗教價值及社會脈絡影響的同時，更應關注女性自身的想法與選擇。

　　在馬來西亞，華人女性在社群中的地位甚至低於其他族群女性。華人女性的地位雖有提升卻仍被傳統價值觀所左右，女性時常為家庭犧牲奉獻。在分析婦女從娼的原因時，戴小華指出，除了經濟所迫以及追求物質享受等主流認知，也不能忽略女性工作權利、生存機會所受到的各種剝奪及侵害，以及在「重男輕女」觀念下為家庭所做的犧牲，她認為色情氾濫，尷尬地說明了馬來西亞女性從事正當職業的權利低落。[11] 一篇名為〈明辨歷史根源提高星馬婦女地位〉的文章便指出，新馬（華人）婦女地位低落表現在缺乏平等的經濟地位、政治權利、自主的婚姻生活，以及文化水平不足。[12] 然而，有關馬來（西）亞華人女性在不同時期如何嘗試打破以上種種限制、提升婦女地位的文獻仍不多見，值得繼續深入探究。

---

selection，查閱時間：2018/11/3。

9　Aurangzaib Alamgir. 2014.[Islam and Women's Rights :Discourses in Malaysia].*Procedia: Social and Behavioral Sciences*,114: 872-876.

10　Wooi Han Lee and Mei-Hsien Lee.2019.[An Alternative Subjectivity: A Case Study on Elite Muslim Women in Malaysia].*Taiwan Journal of Southeast Asian Studies*,14(1): 5-48.

11　戴小華，2001，〈戴小華談馬來西亞女性〉，《東南亞縱橫》，6：18-20.

12　勇士，1964，〈明辨歷史根源提高星馬婦女地位〉，馬人民社會主義陣線婦女組主編，《三八‧紀念婦女節特刊》：6-7，新加坡：馬來亞人民社會主義陣線祝婦女節委員會。

（二）女性參與

女性參與是指女性實質參與、管理和監督公共事務，主要包括政治、經濟和社會等領域的參與，[13] 參與公共事務更是女性賦能、賦權的重要途徑。

首先，政治領域是女性參與的核心，東南亞女性運動是在追求國家獨立和民族解放中發展起來的。但也不能忽視父權思想下，女性更多被定位為養育者和跟隨者，而不是創造者和領導者。早期東南亞的婦女運動參與者是少數來自上流社會的女性，她們雖受西方思想啟發，卻也受限於華人傳統觀念，並未產生性別主體意識。二戰之前，基層女性困於家庭與生計更是少有機會參與社會活動。1970 年代以來，東南亞的女權意識逐漸覺醒，女性透過組織串連、活動宣導等方式影響決策者和社會大眾。[14] 1980、90 年代，國際新女權運動為女性參與打開了更大的空間，多數東南亞政府的「陽剛主義」統治並未將之視為威脅，一些威權政府甚至藉由成立婦女組織來彰顯開明，但往往「**丈夫的職位決定妻子在婦女組織中的職位**」，顯見支持女權只是表面文章。在馬來西亞，華人女性的政治參與，可追溯到抗日救亡運動，這是她們擺脫雙重邊緣地位的努力，但總體而言，華人女性的政治參與還是滯後於馬來女性，處於依附於男性的邊緣地位。[15] 論者也指出，民主化、種族政治、政黨政治及性別觀念是影響馬來西亞華人女性政治參與的重要因素，華人女性的權力與地位雖有所提升，但仍有很大的進步空間。[16]

其次在經濟領域，有學者指出：「**女性進入社會，不僅是因為人們認識到社會結構變化所帶來的新的機會，而且也是人們對工業化本身所帶來的—歡迎女性加入勞動力人口—現代價值體系的反應**」。[17] 影響女性經濟地位的因素相當複雜，教育的作用尤

---

13 陳映芳等，2004，《婦女社會參與與婦女發展》：1，上海：上海古籍出版社。

14 傅慧明，1995，〈東南亞婦女運動淺析〉，《東南亞縱橫》，1：52-54。

15 范若蘭，2015，〈東盟國家威權統治時期女性政治參與探析〉，《廣西民族大學學報》，2：118。

16 范若蘭，2015，〈馬來西亞華人女性權力參與試析〉，《華僑華人歷史研究》，1：1-10。

17 拉希瑪・阿卜杜拉・阿齊茲，2005，〈馬來西亞婦女的社會參與——其作用的變化與問題〉，《南洋資料譯叢》，1：58。

其重要。教育不僅增加女性的競爭力，更可改變其宿命。研究指出，受過高等教育的東南亞女性有更好的政治和社會活動力，收入較佳也更關注自身發展。[18]

1970 年代以來，東南亞女性接受高等教育的人數和比例大幅提升。以馬來西亞為例，愈來愈多的婦女走出家庭投入職場，但社會對於某些職業及女性勞動的刻板印象，仍將女性推向層次較低且收入微薄的職業。[19] 以至於「**進入公司時男女基本上以同樣的資格就職同樣的工種，但相對較高的職務和高收入的位子大多被男性所佔有**」。[20] 事實上，華人女性的商業才華並不亞於她們的父兄，但在馬來（西）亞，她們更多被囿限在家務操持及幫補家用的小買賣，在家族事業及財產繼承方面，華人女性也長期處於弱勢。

第三，社會領域的女性參與一直是學界關注的議題。東南亞女性參與社會活動的形式非常多元，[21] 但主要的研究還是以宏觀分析為主，也常常與政治參與、經濟活動合為一談，具體深入的個案研究並不多見。對於馬國婦女何以鮮少參與社會活動，論者多半將之歸因於傳統觀念、家務操勞及經濟不能自主。故早在 1960 年代就有左翼華人團體提出：

> 婦女的徹底解放，是表現在婦女不受任何約束，能充分發揮其工作能力和創造力，並在政治上與經濟上享有與男子相同的權利。為此就必須剷除社會上輕視婦女的現象，而讓所有婦女與男子享有同等教育機會，同時還要有同樣的工作機會讓婦女發揮工作才能。除此之外，還須讓婦女擺脫家務及孫子之羈束，使婦女之智慧及能力能貢獻給社會。[22]

18　范若蘭，1999，〈高等教育對東南亞婦女的影響——東南亞婦女參與高等教育研究〉，《東南亞》，4：60-62。

19　李國強編譯，F・多德著，1994，〈馬來西亞婦女的經濟地位〉，《婦女研究論叢》：53。

20　拉希瑪・阿卜杜拉・阿齊茲，2005，〈馬來西亞婦女的社會參與——其作用的變化與問題〉，《南洋資料譯叢》，1：58。

21　羅梅，1995，〈致力於社會福利事業的東南亞婦女〉，《東南亞縱橫》，1：55。

22　海，1960〈從婦女憲章談到婦女問題〉，收錄於編輯委員會，《汎星各業職工聯合會慶祝五週年紀念特輯》：58，新加坡：汎星各業職工聯合會。

本文將進一步指出，馬來西亞華人女性的社會參與，既受政治經濟的結構性因素影響，也同時受到外來思想文化的衝擊而改變，在不同時期各有特色及值得關注的面向。

總體而言，馬來西亞華人女性社會參與的研究並不多見，主要的描繪也集中在婦女救援及社團、慈善領域。特別在馬來西亞走向民主化的進程中，女性如何透過不同形式的參與爭取平等及增能，仍需要更多深入的案例研究。

（三）生命經驗

東南亞多元社會的日常政治中，弱勢族裔與主流社群周旋、協商的經驗時常反映在各種文類當中。生命書寫的研究視角強調擺脫自我的狹窄視野，從群體或集體的關係脈絡來審視和理解自身發展。[23] 以下三位傑出華人女性以其工作、創作或組織動員所展現性別及社會意識，顯示女性絕非弱者或僅是順從的夥伴，她們奮發向上，主動出擊，積極推動馬來西亞的國家發展及社會進步。

馬來（西）亞首位華裔女性播音員黃兼博，出生於 1929 年，身為華僑第二代，她經歷了從殖民統治、日本入侵、戰後動盪到馬來西亞獨立建國的過程。[24] 黃兼博日據時家道中落，隨鄰居到街上賣紙花為抗日籌款。上中學時由於軍情緊急，全家一度被迫逃到礦場，馬來亞淪陷後，更只能女扮男裝打理家務，父親的逝世與戰爭使她與大學失之交臂，「失學」成了她最大的痛苦。但這一時期，收音機傳來的美妙音符打開了她對廣播世界的嚮往，1949 年她被「麗的呼聲」錄取，成為吉隆坡（Kuala Lumpur）第一個全職華裔女性播音員，並在 1952 年被政府電臺任命為中文組主任。此外，她還心繫婦女運動的發展，呼籲婦女組織加強聯繫，鼓勵女性自主自尊，不局限於自身族群。黃氏退休後仍堅持讀書寫作，關注社會動態，鼓勵年輕同行謹記廣播人的尊嚴和使命感。[25]

---

23 紀元文、李有成主編，2011，《生命書寫》：8-9，臺北：中央研究院歐美研究所。

24 吳玫、葉琳，2019，〈根植在大馬的土地上：馬來西亞華文媒體人的口述故事〉，《全球媒體學刊》，2：81-98。

25 楊潔、張溦紆編，2017，《眾女喧嘩（貳）——從性別政治到生命敘事》：127-137，吉隆坡：

　　林玉玲身兼學者、詩人、小說家，1944 年出生於馬來亞。祖父在二十世紀初從中國廈門移居到馬來亞做苦力；父親在充滿儒家思想的社會中成長，卻嚮往西方文化；母親則是娘惹（土生華人）。1969 年，馬來西亞首都發生種族暴力衝突，大學時期的林玉玲被迫轉往美國深造，之後以詩作及學術研究獲得多種獎項。從一開始因為父親破產、愛情、政局動盪而被迫流動，到後來為了自己的未來考慮，攻讀博士、結婚、升等而志願遷移，後又為了尋找寫作源泉回返新馬，多次遷移讓林玉玲一度迷惘於鄉關何處。[26] 一生在華人、馬來、印度、達雅、淡米爾、葡萄牙、英國以及美國等不同圈子中生活，為她提供豐富的文化養成，也開啟了她對性別的抗爭，她生動感人的自傳更激勵了不少馬來西亞華人女性。

　　陳清蓮一生經歷不少動盪與波折。1974 年，她赴英深造時，國際社會反戰、反貪腐、反種族隔離的風潮盛行，而她的祖國馬來西亞卻在 1971 年頒佈了《大專法令》壓制學生言論和結社自由，使其深有所感。留學期間活躍於各種學生組織，通過閱讀和思考，建構了自己的女性主義思想，進而走向捍衛女權的道路。1985 年回國與其他 44 名女性活躍人士籌辦了反暴力對待女性活動，之後成立了女性行動協會（All Women's Action Society, AWAM），持續關注女性受暴力的情況。1992 年陳清蓮嫁給了信仰伊斯蘭教的尤努斯，也為此信教，成為了穆斯林並以瑪莉亞・陳阿都拉為名。婚後她繼續捍衛女權，2005 年成立培能中心（後改名為 Empower）推進性別平等和女性賦權，2008-2009 年出任伊斯蘭姐妹高級活動經理，2010 年經歷喪夫之痛後繼續出發，出任「淨選盟」（Bersih）[27] 2.0 委員，先後領導 Bersih 4 和 Bersih 5 的集會，期間曾受到政府扣留，卻仍持續在爭取女權和反抗不公平道路上堅定前行。[28]

　　以上三位馬來西亞華人女性的生命軌跡何其不同，又有若干不謀而合之處。她們

吉隆坡暨雪蘭莪中華大會堂婦女組。

26　張瓊惠譯，林玉玲著，2001，《月白的臉：一位亞裔美國人的家園回憶錄》，臺北：麥田出版。

27　乾淨與公平選舉聯盟（*GabunganPilihanrayaBersih dan Adil, BERSIH*，英譯：Coalition for Clean and Fair Elections, 簡稱「淨選盟」）。

28　楊潔、張溦紟編，2017，《眾女喧嘩（貳）——從性別政治到生命敘事》：101-111，吉隆坡：吉隆坡暨雪蘭莪中華大會堂婦女組。

的生命歷程皆與時代背景緊密聯繫；在專業領域發光發熱，同樣心繫國家發展，積極參與社會、表達自身理念，以期帶來改變。這些事例說明了，生命歷程的書寫呈現馬來西亞華人女性的非凡經歷與視野，帶來諸多啟迪。[29] 本文由是主張，研究具有代表性的女性生命經歷，能夠彰顯特定時期（世代）的集體經驗。

三、研究方法

受衣若蘭援引「交織性理論」研究中國婦女史啟發，[30] 本文反對從男女二元對立及性別決定論的觀點來詮釋歷史。制約馬來西亞華人女性社會參與的原因多重，結構複雜，若不考慮性別、族群及移動等因素，則無法掌握華人女性的社會地位及角色。故我們希望從「性別意識」與「社會意識」的形成著手，探討女性經驗的多樣性及增能賦權的各種可能性。同時結合訪談資料及個案研究來呈現馬來西亞華人女性社會參與的特色與影響因素。

性別意識涉及到對社會性別——特別是性別所承載的社會分工及角色認同之認識。此認識可從三個不同層次來理解，一、性別特徵及行為方式深受特定價值及制度化規範所形塑，在不同的社會文化中有所區別；二、性別不僅是社會關係，也是支配－從屬的權力關係；三、性別關係和男女地位隨著社會發展不斷變化。學界普遍認為，家庭、教育和制度環境對性別意識的影響最為直接。許多研究已經表明，性別的存在及呈現既是多元的也是社會建構的。性別主流化的理念也日漸在臺灣推廣落實。但此一帶有進步價值的學術概念，要能在馬來西亞等相對保守的華人社會推廣實踐，並非一

29　Chan Lean Heng and Molly N. N. Lee.2018. [*Ordinary Women, Extraordinary Lives: Everyday Stories of Inspirational Women*]. Penang: Clarity Publishing.

30　感謝審查人對相關論述的指點及補充。「交織性理論」是美國法學教授 Kimberlé Crenshaw 於 1989 年所提出，是當代重要的女性主義論述，反省 1980 年代以來過於單一的性別與婦女論述，其中對於階級與性別的結合觀察，可溯及社會主義女性主義者的訴求，又與左派、黑人社會主義女性主義之間頗有淵源，對本研究的個案而言，也可以看到不同因素交織影響，而不僅是簡單的加總。參考衣若蘭，2017，〈論中國性別史研究的多元交織〉，《近代中國婦女史研究》，30：167。

蹴可及，過程中不免遭遇不同程度的抵抗及質疑，對此，具有性別意識的行動者以各種方式投入推廣帶動，就十分關鍵。

社會意識指特定的世界觀，個體自視為社會的一份子，行動上總是指向他人的存在或更大的群體，認為可以透過理念倡議及實踐來改變既有的社會結構，揭發不公平的狀態並改善被壓迫者處境。簡言之，社會意識即個人對於自身社會處境的反身性思考及所採取的相應作為。社會議題涵蓋的層面相當廣泛，來自不同種族、階層、國家的女性所面對或關注的議題也不盡相同。可以說，女性的社會意識及其實踐，必須在特定的脈絡才能得到較好的理解，也因此更需要經驗個案的累積。作為馬來西亞的少數族裔，華人女性性別意識及社會意識的覺醒往往是共伴而生，乃是一個找尋自我身份認同，抑或更新既有文化認同的過程。

為了進一步了解並呈現當代馬來西亞華人女性社會參與的情況，本文主要參閱《馬來亞華僑史》、[31]《新加坡、馬來西亞華僑史》、《馬來西亞史》，[32] 以及 *Crossroads: A Popular History of Malaysia and Singapore* [33] 等新馬華人史、馬來西亞史論著。同時借鑒了范若蘭的一系列東南亞女性研究，特別是《移民、性別與華人社會：馬來亞華人婦女研究（1929-1941）》及《東南亞女性的政治參與》等書。本文也分析兩位研究對象所出版的書籍及文章，包括楊潔主編的論文集及刊物，傅向紅的評論及學術論文等。由文獻資料閱讀形成總體框架及寫作思路，進而與深度訪談及個案研究相結合進行分析。

關於婦女的歷史記載相對有限，女性為自己留下的記錄就更為稀少。[34] 透過口述訪談，可以讓長期被忽視與遺漏的女性有機會現身說法，彌補主流歷史書寫中存而不

---

31 劉前度譯，巴素（Victor Purcell）著，1950，《馬來亞華僑史》，檳榔嶼：光華日報。

32 黃秋迪譯，芭芭拉・沃森・安達婭（Barbara Watson Andaya）、倫納德・安達婭（Leonrad Andaya）著，2010，《馬來西亞史》，北京：中國大百科全書。

33 Jim Baker. 2014. [*Crossroads: A Popular History of Malaysia and Singapore*]. Singapore: Marshall Cavendish.

34 范若蘭，2005，《移民、性別與華人社會：馬來亞華人婦女研究（1929-1941）》：10，北京：中國華僑出版社。

錄的空白，[35] 試彰顯女性口述歷史的價值：

第一、它保留了歷史人物的聲音，使枯燥的歷史生動化，豐富歷史內容。
第二、口述資料與文獻資料相輔相成，以補文獻資料的不足。
第三、口述歷史的訪談對象除了社會領袖之外，也訪問小市民、勞工、婦女，使他們有
　　　機會登上歷史舞臺，把歷史民主化。[36]

　　本文還利用個案研究法探索馬來西亞華人女性的社會參與。個案研究以具體全面
的方式呈現證據，透過深度觀察與解析研究對象的特質，作為推論的依據，瞭解其所
屬類別的整體性質，乃至於抽象的思考理論。[37] 之所以選擇楊潔和傅向紅作為研究對
象，主要是她們兩位同屬於當代馬來西亞華人女性中最為活躍的一輩，是具有出國留
學經驗的高學歷知識份子，這兩位留臺人又分別來自東馬（砂拉越）及西馬（檳城），
其社會參與精彩豐富而有代表性。相較於學界著墨較多的政治精英、左翼女性及基層
婦女的歷史研究，如楊潔與傅向紅般的當代馬來西亞華人知識女性的社會參與有何特
色？其跨國移動經驗、成長背景及職業身份，對她們參與社會事務有何影響？皆是本
文關注的重點。透過深度訪談，我們嘗試呈現女性個人生命經驗如何與國家政治、社
會經濟、時代思潮相互聯繫，華人女性又是如何面對、理解和詮釋馬來西亞的政治社
會環境。

　　本文在訪談前，事先收集兩位受訪者的資訊，對已有的文獻資料進行梳理，根據
研究主題以及兩位受訪者的特點擬列訪談提綱，透過電子郵件取得聯繫並告知訪談目
的和內容，約定於 2018 年 12 月 8 日至 12 月 10 日，她們到作者所在大學參加學術會
議期間進行集中訪談。訪談基本按提綱進行，並根據現場回答情況補充提問，全程錄

---

35 劉維瑛主編，2016，《臺灣好說：臺灣女人影像記錄》：9，臺南：臺灣史博館。

36 何炳彪主編，2010，《林孝勝卷：新華研究：幫權、人物、口述歷史》：234-235，新加坡：新
　　加坡青年書局。

37 湯京平，2015，〈個案研究〉，瞿海源等主編，《社會及行為科學研究法（二）質性研究法》：
　　242-265，臺北：東華書局。

音並作筆記。訪談結束後，作者依據錄音和筆記整理成 111,143 字的訪談逐字稿，仔細校對並確認訪談內容的真實性，之後隨著論文的修訂多次請兩位受訪者就若干問題及資料細節補充答疑，本文所引述的內容皆經過受訪者的確認，所使用的圖像資料也經過授權及必要的匿名處理（詳見附錄）。

貳、馬來（西）亞不同時期的華人女性參與

一、早期的華人女性參與

18 世紀末至 19 世紀上半葉，英國逐步在馬來半島及海峽殖民地遂行殖民統治，許多中國移民前來務工經商。早期華人移民以男性為主，女性極少。華人女性在英殖民時期的新馬社會地位低下，大部分從事幫傭、礦場／橡膠園／工廠工人及小販等行業。[38]直到林文慶等人在新加坡創辦第一所華人女子學校；康有為、孫中山相繼南來宣揚革命理念，帶動社會變革方有改觀。1908 年成立的坤成女子學校是馬來亞第一所華人女子學校，[39] 間接催生了華人婦女組織的萌芽。1917 年新加坡華人婦女協會（Chinese Lady Association）成立，旨在促進華人女青年的福利，以學習班提供社交和互助機會。[40] 1930 年代，華文報紙的「婦女副刊」成為引介西方的女權思想，爭取男女平等和婦女解放的園地。雖然只是鳳毛麟角，教師、醫生、律師等專業領域漸漸開始出現華人女性的身影。但這些精英女性多半來自說英語的海峽華人家庭，只關心家政教育，未涉及女性參政及就業議題；華文圈子的婦女運動關心中國婦女問題遠勝於當地婦女問題。來自普通家庭及勞動階層的當地華人女性的權益更不受保障。1931 年

38　陳愛梅，2009，〈性別角色與國族建構：華人女性社會與經濟角色之轉變〉，文平強編，《馬來西亞華人與國族建構：從獨立前到獨立後五十年》上冊：303，吉隆坡：馬來西亞華社研究中心。

39　石滄金，2005，《馬來西亞華人社團研究》：191，北京：中國華僑出版社。

40　范若蘭，2015，《東南亞女性的政治參與》：166-167，北京：社會科學文獻出版社。

6 月怡保（Ipoh）頒佈禁令，禁止各咖啡店雇傭「女招待」，[41]百多名女招待為此籌錢請願，但她們的抗議之舉最終石沉大海，反映了當時女性地位及女權運動仍缺乏社會認可。[42]

1937 年中國抗日戰爭爆發，在「國家興亡，匹婦有責」口號的鼓舞下，馬來亞華人女性也積極投入救亡活動。各地籌賑會每逢群眾聚會和紀念日，便以演講歌詠、文字宣傳、戲劇表演等方式，開展宣傳活動，當中總不乏女性身影。除了少數回國投身前線，大多數的華人女性通過賣花、表演等方式發起募捐，行動力及積極性甚至超過男性。新加坡的南洋女中和青年勵志社更開設婦女識字班、夜學部，激發群眾的愛國抗日情緒。[43]抗日救亡的時代氛圍下，華人婦女被大量動員，為華人女性社會參與和婦女解放運動提供了發展契機。在 1939 年召開的「精神總動員宣誓大會」，破除封建的「三從四德」觀念，從國家高度肯定將婦女地位，鼓舞在東南亞生存發展的華人女性。[44]

總體而言，戰前新馬華人婦女的社會地位較低，經濟能力及職業選擇有限，政治方面受到中國國族主義的動員，幾乎很少有直接參與當地政治及社會事務的案例。[45]

戰後新馬婦女擁有選舉和被選舉權，1948 年起開始有女性被任命或當選公職，但

---

41 女招待亦稱「茶花女」，是二戰前新馬華人女性為數不多的職業之一，興盛於 1929-1931 年世界經濟危機期間，其職業定位為招徠生意，以姿色吸引顧客。

42 范若蘭，2019，〈紅顏禍水？——二戰前新馬華人女招待的汙名與困境〉，《華僑華人歷史研究》，1：76-82。

43 林遠輝、張應龍，1991，《新加坡、馬來西亞華僑史》：389，廣州：廣東高等教育出版社。

44 范若蘭，2005，《移民、性別與華人社會：馬來亞華人婦女研究（1929-1941）》：62，北京：中國華僑出版社。

45 二戰結束後不久，親共的左翼女性知識份子曾將馬來亞華僑婦女運動歸結成四個發展階段，首先是 1925 年開始，以改善生活為號召，漸從反抗經濟剝削轉向政治鬥爭；其次是中國對日抗戰時期支援祖國，同時反封建、反帝國主義；第三是日據時期參與民運工作、支援後勤及宣傳；第四是戰後新馬各地紛紛組建婦女聯合會，爭取實現馬來亞的自由民主。文章同時也指出，戰前的馬來亞婦女雖參加各種社會活動，但缺乏獨立的婦女組織，華僑女性的文化水準、社會地位及就業情況也亟待改善。詳見李球，1949，〈馬華婦運的產生和發展〉，《新婦女》1：2-3。

人數極少，比例極低。當時華人面臨國族認同轉型的掙扎，究竟要繼續當「祖國」中國的大國民，還是做「祖家」英國殖民地的小國民，確實帶來困擾糾結。少數人開始認識到政治的重要性，也有部分華人女性投身左翼「做馬共」，但女性參與政治的管道仍十分有限。應敏欽在 1946 年 5 月 21 日「怡保三婦女團體聯合座談會」上的發言，就強調爭取公民權對馬華婦女權益保障的重性，她指出：

> ⋯⋯假使有公民權的話，婦女也可以參政，代婦女說話，改善婦女生活，參加社會上種種經濟文化的活動，提高婦女地位，才能像當地一個公民一樣的享有財產等等的權利，否則，只是一個作客他鄉的外人，僑民，想要討地開鑛或買樹膠山，不但期限非常短促，而且有種種限制和不便，任何一個國家，是當地公民才能有優先權得到商業的禮申。以上都是關於經濟方面的利益，至於煽動和驅逐的法令，對於非公民的馬華婦女，只要人家不高興我們住在馬來亞，就非常容易被拘被逐，因為她們比之公民更沒有保障。那麼爭取有利於婦女的法律的規定和保護，更加談不到。而對婦女利益也就全無保障，所以，一些姐妹自認做大國民，現在風度堂堂，將來切身利益遭到損害的時候，就會甘願做小國民了。[46]

同時期華人婦女的經濟地位提高，職業選擇不再限定於家務勞動、女工及教師，[47] 但男女同工不同酬的情況仍未改善。可喜的是，二戰結束後到馬來西亞成立前的一段時間，馬來亞華人婦女組織發展蓬勃，形式多樣，還出現彼此聯合的現象，開始跨越種族隔閡，各族婦女組織在教育、法律、職業、選舉權等方面合作爭取權利。[48]

---

46 應敏欽，1946，〈公民權與馬華婦女〉，《新婦女》4：4-5。

47 1950 年代由臺灣赴馬來亞太平華聯中學任教的女作家就有如下觀察：「知識階層的婦女，有的在中小學校擔任教員；有的在政府各機關服務，或在醫院任看護。我認識一位在郵局做事的福建小姐，她能說六種語言：國語、馬來語、印度話、英語、福建、廣東各地的方言，做起事來又快又有條理，態度也好，很有禮貌。」謝冰瑩，1961，《馬來亞遊記》上集：120，臺北：海潮音月刊社。

48 范若蘭，2015，《東南亞女性的政治參與》：171，北京：社會科學文獻出版社。

二、馬來西亞成立以來的華人女性參與

1963 年，馬來亞與新加坡、沙巴、砂拉越共組馬來西亞聯邦，實行議會民主制，為女性參與公共事務打開新局。政黨政治是馬來西亞政治發展的核心結構，1960 年代的馬來亞勞工黨、馬來亞共產黨等左翼力量提出「男女同工同酬」的概念，吸引了一大批底層華人女性參與；示威遊行、遊擊戰雖強化了女性的公共事務參與，但終非主流政治途徑。華人社會認為女性首要角色是母親和妻子，早期馬來西亞女性參政的情況並不普遍，甚至連華基政黨也不太重視發展和拔擢女性黨員，疏於組織黨內的女性力量。1972 年民主行動黨建立婦女組，但女性在黨內無足輕重。1975 年，馬華公會成立婦女組，同年的補選又把華人女性送入國會，開創了華人女性參政的新格局，帶動女性黨員大量增加。[49] 民政黨直到 1982 年才成立婦女組。然而，華基政黨華人女性黨員鮮有能進入領導層的情況一直持續到 1990 年代才有改觀。

民主化的發展，擴大了女性的政治參與，華人女性政治家也開始嶄露頭角。風氣變革起於 1980 年代末的巫統黨爭及社會運動，並在 1997 年東南亞金融風暴所衍生的「安華事件」爆發後，成為反對勢力結盟的契機，從而削弱了「國民陣線」（馬來語：Barisan Nasional，簡稱「國陣」）的統治基礎，開啟馬來西亞的民主轉型。2002 年長期掌權的首相馬哈迪（Mahathir）首次退位後，歷經阿布都拉（Abdullah）的弱勢領導到納吉（Najib）執政的種種爭議，國陣政府不斷在大選中流失選民支持。2013 年的大選，國陣得票首次低於半數。2018 年希望聯盟（馬來語：PakatanHarapan，簡稱「希盟」）上臺，中斷國陣長達 61 年的威權統治，現實首次政黨輪替。一系列的變化加速了馬來西亞的民主步伐，女性在推動在此進程中發揮了積極作用。婦女組織積極支持民主運動，直接介入政治和選舉。受「烈火莫熄運動」[50]（馬來語：Reformasi，意為「政治改革」）的影響，1999 年新的婦女組織——婦女候選人行動（Women's

---

49　陳愛梅，2009，〈性別角色與國族建構：華人女性社會與經濟角色之轉變〉，文平強編，《馬來西亞華人與國族建構從獨立前到獨立後五十年》上冊：320，吉隆坡：馬來西亞華社研究中心。

50　1998 年馬來西亞前副首相安華‧依布拉欣被革職後不久，其支持者發動的一次社會運動，包括一系列的群眾示威和集會。

Candidacy Initiative, WCI）建立，推舉候選人參選以表達女性推動改革的決心。2006年成立的「淨選盟」致力於倡議乾淨和公平的選舉。該組織認為現有的選舉制度過分偏袒長期執政的國民陣線，故而多次在大選前發動大規模集會，吸引了不少民眾共同表達對政府、選舉的不滿，當中就有許多華人女性積極參與動員與組織。[51]女性議題更成為選舉中的熱點議題之一。華人女性雖然在近年的歷次選舉中表現漸入佳境，但因政治、宗教及語言的隔閡，未能有更進一步的串連。

在經濟參與方面，馬來西亞聯邦成立前後，華人婦女的職業主要是售票員、文員、秘書、小販等，或任職於華人社團。1980年代以來，華人女性慢慢突破了傳統職業的限制，向房產經紀、業務主管、醫生、律師、企業經營者等領域進軍。而且在這些專業技術工作上，華人女性的就業比率高於其他族群女性。[52]

在社會參與方面，1963年建立的婦女組織全國理事會（National Council of Women's Organizations Malaysia, NCWO），是第一個全國性的跨越族群、宗教、政黨的婦女聯合會，但政府官方色彩濃厚，參與者多數是女性政治精英，代表性並不全面。同時期左翼婦女組織也有所發展，但因缺乏資源，多半僅具倡議功能。1980年代，新女權運動思潮席捲全球，赴外深造的馬國女留學生深受影響，學成回國後致力於提升婦女地位和社會改革運動，前述所及的陳清蓮即是顯例。此外，馬來西亞政府響應聯合國號召，主動推動婦女平權運動，婦女組織得到較為寬鬆的發展空間，重點關注家暴、墮胎等議題，如成立於1982年的婦女援助機構（Women's Aid Organization, WAO），積極反對用暴力對待女性；1985年建立的婦女行動協會（All Women's Action Society, AWAM），致力提升女性地位。在多個婦女組織的努力下，反強姦立法的修正案得到落實。近年來，因為網路科技的發展，LGBT[53]議題的討論也出現在馬來西亞社會，成立了不少組織團體來爭取同性戀、跨性別者的合法權益。

---

51 范若蘭，2015，《東南亞女性的政治參與》：202-204，北京：社會科學文獻出版社。

52 陳愛梅，2009，〈性別角色與國族建構：華人女性社會與經濟角色之轉變〉，文平強編，《馬來西亞華人與國族建構從獨立前到獨立後五十年》上冊307，吉隆坡：馬來西亞華社研究中心。

53 LGBT是女同性戀者（Lesbian）、男同性戀者（Gay）、雙性戀者（Bisexual）與跨性別者（Transgender）的英文首字母縮略字。

　　為了呈現宏觀歷史發展及社會結構下的女性生命經驗。本文探究楊潔、傅向紅兩位具有留臺經驗、身處於馬來西亞民主轉型時期的華人女性知識份子，如何透過親身參與，展現她們對馬來西亞歷史和當代議題的理念及對美好社會的藍圖。

參、楊潔個案分析

一、研究對象概述

　　楊潔，1985 年出生於砂拉越州詩巫（Sibu），現居吉隆坡。祖輩從中國福州移居砂拉越，由於父母工作忙碌，楊潔及兩位弟弟小時由奶奶照顧。中小學接受華文教育，中學時入讀文商精英班，五年便完成中學學業。畢業後就讀於馬來西亞新紀元大學學院媒體研究系，受到留臺老師的理論啟蒙，選擇來臺就讀世新大學口語傳播系，取得臺灣大學社會學系碩士學位後回馬發展。楊潔的社會參與看似直到大學時期才受啟蒙，但家庭的氛圍特別是母親的影響相當顯著。

　　學成返馬後，楊潔經歷了人生首場社會運動現場的洗禮，陸續參與反稀土廠抗爭等社會運動。之後進入眾意媒體工作，負責編輯、出版業務，並由於工作單位的政黨背景而活躍於「505 大選」競選前線，為了「換政府」的目標而努力。當政治期待未能落實為選戰勝利，她轉而與朋友共同創辦《街報》，嘗試多元的文化政治想像，討論更寬廣的議題。

　　楊潔與友人共同創建「之間文化實驗室」，多方開展性別社會事業：首先是推廣女性身體意識，在臺灣朋友的影響下，她們通過工作坊推廣布衛生棉，希望可以介入消費市場跟女性身體的關係，打破月經文化對女性身體的禁忌和想像，把布衛生棉作為女人之間文化轉譯的媒介。其次是打造人文交流空間，她們與其他組織聯合在吉隆坡市中心成立「亞答屋 84 號圖書館」，透過講座、書展、讀書會等活動，方便不同人群在此交流討論。第三是堅持創作編輯出版，包括為隆雪華堂婦女組編寫紀念特刊——《眾女喧嘩：從性別政治到生命敘事》，擺脫傳統宴飲合照相冊及編年活動流水帳的呈現，直面生育、長照、性暴力到慰安婦、同志文化、外籍性工作者等議題，

改寫了華人婦女社團刊物的出版面貌，也更新了馬來西亞性別政治的想像和女性生命敘事。無論辦報、成立圖書館或開設工作坊，都是楊潔參與社會革新的載體。她希望透過不同的媒介串連起各個社群，共同做事，一起發聲。

二、主要社會參與

（一）從《火箭報》到《街報》

2018 年 5 月 10 日，馬來西亞國會大選結束，前總理馬哈迪帶領的希盟取得 112 席國會議席在大選中勝出，結束國陣在馬來西亞 61 年的長期執政，被輿論稱為「全民海嘯」。[54] 此一變革的背後是對民主、廉潔及高效治理的期盼，更不可忽視社會運動崛興所代表的公民意識覺醒。

道格·麥克亞當（Doug McAdam）強調社會變化對社會運動的影響，認為社會變化導致現存權力結構變化：即政治機會結構的擴展和社會運動組織力量的增強，其與公眾認知解放相互作用，可改變一國社會政治面貌。[55] 2018 年馬來西亞大選結果再次應驗了該理論的預測。自 1957 年馬來亞聯合邦獨立起到 2018 年，國陣長期獨大，絕對的權力造成的分贓腐敗、宗教對立與族群矛盾問題盤根錯節，另外，對於既有政治文化及選舉舞弊的痛惡，催生了「淨選盟運動」，既影響了大選局勢，更加速了馬來西亞的民主化進程。

2011 年，在民主社會臺灣生活六年的楊潔回到馬國首都吉隆坡，當時「淨選盟2.0」的活動正再次攀向高峰，在現場親炙催淚彈的洗禮，見證面對國家暴力的壓制時各族所發揮的互助精神，帶給楊潔很大震撼。當時楊潔工作的出版社——眾意媒體系由希盟陣營的民主行動黨所資助，同時支援該黨黨報《火箭報》的編輯出版工作。在

---

54 海外網，2018，〈92 歲馬哈迪贏得馬來大選將終結現政權 60 年歷史〉，網址：http://www.sina.com.cn/midpage/mobile/index.d.html?docID=haichqz3155322&url=news.sina.cn/gj/2018-05-10/detail-ihaichqz3155322.d.html，查閱時間：2019/2/15。

55 轉引自朱海忠，2011，〈西方「政治機會結構」理論述評〉，《國外社會科學》，6：9-17。

馬來西亞特殊的政治環境下，反對的聲音不容易被主流媒體客觀呈現；以出書辦報、網絡社群等另類媒體來對抗主流媒體壟斷扭曲，正符合楊潔希望社會上不同的聲音都能夠被聽到的理念。[56]

2013 年馬來西亞大選前夕，楊潔及同事們同時肩負起競選任務，負責文宣場佈、活動協調，志工培訓等業務，甚至要當主持人，在臺上帶領群眾大喊「505，換政府」。這段經歷，至今楊潔仍歷歷在目：

> 以馬來西亞非常有趣的政治環境來講，我們的確好像也處於政治改革的一個小螺絲釘，因為那時候我們都希望換政府，覺得換政府可能會帶來一個新的希望，因為這個共同的目標，其實把其他我們想要做的事情的那個渴望先壓下來，因為我們覺得那個是最大的目標。[57]

然而，大選的結果卻未能如其所願，這無疑是一大挫折：

> 可是你知道那個感覺就是說，我們非常地用力，我們非常的拼命，可是我們沒有成功的改朝換代，沒有進行政黨輪替。那其實陷入了一種失語的狀態，大家不知道要怎麼辦了，然後甚至非常的沮喪。就是說我們已經那麼努力了，其實我們沒有辦法改變什麼。[58]

楊潔也開始尋找自己真正的目標，她意識到「政治」絕不只是選舉勝敗、政黨政治而已。這時她去了趟香港，了解到這個寸土寸金的東方之珠有很多獨立書店傳播知

56　有研究指出，近年新媒體的快速發展在馬來西亞創造了出全新的公共領域，為淨選盟運動帶來三個方面的積極影響——政治機會、組織凝聚和認知解放。在政治審查相對寬鬆、資訊自由流動的新媒體環境中，民眾不僅得以即時獲取並分享資訊，更可以打破原有身份及平臺限制，發表與主流不同的政治見解，從而提高民眾的政治意識及參與程度，有助於民主發展。詳見范若蘭、饒丹揚，2020，〈新媒體與馬來西亞淨選盟運動〉，《東南亞研究》，(5)：71-92。

57　引自訪談記錄 YK20181209(b)。

58　引自訪談記錄 YK20181209(a)。

識的火苗，但偌大的馬來西亞卻極度缺乏為理念發聲的平臺。於是她與出版社夥伴一
起辦創了《街報》（圖 23-1、23-2）：

> 因為在我們的認知裡頭其實街頭，就是人跟人就是看見彼此的一個地方，那我們會
> 在這裡衝撞，我們會交換意見，然後我們甚至可能會辯論等等，所以呢，我們會覺
> 得這個《街報》其實想要帶出的是一個眾聲喧嘩的一個這樣的場景，每個人都可以
> 發表自己的意見，每個人可以有不同的想法等等。[59]

　　若提到對理論知識的啓蒙，性別意識的萌芽，楊潔首先受到新紀元學院媒體研究
系的老師們的訓練與影響，使她得以帶著反思與批判視角看問題。楊潔在臺灣求學期
間結交許多朋友，更受到王志弘、范雲等多位老師的啟發，讓她開始反思多元文化、
族群認同、年齡與消費、性別與大眾文化，不僅開啟了想像，她也決定繼續在臺灣念
研究所學社會學。臺大社會所給她的訓練是，除了對學術有所要求，更要去實驗不同
的想法與嘗試。臺灣的師長中，成露茜（Lucie Cheng）對她影響最為深刻，打開了她
對另類媒體與多元議題的認識。楊潔將成露茜視為學術與實踐的典範，而不僅是教授

圖23-1　各期《街報》封面展示

資料來源：楊潔提供。

圖23-2　《街報》團隊於週年展覽合影

資料來源：楊潔提供。

59　引自訪談記錄 YK20181209(a)。

知識的老師：

> 她讓我去面對自己知識盲點與弱點、去思考背後的價值與立場，並且想像實踐的可能與行動。實際上後來的《街報》、布衛生棉的推廣等等，這些實作的理念大概也是受自成老師「有學有術，實踐基層，回歸理論，再造社會」的影響。老師過世之前，我們最後一次的 Meeting，她給了我一句話：『要做自己喜歡做的事』。這些年回馬跌跌撞撞的實踐，受制很多現實與客觀條件的影響，偶爾會覺得自己犬儒退怯或想回到舒適圈時，想起這句話，就會有一些些與現實抵抗的勇氣。[60]

　　《街報》作為非主流媒體，以培養具有自主公民意識的社會主體為初衷，相信改變是可能的，並積極尋求與更多志同道合的夥伴產生聯結。楊潔認為，政治可以是多元的，性別、文化、階級皆是重要的政治課題。《街報》特別關注青年貧窮、土地正義、女性主義、外籍移工等長期被馬國主流媒體所忽視的議題，嘗試將政治領袖所倡議的抽象概念與日常生活經驗進一步連接起來。她們透過採訪來自各地之不同階層、關注各種議題的行動者，讓社會大眾看到、聽到其理念、策略甚至是面對的挑戰，讓這些有別於主流的聲音出現在大家的生活裡，讓本來不知道對方存在的行動者相互認識。跨越不同族群、不同文化、不同語境的隔閡，增進彼此間的相互溝通，從而對所處的社會建立一種共感，正是《街報》宗旨所在。創辦周年時，楊潔和同事們編寫了紀念合輯，並為此辦展覽，吸引了不少民眾參觀。

　　《街報》以《火箭報》夾報的形式存在，優勢在於較不需考量市場性，能夠在有限的預算下發揮媒體的社會公器作用；不利之處則在政治立場及取材方向難免受到質疑，例如能否直接討論同志議題、抗爭課題等，偶爾也會考量與顧及政黨立場與議題操作的方向。隨著楊潔及合作夥伴相繼離開出版社，《街報》刊行兩年後無疾而終，卻依然發揮作用，引起共鳴。就在停刊的三年後，某位想了解馬來西亞社會文化的臺灣學者，發現《街報》的內容能夠補充相關資料的不足，因而聯繫楊潔，表明希望引用《街報》中的影像記錄。

60　引自訪談紀錄 YK20200601。

（二）媒介的多樣性——之間文化實驗室

據調查顯示，英國 14 至 21 歲女性中，有 48% 的女性對自己的月經感到尷尬。對此，全球婦女權利慈善機構英國國際計畫組織（Plan International UK）歷時兩年多，於 2019 年推出了「月經表情符號」。該組織指出「月經表情符號」可以表達全球女性的生理期，是正常化月經及粉碎經期恥辱的一大步，希望透過這種方式，打破關於月經的沉默、尷尬和羞恥。[61]

「月經羞恥」已經成為一個全球範圍內的話題，由於涉及女性特殊的生理現象，不止是男性會感到尷尬，就連很多女性自身在面對這一話題的時候也會無所適從。提起月經，本該是預示著女性生理方面的成熟，開始有孕育後代能力的美好象徵，但長期以來，父權價值觀下的月經論述總是會與骯髒、霉運、不可接觸等掛鉤。誠如黃盈盈所言：**「經血身體，在女性的日常生活實踐與私言說中，在場且顯著，卻往往缺席於社會場域，因為『髒』、『隱私』、『害羞』等相關的文化建構而不被看見，更多地偏向內在感受」**。[62] 長此以往，坊間總會默契地用比較隱晦的詞語來代替，比如「大姨媽」、「那個」等。世界各地也存在著所謂的「月經禁忌」[63]，比如在傳統的中國社會，經期中的女性不能進祠堂；印度和非洲某些地區的「別火」習俗，即把經期的女性限制在屋中一角，她們做飯的灶火和鍋具一概不得與其他家人共用；日本江戶時代也有過類似的習俗，在八丈島的女性月事來潮時會待在名為「他屋」或「他火」的小屋裡，不得與他人共用灶火；在歐洲，很多國家認為月經有礙食品加工，從而限制月經來潮的女性製作食物。大部分的宗教也將月經視為一種忌諱，《聖經》提到，女人行經，必汙穢七天，凡摸她的，必不潔到晚上。這些對月經的負面描述，一方面是始於時代的局限性，在無法解釋「女人會來月經」這一現象時引起了擔心與恐懼，對月

61　人民日報，2019，〈全球通用表情包將增加月經表情，最快今年春季上線〉，網址：http://baijiahao.baidu.com/s?id=1626409664962882129&wfr=spider&for=pc&isFailFlag-1.，查閱時間：2019/2/25。

62　黃盈盈，2018，《性／別、身體與故事社會學》：31，北京：社會科學文獻。

63　所謂「月經禁忌」，意指以「血穢」（經血乃污穢之物）為由，將月經時的女性，乃至擁有會發生月經身體的女性本身，視為禁忌或忌諱的一種概念或價值觀。

經產生特殊聯想，進而演變為「汙穢」、「不淨」的觀念；另一方面，社會的話語權長期掌握在男性手中，從男性視角對女性的判斷造成各種對月經以及經期婦女的負面印象；也有學者認為，月經所引發的心理異常也是人們以特別的眼光看待月經的因素之一。[64] 在馬來西亞，穆斯林婦女每次使用完衛生巾都必須洗乾淨後再丟棄，因為她們認為上面的血是不乾淨的；而在華人社會，傳統的「月經禁忌」仍然存在，經期女性被眾多的「規矩」限制，[65] 無非是一種社會歧視與對女性輕視的表現。

從最原始的植物、布料到脫脂棉，再到如今被廣泛使用的拋棄式衛生棉，女性處理經血的方法隨著時代的進步有了很大的改變。在「衛生棉時代」，隨著環保觀念的增強，拋棄式衛生棉遭到越來越多的批評，而對於「布衛生棉」的接受度逐漸提高。2015 年，楊潔與鄧婉晴、張溦紟共同創辦了「之間文化實驗室」。成立之初三個女生並沒有具體的方案，恰巧這時兩位臺灣布衛生棉的推廣師朋友來馬拜訪楊潔並居住在她家裡。在對布衛生棉有了一定瞭解後，楊潔與夥伴們開始在實驗室開設布衛生棉手作坊。有別於臺灣朋友出於環保意識推廣使用布衛生棉，非常關注性別議題的楊潔更強調女性對身體自主權的觀念，她認為布衛生棉可以作為一個吸引更多人參與性別議題討論的新鮮媒介。

在一場四、五個小時的工作坊中，楊潔及參與者都可以聽到很多精彩、有趣的故事，其中也不乏一些男生為討女朋友歡心來製作布衛生棉的情況。在工作坊裡，每位學員樂於分享自己的月經故事，訴說自己經期時的「煩惱」，每個故事都有屬於自己的色彩，也有相似之處，在製作布衛生棉的過程中，讓她們發現彼此不同又相似的經歷，能夠在之間文化實驗室這一平臺相互討論和交流（圖 23-3）。

將布衛生棉視為文化轉譯的媒介之一，之間文化實驗室透過這種方式打破了女性對月經或者生理用品的一般想像，鼓勵女性思考自己的身體與消費市場、月經文化、

---

64 桑田德譯，田中光著，2017，《從安妮到靠得住：從禁忌到全球大生意，生理用品社會史》：65-88，新北：遠足文化。

65 劉允華譯，ÉliseThébaut（艾莉絲‧迪艾波）著，2018，《月經不平等：一段女性身體的覺醒之路》，臺北：木馬文化。

圖23-3　之間文化實驗室在月樹咖啡館舉辦布衛生棉微型展覽

資料來源：楊潔提供。

禁忌甚至跟社會之間的關係。這涉及到「生態女性主義」[66]的理論觀點，即反對女性被市場化，讓女性拿回身體的自主權，拉近與自己身體的距離，從一個單純的被動消費者變成有意識的使用者。橫瀨利枝子也認為：

> 透過廠商的電視廣告，女性忽略了生理用品對身體的影響，轉而追求產品的方便性而非安全性，從而女性透過生理期所意識到的身體、自然，乃至與生命交流的獨特感受日漸薄弱，也忘卻了月經原本的意義。女性唯有透過生理期所感知到的，重新認識存在月經背後的身體觀、自然觀、生命觀，方能實現真正的社會參與及自我實現。[67]

66　生態女性主義在策略上反對資本主義社會的發展模式與商品邏輯，主張整合生產與消費以達到去工業化和商品化的目標。王瑞香等著，2019，顧燕翎主編，《女性主義理論與流變》：25，臺北：貓頭鷹出版。

67　桑田德譯，田中光著，2017，《從安妮到靠得住：從禁忌到全球大生意，生理用品社會史》：270，新北：遠足文化。

　　事實證明，這種手作的形式比起正式演講、灌輸理論的培訓更吸引人、成效也更顯著。過程中，楊潔也領受到學員們的回饋，有人表示在使用布衛生棉之後，感覺到自己身體的變化，經痛的現象有所減輕；[68] 也有學員對性別議題產生興趣，自己找西蒙波娃的書來看，學會反思自己與家庭、丈夫之間的關係；對於前來學習的小朋友而言，這也是他們性知識的啟蒙；甚至對於一些較不發達地區的女性來說，製作布衛生棉為她們增添一種謀生技能。這些反饋成為堅持下去的重要動力，之間文化實驗室至今已開辦數十場工作坊，楊潔也希望能夠把學員分享的「月經故事」通過文本的方式集結保存，舉辦「月經故事盒」書寫活動，留下記錄給大眾及研究者參考。

　　2019、2020 年間，起始於中國武漢的「新冠肺炎」（COVID-19）肆虐全球。截至 2021 年 8 月，馬來西亞不僅疫情嚴峻，民主發展也因「防疫威權體制」規避國會監督、限縮人民自由而備受批評，要求內閣改組、解除緊急狀態並重開國會的聲浪日熾，[69] 前首相慕尤丁（Muhyiddin Yassin）也因此下臺。楊潔認為，疫情不僅考驗政府的施政能力，更測試著民間面對災難的韌性，她指出：

> 這一兩年的疫情關係，很多重要的課題束之高閣、或者被忽略，因為「抗疫」成為政府最大的令箭，這其實對民主發展是有傷害的。最近民間發起的掛白旗運動，某種程度上也映政府的援助政策並沒有辦法正在落實到底層階級，貧富差距越發嚴重。反過來說，政府體制越是僵化，就越考驗民間組織與人民的動能，也試煉著公民力量在多大程度可以回應局勢，並且可以接住政府失能的漏洞。[70]

68　日本學者的研究也指出：「布料的保暖性亦為改善症狀之一大因素，經痛的改善也有助於原因不明自訴症狀之改善。」見甲斐村美智子、久佐賀真理，2008，〈使用月經用布衛生棉對女學生原因不明自訴症狀之影響〉，《女性身心醫學》13(3)：143-152。轉引自桑田德譯，田中光著，2017，《從安妮到靠得住：從禁忌到全球大生意，生理用品社會史》:251-252，新北：遠足文化。

69　黃進發，2021，〈緊急狀態、選舉恐懼與政治疲憊〉，《當代評論》，網址：http://contemporary-review.com.my/2021/02/03/1-333/，查閱時間：2021/7/3。當今大馬，2021，〈組織號召黑旗運動，要慕尤丁辭職、解緊、開國會〉，網址：https://www.malaysiakini.com/news/581374，查閱時間：2021/7/5。

70　引自訪談紀錄 YK20200704。

　　因應疫情的影響，之間文化實驗室開始研發與售賣布口罩，希望可以減少一次性口罩的使用，保留更多醫療口罩留給前線人員，間中曾舉辦了兩次布口罩工作坊（圖23-4）。此外，工作坊也於 5 月 28 日「世界月經日」時舉辦活動，將銷售布口罩的部分銷售款捐給因抗議承包商施壓而被提控的清潔工公會以示支持，[71] 希望社會大眾除了關注醫護人員、警察這些「看得見」的前線人員之外，也關注清潔工人與其他「視線外」前線人員的權益。受疫情與行動管制令影響，手作坊與市集擺攤的活動現已停擺一年多，楊潔及其夥伴因而將專注力拉回內部步伐的調整，包括把實驗室的理念故事與布衛生棉的疑難雜症拍成短片、建置性別意識線上課程、發表性別議題評論，[72] 重新設計網站讓瀏覽者更友善理解實驗室的理念與選擇適合自己的布衛生棉。

　　2017 年，之間文化實驗室聯合另外兩個當地文化機構[73] 共同成立了「亞答屋 84

圖23-4　疫情期間舉辦的布口罩工作坊

資料來源：楊潔提供。

71　當今大馬，2020，〈清潔工會領袖否認違令罪，法庭允以 1 千保釋候審〉，網址：https://www.malaysiakini.com/news/528704，查閱時間：2020/6/9。

72　楊潔，2021，〈月經檢查與強暴笑話：大馬校園性騷擾的「歧視檢討哈哈鏡」〉，《轉角國際》，網址：https://global.udn.com/global_vision/story/8664/5498954?fbclid=IwAR2nxYDEofd8JuCD0N1L_Ciw_wqGruofbmUk-Z1X-SOefC8H9VJVUYlcUuo，查閱時間：2021/7/5。

73　其一為「業餘者」：https://zh-tw.facebook.com；另一為「區秀詒工作室」：https://ausowyee.wordpress.com/.

號圖書館」，試圖將之打造成「一座城市中的圖書館。她是一個真實的圖書館，在這裡進行著文化研究、藝術、哲學、社會科學等不同知識領域的書籍和觀念交換，也是閱讀、講座、工作坊讀書會、出版以及研究者和藝術創作者進駐的場域。同時，她也是一個想像的地方，迥異的觀念，語境在這裡交匯、發酵、擴散、組裝、變異。我們企圖在這座既想像又真實的圖書館，建立一套開放性和批判性的另類知識系統」。亞答屋團隊成員（圖23-5）認為，當代城市生活使人們不僅在人與人之間形成隔膜，也讓人們逐漸喪失作為社會一份子的主體意識，該館存在的目的，即是希望能夠協助人們找回自主意識、培養獨立思考與社會批判的能力。圖書館不僅提供靜態的圖書觀覽，更利用網絡平臺宣傳理念，通過舉辦讀書會、電影播放會、書展、系列課程等方式（圖23-6），讓參與者不再是都市的匆匆過客，而能在這個綜合藝文空間裡一起討論感興趣的課題，交換彼此的觀點和知識。圖書館的藏書主要涵蓋人文、社科、藝術三個領域，這些領域的出版與討論在馬來西亞相對缺乏，讓人不得其門而入。作為一個資源有限的公眾平臺，如何橋接外來知識的傳播分享與本地學術探索創造，一直是該館念茲在茲的議題。[74]

圖23-5　「亞答屋84號圖書館」團隊成員

資料來源：楊潔提供。

圖23-6　關注香港議題的「媒體現場」分享會

資料來源：楊潔提供。

74　在疫情及行動管制令影響下，亞答屋84號圖書館一直處於開館／閉館的不確定循環中。雖然大部分時間是閉館的狀態，但組織組成員仍固定舉辦線上講座及讀書會，包括五一勞動節系列活動、移工詩歌朗讀等活動。引自訪談紀錄 YK20200704。

2017 年啟動的「他者資料庫」計畫（圖 23-7），後來發展成一部名為《黑暗的日常》紀錄片，主要探討「**城市到底屬於誰？誰可以定義城市？**」的問題。一般身份都是官方建構的，楊潔發現，在吉隆坡市中心存在很多「看不到」的社群，比如流浪漢、性工作者、外籍移工以及視障人士，他們生活在汙名化陰影下，很少人主動關注他們。「我群」跟「他群」的身份建構該被反省，思考「這個社會還有誰？我們沒有看見誰？」並通過一系列討論來建立一個另類的知識系統。

楊潔的另一個身份是專業編輯。從畢業以來，楊潔堅持從事編輯工作，她主編了《發展的怪獸——經濟成長幻夢下的反思與反抗》、《眾女喧嘩》（圖 23-7）等書，分別關注土地正義、性別政治、女性歷史的課題。尤其是楊潔與另一夥伴張溦紜在接到隆雪華堂婦女組委託編輯一本 25 周年紀念特刊的任務時，做了突破性的嘗試，將特刊分成子母書，除了其中一本像一般特刊回顧社團歷史外，另一本則收集了 13 篇關於性別政治和女性歷史敘事的文章，涉及馬來西亞家庭計畫下的身體政治、慰安婦、長期照顧、托育、同志文化等七個馬來西亞的性別課題，以及六位女性的生命故事，以期能夠拋開傳統的男性視角，在宏觀的歷史背景下看到女性是如何講述自己的歷史。但她也反省到在講述和書寫這些歷史時，仍舊無法避免地把女性攬進大歷史背景當中，很難呈現出自成一體的女性歷史敘事系統。

圖23-7　楊潔編輯與參與的出版成果

資料來源：本研究拍攝。

2020 年 5 月起，楊潔應聘到母校新紀元大學學院媒體學系擔任專職講師，重新回到她所熟悉的媒體教育領域。新學期她以線上教學的方式，帶領一班同學進行與疫情相關的主題報導：例如一次性（用品）污染與環境課題、新形態工作、線上教學的挑戰等等，並將成果發表在實作報章《觀察家》上。她也提到從媒體教育工作者的角度切入，遠距教學雖是大勢所趨，但畢竟由於上網條件與學習資源差異，與學生溝通、建立信任也較為耗費心力，考驗學生的獨立學習及教師答疑的安排，難以完全取代傳統的面對面教學。另外，她也與一班志同道合的朋友共同編寫以馬來西亞脈絡為主的媒體識讀專書，預計今年（2021）底出版。[75]

無論是《街報》還是布衛生棉、圖書館、圖書出版，都是楊潔社會參與及介入的媒介，她利用不同的媒介和平臺促成討論，形成一股力量向社會傳達自己的想法以期能夠改變社會上頑固存在的陳腐觀念。

三、小結

從 17 歲到新紀元學院念書開始，楊潔一直處於「離家」的狀態，一方面是不想面對家人甚至整個家族對她的期待。另一方面，相較於資訊發達、種族關係緊張的西馬，東馬砂拉越長期以來族群關係合諧，華人社會也較為保守，對新生代而言，在政治及媒體領域施展拳腳空間也就相對受限。更重要的，由於留學臺灣受到的影響及生活經驗的差異使然，她回國後發現自己與家人、故鄉朋友之間的價值觀已有所不同，所以返國後就一直生活在吉隆坡，投身自己的志趣，而未回到家鄉發展。對於楊潔的職業選擇，甚至連她的家人都不是很能瞭解，她自己也沒有解釋太多，以至於她的奶奶直到去世前都以為她的職業是播音主持。楊潔的父母對一直身處在外、沒有婚嫁打算的女兒相當包容，並未太過加以干涉，雖然擔心也只能默默地觀望。談到家庭特別是母親的影響時，楊潔表示：

在我有記憶以來，母親就是非常忙碌的職業女性，她從事新聞工作，也積極參與公

---

75 引自訪談紀錄 YK20210703。

會社團的活動，所以經常都很遲下班或者很多應酬。所以，反而一般接送的工作都是父親在負責。記得有次跟同學聊起清明節掃墓，我說母親每次掃墓都是去她自身父親與祖父母的墓園，從來沒跟父親一起去掃夫家的墓園，我才知道這是「非一般」的做法。[76]

面對馬來西亞民主化過程下快速變動的政治與媒體環境，楊潔以自身在臺灣所學的社會學、大眾傳播訓練及所接觸到的女性主義思潮影響，有自己明確的追求，她希望可以做一個「內容生產者」，認為對不同來源的知識、論述可有各種思考與解讀，還需要建立一個可以讓大家共同參與、提高公民意識的平臺，形成文本與媒介，從而推廣「多元想像和另類生活」。[77]

作為一個行動者，楊潔積極參與社會事務，讓更多不同的聲音能夠被聽到。她憑藉自身的文化、社會資本打造媒介，引發大眾關注非主流的人群與議題，助益於馬來西亞社會發展，也有一定的成效及影響力。但楊潔偏向小眾、小團隊的作法，在實際運作方面也顯得有些吃力，除了之前介紹的事業，楊潔的另一個身份是學校講師。或許她認為這些工作都可以作為傳遞資訊的媒介，但是身兼多職，卻沒有一份較為穩定的收入和有保障的職位，也確實是她和工作室發展所面臨的難題，雖然可以透過申請項目來獲得活動基金，近期也在計畫開辦課程。這些開源之道也只能勉強維持運作，有時還得採取換工或義務勞動等權宜之計。只要資金問題無法解決，工作室走向《街報》般停擺命運的危機就在眼前，但楊潔還是相信只要建立起口碑及互助的社群關係，就會吸引更多人的參與及支持，工作室也能長期運作。

楊潔的性別意識及社會實踐來自臺灣課堂上的學習及師長們的啟發。難能可貴的是，她回到馬來西亞後，能夠掌握政治社會的脈絡，關注女性及弱勢群體的處境，不斷嘗試以不同的媒介及方式來發聲，試圖讓更多的學生及公眾了解邊緣議題其實與每個人切身相關，絕非事不關己。

76　引自訪談紀錄 YK20200601。

77　引自訪談紀錄 YK20181210。

肆、傅向紅個案分析

一、研究對象概述

　　傅向紅，1975 年出生並成長於檳城，19 歲離家到臺灣留學，目前任教於馬來西亞理科大學政治學系。父祖輩出身勞動階層，祖父曾當人力車夫、以販魚為生；父親則是一名木匠，1960 年代參加勞工黨，因政府對付反對勢力而被捕入獄兩年，結婚不久後過世。母親當過裁縫、訂書員，1960 年代參與勞工黨，後在陳凱希的海鷗集團工作。1982 年，傅向紅進入天主教華文小學念書。1988 年，入讀檳城最優秀的檳華女校並被分到理科班。1994 年，由於家庭經濟因素，未赴歐美留學，而到臺灣深造，先在僑生大學適應中文環境，隔年起在臺灣陽明大學醫學院的物理治療系就讀。1999 年，升入同校衛生福利研究所並取得碩士學位。2001 年返馬後，曾在新紀元學院等多間大專院校任教。中間一度成為待業中的「流浪教師」，2008 年在馬來西亞理科大學攻讀博士學位，曾任馬來亞大學馬來西亞華人研究中心研究員。

　　或許是因父親早逝，傅向紅母親對子女的教育非常嚴格，這對傅向紅的求學之路有重要的影響。同時，母親因為工作忙碌，無形中也給了傅向紅充分自由適性發展。母女相依為命，因此無論是性格、生活習慣都受到母親的影響。臺灣的求學經歷是她思想啟蒙的重要階段，彼時臺灣民主化進程正大步邁前，她不僅在臺灣老師的講授中獲取歐美民主、平等思想新知，更被鼓勵敢於挑戰權威及傳統，將所學知識及理論應用到社會實踐當中。從爭取大學女舍放寬管制等活動開始，傅向紅大學時期起就參與了不少被馬國華社視為離經叛道的社會活動，她的研究領域廣泛，對醫療史、性別、種族、政治議題有獨到的見解。歷年來，她以超過百篇的專欄文章評論公共事務，更是一位劍及履及的行動者。2006 年，傅向紅與友人發起運動阻止政府強拆雙溪毛糯麻風病院，努力保存古蹟，過程中所接觸相關人士及議題，讓她們開始挖掘 1969 年的「513 事件」族群衝突事件的口述歷史，並在 2020 年出版成《在傷口上重生：五一三事件個人口述敘事》[78] 一書。2018 年，她用三個月的時間拍攝了《五虎將》紀錄片，

78　五一三事件口述歷史小組，2020，《在傷口上重生：五一三事件個人口述敘事》，吉隆坡：文運。

將母親那一輩女性左翼人士被邊緣化的歷史呈現給公眾。傅向紅以文章、教學、紀錄片等方式，活躍於學界及社運領域，開闊公眾視野，對社會議題進行科學分析。

二、主要社會參與

（一）送給母親的禮物——《五虎將》

傅向紅的母親駱秀鳳出生於二戰前，年青時適逢反殖民主義、反帝國主義運動和全球左派運動正熾。她所在的鄉檳城又正好是馬來亞勞工黨的發源地，被視為是「社會主義陣線」的堡壘，駱秀鳳十八、九歲就加入了勞工黨。社會主義陣線組成多元，涵蓋中英文教育源流及不同出身背景，但其思想作風及外在行止皆深受文化大革命影響，逐漸走向「極左」的激進路線。

1951 年 5 月 15 日，馬來亞勞工黨創立於檳城，在國際冷戰的地緣政治背景下，勞工黨的政治路線在短短的二十年間，由親英反共的民主櫥窗、政治花瓶，轉向成為反殖親工農的民主社會主義政黨，其後在文化大革命影響下，更高舉毛澤東思想，從議會民主轉向群眾鬥爭。[79] 成為有力的反對黨之後，自然成為當局的眼中釘。馬印對抗時期，政府多次援引《內安法令》[80] 大舉逮捕勞工黨和人民黨所組成的「馬來亞社會主義陣線」成員，並在 1972 年吊銷勞工黨的政黨註冊。

在新馬兩地，關於勞工黨等左翼勢力的話題長期被視「禁區」，歷史課本上的描寫也是負面而模糊的。時代左翼人士後代成長的七、八十年代，左派運動早已被執政精英逐一瓦解。他們成長過程中所認識的父母輩，都是努力掙錢養家活口的長者，即

---

79 馬來西亞勞工黨黨史工委會，2001，《馬來亞勞工黨鬥爭史（1952-1972 年）》，檳城：馬來亞勞工黨黨史工作委員會。

80 馬來西亞「內安法令」，全稱「1960 年國內安全法令」，起源可以追溯到 1948 年英殖民政府為對付馬共而宣佈的緊急法令，是馬來西亞國內最受爭議的法令。內安法令最初是為了防止共產主義的威脅而制定的，在維護政治安全方面有過積極的作用，但經常被當權派用來對付政敵及反對勢力。依據馬來西亞憲法第 149 條而制定，其中用來對付馬共和其他危害分子的是第 8 條和第 73 條。

使有過政治牢獄，也很少在孩子面前提起。傅向紅對父母年輕歲月的了解，隱約來自父親留下的書籍和相簿，裡面存記著「華都亞也扣留營」政治犯營中的生活情況。直到九十年代，學界開始探索並談論這段塵封已久的往事，坊間也陸續出現文章、圖冊、書籍和紀念特刊。而傅向紅的父母都是馬來亞勞工黨黨員，作為學者及「左二代」，她認為自己有義務把這段歷史呈現出來。相比於靜態的文字與圖像，影像記錄除能保留口述內容，更呈現了當事者敘事時的肢體表情、語氣音調，以及無法透過文字充分表達的行為舉措，為日後的閱聽者保留下更多可供探尋的歷史資訊與線索，[81] 而這正是傅向紅以記錄片留下家族及左翼敘事的發想，她以三個月的時間與陳俊生導演合作完成了《五虎將》。

《五虎將》（圖 23-8）講述傅向紅的母親駱秀鳳以及陳淑芬、陳淑瑾、羅木蘭、鄭文潔等五位活躍於勞工黨檳州雙溪檳榔支部的城市女性工人故事。女性歷史是馬來西亞歷史中一個被長期忽略的面向，紀錄片主要捕捉了駱秀鳳、羅木蘭和陳淑瑾的生命故事，把觀看者的視線帶回 1960、70 年代，幾位女性以親身經歷將社會氛圍及華人政治實況娓娓道來。當時馬來亞社會正為爭取獨立和民主奮鬥，政局混亂，勞工黨「反帝反殖反封建官僚」的理念和社會主義道路有其群眾基礎，吸引了無數不怕犧牲，無私奉獻的熱血青年加入，「五虎將」就是其中的代表。她們受到文化大革命影響，追求女性陽剛化的「男女平等」。身為勞工黨黨員，她們一起辦活動、參加識字班，一起成長，收穫了近五十年的友誼，可以看出，這段歲月在這五位親歷者的腦海裡多數是美好回憶。

「五虎將」中的五位女性有著不同生涯發展，隨著社會發展趨向穩定，她們大都

圖23-8　紀錄片《五虎將》宣傳海報

資料來源：傅向紅提供。

81　劉維瑛主編，2016，《臺灣好說：臺灣女人影像記錄》：22，臺南：臺灣史博館。

回歸到平靜的日常生活，但仍時刻關注政治議題。傅向紅對於母親的這段故事有自己的想法，最初的一個角度，就是應用在臺所學的差異政治（Politics of Difference）去反思勞工黨的歷史。勞工黨的參與者與同情者大多為華人，當年勞工黨亦反對國語法案，要求教育平等，將華語列為官方語言之一進行抗爭，傅向紅認為這當中更多是民族主義的成分，非常排斥他們貶低其他族群的做法。但在博士論文寫作期間，她反省了上述想法，傅向紅認為看待事情的角度應該回到當時的政治語境，用當時的時代標準去衡量。確實從歷史研究的角度而言，總是要先弄清楚時空脈絡跟歷史事實，才能更進一步了解時人的情懷與選擇，也才能做出比較貼近真實的闡釋及有意義的分析。

《五虎將》呈現左翼青年對追求崇高理念的熱情，填補了漸被遺忘的歷史，也讓馬來西亞人認識到，曾經有一批熱血女青年為了國家發展及社會公義投身街頭運動。放眼國際，同一時期在美國也誕生了一批受到共產主義啟發，自稱為激進女性主義者（radical feminists）[82] 的年輕左派女性，她們提出「個人的即政治的」，將隱藏於私領域、從未受到質疑、男駕馭女的權力關係攤在陽光下，變成了可以公共討論的政治議題。[83] 而當時的勞工黨的女性黨員也開始關注「同工不同酬」議題，性別意識有所覺醒，但《五虎將》中的女性在敘述自己的生命故事時，往往會與黨的歷史重疊，甚至黨性高於一切。反觀當代的馬來西亞政府，為了體現男女平等、鼓勵女性參政，提出了 30% 固打制（比例保障名額）的政策，以期提高女性參政比例，在政策、法制面維護女性權利，但這種做法並不能保證女性權利的提升，更多時候流於形式主義。事實上，女性本身的性別意識的覺醒更為重要。當被問到母親的影響時，傅向紅談到：

> 我留臺之前，母親還說「不要去參與政治」。當時我根本不了解，什麼是「政治」，也不明白她為何這麼說。是去了臺灣唸書後，才慢慢有政治啟蒙。不過九零年代的臺灣知識運動和民主化運動，跟六零年代的馬來亞或馬來西亞差異很大，至少我們不像她的世代那樣讀《毛語錄》，我們吸收的是經過臺灣轉譯的各種西方文化和

---

82 首先提出女性觀點的社會分析，解析父權體制，大膽質疑文化常規，取回身體自主權是她們的重要主張。

83 王瑞香等著，2019，顧燕翎主編，《女性主義理論與流變》：18，臺北市：貓頭鷹出版。

知識。她的世代還相信權威，特別是共產黨和左派的權威，我對權威是永遠保持懷疑。其實我對社會運動的興趣，母親的影響很小，臺灣的經歷才比較關鍵。另外，她和她的世代，雖然很多宣稱自己是左派、社會主義者，但其實很多時候更像是民族主義者，對日益複雜的議題其實沒有什麼反思和分析能力，特別是國際政治，她只能單方面接收中方的訊息，而不會主動參照不同的觀點。[84]

　　人人身上都有時代的印記，每個家庭也都有自己的故事。傅向紅表示出身左翼家庭並未為她帶來負面影響，但也有些家庭受到社會對這段歷史的負面評價影響，並不希望提及父母參與社會運動的往事，導致很多「老左」與子女產生隔閡。為了讓社會更加瞭解和正視歷史，也希望能為自己的父母書寫歷史，《五虎將》結合人物訪談與衝擊性的圖像，故事流暢精彩，播放後得到了很多年輕人的熱烈反響，經歷過這段時期的「老左」們也感到非常自豪（圖 23-9）。紀錄片並沒有辦法改變已發生的歷史，但至少這份記憶因此能與更多人分享，讓他們瞭解其中的不凡及意義。

圖23-9　《五虎將》在檳城放映時的情況

資料來源：本研究拍攝。

84　引自訪談紀錄 PH20200602。

（二）作為學者的責任感

1994 年，高中畢業的傅向紅正在思索升學管道的選擇。然而，種族問題一直存在馬來西亞，政府為了維護「土著權力」，提出了「馬來人優先」原則，使他們在政治、經濟和教育上享有特權。1971 年頒佈「大專法令」，1978 年出臺「固打制」，使大批優秀的非土著（華裔、印裔及其他非土著少數族裔）難以進入本國大學，即便順利入學，熱門的科系和獎學金也會優先考慮馬來人，這種教育的不平等使華人大多選擇出外留學。家境普通的傅向紅未到歐美國家深造，而是選擇了向來重視華僑教育且解嚴不久後的臺灣。1990 年代，臺灣社會被壓制已久的民間力量在政治民主化、經濟全球化的進程下得到釋放，不同立場對於各種議題的爭辯，可謂百花齊放。傅向紅留臺期間也適逢大批學者從歐美留學回臺任教，帶來前沿理論知識，鼓勵學生獨立思考、質疑權威，將所學具體實踐到生活當中，傅向紅的性別意識也在此得到啟蒙，比如為女生宿舍爭取彈性的門禁時間等等。在老師的鼓勵下，她也以文章、大字報、參與遊行等方式參與到兩性平權等社會運動，親身體驗臺灣正在成長活絡的公民意識。

> 我其實並沒有參與什麼社會運動，不論是在臺灣或回來馬來西亞都沒有，更多時候是書寫文章，以論述介入社會議題，扮演釐清議題的角色。以論述介入社會議題，是一種社會參與方式……但所謂的實踐，不應該只限於搞組織、搞動員，一個社會運動如果沒有好的論述，就會盲目沒有方向。以論述介入社會這種模式，也是從臺灣觀察學習來的。留臺的時候剛好是臺灣解嚴後，各種社會力量釋放的時代，知識界非常有活力，有很多很精彩的黨外雜誌和文化運動雜誌，比如《當代》、《島嶼邊緣》等等，報章媒體上也有很多精闢的評論文章針砭時事。[85]

因所學專業的緣故，傅向紅長期關注社會福利和醫療衛生議題。她的研究取向深受已有數十年發展積累的醫療社會學與性別議題的跨學科研究影響。[86] 其碩士論文

---

85 引自訪談紀錄 PH20200602。

86 劉仲冬，1995，〈醫療社會學、女性、歷史研究〉，《近代中國婦女史研究》，3：205-206。

探討在全球化發展過程中,各國生產人口的自殺率是否會因為發展程度和福利制度而有所不同,其中也對比男女自殺率差異。[87] 隨後傅向紅以一系列文章闡明自己對馬來(西)亞的醫療產業的想法。透過「生命政治」(Bio-politics)[88] 和後殖民研究的概念來探究二戰後的馬來(西)亞家庭計畫的發展,指出這一時期的「家庭計畫」不僅是精英打造國家、國族形象的場域,也是馴化國民身體的手段。她在回顧醫療產業演變時指出,馬來西亞體現的是權力強大但理性規劃能力不足的威權國家與醫師利益壟斷的公民社會,而不是一個民主政治與理性決策的過程,她認為社會階層分化會使不同利益團體之間的衝突更加激烈,對民主政治的追求更加迫切。[89] 在傅向紅的文章裡,醫療衛生不是最終的研究目標,她將國家、性別、公民社會等概念結合在一起進行分析,討論醫療領域所體現的民主政治和性別意識。

傅向紅將在臺灣學到的觀念和分析方法帶回馬來西亞,對社會現象進行反思。回國後,她曾在新紀元學院等民間大專院校任教多年,授課量很大且待遇並不優渥,也很難有時間閱讀、思考和進行研究;從學生分享知識的過程中得到好的反饋是唯一欣慰之事。在博士畢業到取得專任教職之間,傅向紅有一段時間處於待業的「流浪博士」狀態。這兩年裡,沒有體制內的束縛,沒有生產論文的壓力,反而可以做自己感興趣的研究,例如關注外籍移工、馬來西亞的家庭計畫、醫療史等各種議題,到處走訪調查。縱使如此,她也明白要做好學問,確實需要制度性的支持和資源。但由於馬來西亞長期的威權政治及公務體系保守心態所造成行政偏差,國立大學及科研機構人

---

87 傅向紅,2001,《自殺與經濟發展的跨國比較:性別與全球市場觀點》,臺北:國立陽明大學衛生福利研究所碩士論文。

88 法國學者福柯提出的概念,用以闡明現代國族國家受生物醫學滲透、指引的政治。預設身體的馴化和治理為現代國家治理術的重要構成之一,並視生物學和醫學知識為重要的治理技術,再透過公共衛生、健康教育宣導等政策、制度達致對國民身體的規訓。轉引自傅向紅,2017,〈國族、身體與性別:戰後馬來(西)亞醫學、家庭計畫與生命政治,1945-1984〉,楊潔、張溦紟主編,《眾女喧嘩(貳)——從性別政治到生命敘事》:127-137,吉隆坡:吉隆坡暨雪蘭莪中華大會堂婦女組。

89 傅向紅,2007,〈馬來西亞的醫療產業發展——試析私營化政策下的國家與利益團體〉,祝家華、潘永強主編,《馬來西亞國家與社會的再造》:319-338,吉隆坡:新紀元學院,南方學院,隆雪華堂聯合出版。

員的聘用極不透明，最終決定權落在直屬中央政府的公共服務局，對學術自由和多元性傷害很大。比如臺灣的文憑就不被公共服務局承認，無法以臺灣學歷成為國立大學的永久職員或公務員，只能出任每年更新合約的脆危智力勞動者，永遠游離在學術底層。

進入國立大學從事教學研究工作後，雖然職務並不算特別穩定，但授課數合理，較有空間發展自己的興趣。為了獲得知識上的滿足，傅向紅除了積極上網接收國外的新知，也依憑自己的人脈參與一些本地的人文社團，比如檳城的共思社、吉隆坡的亞答屋圖書館等體制外知識青年群體。她同時繼續秉持在臺所學的師生平等的觀念，直接向自己的學生強調可以直呼其名，不需要特意加職稱或敬稱來稱呼她：

> 在臺灣能學習到如何比較平等地看待自己跟同僚、同儕的關係，自己跟上一輩，比你年輕的人的關係，你會希望用比較平等的方式來看待而不是去服從於這個社會已經有的階層化的邏輯。沒必要把我的學位掛在我的名字後面，這對我來說，那個是我自己很不自在。但不自在是一回事，但社會對我的期待不覺得我是一個有學位的人那是另外一回事。[90]

但令她失望的情況也會存在。不時會遇到男性同僚使喚女性同僚倒茶，在馬來亞大學校園、課堂出現的中年男性會很自然地被認為是博士、教授，然而面對女性教員，卻會驚訝你是博士或者根本沒有想到你擁有高深的知識，常常出現只稱呼校園中的女性「小姐」而不稱「博士」的現象。傅向紅對於女性投身職場的觀察是：

> 歧視相比於幾十年前來講的話，現在當然是好很多，但是對於女性角色的期待我覺得改變不大。它還是期待你結婚生小孩，這個期待其實沒有改變，你如果要外出工作的話，我覺得整體的社會並不會阻止你，但是你要想辦法能夠兼顧，你沒有辦法兼顧是你的問題。[91]

---

90 引自訪談記錄 PH20181208(b)。

91 引自訪談記錄 PH20181208(a)。

　　即使現代女性的自主權變大了，女性可以自由選擇自己的職業，但是社會和家庭對女性的期待與傳統相比並沒有多大的改變，它們更期待女性在做到「好員工」的身份外，還要履行好「妻子」、「母親」的職責，相比以前，女性的負擔可能更重了。

　　提起在大學工作，傅向紅認為當代在馬來西亞大學教職勞動條件日益惡劣，學術界強調量產論文，這非但不能給機會年輕學者去積累經驗、形成自己的知識體系，對女性學者也特別不利。越來越多的女性面對工作上的壓力也會選擇不婚不育或晚婚晚育。同時在「大專法令」的控制下，大學學者的公共參與受到限制，馬來西亞政府更願意聘用服從體制安排的人任職。想要改變僵化的體系、挑戰權威、提出反對的聲音的可能性變得越來越小，導致一些有爭議性的議題討論如：性別、種族等議題逐漸消失，隨之出現知識斷層，作為學術領域裡面的女性專業人員，傅向紅不僅感到失望，同時也對馬來西亞的學術前景感到擔憂。在談到何以涉獵的研究領域如此寬泛時，傅向紅指出：

> 一部分當然是我的研究興趣確實是很廣，但主要還是職場的勞動條件非常惡劣，很多工作現在特別是學界的工作都是合約式的，那你就看哪裡有工作你去，不可能讓你做你喜歡做的事情，你一定要符合他們的要求或多少做一下。其實現在我是在華人研究中心，可是我真正的研究興趣是在醫療史，早期的話確實我對性別是很有興趣的，這幾年比較專注在醫療史。[92]

　　但知識份子就是具有能力「向（to）」公眾以及「為（for）」公眾來代表、具現、表明訊息、觀點、態度、哲學或意見的個人。而且在扮演這個角色時必須意識到其處境就是公開提出令人尷尬的問題，對抗（而不是製造）正統與教條，不能輕易被政府或集團收編，其存在的理由就是代表所有那些慣常被遺忘或棄置不顧的人們和議題。[93]1969 年的大選中反對黨所得的國會議席衝破了聯盟議席的三分之二的優勢及數州的

92　引自訪談記錄 PH20181208(a)。

93　單德興譯，Edward Wadie Said（薩義德）著，陸建德校，2013，《知識份子論》：17，北京：生活・讀書・新知三聯書店。

政權，導致 5 月 13 日爆發了有組織的種族暴力衝突，官方資料顯示，這場暴動造成近兩百人死亡，當中 70% 是華人。位於雙溪毛糯麻風病院外的一個墳場裡安葬的大多是當年五一三暴動的死難者，但由於曾是麻風病隔離區，此間歷史向來鮮為人知。2006 年，聽到墳場被人佔用，傅向紅來到雙溪毛糯「五一三墓園」進行田野調研，她在記錄墓碑資訊時發現，這裡的墓碑很不一樣，使用假名的情況很普遍，有的甚至連名字、祖籍都沒有，顯見死者身份敏感，後代諱莫如深。傅向紅認為，死難者和家屬的故事被迫隱而不見是一種暴力。事實上，家屬如何面對創傷的個人及家族敘事，相比於國家及族群幾乎是失語的，也很難得到療癒。對此，為了能夠採訪到死難者家屬，她曾獨自一人在清明節前後蹲守在墓園裡，希望能夠收集到關於死難者以及其家屬的故事。

雙溪毛糯麻風病院是馬來西亞歷史進程的見證，對人類醫療史也有突出的貢獻和意義，院外墓地更涉及到攸關馬來西亞政治重大轉折的「五一三事件」，有必要使公眾正視此一史蹟的保存及背後的歷史意涵。得知政府打算拆除麻風病院改作他用後，她和吉隆坡暨雪蘭莪中華大會堂人員以及關心這次事件的青年們組成小組，號召保護重要古蹟、搶救「希望之谷」行動（圖 23-10）。他們以一系列行動，引發輿論對雙溪毛糯麻風病院社區的古蹟保護議題的關注，共同討論麻風病院社區的價值，雖然麻風病院最古老的一片區域已拆除，但保院運動還延續著，未被拆除的社區建築，得以在 2011 年時獲政府宣佈保留作為國家文化遺產。[94]

知識份子的職責不是成為政府政策的永恆批評者，而是時時維持警覺狀態，永遠不讓似是而非的事物或約定俗成的觀念牽著走。[95] 疫情期間，國家防疫措施對「外國人」非常不友善，傅向紅曾多次透過線上講座社交媒體為弱勢發聲，反對歧視移工及難民。傅向紅指出，即使在疫情期間，馬來西亞的政治格局還是停留在過去的菁英博弈和侍從主義模式：

---

94 當今大馬，2016，〈翠鳥蟲鳴希望人間──雙溪毛糯麻風病院社區的故事〉，網址：https://www.malaysiakini.com/news/348070，查閱時間：2019/2/23。

95 單德興譯，Edward Wadie Said（薩義德）著，陸建德校，2013，《知識份子論》：26，北京：生活・讀書・新知三聯書店。

圖23-10　傅向紅與合作夥伴合影於雙溪毛糯麻風病院（2018）

資料來源：傅向紅提供。

「但由於執政黨的防疫策略一再失誤，導致疫情嚴峻、民不聊生，民間怨氣和怒氣都很深。然而由於疫情惡化加上緊急法令的限制，民間只能依賴網路發洩怒氣和不滿，民怨到底是會導向渴望回歸更加威權的治理，還是導向民主轉型、突破族群威權體制，仍有待觀察」。[96]

作為學者，傅向紅一直心繫國家發展，積極向社會發聲。

三、小結

從小在單親家庭成長，父親的缺席讓傅向紅在性格有較為強勢的一面，但沒有對她造成更多的負面情緒。雖然母親文化程度不高，對她的教育卻非常嚴格。在去臺灣

96　引自訪談記錄 PH20210703。

之前，母親特意囑咐她不要搞政治，這句話讓她印象深刻。在她完成學業，接受了不同的知識養分並形成了自己的價值觀後，卻發現自己與上一代之間的鴻溝越來越大，以至於母親認為供她念完博士，反而整天批評和忤逆自己的母親。她尊重自己的母親，只不過在談論到一些傳統觀念比如結婚生子時，兩人會有爭辯，而傅向紅也會堅持自己的想法。

如前所述，留學臺灣期間受到的學術訓練及性別意識啟蒙，一直貫穿在她的社會參與當中，成為重要的理論資源。論述與政策分析是傅向紅的社會參與的主要途徑，她每年平均要寫八到十篇專欄文章，偶而也會支援朋友舉辦組織活動或幫忙宣傳，甚至也參與電視、電臺的評論節目。回顧自己多年來的行動，傅向紅認為她的文章，在議題及政策分析方面，能夠幫助讀者打開視野。過去幾年工作不穩定加之教學研究的壓力，使她覺得很多事情不在自己的掌控之內。好在 2019 年她受聘回母校馬來西亞理科大學政治系任教，得以在更穩定的環境中一展長才。

1917 年，韋伯（Max Weber）「以學術為業」的演講裡就提到關於學術生涯的外部條件，認為運氣和機遇在一位大學教師的職業生涯裡起著不同尋常的作用，他把學術生涯比喻成是一場魯莽的賭博，現實中只有極少數的年輕學者能夠無動於衷地忍受**「年復一年看著平庸之輩爬到頭上去，既不怨恨也無挫敗感」**。[97] 傅向紅的經歷顯示，在當今社會，大學教師面臨許多的限制和挑戰，但韋伯也說過，如果沒有被所有局外人所嘲諷的獨特的迷狂，沒有這份熱情，這個人便不會有科學的志向，他也不該再做下去了。[98]

作為一個學者，傅向紅對自己的事業充滿熱情，沒有局限於單一的研究領域，既關注熱點話題更關心邊緣體群，她了解語言的力量，知道如何以論述介入社會發展，這是知識份子行動的兩個必要條件。[99] 在展開議題分析討論之前，傅向紅相當注重田

---

97 馮克利譯，Max Weber（韋伯），2016，《學術與政治》：20-23，北京：生活‧讀書‧新知三聯書店。

98 馮克利譯，Max Weber（韋伯），2016，《學術與政治》：24，北京：生活‧讀書‧新知三聯書店。

99 單德興譯，Edward Wadie Said（薩義德）著，陸建德校，2013，《知識份子論》：23，北京：生活‧讀書‧新知三聯書店。

野調查，而不是躲在學術的象牙塔裡「創作論述」，她嘗試接觸不同階級的群體，瞭解真實的情況，通過文字更新讀者對於社會議題的認知。除了寫文章，傅向紅也面向公眾開設免費課程或講座，讓更多的人能夠了解社會議題，一起討論、交流彼此的想法。無論是哪種方式，傅向紅都希望以此來影響群眾，促使他們和社會產生更多聯結並有所行動，從而讓馬來西亞變得更好。

　　傅向紅長期在學術圈奮鬥，教研生涯雖非一路安穩平順，卻也讓她能夠免於體制的馴化，保有批判精神。值得注意的是，她研究的議題與性別、社會發展議題緊密結合，她本身也心繫國家發展，不時走出學術象牙塔，敢於提出不同的想法，這是公民的素養，也是學者的品質。

伍、比較與討論

　　發表於七十多年前的〈當前馬華智識婦女的任務〉一文疾呼「**為了實現民主自由的新馬來亞，為了爭取婦女的真正解放，馬華的知識婦女應負起這個重大的任務，英勇地站立在鬥爭的最前線**」，同時主張知識女性應積極團結各界婦女，為現實民主制度而奮鬥，投入識字掃盲、灌輸新智的啟蒙工作等。[100] 由此觀照當代馬來西亞華人女性知識份子的社會參與，可知這些主張並未過時，或許兩者所面對的具體情境及傳遞新知的方式有所不同，但理念則多有延續及相通之處。

　　楊潔與傅向紅相差十歲，基本上屬於不同世代，所學領域及關注的議題也不盡相同，但她們在民主轉型時期的馬來西亞，皆以自己的方式積極參與社會事務，跳脫華人對女性的角色設定，且兩人表現傑出，令人印象深刻。兩人自臺灣學成歸國以來的生命經驗有著以下相近之處（表 23-1）。

　　首先，兩人的成長背景相似，都生長在不算富裕的華人家庭裡，並接受良好的教育。但兩人皆不認同「重男輕女」、女人就應該結婚生子的觀念。

　　其次，兩人的學習背景相近，大學階段都選擇到臺灣念書，屬於高學歷的知識份

---

100 應敏欽，1946，〈當前馬華知識婦女的任務〉，《新婦女》1：5-6。

子，其性別意識及社會參與在臺得到啟蒙，並逐漸形成了自己的理念。

第三，兩人皆熱衷於參與社會事務，發揮自身專長及能量。華裔僅占馬來西亞總人口五分之一，華人女性更處於弱勢的一群，結構與制度性的歧視，使得族群及性別問題不斷浮出檯面，推動民主轉型雖然不是最終的解方，卻是正確的道路。當代女性身居廟堂、身兼數職的斜槓生涯不再遙不可及，並且在鼓勵女性維護自身權利的國際大環境下，楊潔和傅向紅也都有一群志同道合的夥伴相互扶持，共同推動社會發展。

第四，兩人都面臨資金不足或工作不穩定的挑戰。工作坊資金緊張，為了持續運作，楊潔不得不同身兼多份工來補貼。傅向紅一度成為「流浪教師」在各大專大學兼課以維持生計及研究能量。縱使如此，但兩人對社會事務的熱情未有稍減，仍盡全力去拉近自己與目標的距離。

表23-1　楊潔與傅向紅的社會參與

楊潔（1985~）	時間	傅向紅（1975~）
	1975	出生於馬來西亞檳城。
	1982	入讀天主教華文小學。1988年。
出生於馬來西亞砂拉越詩巫，在當地華文中、小學完成學業。	1985	
	1988	入讀檳城檳華女校並被分到理科班。
	1994	赴臺深造，入讀僑大先修班。
	1995	臺灣陽明大學醫學院的物理治療系，性別及社會意識得到啟蒙。
	1999	升入陽明大學的衛生福利研究所。
	2001	
因其華校情節選擇入讀新紀元學院媒體研究系。	2002	返馬在新紀元大學學院等大專院校任教。
	2003	
	2004	

楊潔（1985~）	時間	傅向紅（1975~）
因為經濟因素及想深造人文領域而選擇赴臺灣留學，入讀世新大學口語傳播系，性別及社會意識受到啟蒙。	2005	待業成為「流浪教師」
	2006	進行雙溪毛糯麻風病院及院外513墓園田野調研查。
	2008	
入讀臺灣大學社會學碩士班吸收各種知識養分，逐漸形成自己的一套理念。	2009	進入馬來西亞理科大學攻讀博士學位。
回到馬來西亞，進入有在野政黨背景的媒體工作；經歷了人生第一場社會運動。	2011	
「505大選」中成為活躍在競選前線、共同創辦《街報》。	2013	
	2014	完成題目為二戰後西馬公共衛生和醫療的文化政治的博士論文，取得博士學位。
共同創辦「之間文化實驗室」	2015	
	2017	擔任馬來亞大學馬來西亞華人研究中心研究員。
	2018	拍攝紀錄片《五虎將》
	2019	任教於馬來西亞理科大學政治學系。
擔任新紀元大學學院專任講師	2020	

資料來源：本研究整理。

　　至於兩個個案的差異之處，也十分有趣而值得玩味。首先，傅向紅的家庭背景，讓她好奇並關注起原先並不甚了解的馬來（西）亞左翼運動史，也因此籌拍了有家族懷舊及致敬意味的紀錄片《五虎將》。但她也提到，由於成長階段長輩們對「政治」諱莫如深，她對社會運動的興趣很少受到來自母親的影響。她也發現母親的世代雖宣稱自己是左派、社會主義者，更多時候其實是熱情的華人民族主義者，偏向單方面接收來自華社及中國方面的訊息，也更相信共產黨權威和左派意識形態，較少主動接觸

並參照其他觀點。雖然同樣反對壓迫，但傅母當年參與勞工黨和社會主義陣線的方式，主要是組織和動員，或許激昂的氛圍及時代條件限制了閱讀和思考。但傅向紅生活的年代及在臺灣所受的學術訓練，讓她在面對日益複雜的社會議題時，更強調反思和分析，也總是挑戰權威。楊潔來臺就學的年代，臺灣已經走過一波民主化進程，漸漸走向更成熟的公民社會，甚至原本「僑生」、「華僑」的概念也在此時期轉為「留臺生」、「留臺人」。對於社會事務的參與除了上街頭示威抗議，也包含許多帶有文青風格及生活情調的社會創新，更能引發有著不同身份建構／認知的境外生之共鳴。相較於傅向紅主要透過面向大眾的論述來實踐理念，楊潔的社會參與更多指向以小規模「焦點團體」的手作體驗方式來傳達。楊潔除了與母親同是媒體人，更在後來的反思中意識到，父母的彼此尊重及母親對於自身事業的追求，其實對她性別意識及社會意識的養成有著潛移默化的作用。

其次，身處的時代背景及教育情況的差異，也會影響女性社會參與的選擇。兩人年紀相差十歲，所處的政治社會環境之差異或許不是那樣明顯，但相比其他世代及教育背景的華人女性，她們所受到的家庭跟婚姻的束縛較小，能依自我意願過著想要的生活。她們的母輩及未進入研究所深造的同輩，更多選擇進入家庭，或投入高收入的穩定工作。傅向紅長期在大學任教，很明顯地影響其社會參與的風格，她所投身的並不是屬於傳統意義上的社會抗爭或組織性社會運動，而是透過論述及對話，試圖引領價值判斷。所學專業及優異的英語能力，也讓她對話的社群更為廣寬。楊潔也在所學專業領域兼課，並開始在大學專任講師，同時有意進修博士，但在取得博士學位前，她的社會參與會否從以華社青年為對象的多元實作轉向如傅向紅般的以研究為主的論述創造，以及未來如何進一步吸收轉譯華人社會、西方文化及其他非主流論述，強化對其他友族社群的影響，仍有待觀察。

第三，關於「在地」實踐的差異。傅向紅與楊潔分別來自檳城及詩巫，兩地都是華人聚居的城市，但她們主要從事教學研究、田野調查及社會活動推廣的地點，都相對集中在馬來西亞首都吉隆坡，也就是說影響她們及受她們影響的，都會是首都的文化圈。傅向紅 2020 年回到自己及母親的出生地檳城的母校任教，楊潔則暫未有回鄉發展的打算。她們的社會實踐如何在家鄉及首都以外的地方進一步開展？形式是否有差異？暫時只能是假設性問題。另在疫情的影響下，傅向紅的社會參與仍以講座及評

論為主，沒有太大變化。楊潔則調整原先以討論會、手工坊為主的社會推廣方式，轉而透過影片製作及線上平臺來發揚理念。

以東南亞女性政治精英的視角或傳統華人社會對於女性的期許而言，本文的研究對象或許稱不上「典型的」成功人士；她們也沒有像一些女性長輩般，選擇基進政治的道路，其主要的社會參與形式，更非嚴格意義上的社會運動，卻不減損其貢獻。特別值得關注的是，來臺學習深造的跨國移動經驗，為她們提供了一個相對自由的思考及實作空間，與臺灣學界及民間團體的綿密互動，也使她們更像是一個發揮轉譯作用的觸媒—將新知帶回自己的國家，將所學轉化為一種能動性，幫助社會變得更好。無論是楊潔以手作布衛生棉、成立圖書館等方式構建社群或網路；還是傅向紅以學術研究及論述介入公共事務，她們都積極透過討論和交流，深化公眾對於社會議題及邊緣群體的認識，哪怕只帶來一丁點改變，都是理念的實踐，推動著社會的進步。本文的個案研究，呈現了當代馬來西亞華人女性社會參與的一些特質及影響因素，但類型還不夠充分，特別是那些活躍在商業、法律、科技領域的華人知識女性仍然值得我們關注，未來若能進一步開展馬來（西）亞不同時期之間的、與自其他國家留學歸國的、或是與東南亞其他國家華人女性社會參與進行比較，當能對此一領域有所充實。

從楊潔和傅向紅到目前為止的生命經驗來看，她們勇於突破華人社會對女性的束縛，發揮所學、綻放能量，成為跨國、跨文化理念的傳播者。基於各種原因，並不是每一位華人女性都會選擇參與社會活動來實踐自己的理念、經歷自己的人生。因此兩人的經歷既有獨特性，也相當程度反映出馬來西亞新一代華人女性知識份子，正用實際行動向社會展示女性力量及參與公共議題的重要性。她們以更加包容的心態及靈活的作法來參與社會事務，如同她們的前輩般，起到激勵著其他女性的示範作用。

參考文獻

五一三事件口述歷史小組，2020，《在傷口上重生：五一三事件個人口述敘事》，吉隆坡：文運。

方雄普，2005，《華僑婦女舊聞錄》，香港：香港社會科學。

王瑞香等著，顧燕翎主編，2019，《女性主義理論與流變》，臺北：貓頭鷹。

石滄金，2005，《馬來西亞華人社團研究》，北京：中國華僑。

朱海忠，2011，〈西方「政治機會結構」理論述評〉，《國外社會科學》，6：9-17。

衣若蘭，2017，〈論中國性別史研究的多元交織〉，《近代中國婦女史研究》，30：167-212。

何炳彪主編，2010，《林孝勝卷——新華研究：幫權、人物、口述歷史》，新加坡：新加坡青年。

吳玫、葉琳，2019，〈根植在大馬的土地上：馬來西亞華文媒體人的口述故事〉，《全球媒體學刊》，2：81-98。

李球，1946，〈馬華婦運的產生和發展〉，《新婦女》1：2-3。

林玉玲著，張瓊惠譯，2001，《月白的臉：一位亞裔美國人的家園回憶錄》，臺北：麥田。

林遠輝、張應龍，1991，《新加坡、馬來西亞華僑史》，廣州：廣東高等教育。

紀元文、李有成主編，2011，《生命書寫》，臺北：中央研究院歐研究所。

陳映芳、趙曄琴、魏莉莉，2001，《婦女社會參與與婦女發展》，上海：上海古籍。

陳愛梅，2009，〈性別角色與國族建構：華人女性社會與經濟角色之轉變〉，文平強編，《馬來西亞華人與國族建構——從獨立前到獨立後五十年上冊》，頁303-320，吉隆坡：馬來西亞華社研究中心。

拉希瑪‧阿卜都拉‧阿齊茲，2005，〈馬來西亞婦女的社會參與——其作用的變化與問題〉，《南洋資料譯叢》，1：58-66。

范若蘭，1999，〈高等教育對東南亞婦女的影響——東南亞婦女參與高等教育研究〉，《東南亞》，4：58-62。

范若蘭，2005，《移民、性別與華人社會：馬來西亞華人婦女研究（1929-1941）》。北京：中國華僑出版社。

范若蘭，2015a，〈馬來西亞華人女性權力參與試析〉，《華僑華人歷史研究》，1：1-10。

范若蘭，2015b，〈東盟國家威權統治時期女性政治參與探析〉，《廣西民族大學學報》，2：115-120。

范若蘭，2015c，《東南亞女性的政治參與》。北京：社會科學文獻。

范若蘭，2019，〈紅顏禍水？──二戰前新馬華人女招待的汙名與困境〉，《華僑華人歷史研究》，1：76-83。

范若蘭、饒丹揚，2020，〈新媒體與馬來西亞淨選盟運動〉，《東南亞研究》，5：71-92。

海，1960，〈從婦女憲章談到婦女問題〉，收錄於編輯委員會，《汎星各業職工聯合會慶祝五週年紀念特輯》，新加坡：汎星各業職工，頁 56；58。

傅向紅，2001，《自殺與經濟發展的跨國比較：性別與全球市場觀點》，臺北：國立陽明大學衛生福利研究所碩士論文。

傅向紅，2007，〈馬來西亞的醫療產業發展──試析私營化政策下的國家與利益團體〉，祝家華、潘永強編，《馬來西亞國家與社會的再造》：319-338，吉隆坡：新紀元，南方，隆雪華堂。

傅向紅，2017，〈國族、身體與性別：戰後馬來（西）亞醫學、家庭計畫與生命政治，1945-1984〉，楊潔、張溦紟編，《眾女喧嘩（貳）──從性別政治到生命敘事》：127-137，吉隆坡：吉隆坡暨雪蘭莪中華大會堂婦女組。

勇士，1964，〈明辨歷史根源提高星馬婦女地位〉，馬人民社會主義陣線婦女組編，《三八‧紀念婦女節特刊》：6-7，新加坡：馬來亞人民社會主義陣線祝婦女節委員會。

馬來西亞勞工黨黨史工委會，2001，《馬來亞勞工黨鬥爭史（1952-1972 年）》，檳城：馬來亞勞工黨黨史工作委員會。

張琬琪，2017，〈性別平等與可持續發展目標〉，《婦研縱橫》106：8-15。

傅慧明，1995，〈東南亞婦女運動淺析〉，《東南亞縱橫》，1：52-54。

黃盈盈，2018，《性／別、身體與故事社會學》，北京：社會科學文獻。

楊潔、張溦紟編，2017，《眾女喧嘩（貳）──從性別政治到生命敘事》，吉隆坡：吉隆坡暨雪蘭莪中華大會堂婦女組。

劉仲冬，1995，〈醫療社會學、女性、歷史研究〉，《近代中國婦女史研究》，3：205-215。

劉維瑛主編，2016，《臺灣好說：臺灣女人影像記錄》，臺南：國立臺灣歷史博物館。

鄭宏泰、黃紹倫，2014，《婦女與家族企業》，商城記：香港家族企業縱橫談，香港：中華。

謝冰瑩，1961，《馬來亞遊記》上集，臺北：海潮音。

應敏欽，1946a，〈當前馬華知識婦女的任務〉，《新婦女》1：5-6。

應敏欽，1946b，〈公民權與馬華婦女〉，《新婦女》4：4-6。

戴小華，2001，〈戴小華談馬來西亞女性〉，《東南亞縱橫》，6：18-20。

瞿海源等主編，2013，《社會及行為科學研究法（二）質性研究法》，北京：社會科學文獻。

羅梅，1995，〈致力於社會福利事業的東南亞婦女〉，《東南亞縱橫》，1：55-56。

Edward Wadie Said（薩義德），單德興譯，陸建德校，2013，《知識份子論》，北京：生活‧讀書‧新知三聯。

ÉliseThébaut（艾莉絲‧迪艾波），劉允華譯，2018，《月經不平等：一段女性身體的覺醒之路》，臺北：木馬。

F‧多德，李國強編譯，1994，〈馬來西亞婦女的經濟地位〉，《婦女研究論叢》，51-54。

Friedrich Von Engels（恩格斯），張仲實譯，1956/1884，《家庭、私有制和國家的起源》，北京：人民。

Max Weber（韋伯），馮克利譯，2016，《學術與政治》，北京：生活‧讀書‧新知三聯。

巴素（Victor Purcell），劉前度譯，1950，《馬來亞華僑史》，檳榔嶼：光華日報。

田中光，桑田德譯，2017，《從安妮到靠得住：從禁忌到全球大生意，生理用品社會史》，新北市：遠足。

芭芭拉‧沃森‧安達婭（Barbara Watson Andaya）、倫納德‧安達婭（Leonrad Andaya），黃秋迪譯，2010，《馬來西亞史》，北京：中國大百科全書。

Aurangzaib Alamgir. 2014. Islam and Women's Rights: Discourses in Malaysia. *Procedia: Social and Behavioral Sciences* 114:872-876.

Chan Lean Heng and Molly N. N. Lee. 2018. *Ordinary Women, Extraordinary Lives: Everyday Stories of Inspirational Women*. Penang: Clarity Publishing.

Jim Baker. 2014. *Crossroads: A Popular History of Malaysia and Singapore*. Singapore: Marshall Cavendish.

Sonia Bhalotra , Rachel Brule, Sanchari Roy. 2018. Women's inheritance rights reform and the preference for sons in India, *Journal of Development Economics*, pp. 1-15.

Wooi Han Lee and Mei-Hsien Lee.2019. An Alternative Subjectivity: A Case Study on Elite Muslim Women in Malaysia. *Taiwan Journal of Southeast Asian Studies*14(1): 5-48.

人民日報，〈全球通用表情包將增加月經表情，最快今年春季上線〉，網址：

http://baijiahao.baidu.com/s?id=1626409664962882129&wfr=spider&for=pc&isFailFlag-1，查閱時間：2019/2/25。

中華婦女網，〈歷次世界婦女大會情況〉，網址：http://www.women.org.cn/art/2016/1/5/art_235_103543.html，查閱時間：2018/10/12。

海外網，〈92 歲馬哈迪贏得馬來大選將終結現政權 60 年歷史〉，網址：http://www.sina.com.
　cn/midpage/mobile/index.d.html?docID=haichqz3155322&url=news.sina.cn/gj/2018-05-10/
　detail-ihaichqz3155322.d.html，查閱時間：2019/2/15。

黃進發，〈黃進發／緊急狀態、選舉恐懼與政治疲憊〉，《當代評論》，網址：http://
　contemporary-review.com.my/2021/02/03/1-333/，查閱時間：2021/7/3。

楊潔，〈月經檢查與強暴笑話：大馬校園性騷擾的「歧視檢討哈哈鏡」〉，《轉角國際》，網
　址：https://global.udn.com/global_vision/story/8664/5498954?fbclid=IwAR2nxYDEofd8JuCD
　0N1L_Ciw_wqGruofbmUk-Z1X-SOefC8H9VJVUYlcUuo，查閱時間：2021/7/5。

當今大馬，〈翠鳥蟲鳴希望人間 —— 雙溪毛糯麻風病院社區的故事〉，網址：https://www.
　malaysiakini.com/news/348070，查閱時間：2019/2/23。

當今大馬，〈清潔工會領袖否認違令罪，法庭允以 1 千保釋候審〉，網址：https://www.
　malaysiakini.com/news/528704，查閱時間：2020/6/9。

當今大馬，〈組織號召黑旗運動，要慕尤丁辭職、解緊、開國會〉，網址：https://www.
　malaysiakini.com/news/581374，查閱時間：2021/7/5。

聯合國日常議題，〈婦女〉，網址：http://www.un.org/zh/globalissues/women/，查閱時間：
　2018/10/12。

聯合國人口基金會，〈性別偏見 —— 性別選擇〉，網址：https://www.unfpa.org/gender-biased-
　sex-selection，查閱時間：2018/11/3。

附錄

附表1 楊潔訪談紀錄表

訪談對象	楊潔		
訪談時間	主要問題	形式	編碼
2018年 12月9日	1. 請介紹您的生平經歷。 2. 請教「之間文化實驗室」的基本運作及操作模式，其資金來源及主要挑戰為何？ 3. 您為何選擇投入布衛生棉手作工作坊？希望產生什麼效果？實際運作與您想像的是否有所不同？	面對面訪談	YK20181209(a)
	1. 請談談你參與過的社會運動經驗。 2. 請教「之間文化實驗室」對於華人及友族群體的影響是否有所差異？ 3. 請談談家庭環境對您個人的影響。	面對面訪談	YK20181209(b)
2018年 12月10日	1. 請談談您參與《街報》的經驗及其運作過程。 2. 請談談在您的編輯工作及訪談經驗中，感觸或印象深刻的事例。 3. 請談談您參與社會活動的理念，您如何定義或想像女性社會參與？ 4. 請談談您行動的目標受眾及對政府反應的看法。 5. 您何如評價馬來西亞華人女性在不同時期的社會參與？對日後發展有什麼看法或建議？	面對面訪談	YK20181210

訪談對象	楊潔		
訪談時間	主要問題	形式	編碼
2020年 6月1日	1. 請談談對您影響最大的一個人、一本書或一部電影是什麼？為什麼？ 2. 大學期間最受哪位老師或哪門課程影響？為什麼？ 3. 在臺灣接受的教育與在馬來西亞有何不同？ 4. 請問您身兼多職是如何兼顧工作、分配時間的？ 5. 是否設想過若沒有出國留學，可能的生涯發展情況？	電子郵件	YK20200601
2020年 7月4日	1. 疫情對您的社會參與有何衝擊？請談談您如何應對疫情影響。 2. 請談談您的工作近況，以及疫情影響下的馬來西亞的社會現象。	電子郵件	YK20200704
2021年 7月3日	1. 您對疫情期間馬來西亞的民主、政治發展有何看法與評價？ 2. 您的職業變動是否會影響手作坊及亞答屋圖書館的運作？ 3. 疫情的持續對您的社會參與帶來那些影響？您有何相關評價或規劃？	電子郵件	YK20210703

附表2　傅向紅訪談紀錄表

訪談對象	傅向紅		
訪談時間	主要問題	形式	編碼
2018年12月8日	1. 請介紹您的生平經歷及參加過的社會運動。您如何評價您所參與過的社會活動？ 2. 您如何定義社會參與？如何看待馬來西亞華人女性的地位和社會參與的情況？ 3. 女性及男性的社會參與是否有所不同？女性的社會參與是否有其特別的困境或限制？ 4. 就您的觀察，學界如何看待馬來西亞華人女性的地位及社會參與？ 5. 請談談您所涉獵的研究領域為何如此寬泛？以及您對自身及馬來西亞女性參與職場的觀察。 6. 您是否接觸過馬來西亞其他族群女性？她們是否曾與您討論女性地位和女性社會參與問題？	面對面訪談	PH20181208(a)
	1. 在成長過程中，就女性意識或社會參與方面，有沒有您印象深刻或影響較大的事件？ 2. 就您的觀察，在馬來西亞，穆斯林女性跟華人女性的社會參與是否有所不同？ 3. 請談談為什麼會要想拍攝《五虎將》紀錄片？ 4. 請問您對婚姻、生養後代的看法，以及生活、工作上的規劃？ 5. 請談談您對臺灣與馬來西亞社會階層及性別意識的觀察。 6. 請談談家庭環境對您個人的影響。 7. 請談談馬來西亞的學校教育體制對您的影響。	面對面訪談	PH20181208(b)

訪談對象	傅向紅		
訪談時間	主要問題	形式	編碼
2020年 6月2日	1. 請談談對您影響最大的一個人、一本書或一部電影是什麼？為什麼？ 2. 大學期間最受哪位老師或哪門課程影響？為什麼？ 3. 在臺灣接受的教育與在馬來西亞有何不同？ 4. 請問您身兼多職是如何兼顧工作、分配時間的？ 5. 是否設想過若沒有出國留學，可能的生涯發展？	電子郵件	PH20200602
2021年 7月3日	1. 您對疫情期間馬來西亞的民主、政治發展有何看法與評價？ 2. 請談談疫情期間您的工作及社會參與的方式有何變化？ 3. 疫情的持續對您的社會參與帶來那些影響？您有何相關評價或規劃？	電子郵件	PH20210703

第24章

新南向政策與僑務工作的推動
從P-P-P-P協力模式到四個強化的全面開展向

楊昊

壹、前言：新南向政策的背景、動力與國際迴響

近年來，對於研究臺灣對外關係的學者而言，最重要的關鍵詞應該就是新南向政策（New Southbound Policy, NSP）了。新南向政策是 2016 年蔡英文總統上任後所提出的重大政策，它的存在是為了因應兩種迫切需求，首先是蔡英文總統上任後立即重新思考臺灣對外關係的迫切需要，並勾勒出具體實踐的藍圖，成為其踏實外交的主要實踐。其中，除了臺灣不能再過度依賴中國、避免被中國因各種政治前提而牽制與侷限之外；更要積極加強臺灣與國際的鏈結，特別是鄰近的東南亞、南亞與紐澳等國所形成的區域共同體，尤其重要。

第二種需求是認真看待臺灣社會與區域社會在過去二十年來所醞釀的多元連結，包含在鄰近區域的商業與生產網絡、數十萬來自東南亞的移民與跨國婚姻家庭、以及數十萬在臺灣的東南亞移工、以及數十萬在東南亞的台商企業與海外台僑等，這些多元內涵都是加強臺灣融入區域共同體的重要區域社會化（regional socialization）驅力，也是凸顯臺灣作為亞洲的一份子（an Asian Taiwan）的重要證明。[1]

1　Alan H.Yang. 2018."Unpacking Taiwan's Presence in Southeast Asia: The International Socialization of the New South bound Policy." *Issues & Studies*, 54(1): 1-30.

一、新南向政策的外部因素

政府之所以推動新南向政策的重要因素，乃在於前任總統馬英九在經濟上高度依賴中國市場因而被政治箝制，再加上前朝的外交政策議程多半以中國優先、聚焦在兩岸維穩及深度交往之主調，進而無法積極開展出臺灣與國際的主動連結。就此而論，以「以中國優先」（China first）的上手戰略來思考臺灣的對外關係，並不是有助於保持臺灣外交自主能動性的健康方向。再者，從地緣政治的角度來看，東南亞的區域整合成果早已於東協的推動下持續累積，在 2015 年加速提前落實的「東協共同體」（ASEAN Community）亦逐漸成為印太地區極為重要的制度平台與主要大國際競相爭取合作的重要國際介面，臺灣自然不能忽略，甚至應該要更加積極、全面地加強與東協成員、東協共同體、以及東協鄰近夥伴及利害關係國（stakeholders）的互動與合作關係。事實上，臺灣與東南亞國家的雙邊關係已累積了數十年的發展，除了在大多數國家設有代表處推動非正式外交之外，甚至也有積極推動政治外交與安全合作的努力成果，像是臺灣與新加坡的星光計畫；由於新國國軍因缺乏訓練場域，其政府長期以來即與我國合作，安排新加坡軍隊於臺灣移訓；雙方合作默契良好，直至今天仍持續不斷。

除了東協及其成員國之外，正當「印太」（Indo-Pacific）一詞逐漸成為國際政治的焦點，印度洋與太平洋的連結必然會是臺灣需要加強的重點；而位處印度洋的大國印度，也就成為蔡英文總統推進踏實外交戰略與實踐的重要對象。除了印度與南亞區域，位於印太地區的南半球國家澳洲與紐西蘭，除了具有民主國家的共享價值，也與臺灣保有經濟、能源與南島文化淵源的鏈結（如台紐經濟夥伴關係等），因此，前述國家也成為新南向政策作為臺灣的亞洲戰略（regional strategy for Asia）所涵蓋的重要目標。[2]

---

2 楊昊，2018，〈形塑中的印太：動力、論述與戰略佈局〉，《問題與研究》，57 卷（第 2 期）：頁 87-105。

二、新南向政策的內部動力

2016 年的新南向政策並非憑空出現，而是經過一段時間的積累與因應臺灣社會變遷所促成。也就是說，它一方面有承襲自 1990 年代李登輝總統與 2000 年代陳水扁總統的南向政策之淵源，以及另一方面深受臺灣作為移民社會多元發展的內部動力影響，其中包含了智庫與學術外交的雙向交流、為數眾多在東南亞深耕的台商、以及東南亞在台移民（移工與外籍配偶等）等民間交流的動力。首先，從 1990 年代開始的民間智庫交流與學術外交的角度來看，臺灣的東南亞研究機構與第二軌外交的智庫也自 1990 年代開始積極參與東協第二軌智庫的對話網絡，譬如，設置在政大國關中心中的「亞太安全合作理事會書處」（CSCAP Secretariat），不只發展了與東協智庫網絡（ASEANISIS）的對話、更與新加坡、越南啟動雙邊對話，也積極參與研究小組並為臺灣發聲。再者，較近期，臺灣於 2013 年透過共同發起與參與「亞洲的東南亞研究聯盟」（Southeast Asian Studies in Asia, SEASIA Consortium），成功以學術外交經略亞洲主要國家的東南亞研究學術圈，並促進了有臺灣在內的東南亞學術共同體。於 2016 年成立的政大東南亞研究中心（CSEAS），更在 2017 年加入此一聯盟，同時成功爭取自 2018-2021 年間擔任該聯盟的秘書處。[3] 除了學術外交與智庫連結，歷經二十餘年的多元社會變遷也讓臺灣的移民社會特徵更具亞洲特色，根據統計，來自於東南亞的移民在臺灣正逐日增加。首先，在移工社群方面，臺灣有 67 萬的外籍移工；其中，產業移工約有 44.5 萬人，包含了 20.5 萬越南籍移工（佔 46%）、11.5 萬菲律賓籍移工（26%）、6.5 萬印尼移工（15%）以及 5.6 萬泰籍移工（13%）。另外，臺灣亦有 22.5 萬的社福移工，其中包含了 17.1 萬印尼籍移工（76%）、2.8 萬越南籍移工（13%）以籍 2.6 萬菲律賓籍移工（11%）。這些移工是穩定臺灣經濟與社會家庭照護的重要支柱與幫手，同時也促進臺灣與東南亞社會鏈結（social bond）的重要助力。[4]

3　Pascal Abb and Yang Alan Hao. 2018. "The Impact of Democratization, Political Culture, and Diplomatic Isolationo n Think Tank Development in Taiwan," *Pacific Affairs*, 91(1): 73-94.

4　請參見勞動部就服職訓外勞統計資料庫，https://statdb.mol.gov.tw/evta/jspProxy.aspx?sys=100%26kind=10%26type=1%26funid=wqrymenu2%26cparm1=wq14%26rdm=I4y9dcIi，查閱時間：2022/09/01。關於產業及社福移工人數按國籍及行業分，請參見：https://statdb.mol.gov.tw/

　　除了移工之外，臺灣在過去二十餘年來也出現了為數不少的跨國婚姻家庭，截至今日為止，臺灣共有 57.2 萬名外籍配偶，其中有 37.3 萬來自中國（佔 65.2%）；11.1 萬來自越南（19.5%）、3.1 萬來自印尼（5.4%）、9596 人來自泰國（1.68%）。整體而言，來自東南亞國家的外籍配偶人數已經超過外籍配偶總數的 25%。[5] 外籍配偶（也稱為新住民）的下一代也就是一般稱為「新二代」的新臺灣之子，近年來的總人數也持續增加。其中，就讀國內各級學校的新二代人數約有 30.5 萬人，已經達到臺灣全體學生人數的 7.3%。而雙親之一方為來自越南的外籍配偶的新二代約有 10.8 萬人（35.5%）、來自印尼者約有 2.8 萬人（9.1%）。整體而言，雙親之一方來自東南亞國家的新二代人數也已經超過所有新二代學生人數的 50%。[6]

　　值得注意的是，移工、外籍配偶（新住民）以及新住民第二代等具有東南亞社會文化淵源的社群所佔全國人口的比例逐日增加，他們早已成為你我日常生活的一部分，從認同上也成為我群（We group）很重要的成員；同時，這些社群具有跨國行為者（transnational actor）的重要身分，作為串連臺灣與區域國家、促成多元社會與文化認同對接及共榮的重要力量，也賦予了臺灣新南向政策極為獨特的社會變遷內涵與文化價值。相較於 1990 年代與 2000 年代聚焦於經濟、投資等商機利益為導向（即 1M，make money，賺錢）的南向努力。當前的南向政策顯得更為獨特，不僅較為全面（即 5M，共同獲利、創造就業機會、結交朋友、建立家庭、以及共創價值等），也更具社會文化內涵與協力型態（請參見表 24-1）。

---

evta/jspProxy.aspx?sys=220&ym=11105&ymt=11107&kind=21&type=1&funid=wq14122&cycle=41&outmode=0&compmode=0&outkind=2&fldspc=0,32,&codspc0=0,8,&rdm=R115942，查閱時間：2022/ 09/ 01。關於產業及社福移工人數按開放項目分，請參見：https://statdb. mol.gov.tw/evta/jspProxy.aspx?sys=220&ym=11007&ymt =11107&kind=21&type=1&funid=wq1401&cycle=41&outmode=0&compmode=0&outkind=14&fldspc=0,31,&rdm=R77363，查閱時間：2022/ 09/ 01。

5　請參見移民署外籍配偶人數資料統計：https://www.immigration.gov.tw/5382/5385/7344/7350/8887/?alias=settledown，查閱時間：2022/ 09/ 01。

6　請參見教育部各級學校新住民子女就學概況：https://www.edu.tw/News_Content.aspx?n=829446EED325AD02&sms=26FB481681F7B203&s=4C810A112728CC60，查閱時間：2022/ 09/ 01。

表24-1　南向政策與新南向政策的特徵比較

	南向政策（前期努力）	新南向政策（當前）
重要特徵	1M（較側重單向布局） Make Money	5Ms（更強調共同性與協力） Make profit, Make jobs, Make friends, Make families, Make Values.

說明：表1內所提到的 5M主張為臺灣亞洲交流基金會董事長於2020 年玉山論壇期間提出的理念。

資料來源：作者製作。

三、新南向政策的國際迴響

新南向政策自 2016 年提出迄今已逾 5 年，國際社會對於新南向政策多半抱持肯定的態度，譬如，在政府與國際組織方面，川普總統任內的美國國務院公布的《自由與開放的印太：共享理念》報告書也直接提到美國的印太戰略在雙邊關係上也符合臺灣的新南向政策（aligns closely with Taiwan's NSP）；[7] 此外，在歐洲議會向歐盟執委會提出的政策建議中，也指出歐盟應該要加強歐盟連結戰略（EU Connectivity Strategy）與臺灣的新南向政策之間的夥伴關係，特別是在資通訊、生技、健康與安全等領域等領域（European Parliament, 2021）。[8] 更為近期，澳洲前總理 Tony Abbott 來訪臺灣並參加了新南向政策的旗艦平台玉山論壇（Yushan Forum），期間他除了肯定新南向政策的貢獻，更高聲呼籲臺灣是印太區域中的重要夥伴，同時對臺灣的角色與重要性表達高度支持。[9]

值得注意的是，美國川普政府對臺灣的友好態度也延續到拜登政府，包含了拜登

7　The United States Department of the State. 2018. "*A Free and Open Indo-Pacific: Advancing a Shared Vision*", Washington, D. C.: US Department of the State.

8　See<https://www.europarl.europa.eu/doceo/document/TA-9-2021-0431_EN.html>（accessed on 10 September 2022）.

9　Abbott 總理在玉山論壇的演說中最經典的主張為：「如果我們渴望一個更美好的世界，沒有什麼比與臺灣團結一致更迫切的事」（"Nothing is more pressin gright now than Solidarity with Taiwan, if we want a better world."）

亞洲訪問的成果與宣言以及外交團隊的重點工作方向均著重於維繫台海安全與穩定、全球高科技產業供應鏈的強韌等，藉以促進區域繁榮與成長，其中強調多邊合作與國際主義的路線也正面與臺灣在前述議題上的合作。

除了各國政府與全球領袖之外，國際智庫與主流媒體也正面看待且積極回應新南向政策，如美國華府的 CSIS 在 2018 年即深入研究臺灣的新南向政策，[10] 也提出了不少政策建議；又如 2020 年英國的 HJS 智庫所出版的印太報告書中也將臺灣新南向政策置入印太架構中。[11] 此外，還有不少重要的國際外交政策智庫也陸續重視與並且佐以政策簡介等專文分析、[12] 華府的 GTI 更與臺灣合作政策報告建議雙邊政府的加強合作。[13]

除了政策圈以外，東南亞、印度與國際主流媒體也紛紛關注新南向政策的動向；包括了對其中程評價、公民社會的聯結效益、疫情的影響與對疫災合作的貢獻與未來展望等。[14] 這些都是透過對新南向政策的引介來突顯臺灣的重要性，就此，對國際社會而言，臺灣不再是不能公開提及的政治禁忌，反而成為國際與國家發展的重要參照。國際與論述及的不只是數十年前的經濟奇蹟，而是今日臺灣如何分享暖實力（warm power），結合送暖與強化能見度的實際存在與深度影響。

整體而言，本文認為新南向政策之所以受到各方的重視，最主要的原因有二，其

10　Bonnie S Glaser, Scott Kennedy, Derek Mitchell and Matthew P. Funaiole, 2018.''The New Southbound Policy: Deepening Taiwan's Regional Integration'', Washington, D. C.: Centerfor Strategic and International Studies.

11　Matthew Henderson and James Rogers. 2020.''The Indo-Pacific: An Enlarged Perspective.'' London:the Henry Jackson Society.

12　Russell Hsiao and Marzia Borsoi-Kelly. 2019.''Taiwan's New Southbound Policy in the U.S. Free and Open Indo-Pacific.'' Asia Pacific Bulletin, No.470.

13　Robert Wang and Russell Hsiao,Connecting Taiwan's New Southbound Policy with US Foreign Policy Initiatives in Asia: Recommendations for Taipei and Washington, Taipei and Washington, D. C., Taiwan-Asia Exchange Foundation(TAEF) and Global Taiwan Institute(GTI).

14　Robert Wang and Russell Hsiao,Connecting Taiwan's New Southbound Policy with US Foreign Policy Initiatives in Asia: Recommendations for Taipei and Washington, Taipci and Washington, D. C., Taiwan-Asia Exchange Foundation(TAEF) and Global Taiwan Institute(GTI).

一，它回應了東協與區域共同體的發展理念（以人為中心的訴求），同時它在本質上不只是追求短期的政策目標，而是致力於長期經營並參與區域共同體的願景與多元夥伴關係。其二，協力增效是新南向政策的特色與成敗關鍵，它不只是政府單一部門的政策而已，而是臺灣認真看待自己與推動改革的決心，這包含了多元多利害關係人參與的過程。

新南向政策是臺灣的國家生存戰略，並且由內而外地連結前述的兩種需求，在實踐上特別是結合公部門、私部門與民間社會參與及能量的協力夥伴關係成為最重要的運作模式，也就是 P（Public-sector 公部門）-P（Privatesector，私部門）-P（people，人民或公民社會團體 NGO）-P（partnership，夥伴關係）的協力架構與實踐。事實上，當前我國僑務工作的推進也是採取類似的模式，包括強化對僑台商的服務與促進僑台商社群的參與，推進華語文教育的海外落地生根等工作也反映出 P-P-P-P 的實踐與社會網絡的推進。有鑑於此，本文將針對這種協力夥伴關係如何實踐進行分析，並彰顯新南向政策與僑務工工作推進的具體執行成果與夥伴關係圖像。本文分為五個部分，第一部分為前言；第二部分為 P-P-P-P 協力架構的呈現，第三部分為公部門的推進努力與成果，即政府新南向政策五大旗艦計畫的成效以及僑務工作參與新南向工作的成就；第四部份為私部門成果，這個部分也將結合臺灣亞洲交流基金會在越南、印尼、泰國與新加坡進行的臺灣與台商形象調查計畫成果為經驗研究的佐證；第五部分為綜合分析，著眼於呈現新南向政策與僑務工作的再連結與彼此強化，最後是為結論與政策建議，同時也將從四個強化的角度展望疫後新南向政策與僑務工作切合推進的新路向與藍圖。

貳、具有臺灣特色的實踐模式:P-P-P-P的架構與落實成果

新南向政策的推動儘管是蔡英文總統上任後發起的新戰略，但它與 1990 年代的第一波南向政策相當不同，當時的南向政策是以協助國內勞力密集產業外移、以及國營（黨營）事業區域布局為主調，並順勢加強與主要東南亞國家的關係，儘管李登輝總統的南向政策深具遠見，但具體上尚未明確回應區域發展的目標與整體需

求，主要執行者也以特定政府部門與部分企業為主，較為侷限且成果有限。相較之下，2016 年的新南向政策則開宗明義清楚地呼應了東協以人為中心的發展議程，同時也結合了企業、大學、民間社會以及人民的參與，促進了各種雙向交流的管道。[15]尤其是隱含在其中的重要運作模式就是協力夥伴關係（partnership）的具體落實，此一協力夥伴關係在學理上的形構有三種內涵，第一種也是社會最熟悉的就是公私協力（public-private partnership, PPP），這也是行政學者自 1980 年代的新公共管理（New Public Management, NPM）掀起新一波治理研究浪潮中，希望能積極提高公共服務之效率及效能的革新做法，主要包含公部門與民間部門（企業或民間組織）的合作關係；[16]第二種則企業與民間組織（如 NGO 或 NPO）針對特定議題與專案的合作關係，往往反映出公司治理（corporate governance）在社會企業責任（Corporate Social Responsibility, CSR）上的貢獻；第三種則是公部門內部的水平合作關係（中央政府內的跨部會合作）與垂直合作關係（中央部會與地方政府）。從新南向政策的戰略目標與具體參與及動員的行為者來看，將涉及前述三種內涵的合作關係，也就是整合前述三種（公部門與私部門）、（公部門與民間、私部門與民間）、（公部門中的不同機構之間）形成的合作關係，而這也就是本文所勾勒的跨部門協力夥伴關係（cross-sectoral partnership）。

舉例來說，儘管是由蔡英文總統發起這項政策，但它的主要執行單位在行政院的各個部會，而非只是單一或少數部會。在 2017 年之後行政院由經貿談判辦公室所協調並貫徹蔡總統理念與意志的新南向政策。在具體作法上，因為臺灣的資源有限，無法與鄰近的大國如中國、日本或美國在資源上競爭，所以臺灣務實地在公部門領域聚焦在五個旗艦計畫群來推進新南向政策，每個計劃均有一個部會來主責，包含了（1）經濟部主責經貿與產業合作；（2）教育部主責教育與人才培育；（3）衛福部主責國際醫療與公共衛生；（4）農委會主責區域農業合作，以及（5）由行政院經貿談判辦公

---

15 蕭新煌、楊昊，2021，〈新南向政策「五年總體檢」平議〉，《自由時報》，5 月 23 日，https://talk.ltn.com.tw/article/paper/1450393，查閱日期：2022/9/2。

16 Langton, S. 1983. "Public-Private Partnerships: Hopeor Hoax?" *National Civic Review*, 72: 256-261; Thompson, D. L. 1983. "Public Toward Public-Private Relations: A Symposium." *Policy Studies Journal*, 11(3): 419-426.

室、外交部與財團法人臺灣亞洲交流基金會來主責社會鏈結與玉山論壇的旗艦計畫。[17]
除了五大旗艦計畫外，亦有三大潛力領域含納在其中，分別是公共工程、觀光與跨境
電商。值得一提的是，這些旗艦計畫一方面個別凸顯臺灣的主要所擅優勢（由各主責
部會推進），另一方面也具體強化跨部會協調與合作的增校作用；另外，在三大潛力
領域中，更需要跨部會的協調、協力與合作。此一實踐方式說明了新南向政策依照整
體戰略方向與目標，在推行計畫層次上已於公部門內發展出協力夥伴關係，而各部會
也各司其職並發揮所長的參與及促進新南向政策。以僑委會為例，僑委會在新南向區
域的僑務工作推進，著眼於建構以人為中心的社會鏈結與重要網絡，並由僑委會連結
僑社、僑校、僑（臺）商及留臺校友會來協力打造。而當前僑委會更積極發揮影響
力，在「新南向政策」綱領與推行計畫的引領下促進人才培育、金融支援、僑商網絡、
觀光促進等工作，在所擅領域呼應旗艦計畫的總體目標，更發揮所長促進相關計畫的
推進，以期達到協力綜效的目標。

　　雖然大多數的焦點置於政府的這五個旗艦計畫群（請參見圖24-1），但整體來看，
行政院一共有至少十三個部會與機構參與了新南向政策的執行過程。其他包含科技部
（國科會）、文化部、客委會、僑委會、勞動部、國發會、交通部、內政部等。[18]

　　其他的部會也都積極強調走進地方、雙向交流、制度性的夥伴關係等。這些部會
在主責的政策領域推動臺灣與新南向夥伴國的交流、合作與制度性的夥伴關係。儘管
僑委會並沒有列為旗艦計畫群的主責部會，但誠如前述，僑委會的僑務新南向的工作
推動與成果包含了人才培育、金融支援、僑商網絡、觀光促進等工作，完全呼應了對
旗艦計畫群與潛力領域的參與及推進。更關鍵的是，僑務工作長期以來就是需要跨部
門協力方式來爭取支持及開創新局，而這些也成為厚實新南向政策的能量。

　　接續，本文將針對三個部門推進新南向政策的成果進行盤點並分析鑲嵌
（embedded in）在其中的僑務因素與助力。

17　楊昊，2017，〈檢視臺灣的新南向政策：議程、網絡與挑戰〉，《問題與研究》，56（1）：123-
　　143。

18　關鍵評論網，2020，〈十大部會總動員，為深耕新南向政策厚植實力〉，https://www.
　　thenewslens.com/article/142846，查閱日期：2022/9/2。

圖24-1 行政院新南向旗艦計畫群與主責部會

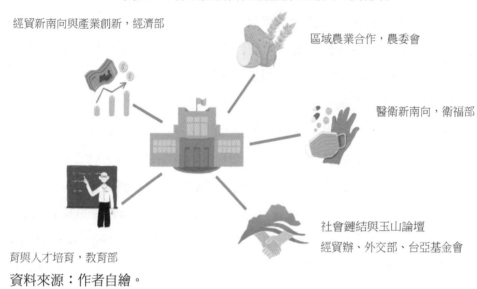

經貿新南向與產業創新，經濟部

區域農業合作，農委會

醫衛新南向，衛福部

社會鏈結與玉山論壇
經貿辦、外交部、台亞基金會

育與人才培育，教育部

資料來源：作者自繪。

參、1P（公部門）：新南向政策旗艦計畫成果與鑲嵌其中的僑務工作

　　如何以新南向政策來強化臺灣與夥伴國的雙向交流與合作的制度性夥伴關係是政府當前推動工作的重點。舉例來說，在加強新南向政策經濟連結的**經貿新南向**旗艦計畫的目標是強化對雙方政府、人民與企業在經貿合作與產業創新上的 保障。因此，在新南向政策推動後，菲律賓隨即響應並在 2017 年與臺灣簽署了《投資保障協定》（Bilateral Investment Agreement, BIA），隨後是印度在 2018 年尤其內閣批准與臺灣推進《臺灣－印度投資協定》暨《優質企業相互承認協議》（2018）。另外，在 2019 年，臺灣－越南投資協定完成簽署，除了投資相關的協議，臺灣同時也積極推動與澳洲、紐西蘭、印度等國的《有機同等性相互承認協議》。除了各種雙邊的經貿相關合作協議之外，臺灣也積極強化在多邊經貿協議的開展，令人鼓舞的是，在 2021 年，臺灣與紐西蘭、澳洲、加拿大共同推動了《原住民族經濟貿易合作協議》（IPETCA），而臺灣也成為創始成員。就此來看鑲嵌在其中的僑務因素，可以發現相關合作協議的推

動也有賴海外僑台商的推波助瀾，特別是從 1980 年代以來台商在東南亞國家以及近期在印度的投資與深耕，對於在的社會不只創造了就業機會，而以製造業為主的台商社群強化了在的經濟的發展，更促進區域與全球生產網絡的對接。正是這些重要因素與利害關係人，促成所在地政府與臺灣的友好合作與制度化合作協議的成果，而這些協議的落實也將進一步惠及在新南向夥伴國的台商與僑台胞的權益。

另外同樣值得一提的是**醫衛新南向**的旗艦計畫，針對 2018 年正式啟動的「一國一中心」（One Country, One Center, 1C1C）策略，由衛生福利部和民間醫院合作，連結我國醫衛相關產業，共同打造臺灣國家隊，分別在印尼、印度、越南、泰國、菲律賓、馬來西亞（兼轄汶萊）、緬甸等國建構統籌協調中心的工作，推動醫衛人才培訓、醫衛產業搭橋、臺商健康諮詢服務、營造文化友善之醫療環境、醫衛相關產業之法規及市場調查，以及資訊整合等工作，未來也將朝向一國多中心的目標前進。就此來看鑲嵌在其中的僑務因素，可以發現一國一中心計畫與在新南向夥伴國的僑（台）商淵源甚深，除了仰賴其在的社會脈絡與資源網絡的挹注，更積極轉向提供健康諮詢甚至是未來可朝向智慧醫療服務推進。僑務工作的功能性與社會網絡的擴大推廣，有助於醫衛新南向的落實與加速擴大轉型。除此之外，僑委會在過去幾年內領銜的重要貢獻在於鏈結醫衛新南向與觀光潛力領域，藉由僑界多元人脈資源與專案計畫，強化對臺灣醫療觀光產業及旅遊的區域宣傳，一方面促成醫療合作協議，另一方面也積極吸引目標國人民來台接受優質的國際醫療服務，這些努力也成功地將僑務工作鑲嵌在新南向政策的推行過程中，同時也別具特色的橫向串接了不同的旗艦計畫與潛力領域，確實成為落實 P-P-P-P 跨部門協力夥伴關係的重要示範。

再者，由農委會主責的農業新南向，於海外與公私部門及農業社群等夥伴機構推動綜合農業示範區，協助夥伴國共同解決在地農業發展問題。加強農產品貿易合作；以及凸顯臺灣在智慧農業的能量與經驗並協助共同培育區域農業人才。在綜合農業示範區的推動工作上，更可以清楚看到僑務工作鑲嵌在其中的獨特角色與重要助力。整體來看，臺灣目前在東南亞有三個綜合農業示範區，分別設於印尼、菲律賓與越南。首先，設置於印尼的「臺－印尼卡拉旺農業綜合示範區」（2018）為最早的示範區，工作目標為推動水利灌溉、稻作、養鴨、農民組織及園藝產業等工作，這項合作計畫在於搭建夥伴關係來促進當地農業綜合發展與改善農民生活，同時拓展我國農業機

械、資材與種苗在印尼市場商機。因此，除了政府單位之外、臺灣的農業企業也共同投入、印尼的政府機構、地方協會與農村也共同參與並受惠。

但最為特別的則是在菲律賓的成果，「臺－菲律賓洋菇示範農場」在 2019 年設立，引進臺灣洋菇栽培技術、設備及菌種，協助菲國菇類產業發展，提高當地農民收益並拓展我國洋菇栽培資材等外銷菲國市場。此一合作最特別之處是 也受到駐菲律賓的台商支持而促成，在碧瑤的洋菇農業示範區是由臺灣設計、且由菲律賓台商興建而成的洋菇示範農場，目標也希望透過臺灣經驗與資源的分享與當地夥伴共同促進農民的福利。

第三個成果同時也是由資深台商積極促成，在 2019 年臺灣與越南合作成立「臺越－越南隆安省水稻與果樹種苗繁殖生產示範中心」，此一合作最早可追溯到 1999 年臺灣與越南簽署的《臺越農漁業合作協定》，以及 2018 年我國農委會與越南農業部辦理的合作會議中對於推動「種苗繁殖生產示範中心」與「水產養殖示範區」的默契。特別一提的是，促進此一合作案的推手是長期在越南耕耘的資深台商洗文舉，他同時也是越南勇源基金會執行長，長期關注兩國經濟社會與文化的交流及合作。其在越南的官方與民間人脈，是促成此合作案的關鍵助力，將合作成果擴及台越雙方政府、農業試驗所與研究單位、以及在地農民的投入。

最後，在教育與人才培育領域，教育部積極推動產業人才的雙向交流與培育，包含對於新住民子女的培育與培力、對青年發展與多元學習管道的擴展、新南向留學獎學金的招募、新南向產學連結的推動、師生交流與學程、菁英訓練班、相關專班的設置，並在海外成立「臺灣連結」（TaiwanConnection）之據點等。就此來看鑲嵌在其中的僑務因素，可以發現僑台商在人才培育、產業實習、人脈網絡的支持、以及促成臺灣連結據點上提供了極大的協助與支持。除此之外，在僑委會本身的人才培育工作方面，包含了「高職僑生建教專班（3 年高職 +4 年科大）」與「海外青年技術訓練班（海青班）」在招收人數上有極為亮眼的增長，在協助僑生就業方面也有多項配套措施，以助為僑台商與國內產業留材。

肆、私部門新南向與鑲嵌其中的僑務工作

臺灣的私部門在新南向政策的投入主要可以分為三個層面：第一是響應政府的政策方向加強與夥伴國合作；第二是強化在鄰近國家的投資與經濟存在；第三則是推動內部的自我改造。

首先，在響應政府政策方向的具體實踐方面，隨著新南向政策的推動，臺灣在東南亞與南亞的經濟存在持續擴大。譬如，根據泰國 BOI 的統計，在 2022 年，在政府的積極促成下，臺灣的投資在 2022 年起甫成為泰國的首大外資國，共投資 10.90 億美元，超越日本的 4.06 億美元與中國的 3.93 億美元。而泰國特別歡迎電動車產業的投資，這也是臺灣廠商的強項。[19] 另外，在強化與南亞的印度的經貿合作方面也相當有進展，2020 年臺印度雙邊貿易總額為 47.9 億美元，儘管在過去兩年受到疫情影響，但在 2021 年亦大幅成長到 76.9 億美元，成長率超過六成。再者，臺灣企業海外據點的擴展形成了重要的合作網絡，舉例來說，臺灣的銀行在 2016 年以後積極強化在鄰近國家的擴點佈局，臺灣各銀行在新南向夥伴國一共設置了 336 個據點與分行，成為提供當地台商資金、面對當地社會促進金融合作的重要平台。最後，是人力資源的厚植，有許多在海外的台商企業也積極支持政府推動的海外實習計畫，協助年輕學生或新住民第二代前往實習。從這三項私部門響應政府新南向政策號召的具體作為來看，台商、僑台胞是鑲嵌在其中的關鍵力量，而這也是僑委會推動僑務新南向的重點。

第二，從產業與供應鏈角度來看，加強區域布局、投資交流與推廣臺灣產品有助於企業利益與臺灣整體經貿利益。早在 1980 年代起，在臺灣的台商就已經於東南亞布局深耕，除了製造業之外，技術升級的產業也是重點，現有不少新創公司、電商與產業都前往鄰近區域投資，而透過外貿協會所推動在主要城市的臺灣形象展，也分享了臺灣的優質產品與企業，同時也促進了商業合作與投資的機會。而新型態的新創公

---

19 Bangkok Post，2022，〈Thailand BOI Approves Enhanced Measure to Boost EV Sector; Reports 110.7 Billion Baht in Investment Applications in Q1〉，https://www.bangkokpost.com/business/2291762/thailand-boi-approves-enhanced-measure-to-boost-ev-sector-reports-110-7-billion-baht-in-investment-applications-in-q1，查閱日期：2022/8/25。

司與新創供應鏈或更大型的生態系（eco-system），[20] 也使得臺灣對逐漸融入區域經濟共同體，成為亞洲隊不可或缺的一員。

最後，值得一提的是企業的自我改造，由於新南向政策促進臺灣與夥伴國及社會雙向交流的推進，有越來越多來自東南亞的觀光客前來臺灣旅遊，為因應需求，臺灣的企業領銜打造臺灣為穆斯林友善社會的努力，值得一提，有 677 家的廠商包含餐廳、旅館與食品業取得清真認證。[21]

針對鑲嵌在投資、金融與觀光旅遊的僑務工作成果而言，僑委會近年來分別在促進僑（台）商投資回流、海外信用保證基金規模的擴大、加強對台商服務與臺商組織功能的強化、與積極促成及吸引僑台胞、僑臺商企業員工來台觀光旅遊等議題上開展新的作法，成果斐然。

一、理解區域社會對臺灣的了解：臺灣與台商形象

對於臺灣而言，要了解周邊國家如何看待自己極為重要。不過，長久以來，臺灣尚未推動任何的國家海外形象調查計畫，直到 2018 年臺灣亞洲交流基金會成立之後，開始啟動臺灣形象與台商形象的年度調查工作，希望藉由對企業領袖的調查與意見領袖的焦點團體訪談，了解周邊國家與社會如何看待臺灣，並從中尋求精進的作法。到 2022 年為止台亞基金會已經完成對越南、印尼與泰國等三國的調查，[22] 相較於個別國家的前十大投資國，各國社會對於臺灣整體形象與台商的好感度多半名列前茅，特別是從語意學的角度來看，大多受訪者認為臺灣與台商給予極正面的肯定（請參見表 24-2）。這也意味著臺灣政府與台商過去三十多年的在地努力，也獲得了不少認同。

舉例來說，海外調查時提到新南向政策，在越南、印尼（75%）與泰國（95%）

---

20 如國內最重要的新創加速器之初創投（AppWorks）所育成的數百家於東南亞的新創公司儼然已經形成一個新的區域新創生態系。

21 作者與臺灣清真產業品質保證推廣協會訪問取得最新獲得清真認證的臺灣企業數量（訪問時間：2022/9/12）。

22 2022 年正在進行新加坡調查計畫。

表24-2　臺灣與台商形象的海外調查結果的語意學比較（越南、印尼與泰國）

	越南	印尼	泰國
臺灣形象	1. 誠實的 2. 非常守法的 3. 國際化	1. 科技進步的 2. 自由的 3. 有先進的醫療與衛生服務	1. 尊重法律與秩序 2. 有先進的醫療與公衛服務 3. 友善的
台商形象	1. 誠實的 2. 創新的 3. 國際化的	1. 創新的 2. 國際化的 3. 值得信賴的	1. 非常守法的 2. 創新的 3. 得信賴的

資料來源：作者製表，整理自TAEF, *The Image of Taiwan and Taiwanese Businesses in Vietnam*, 2019, pp. 18, 25; TAEF, *The Image of Taiwan and Taiwanese Businesses in Indonesia*, 2020, pp. 17, 19; TAEF, *The Image of Taiwan and Taiwanese Businesses in Thailand*, 2021, pp. 25, 30.

有很高比例的企業受訪者願意響應新南向政策並加強與臺灣企業的合作，特別是泰國的受訪者更直接強調應該要推進新南向政策與泰國的產業4.0政策之間的協力合作。[23]另外，在新冠肺炎疫情的威脅下，臺灣善用科技投入防疫的經驗更被凸出，各國媒體多有報導，根據調查，在印尼，有35%的受訪者表示在疫情之後對臺灣的好感度明顯上升，同時有49%的受訪者表示在疫情之後更願意與臺灣企業合作。類似的調查結果在泰國則更令人鼓舞。泰國的受訪者中百分之百的人認為在肺炎疫情後的臺灣形象獲得完全提升，而也有高達99%的受訪者表示在疫情之後更願意與臺灣企業合作。[24]從相關調查中可以得知，東南亞國家對於臺灣與台商有清楚的認識，也可區別臺灣（商）

23　作者在2021年與2022年參與泰國臺灣講座（Taiwan Lectures）的課程授課，在講授期間，有超過半數泰國政府副司長級以上的資深官員的學員強調臺灣的新南向政策有助於泰國政府正積極推動的生物循環經濟綠色治理（BCG）發展戰略的落實，兩個政策有互補與協力的合作空間。

24　TAEF, 2019. *The Image of Taiwan and Taiwanese Businesses in Vietnam*. Taipei: TAEF; TAEF. 2020. *The Image of Taiwan and Taiwanese Businesses in Indonesia*, Taipei: TAEF; TAEF. 2021. *The Image of Taiwan and Taiwanese Businesses in Thailand*, Taipei: TAEF.

與中國（商）的差異；但不可否認地，台商形象是臺灣形象的縮影，臺灣形象的好壞也將影響台商在地發展的順利與否。一個認真、守法、關注勞工與環境、重視社會企業責任的台商，不只是各界所期待的，更是臺灣企業界需銘記在心的標準。

伍、結語及政策建議：四個強化的全面開展

新南向政策在初始階段儘管有納入僑務工作的元素，但多半被視為具輔助功能，希望將僑務工作與僑（台）胞關係網絡的資源引入，鑲嵌在主要推行計畫中，以其增加政策效益。最主要原因在於此一臺灣的亞洲戰略並非僅聚焦於經略與海外僑胞或華人的關係，而是要擴大與加深與鄰近國家主流社會的鏈結，促進臺灣與鄰近區域國家暨社會的共同體意識。儘管針對某些特定議題及合作領域，有了僑胞與華人的協助或許更能達成目標，但為了全面開展與主流社會的交流、多元合作與制度鏈結，同時更清楚地彰顯出臺灣的新南向有別於中國一帶一路以海外華人作為統戰工具來經略鄰近關係的工具性作為，因此從新南向政策整體執行層次來看，僑務工作多半停留在政策推行過程中的鑲嵌性（embeddedness）定位。

儘管如此，以全面推進僑務工作為職志的僑委會對於僑務新南向的定位就截然不同。過去幾年來，僑委會的施政議程除了持續耕耘僑務工作外，更將多元的僑務元素與資源積極響應與參與新南向政策。僑委會與其他旗艦計畫主責部會因任務導向的不同，加上僑委會特有的社會資源（僑社、僑校、僑（臺）商及留臺校友會等民間團體與公民社會組織以及相關利害關係人的人脈與資源），更符合新南向政策以人為中心的理念與宗旨，這也讓僑委會在民主臺灣以 P-P-P-P 跨部門協力夥伴關係為藍圖的新南向政策的推行議程中不僅具有獨特的鑲嵌性，同時也逐漸成為不可或缺的驅動力。然而，除了促進（enabling）既有旗艦計畫群的工作落實之外，僑委會在南向新政的未來施政藍圖上，也應該以持續強化僑務工作的主體性為主調，同時藉由創新與跨域思維來開創其領銜角色，藉以壯大新南向 P-P-P-P 國家隊。有鑑於此，本文擬提供四個強化作為化鑲嵌為主動開創的政策建議，以供精進僑務新南向施政參考。

一、在公部門領域的強化作為，建議可加強與旗艦計畫主責部會的協調與協力

夥伴關係並促進旗艦計畫與潛力領域的跨域協作與影響，舉例而言，針對前者，在新南向的一國一中心擴大到一國多中心的推動願景中，僑委會即可藉由僑（台）商與僑（台）胞的人脈及資源於不同區域開展新的醫療中心據點，走出首都，走入非都會區與基層社會，提供更多元的服務、市場開發與醫衛合作。再者，醫衛新南向在 2022 年後的新展望包含了與第三國合作（日本）擴展區域醫衛市場，以及在東南亞興建與營運醫院等目標，這些與潛力領域之一的基礎建設及公共工程即可在海外納入僑務資源、在國內領銜邀集旗艦計畫主責部會參與，共同推進跨域整合與協作（**醫衛新南向 x 基礎建設與公共工程潛力領域**）。此外，在農業新南向的核心成果綜合農業示範區方面，誠如前文所示，現有的菲律賓與越南農業示範區均仰賴台商的促成與興建，但示範區的數量有限，看似出現瓶頸。在此之際，僑委會即可挺身領銜二階段的農業新南向開展布局工作，從盤點區域內從事農業與糧食相關產業的僑（台）商或有意資源及意願促成跨國農業與糧食合作的僑台胞著手，並促成在泰國、馬來西亞、印度、汶萊等國成立新的農業示範區。一方面可以將可新增相關據點，並將新南向綜合農業示範區的規模擴大。特別值得一提的是，泰國長期對於柬埔寨、寮國的農業（多半是小農與有機農業）提供訓練計畫，臺灣在中南半島的農業示範區除了可以現有的越南為據點之外，泰國更是可積極開發與合作的夥伴國，除了可以推動個別的農業示範區，亦可協助打造區域農業訓練中心或園區的大型計劃，這同時也可以朝著跨域（**農業新南向 x 基礎建設與公共工程 x 經貿新南向的創新產業鏈結**）協作的目標推進。

　　二、**在私部門領域強化作為，建議可加強爭取僑（台）商回流或回台投資產業的力道，並且加強對僑台商組織與台商整體形象精進工程。**近年來僑委會積極鼓勵僑（台）商回流投資，整體投資額持續增長，在疫後振興（post-pandemic revitalizing）時期，能成功爭取僑（台）商回流布局絕對是共同壯大臺灣、確保臺灣安全的重要助力，也是可藉由 P-P-P-P 跨部門協力夥伴關係與其他旗艦計畫主責部會及私部門、人民部門的主要行為者協力爭取並以期能增效的重要議題。除了招商引資，僑委會可與台亞基金會共同合作年度的台商與臺灣形象調查計畫，從每年一次的單一國家調查擴大能量到每年多國的調查計畫，並建立臺灣與台商在新南向國家之形象調查資料庫，從中歸納出臺灣形象與台商形象的優質示範（best practice），也可藉由強化台商組織的功能與資源宣傳、提醒及敦促台商在海外的表現與對當地社會的貢獻。

　　三、在人民部門的強化作為，建議加強與特有的社會資源（僑社、僑校、僑（臺）商及留臺校友會等民間團體與公民社會組織以及相關利害關係人）的雙向聯繫、政策資訊共享）並將相關人脈與資源更有系統地導入新南向旗艦計畫群的實踐過程中，最後，民間社會與人民則是強化社會連結促進以人為中心的發展議程。儘管臺灣與新南向夥伴國並沒有正式的外交關係，但這並不影響臺灣 NGO 的海外布局能量，根據台亞會的調查，臺灣在 16 個新南向夥伴國家共有 35 個 NGO 執行 194 個服務計畫。這些計畫以公共衛生、醫療、教育、賦權與人道救援及災難救援最為常見，在相關國家人民面臨困難與突發挑戰的當下，臺灣 NGO 與當地夥伴機構的合作，協助了社會韌性與提供了解決問題、促進人民福祉的方法，更實質加強了相關國家的公民社會、組織與人民在追求 SDG 目標與過程中的能量。這些臺灣暖實力的分享都符合新南向政策所設定的以人為中心的戰略目標，也正如同有相關研究顯示臺灣的新南向政策的旗艦計畫呼應了聯合國 SDG17 項目標中的 15 項一樣。這些機構與計劃都可以僑委會的海外社會資源（僑社、僑校、僑（臺）商及留臺校友會等民間團體與公民社會組織以及相關利害關係人）合作的夥伴，共同活絡援助能量與服務工作，壯大臺灣的暖實力。

　　四、最後，在夥伴關係建構方面的強化作為，建議要有系統地以創新介面與跨域，這是因為僑委會的獨特施政議程與以人為中心的施政關注所乘載的充沛社會資源與影響力。如何有效強化串聯銜接的力量，以創新跨域及協力夥伴關係來串接點－線－面的鏈結，將據點（例如單一僑（台）商）、連線（商會與 NGO 等民間團體）、展面（形成組織網絡或 consortium 結盟）是可參考的方向，在童振源委員長領銜開創的僑務工作數位溝通平台，有助於匯集眾人之力，收即時協調與解決問題之效。然而，在強化這些創新與數位介面的後續支持與跟進工作，更需要以人為中心的投入與努力。除此之外，僑委會推動的臺灣華語文學習中心現階段以美國及歐洲為重點布局區域，建議未來應加強回防亞洲鄰近國家，以實體中心為據點，結合僑務資源與人脈連線，進而展面強化政府間合作、企業間合資、民間和諧的宏大目標。就僑委會本身而言，僑務工作為主體，僑務新南向是主責方向，而全面推進新南向的行動計劃是中長程目標。本文希望從以上四個強化的角度展望疫後新南向政策與僑務工作切合推進，將有助於新南向政策第二階段的推進藍圖（新路向請參見表 24-3）。

表24-3 僑務新南向的新路向:從鑲嵌到四個強化的再強化

	既有鑲嵌角色	四個強化的新開展
1P（public sector）公部門：旗艦計畫群	經貿（僑台商與僑台胞人脈） 教育與人才（僑校、建教專班與海青班、臺灣華語文學習中心） 醫療公衛（僑台商與僑台胞人脈） 農業（僑台商與僑台胞人脈）	經貿（待補） 教育與人才（僑校、建教專班與海青班、臺灣華語文學習中心） 醫療公衛（**醫衛新南向×基礎建設與公共工程潛力領域**） 農業（**農業新南向×基礎建設與公共工程×經貿新南向的創新產業鏈結**）
2P（private sector）私部門	僑台商充沛在地人脈與在地社會政治經濟資源	建議可加強爭取僑（台）商回流 或回台投資產業的力道，並且 加強對僑台商組織與台商整體 形象精進工程
3P（people-sector）人民部門：NGO與NPO	僑社、僑校、僑（臺）商及留臺校友會等民間團體與公民社會組織	在人民部門的強化作為，建議加強與特有的社會資源（僑社、僑校、僑（臺）商及留臺校友 會等民間團體與公民社會組織 以及相關利害關係人）的雙向聯繫、政策資訊共享）並將相關人脈與資源更有系統地導入新南 向旗艦計畫群的實踐過程中
4P（partnership）夥伴關係與介面	硬體介面或機構（臺灣華語文學習中心） 軟體介面（社群媒體與雙向溝通與交流平台）	最後，在夥伴關係建構方面的強化作為，建議要有系統地以創新介面與跨域斯為加強僑委會因獨特施政議程與以人為中心的施政關注所乘載的充沛社會資源與影響力。

資料來源：作者製作。

參考文獻

楊昊，2017，〈檢視臺灣的新南向政策：議程、網絡與挑戰〉，《問題與研究》，56（1）：123-143。

楊昊，2018，〈形塑中的印太：動力、論述與戰略佈局〉，《問題與研究》，57（2）：87-105。

蕭新煌、楊昊，2021，〈新南向政策「五年總體檢」平議〉，《自由時報》，5 月 23 日，https://talk.ltn.com.tw/article/paper/1450393，查閱日期：2022/9/2。

Alan H.Yang. 2018."Unpacking Taiwan's Presence in Southeast Asia: TheInternational Socialization of the New South bound Policy." *Issues & Studies*, 54(1): 1-30.

Bangkok Post，2022，〈Thailand BOI Approves Enhanced Measure to Boost EV Sector;

Bonnie S Glaser, Scott Kennedy, Derek Mitchelland Matthew P. Funaiole, 2018."The New Southbound Policy: Deepening Taiwan's Regional Integration", Washington, D. C.: Centerfor Strategic and International Studies.

Langton, S. 1983."Public-Private Partnerships: Hopeor Hoax?" *National Civic Review*, 72: 256-261.

Matthew Henderson and James Rogers. 2020."The Indo-Pacific: An Enlarged Perspective." London:theHenry Jackson Society.

Pascal Abb and Yang Alan Hao. 2018. "The Impact of Democratization, Political Culture, and Diplomatic Isolationon Think Tank Development in Taiwan," *Pacific Affairs*, 91(1): 73-94.

Reports 110.7 Billion Baht in Investment Applications in Q1〉，https://www.bangkokpost.com/business/2291762/thailand-boi-approves-enhanced-measure-to-boost-ev-sector-reports-110-7-billion-baht-in-investment-applications-in-q1，查閱日期：2022/8/25。

Robert Wang and Russell Hsiao,Connecting Taiwan's New Southbound Policy with US ForeignPolicy Initiatives in Asia: Recommendations for Taipei and Washington, Taipei and Washington, D. C.,Taiwan-Asia Exchange Foundation(TAEF) and Global Taiwan Institute(GTI).

Russell Hsiaoand MarziaBorsoi-Kelly. 2019."Taiwan's New Southbound Policy in the U.S. FreeandOpenIndo-Pacific." Asia Pacific Bulletin, No.470.

TAEF, 2019. *The Image of Taiwan and Taiwanese Businesses in Vietnam*. Taipei: TAEF; TAEF. 2020.*The Image of Taiwan and Taiwanese Businesses in Indonesia*, Taipei: TAEF; TAEF. 2021. *The Imageof Taiwan and Taiwanese Businesses in Thailand*, Taipei: TAEF.

The United States Departmentofthe State. 2018. "Free and Open Indo-Pacific: Advancing a Shared Vision", Washington, D. C.: US Department of the State.

Thompson, D. L. 1983. "Public Toward Public-Private Relations: A Symposium." *Policy StudiesJournal*, 11(3): 419-426.

第 **25** 章

北移工、南新娘
越南遷移體制的制度脈絡分析

張書銘

壹、前言

　　截至 2020 年底的統計資料顯示，目前臺灣約有 34.7 萬名來自越南的婚姻移民與移工，[1] 這些越南移民依其原鄉地區有著「北移工、南新娘」的遷移特徵。「北移工」是指在台越南移工多數來自越南的北部省分；「南新娘」則是指透過婚姻途徑來台的越南女性移民，大多來自南部省分。而本文主要的研究問題，即在解釋形成「北移工、南新娘」的遷移特徵差異原因是什麼？

　　臺灣在 1990 初期，開始大量引進東南亞的印尼、泰國、菲律賓和越南等國移工，主要原因是自 80 年代中期開始，臺灣的勞動需求增加、勞動成本上升，而原本充沛

---

* 本文為再版文章，原文刊登於：張書銘，2023，〈北移工、南新娘：越南移民遷台的制度脈絡分析〉，《問題與研究》，第 62 卷第 1 期，頁 129-170。本文經授權單位《問題與研究》編輯部同意授權重刊。

1 本文所稱越南移民，泛指目前臺灣政府單位與社會大眾所稱來自越南的新住民／新移民（透過跨國婚姻途徑）以及外勞／移工（透過勞務契約）。以往臺灣社會習慣稱呼透過婚姻途徑來台的越南女性移民為越南新娘（外籍新娘），因有歧視意味現已改稱新移民或新住民。不過，越南國內輿論媒體仍舊是以「越南新娘」（côdâuviệt）指稱這群透過跨國婚姻來台的越南女性（MOLISA2013），本文因題目設計之故採用「南新娘」一語，除了與「北移工」相呼應之外，也有凸顯 1990 年代後期至 2000 年初期婚姻移民人數高峰的社會脈絡之意。越南婚姻移民人數從 1987 到 2020 年的統計資料為 110,659 人（中華民國內政部移民署 2021），移工人數則是截至 2020 年底有 236,835 人（中華民國勞動部 2021），合計為 347,494 人。

無虞的勞動力反轉成　全面性勞力短缺，其中以基層勞力短缺最為顯著。起初引進移工構想的提出，無論是社會輿論或政府部門多持反對立場，但勞力短缺屬實以及業界要求引進移工的壓力遊說，臺灣政府於是自 1989 年 10 月起開放引進外籍勞工投入大型國家公共工程，從此移工問題以及相關政策便成為臺灣的重要勞動議題之一。1992 年 5 月，我國立法院通過就業服務法，提供聘僱外國人的法源基礎；8 月，勞委會（勞動部前身）陸續開放移工從事家庭看護與家庭幫傭的工作（吳惠林、王素彎 2001；藍佩嘉 2008, 60）。

　　與此同時，1990 年代透過婚姻途徑而移民到臺灣的東南亞和中國大陸籍女性日漸增多。90 年代初期，嫁到臺灣的印尼新娘絕大部分是客家後裔，而娶他們的臺灣男性大多數也出身客家庄，台、印之間的跨國婚姻因此有著族群通婚的色彩。90 年代中期以後，越南新娘人數超越印尼新娘（夏曉鵑 2002, 159-160），由於多數越南新娘的族群身份並非華人，加上台、越兩地跨國婚姻仲介組織網絡的運作，建構起商品化的跨國婚姻市場，更加速了越南新移民的遷台（王宏仁、張書銘 2003）。

　　這些出現於 90 年代的遷台移民趨勢，[2] 確實為日後的臺灣社會帶來顯著的影響。曾嬿芬（2007）指出臺灣在 1990 年代以前並沒有具體接納國際移民的制度設計，也沒有吸引大量外來人口的結構性因素，因此從未想像有一天會成為接納外國移民的國家。這些大量的移入人口豐富了臺灣移民社會學的研究場域，並逐漸成為臺灣社會學界的次領域。曾嬿芬回顧臺灣的移民社會學研究，引用 Andreas Wimmer 與 Nina Glick Schiller（2004）提及的「方法論的國族主義」（methodological nationalism）指出臺灣研究者在移民研究議題上的幾項限制：（1）偏重於移民在移入國的生活與適應；（2）關注婚姻移民而較少從事移工研究；（3）在界定婚姻移民女性議題時，與主流論述中將她們視為家庭的附庸並沒有保持太大距離，而且檢視這些主題之後會發現與主流論述中將她們社會問題化、風險化的傾向有相呼應之處，例如婚姻移民的家庭暴力和第二代發展遲緩等問題。

2　本文所謂遷台移民，包含目前婚姻移民與移工兩大類，婚姻移民即臺灣所稱「新移民」或「新住民」。文中所指臺灣的移民研究，廣泛包含這兩類型移民；若討論特定移民類型時，則分開指稱「婚姻移民」和「移工」。

　　曾嬿芬（2007）亦提出對未來研究方向的一些建議：（1）嘗試多元的主題與理論觀點；（2）建立彼此連結的理論命題。如此才可能避免目前臺灣移民社會學所存在的研究盲點，諸如：（1）原子化的研究；（2）缺少對於差異的觀察與解釋；（3）缺乏建立彼此串連的論證。本文的寫作旨趣除了受到該文啟發，亦進一步回顧分析近十餘年臺灣的東南亞移民研究文獻，發現諸多研究仍然受到曾嬿芬所指出的方法論國族主義研究限制的影響，議題上也有偏重於性別和種族化的本質化傾向，而這可能也與研究現象的分析層次（levels of analysis）有關。

　　在臺灣移民研究的討論中，多是以微觀層次作為個案研究分析，研究者所採取的分析層次與理論觀點和研究方法息息相關。因為方法論國族主義的研究限制，使得臺灣的移民研究高度集中在幾個特定領域，例如：新移民的語言習得、社會適應和自我認同議題（鍾鎮城、黃湘玲 2009；王翊涵 2011、2012；鄭詩穎、余漢儀 2014；柯華葳、辜玉旻、林姝慧 2015），亦有延伸至新二代的家庭社會化和學習成效等相關主題（吳毓瑩、蔡振州、蕭如芬 2011；鍾才元、林惠蘭 2015）；以及以移工為主體所構成的東南亞地景（王志弘 2006、2009；陳坤宏 2012；陳建元、張凱茵、楊賀雯 2016）等。這些與婚姻移民相關的研究議題，很多是採用開放問卷與深度訪談的研究方法，討論議題圍繞在微觀（micro）的個人生命敘事以及中層（meso）的家庭和教育制度等，較少觸及鉅觀（macro）層面的國家政治經濟制度及其與區域或全球化互動的討論。

　　為此，本文採取的理論觀點即是以「遷移體制」（migration regime）為分析論點，將觀察重點放在國家和區域層次的移民現象脈絡，討論國家的角色以及國家之間是如何確立跨境流動條件之間的相互作用。特別是 1970 年代以後的亞洲區域移民流動，國家角色在亞洲各國移民制度中扮演著積極作用；並且隨著資本主義全球化的發展，1990 年代後遷移體制的形塑與全球資本主義的整合進程有著密切關係。本文以文獻分析為研究方法，經驗資料來源主要為臺灣、越南與國外學者的研究論文，以及越南一地與移工、婚姻移民有關的法律規範、統計資料和官方報導，進而討論革新後越南遷移體制與其政治經濟轉型之間的制度脈絡因素。

貳、臺灣的越南移民現象

1990 年代起，來自東南亞五國的婚姻移民人數顯著增加，[3] 這與臺灣對東南亞投資有時間上的正相關，台商的全球化資本流動成為跨國婚姻的觸媒，間接引發婚姻移民來台的現象（夏曉鵑 2002, 161-168；唐文慧、蔡雅玉 2000；王宏仁 2001、2004；王宏仁、張書銘 2003）。無論是越南婚姻移民還是移工，兩者在台人數皆快速成長於 2000 年之後，在國家政策實施的時間序列上，越南移民遷台移民體制的形塑與 1990 年代越南政治經濟轉型的革新（ĐổiMới）政策，以及臺灣經貿外交的南向政策有著密切關係。從越南移民遷台的統計資料起始年份來看，婚姻移民始於 1994 年，移工則較晚始於 1999 年（請參考圖 25-1）。

臺灣政府在 1999 年開放引進越南移工，起初大部分越南移工從事看護工作，從越南移工歷年人數趨勢來看 2004 年人數明顯上升，這是因為 2002~2004 年我國因為印尼移工仲介費過高與移工逃逸問題而凍結引進印尼移工，此舉使得越南移工成為當時社福移工的主要來源國。然而，2004 年與 2005 年分別因為越南漁工和看護、家庭幫傭逃逸問題，臺灣政府亦暫停引進這兩類越南籍移工。直到 2015 年，我國政府才又重新開放引進漁工和看護、家庭幫傭，截至 2020 年底，越南移工總人數來到 236,835 人，僅次於印尼的 263,385 人，為臺灣外籍移工的主力。

在移民研究中「應該讓誰進來？」（who should get in?），一直是移民接受國不斷提出的問題，而且通常政府機關與社會大眾對此問題也有著強烈的意見，但是這個問題的答案始終是由國家提供明確界定並強力執行的。國家負責制訂最終誰可以入境以及誰不能入境的政策，國家也決定了潛在的入境者將被接受或拒絕的篩選原則；很明顯地，國家在形塑移民過程中扮演了極為重要的角色（Kivisto and Thomas 2010, 195）。

3　在原籍東南亞五國的婚姻移民中，越南與印尼籍新移民就佔了總人數八成以上。早期國人與東埔寨女性申請跨國婚姻面談，都是經由駐胡志明市臺北經濟文化辦事處接受申請辦理，後來因為東埔寨跨國婚姻女性在韓國遭受暴力對待，東埔寨政府自 2008 年起禁止與外國人通婚，全面停止辦理與外國人結婚的一切政府機關行政作業，這包括結婚證書與相關文件驗證的辦理。2010 年東埔寨政府更片面指出臺灣與東籍配偶結婚的證明文件均為造假，也因此導致之後的台東跨國婚姻女性配偶，均無法在台辦理登記結婚並取得依親簽證的情況。

圖 25-1　在台越南移工與新移民歷年人數

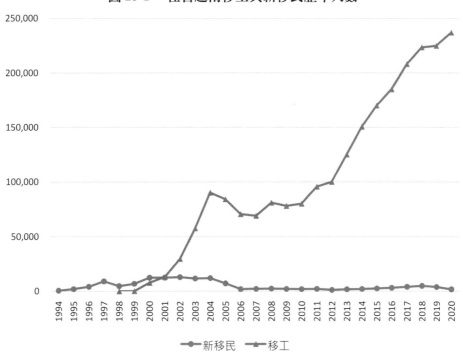

資料來源：中華民國外交部領事事務局（2005）；中華民國內政部移民署
（2021）；中華民國勞動部（2021）。

　　以臺灣的移民現象為例，曾嬿芬（2004）以「國族政治」觀點詮釋臺灣外勞政策
制訂的背後意涵，如資本家宣稱企業外移恐將損及國家經濟發展，以及移工採取客工
模式並否決引進中國大陸勞工等措施，諸如此類的國家干預使得外勞政策的許多基本
面向都有著反市場的做法。在婚姻移民部分也是如此，龔宜君（2006）指出臺灣政府
對於中國和越南的跨國婚姻立場迥異，前者是以國家主權的安全問題為由，而後者則
是將其視為人口素質的發展危機；所以臺灣對於中國大陸籍和越南籍（與所有外籍一
致）配偶的公民權利有著不同的意識形態（國族 VS. 階級）。此外，臺灣政府與官員
早期對新移民的疾病化論述，也反映在台越跨國婚姻面談的行政措施上。2005 年以前
台越跨國婚姻在境外的面談方式，從集體面談轉變為總量管制的個別面談，駐胡志明
市臺北經濟文化辦事處將婚姻面談人數限制在一天 20 對配偶，造成台越婚姻人數從
高峰的每年（2000～2004）約 12,000 對急速下降到 2,000 對（2006～2014）左右；

顯見國家對於移入人口的種族主義以及邊境管制的基本立場。

　　臺灣作為一個移民接受國的立場，雖然要問的是：「應該讓誰進來？」；那麼基於「遷移過程」的概念，從結構觀點來看台越之間的跨國遷移，乃是涵蓋兩地與國際政治經濟因素的各種組合，是否也可以納入移出國（越南）的立場來發問：「誰可以去臺灣？」，而此「誰可以去臺灣」的發問立場，也表明台越間的跨國遷移並非是由臺灣單方面所決定，而這樣的遷移體制又是如何被形塑。

參、鉅觀層次的遷移體制觀點

　　遷移過程（migratory process）乃是涵蓋了移出、移入國兩地與國際政治經濟因素的各種組合，這個過程發展的本身具有著複雜的動力。遷移，幾乎不能用單純的個人行為來解釋，而是一個社會和經濟變遷的結果（賴佳楓譯，Castles and Miller 著 2008, 29）。從 1970 年代開始，移民研究者受到馬克思主義政治經濟學、依賴理論（dependency theory）和世界體系理論（world system theory）的啟發，從更廣泛的社會和政治視角來分析國際遷移（Castells 1975; Meillassoux 1981, 33-49; Castles andKosack 1985, 57-61, 93-162, 152-179）。這些觀點的解釋核心是全球經濟和政治力量的分配不均，這種不均衡發展是因為殖民主義和帝國主義，以及不同地區加入全球資本主義市場的方式和程度不公平所導致的。結構主義方法將研究觀點置於鉅觀的歷史過程背景，進而理解遷移的動力與機制；以此方法為基礎，亦可以進一步建立遷移體制的概念，它通常指涉特定歷史背景的某種遷移類型（Sales 2007, 42-44）。

　　世界體系理論（The World System）將移民視為經濟全球化和跨越國界市場滲透的自然結果，世界體系的觀點將國際移民置於更廣泛的歷史過程與背景之中。並認為當代國際勞動遷移的特點與過去強迫勞動的奴隸工人和殖民主義不同，它是一種相對「自由」地從邊陲到核心的移動。國際遷移對於邊陲地區融入資本主義世界體系至關重要，人口的流動一直是歷史上主要結構變遷過程的內在組成部分，可以說移民與歷史的概念高度關連（Morawska 1990; Petras 1980; Portes and Walton 1981, 21-65; Sassen-Koob 1981）。與理性的、效用極大化的移民新古典經濟學觀點相反，國際移

民的世界體系方法側重於個人行動的結構限制。移民個人是遷移系統的一部分，個人確實可能會基於成本收益考慮進行移民，但移動的成本和收益都是由國際分工中不平等交換的歷史背景構成的。所以根據世界體系所定義的遷移，它是一個指涉廣泛政治經濟體系的移民運動（Sanderson 2012）。依賴理論和世界體系理論說明資本主義國家（核心／半邊陲）藉由吸納和控制邊陲國家的市場和勞動力，引進勞工移居到較發達國家的遷移方式，此有助於理解移民的起源。政治和經濟依賴所建立起的聯繫往往有利於移民流動，例如資本的移出會形成國外勞動力的流入，許多移民移居美國即為生產國際化的副產品（Sassen 1988, 2-3, 151-158）。

1970 年代，亞洲才開始出現較具規模的勞動遷移。Battistella（2014）認為在亞洲境內的移民流動中，國家作用佔據了主導地位，多數亞洲國家的移民制度比起世界其他地區更加僵化。因此，導致了一些與以往不同的遷移模式，像是波灣國家因為宗教因素，開始引進過去沒有政治和社會聯繫的伊斯蘭國家勞工；或是儘管日本過去數十年來對國際移工具有高度需求，但是日本政府依然堅稱不會引進低技術移工，實際上卻是透過其他方式為之；或是韓國雇主與外國移工，由於政府的強力介入，便設法規避政府所選定來源國與政府安排的中間人。亞洲地區普遍存在與過去不同的遷移型態似乎不是特殊現象，而是嵌入到遷移系統中的一個組成部分，因此應該要進一步討論亞洲移民的特殊性，以驗證研究者提出的理論問題。

近年來，「遷移體制」概念在移民研究的學術討論中日益增加，可是其概念的系譜卻相當複雜。「體制」術語源於國際關係領域，其後被使用於移民研究中，用於分析國家、國際組織以及國家和國際法之間對移民治理的動態演進關係，重點在於國家的角色以及國家是如何確立跨境流動條件之間的相互作用。「遷移體制」概念主要描述分析遷移的流動（mobility）、治理（regulation）和話語（discourse）之間的關係，也因為研究者的研究旨趣、政治目的和學科背景差異，使得該術語的概念系譜相當複雜（Rass and Wolff 2018, 20-26）。在移民研究中，我們可以看到研究者對「體制」的不同理解，甚至對於有哪些類型的體制以及它們之間的確切邊界，其實都仍未有一致的看法（Horvath et al. 2017; Rass and Wolff 2018; Cvajner et al. 2018）。

由於遷移體制的討論根源於不同的知識傳統，儘管其概念定義存在模糊性的缺陷，但它也反映了移民研究中理論性建構的急迫性問題，如何找到一種方法來概念化

國家在全球流動性治理中所起的關鍵作用。而不是與過去討論國家與移民之間的關係那般，強調政治權力的優越性與支配性的地位，認為它足以主導社會的變革。移民體制強調的是充分地理解國家內部和其他超越國家層面的能動性，以及政治秩序形式的生產過程，這也是移民體制概念對移民研究來說最重要的努力（Cvajner et al. 2018, 65, 77-78）。對於本文而言，即為越南遷移體制如何融入全球資本主義與國際勞動市場的過程。

隨著全球化日益發展，不同經濟體之間的相互依存性也隨之增強，移民政策的制定逐漸轉向區域性合作，因此有可能在全球範圍內形成一種國際遷移體制（international migration regime）的相互關係；也就是說遷移體制的形塑與全球化進程密切相關（Appleyard 2001, 7）。在國際遷移脈絡中，區域的政治經濟結構環境運作除了會直接影響個體的移民決策外，移入國所規範的國際遷移條件也與全球資本主義的基本邏輯有關。核心移入國的政治和軍事力量是以新自由主義理念為基礎建立起經濟秩序，並對全球的貿易、金融以及國際遷移進行治理，藉以維繫全球經濟體系。新自由主義全球化主要導致貿易和資本流動的自由化，但在很大程度上忽略了勞動力流動問題。全球化主要透過三種方式將各國人口融入全球勞動市場：（1）加速勞動力的商品化、（2）透過國家和區域勞動市場的跨國生產一體化，以及（3）藉由各種（有時是新的）形式的國際勞動力途徑加速流動性。在這些與國際遷移相關的措施中，尤其重要的是引進臨時性低技術勞工的計畫，以及鼓勵富裕外國投資者前來定居的法律政策。另一方面，各種國家內部的衝突，或是經濟體受到資本主義的滲透，都可能導致移出國的政治結構失衡或重組，造成大量政治難民跨越邊境，甚至流動至世界各國（Overbeek 2002; Morawska 2009, 45-46）。

本文將以「遷移體制」作為研究觀點，著重在國家和區域層次的移民現象脈絡，強調的是移民相關制度彼此之間的權力互動及其能動性（Rassand Wolff 2018）。所謂的權力互動是指國家制度對移民治理的相關規範，這不是一種由上而下的權力指導，而是國家為了融入全球資本主義與國際勞動市場所做出的回應。越南在1986年底決議實行一系列政經體制轉型的革新政策，確立國家由中央計畫經濟向市場經濟修正的立場；也就是說自1990年代起，越南才逐漸與非社會主義陣營的外國資本以及國際勞動市場接軌。因此，越南移民的遷移現象必須以國家政治經濟轉型為前提，進

一步討論國家為發展經濟所採取的引進外資與輸出勞動等制度脈絡，實為形成越南移民遷台的制度因素與結構條件。具體而言，1975 年越南國家統一後，採取中央計畫經濟模式的集體生產型態，不管是國內還是國外的勞動遷移均受國家限制。直到 1986 年，國家決議採行革新政策，屬於國家與集體所有權的生產模式逐漸轉向資本主義市場化，此為國家政治經濟轉型最為重要的變化。1990 年代起，越南為發展經濟積極吸引外國資本赴越投資，另一方面為解決國內勞動就業與累積外匯，大力推動勞動輸出政策。從統計數字來看，臺灣佔越南的外資金額（1988~2006）與移工人數（1994~2017）一直都是居於首位，這與越南革新後國家採取的經濟發展政策，以及臺灣 1980~1990 年代勞力密集產業外移和國內產業缺工，還有臺灣後來推動的南向政策有著密切關係（請參考圖 25-2）。在這裡我們可以比較明顯看到越南勞動輸出政策與在台移工之間的關聯性，而在吸引外國資本與婚姻移民之間的關係，則必須藉由越南台商作為中介變項進行討論，下文將進一步說明北移工、南新娘遷移體制的制度脈絡。

圖 25-2　越南遷移體制示意圖

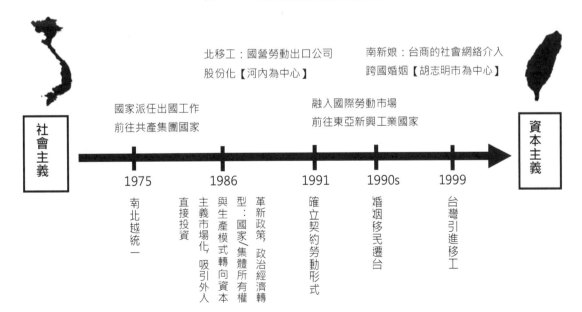

肆、越南革新前的遷移流動

　　1975 年，越戰結束南北越正式統一。在此之前，由於南部（現今中部廣治省以南）屬於法國殖民（1862 ～ 1949）和越南共和國（1955 ～ 1975）的統治，因為戰爭的影響其國際遷移流動多與軍事行動有關。1975 年後，也因為戰爭的影響，產生了兩股強迫遷移（forced migration）的流動：（1）尋求海外庇護的難民潮，以及（2）將人口密度高的城市地區居民遷往人煙稀少的新經濟區進行開發。第一種尋求海外庇護的難民，依其發生原因與時間大概可以分為三波，第一波是 1975 年 4 月越南共和國倒台，據聯合國統計連同美國軍方協助撤離和海上船民，1975~1979 年間約有 140 萬越南人前往海外，這其中大多數都是與美國或南越政府有密切關係的人。第二波發生於 1979 年中越邊境戰爭，當時許多華人從越南北部和南部離開越南，其中也有部分是越南人，遷移人數估計約為 100 萬。第三波為 1980~1990 年代以人道安置為名，提供潛在尋求庇護的越南人移居海外，例如：跨國婚姻子女、南越政府官員和家庭團聚成員。在 1990 年代，越南與西方國家的關係正常化和國家革新之後，這種遷移流動急劇增加。據國際移民組織統計，截至 1995 年底移民海外的人數已超過 60 萬人。第二種為新經濟區的人口遷移政策，旨在解決戰後人口流動對區域發展以及人口過度集中於城市的影響，最後經驗顯示國家所進行的人口重新分配干預政策，不僅付出昂貴的代價也無益於經濟發展，更給移民和重新安置者帶來痛苦（Dang Nguyen Anh 2006）。由於上述這兩種移民類型屬於強迫遷移，並且是受到過去戰爭的影響，與本文討論的北移工、南新娘自願性國際遷移特徵較不具有直接關係，因此將討論重點放在勞動遷移與婚姻移民。

　　越南國家政治體制依循社會主義意識形態採取計畫經濟生產模式，規定所有的經濟生產活動為中央主導和國家所有制（state ownership）。從 1975 年到 1986 年間，儘管國家承擔了市場的角色，不過國家總是無法有效管理生產供需和掌握商品價格。再者，計畫經濟強調優先發展重工業和集體農業，而農業是越南的主要產業部門，因此政府強制農業集體化透過掠奪農業資源來扶植工業；結果既沒有帶來工業的良好發展，也有損於農業收益。1980 年代末期，東歐與前蘇聯共產國家集團面臨民主化與改革開放的壓力，越南共產黨也意識到持續的經濟停滯將會威脅其政權的合法性，國家

因而決定採行政治經濟轉型的革新政策。革新政策有一個很重要的內涵是「社會主義定向市場經濟」（Kinhtếthịtrườngđịnhhướngxãhộichủnghĩa），與東歐激進的改革方式不同，越南文的「定向」其意接近「指導」，強調的是改革的漸進性和政治的穩定性，著重經濟結構調整優先於私有化，目標是向地方分權和全球市場開放（Dang Thị Loan et al.2010, 3-5: Duong Luan Thuy2011）。

實施革新政策以前，在國營經濟部門中，勞動價格不是供需均衡的市場關係，而是政府與工人之間的行政命令關係。勞動價格是由國家財政能力所決定，因此通常以較低工資和平均分配的原則實行人人有工作的政策。各地區與各行業之間的勞動遷移和調動也是完全由國家決定，因為勞工的遷移和調動牽涉到極為複雜的戶籍管理（人口、安全）與資源分配（教育、糧食）等社會經濟制度。國內遷移完全取決於國家的發展項目計畫，國際遷移則僅限於與國外所簽訂各種勞動力合作協議，前往的國家主要是以社會主義國家經濟合作組織「經濟互助委員會」（Council for Mutual Economic Assistance）的成員國為主（Dang Thị Loan et al.2010, 104-105）。

革新開放後的1990年代，由農村向都市遷移的人口壓力逐漸出現在全國地區，像是南部的胡志明市、北部的河內和海防均吸引著周邊貧窮省分的勞工遷移。在革新初期的90年代，人們開始透過人際關係和開放市場的社會網絡途徑尋找工作、住所和經濟機會。雖然國家的重要經濟部門仍在政府和黨的控制下，但是政府也意識到市場經濟所帶來的變化，不再強迫勞工及其家庭遵循國家的勞動調度和居住分配等規定。在革新之前，國內遷移的主要原因大多是受國家的調派；但革新之後，因為國家調派工作的遷移只佔6.1%，反而是依親（33.3%）和前往非國家部門工作（32.1%）佔了多數。革新之後，因為向市場經濟的轉型導致生產部門結構產生變化，受雇勞工職業分布也隨之變動，大量從國家部門轉移到非國家部門，這包含了私有、家庭和非正式的各種經濟型態，顯示革新措施在國家部門之外創造了許多新的經濟機會（Le and Khuat 2008, 39-54）。

因此，我們可以說越南在1986年革新前的勞動遷移高度受限於國家制度，在國內部分包含國家經濟計畫與國家部門之間的勞動調派，國際遷移則是僅在社會主義國家陣營中流動。革新後至1990年代初期與西方國家關係正常化後，因為人道安置為由的家庭團聚移民，也有部分是越南人與海外越僑的通婚使然。無論是國家的勞動調

派或是國際的人道安置，都源於越南過去歷史上特有的政經制度與戰爭遺緒，並且在革新後這類國際遷移也已日漸式微。

伍、北移工：越南國營企業股份化與契約移工的制度因素

越南於 1986 年底決議實施國家政治經濟體制的革新政策，強調改革的漸進性和政治的穩定性，儘管開放私有資本但國家經濟結構調整仍優先於私有化，因此可以看到過去佔據經濟發展主導地位的國營企業，紛紛進行所有權的股份調整與組織改革。國營企業在革新政策後積極股份化鼓勵民間資本投資，或讓國營企業員工認股，但多數國營企業股份仍掌握在國家機關手中。不管何種形式的勞務仲介，國營色彩都非常濃厚，越南政治體制雖是共產黨獨大，但是卻有不同的團體在競逐利益，因此許多政府部門紛紛成立勞務輸出公司，像是交通部所屬的石油公司和地方政府等（王宏仁、白朗潔 2007）。

根據越南官方文件（第 362/CP 號決議）的內容，1980 年政府已開始將勞工輸出到前蘇聯集團和中東國家，當時勞動輸出的目標有二：解決戰後部分青年工作問題，以及提高工人技術能力，使其返國後擔任國家建設的技術工作（MOLISA 2006）。[4] 實際上，由於當時越南長期接受前共產集團國家的援助或借貸，但無力償還因此透過勞動輸出方式支付其債務（Beredford and Dang 2000, 79）。儘管 1986 年底越南實行革新，但隨後蘇聯與東歐政治局勢變動導致越南對外勞動輸出幾近中斷，直到 1991 年由部長會議公佈第 370/H　BT 號決議，確立了契約勞動形式的勞動輸出方式以符合國際勞動市場規範。1999 年之後，移工移入地區由轉向東亞地區等新興工業國家（請參考圖 3），自此勞動輸出規模逐漸成長從 1992 年至 2020 年，越南國家已輸出將近 194 萬人次勞動者前往國外工作；臺灣在 1999 年開放引進越南移工，至 2020 年底累

4　越南中央主管海外移工的機構為「勞動－榮軍－社會部」（B　Lao　ng-Th　ngbinhvàXãh　i；英文名稱為 Ministry of Labour, War Invalid and Social Affairs，以下簡稱 MOLISA），下轄「海外勞動管理局」（C　cqu　nlýlao　ngngoàin　c；英文名稱為 Department of Overseas Labour，以下簡稱 DOLAB），為專責執行移工相關事務的單位。

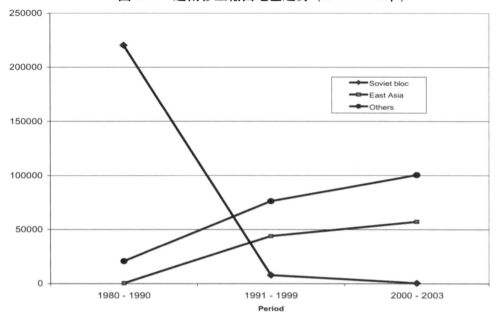

圖 25-3　越南移工輸出地區趨勢（1980~2003年）

資料來源：Dang Nguyen Anh（2008, 4）.

計人數已超過 77 萬人次。[5]

5　越南勞動輸出人數歷年統計，1992-2017 年資料請參考張書銘（2018, 101-103）；2018 年
　　人 數 為 142, 860、2019 年 人 數 為 147, 387， 資 料 來 源：BáođiệntửKinhté&Đôthị. 2020.
　　"XuấtkhẩulaođộngcủaViệt Nam vượtmức 100.000 ngườitrong 6 nămliêntiếp". https://kinhtedothi.
　　vn/bieu-do-xuat-khau-lao-dong-cua-viet-nam-vuot-muc-100-000-nguoi-trong-6-nam-lien-
　　tiep.html (January 2, 2020). (Accessed on July 23, 2022). 2020 年 人 數 為 78, 641， 資 料 來
　　源：TạpchíKinhtếvàDựbáo. 2021. "Xuấtkhẩulaođộng, chờcơhộiphụchồitừnăm 2022". https://
　　kinhtevadubao.vn/xuat-khau-lao-dong-cho-co-hoi-phuc-hoi-tu-nam-2022-17495.html (June 11,
　　2021). (Accessed on July 23, 2022). 勞動輸出到臺灣的人數資料，1999-2017 年請參考張書
　　銘（2018, 101-103），2018 年 人 數 為 60,369， 資 料 來 源：Cổngthông tin điệntửbộtàichính.
　　2019."CơhộirộngmởđốivớixuấtkhẩulaođộngViệt Nam năm 2019".https://mof.gov.vn/webcenter/
　　portal/vclvcstc/pages_r/l/chi-tiet-tin?dDocName=MOFUCM146875 (Feburary 14, 2019). (Accessed
　　on July 23, 2022). 2019 年人數為 54,480，資料來源：Báo i nt Kinht & ôth . 2020. 2020 年
　　人數為 34,500，資料來源：Tạpchí con số&sựkiện. 2021. "XuấtkhẩulaođộngtrongbốicảnhđạidịchCovid-19". https://consosukien.vn/xua-t-kha-u-lao-do-ng-trong-bo-i-ca-nh-dai-dich-covid-19.htm
　　(October 13, 2021). (Accessed on July 23, 2022).

　　越南共產黨的權力核心中央政治局於 1998 年公佈的第 41-CT/TW 號指示中，指出：「勞動輸出是一項促進社會發展的經濟活動，可以增進人力資源、創造就業、提高收入、爭取外匯以及加強與其他國家間的國際合作」。就長遠來看，勞動輸出政策所培訓出來的勞動力，是國家在實現現代化與工業化過程中所需要的人力資源；它也是強化國際合作的一種方式（ĐảngCộngsảnViệt Nam 2005）。勞動輸出政策在獲得黨和政府的大力支持後，各級地方的黨政幹部莫不全力配合，2006 年國會更通過《越南契約勞動者出國工作法》（LAW NO. 72/2006/QH11 OF NOVEMBER 29, 2006, ON VIETNAMESE GUEST WORKERS），該法即成為規範勞動輸出領域的最高律法。

　　法令所規範的勞動輸出活動，從移工的招募、培訓、簽約、出國工作到期滿回國均可見勞動出口公司的角色。臺灣習慣上所稱的外勞仲介公司，在越南一般稱為「勞動出口公司」（công ty xuấtkhẩulaođộng），依照 2008 年的資料顯示，領有合法勞務輸出許可證共有 177 家公司，其中有 25 家含有私人股份，且超過半數（104 家）總公司集中在首都河內（MOLISA 2008）。對照 2022 年 7 月海外勞動管理局的資料，領有合法勞務輸出許可證的公司共有 301 家，其中北部有 264 家（88%）、中部有 7 家（2%）、南部有 30 家（10%），由此可見勞動出口公司多以北部省分為主要活動地區（DOLAB 2022）。這是因為北部省分靠近首都河內，而河內做為全國的政治中心，不僅是許多中央黨政機關的所在地，也是多數勞動出口公司集中的地方。這些勞動出口公司幾乎都是由政府單位或國營企業經營，例如中央政府機關的漁業部和國營企業的越南紡織廠均在革新後設置勞動出口公司。甚至中央主管機關 MOLISA 也有三家直屬的勞動出口公司和一家勞動訓練中心，均由 MOLISA 握有全部股權，並實際參與勞動輸出業務活動（張書銘 2018, 116-117）。

　　中央的勞動－榮軍－社會部多會在每年年初透過記者會與新聞稿形式，公布上一年整體勞動輸出的概況，如輸出人數、前往國家的分配、目標達成率等。有關越南移工來源省分的歷年統計資料取得不易，[6] 目前僅有 2008 年各省統計資料可以參考（請

6　筆者曾詢問河內寶山勞動出口公司高層和越南社會科學研究院學者，有關越南勞動輸出的各省統計資料，然而都只有單一年度輸出總人數的概況，並未有詳細至各省的歷年統計數字。因此，僅能透過北部幾個勞動輸出重要省分所發佈的勞動輸出新聞稿資料，從中獲取有關地方省級的勞動輸出情況。

參考表 25-1），在移工人數超過千人以上的 19 個省市中，僅有胡志明市位於南部。另在勞動—榮軍—社會部所公布 2007 年至 2010 年 6 月的統計資料顯示，在出國工作的 282,106 人之中，來自北部和中部地區省分就佔了 95%，而南部僅佔 5%（Liên Minh BàiTrừNôLệMới ở Á Châu 2011）。自 2020 年起，COVID-19 疫情開始在全球蔓延，世界各國隨即陸續採取邊境緊縮政策；儘管越南的勞動輸出活動也受到影響，但 2021 年越南勞動出口人數仍是以北部省分居多。根據政府統計資料，2021 年赴國外工作的越南勞工總數為 45,058 人，僅達到該年預定分配目標的一半（CụcQuản Lý Lao ĐộngNgoàiNước 2022）。其中，光是義安省（表 25-1 排序 2）就佔了 11,210 人，將近全國四分之一勞動出口人數（BáoNghệ An điệntử 2022）；河靜省（表 25-1 排序 5）有 5,587 人（Báo Lao Động2022）；清化省（表 25-1 排序 3）則是僅前 10 個月，就有將近 4,000 名勞工出國工作（Thông TấnXãViệt Nam 2021）；北江省（表 25-1 排序 4）也僅剩約 1,600 人（BáoBắc Giang 2022）。由於越南各省勞動輸出統計數字難尋，僅能從個別地方政府發佈之新聞資料找循線索，從 2021 年資料來看，僅義安省、河靜省、清化省、北江省四個省分勞動輸出人數就已經佔該年全國勞動輸出人數一半。

表 25-1　越南各省／市勞動輸出移工人數（2008年）

排序	省/市	人數	排序	省/市	人數	排序	省/市	人數
1	胡志明市 (TP. HCM)	9,825	22	加萊省 (Gia Lai)	705	43	同奈省 (Đồng Nai)	200
2★	義安省(Nghệ An)	9,707	23★	廣寧省 (QuảngNinh)	676	44	慶和省 (Khánh Hoà)	200
3★	清化省(Thanh Hoá)	9,479	24	永隆省（Vĩnh Long）	634	45	廣南省(Quảng Nam)	200
4★	北江省（Bắc Giang）	7,588	25	堅江省（Kiên Giang）	620	46	平福省（Bình Phước）	178

排序	省/市	人數	排序	省/市	人數	排序	省/市	人數
5★	河靜省(Hà Tĩnh)	6,325	26★	廣治省(QuảngTrị)	593	47	峴港市(ĐàNẵng)	150
6★	河內市(Hà Nội)	3,920	27★	北省(BắcKạn)	522	48	安江省(An Giang)	140
7★	北寧省(BắcNinh)	3,115	28★	焉拜省(YênBái)	515	49	西寧省(TâyNinh)	116
8★	海陽省(HảiDương)	3,107	29	富焉省(PhúYên)	510	50★	山羅省(Sơn La)	109
9★	太平省(Thái Bình)	3,102	30	廣義省(QuảngNgãi)	507	51	金歐省(Cà Mau)	104
10★	富壽省(PhúThọ)	3,012	31★	河江省(Hà Giang)	503	52★	高鵬省(Cao Bằng)	100
11★	興安省(HưngYên)	2,515	32	前江省(Tiền Giang)	463	53	茶榮省(Trà Vinh)	100
12★	南定省(Nam Định)	2,500	33	同塔省(ĐồngTháp)	312	54	林同省(Lâm Đồng)	87
13★	泰源省(Thái Nguyên)	2,275	34	平定省(Bình Định)	310	55	薄寮省(BạcLiêu)	83
14★	廣平省(Quảng Bình)	2,217	35★	承天順化省(ThừaThiênHuế)	308	56	寧順省(NinhThuận)	77
15★	寧平省(Ninh Bình)	1,800	36	得農省(ĐakNông)	301	57	崑嵩省(Kon Tum)	72
16★	和平省(Hòa Bình)	1,616	37★	諒山省(LạngSơn)	300	58	巴地頭頓省(BàRịa - VũngTàu)	65
17★	永福省(VĩnhPhúc)	1,036	38	隆安省(Long An)	268	59	後江省(Hậu Giang)	58
18★	海防市(HảiPhòng)	1,022	39	平順省(Bình Thuận)	250	60★	奠邊省(ĐiệnBiên)	55
19★	宣光省(Tuyên Quang)	1,020	40	芹苴市(CầnThơ)	250	61	平陽省(Bình Dương)	45

排序	省/市	人數	排序	省/市	人數	排序	省/市	人數
20	檳椥省(Bến Tre)	806	41	朔莊省 (SócTrăng)	230	62★	老街省(Lào Cai)	43
21	得樂省(Đak Lak)	750	42★	河南省(Hà Nam)	219	63★	萊州省(Lai Châu)	21
合計：87,936（人）								

說明：排序以人數遞減為依據；「★」號標記者為北部省分，未標記者為南部省分。

資料來源：MOLISA（2009）。

　　中央的政策宣傳和制度完善的影響力是從河內向外擴散的，對南部地方來說難免有些鞭長莫及。加上，南部的胡志明市是全越南第一大城，也是南部的政治經濟中心且工商業發達，部分鄰近省分因應國家革新政策，設有不少吸引外資所設立的工業區，像是鄰近胡志明市的同奈省、平陽省和隆安省，這些地區對勞動力本來就具有高度需求。這些南部工業區甚至出現了缺工的情況，地方政府還要聯合有勞工需求的公司，直接前往農村地區或是更南邊的湄公河平原各省進行招募，因此勞動出口活動不比北部省分活躍，所以勞動輸出政策的推行在多數北部省分蓬勃發展，南部省分卻黯然失色（張書銘 2018, 155-159）。

　　Portes 與 Walton（1981, 31-32）指出隨著國際市場擴展到或滲透到前資本主義和非資本主義的社會，這會破壞了先前存在的社會關係並動員部分人口進入移民遷移，其中一些流向國內其他城市地區，一些流向國外，國際移民由此而生。持續的勞動遷移需要政治和經濟制度的一體支配並滲透到其下包含的一切單元，然而此舉會造成內部既有的部門和制度之間產生失衡（imbalance）。因此，地方經濟不得不重組以適應國際分工，新的國內階級出現與外國資本的聯繫更緊密，消費習慣、價值觀和規範被重新納入政治和經濟制度，新舊政經制度之間的結構失衡最終會產生一股遷移壓力。

　　以越南革新後的發展情況來看，因國家開放私人與外國資本的加入使得原本的國家和集體所有制發生變化，在逐步走向資本主義市場商品化經濟的過程中，國家的做法是：向地方分權和全球市場開放。透過制訂《越南契約勞動者出國工作法》明文規範勞動輸出相關活動，確立勞動輸出活動採取契約精神，與其相關的企業、組織和

個人的權利與義務均受契約保障（該法第一條）。由於國營和集體企業股份化並加入部分私有資本，除此之外也有外國資本參與勞動輸出活動。透過法律確立私有和外國資本的所有權，以及勞動輸出的契約形式，而這兩者也是資本主義市場經濟運作的主要基石；所以我們可以看到各地勞動出口公司以及移工人數的快速穩定成長。另一方面，越南的勞動出口公司幾乎都具有國營色彩，其性質是不同於臺灣的外勞仲介公司；這些國營企業握有勞動出口公司全部（或多數）股份，其本質是「國家管理的一環」。黨和政府藉由組織勞動出口協會（Vietnam Association of Manpower Supply）進一步監督和管理各公司，勞動出口公司藉由與國外勞動仲介公司的業務往來，也掌握了國外勞動市場動向的第一手資訊；許多的法令和政策都是由勞動出口公司扮演訊息傳遞與組織運作的角色，也是國家和移工之間重要的制度安排。

陸、南新娘：臺灣跨國資本與商品化婚姻仲介的跨國網絡

在「南新娘」的新移民原鄉省分的地理分布上，可能較北移工的地理範圍更加集中，越南新移民多數來自「下六省」，所謂下六省指的是南部湄公河三角洲省分（王宏仁、張書銘 2003；龔宜君 2006），以 2004 年新移民原鄉省分的分布來看，南部省分就佔了 83.46%（請參考表 25-2、圖 25-4）。[7] 越南學者 TrầnThị Minh Thi（2019, 38-39）採用 2013~2016 年司法部跨國婚姻統計資料，指出越南人與外國人結婚的比例中，有高達 80% 是戶籍登記在南部的越南公民。其中，與美國人結婚最多的省市是胡志明市、同奈省、承天順化省、前江省、巴地頭頓省；與臺灣人結婚較多的省市主要是胡志明市、芹苴省、同奈省、後江省、西寧省、同塔省、巴地頭頓省；與韓國人結婚的省市包括芹苴省、海防市、後江省、廣寧省、堅江省、海陽省和金甌省等。另外，越南全國婦女聯合會主席 NguyễnThị Thu Hà 表示，根據 2008~2018 年的統計資料顯

7　由於「表 2 越南新移民原鄉省／市人數分配（2004 年）」資料，乃是由駐胡志明市臺北經濟文化辦事處提供之內部資料。因此筆者在 2022 年 7 月透過移民署詢問駐胡志明市臺北經濟文化辦事處後，得知統計表格欄位已經過數次更改，新移民的原鄉省分欄位已不復存在，以致於無法提供更新資料。

示，僅湄公河三角洲就有約 7 萬名女性嫁給了外國籍丈夫，佔全國越南女性嫁給外國人總數的 79%（Chúc Ly 2019）。這一人數統計資料，還不包括也有許多嫁給外國人的東南區省分女性（湄公河三角洲與東南區省分地理位置，請參閱圖 25-4）。

由於 1980 年代全球以及臺灣經濟結構的改變，促使以中小企業為主的台商資本開始西進中國和南向東南亞。1991 年，越南政府核准臺灣外貿協會在河內和胡志明市兩地設立辦事處，隔年獲准設立臺北經濟文化辦事處，對越投資因此大幅增加。臺灣經濟部於 1993 年 12 月提出〈經濟部南進政策說帖〉，以具體作法協助勞力密集產

表 25-2　越南新移民原鄉省 / 市人數分配（2004年）

排序	戶籍地	人數	百分比	省分所在地理區
1	西寧省(TâyNinh)	1,644	16.56	東南區
2	芹苴省(CầnThơ)	1,369	13.79	湄公河三角洲
3	同塔省(ĐồngTháp)	1,275	12.84	湄公河三角洲
4	朔莊省(SócTrăng)	1,049	10.57	湄公河三角洲
5	胡志明市(TP. HCM)	708	7.13	東南區
6	同奈省(Đồng Nai)	519	5.23	東南區
7	永隆省(Vĩnh Long)	419	4.22	湄公河三角洲
8	後江省(Hậu Giang)	387	3.9	湄公河三角洲
9	茶榮省(Trà Vinh)	247	2.49	湄公河三角洲
10	金甌省(Cà Mau)	178	1.79	湄公河三角洲
11	堅江省(Kiên Giang)	172	1.73	湄公河三角洲
12	前江省(Tiền Giang)	170	1.71	湄公河三角洲
13	隆安省(Long An)	149	1.5	湄公河三角洲
	其他	1,641	16.54	
	總計	9,927	100	

資料來源：〈2004年越南新娘戶籍分布統計〉，駐胡志明市臺北經濟文化辦事處內部資料，未出版。

圖 25-4　越南之經濟地理分區圖
資料來源：https://en.wikipedia.org/wiki/Northern,_
Central_and_Southern_Vietnam，經作者重製。

業移向東南亞。次年行政院通過〈加強對東南亞地區經貿工作綱領〉（1994~1996 年
為第一期），正式推動南向政策，加強開拓與東協國家經貿關係及因應東南亞經濟
整合之趨勢，實施範圍涵括泰、馬、印、菲、星、越、汶等七國（黃奎博、周容卉
2014）。

　　根據越南統計，從 1988~2006 年外資投入項目的案件數量來看，來自亞洲國家的
投資金額最高；亞洲地區主要為臺灣、新加坡、南韓、日本和香港，這幾個國家和地
區投入總金額約 350 億美金，佔所有外資註冊資本額的 45%。投入的項目和金額分配
省市均以胡志明市排名第一，若再加上其他南部主要省分，如同奈、平陽、巴地－頭
頓、隆安，合計南部胡志明市與其周邊地區投入件數與金額比例均在六成左右，顯見
胡志明市及其周邊地區為吸引外資最多的區域。值得注意的是，臺灣、新加坡和香港
三地多屬中小企業約佔外資總額 30%（Bui 2010, 12-15）。2010 年以前，臺灣在越南
外人直接投資的累計項目案件與金額長年居於第一位，如果加上未報准或透過第三國
如維京群島、開曼群島或香港、新加坡等地註冊後轉投資（許文堂 2013, 10），或有
使用人頭投資的情況（龔宜君 2010），推測其實際金額規模應該更大。

　　在 1994 年底美國對越南解除經濟制裁，歐美日韓等國家大舉投資越南之前，越南前三大投資國家與地區分別是：臺灣、香港和新加坡，約占所有投資總額 60%。可以說越南革新開放初期的經濟發展很大部分是由國外的華人資本所支撐起的，政府核准的外人投資案進駐南部胡志明市及其周邊地區就超過一半，這是因為投資企業的主體是華人資本。加上胡志明市自 18~19 世紀以來即為越南華人聚居區，因此上述這些所謂的華人資本多選擇在胡志明市周邊的華人企業作為接觸與投資的對象；另一可能原因則是南部過去由資本主義政權統治，其歷史觀和價值觀比較接近外國資本家（林雅倩譯，窪田光純著 1997, 148-153）。在 20 世紀的國際遷移過程中，如果將移出和移入國之間的國際政治經濟發展和歷史過程相互參照，就可以理解殖民主義遺產對於遷移的重要影響（Sassen 1988, 52-53）。但 1990 年代移民進入歐洲現象，顯示移出國和移入國之間既使沒有地理和殖民聯繫的情況下也會發生遷移。因此，當代遷移現象不僅與政治介入有關之外，還有全球資本透過跨國公司網絡流動所帶來的影響，也就是資本主義的滲透，這將經濟發展和全球系統演變的討論帶回了移民研究之中。政治的介入和資本的流動顯然是相互關連的，這些制度的相互作用，構成了當代國內和國際遷移的主要動力，尤其是資本的擴散對於亞洲內部移民的增加特別重要（Skeldon 1997, 45）。

　　臺灣與越南間的跨國婚姻是受到經濟全球化的影響，其運作形式主要透過婚姻仲介帶團安排相親，其形式完全不同於過去廣受批評的郵購新娘現象，這是全球化浪潮下新的婚配模式（唐文慧、蔡雅玉 2000）。關於臺灣與越南或印尼跨國婚姻的道德評價並非本文所要討論的重點，而是將分析重點放在台越跨國婚姻出現與形成的原因。約莫 2000 年前後，臺灣大街小巷開始出現「越南新娘」的廣告招牌時，試想臺灣男性拿起電話撥打招牌上的電話，就有可能與越南女性結婚，這是一個什麼樣的情境！？

　　王宏仁、張書銘（2003）指出台越跨國婚姻之所以人數這麼多，是因為兩地婚姻仲介所建構的跨國婚姻社會網絡使然。早期臺灣與東南亞的跨國婚姻形式，主要是透過個人的社會網絡進而達到聯姻，而且很多都是華人或客家人（泰國、印尼與越南共和國時期的華人），在此階段還不太具有商品化性質。直到 1990 年代，臺灣資本率先進入南部的胡志明市及其周邊省分，許多台商或台幹因工作關係遂落腳胡志明市。台

商進入越南的投資過程，是從最早的「一只皮箱走天下」的小老闆，到人頭公司，到小公司，最後才是大型企業（龔宜君 2005, 148）。另根據王宏仁（2009, 170）對越南台商的觀察，指出赴越南投資的台商類型，大致可分為：1988~1990 年多半是跑路過去的，1991~1993 年則是標會籌措資金過去的，1993~1995 年是在臺灣經營不下去又有點積蓄的人，1995 年後才是大企業過去。由此可知，部分越南台商的形象，不要說與跨國大企業主一樣，其實甚至與一般中小企業主也不盡相同。

而這些婚姻仲介業者很多是早期赴越南投資的台商或外派人員，因熟悉越南當地民情而轉入婚姻介紹。這些經營婚姻仲介的臺灣人其實就是「另類台商」，他們將臺灣中小企業的經營模式應用到跨國婚姻，結合越南媒人創造出橫跨台越兩地的婚姻仲介產業，顛覆傳統的婚姻習俗與婚配過程。在台越跨國婚姻的商品化過程中，這些投入媒介的越南女性多數來自胡志明市以南的下六省農村地區，負責聯絡的越南大、小媒人也都會以胡志明市作為跨國婚姻市場的業務中心，諸如養新娘、小旅館相親、代辦跨國結婚文件等，都需要胡志明市的現代大都會氣息、精通華語文的人才、靈活彈性的相親活動（避免公安查察）以及必須通過駐胡志明市臺北經濟文化辦事處的結婚面談程序等。簡言之，若非兩地婚姻仲介透過協力分工模式，建構出一條商品化的台越跨國婚姻路徑，臺灣男性與越南女性是不可能輕易地克服跨國婚姻之間種種的制度障礙，也不會有今天超過半數的新移民是來自於越南的情況（張書銘 2002, 50-53、100-105）。

而這一涵蓋台越兩地的跨國婚姻社會網路，實為早期越南台商涉入婚姻仲介並且不斷發展的結果，也是外國投資與婚姻移民之間因果關係。當然台越之間的跨國婚姻出現，並非是理性經濟的跨國投資或是專家系統的南向政策所能預見的社會現象，此種非預期結果（unintended consequences）其實與個體化進程有很大的關係（張書銘 2017）。這裡所謂的個體化進程指的是個體權力日增的過程，儘管商品化台越跨國婚姻最核心的作用是仲介的運作，但如果沒有其他行動者的參與構建，這一跨國婚姻網絡是不會發展成為今天臺灣與越南兩地重要的社會現象。

從東亞與東南亞區域經濟發展的雁行模式（flying geese pattern）來看，區域內各國的經濟發展過程彼此相關並有著成功的經驗。雁行模式的歷史發展是以日本為雁首，其次是以亞洲四小龍（臺灣、韓國、香港、新加坡）為代表的新興工業化國家，

隨後這些新興工業化國家驅動了東南亞地區（馬來西亞、印尼、泰國和菲律賓）的工業化與現代化，最後則影響了後進的越南和中國。雁行模式的新國際分工體系，似乎也反映著與越南遷移體制相關連的移入國家，在移工部分除了臺灣作為越南移工的首要接受國之外，其次為馬來西亞、日本和韓國（張書銘 2018, 104-105）。而婚姻移民也有相同的情況，排除越南女性與國外越僑結婚的類型，臺灣也是目前越南女性跨國婚姻最多的國家。在韓國，2005-2013 年間，婚姻移民佔韓國所有入籍案件的 79%，大多數婚姻移民來自附近的亞洲國家：包含中國（41%）、越南（26%）、日本（8%）和菲律賓（7%）。而 2014 年韓國的外籍配偶人數約有 15 萬左右，其中中國籍配偶幾乎都是朝鮮族女性（Kim and Kilkey 2018; 杜彥文譯，金賢美著 2019, 36-37），與越南女性嫁給越僑一樣，都屬於族群通婚的情況。根據韓國統計局的報告，2016 年韓國國際婚姻數字為 21,709，越南人數（28%）首次超越中國（27%）（Vu 2017）；此外，新加坡從 2000 年起也開始出現了與越南女性的跨國婚姻現象（Phan 2011），而且韓國與新加坡的跨國婚姻也都與臺灣類似，大多屬於商品化仲介婚姻。

柒、結語：北移工、南新娘：越南遷移體制與資本主義接合的差異

當代全球每個國家幾乎均涉入了國際遷移之中，複雜的遷移系統已然形成「全球」和「區域」兩個層級（賴佳楓譯，Castles and Miller 著 2008, 8-12），然而這兩個層級的遷移系統並非互不干涉；相反地，兩者相互作用。「北移工、南新娘」如此特殊的遷移現象，看起來像是區域層級的台越跨國遷移，實際上不論是越南的革新政策、還是臺灣的南向政策，其實都受到全球資本主義運作的影響，可以說越南革新後遷移體制的形塑與資本主義的接合具有重要關連性。

本文討論的「北移工」遷移特徵，即是越南國家從社會主義體制向資本主義市場化過渡，過去的國有和集體所有權與生產模式，透過股份化轉向結合私有和外國資本的多種組合，也就是國家經濟發展結構從根本上發生了變化。由於國營和集體企業股份化並加入部分私有資本，除此之外也有外國資本參與勞動輸出活動，並且透過《越南契約勞動者出國工作法》確立勞動輸出企業私有和外國資本的所有權，以及勞動輸

出的契約形式，而這兩者也是資本主義市場經濟運作的重要精神。再者，多數勞動出口公司均由國營企業握有股份，其本質是「國家管理的一環」，是國家和移工個體之間重要的制度安排。由於河內為政治中心，因此革新後這些勞動輸出制度和國營企業仍留在以河內為中心的北部地區，此勞動輸出制度成為北移工的主要動力。

　　革新政策也提出優惠政策吸引外國資本進入越南，自1994年起，越南成為臺灣南向政策的重點國家之後，台商已將越南列為前往東南亞投資的目的國。與此同時，1990年代後期至2000年初期越南新移民人數顯著增加，這與臺灣對東南亞投資有時間上的正相關。臺灣對越跨國資本流動成為跨國婚姻的觸媒，而「南新娘」的遷移現象則與活動於南部胡志明市及週邊省分的台商，介入跨國婚姻仲介網絡有關。

　　本文所討論的越南與臺灣之間跨國遷移現象，無論是勞動形式的移工，還是婚姻途徑的新移民，其遷移體制的生成乃是以越南國家的政治經濟轉型（革新政策）為前提，在此體制中國家角色具有關鍵性的作用。當我們採取鉅觀視角分析同一移民來源國的時候，它也有可能因為制度因素的差異，形成不同的遷移動力。而「北移工、南新娘」遷移特徵的差異，即為遷移體制與資本主義接合方式的不同：一個是透過法律確立勞動輸出活動中的私有和外國資本的所有權，以及勞動輸出的契約精神，以此融入全球資本主義和國際勞動市場；另一個則是因為外國投資所帶來的社會網絡而形成的跨國婚姻市場。形塑「北移工、南新娘」遷移特徵的原因，正如 Sassen（黃克先譯，Saskia Sassen 2006, 188-189）所言：遷移並不是自然而然發生的，而是被製造出來的；遷移現象不只是個人決定的加總，而是被既存的政治經濟體系所形塑與模式化的過程。

參考文獻

中華民國內政部移民署，2021，〈外籍配偶人數與大陸（含港澳）配偶人數按證件分〉，
　　https://www.immigration.gov.tw/5382/5385/7344/7350/8887/?alias=settledown&sdate=201701
　　&edate=202012，查閱時間：2021/03/02。

中華民國外交部領事事務局，2005，〈外交部領事事務局核發國人之東南亞各國籍配偶簽證
　　數量統計表〉，http://www.boca.gov.tw/ct.asp?xItem=1349&ctNode= 149&mp=1，查閱日期：
　　2006/04/30。

中華民國勞動部，2021，〈產業及社福移工人數〉，https://statdb.mol.gov.tw/evta/jspProxy.aspx
　　?sys=100&kind=10&type=1&funid=wqrymenu2&cparm1=wq14&rdm=I4y9dcIi，查閱時間：
　　2021/03/02。

王宏仁，2001，〈社會階層化下的婚姻移民與國內勞動市場：以越南新娘為例〉，《臺灣社會
　　研究季刊》，41：99-127。

王宏仁，2004，〈婚姻移民與國際勞動力移動：以臺灣的越南新娘為例〉，劉兆佳、尹寶珊、
　　李明堃、黃紹倫主編，《香港、臺灣與中國內地的社會階級變遷》：271-298，香港：香港
　　中文大學香港亞太研究所。

王宏仁，2009，〈性別化的草根跨國社區：以台越關係為例〉，王宏仁、郭佩宜主編，《流轉
　　跨界：跨國的臺灣、臺灣的跨國》：163-191，臺北市：中研院亞太區域研究專題中心。

王宏仁、白朗潔，2007，〈移工、跨國仲介與制度設計：誰從台越國際勞動力流動獲利？〉，
　　《臺灣社會研究季刊》，65：35-66。

王宏仁、張書銘，2003，〈商品化的台越跨國婚姻市場〉，《臺灣社會學》，6：177-221。

王志弘，2006，〈移／置認同與空間政治：桃園火車站週邊消費族裔地景研究〉，《臺灣社會
　　研究季刊》，61：149-203。

王志弘、沈孟穎，2009，〈疆域化、縫隙介面與跨國空間：臺北市安康市場 ” 越南街 ” 族裔
　　化地方研究〉，《臺灣社會研究季刊》，73：119-166。

王翊涵，2011，〈「我很辛苦，可是我不可憐！」東南亞新移民女性在台生活的優勢觀點分
　　析〉，《臺大社會工作學刊》，23：93-136。

王翊涵，2012，〈曖昧的歸屬，策略性的協商：在臺東南亞新移民女性的國族認同〉，《臺灣
　　社會研究季刊》，89：83-125。

吳惠林、王素彎，2001，〈外籍勞工在臺灣的趨勢、經濟關聯與政策〉，《人口學刊》，22：

49-70。

吳毓瑩、蔡振州、蕭如芬，2011，〈東南亞裔新移民母親參與子女學習之狀況與阻礙〉，《教育學刊》，37：1-35。

杜彥文譯，金賢美著，2019，《我們都離開了家：全球多元文化趨勢下韓國新移民的離散、追尋與認同》，臺北市：臺灣商務。

林雅倩譯，窪田光純著，1997，《躍動的國家：越南》，臺北市：大展出版社。

柯華葳、辜玉旻、林姝慧，2015，〈新移民女性學習中文之成效探討〉，《課程與教學季刊》，18（3）：183-206。

唐文慧、蔡雅玉，2000，〈全球化下的臺灣越南新娘現象初探〉，全球化下的社會學想像：國家、經濟與社會學術研討會，臺北市：臺灣大學。

夏曉鵑，2002，《流離尋岸：資本國際化下的外籍新娘現象》，臺北市：唐山。

張書銘，2002，〈台越跨國婚姻市場分析：「越南新娘」仲介業之運作〉，碩士論文，新北市：淡江大學東南亞研究所碩士論文。

張書銘，2017，〈「新南向政策與智庫建設」青年學者論壇——南向政策的非意圖結果：台越跨國婚姻及其二代〉，《臺灣東南亞學刊》，12（1）：148-153。

張書銘，2018，《越南移工：國家勞動輸出政策及其社會發展意涵》，臺北市：五南。

許文堂，2013，〈臺灣與越南雙邊關係的回顧與分析〉，施正鋒主編，《崛起中的越南》：1-46，臺北市：臺灣國際研究學會。

陳坤宏，2012，〈東南亞移工聚集之空間分割感受的社區觀點：臺南市、高雄市、台中市的經驗研究〉，《環境與世界》，26：33-75。

陳建元、張凱茵、楊賀雯，2016，〈臺中第一廣場暨周邊地區東南亞族裔空間形成與轉變〉，《都市與計劃》，43（3）：261-289。

曾嬿芬，2004，〈引進外籍勞工的國族政治〉，《臺灣社會學刊》，32：1-58。

曾嬿芬，2007，〈研究移住／居臺灣：社會學研究現況〉，《臺灣社會研究季刊》，66：75-103。

黃克先譯，Saskia Sassen 著，2006，《客人？外人？遷移在歐洲（1800～）》，臺北市：巨流。

黃奎博、周容卉，2014，〈我國「南向政策」之回顧與影響〉，《展望與探索》，12（8）：61-69。

鄭詩穎、余漢儀，2014，〈順從有時，抵抗有時：東南亞新移民女性家庭照顧經驗中的拉鋸與選擇〉，《臺大社會工作學刊》，29：149-197。

賴佳楓譯，Stephen Castles and Mark J. Miller 著，2008，《移民——流離的年代》，臺北市：五南。

鍾才元、林惠蘭，2015，〈東南亞籍女性新移民之子女在族群自我認同與族群態度上之表現〉，《人口學刊》，51：95-134。

鍾鎮城、黃湘玲，2009，〈客籍新移民女性之語言使用與自我移民認同形塑〉，《高雄師大學報》，26：49-64。

藍佩嘉，2008，《跨國灰姑娘：當東南亞幫傭遇上臺灣新富家庭》，臺北市：行人。

龔宜君，2005，《出路：台商在東南亞的社會形構》，臺北市：中研院亞太區域研究專題中心。

龔宜君，2006，〈國家與婚姻：台越跨國婚姻政治〉，《臺灣東南亞學刊》，3（1）：83-103。

龔宜君，2010，〈「佔名」關係：台商與越南女性的親密關係形構〉，《臺灣社會學刊》，45：213-247。

Appleyard, Reginald. 2001. "*International migration* policies: 1950-2000." International Migration, 39(6) :7-20.

BáoBắc Giang (Bac Giang Newspaper). 2022. "Xuấtkhẩulaođộng: Từngbướcphụchồi" (Labour export: Step by step recovery). http://baobacgiang.com.vn/bg/xa-hoi/381715/xuat-khau-lao-dong-tung-buoc-phuc-hoi.html (April 15, 2022). (Accessed on July 22, 2022).

BáođiệntửKinhtế&Đôthị (Economic & Urban Electronic Newspaper). 2020. "XuấtkhẩulaođộngcủaViệt Nam vượtmức 100.000 ngườitrong 6 nămliêntiếp" (Vietnam's labor export exceeds 100,000 people for 6 consecutive years). https://kinhtedothi.vn/bieu-do-xuat-khau-lao-dong-cua-viet-nam-vuot-muc-100-000-nguoi-trong-6-nam-lien-tiep.html (January 2, 2020). (Accessed on July 23, 2022).

Báo Lao Động (Labor Newspaper). 2022. "Hà Tĩnhcó 5.587 ngườiđixuấtkhẩulaođộng" (Ha Tinh has 5,587 people going to work abroad). https://laodong.vn/cong-doan/ha-tinh-co-5587-nguoi-di-xuat-khau-lao-dong-1028707.ldo (March 30, 2022). (Accessed on July 22, 2022).

BáoNghệ An điệntử (Nghe An Electronic Newspaper). 2022. "Nghệ An tiếptụcdẫnđầucảnướcvềsố gườiđixuấtkhẩulaođộngtheohợpđồng" (Nghe An continues to lead the country in the number of people going to work abroad under contract). https://baonghean.vn/nghe-an-tiep-tuc-dan-dau-ca-nuoc-ve-so-nguoi-di-xuat-khau-lao-dong-theo-hop-dong-post251483.html (March 17, 2022). (Accessed on July 22, 2022).

Battistella, Graziano. 2014. "Migration in Asia: In Search of a Theoretical Framework." In Graziano

Battistella, ed., *Global and Asian Perspectives on International Migration*, pp.1-25. Cham: Springer International Publishing.

Beredford, Melanie and Dang Phong. 2000. *Economic transition in Vietnam: Trade and Aid in the Demise of a Centrally Planned Economy*. Cheltenham, UK; Northampton, MA: Edward Elgar.

Bui, Huy Nhuong. 2010. *FDI disbursement in Viet Nam*. Vietnam: Gioi Pub Publisher.

Castells, Manuel. 1975. "Immigrant Workers and Class Struggles in Advanced Capitalism: The Western European Experience." *Politics and Society*, 5: 33-66.

Castles, Stephen and GodulaKosack. 1985. *Immigrant workers and class structure in Western Europe*. Oxford; New York: Oxford University Press.

Chúc Ly. 2019. "ĐBSCL: Tỷlệphụnữlấychồngnướcngoàirấtcao" (The Mekong Delta: The rate of women marrying foreign husbands is very high). Báođiệntửcủa Trung ươngHộiNôngdânViệt Nam (Electronic newspaper of the Central Committee of the Vietnam Farmers' Association). https://danviet.vn/dbscl-ty-le-phu-nu-lay-chong-nuoc-ngoai-rat-cao-7777996861.htm (July 15, 2019). (Accessed on July 25, 2022).

Cổngthông tin điệntửbộtàichính (Portal of the Ministry of Finance). 2019. "Cơhộirộngmở đốivớixuấtkhẩulaođộngViệt Nam năm 2019" (Opening opportunities for Vietnamese labor export in 2019). https://mof.gov.vn/webcenter/portal/vclvcstc/pages_r/l/chi-tiet-tin?dDocName=MOFUCM146875 (Feburary 14, 2019). (Accessed on July 23, 2022).

CụcQuản Lý Lao ĐộngNgoàiNước (Department of Overseas Labour). 2022. "CụcQuảnlýlaođộn gngoàinướctổchứcHộinghịTổngkếtcôngtácnăm 2021" (Conference summary for the work in 2021 by Department of Overseas Labor). http://www.dolab.gov.vn/New/View2.aspx?Key=6901 (March 10, 2022). (Accessed on July 20, 2022).

Cvajner, Martina, Gabriel Echeverría, and Giuseppe Sciortino. 2018. "What do we talk about when we talk about Migration Regimes? The diverse theoretical roots of an increasingly popular concept. In Andreas Pott, Christoph Rass and Frank Wolff, eds., *Was isteinMigrationsregime? What Is a Migration Regime?*, pp.65-80. Springer VS, Wiesbaden. https://doi.org/10.1007/978-3-658-20532-4_3.

DảngCộngsảnViệt Nam (Communist Party of Vietnam). 2005. Lợiíchképtừxuấtkhẩulaođộng (The Double Benefits from Exporting Labor). http://dangcongsan.vn/cpv/Modules/News/NewsDetail. aspx?co_id=10045&cn_id=576623. (Accessed on April 28, 2005).

Dang, Nguyen Anh. 2006. "Forced Migration in Vietnam: Historical and Contemporary Perspectives."*Asian and Pacific Migration Journal*, 15(1): 159-173.

Dang, Nguyen Anh. 2008. Labour Migration from Viet Nam: Issues of Policy and Practice. http://www.ilo.org/asia/whatwedo/publications/WCMS_099172/lang--en/index.htm. (Accessed on December 19, 2011).

Dang, Thị Loan, Le Du Phong and Hoang Van Hoa. 2010. *Viiet Nam's economy after 20 years of renewal (1986-2006): achievements and challenges*. Ha Nọi: The Gioi Publisher.

DOLAB. 2022. Danh SáchDoanhNghiệpXKLĐ(List of Labor Export Companies). http://dolab.gov.vn/BU/Index.aspx?LIST_ID=1371&type=hdmbmtmn&MENU_ID=246&DOCID=1561. (Accessed on July 26, 2022).

Duong, Luan Thuy. 2011. "The Vietnamese Communist Party and Renovation (Doi Moi) in Vietnam." In Liang Fook Lye and Wilhelm Hofmeister, eds., *Political Parties, Party System and Democratization in East Asia*, pp.49-75. Singapore; Taipei: World Scientific.

Horvath, Kenneth, Anna Amelina, and Karin Peters. 2017. Re-thinking the politics of migration. On the uses and challenges of regime perspectives for migration research. *Migration Studies*, 5(3): 301-314.

Kim, Gyuchan and Majella Kilkey. 2018. "Marriage Migration Policy in South Korea: Social Investment beyond the Nation State." *International Migration*, 56(1): 23-38.

Kivisto, Peter and Thomas Faist. 2010. *Beyond A Border: The Causes and Consequences of Contemporary Immigration*, Los Angeles: Pine Forge Press.

Le, Bach Duong and Khuat Thu Hong. 2008. "An Historical Political Economy of Migration in Vietnam." In Le Bach Duong and Khuat Thu Hong, eds., *Market Transformation, Migration and Social Protection in a Transitioning Vietnam*, pp.27-55. Hanoi: The Gioi Publisher.

Liên Minh BàiTrừNôLệMới ở Á Châu (The Coalition to Abolish Modern-day Slavery in Asia, abbr. CAMSA). 2011. "SốliệuxuấtkhẩulaođộngcủaViệt Nam năm 2010" (Vietnam's labor export data in 2010). https://www.camsa-coalition.org/vi/tin-tuc/234-s-liu-xut-khu-lao-ng-ca-vit-nam-nm-2010.html (January 10, 2011). (Accessed on July 20, 2022).

Meillassoux, Claude. 1981. *Maidens, Meal and Money: Capitalism and the Domestic Community*. Cambridge: Cambridge University Press.

MOLISA. 2006. Tảnmạnvềxuấtkhẩulaođộng (Export labor talk). http://www.molisa.gov.vn/news/

detail2/tabid/371/newsid/45883/seo/Tan-man-ve-xuat-khau-lao-dong/language/vi-VN/Default.aspx. (Accessed on August 24, 2013).

MOLISA. 2008. Sốcácđơnvịđượccấpphéphoạtđộngdịchvụđưangườilaođộngđilàmviệc ở nướcngoàiphântheotinh/thànhphốnăm 2008(The number of enterprises that can participate in the export of labor services by provinces and cities in 2008). http://www.molisa.gov.vn/docs/SLTK/DetailSLTK/tabid/215/DocID/4817/TabModuleSettingsId/496/language/vi-VN/Default.aspx. (Accessed on March 5, 2012).

MOLISA. 2009. Lao độngđilàmviệc ở nướcngoàicủasốphươngnăm 2008 (Number of workers working abroad in 2008). http://www.molisa.gov.vn/Default.aspx?tabid=193&temidclicked=336. (Accessed on September 1, 2013).

MOLISA. 2013. Lao độngViệt Nam sang làmviệctạiĐài Loan chiếmtrên 40% tổngsốlaođộngđilàm việctạinướcngoài (The ratio of labor exported to Taiwan accounts for 40% of the total ratio of labor exported nationwide). http://www.molisa.gov.vn/news/detail2/tabid/371/newsid/57952/language/vi-VN/Default.aspx?seo=Lao-dong-Viet-Nam-sang-lam-viec-tai-Dai-Loan-chiem-tren-40%-tong-so-lao-dong-di-lam-viec-tai-nuoc-ngoai. (Accessed on October 25, 2013).

Morawska, EwaT.. 2009. *A sociology of immigration: (re)making multifaceted America*. Houndmills, Basingstoke, Hampshire; New York: Palgrave Macmillan.

Morawska, Ewa. 1990. "The sociology and historiography of immigration." In Virginia Yans-McLaughlin, ed., *Immigration Reconsidered: History, Sociology, and Politics*, pp.187-240. New York: Oxford University Press.

Overbeek, Henk. 2002. *Globalisation and Governance: Contradictions of Neo-Liberal Migration Management*. HWWA Discussion Paper 174, Hamburgisches Welt-Wirtschafts-Archiv (HWWA), Hamburg Institute of International Economics.

Petras, Elizabeth McLean. 1980. "The role of national boundaries in a cross-national labour market." *International Journal of Urban and Regional Research*, 4(2): 157-195.

Phan, Phuong Hao. 2011. *Holding on to Fate: Vietnamese Brides and Marriage Migration to Singapore*. Singapore: MA thesis, Southeast Asian Studies, National University of Singapore.

Portcs, Alejandro and John Walton. 1981. *Labor, Class, and The International System*. New York; London: Academic Press.

Rass, Christoph and Frank Wolff. 2018. "What Is in a Migration Regime? Genealogical Approach and Methodological Proposal." In Andreas Pott, Christoph Rass and Frank Wolff, eds., *Was isteinMigrationsregime? What Is a Migration Regime?*, pp.19-64. Springer VS, Wiesbaden. https://doi.org/10.1007/978-3-658-20532-4_2.

Sales, Rosemary. 2007. *Understanding Immigration and Refugee Policy Contradictions and Continuities*. Bristol: The Policy Press.

Sanderson, Matthew R.. 2012. "International migration in the world-system." In Salvatore J. Babones and Christopher Chase-Dunn, eds., *Routledge Handbook of World-Systems Analysis*, pp.462-470. New York: Routledge.

Sassen, Saskia. 1988. *The Mobility of Labor and Capital: A Study in International Investment and Labor Flow*. Cambridge & New York: Cambridge University Press.

Sassen-Koob, Saskia. 1981. "Towards a conceptualization of immigrant labor", *Social Problems*, 29(1): 65-85.

Skeldon, Ronald. 1997. *Migration and Development: A Global Perspective*. Harlow, England: Longman.

Tạpchí con số&sựkiện (Numbers & Facts Magazine). 2021. "Xuấtkhẩulaođộngtrongbốicảnhđạidịch Covid-19" (Labor export in the context of the Covid-19 pandemic). https://consosukien.vn/xua-t-kha-u-lao-do-ng-trong-bo-i-ca-nh-dai-dich-covid-19.htm (October 13, 2021). (Accessed on July 23, 2022).

TạpchíKinhtếvàDựbáo (Economics and Forecasting Magazine). 2021. "Xuấtkhẩulaođộng, chờcơhộiphục chồitừnăm 2022" (Labor export, waiting for the opportunity to recover from 2022). https://kinhtevadubao.vn/xuat-khau-lao-dong-cho-co-hoi-phuc-hoi-tu-nam-2022-17495.html (June 11, 2021). (Accessed on July 23, 2022).

Thông TấnXãViệt Nam (Vietnam News Agency). 2021. "Thanh Hóađẩymạnhxuấtkhẩulaođộngtr ongbốicảnhdịch COVID-19" (Thanh Hoa promotes labor export in the context of COVID-19 epidemic). https://ncov.vnanet.vn/tin-tuc/thanh-hoa-day-manh-xuat-khau-lao-dong-trong-boi-canh-dich-covid-19/232db9d7-1a5f-4371-a4d1-0949a4ec6b59 (November 6, 2022). (Accessed on July 22, 2022).

Trần, Thị Minh Thi. 2019."PhụnữViệt Nam kếthônvớingườiinướcngoài:Xu hướngvàmộtsốvấn đềxãhộihiệnnay(Vietnamese women marrying foreigners: Trends and some current social issues)",*Thông tin Khoa họcxãhội*(Social Science Newsletter), số 1(433) 2019: 36-46.

Vu, Vi. 2017. Vietnamese women become largest source of foreign brides in South Korea. *VNEXPRESS* (November 20).

Wimmer, Aadreas and Nina Glick Schiller. 2002. "Methodological Nationalism and Beyond: Nation-State Building, Migration and the Social Sciences." *Global Networks: A Journal of Transnational Affairs*, 2(4): 301-334.

跋

自勝者強，強行者有志

李玉瑛

　　2016 年 4 月 24 日是個令人心痛的日子，當天凌晨 3 點振寰被推進臺北榮總手術室，一天之內歷經兩次的開臚手術，到夜晚 11 點多才離開手術房被送回腦神經外科的加護病房。我次日早上 11 點會客時間去看他，他身上佈滿了管線，頭上貼著大片的紗布，口齒不清，神志混亂。那個神采飛揚的學術巨擘不見了，感覺就像是一棵壯碩的大樹瞬間砰然倒地不起。從此，我們的生活完全改觀，在無預警的情況之下，振寰被迫離開他最熱愛的學術殿堂。

　　和振寰交往是在大一的夏天，我參加他擔任主席的花蓮工作營長工，大二時我正忙著跳土風舞，參加建築系、化工系舉辦的舞會。振寰準備研究所考試，每天都在圖書館讀書到 9 點半，趕在女生宿舍關門前才來約會。我們二人個性喜好南轅北轍，振寰自律性高，做事按部就班絕不拖延，而我則是一個被動的閒散人。我們唯一相同的是參加了同一個社團：東海大學「工作營」，上山下海當義工，去育幼院修剪樹木、粉刷油漆，到偏鄉去做社區服務，只是當時可沒有教育部的補助，也沒有師長帶領，全都是社團同學自治自理，那應當算是 40 多年前所謂的「大學社會責任」（USR）。對社會的關懷算是我們之間的交集吧，振寰在大學時期就已經立下志願，要當學術人。所以當他拿到博士時，壓根沒有留在美國發展的念頭，一心只想回臺灣建立臺灣本土社會學。1999 年他主編「社會學與臺灣社會」教科書的出版，算是他身體力行的實現了年輕時的志向。

　　振寰為了實現他的志向，在留學時刻苦讀書研究還要擔任助教，絕不浪費時間。後來擔任教職時，有一年他在美國開會時遇見博士班的同學，那位同學調侃振寰說，「你在讀博士班的時候，到底在趕什麼？」因為振寰在 4 年之內修完 UCLA 社會學碩博士課程，完成博士計畫書口試，最後一年則回臺灣中研院寫論文，所以並沒有很多的時間和同學們上酒吧或是出遊。振寰是一個會給自己訂定目標，然後準時完成

的人，他花了9個月完成「追趕的極限」那本書，那是他每天提早起床，5點就開始寫作，然後8點才去學校上課。振寰自言是生長於員林鄉下的小孩，在獲得國科會的傑出獎之前，他對自己並沒有自信，所以他凡事都全力以赴，總是強迫自己提早去完成手上的任務。這讓我想起英國社會學家安東尼・紀登斯自謙的說過：「如果你的才智和我一樣平庸低下，能夠彌補落差的方式，就是投入更多的時間在你所選擇的工作上，堅持到底，克服困難。」

振寰自律甚嚴，對學生也是不假辭色，因為嚴苛的要求，使得很多學生不敢修他的課，更別說找他擔任指導教授。能夠在他手下完成論文指導的學生，對老師應該是又敬又怕，因為論文指導的折磨過程，退回重寫是共同的痛苦記憶，必須寫到老師滿意點頭為止。在政大時他整合手中的博碩生每週五下午定期學術討論，報告個人研究心得，同門弟子互相切磋學習，非常具有啟發性，對有些學生而言，那到是一段美好的記憶。此外，振寰大公無私提攜後進的胸懷，讓他在政大發揮了整合的功能。他所組織的研究團隊可以跨系所跨院校，把優秀的研究者全都集結在一起，定期討論，舉辦研討會並出版刊物。在他擔任政大中國大陸研究中心主任時期，讓政大的中國研究活力充沛，聲譽超過當時的台大與清華，在企業史，家族史與大陸研究方面都有傲人的研究成績。

《老子・三十三章》：自勝者強。知足者富。強行者有志。謹以這幾句話作為振寰把學術研究當成他的志業的註腳，他勝過自己的是堅強，堅持力行的是有志。知道滿足的是富有，因為他就是一個「快樂的機器人」，讀完一本書再換一本新書就是他最快樂滿足的事情，此乃啟蒙恩師高承恕的夫人鄭瑩女士在振寰念研究所時期給他起的綽號。直到生病倒下之前，他一直是全心投入他最愛的學術研究，只可惜最後他是被繁瑣的學術行政所拖垮，積勞成疾，離開學術研究的崗位。手術後的休養期間，振寰依然是堅持日行萬步，強行者有志的性格依然沒變。

當年手術完許秉權醫生對我說「多形性神經膠質母細胞瘤」（Glioblastoma multiforme，簡寫為 GBM）存活期只有一年半載，但是他開刀技術好，他手上的病人平均是22個月。如今振寰手術後已經超過了72個月，我們每存活一天都是在提高許秉權醫生傲人的平均數。我們感謝他精湛的手術，也要感謝住院期間和手術之後持續關心我們的師長同儕與學生們，在此就不一一唱名致謝。